Mac OS X Snow Leopard

O MANUAL QUE FALTAVA

O livro que
deveria acompanhar
o produto

Mac OS X Snow Leopard

O MANUAL QUE FALTAVA®

David Pogue

São Paulo
2010

DIGERATI BOOKS

Mac OS X Snow Leopard: O Manual que Faltava
por David Pogue

Impresso no Brasil.

Diretor Editorial
Luis Matos

Assistência Editorial
Carolina Evangelista
Noele Rossi
Talita Gnidarchichi

Tradução
Renata Miyagusku
Savannah Hartmann

Revisão
Guilherme Laurito Summa
Julio Domingas

Arte e Capa
Fabiana Pedrozo
Stephanie Lin

Colaboração
Claudio Alves
Eduardo Moraz
Heinar Maracy e equipe Revista Mac +
Juliana Rebelo Marques
Sérgio Miranda

Dados Internacionais de Catalogação na Publicação (CIP)
(Câmara Brasileira do Livro, SP, Brasil)

P746m Pogue, David.

Mac OS X Snow Leopard: O Manual que Faltava / David Pogue. – São Paulo : Digerati Books, 2010.
1008 p.

ISBN 978-85-7873-103-8

1.Sistemas operacionais (Computadores).
2. OS X (Sistema operacional de computador).
3. Macintosh (Computadores). I. Título.

005.43

Universo dos Livros Editora Ltda.
Rua Haddock Lobo, 347 – 12º andar • Cerqueira César
CEP 01414-001 • São Paulo/SP
Telefone: (11) 3217-2600 • Fax: (11) 3217-2616
www.universodoslivros.com.br
e-mail: editor@universodoslivros.com.br

Sumário

Parte Três: Os componentes do Mac OS X

Parte Quatro: As tecnologias do Mac OS X

Parte Cinco: Mac OS On-line

Os Créditos que Faltavam

Sobre o Autor

David Pogue é o colunista de tecnologia que escreve semanalmente no *The New York Times*, correspondente vencedor do Emmy pela *CBS News Sunday Morning*, colaborador semanal da CNBC e criador da série *Missing Manual*. Pogue é autor e coautor de 50 livros, incluindo 25 desta série, seis da linha *For Dummies* (incluindo *Macs, Magic, Opera* e *Classical Music*), dois romances e *The World According to Twitter*. Além disso, ele já foi maestro em espetáculos na Broadway, pianista e mágico. Pogue vive em Connecticut com sua esposa e três lindos filhos.

Você pode encontrar links para suas colunas e vídeos semanais em www.davidpogue.com. Feedbacks sobre seus livros são muito bem-vindos no e-mail *david@pogueman.com.*

Sobre a Equipe de Criação

Julie Van Keuren (copidesque) é editora freelancer, escritora e diagramadora que administra seu "pequeno império de mídia" em sua casa em Billings, Montana. Em suas horas livres, ela adora praticar natação, ciclismo, corrida e (por que não?) triatlo. Julie e seu marido, M. H., possuem dois filhos, Dexter e Michael. E-mail: *littlemedia@yahoo.com.*

Phil Simpson (design e layout) trabalha fora do seu escritório em Southbury, Connecticut, onde ele possui sua empresa de design gráfico desde 1982. Ele possui experiência em várias áreas de design gráfico, incluindo identidade/branding corporativo, design para publicações e comunicação corporativa e médica. E-mail: *pmsimpson@earthlink.net.*

Brian Jepson (consultor técnico) é editor sênior da O'Reilly Media. Ele é coautor do livro *Mac OS X for Unix Geeks* e escreveu ou editou diversos outros títulos na área de tecnologia. Brian também é cofundador do Providence Geeks e exerce a função de "geek multifunção" para a AS220, um pequeno centro de artes sem fins lucrativos em Providence, RI. E-mail: *bjepson@oreilly.com.*

Chris Stone (autor do Capítulo 16) é um administrador de sistemas sênior na O'Reilly Media e coautor do *Mac OS X Tiger in a Nutshell*, publicado pela O'Reilly. Nascido em São Francisco, ele se formou em Letras na Humboldt State University e passou 10 anos escondido no interior do Japão antes de retornar a North Bay, onde vive com sua esposa, Miho, e seus filhos Andrew e Jonathan.

Rich Koster (leitor crítico) comprou seu primeiro Mac, um MacBook Pro de 17", em 2009, nunca mais voltou para o lado negro (PCs). Ele trabalhou como editor técnico do livro *iPhone: The Missing Manual, 3rd Edition*, de David Pogue. Ele é marido, pai e criador do Disney Echo em DisneyEcho.emuck.com, que ele administra e se diverte diariamente com seu MacBook Pro!

Agradecimentos

Este livro nos deu bastante trabalho. A Apple simplesmente não poderia ser deixada de lado. Para uma atualização de um sistema operacional que supostamente "fez um intervalo nos novos recursos", com certeza a Apple teve muito trabalho em reorganizar, reescrever ou embaralhar o que já estava lá!

Ao longo dos anos, muitos amigos e colegas contribuíram com entusiasmo, experiência e até mesmo conversando para as edições deste livro. Entre eles estão Zachary Brass, uma máquina adolescente capturadora de telas; Dan Pourhadi, excelente escritor sobre Mac que atualizou o Capítulo 7 da versão anterior; J. D. Biersdorfer, colunista de Perguntas & Respostas do *The New York Times* que atualizou os Capítulos 18, 20 e 21 da edição anterior; e Lisa Snider, minha assistente por vários anos que foi a "deusa das artes gráficas" e coindexadora das edições anteriores.

Além dos membros da equipe dos sonhos identificada anteriormente, eu devo toda a minha gratidão a Peter Meyers, editor-chefe do Missing Manuals da O'Reilly; Teresa Noelle Roberts, copidesque das edições anteriores; Monica Sarker e Bill Evans da Apple que responderam às minhas dúvidas técnicas mais desconcertantes; Jim Jacoby, um indexador prodígio; e à minha excelente equipe de revisores que me acompanharam na correria do fechamento dos livros, Kellee Katagi, Diana D'Abruzzo e Julie Van Keuren. Eu também gostaria de enviar uma camiseta com a frase "Eu Tornei o Livro Melhor!" a todos os leitores que reservaram um tempo para enviar correções, sugestões, dicas e truques. E muito obrigado, como sempre, a David Rogelber por acreditar na ideia.

Acima de tudo, este livro deve sua existência à paciência e afeto de Jennifer, Kelly, Tia e Jeffrey. Eles tornaram esses livros – e tudo mais – possíveis.

– David Pogue

Introdução

O Mac OS X pode ser visto como uma realização técnica impressionante; muitos especialistas o consideram como o melhor sistema operacional para computadores pessoais do mundo. Mas cuidado com o seu nome.

O X refere-se a um numeral romano, "ten" (dez). Não diga "*oh ess ex*". Você ficaria parecendo engraçado em público.[1]

Em todo caso, o Mac OS X Snow Leopard é a sétima versão principal do sistema operacional baseado em Unix da Apple. Ele tem muito pouco em comum com a versão original do sistema para o Mac, o único da Apple nas décadas de 1980 e 1990. A Apple o abandonou em 2001, quando o CEO Steve Jobs decidiu que era hora de mudar. A Apple investiu vários anos incluindo novas funcionalidades em uma base de software criada originalmente em 1984. Programadores e consumidores reclamaram do "código macarrônico" que o Mac OS se tornou.

Por outro lado, sob o elegante desktop translúcido do Mac OS X está o Unix, o sólido e robusto sistema operacional que gerencia muitos websites e universidades. Ele não é novo em nenhum sentido; de fato, já possui décadas de vida e foi lapidado por várias gerações de programadores.

1. N.T.: Essa seria uma expressão brincalhona de duplo sentido para "OS X": "oh ess" – Operational System (Sistema Operacional) com "ex" (pronúncia da letra "x").

A anomalia do Snow Leopard

O Mac OS X 10.6, carinhosamente conhecido como Snow Leopard, é um bicho estranho por vários motivos.

O primeiro deles tem a ver com a Lei das Atualizações de Software, que tem sido seguida desde o início da computação pessoal, e diz: "Se você não adicionar novas funcionalidades todos os anos, ninguém atualizará, e você não ganhará dinheiro com isso".

E então, para manter a sua atualização, as empresas de software de todo o mundo amontoam mais funcionalidades a cada nova versão de seus programas. Infelizmente, isso não pode durar para sempre. Mais cedo ou mais tarde, você se irritará com um programa bagunçado, inchado, complexo e incoerente.

No entanto, no caso do Snow Leopard, aumentar o número de funcionalidades não era o ponto principal. De fato, Steve Jobs disse: "Estamos pressionando o "Pause" para as novas funcionalidades".

Em vez disso, a intenção do Snow Leopard era *refinar* o sistema operacional que já estava perfeitamente bom e que a Apple já possuía na versão anterior, o Mac OS X Leopard (10.5).

O refinamento significava reparar centenas de pequenos incômodos, como as mensagens de erro confusas que às vezes não deixavam ejetar um disco ou pendrive porque ele estava "ocupado". Significava também tornar tudo mais rápido, substituindo

PERGUNTAS FREQUENTES

Tudo sobre o Snow Leopard

O que significam todos esses felinos?

A maioria das empresas de software desenvolve seus aplicativos em segredo, utilizando nomes codificados para novos produtos para não deixar pistas. Os nomes codificados da Apple para o Mac OS X e seus descendentes foram inspirados nos grandes felinos: o Mac OS X foi lançado como Cheetah, a versão 10.1 como Puma, a 10.2 como Jaguar, a 10.3 com Panther, a 10.4 como Tiger e a 10.5 como Leopard. Como a versão 10.6 é considerada "apenas" um refinamento da versão existente do Leopard, ela foi chamada de Snow Leopard. (O snow leopard [leopardo das neves] de verdade é uma espécie em extinção, nativa da Ásia Central. Ele não possui laringe e por isso não consegue rugir. Por outro lado, ele pode matar animais três vezes maiores do que ele. Inclua aqui sua própria metáfora de sistema operacional.)

Geralmente, o nome em código é desprezado assim que o produto está completo, quando o departamento de marketing lhe dá um novo nome. No caso do Mac OS X, porém, a Apple acredita que nomes de felinos são interessantes o bastante para serem mantidos no produto acabado.

Você pode imaginar como a Apple planeja chamar futuras versões. A Apple só aumenta o ponto decimal com cada atualização principal, o que significa que faltam cinco grandes felinos antes de chegar ao Mac OS XI.

Vejamos: Bobcat, Cougar, Lion... mmm... Ocelot?

porções substanciais de sua estrutura – incluindo reescrever o Finder a partir do zero – para se tornar mais moderno e enxuto. Refinar também significava tornar o Snow Leopard *menor* – se você puder acreditar nisso, o seu tamanho foi reduzido pela metade, economizando pelo menos 6 GB de espaço em disco logo de cara.

Visando enfatizar ainda mais esse ponto, a Apple estipulou o preço do Snow Leopard em 30 dólares, cerca de 100 dólares a menos do que o preço da versão habitual do Mac OS X.

Mas espere. A Apple não está incluindo novas funcionalidades? Depois de perder tanto tempo refinando, otimizando e *tornando as coisas melhores*? O Steve Jobs enlouqueceu de vez?

Em caso positivo, sinta-se grato por isso. O Snow Leopard se estabelece perfeitamente nos sucessos das versões anteriores do Mac OS X. Você ainda não precisa se preocupar com vírus, spyware ou lançamentos de service packs que tomam toda a sua tarde de sábado para serem instalados e ajustados corretamente. E você ainda irá usufruir da estabilidade que o faria você ficar com água na boca em 1999.

Mas conforme ele se revela, você perceberá que nem todos os programadores da Apple tinham o lembrete "sem novas funcionalidades" com eles. Você verá neste livro que existem *centenas* de pequenas novas funcionalidades e opções.

Talvez exista uma linha tênue entre "nova funcionalidade" e "refinamento de uma funcionalidade existente", mas tanto faz; existem *toneladas* de aperfeiçoamentos.

A seguir, alguns itens de destaque:

- **Ele está mais rápido**. Nem tudo está mais rápido, mas onde a Apple se empenhou em aumentar a velocidade, a diferença é percebida.

  Conforme observado anteriormente, o Finder – o desktop, onde você gerencia seus arquivos, pastas e discos – foi reescrito do zero no idioma nativo do Mac OS X; você perceberá a velocidade na hora. Ligar e desligar o computador ficou mais rápido. O Mail e o Safari são iniciados mais rapidamente, assim como os backups da Time Machine. E finalmente, as instalações estão mais rápidas (e muito mais simples).

- **Ele está mais organizado.** Funcionalidades como o Exposé e as stacks (abertura das pastas no Dock) foram reprojetadas para fazerem mais sentido e reduzir a rolagem.

- **Ele conversa com computadores corporativos no Exchange.** Basta informar o seu nome e senha na rede da sua empresa e você fará o seu Mac fazer parte do sistema Microsoft Exchange. Isto é, seu e-mail corporativo aparece no programa Mail do Mac OS X, o diretório corporativo no Address Book e o calendário da sua empresa no iCal – em conjunto com seu e-mail, endereços e compromissos pessoais.

- **Ele é melhor para laptops.** Agora o Mac ajusta o seu próprio relógio quando você viaja, assim como acontece nos telefones celulares. O menu de hot spots de redes sem fio próximas agora exibe a qualidade do sinal de cada ponto. Agora, os "movimentos" com três e quatro dedos no trackpad funcionam até mesmo nos laptops antigos com multitouch.

- **O QuickTime Player é novo.** O reprodutor de vídeos integrado do Mac está totalmente novo. Ele apresenta uma "tela" muito legal e sem molduras, além do comando Trim e a possibilidade de fazer o upload de vídeos no YouTube, MobileMe ou iTunes (para carregá-los em um iPod ou iPhone) com apenas um clique. O novo QuickTime ainda pode fazer gravações de áudio e vídeo e – pela primeira vez em um sistema operacional reconhecido – até mesmo gravações na *tela*, para que você possa criar vídeos de tutoriais para os seus parentes e amigos menos espertos.

- **Ele possui novas funcionalidades substanciais de edição de texto.** O verificador de ortografia e gramática do Mac OS X que abrange todo o sistema juntou-se à funcionalidade de expansão de digitação. Você pode criar suas próprias abreviações que, quando digitadas, expandem-se para uma palavra, frase ou mesmo um bloco de texto com vários parágrafos. Ele é excelente para autocorreção de erros de digitação, é claro, mas também é ótimo para responder às mesmas perguntas várias vezes por e-mail.

- **O Services foi renovado.** O Services, um pequeno e estranho menu com diversos comandos, tem marcado presença nos menus Applications (Aplicativos) por vários anos, confundindo todo mundo. No Snow Leopard, ele foi totalmente renovado. Agora ele aparece somente quando você realmente faz alguma coisa. Melhor ainda, criar seus próprios comandos do Services para utilizar em todo o sistema é muito fácil, como será explicado no Capítulo 7. Você também pode atribuir qualquer atalho de teclado a eles. Por isso, pela primeira vez na história do Macintosh, você tem meios internos para abrir seus programas favoritos a partir do teclado: Control-S para o Safari, Control-W para o Word, e assim por diante.

- **Navegação aprimorada para deficientes visuais.** Uma funcionalidade transforma o trackpad do seu laptop em um mapa tátil da tela; o Mac pronuncia cada elemento da tela conforme você o toca. Em geral, o VoiceOver (como a funcionalidade da "tela falante" é chamada) passou por uma enorme expansão/reformulação.

Sobre este livro

A título de um guia impresso para o Mac OS X, a Apple só oferece um pequeno folheto de explicações iniciais. Para se encontrar, espera-se que você use o sistema de ajuda on-line da Apple. E, como descobrirá rapidamente, essas páginas de ajuda são sucintamente escritas, oferecem muito pouca profundidade técnica, não possuem exemplos úteis e não fornecem qualquer tipo de tutorial. Você nem ao menos pode marcar o seu lugar, sublinhá-lo ou ler no banheiro.

Então, o objetivo deste livro é servir como o manual que deveria ter acompanhado o Mac OS X – a versão 10.6 em especial.

CONSULTÓRIO PARA USUÁRIOS AVANÇADOS

Ferramentas poderosas para empresas de software

Algumas das funcionalidades mais importantes do Snow Leopard são reformulações técnicas que você não enxerga, mas pode perceber algum dia. Elas consistem em ferramentas que as empresas de software podem explorar. E quando elas fizerem isso, o resultado pode ser um aumento significativo em velocidade e segurança.

Código de 64 bits. Primeiro, a maior parte do Mac OS X e sua pequena frota de programas que o acompanha foram reescritos em código de 64 bits. Você poderá ler mais sobre esse termo geek no livro; por ora, isso significa que você pode, teoricamente, instalar 16 terabytes de memória em um Mac (se a Apple já vender um com vários slots de RAM); que em programas que foram reescritos como aplicativos de 64 bits – como o Safari – você pode ter ganhos notáveis em velocidade; e que uma vez que mais números podem ser processados simultaneamente, os programas podem ser mais bem protegidos de problemas como vírus e ataques de hackers. (Se você estiver fazendo uma contagem em casa, todos, exceto quatro programas do Snow Leopard, foram reescritos em 64 bits. São eles: DVD Player, Front Row, Grapher e iTunes.)

Grand Central Dispatch. Você deve ter percebido que os dias do marketing do megahertz acabaram. Os processadores não são mais anunciados com velocidades de "3 gigahertz! 4 gigahertz! 5 gigahertz!" Eles mal chegaram aos 3 gigahertz e estão esquentando demais para rodar mais rápido. Qualquer coisa além disso faria o seu processador derreter e abrir um buraco em sua mesa.

Em vez disso, o foco atual da Intel e outros fabricantes de chips está em colocar múltiplos chips em um único processador – ou múltiplos núcleos de processamento. Todos os Macs atuais possuem processadores multicore (dois, quatro e até seis) que podem operar em paralelo para realizar as tarefas de computação de forma mais rápida.

Infelizmente, a menos que um programa seja reescrito para tirar proveito dos núcleos adicionais, eles não funcionarão de forma mais rápida que antes. Os núcleos adicionais ficam lá, desperdiçados. E fazer essa reescrita – gerenciar threads (sequências de execuções) de um programa – é um investimento caro e demorado para as empresas de software.

Então, a Apple fez esse trabalho por eles. A tecnologia Grand Central Dispatch permite que o *sistema operacional* faça o trabalho em paralelo, tornando muito mais fácil para as empresas de software explorarem toda a moderna potência dos Macs.

OpenCL[2]. O processador principal, em um computador moderno, não é o único chip importante; seu Mac também possui uma unidade de processamento *gráfico*. Tradicionalmente, esse chip é dedicado às imagens e gráficos. E a cada ano, conforme a demanda por filmes mais realistas e jogos 3D aumenta, esses chips gráficos têm se tornado cada vez mais poderosos.

Mas e quando você não utiliza programas que exijam tanta qualidade gráfica? Bem, então seu processador gráfico caro e chique apenas permanece lá, ocioso.

A ideia por trás da OpenCL, então, é: "Utilize esse chip ultrapotente para tarefas computacionais comuns quando ele estiver livre!" Quando as empresas de software reescreverem seus aplicativos para tirar proveito da OpenCL, tarefas computacionais intensivas – financeiras, científicas, matemáticas – serão capazes de executar muito mais rápido. Elas explorarão seu processador gráfico pelo que ele realmente é: um chip de computador muito poderoso.

2. N.T.: OpenCL significa *Open Computing Language*, ou Linguagem de Computação Aberta.

O *Mac OS X Snow Leopard: O Manual que Faltava* destina-se a auxiliar leitores de todos os níveis técnicos. As principais discussões foram escritas para os fãs de Mac, iniciantes avançados ou intermediários. Mas, se você é um usuário novato desse sistema, artigos destacados em miniatura, chamados "Ganhe Velocidade", oferecem as informações iniciais que você precisa para entender o assunto em questão. Por outro lado, se você for um usuário Mac veterano, fique atento aos quadros similares, chamados "Usuários Profissas". Eles oferecem mais dicas técnicas, truques e atalhos.

Quando se escreve um livro como este, você acaba fazendo um profundo exame de consciência sobre quais assuntos abordar. Logicamente, um livro mais fino, ou pelo menos mais fino que este, é sempre preferível; muitos leitores se intimidam com um livro que mais parece as Páginas Amarelas de Tóquio.

Por outro lado, a Apple continua a acrescentar recursos e raramente os despreza. Portanto, se este livro pretende ser fiel ao seu objetivo – oferecendo a melhor fonte de informações possível sobre cada aspecto do Mac OS X –, ele não se tornará mais fino.

Ainda assim, alguns capítulos vêm com apêndices que podem ser baixados on-line gratuitamente – documentos em PDF, disponíveis na página "Missing CD" deste livro, em www.missingmanuals.com, que se aprofundam em detalhes de alguns dos recursos mais refinados. (Você verá referências a eles salpicadas por todo o livro.)

Talvez essa ideia poupe algumas árvores – e as suas costas quando carregar esse livro.

Os destaques do Snow Leopard

Quando o seu trabalho consiste em escrever uma nova edição de um livro de informática, e você ouve o mantra "sem novas funcionalidades", é impossível não ficar contente. Isso deveria tornar o trabalho mais fácil, certo? Mas nesse caso, bem, você estaria errado.

Existem poucas mudanças realmente significativas, mas o número de *pequenas* mudanças está na casa das centenas! Mudanças de refinamento não documentadas. Por exemplo:

Agora, a barra do menu pode mostrar a data, não apenas o dia da semana. Quando você executa o Windows em um Mac, você pode abrir os arquivos no "lado" Mac sem a necessidade de reiniciar o computador. Além disso, os ícones podem ocupar um espaço de 512 x 512 pixels – isso é muita coisa – transformando qualquer janela de desktop em uma mesa luminosa para fotos. Também existe o comando Put Back (Restaurar do Lixo), que manda um item descartado de volta para o lugar de onde ele veio, mesmo depois de semanas. Você pode folhear as páginas de um documento

PDF ou assistir um vídeo direto do ícone do arquivo. Os plug-ins com problemas (Flash, entre outros) funcionam perfeitamente no navegador Safari; você apenas tem um retângulo vazio onde ele deveria aparecer. Os chats em vídeo no iChat exigem muito menos requisitos de sistema. E por aí vai.

No entanto, nem todas as mudanças emocionarão a todos. O Snow Leopard roda apenas em Macs com processador Intel, isto é, os Macs pré-2006 não estão convidados para a festa. Aqui e ali, funcionalidades mais antigas desapareceram, especialmente no QuickTime Player. Um monte de pequenos programas utilitários não Apple não funcionam mais no Snow Leopard, especialmente plug-ins de navegadores e add-ons de menus de atalhos. E algumas funcionalidades antigas de gerenciamento de arquivos, como o Type invisível e os códigos Creator, também se foram.

Em todo caso, não faz muito sentido tentar fazer uma lista com todas as mudanças no Snow Leopard. Em vez disso, ao longo deste livro, dentro das discussões relevantes, você será alertado a respeito de todas as mudanças em pequenos avisos como esse:

Destaque do Snow Leopard: Alguns pequenos itens como este apontam para mudanças sutis das versões anteriores do Mac OS X – independente se ela é boa, ruim, ou é apenas uma mudança.

Resumo

O *Mac OS X: O Manual que faltava* está dividido em seis partes, cada uma contendo diversos capítulos:

- **A Parte 1, a Mesa do Mac OS X.** Abrange tudo o que você vê na tela ao abrir um computador Mac OS X: o Dock, a Barra Lateral, o Spotlight, o Dashboard, o Spaces, o Exposé, o Time Machine, ícones, janelas, menus, barras de rolagem, o Lixo, atalhos (aliases) (processo que permite copiar um ícone de programa para que essa cópia também possa executar o arquivo original), o menu e assim por diante.

- **A Parte 2, aplicações em Mac OS X.** É dedicada à proposição de que um sistema operacional é pouco mais do que uma plataforma de lançamento para *programas* – as aplicações reais que você usa diariamente em seu trabalho, tais como programas de correio eletrônico, navegadores Web, processadores de texto, pacotes gráficos e assim por diante. Esses capítulos descrevem como trabalhar com aplicações no Mac OS X: como iniciá-las, alternar entre elas, trocar dados entre elas e usá-las para criar e abrir arquivos e controlá-las usando o AppleScript e as ferramentas de automação de Automator.

- **A Parte 3, os componentes do Mac OS X.** Consiste de uma discussão item por item das partes de softwares individuais que compõem esse sistema operacional – os 27 painéis do Preferências do Sistema e os 50 programas em suas pastas Aplicativos e Utilitários.

- **A Parte 4, as tecnologias do Mac OS X.** Trata de tópicos mais avançados. Certamente, redes, compartilhamento de arquivos e compartilhamento de tela são tarefas para as quais o Mac OS X foi criado para executar. Esses capítulos cobrem todos esses itens, além dos prodigiosos talentos virtuais do Mac OS X (fontes, impressão, gráficos, reconhecimento de escrita manual), os seus brindes de multimídia (som, voz, filmes) e o Unix que está por trás disso.

- **A Parte 5, Mac OS X on-line.** Cobre todos os recursos especiais relacionados à Internet do Mac OS X, incluindo o programa embutido de correio eletrônico Mail e o navegador Web/alimentador RSS Safari; o iChat para mensagens instantâneas e chats de áudio e vídeo; compartilhamento Web; compartilhamento de Internet e os serviços MobileMe on-line da Apple (os quais incluem contas de correio eletrônico, recursos para backup seguro de arquivos, hospedagem na Web e assim por diante). Se você se julga um usuário especialmente avançado, também encontrará instruções sobre o uso da base do Unix no Mac OS X, para se conectar ao seu Mac e controlá-lo através dos cabos – FTP, SSH, VPN e assim por diante.

- **A Parte 6, Apêndices.** Ao final do livro, você encontrará vários apêndices. Eles incluem um dicionário Windows-Mac (para ajudar os refugiados do Windows a encontrar no Mac OS X os novos lugares de recursos familiares); orientação sobre a instalação desse sistema operacional; um manual para a solução de problemas; uma lista de recursos para mais estudos; e uma lista completa, extremamente cuidadosa, de todos os atalhos de teclado no Mac OS X Snow Leopard.

ALERTA DE VERSÃO

A versão 10.6.1 e futuras

Somente duas semanas após o lançamento do Mac OS X 10.6, a Apple lançou uma atualização gratuita para 10.6.1, e então iniciou sua tradicional avalanche de atualizações de sistema. Esses instaladores tapam buracos, reparam defeitos, melhoram a compatibilidade com gadgets externos e fazem tudo funcionar com mais estabilidade.

A versão 10.6.1, por exemplo, forneceu uma longa lista de reparos relacionados à compatibilidade com modems de celulares, playback de DVD, compatibilidade com impressoras, problemas de login automático, pequenos defeitos no Mail, entre outros.

Este livro aborda a versão 10.6.1, mas é apenas uma questão de tempo para que apareça a versão 10.6.2, 10.6.3, e por aí vai.

Você não precisa se desdobrar para obter essas atualizações: um dia você estará on-line com seu Mac, e uma caixa de diálogo de Software Update (Atualização de Software) aparecerá diante de você, dando-lhe a chance de fazer o download e instalar a atualização.

Com relação às diferenças entre as versões "do primeiro ponto decimal" do Mac OS X: este livro será útil para você, não importa qual seja a sua versão, mas ele descreve e ilustra as funcionalidades a partir da versão 10.6.

Se você ainda estiver entre as versões 10.1 e 10.5, provavelmente se sentirá mais confortável se procurar a versão para o Mac OS X Leopard deste livro.

Ou, melhor ainda, atualizar para o Snow Leopard.

Sobre→essas→setas

Neste livro, você encontrará frases como esta: "Abra a pasta Sistema→Biblioteca→Fonts". Que é uma abreviação para uma instrução muito mais longa, orientando-o a abrir três pastas aninhadas em sequência, assim: "Em seu disco rígido, você encontrará uma pasta chamada Sistema. Abra-a. Dentro da janela da pasta Sistema, há uma pasta chamada Biblioteca; dê duplo-clique nela para abri-la. Dentro *dessa* pasta há ainda uma outra, chamada Fonts. Duplo-clique também nela para abri-la".

Da mesma forma, esse tipo de seta de abreviação ajuda a simplificar o trabalho de escolher comandos em menus, tais como →Dock→Posicionar à esquerda.

Sobre MissingManuals.com

Para obter o máximo deste livro, visite www.missingmanuals.com. Clique no link "Missing CD-ROM" e, depois, no título deste livro, para revelar uma lista caprichada, organizada capítulo por capítulo dos sharewares e freewares mencionados neste livro.[3]

O Website também oferece correções e atualizações ao livro. (Para vê-las, clique o título do livro, depois, clique View/Submit Errata.) Na verdade, incentivamos que você mesmo ofereça tais correções e atualizações! Em um esforço que fazemos para manter o livro o mais atualizado e preciso possível, a cada vez que a O'Reilly imprime mais cópias deste livro, eu incluirei as correções confirmadas que vocês sugerirem. Também anotaremos tais mudanças no website, para que você possa marcar correções importantes em seu próprio exemplar, se assim o desejar. E atualizaremos o livro à medida que a Apple liberar mais atualizações ao Mac OS X 10.6.

O básico

Para usar este livro e, na verdade, para usar um computador Macintosh, você precisa conhecer alguns fundamentos. Este livro supõe que você está familiarizado com alguns termos e conceitos:

- **Clicar.** Este livro oferece três tipos de instruções que exigem o uso do mouse do Mac. *Clicar* significa apontar o cursor para algo na tela e depois – sem mover o cursor – pressionar e liberar o botão de clicar do mouse (ou o trackpad de seu laptop). O *duplo-clique* significa clicar duas vezes, em rápida sequência, novamente, sem mover o cursor. E *arrastar* significa mover o cursor enquanto o botão estiver pressionado.

  Quando lhe for dito para dar ⌘-clique em algo, clique enquanto pressiona a tecla ⌘ (que se encontra perto da barra de espaço). *Shift-clique, Option-clique* e *Control-*

3. N.E.: O Website encontra-se em inglês.

-clique funcionam da mesma maneira – apenas clique enquanto pressiona a tecla correspondente. (O clique com o botão direito ainda existe.)

- **Menus.** Os *menus* são as palavras no alto de sua tela: , Arquivo, Editar e assim por diante. Clique em um deles para fazer aparecer uma lista de comandos.

  Algumas pessoas clicam e liberam para abrir um menu, depois, após ler as escolhas, clicam novamente naquele que desejam. Outras pessoas gostam de pressionar o botão do mouse continuamente depois do clique inicial no título do menu, arrastar o cursor pela lista para o comando desejado e só então liberar o botão do mouse. Qualquer um desses métodos funciona bem.

- **Atalhos de teclado.** Se você estiver digitando em uma intensa energia criativa, atrapalha ter que segurar o mouse para usar um menu. Por isso é que muitos fãs do Mac preferem acionar comandos do menu pressionando determinadas combinações no teclado. Por exemplo, em processadores de texto, você pode pressionar ⌘-B para produzir uma palavra em **negrito**. Ao ler uma instrução como "pressione ⌘-B", comece pressionando a tecla ⌘, depois, enquanto ela estiver pressionada, digite a letra B e, finalmente, libere ambas as teclas.

Dica: Sabe o que é realmente bom? O atalho de teclado para abrir a caixa de diálogo Preferências em cada programa Apple – Mail, Safari, iMovie, Editor de Texto, Pré-Visualização (Preview) e outros – é sempre o mesmo: ⌘-vírgula. Melhor ainda, tal padrão também está em conformidade com outras empresas de software; por exemplo, Word, Excel, Entourage e PowerPoint usam o mesmo atalho de teclado.

- **Ícones.** As pequenas figuras coloridas que aparecem em diversas pastas de sua Mesa são os símbolos gráficos que representam cada programa, disco e documento em seu computador. Se você clicar um ícone de cada vez, ele escurece, indicando que você acabou de *destacá-lo* ou *selecioná-lo*. Agora, você está pronto para manipulá-lo usando, por exemplo, um comando de menu.

- **Caixas de verificação, botões de rádio, abas.** Veja a Figura I-1 para uma rápida referência visual dos controles na tela que você usará com mais frequência.

Outras dicas de como dominar o teclado do Macintosh estão mais adiante. Caso contrário, se já domina todas essas informações, você possui toda a base técnica necessária para aproveitar o *Mac OS X Snow Leopard: O Manual que Faltava*.

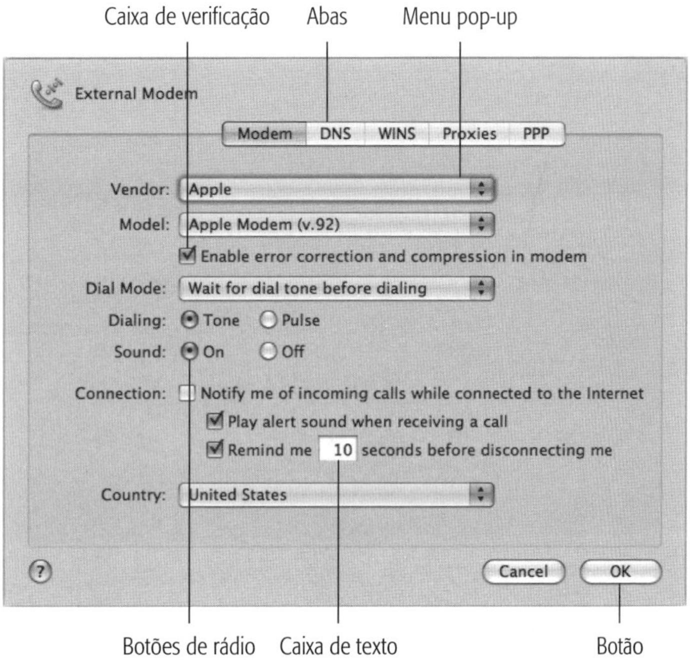

Figura I-1:
O gerenciamento do Mac OS X inclui saber como são chamadas as coisas, especialmente os tipos de controles encontrados nas caixas de diálogo.

A propósito, observe que as subdivisões da caixa de diálogo, uma vez chamadas de abas, ainda são assim, mesmo que não se pareçam mais com abas de arquivo-pasta.

Parte Um: O Desktop do Mac OS X

CAPÍTULO
1

Pastas e janelas

Entrando no Mac OS X

Quando você liga um Mac rodando o Mac OS X 10.6, um logotipo da Apple o saúda, seguido por uma engrenagem animada girando que informa "Favor aguardar" – e depois, você entra. Sem barra de progresso, sem tarja vermelha.

Figura 1-1:
À esquerda: Em Macs configurados para serem utilizados por usuários em momentos distintos, essa é uma das primeiras coisas que você vê ao ligar o computador. Clique no seu nome. (Se a lista for longa, você pode precisar rolar para encontrar o seu nome ou apenas digitar algumas das primeiras letras dele.)

À direita: Nesse ponto é solicitado que digite a sua senha. Digite-a e depois, clique Log In (ou pressione Return; usando essa tecla você geralmente "clica" qualquer botão azul pulsante que esteja em uma caixa de diálogo). Se você tiver digitado a senha errada, toda a caixa de diálogo vibra em resposta, sugerindo que você tente de novo.

Logando

O que acontece a seguir vai depender se você é o único usuário do Mac ou se tem que compartilhá-lo com outras pessoas em um escritório, na escola ou em casa.

- **Se ele for o seu próprio Mac**, e você já tiver passado pelo processo de configuração descrito no Apêndice A, não há problemas. Você chega ao desktop do Mac OS X.

- **Se ele for um Mac compartilhado**, você pode encontrar a caixa de diálogo Log In, mostrada na Figura 1-1. Clique no seu nome na lista (ou digite-o, se não houver lista).

  Se o Mac pedir sua senha, digite-a e depois clique em Log In (ou pressione Return). Você chega ao desktop. O Capítulo 12 oferece muito mais detalhes sobre essa questão de contas de usuário e login.

Os elementos da Mesa do Mac OS X

A Mesa mostrada na Figura 1-2 é a paisagem tridimensional cintilante do Mac OS X. Em um novo Mac, ela é coberta por uma fotografia de galáxia estrelar, o fundo padrão do Snow Leopard. (Se você fez uma atualização a partir de uma versão anterior do Mac OS X, a imagem do desktop que estava utilizando anteriormente será mantida. De fato, à primeira vista você não verá nenhuma grande diferença no Snow Leopard.)

Se você já tiver usado um computador antes, a maioria dos objetos em sua tela não é mais do que versões atualizadas de elementos familiares. Eis um rápido passeio.

Figura 1-2: *A paisagem do Mac OS X parece mais uma versão futurista dos sistemas operacionais que você conhece. No entanto, é apenas um ponto de partida. Você pode arrumá-la com uma foto de fundo diferente, ajustar suas janelas de um milhão de maneiras e, claro, encher o Dock apenas com programas, discos, pastas e os arquivos de que precisa.*

Nota: Se a sua Mesa parecer ainda mais vazia do que isso, sem ícones, quase nada no Dock, então, alguém encarregado de seu Mac ativou para você o modo Finder Simples.

Ícones de disco

Durante anos, a Apple tem incentivado sua legião de fiéis usuários a manter um desktop limpo, livrando-se de todos aqueles ícones que muitas vezes deixamos espalhados por ele. Especialmente o ícone do disco rígido, que apareceu no canto superior direito da tela desde o Mac original de 1984.

No Snow Leopard, o ícone Macintosh HD não aparece mais na tela (a menos que ele já estivesse lá antes da atualização). Quando a Apple diz: "Olha, se você deseja acessar seus arquivos e pastas, basta abri-los diretamente – a partir do Dock ou da sua pasta Home (Início)", na verdade ela quis dizer: "A maioria das coisas do seu disco rígido consiste de arquivos de sistema que não interessam a você, então vamos escondê-lo, ok?"

Nota: Se você preferir que o ícone do disco retorne ao seu desktop onde ele costumava ficar, então o Snow Leopard pode te ajudar. Selecione Finder → Preferences (Finder → Preferências), clique em General (Geral) e ative a caixa de seleção dos discos cujos ícones você deseja ter em seu desktop: discos rígidos, externos, CDs etc.

Dock

Essa fileira de ícones translúcidos, quase fotográficos, serve como partida para iniciar os programas, arquivos, pastas e discos que você usa com frequência – e é uma indicação para que você saiba quais programas já estão abertos. No Snow Leopard, eles aparecem no restante de uma lâmina de vidro fumê transparente.

Em princípio, o Dock é bem simples:

- **Os programas ficam do lado esquerdo.** Todo o resto vai para a direita, inclusive documentos, pastas e discos. (A Figura 1-2 mostra a linha divisória.)

- **Você pode acrescentar um novo ícone ao Dock, arrastando-o para lá.** Reorganize os ícones, arrastando-os como peças em um quebra-cabeça. Remova um ícone do Dock arrastando-o para fora e divirta-se com o efeito animado de fumaça que aparece quando você solta o botão do mouse. (Não é possível, entretanto, remover o ícone de um programa que esteja aberto no momento.)

- **Clique *algo uma* vez para abrir.** Quando você clica no ícone de um programa, aparece um pequeno ponto luminoso sob o seu ícone, para que você saiba que ele está aberto.

  Ao clicar o ícone de uma pasta, você obtém uma *pilha* (*stack*) (uma fileira arqueada de ícones, ou uma grade deles) indicando o que há dentro.

- **Cada ícone do Dock gera um menu pop-up.** Para ver o menu, pressione o botão do mouse em um ícone do Dock, ou dê sobre ele um Control-clique, ou clique com o botão direito. Logo surge um menu de atalho de comandos úteis.

- **Pressione o botão do mouse.** Em um ícone de programa no Dock para ver miniversões de todas as janelas abertas daquele programa. Essa funcionalidade, nova no Snow Leopard, é uma extensão do Exposé. (Clique a janela ou o ícone do Dock para fechar o Exposé.)

Pelo fato de o Dock ser um componente crítico do Mac OS X, a Apple dotou-o de vários controles de personalização, suficientes para mantê-lo ocupado, experimentando-o, por meses. É possível mudar o seu tamanho, movê-lo para os lados de sua tela, ocultá-lo totalmente e assim por diante. O Capítulo 4 contém instruções completas sobre o uso e o entendimento do Dock.

O menu

O menu abriga comandos importantes do Mac, como Repouso (Sleep), Reiniciar (Restart) e Encerrar Sessão (Shut Down). Eles estão sempre disponíveis, não importando qual programa você esteja usando.

A Barra de Menus

Cada sistema operacional economiza espaço, ocultando os seus menus mais importantes em *menus*. Os menus do Mac OS X são especialmente refinados:

- **Eles são auto-ocultáveis.** O Mac OS X é *multitarefa*, o que significa que ele é perfeitamente capaz de executar suas atividades em background enquanto você observa os seus menus translúcidos abertos. Assim, os menus do Mac OS X permanecem abertos até que você clique o mouse ou dispare um comando a partir do teclado – o que acontecer primeiro.

Dica: Na verdade, os menus são ainda mais inteligentes do que isso. Se você der um clique rápido no nome de um menu, ele se abre e permanece aberto. Se você clicar e *mantiver* pressionado o botão do mouse por um momento, o menu se abre, mas fecha de novo quando você soltar o botão do mouse. A Apple supõe que, nesse caso, você está apenas explorando, lendo ou procurando determinado comando.

- **Eles são translúcidos.** A menos que você tenha desativado essa opção em System Preferences→Desktop & Screen Saver (Preferências do Sistema→Mesa/Protetor de Tela), é possível ver vagamente o fundo através da barra de menu.

- **Eles foram logicamente reorganizados.** O primeiro menu (que aparece em negrito) mostra o programa que você está utilizando. Os comandos nesse *menu Aplicativo* incluem Sobre (About – que informa a versão do programa que você está usando), Preferências (Preferences), Encerrar (Quit) e comandos como Ocultar Outros (Hide Others) e Mostrar Tudo (Show All), que ajudam a controlar a desordem da janela.

Em resumo, todos os comandos do menu Aplicativo referem-se ao programa que você está usando.

Em seguida vêm os menus Arquivo (File) e Editar (Edit). O menu Arquivo contém comandos para abrir, salvar e fechar *arquivos* (viu a lógica?). O menu Editar contém comandos como Cortar (Cut), Copiar (Copy) e Colar (Paste).

Quase sempre o último menu é Ajuda (Help). Ele abre uma miniatura de um navegador Web, que possibilita a busca on-line de textos explicativos de arquivos de Ajuda.

- **Você pode operá-los a partir do teclado.** Quando tiver clicado um menu aberto, você pode selecionar qualquer comando, bastando digitar a primeira letra (por exemplo, *O* para Obter Informações). É ótimo, particularmente para menus pop-up em sites Web, onde você precisa encontrar "Brasil" no meio de mais de 200 países na lista. Você só precisa digitar *Br* para ir direto à palavra.

  Também é possível pressionar Tab para abrir o próximo menu, Shift-Tab para abrir o anterior e Enter para "clicar" o comando selecionado.

  Existe até uma forma de *abrir* o menu a partir do teclado, para iniciar o processo.

Janelas e como trabalhar com elas

Ao projetar o Mac OS X, um dos principais objetivos da Apple era enfrentar o problema da proliferação de janelas. À medida que você cria mais arquivos, coloca em mais pastas e inicia mais programas, é fácil acabar paralisado diante de uma tela cheia de retângulos sobrepostos.

Esse é o problema admiravelmente atribuído ao Exposé e Spaces.

Mas, nas próprias janelas, há também alguns controles úteis de organização e navegação. Por exemplo:

A Barra Lateral

A Barra Lateral é o painel do lado esquerdo de toda janela do Finder, a menos que você a tenha ocultado (aliás, ela também aparece do lado esquerdo de toda caixa de diálogo Abrir e de toda a caixa de diálogo Salvar que esteja maximizada).

A Barra Lateral foi revisada. Agora, essa lista tem quatro diferentes seções, cada qual precedida por um cabeçalho retrátil:

- **Dispositivos (Devices).** Essa seção relaciona cada dispositivo de armazenagem conectado ou instalado dentro do seu Mac: discos rígidos, CDs, DVDs, iPods, cartões de memória, pendrives USB e assim por diante. Os removíveis (CDs, DVDs, iPods e outros) apresentam um pequeno ícone cinza ⏏, que você pode clicar para ejetar o disco.

- **Compartilhado (Shared).** Demorou 20 anos para um sistema operacional relacionar todos os computadores em uma rede doméstica ou de pequeno escritório, explicitamente em cada janela, sem qualquer escavação, conexão, clique de botão ou abertura de janela. Mas, aqui está: uma lista completa dos outros computadores em sua rede (Macs e PCs), cujos proprietários ativaram o Compartilhamento de Arquivo (File Sharing), pronta para ser acessada.

- **Locais (Places).** Essa seção principal da barra de título relaciona os *locais* (no caso, pastas), onde você pode procurar por arquivos e outras pastas. Para essa

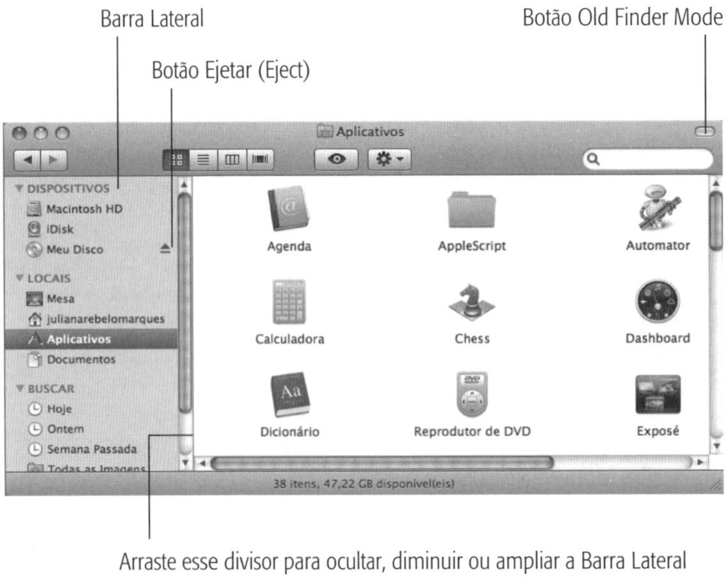

Figura 1-3:
A SideBar torna a navegação muito mais rápida, porque você pode se movimentar entre áreas distantes do seu Mac com um único clique. Na visualização em colunas, a SideBar é especialmente útil, pois elimina todas as colunas para a esquerda daquela que você deseja, até o fim de volta ao nível do disco rígido. Você acabou de dobrar o seu desktop!

Coisas legais para colocar aqui: programas favoritos, discos de uma rede em que você se conecta com frequência, um documento em que você trabalha todos os dias etc. Os ícones de pastas e arquivos funcionam da forma que você conhece. Você pode arrastar um documento para o ícone de uma pasta para guardá-lo lá, arrastar um arquivo .sit baixado no ícone do Stuffit Expander, e por aí vai. De fato, os discos e pastas aqui ainda funcionam com abertura automática.

lista, é possível arrastar os ícones de tudo – arquivos, programas, pastas, discos etc. – para acessá-los facilmente.

Cada ícone é um atalho de teclado. Por exemplo, clique no ícone Aplicativos para ver o conteúdo de sua pasta Aplicativos na parte principal da janela (Figura 1-3). Se você clicar o ícone de um arquivo ou programa, ele abre.

Destaque do Snow Leopard: Se você arrastar tudo o que estiver listado nos títulos Devices (Dispositivos), Places (Locais) ou Search for (Buscar por) para fora da barra, o próprio título desaparece para economizar espaço. O título reaparece na próxima vez que você colocar alguma coisa em sua categoria de volta na SideBar (Barra Lateral).

- **Buscas (Searches).** Na verdade, as "pastas" nessa seção da Barra Lateral são buscas pré-fabricadas que são executadas instantaneamente quando você clica uma delas. Por exemplo, se você clicar a pasta Hoje (Today), a janela principal se enche com todos os arquivos e pastas de seu computador que você tiver mexido hoje. As pastas Ontem (Yesterday) e Semana Passada (Last Week) funcionam da mesma maneira.

  As buscas de Todas as Imagens (All Images), Todos os Filmes (All Movies) e Todos os Documentos (All Documents) englobam tudo o que há nas categorias desses tipos de arquivos, não importando em quais pastas estejam.

  Essas buscas instantâneas são muito úteis por si só, mas melhor ainda é o quão fácil é fazer a sua *própria* busca de pastas para colocar aqui.

Ajustando a Barra Lateral

A beleza desse estacionamento de pastas é que ele é muito fácil de configurar com os *seus* locais preferidos. Por exemplo:

- **Remova** um ícone, arrastando-o totalmente para fora da Barra Lateral. Ele some como uma nuvem de fumaça (e tem até um efeito sonoro: "*puff*"). De fato, você não removeu nada do seu Mac; simplesmente tirou o seu atalho da Barra Lateral.

Dica: Não é possível arrastar itens compartilhados para fora da lista. Da mesma forma, se você arrastar um dispositivo para fora da lista, terá que clicar Finder→Preferências para colocá-lo de volta.

- **Reorganize** os ícones, arrastando-os para cima ou para baixo na lista. (No entanto, você não tem permissão para reorganizar computadores relacionados na seção Compartilhados.)

- **Instale um novo ícone**, arrastando-o para fora de sua Mesa (ou para fora de uma janela) em qualquer ponto na lista Locais da Barra Lateral. Diferentemente das versões anteriores do Mac OS X, você não pode arrastar ícones para qualquer seção da Barra Lateral – apenas para a seção Locais.

Dica: Também é possível selecionar um ícone sempre que for necessário e depois clicar em File→Add (Arquivo→Adicionar) ou simplesmente pressionar ⌘-T.

- **Ajuste a largura da Barra Lateral.** Arrastando a sua *margem direita* – seja a fina linha divisória ou a margem direita mais externa da barra de rolagem vertical, se houver uma – você "sente" um toque no ponto onde a linha cobre cerca de metade do nome de cada ícone. Quaisquer nomes cobertos fazem brotar elipses (...) para que você saiba que tem mais texto (como em "Planilhas Confidenciais de Propi...").

- **Oculte a Barra Lateral.** Pressionando ⌘-S, que é o atalho para o novo comando View→Hide SideBar (Visualizar→Ocultar Barra Lateral). Traga-a de volta pressionando a mesma combinação de teclas (ou utilizando o comando Show SideBar [Mostrar Barra Lateral]).

Nota: A SibeBar também se auto-oculta quando você clica o botão Old Finder Mode (Modo Antigo do Finder).

HORA DA SOLUÇÃO DE PROBLEMAS

Acertando a Barra Lateral

Nos tempo pré-Leopard, arrastar itens para fora da barra lateral para se livrar deles virou um pequeno problema: quando você tiver arrastado o ícone do HD ou iDisk do Macintosh para fora do alto da barra lateral, não é possível arrastá-lo de volta. De repente, você está preso, com o divisor horizontal órfão, sem nada para dividir. A metade de cima da sua lista está vazia.

Hoje em dia, felizmente, é possível arrastar de volta qualquer item que foi mandado pra fora, inclusive grandes itens como Home e Macintosh HD. (Além disso, agora os *títulos* inteiros aparecem e desaparecem conforme necessário.)

Por isso é que a Apple lhe dá uma maneira rápida de recuperar a Barra Lateral para as suas configurações de fábrica.

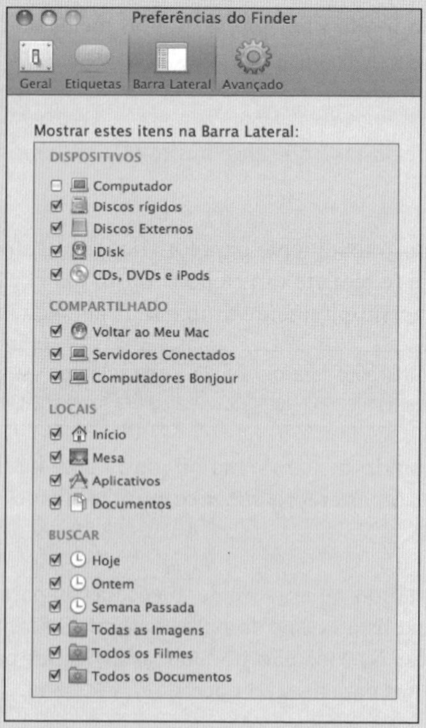

Ainda assim, há um modo mais rápido de restaurar a Barra Lateral.

Se você clicar em Finder→Preferências e depois clicar o botão Barra Lateral, encontrará as caixas de verificação mostradas aqui. Elas permitem que você ponha de volta os ícones instalados pela Apple que, na pressa, você pode ter removido. Basta ativar uma caixa de verificação para recuperar o seu ícone em sua Barra Lateral. Portanto, se alguma coisa que você espera ver em sua Barra Lateral não estiver lá, verifique aqui.

Por outro lado, você pode muito bem otimizar a sua vida digital, desativando as caixas de verificação de ícones que nunca vai querer ver ocupando espaço em sua Barra Lateral.

Mas por que você iria *querer* ocultar a Barra Lateral? Trata-se de uma das ajudas mais úteis de navegação desde a invenção do volante. Por exemplo:

- **Ela tira muita pressão do Dock.** Em vez de encher o seu Dock com ícones de pastas (todos terrivelmente parecidos e sem nome), use a Barra Lateral para armazená-los. Você deixa o Dock com muito mais espaço livre para programas e documentos.

- **É melhor do que o Dock.** De certo modo, a Barra Lateral é muito *parecida* com o Dock, pois você pode colocar lá os seus ícones preferidos, sendo eles de qualquer tipo. No entanto, a Barra Lateral mostra os *nomes* desses ícones e o Dock não.

- **Ela facilita a ejeção de disco.** Apenas clique o botão ⏏ perto de qualquer disco removível para fazê-lo ser colocado para fora. Depois de 20 anos, finalmente o Mac supera o problema "É ilógico ejetar um disco arrastando-o para o Lixo!".

- **Ela facilita a queima de disco.** Quando você tiver inserido um CD ou DVD virgem e carregado as coisas que deseja copiar, clique o botão Burn (Queimar), parecido com um símbolo radioativo, próximo ao seu nome, para começar a copiar aquele disco.

Figura 1-4: *Quando Steve Jobs revelou o Mac OS X, na Macworld Expo, em 1999, ele disse que o seu objetivo era tornar a criação de uma interface tão atraente, "que você ia querer dar uma lambida". As janelas da Mesa, com seus controles suculentos com sabores de frutas são um bom ponto de partida.*

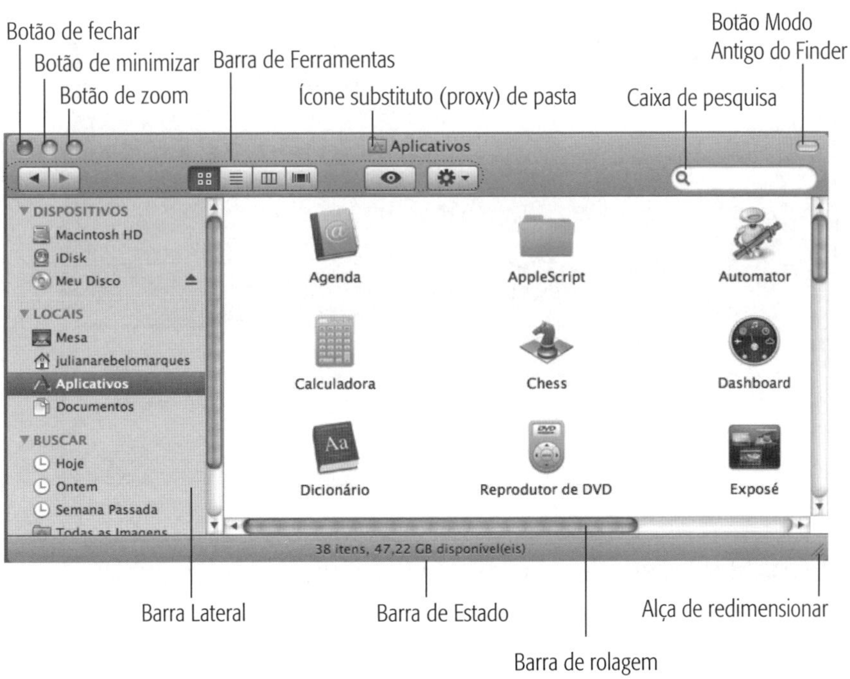

- **É possível arrastá-la para dentro de pastas e discos.** Isto é, você pode arrastar os discos e pastas para dentro dos ícones da Barra Lateral, exatamente como se eles fossem os verdadeiros discos, pastas e programas que representam.

- **Ela simplifica a conexão com discos de rede.** Estacione os ícones do disco rígido do seu computador aqui, e você poupa várias etapas além do ritual normal de conectar através da rede.

Barra de título

A barra de título (Figura 1-4) possui diversas funções. Primeiro, quando várias janelas estão abertas, a barra de título sombreada, o nome da janela, o mini-ícone e os botões coloridos do canto esquerdo informam qual janela está *ativa* (na frente); nas janelas em background, esses elementos aparecem escurecidos e translúcidos. Em segundo lugar, a barra de título age como uma *alça*, permitindo que você movimente a janela pela tela.

Claro que também é possível mover as janelas do Mac OS X, arrastando *qualquer* "pequena borda cinza"; veja a Figura 1-5.

Figura 1-5:
O Mac OS X não é mais feito de alumínio escovado simulado. Agora ele é modulado com tiras de degradê cinza (isto é, sombreados que variam do claro para o escuro). Qualquer dessas tiras de degradê cinza serve como alça para arrastar a janela.

Dica: Eis um atalho de teclado elegante. Você pode circular pelas diferentes janelas abertas em um programa, sem usar o mouse. Apenas pressione ⌘-~ (isto é, a tecla de "til", à esquerda da tecla do número 1). Com cada toque, você traz para frente uma janela diferente dentro do programa atual. Ele funciona tanto no Finder quanto em seu programa diário, e é melhor do que o uso do mouse para escolher um nome a partir do menu da janela.

Depois de abrir uma pasta que estiver dentro de outra, o *menu secreto de hierarquias de pasta* da barra de título é uma maneira eficiente de voltar atrás – retornar à janela de nível superior. Adquira o hábito de clicar com o botão à direita (ou Control-clique, ou ⌘-clique) no nome da janela, para acessar o menu mostrado na Figura 1-6. (Você pode liberar a tecla Control ou ⌘ imediatamente após clicar.)

Figura 1-6:
Dê Control-clique (ou clique com botão à direita ou ⌘-clique) em uma barra de título da janela Finder para chamar a pasta oculta do menu de hierarquias. Esse truque também funciona na maioria dos outros programas do Mac OS X. Por exemplo, você pode dar ⌘-clique no título da janela de um documento para descobrir onde, de fato, o documento está salvo.

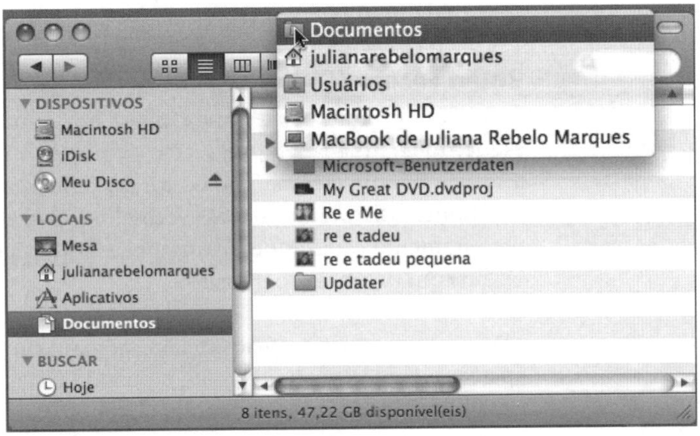

Escolhendo o nome de uma pasta por esse menu, você abre a janela correspondente. Quando estiver navegando pelo conteúdo da pasta Usuários (Users), por exemplo, é possível voltar à janela do disco rígido principal, com um Control-clique no nome da pasta e depois escolhendo Macintosh HD do menu.

Dica: Amantes do teclado, anotem. Em vez de usarem esse menu de barra de título, vocês também podem pular para a janela de nível superior, pressionando ⌘-seta para cima, que é o atalho para o comando Go→Enclosing Folder (Ir→Pasta Superior).

Pressionar ⌘-seta para baixo o leva de volta à pasta inicial, assumindo que ela ainda esteja selecionada. (Isso faz mais sentido na prática do que lendo aqui.)

Uma vez que você esteja dominando como arrastar itens, estará pronto para esses três fantásticos atalhos:

- **Pressionando a tecla ⌘.** Você pode arrastar a barra de título de uma janela *inativa* – uma que esteja parcialmente coberta por uma janela na frente – sem trazê-la para a frente. (Arraste qualquer parte vazia da barra de título – não a própria barra.)

A propósito, você pode fechar, minimizar, ou dar um zoom em uma janela de fundo, sem a ajuda da tecla ⌘. Apenas clique um daqueles três botões correspondentes da barra de título. O Mac OS X faz isso sem tirá-lo de sua janela ou programa atual.

- **Clicando duas vezes na barra de título.** Você *minimiza* a janela, fazendo com que ela vá para o Dock, exatamente como seria se você tivesse clicado o botão Minimizar (Minimize supondo, é claro, que você não tenha desativado esse recurso em System Preferences [Preferências do Sistema]).

- **A tecla Option.** Significa "aplique esta ação a todos as janelas no programa atual". Por exemplo, clicando duas vezes em qualquer barra de título e pressionando Option minimiza *todas* as janelas da Mesa, fazendo com que elas voltem rapidamente para o Dock.

Botão Fechar (Close)

Quando a ponta do seu cursor passa por cima dos três botões do canto superior esquerdo de uma janela, aparecem pequenos símbolos dentro deles: x, - e +. Ignore a fofoca de que esses símbolos foram adicionados para ajudar os daltônicos, que não podem distinguir as cores vermelha, amarela e verde. As pessoas daltônicas são perfeitamente capazes de distinguir os botões por suas posições, exatamente como fazem com os sinais de trânsito.

Mas para as pessoas que não estejam prestando atenção na posição do botão, essas dicas aparecem para distinguir os botões quando todos os três estão igualmente *cinza*, como eles ficam quando você usa o modo Graphite (Grafite). Eles também sinalizam quando é hora de clicar. Por exemplo, conforme descrito na seção anterior, é possível usar esses três botões até quando a janela não está na frente. Você sabe que os botões estão prontos para o clique quando vê que os pequenos símbolos estão sob o seu cursor.

O dispositivo de janela mais importante é o botão de fechar, o botão vermelho em forma de balinha na extremidade superior esquerda (Figura 1-7). Clicar nele, fecha a janela, que a leva de volta ao ícone que a trouxe.

Dica: Quando estiver trabalhando em um documento, se você vir um pequeno ponto no centro do botão de fechar, significa que o Mac OS X está tentando dizer que você não salvou o seu trabalho. O ponto desaparece quando você salva o documento.

O equivalente do botão de fechar no teclado é ⌘-W (de window – janela), um toque de tecla que deve ser decorado. Se você adquirir o costume de fechar janelas com essa flexão de sua mão esquerda, vai ver como é muito mais fácil fechar várias janelas em sequência, sem precisar clicar sucessivos botões para isso.

Em muitos programas, uma coisa especial acontece se você pressionar a tecla Option ao usar o botão de fechar, ou o seu equivalente ⌘-W: você fecha *todas* as janelas abertas. Esse truque é especialmente útil no Finder, onde a busca por um documento em particular pode ter deixado a sua tela cheia de janelas abertas, que não têm mais qualquer utilidade. Clicar Option no botão de fechar *qualquer* janela (ou pressionar Option-⌘-W) fecha todas elas.

USUÁRIOS PROFISSAS

O comando Ir para a Pasta (Go to Folder)

Às vezes, um tentáculo Unix se projeta pela interface amistosa do Mac OS X. Eventualmente, você encontra um lugar onde é possível usar esses atalhos Unix, em vez do mouse.

Um exemplo clássico é o comando Go→Go to Folder (Shift-⌘-G) (Ir→Ir para a Pasta). Ele traz para frente uma caixa como a mostrada aqui.

O objetivo dessa caixa é permitir que você pule diretamente para determinada pasta em seu Mac, digitando o seu *caminho de pasta* Unix. Dependendo do seu ponto de vista, essa caixa especial ou é um atalho ou um desvio.

Por exemplo, se você quiser ver o que há na pasta Documentos da sua pasta Início, é possível escolher Ir→Ir para a Pasta e digitar o seguinte:

/Users/Juliana/Documents (/Usuários/Juliana/Documentos)

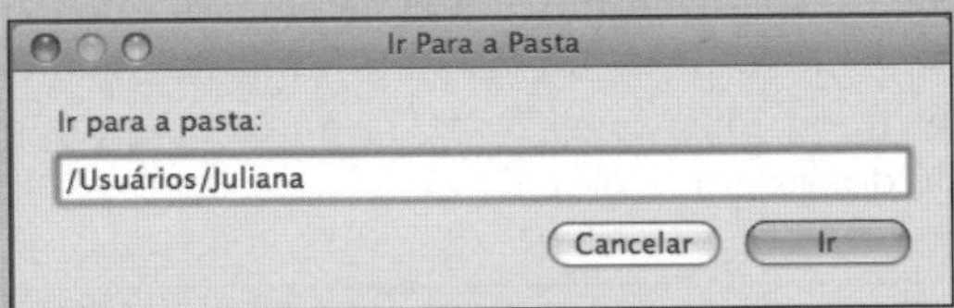

Depois, clique em Ir ou pressione Return (claro que nesse exemplo, *Juliana* é o nome abreviado de sua conta.)

Em outras palavras, você está dizendo ao Mac para abrir a pasta Usuários em sua janela de disco rígido principal, depois, a sua pasta Início dentro dela, e depois, a pasta Documentos que está lá dentro. Cada barra inclinada significa "e depois abra" (Se o seu caminho iniciar com uma barra inclinada, você pode deixar de fora o nome de seu disco rígido.) Ao pressionar Enter, a pasta especificada se abre imediatamente.

É lógico que se você realmente quisesse pular para a sua pasta Documentos, estaria perdendo tempo digitando tudo isso. O Unix (e, portanto, o Mac OS X) oferece um atalho inteligente que significa "pasta home". É o caractere til (~), no canto superior esquerdo de seu teclado.

Portanto, para ver o que há em sua pasta Início, é necessário apenas digitar o símbolo ~ na caixa Ir para a Pasta e depois pressionar Return. Ou então, você pode adicionar a ela algumas barras inclinadas para especificar uma pasta dentro de sua pasta Início, assim:

~/Documentos

É possível até pular para a pasta Início de outra pessoa, digitando um nome depois do símbolo, assim:

~Juliana

Se gostar desse tipo de coisa, eis um outro atalho que não vale nada: se você não digitar nada, a não ser uma barra inclinada (/) e depois pressionar Return, imediatamente você será levado para a janela Computador, a qual oferece uma visualização geral de todos os seus discos.

Observe ainda que não é preciso digitar o caminho completo – apenas a parte que completa o caminho da janela em que você estiver. Se a sua janela de pasta Início já estiver aberta, por exemplo, é possível abrir a pasta Imagens (Pictures), simplesmente digitando *Imagens*.

Porém, o truque de Ir para a Pasta transforma-se realmente em um ótimo poupador de tempo se você usar a *complementação automática*. Veja como funciona: depois de cada barra inclinada, você só precisa digitar algumas letras do nome de uma pasta para dar ao Mac OS X a ideia do que procura – por exemplo, em vez de *Aplicativos* – e depois esperar por uma fração de segundo (ou, se estiver com pressa, pressionar a tecla Tab). Instantânea e automaticamente, o Mac OS X preenche o resto no nome da pasta. Ele até coloca automaticamente as maiúsculas nos nomes da pasta para você. (No Unix as maiúsculas são importantes.)

Por exemplo, em vez de digitar */Aplicativos/Microsoft Office/clipart/Standard*, você poderia digitar apenas */ap/mi/cl/st*, lembrando de pressionar Tab após cada par de letras. Você vai se sentir como um verdadeiro hacker de Unix.

Por outro lado, o truque da tecla Option não fecha as janelas de todos os programas – fecha apenas aquelas do programa ativo. O uso de Option para fechar um documento do Pages faz o mesmo com todas as *janelas do Pages*, mas as do Finder permanecem abertas.

Botão Minimizar (Minimize)

Clique no botão que parece uma gota de gel amarela para *minimizar* qualquer janela do Mac, encolhendo-a a partir de um efeito animado, como um gênio da lâmpada, levando-a para a extrema direita do Dock, onde, depois, ela aparece como um ícone. A janela não desapareceu, apenas está fora de seu caminho por um momento, como se você a tivesse colocado em uma prateleira. Para trazê-la de volta, clique no ícone recém-criado no Dock (veja a Figura 1-7) consulte o Capítulo 4 para mais informações sobre o Dock.

Minimizar uma janela dessa maneira é uma ótima ferramenta para o gerenciamento de janelas. No Finder, minimizar uma janela permite que você veja quaisquer ícones que estejam ocultos atrás dela. Em um processador de textos, essa técnica permite que você digite um memorando que exija frequentes consultas a uma planilha por trás dele. Em um navegador Web, isso permite que você oculte uma janela que tenha de permanecer aberta (porque você está aguardando a finalização de alguma tarefa) de forma que você possa ler alguma outra coisa enquanto isso.

E agora, algumas belezinhas do botão Minimizar:

- Se você aprecia a capacidade de minimizar a sua janela dessa forma, lembre-se que você, na verdade, possui um alvo maior que o botão Minimizar. A *barra de título inteira* se torna um botão Minimizar gigante quando você dá um duplo clique em qualquer lugar dela. (Essa é uma opção no painel Appearance [Aparência] do System Preferences.)

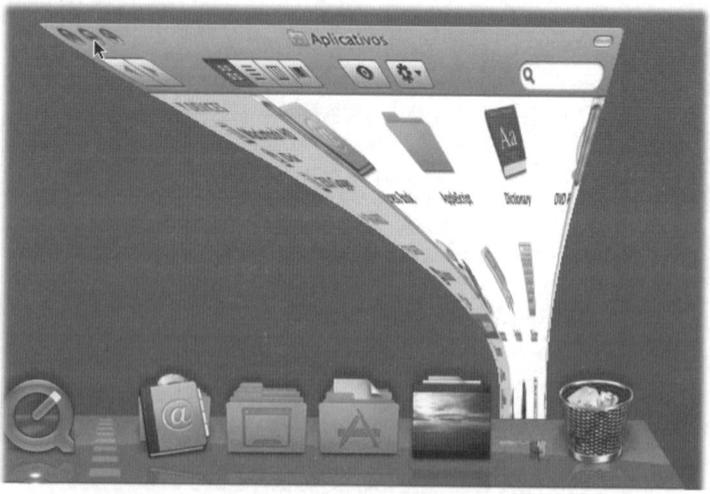

Figura 1-7:
Um clique no botão de Minimizar envia rapidamente uma janela para o Dock, como se ela fosse forçada a entrar em um pequeno funil invisível. Um pequeno ícone aparece no canto inferior direito de sua imagem minimizada, para identificar o programa em que está sendo rodado.

Melhor ainda, você também pode minimizar a janela ativa de praticamente qualquer programa (incluindo o Finder) a partir do teclado, pressionando ⌘-M. É um atalho de teclado que realmente vale a pena memorizar.

- O botão Minimizar abriga uma funcionalidade oculta muito interessante. Se você Option-clicá-lo, *todas* as janelas do programa corrente são minimizados simultaneamente – ótimo quando você está com várias janelas do navegador ou de documentos do editor de texto abertas.

- Você deve imaginar que Option-clicar uma janela minimizada no Dock irá restaurar *todas* as janelas do programa – e, de fato, isso é verdadeiro para os programas Cocoa. Mas quando se trata de um programa Carbon, como o Word ou o Photoshop, então você terá de clicar as janelas uma a uma no Dock para trazê-las de volta.

Dica: O Mac OS X pode até mesmo mudar comandos do menu enquanto você pressiona teclas modificadoras. Por exemplo, abra um par de janelas do Finder e depois clique no menu da janela. Olhe atentamente o comando Minimizar. Depois, pressione Option e observe, enquanto as palavras e o equivalente do teclado mudam instantaneamente para Minimize All (Minimizar Tudo) (Option-⌘-M).

A tecla Option também faz maravilhas no menu Arquivo.

USUÁRIOS PROFISSAS

Ajustando a velocidade do gênio

A Apple tem um nome para a animação que você vê ao minimizar, abrir ou fechar uma janela: o *efeito Genie*, porque ele se parece muito com a maneira que Barbara Eden, Robin Williams e outros gênios da TV e do cinema entravam e saíam de suas lâmpadas e garrafas mágicas.

No entanto, você não precisa observar exatamente da mesma maneira a animação do "gênio", dia após dia. É possível diminuir ou aumentar a velocidade dele, assim:

Diminuindo a velocidade: sempre que Steve Jobs realiza uma demonstração do Mac OS X, um de seus truques preferidos é diminuir a velocidade da animação, para que você seja capaz de vê-la em toda a sua glória, em câmera lenta. Como ele faz isso?

Shift-clique em um botão Minimizar de uma janela, ela recua para o Dock com cerca de um quinto de sua velocidade normal - com certeza, um efeito que prende a respiração dos espectadores. A tecla Shift também mostra lentamente a animação contrária, a que você vê ao clicar um ícone de janela no Dock para restaurá-la ao tamanho cheio (Shift-clicar um botão para diminuir a velocidade de sua animação é tema constante no Mac OS X. Você o verá mencionado em diversos pontos deste livro.)

Aumentando a velocidade: não há um toque de tecla para fazer a animação ir mais depressa. No entanto, você pode substituir por um estilo mais rápido de animação para minimizar.

Para fazê-lo, escolha →Dock→Preferências do Dock (Dock Preferences). No menu pop-up Minimizar Usando (Minimize Using), escolha Efeito Escala (Scale Effect) e depois escolha a janela. Agora, em vez de passar por um funil invisível, as janelas minimizadas apenas se encolhem enquanto voam para o Dock, permanecendo retangulares. O tempo que você economiza não é exatamente o suficiente para ir para casa uma hora mais cedo diariamente, mas pelo menos você tem a ilusão de uma velocidade maior. (Na verdade, também existe um terceiro estilo de animação, porém, há um truque para descobri-lo.

- Nos velhos (e maus) tempos (até o final de 2009), minimizar um monte de documentos poderia resultar em uma bagunça completa. Cada um voava para o Dock, criando um novo ícone lá, espremendo tudo cada vez mais, encolhendo os ícones do Dock até eles se reduzirem ao tamanho de Tic-Tacs.

  No Snow Leopard, você pode fazer com que as janelas do seu documento se minimizem no ícone do respectivo programa no Dock em vez de criar um *novo* ícone no Dock para cada um deles. Dessa forma, o Dock não fica lotado, e os ícones dele não se encolhem até parecer um átomo.

  Para ativar essa funcionalidade, selecione →System Preferences→Dock (→Preferências do Sistema→Mesa). Ative a opção Minimize windows into application icon (Minimizar janelas e mantê-las no ícone do aplicativo).

  Mas como trazer aquelas janelas *de volta* do ícone do Dock? Você utiliza o Exposé.

Botão de Zoom

Um clique no botão que parece uma bolha verde (veja a Figura 1-7), torna uma janela na Mesa grande o bastante para mostrar todos os ícones que ela contém (ou, em programas de aplicativos, suficiente para exibir todos os textos, gráficos ou músicas). Se o seu monitor não for grande o bastante para exibir todos os ícones em uma janela, a caixa de zoom redimensiona a janela para exibir o máximo possível.

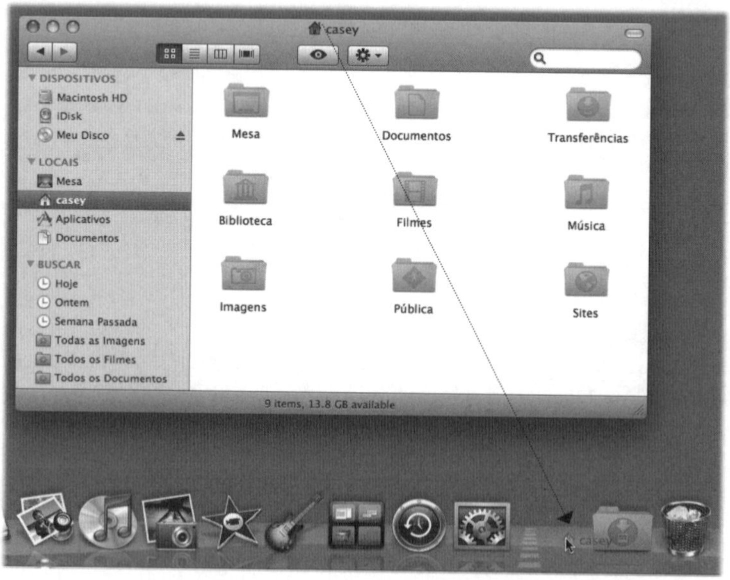

Figura 1-8: *Ao se ver diante de uma janela do Finder que contém material útil, pense na possibilidade de arrastar o seu ícone substituto para o Dock. Você acabará instalando lá o seu ícone de pasta ou disco para uso posterior. Isso não é a mesma coisa que minimizar a janela, o que põe o ícone da janela no Dock apenas temporariamente. (Nota: a maioria das janelas de documentos do Mac OS X também oferece um recurso de ícone substituto, mas só produz um atalho quando você arrasta o ícone para uma pasta ou disco diferente.)*

De qualquer modo, um segundo clique no botão de Zoom restaura a janela ao seu tamanho original. (O comando Janela→Ampliar/Reduzir [Window→Zoom] faz a mesma coisa.)

O ícone do proxy da pasta

No Finder, há um pequeno ícone próximo ao nome da janela (Figura 1-8). Trata-se de um substituto – um *proxy* – para a própria pasta daquela janela.

Arrastando esse pequeno ícone, você pode mover ou copiar a pasta para uma pasta ou disco diferente, para a Barra Lateral, para o Lixo ou para o Dock, sem precisar fechar antes a janela.

Dica: É preciso manter pressionado o botão do mouse no ícone proxy da pasta até que o ícone escureça, antes de arrastá-lo. (Ele escurece em uma fração de um segundos.)

Ao arrastar esse ícone proxy para um lugar diferente no mesmo disco, aplicam-se as mesmas regras de arrasto: mantenha pressionada a tecla Option se você quiser *copiar* o disco ou pasta original; ignore a tecla Option para *mover* a pasta. (No próximo capítulo você encontrará detalhes sobre como mover e copiar ícones.)

A Barra de Ferramentas do Finder

O Capítulo 4 descreve com todos os detalhes esse fascinante elemento de janela do desktop.

Dois cliques, uma janela

No Mac OS X, duplo-clique em uma pasta de uma janela não o deixa com *duas* janelas abertas. Em vez disso, o duplo-clique em uma pasta faz a janela original desaparecer (Figura 1-9).

Dica: Se você der Option-clique duplo em uma pasta, você não apenas substitui o conteúdo de uma janela fixa, que permanece na tela, mas, *troca* janelas, como evidenciado pelas suas trocas de tamanhos e formas.

E se você tiver aberto a pasta interna B e quiser voltar para a pasta externa A? Nesse caso, basta clicar no pequeno botão ◄ – o botão Voltar (Back) – no canto superior esquerdo da janela (mostrado na Figura 1-9), ou usar uma destas alternativas:

- Escolha Ir→Voltar (Go→Back).
- Pressione ⌘-[(chave esquerda).
- Pressione ⌘-seta para cima.
- Escolha Ir→Pasta Superior (Go→Enclosing Folder).

No entanto, nada disso ajuda se você quiser mover um arquivo de uma pasta para uma outra, ou comparar o conteúdo de duas janelas. Nesse caso, provavelmente você deseja ver as duas janelas abertas ao mesmo tempo.

É possível abrir uma segunda janela usando qualquer destas técnicas:

- Escolha Arquivo→Nova Janela do Finder (File→New Finder Window) (⌘-N).

Dica: Qual pasta contém a "nova" janela preenchida que aparece quando você usa esse comando? Normalmente, é a sua pasta Início, a pasta que contém todo o seu universo de arquivos, pastas e configurações.

No entanto, é possível escolher qual janela você deseja. Para fazer a alteração, escolha Finder→Preferências. Clique o ícone Geral. Mude o menu pop-up "As novas janelas do Finder abrem" para a pasta que você gostaria de usar como o seu ponto de partida para a sua vida digital. A sua pasta Início é uma boa escolha, mas você tem a liberdade de escolher a sua pasta de Documentos, iDisk ou qualquer outra. Agora, cada vez que uma nova janela do Finder for aberta, ela exibirá aquela pasta especificada.

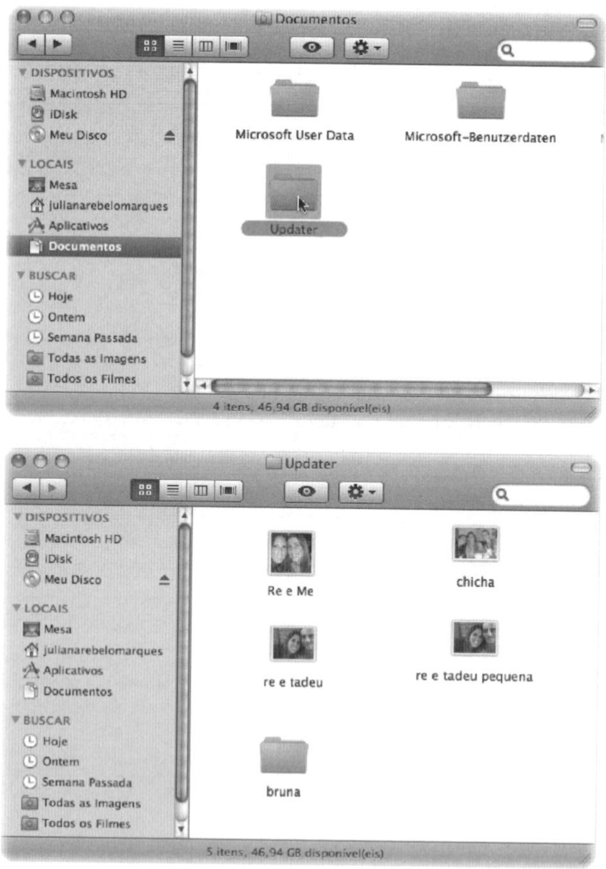

Figura 1-9:
Para ajudá-lo a evitar aglutinação de janelas, a Apple projetou janelas do Mac OS X para que, ao dar duplo-clique em uma pasta de uma janela (em cima) você não abra uma outra janela (embaixo). Sempre que você der um duplo-clique em uma pasta em uma janela aberta (exceto na Visualização por coluna), o seu conteúdo substitui o que estava anteriormente na janela. Se você der um duplo-clique em três pastas sucessivamente, ainda terminará com apenas uma janela aberta.

- Dê um ⌘-duplo-clique em um ícone de disco ou pasta.
- Dê um duplo-clique em um ícone de pasta ou disco em sua Mesa.
- Clique em Finder→Preferências e ative Abrir pastas sempre em uma nova janela (Always open folders in a new window). Então, ao dar um duplo-clique, *todas* as pastas se abrirão em novas janelas. (Essa opção foi feita para os fãs veteranos do Mac, que tinha esse comportamento antigamente.)
- Troque para o antigo modo do Finder, descrito a seguir.

Antigo Modo do Finder: o botão Divulgação (Disclosure) da Barra de Ferramentas

O canto superior direito de cada janela do Finder contém um pequeno botão que se parece com uma pílula. Ao clicar nele, você entra no Antigo Modo do Finder.

Dica: Também é possível ativar ou desativar o Antigo Modo do Finder pressionando Option-⌘-T, o equivalente ao comando Visualizar→Ocultar/Mostrar Barra de Ferramentas (View→Hide/Show Toolbar).

É claro que o "Antigo Modo do Finder" não é o termo técnico da Apple, mas devia ser. Ele foi projetado por pessoas que vieram para o Mac OS X de uma antiga versão do Mac OS, como o Mac OS 9, e que perderam a metade de seus cabelos ao descobrir quão diferentes as coisas são no Mac OS X.

Nesse modo, três das maiores diferenças comportamentais entre o Mac OS X e o seu predecessor desaparecem:

- A Barra Lateral e a Barra de Ferramentas desaparecem da vista.

USUÁRIOS PROFISSAS

Múltiplos modos de exibição, mesma pasta

Se você leu com atenção esta seção, pode ter descoberto um truque peculiar do Finder no Mac OS X: escolhendo Arquivo→Nova Janela do Finder (File→New Finder Window) (ou dando ⌘-clique duplo em um ícone de disco ou pasta), é possível abrir uma segunda janela do Finder, completamente independente. Se você parar para pensar nisso, não há nada que o impeça de abrir uma terceira, quarta ou quinta cópia da janela *da mesma pasta*. Uma vez que elas estejam abertas, é possível até mesmo alternar entre elas em diferentes visualizações.

Por exemplo, experimente isto: selecione Arquivo→Nova Janela do Finder (⌘-N) e depois, escolha Ir→Aplicativos (Go→Applications) novamente. Usando o menu Visualizar (View) ou os controles na barra de ferramentas, coloque uma dessas janelas em modo de visualização como Lista e a outra como Ícones.

Esse fenômeno tem as suas vantagens. Por exemplo, você pode resolver abrir a mesma janela duas vezes enquanto faz alguma limpeza no disco rígido. Mantendo aberta uma exibição por lista, é possível verificar a coluna Tamanho (Size) enquanto você move as pastas para diferentes locais (assim, você pode ter a certeza de que as pastas cabem em um CD vazio, por exemplo). No entanto, mantendo aberta a visualização por *coluna*, você consegue um acesso de navegação mais rápido para o material em seu drive.

- Dar duplo-clique em uma pasta agora funciona como era no ano 2000: você abre uma nova janela correspondente.

Quando você se cansar do Modo Antigo do Finder, é possível retornar ao modo tradicional do Mac OS X clicando o botão Toolbar Disclosure (Revelar Barra de Ferramentas) novamente, ou pressionando Option-⌘-T (ou então, View→Show Toolbar [Visualizar→Mostrar Barra de Ferramentas]).

Nota: Você encontrará esse pedacinho de controle da Barra de Ferramentas branco em uma série de programas dotados de barras de ferramentas, incluindo Mail, Pré-Visualização e outros. Clicá-lo sempre faz a Barra de Ferramentas desaparecer.

Barras de rolagem

As barras de rolagem aparecem automaticamente em qualquer janela que não seja grande o bastante para mostrar todo o seu conteúdo. Sem as barras de rolagem nos processadores de texto, por exemplo, você nunca seria capaz de escrever uma carta maior do que a altura de sua tela. É possível manipular uma barra de rolagem de três maneiras, conforme mostrado na Figura 1-10.

Geralmente, quando você clica na faixa da barra de rolagem acima ou abaixo da alça translúcida, a janela rola a tela. Mas existe outra opção à sua espera quando você seleciona →Preferências do Sistema→Aparência (→System Preferences→Appearance) e ativa a opção Scroll to here (Saltar para a área clicada). Agora, quando você clicar na faixa da barra de rolagem, o Mac considera a barra de rolagem inteira como um mapa proporcional do documento e salta precisamente para o ponto onde você clicou. Isto é, se você clicou no final da faixa da barra de rolagem, você verá a última página.

Dica: Independente de qual opção você escolha no painel Aparência, sempre é possível modificar a sua opção, em uma base caso a caso, com Option-clique no rastro da barra de rolagem. Em outras palavras, se tiver selecionado a opção Saltar para este ponto, você pode produzir uma rolagem Pular para a próxima página, com Option-clique no rastro da barra de rolagem.

É válido observar, entretanto, que o verdadeiro profissa em velocidade evita totalmente as barras de rolagem. As suas teclas Page Up e Page Down permitem que você role para cima e para baixo uma tela de cada vez, sem tirar as mãos do teclado para pegar o mouse. Enquanto isso, as teclas Home e End, em geral, são úteis para pular diretamente para o início ou para o final de seu documento (ou janela do Finder). E se você tiver comprado um mouse com rodinha, é possível usá-la para rolar também por janelas, sem pressionar qualquer tecla.

Alça de redimensionamento

O canto inferior direito de cada janela padrão do Mac OS X é riscado, um recurso que serve para indicar que você pode agarrá-lo para arrastar. Fazer isso permite que você redimensione e remodele a janela.

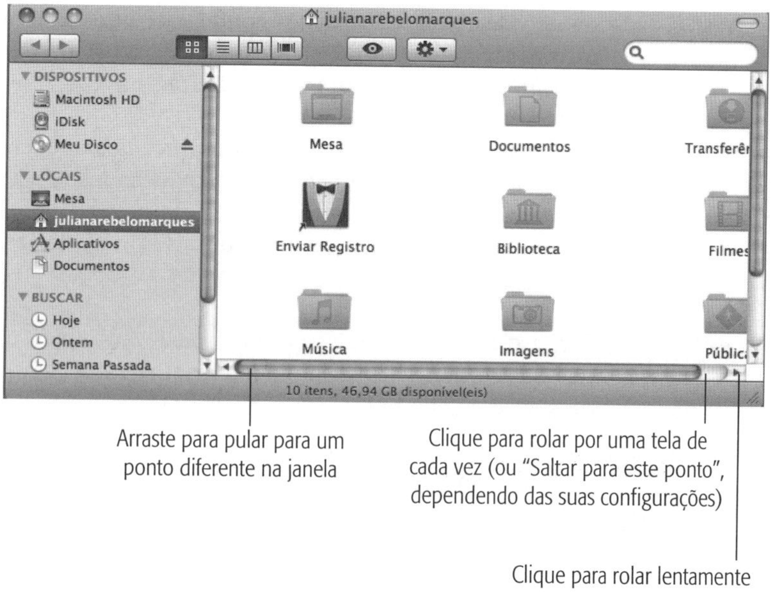

Figura 1-10: *Existem três formas de se controlar uma rolagem. As setas da barra de rolagem (embaixo à direita) aparecem aninhadas quando você instala o Mac OS X, como mostrado aqui. E se você, antigo usuário do Windows ou fã do Mac OS 9, preferir que essas setas apareçam nas extremidades opostas da barra de rolagem? Vá ao painel Aparência de Preferências do Sistema e, na opção Place scroll arrows (Posicionar setas de rolagem), selecione At top and bottom (Na parte superior e inferior).*

Dica: Em um laptop, você ainda pode rolar diagonalmente – arrastando no trackpad com dois dedos.

Barra de Caminhos (Path)

Esse pequeno item, novo no Leopard, aparece quando você escolhe Visualizar→ Mostrar/Ocultar Barra de Caminhos (View→Show Path Bar). Ele é um pequeno mapa embaixo da janela, que mostra onde você está na pasta de hierarquia. Se ele informar Casey→Imagens→Festas, bem, então fique feliz, você está olhando para o conteúdo da pasta de Festas, que está dentro de Imagens, dentro de sua pasta Início (supondo que o seu nome seja Casey).

Dica: Cada um dos pequenos ícones nessa visualização é totalmente funcional. Você pode dar um duplo-clique nele para abri-lo ou até arrastar coisas para dentro dele.

Barra de estado

A tira de informações na parte inferior de uma janela informa quantos ícones estão no local (por exemplo, "14 itens") e a quantidade de espaço disponível no disco.

As quatro visualizações de janela

Você pode ver os arquivos e as pastas em uma janela da Mesa de quatro maneiras: como ícones; como uma única lista organizada; em uma série de elegantes colunas; ou na visualização Cover Flow, onde você pode deslizar por entre ícones de documentos gigantes como se eles fossem capas de CD em uma loja de discos. A Figura 1-11 mostra os quatro tipos de visualizações.

Cada janela conserva suas configurações, independentemente. Você poderia preferir verificar a sua pasta Aplicativos na visualização de lista (porque ela está cheia de arquivos e pastas), mas pode preferir ver a pasta Imagens na visualização como Ícones ou como Cover Flow, onde ícones maiores servem como visualizações das fotos.

Para trocar de uma janela de uma visualização para uma outra, apenas clique um dos quatro ícones correspondentes na barra de ferramentas da janela, conforme mostrado na Figura 1-12.

Também é possível alternar visualizações, escolhendo Visualizar→por Ícones (View→as Icons) (ou Visualizar→por Colunas, ou Visualizar→por Lista ou Visualizar→por Cover Flow), o que pode ser útil se você ocultou a Barra de Ferramentas. Ou, para menor utilização do mouse e mais eficiência, pressione ⌘-1, ⌘-2, ⌘-3 ou ⌘-4, para ícone, lista, coluna ou Cover Flow, respectivamente.

As páginas a seguir cobrem cada uma dessas visualizações em mais detalhes.

Nota: Um caminho normal nas próximas discussões é a disponibilidade da paleta Exibir Opções (View Options), que permite a escolha do tamanho de texto, tamanho de ícone e outros recursos de cada visualização, seja uma janela de cada vez ou de *todas* as janelas.

A Apple oferece um milhão de maneiras diferentes de abrir Exibir Opções. Você pode escolher Visualizar→Mostrar Opções de Visualização (View→Show View Options), pressionar ⌘-J ou escolher Mostrar/Ocultar Opções de Visualização (Show/Hide View Options) do menu ✲, na parte superior de cada janela.

USUÁRIOS PROFISSAS

Quanto custa esse cachorrinho na janela?

A barra de estado mostra as informações de espaço em todo o disco, mas não quanto espaço em disco o conteúdo dessa janela, em especial, ocupa.

Para descobrir esse tipo de informação, assegure-se de que nenhum ícone na janela esteja selecionado. Depois, clique em Arquivo→Obter Informações (ou pressione ⌘-I). A janela Informações (Info) resultante, que é descrita em mais detalhes ao final do próximo capítulo, mostra o tamanho da pasta ou disco em cuja janela você está navegando, juntamente com outras estatísticas úteis.

Figura 1-11:
A partir de cima: a mesma janela na visualização por ícones, lista, colunas e Cover Flow. Pastas muito cheias podem ser navegadas mais facilmente nas visualizações de lista ou coluna, porém, você pode preferir ver as pastas mais vazias no ícone ou visualizações por Cover Flow, porque os ícones maiores são mais fáceis de visualizar e clicar.

Lembre-se de que em qualquer visualização (ícone, lista, coluna ou Cover Flow) você pode selecionar um ícone, digitando as primeiras poucas letras do seu nome. Na visualização de ícone, lista ou Cover Flow também é possível pressionar Tab para selecionar o próximo ícone (em ordem alfabética), ou Shift-Tab para destacar o anterior.

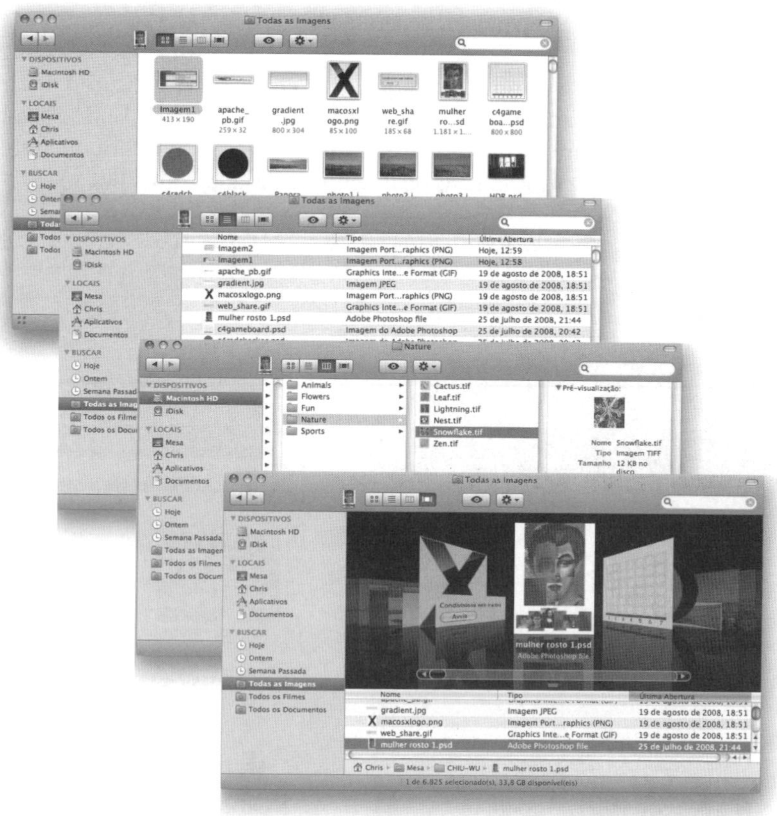

Visualização como ícones

Em uma Visualização como ícones (Icon view), cada arquivo, pasta ou disco é representado por uma pequena imagem – um *ícone*. Essa simples imagem, uma representação visual de bits e bytes eletrônicos significa todo o fundamento da "religião" Macintosh. (Talvez por isso ela seja chamada de ícone.)

Tamanho de ícone

O Mac OS X desenha aqueles pequenos ícones utilizando softwares gráficos sofisticados. Como resultado, você pode redimensioná-los para qualquer tamanho sem perder qualquer qualidade ou nitidez. E agora, no Snow Leopard, fazer isso chega a ser lamentável, de tão fácil.

Isso porque agora qualquer janela de visualização de ícone possui um controle deslizante de tamanho, mostrado na Figura 1-12. Deslize-o para a direita ou esquerda para tornar os ícones daquela janela maiores ou menores. (Para ficar mais divertido, reproduza sons de desenho animado com a boca.)

Dica: Você tem um laptop? Então você também pode aumentar ou diminuir o tamanho dos seus ícones aproximando ou afastando dois dedos no trackpad, o que pode ser mais rápido do que lidar com o controle deslizante.

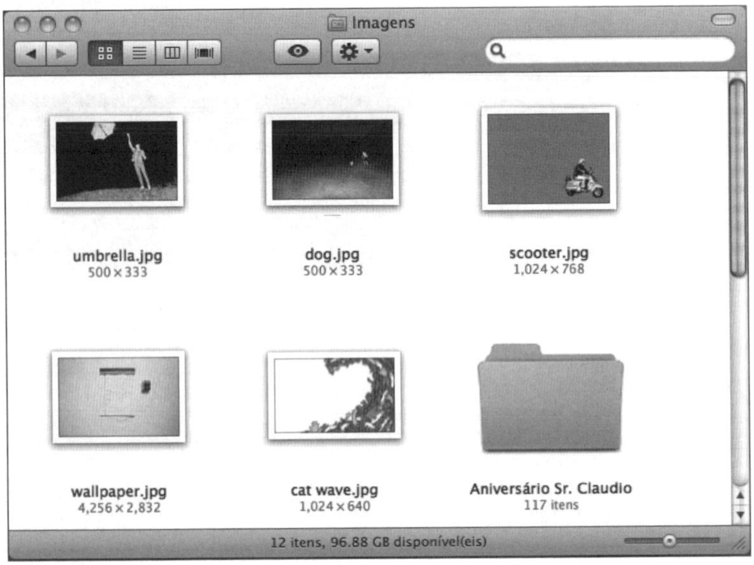

Figura 1-12:
O novo controle deslizante (embaixo à direita) permite que você selecione um tamanho de ícone que se ajuste à sua personalidade. Para pastas de imagens, em geral pode ser muito útil escolher um tamanho grande, que na prática cria um efeito de "mesa luminosa" organizadora de slides. No Snow Leopard, os ícones podem ser até quatro vezes maiores que os anteriores – um quadrado gigantesco de 512 x 512 pixels.

Visualizações de ícones

O Snow Leopard expande ao extremo o conceito de que "um ícone é uma representação do seu conteúdo". Como você pode ver na Figura 1-13, cada ícone, de fato, se parece com uma miniatura da primeira página do *documento real.*

Devido ao fato de poder tornar os ícones tão enormes, na verdade você pode assistir vídeos ou ler documentos PDF ou texto, *direto dos seus ícones.*

Para conferir essa funcionalidade, aumente os ícones para o tamanho de pelo menos uma polegada de altura (64 x 64 pixels). Um botão Play (▶) aparece em todos os arquivos de vídeo ou som; conforme mostrado na Figura 1-13, os botões de página ◀ e ▶ aparecem nos documentos com múltiplas páginas (documentos PDF, do Pages ou até mesmo de apresentações como PowerPoint ou Keynote). De fato, você pode folhear esses documentos diretamente em seus ícones, sem ter de abri-los em seus programas!

Dica: Se você Option-clicar os pequenos botões ◀ e ▶ em uma visualização do ícone de um PDF, PowerPoint ou Keynote, você saltará para a primeira ou última página ou slide do documento.

Figura 1-13: *Você pode, de fato, folhear por entre os ícones de um PDF ou apresentação, ou reproduzir filmes ou músicas, direto de seus ícones. Durante o playback de um vídeo, você ainda tem uma barra de progresso circular ao redor do botão Play/Stop que permite saber em qual trecho dele você está.*

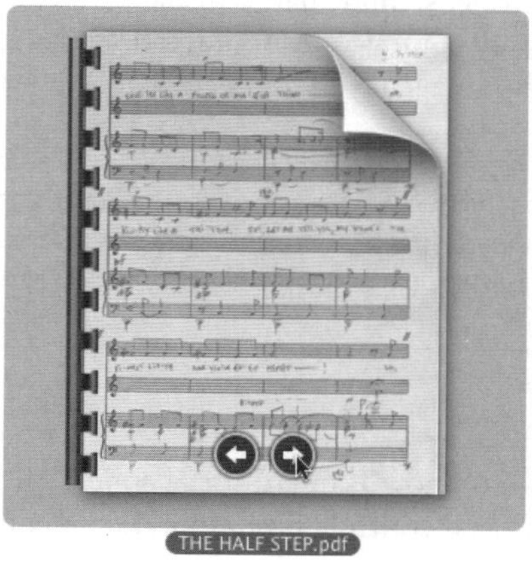

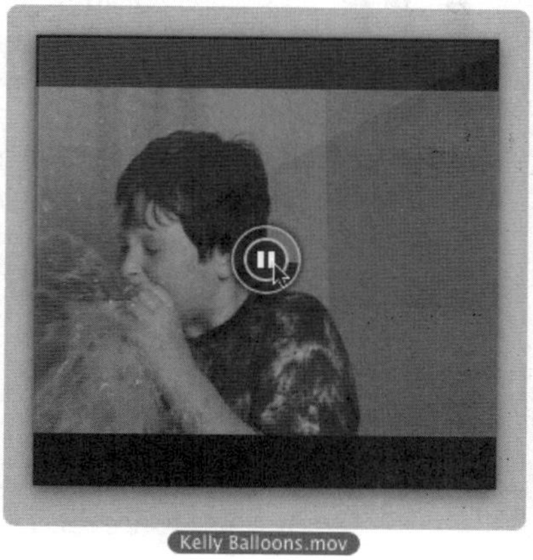

Opções de Visualização como ícones

O Mac OS X oferece uma série de opções úteis de Visualização como ícones, todas merecendo uma exploração. Comece abrindo qualquer janela de Visualização como ícone e depois, escolha Visualizar→Mostrar Opções de Visualização (View→Show View Options) (⌘-J).

Abra sempre na Visualização como ícone

É fácil – quase assustadoramente fácil – configurar a aparência que você prefere para *todas as janelas de pastas* em todo o seu sistema. Com um clique no botão Usar como Padrão (Use as Defaults), descrito a seguir, é possível organizar uma visualização por janela de 20 mil pastas de uma vez – para visualização como ícone, lista ou como você quiser.

A opção Sempre abrir em visualização como ícone (Always open in icon view) permite que você *sobrescreva* aquela configuração inicial, apenas para *essa* janela.

Por exemplo, de uma maneira geral, você poderia preferir uma exibição organizada de lista com texto grande. Mas, para a sua pasta Imagens, provavelmente faz mais sentido configurar a visualização como ícone, para ser possível ver uma miniatura de cada foto, sem precisar abri-la.

Essa é a ideia aqui. Abra Imagens, mude para a visualização por ícone e depois ative Sempre abrir em visualização como ícone. Agora, cada pasta em seu Mac está nessa visualização por lista, *exceto* Imagens.

Nota: As palavras desse item, na caixa de diálogo Opções de Visualização, mudam de acordo com a exibição em que você estiver no momento. Em uma janela de visualização como lista, por exemplo, elas informam Sempre abrir em visualização por lista. Em uma janela de visualização por Cover Flow, dizem Sempre abrir como Cover Flow. E assim por diante. Porém, as funções são iguais: sobrescrever a configuração *padrão* (principal).

Tamanho de ícone

Como você pôde observar, o Snow Leopard torna superfácil redimensionar todos os seus ícones; basta arrastar o controle deslizante de tamanho do ícone no canto inferior direito da janela.

Mas, para o bem dos veteranos que esperam encontrar aquele controle deslizante *aqui*, na janela View Options (Opções de Visualização), bem, há um controle idêntico.

Espaçamento de grade

Antigamente, nos tempos em que os computadores usavam o Mac OS 9, era possível controlar a distância de espaçamento entre os ícones em uma janela. Pois, se eu quisesse ver um monte deles sem tornar a janela maior, seria possível empacotá-los como sardinhas!

Tal recurso desapareceu – por sete anos. Mas, finalmente ele voltou ao Mac OS X. A Figura 1-14 mostra tudo.

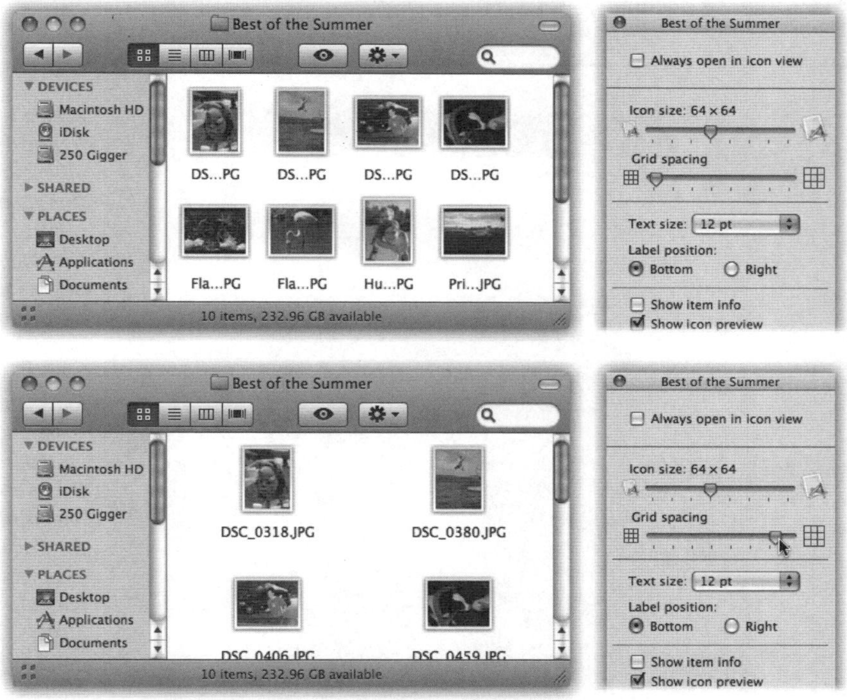

Figura 1-14: *Arraste o deslizador do Espaçamento de Grade para especificar qual a proximidade deseja que os seus ícones fiquem. Na configuração mínima (em cima), eles estão tão amontoados que chega a ser quase ridículo; nem é possível ver seus nomes. Às vezes, no entanto, realmente você não precisa. Em configurações mais espaçosas (embaixo), você tem muito mais "espaço em branco".*

Tamanho de texto

As suas escolhas variam de 10 a 16 pontos e você não pode escolher uma fonte diferente para os nomes dos seus ícones. Mas, usando esse deslizador, você pode ajustar o *tamanho* da fonte. Para pessoas com telas particularmente grandes ou pequenas – ou pessoas com problemas de visão – esse recurso é muito melhor do que nada.

Na verdade, você pode especificar um tamanho diferente de fonte para *cada janela* em sua máquina. (Por que você iria querer ajustar o tamanho do ponto independentemente em janelas diferentes? Bem, porque você poderia querer fonte menor para caber mais em uma visualização por lista abarrotada, sem rolar, enquanto pode ter uma fonte maior em janelas menos poluídas visualmente.)

Posição da etiqueta (Label)

Clique Inferior (Bottom) ou Direita (Right) para indicar onde deseja que o *nome* do ícone apareça, com relação ao seu *ícone*. Conforme mostrado na Figura 1-15, essa opção permite que você crie, na prática, uma visualização de lista com múltiplas colunas em uma única janela.

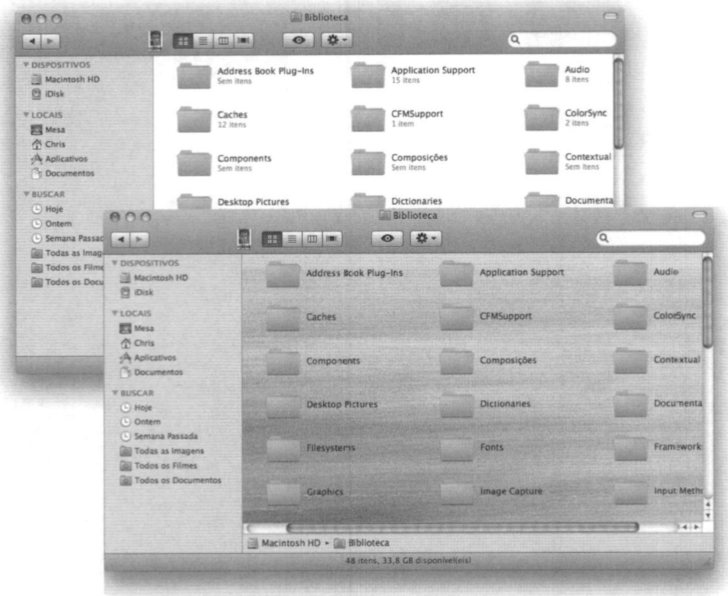

Figura 1-15: *A caixa de diálogo Opções de Visualização para uma janela com visualização por ícone oferece a oportunidade de criar fundos coloridos para determinadas janelas ou até mesmo usar fotos como papel de parede de janelas (embaixo). O uso de uma foto pode causar um efeito calmante, desagradável ou cômico – por exemplo: tornar os nomes de ícones totalmente ilegíveis. (A propósito, observe como os nomes dos ícones foram ajustados para aparecer ao lado dos ícones, em vez de por baixo. Agora, você tem toda a conveniência de uma visualização por ícone, que pode ser livremente arrastada, junto com o espaçamento de maior impacto de uma visualização por lista.)*

Mostrar informações do item (Show item info)

Enquanto você estiver com a paleta Opções de Visualização aberta, ative Mostrar informações do item. Subitamente, você obtém uma nova linha de informações (em pequena fonte azul) sobre determinados ícones, poupando o seu esforço de abrir a pasta ou arquivo para descobrir o que há dentro dele. Por exemplo:

- **Pastas.** A linha de informações permite que você saiba quantos ícones estão dentro de cada uma, sem precisar abri-la. Agora, é possível ver imediatamente quais estão vazias.

- **Arquivos gráficos.** Alguns outros tipos de arquivos também podem mostrar uma linha útil de informações. Por exemplo, os arquivos gráficos exibem as suas dimensões em pixels.

- **Sons e filmes do QuickTime.** A linha adicional azul-clara informa quanto tempo leva o som ou o filme para ser reproduzido. Um arquivo de MP3, por exemplo, poderia informar 03'08", o que significa três minutos e oito segundos.

- **Arquivos .zip.** Em arquivos compactados, como arquivos .zip, você consegue ver o tamanho total do arquivo no disco (como "48.9 MB").

É possível ver alguns desses efeitos ilustrados na Figura 1-12.

Pré-visualizar ícone (Show icon preview)

Essa é a opção que permite que os ícones exibam seus conteúdos, conforme mostrado nas Figuras 1-12 e 1-13. Se você a desativa, os ícones não se parecerão mais com versões em miniatura dos seus conteúdos. As fotos não se parecem mais com pequenas imagens, os documentos PDF e Word não exibem mais seus conteúdos, e por aí vai. Tudo volta a se parecer com ícones genéricos e idênticos (um ícone para todos os documentos, um para todas as imagens .jpeg etc.).

Você pode preferir esse tipo de organização quando, por exemplo, desejar ter a possibilidade de escolher todos os arquivos PDF em uma janela cheia de documentos de diversos tipos. Graças aos ícones combinados, é fácil fazer isso.

Ordenar por

Para uma discussão sobre esse menu pop-up, veja a próxima seção.

Fundo

Coloque o fundo de qualquer janela de visualização por ícones em seu Mac com determinada cor – ou mesmo uma foto.

A coordenação de cores ou de "papel de parede" de determinadas janelas é mais do que apenas uma artimanha. Na verdade, isso pode servir como uma dica psicológica de economia de tempo. Uma vez que você esteja acostumado com o fato de que a sua pasta Documentos tem um fundo azul-céu, será possível selecioná-la com exatidão em uma tela cheia de janelas abertas. As janelas codificadas por cor do Finder também são especialmente fáceis de distinguir com um golpe de vista quando você as tiver minimizado para o Dock.

Nota: As cores e imagens de plano de fundo aparecem somente na visualização de ícone.

Uma vez aberta uma janela, escolha Visualizar→Mostrar Opções de Visualização (⌘-J). A parte de baixo da caixa de diálogo resultante oferece três escolhas, cujos resultados são mostrados na Figura 1-15.

- **Branco** (**White**). Essa é a opção padrão.

- **Cores** (**Color**). Ao clicar esse botão, você verá um pequeno botão retangular ao lado da palavra Cor. Clique-o para abrir a paleta de Cores (Color Picker), que pode ser usado para escolher uma nova cor de fundo para a janela. (Se você escolher uma escura – como preto –, não será capaz de distinguir as letras de nomes dos ícones.)

- **Imagem** (**Picture**). Se você escolher essa opção, um quadrado chamado Arraste a imagem aqui (Drag image here) aparece. Agora, encontre um arquivo gráfico – um da Apple na pasta Desktop Pictures ou qualquer outra imagem – e arraste-o para aquele espaço (ou clique duas vezes o quadrado vazio para abrir uma caixa de diálogo Open [Abrir] para que você possa navegar até a pasta desejada).

  A propósito, o Mac não tem ideia de quais tamanhos ou formas a sua janela pode assumir em seu ciclo de vida. Portanto, o Mac OS X não tenta escalonar uma foto selecionada para caber bem na janela. Assim, se você tiver uma câmera digital de alta resolução, só poderá ver o canto superior esquerdo de uma foto na janela. Para melhores resultados, use um programa de edição de imagem para redimensionar a imagem para algo menor do que a sua resolução de tela.

Usar como Padrões (Use as Defaults)

Esse botão que parece inofensivo, na verdade, pode causar estragos – ou recuperar a ordem do seu reino – com um único clique. Ele aplica a mudança que você acabou de fazer na caixa de diálogo Opções de Visualização a *todas* as janelas em seu Mac (em vez de apenas aplicar na janela *da frente*).

Se você configurar a janela da frente com um fundo colorido, ícones grandes, texto pequeno e uma grade apertada e depois clicar Usar como Padrões, verá aquela aparência em *cada* disco ou pasta que você abrir.

Você foi alertado!

Felizmente, há dois controles auxiliares que podem aliviá-lo de toda a mesmice.

Primeiro, você pode configurar janelas individuais para serem exceções excêntricas à regra; veja Sempre abrir em visualização por ícones, anteriormente.

Em segundo lugar, é possível *remover* qualquer definição de padrão de visualização usando um botão secreto. Para fazê-lo, escolha Visualizar→Mostrar Opções de Visualização para abrir a caixa de diálogo Opções de Visualização. Agora, mantenha pressionada a tecla Opções. Num passe de mágica, o botão Usar como Padrão muda para Recuperar a Padrões (Restore to Defaults), o que significa "abandone todas as mudanças que eu fiz com a aparência dessa janela".

Classificando e alinhando ícones

Geralmente, você pode arrastar os ícones para qualquer lugar dentro de uma janela. Por exemplo, algumas pessoas gostam de manter os ícones do projeto atual no alto de uma janela e mover o material mais antigo para baixo.

No entanto, se você quiser que o Mac OS X imponha um pouco de disciplina, é bem fácil pedir a visita de um "faxineiro" eletrônico que pode arrumar os seus ícones, alinhando-os bem em uma grade invisível. No Leopard, você pode até especificar quão apertada ou frouxa a grade deve ser.

Alinhamento de grade

O Mac OS X oferece uma enorme quantidade de variações sobre o tema "alinhar ícones subjacentes à grade de fileiras e colunas":

- **Alinhando ícones individuais à grade.** Pressione a tecla ⌘ enquanto arrasta um ícone ou vários ícones selecionados. (Não pressione a tecla até depois de ter começado a arrastar.) Quando você liberar o mouse, todos os ícones que foram movidos pularão para posições bem alinhadas.

- **Alinhando todos os ícones à grade.** Clique em Visualizar→Ordenar (View→ Clean Up) se nada estiver selecionado ou Visualizar→Ordenar por seleção (View→ Clean Up Selection) se alguns ícones estiverem selecionados. Agora, todos os ícones na janela, ou aqueles que você selecionou, pulam para as posições mais próximas na grade invisível subjacente.

Os mesmos comandos aparecem no menu de atalho quando você dá um Control-clique ou clica à direita em qualquer lugar dentro de uma janela de visualização por ícone, que é mais prático se você tiver um monitor enorme.

Dica: Se pressionar Option, você troca as palavras do comando. Ordenar muda para Ordenar Seleção e vice-versa.

Observe, entretanto, que o alinhamento de grade é apenas temporário. Assim que você arrastar ícones em volta, ou acrescentar mais ícones à janela, os ícones recém--movidos acabam posicionados exatamente como antes de você ajeitá-los.

Se você quiser que o Mac bloqueie *todos* os ícones no ponto mais próximo da grade *sempre* que você movê-los, escolha Visualizar→Mostrar Opções de Visualização (⌘-J); a partir do menu pop-up Ordenar por seleção, escolha Alinhar à Grade (Snap to Grid).

Entretanto, ainda assim, você descobrirá que nenhuma dessas técnicas de alinhamento de grade move os ícones para a organização mais compacta possível. Se um ou dois desses ícones tiverem se afastado da multidão para um canto distante da janela, eles serão apenas empurrados para os pontos mais próximos da grade de suas posições atuais. Eles todos não são movidos de volta para o grupo de ícones em qualquer outro lugar na janela.

Para solucionar esse problema, use uma das opções de classificação descritas a seguir.

Dica: Sempre é possível sobrescrever a configuração de grade, pressionando a tecla ⌘ ao arrastar. Em outras palavras, quando o alinhamento de grade está desativado, ⌘ faz os seus ícones se alinharem na posição; quando o alinhamento de grade está ativado, ⌘ permite que você arraste livremente um ícone.

Alinhamento ordenado

Se você preferir ter ícones ordenados e agrupados na grade invisível – sem permitir nenhum ícone "desobediente" –, faça uma seleção a partir do menu Visualizar:

- **Classificando todos os ícones temporariamente.** Se você escolher Visualizar→Ordenar por→Nome (View→Arrange By→Name), todos os ícones na janela se alinharão à grade invisível *e* se classificarão alfabeticamente. Use esse método para colocar os ícones o mais perto possível entre si dentro da janela, recolhendo quaisquer fugitivos.

  Os outros subcomandos no menu Visualizar→Ordenar por funcionam analogamente (Tamanho, Data de Modificação, Etiqueta e assim por diante), mas, classificam os ícones de acordo com critérios diferentes. (Observe que o Snow Leopard oferece atalhos de teclado para esses comandos de ordenação.)

  Já no comando Ordenar, o Visualizar→Ordenar por só serve para reorganizar os ícones na janela nesse momento. Se você mover ou acrescentar ícones à janela, eles não são adequadamente classificados. Se você preferir que todos os ícones permaneçam classificados *e* agrupados, experimente isto:

- **Classificando permanentemente todos os ícones.** Você pode dizer ao seu Mac para manter a classificação e o alinhamento de todos os ícones na janela, no presente *e* no futuro. Agora, se acrescentar mais ícones à janela, eles pulam para a posição alfabética certa; se você remover ícones, os restantes deslizam, para preencher o espaço resultante. Essa configuração é perfeita para excêntricos organizados.

  Para fazer isso, abra o menu Visualizar, mantenha pressionada a tecla Option e escolha o submenu Manter Organizado Por (Keep Arranged By) (escolha Nome, Data de Modificação ou pelo tipo de critério que você quiser). Conforme é mostrado na Figura 1-16, agora os seus ícones estão bloqueados na posição de classificados, tão compactos quanto a grade permite. (Esse truque de tecla Option, novo no Leopard, é um atalho para escolher Visualizar→Mostrar Opções de Visualização, e depois, na caixa de diálogo resultante, escolher do submenu Ordenar por.)

Dica: A tecla Option mantém seu truque habitual aqui; como frequentemente acontece no Finder, significa "inverter a lógica habitual".

Por exemplo, ao abrir o menu Visualizar, você vê Ordenar por (que classifica temporariamente o lote atual de ícones) ou Manter Organizado por (que bloqueia os ícones presentes e futuros em uma grade classificada), as palavras dependem se você ativou ou não a classificação permanente.

Mas, o ponto aqui é que, pressionando a tecla Option, quando o menu Visualizar é aberto *muda* o comando de Ordenar por para Manter Organizado por, ou vice-versa.

Figura 1-16: *Use o menu Visualizar (à esquerda) ou a caixa de diálogo Opções de Visualização (à direita) para ativar permanentemente o modo de organização. De agora em diante, você não pode arrastar livremente esses ícones. O Mac foi informado para mantê-los na grade invisível, classificados da maneira que você solicitou, então, não fique frustrado quando tentar arrastar um ícone para uma nova posição e descobrir que ele não se move.*

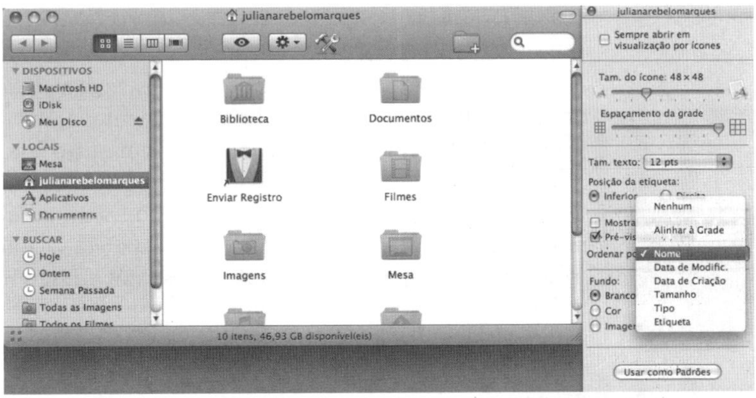

Ainda que isso não aconteça com a maioria dos fãs do Mac, você também pode aplicar qualquer dos comandos descritos nesta seção – Ordenar, Manter Organizado por – a ícones soltos em sua Mesa. Embora eles não pareçam estar em qualquer janela, você pode especificar ícones pequenos ou grandes, arranjos alfabéticos automáticos e assim por diante. Basta clicar na Mesa antes de usar o menu Visualizar ou a caixa de diálogo Opções de Visualização.

Nota: Só há uma caixa de diálogo Opções de Visualização. Quando ela estiver aberta, você pode ajustar os tamanhos de ícones ou organizar opções de outras janelas, apenas clicando-as. Cada vez que você clicar dentro de uma janela, a caixa de diálogo Opções de Visualização permanece na frente, mudando para refletir as configurações da janela em que você clicou.

A propósito, você pode se livrar da caixa de diálogo Opções de Visualização da mesma maneira que a ativou: pressionando ⌘-J.

Visualização como lista

Nas janelas que contêm muitos ícones, a Visualização como lista (List View) é uma arma poderosa na batalha contra o caos. Ela mostra uma tela arrumada dos seus arquivos, nomes, datas, tamanhos e assim por diante. Tiras de fundo alternando entre azul e branco o ajudam a ler através das colunas em uma janela de Visualização como lista.

Você tem muito controle sobre as suas colunas, uma vez que você decide a largura que elas devem ter, qual delas deve aparecer e em que ordem (exceto Nome, que é sempre a primeira coluna). Eis como administrar essas colunas:

Classificando a lista

A maioria dos fãs da Visualização como lista gosta de seus arquivos relacionados em ordem alfabética. Entretanto, ocasionalmente, é útil ver os arquivos mais recentes primeiro, ou então os maiores, ou de algum outro jeito.

Quando uma janela da Mesa exibe seus ícones em uma Visualização como lista, uma nova e útil tira de cabeçalhos de coluna aparece (Figura 1-17). Esses cabeçalhos de coluna não são apenas sinalizações, eles também são botões. Clique em Nome para ordem alfabética, Data de Modificação para ver o mais recente primeiro, Tamanho para ver os arquivos maiores no alto e assim por diante.

É particularmente importante notar o pequeno triângulo cinza escuro que aparece na coluna que você clicou recentemente. Ela mostra *de que maneira* a lista está sendo classificada.

Quando o triângulo aponta para cima, os artigos mais antigos, os artigos menores ou os arquivos iniciando com números (ou com a letra A) aparecem no início da lista, dependendo de qual critério de classificação você selecionou.

Dica: Pode ajudá-lo lembrar que, quando a parte menor do triângulo está no alto (▲), os arquivos menores estão relacionados primeiro quando vistos pela ordem de tamanho.

Para inverter a ordem de classificação, clique o cabeçalho da coluna uma segunda vez. Agora, os arquivos mais novos, os arquivos maiores ou os arquivos começando com a letra Z aparecem no início da lista. O pequeno triângulo vira ao contrário.

Triângulos rotativos

Um dos recursos mais atraentes do Mac é o pequeno triângulo que aparece à esquerda do nome da pasta em uma Visualização como lista. Em seus documentos oficiais, a Apple chama esses botões de triângulos de revelação (disclosure triangles); internamente, os programadores os chamam de triângulos rotativos (flippy triangles).

Figura 1-17:
Você controla a ordem de classificação de uma visualização como lista, clicando os cabeçalhos de coluna (em cima). Clique uma segunda vez para inverter a ordem de classificação (embaixo).

Você encontrará um triângulo idêntico, ▲ ou ▼, indicando as informações idênticas em programas de e-mail, em iTunes ou em qualquer outro lugar onde inverter a ordem de classificação da lista possa ser útil.

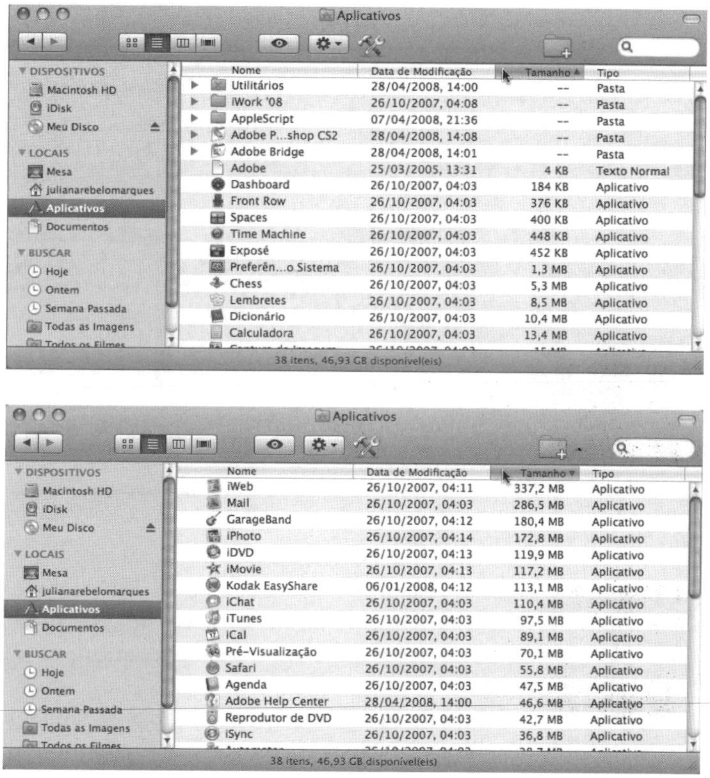

Quando você clica em um deles, a exibição da lista se transforma em um esboço, que mostra o conteúdo da pasta em uma lista recuada, conforme mostrado na Figura 1-18. Clique novamente o triângulo para encolher a listagem da pasta. Você poupou trabalho e a confusão de abrir uma nova pasta, apenas para ver o conteúdo da pasta.

Destaque do Snow Leopard: Um toque sutil, porém elegante; quando você expandir um triângulo rotativo da pasta, o pequeno ícone dela muda sua aparência para uma pasta aberta. (A menos que seja uma "especial" como Imagens [Pictures] etc.)

Clicando seletivamente os triângulos rotativos você pode procurar simultaneamente dentro de duas ou mais pastas, tudo dentro de uma única janela de Visualização como lista. É possível mover arquivos, arrastando-os para os pequenos ícones de pasta.

Dica: Quando você tiver expandido uma pasta clicando no seu triângulo, é possível até mesmo arrastar um ícone de arquivo para fora de sua pasta, de modo que ele fique solto na janela de exibição da lista. Para fazer isso, arraste-o diretamente para cima, para a área dos cabeçalhos da coluna (onde está escrito Nome, por exemplo). Quando você liberar o mouse, verá que o arquivo não está mais dentro da pasta expandida.

Figura 1-18:
Clique num "triângulo rotativo" (à esquerda) para ver a lista das pastas e arquivos dentro daquela pasta (à direita). Ou pressione os comandos de tecla equivalentes: ⌘ -> (para abrir) e ⌘-< (para fechar).

Sua escolha de colunas

Escolha Visualizar→Mostrar Opções de Visualização. Na caixa de diálogo que aparece, você terá as opções de ativar/desativar as caixas de verificação das diferentes colunas de informações que o Mac OS X pode mostrar, conforme ilustrado na Figura 1-19.

- **Data de Modificação.** Essa marca de data e horário mostra quando um documento foi salvo pela última vez. Claro que a sua exatidão depende da exatidão do relógio embutido no seu Mac.

Nota: Muitos arquivos atualizados foram perdidos porque alguém viu uma data muito antiga em uma pasta e supôs que os arquivos dentro deles eram igualmente antigos. Isso acontece porque a data de modificação mostrada para uma pasta não reflete a idade de seu *conteúdo*. Ao contrário, a data em uma pasta indica apenas quando os itens foram *movidos pela última vez*, entrando ou saindo daquela pasta. Os arquivos reais podem ser muito mais antigos ou muito mais recentes.

- **Data de Criação** (**Date Created**). Essa marca de data e horário mostra quando um documento foi salvo pela *primeira* vez.

- **Tamanho** (**Size**). Com um rápido olhar nessa coluna, você pode dizer quanto espaço em disco cada um de seus arquivos e pasta está ocupando, em kilobytes, megabytes ou gigabytes – o que o Mac considerar mais útil.

Dica: Para discos e pastas, inicialmente você só vê um traço (-). No entanto, é possível instruir o Mac para mostrar seus tamanhos.

Figura 1-19:
As caixas de verificação que você ativa na caixa de diálogo Opções de Visualização determinam quais colunas de informações aparecem em uma janela de visualização por lista.

A maioria das pessoas vive uma vida plena e feliz apenas com as três colunas padrão – Data de Modificação, Tipo e Tamanho – ativadas. No entanto, as outras colunas podem ser úteis em circunstâncias especiais; o truque é saber qual informação aparece lá.

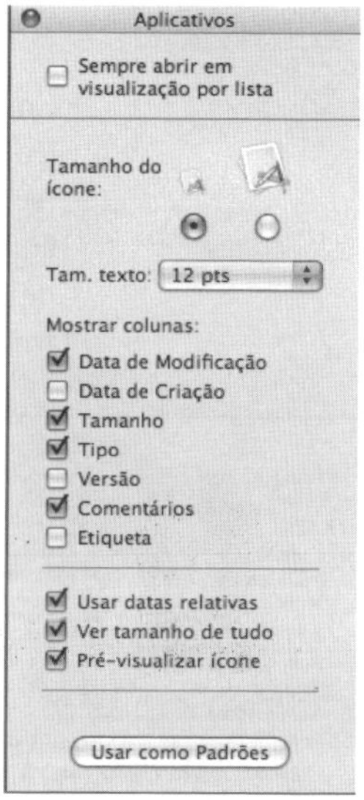

GANHE VELOCIDADE

Comandos de tecla para triângulos rotativos

Os comandos de tecla que permitem abrir e fechar triângulos rotativos em uma visualização por lista merecem ser decorados.

Primeiro, pressionar a tecla Option ao clicar um triângulo rotativo permite que você veja o conteúdo de uma pasta *e* o conteúdo de quaisquer pastas dentro dela. Em outras palavras, o resultado é uma lista mais longa que pode envolver diversos níveis de recuo.

Se você preferir usar o teclado, substitua a tecla de seta à direita (para expandir o triângulo rotativo da pasta selecionada) ou a tecla de seta à esquerda (para encolher novamente a listagem de pastas). Aqui, outra vez, acrescentar a tecla Option expande ou encolhe *todos* os níveis de pastas dentro daquela selecionada.

Imagine, por exemplo, que você deseja saber quantos arquivos estão em sua pasta Imagens. O problema é que você organizou os seus arquivos gráficos dentro daquela pasta em diversas categorias de pastas. E perceba que a estatística de "quantos itens" na barra de status mostra quantos ícones são *visíveis* na janela. Em outras palavras, você não terá como saber a quantidade total de fotos até que tenha expandido todas as pastas que estão dentro da pasta Imagens.

Seria possível executar toda a rotina através do teclado, assim: vá à sua pasta Início pressionando Shift-⌘-H. Selecione a pasta Imagens, digitando a letra I. Abra-a, pressionando ⌘-O (o atalho para Arquivo→Abrir) ou ⌘-seta para baixo. Se necessário, troque para Visualização como lista, com um rápido ⌘-2. Selecione todo o conteúdo, pressionando ⌘-A (atalho para Editar→Selecionar Tudo [Edit→Select All]).

Agora que todas as pastas estão selecionadas, pressione Option-seta à direita. Você pode ter que esperar por um momento, para o Mac abrir cada subpasta de cada subpasta. Mas, finalmente aparece a lista inteira, com muitos níveis de recuo. Então, a estatística de "itens" na barra de status oferece a contagem completa e atualizada de quantos arquivos e pastas, em conjunto, estão na janela.

- **Tipo** (**Kind**). Nessa coluna, você pode ler qual *tipo* de arquivo cada ícone representa. Você pode ver, por exemplo, Pasta, Imagem JPEG, Aplicativos e assim por diante.

- **Versão** (**Version**). Essa coluna exibe os números da versão de seus programas. Para pastas e documentos, você vê apenas um traço.

- **Comentários** (**Comments**). Essa coluna, raramente vista, na verdade pode estar entre as mais úteis. Imagine que você seja uma pessoa que usa o recurso Comentários (selecione um ícone, clique em Arquivo→Obter Informações, digite anotações sobre aquele item na caixa Comentários do Spotlight). A opção para ver a primeira linha de comentários sobre cada item pode ser muito útil, especialmente quando seguindo muitas versões de seus documentos, conforme mostrado na Figura 1-20.

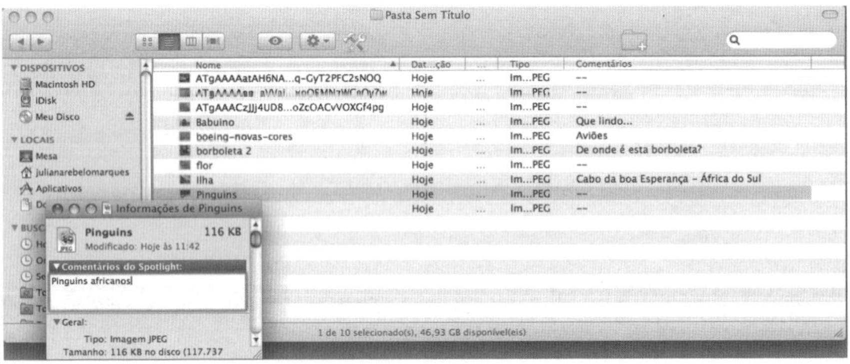

Figura 1-20: *Em geral, é válido ativar a coluna Comentários. Se o seu monitor for bem grande, faça essa coluna larga suficiente para exibir vários parágrafos de texto, todos em uma única linha – capaz de revelar toda o histórico de cada ícone.*

- **Etiqueta** (**Label**). As etiquetas são sentenças coloridas e identificadoras que você pode aplicar em arquivos para ajudá-lo a categorizá-los e agrupá-los.

Mesmo com essa coluna desativada, claro que você ainda pode ver a *cor* de uma etiqueta. Mas, apenas ativando essa coluna é possível ver o *texto* que você associou a cada etiqueta, obviamente.

Outras opções de visualização

As Opções de Visualização para uma visualização por lista incluem diversas outras configurações úteis; escolha Visualizar→Mostrar Opções de Visualização, ou pressione ⌘-J.

- **Sempre abrir em visualização como lista (Always open as list view).** Ative essa opção para sobregravar a configuração de preferência de todo o seu sistema para todas as janelas.

- **Tamanho do ícone (Icon Size).** Esses dois botões oferecem uma escolha do tamanho de ícone à janela atual; seja padrão ou pequeno. Diferente da Visualização como ícones, a Visualização como lista não oferece um deslizador de tamanho.

  Felizmente, mesmo os pequenos ícones não são tão pequenos que apareçam em branco. Você ainda tem uma ideia geral da aparência deles.

- **Tamanho do texto (Text size).** Você pode alterar o tamanho do tipo de seus rótulos de ícone, sejam globalmente ou uma janela de cada vez.

- **Mostrar colunas (Show columns).** Ative as colunas que você quiser que apareçam na Visualização como lista da janela atual, como descrito na seção anterior.

- **Usar datas relativas (Use relative dates).** Em uma visualização como lista, geralmente as colunas Data de Modificação e Data de Criação exibem informações em um formato do tipo: "Domingo, 9 de Março de 2010". (Conforme observado a seguir, o Mac OS X encurta os formatos de data, à medida em que a coluna fica mais estreita.) Porém, quando a opção Usar datas relativas está ativada, o Mac coloca a palavra Ontem ou Hoje, no local apropriado, tornando os arquivos recentes mais fáceis de serem localizados.

- **Ver tamanho de tudo (Calculate all sizes).** Veja o quadro a seguir.

- **Pré-visualização de ícones (Show icon preview).** Exatamente como na visualização como ícone, essa opção ativa os ícones de arquivos gráficos em miniaturas das fotos ou imagens contidas.

- **Usar como Padrões (Use as Defaults).** Clique na caixa Opções de Visualização para fazer as suas mudanças em *todas* as janelas de seu Mac. (Option-clique esse botão para retornar uma janela incorreta *de volta* a seus padrões.)

Reorganizando colunas

Você está preso à coluna Nome na extrema esquerda de uma janela. No entanto, é possível reorganizar as outras colunas, bastando arrastar horizontalmente seus cabeçalhos de coluna cinza. Se o Mac pensar que você pretende soltar uma coluna, digamos, à esquerda da coluna que ele sobrepõe, na verdade, você verá um movimento animado – indicando um rearrasto de coluna – mesmo antes de você liberar o botão do mouse.

Ajustando as larguras de coluna

Se você colocar cuidadosamente o seu cursor na linha divisória entre dois cabeçalhos de coluna, descobrirá que é possível arrastar horizontalmente a linha divisória. Fazer isso torna mais larga ou mais estreita a coluna à *esquerda* do seu cursor.

A melhor dica de todos os tempos: Se clicar duas vezes aquela pequena linha divisória, a coluna à sua esquerda obtém a largura exata suficiente para acomodar o texto mais longo contido nela. Trata-se de uma forma rápida de se certificar que nada será truncado – enquanto ainda mantém a coluna o mais estreita possível.

O que é interessante nessa atividade é observar o Mac OS X lutar para reescrever as suas informações, para que caibam no espaço dado por você. Por exemplo, enquanto você torna a coluna Data de Modificação mais estreita, "Domingo, 9 de Março de 2010, 02:20" deve diminuir para "Dom, 9 Mar., 2010, 02:20", e finalmente, para apenas "9/3/10".

Da mesma forma, se você quiser estreitar uma coluna, o Mac OS X encurta os nomes de arquivo, datas etc., removendo texto do *meio*. Uma elipse (...) aparece, para mostrar onde o texto que falta deveria ter aparecido. (A Apple imaginou que, truncando as *extremidades* dos nomes dos arquivos, como em alguns outros sistemas operacionais, ocultaria informações úteis, tais como, o número ao final de "Carta para Margô 1", "Carta para Margô 2" e assim por diante. Também ocultaria as *extensões* de três letras, tais como Tese.*doc*, que podem aparecer nos nomes de arquivos no Mac OS X.)

PERGUNTAS FREQUENTES

Ver tamanho de tudo

Quando eu classifico a minha visualização como lista por tamanho, só vejo traços para os tamanhos de pasta. O que estou fazendo errado?

Absolutamente nada: isso é normal. Ao exibir uma janela do Finder, você vê uma estatística de tamanho de cada arquivo. No entanto, para pastas e discos, você só vê um traço sem informações.

A maioria dos macmaníacos só examina essa anormalidade na hora, esfregam seus queixos e depois voltam ao trabalho. Antigos usuários do Windows nem mesmo coçam seus queixos; os PCs com Windows nunca mostram informações sobre tamanho de arquivo ou tamanho de disco em visualizações como lista.

Explicação: um computador pode levar tempo para somar os tamanhos de todos os arquivos dentro de uma pasta. A sua pasta Sistema→Biblioteca (System→Library) sozinha, por exemplo, contém mais de 1.500 arquivos. Em vez de fazer você esperar enquanto o Mac conta tudo isso, o Mac OS X simplesmente mostra a você um traço na coluna Tamanho de uma pasta.

Porém, ocasionalmente, você realmente deseja saber de que tamanho são as suas pastas. Em tais casos, escolha Visualizar→Mostrar Opções de Visualização e ative Ver tamanho de tudo (Calculate all sizes). Lentamente, você vê o tamanho das pastas começando a aparecer na janela de cima para baixo, enquanto o Mac devora os números dos arquivos.

De fato, é até possível ativar *globalmente* a opção Ver tamanho de tudo – isto é, para todas as janelas. Nos sistemas operacionais antigos do Mac, essa ação teria paralisado todo o computador. Mas o Mac OS X é multitarefa e é perfeitamente capaz de dar toda a sua atenção ao cálculo de seus tamanhos de pastas e toda a sua atenção a qualquer trabalho que você esteja fazendo em primeiro plano.

Agora, considere essa anormalidade: suponha que você tenha optado por classificar uma janela pelo tamanho de pasta – em outras palavras, você clicou a palavra Tamanho no alto da coluna. Ativar Ver tamanho de tudo confunde os não preparados, pois as pastas, arbitrariamente, começam a sair da ordem, forçando a lista a se reorganizar algumas vezes por segundo.

Claro que o que está acontecendo é que todas as pastas começam embaixo da lista, mostrando apenas traços na coluna Tamanho. Quando o Mac computa o tamanho do conteúdo de suas pastas, elas pulam para a sua ordem exata de classificação.

Por exemplo, suponha que você tenha chamado um documento do Word de "Ben Affleck – Uma Grande Solução para os Problemas da Humanidade e a Cura da Depressão, Espinhas e Dor de Cabeça". (É, nomes de arquivos podem ser realmente longos assim.) Se a coluna Nome também for estreita, você poderia ver apenas "Ben Affleck – Uma Grande... Dor de Cabeça".

Dica: Não é necessário tornar a coluna megalarga só para ler o texto completo de um arquivo cujo nome foi encurtado. Simplesmente aponte o nome do ícone, sem clicar. Depois de um momento, aparece um balão amarelo flutuando – algo parecido existe em programas da Microsoft – para identificar o nome completo.

De fato, agora você pode mover seu mouse para cima ou para baixo em uma lista sobre nomes de arquivo truncados; seus balões de descrição aparecem instantaneamente. (Esse truque funciona em visualizações em lista, coluna ou Cover Flow – e em caixas de diálogo Save e Open também.)

Visualização como coluna

O objetivo da visualização como coluna é simples: deixar que você se aprofunde nas pastas aninhadas, sem precisar deixar um rastro de janelas desorganizadas e sobrepostas pelo caminho.

A solução é mostrada na Figura 1-21. É uma visualização como lista que está dividida em vários painéis verticais. O primeiro painel (sem contar a Barra Lateral) mostra qualquer disco ou pasta que você abriu primeiro.

Figura 1-21: *Se a pasta da extrema direita contiver imagens, sons, documentos do Office ou filmes, você pode olhá-los ou assisti-los direto no Finder. Você pode arrastar esse enorme ícone de visualização para qualquer lugar – por exemplo, para dentro de uma outra pasta ou para o Lixo.*

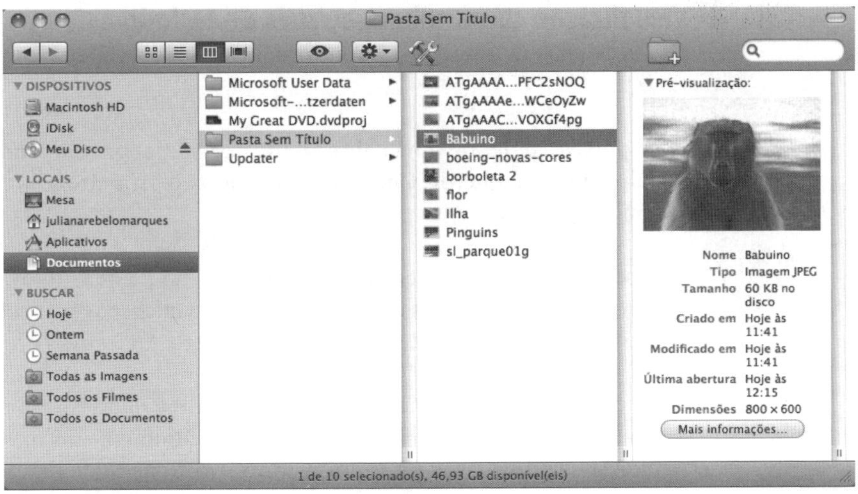

Quando você clicar (uma vez) um disco ou pasta nessa lista, o segundo painel exibe uma lista de tudo que há nele. Cada vez que você clicar uma pasta em um painel, o painel à sua direita mostra o que há dentro. Os outros painéis deslizam para a esquerda, às vezes para fora da visualização. (Use a barra de rolagem horizontal para trazê-los de volta.) É possível continuar clicando até que, de fato, você esteja olhando para os ícones do arquivo dentro da pasta mais profundamente aninhada.

Se descobrir que a sua caça por um arquivo em especial o levou a um beco sem saída, não é problema voltar atrás, visto que o rastro de pastas que você seguiu para chegar aqui ainda está à sua frente na tela. Assim que você clicar uma pasta diferente em um dos painéis anteriores, os painéis à direita mudam repentinamente, de modo que você pode pegar emprestada uma toca de coelho diferente.

A beleza da visualização como coluna é, em primeiro lugar, que ela mantém a sua tela arrumada. Efetivamente, ela mostra vários níveis simultâneos de pastas, porém, as mantém dentro de uma única janela. Com um rápido ⌘-W, é possível fechar toda a janela, painéis e tudo. Em segundo, a visualização como coluna oferece um excelente sentido de onde você está. Pelo fato do seu rastro ser visível o tempo todo, é muito mais difícil se perder – imaginando em qual pasta você está e como chegou lá – do que em qualquer outra visualização como janela.

Destaque do Snow Leopard: Você pode alterar o modo como a visualização em Coluna é ordenada – que não precisa ser alfabética. Pressione ⌘-J para abrir a caixa de diálogo View Options, selecione o critério de ordenação a partir do menu pop-up Arrange by (Organizar por) como Size [Tamanho], Date Created [Data de Criação] ou Label [Etiqueta].

Visualização como coluna através do teclado

Os fãs da eficiência podem operar todo esse processo apenas através do teclado. Por exemplo:

- É possível pular de uma coluna para a próxima, pressionando as teclas de seta à direita ou à esquerda. Cada toque seleciona o primeiro ícone na próxima coluna ou na anterior.

- Você pode usar qualquer um dos comandos no menu Ir (Go), os seus equivalentes no teclado ou os ícones na Barra Lateral para encher as suas colunas com o conteúdo da pasta correspondente – Início, Favoritos, Aplicativos e assim por diante.

- O comando Voltar (clicando o botão ◀ na Barra de Ferramentas, pressionando ⌘-[, ou escolhendo Ir→Voltar) funciona como em um navegador Web: ele recorda os seus passos em sentido contrário. Você pode repetir esse comando até voltar à configuração da coluna que apareceu inicialmente, quando você trocou para Visualização como coluna. De fato, depois que você tiver voltado, será possível ir novamente para frente; escolha Ir→Avançar ou pressione ⌘-].

- Dentro de uma coluna selecionada, pressione as teclas de seta para cima ou para baixo para selecionar ícones sucessivos na lista. Ou digite as primeiras duas letras do nome do ícone para pular diretamente para ele.

- Quando finalmente você selecionar o ícone pelo qual estava procurando, pressione ⌘-O ou ⌘-seta para baixo para abri-lo (ou claro, duplo-clique). É possível abrir qualquer coisa em qualquer coluna; não é preciso esperar até que você tenha chegado à coluna da extrema direita.

Manipulação de colunas

A quantidade de colunas que pode ser vista sem rolar depende da largura da janela. Em nenhuma outra exibição há controles de zoom e redimensionamento tão importantes como eles são aqui.

No entanto, não significa que você esteja limitado a quatro colunas (ou o que couber em seu monitor). É possível tornar as colunas mais largas ou mais estreitas – seja individualmente ou todas de uma vez – para se adequar à situação, de acordo com este esquema:

- **Para tornar uma única coluna mais larga ou mais estreita,** arraste a sua alça lateral direita (circulada na Figura 1-22).

- **Para tornar, simultaneamente, *todas* as colunas mais largas ou mais estreitas,** mantenha pressionada a tecla Option enquanto você arrasta aquela alça lateral direita.

CONSULTÓRIO PARA USUÁRIOS AVANÇADOS

As particularidades do triângulo da visualização em coluna

Esse assunto é mais refinado e geek, mas dê uma olhada: existe um pequeno triângulo (▶) à direita do nome de todas as pastas na visualização em coluna. Ele pode ser preenchido (preto) ou vazado.

Se você clica uma pasta, o triângulo está preenchido. Mas se você destacar uma pasta digitando algumas letras do seu nome, ou pressionando as teclas ↑ e ↓, o triângulo permanece vazado. (Nesse ponto, pressionar Tab torna o triângulo preenchido.)

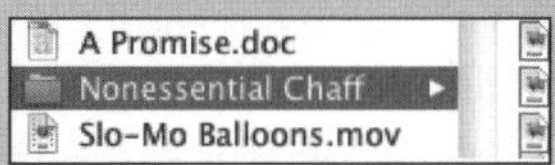

Quem se importa? Bem, isso realmente faz diferença em alguns casos. Quando o triângulo está preenchido, o Mac quer dizer que *a próxima coluna à direita* é que está selecionada. Pressionar ⌘-A (Select All [Selecionar Tudo]) nesse ponto, por exemplo, seleciona todos os ícones na *próxima* coluna. Caso pressione as teclas ↑ ou ↓, você se movimenta nessa *próxima* coluna.

Mas, quando o triângulo está vazado, você não deixou a coluna *original*. Pressionar as teclas de setas o leva para cima ou para baixo *nessa* lista, e ⌘-A seleciona tudo *nessa* lista.

É um detalhe sutil, mas é bem legal.

- **Para tornar uma coluna com a largura necessária** para revelar todos os nomes de seu conteúdo, dê um duplo-clique na alça do lado direito.

- **Para tornar todas as colunas com a largura necessária** – quando você não quer absolutamente nenhum nome truncado – dê um Option-duplo-clique na alça do lado direito de uma coluna.

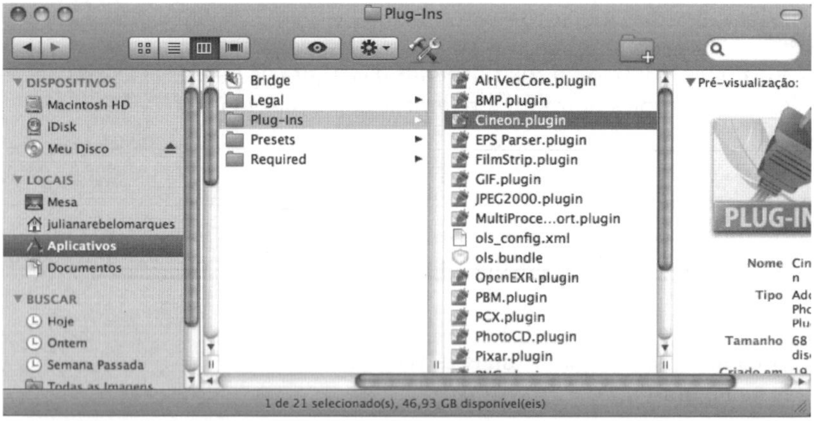

Figura 1-22: *O que você deseja fazer na maioria das vezes é ajustar uma coluna. Acrescentar a tecla Option enquanto arrasta a alça permite que todas as colunas sejam ajustadas de uma vez.*

Opções de Visualização

Exatamente como nas visualizações por ícone e de lista, é possível escolher Visualizar→Mostrar Opções de Visualização para abrir uma caixa de diálogo – nesse caso, uma espartana – oferecendo controle adicional sobre as suas visualizações por coluna.

- **Sempre abrir em visualização como coluna (Always open as column view).** Novamente, essa opção permite que você sobregrave a sua configuração preferida quanto ao sistema, para todas as janelas.

- **Tamanho de texto (Text size).** Seja qual for o tamanho de ponto escolhido aqui, afeta o tipo usado para ícones em *todas* as visualizações por coluna.

- **Mostrar ícones (Show icons).** Para máxima velocidade, desative essa opção. Agora, você só vê nomes de arquivos – não os pequenos ícones perto deles – em todas as visualizações por coluna.

- **Pré-visualização de ícones (Show icon preview).** Desative essa opção se você *não* quer que os pequenos ícones na visualização em coluna exiba seus conteúdos reais – fotos exibindo suas imagens, documentos Word e PDF mostrando suas primeiras páginas etc. Assim, você obtém ícones genéricos e idênticos para cada tipo de arquivo (texto, foto, ou o que for).

- **Coluna pré-visualização (Show preview column)**. A coluna pré-visualização da extrema direita pode ser útil quando você estiver navegando por imagens, sons ou arquivos de filmes. Fique à vontade para aumentar essa coluna final quando quiser uma visualização melhor de uma imagem ou filme; você pode torná-la *realmente* grande. Quase tão grande quanto no Visualização Rápida (Quick Look).

  No restante do tempo, porém, a coluna pré-visualização pode atrapalhar, retardando ligeiramente os trabalhos e empurrando outras colunas úteis para o lado esquerdo da janela. Se você desativar essa caixa de verificação, a coluna pré-visualização não aparecerá.

Dica: Independente de em qual exibição você esteja, lembre-se disso se começar a arrastar um ícone e depois mudar de ideia: pressione a tecla Esc ou ⌘-ponto (.), mesmo enquanto o botão do mouse ainda estiver pressionado. O ícone voa de volta exatamente para o seu lugar de partida.

Visualização Cover Flow

O Cover Flow consiste em uma exibição visual que a Apple roubou do seu próprio iTunes, onde o modo simula o movimento das "páginas" de um jukebox, ou as capas em uma loja de discos (Figura 1-23). Lá, você pode circular entre sua coleção de músicas, admirando como as capas de CD se movimentam rapidamente em um espaço 3D enquanto você as pesquisa.

A ideia é a mesma no Mac OS X, exceto que, agora, não é a capa de CD que você está virando; é um arquivo gigantesco e ícones de pastas.

RECORDAR É VIVER

Tudo o que é velho, é novo novamente

Para muitos, a visualização como coluna do Mac OS X foi um dos novos recursos mais radicais do sistema operacional. Entretanto, a verdade é que ele não é, absolutamente, novo.

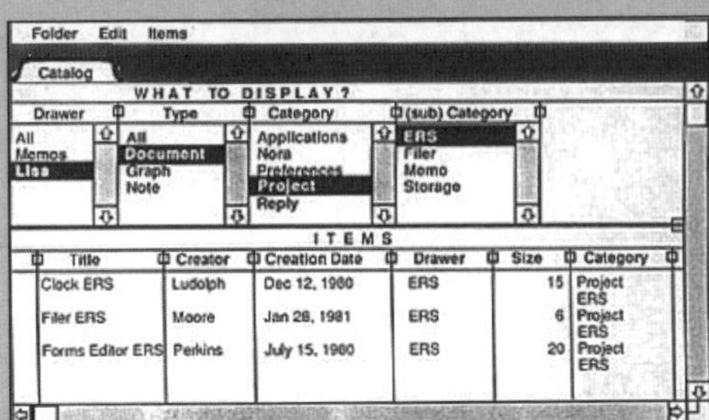

De fato, o ancestral mais recente da visualização por coluna apareceu no sistema operacional NeXT, que a Apple comprou (junto com o seu CEO, Steve Jobs) em 1997. Porém, a visualização como coluna é ainda mais antiga do que isso.

Como você pode ver neste esquema de Maio de 1980, a ideia de uma única janela com a visão de múltiplas colunas já era trabalhada pela Apple muito antes do lançamento do Macintosh.

No final, essa visualização foi considerada muito complexa para o Mac original, que apareceu (somente com a visualização em lista ou ícones) em 1984. Levou 17 anos para chegar ao padrão de Mac OS.

Visualização Cover Flow

Para disparar o Cover Flow, abra uma janela. Depois, Clique o botão Cover Flow, identificado na Figura 1-23, escolha Visualizar→por Cover Flow (View→by Cover Flow) ou pressione ⌘-4.

Agora, a janela se separa. Embaixo: uma exibição tradicional de lista, completa, com colunas que podem ser classificadas, exatamente como descrito anteriormente.

Em cima: demonstração preta e brilhante reflexiva de Cover Flow. Aqui, o seu principal interesse é a barra de rolagem. Enquanto a arrasta para a esquerda ou para a direita, você vê os seus próprios arquivos e pastas flutuando e sendo virados no espaço em 3D. É diversão para toda a família!

Com certeza, o efeito é espetacular. Mas, provavelmente, não é algo que você queira configurar para cada pasta, pois navegar é uma maneira bastante ineficaz de encontrar alguma coisa. Porém, em pastas contendo fotos ou filmes (que não estão cheias com centenas de arquivos), o Cover Flow pode ser uma maneira útil e agradável de procurar.

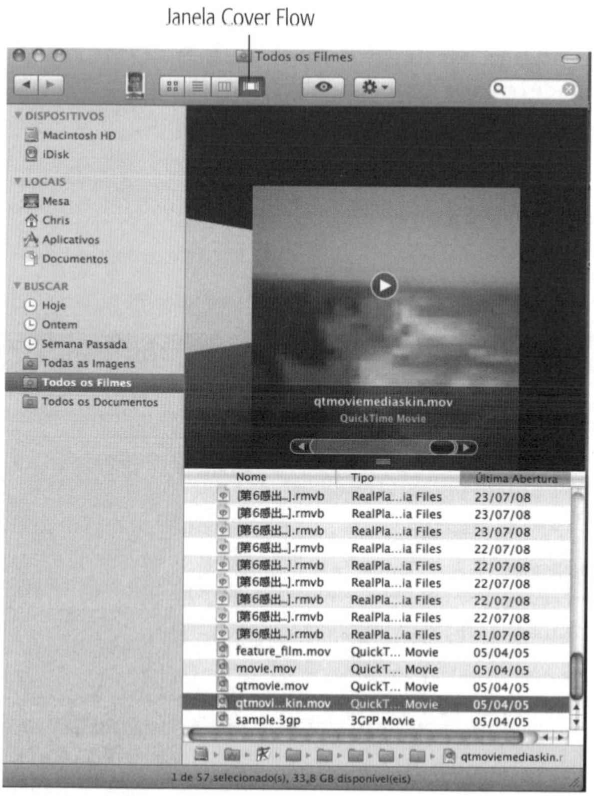

Figura 1-23:
A metade inferior de uma janela de Cover Flow é idêntica à visualização como lista. Porém, a metade superior é uma "estante de CDs" rolante e interativa, repleta com as suas coisas. Ela é especialmente útil para fotos, arquivos PDF, documentos Office e documentos de texto. E quando surge um filme nesse jukebox virtual de dados, você pode apontar para o pequeno botão ▶ e clicá-lo para executar o vídeo, bem ali.

E agora, observações sobre o Cover Flow:

- **Você pode ajustar o tamanho da demonstração do Cover Flow.** Com relação à metade da visualização como lista), arrastando para cima ou para baixo na área divisória, bem sob a barra de rolagem de Cover Flow.

- **Os documentos com múltiplas páginas, arquivos de apresentação, vídeos e sons são especiais.** Quando você aponta para um deles, aparece um botão ▶ (para reproduzir um vídeo ou som) ou setas para a esquerda/direita (para folhear os documentos PDF, Pages, PowerPoint ou Keynote), exatamente como você faz com os ícones na Visualização como ícones (Figura 1-24).

Figura 1-24: *Quando você apontar para um arquivo PDF sem clicar, obtém botões especiais de seta que lhe permitem virar páginas.*

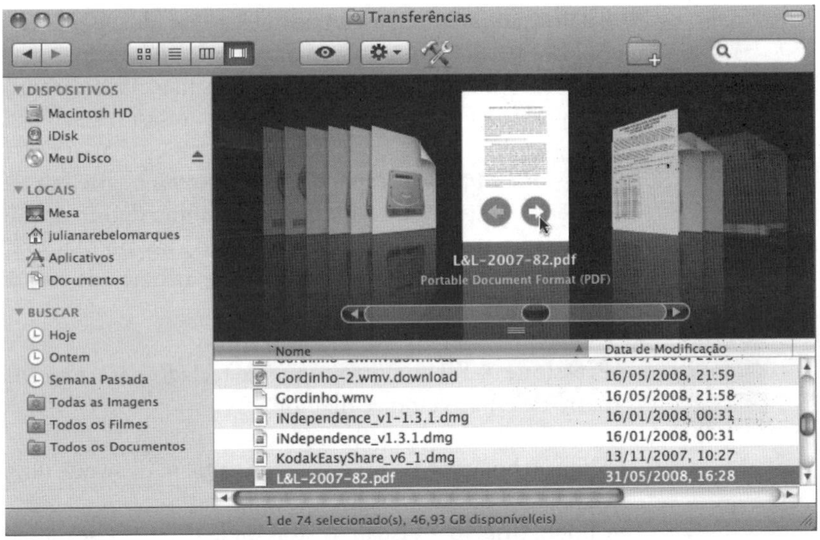

- **Também é possível navegar com o teclado.** Qualquer ícone que seja selecionado na visualização como lista (metade inferior da janela) é também a parte frontal e o centro na visualização como Cover Flow. Portanto, você pode usar todos os atalhos normais de visualização como lista para navegar em ambas, ao mesmo tempo. Use as teclas de seta para cima ou para baixo, digite as primeiras letras do nome de um ícone, pressione Tab ou Shift-Tab para selecionar alfabeticamente o próximo ícone ou o anterior, e assim por diante.

- **O Cover Flow mostra o que a visualização como lista mostrar.** Se você expandir um triângulo rotativo para exibir uma lista recuada do que está em uma pasta, o conteúdo daquela pasta torna-se então parte do Cover Flow.

- **As visualizações são os ícones atuais.** Quando estiver olhando para um mini-documento Cover Flow, é possível arrastá-lo com o seu mouse – você tem o maior alvo do mundo – para qualquer lugar que quiser arrastá-lo: uma outra pasta, o Lixo, o que for.

Visualização Rápida

Conforme as páginas anteriores deixaram claro, há muitas formas de ver e administrar a incrível massa de arquivos e pastas em um disco rígido típico. De fato, algumas delas permitem que você veja o que está em um documento sem precisar abri-lo – a coluna Pré-visualização, na Visualização por coluna, os ícones gigantes em Cover Flow e outras.

A visualização rápida (Quick Look) leva essa ideia para outro nível. Ele permite que você abra e pesquise um documento praticamente em seu tamanho total – sem trocar visualizações por janela ou abrir quaisquer novos programas. Você seleciona um ícone (ou vários) e, depois, faz uma dessas coisas:

- **Pressione a barra de espaço.** De longe, essa é a melhor técnica a aprender. Afinal, a menos que você esteja editando o nome de um arquivo, o que a barra de espaço já fez para você no Finder? Nada. Mas, no Mac OS X, você pode selecionar qualquer ícone e depois dar um toque na barra de espaço para uma visualização instantânea.

- **Pressione ⌘-Y.** Um outro toque de teclado para a mesma função. No entanto, a barra de espaço ainda é melhor.

- Clique o botão 👁 no topo da janela. Quem disse que ninguém mais usa o mouse?

- Clique Arquivo→Visualização Rápida (File→Quick look).

- Clique Visualização Rápida do menu Ação (⚙), no alto de cada janela do Finder.

- Control-clique (ou clique com o botão direito) um ícone; a partir do menu de atalho, escolha Visualização Rápida.

Você sai da Visualização Rápida de uma dessas mesmas maneiras.

Nota: Sempre que a Visualização Rápida aparecer em um menu ou menu de atalho, os seus dizeres mudam para refletir o nome do ícone. Por exemplo, ele poderia informar: "Visualização Rápida" 'Diário Secreto.doc'".

De qualquer modo, agora a janela da Visualização Rápida se abre, mostrando uma visualização quase em tamanho cheio do documento (Figura 1-25). Não é simpático?

Figura 1-25: Uma vez aberta a janela de Visualização Rápida, você pode executar o arquivo (filmes e sons), estudá-lo em mais detalhes (principalmente arquivos de gráficos) ou mesmo lê-lo (documentos PDF, Word e Excel).

Você também pode clicar um outro ícone, ou outro e ainda em outro, sem jamais fechar a visualização; o conteúdo da janela simplesmente muda para refletir o que você tiver acabado de clicar.

Superdica: a Visualização Rápida trabalha até em ícones no Lixo, assim, você pode descobrir o que é alguma coisa, antes de se desfazer dela para sempre.

Aqui, a ideia é que você pode verificar um documento sem precisar esperar que ele abra da maneira tradicional. Por exemplo, é possível descobrir o que está em um documento Word, Excel ou PowerPoint, sem, na verdade, precisar *abrir* o Word, o Excel ou o Power Point, o que economiza muito do seu tempo.

O que a Visualização Rápida sabe

Você poderia imaginar: como, exatamente, a Visualização Rápida é capaz de exibir o conteúdo de um documento sem abri-lo? Ele não precisaria entender, de alguma forma, o formato interno daquele tipo de documento?

Exatamente. E é por isso que a Visualização Rápida não reconhece *todos* os documentos. Por exemplo, se você tentar visualizar um projeto em vídeo Final Cut Pro, um arquivo com uma página de música, um arquivo .zip ou um arquivo de banco de dados, tudo o que verá será uma versão em treze centímetros de altura de seu ícone genérico. Sem ver o que está lá dentro.

Com o tempo, as pessoas escreverão plug-ins (aplicativos adicionais) para esses programas não reconhecidos. Já os plug-ins que permitem ver o que há dentro de pastas e arquivos .zip estão em www.qlplugins.com. Nesse meio-tempo, eis o que a Visualização Rápida reconhece de imediato:

- **Arquivos de imagem e fotos.** É onde a Visualização Rápida pode realmente brilhar, pois, com frequência, ela é útil para dar uma rápida olhada em uma foto sem precisar tirar o iPhoto ou o Photoshop da cama. A Visualização Rápida reconhece todos os formatos de imagem comuns, incluindo documentos em TIFF, JPEG, GIF, PNG, RAW e Photoshop (exceto arquivos do Photoshop realmente grandes).

- **PDF e arquivos de texto.** Usando a barra de rolagem, você pode folhear documentos de múltiplas páginas, na janela Visualização Rápida.

- **Arquivos de áudio e filmes.** Eles começam a executar instantaneamente quando abertos na janela Visualização Rápida. Os formatos mais populares são reconhecidos (MP3, AIFF, AAC, MPEG4, H.264 e outros). Uma barra de rolagem aparece, para que você possa pular pelo filme ou música.

- **Documentos do Pages, Numbers, Keynote e do Editor de Texto.** Obviamente, já que esses são programas da Apple, a Visualização Rápida entende os formatos dos documentos criados por eles.

- **Páginas da Web salvas no Safari.** Essa é mais uma novidade do Snow Leopard.

- **Documentos Microsoft Word, Excel e PowerPoint.** Como esses formatos são bem comuns, o Mac OS X vem com um plug-in da Visualização Rápida para reconhecê-los. Ande pelas páginas usando a barra de rolagem vertical; troque para uma página diferente de planilha Excel usando as abas que estão, embaixo.

- **Fontes.** Muito bom. Quando você abre um arquivo de fonte na Visualização Rápida, vê um enorme mostrador translúcido exibindo cada letra do alfabeto naquele tipo de fonte.

- **vCards.** Um vCard é uma entrada de caderno de endereços que as pessoas podem enviar por correio eletrônico a outras para poupar tempo na atualização de seus endereços. Quando você arrasta um nome para fora dos cadernos de endereços da Apple ou da Microsoft para a Mesa, por exemplo, ele se transforma em um documento vCard. Na Visualização Rápida, o vCard se abre como um belo cartão em formato indexado, que exibe todas as informações de um contato.

- **HTML (páginas Web).** Se você tiver salvado páginas Web em seu disco rígido, eis uma grande maneira de inspecioná-las sem disparar o seu navegador Web.

Diversão com a Visualização Rápida

Aqui estão algumas manobras para tornar a Visualização Rápida ainda mais interessante.

- **Aproximar e afastar.** Option-clique para ampliar a visualização; arraste a imagem aproximada para rolar; Shift-Option-clique para voltar ao normal. Ou pressione Option enquanto você move o botão de rolagem do seu mouse. (Os documentos em PDF têm os seus próprios comandos de teclado de aproximação/afastamento: ⌘-mais [+] e ⌘-menos [-].)

- **Tela cheia.** Quando você clica as setas Tela Cheia (identificadas na Figura 1-26), a sua tela volta e a janela de Visualização Rápida se expande para preenchê-la. Tenha esse truque em mente quando estiver tentando ler documentos Word, Excel ou PDF, visto que o texto normalmente é muito pequeno para ser lido de outra maneira. (Quando tiver terminado com a aproximação, clique novamente o botão Tela Cheia para voltar à janela original de Visualização Rápida, ou o botão ⊗ para sair da Visualização Rápida.)

Dica: Como *isso* não está no manual?

Se você Option-clicar o ícone 👁 em qualquer janela do Finder, ou pressionar Option-barra de espaço, você irá direto para o modo Full Screen (Tela Cheia) sem ter de abrir a janela menor da Visualização Rápida primeiro. Genial. OK, realmente esta é uma parte do recurso de Apresentação de slides mostrado abaixo, mas também é bom para aumentar um ícone isolado.

- **Adicione ao iPhoto.** Esse ícone aparece nas janelas de arquivos gráficos da Visualização Rápida que você está examinando. Clique-o para adicionar a imagem que está sendo visualizada à sua coleção de fotos do iPhoto.

- **Vá em frente.** Uma vez que você tenha aberto a Visualização Rápida para *um* ícone, não é preciso fechá-lo antes de inspecionar *um outro* ícone. Basta continuar clicando diferentes ícones (ou pressionar as teclas de seta para se movimentar entre eles); a janela da Visualização Rápida muda instantaneamente a cada clique para refletir o novo documento.

Apresentação de slides com a Visualização Rápida

Supostamente, o Mac OS X é voltado para gráficos e outros deleites visuais. Não é de admirar, então, que ele ofereça um recurso embutido de apresentação de slides em tela cheia.

Funciona assim: selecione um *punhado* de ícones e depois abra a Visualização Rápida. A tela fica preta e os documentos começam a sua apresentação de slides. Cada imagem aparece na tela durante aproximadamente três segundos antes da próxima aparecer. (Pressione a tecla Esc ou ⌘-ponto para encerrar a apresentação.) É como o recurso de apresentação de slides do Finder, exceto que ele executa *todos* os documentos que reconhece, não apenas os gráficos.

Nota: Se você pressionar a tecla Option assim que iniciar a Visualização Rápida – por exemplo, quando pressionar a barra de espaço ou clicar o botão da Visualização Rápida –, você abrirá uma versão em tela cheia daquela apresentação de slides.

Ele é um recurso bastante útil para quando você tiver feito o download ou importado um várias fotos ou documentos do Office e quiser olhá-los rapidamente. Use a barra de controle, mostrada na Figura 1-26, para administrar a execução.

Nota: Esse mesmo mecanismo de apresentação de slides está disponível para imagens do Pré-Visualização e Mail, no entanto, somente o Pré-Visualização oferece transição entre imagens.

Figura 1-26: *Quando a apresentação de slides estiver em execução, você pode usar essa barra de controle. Ela permite que você faça uma pausa na apresentação, mova manualmente para frente ou para trás, amplie o "slide" atual para preencher a tela ou termine a apresentação. A exibição em Folha de Índice é especialmente útil. (Você pode pressionar ⌘-Return para clicar o botão Folha de Índice.) Ele exibe, de uma vez, uma sequência de miniaturas rotuladas – uma espécie de Exposé para a Visualização Rápida. Clique em uma miniatura para pular diretamente ao documento Visualização Rápida que deseja inspecionar.*

Saindo do sistema, desligando

Se você for a única pessoa a usar o seu Mac, finalizar uma sessão de trabalho é simples. É possível desligar a máquina ou apenas deixá-la em repouso, de diversas maneiras.

Modo de repouso

Se você ainda estiver desligando o seu Mac após cada uso, pode estar esperando muito mais do que o necessário. O modo de repouso consome bem pouca energia, mantém tudo o que você estiver fazendo aberto e disponível e acorda quase que imediatamente quando você pressionar uma tecla ou clicar o mouse.

Para fazer a sua máquina dormir, escolha uma das seguintes maneiras:

- **Feche a tampa.** (em laptops.)
- **Escolha →Repouso.** Ou pressione Option-⌘-⏏.
- **Pressione Control-⏏ (ou Control-F12, se você não tiver uma tecla Eject).** Na caixa de diálogo, mostrada na Figura 1-27, clique Repouso (Sleep) ou digite S.
- **Pressione o botão de força em sua máquina.** Nos modelos desktop, fazer isso o leva a dormir imediatamente; em laptops você obtém a caixa de diálogo mostrada na Figura 1-27.
- **Mantenha pressionado o botão Play/Pause em seu controle remoto durante três segundos.** Muitos modelos de Mac vêm, ou costumam vir, com um pequeno controle remoto branco da Apple.

Agora você pode ir embora, confiante que a configuração do Economizador de Energia (Energy Saver) enviará seu Mac para a terra dos sonhos, automaticamente, no momento especificado.

Reiniciar

Você não precisará reiniciar o Mac com muita frequência – de fato, apenas em ocasiões em que é preciso solucionar graves problemas resultantes de falhas de reconhecimento dos comandos. Eis algumas maneiras de fazê-lo:

- **Clique em →Reiniciar (→Restart).** Aparece uma caixa de diálogo de confirmação; clique Reiniciar ou pressione Return.

Figura 1-27:
Quando a caixa de diálogo Desligar (Shut Down) aparecer, você pode pressionar a tecla S em vez de clicar Repouso, R para Reiniciar, Esc para Cancelar (Cancel) ou Return para Desligar.

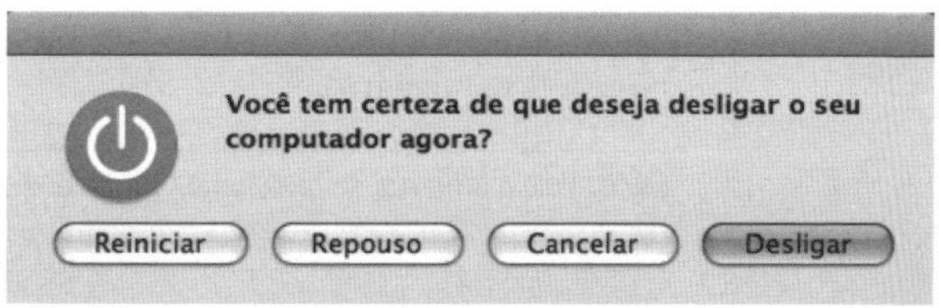

Dica: Se você pressionar Option enquanto libera o mouse no comando ⌘→Reiniciar, não terá que se aborrecer com uma caixa de confirmação "Você tem certeza?"

- **Pressione Control-⌘-⏏.** Se não tiver uma tecla Eject, substitua por F12.
- **Pressione Control-⏏** para voltar à caixa de diálogo mostrada na Figura 1-27; clique Restart ou digite R.

Desligando

Para desligar completamente a sua máquina (quando você não pretende usá-la por alguns dias, quando pretende transportá-la e assim por diante), escolha entre as seguintes opções:

- **Escolha ⌘→Desligar.** Uma simples caixa de diálogo de confirmação aparece; clique Desligar (ou pressione Enter).

Dica: De novo, se você pressionar Option enquanto liberar o mouse, nenhuma caixa de confirmação aparece.

- **Pressione Control-Option-⌘-⏏.** Não é tão complexo quanto parece – as primeiras três teclas estão todas em uma fileira organizada à esquerda da barra de espaço.
- **Pressione Control-Eject (ou Control-F12).** Para voltar à caixa de diálogo mostrada na Figura 1-27, clique Desligar ou pressione Return.
- **Espere.** Se você configurou preferências de Economizador de Energia para desligar automaticamente o Mac em uma hora especificada, não será necessário fazer nada.

Saindo do sistema

Se o seu Mac for compartilhado, você deve *registrar a saída* quando tiver terminado. Fazer isso garante que o seu material estará protegido dos desatentos quando você estiver fora. Para fazê-lo, escolha ⌘→Finalizar Sessão de *Carlos* (⌘→Log Out *Carlos*). Ou, se estiver com pressa, pressione Shift-⌘-Q.

Quando a caixa de diálogo de confirmação aparecer, clique Finalizar Sessão (Log Out) ou pressione Return, ou apenas espere dois minutos. O Mac oculta a visualização do seu mundo e exibe a caixa de diálogo Registro de Entrada (Log In), pronto para o novo usuário.

Dica: Pela última vez, se pressionar Option enquanto libera o mouse no comando ⌘→Registro de Saída) (⌘→Log Out), você calará a caixa "Você tem certeza?"

O Capítulo 12 descreve o registro de saída bem mais detalhadamente.

Como obter ajuda em Mac OS X

É muito bom você saber que tem um livro sobre Mac OS X em suas mãos, pois o único manual de usuário que terá com o Mac OS X é o menu Ajuda (Help). Você acessa um programa que é uma espécie de navegador Web – que lê um conjunto de arquivos de ajuda, que fica em sua pasta Sistema→Biblioteca.

Espera-se que você encontre o tópico desejado de uma entre três maneiras:

- **Use a nova caixa Buscar (Search).** Quando você clicar o menu Ajuda, aparece uma pequena caixa Buscar, bem sob o seu cursor (Figura 1-28). Você pode digitar algumas palavras aqui, para especificar qual ajuda precisa: "configurar a impressora", "espaço em disco", o que for.

Dica: Também é possível dar um toque em ⌘-Shift-/ (isto é, ⌘-?) para abrir a caixa Buscar do menu Ajuda. E, se quiser, pode mudar aquele toque de tecla em Preferências do Sistema→Teclado (System Preferences→Keyboard).

Figura 1-28:
Não é preciso abrir o programa Ajuda para iniciar uma busca. Não importa em que programa você esteja, digitar uma frase de busca na caixa mostrada aqui produz uma lista instantânea de tópicos de ajuda, prontos para leitura.

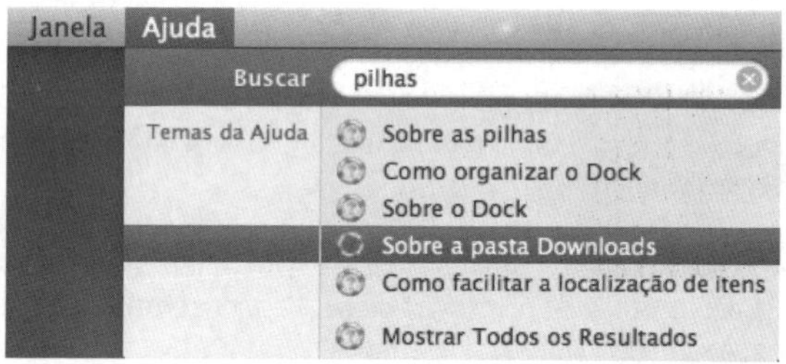

Após alguns instantes, o menu se torna uma lista de tópicos de ajuda da Apple referentes à sua busca. Clique em um deles para abrir o navegador de Ajuda, descrito a seguir; assim, você acabou de poupar algum tempo e algumas etapas.

- **Aprofunde-se. Alternativamente, você pode iniciar a sua busca por assistência da maneira antiga: abrindo primeiro o navegador de Ajuda. Para fazer isso, escolha Ajuda→Ajuda Mac (Help→Mac Helps).** (Isso só funciona no Finder, e apenas quando nada está digitado na caixa de busca. Para esvaziar a caixa de busca, clique o botão ⊗, na extrema direita).

  Após um momento, você chega ao programa do navegador de Ajuda, mostrado na Figura 1-29. A tela inicial oferece diversos tópicos de "clique rápido", que podem interessá-lo. Se assim for, continue a clicar os cabeçalhos de texto até encontrar um tópico que deseja ler.

Você pode voltar, clicando o botão ◀ no alto da janela. E sempre pode voltar à tela inicial, clicando o pequeno ícone em formato de casinha, no alto.

Dica: Infelizmente, a janela Ajuda insiste em flutuar diante de todas as outras janelas; você não pode mandá-la de volta, como com qualquer outro programa. Portanto, tente deixar a janela alta e magra, para poder colocá-la *ao lado* do programa em que você está trabalhando. Arraste o canto inferior direito canelado para alterar a forma da janela.

- **Use o espaço "Faça uma Pergunta" ("Ask a Question") que está em branco.** Digite a frase que deseja, tal como *impressão* ou *troca de aplicativos* na caixa de busca, no alto da janela e, depois, pressione Return. O Mac responde, mostrando uma lista de tópicos de tela de ajuda que podem ser relativos ao que você precisa; para detalhes, veja a Figura 1-30.

  Geralmente, essa caixa Buscar oferece uma lista mais completa de resultados do que você teria recebido usando a caixa de busca no menu Ajuda, conforme descrito antes.

USUÁRIOS PROFISSAS

O menu Ajuda no menu de Ajuda

O Mac OS X contém um pequeno, estranho e maravilhoso aperfeiçoamento em seu sistema de ajuda on-line. Ele o auxilia a achar os comandos de menu que você não consegue encontrar.

Você está vagando em algum programa. Tem certeza de que há um comando de numeração de página naqueles menus, em algum lugar. Porém, há 11 menus e 143 submenus ocultos naqueles menus, e não há tempo para procurá-los.

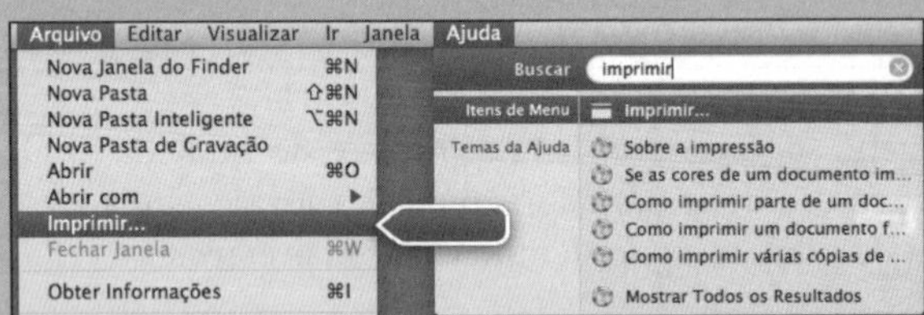

É quando deve pensar em usar a Ajuda. Ao digitar o número de página, ou o que for, em sua caixa de busca, o menu de resultados relaciona, no alto, os nomes de quaisquer comandos de menu que contêm as palavras digitadas. Melhor ainda, ele até abre *aquele* menu e exibe uma grande seta azul, flutuante e animada indicando o comando que você queria. Você precisa estar de olhos fechados para não ver.

Deslize sobre ele o seu cursor, clique o comando de menu e dê prosseguimento no que estava fazendo.

Superdica: Esse recurso é especialmente útil em browsers Web como Safari e Firefox, pois ele até encontra entradas em seus menus Favoritos e Histórico.

No Safari, por exemplo, você pode dar uma olhada num site recentemente visitado das centenas de submenus diários de Histórico, como o submenu "Quarta-feira, 9 de Janeiro". Você simplesmente terá se poupado de uma longa busca através de menus, tentando encontrar o nome de um site que sabe ter visitado recentemente.

Megadica: Se parar para pensar, esse recurso também significa que você tem controle total pelo teclado sobre qualquer menu, em qualquer programa. Toque ⌘-Shift-? para abrir a caixa de busca de Ajuda, digite um pedaço do nome do comando e depois use as teclas de seta para percorrer os resultados. Clique Return para disparar o comando desejado.

Nota: Na verdade, existe mais um lugar onde a Ajuda foi aparada: nas caixas de diálogo de Preferências do Sistema. Clique o botão azul de ponto de interrogação circulado, no canto inferior direito de cada painel de Preferências do Sistema, para abrir uma página Ajuda que identifica cada controle.

Figura 1-29: *O sistema de Ajuda do Mac OS X não agrupa mais as páginas de ajuda de cada programa em seu Mac. Quando você estiver no Finder, obterá as telas gerais de ajuda do Macintosh. Quando estiver no iPhoto, só obterá telas de ajuda sobre iPhoto. E assim por diante.*

Clique duas vezes o nome do tópico para abrir a página de ajuda. Se ele não for tão útil quanto você esperava, clique o botão ◄ no topo da página para voltar à lista de tópicos relevantes. Clique o pequeno botão Home para voltar à tela de boas-vindas do Centro de Ajuda (Help Center).

CAPÍTULO

2

Organizando o seu material

A estrutura de pastas do Mac OS X

Nos primeiros vinte anos de existência do Mac, você começava o seu dia de trabalho clicando duas vezes o ícone Macintosh HD no canto superior direito da tela. Era onde você guardava seus arquivos.

Porém, hoje em dia, você se desapontaria caso fizesse isso. Tudo o que você encontrará na janela do Macintosh HD será um conjunto de pastas chamadas Applications (Aplicativos), Library (Biblioteca), Users (Usuários) etc. – pastas que *você* não colocou lá.

A maioria dessas pastas não tem muita utilidade para você, o companheiro humano do Mac. Elas estão lá para o uso do próprio Mac OS X. Pense na janela do seu disco rígido principal como armazenagem para o próprio sistema operacional, que você só acessará por objetivos administrativos ocasionais. (Você pode selecionar Finder→ Preferences e marcar a opção Hard disks [Discos rígidos] para exibi-los de volta, se você realmente quiser isso.)

A sua pasta Início

Então onde estão todos os seus arquivos, pastas etc.? Tudo o que for seu nesse computador está na pasta Home. Trata-se da pasta com o seu nome (ou o nome que você digitou quando instalou o Mac OS X).

O Mac OS X tem muitos atalhos para abrir essa pasta tão importante:

- Escolha Ir→Início (Go→Start) ou pressione Shift-⌘-H.
- Na Barra Lateral, clique o ícone Início (a casinha).
- No Dock, clique o ícone Início.
- Pressione ⌘-N ou escolha Arquivo→Nova Janela do Finder (File→New Finder Window).

Todas essas etapas abrem sua pasta Início, diretamente.

Se você é do tipo compulsivo, também pode navegar pelo caminho mais longo: clique duas vezes a pasta Usuários (Users), e então clique duas vezes o ícone dentro dela que possui o seu nome e o ícone de uma casa (Figura 2-1).

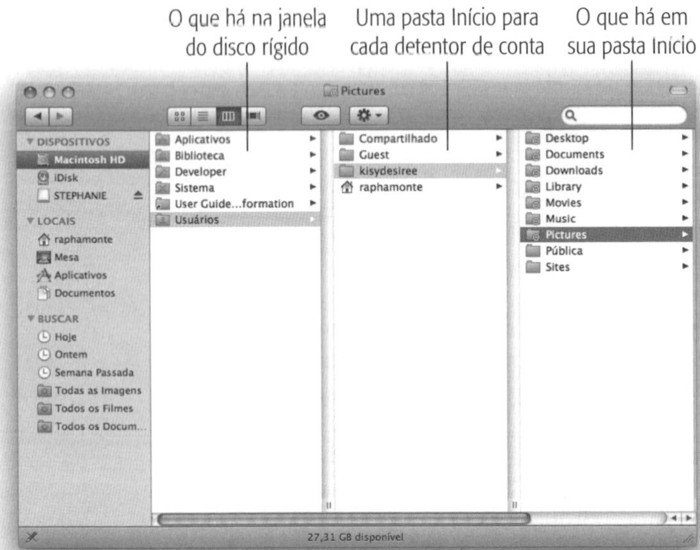

Figura 2-1:
É isso aí: a estrutura de pasta do Mac OS X, na verdade, não é tão ruim. Para a maioria, o que importa é a pasta Aplicativos na janela do disco rígido principal e a sua própria pasta Início. Você é bem-vindo para salvar os seus documentos e posicionar os seus ícones em praticamente qualquer lugar em seu Mac (exceto dentro da pasta Sistema ou pastas Início de outras pessoas). Mas, manter o seu trabalho em sua pasta Início torna mais fácil fazer o backup e o compartilhamento de arquivos.

Mas, por que a Apple mudou os seus arquivos para uma pasta três níveis abaixo? A resposta pode levá-lo a cinco estágios de pesar: Negação, Raiva, Negociação, Depressão e, finalmente, Aceitação; porém, se você estiver disposto a ir em frente, muito do mistério envolvendo o Mac OS X desaparecerá.

Desde o início, o Mac OS X foi projetado para o *compartilhamento do computador*. Ele é ideal para qualquer situação onde diferentes membros da família, estudantes ou trabalhadores compartilham o mesmo Mac.

Cada pessoa que usa o computador iniciará a máquina para encontrar a sua própria Mesa, com sua imagem de fundo, arquivos, favoritos da Web, coleção de fontes e configurações de preferências.

Gostando ou não, o Mac OS X o julga uma dessas pessoas. Se você for o único a usar esse Mac, ótimo – basta ignorar os recursos de compartilhamento. (Você pode ignorar todo aquele negócio sobre o registro de entrada, falado no início do Capítulo 1.) Mas, em sua pequena cabeça de software, o Mac OS X ainda o considera como o detentor de uma conta e está pronto para acomodar quem mais aparecer.

De qualquer modo, agora você deve perceber a importância da pasta Usuários na janela do disco rígido principal. Dentro dela estão pastas – as pastas Início – nomeadas por diferentes pessoas que usam esse Mac. Em geral, ninguém tem permissão de explorar o que há dentro da pasta de outro usuário.

Se você for o único proprietário da máquina, é claro que só existe uma pasta Início na pasta Usuários – nomeada por você.

Esse é apenas o primeiro dos muitos exemplos em que o Mac OS X impõe uma estrutura bem rígida de pasta. Ainda assim, a abordagem tem as suas vantagens. Mantendo esse rígido controle sobre para onde pastas devem ir, o Mac OS X se mantém puro – e muito, muito estável. Os outros sistemas operacionais conhecidos pela sua estabilidade, inclusive o Windows XP, o Windows Vista e Windows 7, funcionam da mesma maneira.

Além do mais, manter todo o seu material em uma única pasta facilita fazer o backup do seu trabalho. Também torna a vida muito mais fácil quando você tenta conectar a sua máquina de qualquer ponto no escritório (por meio da rede) ou em algum lugar no mundo (pela Internet).

O que há em seu disco rígido

Se você gostaria de explorar todo o Mac OS X para examinar o conteúdo do seu disco rígido selecione Go→Computer (Ir→Computador) e clique duas vezes Macintosh HD, assim, você encontrará as seguintes pastas na janela principal do disco rígido:

- **Aplicativos (Applications).** Claro que a pasta Aplicativos contém a coleção completa dos programas Mac OS X em seu Mac (sem contar os Unix invisíveis). Ainda assim, raramente você inicia programas abrindo essa pasta; o Dock é um lançador muito mais eficiente, conforme descrito no Capítulo 4.

- **Mesa (Desktop).** Essa pasta armazena os ícones que aparecem na Mesa do Mac OS X. A diferença é que essa você não controla; a Apple o faz. Tudo aqui também aparece em sua Mesa. (Geralmente, essa pasta está vazia quando você liga o Mac pela primeira vez.)

- **Biblioteca (Library).** Essa pasta apresenta mais do que uma ligeira semelhança com as subpastas de Sistema dos Macs antigos, ou a pasta Windows nos PCs. Ela armazena componentes do sistema operacional e os seus programas (sons, fontes, preferências, arquivos de ajuda, drivers de impressora, scripts de modem e assim por diante).

- **Sistema (System).** Isso é Unix! Esses são os verdadeiros arquivos que iniciam o seu Mac e controlam as suas operações. Raramente você terá de lidar com essa pasta, razão pela qual a Apple tornou quase todo o seu conteúdo invisível.

- **Guias do Usuário e Informações (User Guides and Information).** Eis um link para uma pasta que contém manuais aleatórios: Como Começar (Getting Starter) da Apple, e, inclusive, um folheto de Welcome to Snow Leopard (Bem vindo ao Snow Leopard).

- **Usuários.** Conforme já dissemos, essa pasta armazena as pastas Início de todos os que usam essa máquina.

- **Coisas velhas (Your old junk).** Se você fez o upgrade de seu Mac de um sistema operacional Mac OS mais antigo, a janela do seu disco rígido principal também relaciona quaisquer pastas que você tinha lá.

O que há em sua pasta Início

Dentro da pasta que contém o seu nome, há um outro conjunto de pastas do padrão Mac. (É possível dizer que o Mac as considera sagradas, pois elas têm logotipos especiais em

GANHE VELOCIDADE

A janela Computador

Em sua exploração do menu Ir do Finder, você pode ter pensado sobre o comando chamado Computador (Computer) (Shift-⌘-C). ("Ir para o meu computador? Eu pensava que já estivesse em meu computador...")

Como no Windows, da Microsoft, a janela Computador contém os ícones de todos os discos conectados à sua máquina – o disco rígido, um CD que você tenha inserido, um iPod, um outro disco rígido externo e assim por diante – assim como um ícone chamado Rede (Network). (O ícone Rede aparece até quando você não está, realmente, em uma rede.) Esse é o nível mais alto de seu Mac. Esse é o material que não pode ser colocado em qualquer outra pasta.

Então, serve para quê? De certo modo, a janela Computador é redundante. Afinal, o Mac OS X expõe os seus ícones de disco na Mesa e na Barra Lateral.

No entanto, algumas pessoas, especialmente os refugiados do Windows, não se importam com aquele recurso ícones na Mesa. Na verdade, interessadas em criar uma Mesa mais limpa e clara, elas o desativam (escolhendo Finder→Preferências e desativando as três caixas de verificação sob Mostrar estes itens na Mesa [Show these items on the Desktop]). Além disso, com o objetivo de criar janelas mais limpas e mais claras, algumas pessoas também ocultam a Barra Lateral.

Em tal caso, a janela Computador ainda oferece acesso a todos os seus discos.

Caso contrário, a janela Computador não tem muita utilidade, exceto com relação ao familiar ponto de referência para veteranos do Windows e macmaníacos, que se acostumaram com ela na época anterior ao aparecimento da Barra Lateral.

seus ícones de pasta.) Exceto que, conforme observado, você tem a liberdade de dar novo nome a elas ou apagá-las; só a título de conveniência, o Mac cria as seguintes pastas:

- **Mesa.** Ao arrastar um ícone de uma janela de pasta ou de disco para a Mesa do Mac OS X, ela pode *parecer* que está na Mesa. Mas, isso é apenas uma ilusão, uma conveniência visual. Na verdade, nada no Mac OS X está, realmente, na Mesa. Na verdade, ele está nessa *pasta* Mesa, e espelhada na área da Mesa.

  O motivo é bem simples: lembre-se de que todos os que compartilham sua máquina, ao fazer o registro de entrada, verão todo o seu próprio material na Mesa. Agora você sabe como o Mac OS X faz isso: há uma pasta Mesa separada em cada pasta Início da pessoa.

Dica: De fato, a Mesa é uma pasta em sua pasta Início. Isso é prático, pois oferece uma maneira ágil de pular para a sua pasta Início a partir de qualquer lugar. Basta clicar o fundo da Mesa e, depois, pressionar ⌘-seta para cima (que é o atalho de teclado para Ir→Pasta Superior; não dê atenção ao fato de que o comando está escurecido no momento).

Pelo fato de aquele atalho de teclado sempre significar "abra qualquer pasta que *contém* o que estou examinando", instantaneamente ela abre a sua pasta Início. (Claro que a sua pasta Início é o "pai" de sua pasta Mesa.)

- **Documentos.** A Apple sugere que você mantenha os seus arquivos atuais de trabalho nessa pasta. Certamente, sempre que salvar um documento (quando estiver trabalhando no Keynote ou no Word, por exemplo), a caixa Salvar Como (Save As) propõe armazenar o novo arquivo nessa pasta.

  Os seus programas também podem criar pastas próprias aqui. Por exemplo, é possível encontrar uma pasta Microsoft User Data do programa de e-mail Entourage, uma pasta Windows para usar com os virtualizadores Parallels ou VMWare Fusion, e assim por diante.

GANHE VELOCIDADE

Os extravagantes atalhos de teclado do Snow Leopard

O Mac OS X oferece uma variedade gloriosa de atalhos de teclado, predefinidos, para pular para as funções mais importantes de seu Mac: a sua pasta Início, a pasta Aplicativos, a pasta Utilitários (Utilities), a janela Computador, o seu iDisk, a janela Rede e assim por diante.

Melhor ainda, os atalhos de teclado são incrivelmente simples de decorar: apenas pressione Shift-⌘ e a primeira letra do lugar desejado. Shift-⌘-H abre a sua pasta Início, Shift-⌘-A abre a pasta Aplicativos e etc. Aprendeu um, aprendeu todos.

O ponto aqui é que Shift-⌘ no Leopard, significa *locais.*

A outra tecla "combo" de abrangência do sistema, Option-⌘, significa *funções*. Por exemplo, Option-⌘-D oculta ou exibe o Dock, Option-⌘-H é o comando Ocultar outros (Hide others), Option-⌘-+ aproxima a tela (se você tiver ativado esse recurso), Option-⌘-Esc o leva para a caixa de diálogo Forçar Encerrar (Force Quit) e por aí vai. A padronização é sempre interessante.

- **Biblioteca.** Conforme dito anteriormente, a *principal* pasta Biblioteca (aquela em sua janela principal de disco rígido) contém pastas de fontes, preferências, arquivos de ajuda e outros.

  Você também tem a sua própria pasta Biblioteca, em sua pasta Início. Ela armazena os mesmos tipos de coisas – mas elas são *as suas* fontes, *as suas* preferências e assim por diante.

  Novamente, essa configuração pode parecer redundante se você for a única pessoa a usar o seu Mac. Mas, faz todo o sentido no contexto de famílias, escolas ou escritórios, onde várias pessoas compartilham uma única máquina. Pelo fato de você ter a sua própria pasta Biblioteca, é possível ter uma coleção de fontes que esteja "instalada" no Mac apenas quando *você* usá-lo. Os arquivos de preferência de programa de cada pessoa também são armazenados independentemente (os arquivos que determinam onde aparecem as paletas do Photoshop e assim por diante). E lógico, cada pessoa vê sua própria caixa postal ao iniciar o programa Mail do Mac OS X – pois os e-mails também são armazenados na pasta Biblioteca pessoal.

  Outras pastas de Biblioteca armazenam seus Favoritos, plug-ins de navegadores Web e páginas Web em cache (memória de armazenamento temporário), layouts de teclado, arquivos de som e outros. (É melhor não mover ou trocar o nome das pastas Biblioteca.)

- **Filmes, Música, Imagens.** Os diversos programas do Mac OS X que lidam com filmes, músicas e imagens irão propor essas pastas especializadas como locais de armazenagem. Por exemplo, ao conectar uma câmera digital em um Mac, automaticamente o programa iPhoto começa a visualizar e baixar as fotos – e as armazena na pasta Imagens. Da mesma forma, o iMovie é programado para procurar pela pasta Filmes ao salvar seus arquivos e o iTunes armazena seus arquivos MP3 na pasta Música.

- **Pública.** Se estiver em uma rede, ou se outros usarem o mesmo Mac quando você não estiver por perto, essa pasta pode ser prática: é aquela em que "qualquer um de vocês, companheiros, pode olhar os arquivos". Outras pessoas de sua rede, assim como outras pessoas que fiquem próximas dessa máquina, têm permissão para ver o que você coloca aqui, mesmo se elas não tiverem a sua senha. (Se o seu Mac não estiver em uma rede de escritório e não for compartilhado, pode jogar fora essa pasta.)

- **Sites.** O Mac OS X tem um *servidor Web* embutido; um software que transforma o seu Mac em um website, ao qual as pessoas na sua rede – ou por meio da Internet, por todo o mundo – poderão se conectar. Esse recurso do Mac OS X se baseia em um programa chamado Apache Web Server, que é tão respeitado na comunidade Unix que os programadores baixam a voz ao falar dele.

  O Capítulo 12 tem os detalhes do servidor Web. Por ora, entretanto, observe que essa é a pasta na qual você coloca as páginas Web atuais que deseja disponibilizar para a Internet como um todo.

Nomes de ícones

Todo documento, programa, pasta e disco em seu Mac é representado por um *ícone*; uma pequena imagem colorida que você pode mover, copiar ou dar duplo-clique para abrir. No Mac OS X, os ícones se parecem mais com fotos do que com desenhos animados e é possível escaloná-los para praticamente qualquer tamanho.

O nome de um ícone Mac OS X pode ter até 255 letras e espaços. Se você estiver acostumado com os limites de 31 caracteres ou mesmo 8 caracteres de computadores mais antigos, esse é um teto bem luxuoso.

Se estiver acostumado com o Windows, pode ficar deliciado por descobrir que, no Mac OS X, você pode nomear os seus arquivos usando letras, números, pontuação – de fato, qualquer símbolo, exceto pelos dois pontos (:), que o Mac usa internamente com o objetivo de designar sua própria hierarquia de pastas. E você não pode usar um ponto para *iniciar* um nome de arquivo.

Para renomear um arquivo, clique o seu nome ou ícone (para selecioná-lo) e depois pressione Return. (Ou, se estiver matando tempo, clique uma vez o nome, espere um momento e depois clique uma segunda vez.)

De qualquer modo, agora aparece um retângulo em volta do nome (Figura 2-2). Nesse ponto, o nome existente está selecionado; apenas comece a digitar para substituí-lo. Se você digitar um nome muito longo, o retângulo cresce verticalmente para acomodar novas linhas de texto.

RECORDAR É VIVER

Como imprimir uma janela – ou uma lista de arquivos

Ei, no Mac OS 9 eu podia imprimir uma janela do Finder. Eu obtinha uma bela lista dos arquivos, que podia usar como uma etiqueta para um CD que eu fosse queimar, ou algo assim. Como imprimir uma janela do Finder no Mac OS X? (O comando Arquivo→Imprimir... [File→Print...] imprime um documento selecionado, não a lista de arquivos em uma janela.)

É bem fácil fazer uma lista de arquivos para imprimir. Uma vez aberta a janela em sua tela, clique em Editar→Selecionar Tudo (Edit→Select All). Editar→Copiar (Edit→Copy). Agora, troque para um processador de texto e cole. (Se estiver usando Editor de Texto, em vez disso, use Editar→Colar com Mesmo Estilo [Edit→Paste and Match Style]). Surge uma bela lista de todos os arquivos daquela janela, pronta para formatar e imprimir.

É verdade que essa simples lista de nomes ainda não significa o mesmo que imprimir uma janela; você não tem a Barra de Estado mostrando quantos itens estão no disco e quão cheio está o disco. Com esse objetivo, sempre é possível fazer uma captura de tela da janela e imprimi-la. Claro que a técnica não é boa se a lista de arquivos for mais alta do que a própria janela.

Se o que você realmente quer é Imprimir Janela (Print Window), existe um prático programa shareware dedicado a imprimir as suas janelas do Finder, sem qualquer desses rodeios ou limitações. É possível baixá-lo da página Missing CD, em www.missingmanuals.com.

Dica: Se quiser apenas acrescentar letras ao início ou final do nome existente do arquivo, pressione a tecla ← ou → imediatamente depois de pressionar Return. O ponto de inserção pula para o final correspondente do nome do arquivo.

É possível dar o mesmo nome a mais de um arquivo ou pasta, desde que eles não estejam na mesma pasta. Por exemplo, você pode ter tantos arquivos chamados "Receita de Bolo de Chocolate" quantos quiser, desde que cada um esteja em uma pasta diferente. E, é claro, desde que arquivos com nomes de Receita.doc e Receita.xls também não compartilhem uma pasta.

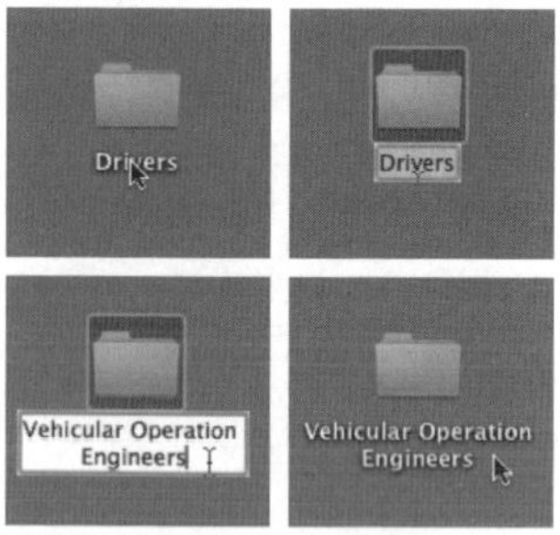

Figura 2-2:
Clique no nome de um ícone (à esquerda, em cima) para produzir um retângulo para renomear (à direita, em cima), onde você pode editar o nome do arquivo. O Snow Leopard é bem gentil ao selecionar apenas o nome existente e não o sufixo (como .jpg ou .doc).

Agora, isso é suficiente para começar a digitar para substituir o nome existente (à esquerda, embaixo). Quando tiver terminado de digitar, pressione Return ou Tab para selar o acordo, ou apenas clique em qualquer outro lugar.

Enquanto você edita o nome de um arquivo, lembre-se de que pode usar os comandos Cortar, Copiar e Colar do menu Editar para mover partes selecionadas de texto, exatamente como se estivesse processando um texto. O comando Colar pode ser útil quando, por exemplo, você estiver renomeando vários ícones em sequência (*Estimativa do 1º Trimestre, Estimativa do 2º Trimestre* etc.).

E agora, algumas dicas sobre a renomeação de ícones:

- Quando o Finder classifica arquivos, um espaço em branco é alfabeticamente considerado anterior à letra A. Para forçar uma pasta em especial a aparecer no alto de uma janela de visualização por lista, insira um espaço antes do seu nome.

- Sistemas operacionais antigos classificam arquivos de modo que 10 e 100 venham antes de 2, os números 30 e 300 venham antes de 4 e assim por diante. Você acaba com arquivos alfabeticamente classificados assim: "1. Grande Dia", "10. Música Longa", "2. Chapéu Mole", "20. Osso de Cachorro", "3. Classificação Estranha", e por aí vai. Gerações de usuários de computadores aprenderam a colocar zeros diante de seus números de um só dígito, só para fazer a classificação aparecer certa.

  No Mac OS X, no entanto, você obtém a lista numérica exatamente como você poderia esperar: "1. Grande Dia", "2. Chapéu Mole", "3. Classificação Estranha", "10. Música Longa" e "20. Osso de Cachorro".

- Além das letras e números, o Mac OS X também designa sinais de pontuação em "ordem alfabética", assim: ` (a marca do acento acima da tecla Tab), ^, _, -, espaço, travessões curto e longo, vírgula, ponto-e-vírgula, !, ?, ', ", (,), [,], {, }, @, *, /, &, #, %, +, <, =, ≠, >, |, ~, e $.

  Os números vêm depois da pontuação: letras vêm a seguir; e para aproximar estão esses caracteres: µ (Option-M); π (Option-P); Ω (Option-Z) e (Shift-Option-K).

- Quando se trata de renomear arquivos em massa, um programa suplementar (add-on) shareware pode ajudá-lo. Por exemplo, o Better Finder Rename permite que você manipule nomes de arquivo em lote – numerando-os, corrigindo a ortografia em dezenas de arquivos de uma vez, apagando determinada frase de seus nomes e assim por diante. Esse shareware pode ser baixado da página Missing CD em www.missingmanuals.com.

Seleção de ícones

Para selecionar um único ícone em preparação para imprimir, abrir, duplicar ou apagar, clique uma vez o ícone. (Em uma visualização por lista ou coluna, conforme descrito no Capítulo 1, também é possível clicar em qualquer área visível das informações sobre aquele arquivo – o seu tamanho, tipo, data de modificação e assim por diante.) Tanto o ícone quanto o nome escurecem.

PERGUNTAS FREQUENTES

Nomes de arquivos longos e curtos

Ei, que história é essa de nomes de arquivos longos? Eu pensava que essa era a grande vantagem no Mac OS X! Mas, tentei salvar um documento do Word 2004 e ele não me deixou usar mais do que 31 letras!

É verdade que no Finder é possível atribuir um nome bem longo a um arquivo. Mas, logo você descobre que alguns programas pré-Mac OS X, e até mesmo programas que foram reescritos para rodar no Mac OS X, ainda o limitam a 31 caracteres ao nomear um novo documento na caixa de diálogo Salvar Como.

Com o passar do tempo, as empresas de software podem surgir com o programa e reaparelhar seus softwares para superar essa falha anacrônica. Por ora, no entanto, nem tudo está perdido.

Ainda que você só possa usar 31 caracteres ao salvar um documento a partir do AppleWorks ou de versões mais antigas de Word, é possível renomear o arquivo no Finder, usando todos os 255 caracteres que o Mac OS X permite. Ao reabrir o documento no programa original, você verá um nome abreviado na barra de títulos. (Um arquivo que, na Mesa, é chamado de *Minha Visita à Casa de Bill Gates e Por que eu Vou Tirar o Adesivo da Apple do meu Carro na Próxima Vez*, no AppleWorks abre com algo como *Minha Visita à Casa de Bill Gates...*)

A boa notícia é que, fora das vistas, o Mac OS X ainda se lembra de seu longo nome. Ainda que você edite e salve novamente o documento, encontrará o seu longo nome de arquivo intacto quando vir o seu ícone na Mesa.

Dica: Você pode mudar a cor da seleção oval que aparece em torno do nome de um ícone selecionado. Escolha →Preferências do Sistema, clique Aparência e use o menu pop-up Cor de Destaque (Highlight Color).

Tudo isso pode parecer óbvio. Porém, a maioria dos usuários Mac de primeira viagem não têm ideia de como manipular *mais* do que um ícone de cada vez – uma habilidade essencial de sobrevivência em uma interface gráfica como a do Mac.

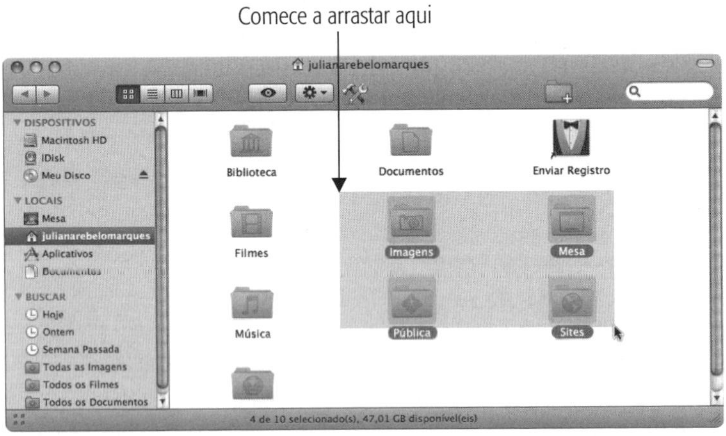

Figura 2-3: *Você pode destacar simultaneamente diversos ícones, arrastando uma caixa em torno deles. Para fazê-lo, arraste de fora dos ícones-alvo, diagonalmente por cima deles (à direita), criando um retângulo cinza translúcido enquanto prossegue. Quaisquer ícones ou nomes de ícones tocados por esse retângulo são destacados ao liberar o mouse. Se você pressionar a tecla Shift ou ⌘ enquanto fizer isso, quaisquer ícones previamente destacados permanecerão selecionados.*

Selecionando por clique

Para destacar múltiplos arquivos em preparação para mover ou copiar, use uma dessas técnicas:

- **Para destacar todos os ícones.** Para selecionar todos os ícones em uma janela, pressione ⌘-A (o equivalente do comando Editar→Selecionar Tudo).

- **Para destacar vários ícones arrastando.** Você pode arrastar diagonalmente para destacar um grupo de ícones próximos, conforme mostrado na Figura 2-3. Na verdade, em uma visualização por lista, nem mesmo é preciso arrastar sobre os próprios ícones – o seu cursor pode tocar qualquer parte da faixa de qualquer arquivo, como a sua data de modificação ou tamanho de arquivo.

Dica: Se por engano, você incluir um ícone em especial no grupo arrastado diagonalmente, ⌘-clique nele para removê-lo do grupo selecionado.

- **Para destacar ícones consecutivos em uma lista.** Se você estiver olhando o conteúdo de uma janela na visualização por lista ou visualização por coluna, pode arrastar verticalmente sobre os nomes do arquivo e da pasta para destacar um grupo de ícones consecutivos, conforme descrito antes. (Comece a arrastar em um ponto em branco.)

Figura 2-4:
À esquerda: para selecionar um bloco de arquivos em visualização por lista, clique o primeiro ícone. Depois, enquanto pressiona Shift, clique o último. O Mac OS X destaca todos os arquivos entre os seus cliques. Essa técnica imita a maneira que Shift-clique funciona em um processador de textos e em muitos outros tipos de programas.

À direita: para remover um dos ícones da sua seleção, ⌘-clique nele.

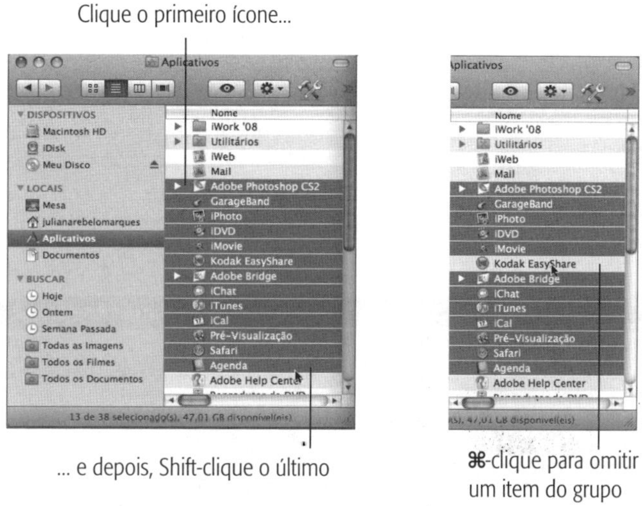

Existe uma maneira mais rápida de fazer a mesma coisa: clique o primeiro ícone que deseja destacar e depois Shift-clique o último arquivo. Todos os arquivos entre eles são automaticamente selecionados, junto com os dois ícones que você clicou. A Figura 2-4 ilustra a ideia.

- **Para destacar ícones aleatórios.** Se você quiser destacar apenas o primeiro, o terceiro e o sétimo ícones em uma janela, por exemplo, comece clicando o ícone número 1. Depois ⌘-clique cada um dos outros (ou ⌘-arraste novos retângulos em volta deles). Cada ícone escurece, para mostrar que foi selecionado.

Se você estiver destacando uma longa sequência de ícones e clicar um por engano, não precisará começar tudo de novo. Em vez disso, basta dar ⌘-clique nele de novo, para que o destaque escuro desapareça. (Se quiser começar de novo, você pode desfazer a seleção de todos os ícones destacados, clicando qualquer parte vazia da janela – ou pressionando a tecla Esc.) O truque da tecla ⌘ é especialmente prático se você quiser selecionar *quase* todos os ícones em uma janela. Pressione ⌘-A para selecionar tudo na pasta, depois, ⌘-clique quaisquer ícones indesejados, para desfazer a seleção deles.

Dica: Na visualização como ícone, você pode dar Shift-clique ou ⌘-clique para selecionar vários ícones individuais. Mas também é possível simplesmente aprender a usar a tecla ⌘ para selecionar ícones individuais. Assim, você não precisará usar uma tecla diferente em cada visualização.

Quando tiver selecionado vários ícones, você pode manipulá-los todos de uma vez. Por exemplo, é possível arrastá-los em massa para uma outra pasta ou disco, arrastando qualquer *um* dos ícones selecionados. Todos os outros ícones selecionados vão de carona. Essa técnica é especialmente útil quando você deseja fazer o backup de vários arquivos, arrastando-os para um disco diferente, apagar todos arrastando para o Lixo e assim por diante.

Quando vários ícones estiverem selecionados, os comandos nos menus Arquivo e Editar – tais como Duplicar, Abrir e Criar Atalho – aplicam-se a todos, simultaneamente.

Dica: Não se esqueça que você pode selecionar instantaneamente todos os arquivos em uma janela (ou na Mesa), escolhendo Editar→Selecionar Tudo (⌘-A) – não é necessário clicar o ícone.

USUÁRIOS PROFISSAS

Menus de atalho, menus de ação

É parte da herança amistosa do Mac: é possível fazer praticamente tudo usando apenas o mouse. Tudo está na frente, exposto e pode ser clicado, seja um ícone, botão ou menu.

Mas, como em sistemas operacionais rivais, você pode poupar segundos e etapas de sua carga de trabalho se dominar os menus de atalho: menus curtos que aparecem em cima dos itens que são clicados e oferecem comandos que o sistema imagina que você poderia querer chamar no momento, conforme mostrado aqui, em cima. (Eles eram chamados de menus contextuais, mas, alguns anos atrás, a Apple começou a chamá-los de "menus de atalho", talvez porque eles são chamados assim no Windows e Unix.)

Para chamar um menu de atalho, você clica algo – um ícone, a Mesa, dentro de uma janela, um link no Safari, texto em um processador de textos, não importa.

Um menu suspenso traz uma listagem de comandos relevantes: Obter informações (Get Info), Mover para o Lixo (Move to Trash), Copiar e assim por diante. Você pode clicar o comando desejado ou digitar as primeiras duas letras dele e depois tocar a barra de espaço.

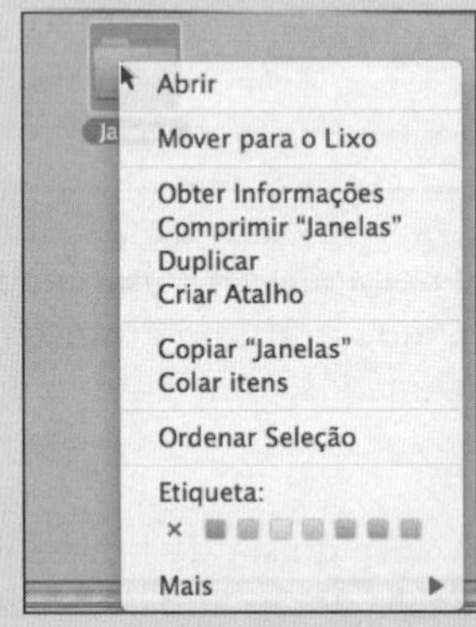

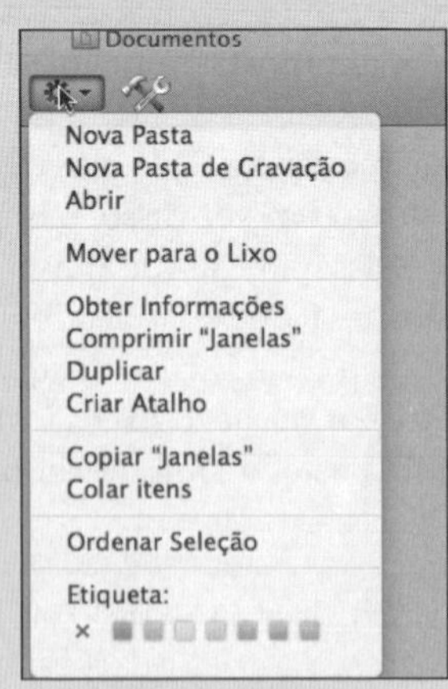

Esses menus se tornam mais úteis à medida que você se familiariza com eles. O problema é que milhões de macmaníacos nunca souberam que eles existiam.

Por isso, a partir do Mac OS X 10.5, a Apple introduziu uma segunda maneira de acesso. No alto de cada janela do Finder, você encontra um menu pop-up ✲, que tecnicamente é chamado de menu *Ação* (mostrado ao lado).

Ele relaciona os mesmos tipos de comandos que seriam encontrados nos menus de atalho, mas oferece duas vantagens. A primeira é que ele é visível, portanto, os iniciantes têm mais chances de topar com ele. A segunda, você não precisa de duas mãos para abri-lo (uma na tecla Control e outra no mouse) – uma complicação para alguém cuja mão dominante já está ocupada com um refrigerante.

Selecionando ícones a partir do teclado

Para o fanático por velocidade, usar o mouse para clicar um ícone é uma perda de tempo inútil. Felizmente, também é possível selecionar um ícone digitando as duas primeiras letras do seu nome.

Quando estiver olhando para a sua janela Início, por exemplo, você pode digitar *F* para selecionar a pasta Filmes. E se você, na verdade, queria selecionar a pasta Fotos Secretas que criou dentro de Início, pressione a tecla Tab para destacar o ícone seguinte na janela, em ordem alfabética. Shift-Tab seleciona o ícone alfabeticamente anterior. Ou use as teclas de seta para destacar um ícone vizinho. (Ah, o truque da tecla Tab só funciona em visualizações por ícone, lista e Cover Flow – não em visualização de coluna. No entanto, sempre é possível usar as teclas ← e → para destacar colunas adjacentes.)

Depois de destacar um ícone assim, você pode manipulá-lo, usando os comandos no menu Arquivo ou seus equivalentes do teclado: abrir (⌘-O), jogar no lixo (⌘-Delete), Obter Informações (⌘-I), duplicar (⌘-D) ou fazer uma cópia, conforme descrito mais adiante neste capítulo (⌘-L). Ativando os recursos especiais de acessibilidade, é possível até *mover* o ícone selecionado usando apenas o teclado.

Se você for um usuário do Mac iniciante, pode achar muito complicado decorar atalhos de teclado para funções que o mouse executa perfeitamente bem. Entretanto, se for usar sempre o Mac, decorar esses atalhos de teclado trará uma imensa recompensa em velocidade e eficiência.

Como mover e copiar ícones

No Mac OS X, existem duas maneiras de mover ou copiar ícones de um lugar para outro: arrastando-os ou usando os comandos Copiar e Colar.

Copiar arrastando

Você pode arrastar ícones de uma pasta para uma outra, de um drive para outro, de um drive para uma pasta em outro drive e assim por diante. (Quando tiver selecionado vários ícones, arraste qualquer *um* deles; os outros irão de comboio.) Enquanto o Mac estiver copiando, é possível dizer que o processo está em curso, mesmo se a barra de progresso estiver oculta por trás de uma janela, pois o ícone do material sendo copiado aparece *cinza* em seu novo lar, escurecendo apenas quando o processo de cópia tiver terminado. (Você também pode saber, porque a caixa de progresso do Snow Leopard agora é muito mais nítida e bonita.) É possível cancelar o processo, pressionando ⌘-ponto ou a tecla Esc.

Dica: Se você estiver copiando arquivos em um disco ou pasta que já contém itens com os mesmos nomes, o Mac OS X pergunta, individualmente, sobre cada um. ("Já existe neste local um item mais antigo, chamado 'Malabares' com extensão '.doc'".). Observe que o Mac OS X informa se a versão que você está substituindo é mais antiga ou mais nova do que aquela que está movendo.

Ative Aplicar a Tudo (Apply to all) se todos os ícones que estão entrando devem (ou não) substituir os arquivos de mesmos nomes. Depois, clique Substituir (Replace) ou Não Substituir (Don't Replace), conforme desejar, ou Parar (Stop) para interromper todo o processo de cópia.

Entender quando o Mac *copia* um ícone arrastado e quando ele o *move* confunde muitos iniciantes. No entanto, o esquema é bem simples (veja a Figura 2-5) quando você considera o seguinte:

- Arrastar de uma pasta para uma outra no mesmo disco *move* o ícone.
- Arrastar de um disco (ou partição de disco) para um outro *copia* a pasta ou arquivo. (Você pode arrastar ícones para uma janela aberta ou diretamente para um *ícone* de disco ou pasta.)
- Ao pressionar a tecla Option enquanto libera um ícone que tenha arrastado, você *copia* o ícone, em vez de movê-lo. Fazer isso dentro de uma única pasta produz uma duplicata do arquivo, com o número 2 no final.
- Ao pressionar a tecla ⌘ enquanto libera um ícone que tenha arrastado de um disco para outro, você *move* o arquivo ou pasta, no processo de apagá-lo do disco original.

Dica: Esse negócio de pressionar Option ou ⌘ depois de começar a arrastar é bem inconveniente, mas tem o seu charme. Por exemplo, significa que você pode mudar de ideia no meio do movimento, sem precisar arrastar de volta e começar de novo.

E se descobrir que apenas arrastou alguma coisa para a janela ou pasta errada, um rápido ⌘-Z (o atalho para Editar→Desfazer [Edit→Undo]) a leva de volta ao local de origem.

Como copiar usando Copiar e Colar

Arrastar ícones para copiá-los ou movê-los é positivo por ser tão direto: na verdade, você vê a seta do seu cursor empurrando os ícones para o seu novo lugar.

RECORDAR É VIVER

Arrastando para copiar um disco

Socorro! Estou tentando copiar um CD em meu disco rígido. Quando eu o arrasto para o ícone do disco rígido, só recebo um atalho – não uma cópia do CD.

É isso mesmo. Arrastar um ícone para um disco cria um atalho.

Porém, é bem fácil produzir uma cópia do ícone arrastado: apenas pressione Option ou ⌘ enquanto você arrasta.

Agora, honestamente: por que você está tentando copiar um CD assim? Usar o Utilitário de Disco (Disk Utility) poupa espaço, permite que você designe uma senha e, normalmente, engana qualquer software que esteja no CD, para que ele pense que ainda está no CD original.

No entanto, há um preço para essa satisfação ilusória: você pode perder um bom tempo navegando por suas janelas, para criar uma nítida "linha de arrasto" entre o ícone a ser movido e a pasta de destino. (Uma janela de fundo aparecerá gentilmente à frente, para aceitar o seu arrasto. Mas, se para começar, ela nem estiver aberta, você está sem sorte.)

Existe uma maneira melhor: use os comandos Copiar e Colar para mover ícones de uma janela para outra (exatamente como você pode fazer no Windows – exceto por poder apenas copiar, não cortar, ícones no Mac). A rotina é esta:

1. **Selecione o ícone ou ícones que deseja mover.**

2. **Escolha Editar→Copiar.**

   Ou pressione o atalho de teclado: ⌘-C.

Dica: Você pode combinar as etapas 1 e 2, dando Control-clique em um ícone e escolhendo o comando Copiar do menu de atalho que aparece, ou usando o menu ✲. Se tiver selecionado diversos ícones, digamos cinco, o comando dirá "Copiar 5 itens".

3. **Abra a janela onde deseja colocar os ícones. Escolha Editar→Colar.**

   De novo, você pode preferir usar o equivalente do teclado: ⌘-V. E, novamente, também pode dar um Control-clique dentro da janela e depois escolher Colar do menu de atalho que aparece, ou ainda, pode usar o menu ✲.

   Uma barra de progresso pode aparecer enquanto o Mac OS X copia os arquivos ou pastas; pressione Esc ou ⌘-ponto para interromper o processo. Quando a barra de progresso sumir, significa que você transferiu os ícones com sucesso, os quais agora aparecem na nova janela.

Arrastando a partir da barra de títulos

Você deve se lembrar, como mostrado no do Capítulo 1, que a barra de títulos de cada janela do Finder contém um menu pop-up secreto. Ao dar ⌘-clique, você vê uma pequena pasta em uma lista que mostra a sua posição atual em sua hierarquia de pastas. Também deve se lembrar de que o pequeno ícone à esquerda do nome da janela é, de fato, um substituto que pode ser arrastado para mover uma pasta para uma janela diferente.

Na maioria dos programas, você tem os mesmos recursos nas janelas de documentos, conforme mostrado na Figura 2-5. Por exemplo, arrastando o pequeno ícone próximo ao nome do documento, você executa esses dois truques interessantes:

- **Arrastar para a Mesa ou para o Dock.** Arrastando esse ícone para a Mesa ou para o ícone de uma pasta ou disco, você cria uma cópia instantânea do documento em que está trabalhando. (Se arrastar para a extremidade direita do Dock, pode estacionar o ícone do documento lá também.) Esse é um recurso útil quando, por exemplo, você estiver para encerrar o dia e quiser acesso fácil a qualquer trabalho que esteja fazendo quando voltar no dia seguinte.

- **Arrastar para o Dock.** Arrastando esse ícone da barra de título para o *ícone* no Dock de um programa apropriado, você abre o seu documento naquele outro programa. Por exemplo, se estiver trabalhando em um memorando no Editor de Texto, e imaginar que precisa da força total do Microsoft Word para arrumá-lo, é possível arrastar o seu ícone de barra de título diretamente para o ícone Word no Dock. Então, o Word é ativado e abre o documento no Editor de Texto, pronto para editar.

Nota para escritores em crise: infelizmente, você não pode arrastar um documento aberto diretamente para o Lixo.

Pastas de abertura automática: arrastando ícones para pastas fechadas

Eis um dilema comum: você quer arrastar um ícone não apenas para uma pasta, mas para uma pasta que está *dentro* daquela pasta. De uma maneira geral, esse desafio desajeitado exigiria abrir a pasta, abrir a pasta interna, arrastar o ícone e, depois, fechar as duas janelas abertas. Como é possível imaginar, o processo é ainda mais confuso se você quer arrastar um ícone para uma subpasta ou mesmo para uma *subpasta* de uma subpasta.

Em vez de se virar com todas essas janelas, você pode usar o recurso de *pastas de abertura automática* (*springloaded folders*) (Figura 2-6).

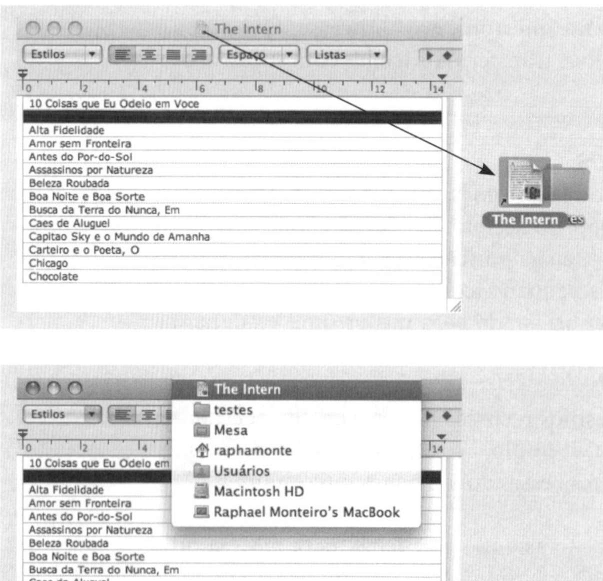

Figura 2-5:
Em cima: arrastando o ícone da janela de documento substituta, você pode criar uma cópia do seu documento na Mesa ou em qualquer outro lugar. (Assegure-se de que o ícone tenha escurecido antes de começar a arrastar.)

Embaixo: com ⌘-clique no nome do documento em sua barra de títulos, você consegue ver exatamente onde está esse documento em seu disco rígido. (Escolher o nome de uma dessas pastas abre aquela pasta e o leva para o Finder.)

Ele funciona assim: com um único arrasto, traga o ícone para a primeira pasta – mas mantenha o botão do seu mouse pressionado. Depois de alguns segundos, a janela de pasta se abre automaticamente, centralizada em seu cursor:

- Na visualização por ícone, instantaneamente a nova janela *substitui* a original.
- Na visualização por coluna, você obtém uma nova coluna, que mostra o conteúdo da pasta-alvo.
- Nas visualizações de lista e Cover Flow, aparece uma nova janela.

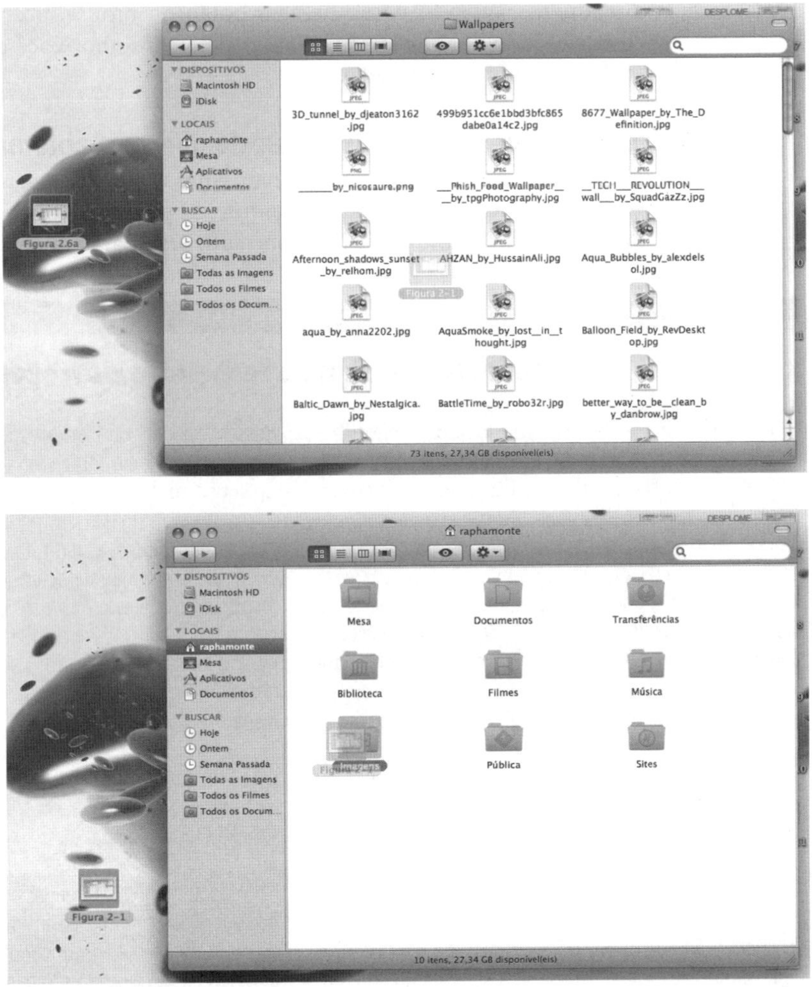

Figura 2-6: *Em cima: para fazer com que as pastas de abertura automática funcionem, comece arrastando um ícone para um ícone de pasta ou de disco. Não libere o botão do mouse. Espere que a janela abra automaticamente em volta do seu cursor.*

Embaixo: agora, você pode soltar o botão do mouse para liberar o arquivo em sua nova janela ou ainda arrastá-la para uma outra pasta interna. Ela também se abrirá. Desde que você não libere o botão do mouse, pode continuar até ter chegado ao seu destino de pasta dentro de outra pasta.

Ainda mantendo o botão pressionado, arraste o ícone para a pasta interna; a sua janela também se abre. Agora, arraste para o *interior* da pasta interna – e assim por diante. (Se a pasta interna que você pretende abrir não estiver visível na janela, é possível rolar, arrastando o seu cursor perto de qualquer borda da janela.)

Dica: Você ainda pode arrastar ícones para discos ou pastas cujos ícones aparecem na Barra Lateral (Capítulo 1). Quando o fizer, a parte principal da janela cintila para exibir o conteúdo do disco ou pasta arrastada para lá. Quando liberar o mouse, a janela principal muda de volta para exibir o conteúdo do disco ou pasta onde você armazenou o arrasto.

Em resumo, a Barra Lateral em conjunto com as pastas de abertura automática formam uma maneira incrível de arrastar e soltar para arquivar um documento ou pasta, de qualquer lugar para qualquer lugar – sem precisar abrir ou fechar quaisquer janelas.

Finalmente, quando você liberar o botão do mouse, ficará diante da janela final. Todas as janelas anteriores fecharam pelo caminho. Você colocou o ícone bem no centro das pastas aninhadas.

Como fazer com que as pastas de abertura automática funcionem

Na teoria, essa técnica de pasta de abertura automática parece boa, mas, na prática, pode ser desconcertante. Para a maioria das pessoas, a longa espera antes da primeira pasta se abrir é quase perda de tempo suficiente para anular o valor de todo o recurso.

USUÁRIOS PROFISSAS

Como fazer o design de seus próprios ícones

Você não precisa ficar satisfeito com os ícones oferecidos pela Microsoft, Apple ou quem quer que tenha feito o seu software. É possível colar novos ícones naqueles do seu arquivo, disco ou pasta, para facilitar a sua escolha com um simples olhar.

A maneira mais fácil de substituir um ícone é copiá-lo de outro ícone. Para fazê-lo, selecione o ícone, mantenha pressionada a tecla Opção e escolha Arquivo→Mostrar Inspetor [File→Show Inspector]. Na janela resultante, clique o ícone existente e, depois, escolha Editar→Copiar.

Em seguida, clique o ícone para o qual deseja transferir a imagem copiada. Agora, o seu ícone aparece na caixa de diálogo Informações, que ainda está aberta na tela. Clique o ícone na caixa de diálogo e, dessa vez, clique em Editar→Colar.

Se preferir colocar ícones completamente novos, você é bem-vindo para roubar alguns dos ícones lindamente desenhados que o esperam em www.iconfactory.com e nos sites vinculados a ele. Quando você tiver feito o download desses arquivos de ícones especiais, poderá copiar suas imagens da janela Obter Informações, como faria com qualquer ícone.

Para fazer o design, a partir do zero, de um ícone do Mac OS X, use um programa de imagens gráficas, como o Photoshop ou o shareware favorito, GraphicConverter.

Quando você tiver salvado o seu arquivo de ícone, selecione-o e depois copie-o e cole-o, usando o método Exibir Inspetor, descrito anteriormente.

Observe que não é possível alterar determinados ícones de pasta que o Mac OS X considera importantes, tais como Aplicativos ou Sistema.

No entanto, é possível mudar os ícones de pasta especiais do Mac OS X em sua pasta Iniciar – Fotos, Documentos e assim por diante – e o ícone do seu disco rígido. Você também não tem permissão para alterar os ícones que pertencem às outras pessoas que compartilham o seu Mac e se registram com um nome diferente (Capítulo 12).

Além do mais, quando finalmente a primeira pasta se abre, frequentemente você se surpreende. De repente, o seu cursor – o botão do mouse ainda pressionado – está dentro de uma janela, às vezes, diretamente sobre outra pasta que você não pretendia abrir. Porém, antes que possa fazer algo, a janela dela também se abre e você percebe que já não está mais no controle.

Felizmente, é possível recuperar o controle de pastas de abertura automática usando estes truques:

- Clique em Finder→Preferências. No painel Geral (General), ajuste o deslizador de atraso Abrir pastas e janelas automaticamente (Spring-loaded folders and windows) para uma configuração que o deixe menos confuso. Por exemplo, se estiver esperando muito tempo antes de a primeira pasta se abrir, arraste o deslizador na direção da configuração Curta (Short).

- É possível desativar totalmente esse recurso, escolhendo Finder→Preferências e desativando a caixinha Abrir pastas e janelas automaticamente.

- Dê um toque na barra de espaço para fazer a pasta de abertura automática se abrir ao seu contento. Isto é, ainda com o deslizador Finder→Preferências ajustado para a configuração de longa espera, você pode fazer cada pasta abrir quando *você* estiver pronto para tocar a barra de Espaço, enquanto mantém pressionado o botão do mouse. É verdade, serão necessárias as duas mãos para administrar isso, mas o controle é total.

Dica: O truque da barra de espaço funciona até quando a caixinha Abrir pastas e janelas automaticamente (em Finder→Preferências) está desativada. Esse é um arranjo prático, pois significa que as janelas de pasta nunca se abrem acidentalmente.

- Sempre que uma pasta se abrir em uma janela, empurre o cursor do seu mouse para cima, para a barra de título da janela aberta ou para baixo, para a sua tira de informações. Fazer isso garante que o seu cursor não acabará pairando e, acidentalmente, abrindo, uma pasta interna. Com o cursor parado no cinza degradê, você pode dispor de algum tempo para pesquisar o conteúdo da janela recém-aberta e mergulhar em uma pasta interna só depois de se encontrar.

Dica: Programas de e-mail, como Entourage e Mail, também têm pastas de abertura automática. Você pode arrastar uma mensagem para fora de uma lista para uma de suas pastas de arquivo, esperar que a pasta se abra e exibir as suas subpastas e, depois, arrastá-la diretamente para uma delas.

Atalhos: ícones em dois lugares ao mesmo tempo

Destacar um ícone e depois escolher Arquivo→Criar Atalho (File→Make Alias) (ou pressionar ⌘-L), gera um *atalho*, uma duplicata do ícone original (Figura 2-7). Não é uma duplicata do *arquivo* – apenas do *ícone*; portanto, requer um espaço de armazenagem insignificante. Quando você duplo-clica o atalho, o arquivo original se abre. (Um atalho Macintosh é, essencialmente, igual a um *atalho* do Windows.)

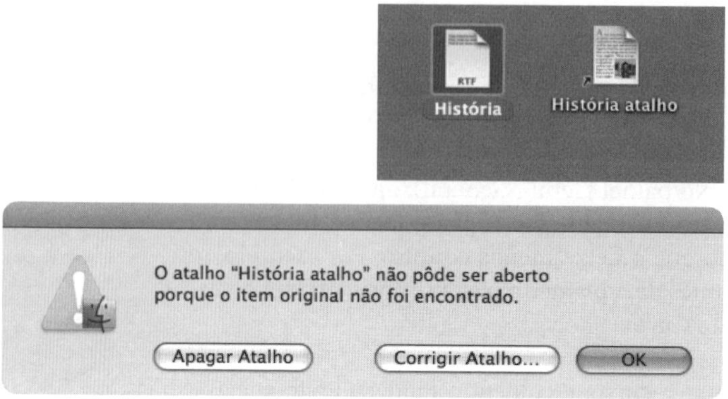

Figura 2-7:
Em cima: você pode identificar um atalho pela pequena seta no canto inferior esquerdo. (Há muito tempo os macmaníacos devem ter percebido que o nome não aparece mais em itálico.)

Embaixo: se o atalho não puder encontrar o arquivo original, será oferecida a você a oportunidade de vinculá-lo a outro arquivo.

Pelo fato de poder criar tantos atalhos quantos quiser de uma única pasta, os atalhos permitem que, de fato, você armazene aquele arquivo, simultaneamente, em muitas pastas em locais diferentes. Duplo-clique qualquer deles e você abrirá o ícone original, onde quer que ele esteja em seu sistema.

Dica: Também é possível criar um atalho de um ícone, com Option-⌘, arrastando-o para fora de sua janela. (Os que são criados assim não têm a palavra ***atalho*** no nome de arquivo – uma delícia para aqueles que acham o sufixo redundante e desagradável.) Você também pode criar um atalho com Control-clique (ou clicando com o botão direito) um ícone normal e escolhendo Criar Atalho (Make Alias) do menu de atalho que aparece, ou selecionando um ícone e depois escolhendo Criar Atalho do menu ✲.

O que há de bom

Um atalho quase não ocupa espaço em disco, mesmo se o arquivo original seja enorme. Os atalhos também são inteligentes: ainda que você o renomeie o atalho, renomeie o arquivo original, mova o atalho e mova o original no disco com duplo--clique, o atalho ainda abre o aquivo original.

E isso é apenas o início da inteligência dele. Imagine que você faça um atalho de um arquivo que esteja em um disco removível, como um CD. Quando você dar duplo-clique em um atalho em seu disco rígido, o Mac solicita, pelo nome, aquele disco em particular. E se você der duplo-clique no atalho de um arquivo em uma máquina diferente na rede, o seu Mac tenta se conectar à máquina certa, pedindo a sua senha – mesmo se a outra máquina estiver a milhares de quilômetros de distância e o seu Mac precisar discar o modem para se conectar.

Eis algumas maneiras pelas quais é possível colocar os atalhos para trabalhar:

- Você pode querer arquivar um documento no qual está trabalhando em várias pastas diferentes, ou colocar uma pasta em especial em diversos lugares diferentes.

- É possível usar o recurso de atalho para evitar algumas etapas necessárias para acessar um outro disco rígido na rede.

Dica: O Mac OS X facilita encontrar o arquivo para o qual o atalho "aponta" sem, na verdade, precisar abri-lo. Apenas selecione o atalho e, depois, escolha Arquivo→Mostrar Original (File→Show Original) (⌘-R), ou escolha Mostrar Original no menu ✲. Imediatamente, o Mac OS X exibe o arquivo atual original, esperando pacientemente em sua pasta, onde quer que seja.

Atalhos partidos

Um atalho não contém quaisquer informações que você tenha digitado ou composto no original. Não envie por e-mail um atalho para o escritório de Tóquio e depois parta para o aeroporto, esperando fazer uma apresentação ao chegar ao Japão. Quando você der duplo-clique em atalho, agora separado de seu original, ele exibirá a caixa de diálogo da Figura 2-7.

Se você estiver em um avião, a uns três mil quilômetros de distância do disco rígido onde está o arquivo original, clique Apagar Atalho (Delete Alias) para apagar o

RECORDAR É VIVER

A volta dos Favoritos

Ei! Onde diabos foram parar os meus Favoritos?

Você pulou pelo menos duas versões do Mac OS X?

Em algumas versões anteriores, o comando Arquivo→Adicionar aos Favoritos colocava os nomes de ícones que você tinha selecionado em um submenu do comando Ir→Favoritos. O esquema de Favoritos, em outras palavras, era mais um mecanismo para listar os seus arquivos, pastas, programas, discos favoritos, e até pastas acessíveis pela rede, para rápido acesso.

O problema era que o Mac OS X já tinha uma série de diferentes métodos para armazenar ícones favoritos para acesso conveniente, como o Dock, a barra de ferramentas do Finder e a Barra Lateral. Assim, a Apple resolveu que era o bastante; ocultou o comando Adicionar aos Favoritos. Agora, ele só faz parte do menu Arquivo se você pressionar a tecla Shift.

No entanto, ainda existe uma *pasta* de Favoritos. Ela está em sua pasta Início→Biblioteca.

Se você sentir falta desse recurso – talvez tenha feito o upgrade a partir do Mac OS X 10.2 e tem um punhado de coisas já relacionadas em seus Favoritos –, verá que o novo esquema é muito mais simples.

Primeiro arraste a pasta de Favoritos para a sua Barra Lateral.

De agora em diante, sempre que você quiser designar um ícone como um Favorito, arraste-o para o ícone da pasta de Favoritos em sua Barra Lateral. (Ou Option-⌘-arraste-o para criar um atalho, use o comando oculto Arquivo→Adicionar aos Favoritos ou ainda, pressione Shift-⌘-T.)

Daí por diante, para ver a sua coleção, basta clicar o ícone de Favoritos.

Esse novo sistema tanto é mais simples quanto mais fácil de entender do que o mecanismo anterior. Na verdade, esse recurso pode se tornar um de seus... Favoritos.

atalho órfão em que você deu duplo-clique ou OK (para não fazer nada, deixando o atalho órfão onde ele está).

Entretanto, em determinadas circunstâncias, o terceiro botão – Corrigir Atalho (Fix Alias) – é o mais útil. Clique-o para abrir a caixa de diálogo Corrigir Atalho, que você pode usar para navegar por todo o seu Mac. Quando clicar um novo ícone e depois Escolher (Choose), o atalho órfão será associado a um diferente ícone original.
Tais técnicas se tornam bem práticas quando, por exemplo, você clicar o atalho do manuscrito do seu livro na Mesa, esquecendo que recentemente salvou-o sob um novo nome e apagou o rascunho mais antigo. Em vez de simplesmente exibir uma mensagem de erro que diz "'Manual de Ética de Deputados Governistas' não pôde ser encontrado", o Mac exibe a caixa que contém o botão Corrigir Atalho. Clicando-o e assim reassociando-o ao novo documento, você pode se poupar do problema de criar um novo atalho. De agora em diante, dar duplo-clique no atalho do seu manuscrito na Mesa abre o novo rascunho.

Dica: Não é preciso esperar até que o arquivo original não exista mais antes de escolher um novo original para um atalho. Você pode realizar a operação de designação do atalho em qualquer ocasião. Apenas selecione o ícone de atalho e depois clique em Arquivo→Obter Informações. Na caixa de diálogo Obter Informações, clique Selecionar Novo Original (Select New Original). Na janela resultante, dê duplo-clique no arquivo que você gostaria de abrir sempre que clicar o atalho.

Etiquetas de cor

O Mac OS X 10.6 inclui um bem-vindo eco do passado distante do Mac: etiquetas de ícone. Esse recurso permite que você rotule ícones selecionados com uma das sete etiquetas diferentes, cada qual contendo uma etiqueta de texto e uma cor associada a ela.

Para fazer isso, selecione os ícones. Abra o menu Arquivo (ou o menu ✲, ou o atalho de menu que aparece quando você Control-clica/clica com o botão direito os ícones). Lá, sob o cabeçalho Etiqueta de Cor (Color Label), você verá sete pontos coloridos, que representam sete diferentes etiquetas que podem ser usadas. A Figura 2-8 mostra a rotina.

Para que servem as etiquetas

Depois de ter aplicado as etiquetas aos ícones, você pode executar algumas tarefas únicas de gerenciamento de arquivo – em alguns casos, todas simultaneamente, mesmo se elas estiverem espalhadas por vários discos rígidos. Por exemplo:

- **Etiquete os arquivos encontrados.** Usando o comando Buscar, descrito no Capítulo 3, você pode aplicar uma etiqueta a todos os ícones encontrados. Daí por diante, mover esses ícones de uma vez é fácil – escolha Editar→Selecionar Tudo e, depois, arraste qualquer dos ícones selecionados para fora da janela e para a pasta ou disco-alvo.

  Usar etiquetas em conjunto com o Buscar é um dos esquemas mais úteis e rápidos de fazer backup já vistos – sempre que você terminar de trabalhar em um documento que gostaria de copiar, Control-clique nele e aplique uma etiqueta chamada, por exemplo, Backup. Ao final de cada dia, use o comando Buscar para pintar todos os arquivos com a etiqueta Backup – e depois arraste-os como um grupo para o seu disco de backup.

Figura 2-8:
Use o menu Arquivo, o menu ✲ ou o menu de atalho para aplicar etiquetas aos ícones selecionados.

Instantaneamente, o nome do ícone toma a tonalidade selecionada. Em uma visualização como lista ou como coluna, toda a fileira toma aquela tonalidade, conforme mostrado na Figura 2-9. (Se você escolher o pequeno X, quaisquer etiquetas que possam ter sido aplicadas são removidas.)

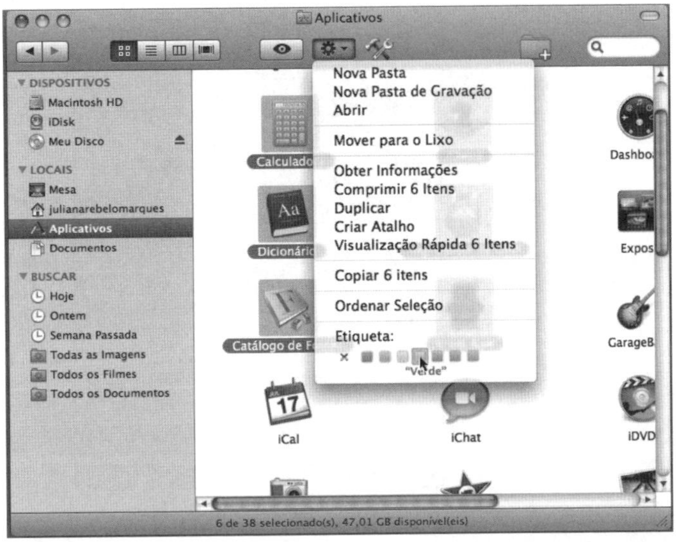

- **Classifique uma visualização por lista por etiqueta.** Nenhum outro método de classificação do Mac permite criar uma ordem arbitrária para os ícones em uma janela. Quando você classifica por etiqueta, o Mac cria grupos alfabéticos *dentro* de cada grupo de etiquetas, conforme mostrado na Figura 2-9.

  Essa técnica pode ser útil quando, por exemplo, o seu serviço é processar diferentes pastas de documentos; para cada pasta você deve converter arquivos de imagem, jogar fora arquivos antigos ou o que for. Assim que terminar de trabalhar em uma pasta, sinalize-a com uma etiqueta chamada Feito. A pasta pula para o alto (ou o final) da janela, marcada com segurança para sua referência, deixando a próxima pasta não processada ao seu dispor, pronta para ser trabalhada.

- **Controle o progresso.** Use etiquetas de cor diferente para controlar o status de arquivos em determinado projeto. Os primeiros rascunhos não têm qualquer etiqueta. Uma vez que eles tenham sido editados e aprovados, torne-os azuis. Quando tiverem sido enviados ao cliente, tornam-se púrpura. (Veja só, você pode se divertir com isso: projetos para perder dinheiro recebem tonalidades vermelhas; os lucrativos ficam verdes; coisas que o deixam triste são roxas. Ou talvez não.)

Figura 2-9:
A classificação por etiqueta permite criar vários grupos alfabéticos diferentes dentro de uma única janela. Na verdade, no Snow Leopard, você pode classificar por etiquetas em qualquer exibição (ícone, coluna etc.), usando a paleta Visualizar→Mostrar Opções de Visualização.

Em uma visualização como lista, o modo mais rápido de classificar por etiqueta é primeiro deixar a etiqueta da coluna visível. Faça isso clicando em Visualizar→Mostrar Opções de Visualização e ativando a caixinha Etiqueta.

Mudando etiquetas

Ao instalar o Mac OS X pela primeira vez, as sete etiquetas no menu Arquivo são chamadas pelas cores que exibem: vermelho, laranja, amarelo e assim por diante. Claramente, esse recurso seria muito mais útil se você pudesse reescrever essas etiquetas, de acordo com seus objetivos.

Fazer isso é fácil. Escolha Finder→Preferências. Clique o botão Etiqueta. Agora, você vê a caixa de diálogo mostrada na Figura 2-10, onde é possível editar o texto de cada etiqueta.

O Lixo

Nenhum elemento da interface do Macintosh é tão reconhecido ou famoso quanto a lata de lixo, que aparece embaixo, no Dock.

Você pode descartar praticamente qualquer ícone, arrastando-o para dentro do ícone Lixo (Trash). Quando a ponta da seta do seu cursor tocar o ícone Lixo, a pequena cesta fica escura. Ao liberar o botão do mouse, você está no caminho de descartar o que foi arrastado. Para ajudar, o Mac OS X até substitui o ícone de cesta vazia por um ícone de cesta repleta de papéis amassados, para que você saiba que há algo lá dentro.

Vale a pena aprender a alternativa do teclado para arrastar um item para o Lixo: selecione o ícone, pressione ⌘-Delete (que corresponde ao comando File→Move to Trash [Arquivo→Mover para o Lixo]). Essa técnica, além de ser muito mais rápida que arrastar, também exige menos precisão, especialmente se você possui uma tela maior. O Mac OS X faz todo o direcionamento para o Lixo para você.

Destaque do Snow Leopard: Se um arquivo estiver bloqueado, uma mensagem aparecerá para lhe avisar; ela oferece a opção de enviar para o Lixo de qualquer forma. Essa solução é melhor que a anterior, quando você era forçado a desbloquear o arquivo antes de descartá-lo.

Figura 2-10:
Em cima à esquerda: na guia Etiquetas da caixa de diálogo Preferências, você pode mudar o texto pré-definido da etiqueta. Cada etiqueta pode ter até 31 letras e espaços de comprimento.

Embaixo à direita: agora, as suas visualizações como lista e coluna exibem guias de texto significativo em vez de nomes de cor.

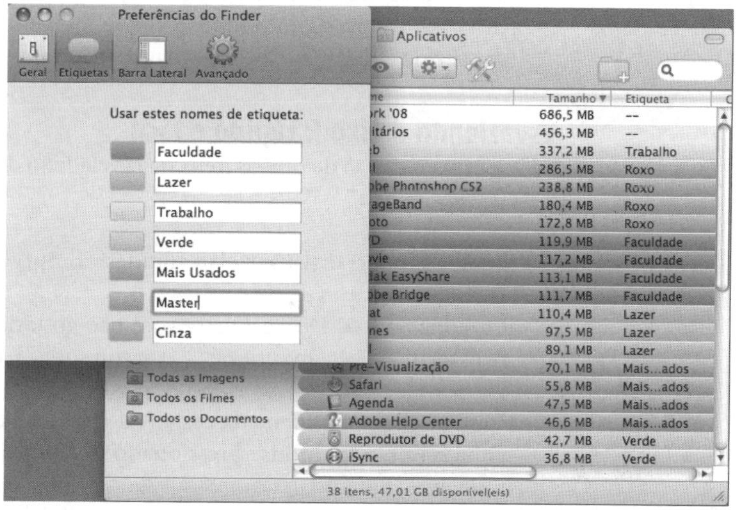

Como resgatar arquivos e pastas do Lixo

Os ícones de arquivos e pastas ficam no Lixo para sempre – ou até que você escolha Finder→Esvaziar Lixo (Finder→Empty Trash).

Se você ainda não esvaziou o Lixo, pode abrir a sua janela clicando uma vez o ícone de cesta. Agora, é possível rever o seu conteúdo: os ícones que você colocou na lista de espera para extinção. Se mudar de ideia, é possível resgatar qualquer desses itens:

- **Utilize o novo comando Put Back (Colocar de Volta).** Essa funcionalidade, nova no Snow Leopard, envia o item descartado de volta ao local de onde ele veio, mesmo que ele tenha sido enviado para o Lixo semanas atrás. (Bem, não *tão* novo – essa opção já existe no Windows há anos e já fez parte do Mac OS 9.)

  Você encontrará o comando Colocar de volta sempre que os menus de atalho são abertos. Por exemplo, ele aparece quando você Control-clica o ícone, clica com o botão direito ou clica o ícone e, então, abre o menu ✲.

Dica: O mesmo atalho que você utiliza para enviar um item para o Lixo – ⌘-Delete – também funciona para fazer o processo contrário. Isso é, você pode selecionar o item no Lixo e pressionar ⌘-Delete para devolvê-lo ao local onde ele pertencia.

- **Acione o Desfazer (Undo).** Se arrastar um item para o Lixo foi a última coisa que fez, você pode pressionar ⌘-Z – o atalho de teclado para o comando Edit→Undo [Editar→Desfazer]). Esse atalho não apenas remove o item do Lixo, mas também o devolve para o seu local de origem. Esse truque funciona mesmo que a janela do Lixo não esteja aberta.

- **Arraste manualmente.** Obviamente, você também pode arrastar qualquer ícone para fora do Lixo com o mouse, o que lhe permite colocá-lo em um novo local (em vez de colocar no local de origem).

Esvaziando o Lixo I: rápido e fácil

Se você tiver certeza de que os itens na janela Lixo devem ser apagados, use qualquer destas três opções:

- Escolha Finder→Esvaziar Lixo (Finder→Empty Trash).

- Pressione Shift-⌘-Delete. Ou, se você não gostaria de se preocupar tão cedo com a mensagem "Você tem certeza?" ("Are you sure?"), use a tecla Option aqui também.

- Control-clique no ícone da cesta (ou clique nele com o botão da direita e mantenha o botão do mouse pressionado por um momento); escolha Esvaziar Lixo no menu de atalho.

Dica: Esse último método tem duas vantagens. Primeiro, o Mac não se preocupa em perguntar "Você tem certeza?". (Se você estiver clicando com o botão direito em Lixo e escolhendo Esvaziar Lixo do menu pop-up, fica bem claro que você tem certeza.) Segundo, esse método destrói quaisquer arquivos bloqueados, sem fazer com que você os desbloqueie antes.

Se você usar qualquer um dos dois primeiros métodos, o Macintosh pede que confirme a sua decisão. Clique OK. (A Figura 2-11 mostra tanto essa mensagem quanto o segredo para desativá-la para sempre.)

De qualquer modo, agora o Mac OS X apaga aqueles arquivos do seu disco rígido.

Esvaziando o Lixo II: seguro e para sempre

Ao esvaziar o Lixo conforme descrito antes, com certeza cada ícone jogado no Lixo parece desaparecer. No entanto, a verdade é que os dados de cada arquivo ainda estão no disco rígido. Sim, o espaço ocupado pelo saudoso item que partiu agora está marcado com uma mensagem "Este espaço está disponível" e, com o tempo, novos arquivos que você salvar sobrescrevem aquele ponto. Mas, nesse meio tempo, algum futuro comprador de seu Mac – ou, mais provavelmente, um parente esperto ou colega de escritório – pode usar um programa como o Norton Utilities para ressuscitar aqueles arquivos apagados. (Em casos mais graves, empresas como a DriveSavers.com utilizam técnicas sofisticadas para recuperar informações importantes – por várias centenas de dólares, é claro.)

Tal noção não se adapta bem a determinados grupos, como agências governamentais, espiões internacionais e paranoicos. De acordo com eles, apagar um arquivo deveria realmente apagá-lo, irrevogável, irrecuperavelmente, e para sempre.

Portanto, o Mac OS X tem um comando chamado Esvaziamento Seguro do Lixo (Secure Empty Trash). Quando você escolhe esse comando do menu Finder, o Mac não apenas desocupa os espaços ocupados em volta do arquivo morto. Na verdade, ele grava *novas* informações sobre o antigo – 0's e 1's aleatórios.

Claro que o processo demora mais do que o comando Esvaziar Lixo normal. Mas, para que ele positiva e absolutamente se vá dessa terra para sempre (e você estiver positiva e absolutamente seguro de que nunca irá precisar daquele arquivo novamente), use o Esvaziamento Seguro do Lixo.

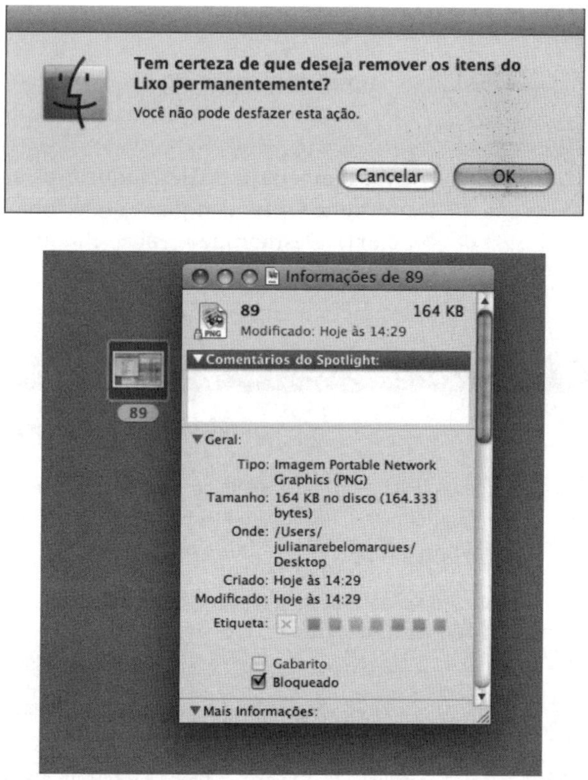

Figura 2-11:
Em cima: seu último aviso – o Mac OS X não informa quantos itens estão no Lixo ou quanto espaço em disco eles ocupam.

Se você preferir não ser interrompido para confirmação cada vez que esvaziar o Lixo, é possível eliminar essa mensagem permanentemente.

Para fazer isso, clique em Finder→Preferências→Avançado (Finder→Preferences→Advanced) e desative Mostrar aviso antes de esvaziar o Lixo (Show warning before emptying the Trash).

Embaixo: a janela Obter Informações para um arquivo bloqueado. Bloquear um arquivo assim não é, de modo algum, uma segurança de nível militar – qualquer um pode desbloquear o arquivo da mesma forma. Porém, ele dispara um aviso "A operação não pôde ser completada" quando você tentar colocar as suas informações no Lixo – ou, de fato, quando você tentar arrastá-las para qualquer outra pasta – fornecendo ao menos uma camada de proteção contra erros.

Arquivos bloqueados; a próxima geração

Destacando um arquivo ou pasta, escolhendo Arquivo→Obter Informações e ativando a caixinha Bloqueado (Locked), você protege aquele arquivo ou pasta de uma exclusão acidental (veja a Figura 2-11). No canto do ícone em tamanho cheio, aparece um ícone com um pequeno cadeado, também mostrado na Figura 2-11.

Ao selecionar um arquivo ou pasta, selecionar File→Get Info (Arquivo→Obter Informações) e ativar a caixa Bloqueado, você protege esse item de uma exclusão acidental (ver Figura 2-11). Um pequeno ícone de cadeado aparece no canto do ícone, também mostrado na Figura 2-11.

Os arquivos bloqueados no Snow Leopard comportam-se de forma um pouco diferente da que costumavam:

- Arrastar um arquivo para outra pasta faz uma cópia dele; o original continua no mesmo lugar.

- Colocar o ícone no Lixo resulta em uma mensagem de aviso: "Item 'Shopping List' is locked. Do you want to move it to the Trash away?" ("O item 'Shopping List' está bloqueado. Deseja movê-lo para o lixo de qualquer maneira?") Em caso positivo, clique Continue (Continuar).

- Uma vez que um arquivo bloqueado esteja no Lixo, você não receberá mais avisos. Quando você esvaziar o lixo, esse item será apagado juntamente com os outros.

Você também pode desbloquear os arquivos facilmente. Pressione Option ⌘-I (ou pressione Option enquanto seleciona File→Show Inspector [Arquivo→Mostrar Inspetor]). Desmarque a opção Bloqueado na janela de informações resultante. (Sim, você pode bloquear ou desbloquear vários arquivos de uma só vez.)

USUÁRIOS PROFISSAS

Abrindo arquivos do Lixo

Ocasionalmente, é útil ver o que é algum documento no Lixo, antes de exterminá-lo – e a única maneira de fazer isso é abrindo-o.

O problema é que não é possível abri-lo clicando duas vezes; você não verá nada, a não ser uma mensagem de erro.

Ou, pelo menos, é o que a Apple *quer* que você pense.

Existem, é claro, algumas maneiras de contornar o problema. Antes de tudo, você pode usar a Visualização Rápida para inspecionar algo que esteja no Lixo.

Ou, se a Visualização Rápida não puder abrir o arquivo – ou se você quiser editá-lo em vez de apenas ler –, arraste o documento para dentro do ícone de um programa que possa abri-lo. Isto é, se um arquivo chamado Não Leia Isso.txt estiver no Lixo, você pode arrastá-lo para cima do ícone Word ou Editor de Texto em seu Dock e o documento se abre na tela. Inspecione, feche e *depois* esvazie o lixo (ou resgate o documento).

Obter Informações

Clicando um ícone e depois escolhendo Arquivo→Obter Informações, você abre uma importante janela, como aquela mostrada na Figura 2-12. Ela é uma tela de múltiplos painéis, que pode ser diminuída e que oferece uma riqueza de informações sobre um ícone destacado. Por exemplo:

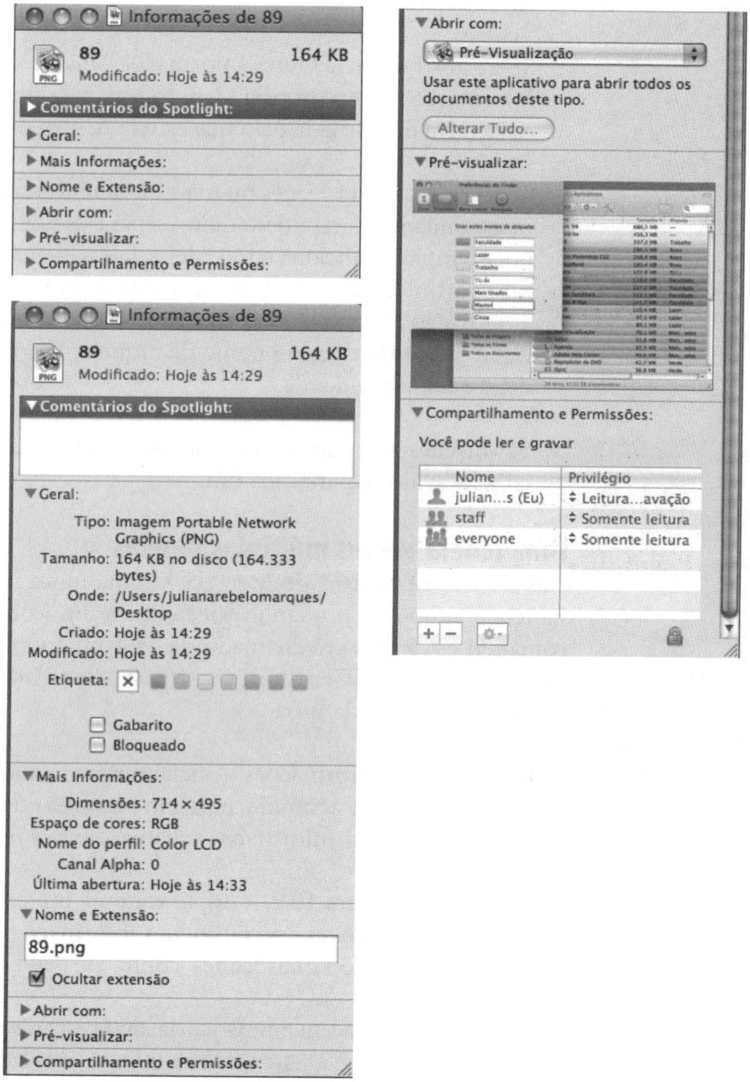

Figura 2-12:
Em cima: a janela Obter Informações pode ser tão pequena quanto essa, com todos seus painéis de informação diminuídos.

Embaixo: ou pode ser tão grande quanto essa – ela é mostrada aqui dividida em duas – se você clicar cada triângulo para abrir o seu painel de informações correspondentes, a caixa de diálogo resultante pode ficar, facilmente, maior do que a sua tela.

E, já que você está se dando ao trabalho de ler essa legenda, eis um bônus saboroso: existe um novo e secreto comando no Snow Leopard, chamado Informações de Item Mútiplo (Get Summary Info). Selecione um grupo de ícones, pressione Control-⌘-I e se maravilhe com a caixa especial Obter Informações que diz seus tamanhos e outras características.

- Para um ícone de documento, você vê quando ele foi criado e modificado e a qual programa ele "pertence".

- Para um atalho, você descobre a localização à qual o atual ícone se refere.

- Para um programa, você vê se ele foi ou não atualizado para rodar em Macs baseados em Intel. Se assim for, a janela de Informações diz *Tipo: Universal*. Se não, ela informa *Tipo: Power PC* e, provavelmente, roda mais devagar do que você gostaria, pois precisa ser traduzido pelo Rosetta.

- Para um ícone de disco, você obtém as estatísticas de sua capacidade e o quanto ele está cheio.

- Se, ao abrir a janela Obter Informações, *nada* estiver selecionado, você recebe a informação sobre a própria Mesa (ou a janela aberta), incluindo a quantidade de espaço em disco usada pelo que estiver dentro dela.

- Se você destacar 11 ícones ou mais, simultaneamente, a janela Obter Informações mostra quantos foram destacados, separa-os por tipo ("23 documentos, 3 pastas", por exemplo) e adiciona o total deles a seus tamanhos de arquivos. Essa é uma ótima oportunidade para mudar determinadas características de arquivo em diversos arquivos ao mesmo tempo, tais como bloqueá-los ou desbloqueá-los, ocultar ou exibir suas extensões de nome de arquivo, alterar a propriedade ou permissões deles e assim por diante.

  Se você destacar menos de 11 ícones, o Mac OS X abre janelas Obter Informações individuais para cada um.

Uma janela *versus* múltiplas janelas

Nas versões 10.0 e 10.1 do Mac OS X, uma única janela Obter Informações ficava na tela o tempo todo quando você clicava um ícone após o outro. (Além disso, o comando em inglês era chamado de Mostrar Informação [Show Info], em vez de Obter Informação [Get Info]. Claro que "Show Info" soava muito mais como um espetáculo musical da Broadway.)

A única janela de informações – oficialmente chamada de Inspetor (Inspector) – era ótima para reduzir o acúmulo, mas não permitia que você comparasse as estatísticas com as janelas Obter Informações de duas ou três pastas, lado a lado.

Então, começando em 10.2, a Apple voltou à moda antiga: uma nova caixa de diálogo aparece sempre que você procura informações sobre um ícone (a menos que tenha destacado 11 ou mais ícones, conforme descrito anteriormente).

No entanto, a abordagem a uma janela ainda está disponível para aquelas ocasiões em que você não precisa das janelas Obter Informações lado a lado – se conhecer o segredo. Selecione o ícone e depois pressione Option-⌘-I (ou mantenha pressionado Option e escolha Mostrar Inspetor no menu Arquivo). A janela Obter Informações que aparece tem o aspecto ligeiramente diferente (ela tem uma barra de título menor e um botão Minimizar escurecido), e muda, para refletir o ícone que você clica no momento.

Os painéis Obter Informações

A Apple monta a janela Obter Informações com uma série de "triângulos rotativos" diminuídos, conforme mostrado na Figura 2-12. Clique um triângulo para expandir um painel de informações correspondentes.

Dependendo se você clicou um documento, programa, disco, atalho ou o que for, os vários painéis podem incluir os seguintes:

- **Comentários do Spotlight (Spotlight Comments).** Aqui, é possível digitar comentários aleatórios para a sua própria referência. Mais tarde, você pode ver esses comentários em qualquer visualização como lista, se exibir a coluna Comentários (Comments) – e encontrá-los quando fizer pesquisas no Spotlight.

- **Geral (General).** É onde você pode ver (e editar) o nome do ícone e também saber o tamanho, data de criação, data de mudança mais recente, *status* de bloqueio e assim por diante.

  Ao clicar um disco, essa janela de informações exibe a sua capacidade e quão cheio ele está. Se você clicar o Lixo, verá quantas coisas estão lá. Se clicar um atalho, esse painel mostra um botão Mostrar Original e revela onde está o arquivo original. O painel Geral sempre abre na primeira vez em que você abre a janela Obter Informações.

- **Mais Informações (More Info).** Exatamente como diz o nome, aqui você encontrará mais informações, as dimensões mais frequentes e formato de cor (apenas gráficos) e quando o ícone foi aberto pela última vez. Esses pedacinhos também são facilmente pesquisados com o Spotlight.

- **Nome e Extensão (Name & Extension).** Nesse painel, é possível ler e editar o nome do ícone em questão. A caixinha Ocultar extensão (Hide extension) refere-se ao sufixo de nomes de arquivos em Mac OS X (as últimas três letras de *Carta para o Congresso.doc*, por exemplo).

  Muitos documentos do Mac OS X, por trás da cortina, têm extensões de nome de arquivo desse tipo – porém, o Mac OS X vem ajustado de fábrica para ocultá-los. Desativando essa caixinha, você pode fazer o sufixo reaparecer para um arquivo individual. (Inversamente, se você tiver preferido que o Mac OS X *mostre* todos os sufixos de nome de arquivo, essa caixinha permite ocultar extensões de nome de arquivos em ícones individuais.)

- **Abrir com (Open with).** Essa seção está disponível apenas para documentos. Use os controles nessa tela para especificar qual programa abrirá quando você der duplo-clique nesse documento, ou todos os documentos de seu tipo.

- **Pré-Visualização (Preview).** Quando você estiver examinando imagens, arquivos de texto, arquivos PDF, arquivos Microsoft Office, sons, recortes e filmes, verá uma versão em miniatura ampliada do que de fato está *no* documento. Essa pré-visualização é como uma pequena versão da Visualização Rápida. Um controlador permite que você execute sons e filmes, onde apropriado.

- **Compartilhamento e Permissões (Sharing & Permissions)**. Isso está disponível para todos os tipos de ícones. Se outras pessoas tiverem acesso ao seu Mac (seja por meio da rede ou quando registrando a entrada, pessoalmente), esse painel permite que você especifique quem tem permissão para abrir ou mudar esse ícone em especial. Veja no Capítulo 12 uma discussão completa sobre esse tópico cabeludo.

Destaque do Snow Leopard: No Mac OS X 10.5, às vezes você via outros painéis na janela Get Info. Por exemplo, o iPhoto e o iDVD forneciam um painel Plug-ins que permitia que você gerenciasse módulos de software adicionais. Porém, no Snow Leopard, esses painéis não estão mais disponíveis. O Apple Tech Support provavelmente recebe muitas chamadas sobre problemas no iPhoto que resultavam da falta de bom senso do consumidor no painel Plug-ins.

GANHE VELOCIDADE

Compactando, zipando e arquivando

O Mac OS X vem com um comando embutido que compacta um arquivo ou pasta para um único ícone menor – um arquivo – adequado para armazenar ou enviar por e-mail. Ele cria arquivos .zip, o mesmo formato de compressão utilizado pelo Windows. Isso significa que agora você pode enviar e receber arquivos .zip de donos de PCs sem se preocupar se eles poderão abri-los.

Para compactar algo, Control-clique (ou clique com o botão direito) um arquivo ou pasta e escolha Comprimir [o nome do ícone] (Compress) do menu de atalho. (Claro que, em vez disso, você pode usar o menu Arquivo ou o menu ✲.)

Gentilmente, o Mac OS X cria um arquivo .zip, porém, deixa o original por trás, para que você possa continuar trabalhando nele.

Abrir um arquivo .zip que alguém envia é igualmente fácil: apenas dê duplo-clique nele e zip! – ele abre.

Por outro lado, o Snow Leopard não vem com o Stuffit Expander, o programa gratuito de exibir arquivos, que reconhece arquivos .zip, arquivos .sit e quase qualquer outro formato de arquivos compactados.

Se você ainda não tiver uma cópia do Expander de uma versão anterior do Mac OS, pode baixá-lo e instalá-lo. É possível obtê-lo, por exemplo, na página "Missing CD" em www.missingmanuals.com.

CAPÍTULO

3

Spotlight

Cada computador oferece uma maneira de encontrar arquivos. E cada sistema oferece várias formas diferentes de abri-los. Mas, o Spotlight, um recurso célebre do Mac OS X (reforçado no Snow Leopard), combina essas duas funções de uma maneira tão rápida, tão eficiente, tão espetacular, que reduz à irrelevância muito do que você já leu nos capítulos anteriores.

Isso pode parecer propaganda exagerada, mas espere até experimentar. Você verá.

O menu Spotlight

Viu o pequeno ícone de lente de aumento em sua barra de menu? Esse é o lugar para abrir a caixa de busca do Spotlight com o mouse.

A outra forma é pressionar ⌘-barra de espaço. Se você puder decorar apenas um atalho de teclado em seu Mac, esse é o que deve aprender. Ele funciona tanto na Mesa quanto em outros programas.

De qualquer modo, a caixa de texto Spotlight aparece bem abaixo de sua Barra de Menu (Figura 3-1).

Comece a digitar para identificar o que deseja encontrar e abrir. Por exemplo, se você estivesse digitando para encontrar um arquivo chamado *Liga Pokémon.doc*, digitar apenas *pok* ou *lig* provavelmente seria o bastante. (No entanto, o Spotlight não encontra texto no *meio* das palavras; ele busca a partir do início delas.)

Imediatamente, um menu aparece abaixo da caixa de busca, listando tudo o que o

Spotlight pode encontrar contendo o que você digitou até então. (Essa é uma busca viva e interativa; isto é, o Spotlight altera os resultados do menu de busca *enquanto você digita*.) O menu relaciona cada arquivo, pasta, programa, mensagem de Mail, entrada na Agenda, reunião na Agenda, imagens, filmes, documentos em PDF, música, páginas Web, documento do Microsoft Office (Word, PowerPoint, Excel, Entourage), painel Preferências do Sistema, item Tarefas (To Do), chat, website em uma lista Histórico (History) e até a fonte com a qual você digitou, independente do seu nome ou localização da pasta.

Destaque do Snow Leopard: De fato, no Snow Leopard o Spotlight reconhece alguns tipos novos de dados. Agora ele encontra fotos de acordo com quem está nela (utilizando a funcionalidade Faces [Rostos] do iPhoto) ou onde elas foram tiradas (utilizando a funcionalidade Places [Lugares] do iPhoto). Se você utiliza o iChat (Capítulo 21), o Spotlight também encontra os membros sortudos das suas listas de Buddies (Amigos).

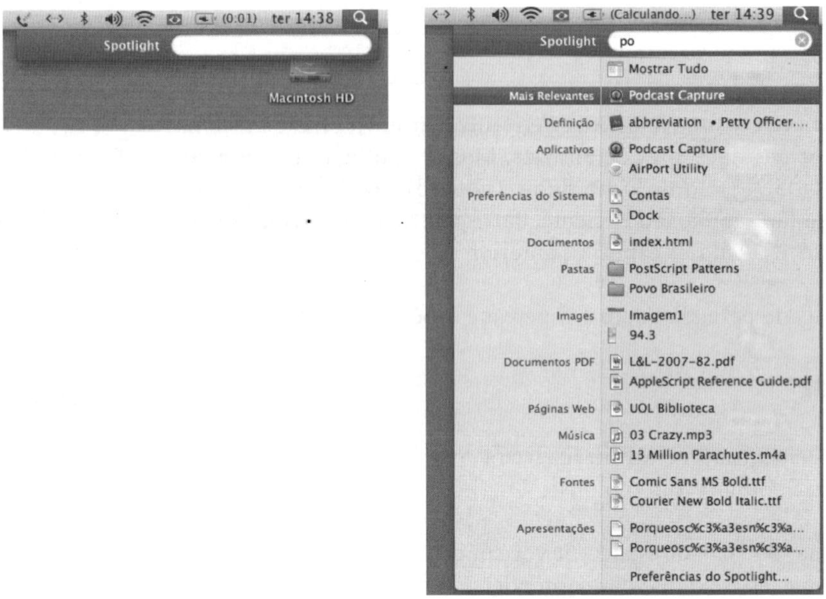

Figura 3-1:
À esquerda: pressione ⌘-barra de espaço ou clique o ícone de lente de aumento para fazer a caixa Buscar (Search) aparecer.

À direita: enquanto você digita, o Spotlight monta a lista de cada combinação que ele pode encontrar, bem organizada por tipo: programas, documentos, pastas, imagens, documentos PDF e assim por diante.

Se você vir o ícone em que pretendia entrar, basta clicá-lo para abri-lo. Ou use as teclas de seta para entrar no menu, e, depois, pressione Return para abri-lo.

Se clicar um aplicativo, ele surge na tela. Se você selecionar um painel do Preferências de Sistema, ele abre e apresenta aquele painel. Se escolher uma reunião, o programa iCal abre, já acertado para o dia e horário apropriados. Selecionar uma mensagem de correio eletrônico abre aquela mensagem no Mail ou Entourage. E assim por diante.

O Spotlight é tão rápido que elimina muito da busca de pastas em pastas, que é um efeito colateral da computação moderna. Por que remexer em pastas quando você pode abrir qualquer arquivo ou programa com um par de atalhos de teclado?

Dicas de menu Spotlight

Não chega a ser surpresa que um recurso tão importante quanto o Spotlight venha carregado de opções, dicas e truques. Aqui está o – oficial e sem censura – Spotlight DicasFest.

- Se o primeiro item – rotulado Mais Relevantes (Top Hit) – for o ícone que você está procurando, apenas pressione Return para abri-lo.

  Esse é um grande negócio, pois significa que, na maioria dos casos, você pode realizar toda a operação sem ao menos tirar as mãos do teclado.

  Por exemplo, para abrir o Safari na pressa, pressione ⌘-barra de espaço (para abrir a barra Spotlight), digite *safa* e pressione Return, tudo em uma sequência rápida, sem ao menos olhar. Pronto: o Safari está à sua frente. (O único "porém" aqui é que o menu Spotlight ainda pode estar se montando. Se você for rápido demais, pode ser surpreendido quando uma outra entrada pula para a seção do alto, assim que apertar Return – e você acabará abrindo a coisa errada. Com o tempo, você desenvolverá uma melhor percepção sobre quando clicar.)

HORA DA SOLUÇÃO DE PROBLEMAS

Surpresas do Spotlight: equações e definições

O Spotlight recebeu, silenciosamente, dois aperfeiçoamentos que o transformam em um animal diferente.

Primeiro, ele é uma pequena calculadora de bolso, sempre a postos. Clique na caixa Buscar, digite ou cole .15*234. e surpreenda-se ao primeiro resultado no menu Spotlight: 35,1. Eis a sua resposta – e você nem precisou ativar a Calculadora (Calculator).

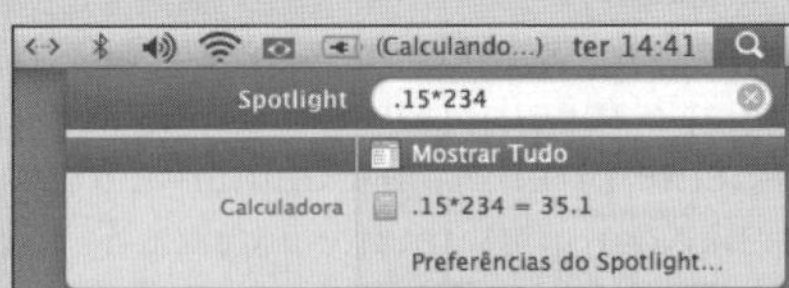

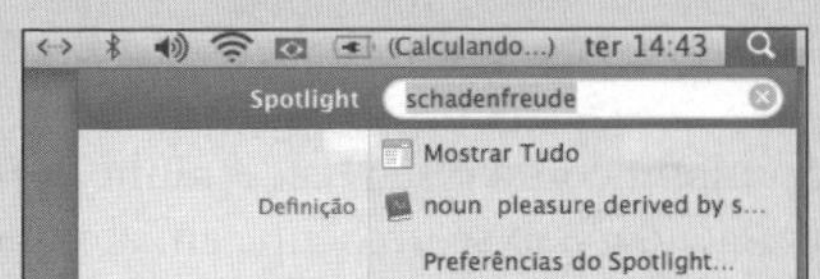

(Para equações menores – com apenas uns poucos caracteres – o primeiro resultado no menu Spotlight mostra *toda* a equação, como .15*234.)

E ele também não é apenas uma calculadora das quatro funções. Funciona com raízes quadradas: digite raiz quadrada(25) e receberá a resposta 5. Também funciona com potências: digite pot(6,6) – isto é, 6 à potência de 6 – e obterá 46.656. Você pode até digitar *pi* para representar o número *pi*.

Para obter uma lista completa das funções matemáticas do Spotlight, abra o Terminal (veja o Capítulo 16), digite *man math* e pressione Return.

Segundo, o menu Spotlight agora é um dicionário de Inglês bem desenvolvido. Ou, mais especificamente, ele está diretamente ligado ao dicionário do próprio Mac OS X, o qual fica em sua pasta Aplicativos (Applications).

Então, se você digitar, por exemplo, *schadenfreude*, na caixa Spotlight, para sua surpresa, verá o início da definição bem lá no menu. Clique-a para abrir o Dicionário e leia a entrada completa. (Nesse exemplo, esta seria "substantivo: prazer de alguém oriundo da infelicidade de uma outra pessoa".)

E o que são, exatamente, as respostas Mais Relevantes (Top Hit)? O Mac OS X as escolhe com base em sua *relevância* (a importância do termo de sua busca dentro daquele item) e atualidade (quando você o abriu pela última vez).

Dica: O Spotlight é um espetacular aplicativo lançador de programas. Isso porque, como você verá, a função principal do Spotlight é exibir os nomes de *programas* que combinam no menu de resultados. Os seus nomes aparecem na lista quase que instantaneamente – muito antes do Spotlight montar o resto dos resultados do menu de busca.

Se algum programa em seu disco rígido não tiver um ícone no Dock – ou mesmo se tiver –, por exemplo, não há maneira mais rápida de abri-lo do que usando o Spotlight.

- Para pular do resultado de busca para um ícone no Finder, em vez de abri-lo, ⌘-clique no seu nome.

- O menu Spotlight só mostra 20 dos suspeitos mais prováveis, igualmente divididos entre as categorias (Documentos, Aplicativos e assim por diante). O contrário: para ver a lista completa, é preciso abrir a *janela* Spotlight.

  O lado bom: é bem fácil abrir alguma coisa nesse menu a partir do teclado. Apenas pressione ⌘-seta para baixo (ou ⌘-seta para cima) para pular de categoria para categoria. Quando você tiver destacado o primeiro resultado em uma categoria, poderá caminhar pelas quatro restantes pressionando a própria tecla de seta. Depois, quando você tiver destacado o que deseja, pressione Return para abrir.

  Em outras palavras, você pode chegar a qualquer coisa no menu Spotlight, apenas com alguns atalhos de teclado.

- A tecla Esc oferece um método para "desistir disso" em duas etapas. Toque uma vez para fechar o menu Spotlight e apagar o que tiver digitado, para que você esteja totalmente pronto para digitar algo diferente. Toque Esc uma *segunda* vez para fechar completamente a caixa de texto Spotlight, desistindo de toda a ideia de busca. (Se você quiser cancelar a coisa toda em apenas *uma* etapa, pressione ⌘-barra de espaço, ⌘-ponto ou ⌘-Esc.)

- Pense no Spotlight como o seu "caderninho". Quando você precisa procurar um número na Agenda, não se preocupe em abri-lo; é mais rápido usar o Spotlight. Você pode digitar o nome ou mesmo parte do número do telefone de alguém.

- Entre milhões de outras coisas, o Spotlight rastreia palavras-chave e descrições que você deu às suas imagens no iPhoto. Como resultado, é possível encontrar, abrir ou inserir qualquer imagem do iPhoto em qualquer lugar, independente de qual programa você esteja usando, simplesmente usando a caixa Spotlight no alto de cada caixa de diálogo Abrir Arquivo (Open File)! Essa é uma ótima maneira de inserir uma foto para envio em uma mensagem de correio eletrônico, uma apresentação ou uma página Web que você esteja projetando. O iPhoto nem mesmo precisa estar rodando.

- O Spotlight é ainda uma forma rápida de ajustar as suas configurações de preferência do Mac. Em vez de abrir o programa Preferências de Sistema (System Preferences), digite as primeiras letras de digamos, *volume*, *rede* ou *relógio* no Spotlight. O menu relaciona os painéis apropriados do Preferências de Sistema, para que você possa pular diretamente para eles.

GANHE VELOCIDADE

O que o Spotlight sabe

A beleza do Spotlight é que ele não encontra apenas arquivos cujos nomes combinam com o que você digitou. Isso seria *muito* 2004!

Não. Na verdade, o Spotlight atual procura dentro dos arquivos. De fato, ele lê e busca o conteúdo de arquivos de texto, documentos RTF e PDF, documentos do iWork, Keynote, Pages, Photoshop e documentos Microsoft Office (Word, Excel, Entourage e PowerPoint).

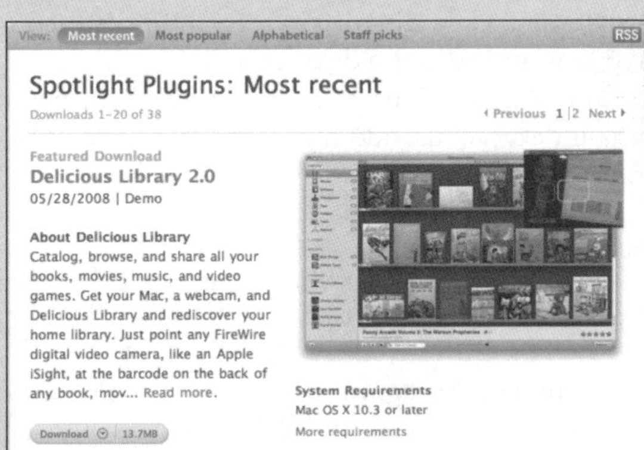

Na medida em que o tempo passa, as empresas de software lançam pedaços de programas suplementares – plug-ins – que também tornam seus documentos passíveis de pesquisa pelo Spotlight. Verifique periodicamente em, por exemplo, www.apple.com/downloads/macosx/spotlight sobre plug-ins de Spotlight referentes ao tipo de trabalho que você faz. Estão disponíveis, para você ter uma ideia, plug-ins gratuitos de Spotlight para OmniGraffle, OmniOutliner, TypeIt4Me, Mac-Draft, REALBasic, Painter, Wolfram Notebook e muitos outros.

No entanto, isso é apenas o começo. O Spotlight pesquisa arquivos não só pelo texto dentro deles, mas também em mais de 125 outros elementos de texto – uma enorme coleção de informações, incluindo nomes das camadas em um documento Photoshop, a batida de um arquivo MP3, a velocidade do obturador de uma câmera fotográfica digital, o detentor dos direitos autorais de um filme, o tamanho de página de um documento e assim por diante.

Tecnicamente, esse tipo de informação secundária é chamada de metadados. Na verdade, eles são invisíveis, embora muito seja mostrado na caixa de diálogo Obter Informações (Get Info), descrita no Capítulo 2.

Você deve pensar que digitar algo na barra do Spotlight dispara uma busca. Mas, para ser tecnicamente exato, ele já fez essa busca. Nos primeiros 15 a 30 minutos depois de você instalar o Mac OS X – ou minutos depois de você conectar um novo disco rígido – invisivelmente, o Spotlight coleciona informações sobre tudo o que está em seu disco. Como alguém se rachando de estudar para uma prova, ele lê, anota e decora o conteúdo de todos os seus arquivos. (Durante esse tempo, se você clicar o ícone Spotlight na Barra de Menu, será informado que ele está indexando os drives.) Quando tiver indexado o seu disco rígido dessa maneira, o Spotlight poderá produzir resultados de busca em segundos.

Depois desse processo inicial de indexação, o Spotlight continua a monitorar o que há em seu disco rígido, indexando em segundo plano, arquivos novos e alterados, nos microssegundos entre os seus atalhos de teclado e cliques em outros programas.

- Se você apontar para um item no menu Spotlight sem clicar, aparece um pequeno balão de etiqueta explicativa. Ele informa o nome real do item – o que é útil se o Spotlight relacionou alguma coisa devido a um texto que aparece *dentro* do arquivo, não no seu nome – e o seu caminho de pasta (isto é, onde ele está em seu disco rígido.)

- O menu Spotlight relaciona 20 itens encontrados. Nas próximas páginas, você aprenderá como ver o resto do material. Mas, por ora, observe que é possível eliminar algumas das categorias que aparecem aqui (como documentos PDF ou marcadores de livro), e até reorganizá-las, para permitir que mais dos *outros* tipos de itens usufruam daqueles 20 lugares de honra.

- O Spotlight só mostra as combinações da *sua conta* e as áreas públicas do Mac (como pastas Sistema, Aplicativos e Desenvolvedor) – mas não o que está dentro da pasta Início de outra pessoa. Se você esperava buscar no e-mail de sua esposa frases como "encontro você de noite", esqueça.

- Se o Spotlight encontrar uma versão diferente de algo em cada um dos discos rígidos, ele informa, exibindo um nome de disco rígido em cinza bem claro depois de cada um desses itens no menu.

- O Spotlight funciona armazenando um *índice*, um sistema particular de muitos megabytes, em cada disco rígido, partição de disco ou pen drive USB. Se você tiver algum tipo estranho de disco, como um disco rígido que tenha sido formatado para Windows, normalmente, o Spotlight não o indexa – mas você pode ativar a indexação, usando o comando Arquivo→Obter Informações (File→Get Info) no ícone daquele drive e ativando manualmente a indexação.

Dica: O Spotlight pode até encontrar palavras dentro de arquivos em outros computadores de sua rede – desde que eles também sejam Macs rodando Leopard ou Snow Leopard. Se não, o Spotlight só pode buscar pelos *nomes* de arquivos em outros computadores em rede.

- Se você apontar para alguma coisa na lista de resultados sem clicar, pode pressionar ⌘-I para abrir a janela Obter Informações para aquele item.

Menu de buscas avançadas

A maioria das pessoas apenas digita as palavras que estão procurando na caixa Spotlight. Mas, se isso for tudo o que você digita, está perdendo muita diversão.

Use aspas

Se você digitar mais do que uma palavra, o Spotlight funciona exatamente como o Google. Isto é, ele encontra coisas que contém todas as palavras *em algum lugar* lá dentro.

Mas, se estiver buscando por uma frase onde as palavras realmente estejam juntas, coloque-as entre aspas. Você se poupará de patinar por centenas de resultados onde as palavras aparecem *separadamente*.

Por exemplo, buscar por documentos de *inteligência militar* que contenham essas duas palavras, mas não necessariamente lado a lado. A busca por *"inteligência militar"* encontra documentos que contenham essa frase exata.

Limite por tipo

É possível restringir a sua busca a determinadas categorias, usando um simples código. Por exemplo, para encontrar todas as fotos, digite *kind:image* (tipo:imagem). Se estiver procurando por um documento de apresentação, mas não tiver certeza se usou Keynote, iWork ou PowerPoint para criá-lo, digite *kind:presentation* (tipo:apresentação) na caixa. E assim por diante. Algumas categorias funcionam em português, outras apenas em inglês.

Eis uma lista completa de tipos. Lembre-se de preceder cada palavra-chave de tipo com *kind* e dois pontos.

Para encontrar:	Use uma destas palavras-chave:
Um programa	prog, aplicativo, programas
Alguém em seu livro de endereços	contato, contatos
Uma pasta	pasta, pastas
Uma mensagem do Mail	e-mail, e-mails, mensagem de correio, correio, mensagens
Um evento do iCal	evento, eventos
Uma tarefa do iCal	a fazer, afazeres, todo, todos
Um gráfico	imagem, imagens
Um filme	filme, filmes
Um arquivo de música	música
Um arquivo de áudio	áudio
Um arquivo PDF	pdf, pdfs
Um controle de Preferências de Sistema	preferências, preferências de sistema
Um marcador de Safari	marcador, marcadores
Uma fonte	fonte, fontes
Uma apresentação (PowerPoint etc.)	apresentação, apresentações

Também é possível combinar esses códigos com o texto que você está buscando. Por exemplo, se tiver toda a certeza de que tinha uma foto chamada "Mafagafo Voador", você poderia cortar diretamente para ela, digitando *Mafagafo kind:image* ou *kind: image Mafagafo*. (A ordem não importa.)

Limite por data recente

É possível usar um código semelhante para restringir a busca por cronologia. Se você digitar *data:ontem*, o Spotlight limita a sua caça a itens que você abriu pela última vez ontem.

Eis uma lista completa de palavras-chave de data que podem ser usadas: *esta semana, este mês, este ano, hoje, ontem, amanhã, próxima semana, próximo mês, próximo ano.* (Os últimos quatro itens são úteis apenas para encontrar futuras reuniões no iCal, pois, nem o Spotlight pode mostrar arquivos que você ainda não criou.)

Limite por metadados

Se o seu cérebro já estiver a ponto de explodir, agora poderia ser uma boa hora para fazer uma pausa.

No Mac OS X 10.4, o Spotlight podia fazer buscas em qualquer dos critérios descritos antes: Tipo (Kind) ou Data (Date).

Mas atualmente, a Apple adicionou a habilidade de limitar as buscas do Spotlight por *qualquer* dos 125 diferentes pedacinhos de informações que podem ser armazenados como parte dos arquivos em seu Mac: Autor, Taxa de bit de Áudio, Cidade, Compositor, Modelo de Câmera, Largura em Pixels e assim por diante. (Metadados significa "dados sobre dados" – isto é, pedaços de informações descritivas sobre os próprios arquivos.) Eis alguns exemplos:

- **autor:aldemir.** Encontra todos os documentos com "aldemir" no campo Autor. (Isso supõe que você, realmente, *entrou* com o nome Aldemir na caixa Autor do documento. O Microsoft Word, por exemplo, tem um lugar para armazenar essas informações.)

- **largura:800.** Encontra todos os gráficos que tenham 800 pixels de largura.

- **flash:1.** Encontra todas as fotos que foram tiradas com o flash da câmera ligado. (Para encontrar fotos com o flash *desligado*, você teria que digitar *flash:0.* O número de critério sim/não funciona assim: use 1 para sim e 0 para não.)

- **modificado:7/3/10-10/3/10.** Encontra todos os documentos modificados entre 7 de Março e 10 de Março de 2010.

  Você também pode digitar *criado:=1/6/10* para encontrar todos os arquivos criados em 1º de junho de 2010. Digite *modificado:<9/3/10* para encontrar todos os documentos editados *em* ou *antes* de 9 de março de 2010.

Como se pode ver, três símbolos de faixa de busca estão disponíveis para serem buscados por você: <, > e -. O < significa "antes" ou "menor do que", o > significa "depois" ou "maior do que" e o hífen indica uma faixa (de datas, tamanho ou o que você estiver procurando).

Dica: Aqui, de novo, você pode unir as palavras. Para encontrar todos os PDFs que abriu hoje, use *data: hoje tipo:PDF.* E se estiver procurando por um documento PDF que tenha sido criado em 4 de julho de 2010 contendo a palavra *ragatanga*, você pode digitar *criado:=4/7/10 tipo:pdf ragatanga;* ainda que, nesse ponto, você não esteja economizando tanto tempo assim.

Esses exemplos são apenas alguns tipos de busca, dentre as dúzias que o Mac OS X disponibiliza.

Os códigos de critérios de busca que podem ser digitados na caixa Spotlight (*autor: aldemir, largura:800*, e assim por diante) correspondem à lista principal que aparece quando você escolhe Outros (Other) na *janela* Spotlight. Em outras palavras, há 125 *diferentes* critérios de busca.

Só há uma parte confusa: na lista Outros, muitos tipos de metadados têm espaços em seus nomes. *Largura em pixels, gênero musical, número de telefone* etc.

Ainda assim, só é possível usar uma palavra antes dos dois pontos ao digitar uma busca na caixa Spotlight. Por exemplo, mesmo que *largura em pixel* seja um tipo de metadado, você precisa usar *largura:* ou *largurapixel:* em sua busca.

Portanto, provavelmente seria útil ter uma lista principal dos códigos de *uma palavra* que o Spotlight reconhece.

Aqui está ela, um manual completo e exclusivo, das entranhas do departamento de Spotlight da Apple: a lista principal de códigos de uma palavra. (Observe que alguns critérios de busca têm vários nomes alternativos de uma palavra.)

Atributo de busca real:	**Nome(s) de uma palavra:**
Palavras-chave	palavrachave
Título	titulo
Assunto	assunto, titulo
Tema	tema
Autores	autor, de, com, por
Editores	editor
Projetos	projeto
De onde	deonde
Comentário	comentario
Direito autoral	direitoautoral
Produtor	produtor
Datas usadas	usada, data
Aberto última vez	usadaultimavez, data
Conteúdo criado	conteudocriado, criado, data
Conteúdo modificado	conteudomodificado, modificado, data
Duração	duracao, tempo
Criação de item	criacaodeitem, criado, data

Atributo de busca real	Nome(s) de uma palavra
Palavras-chave de contato	palavrachavedecontato, palavrachave
Versão	versao
Altura pixel	alturapixel, altura
Largura pixel	largurapixel, largura
Altura de página	alturapagina, altura
Largura de página	largurapagina, largura
Espaço de cor	espacodecor
Bits por amostra	bitsporamostra, bps
Flash	flash
Comprimento focal	comprimentofocal
Canal Alfa	alfa
Marca dispositivo	marca (marca de câmera)
Modelo dispositivo	modelo (modelo de câmera)
Velocidade ISO	iso
Orientação	orientacao
Camadas	camada
Equilíbrio de branco	equilíbriodebranco
Abertura	abertura, fstop
Perfil de nome	perfil
Resolução de largura	dpilargura, dpi
Resolução de altura	dpialtura, dpi
Modo de exposição	mododeexposicao, tempo
Versão EXIF	versaoexif
Codecs	codec
Tipos de mídia	tipodemidia
Sequenciável	sequenciavel
Taxa total de bits	taxatotaldebits, taxadebit
Taxa de bits de áudio	taxadebitdeaudio, ratadebit
Tipo de entrega	entrega
Altitude	altitude
Latitude	latitude
Longitude	longitude
Conteúdo de texto	textointerno
Exibir nome	exibirnome, nome
Olho vermelho	olhovermelho
Modo de medição	mododemedicao
Abertura máxima	aberturamax
Número de a (arquivo)	numeroa, fstop
Programa de exposição	programadeexposicao
Tempo de exposição	tempodeexposicao, tempo
Cabeçalho	cabecalho, titulo
Instruções	instrucoes
Cidade	cidade
Estado ou Província	estado, provincia
País	pais
Álbum	album, titulo
Taxa de amostra	taxadeamostradealbum, taxadeamostra
Contagem de canal	canais
Tempo	tempo
Assinatura-chave	assinaturachave, chave
Tempo de assinatura	tempodeassinatura
Aplicação de codificação de áudio	aplicacaodecodificacaodeaudio
Compositor	compositor, autor, por
Letra	letra, autor, por
Número de faixa	numerodefaixa
Data de gravação	datadegravacao, data

Atributo de busca real:	Nome(s) de uma palavra:
Gênero musical	generomusical, genero
Sequência geral MIDI	ismidi
Destinatários	destinatario, para, com
Ano de gravação	anodegravacao, ano
Organizações	organizacao
Idiomas	idioma
Direitos	direitos
Editores	editor
Contribuintes	contribuinte, por, autor, com
Cobertura	cobertura
Descrição	descricao, comentario
Identificador	id
Plateias	plateia, para
Páginas	paginas
Método de segurança	metododeseguranca
Criador de conteúdo	criador
Data devida	datadevida, data
Software de codificação	aplicativodecodificacao
Classificação	classificacao
Número de telefone	numerodetelefone
Endereços de correio eletrônico	email
Endereços de mensagem instantânea	miname
Tipo	tipo
URL	url
Endereços de correio eletrônico de destinatários	email
Endereços de correio eletrônico	email
Nome de arquivo	nomedearquivo
Nome de caminho de arquivo	caminho
Tamanho	tamanho
Criado	criado
Modificado	modificado
Proprietário	proprietario
Grupo	grupo
Estacionário	estacionario
Arquivo invisível	invisivel
Rótulo (ou etiqueta) de arquivo	rotulo (ou etiqueta)
Comentários de Spotlight	comentariospotlight, comentario
Fontes	fonte
Categoria de instrumento	categoriadeinstrumento
Nome de instrumento	nomedeinstrumento

Buscas booleanas

Acrescenta uma outra camada de sofisticação às buscas do Spotlight, permitindo o que professores de Ciência da Computação chamam de buscas *Booleanas*. Esses são termos de buscas que englobam resultados contendo *ambos* os termos, ou *um* deles e *não* outro.

Para usar a busca booleana, você deve incorporar termos como AND (e), OR (ou) ou NOT (não) em suas consultas.

Por exemplo, é possível englobar uma lista de arquivos que combinem *dois* termos, digitando, digamos, *férias E crianças.* (É assim que você também poderia encontrar documentos de coautoria de duas pessoas – você e seu (sua) parceiro (a), por exemplo. Você buscaria por *autor:Casey E autora:Cris.* É, todos os termos booleanos são digitados em maiúsculas.)

Dica: Se quiser, você pode usar parênteses em vez de E. Isto é, digitando (férias crianças) você encontra documentos que contêm as duas palavras, não necessariamente juntas. Mas a verdade é que o Spotlight executa uma busca AND sempre que você digita dois itens, como *vacation kids* – nem os parênteses nem o AND são necessários.

Se usar OR, você pode encontrar ícones que combinam com *qualquer* dos dois critérios de busca. Digitando *tipo:jpeg OR tipo:pdf* apresenta fotos e arquivos PDF em uma única lista.

O sinal de subtração (hífen) também funciona. Se você fez uma busca por *palmeiras*, esperando por fotos de praias do Nordeste, mas, em vez disso, encontrar os seus resultados contaminados por listas dos jogos do Brasileirão, por favor, repita a busca com *palmeiras-futebol*. O Mac OS X elimina todos os documentos contendo "futebol".

Dica: A palavra NOT funciona da mesma maneira. Você poderia digitar *palmeiras NOT futebol* para conseguir o mesmo efeito. Porém, o hífen é mais rápido de digitar.

A janela Spotlight

Conforme você deve ter notado, o menu Spotlight não relaciona *cada* combinação em seu disco rígido. A menos que você tenha um daqueles extremamente raros Apple Skyscraper Displays de 60 polegadas, simplesmente não há espaço.

Em vez disso, o Spotlight usa algumas análises elegantes em background para calcular e exibir as *20 combinações mais prováveis* para o que foi digitado. Mas, no alto do menu, geralmente você vê que há muitas outras combinações possíveis; ele apresenta algo como Mostrar Tudo (Show All), significando que há outros candidatos. (O Mac OS X não informa mais *quantos* resultados há.)

Entretanto, há uma segunda maneira, mais poderosa no labirinto de Spotlight. É o uso da *janela* Spotlight, mostrada na Figura 3-2.

A janela Spotlight a partir do menu Spotlight

Se o menu Spotlight – a sua lista mais provável de ser bem-sucedida – não incluir o que você está procurando, clique em Mostrar Tudo. Você acabou de abrir a janela Spotlight.

Agora, é possível acessar a lista *completa* de combinações, relacionada organizadamente no que parece ser uma janela padrão do Finder.

Como abrir diretamente a janela Spotlight

Também é possível abrir a janela Spotlight *diretamente*, sem usar o menu Spotlight como um acionador.

De fato, existem três maneiras de chegar a essa janela (Figura 3-2):

- **⌘-F (de Find, que significa buscar).** Quando escolher Arquivo→Buscar (File→ Search) (ou pressionar ⌘-F), você obterá uma janela Spotlight *vazia*, pronta para ser preenchida para a sua busca.

Destaque do Snow Leopard: Quando a janela Buscar (Find) abre, qual pasta ela pretende pesquisar?

Até a chegada do Snow Leopard, a resposta sempre era: "Todo o seu Mac", que pode ser um tormento. Na maioria das vezes, você queria pesquisar apenas a pasta em que se encontrava. Então você precisava de uns cliques extras para selecionar o nome da pasta no topo da janela Buscar.

No Snow Leopard, você economiza essa etapa. Selecione Finder→Preferências→Avançado (Finder→ Preferences→Advanced). A partir do menu pop-up When performing a search (Ao realizar uma busca), você pode selecionar Search This Mac (Buscar Neste Mac), Search the Current Folder (Buscar na Pasta Atual) (geralmente é o que você deseja fazer), ou Use the Previous Search Scope (Usar os Parâmetros da Busca Anterior) (isso é, todo o Mac ou a pasta atual, dependendo do que você tenha definido na última vez).

- **Option-⌘-barra de espaço.** Esse atalho de teclado abre a mesma janela. Mas ela sempre vem configurada para buscar tudo em seu Mac (exceto as pastas Início de outras pessoas, é claro), independentemente da configuração que você fez em Preferências (Preferences) (conforme descrito nos parágrafos anteriores).

Figura 3-2:
A janela do Spotlight permanece pronta para pesquisar a janela aberta corrente – ou todo o seu Mac, dependendo da opção que você escolheu em Preferências do Finder.

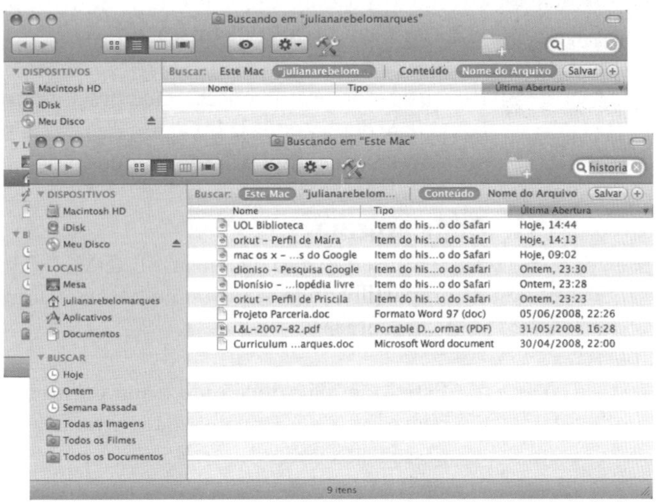

Dica: É possível mudar esse atalho de teclado para qualquer outro que você queira.

- **Abra qualquer janela da Mesa e digite algo na caixa de busca, à extrema direita.** Pronto! A janela dobrada se transforma na janela Spotlight completa com os seus resultados.

A busca básica

Quando a janela de busca se abre, você começa a digitar na caixa Buscar, na extrema direita, o que estiver procurando.

Enquanto digita – ou, mais realisticamente, um ou dois segundos depois de você digitar cada letra – a janela se alterna, para exibir uma lista dos arquivos e pastas cujos nomes contêm o que foi digitado. É exatamente como o menu Spotlight, porém, sem o limite de 20 itens de resultado (Figura 3-2).

Enquanto a busca está sendo realizada, um ícone de engrenagem gira no canto inferior direito. Para cancelar a busca e limpar a caixa de pesquisa (de forma que você possa tentar uma busca diferente), clique o botão ⊗ próximo à palavra ou frase que você digitou. Ou basta pressionar a tecla Esc.

Poder de busca

No entanto, a verdadeira beleza da janela de busca é que ela pode caçar ícones usando critérios extremamente específicos; ela é muito mais poderosa (e complexa) do que o menu Spotlight. Se você passar tempo suficiente configurando a busca, pode usar esse recurso para encontrar um documento cujo nome começa com as letras *Cro*, que tem mais de um megabyte de tamanho, foi criado depois de 1/10/09, mas antes do final do ano, foi alterado na última semana, tem o sufixo *.doc* de nome de arquivo e contém a frase "mudança de atitude". (É lógico que se você já sabia *tudo isso* sobre um arquivo, provavelmente sabe onde ele está, sem precisar usar a janela de busca.)

Para usar a janela de busca, você precisa alimentá-la com duas partes de informações: *onde* deseja que ela busque e *o que* está procurando. Esses dois critérios podem ser simples ou complexos, dependendo do que você quiser.

Onde procurar

As três frases do alto da janela – Este Mac (This Mac), Nome de Pasta (Folder Name) e Compartilhado (Shared) – são botões. Clique um desses para informar ao Spotlight onde procurar:

- **Este Mac.** Significa *todo* o seu computador, incluindo discos secundários conectados a ele (ou instalados internamente) – menos os arquivos de outras pessoas, é claro.

- **"Coisas de Laurinha" (ou seja lá qual for a janela atual).** Limita a busca a qualquer janela que estava aberta quando você chamou o Spotlight. Assim, por exemplo, se quiser buscar na sua pasta Imagens, abra-a primeiro e *depois* pressione ⌘-F. Você verá o botão Imagens no alto da janela e poderá clicá-lo para restringir a busca àquela pasta.

Nota: Lembre-se que você pode economizar esse clique entrando em Finder→Preferências→ Avançado e selecionando Buscar na Pasta Atual (Search the Current Folder) a partir do menu pop-up.

- **Compartilhado.** Clique esse botão para expandir a busca para *toda a sua rede* e todos os computadores nela. (Claro que isso supõe que você tenha montado os ícones deles em sua tela, conforme descrito no Capítulo 13.)

  Se os outros computadores forem Macs rodando Leopard ou Snow Leopard, o Spotlight pode até buscar seus arquivos, exatamente como ele faz com o seu próprio Mac – encontrando palavras dentro de arquivos, por exemplo. Se eles forem qualquer outro tipo de computador, o Spotlight só pode buscar por arquivos pelo nome.

Dica: Se o objeto de sua procura não aparecer, é possível ajustar o escopo da busca com um clique rápido em um outro botão, no alto da janela, como Este Mac ou Compartilhado. O Spotlight atualiza a lista de resultados.

Busca por Nome/Conteúdo

Os dois outros botões em cima da janela Spotlight também são muito poderosos:

- **Conteúdo (Contents).** Esse botão, a configuração que vem de fábrica, busca por palavras *dentro* de seus arquivos, juntamente com todos os metadados anexos a eles.

- **Nome de arquivo (File Name).** Nada impede que às vezes você já saiba o *nome* do arquivo – você apenas não sabe onde ele está. Nesse caso, é muito mais rápido buscar pelo nome, exatamente como as pessoas faziam antes do Spotlight aparecer. A lista de resultados será bem mais curta e você verá o que procura muito mais depressa. Por isso é que esse botão é tão bem-vindo.

Dica: Se você pressionar Shift enquanto abre o menu Arquivo (ou enquanto pressionar ⌘-F), o comando Buscar muda para Buscar por Nome (Find by Name). Ele abre a janela Buscar, pré-ajustada para procurar ícones por nomes. Que atalho!

Buscas complexas

Se tudo o que você quer é buscarem todo o seu computador os arquivos contendo determinado texto, poderia muito bem usar o *menu* Spotlight, descrito no início deste capítulo.

Entretanto, o poder da *janela* Spotlight é que ela permite que você projete buscas muito mais específicas, usando mais de 125 critérios diferentes de busca: dados modificados, tamanho de arquivo, data "da última vez que foi aberto", cor da etiqueta, nome do detentor de direito autoral, velocidade de obturador (de uma câmera fotográfica), tempo (de um arquivo musical) e assim por diante. A Figura 3-3 ilustra quão detalhado esse tipo de busca pode ser.

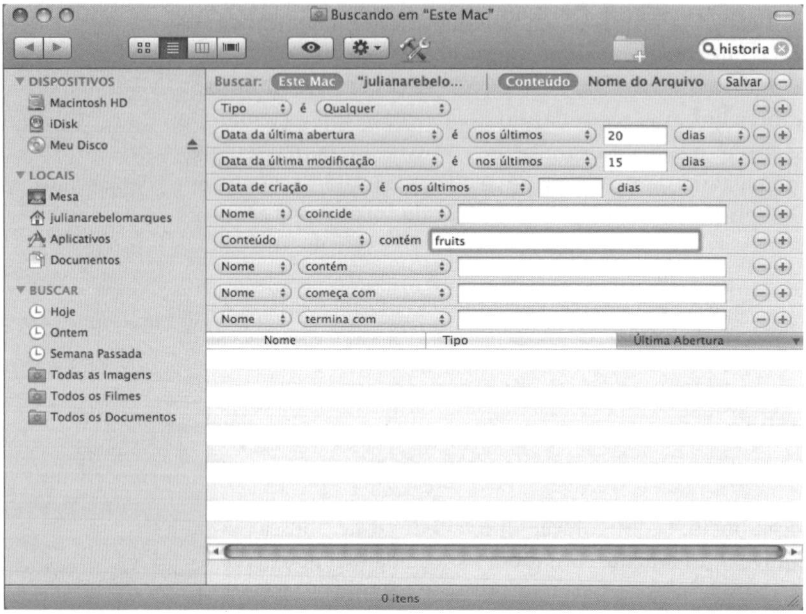

Figura 3-3: *Clicando repetidamente o botão +, você pode ativar tantos critérios quantos queira; cada fileira adicional refina ainda mais a busca.*

Para iniciar uma busca complexa assim, você usará a segunda fileira de controles, no alto da janela.

E a terceira, a quarta e a quinta. Cada vez que você clicar um dos botões + na extrema direita da janela, uma nova fileira de critérios aparece, cujos menus pop-up podem ser usados para especificar *qual* a data, *qual* o tamanho de arquivo, e assim por diante. A Figura 3-3 mostra como poderia ser montada uma busca por todos os arquivos de fotos, por exemplo, que você tivesse aberto na última semana e que contêm uma camada Photoshop chamada *Remoção de Sardas*.

Para apagar uma fileira, clique o botão - em sua extrema direita.

Dica: Se você pressionar Option, o botão + muda para um botão ... . Ao clicá-lo, você recebe subfileiras de parâmetros de um único critério, e um menu pop-up onde, no alto, aparece Qualquer (Any), Todos (All) ou Nenhum (None), para que você possa montar as chamadas buscas *de exclusão*.

A ideia aqui é que você pode iniciar uma busca por documentos criados entre 1º e 7 de novembro ou documentos criados de 10 a 14 de novembro, ou arquivos chamados *Reclamação* que *também* são arquivos Word ou InDesign.

Fascinante!

Eis um apanhado das maneiras pelas quais você pode restringir a sua busca, de acordo com as opções encontradas no primeiro menu pop-up de uma fileira. Observe que, depois de escolher a partir daquele primeiro menu pop-up (Último Aberto [Last Open], por exemplo), você deveria usar os menus pop-up adicionais para restringir a escolha ("nas últimas", "2", "semanas", por exemplo), como lerá a seguir.

Nota: Pode ser surpresa que escolher algo do menu pop-up Tipo dispare *instantaneamente* a busca. Assim que você escolhe Aplicativos, por exemplo, a janela se enche com uma lista de cada programa em seu disco rígido. Quer uma lista rápida de qualquer pasta em toda a sua máquina? Escolha Pastas. Quer ver quais pastas você abriu nos últimos dois dias? Adicione uma outra fileira.

Se você também digitar alguma coisa na caixa Buscar bem em cima da janela – antes ou depois de ter usado um desses menus pop-up –, a lista se coloca no mesmo nível dos itens que combinam com o que você digitou.

Tipo

Quando o primeiro menu pop-up é Tipo (Type), você pode usar o segundo menu pop-up para indicar qual tipo de arquivo você está procurando: aplicativos, documentos, pastas, imagens, filmes, música, arquivos PDF, apresentações, arquivos de texto ou outros.

Por exemplo, quando estiver tentando liberar algum espaço em seu drive, poderia juntar todos os seus arquivos de filmes, que tendem a ser enormes. Escolher um desses tipos de arquivo faz com que a janela comece a encher, automática e instantaneamente, com combinações.

E se o item que você estiver procurando não estiver entre as nove escolhas enlatadas no segundo menu pop-up? E se ele for um atalho, um plug-in de Photoshop ou algum outro tipo?

É do que trata a opção Outro (Other). Aqui, você pode digitar quase qualquer coisa que especifique um tipo de arquivo: *Word, Excel, TIFF, JPEG, AAC, Final cut, imovie, atalho, zip, html* ou o que for.

Data de última abertura/data de última modificação/data de criação

Quando você escolher uma dessas opções do primeiro menu pop-up, o segundo menu pop-up permite isolar arquivos, programas e pastas, de acordo com a última vez em que foram abertos, a última vez em que você os alterou ou quando eles foram criados.

- **Hoje (Today), ontem (yesterday), esta semana (this week), este mês (this month), este ano (this year).** Esses comandos, no segundo menu pop-up, oferecem rápidas opções enlatadas de limitação de tempo.

- **Na última (Within last), exatamente (exactly), antes (before), depois (after)** permitem que você seja mais preciso. Se escolher Antes, Depois ou Exatamente, a sua fileira de critérios exibe um controle de mês/dia/ano que lhe permite resumir itens que abriu por último ou alterou antes, depois ou em um dia específico, como 27/5/10. Se você escolher "na última", verá que é possível limitar a busca para coisas abertas ou alteradas em um número especificado de dias, semanas, meses ou anos.

Esses são controles incrivelmente úteis, porque permitem que você especifique uma janela cronológica do que está procurando.

Dica: Você tem permissão para adicionar *duas* fileiras de Data – um ótimo truque que permite juntar arquivos que você criou ou editou entre duas datas. Prepare a primeira fileira Data para informar "é posterior" e a segunda para informar "é anterior".

Se não causar dor ao seu cérebro pensar nisso, que tal ir além? É possível ter até *mais* do que *duas* fileiras Data. Use um par para especificar uma faixa de datas para a data de criação do arquivo, por exemplo, e duas outras fileiras para limitar quando ele foi modificado.

Isso é sabedoria!

Nome

O Spotlight gosta de buscar textos *em qualquer lugar* dos seus arquivos, não importa quais sejam os seus *nomes*. Mas quando você deseja pesquisar por um ícone pelo texto que está apenas em seu *nome*, esse é o caminho. (Maiúsculas e minúsculas são desconsideradas.)

Não seria mais rápido apenas clicar o botão File Name (Nome do Arquivo) no topo da janela? Sim –, mas utilizar a janela Buscar lhe oferece muito mais controle, graças ao segundo menu pop-up que contém as seguintes opções:

WORKSHOP DE ALTERNATIVAS

Alimentando os menus pop-up improdutivos

O primeiro pequeno menu pop-up na janela Spotlight lista aqueles pontos iniciais práticos de busca: Tipo, Data de última abertura, Nome e assim por diante.

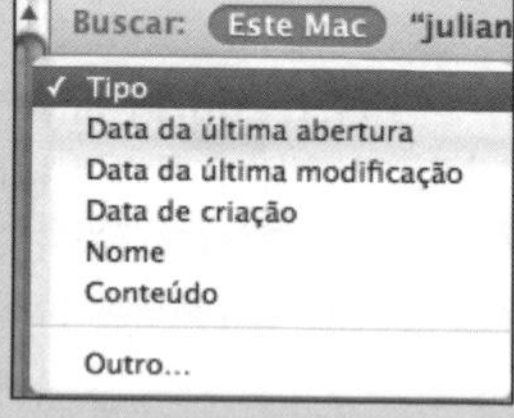

Mas, na verdade, ele é bem menos atulhado do que era nos antigos Mac OS X. A Apple aparou um pouco as opções.

Por exemplo, você costumava ser capaz de buscar por Etiquetas de Cor (Colors Label). Assim, podia resumir facilmente todos os arquivos pertencentes a determinado projeto para copiar, apagar ou queimar em massa em um CD. Como você pode ver logo, isso está fora do menu.

O critério Tamanho também se foi, o qual podia ser útil quando você estivesse tentando abrir espaço em seu abarrotado disco rígido, desenterrando os imensos arquivos e pastas de muitos gigabytes.

Felizmente, é possível recuperar bem facilmente essas opções de critérios do menu pop-up. O truque é usar a opção Outro como descrito nestas páginas. Na caixa de diálogo, mostrada na Figura 3-4, busque por *etiqueta* ou *tamanho*. Ao encontrar o critério, ative a caixa de verificação No Menu (In Menu) e clique OK.

Pronto! Você conseguiu o seu menu de volta.

- **Contém (Contains).** A posição das letras que você digita não importa. Se digitar *então*, você encontra arquivos com nomes como "Então vamos?", "Deliciosas Receitas de Quentão" e "Adorável Sessentão".

- **Começa com (Starts with).** O programa Buscar só encontrará arquivos começados com as letras digitadas. Se você digitar *então*, encontrará "Então vamos?", mas não "Deliciosas Receitas de Quentão" e "Adorável Sessentão".

- **Termina com (Termina with).** Se você digitar *então*, você encontra "Adorável Sessentão", mas não arquivos chamados, por exemplo, "Então vamos?" .

- **É (Is).** Essa opção só encontra arquivos chamados *exatamente* como o que você digitou (mas maiúsculas não importam). Digitando *então* você não encontra qualquer dos nomes de arquivo nos exemplos anteriores. Não haveria um arquivo chamado apenas "Então". Na verdade, um nome de arquivo com sufixo, como "Então.doc" também não se qualifica. (No entanto, se isso acontecer, eis uma solução: no menu pop-up, escolha Outro; na caixa de diálogo, escolha Nome do Arquivo. O critério de Nome do Arquivo ignora extensões; ele encontraria "Então.doc" mesmo se você procurasse por "então".)

Conteúdo

É possível pensar nessa opção como o oposto de Nome do Arquivo. Ela *só* encontra o texto que está dentro de seus arquivos e ignora *completamente* seus nomes de ícone.

Essa é uma função prática quando, por exemplo, o nome de um arquivo não combina com o seu conteúdo. Talvez uma criança esperta tenha pressionado teclas enquanto brincava no site da Disney, renomeando inadvertidamente a sua tese de doutorado para "xggrjpO#$5%////". Ou talvez, você simplesmente não consiga lembrar como chamou alguma coisa.

Outro

Se isso fosse uma equação matemática, ficaria assim: *opções x opções = esmagadoras*. Escolher Outro no primeiro menu pop-up abre uma caixa de diálogo especial, contendo pelo menos *outros* 125 critérios. Não apenas os atributos principais como Nome, Tamanho ou Tipo, mas muitos outros critérios específicos (e desconhecidos), como Bits por amostra (Bits per Sample), para que você possa englobar arquivos de música em MP3 de determinada qualidade, Marca do dispositivo (Device Make), para que você possa encontrar todas as fotos digitais tiradas com, digamos, uma câmera Canon, Sinal do tom (Key Signature), para que você possa encontrar todas as melodias da GarageBand que escreveu em fá sustenido, por exemplo, Páginas (Pages), para que você possa encontrar todos os documentos Word que são realmente longos, e assim por diante. Como é possível ver na Figura 3-4, cada um vem com uma breve descrição.

Você pode pensar que o Spotlight está lhe oferecendo uma assombrosa gama de critérios de tipos de arquivo. Porém, na verdade, grandes punhados de categorias de informações (tecnicamente chamadas de *metadados*) estão todas ligadas a um número relativamente pequeno de tipos de documentos. Por exemplo:

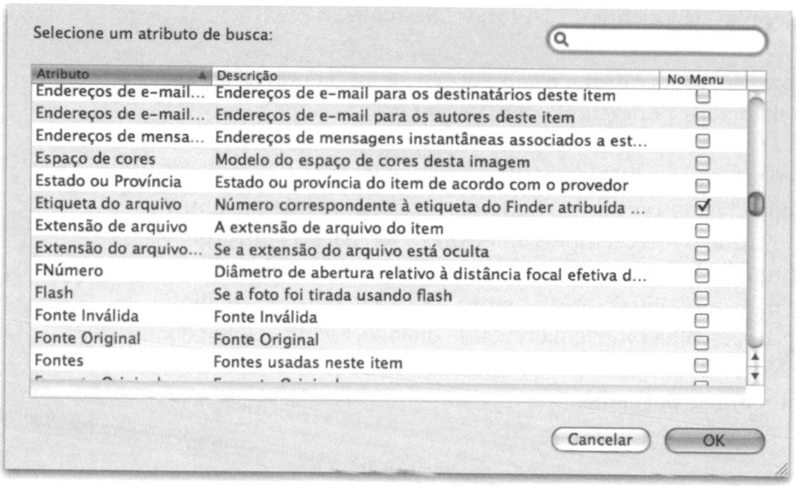

Figura 3-4: *Eis a lista principal de critérios de busca. Ative as caixas de verificação "No Menu" daquelas que deseja reutilizar com frequência, conforme descrito na caixa da página 122. Quando você tiver acrescentado alguns desses critérios de busca ao menu, obterá um conjunto adequado de controles "Encontrar o quê?" ("Find What?") por exemplo, menus pop-up Maior que (Greater than) Menor que (Less than).*

- **Fotos digitais e outros arquivos de imagem.** Considera-se para os tipos metadados canal alfa, abertura, espaço de cor, marca de dispositivo, modelo de dispositivo, versão EXIF, modo de exposição, programa de exposição, tempo de exposição, flash, FNumber, distância focal, velocidade ISO, abertura máxima, modo de medição, orientação, altura em pixels, largura em pixels, olhos vermelhos, altura da resolução, largura da resolução e balanço de branco.

- **Arquivos de música digital.** Há categorias de metadados que podem ser buscadas, como álbum, taxa de bits de áudio, bits por amostra, contagem de canais, compositor, duração, sequência MIDI geral, sinal do tom, letrista, gênero musical, data de gravação, taxa de amostra, tempo, data de assinatura, número da faixa e ano de gravação. Há inclusive um conjunto especial de parâmetros para documentos GarageBand e Trilha Sonora, incluindo categoria de instrumento, nome de instrumento, identificadores de ciclo, tipo de ciclo de arquivo, tecla original de ciclo e tipo de escala de ciclo.

- **Documentos Microsoft Office.** Pode conter pedaços de informações, como *autores, colaboradores, fontes, idiomas, páginas, editores* e informações de contato (*nome, número de telefone* e assim por diante).

Essa extensa lista também contém alguns critérios que podem ser usados com mais frequência, como Tamanho, Etiqueta e Visibilidade (os quais permitem que você veja todos os arquivos invisíveis em seu disco rígido).

Agora, você poderia argumentar que na hora em que iniciar uma busca por determinado tipo de dados, você poderia ter apenas enraizado os seus arquivos e encontrado manualmente o que queria. Mas, espere – nunca se sabe. Algum dia, você pode *não se lembrar de nada* sobre uma foto que está procurando, exceto que usou flash e um F-stop de 1.8.

Dica: Não confunda a caixa Buscar com essa caixa de diálogo. É superfácil achar uma agulha de critério útil – por exemplo, Tamanho – no palheiro. Também, não se esqueça da caixa de verificação No Menu, na coluna à direita. Ela permite que você adicione um desses critérios ao menu pop-up principal, portanto, não é preciso pegar novamente emprestado Outro da próxima vez.

USUÁRIOS PROFISSAS

O forte poder da consulta não processada

Você pode ter se esfalfado entre 20 páginas de detalhes de Spotlight – mas, se conseguir acreditar, há ainda outras 40 ou 60 a serem escritas. E o resultado é que o Spotlight que a maioria das pessoas vê é apenas um subconjunto do verdadeiro poder embutido no Mac OS X.

Por exemplo: e se você quisesse ver todos os arquivos que abriu nas últimas 24 horas, *exceto* mensagens de correio eletrônico e entradas na Agenda? Ou se quisesse resumir todos os documentos PDF *e* arquivos PostScript que abriu na última semana? Usando as ferramentas Spotlight que a maioria das pessoas vê, você não seria capaz de preparar buscas ou pastas inteligentes que são tão inteligentes assim.

Felizmente, para o verdadeiro aficionado do Snow Leopard, o Spotlight também entende uma *linguagem de consulta* (*query language*) – uma sintaxe do tipo-programação, que lhe permite estabelecer buscas muito mais específicas e enfáticas.

Para ler sobre o básico da linguagem de consulta, comece em http://developer.apple.com/macosx/spotlight.html; você será encaminhado a uma série de páginas Web que explicam todo o escopo do idioma interno do Spotlight.

Também é possível estudar um pouco como o próprio Spotlight usa a linguagem de consulta. Para fazer isso, crie uma pasta inteligente e depois dê um Obter Informações nela.

O que você aprenderá é que o comando básico de busca sempre inclui o comando kMDItem. Para buscar por alguma coisa pelo seu tipo de arquivo, a sua consulta deve começar com *kMDItemContentType*; para quando for pela última vez em que o abriu, use *kMDItemLastUsedDate*; e assim por diante.

Por exemplo, você digitaria uma consulta, envolvendo todos os arquivos contendo a palavra-chave "kumquat" (árvore cítrica da China) assim: *kMDItemKeywords == "*kumquat*"*. (O símbolo = duplo significa "igual". Você também pode usar <, >, <= e assim por diante. Os asteriscos são caracteres curingas que significam "Pode haver outro texto aqui, ou não; ainda assim, é uma boa combinação".)

Para significar "e", use e comercial duplo, assim, &&. Para "ou", use duas barras verticais, como estas: ||.

Quando você tiver lido mais sobre essa linguagem de

consulta, pode montar buscas muito mais complicadas. Esta, por exemplo, encontra todos os arquivos de áudio, cujo autor é Kevin ou Steve, que foram modificados na última semana:

```
(    (kMDItemAuthors     ==
"Kevin"wc ||
kMDItemAuthors           ==
"Steve"wc) &&
(kNDItenContentType      ==
"audio"wc ||
kMDItemContentType       ==
"video"wc) )
&&   (kMDItemFSContentCha
ngeDate ==
$time.this_week)
```

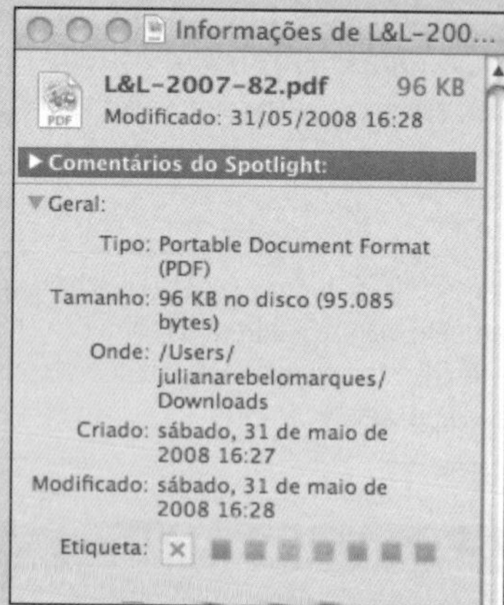

E aqui está como você encontraria todos os documentos PDF e arquivos PostScript com uma única busca:

```
(  (lMDitemContentTypeTree     ==    'com.
adobe.pdf')  ||
(kMDItemKind == 'PostScript document'
) )
```

(Na verdade, a maior parte desse material refere-se a coisas úteis: *MD* para metadados, *wc* para "baseado em palavra, independente se em letra maiúscula ou minúscula", e assim por diante.)

Você pode perguntar: onde você deve digitar todas essas consultas? Há duas opções.

No Finder, quando você escolhe Arquivo→Buscar para produzir a janela Spotlight, escolha Outro do menu pop-up Tipo. Na lista de seis bilhões de parâmetros de busca, escolha Raw Query (Consulta Bruta). Você pode digitar a sua sequência elaborada de busca na caixa de texto que aparece.

Segundo, é possível abrir Terminal (Capítulo 16) e usar o equivalente do Spotlight no Unix. O principal comando sobre o qual você quer aprender é *mdfind*. Por exemplo, no prompt Terminal, você poderia digitar *mdfind "kMDItemAcquisitionModel = 'CanonPowerShot S80'"* (e depois pressionar Return) para ver uma lista de todas as fotos tiradas com aquele modelo de câmera em especial.

Spotlight: O Manual que Faltava? Hmm. Soa bem, não?

USUÁRIOS PROFISSAS

Todos os caminhos levam ao Spotlight

Como você sabe, é possível abrir a janela Spotlight usando um atalho de teclado ou a partir do menu Spotlight, depois de executar uma busca. Porém, esses métodos são apenas o começo.

Experimente isto: selecione uma frase em qualquer programa (exceto os da Microsoft e alguns outros estranhos). Control-clique (ou clique com o botão à direita) a frase selecionada e, depois, escolha Buscar no Spotlight (Search in Spotlight), a partir do menu de atalho. Bum: a janela Spotlight se abre, já estocada com os resultados da busca que combinam com a sua frase selecionada.

Lembre-se ainda que o Spotlight tem as garras em todos os tipos de programas individuais do Mac OS X. Você encontrará uma caixa de busca Spotlight no Preferências de Sistema (para poder achar o painel certo), no Mail (para encontrar determinada mensagem), no Automator (para procurar componentes para os seus roteiros robôs), e assim por diante. À medida que as empresas de software se atualizam, elas também incorporam de bom grado a tecnologia Spotlight em seus próprios programas.

O que fazer com os resultados de Buscar

No Snow Leopard, mais do que nunca, a janela de resultados é a velha janela do Finder, com todas as visualizações e controles já conhecidos (Figura 3-5).

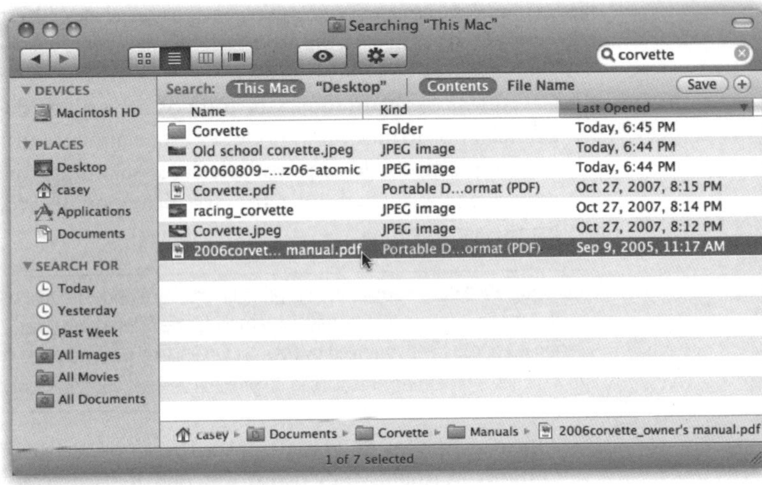

Figura 3-5:
Clique uma vez um resultado para ver onde ele está em seu disco rígido (bem embaixo). Se a janela for estreita demais para exibir o caminho completo da pasta, corra o seu cursor sobre ele, sem clicar. À medida que o seu mouse se movimenta de uma pasta para outra, o Leopard revela rapidamente o seu nome, compactando outras pastas quando necessário, para criar espaço. (Subdica: você também pode arrastar ícones nessas pastas.)

É possível trabalhar com qualquer coisa na janela de resultados, exatamente como seria em uma janela normal do Finder: arraste algo para o Lixo, renomeie alguma coisa, arraste algo para a Mesa para mover de lá; arraste algo para dentro de um ícone Dock para abri-lo com determinado programa, Option-⌘-arraste para a Mesa para criar um atalho, e assim por diante.

Você pode mover a lista para cima ou para baixo, pressionando as teclas de seta, rolar uma "página" de cada vez com as teclas Page Up e Page Down, e assim por diante. Também é possível selecionar múltiplos ícones simultaneamente, da mesma forma que faria em uma exibição de lista do Finder: selecione tudo, escolhendo Editar→Selecionar Tudo; destaque os itens individuais, ⌘-clicando-os, arraste diagonalmente para fechar um grupo de itens encontrados; e por aí vai.

Ou, você pode proceder de qualquer destas maneiras:

- **Mudar a exibição.** Clicando um dos ícones Visualizar ou escolhendo a partir do menu Exibir, é possível alternar entre exibições de ícone, lista ou Cover Flow (veja o Capítulo 1). Na verdade, o Cover Flow é uma *ótima* opção para exibição de resultados de busca; visto que essa lista é a reunião de todas as pastas do computador, você teria, de outra forma, pouca noção do contexto ao examinar os nomes de arquivos.

Nota: A exibição por coluna não está disponível, visto que os resultados de busca exibidos aqui são coletados de todo o seu computador. Eles não ficam na mesma pasta. Ainda assim, nesse ponto a Apple oferece um prêmio de consolação: o caminho da pasta exibido embaixo, na janela. Ele informa onde o item selecionado está guardado em seu disco rígido, tão claramente quanto faria a exibição por coluna.

- **Classificar os resultados.** Clicando os cabeçalhos das colunas (não disponível na exibição por ícones). Isso pode ser especialmente útil para classificar por Tipo, de modo que tipos de arquivos similares sejam agrupados (documentos, imagens, mensagens e outros), ou para classificar por Aberto pela última vez, para que a lista seja cronológica.

Destaque do Snow Leopard: Pela primeira vez, você pode ordenar os resultados da busca mesmo na visualização por ícones. Na verdade, não existem títulos de coluna para clicar – mas você pode usar o menu ✲ para selecionar a opção Keep Arranged by (Manter Organizado por), ou outro critério que deseje. O Snow Leopard se lembrará dessa ordem de organização na próxima vez que você fizer uma busca com visualização por ícones.

- **Altere as opções de visualização.** Pressione ⌘-J (ou selecione View→Show View Options [Visualizar→Mostrar Opções de Visualização]) para abrir o painel Opções de Visualização. Aqui, você pode adicionar algumas colunas extras (Date Modified [Data de Modificação], Date Created [Data de Criação]); altere o tamanho do ícone ou texto; ou marque a opção "sempre" (Sempre abrir em visualização por lista [Always open in view by list]) na parte superior da janela, de forma que as futuras janelas de resultados tenham o mesmo visual que você definiu aqui.

- **Obtenha um Quick Look (Visualização Rápida) de um resultado** clicando-o e então pressionando a barra de espaço. Você terá uma janela de pré-visualização grande e nítida da Visualização Rápida.

- **Obtenha mais informações sobre um resultado.** Selecionando-o e depois escolhendo Arquivo→Obter Informações (ou pressionando ⌘-I). A janela normal Obter Informações aparece completa, com data, tamanho e local das informações.

- **Descubra onde está.** É bom ver todos os resultados de busca em uma lista, mas, na verdade, você não os está vendo em seus lugares nativos: nas janelas de pasta do Finder, onde eles estão fisicamente.

  Se você clicar uma vez um ícone nos resultados, a borda inferior da janela se torna um mapa da pasta, que exibe onde está aquele item.

  Por exemplo, na Figura 3-5, a notação da faixa Caminho (Path) significa: "o ícone em PDF do manual do proprietário do Corvette 2006 é encontrado na pasta Manuais, que está na pasta Corvette, que está na pasta Documentos, que está na pasta Início do Casey".

Para colocar as mãos no verdadeiro ícone, escolha Arquivo→Abrir Pasta Superior (File→Open Enclosing Folder) (⌘-R). O Mac OS X destaca o ícone em questão, que está em sua janela, sempre que você estiver em seu disco rígido.

- **Abra o arquivo (ou abra uma das pastas em que ele estiver).** Se um dos arquivos encontrados for o que você estava procurando, clique duas vezes nele para abri-lo (ou destaque-o e pressione ⌘-O ou ⌘-seta para baixo). Em muitos casos, você nem mesmo saberá ou irá se preocupar sobre onde o arquivo está – apenas deseja chegar até ele.

Dica: Você também pode dar duplo clique para abrir qualquer uma das pastas no folder map (barra de caminhos) na parte inferior da janela. Por exemplo, na Figura 3-5, você poderia dar duplo clique no ícone do PDF selecionado para abri-lo, ou na pasta Manuais para abri-la, e assim por diante.

- **Mova ou apague o arquivo.** Você pode arrastar um item diretamente para fora da lista de arquivos encontrados e para uma pasta, janela ou disco diferente – ou direto para o Dock ou para o Lixo. Se clicar alguma outra coisa e depois clicar novamente o item arrastado na lista de resultados, o mapa da pasta, na parte de baixo da janela, atualiza-se, para refletir a nova localização do arquivo.

- **Reiniciar.** Se você quiser repetir a busca usando uma frase diferente de busca, basta editar o texto na caixa Buscar. (Pressione ⌘-F para esvaziar a caixa Buscar e a janela Spotlight.)

- **Desistir.** Se nenhum desses caminhos satisfaz suas vontades, você pode fechar a janela, como faria com qualquer outra (⌘-W).

Como personalizar o Spotlight

Você acabou de ler sobre como o Spotlight funciona por padrão. Mas, é possível moldar o seu comportamento, tanto por razões de segurança quanto para ajustá-lo aos tipos de trabalho que você executa.

Aqui estão as três maneiras de abrir a central de preferências do Spotlight:

- **Escolha Preferências do Spotlight (Spotlight Preferences).** Embaixo do menu Spotlight, logo depois de ter realizado uma busca.

- **Use o próprio Spotlight.** Toque ⌘-barra de espaço, digite *spotl* e pressione Return.

- **Escolha →Preferência de Sistema.** Clique Spotlight.

Em qualquer caso, você acaba diante da caixa de diálogo, mostrada na Figura 3-6.

Aqui é possível modificar o Spotlight de três maneiras, todas muito úteis:

- **Desative categorias.** A lista das caixas de verificação identifica todos os tipos de coisas que o Spotlight rastreia. Se você julgar que o Spotlight usa um valioso espaço de menu relacionando, por exemplo, marcadores da Web ou fontes – coisas que você não precisa procurar com muita frequência –, desative as caixas de verificação deles. Agora, os preciosos 20 espaços do menu Spotlight estão alocados para ícones de tipos que mais o interessam.

- **Priorize as categorias.** A caixa de diálogo também permite que você altere a *ordem* dos resultados de categoria; apenas arraste para cima um item de lista individual, ou para baixo, para mudar onde ele aparece no menu Spotlight.

  A configuração de fábrica é para Aplicativos aparecerem primeiro no menu. Isso faz muito sentido se você usa o Spotlight como um rápido lançador de programas (o que é uma ótima ideia). Porém, se você é um organizador de eventos, passa o dia todo ao telefone e a função mais importante do Spotlight para você for a sua habilidade de procurar alguém em sua Agenda, então, arraste Contatos para o alto da lista. Serão menos teclas de seta para pressionar na execução, assim que o menu de resultados aparecer.

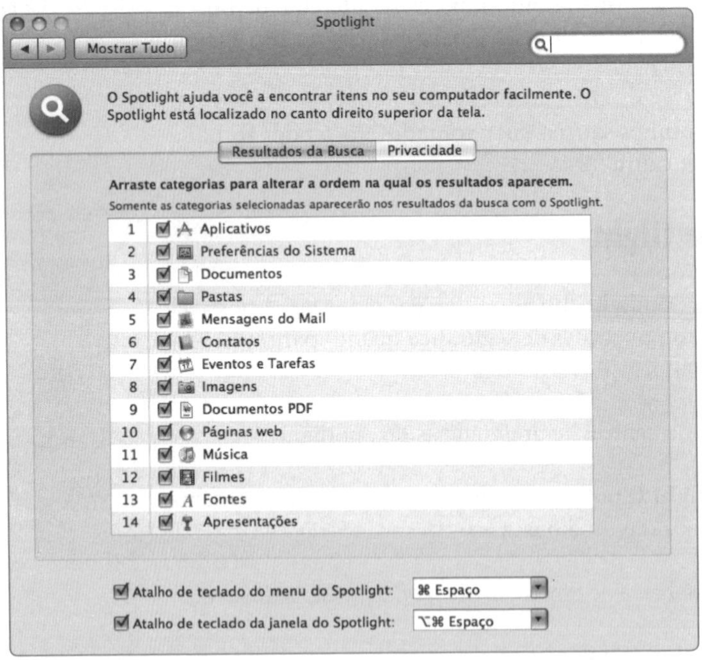

Figura 3-6:
Eis onde você pode especificar quais categorias de ícones deseja que o Spotlight busque, em que ordem deseja vê-los relacionados no menu Spotlight e qual atalho de teclado deseja usar para destacar a caixa de busca do Spotlight.

- **Mude o atalho de teclado.** Normalmente, pressionar ⌘-barra de espaço destaca a caixa de busca do Spotlight em sua barra de menu, e Option-⌘-barra de espaço abre a janela Spotlight, descrita antes. Porém, se esses atalhos de teclado esbarram com alguma outra designação de tecla em seu software, é possível reconfigurar para quase qualquer outro atalho de teclado que quiser.

A maioria das pessoas só observa o menu pop-up que permite selecionar uma de suas teclas F (as teclas de função, no alto do seu teclado). Mas, você também pode clicar dentro da caixa branca que relaciona o atalho de teclado e depois pressionar *qualquer* combinação de tecla – por exemplo, Control-S – para escolher algo diferente.

Destaque do Snow Leopard: Agora você pode escolher qualquer atalho de teclado disponível. Você não precisa mais incluir uma das F-keys (tal como a F4).

A Apple não se responsabiliza pela sua escolha de atalhos de teclado que acabem bagunçando outras funções do seu Mac. ⌘-S, por exemplo, não seria uma boa escolha.

Por outro lado, se você escolher um atalho de teclado do Spotlight que o Mac OS X utiliza para alguma outra função (como o Shift-⌘-3), um pequeno ícone de alerta amarelo aparece no painel do Spotlight. Esse ícone é, na verdade, um botão; clicá-lo abre o painel Keyboard & Mouse (Teclado e Mouse), onde você pode ver, exatamente, quais atalhos de teclado estão sendo disputados e tenha a chance de alterá-los.

Configurações de Privacidade (Privacy)

Normalmente, o Spotlight procura por combinações sempre que puder, exceto nas pastas Início de outras pessoas. (Ou seja, você não pode fazer buscas nas coisas de outras pessoas.)

Mas, mesmo dentro do seu próprio mundo Mac, é possível ocultar determinadas pastas das buscas de Spotlight. Talvez você tenha preocupações quanto à privacidade – por exemplo, não deseja que a sua esposa "pesquise" as suas coisas enquanto você está longe de sua mesa. Talvez você só queira criar buscas Spotlight mais focalizadas, tirando muito traste antigo e estranho, de seu banco de dados.

De qualquer forma, as etapas são simples. Abra o painel Spotlight em Preferências do Sistema, conforme descrito anteriormente. Clique a guia Privacidade. A Figura 3-7 explica os passos restantes.

Dica: Quando você marca um disco ou pasta como não passível de busca, na verdade, o Spotlight apaga todo o seu *índice* (ele é o sistema invisível de catalogação de arquivos) daquele disco. Se o Spotlight parece estar agindo sempre extravagantemente, você pode usar essa função para fazê-lo remontar o seu próprio índice de arquivo no disco problemático. Apenas arraste o disco para a lista Privacidade e depois remova-o! O Spotlight apaga e depois remonta o índice daquele disco. (Mas, não se esqueça da parte sobre o "remova-o". Se você adicionar um disco à lista Privacidade, o Spotlight não é mais capaz de encontrar *qualquer coisa* dentro dele, mesmo que você possa ver, bem à sua frente.)

Quando tiver montado a lista de discos e pastas privados, feche Preferências do Sistema. Agora, o Spotlight finge que os itens particulares nem mesmo existem.

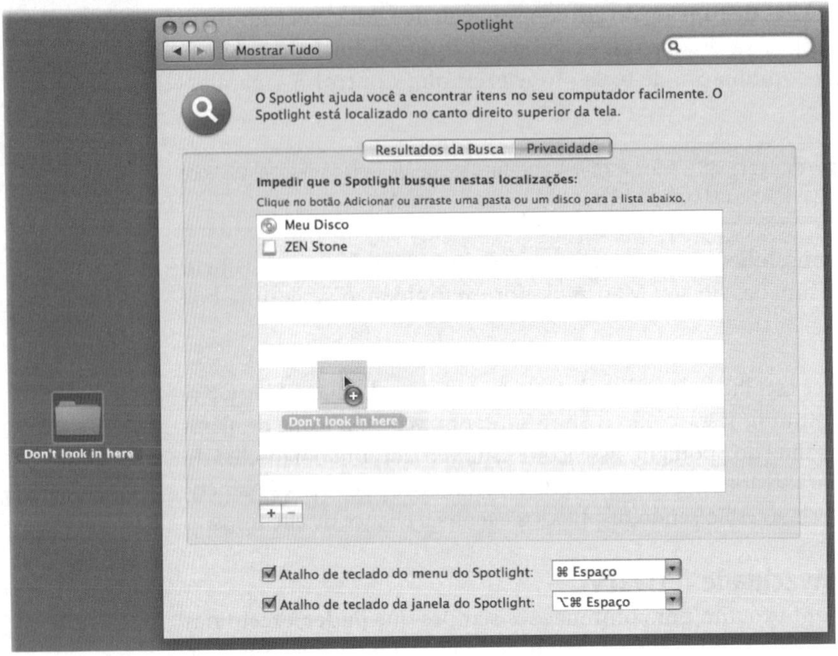

Figura 3-7: *Você pode adicionar discos, partições ou pastas à lista de itens que não podem ser buscados, basta arrastá-las da Mesa para essa janela. Ou, se os itens particulares não estiverem visíveis no momento, você pode clicar o botão +, navegar pelo seu disco rígido, selecionar o item e clicar Escolher (Choose). Para remover algo dessa lista, clique no item e depois pressione a tecla Delete ou clique o botão –.*

Pastas inteligentes

É possível que você se lembre do Capítulo 1 (ou de olhar para o seu próprio computador), que a Barra Lateral do lado esquerdo de cada janela de Mesa contém um conjunto de pequenas pastas sob o cabeçalho Buscar. Cada uma é, realmente, uma *pasta inteligente* – que se atualiza de maneira automática, que, essencialmente, realiza uma busca contínua pelos critérios que você especifica. (As pastas inteligentes são muito parecidas com álbuns inteligentes do iPhoto e iTunes, caixas de correspondência inteligentes do Mail e assim por diante.)

Nota: Na verdade, a pasta inteligente executa uma busca pelos critérios especificados no momento em que você a abre. Mas, pelo fato de ser tão rápida, e porque ela está sempre atualizada, parece que ela tem estado buscando o tempo todo.

Como resultado, aquelas pastas instaladas pela Apple são destinadas a servir como inspiração para você criar as suas *próprias* pastas inteligentes. A chave, como resultado, é o pequeno botão Salvar no canto superior direito da janela Spotlight.

Eis um simples exemplo de como você poderia usá-lo. (A propósito, é um exemplo, que você não pode repetir em qualquer outro sistema operacional.) Escolha Arquivo→Buscar. Inicie os menus pop-up para informar "data da última abertura" e "esta semana". Clique Salvar. Nomeie a pasta inteligente como Crise Atual e ative Adicionar à Barra Lateral (Add to Sidebar) (Figura 3-8):

***Dica**:* Em segundo plano, as pastas inteligentes que você criou, na verdade, são arquivos especiais que são armazenados em sua pasta Início→Biblioteca→Buscas Salvas (Home→Library→Saved Searches).

De agora em diante, sempre que você clicar aquela pasta inteligente, ela exibe todos os arquivos nos quais você trabalhou na última semana, ou o que seja. O melhor é que a localização *verdadeira* pode ser por todo o mapa, espalhados em pastas de todo o seu Mac e sua rede. Mas, por meio da mágica da pasta inteligente, eles aparecem como se estivessem todos em uma pasta organizada.

Figura 3-8: *O Mac OS X pode preservar a sua busca como uma pasta inteligente relacionada na Barra Lateral (embaixo, à esquerda) – pelo menos, ela o faz, desde que Adicionar à Barra Lateral esteja ativado. Você também pode colocar a sua pasta inteligente em seu Dock, embora ele não exiba uma pilha de seu conteúdo, como fazem as pastas normais.*

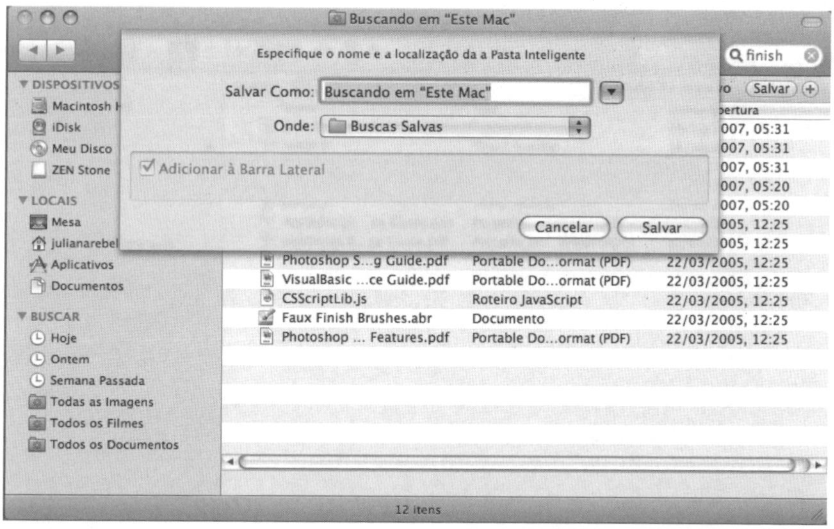

***Dica**:* Se você julgar que os seus critérios originais de busca precisam de um pouco de sintonia, clique a pasta inteligente. A partir do menu Ação→Mostrar Critérios da Busca (Action→Show Search Criteria). Você está de volta à sua janela original de configuração de busca. Use os menus pop-up e outros controles para alterar a sua configuração de busca e depois clique novamente o botão Salvar.

Para apagar uma pasta inteligente, apenas arraste o seu ícone para fora da Barra Lateral. (Ou, se ela estiver em algum outro lugar, como na sua Mesa, arraste-a para o lixo, como qualquer outra pasta.)

CAPÍTULO

4

Dock, Mesa e Barra de Ferramentas

De um jeito ou de outro, não é possível evitar a reação à aparência futurista e vistosa do Mac OS X na primeira vez que você chega à sua Mesa. Lá está o Dock brilhante, real como uma fotografia, em sua nova prateleira com acabamento espelhado. Lá estão aquelas janelas do Finder, suaves e sem textura, com suas delicadas barras de títulos de gradiente cinza. E lá está o fundo da própria Mesa cintilante e em contínua transformação.

Este capítulo mostra como usar e controlar esses elementos fundamentais do Mac OS X.

O Dock

Durante anos, a maioria dos sistemas operacionais manteve duas listas diferentes de programas. Uma relacionava programas *não abertos* até que você precisasse deles, como o menu Iniciar do Windows ou o Launcher do Mac OS 9. A outra controlava quais programas estavam *abertos* no momento, para rápida troca, como a barra de tarefas (Windows) ou o menu Aplicativos (Mac OS 9).

No Mac OS X, a Apple combinou as duas funções em uma única faixa de ícones, chamada *Dock*.

A ideia da Apple é mais ou menos assim: por que você precisa saber se um programa já está ou não sendo executado? Isso é problema do computador, não seu. Em um mundo ideal, essa distinção seria irrelevante. Um programa deveria aparecer quando você clicasse o seu ícone, estando ele aberto ou não.

"Quais programas estão abertos" já tem pouca importância no Mac OS X, onde sofisticados recursos de gerenciamento de memória dificultam ficar sem ela. Você pode abrir dezenas de programas ao mesmo tempo no Mac OS X.

Por isso é que o Dock combina as funções de lançador e de monitor de estado dos programas. Apenas um pequeno ponto azulado reflexivo, abaixo do ícone de um programa, informa que ele está aberto.

A Apple fez o possível para que todos aprendessem a gostar do Dock. Você pode personalizá-lo para ficar a centímetros de sua cara, ou até se livrar completamente dele. Esta seção explica tudo o que você precisa saber.

Configurando o Dock

O Mac inicia o Dock com alguns poucos ícones que julga que você vá gostar: Dashboard, QuickTime, iTunes, iChat, Mail, o navegador Web Safari, e outros. Mas, usar o seu Mac sem colocar os seus próprios ícones favoritos no Dock é como comprar um terno caro e recusar o serviço gratuito de ajuste. Na primeira oportunidade, você deveria personalizar o Dock a seu modo.

O conceito do Dock é simples: qualquer ícone que você arrasta para ele (Figura 4-1) é instalado lá como um botão. (Você pode até arrastar uma *janela aberta* para o Dock – digamos, um documento Microsoft Word que esteja editando – usando o seu ícone substituto como uma alça.)

Um único clique, não um duplo-clique, abre o item correspondente. Em outras palavras, o Dock é um estacionamento ideal para os ícones de discos, pastas, documentos, programas e marcadores da Internet que você acessa com frequência.

Dica: Você pode instalar lotes de ícones no Dock de uma vez – basta arrastá-los como um grupo. Isso é algo que não pode ser feito com outros estacionamentos de ícones favoritos, como a Barra Lateral e a barra de ferramentas do Finder.

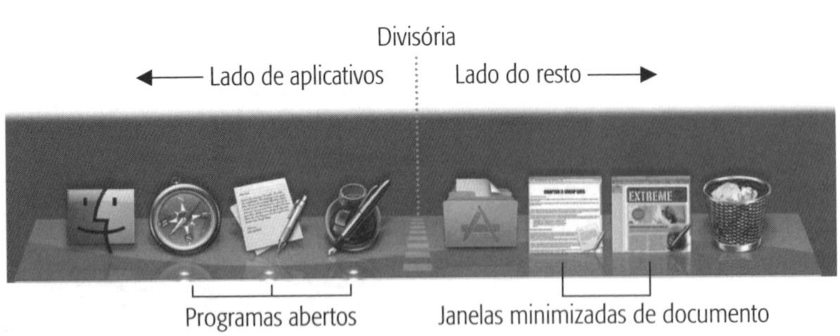

Figura 4-1: *Para acrescentar um ícone ao Dock, basta arrastá-lo para lá. Você não moveu o arquivo original; quando liberar o mouse, ele permanece onde estava. Você apenas instalou um atalho – como um atalho do Macintosh ou do Windows.*

Aqui estão alguns aspectos do Dock que, inicialmente, poderão perturbá-lo:

- **Ele tem dois lados.** Vê aquela linha pontilhada atravessando o Dock? É a divisória (Figura 4-1). Tudo que está do lado esquerdo são aplicativos – programas. Todo o resto vai para o lado direito: arquivos, documentos, pastas, discos e janelas minimizadas.

  É importante entender essa divisão. Se você tentar arrastar um aplicativo para o lado direito da linha, por exemplo, o Mac OS X se recusará terminantemente a aceitar isso. (Até mesmo os atalhos observam essa distinção. Os atalhos de aplicativos só podem ir para o lado esquerdo, e vice-versa.)

- **Seus nomes de ícone estão ocultos.** Para ver o nome de um ícone do Dock, aponte para ele, sem clicar. Você verá o nome aparecer acima do ícone.

  Quando estiver tentando encontrar determinado ícone no Dock, passe lentamente o seu cursor pelos ícones sem clicar; os rótulos de ícone aparecem enquanto você prossegue. Em geral, é possível identificar um documento apenas pelo seu ícone.

- **As pastas e discos se abrem para mostrar o que há dentro deles.** Se você clicar o ícone de uma pasta ou disco no lado direito do Dock, uma lista com o seu conteúdo salta de dentro dele. É como uma visão de raio-x sem as embaraçosas consequências morais. Prossiga para obter mais detalhes.

Dica: Se você apretar Shift enquanto clica, o Stack (Pilhas) abre lentamente. Surpreenda seus amigos.

USUÁRIOS PROFISSAS

Ícones vivos

O Mac OS X dá vida a uma ideia fantástica, um novo conceito em sistemas operacionais: ícones que informam alguma coisa. Se o Dock é grande o bastante, frequentemente você pode identificar documentos, bastando olhar os seus ícones.

Alguns ícones de programa até mudam com o tempo. Por exemplo, o ícone Mail (Capítulo 19), contém um contador vivo que indica quantas novas mensagens de correio eletrônico estão à sua espera. (Afinal, por que você deveria ir para o programa Mail só para ficar desapontado?) O ícone do iChat permite que você saiba quantas mensagens de chat estão à sua espera. Você pode fazer com que o gráfico do Monitor de Atividade (Activity Monitor) apareça direto em seu ícone. O Toast mostra o progresso de um disco que você está queimando. E, se você minimizar um filme QuickTime, enquanto ele estiver sendo exibido, ele diminui e continua a ser exibido lá no Dock.

Pense nas possibilidades. Um dia, o ícone do Safari poderia mudar para que você soubesse quando novas páginas Web interessantes surgiram, o ícone do Quicken poderia exibir o saldo de sua conta bancária e o ícone do Microsoft Word poderia mudar, sempre que a Microsoft lançasse um remendo de bug.

- **Programas aparecem lá sem solicitação.** Ninguém, além de você (e a Apple) pode colocar ícones no lado direito do Dock. No entanto, ícones de programas aparecem do lado esquerdo do Dock automaticamente, sempre que você abre um programa, mesmo que ele não esteja relacionado no Dock. O seu ícone permanece lá enquanto ele estiver rodando.

Dica: A aparência translúcida e reflexiva do Dock é algo para contemplar. De fato, algumas pessoas acham-no translúcido *demais*. Mas, usando o programa TinkerTool, você pode amenizar o translúcido do Dock – uma ótima maneira de animar reuniões de usuários.

Como organizar e remover ícones do Dock

É possível mover os quadros do Dock arrastando-os horizontalmente. Enquanto você arrasta, os outros ícones se ajeitam para criar espaço. Quando estiver satisfeito com a sua nova posição, solte o ícone que acabou de arrastar.

Para remover um ícone, apenas arraste-o para fora. (Você não pode remover os ícones do Finder, do Lixo, o ícone do Dock de um programa aberto ou qualquer janela minimizada de documento.) Quando o seu cursor tiver limpado o Dock, libere o botão do mouse. O ícone desaparece e a sua saída é marcada por um pequeno e charmoso efeito "puf" de desenho animado. Os outros ícones do Dock deslizam juntos para o espaço fechado.

Dica: É possível substituir a animação de "efeito puf" por uma de suas próprias animações.

Algo estranho acontece se você arrastar um ícone de programa do Dock enquanto este está sendo executado. Você não vê nenhuma mudança de imediato, porque o programa ainda está aberto. Mas quando o programa é fechado, você verá que seu ícone não está mais no Dock.

Pastas pop-up do Dock (Stacks)

Quando você clica um ícone de disco ou pasta no Dock, você testemunhará uma das funcionalidades mais aperfeiçoadas do Snow Leopard. O efeito é mostrado na Figura 4-2.

Em essência, o Mac OS X está espalhando o conteúdo das pastas para que você possa vê-lo todo.

Dica: Você pode mudar a maneira com que os ícones de uma pilha em especial são classificados: alfabeticamente, cronologicamente ou o que for. Basta escolher Ordernar por (Sort by) a partir do menu de atalho (Figura 4-2).

Em princípio, é claro, as pastas pop-up são uma grande ideia, porque elas economizam o seu tempo e os seus cliques. Clique uma pasta para ver o que há nela; clique o ícone que você deseja dentro dela; e você terá feito o que precisa, sem a necessidade de abrir, gerenciar e fechar uma janela.

Na prática, a Apple gastou um bom tempo para fazer tudo isso funcionar. Ao longo das gerações do Mac OS X, essa funcionalidade mudou, inverteu, e mudou novamente. (No início, esses balões pop-up eram chamados de Stacks; atualmente, a Apple reserva esse nome para uma pasta do Dock cujo ícone se altera para que ele fique parecido com o seu conteúdo, conforme descrito a seguir.)

No Snow Leopard, as pastas pop-up finalmente valem uma nova olhada, graças a dois refinamentos importantes:

- **Barras de rolagem.** Caso haja muitos ícones para ajustar na lista pop-up de conteúdo, você pode fazer a rolagem dessa lista; você não precisa ir para a janela deles no Finder para fazer isso.
- **Pastas hierárquicas.** Agora você pode clicar uma pasta na exibição do conteúdo para ver o que há dentro dela, conforme mostrado na Figura 4-2.

De qualquer forma, opere as pastas pop-up do Dock das maneiras a seguir.

Leque versus *grade* versus *lista*

Quando você clica um ícone de um disco ou pasta no Dock, você vê o seu conteúdo, ordenado de acordo com a sua escolha entre três modos de exibição:

- **Leque (Fan).** O leque consiste em uma única coluna de ícones levemente curvada que salta do ícone do disco ou pasta. Ele é ideal para pastas que contenham poucos ícones, porque só há espaço para um punhado de itens em um leque (o número exato depende do tamanho da sua tela). Após os primeiros itens, você vê somente um botão Mais 31 no Finder (31 more in Finder), que você pode clicar para ver *tudo* daquela pasta – mas até aí você só gastou tempo, não economizou.

Nota: Quando o seu Dock está posicionado em um lado da tela em vez de na parte inferior, a opção Leque não está disponível.

- **Grade (Grid).** Se você configurou uma pasta para abrir como uma grade, você verá os ícones em uma grande janela retangular. Os nomes dos arquivos geralmente aparecem abreviados porque não há muito espaço horizontal, mas você poderá ver muito mais ícones dessa forma. Na realidade, graças à barra de rolagem (ou ao truque de seleção por digitação descrito a seguir), você verá *todos* os ícones dessa forma.

Dica: Um efeito de seleção branco e fantasmagórico muito legal está disponível, que torna mais fácil ver para qual ícone você está apontando conforme você move o mouse ao redor de uma grade ou leque. Para fazê-lo aparecer, clique uma pasta e mantenha o botão pressionado no Dock – e então, sem soltar o botão do mouse, deslize pela grade ou leque. O destaque seguirá o seu cursor.

De forma alternativa, assim que a grade ou leque aparecem, pressiona as teclas de setas em seu teclado para se movimentar ícone a ícone – completo com o quadrado de seleção fantasmagórico.

- **Lista (List)**. Se você não se importa em ver os ícones reais, também pode optar por uma lista simples do conteúdo da pasta, como um menu pop-up. No fim das contas, se a pasta contém apenas um monte de ícones de áudio ou dados idênticos, então ver seus ícones não o ajudará muito – e uma lista aparece muito mais rapidamente que um leque ou grade.

  Não há barra de rolagem no balão da lista, mas você pode rolar a lista apenas apontando o mouse para a sua parte superior ou inferior. E, novamente, você pode selecionar por digitação, conforme descrito a seguir.

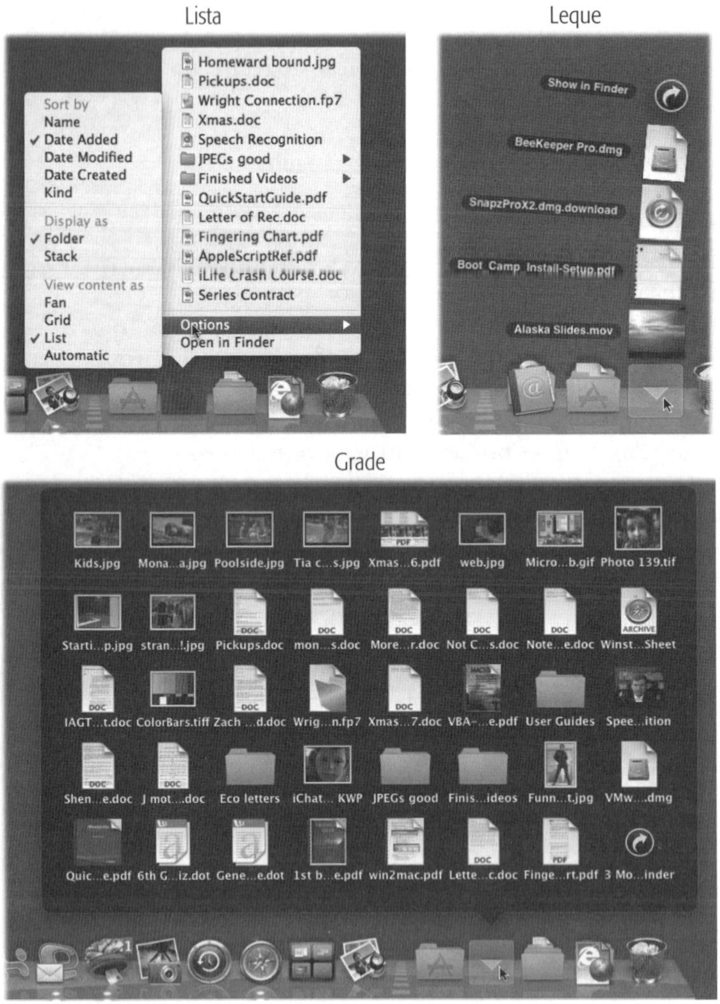

Figura 4-2:
O que acontece quando você clica uma pasta no Dock? Você vê seu conteúdo em uma dessas três visualizações.

Em cima, à esquerda, aqui você pode escolher a visualização que quiser: Leque, Grade, Lista ou Automático. Na Visualização Lista, o conteúdo da pasta aparece como um menu; você pode desligar entre as subpastas e você abre algo a partir da escolha de seu nome.

Em cima, à direita, na Visualização Leque, clique um ícone para abri-lo.

Embaixo, na Visualização Grade, muito mais ícones aparecem dos que na visualização Leque.

Dica: A visualização por lista também exibe uma pequena seta para a direita em cada pasta dentro da pasta do Dock. Ou seja, trata-se de uma lista hierárquica e isso significa que você pode vasculhar pastas dentro de pastas a partir do ícone original no Dock, sem abrir uma única janela nova. Você pode atravessar o ícone da sua pasta Início inteira, ou mesmo todo o seu disco rígido, a partir do Dock; agora você possui um acesso completo a menu para tudo dentro dele, diretamente do Dock.

- **Automático (Automatic)**. Existe uma quarta opção no menu de atalho para uma pasta do Dock: Automático. Se você escolher essa opção, o Mac OS X escolher entre as visualizações com Leque ou Grade, dependendo da quantidade de ícones que há na pasta.

Então como escolher qual visualização você deseja? Control-clique (ou clique com o botão direito) o ícone da pasta no Dock, fazendo a seleção a partir do menu de atalho que surge. Cada ícone de disco ou pasta se lembra de sua própria configuração de Leque/Grade/Lista.

Os melhores pontos das pastas pop-up do Dock

Tudo o que você leu até agora foi o básico sobre as pastas pop-up do Dock. Agora, segue o curso avançado:

- **Síndrome do Ícone de Pasta que Muda Constantemente**. Quando você adiciona um ícone de pasta ou disco no Dock, você pode notar algo desorientadamente confuso: seus ícones ficam *mudando* para se parecer com o último item colocado lá. Por exemplo, sua pasta Downloads pode ter a aparência de um ícone de planilha do Excel hoje, um ícone de PDF à noite, ou uma foto amanhã – mas nunca a de uma pasta. A parte incômoda e que você não pode reconhecer uma pasta pelo seu ícone.

  Felizmente, esse problema é fácil de resolver. Control-clique (ou clique com o botão direito) a pasta no Dock. A partir do menu de atalho, na seção Mostrar como (Display as), você pode escolher Folder (Pasta) (que fará com que a pasta se pareça com uma pasta para sempre) ou Stack (que muda para refletir o seu conteúdo).

- **Pastas pop-up prontas**. Quando você instala o Mac OS X 10.6, tem algumas pastas iniciais no Dock, só para deixá-lo animado. Uma é a Downloads; a outra é a Documentos. (Ambas estão localizadas fisicamente dentro da sua pasta Início. Mas você pode muito bem melhorar a sua interação com elas no Dock.)

  A pasta Downloads coleta três tipos de obtenções da Internet: arquivos que você faz download usando o Safari, arquivos que você recebe em uma seção de transferência de arquivo do iChat e anexos de arquivo de e-mails recebidos no Mail. A menos que você interfira, eles estão ordenados pela data que foram baixados.

  É útil saber onde encontrar os seus downloads, e ótimo não ter todos eles tumultuando a sua Mesa.

Dica: Uma vez que você abriu a pasta em um leque ou grade, poderá arrastar qualquer um dos ícones diretamente do leque ou grade. Basta arrastar seu ícone escolhido para a mesa ou em qualquer disco ou pasta visível. Em outras palavras, o que chega à pasta Downloads não precisa permanecer lá. (No entanto, você não pode arrastar de uma lista).

- **Pastas hierárquicas.** Os leques e grades são hierárquicos – isto é, você pode expandir por entre as pastas das *suas* pastas. A Figura 4-3 ilustra melhor esse conceito.

Dica: A Figura 4-3 mostra como abrir uma pasta em uma grade ou leque utilizando o mouse – mas você pode fazer isso a partir do teclado também. Após selecionar uma pasta, pressione Return, ⌘-O ou ⌘-seta para baixo para ver o que há dentro dela; pressione ⌘-seta para cima para voltar à exibição original. Quando uma pasta é selecionada, você pode pressionar ⌘-Return para abri-la em uma janela do Finder; adicione a tecla Option para abrir essa janela do Finder sem fechar a grade ou leque.

- **Seleção por digitação.** Estando com uma lista, leque ou grade aberto na tela, você pode selecionar qualquer ícone dentro deles digitando as primeiras letras do seu nome. Por exemplo, se você abriu a pasta Applicativos, você pode selecionar o Safari digitando *sa*. (Pressione Enter ou Return para abrir o ícone selecionado.)

Dica: De forma alternativa, você pode "caminhar" por entre o leque, grade ou lista pressionando as teclas de setas. Um efeito de destaque torna claro qual ícone você está selecionando. Uma vez que um ícone está selecionado, pressione Return ou Enter para abri-lo.

- **Duas formas de contornar o pop-up.** Se você deseja apenas ver o que há na pasta, sem todos os gráficos arrasadores do leque ou da grade, basta Control-clicar (ou clicar com o botão direito) o ícone da pasta do Dock e selecionar Abrir "Aplicativos" (Open "Applications") (ou qualquer que seja o nome da pasta) a partir do menu de atalho. Você irá direto para a janela correspondente.

  Na verdade, se você *realmente* valoriza o seu tempo, você aprenderá o seguinte atalho: Option-⌘-clique o ícone da pasta do Dock, que realiza o mesmo processo. (Você irá imediatamente para a janela que contém *aquele* ícone da pasta. Não é exatamente a mesma coisa que abrir a pasta no Dock, mas em alguns momentos será mais útil.)

Dica: Alternativamente, você pode ⌘-clicar uma pasta no Dock – ou, de fato, qualquer ícone no Dock – para ir para a janela que contém aquele ícone de pasta. (Bônus: esse mesmo truque – ⌘-clicar – também funciona no menu dos resultados de busca do Spotlight.)

Três maneiras de tirar o Dock do seu caminho

A parte inferior da tela não é, necessariamente, o local ideal para o Dock. Todas as telas de Mac são mais largas do que altas, portanto, o Dock consome o seu limitado espaço vertical. Você tem três saídas: ocultar o Dock, diminuí-lo ou girá-lo 90 graus.

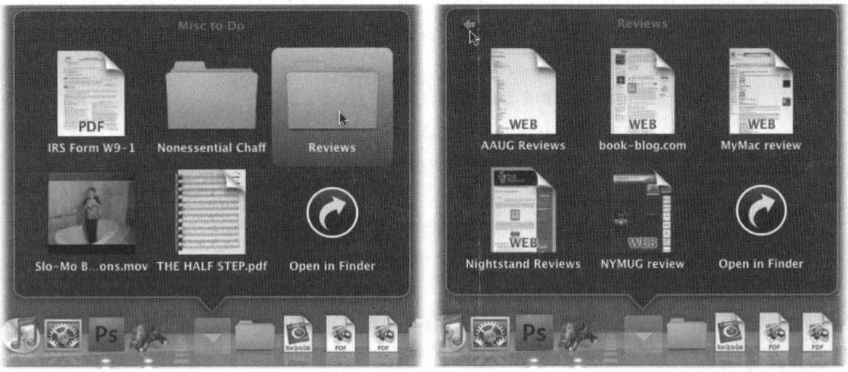

Figura 4-3: *Se você apontar para uma pasta dentro de um leque ou grade (à esquerda), clique uma vez. Agora você está diante de um leque ou grade do seu conteúdo (à direita). Você também pode "voltar" novamente clicando o botão Voltar (Back) no canto superior esquerdo, indicado aqui pelo cursor.*

Como ocultar automaticamente o Dock

Para ativar o recurso do Dock de ocultação automática, escolha →Dock→Ativar Ocultação (→Dock→Turn Hiding On) (ou pressione Option-⌘-D).

Dica: Essa chave de ligar/desligar também pode ser encontrada quando você escolhe →Dock→ Preferências do Dock (→Dock→Preferences) (Figura 4-3), ou quando você clica o ícone Preferências de Sistema no Dock e depois o ícone do Dock. (O Capítulo 9 contém muito mais detalhes sobre o programa Preferências do Sistema.)

Quando o Dock está oculto, ele não desliza na exibição até que você mova o cursor para a borda da tela do Dock. Quando você move o cursor de volta para o centro da tela, o Dock escorrega novamente para fora da tela. (Ocasionalmente, ícones individuais do Dock podem entrar no território da Mesa quando um programa requer a sua atenção – legal, muito legal –, mas, caso contrário, o Dock permanece oculto até que você o chame.)

No papel, um Dock sendo automaticamente ocultado é o ideal; ele só está lá quando você o chama. No entanto, na prática você pode descobrir que o tempo extra de meio segundo que o Dock leva para aparecer e desaparecer torna esse recurso ligeiramente menos atraente.

Muitos fãs do Mac preferem ocultar e exibir o Dock à vontade, pressionando o toque de tecla ocultar/exibir, Option-⌘-D. Esse método faz o Dock aparecer e desaparecer da tela sem que seja preciso mover o cursor.

Encolhendo e ampliando o Dock

Dependendo do tamanho da sua tela, você pode preferir os botões do Dock maiores ou menores. A maneira oficial de redimensioná-lo é esta: Clique em →Dock→ Preferências do Dock. Na caixa de diálogo resultante, arraste o deslizador Tamanho (Size), conforme mostrado na Figura 4-4:

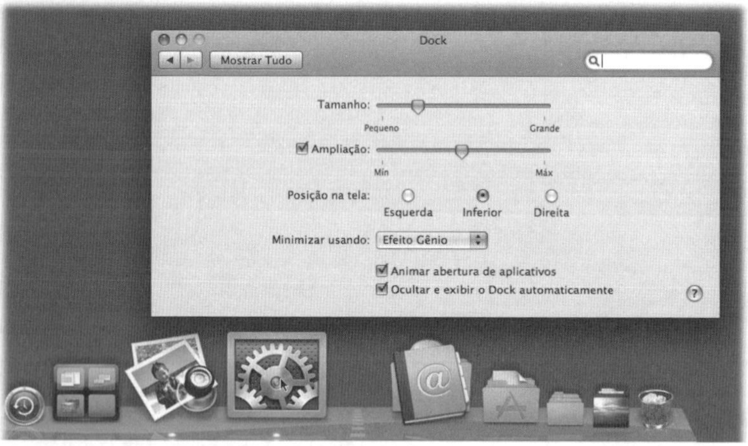

Figura 4-4:
Para descobrir uma configuração confortável para o deslizador Ampliação (Magnification), clique em →Dock→Preferências do Dock. Deixe a janela Preferências do Dock aberta na tela, conforme mostrado aqui. Depois de cada ajuste do deslizador Tamanho, experimente o Dock (que ainda funciona quando a janela Preferências do Dock estiver aberta) para testar as suas novas configurações.

Entretanto, há uma maneira muito mais rápida de redimensionar o Dock: apenas posicione o seu cursor cuidadosamente na linha divisória do Dock, para que ele se transforme em uma seta de duas pontas (mostrada na Figura 4-5). Agora, arraste para cima ou para baixo, para diminuir ou aumentar o Dock.

Dica: Se você pressionar Option enquanto arrasta, o Dock se ajusta a certos tamanhos predeterminados de ícone – aqueles que, na verdade, o programador desenhou. (Você não vê os tamanhos intermediários que o Mac OS X geralmente calcula na hora.)

Conforme observado na Figura 4-5, você pode não ser capaz de *ampliar* o Dock, especialmente se ele contiver muitos ícones. Porém, é possível torná-lo quase que infinitamente *menor*. Isso pode fazer você pensar: como é possível distinguir entre ícones se eles são do tamanho de moléculas?

A resposta está no comando ●→Dock→Ativar Ampliação (●→Dock→Turn Magnification On). O que você acabou de fazer foi disparar o efeito de crescimento, mostrado na Figura 4-4. Agora, os ícones do seu Dock ficam de um tamanho muito maior quando o seu cursor passar sobre eles. Esse é um tipo de efeito animado, meio estranho, magnético e ondulado com o qual você demora um pouco para se acostumar. Mas, é uma outra demonstração espetacular da tecnologia de gráficos no Mac OS X e, na verdade, é muito prática quando você encontra os seus ícones encolhendo para o nada.

Dica: Você pode ter o seu Dock à la carte também. Pressionar Shift-Control assim que o seu cursor se aproxima do Dock inverte sua configuração no menu ●→Dock. Dessa forma, se a ampliação está desativada, você *terá* a ampliação do ícone; se a ampliação estiver ativada, você *não terá* essa propriedade. (O que faz sentido, certo?)

Figura 4-5:
Observe atentamente – você pode ver o cursor secreto que redimensiona o Dock. Se não vir qualquer alteração no tamanho do Dock enquanto arrasta para cima, você terá atingido o tamanho limite. As bordas do Dock já estão se aproximando dos lados de sua tela.

Movendo o Dock para os lados da tela

Uma outra abordagem para tirar o Dock do seu caminho é girá-lo para que ele se posicione verticalmente contra um lado da sua tela. Você pode girá-lo de duas maneiras:

- **À maneira do menu.** Pelo submenu ●→Dock, escolha Posicionar à Esquerda (Position on Left), Posicionar à Direita (Position on Right) ou Posicionar na Parte Inferior (Position on Bottom), como preferir.

- **Com o mouse.** Enquanto pressiona Shift, arraste a linha divisória do Dock para o lado da tela que desejar.

Provavelmente, você descobrirá que o lado direito da sua tela funciona melhor do que o esquerdo. A maioria dos programas do Mac OS X coloca as suas janelas de documentos na margem esquerda da tela, onde o Dock e seus rótulos poderiam atrapalhar.

Nota: Quando você posiciona o Dock verticalmente, o lado "direito" do Dock se transforma na parte inferior do Dock vertical. Em outras palavras, agora o Lixo aparece embaixo do Dock vertical. Assim, quando você ler referências ao Dock neste livro, substitua mentalmente a frase "parte inferior do Dock" ao ler referências ao "lado direito do Dock".

Como usar o Dock

Na maior parte do tempo você usará o Dock ou como um inicializador (você clica um ícone uma vez para abrir o programa, arquivo, pasta ou disco correspondente) ou como um indicador de estado (o pequeno ponto brilhante e reflexivo, identificado na Figura 4-1, o qual indica quais programas estão sendo executados).

Porém, o Dock tem mais truques escondidos na manga do que apenas esse. Por exemplo, você pode usá-lo para fazer qualquer um dos seguintes truques:

Alternar aplicativos

O Dock não é apenas um inicializador, ele também é um alternador. A seguir, alguns truques que permitem que você:

- **Alterne entre os seus programas abertos**, clicando seus ícones.
- **Arraste um documento** (tal como um arquivo de texto) para um aplicativo no Dock (tal como o ícone de Microsoft Word) para abrir o primeiro com o último. (Se o programa for recusado na abertura do documento e você ainda tiver certeza de que o programa *deveria* ser capaz de abri-lo, acrescente as teclas ⌘ e Option enquanto arrastar.)
- **Oculte todas as janelas do programa em que você está** com Option-clique em outro ícone do Dock.

HORA DA SOLUÇÃO DE PROBLEMAS

Como se recuperar a partir de um MicroDock

O que é um MicroDock? É o que você obtém quando tenta armazenar 300 arquivos JPEG arrastando-os para dentro de uma pasta no Dock, mas acaba perdendo a pasta (graças à sua tendência de se afastar muito depressa). Como resultado, você solta todos os gráficos diretamente no Dock. Eles aparecem como é mostrado aqui, com tamanho de partículas subatômicas.

Agora, você tem um problema. Como fazer o Dock voltar ao normal? Se você arrastou os ícones para fora do Dock de uma vez, gastou dois mandatos presidenciais fazendo isso.

A maneira mais fácil de voltar a um Dock normal é apagar o arquivo de preferências do Dock a partir da sua pasta Iniciar→Biblioteca→Preferências (Home→Library→Preferences). O arquivo é chamado com.apple.doc.plist e basta que você arraste-o para o Lixo. (Se você for realmente obcecado pela sua configuração do Dock, é possível criar um backup desse arquivo agora, enquanto tudo está funcionando perfeitamente. No caso de um MicroDock, você pode substituir o arquivo de preferências misturado.)

Finalize sua sessão e entre novamente, para voltar o Apple Dock padrão.

- **Oculte *todas* as janelas dos programas** com Option-⌘-clique o ícone do Dock do programa que você *deseja* (ele até já pode estar na frente).

Esse é apenas um pequeno resumo das funções de gerenciamento de aplicativos do Dock; você encontrará os detalhes completos no Capítulo 5.

Opere o Dock por controle do teclado

Se ativar a *navegação por teclado*, você poderá operar o Dock totalmente a partir do teclado.

Menus secretos

Se você Control-clicar (ou clicar com o botão direito) um ícone do Dock, verá seu útil menu de atalho (Figura 4-6).

Destaque do Snow Leopard: Você não pode mais abrir um menu de atalho clicando e mantendo o botão pressionado no ícone do Dock. Se você fizer isso, abrirá o Exposé do Dock.

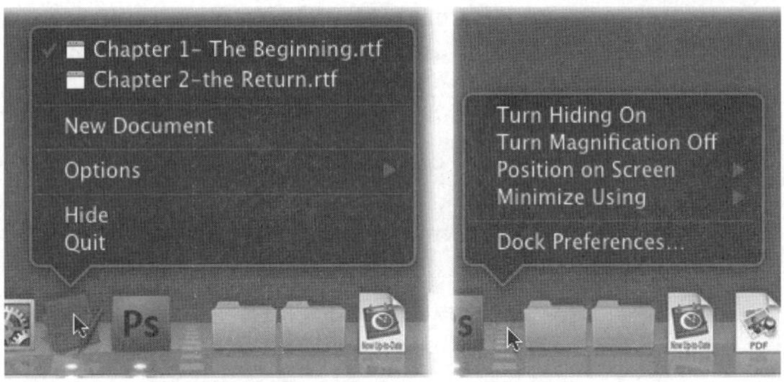

Figura 4-6:
À esquerda: Control-clique ou clique com o botão direito um ícone do Dock, ou clique-o e mantenha pressionado para abrir o segredo.

À direita: Control-clique a barra divisória para abrir um diferente menu oculto. Ele relaciona um punhado de comandos do Dock úteis, inclusive aqueles relacionados no submenu →Dock.

Se você clicou um ícone de janela minimizada, esse menu de atalho informa apenas Abrir (Open) (a menos que ele seja uma janela minimizada do Finder, então, ele também informa Fechar [Close]).

No entanto, se você clicou qualquer outro tipo de ícone, recebe alguns comandos ocultos muito úteis. Por exemplo:

- **Nomes de janela.** Geralmente, o menu secreto do Dock de um *programa sendo executado,* relaciona pelo menos um pequeno ícone de janela, claramente rotulado, como aqueles mostrados na Figura 4-6. Esse útil recurso permite que você pule diretamente não apenas para determinado programa, mas para determinada *janela aberta* naquele programa.

Por exemplo, suponha que você tenha usado o Word para editar três capítulos diferentes. Você pode usar a janelinha do menu do ícone Dock do Word para ir direto a um capítulo em especial ou (se ele tiver sido minimizado) maximizá-lo – mesmo de dentro de um programa diferente. (A marca de verificação indica a janela *mais à frente*, mesmo se todo o programa estiver em segundo plano no momento. Um símbolo de diamante significa que a janela está minimizada e, portanto, invisível na tela naquele momento.)

Dica: O quadro do Finder que está sempre no início do Dock, de fato é o seu próprio menu Janela (Window). O seu menu de atalho relaciona todas as janelas de desktop abertas. O menu Janela, no alto da tela do Finder faz a mesma coisa, mas, o Dock está disponível, independente de qual programa você esteja usando.

- **Opções (Options)**. Esse submenu contém uma porção de comandos variados. Antes do Snow Leopard, eles apareciam como itens comuns do menu de atalho; a Apple evidentemente sentiu que as pessoas costumavam usá-los tão raramente que eles acabaram sendo retirados de lá para um submenu para ocupar menos espaço. Por exemplo:

  Options→Keep in Dock (Opções→Manter no Dock). Sempre que você abre um programa, o Mac OS X coloca o seu ícone no Dock – marcado com um ponto luminoso – mesmo que normalmente você não mantenha seu ícone lá. Assim que você encerra o programa, seu ícone desaparece do Dock.

  Se você compreendeu esse conceito, então o comando Manter no Dock faz muito mais sentido. Ele significa "Olá, eu sou o ícone deste programa. Eu sei que normalmente você não me mantém no Dock, mas eu *poderia* permanecer aqui mesmo depois que você encerrasse o programa. Basta avisar". Se você perceber que está, por exemplo, usando o Terminal com mais frequência que imaginava, esse comando pode ser bem útil para você.

Dica: Na verdade, existe uma maneira mais rápida de dizer a um aplicativo que está sendo executado para permanecer no Dock de agora em diante. Basta arrastar o seu ícone para fora do Dock e depois voltar para ele – é, enquanto o programa estiver rodando. Você tem que experimentar para acreditar.

- **Options→Remove From Dock (Opções→Remover do Dock)**. Por outro lado, e se um ícone de programa sempre estiver no Dock (mesmo quando ele não está sendo executado) e você *não* o quer lá? Esse comando retira o ícone do Dock, liberando o espaço que ele ocupava para outros ícones. (Você pode obter o mesmo resultado arrastando o ícone para fora do Dock.)

  Utilize esse comando nos programas que você utiliza com menos frequência. Quando você *realmente* quiser executá-los, você pode usar o Spotlight para ativá-los.

Nota: Se o programa já estiver sendo executado, usar Remover do Dock não remove imediatamente o seu ícone do Dock, o que pode parecer confuso. Isso porque um programa sempre aparece no Dock quando ele é aberto. Aqui, você está dizendo "Desapareça do Dock quando não estiver sendo *executado*" – e verá uma prova assim que encerrar aquele programa.

- **Options→Open at Login (Opções→Abrir no Início da Sessão).** Esse comando permite que você especifique se quer que esse ícone se abra automaticamente sempre que registrar a sua entrada. É uma ótima forma de garantir que a sua Caixa de Entrada (Inbox) de correio eletrônico, o seu calendário ou a sua tese no Microsoft Word na qual esteve trabalhando sejam abertas e estejam esperando na tela quando você se sentar para trabalhar.

  Para fazer esse item *parar* de abrir automaticamente, escolha esse comando, novamente, do seu ícone Dock, para que a marca de verificação não apareça mais.

- **Options→Show In Finder (Opções→Mostrar no Finder).** Esse comando seleciona o ícone atual (em qualquer janela de pasta em que esteja) do aplicativo, do atalho, da pasta ou do documento que tenha clicado. Você poderia querer fazer isso quando, por exemplo, estivesse usando um programa que não consegue identificar muito bem, e quer pular para a pasta da Mesa dele, na esperança de encontrar um arquivo Leia-me (Read Me) lá.

Dica: De novo, é muito mais rápido exibir um ícone do Dock na janela que o encerra. ⌘-clique o seu ícone do Dock.

- **Ocultar (Hide)/Mostrar (Show).** Esse sistema operacional está repleto de formas de ocultar ou exibir um lote de janelas selecionadas. Eis um caso a mencionar: você pode ocultar todos os vestígios do programa que está usando, clicando em Ocultar do seu ícone do Dock.

  O que é legal aqui é que (a) você pode até ocultar o Finder e *todas as janelas dele*, e (b) se pressionar Option, o comando muda para informar Ocultar Outros (Hide Others). Dessa maneira, esse é um comando muito mais poderoso. Ele diz a todos os programas que você *não* está usando – aqueles em segundo plano – para sair da sua frente. Eles se ocultam instantaneamente.

Nota: Quando você tiver ocultado as janelas de um programa, esse comando muda para Mostrar, que é a maneira pela qual você as faz reaparecer.

- **Encerrar (Quit).** É possível encerrar qualquer programa diretamente de seu menu de atalho do Dock. (Finder e Dashboard são exceções.) Não é preciso trocar para um programa para acessar o seu comando Encerrar. (Hora da solução de problemas: se você não obtiver nada senão um som quando usar esse comando Encerrar, é porque você ocultou as janelas daquele programa e uma delas tem alterações não salvas. Clique o ícone do programa, salve o seu documento e, então, tente encerrar de novo.)

Dica: Se você mantiver pressionada a tecla Option – mesmo depois de ter aberto o menu pop-up –, o comando Encerrar muda para Forçar Encerrar (Force Quit). Essa é a sua saída de emergência para descartar um programa travado.

- **Diversos (Miscellaneous).** Você pode encontrar outros comandos nos menus de atalho do Dock; as empresas de software têm a liberdade para adicionar opções especiais aos seus próprios programas.

  Por exemplo, o menu de atalho do ícone do Finder oferece acesso direto a comandos como Find (Buscar), Connect to Server (Conectar ao Servidor) e New Finder Window (Nova Janela do Finder). Os programas do Microsoft Office (Word, Excel etc.) vêm com o comando Open Recent (Abrir Recente), com uma lista dos documentos que você abriu recentemente. O ícone do Safari possui um comando New Window (Nova Janela). O ícone das System Preferences (Preferências do Sistema) exibe uma lista completa dos painéis de preferências (Sound [Som], Keyboard [Teclado], Trackpad, entre outros). Agora deu para entender como funciona.

Dica: Se você Control-⌘-clicar um ícone do Dock, você obterá apenas os comandos Options (Opções), Hide (Ocultar) e Quit (Encerrar) no menu de atalho – não a lista habitual de janelas. Se tudo o que você quer é encerrar um programa ou algo parecido, esse menu resumido é mais fácil e rápido de compreender.

Conduzindo testes de velocidade

Quando você clica em um ícone de aplicativo no Dock, o seu ícone pula para cima e para baixo algumas vezes, enquanto o programa é iniciado, como que entusiasmado por ter sido escolhido. Quanto mais tempo um programa demora a iniciar, mais pulos você verá. Isso deu origem a um fenômeno divertido: a contagem desses pulos como um teste de velocidade casual de bancada para o tempo de iniciação do aplicativo. "O InDesign deu 12 pulos para abrir no Mac OS X 10.5", você poderia ler on-line, "mas apenas três pulos no 10.6".

Dica: Se você encontrar um ícone pulando um pouco no alto, experimente isto: clique em →Dock→Preferências do Dock no painel de Preferências do Dock (mostrado na Figura 4-4), desative Animar abertura de aplicativos (Animate opening applications). De agora em diante, os seus ícones não vão mais pular – em vez disso, o pequeno ponto brilhante em baixo apenas *pulsará* enquanto o aplicativo se abrir.

Arrastar e soltar

Os ícones do Dock são carregados por mola. Isto é, se você arrastar qualquer ícone para dentro do ícone do Dock e parar – ou se estiver com pressa, tocar a barra de espaço –, o ícone do Dock *se abre* para receber o arquivo arrastado.

Nota: Isto é, ele abre, *se* a funcionalidade da pasta carregada por mola está ativada em Finder→Preferências.

Essa técnica é muito útil nestas situações:

- **Você arrasta um ícone de documento para dentro de um ícone de pasta do Dock.** A janela do Finder da pasta se abre, de modo que você possa continuar a arrastar para uma subpasta.

- **Você arrasta um documento para dentro de um aplicativo.** O exemplo clássico é arrastar uma foto para dentro do ícone de iPhoto. Quando você tocar a barra de espaço, o iPhoto se abre, automaticamente. Visto que o seu botão do mouse ainda está pressionado e, tecnicamente, você ainda está no meio do arrasto, ainda é possível soltar a imagem diretamente no álbum apropriado do iPhoto ou do Evento.

Você pode arrastar um arquivo de MP3 para o iTunes ou um anexo para o Mail ou Entourage da mesma maneira.

Arquivamento

Quando você tiver tentado enfurnar algumas pastas importantes do lado direito do seu Dock, não haverá volta. Praticamente, você pode esquecer todos os truques de navegação que aprendeu no Mac OS X. As pastas com as quais se preocupa estão sempre lá, prontas para serem abertas, com um único clique.

Melhor ainda, elas estão facilmente acessíveis para *armazenar* arquivos; você pode arrastar arquivos diretamente para os ícones de pasta do Dock, como se eles fossem pastas normais.

Na verdade, é até possível arrastar um arquivo para uma *subpasta* em uma pasta do Dock. Isso porque, novamente, as pastas do Dock são de abertura automática. Quando você arrasta um ícone para dentro de uma pasta do Dock e para, a janela da pasta aparece em volta do seu cursor, assim, é possível continuar a arrastar para uma pasta interna (e mesmo uma pasta *interna* da interna, e assim por diante).

Dica: Quando você tenta arrastar alguma coisa para um ícone de pasta do Dock, os ícones do Dock saem do caminho; o Dock imagina que você está tentando colocar alguma coisa dentro dele. No entanto, se pressionar a tecla ⌘ enquanto arrasta um ícone para o Dock, os ícones existentes dentro dele congelam no lugar. Sem a tecla ⌘ você acaba brincando com um jogo frustrante de caça à pasta.

Ótimas coisas para colocar em seu Dock

Agora que você sabe para que serve o Dock, é hora de arrumar a casa. Instale os programas, pastas e discos que usará com mais frequência.

Eles podem ser o que você quiser, claro, mas não perca estas oportunidades:

- **A sua pasta Início.** Muitas pessoas arrastam imediatamente os ícones de seu disco rígido, ou talvez, mais praticamente, a sua pasta Início – para o lado direito do Dock. Agora elas têm acesso rápido a cada arquivo em cada pasta que precisarem usar.

- **A pasta Aplicativos.** Aqui não é preciso pensar: coloque a pasta Aplicativos aqui, e você terá rápido acesso do menu pop-up a qualquer programa em sua máquina.

- **A sua pasta Aplicativos.** Como um corolário mais eficiente, crie uma nova pasta por conta própria. Preencha-a com os atalhos *só* dos programas que usa com mais frequência e coloque-a no Dock. Agora você tem uma pasta Aplicativos ainda mais útil, que se abre como uma pilha.

Dica: O Mac OS X vem com programas demais para caber em uma única *pilha* de pasta. Portanto, pense em fazer várias pastas de seus programas, agrupadas por categoria: Gráficos, Internet, Diversão e assim por diante. Coloque atalhos dos programas apropriados em cada uma. Pronto: um prático inicializador categorizado baseado em pilha.

- **A pasta Compartilhado.** Se você estiver usando o recurso *contas* do Mac, você pode colocar arquivos, onde todos possam ter acesso a eles.

Dica: Normalmente, arrastar um ícone para fora do Dock o leva para fora. Mas, se pressionar ⌘ enquanto arrasta, você arrasta o verdadeiro item *representado* pelo ícone do Dock a partir de onde ele estiver em seu disco rígido! Esse truque é ótimo quando, por exemplo, você quiser enviar por correio eletrônico um documento cujo ícone está no Dock; basta ⌘-arrastá-lo para a sua mensagem de saída. (Enquanto isso, Option-⌘-arrastar cria um *atalho* do item do Dock.)

A Barra de Ferramentas do Finder

No alto de cada janela do Finder há um pequeno conjunto de ícones de função, todos em uma fileira gradiente cinza (Figura 4-7). Na primeira vez em que você rodar o Mac OS X 10.6, verá apenas esses ícones na Barra de Ferramentas:

- **Voltar (Back), Avançar (Forward).** O Finder funciona mais ou menos como um navegador Web. Apenas uma única janela permanece aberta enquanto você navega pelas diversas pastas em seu disco rígido.

  O botão Voltar (◀) o leva de volta à pasta que você estava olhando antes. (Em vez de clicar ◀ também é possível pressionar ⌘-[ou clicar em Ir→Voltar (Go→Back) – especialmente prático se a barra de ferramentas estiver *oculta*, conforme descrito a seguir.)

  O botão Avançar (▶) só ganha vida depois que você tiver usado o botão Voltar. Clicá-lo (ou pressionar ⌘-]) o leva de volta para a janela da qual acabou de voltar.

- **Controles de exibição (View controls).** Os quatro pequenos botões próximos ao botão ◀ trocam para a janela atual na exibição de ícone, lista, coluna ou Cover Flow, respectivamente. E lembre-se, se a Barra de Ferramentas estiver oculta, você pode usar os comandos equivalentes no menu Visualizar (View) do alto da tela – ou pressionando ⌘-1 para exibição de ícone, ⌘-2 para exibição de lista, ⌘-3 para exibição de coluna ou ⌘-4 para exibição de Cover Flow.

- **Visualização Rápida (👁).** O ícone de globo ocular abre a Visualização Rápida de um ícone selecionado (ou grupo deles).

- **Ação (⚙).** Você pode ler sobre esse menu pop-up no Capítulo 2 – Organizando o seu material.

- **Barra Buscar (Search Bar)**. Essa pequena caixa de texto de extremidades arredondadas é um outro ponto de entrada para o recurso Spotlight, descrito no Capítulo 3. Ela é uma maneira prática de pesquisar o seu Mac quanto a algum arquivo, pasta, disco ou programa.

Figura 4-7: *Dando ⌘-clique repetidamente na barra de ferramentas no alto à direita, você circula pelas seis combinações de ícones pequenos e grandes e rótulos de texto. (Três exemplos são mostrados aqui.)*

Dica: esse mesmo truque de ⌘-clique que circula pelas mesmas variações da barra de ferramentas em Mail, Pré-Visualização e outros programas que têm essa barra.

Removendo ou diminuindo a Barra de Ferramentas

Entre a Barra de Ferramentas, o Dock, a Barra Lateral e os grandes ícones do Mac OS X, é quase como se houvesse uma conspiração da Apple para vender telas grandes.

Felizmente, a Barra de Ferramentas não precisa contribuir com tal impressão. Você pode ocultá-la com um clique – no botão oval branco Modo Antigo do Finder. A Barra de Ferramentas também pode ser ocultada, escolhendo Visualizar→Ocultar Barra de Ferramentas (View→Hide Toolbar) ou pressionando Option-⌘-T. O mesmo toque de tecla, ou escolher Visualizar→Mostrar Barra de Ferramentas (View→Show Toolbar) a traz de volta.

No entanto, você não precisa ficar totalmente sem a Barra de Ferramentas. Se o seu consumo de espaço de tela for a sua principal preocupação, você pode preferir diminuí-la – apagar as imagens, preservando os botões de texto.

O truque é ⌘-clicar o botão Modo Antigo do Finder. Com cada clique, você faz com que a Barra de Ferramentas ocupe menos espaço vertical percorrendo as seis variações de ícones, todos reduzidos, rótulos de texto e rótulos sem quaisquer ícones (Figura 4-7).

Há também um caminho longo para ajustar os tamanhos de ícone e rótulo: clique em Visualizar→Personalizar Barra de Ferramentas (View→Customize Toolbar) (ou Option-⌘-clique no botão Modo Antigo do Finder). Como mostrado na Figura 4-8, a caixa de diálogo que aparece oferece um menu pop-up Mostrar (Show) na parte de baixo. Ele permite que você escolha botões de imagem, somente ícones ou, para maior conservação de espaço, somente texto. Os resultados podem ser vistos sem sequer fechar a caixa de diálogo.

Clique Concluído (Done) ou pressione Return para efetivar suas alterações.

Nota: No modo Somente Texto (Text Only), os quatro botões Visualizar são substituídos por um pequeno menu pop-up chamado Visualizar. Além disso, a barra de busca se transforma em um botão de uma palavra, chamado Buscar. Clicá-lo apresenta a janela Spotlight.

Como acrescentar os seus próprios ícones à Barra de Ferramentas

O Mac OS X não apenas oferece uma coleção de ícones muito bem desenhados para alternar (ou adicionar) botões de Barra de Ferramentas, mas facilita para que você acrescente *qualquer coisa* à essa barra, transformando-a em um Dock ou Barra Lateral suplementar. Essa é a ótima notícia para pessoas que sentem falta de seus ícones de pasta Iniciar e Aplicativos no *alto* da janela, como havia em versões anteriores do Mac OS X, serve também para alguém que esteja ficando sem espaço para colocar os seus ícones preferidos no Dock ou na Barra Lateral. (Claro que se *esse* for o seu problema, sugiro um monitor maior.)

A coleção de ícones da Barra de Ferramentas da Apple

Conforme observado antes, o primeiro passo para beliscar a Barra de Ferramentas é escolher Visualizar→Personalizar Barra de Ferramentas. A janela mostrada na Figura 4-8 aparece.

Dica: Existe um excelente atalho secreto para abrir a janela de Barra de Ferramentas Customizadas: Option-⌘-clique no botão de Modo Antigo do Finder que aparece no canto superior direito de cada janela do Finder.

Essa é a sua chance de reorganizar os ícones existentes na Barra de Ferramentas ou apagar aqueles que você não usa. Você também pode acrescentar qualquer um dos botões da Apple à Barra de Ferramentas, arrastando-os da "galeria" para a própria Barra de Ferramentas. Se necessário, os ícones existentes saem do caminho do seu cursor.

A maior parte das opções na galeria duplica as funções dos comandos de menu. Eis algumas que não aparecem na Barra de Ferramentas padrão:

- **Caminho (Path).** A maioria dos elementos da galeria é de botões, mas esse cria um *menu pop-up* na Barra de Ferramentas. Quando clicado, ele exibe (e permite que você navegue) a hierarquia – o *caminho* – de pastas que você abre para chegar a qualquer janela que esteja aberta. (Equivalente: ⌘-clique em um título de janela.)

Figura 4-8: *Enquanto essa janela estiver aberta, você pode acrescentar ícones à Barra de Ferramentas, arrastando-os para o lugar, a partir da galeria à sua frente. Também é possível remover ícones desta barra, arrastando-os para fora, acima ou abaixo dela. Reorganize os ícones, arrastando-os horizontalmente.*

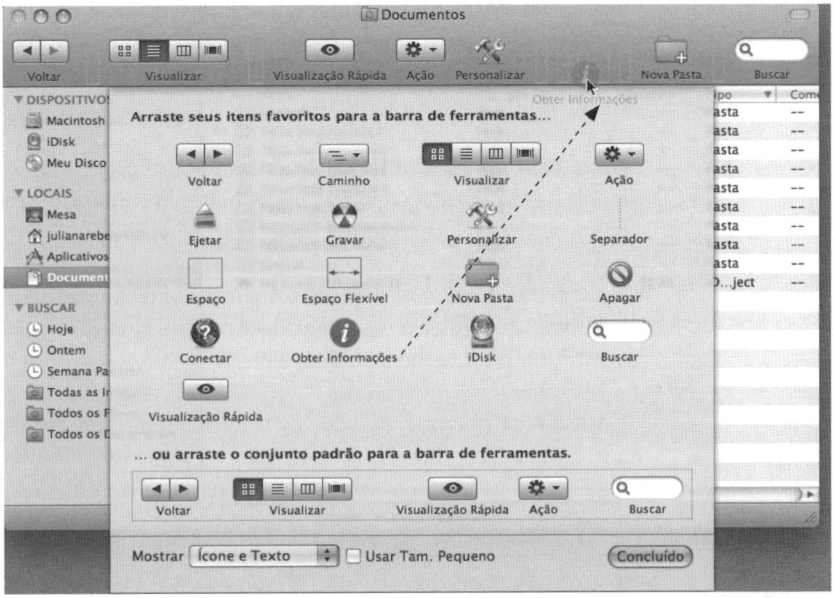

- **Ejetar (⏏).** Esse botão ejeta qualquer disco ou imagem de disco que esteja selecionada no momento. (Equivalente: o comando Arquivo→Ejetar (File→Eject), ou manter pressionada a tecla ⏏ em seu teclado.)

- **Gravar (Burn).** Esse botão grava um CD ou DVD virgem com as pastas e arquivos que você arrastou para ele. (Equivalente: o comando Arquivo→Gravar no Disco [File→Burn Disc].)

- **Personalizar (Customize).** Essa opção abre essa janela de personalização que você já está examinando. (Equivalente: o comando Visualizar→Personalizar Barra de Ferramentas [View→Customize Toolbar].)

- **Separador (Separator).** Esse ícone de galeria, na verdade, não faz nada quando você o clica. Destina-se a separar *grupos* de ícones. (Por exemplo, você poderia querer separar os seus botões *pasta,* tais como Documentos e Aplicativos, de seus botões *função,* como Apagar [Delete] e Conectar [Connect].) Arraste essa linha pontilhada entre dois ícones existentes na Barra de Ferramentas.

- **Espaço (Space).** Arrastando esse item de aparência misteriosa para Barra de Ferramentas, você adiciona um espaço entre ele e qualquer ícone que esteja à esquerda dele. O espaço tem o tamanho de um ícone. (O contorno fino, escuro e retangular que aparece quando você o arrasta, na verdade, não aparece quando você clicar Concluído.)

- **Espaço Flexível (Flexible Space).** Esse ícone também cria um espaço entre os botões da Barra de Ferramentas. No entanto, ele expande à medida que você torna a janela mais ampla. Agora você sabe como a Apple conseguiu que a caixa de busca ficasse fora e à direita da Barra de Ferramentas padrão, bem longe dos ícones amontoados à esquerda.

- **Nova Pasta (New Folder).** Clicar esse botão cria uma nova pasta em qualquer janela que você esteja vendo. (Equivalente: o comando Arquivo→Nova Pasta [File→New Folder], ou o toque de teclado Shift-⌘-N.)

- **Apagar (Delete).** Essa opção coloca o ícone do arquivo ou pasta selecionada no Lixo. (Equivalente: o comando Arquivo→Mover para o Lixo [File→Move to Trash], ou o toque de tecla ⌘-Delete.)

- **Conectar (Connect).** Se você estiver em uma rede doméstica ou no escritório, isso abre a caixa de diálogo Conectar ao Servidor (Connect to Server), para que você possa tocar em outro computador. (Equivalente: o comando Ir→Conectar ao Servidor [Go→Connect to Server] ou ⌘-K.)

Dica: Estranhamente, se você selecionar um ícone no Lixo e clicar Delete, você dispara a função Put Back – enviando o item de volta ao lugar onde ele foi excluído. Isso é, clicar Delete, nesse caso, na verdade, restaura um item.

- **Obter Informações (Get Info).** Esse botão abre a janela Obter Informações do que tiver sido selecionado.

- **iDisk.** O iDisk é o seu próprio disco rígido virtual pessoal de 5 gigabytes na Internet. Esse é o seu disco de backup privado, hospedado pela Apple, protegido contra qualquer incêndio, inundação ou gafanhotos que possam destruir o seu escritório. Claro que se você já sabe disso, está pagando US$ 100 dólares por ano pelo privilégio.

  De qualquer modo, você pode trazer o seu ícone do iDisk para a tela, basta clicar esse ícone da Barra de Ferramentas.

- **Buscar (Search).** Esse item representa a barra Buscar do Spotlight, descrita no Capítulo 3.

- **Arraste o conjunto padrão (Drag the default set).** Se você tiver feito uma bagunça com sua Barra de Ferramentas, sempre é possível restabelecer a sua configuração original Apple, arrastando essa tira retangular diretamente para cima, sobre a sua Barra de Ferramentas.

Nota: Se uma janela for estreita demais para exibir todos os ícones na Barra de Ferramentas, a extremidade direita dela apresenta um símbolo >>. Clique-o para um menu pop-up que nomeia quaisquer ícones que não se encaixem no momento. (Você encontrará esse comportamento de Barra de Ferramentas em muitos programas do Mac OS X, não apenas no Finder: iPhoto, Safari, Mail, Catálogo de Endereços e assim por diante.)

Acrescentando o seu próprio material

Milhões de fãs do Mac provavelmente arrastam-se pela vida usando a Barra de Ferramentas para conter os botões de função sugeridos pela Apple, e a Barra Lateral para conter os ícones de pastas, arquivos e programas preferidos. Eles podem nunca vir a perceber que é possível arrastar *quaisquer ícones* para a Barra de Ferramentas – arquivos, pastas, discos, programas, ou o que for – para transformá-los em botões de um clique.

Em resumo, você pode pensar na Barra de Ferramentas do Finder como um outro Dock ou Barra Lateral (Figura 4-9).

Figura 4-9: *Não é necessário escolher Visualizar→Personalizar Barra de Ferramentas para acrescentar os seus próprios ícones à Barra de Ferramentas. Basta clicá-los da Mesa ou de qualquer janela de pasta diretamente na Barra de Ferramentas, em qualquer ocasião. Pare com o seu cursor na Barra de Ferramentas por um momento, antes de liberar o ícone.*

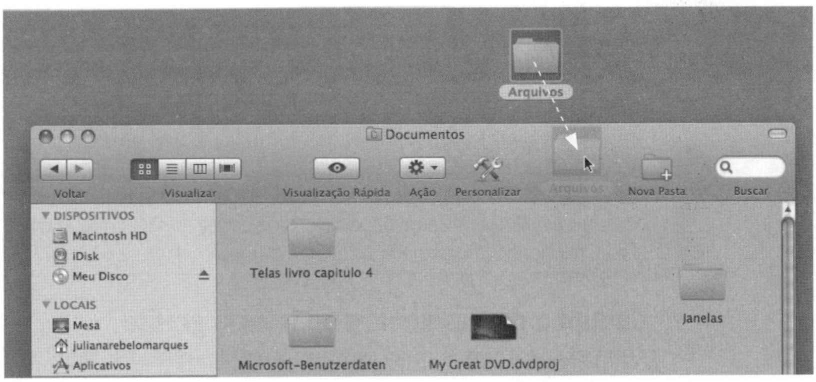

Reorganizando ou removendo ícones da Barra de Ferramentas

Você pode arrastar ícones da Barra de Ferramentas à vontade, reorganizando-os horizontalmente, pressionando ⌘ enquanto arrasta. Tirar um ícone da Barra de Ferramentas é igualmente fácil. Enquanto estiver pressionando a tecla ⌘, apenas arraste o ícone para longe da Barra de Ferramentas. Ele some com um efeito de fumaça de desenho animado. (Se a página Personalizar Barra de Ferramentas estiver aberta, você pode executar qualquer etapa *sem* a tecla ⌘.)

Você também pode se desfazer de um ícone da Barra de Ferramentas clicando-o com o botão direito e escolhendo a opção Remover item (Remove Item) do menu de atalho.

Projetando a sua Mesa

É sempre bom moldar a própria tela do computador de acordo com o seu senso pessoal de design e bom gosto.

Preferências do Sistema

Esteticamente falando, o Mac OS X oferece dois recursos dramáticos de impacto visual: plano de fundo da Mesa e protetores de tela.

O comando central dessas duas funções é o programa Preferências do Sistema (que há muito tempo os fãs de Mac e Windows podem reconhecer como o antigo Painéis de Controle [Control Panels]). Abra-o clicando o ícone Preferências do Sistema no Dock, se ele estiver lá, ou escolhendo o seu nome pelo menu .

Quando o programa Preferências do Sistema se abrir, você pode escolher uma imagem para a Mesa, ou protetor de tela, clicando o botão Mesa e Protetor de Tela (Desktop & Screen Saver). Para mais detalhes sobre esses painéis de Preferências do Sistema, veja o Capítulo 9.

Destaque do Snow Leopard: No Snow Leopard, existe uma maneira muito mais rápida para definir um arquivo de imagem como papel de parede da sua mesa: Control-clique a imagem. A partir do menu de atalho, selecione Set Desktop Picture (Definir Imagem da Mesa). Bingo!

Cantinho do designer: a aparência grafite

Uma das primeiras objeções quanto à aparência viva e bem colorida do Mac OS X veio do eleitorado básico da Apple: artistas e designers gráficos. Alguns reclamaram que os azuis claros do Mac OS X (de alças de barra de rolagem, barras de progresso, o menu , botões OK pulsantes, nomes e comandos de menu destacados), junto com os botões no canto das janelas vermelha, verde e amarela, iam contra o seu sentido de cor.

Esses recursos foram bem tonalizados desde a versão original do Mac OS X. Os efeitos pulsantes são mais sutis, os efeitos tridimensionais são menos drásticos e as cores dos botões menos intensas. Isso tudo faz parte da descoloração gradativa do Mac OS X; no Snow Leopard, tanto o menu quanto o menu Spotlight passaram de colorido para preto.

No entanto, caso eles ainda incomodem os artistas, a Apple criou o que ela chama de aparência Grafite para o Mac OS X, que torna todos esses elementos de interface cinzentos, em vez de azuis. Experimente: escolha →Preferências do Sistema; clique Aparência (Appearence) e depois escolha Grafite do menu pop-up Aparência.

Dica: O menu pop-up Cor de Destaque (Highlight Color) permite que você escolha uma tonalidade diferente de cor para o seu mundo Mac. Essa é a cor de fundo de texto selecionado, o colorido oval que aparece em volta dos nomes de ícones destacados, e um "revestimento" da janela, enquanto você arrasta um ícone para ela.

Sons da Mesa

Os *sons* da Mesa são os pequenos efeitos sonoros que acompanham determinados arrastos do mouse. E estamos falando de *pequenos* – eles são tão contidos que você pode até nem notá-los. Você ouve um pequeno *plin* ao soltar um ícone no Lixo, um *bong* ao arrastar alguma coisa para uma pasta, um *uff* ao arrastar algo para fora do Dock, e assim por diante. O pequeno *bong* ouvido ao final de um serviço de copiar arquivo, na verdade, é útil, pois ele avisa que a tarefa está concluída.

Entretanto, se toda essa barulheira estiver deixando você acordado, é bem fácil desativá-la. Abra Preferências do Sistema, clique o ícone Som (Sound) e depois, desative Reproduzir efeitos sonoros da interface de usuário (Play user interface sound effects).

E, se você resolver deixá-los ativados, por favor, tenha cautela quando estiver trabalhando em lugares que pedem silêncio.

Menulets: o manual que faltava

Está vendo os ícones da barra de menu na Figura 4-10? A Apple os chama de Menu Extras, mas os fãs do Mac na Internet os apelidaram de *menulets*. Cada um tanto é um indicador quanto um menu, que oferece acesso direto a determinadas configurações em Preferências do Sistema. Um permite que você ajuste o volume do microfone do seu Mac; um outro permite mudar a resolução de tela; outro ainda exibe a energia restante em sua bateria de laptop; e assim por diante.

Normalmente, para chamar vários menulets, você visita determinado painel de Preferências do Sistema (Capítulo 9) e ativa uma caixa de verificação chamada, por exem-

PERGUNTAS FREQUENTES

Fontes do Finder

Como eu mudo as fontes usadas pelo Finder do Mac OS X?

Nas versões anteriores do Mac OS era possível escolher qualquer fonte que gostasse para seus nomes de ícone. Podia até escolher fontes para usar em seus menus.

Atualmente, a flexibilidade se foi. Você tem a Lucida Grande para os seus menus e como rótulos de ícone – ame-a ou deixe-a. É possível mudar o tipo de tamanho em Preferências do Sistema, mas não a fonte.

Por ora, a Apple pretende se manter conservadora com a aparência do Mac OS X – tanto por motivos de "marca" (para o Mac OS X ser reconhecido instantaneamente) e por motivos técnicos (para ter certeza de que não será aberta uma infinidade de interfaces diferentes, que acabariam desestabilizando a máquina).

Mas, essa é a única intenção da Apple. Você ainda pode mexer com a aparência do Mac OS X, conforme descrito no Capítulo 17.

plo, “Mostrar volume na barra de menus” (“Show volume in menu bar”). Eis como encontrar os diversos menulets Apple que podem ser vistos, completos com instruções sobre onde localizar essa caixa de verificação mágica de ativar/desativar cada uma.

Com o tempo, você descobrirá essas funcionalidades secundárias ocultas espreitando em muitos desses menulets. Se por acaso você quiser saber o segredo: *pressione a tecla Option.*

Figura 4-10: *Esses camaradinhas são os descendentes diretos dos controles, outrora encontrados na Faixa de Controle (Control Strip) do Mac OS 9 ou no sistema Windows.*

Dica: As seguintes descrições indicam as etapas oficiais autorizadas para instalar um menulet. No entanto, há uma pasta em seu disco rígido que contém 25 outros deles em uma única janela, assim, você pode instalar um com um rápido clique-duplo. Para encontrá-los, abra a sua pasta do disco rígido→Sistema→Biblioteca→CoreServices→Menu Extras (System→Library→CoreServices→Menu Extras).

- **AirPort.** Permite que você ative ou desative sua rede WiFi (rede sem fio), acesse redes sem fio existentes e crie suas próprias redes privadas. *Para encontrar a caixa de seleção Show (Mostrar)*: acesse System Preferences→Network (Preferências do Sistema→Rede). Clique AirPort.

Dica: Assim que você instalar esse menulet, você pode Option-clicá-lo para abrir um menu secreto cheio de detalhes sobre a rede sem fio em que você está. Você poderá ver o número do canal, método de senha de segurança (WEP, WPA, Nenhum etc.), velocidade, e outros detalhes nerd como o Índice MSC e RSSI.

- **Battery (Bateria).** Exibe quanto de energia você tem na bateria do seu laptop, quanto tempo ela levará para ser carregada, se está com o cabo plugado etc. Utilizando o submenu Mostrar (Show), você pode controlar se o menulet aparece como um display de horas e minutos restantes (por exemplo, 2:13), uma porcentagem restante (43%) ou um simples ícone de bateria se esvazia conforme a carga diminui.

  Para encontrar a caixa de seleção Mostrar: acesse System Preferences→Energy Saver (Preferências do Sistema→Economizador de Energia).

Destaque do Snow Leopard: Você pode ver um novo item em cima do menulet Bateria que transmite o estado da bateria. Ele pode dizer, por exemplo, Service Battery (Reparar Bateria), Replace Now (Substituir Agora) ou Check Battery (Verificar Bateria). É claro, todos nós sabemos que as baterias de laptops não duram para sempre; elas começam a reter menos carga conforme o número de recargas chega a 500 ou 1.000, dependendo do modelo.

A Apple está de olho por você, ou apenas tentando simplificar o mercado de substituição de baterias? Você decide.

- **Bluetooth.** Conecta-se a dispositivos desse tipo, "une" seu Mac ao seu telefone celular, permite que você envie ou receba arquivos sem a necessidade de cabos (sem o incômodo de configurar uma rede sem fio), e assim por diante. *Para encontrar a caixa de seleção Mostrar:* acesse System Preferences→Bluetooth (Preferências do Sistema→Bluetooth).

Dica: Você pode Option-clicar esse menulet para verificar linhas adicionais de detalhes mais nerds sobre a configuração do Bluetooth: a versão do software do Bluetooth que você está usando e o nome do seu Mac (que é útil quando você está tentando encontrá-lo em outro dispositivo Bluetooh).

- **Relógio (Clock).** É o relógio padrão da barra de menu que se localiza no canto superior direito de sua tela, desde o Primeiro dia. Clique-o para abrir um menu onde você pode verificar a data de hoje, converter a exibição da Barra de Menu a um pequeno relógio analógico etc. *Para encontrar a caixa de seleção Mostrar:* abra Preferências do Sistema→Data e Hora (System Preferences→Date & Time). Na aba Relógio, ative Mostrar data e hora na barra de menus (Show the date and time).

Destaque do Snow Leopard: Pela primeira vez, o Mac pode exibir a data e o dia da semana na barra do menu.

- **Monitor (Displays).** Ajusta a resolução de tela. Nos Macs com um projetor ou um segundo monitor conectado, é possível ativar ou desativar a tela copiada – uma tremenda conveniência para qualquer um que faça apresentações em PowerPoint ou Keynote. Para encontrar a caixa de verificação Mostrar: abra a guia Preferências do Sistema→Monitores→Monitor (System Preferences→Displays→Display).

- ⏏ é o esquisitão: não há caixa de verificação em Preferências do Sistema para fazer esse menulet aparecer. O fato de ele existir é algo secreto.

  Para fazê-lo aparecer, abra a sua pasta Preferências do Sistema→Biblioteca→CoreServices→Menu Extras, conforme descrito antes, e clique o ícone de menu Ejetar (Eject). Aí está! O menulet ⏏ aparece.

  Você descobrirá que os dizeres mudam: "Abrir Drive Combo", "Fechar Drive DVD-ROM", "Ejetar [nome do disco]" etc. para refletir o seu tipo especial de drive e o que está nele no momento.

- **ExpressCard.** É útil somente em laptops que possuam slots de expansão ExpressCard. Seu comando Ejetar ejeta um cartão que você tenha inserido. Para torná-lo visível, abra sua pasta System→Library→CoreServices→Menu Extras (Sistema→Biblioteca→CoreServices→Menu Extras) e, então, clique duas vezes o ícone ExpressCard.menu.

- **Fax.** Exibe o *status* atual de um fax que você esteja enviando ou recebendo, de forma que você não fique no suspense. (Ele está disponível somente em Macs que possuam modems dial-up. Eles são raros atualmente, embora, obviamente, você possa comprar um modem USB externo, como os modelos pequenos e brancos da Apple, para esse propósito.) *Para encontrar a caixa de seleção Mostrar:* abra Preferências do Sistema→Impressão e Fax (System Preferences→Print&Fax).

- **HomeSync.** Só é útil se algum administrador amistoso de rede vizinha tiver configurado o *Servidor* do Mac OS X em seu escritório.

  Graças a um recurso chamado *portable Home folders* (pastas portáteis de Iniciar), você pode levar o seu laptop para a estrada e trabalhar – e depois na volta, ter as mudanças automaticamente sincronizadas para a sua máquina principal no trabalho, pela rede. Ou *não* automaticamente; esse comando do menulet Sync Home Now (Sincronizar Início Agora) realiza essa sincronização mediante solicitação.

- **iChat.** É uma maneira rápida de permitir que o mundo saiba, via iChat e Internet (Capítulo 21), que você está longe do seu teclado, ou disponível e pronto para bater papo. O comando Lista de Amigos (Buddy List), também é uma maneira rápida de abrir o próprio iChat. *Para encontrar a caixa de seleção Mostrar*: abra o iChat; ele está em sua pasta Aplicativos. Escolha iChat→Preferências→Geral (iChat→Preferences→General).

- **Ink.** Ative e desative o recurso Escrever em qualquer lugar (Write Anywhere) enquanto você usar a tábua de gráficos. *Para encontrar a caixa de seleção Mostrar:* abra o painel Ink, no Preferências do Sistema. Mesmo assim, o menulet não aparece, a menos que esteja conectado a uma tábua de gráficos.

- **irDA.** É útil somente para PowerBooks antigos que possuam transmissores infravermelhos. Trata-se de uma questão sem solução, uma vez que nenhum deles pode rodar o Snow Leopard.

- **Acesso às Chaves (Keychain).** Esse menulet não é representado por um ícone na pasta Menu Extras, mas ele ainda é útil se você usar o recurso Acesso às Chaves do Mac OS X. O menulet permite que você faça coisas como abrir o painel de Segurança (Security) de Preferências do Sistema e bloquear um Acesso às Chaves. *Para encontrar a caixa de seleção Mostrar*: abra a sua pasta Aplicativos→Utilitários. Abra o programa Acesso às Chaves e depois, abra a guia Acesso às Chaves→Preferências→Geral (Keychain Access→Preferences→General.

- **PCCard.** Ejeta um cartão PC que você tenha inserido na slot do seu laptop, se ele tiver tal slot. Para fazê-lo aparecer, abra a sua pasta Sistema→Biblioteca→CoreServices→Menu Extras e depois clique-duplo no ícone de menu PCCard.

- **PPP.** Permite que você se conecte/desconecte da Internet caso esteja com um Mac equipado com um modem dial-up. *Para encontrar a caixa de seleção Mostrar*: acesse System Preferences→Network (Preferências do Sistema→Rede). Clique Internal Modem (Modem Interno). Clique a aba Modem.

- **PPPoE (PPP pela Ethernet).** Permite que você controle certos tipos de conexões DSL. *Para encontrar a caixa de verificação Mostrar*: abra Preferências do Sistema→Rede (System Preferences→Network), escolha Ethernet embutida (Built-in Ethernet). Clique o botão da guia PPPoE.

- **Desktop Remoto (Remote Desktop).** É um programa, vendido separadamente, que permite a professores ou administradores de sistema tocar em seu Mac por meio da rede. Na verdade, eles podem ver o que está em sua tela, movimentar o cursor e assim por diante. O menulet permite que você faça coisas como ativar e desativar o controle remoto ou enviar uma mensagem ao administrador. *Para encontrar a caixa de seleção Mostrar:* abra Preferências do Sistema→Compartilhamento (System Preferences→Sharing) e depois clique Desktop Remoto Apple (Apple Remote Desktop).

- **O menu Script.** Relaciona uma variedade de roteiros úteis de AppleScript, prontos para rodar. *Para encontrar a caixa de seleção Mostrar:* Abra o programa Editor AppleScript (AppleScript Editor) (em sua pasta Applications→Utilities [Aplicativos→Utilitários]). Selecione AppleScript Editor→Preferences→General (Editor AppleScript→Preferências→Geral).

- **Spaces.** Ativa a funcionalidade de telas virtuais do Snow Leopard (chamada de Spaces e descrita no próximo capítulo). O menulet permite que você escolha qual das múltiplas telas virtuais você deseja visualizar. *Para encontrar a caixa de seleção Mostrar:* acesse System Preferences→Spaces (Preferências do Sistema→Spaces).

- **Sincronizar (Sync).** Só é útil se você tiver uma conta MobileMe – mas, nesse caso, é muito prático. Ele permite que você inicie e pare a sincronização de seus marcadores Web do Mac, calendário, livro de endereços, Keychains e correio eletrônico com um outro Mac, por meio da Internet e sempre deixa que você saiba a data de sua última sincronização. (A sincronização é descrita em mais detalhes no Capítulo 19). *Para encontrar a caixa de seleção Mostrar:* abra Preferências do Sistema→MobileMe (System Preferences→MobileMe e depois clique Sincronizar (Sync).

Dica: Se você Option-clicar esse menulet, você terá uma relação de tipos de dados – Calendário (Calendar), Catálogo de Endereços (Address Book), Favoritos, entre outros – e uma listagem de quando cada um foi sincronizado pela última vez com o MobileMe.

- **TextInput.** Facilita alternar entre diferentes *modos de entrada de texto*. Provavelmente você está mais familiarizado com o teclado normal. Mas, e se o seu idioma usar um alfabeto diferente, como russo ou milhares de caracteres, como chinês? Esse menulet chama e descarta os teclados alternativos e métodos de entrada necessários a esses outros sistemas. *Para encontrar a caixa de seleção Mostrar:* acesse System Preferences→Language & Text→Input Sources (Preferências do Sistema→Idioma e Texto→Mostrar Nome da Fonte de Entrada).

Nota: Você também usa esse menulet quanto está tentando descobrir como digitar determinado símbolo, como ¥, § ou ♥. O menulet é usado para abrir a Paleta de Caracteres e o Visor de Teclado – duas ótimas ferramentas para encontrar caracteres, que são descritas no Capítulo 9.

- **Time Machine.** Permite que você comece e pare os backups da Time Machine. Para encontrar a caixa de verificação clique em Preferências do Sistema→Time Machine.

- **Acesso Universal (Universal Access).** Oferece simples *status* de ativado/desativado para recursos que são projetados para ajudar aos deficientes visuais, auditivos e motores. O Capítulo 9 faz uma abordagem do que eles fazem. *Para encontrar a caixa de seleção Mostrar:* abra Preferências do Sistema→Acesso Universal (System Preference→Universal Access).

- **Usuário (User).** Identifica o detentor da conta (Capítulo 12) que registrou a entrada no momento. Para fazer esse menulet aparecer (em negrito, no canto extremo direito da Barra de Menu), Ative trocar de usuário rápido (fast user switching).

- **Volume.** Claro, ajusta o volume do microfone e fone de ouvido do seu Mac. *Para encontrar a caixa de seleção Mostrar:* abra Preferências do Sistema→Som (System Preferences→Sound).

- **VPN significa Rede Privada Virtual (Virtual Private Network).** Permite-lhe tocar em uma rede corporativa, para poder, por exemplo, verificar de casa o seu correio eletrônico do trabalho. É possível usar o menulet para conectar e desconectar, por exemplo. *Para encontrar a caixa de seleção Mostrar:* acesse System Preferences→Network (Preferências do Sistema→Rede). Clique o nome da sua VPN.

- **WWAN.** É útil somente se você tiver equipado seu Mac com um daqueles gloriosos *modems para celular*, vendidos pela Verizon, Sprint, AT&T ou T-Mobile. Esses pequenos bastõezinhos USB o colocam na Internet sem fio com velocidades próximas às de um modem a cabo (em grandes cidades), sem a necessidade de uma rede sem fio – por cerca de 60 dólares por mês. E esse menulet permite que você inicie e interrompa essa conexão. *Para encontrar a caixa de seleção Mostrar:* acesse System Preferences→Network (Preferências do Sistema→Rede). Clique o nome do modem para celular.

Para remover um menulet, ⌘-arraste-o para fora de sua Barra de Menu, ou desative a caixa de verificação correspondente em Preferências do Sistema. Você também pode reorganizá-los ⌘-arrastando-os horizontalmente.

Esses camaradinhas são úteis, bem apessoados e respeitam o espaço de sua tela. O mundo podia usar mais invenções como os menulets.

Parte Dois: Aplicativos no Mac OS X

2

CAPÍTULO
5

Documentos, programas e spaces

O ponto principal de se possuir um computador é, obviamente, executar *programas* – ou apps (aplicativos), como os usuários do iPhone gostam de chamá-los. Porém, se você possui uma empresa de software, a história dos apps no Mac OS X é curta e incômoda.

Quando a Apple lançou o Mac OS X em 2001, as empresas de software do mundo perderam o sono. Tratava-se de um sistema operacional *totalmente novo*, e ele exigia programas *totalmente novos*. Seria necessário que todo app fosse reescrito: Photoshop, Quicken, Microsoft Office, e outros milhares.

GANHE VELOCIDADE

Carbon, Cocoa e Classic (R.I.P.)

Existem dois tipos básicos de programas compatíveis com o Mac OS X conhecidos pelos nerds como programas *Carbon* e *Cocoa*. Esses termos referem-se às ferramentas de programação que foram usadas para criá-los, o que também causa um pequeno efeito em quão bem eles rodam no Mac OS X. A página 206 aborda-os em mais detalhes, mas este capítulo descreve como funcionam os programas Carbon e Cocoa – os programas legítimos para Mac OS X.

Até a chegada do Leopard (Mac OS X) havia uma terceira categoria de software. Macs antigos (Macs pré-Intel) também podiam rodar um sistema bem antigo, pré-2001, conhecido como Mac OS 9 e todos os seus programas. O Mac OS X vinha com um *emulador* do Mac OS 9, chamado Classic.

Ou seja, vários modelos de Macs G4 capazes de rodar o Leopard ainda podem *reiniciar* no Mac OS 9, o que é melhor do que nada.

Porém, o Classic se foi e o Snow Leopard não roda em Macs pré-Intel. O Snow Leopard é todo Mac OS X, o tempo todo, tornando a vida mais fácil para a Apple – e mais complicada para qualquer um que estava acostumado a usar alguns desses programas antigos.

Isso levou vários anos, mas finalmente eles chegaram lá; todos aqueles programas do antigo Mac OS 9 agora rodam no Mac OS X. Eles finalizaram as reescritas a tempo de ouvir a Apple fazer outro anúncio: a empresa estava trocando os chips para os Intel em todos os Macs.

Uma velocidade maior era o ponto positivo – mas somente se você rodasse os programas reescritos para o processador Intel. É isso mesmo: todos os programas da Apple do mundo teriam de ser reescritos *novamente*.

Eventualmente, a poeira baixou e o mundo perdoou a Apple por sua liderança inconstante, e o Mac OS X e seus programas finalmente alcançaram o período de estabilidade.

Pelo menos por enquanto.

Iniciando programas do Mac OS X

Você pode iniciar (abrir) um programa de qualquer uma das várias maneiras:

- Clique no ícone de um programa no Dock, na Barra Lateral ou na Barra de Ferramentas do Finder.
- Use o Spotlight. Aperte ⌘-barra de espaço, digite as primeiras letras do nome do programa e depois pressione Return.
- Duplo-clique no ícone de um aplicativo no Finder.

PERGUNTAS FREQUENTES

Como assim "Quer Continuar"?

Acabei de instalar o Snow Leopard, estou todo contente e dou duplo-clique em um documento Excel. Aí o Mac me pergunta: "Você está abrindo o Microsoft Excel pela primeira vez. Deseja continuar?" Ô, meu filho! Eu cliquei no ícone, não foi? A Apple pensa que sou algum tipo de idiota?

Não é com você que a Apple está preocupada. É com o desfile silencioso de hackers demoníacos, espreitando por aí no território da Internet, esperando pelo momento certo de derrubar o seu Mac.

Veja, autores de spyware precisam ser sorrateiros sobre como instalam suas coisas em seu PC. Claro que você não seria tão estúpido de dar duplo-clique em um aplicativo chamado Instalador de Spyware™. Assim o spyware (programa espião) o engana, rodando o seu próprio instalador. No mundo do Windows, ele captura um tipo de documento (como MP3 ou JPEG) e diz ao sistema que ele deve ser aberto pelo seu instalador. Inocentemente, você dá duplo-clique algum documento, mas um programa não previsto se abre – e você acabou de abrir a caixa de Pandora.

No Mac OS X isso não é possível. Se, ao dar duplo-clique em algum documento, você abre um programa pela primeira vez, aparece essa caixa de diálogo, apenas para que você saiba o que está para acontecer. Se o programa que estiver para ser aberto não for o esperado, você terá uma oportunidade de sair dele.

E se esse *for* o programa que esperava, clique Continuar (Continue). Você não será novamente questionado sobre essa versão desse programa em particular.

- Se você tiver adicionado a pasta Aplicativos ao seu Dock (ou, melhor ainda, uma pasta contendo atalhos apenas dos programas que você *usa*), clique no ícone do Dock para abrir o leque, grade ou lista de ícones pop-up. Depois, clique no programa desejado (ou digite as primeiras poucas letras do nome dele e pressione Return).

- Selecione um ícone de aplicativo e depois pressione ⌘-O (atalho para Arquivo→Abrir [File→Open]) ou ⌘-seta para baixo.

- Use os submenus do comando Itens Recentes→Aplicativos (Recent Items→Applications) do menu .

Nota: O Mac OS X armazena uma lista dos programas usados mais recentemente em um arquivo de texto chamado *com.apple.recentitems.plist*, localizado em sua pasta Início→Biblioteca→Preferências (Home→Library→Preferences). E com cerca de um dólar, essa informação lhe comprará uma xícara de café na maioria dos restaurantes.

- Abra um ícone de *documento* por qualquer uma dessas maneiras ou arraste um documento para o ícone de um programa que possa abri-lo (seja no Dock, na Barra de Ferramentas do Finder, na Barra Lateral ou em uma janela de pasta).

Dica: Se pressionar Option enquanto abrir um aplicativo (ou qualquer outra coisa) no Finder, automaticamente você fecha a janela que contém o seu ícone. Depois, quando voltar ao Finder, você irá encontrar uma Mesa limpa e organizada – sem janelas "vadiando".

Quando você abre um programa, o Mac lê o seu código, que fica armazenado no disco rígido e alimenta-o rapidamente na RAM (memória). Durante esse rápido intervalo, o ícone do programa que está sendo aberto pula, animado, para cima e para baixo em seu Dock.

Dica: Quer ver a *multitarefa* em ação? Abra um programa que demora para abrir – isto é, cujo ícone no Dock fique pulando muito.

Não é preciso esperar que o aplicativo termine de pular – você está perdendo tempo de computador perfeitamente utilizável. Basta trocar para um outro programa e começar a trabalhar; o programa recém-aberto continua sendo aberto ao fundo. A multitarefa significa que o Mac OS X pode lidar com mais de um processo ao mesmo tempo.

O que acontece a seguir depende do programa que você está usando. A maior parte deles apresenta um novo documento vazio, sem título. Alguns, como o iDVD, abrem automaticamente o último arquivo no qual você trabalhou. Alguns, como o FileMaker e o PowerPoint, perguntam se você deseja abrir um documento existente ou criar um novo. E alguns programas esquisitos não abrem janela alguma quando iniciados.

O menu Aplicativo

Para facilitar, o primeiro menu depois do aparece com letras em negrito e identifica o programa que você está usando. Ele pode dizer iTunes, Microsoft Word ou Lembretes (Stickies).

Esse menu Aplicativo (Figura 5-1) oferece uma série de comandos pertencentes a todo o programa e suas janelas, como Sobre (About), Encerrar (Quit) e Ocultar (Hide).

GANHE VELOCIDADE

Quando programas são pastas

Os programas do Mac OS X não parecem ter 50 mil arquivos de suporte espalhados pelo seu disco rígido. A maioria dos programas fica ali, indefesa e amedrontada, na sua pasta Aplicativos – aparentemente acompanhada por bibliotecas, dicionários, componentes de idioma estrangeiro e outros arquivos e pastas de suporte.

A pergunta é: para onde foram todos esses arquivos de suporte?

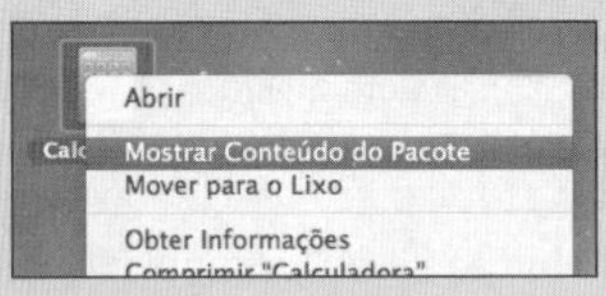

O Mac OS X traz *pacotes* ou *bundles*, que são pastas que se comportam como arquivos únicos. Cada programa do Mac OS X corretamente escrito se parece com um ícone de aplicativo, que abre com um duplo-clique. Apesar de que para o Mac, na verdade, essa é uma pasta que contém tanto o ícone real do aplicativo quanto todos os seus arquivos ocultos de suporte. (Até documentos podem ser pacotes, inclusive arquivos de projeto do iDVD, arquivos do iMovie, arquivos do Keynote e alguns documentos de Editor de Texto.)

Se você quiser comprovar isso, tente o seguinte: escolha Ir→Aplicativos (Go→Applications). Vê o programa Calculadora (Calculator)? Control-clique ou clique com o botão direito nele. A partir do menu de atalho, escolha Mostrar Conteúdo do Pacote (Show Package Contents). Você está pedindo ao Mac OS X para mostrar o que há dentro da pasta do "ícone de aplicativo" da Calculadora.

A janela do pacote Calculadora se abre, exibindo a pasta Contents (Conteúdo), que você nunca tinha visto antes. Se abrir essa pasta, você encontrará um punhado de pastas e arquivos de aspecto estranho, com nomes Unix, que estão lá em segundo plano, partes do próprio programa Calculadora.

O truque do aplicativo como pasta é conveniente, claro, pois significa que, normalmente, você pode mover o programa para uma janela diferente – ou desinstalar o programa, arrastando esse único ícone para o lixo – sem se preocupar em deixar para trás a sua comitiva de arquivos de suporte. Também é conveniente para os programadores, pois eles podem atualizar determinados aspectos de seus aplicativos, apenas substituindo um desses arquivos componentes, sem precisar reescrever todo o programa.

Você ainda pode experimentar isso programaticamente em seu benefício. No caso da Calculadora e de muitos outros programas do Mac OS X, a pasta Resources (Recursos) contém arquivos gráficos individuais – arquivos PDF ou TIFF – que servem como os elementos gráficos que você vê quando usa o programa. Por exemplo, o arquivo *lcd.tiff* na pasta Recursos da Calculadora contém a imagem da tela da calculadora (onde os números aparecem quando você pressiona os botões de número).

Usando um programa de edição de imagem, você pode mudar o fundo da tela da calculadora desse amarelo claro para, digamos, azul claro. Na próxima vez que der um duplo-clique na Calculadora – que agora você sabe que é, de fato, uma pasta ao fundo –, verá o seu design de calculadora modificado.

(P.S.: Ainda *existem* centenas ou milhares de arquivos de apoio que *não estão* embutidos no ícone dos programas. Eles estão na sua pasta Biblioteca→Suporte de Aplicativo [Library→Application Support], organizados por empresa de software.)

Figura 5-1:
O primeiro menu em cada programa permite que você saiba, com um olhar, em qual programa você realmente está. Ele também oferece todos os comandos de programa, como Encerrar (Quit) e Ocultar (Hide).

Saindo dos programas

Você sai de um programa pressionando ⌘-Q, o equivalente no teclado do comando Encerrar. No Mac OS X, o comando Encerrar fica no fundo do menu Aplicativo.

Porém, o Mac OS X oferece duas maneiras muito mais divertidas de sair de um programa:

- Control-clique (ou clique com o botão direito) um ícone de um programa no Dock para fazer o seu atalho de teclado aparecer. Então, selecione Encerrar. (Ou, se você clicar e mantiver o botão pressionado sobre o ícone do programa no Dock, um botão Encerrar aparece logo acima do cursor.)

- Quando você tiver pressionado ⌘-Tab para chamar a "barrinha" de programas abertos, digite a letra Q sem soltar a tecla ⌘. O programa selecionado some sem mais delongas.

Destaque do Snow Leopard: Você pode perceber que os programas parecem encerrar muito mais rapidamente do que de costume – a diferença é especialmente perceptível quando você está desligando o seu Mac (uma vez que encerrar os aplicativos era o que tomava o maior tempo).

Isso se deve ao fato de, para economizar tempo, o Snow Leopard não encerra os programas da forma que fazia – ele os *mata*. Primeiro ele verifica se há documentos não salvos ou configurações de preferências não gravadas, é claro. Se não há nada disso, ele utiliza o comando *Kill* em todos eles, encerrando-os instantaneamente, poupando-o em alguns segundos para cada programa. (Os programadores devem desenvolver seus aplicativos para "ouvir" esse comando, então não se preocupe – ele é totalmente seguro.)

Forçando o encerramento dos programas

O Mac OS X é um sistema operacional sólido, mas isso não significa que os *programas* nunca dão problemas. Programas específicos são os mais prováveis de congelar – ou melhor, ficarem *suspensos* (travar e exibir o cursor de espera). Em tais casos, você não tem escolha, a não ser *sair à força* do programa – o que equivale, no computador, a matá-lo a machadadas.

Fazer isso não desestabiliza o seu Mac; nem é preciso reiniciá-lo. Na verdade, normalmente você pode reabrir o mesmo programa e ir em frente.

É possível forçar uma saída de um programa bloqueado a partir de qualquer uma das seguintes maneiras:

- Clique e mantenha o botão do mouse pressionado no ícone do programa no Dock. Isso ativa a função Exposé, é claro, mas também lhe oferece o botão Encerrar logo acima do seu cursor. Pressione a tecla Option para o botão Forçar Encerrar (Force Quit) aparecer (Figura 5-2a). Clique-o.

- Control-clique (ou clique com o botão direito) o seu ícone do Dock. Quando o menu aparecer, pressione Option, para fazer o comando Encerrar se transformar em Forçar Encerrar (Figura 5-2b). Pronto – aquele programa foi embora!

- Pressione Option-⌘-Esc, o tradicional comando de teclado do Mac para forçar a saída, ou escolha →Forçar Encerrar. De qualquer modo, proceda como mostrado na Figura 5-2c:

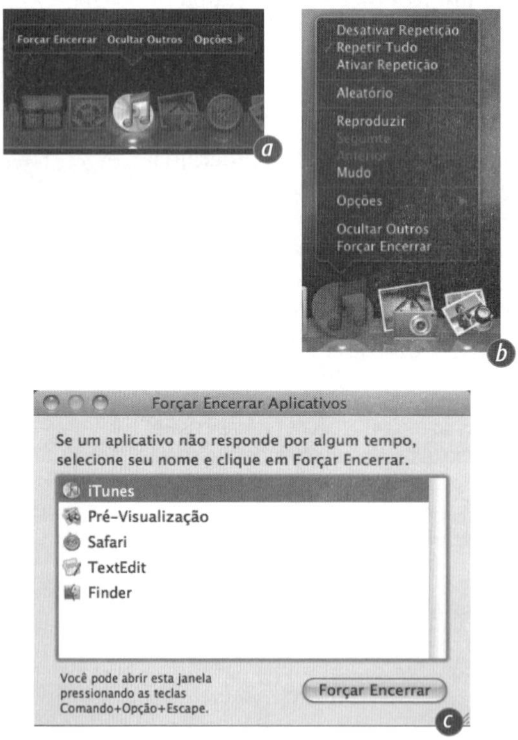

Figura 5-2:
Em cima: graças à tecla Option, você pode forçar o encerramento de um programa do Dock – tanto clicando e mantendo o mouse pressionado (à esquerda) quanto Control-clicando (à direita).

Embaixo: quando você pressiona Option-⌘-Esc ou escolhe Forçar Encerrar do menu , aparece uma caixa organizada listando todos os programas abertos. Basta clicar no que você queira abortar, clicar Forçar Encerrar e clicar novamente Forçar Encerrar na caixa de seleção. (Usando ferramentas mais técnicas, como o comando Kill do Unix, há outras maneiras de descartar programas. Mas essa é a mais conveniente.)

Novamente, a saída forçada não é tão ruim para o seu Mac. A única controvérsia de uma saída forçada de um programa é que você perde quaisquer alterações não salvas ao abrir documentos, junto com quaisquer configurações de preferência que você possa ter alterado enquanto o programa estava aberto.

O Alternador rápido de Programas

Só um programa pode estar na frente, ou ativo, de cada vez.

Para tornar um programa diferente ativo, você poderia clicar ou duplo-clicar o seu ícone (no Dock, na pasta Aplicativos ou o que for). Porém, o método mais rápido é usar o comando de teclado ⌘-Tab (Figura 5-3) – ou, se você possuir um laptop, arraste *quatro dedos* horizontalmente pelo seu trackpad.

Figura 5-3:
A Apple chama essa fileira de ícones de programas abertos de "exibição de alerta" (heads-up display) do Alternador de Aplicativos, denominação inspirada nas telas de dados projetados no para-brisa dos jatos da Marinha Americana, que permite aos pilotos evitar ter que olhar para baixo, para seus instrumentos.

Esse recurso pode ser usado de três maneiras diferentes, que são bem válidas de serem aprendidas:

- Se você mantiver a tecla ⌘ pressionada, cada pressão da tecla Tab seleciona o ícone do Dock de um outro programa, na ordem do Dock da esquerda para a direita. Solte as duas teclas quando chegar àquela que você deseja. O Mac OS X traz o programa correspondente para frente. (Para mover para trás através de programas abertos, pressione Shift-⌘-Tab.)

- Se você deixar a tecla ⌘ pressionada, é possível escolher um programa clicando o seu ícone com o mouse, ou pressionando as teclas ← ou →.

- Um toque rápido de ⌘-Tab o leva ao programa usado mais recentemente e um outro toque o leva de volta ao programa no qual você estava antes.

  Por exemplo, imagine que você está fazendo muitas trocas entre dois programas – digamos, o seu navegador Web e o seu programa de e-mail. Se tiver cinco outros programas abertos, não perderá tempo com ⌘-Tab para abrir caminho através de todos os programas abertos só para "voltar" ao seu navegador Web.

Dica: Eis um outro comando de teclado igualmente impressionante. Se pressionar ⌘-til (a tecla ~ do lado da tecla l), você trocará para a próxima *janela* no *mesmo* programa.

Exposé: o fim da confusão de janelas

Quando surgiu, o conceito de sobrepor janelas na tela era brilhante, inovador e extremamente eficiente. (A Apple pegou essa ideia emprestada – bem, na verdade ela comprou em uma troca de ações – de um laboratório de pesquisas chamado Xerox PARC.) Naquela era, antes das câmeras digitais, dos arquivos MP3 e da Internet, administrar suas janelas era assim fácil; afinal, você só tinha três delas.

No entanto, atualmente, administrar todas as janelas em todos os programas pode ser como "pôr ordem em um balaio de gatos". Você sai remexendo nos microscópicos menus pop-up de seus botões do Dock, tentando encontrar a janela desejada. E que os céus o ajudem se você precisar voltar à Mesa – para encontrar um arquivo recém-baixado, por exemplo, ou ejetar um disco. Você terá que lutar para abrir caminho através de 50 mil outras janelas para ir até o fundo da sua pilha.

O Exposé é o primeiro novo olhar para esse problema, em décadas. O conceito é delicioso: com um clique do mouse ou atalho de teclado, o Mac OS X diminui todas as janelas em todos os programas, para um tamanho que caiba na tela (Figura 5-4), como cartões em um painel de aviso. Você clica o que quer e está lá. Ele é rápido, eficiente, animado e muito divertido.

Agora, isso ficará alucinante muito rápido, então leia atentamente e mantenha seus ombros relaxados.

Na verdade, existem três modos do Exposé. Um mostra miniaturas de *todas* as janelas de *todos* os programas; outro mostra miniaturas de todas as janelas de *apenas um programa*; e o terceiro oculta *todas as janelas de todos os programas* de forma que você possa ver a Mesa.

Cada um desses modos, além disso, pode ser ativado utilizando combinações diferentes do mouse e teclado. As páginas a seguir abordarão todos eles, mas é claro que você não precisa aprender tudo. Apenas descubra o modo que seja mais conveniente para você, e faça bom uso dele.

Destaque do Snow Leopard: Antes da chegada do Snow Leopard, todas as janelas do Exposé possuíam o mesmo tamanho. As janelas maiores ficaram espremidas demais, e as menores ficavam ridiculamente grandes. Agora, suas miniaturas são dimensionadas de tal forma que representem seus tamanhos reais.

Agora as miniaturas também aparecem em uma grade mais estruturada. E elas possuem legendas! Você pode ler o nome de cada janela abaixo da imagem da miniatura.

Figura 5-4:
Em cima: responda rápido! Onde estão as Preferências do Sistema no meio de toda essa bagunça?

Embaixo: pressionando a tecla F3, você pode encontrar essa janela, encolhida, mas não sobreposta. Cada janela em miniatura oferece uma legenda que o ajuda a identificá-las. O que é especialmente bom é que esses não são instantâneos estáticos das janelas no momento em que você os expoe. Eles são janelas vivas, ainda se atualizando, como você descobrirá se uma delas contém um filme em execução no QuickTime ou uma página Web que ainda esteja sendo carregada. Se você não estiver apontando para uma janela, pressionar F3 de novo desativa o Exposé, sem mudar nada; se estiver apontando para uma janela, pressionar F3 de novo a traz para frente.

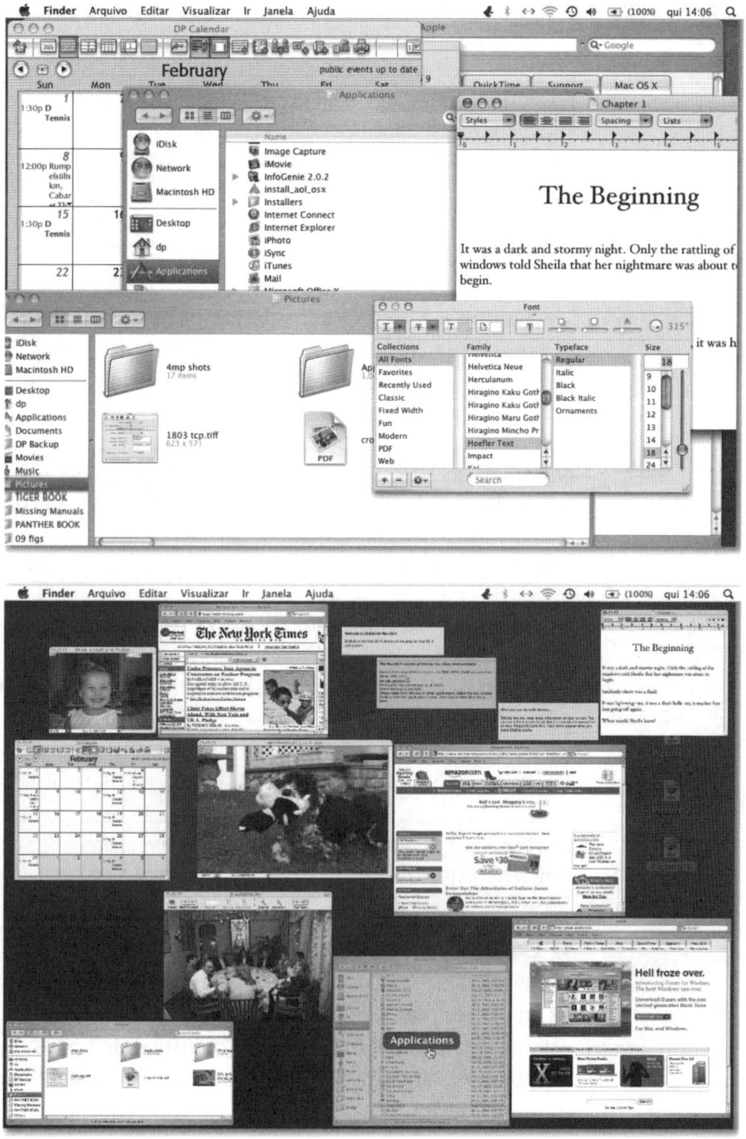

O Exposé com todos os aplicativos

O primeiro e mais famoso método do Exposé é mostrado na Figura 5-4. *Cada* janela de *cada* programa é encadeada diante de você, nada é coberto e nada é escondido. Trata-se de uma ótima maneira de se orientar rapidamente.

A seguir, as melhores maneiras de obter esse efeito:

- **Teclados atuais: Pressione F3** (⊞). Nos teclados novos do laptop e desktop da Apple – de alumínio com teclas finas e chatas –, a tecla F3 é dedicada ao Exposé. Ela é até desenhada com o logo do Exposé (⊞). Pressione essa tecla para obter o efeito do Exposé com todos os aplicativos.

Nota: Também existem outras combinações de teclas disponíveis para alternativa incorporada – mas você pode usar o painel Preferências do Sistema→Teclado→Atalhos de Teclado (System Preferences→ Keyboard→Keyboard Shortcuts) para criar qualquer atalho de teclado que você desejar.

- **Teclados de plástico: Pressione F9**. Nos teclados mais antigos, os de plástico branco ou preto, pressione F9.

- **Laptops: Mova quatro dedos para baixo no trackpad**. Isso soa meio forçado, mas é verdade. Mover quatro dedos para baixo no trackpad é a forma mais fácil e rápida de ativar o Exposé com todos os aplicativos. (Então você pode voltar ao que estava fazendo movendo os quatro dedos *para cima*.)

Nota: Laptops antigos não possuem trackpads multitoque e, portanto, não oferecem essa opção dos quatro dedos. Para descobrir se o seu está entre eles – e para se certificar que essa funcionalidade está ativada –, abra Preferências do Sistema→Trackpad. Confirme se há uma lista de gestos do lado esquerdo do painel.

Conforme você irá ler ainda nesta seção, também é possível ativar o Exposé para todos os aplicativos pressionando botões especiais em seu mouse, ou posicionando o cursor em um canto específico da tela. Mas vamos começar com os primeiros passos.

Para sair do Exposé, clique uma janela miniaturizada ou repita a ação que o ativou.

Destaque do Snow Leopard: Se você minimizou uma janela do programa, agora ela também aparece no Exposé – como miniaturas abaixo de uma fina linha horizontal. Você pode ver o efeito na Figura 5-4.

O Exposé com um aplicativo

Uma segunda função do Exposé foi projetada para apresentar miniaturas de todas as janelas *somente de um dos programas que você esteja usando* – ótimo quando você está navegando na Web ou em um editor de textos. Todas as janelas do programa se ampliam ou encolhem, conforme necessário, de forma que você possa clicar a que desejar (Figura 5-5, em cima).

A seguir, os modos definidos pela Apple para as pessoas ativarem essa opção:

- **Teclados atuais: Pressione Control-F3**. Esse é o atalho nos laptops e desktops atuais, os com teclado de alumínio.

Dica: Conforme observado na caixa a seguir, você também pode pressionar Fn-F10 ou, com algum ajuste, apenas F10.

- **Teclados de plástico:** Pressione F10.
- **Use o Exposé do Dock.** Isto é, clique o ícone do programa no Dock e mantenha o botão do mouse pressionado por meio segundo.

Essa funcionalidade, nova no Snow Leopard, possui uma vantagem principal em relação ao método do atalho de teclado: você pode ativar o Exposé para as janelas de qualquer programa, não apenas o que você estiver usando no momento.

Exposé do Desktop

O terceiro tipo do Exposé (F11 é a configuração de fábrica) pode ser o mais útil de todos. Ele envia *todas* as janelas, de *todos* os programas para se encolherem para as

HORA DA SOLUÇÃO DE PROBLEMAS

Uma observação sobre o lado entediante dos teclados de alumínio da Apple

No início, você podia ativar os três modos do Exposé descritos nestas páginas com três atalhos de teclado simples: F9, F10 e F11.

Então, chegaram os novos teclados e laptops de alumínio. Neles, a Apple dedicou a tecla F3 às funções do Exposé – e atribuiu novamente as teclas F9, F10 e F11 ao controle do volume do alto-falante!

Você *pode* fazê-las operar o Exposé como nos velhos tempos - adicionando a tecla Fn. Isto é: Fn-F9 para o Exposé com todos os aplicativos, Fn-F10 para o Exposé com um aplicativo e Fn-F11 para o Exposé do desktop.

Então, esse é o ponto: nos Macs modernos, você tem a opção das duas suítes de atalhos do Exposé: a tecla F3 (sozinha, com a tecla Control ou com a tecla ⌘) – ou a tecla Fn com F9, F10 e F11.

Na verdade, isso é um pouco mais complicado. Se você se encontrar usando o *Exposé* mais do que você utiliza os controles de volume, você pode abrir mão da necessidade de pressionar a tecla Fn. Vá até Preferências do Sistema→Teclado. Aqui você encontrará uma caixa de seleção que inverte essa lógica. Ela se chama Use todas as teclas F1, F2 etc. como teclas de função padrão (Use all F1, F2 etc. keys as standard function keys).

Se essa caixa de seleção estiver *ativada*, você pode usar as teclas F9, F10 e F11 para ativar o Exposé. Agora você precisa da tecla Fn somente quando quiser aquelas teclas para ajustar o *volume*.

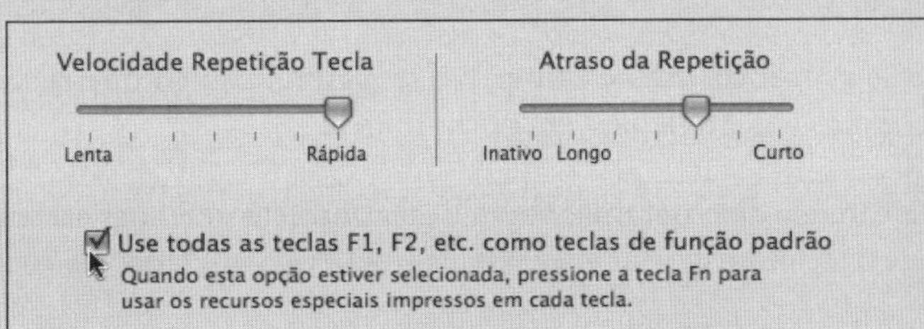

margens de sua tela, revelando a Mesa por trás, em todo o seu "esplendor espartano" (Figura 5-5, embaixo).

A seguir, o esquema dos atalhos de teclado:

- **Teclados atuais: Pressione ⌘-F3**. Esse é o atalho dos atuais teclados e laptops de alumínio.

Dica: Novamente, você também pode pressionar Fn-F11, ou (se você mesmo configurar), somente F11. Veja a caixa anterior.

- **Teclados de plástico:** Pressione F11.

As janelas voam para as margens da tela, onde permanecem – para sempre, ou até você pressionar o atalho de teclado novamente, clicar uma margem de uma janela visível, clicar duas vezes um ícone ou realizar algum outro passo de seleção de janela.

Essa é uma oportunidade espetacular para evitar dores de cabeça e discussões em situações como estas:

- Você está escrevendo uma mensagem de e-mail e deseja anexar um arquivo. Pressiona o atalho do Exposé, procura no Finder até encontrar o arquivo que pretende enviar. Começa a arrastar e, então, sem soltar o botão do mouse, pressiona o atalho do Exposé novamente para voltar à janela do e-mail. (Ou arrasta o anexo diretamente ao ícone do programa de e-mail no Dock e pausa até que a miniatura da sua janela apareça.)

  Mova o seu cursor arrastando o arquivo diretamente sobre a janela de mensagem que está para ser enviada; solte o cursor para criar um anexo. Você acabou de adicionar um anexo a partir da Mesa em um único movimento.

Dica: É possível aplicar o mesmo comando para arrastar uma imagem para algum programa de editoração, uma pasta de fotos para o iPhoto, um som ou gráfico para o iMovie e assim por diante.

- Você deseja abrir um documento diferente. Para muitas pessoas, ter acesso direto ao Finder é melhor que usar a caixa de diálogo Abrir. Dê duplo-clique no ícone desejado, abre-o automaticamente e desative o Exposé.

- Se estiver na Web e quiser ver se algum arquivo que acabou de baixar, ative o Exposé da Mesa para encontrá-lo nela.

Se a camada de programas abertos é a atmosfera, o Finder é a terra abaixo – e a habilidade de teletransportar você para lá e para cá é uma mão na roda.

Dica: É possível alternar entre os três modos de Exposé (todos os aplicativos, um aplicativo ou a mesa), mesmo depois de você ter acionado um. Por exemplo, se clicar um ícone no Dock e manter o botão do mouse pressionado para diminuir as janelas de um programa apenas, você pode pressionar ⌘-F3 para ver a Mesa e depois pressionar F3 para diminuir *todas* as janelas de programas.

Figura 5-5:
Em cima: quando você ativa o Exposé de um aplicativo, você obtém uma visão clara de qualquer janela no programa atual (Safari, neste exemplo). Nesse meio-tempo, o restante de sua tela diminui encantadoramente, como se alguém tivesse selecionado com um holofote as janelas do programa em questão. É um efeito deslumbrante.

Embaixo: ative o Exposé da mesa quando precisar voltar à Mesa para algum trabalho administrativo, como encontrar um arquivo, jogar fora alguma coisa, ejetar um disco ou o que for, sem precisar mexer nas janelas de seu aplicativo.

De qualquer modo, toque novamente a mesma tecla de função para desativar o Exposé. Ou clique a margem de uma das janelas que aparecem nos cantinhos da tela.

Seleção de dicas do Exposé

O simples fato de se ter um mundo de janelas separadas como fichas de arquivos já é mágico o suficiente. Mas essas janelas estão *vivas*. Você pode trabalhar com elas. A seguir, vamos listar cada uma das formas de se fazer isso:

- **Tab através dos aplicativos no Exposé.** Quando você iniciar o Exposé com um aplicativo, e as janelas de um programa estiverem organizadas diante de você, pressione a tecla Tab para alternar para o *próximo* programa em execução. Todas as *suas* janelas virão para a tela.

Dica: Você também pode alternar para as minijanelas de outro aplicativo clicando seu ícone no Dock.

- **Tab para sair do Exposé com todos os aplicativos.** Suponha que você tenha pressionado F3 (Exposé com todos os aplicativos), mas na verdade você queria era pressionar Control-F3 para ver apenas as janelas de *um* aplicativo. A solução é pressionar a tecla Tab, que alterna *para* o modo com um aplicativo, exibindo somente as janelas miniaturizadas de um programa. Nesse ponto, você pode pressionar Tab ou Shift-Tab para circular através dos programas abertos.

- **Entre no Exposé a partir da exibição em alerta.** Já mostramos a exibição em alerta – um alternador de aplicativos do Mac OS X, a faixa com os ícones dos "seus programas abertos" – que aparece quando você pressiona ⌘-Tab.

  O legal disso é que, uma vez que esse tipo de exibição é aberto, você pode pressionar ↑ ou ↓ para entrar no Exposé para qualquer ícone de programa que tenha sido selecionado! Então, solte as teclas e pressione Tab para circular por entre seus aplicativos abertos.

- **Mude os aplicativos abertos no Exposé utilizando a exibição em alerta.** Aqui está outra maneira de mudar os programas quando você estiver no Exposé com um aplicativo: pressione ⌘-Tab para abrir a exibição em alerta (sim, mesmo enquanto as janelas estiverem encolhidas). Circule entre os ícones dos programas (Figura 5-5) até que o que você deseja abrir esteja selecionado, e então solte as teclas. As janelas daquele programa se abrem, ainda miniaturizadas, e organizadas para o prazer da sua seleção.

- **Mantenha pressionado em vez de pressionar duas vezes.** Na maioria das vezes, você provavelmente utilizará o Exposé em duas etapas. Você pressionará o atalho do teclado uma vez para tirar a janela do caminho, e pressionará novamente para trazê-la de volta (se, na verdade, você não tiver *clicado* uma janela para fazer isso).

  Em alguns casos, porém, você pode achar mais fácil pressionar a tecla em questão. Por exemplo, pressione ⌘-F3 para ver se um arquivo foi copiado para a Mesa, então solte as teclas para trazer todas as janelas de volta. (Na verdade, você pode soltar a tecla ⌘ assim que entrar no Exposé.) Para situações em que você deseja retirar todas as janelas da sua frente de forma rápida, esse método lhe poupa o passo de ter de pressionar a tecla uma segunda vez para sair do Exposé.

- **Utilize o Dock para acionamento automático.** Esse truque é ótimo quando você deseja soltar um arquivo de um programa em uma determinada janela pertencente a outro programa.

  O exemplo mais comum: você deseja adicionar um anexo em uma mensagem de e-mail de saída. No Finder, localize o ícone do arquivo. Arraste-o diretamente para o ícone do programa no Dock – e pause com o botão do mouse ainda pressionado. Após meio segundo, o Exposé é aberto, mostrando todas as janelas abertas do programa de e-mail. Agora, continue arrastando até a janela miniaturizada da mensagem de saída de forma a selecioná-la, pressione a barra de espaço para abri-la, e solte. Pronto! O arquivo está anexado.

  Esse truque também funciona muito bem quando você deseja soltar uma foto em uma newsletter, por exemplo, ou um clipping de texto em um documento de um editor de texto.

- **Ordene as janelas.** É isso mesmo: no Snow Leopard, agora você pode *ordenar* as janelas conforme elas aparecem na tela. Pressione ⌘-1 para ordenar as janelas alfabeticamente pelo nome ou ⌘-2 para ordená-las de acordo com os programas aos quais elas pertencem.

O Exposé se encontra com o Quick Look

O problema com as janelas miniaturizadas é que, bem, elas estão miniaturizadas. Quanto mais janelas aparecem no Exposé, menores elas ficam e mais difícil fica visualizar o que há nelas.

Felizmente, seu velho amigo Quick Look está de prontidão para ajudá-lo.

Quando tiver com várias janelas encolhidas na tela (utilizando o Exposé com todos os aplicativos ou apenas um), pressione as teclas de setas para selecionar uma janela (ou aponte com o mouse, sem clicar). Você verá uma borda azul movendo de janela para janela.

Em qualquer ponto, você pode pressionar a barra de espaço para fazer aquela janela voltar ao tamanho original. Você não a ativou de fato – não pode editá-la –, mas pelo menos pode vê-la no tamanho original.

E aqui está a parte mais bacana. Quando ativar o Quick Look dessa forma, você pode pressionar as teclas de setas para trazer *outras* minijanelas para o tamanho original, sem ter que sair do Quick Look. Ou, novamente, apontar outras janelas sem clicar. Cada zoom amplia a janela para 100% do seu tamanho. (Tudo isso é mais fácil do que você imagina.)

Você pode continuar examinando suas janelas no tamanho original até encontrar a que está procurando; agora pressione Return ou Enter (ou clique a janela) para sair do Quick Look *e* do Exposé. Você acaba de abrir a janela e pode continuar o seu trabalho.

Mais acionadores para o Exposé

O Exposé é maravilhoso e tudo de bom, mas as teclas-padrão para disparar as suas três funções podem não ser o suficiente. Por um lado, elas já podem estar "tomadas" por outras funções em seus programas (como o Microsoft Word), ou até pelo seu computador. Por outro lado, essas teclas estão no alto do teclado, onde os seus dedos, digitando, não estão acostumados a ir e você pode precisar caçar, para ter certeza de estar pressionando a certa.

Felizmente, é possível designar as funções do Exposé a uma ampla gama de outras teclas, com ou sem modificadores como Shift, Control e Option. Para ver as suas opções, clique em →Preferências do Sistema e depois, clique o ícone Exposé e Spaces (Exposé & Spaces) (Figura 5-6).

Aqui, você descobrirá que pode acionar as funções do Exposé em qualquer uma de três maneiras.

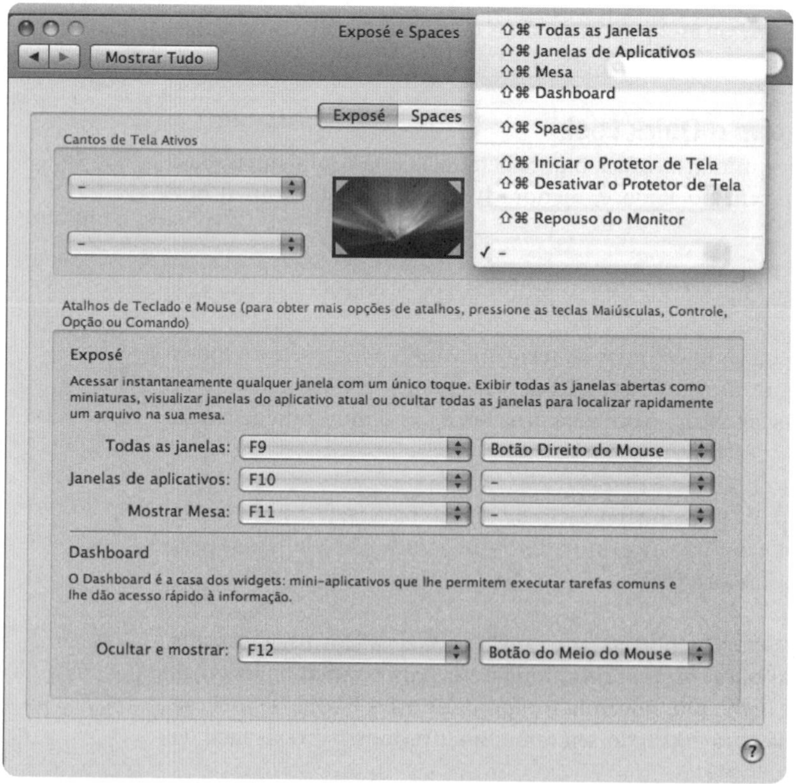

Figura 5-6:
É possível acionar o Exposé em qualquer uma das três maneiras: correndo o seu cursor até determinado canto da tela (em cima), pressionando uma tecla (embaixo, à esquerda) ou clicando os botões extras em um mouse de múltiplos botões (embaixo, à direita), inclusive no Mighty Mouse da Apple. Claro que nada o impede de configurar de todas as três maneiras, portanto, você pode pressionar em algumas situações e correr ou clicar em outras.

Cantos de tela

Os quatro menus pop-up (Figura 5-6) representam os quatros cantos de sua tela. Usando esses menus, você pode designar um acionador do Exposé para cada canto; por exemplo, se escolher Mesa (Desktop) do primeiro menu pop-up, quando o seu cursor atingir o canto superior esquerdo da tela, ocultará todas as janelas e mostrará a Mesa. (Para fazer as janelas voltarem, clique qualquer margem visível de uma janela, selecione uma miniatura de janela e pressione Return, ou alterne o cursor de volta para o mesmo canto.)

A princípio, dependendo do tamanho da sua tela, essa opção pode parecer esquisita. Mas, se você tiver ficado sem comandos de teclado que não estejam designados a outras funções, alegre-se pela Apple ter oferecido essa alternativa.

Nota: Nas versões anteriores do Mac OS X, chicotear o seu cursor para um canto era uma maneira de ativar o seu protetor de tela. A Apple não se esqueceu disso, motivo pelo qual você também encontrará comandos chamados Iniciar o Protetor de Tela (Start Screen Saver) e Desativar o Protetor de Tela (Disable Screen Saver) nos menus pop-up. A Apple quis garantir que você não fique confuso e designe duas funções diferentes ao mesmo canto.

Comandos de teclado

Da mesma forma, nas preferências do Exposé você encontrará três menus pop-up – Todas as janelas (All windows), Janelas de Aplicativo (Application Windows) e Mostrar Mesa (Show Desktop) – que correspondem às três funções do Exposé, conforme descrito antes. (O quarto menu pop-up, Dashboard, é descrito ao final deste capítulo.) Não é possível designar *qualquer* comando de tecla antigo ao Exposé, mas você tem muitas outras opções além das meras teclas F9, F10 e F11 (ou as variações no F3).

Dentro de cada menu pop-up, por exemplo, você descobrirá que todas as suas teclas F estão disponíveis como acionadores: F1, F2, F3, e assim por diante. Se, enquanto o menu pop-up estiver aberto você pressionar uma ou mais de suas teclas modificadoras (Shift, Option, Control ou ⌘), todas essas escolhas de tecla F *mudam* para refletir a tecla que você estiver pressionando; agora, o menu pop-up informa Shift-F1, Shift-F2, Shift-F3 e assim por diante. Por isso, é possível fazer *Shift-F1* acionar a função "ocultar todas as janelas", por exemplo.

Esses menus pop-up também contêm escolhas como Maiúsculas Esquerda (Left Shift), o qual se refere à tecla Shift do lado esquerdo de seu teclado. Isto é, ao invés de pressionar F9 para fazer todas as suas janelas diminuírem, basta tocar a tecla Shift.

Nota: Isso é apenas um exemplo. Repito: isso é apenas um exemplo! *De fato*, usar a tecla Shift para diminuir todas as suas janelas é uma ideia terrível, como você vai descobrir na próxima vez que tentar digitar uma letra maiúscula. Esse recurso destina-se exclusivamente a datilógrafos "cata-milho" que nunca usam a tecla Shift de um lado.

Se tiver um laptop, você também descobrirá que a tecla Fn está disponível também para o Exposé – e dessa vez, é uma *ótima* escolha, pois, caso contrário, a Fn tem muito poucos objetivos na vida.

Cliques no mouse de múltiplos botões

Se o seu mouse tem mais de um botão, você vê uma segunda coluna de menus pop-up em Preferências do Sistema. Cada menu pop-up oferece escolhas como Botão Direito do Mouse (Right Mouse Button), Botão do Meio do Mouse (Middle Mouse Button) e assim por diante. Use esses menus pop-up para definir os três modos do Exposé (ou do Dashboard) aos diversos botões em seu mouse: clicar com o botão direito para ocultar todas as janelas, com o botão esquerdo para exibir a Mesa e assim por diante.

A propósito, observe que, em um laptop, por exemplo, a expressão usada não é "botão direito do mouse" – e sim, "botão secundário do mouse". O que significa "clicar com o botão direito". Isso que dizer que, em um laptop, você pode configurar de tal forma que um *gesto do trackpad* de "clicar com o botão direito" ativa o Exposé.

Dica: Independente de como você aciona o Exposé, experimente manter pressionada a tecla Shift enquanto fizer isso. Você vai gostar de observar todas as suas janelas se movimentando com a animação em câmera lenta patenteada do Mac OS X, o que pode ser bem interessante.

Spaces: quatro monitores grátis para o seu Mac

Sem dúvida, o Exposé causa uma ótima impressão. Mas o Mac OS X oferece outro passo radical em direção ao gerenciamento de janelas que você pode até preferir. Ele se chama Spaces.

Esse recurso oferece a você dois, quatro, seis, oito ou dezesseis *monitores de tamanho normal*. É claro que normalmente, conectar tantas telas a um único computador seria uma proposta meio cara, sem falar na quantidade de espaço que sobraria na sua sala-de-estar e em seus relacionamentos pessoais.

Porém, os monitores extras que o Spaces oferece são *virtuais*. Eles só existem na cabecinha do Mac. Você só pode olhar para um de cada vez; trocando para outro com um comando de teclado, um menu ou o mouse.

Mas, só porque as telas do Spaces são simuladas não significa que não sejam úteis. É possível dedicar cada uma a um programa diferente ou *tipo* de programa. A tela 1 poderia conter as suas janelas de e-mail e de bate-papo, organizadas exatamente como você gosta. A tela 2 poderia conter o Photoshop, com um documento aberto e as paletas cuidadosamente arrumadas. Na tela 3: o seu navegador Web no modo de tela cheia.

Você também pode ter o *mesmo* programa rodando em múltiplas telas – mas diferentes documentos ou projetos abertos em cada uma.

Agora, a tela virtual não é uma ideia nova – esse tipo de software tem estado disponível por anos para Mac e Windows. No entanto, nunca foi padrão em um sitema operacional para o consumidor final e raramente ele foi executado com tanta delicadeza.

Iniciando o Spaces

Para "instalar" os seus novos monitores, clique em →Preferências do Sistema. Clique o ícone Exposé e Spaces, depois, clique a guia Spaces. Você vê algo como a Figura 5-7, em cima.

O ritual de configuração é assim:

- **Inicie o Spaces.** A caixinha Ativar Spaces (Enable Spaces) é a chave principal de ligar/desligar.

- **Adicione o menulet.** Clique em Mostrar o Spaces na barra de menus (Show Spaces in menu bar) para fazer o menu de telas virtuais aparecer na barra de menu (Figura 5-7, embaixo). Ele não apenas permite que você troque de telas, mas o numeral nele também o lembra em qual tela você *está*.

Dica: Encare essa opção, pelo menos no começo, como uma rede de segurança. Caso contrário, se você não se lembrar do comando de teclado para alternar entre telas, pode perder um de seus programas em uma outra tela e não ser capaz de encontrá-lo!

- **Adicione fileiras ou colunas.** Clique os botões + e - para adicionar fileiras ou colunas de monitores virtuais. A propósito, existe uma diferença entre fileiras e colunas. Com o tempo você aprenderá a perceber onde as suas várias Mesas estão e pegará a manha de se movimentar de uma tela para outra batendo o mouse contra a margem correspondente de sua tela *atual* – mas só se souber para onde quer ir.

- **Designe uma tela automática para cada programa.** O Spaces só começa a se tornar realmente útil quando você o torna parte de sua rotina. Com o tempo, você irá decorar onde está tudo: material Web, à esquerda no alto; e-mail, à direita no alto; Photoshop, à esquerda embaixo; Finder com pasta Aplicativos aberta, à direita embaixo.

  Se você está realmente a fim disso, use a caixa no centro do painel do Spaces para especificar para qual tela irão, *automaticamente*, determinados programas quando forem abertos. Clique o botão + para ver a sua pasta Aplicativos. Dê duplo-clique no ícone de um programa para fazê-lo aparecer na lista. Agora, use o menu pop-up na coluna Espaço (Space) para indicar em qual espaço deseja que esse programa fique, conforme mostrado na Figura 5-7, embaixo.

Dica: Também é possível escolher Todos os Spaces (All Spaces), significando que as janelas desse programa ficarão disponíveis em todas as mesas virtuais. Isso é útil se for algo que você usa constantemente, como um ticker de cotação da bolsa ou uma agenda.

  Para fazer um programa parar de abrir em determinada tela, clique no seu nome e depois, clique o botão.

- **Use comandos de teclado ou mouse.** Quando você tiver a sua imponente matriz de telas de Cineplex montada, precisará de uma maneira para se mover entre elas.

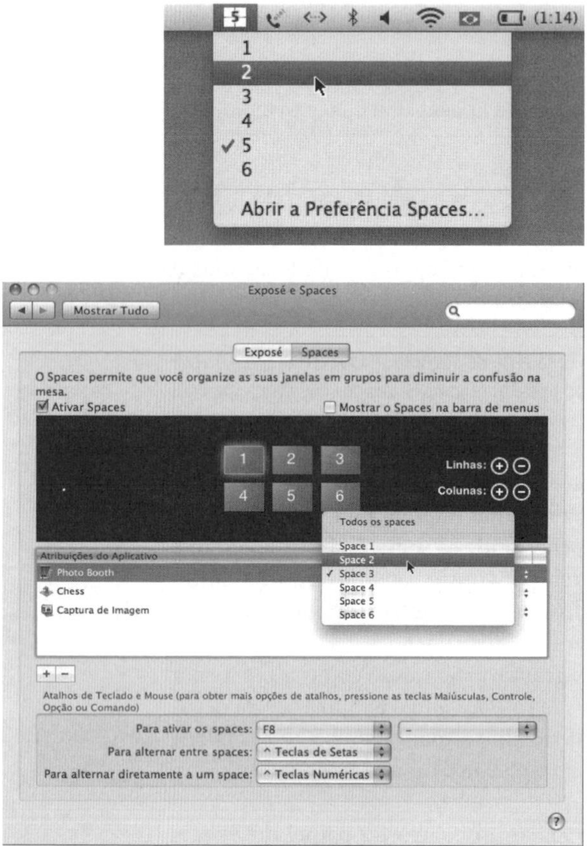

Figura 5-7:
Em cima: alterne entre suas telas virtuais utilizando o menulet do Spaces, ou pressionando um atalho de teclado.

Embaixo: use os controles superiores para especificar quantas telas virtuais deseja – quantas fileiras, quantas colunas, até 16 no total. Use a seção do meio para especificar onde quer que programas especiais apareçam (isto é, em qual tela) quando forem abertos. Use os controles inferiores para programar como deseja se mover de uma tela para outra.

O Spaces vem configurado com Control como a tecla "alternadora de telas". Por exemplo, pressione Control-↑ para mover uma tela para cima, Control-→ para mover uma tela para a direita e assim por diante. Ou, se tiver toneladas de telas, você pode pular para uma delas pelo número (conforme indicado no mapa mostrado na Figura 5-7): Control-1, Control-4, Control-9 ou o que for.

Você pode perfeitamente mudar essas designações de teclado, especialmente se já estiver usando a tecla Control em outras funções. Use a parte inferior dos dois menus pop-up.

Por exemplo, imagine que você queira trocar de telas pressionando a tecla Option ao invés de Control. Nesse caso, você deve abrir o menu pop-up Para alternar entre Spaces (To switch between Spaces), pressionar Option e escolher ⌥-teclas de seta (Arrow Keys). (Nesses menus pop-up, ⌥ representa a tecla Option, ⇧ é a tecla Shift e ^ representa Control.)

Dica: O menu pop-up embaixo da janela, "Para ativar os spaces" ("To activate Spaces"), permite que você escolha o comando de teclado que abre o mapa principal de todas as suas telas. (Veja a Figura 5-9).

Como usar o Spaces

A diversão começa quando você tiver o Spaces configurado e ativado. Inicie movendo para a tela virtual o que desejar. Eis algumas maneiras de fazer isso:

- Escolha o número de uma tela virtual do menulet Spaces, mostrado na Figura 5-7.
- Pressione a combinação Control-seta ou qualquer comando de teclado que tiver configurado, conforme descrito anteriormente. Ou mantenha pressionado Control e continue a clicar na tecla de seta para rolar através de todas as suas telas.
- Pressione a tecla Control-número para pular para uma tela sem precisar rolar.
- Use o alternador de aplicativos ou o Dock para selecionar um programa; o Spaces troca automaticamente para a tela apropriada.

Dica: Se as janelas de um programa estiverem espalhadas por telas diferentes, você pode clicar o ícone do Dock do programa repetidamente, para pular de janela para janela. (Por outro lado, o atalho de teclado de troca de janela ⌘-~ só funciona dentro de uma única tela. Ele nunca o leva de uma tela virtual para outra.)

Figura 5-8:
Esse quadro aparece momentaneamente quando você troca de telas. A seta mostra as telas sendo movidas.

É possível até se movimentar diagonalmente. Enquanto pressiona Control, pressione duas teclas de seta de uma vez em seu teclado (como ↓ e →).

Quando tiver efetuado a troca, você verá uma rápida animação de uma tela que voa para longe e outra que aparece. Você também verá o quadro mostrado na Figura 5-8, para ajudá-lo a se orientar entre a sua ampla gama de monitores virtuais.

Agora você está "dentro" da tela que deseja. Abra os programas e organize as janelas dentro delas como de costume.

Visão panorâmica

Existe ainda outro atalho de teclado para o controle das janelas: Fn-F8. Ele abre uma miniatura gigantesca (caso exista) de todo o seu universo do Spaces (Figura 5-9).

Clicar o ícone do Spaces no Dock apresenta a mesma tela.

Dica: Você pode alterar esse atalho de teclado para algo mais simples. Método 1: você pode dispensar a tecla Fn se ativar a opção Use todas as teclas F1, F2 etc. como teclas de função padrão em Preferências do Sistema→Teclado, ou utilizar um teclado ou laptop antigo de plástico. Nesses casos, basta utilizar a tecla F8.

Método 2: selecione um atalho de teclado completamente diferente nas Preferências do Sistema, conforme descrito anteriormente.

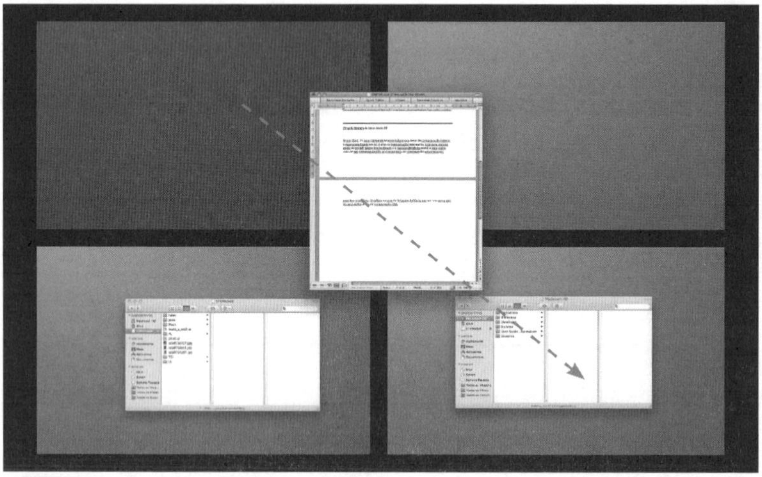

Figura 5-9:
Pressione F8 ou clique Spaces em seu Dock para abrir essa visão geral de todas as janelas, em todas as Mesas. (As janelas se atualizam em tempo real – se você estiver em um Chat ou exibindo um filme, por exemplo.) É possível arrastar janelas individuais de uma dessas janelas para outra. Você pode até usar os comandos de teclado de Exposé para tornar todas as janelas, em todas as telas, visíveis de uma vez, para facilitar a movimentação delas pelas telas.

Então, o que você pode fazer aqui?

- **Orientar-se.** Especialmente no início, é fácil ficar desorientado entre as suas telas. Você poderia jurar que tinha aberto o seu website favorito – onde diabos ele está? Pressionar F8 oferece uma leitura instantânea de onde todas as suas janelas estão no momento.

- **Trocar telas.** Clique qualquer "painel" da vista da visão panorâmica para pular para a tela. Ou basta pressionar o seu número no teclado (4 para abrir a quarta tela, por exemplo).

- **Reorganizar as telas.** Usando qualquer ponto vazio no fundo como uma alça, você pode mudar os painéis da visão panorâmica de lugar, para reorganizá-los. Se decidir que a sua tela de e-mail deveria ficar, realmente, em cima à esquerda, arraste-a para lá.

- **Movimentar as janelas.** Eis o verdadeiro poder da visão panorâmica. Conforme mostrado na Figura 5-9, é possível arrastar janelas de uma tela para outra. Você pode usar qualquer parte da janela como uma alça, não apenas a barra de títulos.

Dica: Se pressionar Shift, você move simultaneamente *todas* as janelas que pertencem ao mesmo programa.

- **Pressione um atalho de teclado do Exposé.** Você pode, na verdade, utilizar os atalhos de teclado Exposé (F3, por exemplo, nos teclados modernos) *enquanto* está na visualização em tamanho grande.

  É, isso parece uma espécie de abstração, mas é útil quando você tenta organizar as suas janelas e programas entre suas telas. Quando estiver em F8 na vista da grande imagem, por exemplo, é possível apertar F9 para ver *todas* as janelas em *todas* as telas miniaturizadas, de modo que nada fique coberto. Depois, conforme necessário, comece a arrastar as janelas para dentro das diferentes telas.

Movendo janelas entre telas

Uma maneira de mover uma janela em particular para uma tela diferente é arrastá-la na visão panorâmica, conforme mostrado na Figura 5-9.

No entanto, há duas outras formas que não exigem entrar com F8 na visão panorâmica:

- Arraste uma janela (usando a sua barra de título como uma alça) até a margem da tela. Fique lá com o botão do mouse ainda pressionado. Depois de cerca de um segundo, verá a tela adjacente deslizar na vista; você acabou de mover a janela.

- Clique em qualquer lugar dentro de uma janela e mantenha o botão do mouse pressionado. Depois, pressione o comando de teclado de sua troca de tela (Control ←, por exemplo, ou Control-3). Você acabou de mover a janela para a tela designada.

Essas são técnicas ninja que não são dominadas imediatamente. Mas, a visão panorâmica do Fn-F8 está sempre ali, caso você fique tonto.

Dica: E se você estiver usando o Spaces e quiser arrastar algo de uma tela (como uma foto do iPhoto) para uma janela que esteja em uma tela diferente (como uma mensagem para envio por e-mail)?

Pode escolher entre duas maneiras. Primeiro, você pode começar a arrastar o que for – e depois, no meio do arrasto, pressionar F8 para abrir a visão panorâmica e completar o arrasto diretamente para dentro do outro Space (e até a janela pertinente *naquele* Space).

Uma outra abordagem: comece arrastando. Com o mouse ainda clicado, pressione ⌘-Tab para abrir o aplicativo de troca. Continue a arrastar para o *ícone* do programa receptor, ainda mantendo o botão do mouse pressionado. O Mac OS X troca automaticamente para a tela virtual apropriada e depois o leva de volta para o que você estava fazendo na primeira tela.

Ocultando programas à moda antiga

Quando se trata de tirar janelas do seu caminho, nada se compara com o Exposé e o Spaces quanto à velocidade e valor de entretenimento. Quando você tiver administrado esses recursos, os rituais tradicionais de ocultar janelas parecerão charmosamente pitorescos. "Quando eu tinha a sua idade", você dirá aos seus netos, "precisava *manter pressionada a tecla Option* para ocultar janelas!"

Mas, você conhece o mantra das empresas de software: "sempre acrescentar, mas nunca tirar". Todas as antigas técnicas ainda estão por aí, em benefício dos macmaníacos que as usam por força do hábito.

Como ocultar o programa que você está usando

Quando um programa está *oculto*, todas as suas janelas, paletas de ferramentas e barras de botões desaparecem. É possível trazê-las de volta apenas clicando o programa para frente de novo (por exemplo, clicando novamente o seu ícone do Dock).

Se o seu objetivo é ocultar apenas o programa em primeiro plano, o Mac OS X oferece toda uma gama de abordagens. Muitas delas envolvem a tecla Option, como relacionado aqui:

- **Option-clique qualquer parte visível da Mesa.** O programa em que você está desaparece junto com todas as suas janelas.

- **Option-clique qualquer ícone de outro programa no Dock.** Você abre aquele programa (ou traz para frente todas as suas janelas) *e* oculta todas as janelas daquele que estava usando.

- **Option-clique qualquer parte visível de outras janelas do programa.** Novamente, é possível alternar programas, ocultando aquele que você estava usando na ocasião.

- **A partir do menu do aplicativo, escolha Ocultar iPhoto (Hide iPhoto), ou qualquer que seja o programa.** O menu do aplicativo é o menu em negrito que contém o nome do programa.

- **A partir do menu de atalho do ícone do programa no Dock, selecione Ocultar (Hide).** Você abre o menu de atalho, é claro, por meio de um Control-clique (ou clique com o botão direito). Você também pode obter um botão Ocultar se clicar e mantiver o botão do mouse pressionado no ícone no Dock por meio segundo.

- **Quando você tiver selecionado um ícone do Alternador de Aplicativos pressionando ⌘-Tab para rodar pelos programas sendo executados, pressione a letra H.** O programa se oculta instantaneamente. Deixe a tecla ⌘ pressionada o tempo todo e, depois de pressionar H, pressione novamente Tab para ir ao próximo programa. Se você liberar as teclas enquanto "parado" no programa, ele será trazido para frente ao invés de ocultado.

- **Pressione ⌘-H.** Esse pode ser o truque mais fácil e mais útil de todos (ainda que ele não funcione em todos os programas). Fazer isso oculta o programa em que você está; depois, você "cai" no próximo programa sendo executado.

Dica: Pense nessa proposta radical de economizar tempo: *nunca* feche os programas que usa com frequência. Em vez disso, basta dar ⌘-H sempre que tiver terminado de trabalhar em um programa. Assim, na próxima vez em que precisar dele, o programa inicia com zero tempo de espera.

Há um limite a esse princípio; se você tiver apenas 1 gigabyte de memória e mantiver 20 programas abertos e um deles for o Photoshop, você sofrerá com a perda de velocidade. Em situações mais moderadas, no entanto, o esquema de memória virtual do Mac OS X é tão bom que quase não há desvantagem em deixar seus programas abertos *o tempo todo*.

Para revelar um programa e suas janelas, clique novamente o seu ícone do Dock, escolha o comando Mostrar Tudo (Show All) no menu de aplicativo, ou pressione ⌘-Tab para convocar o Alternador de Aplicativos.

Dica: O Dock continua a exibir os ícones de todos os programas em execução sem qualquer indicação de que você os ocultou. Felizmente, isso é bem fácil de corrigir. Tudo o que você precisa é o programa de shareware TinkerTool. Basta clicar em uma simples caixinha para fazer programas ocultos aparecerem com ícones transparentes do Dock.

Ocultando todos os outros programas

Claro que escolher Ocultar Outros (Hide Others) a partir de menu do programa significa "ocultar as janelas de cada programa, exceto este". Ele até oculta as janelas do seu Finder, ainda que os ícones da mesa permaneçam visíveis.

Melhor ainda, há um comando de teclado para essa ação: Option-⌘-H. Esse é um pequeno passo para comandos de teclado, mas um passo gigantesco para os fãs da produtividade.

Se esse truque interessá-lo, você também poderia gostar da sua versão Pro, descrita a seguir.

O truque de trazer para frente e ocultar todos os outros

Eis uma técnica incrível que permite trazer um programa para frente (junto com todas as suas janelas abertas) e ocultar todas as outras janelas de todos os *outros* programas abertos – tudo com um clique.

Você poderia pensar nisso como o modo "Herói", ou modo "Para Frente e Avante", ou modo "Esvazie o meu Calendário".

O truque é Option-⌘-clique no ícone do programa felizardo no Dock. Enquanto ele pula para frente, todas as outras janelas em seu Mac são instantaneamente escondidas. (Claro que é possível trazê-las de volta, clicando os ícones do Dock apropriados.)

Ocultando (minimizando) janelas individuais

Há mais maneiras de administrar seu acúmulo de janelas do que apenas ocultar todos os programas. Você também pode ocultar ou exibir *janelas individuais* de um único programa. Na verdade, a Apple deve acreditar que ocultar uma janela se tornará uma de suas atividades preferidas, pois oferece pelo menos quatro maneiras de fazê-lo:

- Escolha Janela→Minimizar Janela (Window→Minimize Window), se o seu programa oferecer tal comando, ou pressione ⌘-M.

- Clique no botão minimizar na barra de título da janela.

- Duplo-clique na barra de título da janela. (Se isso não funcionar, selecione →Preferências do Sistema→Aparência [→System Preferences→Appearance]. Certifique-se de que a opção Clique duas vezes na barra de título da janela para minimizar [Double-click a window's title to minimize] esteja marcada.)

De qualquer forma, a janela afetada se encolhe até se tornar um novo ícone do lado direito do Dock. Clique aquele ícone para trazer a janela de volta.

Como os documentos reconhecem seus pais

Cada sistema operacional precisa de um mecanismo para associar documentos aos aplicativos que os criou. Quando você der duplo-clique em um ícone de documento do Microsoft Word, por exemplo, está claro que você deseja que o Microsoft Word inicie e abra o documento.

Então, como o Mac OS X sabe como encontrar a mamãe de um documento?

De fato, existem dois mecanismos diferentes.

- **Extensões de nome de arquivo.** Uma *extensão de nome de arquivo* é um sufixo após um ponto no nome do arquivo, como em *Carta para Mãe.doc*. (Geralmente, é uma extensão de três letras, mas não precisa ser.) Esta também ocupa um papel em determinar quais documentos abrir em quais programas – como o último recurso do sistema operacional.

  É assim que o Windows identifica seus documentos. Se você der duplo-clique em algo chamado *memo.doc*, ele abre no Microsoft Word. Se você der duplo-clique *memo.wri* ele abre no Microsoft Write, e assim por diante.

Nota: O Mac OS X vem configurado para ocultar a maioria das extensões de nome de arquivo, porque a Apple acha que elas fazem o sistema operacional parecer mais técnico e ameaçador. Entretanto, se você quiser vê-las, escolha Finder→Preferências→Avançado (Finder→Preferences→Advancede) ative Mostrar todas as extensões de arquivos (Show all file extensions). Agora, examine alguns de seus documentos; verá que seus nomes agora exibem os sufixos previamente ocultos.

GANHE VELOCIDADE

Camadas de janelas

O Mac OS X mostra as janelas de seus programas em camadas. Elas não estão *todas* na frente ou *todas* atrás; é totalmente possível acabar com as janelas de programas diferentes ensanduichadas em camadas, alternadamente.

Imagine, por exemplo, que você tem o Microsoft Excel na frente, mas o Word em segundo plano. Se clicar dentro de uma parte visível de uma janela de trás, você só traz aquela janela do Word para frente.

Para remediar essa situação, se ela o incomoda, há o comando Janela→Trazer Todas para Frente (Window→Bring All to Front), que aparece no Finder e em muitos outros programas. Ele traz todas as janelas de um programa para frente. (É possível fazer a mesma coisa bastando clicar o ícone do Dock do programa ou usando a exibição "de alerta" ⌘-Tab.)

Se você preferir, no Finder também é possível usar o comando Janela→Em Primeiro Plano (Window→Arrange in Front). Para exibi-lo, pressione Option enquanto você abre o menu Janela. (Que costumava informar "Trazer Todas para Frente" muda para informar "Em Primeiro Plano".) O Mac OS X responde apresentando *em cascata* todas as janelas abertas do Finder, empilhando-as diagonalmente, sobrepondo-as, de modo que apenas as suas barras de título sejam visíveis.

As janelas em camadas mostram a que vieram quando você está comparando dois documentos em dois programas diferentes, pois o liberam do amontoado de janelas de outros documentos abertos. Mas, chegará uma hora que você vai querer trazer *todas* as janelas do programa do fundo para frente. Acostume-se a clicar o seu ícone do Dock ou pressionar ⌘-Tab para selecionar o seu ícone, ao invés de clicar dentro de uma janela. Ao fazer isso, todas as janelas abertas naquele aplicativo vêm para frente, de onde quer que elas estejam.

Também é possível ocultar ou exibir esses sufixos um ícone de cada vez (ou um monte de cada vez). Basta selecionar o ícone ou ícones que deseja alterar e depois escolher Arquivo→Obter Informações (File→Get Info). Na janela Infomações resultante, proceda conforme mostrado na Figura 5-10.

- **Suas preferências.** Se você está acostumado a usar o comando Sempre Abrir com (Always Open with) para *especificar* qual programa abre o seu documento (descrito a seguir), ele será o único a fazer isso; essa preferência *sobrepõe* o sistema de extensões do nome do arquivo. O Snow Leopard memoriza esse novo emparelhamento com o banco de dados interno do Unix. (Se você é um nerd Unix, na verdade pode abrir e inspecionar esse banco de dados.)

Destaque do Snow Leopard: O Snow Leopard não reconhece mais os códigos *Type* e *Creator* invisíveis de quatro letras de quem os relacionamentos entre programa e documento dependiam desde a época do Mac OS 9. O código Creator identificava o programa; o código Type especificava o formato do arquivo do documento: GIF, JPEG, TIFF, e por aí vai. (A Apple costumava monitorar e rastrear esses códigos, em conjunto com as várias empresas de software para Mac, de forma que dois códigos de criador nunca fossem parecidos.) Aparentemente, a Apple percebeu que dois sistemas de documentos e programas já era demais.

É possível viver bem e feliz sem saber nada sobre esses sufixos e seus correlatos. De fato, a grande maioria dos macmaníacos nunca os conheceu. Porém, se você estiver a fim de um pouco de exploração técnica, vai descobrir que entender os códigos Criador/Tipo e extensões podem ser úteis na solução de problemas, para manter os seus arquivos privados e para apreciar como o Mac OS X funciona.

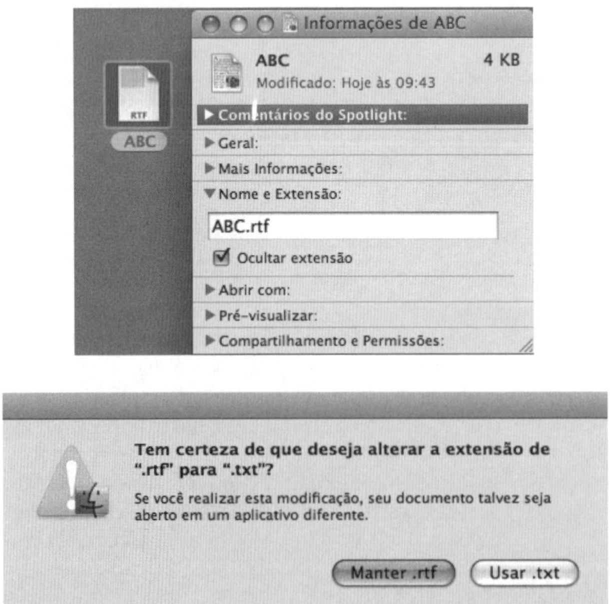

Figura 5-10:
Em cima: na janela Informações, abra o painel Nome e Extensão (Name & Extension). Agora, você pode ver como o Mac OS X realmente pensa que seu arquivo foi batizado. Ative Ocultar extensão (Hide Extension), se preferir não ver o sufixo do nome de arquivo no Finder.

Embaixo: se você mesmo tentar adicionar um sufixo, o Mac OS X reclama, informando "Ei, eu já dei uma extensão de nome de arquivo para isso, ainda que você não possa vê-la. Você tem certeza que sabe o que está fazendo?" – é possível desativar esse aviso, se quiser. Escolha o painel Finder→Preferências→Avançado. Desative Mostrar aviso antes de alterar uma extensão (Show warning before changing an extension).

Redesignando documentos a programas

Infelizmente, os códigos de Criador/Tipo não são de muita utilidade quando você encontra um documento criado por um programa que você não tem. Se alguém enviar por e-mail um arquivo MIDI (um formato de troca de arquivos de música) que exportou do programa de composição Finale, você não será capaz de abri-lo com duplo-clique, a menos que você também tenha o Finale instalado. Ainda que tenha um programa de composição diferente em seu disco rígido, um duplo-clique no arquivo MIDI não o abrirá.

Extensões de nome de arquivo também têm seus próprios problemas. As extensões de nome de arquivo são ainda menos prováveis de localizar qual programa-pai abre determinado documento. Imagine que você tenha baixado uma imagem chamada Sunset.jpg. Bem, atualmente, quase qualquer programa abre uma imagem JPEG – Photoshop, Word, Pré-visualização, Safari e outros. Como o Mac OS X sabe qual desses programas abrir quando você dá duplo-clique no arquivo?

Felizmente, *você* pode decidir. Você pode *redesignar* um documento (ou todos os documentos de sua espécie) a um programa específico. Eis os detalhes.

Redesignando determinado documento – apenas uma vez

Geralmente, dar duplo-clique em um arquivo de imagem abre-o no Pré-visualização, o visualizador de imagens incluído no Mac OS X. Quase sempre, esse é um arranjo perfeitamente bom. No entanto, o Pré-visualização tem poderes limitados de edição. Mas, e se você quer editar uma imagem mais substancialmente? Você poderia querer abri-lo, pelo menos dessa vez, em um programa diferente – por exemplo, no Photoshop Elements.

Para fazer isso, é preciso acessar o comando Abrir Com (Open With). Ele é encontrado em dois lugares:

- Selecione o ícone e, depois, escolha Arquivo→Abrir Com (File→Open With).

- Control-clique (ou clique com o botão direito) o ícone do arquivo. Ou, em uma janela do Finder, selecione o ícone e depois abra o menu Ação. No menu de atalho, escolha Abrir Com.

  Estude o menu por um momento (Figura 5-11). O programa cujo nome diz "(padrão)" (default) indica qual programa *normalmente* abre esse tipo de documento. A partir desse menu pop-up, escolha o nome do programa que *prefere* que abra esse arquivo em particular, agora, só dessa vez.

Redesignando determinado documento – permanentemente

Depois de abrir um arquivo TIFF para editar no, digamos, Photoshop Elements, na verdade você não fez nenhuma mudança na estrutura cosmogônica do seu Mac. Na próxima vez em que você der duplo-clique aquele arquivo, ele abrirá novamente no Pré-visualização.

Se você quiser que esse arquivo abra *sempre* no Photoshop Elements, as etapas são ligeiramente diferentes. De fato, há três maneiras diferentes:

- Na caixa de diálogo Escolher Aplicativo (Choose an Application), ative Sempre Abrir Com (Always Open With), mostrado na Figura 5-11.
- Inicie com uma das técnicas previamente descritas (Arquivo→Abrir Com, ou Control-clique/clique com o botão direito o ícone do arquivo e escolha Abrir Com) – e, depois de ver o menu, pressione a tecla Option. Diante de seus olhos, o comando Abrir Com muda para Sempre Abrir Com.
- Selecione o ícone e depois escolha Arquivo→Obter Informações. Abra o painel Abrir Com. Escolha o nome de um novo programa "pai" do menu pop-up. Você verá que a palavra "(padrão)" muda de posição, agora se enfiando no nome do novo programa escolhido.

Dica: É possível usar um truque semelhante para redesignar de uma vez a paternidade de todo um *bando* de arquivos selecionados. Depois de selecioná-los, mantenha a tecla Option pressionada enquanto escolhe Arquivo→Exibir Inspetor (File→Show Inspector). Na seção Abrir Com dessa janela Obter Informações especializada, escolha um novo programa a partir do menu pop-up. A mensagem no alto da janela – "22 itens", por exemplo – lembra-o de que você está mudando o lote todo ao mesmo tempo.

USUÁRIOS PROFISSAS

Como usar o Dock ou a Barra Lateral para arrastar-e-soltar

O Mac é bastante inteligente quanto ao relacionamento entre documentos e aplicativos. Se você der duplo-clique um ícone de documento do Editor de Texto, por exemplo, o Editor de Texto se abre automaticamente e exibe o documento.

Mas, às vezes, é útil abrir um documento usando um programa *diferente* daquele que o criou. Talvez, como às vezes é o caso com imagens baixadas da Internet, você *não tenha* o programa que a criou, ou não sabe qual foi usado. Essa técnica também é útil para abrir um arquivo Leio-me (Read Me) em seu processador de texto favorito, como o Word, em vez do programa normal, o Editor de Texto.

Em tais casos, o Dock é prático. Basta arrastar o misterioso documento para um dos ícones do Dock, conforme mostrado aqui. Fazer isso força o programa a abrir o documento – se ele puder. (Arrastar para o ícone de um programa na Barra Lateral de uma janela ou mesmo na Barra de Ferramentas do Finder funciona da mesma maneira.)

A propósito, em geral ficam selecionados apenas os ícones do Dock de programas que podem, de fato, abrir o arquivo que você está arrastando. Os outros apenas se encolhem, indiferentemente, ou mesmo se afastam para o lado, pensando que você está arrastando o arquivo *para* o Dock.

Pressionar Option-⌘ enquanto arrasta força os ícones do Dock a serem mais tolerantes. Agora, *todos* eles se iluminam quando o seu documento os toca, indicando que eles tentarão abrir o seu arquivo. Ainda assim, uma mensagem de erro informando que "não pôde ser aberto" pode aparecer. Como dizem, às vezes o que uma lata realmente precisa é de um abridor de latas.

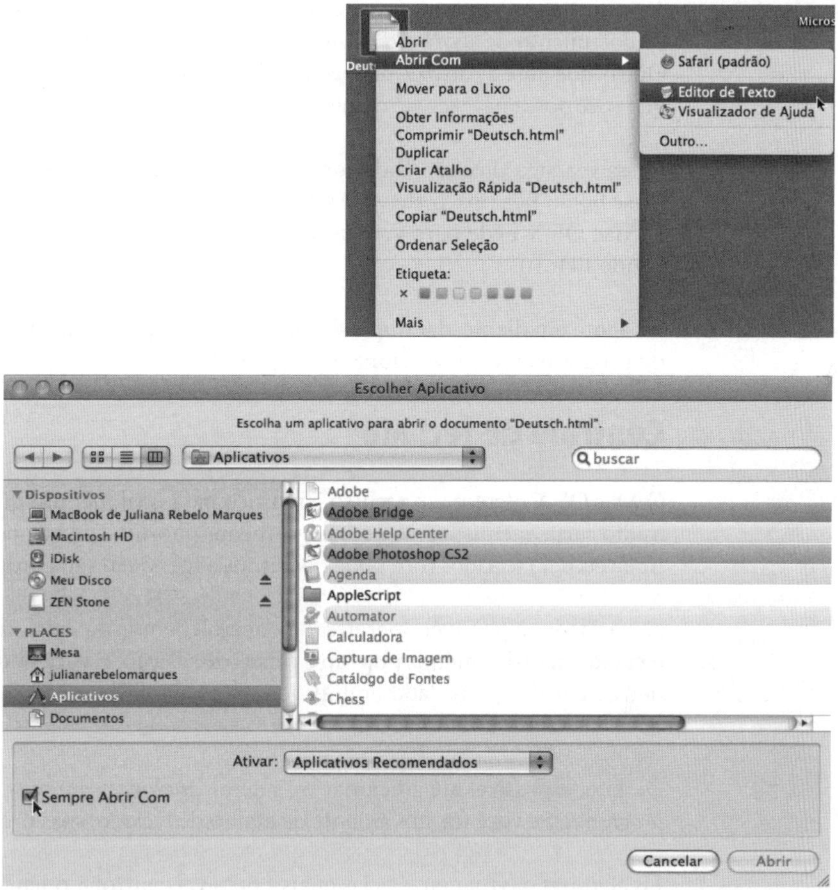

Figura 5-11: *Em cima: o menu de atalho oferece uma lista de programas capazes de abrir um ícone. Se você pressionar a tecla Option agora, as palavras Abrir Com mudarão para Sempre Abrir Com.*

Embaixo: se escolher Outro (Other), você é solicitado a escolher um programa diferente. Ative Sempre Abrir Com se quiser sempre que esse documento abra no novo programa-pai. Senão, essa é uma redesignação apenas de uma vez.

Redesignando todos os documentos de um tipo

Até aqui ensinamos como redesignar um documento (ou grupo de documentos) de uma vez. E se você estivesse escrevendo, digamos, um livro sobre o Mac OS X e estivesse fazendo muitas fotos de tela? O Mac OS X salva cada ilustração de tela capturada como um arquivo de imagem no formato PNG. Isso é bom, exceto que, cada vez que você dá duplo-clique em um desses, ele se abre no Pré-visualização, onde não é possível tirar fora detalhes indesejados.

Você poderia redesignar todos esses arquivos, um de cada vez, para um programa diferente, mas os seus netos já teriam netos quando você acabasse. Nesse caso, você quer dizer ao Mac OS X "Por favor, faça *todos* os arquivos PNG abrirem no Photoshop de agora em diante!"

Para fazer isso acontecer, comece selecionando *qualquer* arquivo PNG. Clique em Arquivo→Obter informação. (Nesse caso, os menus de atalho não ajudam muito.) Abra o painel Abrir Com.

A partir de seu menu pop-up, escolha o programa em que você deseja abrir esse tipo de documento de agora em diante. (Se o preferido não estiver relacionado, use a opção Outro, que abre a caixa de diálogo Escolher Aplicativo [Chooser Application], de modo que você possa navegar até o que deseja. Encontre e dê duplo-clique no programa.)

Dessa vez, siga clicando Todos os Aplicativos (Change All) embaixo do menu pop-up. (Esse botão fica opaco até você selecionar um programa diferente no menu pop-up.) O Mac OS X pede para você confirmar clicando Continuar (Continue) ou pressionando Return.

De agora em diante, dar duplo-clique qualquer tipo semelhante de documento abre-o no programa recém-selecionado.

Controle de teclado

O Mac OS X oferece um recurso fantástico para qualquer um que acredita que a vida é muito curta: menus, caixas de diálogo, menus pop-up e até menus pop-up do Dock controláveis pelo teclado. Você pode operar cada menu em cada programa sem o mouse.

Na verdade, é possível operar cada controle, em cada caixa de diálogo, a partir do teclado, inclusive menus pop-up e caixas de seleção. E você pode até redefinir muitos dos comandos de teclado embutidos no Mac OS X, como Shift-⌘-3 para capturar uma tela como uma imagem.

De fato, é possível até adicionar ou alterar *qualquer comando de menu em qualquer programa*. Se você for um amante de atalho de teclado, suas preces foram atendidas.

Eis algumas das maneiras pelas quais é possível controlar o seu Mac com o mouse. Nas seguintes descrições, você encontrará configurações de fábrica para os comandos de teclado que fazem a mágica – no entanto, como verá em breve, é possível mudar essas combinações de tecla para o que quiser. (A aba Preferências do Sistema→Teclado→Atalhos de Teclado [System Preferences→Keyboard→Keyboard Shortcuts] contém a opção para ativar e desativar essas funcionalidades.)

Nota: Atualmente, com os teclados de alumínio, os atalhos de teclado descritos a seguir podem não funcionar, a menos que você também pressione tecla Fn simultaneamente.

Se isso parece trabalho *demais*, você pode eliminar a exigência pela tecla Fn marcando a opção Use todas as teclas F1, F2 etc. como teclas de função padrão – ou selecionando um atalho de teclado diferente.

Controle de menus

Quando você pressiona Control-F2, o menu é selecionado. Nesse ponto, é possível "caminhar" para outro menu, pressionando as teclas ← ou → (ou Tab e Shift-Tab). Ao chegar ao menu desejado, abra-o pressionando ↓, Space ou Return.

Desça pelos comandos no menu, pressionando ↑ ou ↓, ou pule diretamente para um comando no menu, digitando as duas primeiras letras de seu nome. Finalmente, "clique" em um comando de menu, pressionando Return ou a barra de espaço.

Também é possível escolher o menu sem fazer uma seleção, pressionando Esc ou ⌘-ponto.

Controle o Dock

Quando você tiver pressionado Control-F3, pode selecionar *qualquer* ícone no Dock, pressionando as teclas de seta apropriadas (ou, novamente, Tab e Shift-Tab).

Depois, quando tiver selecionado um ícone do Dock, você o "clica", pressionando Return ou a barra de espaço. De novo, se você mudar de ideia, pressione Esc ou ⌘-ponto.

Dica: Quando você tiver selecionado um ícone de disco ou pasta, pode pressionar as teclas ↑ ou ↓ para fazer esse atalho de menu aparecer. (Se tiver posicionado o Dock verticalmente, então use a seta para esquerda ou para direita.)

Circule pelas suas janelas

Sempre que pressionar Control-F4, você traz para frente a próxima janela, consequentemente circulando por cada *janela em todos os programas abertos.* Adicione a tecla Shift para circular por elas na ordem oposta.

Você pode se lembrar que o Mac OS X oferece um comando de teclado diferente para circular através de diferentes janelas em seu programa *atual* (é o ⌘-~, o símbolo do "til" no canto superior esquerdo de seu teclado). Control-F4, por outro lado, o leva a um passeio por todas as janelas em *todos* os programas. Ambos os comandos de teclado são úteis em diferentes situações.

Controle a Barra de Ferramentas

Esse é meio imprevisível, porém funciona mais ou menos na maioria dos programas que exibe uma Barra de Ferramentas do estilo Mac OS X: o Finder, Preferências do Sistema e outros.

Quando você pressiona Control-F5, você seleciona o primeiro botão naquela Barra de Ferramentas. Mova o "foco", pressionando as teclas de seta ou Tab e Shift-Tab. Depois, tecle Return ou a barra de espaço para "clicar" o botão selecionado.

Controle a paleta de ferramentas

Em alguns programas que possuem paletas de ferramentas flutuantes, você pode selecionar a paleta mais à frente pressionando Control-F6. Nesse ponto, use as teclas de seta para selecionar os diversos botões da paleta. É possível ver o efeito quando, por exemplo, você estiver editando texto no Editor de Texto e tiver aberto a paleta Fontes. Pressionar Control-F6 seleciona a paleta Fontes, tirando o "foco" de seu documento.

Controle dos menulets

Essa é uma joia do Snow Leopard que você pode não ter ouvido falar: agora você também pode operar os menulets – aqueles indicadores de *status* da barra de menu do controle de volume, rede wireless, entre outros – a partir do teclado.

Dessa vez, o truque é pressionar Control-F8. Esse atalho seleciona o primeiro menulet à esquerda. Agora você pode usar as teclas ← e → para se mover pela barra de menu; quando você selecionar o que deseja, pressione Return ou a barra de espaço para "clicar" o menu e abri-lo.

Controle as caixas de diálogo

Também é possível navegar e manipular qualquer *caixa de diálogo* a partir do teclado.

Vê a caixa de diálogo mostrada na Figura 5-13? Se você ativar Todos os controles (All controls) embaixo e pressionar a tecla Tab, selecionará o próximo controle de qualquer tipo, qualquer que seja ele – botão radial, menu pop-up e assim por diante. Pressione a barra de espaço para "clicar" um botão ou abrir um menu pop-up. Quando o menu estiver aberto, use as teclas de seta (ou digite as teclas de letra) para selecionar comandos nele, e a barra de espaço para "clicar" a sua escolha.

Dica: Pressione Control-teclas de seta para "clicar" as diferentes abas de uma caixa de diálogo.

Alteração de um atalho de teclado de menu

Imagine que você adora o iPhoto (e quem não adora?). Mas uma coisa o deixa louco: o comando Reverter ao Original (Revert to Original), que descarta todas as mudanças que você fez desde que tirou a foto, não tem equivalente no teclado. Você precisa ir laboriosamente até a barra de menu cada vez que precisa desse comando.

Por isso é que o Mac OS X permite que você acrescente atalhos de teclado aos comandos de menu que não os tem – ou mude o comando em programas cujas designações de tecla quebram a tradução. (Funciona em qualquer programa que use o menu padrão do Mac OS X, o que exclui o Microsoft Word e outros programas Office.) Eis a rotina:

1. Selecione →Preferências do Sistema→Teclado. Clique a aba Atalhos de Teclado.

Você é apresentado a uma lista de todas as atribuições de teclado incorporadas do Mac OS X.

2. Clique o botão + bem abaixo da lista.

Aparece a caixa de diálogo mostrada na Figura 5-12.

Figura 5-12:
Se você escolher Todos os Aplicativos do alto do menu pop-up, é possível mudar o comando de teclado para outro comando, onde quer que ele apareça. Por exemplo, você poderia mudar o comando de teclado de Configurar Página (Page Setup) em todos os programas de uma vez. (Cuidado com os pequenos triângulos amarelos; eles aparecem para lhe avisar se há um conflito entre o atalho escolhido e outro já existente no Mac OS X.)

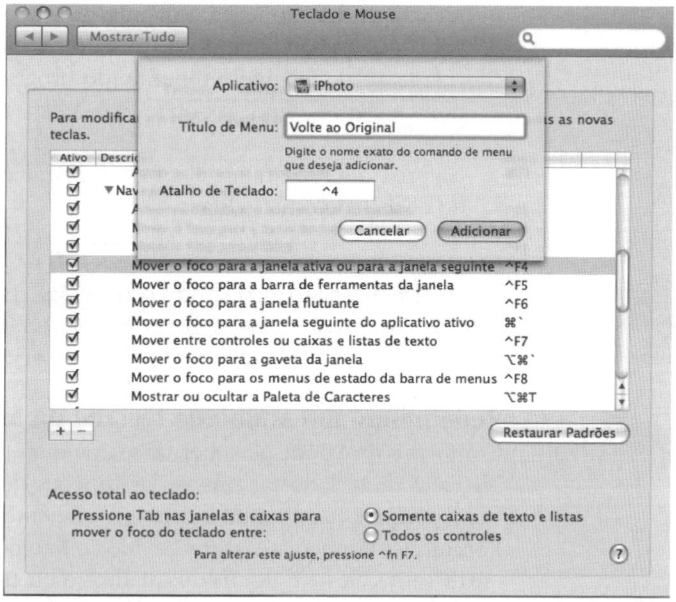

3. Indique qual programa precisa de modificação de comportamento.

Neste exemplo, você escolheria iPhoto do menu pop-up Aplicativo. (Se o nome do programa não aparecer no menu pop-up, escolha Outro; navegue até o programa desejado e dê duplo-clique nele.)

4. Digite cuidadosamente o nome do comando de menu cujo atalho de teclado você deseja mudar ou acrescentar.

Digite-o *exatamente* como ele aparece no menu, completo, com maiúsculas e com as pequenas elipses (...) que podem segui-lo. (Você faz o caractere elipse pressionando Option-ponto-e-vírgula.)

5. Clique na caixa Atalho de Teclado. Pressione a tecla combinada nova ou revisada que você deseja.

Por exemplo, pressione Control-R para o comando Revert to Original do iPhoto. Você verá a notação do Mac de seu comando de teclado aparecer na caixa Atalho de Teclado – a menos, é claro, que a combinação selecionada já esteja em uso dentro daquele programa. Nesse caso, você só ouve um som de erro que significa "Tente novamente" (Try again).

6. Clique Adicionar (Add).

A caixa de diálogo fecha. Rolando para baixo em sua lista de Atalhos de Teclado, você verá que o comando de teclado selecionado agora foi escrito para a posteridade, sob o triângulo refletido do programa. (Para se livrar dele, clique o seu nome e depois clique o botão - sob a lista.)

Na próxima vez em que abrir o programa editado, você verá que o novo comando de teclado está no lugar.

Dica: Para excluir ou alterar um dos seus atalhos de teclado customizados, vá até Preferências do Sistema→Teclado→Atalhos de Teclado. Clique em Atalhos de Aplicativos (Applications Shortcuts) na lista à esquerda. Clique o comando que você deseja editar. Pressione Apagar (Delete) para se livrar dele; ou, para experimentar uma nova combinação, clique onde o atalho de teclado atual aparece e pressione um novo.

Redefinindo um atalho de teclado do Snow Leopard

Conforme você pôde perceber, da forma mais complicada, existem *centenas* de combinações de teclado para as várias funções de configurações do Mac OS X. Isso é bom, porque os atalhos de teclado são eficientes e mais rápidos do que usar o mouse. Porém, eles também são ruins devido ao fato de ser *praticamente impossível* lembrar-se de todos eles – e alguns dos atalhos mais úteis são tão absurdos que você nunca irá decorá-los.

O Snow Leopard vem com uma centro de atalhos de teclado completamente reformulado, conforme mostrado na Figura 5-13. Nele, você pode observar todas as funções de teclado ocultas mais comuns do Mac OS X – do Exposé, Spotlight, Spaces, Dashboard, Dock e muitos outros – e *alterá-los.*

Veja como fazer:

1. Selecione →Preferências do Sistema→Teclado. Clique a aba Atalhos de Teclado.

Você é levado à caixa de diálogo mostrada na Figura 5-13.

2. Na lista à esquerda, clique a categoria ou função desejada.

Suas escolhas podem incluir Dashboard e Dock (Dashboard & Dock), Exposé e Spaces (Exposé & Spaces), Front Row, Teclado e Texto (Keyboard & Text Input), entre outros. Quando você clica o nome de uma categoria, são exibidos os atalhos de teclado disponíveis.

Dica: Você não tem de se contentar apenas em *alterar* um desses atalhos de teclado. Você também pode *desativá-los* clicando a caixa de seleção correspondente. Isso é ótimo se um dos atalhos predefinidos da Apple – de uma função que você nunca usa – estiver interferindo em um programa que você sempre utilize.

Figura 5-13:
O novo centro de atalhos de teclado do Snow Leopard permite que você redefina as combinações de teclas que ativam muitas funcionalidades básicas do Mac OS X, comandos de menus em seu programas, e softwares que você mesmo criou no Automator (Capítulo 7).

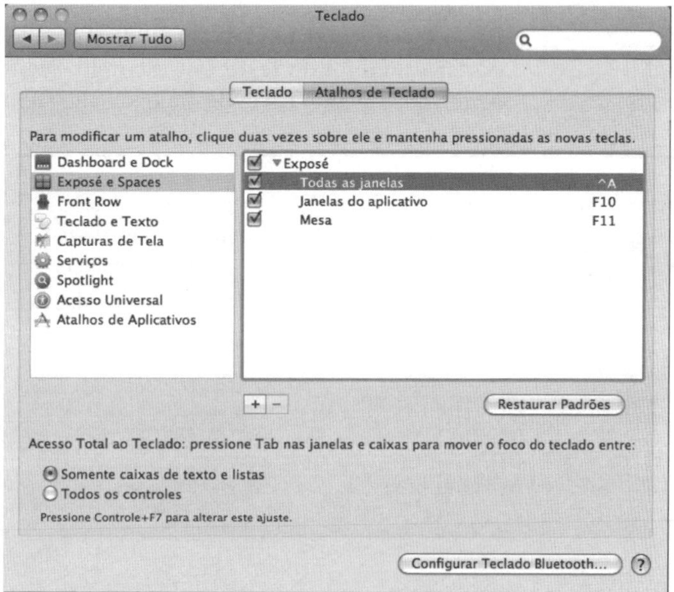

3. Clique o comando que você deseja modificar. Então, clique a nova combinação do teclado.

Suponha, por exemplo, que você quisesse que o atalho do Exposé com todos os aplicativos fosse algo mais fácil de lembrar, como Control-A. Então, no passo 2, você clicaria Exposé e Spaces. Nesse passo, você clicaria Todas as janelas (All Windows), conforme mostrado na Figura 5-13. Então, você clicaria onde atualmente ele mostra F9.

4. Pressione a nova combinação de teclas.

Neste exemplo, você pressionaria Control-A.

No entanto, tome cuidado. Os atalhos de teclado do Mac OS X têm preferência sobre *todos os outros*. Então, se você selecionar um atalho como ⌘-P para alguma função, bem, você não poderá mais usar o ⌘-P para imprimir nada em seus programas. Pense bem antes de atribuir um atalho. Faça alguns testes sucessivos.

As caixas de diálogo Salvar e Abrir

Quando você escolhe Arquivo→Salvar (File→Save), você é questionado sobre o local em seu disco rígido em que deseja armazenar o novo documento. A caixa de diálogo resultante é uma miniatura do Finder. Tudo que você aprendeu trabalhando na Mesa pode ser empregado aqui.

Para experimentar, abra qualquer programa que tenha um comando Salvar ou Exportar – o Editor de Texto, por exemplo. Digite um par de palavras e depois escolha Arquivo→Salvar. A caixa de diálogo Salvar aparece (Figura 5-14).

Figura 5-14:
Em cima: a caixa de diálogo Salvar aparece com frequência em sua forma compacta.

À direita (detalhe): se você abrir o menu pop-up Onde (Where), descobrirá que o Mac OS X relaciona todos os lugares que ele acha que você poderia querer salvar o seu novo documento: no disco rígido ou iDisk, em uma pasta que você colocou em sua Barra Lateral ou em uma pasta que você abriu recentemente.

Embaixo: se você quiser escolher uma pasta diferente ou criar uma nova pasta, clique o botão ▼ mostrado acima, para expandir a caixa de diálogo. Aqui, você vê o equivalente do Finder – com uma escolha de exibição de ícone, lista ou coluna. Até a Barra Lateral está aqui, completa, com acesso a outros discos na rede.

Dica: No Mac OS X, um olhar rápido no botão Fechar (Close), no canto superior esquerdo de uma janela de documento, informa se ele está salvo ou não. Quando aparece um pequeno ponto no botão vermelho, significa que você fez mudanças no documento que ainda não foram salvas. (É hora de pressionar ⌘-S!) O ponto desaparece assim que você salva o seu trabalho.

Folhas

Nos sistemas operacionais passados, a caixa de diálogo Salvar parecia um centro morto na tela, onde ela comandava toda a sua operação. Além do mais, porque ela parecia presa à sua tela ao invés de a um *documento* em especial, na verdade, você não podia dizer qual documento você estava salvando – um verdadeiro problema quando você desistia de um programa que tinha três documentos não salvos abertos.

Superdica: Mesmo na caixa de diálogo Salvar ou Abrir (Open), você pode selecionar um ícone (ou vários) e depois pressionar ⌘-I. Você volta para o Finder, onde a caixa Obter Informações está esperando com data, tamanho e outros detalhes sobre os ícones selecionados.

Na maioria dos programas do Mac OS X, não há mistério em relação a qual documento você está salvando, pois uma pequena caixa de diálogo Salvar desliza diretamente para fora da barra de título do documento.

Melhor ainda, essa pequena caixa Salvar é como um Post-It anexado ao documento. Ela fica lá, bem anexada e aguardando, mesmo se você trocar para um outro programa, um outro documento, a Mesa ou qualquer outra coisa. Quando finalmente você voltar ao documento, a caixa Salvar ainda estará lá, esperando você digitar um nome de arquivo e salvar o documento.

Dica: Na maioria dos programas, você pode aumentar a caixa de diálogo Salvar ou Abrir, bastando arrastar o canto inferior direito. Você também pode ajustar a largura da Barra Lateral arrastando sua margem direita.

O miniFinder

Claro que *você*, leitor sensato, provavelmente nunca salvou um documento em alguma pasta profundamente aninhada por engano, para nunca mais vê-lo. Porém, milhões de novatos (e até alguns especialistas) já caíram nessa armadilha.

Quando a caixa Salvar aparece, um menu pop-up mostra precisamente onde o Mac OS X propõe colocar o seu recém-criado documento: geralmente na pasta Documentos (Documents) de sua pasta Início (Home). Para muitas pessoas, essa é uma excelente sugestão. Se você mantiver tudo em sua pasta Documentos, será extremamente fácil encontrar e você poderá voltar ao seu trabalho apenas arrastando aquela única pasta para um disco de backup.

Conforme mostrado no alto da Figura 5-14, o menu pop-up Onde oferece acesso direto aos mesmos lugares que você poderia querer para salvar um arquivo recém-criado.

(Os comandos de teclado para as pastas mais importantes também funcionam aqui – Shift-⌘-H para a sua pasta Início, por exemplo.)

De qualquer modo, quando você salva um arquivo, as opções no menu pop-up Onde o cobrem 90% do tempo. A maioria das pessoas trabalha com um conjunto limitado de pastas para documentos ativos.

Mas, quando você deseja salvar um novo documento em uma pasta, ou quando deseja navegar para uma pasta que não está relacionada no menu pop-up Onde, nem tudo está perdido. Clique o botão ▼, identificado na Figura 5-14. Milagrosamente, a caixa Salvar se expande para uma vista familiar: uma versão em miniatura do Finder.

Aí está a sua Barra Lateral, completa com acesso aos outros computadores na rede. Você também tem os botões para ir para frente e para trás, além dos pequenos botões para visualização por ícones, lista e colunas.

Dica: Na visão por coluna, o seu primeiro instinto é ampliar essa janela, disponibilizando mais colunas. Faça isso arrastando cuidadosamente o canto inferior direito da caixa de diálogo. O Mac OS X lembra do tamanho que você gosta da caixa Salvar independentemente em cada programa.

E na visualização por lista, qual é a dica? Se você Control-clicar (ou clicar com o botão direito) um dos títulos de uma coluna, como Nome e Data de Modificação, você terá um menu pop-up secreto dos nomes das colunas: Data de Modificação (Last Opened), Tamanho (Size), Tipo (Kind), Etiqueta (Label) etc. É isso mesmo: você pode personalizar a visualização em lista dentro de uma caixa de dialogo Abrir ou Salvar. Você também pode ordenar clicando um dos títulos da coluna, assim como na mesa.

A maioria dos atalhos familiares de navegação do Finder também funciona aqui. Por exemplo, pressione as teclas de seta para a direita e para a esquerda para navegar pelas colunas, ou as teclas de seta para cima e para baixo, para selecionar os nomes de disco e pasta *dentro* de uma coluna. Quando você tiver selecionado uma coluna, também é possível selecionar as primeiras letras dos nomes do disco ou da pasta.

De fato, você também pode usar o Quick Look na caixa de diálogo Abrir e Salvar. Selecione qualquer arquivo ou pasta na lista e pressione a barra de espaço pra visualizá-lo em uma janela em tamanho original.

Quando você terminar, abra a pasta onde você deseja salvar seu documento recém-criado e clique Salvar para guardá-lo ali.

Destaque do Snow Leopard: Eis um dos truques mais esquisitos do Mac OS X 10.6.

Quando a caixa de diálogo Abrir ou Salvar é aberta diante de você, é possível pressionar Shift-⌘-. (ponto final) para fazer com que todos os arquivos ocultos do seu Mac apareçam. (Como uma ferramenta baseada no Unix, o Mac OS X está cheio desses arquivos invisíveis, que são de interesse principal para os tipos técnicos.) Pressione esse atalho novamente para voltar a ocultar esses arquivos. Diversão garantida para os nerds!

Se você utiliza um sistema de formatação numérica diferente do americano (onde mil é 1.000, por exemplo), utilize Shift-⌘-, (vírgula).

De maneira alternativa, clique Nova Pasta (New Folder) (ou pressione o atalho habitual, Shift-⌘-N) para criar uma nova pasta *dentro* da que você está. (Se você estiver na visualização por coluna, então a nova pasta aparece dentro da pasta selecionada.)

Será solicitado que você digite um novo nome para a pasta. Feito isso, clique Criar (Create) (ou pressione Return). A nova pasta aparece e é aberta para você, vazia. Agora você pode prosseguir, salvando o seu novo documento nela, se desejar.

Na próxima vez em que você salvar um novo documento, a caixa Salvar reaparece na condição em que foi deixada. Isto é, se você usou a visão por coluna na última vez, ele ainda estará na exibição de coluna. Em qualquer ocasião, é possível diminuí-la para uma exibição simplificada, mostrada em cima na Figura 5-14, clicando no botão ▲ à direita do menu pop-up Onde.

Spotlight

A barra Buscar (Search) no alto das caixas de diálogo Abrir e Salvar é um clone da barra Buscar do Finder (Capítulo 3). Pressione ⌘-F para fazer o seu ponto de inserção pular para lá. Digite algumas letras do nome do arquivo ou pasta que você está procurando e ele surge imediatamente, independente de sua localização atual no disco rígido.

O que você economiza: cinco minutos de procura pelas pastas para encontrar seu arquivo e a leitura de várias páginas sobre como navegar as caixas de diálogo Salvar e Abrir.

Salto instantâneo para um local de pasta

Usando a exibição de minicaixa ou exibição expandida, você pode poupar algum tempo de buscas em pastas, seguindo a dica mostrada na Figura 5-15. Esse recurso não é documentado – mas vale a pena ser aprendido.

Figura 5-15:
A maneira mais rápida de especificar o local de uma pasta é arrastar o ícone de qualquer pasta ou disco da sua Mesa diretamente para a caixa Salvar ou Abrir. O Mac OS X exibe instantaneamente o conteúdo daquela pasta ou disco. Olhe no menu Onde para ter certeza que o Mac realmente entendeu sua intenção.

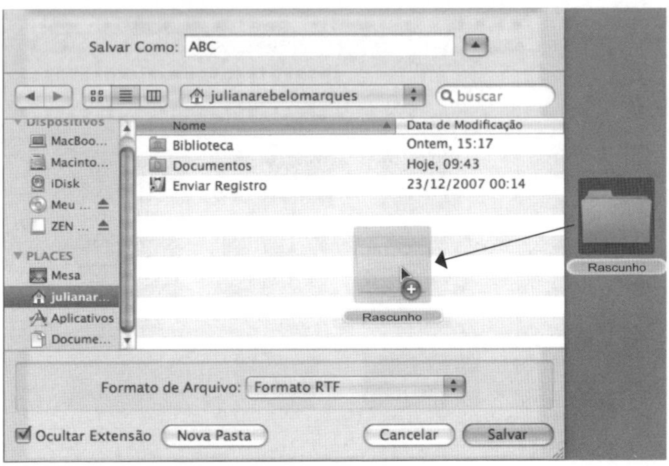

Dica: Se, quando a caixa Salvar estiver em sua condição expandida, você clicar o nome de um arquivo existente, o Mac OS X copia cuidadosamente o *nome* do arquivo clicado na caixa de texto Salvar Como (Save As) (que, caso contrário, informaria Sem título [Untitled] ou estaria em branco).

Esse truque pode poupar o seu tempo quando estiver salvando um segundo documento com um nome ligeiramente modificado (*Hebe e eu: A história real, Capítulo 1* e, depois, *Hebe e eu: A história real, Capítulo 2*). Ele também é útil quando você quiser substituir o arquivo original pelo novo que está salvando. Ao invés de ter que digitar todo o nome do arquivo, basta clicá-lo.

O menu pop-up Formato de Arquivo (File Format)

Em muitos programas, a caixa de diálogo Salvar oferece um menu pop-up de formatos de arquivo abaixo da caixa Salvar Como. Use esse menu quando estiver preparando um documento para o uso de outra pessoa – alguém cujo computador não tenha o mesmo software. Por exemplo, se você tiver usado um programa de edição de imagem para preparar uma fotografia para usar na Web, é nesse menu que você especifica o formato JPEG (o formato padrão Web para fotos).

A caixa de diálogo Abrir Arquivo (Open File)

A caixa de diálogo que aparece quando você escolhe Arquivo→Abrir é quase idêntica à folha expandida Salvar Arquivo. Porque você só a encontra quando estiver abrindo um arquivo existente, essa caixa de diálogo não tem o botão Salvar, o campo de nome de arquivo e assim por diante.

Nota: A caixa de diálogo Abrir só exibe ícones de discos, pastas e documentos que, de fato, você pode abrir nesse momento. Por exemplo, quando estiver usando o GarageBand, os arquivos de imagem ficam cinza.

Figura 5-16:
O novo Navegador de Mídia foi adicionado à caixa de diálogo Abrir. Isto é, você obtém uma miniatura de listagem de seus arquivos do iTunes, iPhoto e filmes na Barra Lateral, para facilitar sua importação para (por exemplo) o Keynote, PowerPoint ou um programa de webdesign.

Mas a caixa Abrir adiciona uma nova categoria na Barra Lateral chamada Mídia (Media) (ver Figura 5-16), que dá a você acesso direto a todas as suas fotos, músicas e filmes. A premissa é que a Apple acha que você pode querer importar esses itens *para* um documento em que esteja trabalhando.

A maioria dos outros controles da caixa de diálogo Salvar é igualmente útil aqui. Aquela prática barra Buscar do Spotlight ainda está lá, apenas a um ⌘-F de distância. Você pode iniciar sua navegação vendo o que está na Mesa (pressione ⌘-D) ou em sua pasta Início (pressione Shift-⌘-H). E, novamente, é possível encontrar uma pasta ou disco, iniciando a sua busca com a Barra Lateral e depois navegar usando a exibição de lista ou de coluna. Você também pode arrastar uma pasta, disco ou arquivo da sua Mesa diretamente para a caixa de diálogo para especificar onde ela deve ir. (Se você arrastar o ícone de um *arquivo*, você verá a pasta que o contém.)

Quando finalmente você localizou o arquivo que deseja, abra-o dando duplo-clique ou selecionando-o (o que pode ser feito a partir do teclado) e depois pressionando Return ou ⌘-O.

Geralmente, a maioria das pessoas não utiliza a caixa de diálogo Abrir Arquivo com a mesma frequência que a caixa de diálogo Salvar Arquivo. Isso porque o Mac oferece muitas outras maneiras convenientes de *abrir* um arquivo – dando duplo-clique no seu ícone no Finder, escolher o seu nome a partir do comando →Itens Recentes e assim por diante –, mas apenas uma só de *salvar* um novo arquivo.

Dois tipos de programas: Cocoa e Carbon

O Mac OS X deveria tornar a vida mais fácil. Ele devia eliminar a confusão e complexidade que o antigo Mac OS acumulou com os anos – e substituí-las por um sistema leve, simples e sólido.

PERGUNTAS FREQUENTES

A volta do Classic?

Você está brincando comigo? O Classic se foi? Nada mais de Mac OS 9? Mas eu preciso rodar alguns programas antigos!

É, o modo Classic – que até o Leopard permitia que você rodasse programas do Mac OS 9 mais antigos em uma espécie de modo de emulação – se foi. Você só pode rodar programas feitos para o Mac OS X no Mac OS X.

Ou pelo menos, é o que a Apple quer que você pense. A verdade é que há uma maneira sorrateira de rodar programas do Mac OS 9, mesmo no Leopard: uma coisinha pequena chamada SheepShaver. Ele é um emulador de código aberto do Mac OS 9, o que quer dizer que foi escrito por colaboradores voluntários, pela Internet.

O SheepShaver é difícil de instalar e não é o que você chamaria de sólido. Mas, é bom saber que, algum dia, quando você tiver que rodar aquele velho programa, não estará totalmente abandonado.

Algum dia, o Mac OS X será exatamente isso. Por ora, no entanto, você tem que rodar dois programas de tipos diferentes, cada qual com características distintas: *Cocoa* e *Carbon*.

A explicação envolve um pouco de história e um pouco de lógica. Para usufruir toda a vantagem dos benefícios técnicos consideráveis do Mac OS X, as empresas de software precisam escrever novos programas para ele, do zero. Assim, o que a Apple deveria ter feito? Enviar um e-mail aos autores dos 18 mil programas existentes de Mac, sugerindo que eles jogassem fora seus programas e os reescrevessem totalmente?

Em grandes empresas como a Microsoft e a Adobe, tal sugestão acabaria no quadro de avisos como "Piada da Semana".

Em vez disso, a Apple deu uma colher de chá para as empresas de software. Ela escreveu o Mac OS X de modo a deixar os programadores e as empresas de software escolherem exatamente quanto trabalho elas queriam colocar na compatibilidade com o novo sistema. Os diversos níveis incluíam:

- **Atualizar os programas existentes (Carbon).** Se as empresas de software e os programadores estivessem dispostos a fazer *algum* esforço para chegar ao programa do Mac OS X, eles podiam simplesmente adaptar ou atualizar seus softwares existentes.

  O software resultante aparenta e funciona quase como um verdadeiro programa do Mac OS X – você obtém proteção contra falhas, a boa aparência, os gráficos melhorados, as caixas Salvar, e assim por diante –, mas, por trás das cenas, o núcleo da programação do computador é o mesmo que no Mac OS 9. Esses são o que a Apple chama de programas *Carbonizados*, denominados de acordo com a tecnologia (Carbon), que permite a eles rodar no Mac OS X.

  Até hoje, vários programas famosos para Mac simplesmente foram "Carbonizados": AppleWorks, versões do Photoshop antes do CS3, FileMaker, Microsoft Office, entre outros.

Destaque do Snow Leopard: Acredite ou não, o próprio Finder era um programa Carbon até a chegada do Snow Leopard. Sim, levou seis anos para acontecer, mas a Apple finalmente reescreveu o Finder do zero como um autêntico programa Cocoa. Conte essa aos seus colegas que usam Windows e que dizem que o Snow Leopard não é nada além de um "service pack".

  Entretanto, a maioria dos programas "Carbonizados" não oferece todos os recursos disponíveis ao Mac OS X. Nas próximas páginas, você descobrirá quais são as vantagens do Mac OS X que você sacrifica ao usar programas adaptados assim.

  Por outro lado, tal software oferece um recurso do qual as empresas de software gostam *muito*: um programa Carbon é muito mais fácil de escrever concomitantemente a uma versão Windows do mesmo software. Ao contrário, um programa Cocoa, quase certamente é segregado à terra do Macintosh.

- **Escrever novos programas do zero (Cocoa).** À medida que o Mac OS X se torna mais popular, mais empresas de software criam novos programas exclusivamente para ele. Os nerds chamam tais programas de aplicativos *Cocoa*. Ainda que eles se pareçam exatamente com os programas Carbonizados, eles são um pouco mais suaves e sólidos. E oferecem uma série de recursos especiais que os programas Carbonizados não oferecem.

  Muitos dos programas que vêm de fábrica com o Mac são legítimos aplicativos Cocoa, incluindo iDVD, Safari, iChat, iPhoto, Editor de Texto, Lembretes, Mail, Agenda e outros.

A diferença do Cocoa

Eis algumas vantagens que os programas Cocoa oferecem. Vale a pena ler – não para babar sobre o futuro quando todos os programas do Mac cairão nessa categoria, mas para ajudar a esclarecer qualquer confusão que você possa fazer sobre o porquê de determinadas funcionalidades parecerem que estão presentes de forma ocasional.

Nota: As funcionalidades a seguir aparecem em quase todos os programas Cocoa. Isso para não dizer que você *nunca* as verá em programas Carbonizados; algum programa Carbon, ocasionalmente, pode oferecer um dessas funcionalidades. É por isso que os programadores têm um pouco mais de trabalho para trazê-las para os aplicativos Carbon – e quase nenhum para incluí-las nos Cocoa.

O painel Fontes

O Mac sempre foi o computador preferido dos designers, e o Mac OS X só reforça a sua posição. Por um lado, o Mac OS X vem com mais de 200 fontes absolutamente lindas que a Apple licenciou das empresas comerciais de fontes.

Quando você usa um programa Carbon, geralmente você acessa essas fontes da mesma maneira de sempre: usando um menu Fontes. Porém, ao usar um programa Cocoa, você tem o painel Fontes, o que facilita muito organizar, buscar e usar a sua coleção de fontes. O Capítulo 14 descreve as fontes e o painel Fontes em mais detalhes.

Truques de barra de título

Você deve se lembrar do Capítulo 2, em que a barra de título de cada janela do Finder abriga um menu pop-up secreto. Quando você dá Control-clique nele (ou clica com o botão direito ou ⌘-clica), é apresentado a uma pequena escada de pastas que mostra a sua posição atual na hierarquia de pastas. Você também deve se lembrar que o pequeno ícone à esquerda do nome da janela é, na verdade, uma alça que pode ser arrastada para mover uma pasta para uma janela diferente.

Em programas Cocoa, você tem os mesmos recursos em janelas de *documentos*, conforme mostrado na Figura 2-5. (Esse recurso está disponível em muitos programas Carbonizados, mas isso não é garantido.) Arrastando o pequeno ícone do documento próximo ao seu nome, você pode realizar maravilhas como arrastar aquele pequeno ícone para a mesa, ou para o ícone do Dock de um programa diferente para abri-lo – direto da barra do título do seu documento.

Truques da Barra de Ferramentas

A Barra de Ferramentas é uma visão cada vez mais comum no alto das janelas dos aplicativos modernos. Em qualquer programa escrito cuidadosamente, o comando Personalizar Barra de Ferramentas (Customize Toolbar) permite que você determine como deseja que essa Barra apareça – com ícones, ícones com rótulos de texto sob eles, com rótulos de texto apenas para poupar espaço na janela e assim por diante.

Porém, em muitos programas Cocoa – incluindo o Finder, OmniWeb, Mail, Agenda e Xcode – há uma maneira muito mais rápida de trocar entre esses estilos de Barra de Ferramenta: basta ⌘-clicar o botão branco, mostrado na Figura 5-17.

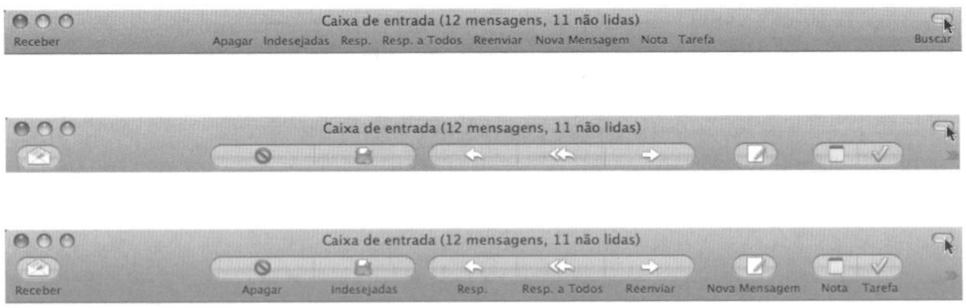

Figura 5-17:
⌘-clique nesse botão repetidamente, e é possível circular entre estilos de barras de ferramenta. Por exemplo, no Mail, você pode circular entre seis diferentes estilos de barras de ferramenta: com ícones e rótulos (grandes e pequenos), apenas com ícones (grandes e pequenos) e apenas com rótulos (grandes e pequenos).

Atalhos secretos do teclado

Geralmente, é possível ignorar o Unix que bate dentro do coração do Mac OS X. Mas, de vez em quanto, uma lembrança refrescante desponta dos campos cinza degradê – e aqui está uma delas.

Embora você nunca veja menção a isso nos manuais de usuário de aplicativos Cocoa (se ainda existissem tais coisas como manuais de usuário), a maioria deles responde a determinados comandos de teclado herdados do sistema operacional NeXT, que era o ancestral do Mac OS X. Se você for membro de carteirinha da DETEVEMO (Defensores do Teclado em Vez do Mouse), irá adorar esses toques de navegação adicionais de teclado:

- **Control-A.** Move o seu ponto de inserção para o início do parágrafo. (*Mnemônico:* A = início do **A**lfabeto.)
- **Control-E.** Deposita o seu ponto de inserção ao final do parágrafo. (*Mnemônico:* E = **E**ncerra.)
- **Control-D.** Delete para frente (**d**eleta a letra à *direita* do ponto de inserção).
- **Control-K.** Apaga instantaneamente todo o texto do ponto de inserção para a direita do final da linha. (*Mnemônico:* K = **K**ill [apagar em inglês] o resto da linha.)
- **Control-O.** Insere uma quebra de parágrafo, como Return, mas deixa o ponto de inserção onde ele estava, antes da quebra. Esse é o truque ideal para separar ao meio um parágrafo quando você tiver pensado em um final melhor para a primeira parte.
- **Control-T.** Move o ponto de inserção uma letra para a direita – e, junto com isso, arrasta qualquer letra que estava à sua esquerda. (*Mnemônico:* T = **T**ranspõe letras.)
- **Option-Delete.** Apaga a palavra inteira à esquerda do ponto de inserção. Quando você está digitando com pressa e descobre que acabou de cometer um erro de digitação, esse é o comando de teclado que deseja. É muito mais rápido apagar a palavra anterior e reescrevê-la do que mexer com o mouse e o ponto de inserção apenas para corrigir uma letra.

Esses quatro comandos de teclado adicionais duplicam as funções de teclas de seta. Desde que você mantenha o seu dedo mindinho no Control...

- **Control-B, Control-F.** Move o ponto de inserção um caractere para a esquerda ou para a direita, exatamente como as teclas de seta para a esquerda e para a direita. (*Mnemônico:* **B**ack ["voltar", em inglês], **F**orward ["avançar", em inglês].)
- **Control-N, Control-P.** Move o ponto de inserção uma fileira para baixo ou para cima, como as teclas de seta para baixo ou para cima. (*Mnemônico:* **N**ext ["próximo", em inglês], **P**revious ["anterior", em inglês].)

Truques legais de seleção de texto

Mantendo pressionadas determinadas teclas enquanto arrasta o cursor por um texto em um programa Cocoa, você consegue alguns poderes bacanas de seleção de texto. (Verá que eles são extremamente úteis no Editor de Texto e no Pages, por exemplo.)

- **Selecione apenas uma coluna dentre várias Option-arrastando.** Em vez de selecionar todo o texto, margem a margem, você só obtém o texto que está dentro do retângulo de sua seleção. Esse truque é especialmente prático no Pré-visualização, quando você só quer copiar uma parte de um documento em PDF que tem um layout de coluna.

- **Selecione várias frases não contíguas, ⌘-arrastando.** Cada vez que ⌘-arrastar, você seleciona um outro bloco de texto, mesmo se os blocos anteriores ainda estiverem selecionados (veja a Figura 5-20).

Dica: Na maioria dos programas Cocoa, é possível combinar esses dois truques. Isto é, você pode selecionar múltiplos blocos arbitrários (que não tenham a largura total da página) de texto, pressionando ambas, Option e ⌘, enquanto arrasta.

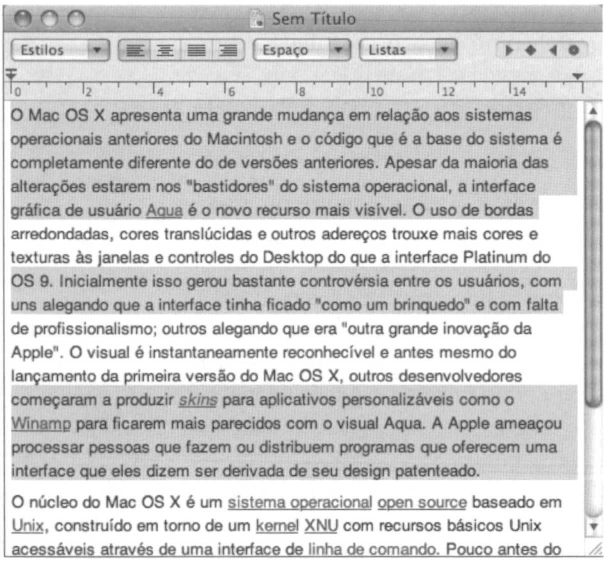

Figura 5-18:
A beleza de ser capaz de selecionar muitos blocos de texto é que você pode formatá-los todos, simultaneamente (transformando-os em negrito, por exemplo) com um clique. Também é possível copiar as partes selecionadas; quando você cola em um documento diferente, você obtém um adendo organizado, apenas com as partes desejadas, todas rodando juntas.

Controle de janela de fundo

A tecla ⌘ desbloqueia um elegante truque nos programas Cocoa: ela permite que você opere os botões e controle de uma janela de fundo inativa, sem trazê-la para frente. É possível operar uma caixa de redimensionamento, botões, menus pop-up e barras de rolagem de uma janela de fundo, tudo enquanto uma outra janela está na frente dela. De fato, você pode até *arrastar através de texto* em uma janela de fundo – e depois arrastar e soltar o texto selecionado na janela da frente. (Uau!)

Em todos os casos, o segredo é apenas manter ⌘ pressionada enquanto você clica ou arrasta.

Aplicativos Universais (Macs Intel) e o Rosetta

No final de 2006, a Apple trocou toda a sua linha de computadores Macintosh para processadores Core Duo, da Intel (o sucessor do Pentium).

É, aquela Intel. A empresa que os partidários do Mac zombaram por anos como parte do "Lado Escuro". A empresa que Steve Jobs rotineiramente denegria em suas demonstrações de chips PowerPC (que a IBM e a Motorola forneceram à Apple por mais de uma década). A empresa cujo mascote a Apple incendiou em um anúncio ofensivo na TV, em 1996.

Por que a mudança? Os computadores da Apple só podem ser tão rápidos quanto os chips dentro deles e os chips que a IBM tinha projetado não estavam conseguindo acompanhar a indústria. Como foi dito em um editorial, "A Apple está dando retorno em uma estrada sem saída".

Com certeza, os Macs baseados em Intel dão a partida e rodam muito mais depressa do que os velhos Macs, graças aos intermináveis ganhos de velocidade no mundo dos chips. E graças àquele chip da Intel, os Macs de hoje até rodam Microsoft Windows e todos os outros programas Windows. (O Capítulo 8 tem os detalhes.)

Em uma época, no entanto, em que existiu um pequeno entrave: *o software existente para Mac não rodava em chips Intel.*

A Apple teria que pedir às empresas mundiais de software para reescrever seus programas *novamente*, depois de já tê-las arrastado na transição do Mac OS 9 para o Mac OS X, apenas alguns anos antes.

Felizmente, a transição não foi tão horrível quando você poderia esperar. Primeiro, secretamente, a Apple já tinha recompilado (retrabalhado) o próprio Mac OS X para rodar em chips Intel, começando com o Mac OS X 10.4.4.

Além do mais, a Apple escreveu um programa invisível de tradução, com o codinome Rosetta, que permitia aos programas existentes para o Mac OS X – Photoshop, Word e assim por diante – rodar, sem modificação, em Macs Intel.

Destaque do Snow Leopard: Quando instala o Snow Leopard, conforme descrito no Apêndice A, você possui a opção de instalar o Rosetta, para que o tenha caso queira executar um programa pré-Intel. (Todos os softwares que ainda estão no mercado desde que foram atualizados para as chamadas Versões Universais – isto é, compatíveis com o padrão Intel. Mas muitos programas mais antigos, abandonados há muito tempo, ou cujos fabricantes faliram, ainda estão por aí.)

Mas se é tarde demais para instalar o Rosetta com o Snow Leopard, não se preocupe. Quando chegar o dia que você *tentar* executar um programa pré-Intel, o Snow Leopard oferecerá o Rosetta para você. Ele dirá: "Para abrir o BeeKeeper Pro, você precisa instalar o Rosetta. Você gostaria de instalá-lo agora?" Quando você clicar em Instalar, o Snow Leopard fará o download automaticamente.

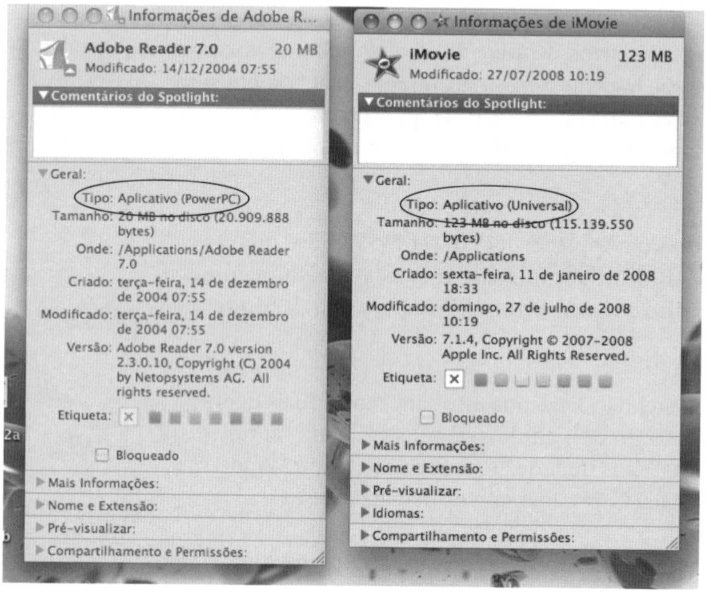

Figura 5-19:
Eis uma maneira rápida de dizer se um programa é antigo e rodará lentamente em um Mac Intel (ao invés de um Universal que não requer o software de tradução Rosetta). Selecione o ícone dele e escolha Arquivo→Obter Informações. Próximo ao topo da janela, você vê Aplicativo: PowerPC (Application: PowerPC) (antigo e lento), Aplicativo: Intel (Application: Intel) (roda somente nos Macs Intel) ou Aplicativo: Universal (Application: Universal) (roda com rapidez tanto em máquinas Intel quanto PowerPC).

Para fazer seus programas executarem em *velocidade total* em Macs baseados em Intel, os programadores tiveram que atualizar seus produtos. Isso levou alguns anos, mas finalmente todas as empresas de software, pequenas e grandes, que ainda estão no mercado de Macs de fato converteram seus programas para os *Binários universais* – programas que rodam da mesma forma em um PowerPC *e* Macs Intel com um duplo-clique no mesmo ícone do Finder.

Como você pode ter ouvido falar, o Snow Leopard – e as futuras versões do Mac OS X – rodarão somente em Macs Intel. Dessa forma, termos como Rosetta, Binários universais e "PowerPC" aos poucos cairão no esquecimento.

Enquanto isso, você tem apenas duas indicações de que está usando um programa desenvolvido originalmente para Macs baseados no PowerPC: primeiro, você verá uma notação na janela Obter Informações do programa (ver Figura 5-19). Segundo, você provavelmente descobrirá que o programa não está tão rápido quanto costumava ser.

Se toda essa conversa sobre chips e arquitetura fez a sua mente doer, pelo menos você pode se confortar com um fato: não importa em qual dos dois tipos de Mac você tem o Snow Leopard instalado, cada recurso, dica e truque que aprendeu deste livro funcionará exatamente da mesma maneira.

GANHE VELOCIDADE

Um pouco sobre os 64-bits

Trata-se de uma das características mais anunciadas do Snow Leopard: praticamente tudo agora é 64-bits.

Certo. 64 o quê?

Se você deseja ler sobre computação de 64 bits até seus olhos ficarem embaçados, pode fazer uma pesquisa na Wikipédia. Mas, em geral, as pessoas normais preferem ler isto:

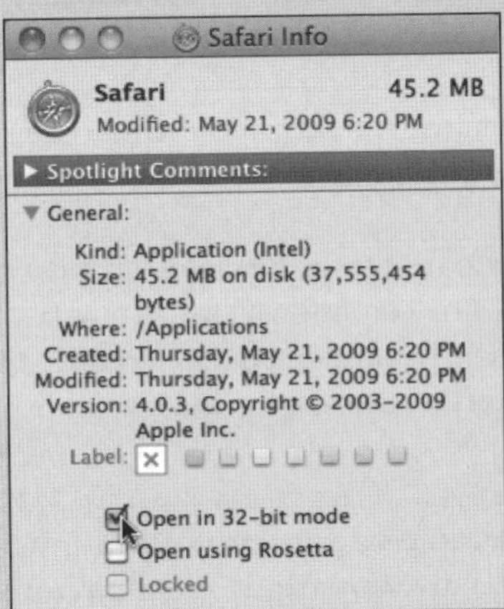

Por décadas, as estradas para a memória e informações que passavam pelos Macs e PCs Windows possuíam uma largura de 32 "vias" – elas podiam gerenciar 32 blocos de dados por vez. Isso parecia ser suficiente naquele tempo. Mas, conforme os programas e até mesmo os documentos se tornaram enormes, e os computadores passaram a ter a capacidade de suportar cada vez mais memória instalada, os engenheiros começaram a sonhar com circuitos de 64 vias.

Em curto prazo, o efeito mais visível de se ter um computador de 64-bits é que você pode instalar muito mais memória. O Mac Pro top de linha de hoje, por exemplo, suporta até 32 GB de RAM. Um dia isso já pareceu muito, mas não para os editores de vídeo, designers de games e engenheiros devoradores de números de hoje.

Um computador de 64-bits, no entanto, pode ter apenas um pouco mais que isso: 16 milhões de gigas, para ser preciso. (O que equivale a 16 exabytes, caso esteja fazendo as contas. E esse é um número teórico; nenhum computador pessoal moderno jamais teve tantos slots para memória RAM.)

No final das contas, pode haver outros benefícios em um Mac de 64 bits. Os programas podem ser reescritos para rodarem mais rápido. A segurança também pode ser melhorada. Infelizmente, obter tudo isso requer a reescrita de blocos enormes do sistema operacional – e de todos os seus programas.

Praticamente todo o Snow Leopard é composto por software de 64-bits. Você pode ter alguns programas não-Apple mais antigos que não sejam, mas, felizmente, eles ainda rodam sem problemas. Isso se deve ao fato de o kernel do Snow Leopard, o coração dele, ainda roda em modo de 32-bits (sim, mesmo nos processadores de 64-bits), para acomodar todos esses programas antigos.

Mesmo assim, o Snow Leopard roda programas de 64-bits perfeitamente. Em alguns Macs, você pode fazer o Snow Leopard fazer o boot em modo 64-bits puro bastando, para isso, pressionar as teclas 6 e 4 enquanto o computador inicia. Porém, isso não é uma boa ideia porque todos os seus aplicativos de 32-bits não funcionarão.

Normalmente, você nunca precisa se preocupar com qualquer uma dessas coisas. Cada tipo de programa roda no modo correto automaticamente. De vez em quando, no entanto, você quebrará a cabeça com essa diferença entre 32 e 64-bits. Você tentará abrir alguma coisa – um antigo gráfico PICT que você deseja ver no Pré-visualização, por exemplo, ou um painel adicional das Preferências do Sistema de outra empresa – e você verá uma mensagem dizendo para, deliberadamente, ordenar o seu moderno aplicativo de 64-bits (Pré-visualização ou Preferências do Sistema) para rodar no antigo modo de 32-bits.

Para fazer isso, selecione o ícone do programa. Pressione ⌘-I (Obter Informações [Get Info]). Ative Abrir no modo de 32-bits (Open in 32-bit mode). Agora você poderá rodar aquele software mais antigo.

Com o tempo, essas mensagens se tornarão menos frequentes, conforme mais softwares para Mac em todo o mundo serão lançados em versão 64-bits. Nesse meio-tempo, você já estará preparado.

Instalando os programas do Mac OS X

Em geral, os novos programas chegam ao seu Mac por meio de um de dois caminhos: em um CD ou DVD, ou por um download da Internet. O método de CD é ligeiramente mais simples; veja "Fazendo a instalação" mais adiante nesta seção.

Para ajudar a instalar programas baixados, por outro lado, continue lendo.

.sit, .zip, .tar, .gz e .dmg

Programas que você baixa da Internet normalmente chegam em um formato especialmente codificado, de forma compactada. (E, a menos que você tenha mudado as configurações, eles chegam na pasta Transferências (Downloads) empilhada em seu Dock.)

Normalmente, o nome do arquivo baixado tem uma dessas extensões de nome de arquivo:

- **.sit** indica um arquivo *StuffIt,* o formato de compactação de arquivo-padrão do Macintosh de anos passados.
- **.zip** é o formato de compactação de arquivo padrão do Windows. Como o Snow Leopard tem um comando Comprimir (Compress) no menu Arquivo (e *não vem* com StuffIt Expander), o .zip é o *novo* formato de compactação-padrão do Macintosh. Certamente ele facilita a vida de pessoas que têm que trocar arquivos com o Windows.
- **.tar** é a abreviação para *tape archive*, um antigo utilitário Unix que combina (mas não compacta) diversos arquivos em um único ícone, para simplificar o envio.
- **.gz** é a abreviação de *gzip*, um formato-padrão de compactação do Unix.
- **.tar.gz ou .tgz** representa um arquivo *compactado* contendo *diversos* arquivos.
- **.dmg** é um disco de imagem, descrito a seguir.

Felizmente, se você usa o Safari (Capítulo 20) como seu navegador Web, não precisa se preocupar com tudo isso, pois, automaticamente, ele desfaz a compactação e os separa.

Se você usa algum outro browser, o *StuffIt Expander* pode transformá-los em forma utilizável quando você baixa um arquivo. O StuffIt Expander não vem com o Mac OS X, mas você pode baixá-lo gratuitamente, por exemplo, da página "Missing CD" deste livro, em www.missingmanuals.com.

Imagens de Disco (arquivos .dmg)

Quando você tiver descompactado um programa baixado, geralmente ele toma a forma de um arquivo de uma imagem de disco, cujo nome termina com as letras *.dmg*

(B. na Figura 5-20). Alguns arquivos também chegam como imagens de disco, direto da Web, sem precisar que sejam descompactados primeiro.

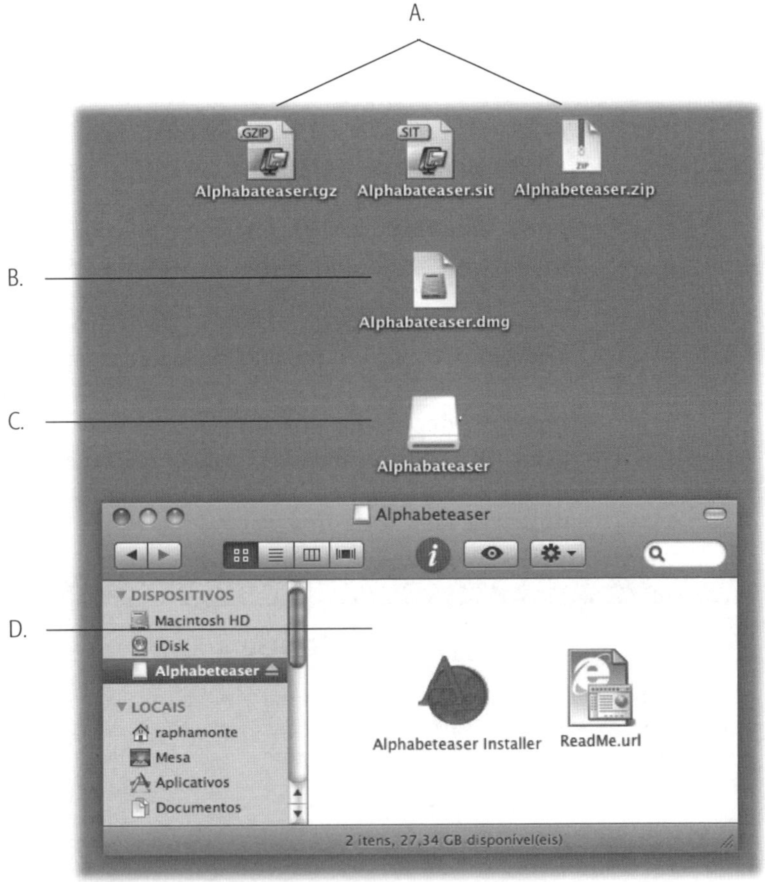

Figura 5-20:
Fazer o download de um novo programa da Internet pode encher a sua Mesa ou a pasta Downloads de ícones.

A. Esses são os arquivos originais baixados. Apague-os depois de serem descompactados.

B. O arquivo compactado se transforma nesse arquivo .dmg. Dê duplo-clique nele para "montar" o disco de imagem (se ele não tiver aparecido automaticamente).

C. Este é o próprio disco de imagem. Dê duplo-clique nele para abrir a janela de instalação do software. (Descarte a mensagem que adverte que o software veio da Internet.) "Ejete-o" depois de completar a instalação.

D. Eis a verdadeira janela de instalação do software. Arraste o ícone do software para a sua pasta Aplicativos, ou dê duplo-clique no instalador, se vir um aqui. Depois da instalação estar completa, você pode apagar toda essa tralha (exceto, talvez, o arquivo .dmg, se julgar que pode querer instalar novamente o software, mais tarde).

Os discos de imagens são extremamente comuns no Mac OS X. Tudo o que é preciso fazer é dar duplo-clique no ícone .dmg. Depois de um momento, magicamente, ele se transforma em um ícone de disco em sua Mesa, na qual você pode trabalhar pensando nele apenas como um disco real (o terceiro a partir do alto na Figura 5-20). Por exemplo:

- Duplo-clique nele para abri-lo. O software que você baixou está dentro.
- Remova-o de sua Mesa, arrastando-o para o Lixo (Trash) (cujo ícone se transforma em uma grande tecla cinza Ejetar [Eject] enquanto você arrasta), selecionando-o e pressionando ⌘-E (o atalho para Arquivo→Ejetar [File→Eject]), clicando o seu botão ⏏ na Barra Lateral, ou dando Control-clique (clicando com o botão direito) nele e, depois, escolhendo Ejetar a partir do menu de atalho.

  Você ainda tem o arquivo .dmg original baixado, portanto, não está realmente se despedindo para sempre do disco de imagem.

Limpando depois da descompactação

Quando você tiver terminado de descompactar e separar um arquivo baixado, você pode ter vários ícones em sua Mesa ou na pasta Transferências. Alguns são úteis; outros, você pode jogar fora:

PERGUNTAS FREQUENTES

Relatório à Apple

Mas que diabos aconteceu que eu estava trabalhando no Safari quando, de repente, ele simplesmente sumiu! Puf! E o que restou foi essa caixa de diálogo malfeita sobre "enviar à Apple". O que houve?

A Apple está tentando comprar o seu silêncio.

Ou, mais corretamente, está tentando envolver a sua ajuda em vasculhar todas as pequenas panes que tornam a computação moderna tão divertida. Se você estiver disposto a clicar o botão Enviar Relatório (Submit Report) e digitar alguns comentários ("Eu estava rodando o Word, por minha conta, e quando cliquei o botão Imprimir na barra de ferramentas, toda a coisa simplesmente congelou"), então a Apple adicionará o seu relatório aos milhares que aparecem de todas as outras pessoas.

A ideia é que, quando os programadores dela tiverem um tempo, eles estudarão esses relatórios, rastreando os padrões ("Hmm, recebemos 50 mil relatórios sobre o botão Imprimir no Word") e depois, caçarão a empresa de software responsável – e, presumivelmente, conseguirão um reparo, com o tempo.

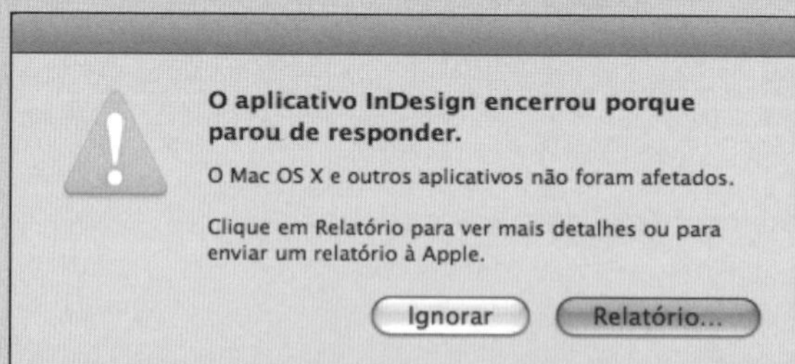

O relatório que você submete é cheio de informações técnicas que ajudam os programadores descobrir o que estava acontecendo na hora da pane, mas nenhuma informação pessoal é vazada. Assim, se você sentir que está fazendo algum bem para os seus companheiros macmaníacos, por favor, submeta o relatório (pela Internet), sempre que tiver a oportunidade.

- **O arquivo compactado original.** É seguro jogar fora o arquivo .sit, .tar, .gz ou .tgz que você baixou originalmente (depois de descompactado, é claro).

- **O arquivo .dmg.** Quando você o tiver transformado em um verdadeiro ícone de drive de disco, instalado o software dele e "ejetado" o ícone do drive de disco, pode apagar o arquivo .dmg. Mantenha-o apenas se julgar que poderá precisar reinstalar o software algum dia.

Nota: Se você tentar jogar fora o arquivo .dmg antes de remover o ícone do drive de disco da tela, receberá uma mensagem de erro de "arquivo em uso" quando tentar esvaziar o Lixo.

- **O próprio disco de imagem.** Esse ícone final, o que contém o software ou seu instalador (terceiro, a partir do alto na Figura 5-20), não existe como um arquivo em seu disco rígido. Ele é um drive fantasma, mantido na memória, que irá embora sozinho, quando você registrar a sua saída. Assim, depois de instalar o seu software, fique à vontade para arrastá-lo para o Lixo (ou selecioná-lo e pressionar ⌘-E para "ejetá-lo").

Fazendo a instalação

Quando você vir um ícone de disco em sua Mesa (seja uma imagem de disco ou um CD ou DVD que tiver inserido), você está pronto para instalar o software. É possível instalar muitos programas do Mac OS X apenas arrastando seus ícones ou pastas para o seu disco rígido (normalmente, para a pasta Aplicativos). Outros oferecem um programa instalador tradicional que exige que você duplo-clique, leia e aceite um contrato de licenciamento e assim por diante.

Em ambos os casos, *onde* você decide instalar o novo programa, subitamente é uma grande questão. Há as duas alternativas seguintes:

- **Na pasta Aplicativos.** Claro que a maioria dos programas fica em sua pasta Aplicativos. Na maior parte do tempo, é onde você irá querer instalar novos programas. Colocá-los na pasta de Aplicativos torna-os disponíveis a qualquer um que use o Mac.

Nota: Você não pode pôr nada em sua pasta Aplicativos a menos que tenha uma conta de Administrador (Administrator).

- **Em sua pasta Início.** Suponhamos que você compartilhe o seu Mac com outras pessoas, como descrito no Capítulo 12. Se essa é a sua situação, ocasionalmente você pode querer instalar um programa privadamente, reservando-o apenas para o seu próprio uso. Nesse caso, basta instalá-lo ou arrastá-lo para a sua pasta Início, ou uma pasta dentro dela. Quando as outras pessoas registram a entrada na máquina, elas nem mesmo sabem que você instalou aquele novo programa, visto que ele não aparece na pasta Aplicativos.

Na verdade, se você não tiver uma conta de Administrador, essa é a sua única opção para instalar novos programas.

GANHE VELOCIDADE

A paleta de cores

Aqui e ali – nas Preferências do Sistema, iMovie, Editor de Texto, Microsoft Office e muitos outros programas – o Mac OS X oferece a oportunidade de escolher uma *cor* para algum elemento: para o fundo de sua Mesa, uma janela e assim por diante.

A caixa de diálogo que aparece oferece uma amostra de cor em miniatura, que lhe permite escolher qualquer cor do arco-íris do Mac. Vários tipos de paleta de cores estão expostos no alto, cada um deles projetado para facilitar a escolha de cor em determinadas circunstâncias:

Disco de cores. Arraste verticalmente a barra de rolagem para ajustar o brilho e depois arraste o seu cursor em volta da bola, para escolher a tonalidade.

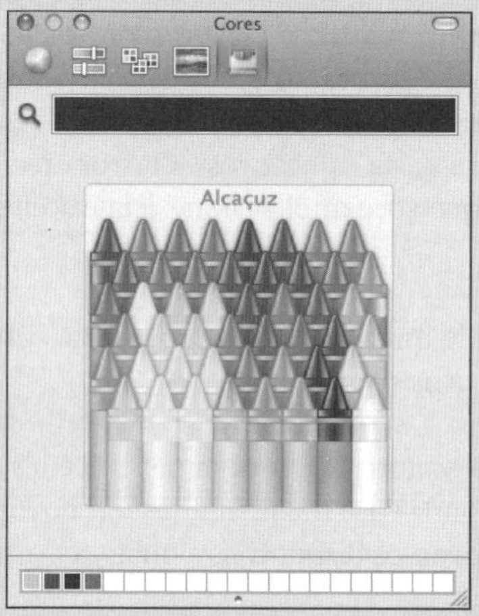

Controles de cor. Do menu pop-up, escolha o método de mistura de cor preferido. *CMYK* significa ciano, magenta, amarelo e preto. As pessoas na indústria da impressão se sentirão imediatamente em casa, pois essas quatro cores são as tintas componentes para impressão a cores. (Essas pessoas também podem ser capazes de explicar porque escolheram *K* para *black* [preto].)

RGB é como uma tela de TV ou monitor de computador pensa em cores: como as proporções de red (vermelho), green (verde) e blue (azul). *Escala cinza* significa tonalidades de cinza, como TV em preto e branco. E *HSB* significa Hue (Matiz), Saturation (Saturação) e Brightness (Brilho) – um esquema de especificação de cores nos círculos científicos.

Em cada caso, basta arrastar os deslizadores para misturar a cor desejada, ou digitar nas porcentagens de cada componente.

Paletas de cor. Essa opção apresenta conjuntos enlatados de amostras de cor. Elas destinam-se principalmente a programadores, que desejam rápido acesso às cores padrão no Mac OS X. A lista de cores seguras da Web também é útil para webdesigners; eles podem dizer qual cor aparecerá adequadamente em outros computadores.

Paletas de imagem. Eis o arco-íris visível apresentado ainda de uma outra maneira: em tiras enevoadas organizadas por cor. (Dica legal: se você arrastar um arquivo de imagem diretamente para a caixa de diálogo, ele aparecerá no lugar do espectro. Esse é um truque prático se você estiver tentando identificar certa cor em uma imagem, por exemplo. E não esqueça o botão pop-up embaixo da caixa de diálogo, que traz alguns outros truques.)

Lápis. *Isso* é que é uma boa interface de usuário. Você pode clicar cada lápis de cor para ver o nome da sua cor: Meia-Noite, Berinjela, Lata, Oceano e assim por diante. (Algum decorador de interiores deve ter resolvido, durante um dia no campo, nomear esses lápis de cor.)

Em qualquer desses seletores de cor, você também pode "amostrar" uma cor que esteja fora da caixa de diálogo – uma cor encontrada em uma página Web, por exemplo. Basta clicar o ícone de lente de aumento e depois mover o seu cursor em volta da tela. Você verá os deslizadores e números mudarem automaticamente dentro da caixa de diálogo quando clicar.

Finalmente, note que você pode armazenar as cores usadas com frequência (ou admiradas frequentemente) nos pequenos quadrados da paleta, embaixo. Para fazer isso, arraste a grande amostra retangular de cor (próxima da lente de aumento) diretamente para baixo em um dos pequenos quadrados, onde ela ficará armazenada.

Se não tiver espaço para todas as cores desejadas na parte inferior da janela, você pode arrastar o pequeno ponto circular para baixo, fazendo espaço para mais.

Desinstalando software

No Mac OS X, geralmente não há programa Uninstall (Desinstalador) e nenhuma janela de Adicionar/remover programas. Para desinstalar um programa, basta arrastá-lo (ou a sua pasta) da pasta Aplicativos (ou qualquer que seja) para o Lixo.

Alguns programas também deixam rastros inofensivos deles mesmos para trás; para eliminá-los, busque pelos arquivos de preferências ou pastas contendo o nome do amado programa que partiu em suas pastas Biblioteca (Library) (especialmente em Application Support), e sua pasta Início→Biblioteca→Preferences (Home→Library→Preferences).

Dashboard

Como você sabe, a função primordial do Mac OS X é rodar *programas*, o que, frequentemente, produz *documentos*. No entanto, no Mac OS X, há uma terceira categoria: um conjunto de entidades estranhas, híbridas, que a Apple chama de *widgets*. Eles aparecem, todos de uma vez, flutuando na frente de suas outras janelas, quando você pressiona a tecla F4 (Ⓓ). Bem-vindo ao Dashboard (Figura 5-21).

Figura 5-21: *Ao chamar o Dashboard, você obtém uma frota de miniprogramas flutuantes que expressam ou convertem todos os tipos de informações úteis. Eles aparecem e desaparecem todos de uma vez, em uma folha translúcida, que flutua na frente de todas as suas outras janelas. Você se livra do Dashboard seja pressionando novamente a mesma tecla (F12 ou o que for) seja clicando em qualquer lugar na tela, exceto em um widget.*

Nota: O atalho é o F4 se você possui um teclado novo da Apple – o fino de alumínio do laptop ou desktop. De fato, você pode ver um pequeno logo do Dashboard (Ⓓ) pintado à direita da tecla.

Nos teclados antigos de plástico, geralmente o atalho é o F12. Ou, nos laptops em que a tecla F12 controla o volume, você deve pressionar a tecla Fn junto (canto inferior esquerdo).

Em todo caso, você pode alterar o atalho do teclado do Dashboard ou qualquer outro que desejar, conforme descrito a seguir.

De qualquer forma, o que são essas entidades híbridas? Elas não são programas, pois não criam documentos ou têm ícones no Dock (ainda que o próprio Dashboard tenha um ícone no Dock). Certamente, elas não são documentos, porque não é possível dar nomes ou salvá-las. Na verdade, elas se parecem mais com pequenas páginas Web. Destinam-se a exibir informações, muitas delas da Internet, e são escritas usando linguagens de programação da Web, como HTML e JavaScript.

Administrar o básico de Dashboard não demora muito tempo:

- **Para mover um widget**, arraste-o pela tela. (Clique em qualquer lugar, menos em um botão, menu ou caixa de texto.)

- **Para fechar um widget,** pressione a tecla Option enquanto move o mouse pela frente do widget. Você verá o botão ⊗ circulado aparecer no canto superior esquerdo do widget; clique-o.

Dica: Se a barra de widgets estiver aberta (conforme descrito a seguir), cada widget exibe o seu botão ⊗. Você não precisa da tecla Option.

Figura 5-22: *Provavelmente, você terá que rolar a barra de widgets para ver todos os widgets, clicando as setas na extremidade de qualquer um deles. Quando tiver acabado de abrir novos widgets, feche a barra de widgets, clicando o seu botão X circulado do lado esquerdo de sua tela.*

- **Para abrir um widget fechado**, clique o botão circulado +, embaixo da tela. Toda a imagem da tela desliza para cima, cerca de uma polegada, para dar espaço para a barra de widgets: uma bandeja de "metal perfurado" contendo todos os seus widgets, mesmo os que não estão na tela no momento (Figura 5-22). Abra um, clicando o seu ícone.

Em Macs recentes, com boas placas de vídeo, um novo widget aparece aterissando no centro de sua tela, enviando ondinhas através do vidro líquido de sua tela. Realmente, esses widgets sabem como aparecer, não é?

- **Para ocultar um dos widgets da Apple,** ou apagar um que você mesmo tenha instalado, use o widget Widget, descrito um pouco mais adiante.

- **Para reorganizar os seus widgets quando eles aparecem na barra de widgets, abra a sua pasta disco rígido→Biblioteca→Widgets.** Aqui, você encontrará os ícones para os widgets de Dashboard padrão Apple. Para reorganizá-los, é preciso renomear cada um deles, que aparecem na barra de widgets em ordem alfabética. (Também é possível remover um widget para sempre, apagando-o dessa pasta, se precisar.)

Dica: O ícone do Dashboard também aparece em seu Dock, só para o caso de você esquecer o comando de teclado F4. Por outro lado, se preferir o comando de teclado, você pode remover o ícone de seu Dock para fazer espaço para coisas mais importantes. Dê Control-clique (ou clique com o botão direito) o ícone e, a partir do menu de atalho, escolha Remover do Dock (Remove from Dock).

Dicas para o Dashboard

O Dashboard está cheio de dicas e truques legais. Eis algumas das melhores:

- Se você apenas *clicar* um ícone na barra de widgets, o widget aparece no centro de sua tela. Mas, se você *arrastar* o ícone do widget para fora da barra, pode depositá-lo em qualquer lugar que você quiser.

- Há um ótimo comando de teclado que abre e fecha a barra de widget: ⌘-sinal de igual (=). (Esse comando de teclado pode ser diferente em layouts de teclados não norte-americanos.)

- Para renovar determinado widget – por exemplo, para atualizar as informações dele a partir da Internet –, clique-o e pressione ⌘-R. Instantaneamente, o widget se *enrola em espiral* (é preciso ver para acreditar) e depois se desenrola, para revelar os novos dados.

- Você pode abrir mais do que uma cópia do mesmo widget. Basta clicar o seu ícone mais de uma vez na barra de widget. Você acabará com múltiplas cópias dele em sua tela: três relógios mundiais, duas folhinhas ou o que for. Esse é um truque útil quando, por exemplo, você quiser rastrear o tempo e o clima em mais de uma cidade.

- Se você mantiver a tecla Shift pressionada ao chamar o Dashboard, os widgets voam para a tela em uma linda e translúcida *câmera lenta* 3D.

Preferências do Dashboard

Para mudar o comando de teclado do Dashboard para alguma coisa diferente de F12, clique em →Preferências do Sistema e depois clique Teclado→Atalhos de Teclado (Keyboard→Keyboard Shortcuts).

Dica: Para um serviço mais rápido, dê Control-clique ou clique com o botão direito o ícone de Dashboard no Dock. Escolha Preferências do Dashboard a partir do menu de atalho.

Aqui, você descobrirá que pode escolher quase qualquer outra combinação de teclado para convocar e despachar o Dashboard, ou mesmo escolher um canto de tela que, quando o seu mouse pousar lá, age como o acionador do Dashboard.

Nota: Sim, sim, você também pode alterar o atalho do Dashboard no novo painel Preferências do Sistema→Teclado→Atalhos de Teclado. Mas, se ao invés disso, você utilizar o painel do Exposé e Spaces, então você poderá configurar um canto da tela ou um botão do mouse para ativar o Dashboard – não apenas uma combinação de teclas.

Catálogo de widgets

Eis um resumo dos 20 widgets-padrão que vêm pré-instalados no Snow Leopard. É verdade eles parecem incrivelmente simples, mas alguns carregam alguns segredos.

O widget Widget

Esse widget destina-se a administrar todos os seus *outros* widgets (Figura 5-23). É a maneira mais fácil de ocultar um widget (isto é, tirá-lo de Dashboard, mas deixá-lo em seu Mac, para o caso de você mudar de ideia mais tarde) ou para desinstalar totalmente. Ele tem três funções:

PERGUNTAS FREQUENTES

Widgets libertados

Eu adoro os widgets, mas gostaria que eles não fossem bloqueados, em sua própria "camada" no Mac OS X. Gostaria de trabalhar com o widget Calculadora, por exemplo, enquanto estou fazendo uma planilha no Excel, sem precisar enviar a planilha para o fundo.

Sem problema. O que você deseja é o Amnesty Widget Browser, um programa shareware que pode ser baixado a partir de, entre outros lugares, a página do "missing CD" deste livro, em www.missingmanuals.com.

Ele acrescenta um novo ícone de barra de menu que, quando aberto, relaciona todos os seus widgets pelo nome. Agora, você pode abri-los individualmente – e, mais importante, sem enviar os seus outros programas para o fundo. Você acabou de libertar os seus widgets da camada translúcida onde eles estavam aprisionados.

- **Use as caixas de seleção para ocultar ou exibir widgets.** Você também pode muito bem ocultar os que nunca usa.

- **Clique o botão - para apagar um widget para sempre.** Você não tem permissão para apagar os widgets da Apple – apenas os que você mesmo baixou e instalou.

- **Clique Mais Widgets (More Widgets) para navegar pelo catálogo.** Você é levado diretamente para página de widgets da Apple, onde *milhares* de novos widgets esperam com prazer pelo seu download, conforme descrito posteriormente nesta seção. (A propósito, esse comando também está disponível a partir do menu de atalho do ícone do Dashboard no Dock.)

Dica: Arraste a barra chanfrada embaixo, à direita, para tornar o widget Widget mais comprido ou mais curto.

Figura 5-23:
O widget Widget (cujo ícone aparece embaixo à esquerda na Figura 5-22) abre essa lista de widgets. Desmarque a seleção para ocultar um widget ou clique - para desinstalar totalmente qualquer widget que você mesmo tenha instalado. Aqueles cujas caixas não estão marcadas são os que não aparecem mais na barra de widgets.

Agenda (Address Book)

Claro que o conceito por trás desse widget é oferecer acesso mais rápido à sua própria Agenda. (Se você acha que ir até o programa Agenda demora demais, quando você deseja apenas procurar um número.) Ele está repleto de atalhos clicáveis. Por exemplo:

- **Barra Buscar (Search).** Digite aqui algumas letras do nome de alguém. Conforme você digita, o widget pega a ficha daquela pessoa na agenda.

Dica: Você pode encontrar alguém com parte dos seus dados, e não apenas pelos nomes. Por exemplo, se você digitar parte do endereço de alguém que você não tenha o nome, pode encontrá-lo apenas com essa informação.

Quando você encontra o nome da pessoa que procurava, clique o nome para ter todas as informações a respeito do seu contato.

- **Telefone (Phone Number).** Clique-o para encher a sua tela com o número de telefone, em uma versão tão grande, que daria para ver do espaço. Ou pelo menos do outro lado da sala enquanto você disca o número no telefone de mesa, que é o ponto real.

- **E-mail (Email Address).** Clique para disparar o programa Mail (ou qualquer programa de e-mail que você usa), completo, com uma mensagem de saída nova, já encaminhada para essa pessoa. Tudo o que é preciso fazer é digitar a sua mensagem e clicar em Enviar.

- **Endereço (Mailingi List).** Clicar o endereço de correspondência dispara o seu navegador e o leva para o Google Maps, já aberto em um mapa que exibe o lugar indicado do endereço especificado. Muito, muito engenhoso.

Business (ou Páginas Amarelas)

Exclusivo para os EUA. São as "páginas amarelas" contendo cada negócio e organização em todo o território norte-americano. Na verdade, elas provavelmente ocupariam toda sua sala de estar. E, ainda, pense na conveniência! Você poderia encontrar instantaneamente o restaurante chinês mais próximo, hospital, ou uma farmácia 24 horas numa outra cidade.

Bem, agora você pode, graças ao Business. Na caixa de texto, digite o que você está procurando, exatamente como é um cabeçalho do diretório comercial das Páginas Amarelas. Você poderia digitar *farmácia, lavanderia, academia de ginástica, alfaiate, biblioteca* ou o que for. Alternativamente, clique a seta triangular para baixo próxima a essa caixa, para ver uma lista de serviços que o widget já conhece.

O widget dispara a consulta para a Internet e, depois de um momento, fornece uma lista dos negócios locais que combinam, inclusive números de telefones e endereços. (Clique em → ou ← embaixo da janela, para ver o próximo conjunto de resultados.)

A propósito, as informações de contato são clicáveis. Clique o nome do lugar para abrir uma página Web exibindo mais informações, o número do telefone para ampliá-lo para discar, ou o endereço para ver onde esse lugar está no mapa MapQuest.

Nota: Antes do Business poder mostrar uma lista dos negócios locais, ele precisa saber o que você quer dizer por *local* – em outras palavras, onde você está. Agora, o seu Mac já sabe onde você mora. Ele pode extrair essa informação da instalação original do seu Mac OS X, por exemplo, ou do programa Agenda (se você mesmo tiver preenchido um cartão).

Mas, se ele parece não saber onde você está – ou se está viajando com um laptop –, você precisa informá-lo. Faça qualquer busca aleatória usando o widget (tente *Bancos*, por exemplo). Embaixo da janela de resultados, você verá o botão ❶. Clique-o para girar o widget, atrás você verá que pode especificar uma cidade e estado ou Código de Endereçamento Postal, quantas listagens você quiser por "página" e quantos quilômetros de distância um negócio precisa estar para se qualificar. Depois, clique Concluído (Done).

Calculadora

Aqui está a sua calculadora de bolso básica, de quatro funções, com uma memória de armazenagem de um número. Comece clicando-a para ativá-la – o que, basicamente, significa que qualquer digitação feita nas teclas de número é interceptada por essa pequena calculadora. (Pressionar as teclas de números é muito mais rápido do que clicar os números na tela.)

Não há muito o que fazer com essa calculadora; se você precisar de recursos científicos e hexadecimais, ou mesmo funções de raiz quadrada, use a calculadora do sistema.

Dicionário (Dictionary)

Somente em inglês. A Apple ofereceu cerca de 65 mil maneiras diferentes de acessar o seu dicionário/Thesaurus embutido e aqui está outra. Você clica a palavra Dicionário ou Thesaurus, digita a palavra desejada e pressiona Return. Instantaneamente, aparece um painel com um punhado de definições. Os botões em triângulo para cima/baixo no canto superior esquerdo permitem que você caminhe pelas buscas mais recentes que fez e o menu pop-up permite especificar se você deseja pesquisar o dicionário, o Thesaurus ou o glossário de terminologia Apple.

Dica: Quando você tiver pesquisado uma palavra, pode olhar novas palavras, digitando as primeiras letras. (Nem é preciso pressionar Return.) Automaticamente, o Dicionário ou Thesaurus exibe a definição da primeira ocorrência da combinação de letras digitadas.

Se você clicar o botão ❶ no canto inferior esquerdo, o painel gira para revelar, além do controle de tamanho de fonte, um logo do Oxford American Dictionaries. Um dia, quando tiver curiosidade, clique-o. Você vai disparar o seu navegador e visitar a página Web de Imprensa da Universidade de Oxford.

Dica: Vê como a primeira letra de sua palavra aparece em uma aba especial arredondada, na margem esquerda do painel? Se clicar aquela letra, conseguirá ver a palavra que estava procurando em seu contexto alfabético, entre todas as outras palavras no dicionário. É uma maneira limpa de verificar por formas adicionais de palavras, para ver se talvez você digitou errada a palavra, ou para abrir o seu caminho de uma situação apertada quando estiver jogando com alguém o jogo de palavras "ghost".

ESPN

Exclusivo para os EUA. Esse widget mostra as pontuações atuais ou finais de jogos esportivos universitários ou profissionais. (Se o jogo ainda não tiver começado, você vê a hora de início.) Clique o botão ❶ no canto direito de cima para escolher o esporte que deseja rastrear. Clique o botão News (Notícias) para ver as manchetes – e clique em uma manchete para visitar o artigo inteiro da ESPN on-line.

Flight Tracker

Exclusivo para os EUA. Esse widget prático permite que você descubra quais voos existem entre quais cidades – e se o avião já está na rota, mostra onde ele está no mapa, qual a altitude, qual a velocidade e se vai ou não chegar no horário.

Essa pode parecer uma janela pequena, mas há muito acontecendo aqui:

- **Flight Finder.** Se você estiver planejando uma viagem, o widget pode mostrar uma lista de voos que combinam com o seu itinerário. Use os menus pop-up para especificar as cidades de chegada e partida e qual companhia aérea deseja consultar, se houver alguma. (Na verdade, geralmente é mais rápido *digitar* o nome da cidade na caixa, se você souber ou, melhor ainda, o código de três dígitos do aeroporto.) Depois, clique Find Flights (Encontrar Voos) ou pressione Return.

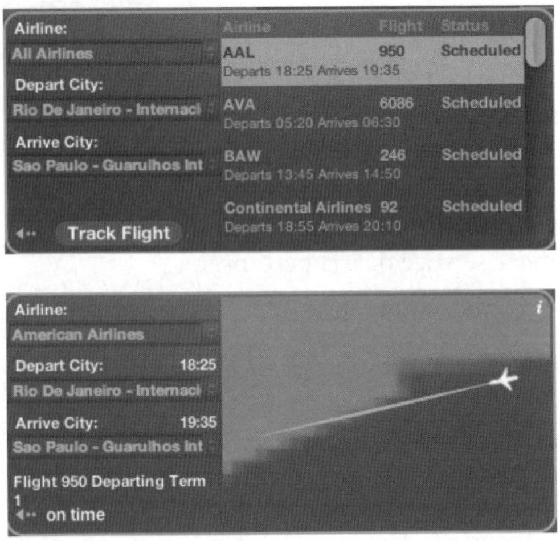

Figura 5-24:
Em cima: na maior parte do tempo, o Flight Tracker funciona como um pequeno agente de viagens, capaz de mostrar quais voos vão para quais cidades. Mas, se um dos voos está marcado "na rota", duplo-clique nele.

Embaixo: você vê o mapa com o seu progresso atual, conforme mostrado aqui. Também é possível ver a sua velocidade, o status *previsto de chegada (adiantado, atrasado ou no horário) e até qual terminal ele usará depois de pousar. Se clicar o avião, poderá se aproximar dele, com zoom.*

Depois de um momento, o lado direito da tela inicia uma lista de rolagem de voos que combinam com a sua consulta. Você pode ver o número do voo, os horários de partida e chegada e o nome da companhia aérea.

Essa é uma ótima ferramenta quando um amigo ou parente está voando e você não tem certeza do número do voo, companhia aérea ou horário de chegada.

- **Flight Tracker.** Na maior parte do tempo, a coluna de *status* dos resultados informa Scheduled (Programado), significando que você está olhando para algum voo futuro. No entanto, de vez em quando, você tem sorte e ela informa Enroute (Em rota). É quando as coisas ficam divertidas: duplo-clique aquela fileira de resultados para ver a posição atual do avião em um mapa nacional ou internacional (Figura 5-24).

Dica: Se você clicar o pequeno botão ⓘ antes de realizar uma busca de voo, o painel se abre para exibir o logo da companhia que fornece os dados de voo. Clique o logo para abrir a sua página Web.

Google

Esse nada mais é do que a barra de busca individual do Google. Digite nela uma frase de busca, aperte Return e pronto: você está em seu navegador Web olhando para os resultados do Google.

iCal

Sim, é possível saber a data de hoje, clicando o relógio em sua barra de menu. Mas, esse tem uma aparência muito melhor. E além do mais, você pode usar esse calendário para olhar para frente e para trás, ou verificar o seu programa para o dia. Enquanto você clica esse widget, ele circula por três graus de expansão; veja a Figura 5-25.

Dica: Pressione Shift enquanto você clica para ver os painéis se expandindo ou diminuindo em câmera lenta.

Figura 5-25: *Clique o painel Data de hoje para expandir o segundo painel, que mostra o mês. (Clique ◀ e ▶ para mover um mês de cada vez.) Clique uma terceira vez para exibir o que estiver no calendário para o restante do dia, conforme registrado iCal.*

iTunes

Esse controlador de aparência brilhante é um controle remoto para o reprodutor de música iTunes. Destina-se a pessoas que ouvem música enquanto trabalham o dia todo e não têm grandes necessidades de administração de música, a não ser iniciar e parar a música (veja a Figura 5-26). Claro que você pode realizar todas as mesmas funções no próprio iTunes, na janela em miniatura do iTunes, ou mesmo usando o ícone iTunes do Dock. Mas, em um Mac com muitas janelas abertas, com o telefone tocando e o bebê chorando, você pode achar mais rápido parar a música pressionando F4, e depois clicando o botão Pause nesse widget.

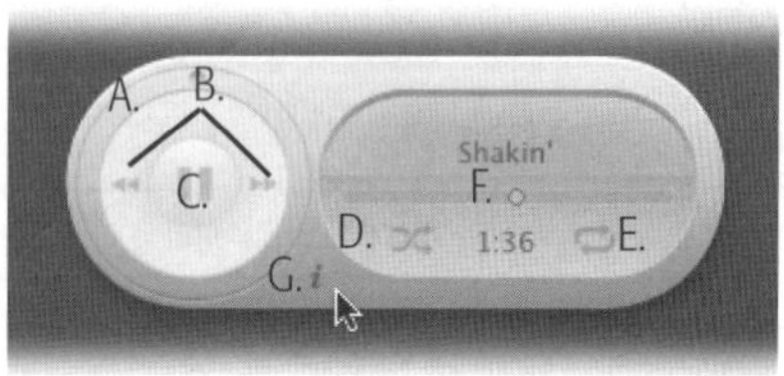

Figura 5-26: *O pequeno widget iTunes é cheio de áreas clicáveis.*

A. Controle de Volume.

B. Próxima faixa/faixa anterior.

C. Tocar/Parar.

D. Shuffle (reprodução em ordem aleatória) ligado/desligado.

E. Repetir esta faixa ligado/desligado.

F. Barra de rolagem (clique para percorrer uma faixa).

G. Clique nesse botão para fazer o widget "girar". Atrás, você verá um menu pop-up que lhe permite mudar a sua lista de reprodução, como se a tivesse criado no iTunes.

Movies

Ele permite que você procure por listagens de cinema-teatro para qualquer dia da semana – sem precisar suportar a amolação do jornal, o infernal labirinto de toques de um sistema telefônico ou os anúncios faiscando de um website.

Quando você abre esse widget, vê uma miniatura do cartaz do filme que muda para um filme diferente a cada três segundos. Em qualquer ponto, você pode clicar o próprio cartaz para ver o que há "por trás" do widget (Figura 5-27).

Na coluna à esquerda, você obtém uma lista de rolagem dos filmes em sua área. Aquele cujo cartaz você clicou é selecionado, mas você pode clicar qualquer um deles para ver, embaixo, todos os detalhes: data de lançamento, classificação, duração, elenco, gênero, uma rápida sinopse e um link para visualização (trailer). (Depois de ter visto o trailer, clique o botão de seta apontando para a esquerda no canto inferior esquerdo do widget.)

A coluna do meio relaciona os cinemas mais próximos, onde o filme selecionado está sendo exibido. Clique um cinema para ver os horários do filme na coluna à direita.

Dica: Então, como o widget sabe o que é "próximo"? Porque você disse. Você clicou o botão ❶ para girar o widget para trás, onde pôde fornecer o seu CEP ou a sua cidade e estado.

(E sim, é verdade. Agora você viu três faces desse widget tridimensional. Ele tem uma frente, as costas e as costas de trás.)

A propósito, você não está preso a essa exibição "Escolha um filme e nós mostraremos os cinemas". Vê no alto à esquerda, onde aparece o título "Movie Theathers" (Cinemas)? Clique a palavra Theathers para inverter a lógica. Agora, você está no modo "Escolha um cinema e mostraremos quais filmes estão sendo exibidos aqui". Essa exibição é muito melhor quando, por exemplo, só existe um cinema que seja realmente próximo e você quer saber quais são as suas opções.

Dica: Para voltar à exibição original de circular por cartaz de filme, clique uma parte vazia da barra de título.

People

Exclusivo para os EUA. Esse widget é um livro de telefones, a Lista Residencial, de todos os Estados Unidos, inteiramente contido em um pequeno widget. Especifique as informações que você souber – o sobrenome e estado (ou Código de Endereçamento Postal), pelo menos – e pressione Return. Em um instante, o widget exibe uma lista de cada nome combinando, completo, com número de telefone e endereço.

Clique o número do telefone para exibi-lo em números gigantescos, grandes o bastante para serem vistos enquanto você digita do outro lado do cômodo (ou da cidade); clique o endereço para uma página Web que mostra a casa da pessoa no mapa; e clique o botão ❶ para limitar buscas para determinado número de quilômetro a partir da cidade, estado ou Código de Endereçamento Postal especificado.

Figura 5-27:
Em cima: o widget Movies inicia com uma exibição de slides de cartazes de filmes.

Embaixo: no verso, você pode ler sobre os filmes atuais em cinemas, descobrir em quais cinemas eles estão sendo exibidos e ver os horários das sessões do dia. O menu pop-up do lado superior direito permite que você veja a programação para Hoje, Amanhã e os próximos quatro dias.

Relatório sobre Esqui (Ski Report)

Exclusivo para os EUA. Como você não poderia deixar de adivinhar: esse widget é para esquiadores. Clique o botão ❶ e digite o nome do resort de esqui que você está pensando em visitar. Digite o seu nome (como *Vail, CO* ou *Okemo, VT)* e depois pressione Return.

Quando o widget exibir o nome certo da montanha, clique Concluído e espere, enquanto o widget convoca as condições atuais de esqui da Internet e as exibe – temperatura, profundidade-base da neve, condições de superfície e assim por diante – em prática forma de ícone.

Lembretes (Stickies)

O Lembretes é um tipo de bloco de notas virtual, como Post-it, que permite digitar partes aleatórias de texto – um número de telefone, um endereço Web, uma lista de compras, ou o que for.

Claro que o Mac OS X já vem com um popular programa Lembretes. Então, por que a Apple o duplicou no Dashboard? Simples – porque você pode chamá-lo agora com um toque na tecla F4, tornando mais fácil abri-lo.

Por outro lado, esse Lembretes não é tão flexível quanto o aplicativo Lembretes. Por exemplo, não é possível redimensionar a página. E para acrescentar uma segunda ou terceira nota, é preciso clicar o botão + embaixo da tela para revelar a barra de widget, e, depois, clicar o ícone Lembretes para cada nova página.

Por *outro* lado, esse Lembretes não são tão franzinos quanto você poderia pensar. Se você clicar o pequeno botão ❶ no canto direito inferior, a nota gira para revelar atrás a escolha de cores de papel, fontes e tamanhos de fonte.

Stocks

Exclusivo para os EUA. Ei, acionistas do dia, essa é para vocês. Esse widget permite que vocês montem uma pasta de ações e observe-a subir e descer durante o dia (Figura 5-28).

Para configurar a sua pasta, clique o pequeno botão ❶, na parte de baixo da janela. O widget se vira, revelando a configuração de página atrás:

- **Adicione uma ação à sua lista.** Digite o seu nome ou abreviação da ação na caixa em cima; depois, clique o botão + ou pressione Return. Se só houver uma combinação possível – Microsoft, por exemplo –, o widget a adiciona instantaneamente à lista. Se houver alguma dúvida sobre o que você digitou, ou várias possíveis combinações, você verá um menu pop-up listando as alternativas, para que você possa clicar a desejada.

- **Tire uma ação da lista.** Clique o seu nome e, depois, Remover (Remove).

Dica: Geralmente, o widget exibe as subidas e descidas de cada ação como uma quantia em dólar ("+92" significa subida de 92 centavos, por exemplo). Porém, se você ativar Mostrar alteração como uma porcentagem (Show change as a porcentage) verá essas alterações representadas como porcentagens de seus valores anteriores.

Mas, por que você se importa? Uma vez que está olhando para a estatística atual de ações, você pode trocar entre os valores em dólares ou porcentagem, apenas clicando qualquer um dos botões de *status* vermelhos ou verdes de subida/descida.

Clique Concluído para voltar à exibição original de ações. Eis a sua lista de ações, os preços atuais delas (bem, atuais de 20 minutos atrás) e a quantidade que elas mudaram – verde, se tiverem subido; vermelho, se tiverem descido. Clique um nome de ação para ver os seu gráfico exibido na parte de baixo. (Você controla a escala de tempo clicando um dos pequenos botões acima do gráfico: "1d" significa um dia, "3m" significa três meses, "1a" significa um ano e assim por diante.)

Finalmente, se der duplo-clique o nome da ação, você voa no seu navegador da Web para ver uma página de análise de ação muito mais detalhada, cortesia de Quote.com (Lycos Finance).

Figura 5-28:
Mais widgets embutidos da Apple. No sentido horário, a partir da esquerda em cima: Tradução (Translate), Ações (Stocks), Jogo de Peças (Tile Game) e Tempo (Weather).

(O Jogo de Peças vem com uma foto de um leopardo--das-neves, mas você pode arrastar um novo gráfico para ele.)

Jogo de Peças

Por gerações, o Microsoft Windows teve o seu jogo de Paciência – e por gerações o Mac teve o Puzzle. Claro que a ideia é clicar os quadrados do quebra-cabeça, usando a lógica para reorganizá-los de volta à sequência original, para que a fotografia apareça ordenada.

Dica: O widget o inicia com uma bela foto de um leopardo-das-neves - entendeu? -, mas você pode substituir por qualquer foto que queira.

Para modificá-la, comece saindo do Dashboard. Procure a foto que prefere (na mesa ou no iPhoto, por exemplo). Agora, comece a arrastá-la em qualquer direção. Enquanto o mouse ainda está pressionado, pressione F4 (ou qualquer que seja o seu comando de teclado Dashboard) – e solte o gráfico arrastado diretamente no quebra-cabeça Jogo de Peças. Você acabou de substituir a imagem existente pela sua nova.

Na primeira vez em que você usar o Jogo de Peças, clique dentro dele para acionar o processo de misturar os quadrados. Clique uma segunda vez para interromper a mistura; em outras palavras, a Apple permite que você decida quão difícil (quão misturado) será o quebra-cabeça.

E se você ficar frustrado e desistir, perderá a velha foto do leopardo? Não. Basta abrir a barra de widget e abrir uma cópia nova do Jogo de Peças.

Tradução

Na próxima vez que você viajar, vá a algum lugar que tenha acesso à Internet sem fio onde quer que você esteja (sim, isso mesmo). Você será capaz de usar esse módulo para traduzir suas frases – ou as dos nativos – para 13 idiomas.

Basta escolher a direção do idioma que deseja a partir dos menus pop-up "de" (from) e "para" (to) e depois digitar a palavra, sentença ou parágrafo na caixa "Traduzir De". Rapidamente, a parte de baixo da janela mostra a tradução, conforme mostrado em cima, à esquerda, da Figura 5-28. (Não clique o botão de seta curva de cabeça dupla para fazer a tradução; aquele botão significa "Troque os idiomas De e Para".)

Claro que essas traduções são feitas por softwares-robô automáticos na Web. Como resultado, elas não são tão apuradas quanto o que você obteria de um profissional pago. Por outro lado, quando você estiver parado no meio de uma cidade estranha e não conhecer o idioma – precisando, desesperadamente, se expressar –, o que Dashboard oferece pode ser simplesmente bom o suficiente.

Dica: O seu primeiro instinto pode supor que esse módulo destina-se a traduzir coisas que você deseja dizer no idioma local. No entanto, pode descobrir que é até mais útil traduzir parágrafos do idioma estrangeiro – de e-mail ou páginas Web, por exemplo – em seu *próprio* idioma, para que você possa ler.

Conversor de Unidades (Unit Converter)

Não importa quais unidades você esteja tentando converter – metros, gramas, centímetros, quilômetros por hora –, o widget Conversor de Unidades está pronto para elas.

A partir do menu pop-up superior, escolha o tipo de conversão que deseja: Temperatura, Área, Peso, ou o que for. (Perca um minuto para apreciar a imagem interessante no alto da janela que ajuda a identificar a medida selecionada.)

Use o par de menus pop-up inferior para especificar quais unidades você deseja converter, como Celsius para Fahrenheit. Depois, digite a medida de início ou final. Para converter 48 graus Celsius para Fahrenheit, por exemplo, digite *48* na caixa Celsius. Não é preciso clicar nada ou pressionar qualquer tecla; a conversão é realizada instantânea e automaticamente enquanto você digita.

Nunca permita que digam que a tecnologia não está progredindo.

Dica: O Conversor de Unidades é especialmente surpreendente quando se trata de conversões de *moeda* – de reais a dólares norte-americanos, por exemplo – porque, de fato, ele faz o seu dever de casa. Ele entra on-line para fazer o download das taxas de conversão atualizadas por minuto, para garantir que a conversão seja exata.

Clima (Weather)

Esse famoso módulo do Dashboard mostra uma prática exibição das condições atuais do tempo em sua cidade (ou qualquer outro lugar) e, se você selecionar, até mesmo oferecer a previsão para seis dias (Figura 5-28, embaixo à esquerda).

Antes de iniciar, a etapa mais importante é clicar o botão ❶, no canto inferior direito. O widget se vira e, no painel de trás, você verá onde pode especificar a sua cidade e estado ou Código de Endereçamento Postal. Também é possível especificar se você prefere graus Celsius ou Fahrenheit, e se deseja que a previsão de seis dias mostre ambas, as máximas e as mínimas. (Normalmente, ele só mostra as máximas.) Clique Concluído.

Agora, a parte da frente do widget exibe o nome de sua cidade, a máxima e a mínima previstas para hoje, a temperatura atual e uma representação gráfica das condições do céu (ensolarado, nublado, chuvoso e assim por diante). Clique em qualquer lugar para revelar a previsão para seis dias.

Dica: Evidentemente, os membros da equipe do widget Weather da Apple ficaram orgulhosos de seu trabalho de arte. Você só ganha ao ver todos os ícones de tempo; eles ofereceram um comando de teclado secreto para você exibir todos os 19 ícones deslumbrantes e espirituosos do céu de acordo com o tempo.

Tudo o que é preciso fazer é manter pressionado ⌘ e Option enquanto você clica, repetidamente no widget. Você verá a cidade de Nowhere, onde o tempo muda cada vez que clicar.

Web Clips

Web Clips permite que você faça os seus *próprios* widgets com um clique. No entanto, esse widget em especial nada mais é do que um pequeno anúncio do recurso Web Clips – e um lembrete que você precisa iniciar a sua aventura Web Clip no Safari, não no Dashboard.

Relógio Internacional (World Clock)

Certamente, esse relógio exibe o horário atual, mas a sua barra de menu faz isso. A parte boa é que você pode abrir vários desses relógios – clique repetidamente no Relógio Internacional na barra de widget – e configurar cada um para mostrar o horário em uma cidade diferente. O resultado parece com a fileira de relógios no saguão de um hotel, fazendo com que você pareça suíço e preciso.

Para especificar qual horário da cidade aparece no relógio, clique o botão ❶ no canto inferior direito. O widget gira, revelando os menus pop-up que lhe permitem escolher um continente e cidade.

Mais widgets

A melhor parte do Dashboard é que ele pode ser expandido. *Milhares* de novos widgets escritos por outras pessoas estão disponíveis na Web: jogos, chat e informativos de e-mail, relatórios sobre o preço do petróleo, calculadores a tradutores, atualizadores de notícias e esportes, rastreadores financeiros e de saúde, e muito mais.

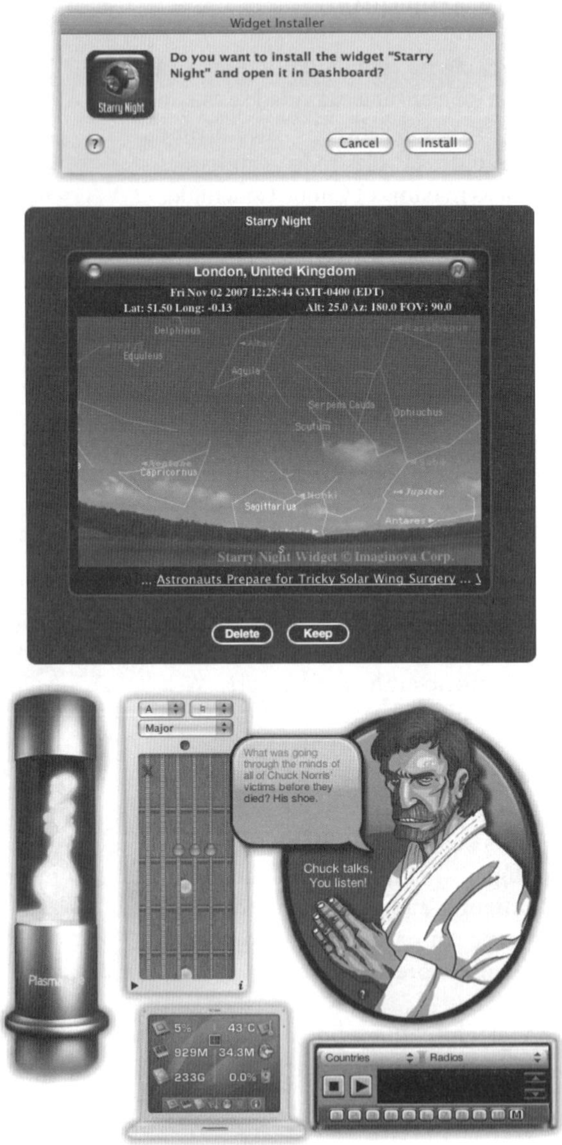

Figura 5-29:
Teoricamente, os widgets poderiam conter vírus, assim o Mac OS X é extremamente cuidadoso ao baixá-los.

Em cima: quando você tenta fazer o download de um widget, o Mac pergunta se você tem certeza.

No meio: depois de baixar um widget e confirmar a sua intenção, você encontra esse modo de test-drive dos widgets recém-baixados. É uma maneira de brincar com os novos widgets antes de, de fato, você se comprometer e adicioná-los ao seu sistema. Brinque com o widget e depois clique Keep (Manter) para instalá-lo (ou Delete, se julgar que ele é do mal).

Embaixo: nem todas as boas coisas vêm da Apple. Eis uma amostra representativa de widgets escritos por outras pessoas. A partir da esquerda, no alto: Plasma Tube, Guitar Cords, Chuck Norris Facts (fatos sobre Chuck Norris), World Radio e MiniStat 2 (detalhes sobre o seu Mac na hora).

Para ver a lista atual de belezas da Apple, use uma destas táticas:

- **A maneira rápida.** Control-clique (ou clique com o botão direito) o ícone do Dashboard no Dock. A partir do menu de atalho, escolha Mais Widgets (More Widgets).

- **A maneira longa.** Clique o botão Gerenciar Widgets (Manage Widgets) que aparece sempre que a barra de widgets for exposta; quando o widget Widget abrir, clique Mais Widgets.

Em qualquer modo, você vai para a página de downloads Apple Dashboard. (Alternativamente, cheque um site de downloads Mac, como www.versiontracker.com para uma seleção ainda mais completa.)

Algumas das ofertas de widget mais intrigantes incluem o widget Yahoo Local Traffic (que oferece as condições de trânsito em sua área), Air Traffic control (identifica estações-base sem fio AirPort dentro da abrangência de seu laptop) e TV Tracker (mostra o que você poderia estar assistindo na TV naquele exato momento, ao invés de estar trabalhando). Há também os rastreadores de encomendas FedEx, widgets de piada do dia, widgets sobre as tiras cômicas do jornal do dia e muitas outras variedades. (Veja a Figura 5-29, embaixo.)

Instalando um widget

Quando você baixa um widget, o Mac OS X é inteligente o bastante para instalá-lo automaticamente. Primeiro, porém, ele oferece um período de experiência, conforme mostrado na Figura 5-29.

Se você clicar Manter, o Mac OS X o copia em sua pasta Início→Biblioteca→Widgets. Só você verá aquele widget do Dashboard, pois ele foi copiado na pasta Widgets de *sua conta*. Qualquer outra pessoa que tenha contas nesse Mac não o verá.

A menos, é claro, que você copie ou mova aquele widget para a pasta Biblioteca→Widgets (isto é, para a pasta Biblioteca em sua janela de disco rígido principal). O conteúdo *daquela* pasta Widgets é disponibilizado para todos os usuários.

Web Clips: faça os seus próprios widgets

Você não precisa ficar satisfeito com os 20 widgets da Apple *ou* os vários milhares que outras pessoas escreveram. Você mesmo pode fazer um widget para o Dashboard – com apenas três cliques.

Os Web Clips exploram uma característica inerente dos widgets: existe uma quantidade incrível deles para apresentar informações em tempo real da Web. Esse é o ponto do widget Relatório sobre Esqui, Clima, Ações, Flight Tracker, ESPN e assim por diante.

Web Clips: faça os seus próprios...

Mas, e se o seu interesse não estiver em esquiar, ações ou esportes? E se estiver na primeira página do *The New York Times*? Ou nos livros infantis mais vendidos na Amazon? Ou no vídeo mais assistido no YouTube? Ou em algum jogo legal do Flash em que você gostaria de chamar com o toque de uma tecla?

Essa é a beleza de Web Clips, uma parceria do Dashboard e do Safari. Eles permitem que você transforme *qualquer seção de qualquer página Web* em um widget para o Dashboard que se atualiza cada vez que você o abre. É como ter uma chave automática em tempo real de todos os seus websites preferidos de uma vez.

Como criar um widget Web Clip

Eis como você cria um widget faça-você-mesmo:

1. Abra o Safari.

Safari é o navegador Web do Mac. Ele está em sua pasta Aplicativos.

2. Vá até a página Web que contém as informações que você deseja recortar. Selecione Arquivo→Abrir no Dashboard (File→Open in Dashboard).

A tela escurece, com apenas uma pequena janela de branco. Enquanto você move o seu cursor pela página, convenientemente, o pequeno retângulo branco se dimensiona, para se ajustar às diversas seções retangulares da página.

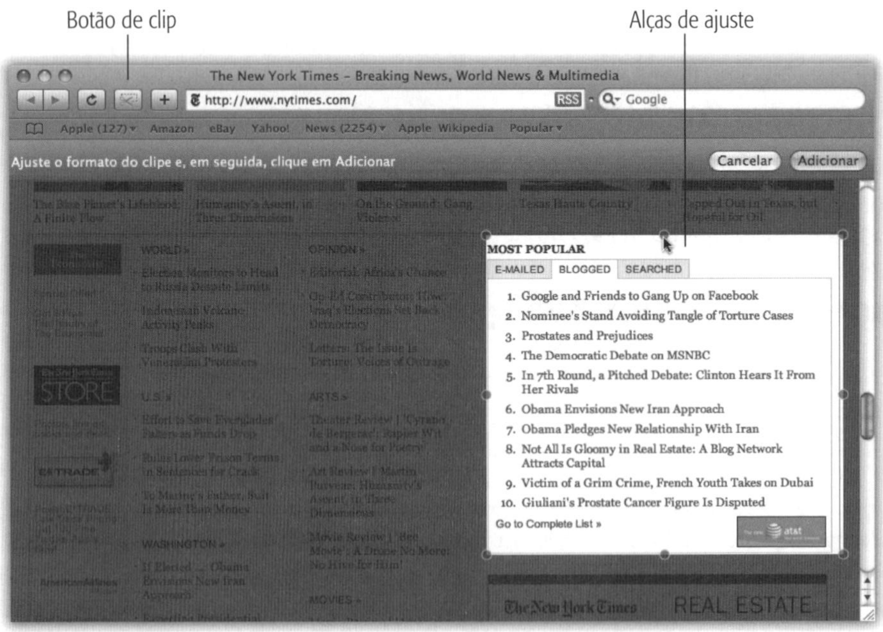

Figura 5-30: *Arraste as pequenas alças em volta, para tornar a caixa branca grande o bastante para circundar a parte da página que você deseja copiar. Ou arraste dentro da caixa para mover tudo.*

Conforme mostrado na Figura 5-30, o seu serviço é fazer uma moldura em volta da página que, normalmente, exibe as informações que você deseja. Se o website vier a redesenhar as suas páginas, ela destruirá o seu widget – mas, sem problemas. Você só demora cinco segundos para fazê-lo de novo.

3. Ajuste as alças de canto ou laterais para fechar a parte da página que deseja. Quando tiver terminado, clique em Adicionar (Add) ou pressione Return.

Agora, o Dashboard se abre automaticamente. Mas, espere – o que é isso? Há um novo widget aqui, que não havia antes.

Nesse ponto, você pode enfeitar o seu widget, adicionando um pequeno polimento a esse clipe bruto que extraiu de uma página Web. Clique o botão ❶ que aparece quando você move o seu mouse para o canto inferior direito. O widget gira, para revelar os controles mostrados na Figura 5-31.

Aqui, você pode clicar um dos estilos de moldura para dar ao seu widget uma margem de melhor aparência.

Figura 5-31:
Em cima: clique em um estilo de moldura para dar ao seu widget margens de melhor aparência. Se o widget reproduzir sons, ele continua executando o som quando você fechar o Dashboard, a menos que você ative Executar áudio apenas no Dashboard (Play audio in Dashboard only).

Embaixo: clique em Editar (Edit) para voltar à frente do widget, onde você pode ajustar a sua posição na página Web subjacente.

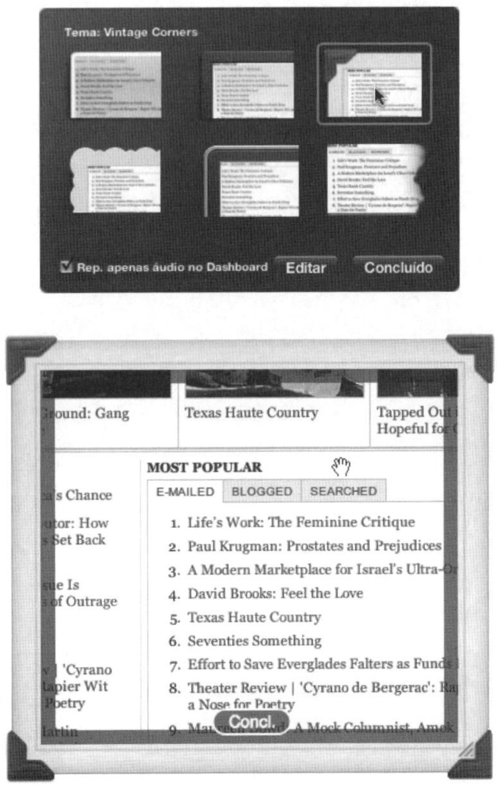

Se clicar Editar no widget, ele gira para frente novamente, e aqui é onde ele fica surreal: você pode reposicionar o conteúdo do seu widget, como se ele fosse uma janela, naquela página Web que é visível atrás dele. Arraste o conteúdo do widget em qualquer direção dentro da moldura ou redimensione a moldura, usando a alça de redimensionar do lado direito, embaixo. Clique Concluído.

Você pode fazer quantos widgets Web Clips quiser.

Porém, aqui vai um grande grito de atenção: se você fechar um desses widgets feitos em casa, ele se vai para sempre (ou pelo menos, até que você o reescreva). Eles nunca são representados como ícones na barra de widget, como são os widgets comuns.

Bem – o que vem fácil, vai fácil, certo?

Nota: Se você é do tipo de programador persuasivo – se tiver habilidade em JavaScript e HTML, por exemplo –, saiba que hoje é mais fácil do que nunca escrever widgets personalizados. (Não apenas widgets Web Clip; widgets *verdadeiros*.)

Isso porque o Snow Leopard vem com o Dashcode, um ambiente de montagem de widget fácil de usar. Você encontrará o instalador em seu DVD de instalação do Snow Leopard (na pasta Optional Installs→X-Code Tools [Instalações→Opcionais→Ferramentas→Xcode), e encontrará tutoriais e exemplos digitando *dashcode tutorial* no Google.

CAPÍTULO

6

Entrada e movimentação de dados e Time Machine

O Macintosh original, aquele de 1984, não deixou os queixos caídos apenas por sua velocidade, preço ou formato diferenciado. O que mais surpreendeu as pessoas foi a simplicidade e a elegância de sua interface de usuário. Em algum ponto de cada demonstração da Apple, o apresentador copiava um gráfico desenhado no programa MacPaint e o colava diretamente no processador de textos MacWrite, onde ele aparecia elegantemente alinhado entre os parágrafos do texto digitado.

Hoje, esse exemplo de troca de dados parece óbvio. Mas, naquela época, esse simples ato atingiu as pessoas como um raio. Afinal, se esse pequeno computador permitia copiar e colar entre diferentes programas, provavelmente ele poderia fazer qualquer coisa.

Atualmente, o Mac está ainda mais apto a ajudá-lo a mover e compartilhar dados valiosos. O Mac OS X oferece diversas maneiras de transportar informações dentro de um documento, entre diferentes documentos, entre diferentes programas e até mesmo entre diferentes computadores Mac e Windows.

O teclado Macintosh

Neste livro inteiro você encontrará referências a determinadas teclas dos teclados da Apple. "Mantenha a tecla ⏏ pressionada", ou pode ler "Pressione Control-F2". Se você veio do Mac OS 9, do Windows ou até mesmo de uma máquina de datilografar, poderá ficar um pouco confuso. (O alfabeto possui 26 letras, então por que eu preciso de 101 teclas?")

Para tornar qualquer tentativa de explicação ainda mais complicada, os teclados da Apple continuam mudando. O que você está usando agora provavelmente é um desses modelos:

- **O teclado atual**, onde as teclas são pequenas peças achatadas que saem de orifícios quadrados no alumínio (Figura 6-1). É o que você tem nos laptops atuais, teclados com fio e teclados wireless Bluetooth.

- **O teclado de desktop antigo e de plástico**, ou o teclado de plástico do laptop branco ou preto.

Figura 6-1:
Na parte superior dos teclados de alumínio do Mac, as teclas F possuem dupla função. Normalmente, pressionar as teclas F1 a F4 correspondem a reduzir o brilho da tela, aumentar o brilho da tela, Exposé e Dashboard. Pressionar a tecla Fn no canto modifica suas personalidades.

Aqui, então, começa um tour guiado às teclas específicas do teclado atual do Mac:

Dica: Para conhecer os teclados com e sem fio atuais da Apple, visite o site www.apple.com/keyboard/.

- **Fn**. Como você chamaria a tecla Fn? Certamente, não a chamaria de "função"; afinal, as teclas F na parte superior do teclado já são conhecidas como teclas de função. Muito menos "fun" (diversão); todo mundo sabe que a tecla Fn não é assim tão divertida de pressionar.

  O que ela *faz*, no entanto, é muito claro: ela altera o propósito de determinadas teclas. É uma grande sacada para laptops, que não possuem tantas teclas quanto os teclados para desktop. Então, para as funções menos utilizadas, você deve pressionar Fn e a tecla normal. (Por exemplo, a tecla Fn transforma a ↑ em Page Up, que rola um documento para cima de tela em tela cheia.)

Nota: Na maioria dos teclados do Mac, a tecla Fn está no canto inferior esquerdo. A exceção é o teclado completo para desktop (o que possui teclado numérico); nele, a tecla Fn é o pequeno bloco de teclas entre as teclas de letras e o teclado numérico.

Você encontrará mais exemplos da tecla Fn nos parágrafos a seguir.

- **Teclado numérico.** As teclas do teclado numérico são exatamente a mesma coisa que os números na parte superior do teclado. Porém, com a prática, digitar números de telefone e preços é muito mais rápido com o teclado numérico, uma vez que você não precisa olhar o teclado enquanto faz isso.

  Agora, à primeira vista, somente teclados para desktop vêm com esses blocos de teclas numéricas. Porém, em alguns laptops Mac antigos, você pode ver que os números 0 a 9 na verdade foram pintados em um bloco de teclas de *letras* próximo ao lado direito. (1, 2 e 3 são J, K e L, por exemplo.)

  Você pode transformar essas teclas de letras em alteregos numéricos de duas maneiras. Primeiro, você pode pressionar a tecla NumLock na parte de cima do teclado, que ativa os números e mantém as teclas assim até que você pressione NumLock novamente. Ou, quando for digitar poucos números, mantenha a tecla Fn pressionada com a mão esquerda enquanto pressiona as teclas com a direita.

  Consequentemente, a Apple eliminou esse efeito embutido do teclado dos seus laptops depois de descobrir que praticamente ninguém o usava.

- ☼, ☼ **(F1, F2).** Essas teclas controlam o brilho da sua tela. Normalmente, você pode reduzir o brilho quando estiver em um ambiente escuro ou quando deseja economizar a bateria do seu laptop; e poderá aumentar quando estiver debaixo do sol.

- ▭ **(F3).** Essa tecla ativa o Exposé, a prática funcionalidade de gerenciamento de janelas.

- ◷ **(F4).** Pressione essa tecla para abrir o Dashboard, o arquipélago de pequenos widgets para propósitos específicos como Weather (Tempo), Stocks (Ações) e Movies (Cinema). O final do Capítulo 5 descreve o Dashboard em detalhes.

- **(F5, F6).** Os laptops mais recentes possuem teclados iluminados, que são muito úteis quando você está digitando no escuro. A iluminação das teclas é ativada automaticamente quando o ambiente fica escuro, mas você mesmo também pode controlar a iluminação pressionando essas teclas. (Na maioria dos outros Macs, as teclas F5 e F6 não estão atribuídas a nenhuma função. Elas estão livres para você usar conforme considerar adequado.)

- **◂◂, ▸II e ▸▸ (F7, F8 e F9).** Essas teclas funcionam nos programas que você imaginava: iTunes, QuickTime Player, DVD Player e outros programas em que são úteis os botões de Retrocesso, Reprodução/Pausa e Avanço rápido.

Dica: Pressione as teclas ◀◀ ou ▶▶ para pular para a faixa/capítulo anterior ou próximo. Mantenha-a pressionada para retroceder ou avançar rapidamente.

De forma estranha, a tecla ▶II está programada para abrir o iTunes. E não, você não pode modificar essa atribuição! (Felizmente, quando você já está em um programa de reprodução como o DVD Player ou QuickTime Player, a tecla limita sua função ao controle de Reprodução/Pausa.)

- **🔈, 🔉, 🔊 (F10, F11 e F12).** Essas três teclas controlam o volume do alto-falante. A tecla 🔈 significa Mudo (Mute); pressione-a uma vez para interromper o som completamente, e novamente para restaurar o nível anterior. Pressione a tecla 🔉 repetidas vezes para reduzir o volume e a tecla 🔊 para aumentar.

  Cada vez que você pressiona uma tecla dessas, vê uma versão grande e branca do seu símbolo na tela, e você ouve um pequeno sinal sonoro – uma pequena indicação do Mac para que você saiba que ele entendeu o que você quer fazer. (Pressione Shift para não ouvir esse sinal sonoro.)

- **⏏.** Essa é a tecla Ejetar (Eject). Quando houver um CD ou DVD no seu Mac, pressione essa tecla para fazer o computador ejetá-lo. Se o seu Mac possui uma *bandeja* de DVD (em vez de apenas uma entrada), mantenha esse botão pressionado por cerca de um segundo para fazer a bandeja deslizar e se abrir.

- **Home, End.** "Home" e "End" significam "ir para o início ou fim da janela". Se você está em uma lista de arquivos, as teclas Home e End vão para o topo ou fim da lista. No iPhoto, elas vão para a primeira ou última foto da sua coleção. No iMovie, a tecla Home volta seu filme para o início. No Safari, vai para o início ou fim da página Web. (No Word, elas vão para o início ou fim da linha. Mas, novamente, a Microsoft sempre teve suas próprias maneiras de fazer as coisas.)

  Nos teclados sem um bloco dedicado de teclas numéricas, você obtém essas funções pressionando Fn e as teclas ← e →.

- **Pg Up e Pg Down.** Essas teclas rolam a janela para cima e para baixo de tela em tela. A ideia é que você possa rolar através de documentos de texto, páginas Web e listas sem ter de usar o mouse.

  Em teclados sem o teclado numérico, você obtém essas funções pressionando Fn e as teclas ↑ e ↓.

- **Clear.** A tecla Clear (somente nos teclados completos para desktop) libera qualquer coisa que você tenha selecionado, mas sem colocar uma cópia na Área de Transferência (Clipboard), como faria o comando Cortar (Cut).

- **Esc.** O nome Esc vem de Escape, e significa "cancelar". Ela é fantasticamente útil. Ela fecha caixas de diálogo e menus e sai de modos especiais como o Quick Look,

Front Row, apresentações de slides, protetores de tela, entre outros. Familiarize-se com ela.

- **Delete**. É a tecla de retrocesso.

- ⌦. Muitos fãs do Mac passaram anos sem conhecer a praticidade dessa pequena e encantadora tecla: a de deleção dianteira. Enquanto a tecla Delete apaga o que estiver à *esquerda* do ponto de inserção, essa (chamada de Del nos teclados antigos) apaga o que estiver à *direita*. Ela é muito útil quando, por exemplo, você clicou em um texto para fazer uma edição – mas acabou colocando o cursor justamente no lugar errado.

  O teclado completo para desktop da Apple possui uma tecla dedicada para essa função. Nos outros teclados, você obtém essa função pressionando Fn junto com a tecla Delete.

- **Return e Enter**. Em quase todos os programas, essas teclas fazem a mesma coisa: envia sua digitação para a próxima linha. Quando uma caixa de diálogo aparece na tela, pressionar Return ou Enter é o mesmo que clicar o botão de confirmação (como OK ou Concluído [Done]). Pouquíssimos programas tratam essa tecla de forma diferente, apesar de o Microsoft Excel ser um deles.

- ⌘. Essa tecla ativa os atalhos do teclado para itens de menu.

- **Control**. A tecla Control ativa menus de atalho.

- **Option**. A tecla Option (chamada de Alt nos teclados em alguns países) é um tipo de tecla "mista". Ela é equivalente à tecla Alt do Windows.

  Ela permite que você acesse funcionalidades secretas – você conhecerá todas elas ao longo de todo este livro – e para digitar símbolos especiais. Por exemplo, você pressionar Option-4 para obter o símbolo ¢ e Option-Y para obter o símbolo ¥ (iene).

- **Ajuda (Help)**. No Finder, programas da Microsoft e outros poucos lugares, essa tecla abre a tela de ajuda eletrônica. Mas isso você já sabia.

A história complicada das teclas de função

Conforme a seção anterior deixou bem claro, as teclas F na parte de cima dos novos teclados do Mac vêm com funções predefinidas. Elas controlam o brilho da tela, o brilho do teclado, o volume do alto-falante, a reprodução da música, e por aí vai.

Mas elas nem sempre foram assim. Antes de a Apple atribuir as funções de avanço rápido e controle de volume do alto-falante, as teclas F9, F10 e F11 controlavam a função de gerenciamento de janelas do Exposé, descrito no Capítulo 5.

Então a questão é: e se você não *quiser* ativar as funcionalidades de hardware dessas teclas? E se você quiser pressionar a F1 para significar "F1" (que abre a janela de Ajuda em alguns programas)? E se você quiser que as teclas F9, F10 e F11 controlem os três modos do Exposé, como elas faziam antigamente?

Para esse propósito, você deve usar a tecla Fn. Essa tecla (no canto inferior esquerdo dos teclados menores e no bloco central dos maiores) alterna a função das teclas de função. Em outras palavras, pressionar Fn e F10 ativa a funcionalidade do Exposé, apesar de essa tecla possuir o símbolo Mudo (🔈).

Mas existe um detalhe: e se você decidir concluir que utiliza aquelas teclas F para funcionalidades de software (como Cortar, Copiar, Colar, e para o Exposé) com *mais frequência* que as funcionalidades de hardware (como brilho e volume)?

Nesse caso, você pode inverter a lógica, de forma que pressionar as teclas F *sozinhas* ativa as funções de software e elas possam controlam o brilho e áudio quando pressionadas com a tecla Fn.

Para fazer isso, selecione →Preferências do Sistema→Teclado (→System Preferences→Keyboard). Ative a caixa de seleção Use todas as teclas F1, F2 etc. como teclas de função padrão (Use all F1, F2 etc. keys as standard function keys).

E é isso. A partir de agora, você pressiona a tecla Fn para obter a função impressa nas teclas (◀◀, ▶II, ▶▶, 🔈, 🔉, 🔊, ☼, ☀, e por aí vai).

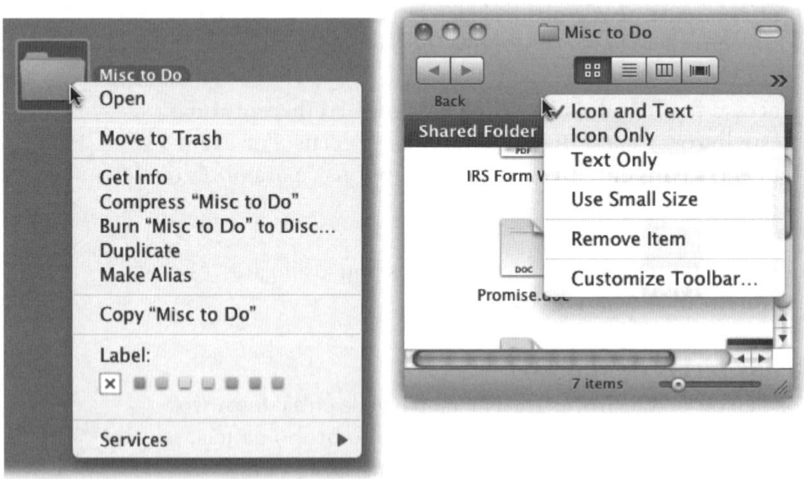

Figura 6-2: *Um menu de atalho é aquele que se abre quando você clica um ícone, botão ou pasta, por exemplo. A beleza de um menu de atalho está no fato de que os seus comandos são contextuais. Eles trazem comandos úteis exatamente nos pontos em que eles são essenciais, em menus que são relevantes somente naquele clique.*

Observações sobre o clique com o botão direito

A Apple não se orgulha muito de ter roubado boas ideias da Microsoft; só Deus sabe o quanto a Microsoft já roubou da Apple. Então, no Snow Leopard, os *menus de atalho* são mais importantes do que nunca (Figura 6-2).

De fato, eles são tão importantes que vale a pena gastar toda essa tinta e papel deste livro para explicar das diferentes formas de ativar um "clique com o botão direito" (ou um *clique secundário*, como a Apple o chama, porque não são todos os métodos que realmente envolvem um segundo botão do mouse, e ele não tem de ser o botão direito):

- **Control-clique**. Por anos, você podia abrir o menu de atalho de alguma coisa na tela do Mac Control-clicando o item – e você ainda pode. Isto é, enquanto pressiona a tecla Control (na parte de baixo do teclado), clique com o mouse em seu alvo.

- **Clique com o botão direito**. Fãs experientes de computadores sempre preferiram o método com uma mão: clicar o botão direito. Isto é, clicar algo pressionando o botão *direito* em um mouse de dois botões.

  "Ah, mas é isso que sempre me deixa louco sobre a Apple", é o que todos dizem. "Eles se recusam a abandonar esse mouse de um botão!"

  Calma, não é bem assim.

  Em primeiro lugar, você pode conectar qualquer mouse USB de dois botões que custe 6 dólares em um Mac, e ele funcionará perfeitamente. Recicle aquele mouse velho do seu antigo PC, se quiser.

  Além disso, se você comprou um Mac desktop do final de 2005, provavelmente já *possui* um mouse de dois botões – mas você não percebeu. Dê uma olhada: trata-se de uma cápsula plástica branca e brilhante com uma pequena bolinha de rolagem cinza na extremidade? Então você possui um Mighty Mouse, e ele tem um botão direito *secreto*. Ele não funciona até que você o solicite para isso.

  Para fazer isso, selecione →Preferências do Sistema. Clique no Mouse. Lá, com todo o seu esplendor, está um diagrama do Mighty Mouse.

  O seu trabalho é selecionar o Botão Secundário a partir do menu de atalho que identifica o lado direito do mouse. (O motivo pelo qual ele não é chamado de "botão direito" deve-se justamente ao fato de que os canhotos podem preferir inverter as funções da esquerda e direita.)

Observações sobre o clique com...

A partir de agora, mesmo que você não veja os dois botões, seu Mighty Mouse registra, de fato, um clique esquerdo e direito dependendo de qual lado do mouse você pressionou. Ele funciona muito mais facilmente que parece.

- **Use o trackpad (maneira antiga).** Se você possui um laptop Mac, você pode "clicar o botão direito" diretamente do trackpad.

Figura 6-3: *O painel Trackpad das Preferências do Sistema tem uma aparência diferente dependendo do modelo do laptop. Mas este mostra as duas formas de obter um "clique com o botão direito".*

Para fazer isso, aponte para o item que deseja clicar. Coloque dois dedos no track-pad – e então clique. (Você ativa e desativa essa funcionalidade em Preferências do Sistema→Trackpad, onde você também pode ver um pequeno vídeo de como fazer isso.)

- **Use o trackpad (nova maneira).** Dois dedos e o polegar? Isso *é* um pouco demais para obter apenas um clique com o botão direito, e a Apple sabe disso. Então, nos modelos mais novos de laptops Mac, você pode fazer isso clicando um dos cantos inferiores (esquerdo ou direito) do trackpad – somente com um dedo. (Seu laptop permite isso se ele não tiver o botão separado. Em vez disso, *toda a superfície do trackpad* pode ser clicada. Você pode ativar esse método em Preferências do Sistema→Trackpad, conforme mostrado na Figura 6-3.)

Digitação turbinada no Snow Leopard

Algo estranho está acontecendo em silêncio na Apple: *digitar* é algo que está ganhando muita atenção.

Isso começou quando a Apple criou um verificador ortográfico que funciona em todo o sistema. Pela primeira vez na história dos computadores, o *sistema operacional* assumiu o controle sobre as correções ortográficas. Você não precisa manter um corretor ortográfico separado para cada programa que utilizar. Agora existe apenas um, e ele funciona na maioria dos programas da Apple: Editor de Texto (TextEdit), Lembretes (Stickies), iChat, Mail, iCal, Safari, Pages, iPhoto, iMovie, entre outros. Adicione uma palavra ao dicionário em um programa, e ela estará disponível para todos os outros.

No Mac OS X 10.5 (Leopard), a Apple incluiu um verificador gramatical.

Agora, no Snow Leopard, há muito mais. Existe a substituição de texto, onde você pode digitar *addr*, por exemplo, e o sistema substitui por "Irwina P. McGillicuddy, 129 Eastport Lane, Harborvilletown, MA, 02552". (O mesmo sistema corrige automaticamente os erros de digitação mais comuns como *teh* em vez de *the*.) Também há uma funcionalidade de inversão de capitulação que pode alterar um texto selecionado para TODAS MAIÚSCULAS, todas minúsculas ou Primeira Letra Maiúscula. Todas essas funcionalidades estão disponíveis na maioria dos programas da Apple e em quaisquer outros programas que se enquadram nos circuitos de processamento de texto do Mac OS X (embora, infelizmente, isso não inclua os programas da Microsoft).

O corretor ortográfico e gramatical do Mac OS X

O Mac OS X pode lhe oferecer verificações ortográficas e gramaticais interativas, assim como no Microsoft Word e outros editores de texto. Isto é, palavras com erros ortográficos ou sentenças ou fragmentos de texto mal construídos são marcadas (com um sublinhado pontilhado em vermelho para problemas de ortografia e verde para de gramática) no momento em que você os digita. A seguir, um curso rápido:

- **Verificar a ortografia de uma palavra**: selecione a palavra. Selecione Editar→Ortografia e Gramática→Mostrar Ortografia e Gramática (Edit→Spelling and Grammar→Show Spelling and Grammar). A caixa de diálogo de gramática e ortografia é aberta com as correções propostas visíveis.

- **Verificar a ortografia enquanto digita**. Selecione Editar→Ortografia e Gramática→Verificar Ortografia ao Escrever (Edit→Spelling and Grammar→Check Spelling While Typing). (Se a opção Verificar Gramática com Ortografia [Check Grammar With Spelling] estiver ativada no mesmo submenu, você também terá a verificação gramatical.)

Agora, conforme você digita, você verá esses sublinhados vermelhos e verdes nas palavras que o Mac acredita que representem erros ortográficos e gramaticais. Para corrigir um, Control-clique (clique com o botão direito) a palavra sublinhada e prossiga conforme mostrado na Figura 6-4.

Dica: No Editor de Texto, você pode dizer ao Mac que sempre quer a marcação de erros para todos os novos documentos a partir de agora. Selecione Editor de Texto→Preferências (TextEdit→Preferences), clique em Novo Documento (New Document) e ative a opção Verificar a ortografia ao digitar (Check spelling as you type).

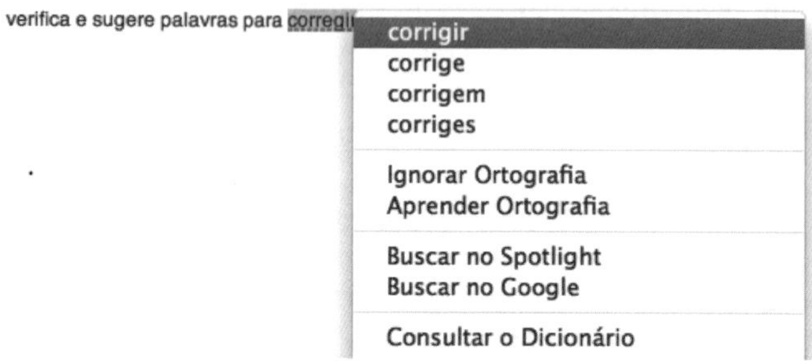

Figura 6-4:
Você sempre estará a um Control-clique (ou clique com o botão direito) de uma ortografia mais exata. Sempre que Control-clicar uma palavra questionável, as sugestões do dicionário incorporado da Apple aparecem no menu de atalho, juntamente com os comandos Aprender (Learn) e Ignorar (Ignore).

- **Verificar a ortografia após a finalização do documento**. Selecione Editar→Ortografia e Gramática→Mostrar Ortografia e Gramática (Edit→Spelling and Grammar→Show Spelling and Grammar) (ou pressione ⌘-:). A caixa de diálogo Ortografia (Spelling) aparece. O primeiro erro apontado aparece no topo da caixa, com as correções propostas abaixo.

  Se você gostar das propostas da Apple, clique-a e, em seguida, clique Alterar (Change). Se a palavra já estava correta (por exemplo, se o último nome do garoto realmente for Teh), então clique Buscar Seguinte (Find Next) ("deixe a palavra como eu a digitei"), Ignorar (Ignore) ("isso está OK neste documento") ou Aprender (Learn) ("nunca marque esta palavra novamente").

  De modo superprático, você também pode clicar Definir (Define) para verificar uma palavra selecionada (uma das sugestões de ortografia, por exemplo) no aplicativo Dicionário (Dictionary) incorporado do Mac. Da mesma forma, o verificador ortográfico é esperto o suficiente para manter verificadores ortográficos (dicionários) diferentes para idiomas distintos – e para reconhecer, dentro de um único documento, qual idioma você está usando!

- **Corrigir a ortografia ao digitar**. Observe a diferença. *Verificar* sua ortografia significa "encontrar palavras com erros ortográficos". *Corrigir* significa corrigir automaticamente os erros assim que eles ocorrem, conforme você digita. Você pode nem perceber que isso está acontecendo!

Essa opção tentadora está em Editar→Ortografia e Gramática→Corrigir Ortografia Automaticamente (Edit→Spelling and Grammar→Correct Spelling Automatically). Certamente, quando essa opção estiver ativada, erros comuns de digitação como *noã* e *paar* são corrigidos conforme você digita; você não precisa fazer nada para que isso aconteça.

Porém, ele não é perfeito. Ele não corrige todos os erros (ou até a maioria deles). De vez em quando ele ainda corrige uma palavra que não precisa ser corrigida, como trocar *brb* (jargão da Internet para "be right back" ["volto logo"]) por *bribe* (suborno), por exemplo. (Quando ele cometer um erro, pressione ⌘-Z, o comando Desfazer [Undo], para restaurar o que você digitou.) E, às vezes, ele não efetua a correção até que você esteja na metade da sentença.

Ainda assim, até que é legal.

Substituição de Texto (Expansão de Abreviação)

Mais um recurso legal: uma nova funcionalidade do Snow Leopard que substitui, automaticamente, *algo* que você digita por outra coisa. Por quê? Porque pode fazer qualquer uma dessas coisas.

Insira os símbolos tipográficos apropriados

Por exemplo, o Snow Leopard pode inserir "aspas curvas" atraentes automaticamente quando você digitar "aspas simples", ou travessões – como esse – quando você digitar dois hífens (-- assim). Ele também pode inserir frações (como ½) quando você digita 1/2.

Você pode ver a lista de substituições embutidas – e criar suas próprias – na aba Preferências do Sistema→Idioma e Texto→Texto (System Preferences→Language & Text→Text), conforme mostrado na Figura 6-5.

Porém, a Apple não quer que você enlouqueça, então ela se certifica que você tem certeza que deseja que essas substituições sejam realizadas. Então você deve ativar cada uma dessas funcionalidades manualmente, em cada programa. (Esses comandos estão disponíveis em todo lugar que você digite muito, como o Editor de Texto, Mail e Lembretes.)

- **Aspas automáticas.** Para fazer com que as aspas se curvem, selecione Editar→ Substituições→Aspas Inglesas (Edit→Substitutions→Smart Quotes), de forma que ela fique marcada.

Nota: Na aba Preferências do Sistema→Idioma e Texto→Texto (System Preferences→Language&Text→ Text), você pode especificar o tipo de aspas que você prefere: «esse tipo», „esse tipo", ou o que for. Isso é muito internacional!

- **Hifenização automática.** Para transformar hifens duplos por hifens longos (—), selecione Editar→Substituições→Hifens Inteligentes (Edit→Substitutions→Smart Dashes), de forma que ela fique marcada.

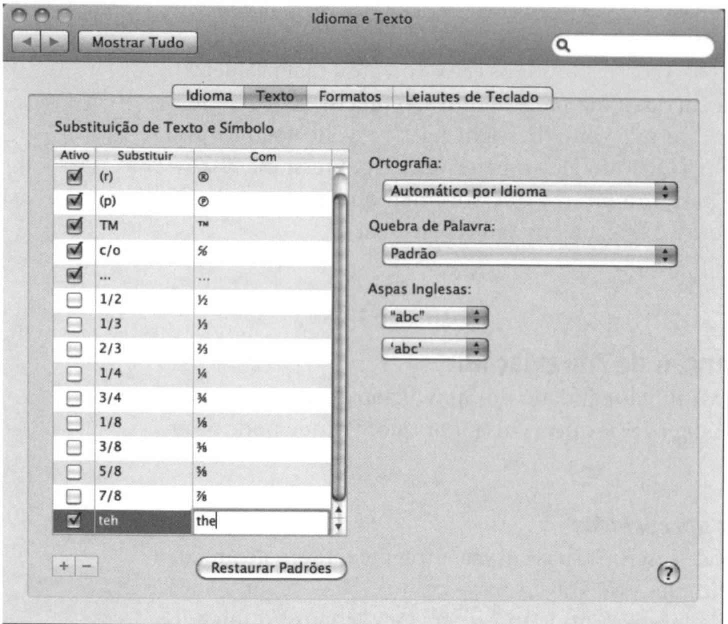

Figura 6-5: *Aqui é o local onde você pode gerenciar as substituições tipográficas do Mac OS X. Você já pode ver que aquelas frações comuns que digitamos estão definidas para serem substituídas por símbolos mais elegantes assim que você as digita. Mas você pode adicionar todos os tipos de correções automáticas e mesmo parágrafos de texto padronizados.*

- **Links inteligentes.** Também há uma opção para criar Links Inteligentes, em que qualquer endereço Web que você digitar se transforma em um link azul, sublinhado e clicável para uma página Web. Ative-a em Editar→Substituições→Links Inteligentes (Edit→Substitutions→Smart Links).

Dica: Você também pode selecionar Editar→Substituições→Mostrar Substituições (Edit→Substitutions→ Show Substitutions) para fazer aparecer um painel flutuante, completo com caixas de seleção para todas essas funcionalidades.

Substitua abreviações por frases longas

Isto é, você pode programar *addr* para digitar seu endereço inteiro. Crie abreviações de duas letras para termos técnicos ou jurídicos grandes que você tenha que digitar várias vezes. Configure *cartarejeita* para digitar uma carta de rejeição educada para usar em e-mails. E assim por diante.

Essa funcionalidade existe no Microsoft Office há tempos (chamada AutoCorreção), e sempre esteve disponível como um add-on shareware (TypeIt4Me e TextExpander, por exemplo). Mas agora ela está presente na maioria dos programas da Apple, além de outros que usam a estrutura de entrada de texto da Apple.

Você cria sua própria lista de abreviações na aba Preferências do Sistema→Idioma e Texto→Texto, mostrado na Figura 6-5. Vê a lista à esquerda? Clique o botão + para criar uma nova linha na tabela de substituições.

Clique a coluna à esquerda e digite a abreviação desejada (por exemplo, *addr* para o endereço). Clique a coluna da direita e digite, ou cole, o texto que você quer que o Mac OS X digite no lugar.

Dica: Não seja tímido – você não está limitado a trechos curtos. A substituição de texto pode ter páginas, o que é prático se você é um advogado e tem que criar contratos com grandes trechos padronizados.

Você ainda pode criar múltiplos parágrafos – mas sem pressionar Return quando quiser uma nova linha; não, pois pressionar Return significa "Eu terminei de digitar este texto" e a caixa será fechada. Em vez disso, pressione Option-Return quando quiser uma quebra de parágrafo.

Novamente, você precisa *ativar* a funcionalidade de substituição de texto de forma explícita em cada programa (Editor de Texto, Mail, Lembretes etc.). Para fazer isso, selecione Editar→Substituições→Substituição de Texto (Edit→Substitutions→Text Replacement), de forma que ela fique marcada.

É isso! Agora, sempre que você digitar uma das abreviações que definiu, o Mac substitui instantaneamente com o texto de substituição.

Maiúsculas/Minúsculas

O último pedaço novo na ferramenta de massageamento de texto do Snow Leopard é a troca de capitulação – isto é, alterar um texto já digitado (ou colado) de TODAS MAIÚSCULAS para todas minúsculas ou Apenas As Primeiras Letras Maiúsculas.

Veja como é simples: selecione o texto que você deseja modificar, selecione uma opção a partir do submenu Editar→Maiúsculas/Minúsculas (Edit→Transformations). Suas opções são Tudo em Maiúsculas (Make Upper Case), Tudo em Minúsculo (Make Lower Case) e Letra Inicial Maiúscula (Capitalize).

PERGUNTAS FREQUENTES

Copiar/Colar Inteligente

Eu vi mais uma funcionalidade de correção automática no menu Editar→Substituições: "Copiar/Colar Inteligente." O que ela significa?

Ela cuida dos espaços.

Normalmente, quando você corta ou copia uma palavra de uma sentença e então cola em outro lugar, você precisa fazer algumas limpezas depois. Você deixa um espaço extra antes, e tem que *adicionar* um espaço depois da palavra quando a cola.

O Copiar/Colar Inteligente (Smart Copy/Paste) simplesmente limpa esses espaços para você. Se você cortar uma palavra de uma sentença, somente *um* espaço é deixado entre as palavras onde ela estava. E quando você cola um texto, um espaço é adicionado automaticamente – mas somente um.

Leve isso em consideração na próxima vez que algum lunático LHE ENVIAR UM E-MAIL QUE FOI DIGITADO INTEIRAMENTE COM A TECLA CAPS LOCK ATIVADA.

Os vários idiomas do texto do Mac OS X

A Apple sempre se orgulhou por ser amigável com todos os idiomas, e o Snow Leopard não é exceção. Você pode alternar de idioma para idioma enquanto o utiliza, enquanto digita, mesmo no meio de uma frase – sem ter de reinstalar o sistema operacional e nem mesmo reiniciar o computador.

Primeiro, diga ao Mac quais idiomas você deseja que estejam disponíveis. Vá até Preferências do Sistema→Idioma e Texto (System Preferences→Language & Text). Na aba Idioma (Language), você vê uma lista dos diferentes idiomas que o Mac pode alternar, nos idiomas correspondentes – francês, espanhol etc. Basta arrastar um dos idiomas para o topo da lista para selecioná-lo como a língua-alvo, conforme mostrado na Figura 6-6.

Destaque do Snow Leopard: No Snow Leopard, você pode misturar o inglês (por exemplo) com idiomas cuja orientação vai da direita para a esquerda, como o hebraico e o árabe. Ainda há uma opção de um cursor dividido que faz o ponteiro virar as direções na divisa entre o texto da direita para a esquerda e vice-versa.

Agora abra o Safari, o Editor de Texto, o Mail ou o Lembretes. Agora, cada menu, botão e caixa de diálogo é exibido no novo idioma selecionado! Se você fizer logout e voltar (ou reiniciar) nesse momento, todo o Finder também estará no novo idioma.

DIAMANTE BRUTO

A funcionalidade de digitação menos conhecida do Mac OS X

Isso pode ser um pouco chocante se você acha que conhece bem o seu Mac, mas vamos lá: o Mac OS X realmente oferece uma complementação automática que funciona em todo o sistema de palavras grandes, assim como no iPhone.

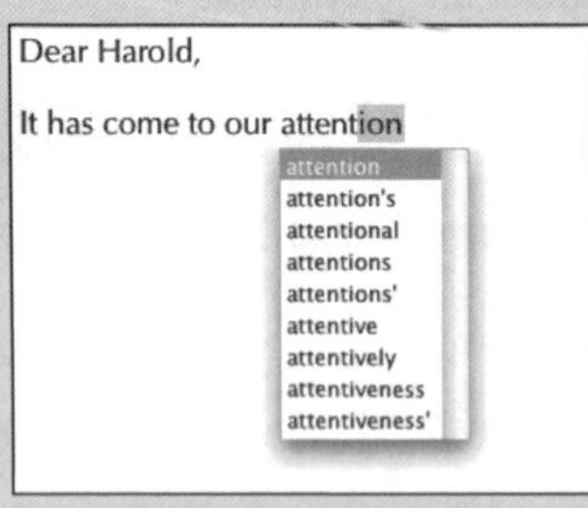

Não estamos falando do verificador ortográfico nem da substituição de texto. Estamos falando do caso de você começar a digitar uma palavra e o Mac terminá-la para você. É uma boa quando você está com pressa, quando não tem certeza de como escrever uma determinada palavra (*excessão* ou *exceção*?), ou quando você está tentando resolver um jogo de palavras cruzadas. Essa funcionalidade está presente em todos os programas padrão do Mac (Editor de Texto, Mail, Safari, Pages etc.).

Uma vez que você começou a digitar uma palavra, pressione F5 ou Option-Esc para produzir uma lista de finalizações possíveis para ela, como mostrado aqui. Se o Mac antecipar corretamente o resto da palavra, ótimo; pressione Tab, Return ou barra de espaço para aceitar a sugestão, e então continuar a digitação. Se a sugestão não for boa, você pode selecionar uma palavra diferente da lista (usando o mouse ou as teclas de setas), ou pressionar Esc para continuar digitando.

Nota: Os programas diferenciam-se de forma ampla em relação às suas "consciências idiomáticas". Se você utiliza algum idioma diferente dos 18 da lista, adicioná-lo (com o botão Editar Lista [Edit List] garante que suas funcionalidades pertinentes estarão disponíveis em todos os programas. (Você ainda pode incluir um software de um idioma adicional para fazer com que seus menus e caixas de diálogo mudem.)

Figura 6-6:
Em cima: esta é a lista das 18 "localizações de sistema" que você obtém com uma instalação padrão do Mac OS X.

Embaixo: aqui você vê um Safari rodando em holandês. De fato, entender holandês seria útil em um momento como este – mas mesmo que esse não seja o seu caso, isso não deixa de animar o seu dia de trabalho ao selecionar comandos como Spraak-functie ou Knip. (Infelizmente, seu sucesso com essa brincadeira varia de acordo com o programa.)

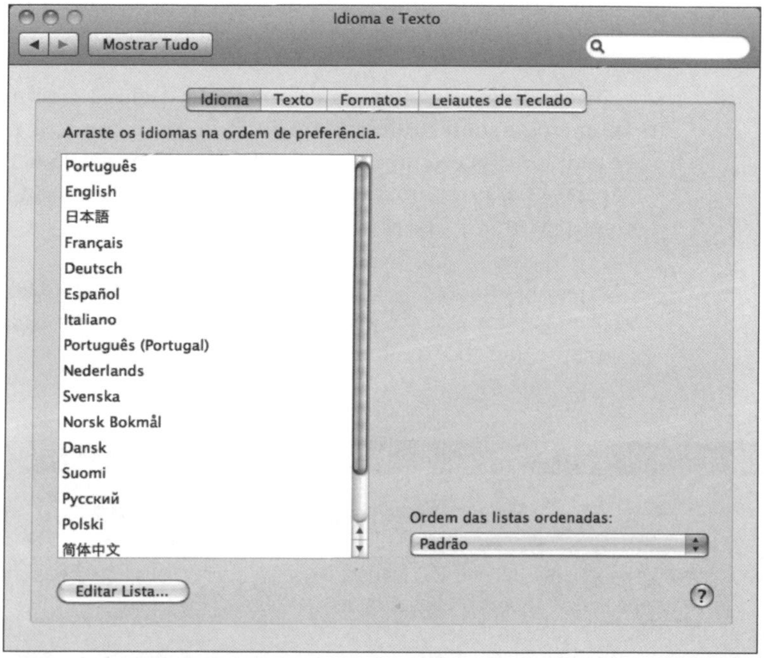

Aba Formatos

Se você *realmente* for brasileiro (por exemplo), obviamente desejará fazer essas alterações:

- Na aba Formatos (Formats), selecione seu país no menu pop-up Região (Region), para que os formatos de data e hora, pontuação numérica e símbolos monetários também estejam de acordo com seus hábitos locais. (Marque a caixa de seleção Mostrar todas as regiões [Show all regions], se necessário.)

  Por exemplo, os caracteres de separação decimal e de milhar para exibição de números maiores diferenciam-se entre os países. (O número 25.600,99, por exemplo, seria escrito como 25 600,00 na França e 25,600.99 nos EUA.) E o que aparece para um americano como sendo 4 de julho (a notação 7/4), para um europeu indica 7 de abril.

  Se, por alguma razão, as configurações pré-programadas da Apple não estiverem corretas para a sua região, você verá os botões Personalizar (Customize) que permite que você as altere.

DIAMANTE BRUTO

Desenhando caracteres chineses

Nas demonstrações da Apple, essa foi uma das funcionalidades mais bacanas do Snow Leopard: se você quiser escrever em chinês, agora você pode *desenhar* os caracteres direto no trackpad do laptop. (Essa façanha requer um laptop Mac recente, um dos modelos com trackpad multitoque.)

Para configurar essa funcionalidade, ative o Chinês Simplificado, selecione o sistema de escrita chinesa preferido e ative Trackpad Handwriting em Preferências do Sistema →Idioma e Texto→Layouts de Teclado (System Preferences→Language & Text→Input Sources).

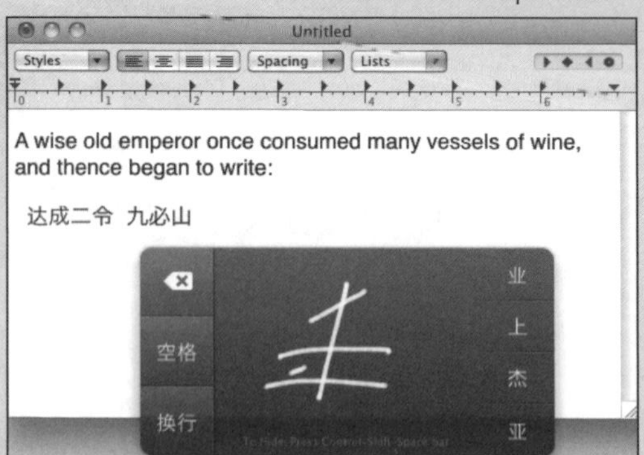

Então, quando você estiver realmente escrevendo, use o menulet da bandeira (Entrada) para selecionar Pinyin-Simplified (ou o sistema que preferir). Agora, pressione Shift-Control-barra de espaço para fazer o painel de escrita aparecer, como mostrado aqui.

A dica aqui é compreender que o painel é um mapa *completo* do seu trackpad. Você não pode mover o painel. Desenhe o seu caractere arrastando o dedo pelo trackpad; linhas brancas aparecem conforme você desenha.

Nos dois lados do painel da tela, você vê as interpretações do Mac para o seu caractere; para selecionar um, pressione o ponto correspondente nas margens externas do seu trackpad. (Ou, para apagar sua última linha, pressione o canto superior esquerdo do trackpad.) O Mac coloca o caractere no documento.

Pressione Shift-Control-barra de espaço novamente para ocultar o painel e contemple essa nova maravilha.

- Selecione o layout de teclado brasileiro na aba Layouts de Teclado, conforme explicado a seguir.

Dica: Cada programa capaz de alternar entre os idiomas também enche o seu disco rígido com vários arquivos de idiomas que você nunca irá usar. Um programa como o DeLocalizer pode fazer uma varredura em todos os seus programas e apagar aqueles arquivos, deixando o software em perfeitas condições, mas mais enxuto. Você pode fazer o download do DeLocalizer a partir da página "Missing CD" deste livro em www.missingmanuals.com.

DIAMANTE BRUTO

O Visualizador de Caracteres

Lá está você, no final da sua newsletter casamenteira, quando você se dá conta de que precisa de um símbolo de coração. Agora.

Você sabe que o símbolo existe em uma das suas fontes, mas você não tem que digitar cada combinação de tecla para conseguir o símbolo do coração. Você acha que deveria haver uma forma mais fácil de encontrar esses símbolos especiais escondidos entre suas fontes – chaves elegantes, símbolos matemáticos, estrelas e asteriscos especiais, e por aí vai.

O Visualizador do Teclado (Keyboard Viewer) (discutido a seguir) é uma solução. Mas existe uma melhor: o Visualizador de Caracteres (Character Viewer). Para fazê-lo aparecer, selecione Editar→Caracteres Especiais (Edit→Special Characters).

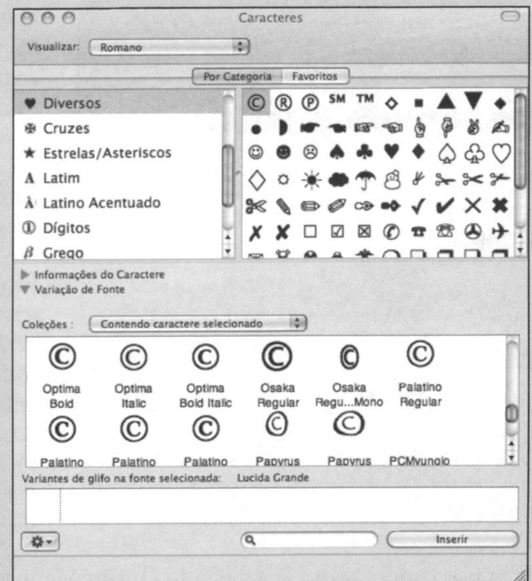

A maioria dos programas Cocoa possui esse comando. Se o seu não possui, há um caminho mais longo: abra as Preferências do Sistema, clique o ícone Teclado, depois a aba Teclado e marque a caixa de seleção Mostrar Teclado e Visualizador de Caracteres na barra de menus (Show Keyboard & Character Viewer in menu bar).

Você acaba de instalar o menulet Teclado.

Na próxima vez que você estiver editando um texto ou diagramando uma página, selecione a opção Mostrar Visualizador de Caracteres (Show Character Viewer) a partir desse menu.

A janela que se abre contém todos os símbolos de todas as suas fontes de uma vez. Para encontrar um determinado símbolo, clique a aba Por Categoria (by Category), e então clique os vários títulos de categorias: Setas, Estrelas/Asteriscos, Matemática, entre outros. Ou, para uma diversidade mais alucinante (notas musicais, Braille etc.), selecione Todos os Caracteres (All Characters) a partir do menu pop-up Visualizar (View).

Você pode pré-visualizar variações do mesmo símbolo abrindo o triângulo Variação de Fonte (Font Variation). Você também pode usar a caixa Busca (Search) para encontrar um símbolo pelo nome (em inglês): "heart" ou "yen" ou "asterisk", por exemplo. Quando encontrar o símbolo desejado, clique-o duas vezes.

Se você estiver usando um programa Cocoa, o símbolo correto é inserido no documento. (Senão, você pode ter pego o caractere correto na fonte errada. Nesse caso, altere a fonte do caractere inserido manualmente. Para descobrir de qual fonte ele veio, clique o triângulo Variação de Fonte para ver o seu nome.)

Aba Layouts de Teclado

Enquanto o Mac pode exibir vários idiomas diferentes, *digitar* nesses idiomas é outra questão. Os símbolos que você usa quando está digitando em sueco não são os mesmos de quando você digita em português. A Apple resolveu esse problema criando diferentes *layouts de teclado*, um para cada idioma. Cada um reorganiza as letras que aparecem quando você pressiona as teclas. Por exemplo, quando você usa o layout sueco e pressiona a tecla ponto-e-vírgula, você não obtém o símbolo ; – você obtém um ö.

A Apple ainda inclui um layout Dvorak – uma reorganização científica de um layout padrão que coloca as letras mais comuns diretamente na ponta dos seus dedos na linha de retorno do teclado. Os fãs do layout Dvorak afirmam que esse layout é mais preciso, mais rápido e menos cansativo.

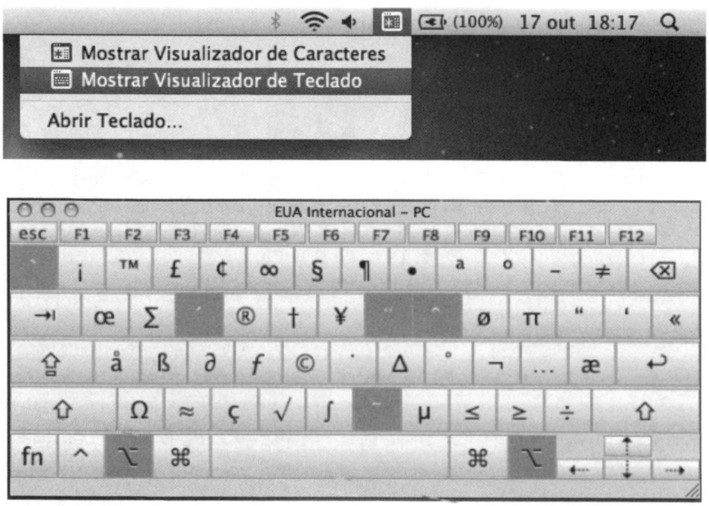

Figura 6-7:
Como você escreve um símbolo π? Em cima: abra o Visualizador de Teclado selecionando essa opção no menulet do teclado.

Embaixo: o Visualizador de Teclado (Keyboard Viewer) revela a resposta. Quando você pressiona a tecla Option, o teclado do Visualizador de Teclado mostra que o caractere pi (π) é mapeado na tecla P. Para inserir o símbolo no documento aberto, basta clicá-lo na janela do Visualizador de Teclado.

Utilize a lista no painel Layouts de Teclado (Input Menu) para indicar qual layout de teclado você deseja. Se você selecionar qualquer um na lista, a caixa de seleção Mostrar o menu Layout de Teclado na barra de menus (Show input menu in menu bar) é ativada automaticamente. Um pequeno ícone de bandeira aparece na sua barra de menu – um *menulet* do teclado que permite que você alterne de um layout para outro selecionando o seu nome. (Para pré-visualizar uma determinada organização de teclado, abre o programa Visualizador de Teclado descrito a seguir.)

Destaque do Snow Leopard: No Snow Leopard, o ícone do menulet de Layout de Teclado muda. Se você selecionou um idioma diferente, ele se transforma em uma bandeira colorida para mostrar o idioma selecionado. Se você não ativou nenhum idioma adicional, porém, ele assume a aparência do Visualizador de Caractere (Character Palette).

O Visualizador do Teclado: o retorno do Key Caps

O Visualizador de Teclado, que descende do antigo programa Key Caps, consiste de uma única janela contendo um pequeno teclado que é exibido na tela (Figura 6-7). Quando você pressiona qualquer uma das teclas modificadoras (como ⌘, Option, Shift ou Control), você pode ver exatamente quais teclas produzem quais caracteres. O ponto, é claro, é ajudar a aprender quais teclas pressionar quando você precisar de símbolos especiais ou caracteres específicos de outros idiomas, como © ou ¢, em cada fonte.

Nota: O Visualizador de Teclado mostra somente os símbolos que você pode produzir digitando atalhos de teclado. Uma fonte pode conter milhares de outros caracteres que não podem ser, de fato, digitados; o Visualizador de Caracteres é a única forma de acessar esses outros símbolos.

Trata-se de uma ótima ferramenta – se você conseguir encontrá-la.

Veja como: abra as Preferências do Sistema→Idioma e Texto, clique Layouts de Teclado e ative o Visualizador de Teclado e Caractere (Kayboard & Character Viewer)no topo da lista. A janela mostrada no topo da Figura 6-7 aparece. (Nela, você poderá selecionar o seu nome a partir do menulet Layout de Teclado no topo da tela, conforme mostrado no topo da Figura 6-7.)

Para ver o efeito de pressionar uma tecla modificadora, clique as teclas na tela ou pressione-as em seu teclado real. As teclas correspondentes no teclado da tela acendem conforme são pressionadas.

Destaque do Snow Leopard: Você não precisa se limitar a visualizar os caracteres em tamanho 12 – o que é uma coisa boa, porque alguns deles são difíceis de ler quando exibidos muito pequenos. Você pode aumentar a janela do Visualizador de Teclado o quanto quiser – preencher a tela com ele, por que não? –, clicando seu botão de Zoom ou arrastando seu canto inferior direito. Isso ampliará a janela do Visualizador de Teclado e o tamanho da sua fonte.

Detectores de dados

Esse é um redutor de etapas, algo que nenhum outro sistema operacional oferece – uma pequena funcionalidade que a Apple gosta de chamar de *detectores de dados*.

Em poucas palavras, o Mac OS X reconhece as porções de informações comumente usadas que podem aparecer no seu texto: um endereço físico, um número de telefone, uma data e hora, entre outros. Com um clique rápido, você pode enviar essas informações para o programa do Mac adequado, como o iCal, Agenda ou seu navegador Web (para procurar um endereço em um mapa).

Eles funcionam da seguinte forma: quando você localizar um nome, endereço, data ou hora, aponte-o com o ponteiro do mouse, sem clicar. O Mail desenha um retângulo pontilhado ao redor dele. Control-clique dentro do retângulo ou clique com o botão direito, ou clique o pop-up ▼ do lado direito.

Conforme mostrado na Figura 6-8, o menu de atalho aparece. Seu conteúdo varia dependendo do que você está apontando:

- **Um endereço postal.** Você pode selecionar Mostrar Mapa (Show Map ou Buscar no Google) a partir do menu de atalho; seu navegador Web se abre automaticamente e mostra o endereço no Google maps.

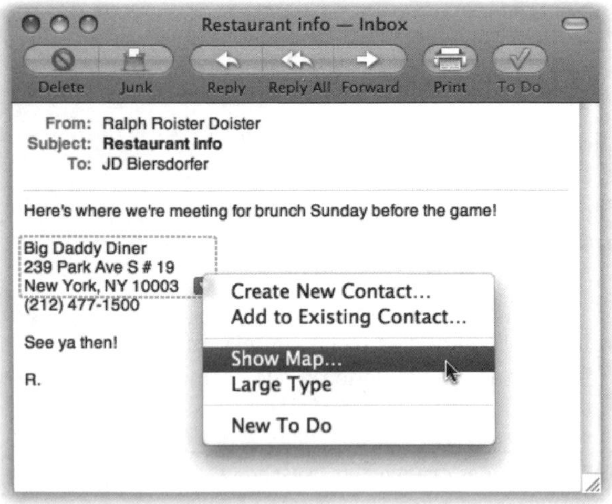

Figura 6-8:
O Mail pode detectar endereços de ruas, números de telefone e horários. Quando você identifica algo que possa querer adicionar em outro programa, como o Agenda ou o iCal, ele desenha uma linha pontilhada ao redor da informação quando você aponta para ela sem clicar. Clique o pequeno ▼ para obter um menu de atalho para opções adicionais – como adicionar o endereço automaticamente ao programa Agenda ou ver o endereço apontado no Google maps.

De forma alternativa, você pode selecionar Criar Novo Contato (Create New Contact) (para adicionar uma entrada para esse endereço no Agenda) ou Adicionar a Contato (Add to Existing Contact) (se a *pessoa* já está na sua Agenda – não apenas o endereço).

Dica: No Mail, se você selecionar um texto na mensagem e clicar o menu pop-up ▼, também é possível preencher o campo Nota (Notes) na entrada da pessoa na Agenda com o texto selecionado. Superlegal.

- **Uma data e hora.** O menu de atalho oferece dois comandos úteis. Criar Novo Evento do iCal (Create New iCal Event) abre o programa de calendário do Mac OS X e cria um novo evento na data e hora identificados na mensagem. Cabe a você digitar um nome para a data, definir um alarme e todas as outras configurações do evento descritos no Capítulo 10.

Dica: Se, enquanto estiver trabalhando no iCal, você se esquecer de onde veio esse evento, clique-o duas vezes. No balão de informações, você verá um link que o leva direto à mensagem original do Mail que possui as informações.

Porém, se você selecionar Mostrar Esta Data (Show This Date) no iCal, você vai para o iCal, que abre diretamente na data e/ou hora especificados. A lógica dessa funcionalidade é claríssima; afinal, quando alguém te manda um e-mail perguntando se você está livre para sair na próxima quinta-feira às 10, geralmente qual a primeira coisa que você faz? Verifica o seu calendário, é claro.

- **Um número de telefone**. Assim como os endereços postais, o menu de atalho também oferece opções como Criar Novo Contato e Adicionar a Contato. A terceira opção, Letras Grandes (Large Type), é excelente quando você deseja ligar para a pessoa naquele momento – ela exibe o número do telefone em letras *enormes*, preenchendo a sua tela de forma que você possa vê-lo de qualquer ponto de sua mansão.

- **Um número de voo**. Há um novo detector de dados no Mac OS X 10.6: voos. Quando você seleciona informações sobre um voo em um documento texto (por exemplo, "AA 152"), o detector de dados oferece um comando Mostrar Informações de Voo (Show Flight Information). Ele abre o widget Flight Tracker do Dashboard, de forma que você possa ver a hora de embarque e chegada do voo, entre outros detalhes. Ele funciona somente se a companhia aérea estiver representada por um código de duas letras e, desde o Mac OS X 10.6.1, somente no Mail e iChat.

Transferindo dados entre documentos

Você não pode colar uma figura em seu navegador Web e não pode colar informações de música MIDI em seu editor de textos. Mas pode colocar imagens em seu Editor de Textos, colar filmes em seu banco de dados, inserir textos no GraphicConverter (um conversor para diferentes tipos de formatos de imagens) e combinar uma surpreendente variedade de tipos de dados, aparentemente incompatíveis.

GANHE VELOCIDADE

Texto formatado

Quando você copia um texto, por exemplo, do Microsoft Word, e depois o cola em um outro programa, tal como o Apple Mail, pode ficar agradavelmente surpreso ao notar que a formatação daquele texto – negrito, itálico, fonte (tamanho, cor e assim por diante) – aparece intacto no Mail. Você está testemunhando um dos recursos mais úteis, ainda que pouco divulgados, do Mac: a capacidade de guardar *textos formatados* na Área de Transferência.

Quase todos os programas compatíveis com o Mac OS X transferem a formatação junto com o texto copiado. Toda vez que você cola um texto formatado copiado de um desses programas, o material colado aparece com as mesmas características tipográficas que tinha no programa original. Com o tempo, esse pequeno detalhe para ganhar tempo nos livrará de anos de esforço acumulado com reformatação – mais um pequeno favor que o nobre Macintosh presta à humanidade.

Cortar, Copiar e Colar

O procedimento original de copiar-e-colar de 1984 – colocar um gráfico em um editor de texto – progrediu muito. Os fãs mais experientes do Mac aprenderam a ativar os comandos Cortar, Copiar e Colar a partir do teclado, de forma rápida e sem pensar. Veja como o processo funciona:

1. Selecione o material em um documento.

Arraste através de um texto em um editor de textos, por exemplo, ou selecione informações em um gráfico, música, filme, banco de dados ou planilha eletrônica, dependendo do programa que você está usando.

2. Use o comando Editar→Cortar (Edit→Cut) ou Editar→Copiar (Edit→Copy).

Ou pressione os atalhos de teclado ⌘-X (para Cortar – pense no X como uma tesoura) ou ⌘-C (para Copiar). O Macintosh memoriza o material selecionado, colocando-o em um local de armazenamento invisível chamado Área de Transferência (Clipboard). Se você selecionar Copiar, nada visível acontece. Se você escolheu Cortar, o material selecionado desaparece do documento original.

Nesse momento, a maioria dos fãs do Mac tem fé de que o comando Cortar ou Copiar realmente funcionou. Mas se você estiver em dúvida, vá ao Finder (clicando o ícone no Dock, por exemplo) e selecione Editar→Mostrar Área de Transferência (Edit→Show Clipboard). A janela da Área de Transferência aparece, mostrando o que você copiou.

3. Clique para indicar o local onde você deseja que o material reapareça.

Isso pode exigir que você vá para outro programa, um documento diferente ou simplesmente um local diferente do mesmo documento.

4. Selecione o comando Editar→Colar (Edit→Paste) (⌘-V).

A cópia do material que você selecionou anteriormente agora aparece no seu ponto de inserção – *se* você está colando em um programa que pode aceitar esse tipo de informação. (Você não terá sorte colando, digamos, um clipe de vídeo no Quicken.)

O material cortado ou copiado por último permanece na Área de Transferência mesmo depois de você colar, tornando possível colar as mesmas informações várias vezes. Essa dica pode ser útil quando, por exemplo, você projetou um cartão de visitas em seu programa de desenho e deseja duplicar quantas vezes forem suficientes para preencher uma impressão em tamanho carta. Por outro lado, sempre que você fizer a próxima cópia ou corte de alguma coisa, o que estava na Área de Transferência é perdido para sempre.

"Arrastar-e-soltar"

Por mais útil e popular que a rotina de "Copiar-e-Colar" seja, ela não ganha nenhum prêmio por velocidade. Afinal, ela requer quatro passos. Em muitos casos, é possível substituir essa rotina pelo método bem mais direto (e agradável) de arrastar-e-soltar. A Figura 6-9 ilustra o seu funcionamento.

Nota: A maioria dos programas Cocoa exige que você pressione o botão do mouse por uma fração de segundo antes de começar a arrastar.

Teoricamente, a técnica de "arrastar-e-soltar" funciona em todo o programa do Mac OS X, incluindo o Editor de Texto, Lembretes, Mail, QuickTime Player, Pré-visualização, iMovie, iPhoto e a Visão do Sistema, sem falar de outros programas populares, como os aplicativos Microsoft Office, Mozilla Firefox, Adobe Creative Suite, e assim por diante.

Figura 6-9: *Para arrastar-e-soltar, selecione o material. Clique em qualquer lugar na área selecionada e pressione o botão do mouse rapidamente. Agora, sem soltar o botão, arraste para outro lugar no documento, para uma janela ou aplicativo diferentes. Conforme o seu cursor entra na janela-alvo, um contorno sombreado aparece dentro dos limites da janela – a forma do Mac lhe informar que entendeu a sua intenção. Quando você solta o botão do mouse, o material selecionado aparece instantaneamente no novo local.*

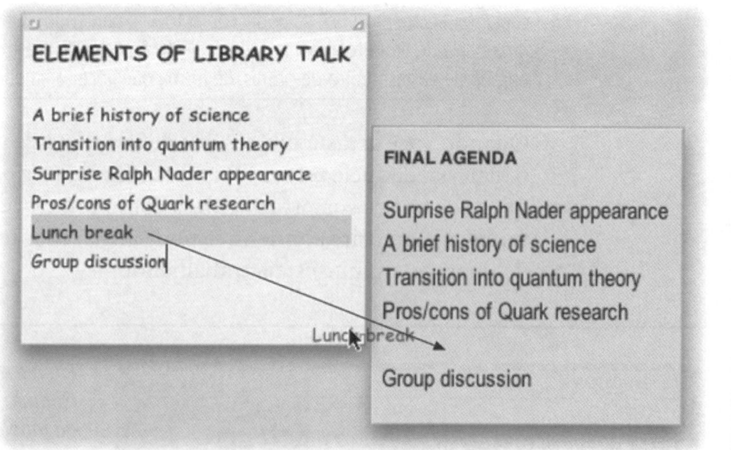

Quando usar o arrastar-e-soltar

Conforme mostrado na Figura 6-9, arrastar-e-soltar é ideal para transferir materiais entre janelas ou entre programas – de uma página Web para o Photoshop, por exemplo. Ele é especialmente útil quando você já copiou algo valioso para a Área de Transferência, uma vez que arrastar-e-soltar não envolve (e não apaga) esse local de armazenamento.

Seu modo mais popular, no entanto, está em reorganizar um texto dentro de um único documento. No Word ou Pages, por exemplo, você pode reorganizar seções, parágrafos, sentenças ou até mesmo cartas individuais inteiras, apenas arrastando-os – uma técnica maravilhosamente eficiente de edição.

Dica: Quando você usar o arrastar-e-soltar para mover um texto dentro de um documento, o Mac move o texto selecionado, apagando o material selecionado do seu local original. Se você pressionar Option enquanto arrasta, no entanto, você faz uma cópia do texto selecionado.

Arrastar-e-soltar para a Mesa

Também é possível usar a técnica de "arrastar-e-soltar" no único programa que você usa diariamente: o próprio Finder. Conforme mostrado na Figura 6-10, você pode arrastar texto, imagens, sons e até clipes de filmes de sua janela de documentos diretamente para a Mesa. Imagens e filmes se transformam em arquivos de imagens ou de filmes comuns; texto se transforma em um ícone chamado Recorte de Texto (*clipping file*).

Destaque do Snow Leopard: Ninguém menciona – nem mesmo a Apple –, mas os arquivos de recorte foram atualizados de forma significativa no Snow Leopard. Por exemplo, você pode examinar o conteúdo de um recorte usando o Quick Look – bastando para isso selecionar seu ícone e então pressionar a barra de espaço.

Além disso, você pode clicar duas vezes um arquivo de recorte e então selecionar uma porção do texto para copiar (antigamente, você só podia copiar todo o conteúdo). Observe também que um recorte aberto possui uma barra de título totalmente funcional. Você pode até mesmo ⌘-clicar o título para ver a conhecida lista pop-up de pastas-dentro-de-pastas, de forma que você saiba onde tudo está em seu disco rígido.

Quando você arrasta um recorte de sua Mesa *de volta* para uma janela de aplicativo, o material daquele recorte reaparece. Em outras palavras, "arrastar-e-soltar" permite que você trate a sua própria Mesa como um rascunho gigante, do tamanho do computador – uma área onde você pode armazenar temporariamente partes de texto ou de imagens em que esteja trabalhando.

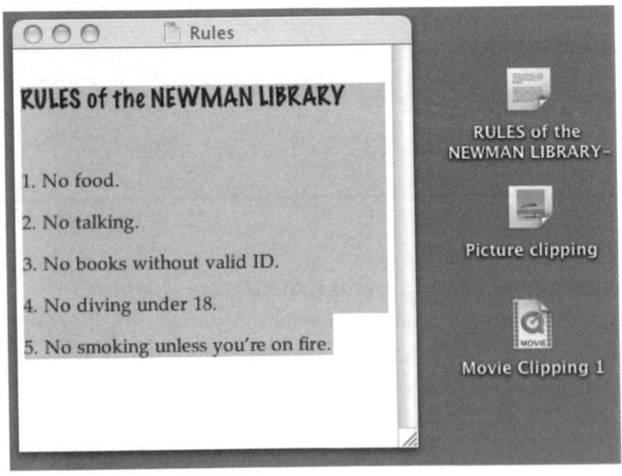

Figura 6-10:
Quando você arrasta um material para fora da janela de um documento para a Mesa, obtém um recorte de texto. Seu ícone depende do tipo de material que ele contém: (de cima para baixo) recorte de texto, recorte de imagem ou recorte de filme. (Para uma fácil identificação, o Mac OS X convenientemente intitula os recortes de texto pela primeira linha do texto contido.) Você pode ver um recorte, bastando dar um duplo-clique nele, para que ele abra dentro de sua própria janela (à esquerda).

Dica: Quando o material que você arrasta para a Mesa não tiver nada, exceto um endereço de Internet, tal como um endereço de correio eletrônico ou link de página Web, o Mac OS X atribui um ícone e uma função especiais: um *arquivo de localização na Internet*.

Exportar/Importar

Quando se trata de transferir grandes quantidades de informações – especialmente agendas, células de planilha e registros de banco de dados – de um programa para outro, nenhum dos métodos de transferência de dados descritos até agora neste capítulo funciona. Para essas finalidades, use os comandos Exportar (Export) e Importar (Import) encontrados no menu Arquivo (File) presente em quase todos os programas de banco de dados, planilha, e-mail e catálogo de endereços (em alguns programas, o comando Salvar Como [Save As] faz essa função).

Esses comandos Exportar/Importar não fazem parte do Mac OS X, assim, os manuais dos aplicativos em questão (se houver) devem ser a sua fonte de instruções. No entanto, por ora, o poder e a conveniência desse recurso merecem ser mencionados – significando que os seus quatro anos de luta para guardar endereços, digamos, no antigo programa de correio eletrônico, podem ser aproveitados em um programa mais novo, como a Agenda, em uma questão de minutos.

Trocando dados com outros Macs

Considerando as várias maneiras que existem para mover arquivos nos dois sentidos entre Macs, chega a ser cômico que qualquer um reclame que a Apple parou de incorporar drives de disco flexível. A seguir, um catálogo de diferentes maneiras de mover seus arquivos de um computador para outro, incluindo alguns que você nem tenha se dado conta.

Por e-mail

Melhor para arquivos pequenos. Altamente conveniente, os computadores podem estar em países diferente.

Dica: É claro, o problema do e-mail é que ele geralmente não consegue lidar com anexos de arquivos maiores do que 5 ou 10 MB. Você pode contornar esse problema facilmente usando um website gratuito como o Sendthisfile.com, que pode gerenciar arquivos enormes enviando ao destinatário apenas um link por e-mail.

Via rede

Por cerca de 200 reais em equipamentos (ou um pouco mais, se você quiser usar equipamento sem fio), é possível conectar os seus Macs em uma *rede*. Feito isso, você pode manter um ícone para cada disco rígido do Mac em sua tela. Você pode abrir arquivos por outros drives, copiar o material de lá para cá – qualquer coisa que podia ser feita com o seu próprio disco. As instruções passo a passo estão no Capítulo 13.

Bom para arquivos de qualquer tamanho, quando os computadores estão na mesma rede física.

Dica: E sem gastar absolutamente nada, você pode criar uma rede *ad hoc*, o que significa uma pequena rede wireless entre dois computadores (ou mais). Ótimo quando você está no carro em qualquer lugar, ou no saguão do aeroporto, ou no lobby do hotel, e alguém diz "Ei, você pode me passar uma cópia disso?".

Por iDisk

Uma das principais virtudes de uma conta do MobileMe (Capítulo 18) é o iDisk, que é basicamente como um disco rígido na Internet. Você pode acessá-lo da tela de qualquer computador, Mac ou PC, e copiar arquivos de e para ele. Portanto, ele faz o papel de uma forma conveniente de transferência de arquivos de qualquer tamanho; ainda há uma funcionalidade que permite que você envie qualquer coisa por *e-mail* em seu iDisk para qualquer um sem se preocupar com tamanhos de arquivo.

A única inconveniência, na verdade, é a taxa de 100 dólares ao ano que você terá de pagar para usar o MobileMe.

Por CD ou DVD

Você sempre pode gravar seus arquivos em CD ou DVD e então carregá-los ou enviar pelo correio ao destinatário. Trata-se de uma maneira terrivelmente lenta e deselegante, mas resulta em uma cópia de segurança do que você estiver transferindo.

Modo de Disco de Destino (FireWire)

O Modo de Disco FireWire (também conhecido como Target Mode) é um brilhante mas pouco conhecido recurso disponível apenas no Macintosh que lhe permite transformar um Mac em um disco rígido externo para outro computador. De longe, esse é o método mais rápido para transferir muitos dados – e até mesmo mais rápido do que copiar arquivos por uma rede. Ele é extremamente útil em qualquer uma dessas situações:

- **Você vai viajar com um laptop.** Você quer copiar "sua vida" para ele a partir do seu Mac principal, inclusive os 2 GB da sua pasta de correio eletrônico e arquivos de projeto, antes de sair em viagem, e depois descarregar tudo quando voltar.

- **Você tem um novo Mac.** Você quer copiar tudo do antigo, sem precisar esperar a noite toda.

- **Um Mac não inicia.** Você deseja consertá-lo usando um outro Mac como "front end".

Infelizmente, nem todos os Macs possuem entrada FireWire; em alguns laptops, a Apple cometeu o trágico erro de eliminá-lo. Se você não for um azarado, pode usar o FireWire dessa forma. (Nos próximos passos, suponha que o seu Mac principal seja um iMac e você deseja usar um MacBook como um drive externo para isso.)

1. Usando um cabo FireWire, conecte os plugs FireWire de ambos os computadores.

Para isso, você precisa de um cabo FireWire de *6 pinos – não é* aquele que conecta sua filmadora no Mac. O que você precisa tem o mesmo conector grande nas duas extremidades.

Nota: Se os dois Macs tiverem portas FireWire 800 da Apple, prefira usar um cabo de FireWire de 9 pinos para atingir uma velocidade muito maior. Se apenas um Mac tiver uma porta FireWire 800, prefira usar a porta FireWire tradicional. Caso contrário, você precisará ou de um cabo especial FireWire 800 para FireWire 400, ou do adaptador 400 para 800 que vem com o seu Mac.

---

2. No MacBook, escolha →Preferências de Sistema. Clique em Disco de Inicialização (Startup Disk).

O painel do Disco de Inicialização se abre.

3. Clique em Modo de Disco de Destino (Target Disk Mode). Na caixa de confirmação, clique em Reiniciar (Restart).

O MacBook desliga, depois liga novamente. Um enorme ícone amarelo com o símbolo do FireWire () circula pela tela do laptop.

Agora, veja a tela do iMac: certamente, lá na Mesa estará o ícone do disco rígido do MacBook. Você está pronto para copiar arquivos nele ou a partir dele, em velocidades extremamente altas, e prosseguir com suas atividades.

4. Quando você concluir o trabalho com o MacBook, ejete-o da tela do iMac, como faria com qualquer disco. Depois, desligue o laptop, pressionando o botão de energia.

Na próxima vez em que você ligar o MacBook, ele iniciará a partir de sua própria cópia do Mac OS X, mesmo se o cabo FireWire ainda estiver conectado. (Você pode desconectar o cabo sempre que for necessário.)

Nota: As etapas anteriores descrevem o método do Snow Leopard de configurar o Modo de Disco de Destino. Porém, o modo antigo ainda funciona.

Deixe o iMac ligado, mas desligue o MacBook. (Assegure-se de que ele esteja conectado. Você não gostaria que a bateria acabasse no meio desse processo.) Agora, ligue novamente o MacBook, mas, mantenha pressionada a tecla T. Depois de alguns instantes, você verá o grande ícone amarelo em forma de Y do FireWire na tela do laptop e o disco rígido do laptop aparece na Mesa do iMac. Prossiga a partir do passo 4.

Sem dúvida, esse método é mais rápido, pois você não precisa abrir as Preferências do Sistema.

Por meio de um iPod

Um iPod é um reprodutor de música de excelente qualidade, mas com enorme capacidade. Isso porque ele contém um disco rígido de verdade que armazena as canções.

Mas, pelo fato de o iPod moderno possuir um conector USB, ele também cumpre o papel de disco rígido portátil para os arquivos do dia a dia – não apenas música.

Para configurar o iPod para a transferência de dados, siga os seguintes passos:

1. Conecte o iPod ao seu Mac com seu cabo USB branco. Abra o iTunes. Clique o ícone iPod na lista de Fontes à esquerda.

A tela Resumo do iPod (iPod Summary) aparece.

2. Ative Habilitar uso do disco (Enable disk use).

Uma caixa de diálogo o avisa que mesmo quando você está apenas sincronizando sua coleção de música (e não usando o iPod como disco rígido para arquivos), você tem que ejetá-lo manualmente após cada uso.

3. Clique em OK e em OK novamente.

Após alguns instantes, você verá o ícone do iPod aparecer em sua Mesa.

Agora você possui um disco rígido externo com muitos gigabytes. Basta arrastar os seus arquivos para dentro e a partir do ícone do iPod, exatamente como faria se ele fosse um disco (o que não deixa de ser). Automaticamente, o iPod mantém seus arquivos de dados separados de seus arquivos de música; os seus arquivos não serão acessados quando você atualizar a sua coleção de músicas a partir do iTunes.

Sempre que tiver terminado de usar o iPod como um disco rígido, ejete-o de qualquer uma das maneiras aceitas. Por exemplo, arrastando o seu ícone para o Lixo, (Trash) ou Control-clicando-o e escolhendo Eject (ejetar) do menu contextual.

Por meio de um Flash Drive

Um *Flash Drive*, também chamado de *pen drive*, é um pequeno acessório parecido com um chaveiro, que é ligado em sua porta USB. Dentro há um pouco mais que um grande pedaço de RAM (memória) que age como um disco rígido em miniatura. Quando o pen drive é ligado em seu Mac, o seu ícone aparece na Mesa como um disco. Use-o como um pequeno disco rígido de 8 GB (ou qualquer que seja o tamanho que você comprou).

A beleza de um pen drive é que ele funciona instantânea e automaticamente com qualquer máquina Mac *ou* Windows, sem qualquer software de instalação ou configuração. Ele é pequeno e leve o bastante para transportar em seu chaveiro... e isso é *muito legal!* Se você transfere regularmente documentos entre Macs ou mesmo entre Macs e PCs, um pen drive mudará a sua vida.

Por meio de Bluetooth

Bluetooth é uma tecnologia que elimina a utilização de cabos que já foi bastante adiada, embora seja tão promissora. Ela permite que dispositivos equipados com Bluetooth se comuniquem por um alcance de aproximadamente 10 metros, usando sinais de rádio.

Ele vem incorporado à maioria dos computadores e telefones celulares, além de impressoras, organizadores de bolso, e até mesmo em câmeras fotográficas e filmadoras.

Ele já vem embutido nos MacBooks e iMacs e pode ser instalado como opcional em modelos Mac Pro. Uma vez que o seu Mac tem isso, é possível fazer a sincronização com um Palm equipado com Bluetooth, usar um telefone celular Bluetooth como um modem para ficar on-line, usar o teclado ou o mouse sem fio da Apple – e transferir arquivos pelo ar para quaisquer bugigangas com equipamento similar.

O Bluetooth não é particularmente rápido – na verdade, ele é bastante lento. (Você consegue velocidades de transferência de 30 a 50 KB por segundo, dependendo da distância.) Mas, quando você considera o tempo que gastou com a conexão, senhas e configuração usando qualquer outro método de conexão, pode achar que o Bluetooth é melhor, pelo menos em situações casuais de aflição do momento, como numa cadeira no aeroporto.

E quando você considerar que o Bluetooth funciona independente do sistema operacional – Mac, Windows, Palm, PocketPC – pode ver que ele tem um tremendo potencial também como um tradutor universal de troca de arquivos.

Enviando um arquivo

Para enviar algumas fotos pelas ondas aéreas para um colega fã do Mac equipado com Bluetooth, primeiro *emparelhe* seu Mac com a outra máquina com Bluetooth, conforme será descrito. Em Preferências do Sistema→Bluetooth (System Preferences→ Bluetooth), certifique-se que o seu Mac está Visível (Discoverable). *Visível* significa que "outros dispositivos com Bluetooth podem me ver". (Verifique também o dispositivo de recepção para ter a certeza de que *ele também está* em modo Visível.) Então você está pronto para enviar:

1. Do seu menulet Bluetooth ᛒ (Figura 6-11, em cima), selecione Enviar Arquivo (Send File).

Se você não *possui* um menulet Bluetooth em sua barra de menus, abra as Preferências do Sistema. Clique Bluetooth e ative Mostrar o estado do Bluetooth na barra de menus (Show Bluetooth status in the menu bar).

Após uns instantes, a caixa de diálogo Selecionar Arquivo para Enviar (Select File to Send) aparece. (Na verdade você teve êxito na abertura de um programa chamado Intercâmbio de Arquivos Bluetooth [Bluetooth File Exchange], que está na pasta Aplicativos→Utilitários [Applications→Utilities].)

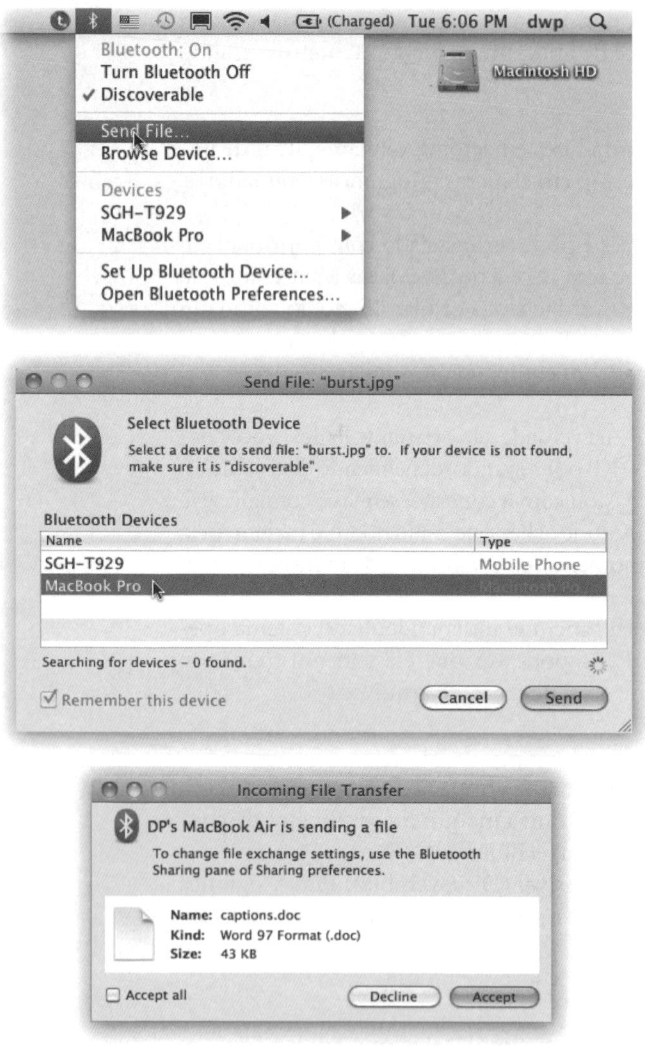

Figura 6-11:
Em cima: assim que o seu Mac estiver emparelhado com o outro dispositivo, é superfácil enviar um arquivo por meios sem fio. Neste exemplo, você começará selecionando Enviar Arquivo. (Mas você poderia pular o segundo passo selecionando o nome do dispositivo a partir do menulet e então Enviar Arquivo a partir do submenu.)

No meio: OK. O Mac está dizendo: "Enviar este arquivo para qual dispositivo?" Clique o desejado. (Se o dispositivo não estiver em modo "visível", então nenhum aparelho com Bluetooth poderá vê-lo.)

Embaixo: essa é a visão da máquina receptora (um Mac, nesse caso). "Alguém está enviando um arquivo. Você deseja aceitar?" ("Someone's sending you a file. Do you want it?")

2. Navegue pelos diretórios e selecione os arquivos que deseja enviar.

Se você está tentando enviar muitos arquivos, pode achar mais fácil arrastar seus ícones para o ícone do Intercâmbio de Arquivos Bluetooth na sua pasta Aplicativos→Utilitários.

De qualquer forma, uma caixa de diálogo Enviar Arquivo é aberta, mostrando a lista de máquinas com Bluetooth dentro do alcance (Figura 6-11, no meio).

3. Na lista de máquinas encontradas, clique o nome daquela que você deseja enviar seus arquivos, e então clique em Enviar (Send).

O que acontece agora depende de como a máquina receptora foi configurada. Na maioria dos casos, uma caixa de diálogo diz ao receptor que os arquivos estão chegando (Figura 6-11, embaixo); se a pessoa aceitar, o download prossegue. Após a transferência, são oferecidas as opções de (a) abrir cada arquivo transferido ou (b) mostrar o seu ícone selecionado no Finder.

Dica: Em Preferências do Sistema→Compartilhamento→Compartilhamento de Bluetooth (System Preferences→Sharing→Bluetooth Sharing), você pode controlar o que acontece quando alguém lhe envia arquivos via Bluetooth. Normalmente, você desejará que o Mac pergunte se você quer aceitar ou não esses arquivos. (É o significado da opção "Perguntar o que fazer" ["Ask What to Do".]) Você também pode especificar onde deseja salvar os arquivos recebidos – por exemplo, a pasta de Downloads.

Buscando um arquivo

Você também pode realizar todo o procedimento inverso. Isto é, você pode pegar os arquivos dos seus amigos sem ter de enviar nada a eles de forma explícita.

Para que um Mac possa ser invadido, a pessoa a ser invadida deve abrir as Preferências do Sistema→Compartilhamento e ativar a caixa de seleção Compartilhamento de Bluetooth. Aqui também é o local onde a pessoa pode especificar qual pasta está disponível para a sua verificação (o Mac propõe sua pasta Início→Público [Home→Public]) e o tipo de segurança desejada para configuração.

Então, tudo o que você tem a fazer é selecionar Explorar Dispositivo (Browse Device) a partir do seu próprio menulet (você pode ver essa opção na Figura 6-11) – e deixar a vistoria começar!

Troca de dados com PCs Windows

Os documentos podem tomar um entre vários caminhos entre seu Mac e uma máquina com Windows: via disco (como um CD ou Zip), pen drive, rede, e-mail, Bluetooth, iPod, iDisk, página Web, download de FTP, entre outros.

Preparando o documento para transferência

Sem adaptadores especiais, você não pode conectar um aparelho americano em uma tomada de energia europeia, tocar um CD em um aparelho de fita cassete ou abrir um arquivo Macintosh em Windows. Portanto, antes de enviar um documento para um colega que usa Windows, você precisa ter respondido "sim" às duas perguntas a seguir.

O documento está em um formato de arquivo que o Windows reconhece?

A maioria dos programas populares é vendida em versões para Mac e Windows e os documentos que eles criam são livremente intercambiáveis. Por exemplo, documentos criados pelas versões recentes de Word, Excel, PowerPoint, FileMaker, FreeHand, Illustrator, Photoshop, Dreamweaver e muitos outros programas Mac não precisam de qualquer conversão. As versões correspondentes desses programas para Windows abrem tais documentos sem qualquer problema.

Os arquivos em um dos formatos de intercâmbio padrão também não precisam de conversão. Esses formatos incluem JPEG (um formato de imagem usado em páginas Web), GIF (um formato de imagem animada/logo, usado em páginas Web), HTML (documentos Web puros antes de serem publicados na Internet), Rich Text Format (um formato de editor de textos intercambiável que mantém negrito, itálico e outras formatações), texto puro (sem qualquer formatação), QIF (Quicken Interchange Format), arquivos MIDI (para música) e assim por diante.

Mas, e quanto a documentos feitos por programas do Mac que não existem em um típico disco rígido do PC Windows, como Keynote ou Pages? Certamente você não pode contar que seu destinatário os tenha.

Faça um favor aos seus destinatários salvando, primeiramente, tais documentos em um dos formatos listados nos parágrafos anteriores. No Pages, por exemplo, selecione Arquivo→Exportar (File→Export); na caixa de diálogo resultante, clique Word. Clique Próximo (Next). Agora, nomeie essa versão especial do documento (lembre-se da extensão .doc) e depois clique em Exportar (Export).

O arquivo possui a extensão de tipo de arquivo correta?

Cada documento em seu disco rígido possui um tipo de rótulo que informa ao computador em qual programa ele deve ser aberto: seja um par de códigos de quatro letras invisíveis ou uma extensão de tipo de arquivo, como *.doc.*

O Microsoft Windows *só* usa o último sistema para identificar documentos. Aqui estão alguns desses códigos mais comuns:

Tipo de documento	Extensão	Exemplo
Microsoft Word (antigo)	.doc	Carta para mamãe.doc
Microsoft Word (mais recente)	.docx	Carta para mamãe.docx
Excel	.xls ou .xlsx	Projeção de lucros.xls
PowerPoint	.ppt	Apresentação.ppt
Foto JPEG	.jpg	Retrato do bebê.jpg
Gráfico GIF	.gif	Logotipo.gif
Página Web	.htm	Índice.htm

A beleza do Mac OS X é que a maioria dos programas acrescenta essas extensões de tipo de arquivo automaticamente e de forma invisível, a cada vez que você salva um novo documento. Você e seus companheiros do Windows podem trocar documentos livremente sem sequer se preocupar com esse antigo obstáculo no relacionamento Macintosh/Windows.

Observações sobre troca de disco

Quando você tiver criado um documento destinado a uma máquina Windows, o seu próximo desafio é *entrar* naquela máquina. Uma maneira seria colocar o arquivo em um disco – um CD que você gravou, por exemplo –, que então você passa ao usuário do Windows.

Macs e PCs formatam seus *discos rígidos de forma diferente*. O Mac pode ler os discos do Windows (que utilizam nomes de esquemas de formatação nada atraentes, como FAT32 e NTFS), mas o Windows não consegue ler os discos do Mac.

Porém, CDs, DVDs e pen drives usam o mesmo formato em ambos os computadores, de forma que você deve ter pouquíssimos problemas ao usá-los entre essas máquinas. O Capítulo 11 possui mais detalhes sobre gravações de disco.

Uma observação sobre redes

O Mac OS X pode "ver" pastas e discos compartilhados em PCs Windows que estejam na mesma rede. Instruções completas estão no Capítulo 13.

Pela Internet

O Capítulo 22 fornece detalhes sobre FTP e compartilhamento Web, duas maneiras de tornar o seu Mac disponível para outros computadores – PCs Windows ou não – na Internet.

Time Machine

Como diz o antigo ditado: "há dois tipos de pessoas: aquelas que têm um sistema regular de backup – e aquelas que *terão*".

Você entenderá essa piada macabra, se vier a conhecer a dor que se sente ao apagar a pasta errada por acidente, fazer alterações das quais se arrepende, ou pior de tudo, perder o seu disco rígido. Todas aquelas fotos, todas as músicas que comprou on-line, todos os seus e-mails – perdidos.

Ainda que as chances sejam subjulgadas nesse momento, você não tem um backup completo, atual, e automatizado do seu Mac. Apesar de milhares de avisos, artigos e lendas sobre um ano de alerta, adivinha quantos fazem? Cerca de 4%. Todo o resto está sem proteção.

Se você não tem muito para fazer backup – não possui muitas fotos, músicas ou filmes –, pode tratar disso gravando cópias em CDs ou DVDs virgens (Capítulo 11) ou usando o programa MobileMe Backup, descrito ao final deste capítulo. Porém, esses métodos deixam a maior parte do seu Mac desprotegida: todos os seus programas e configurações, sem falar no próprio Mac OS X.

Claro que o que você realmente precisa é um backup que seja sólido, completo e *automático*. Você não precisa se lembrar de fazer um backup, inserir uma fita, encontrar um cartucho. Você apenas quer ter a certeza de que está seguro.

Essa é a ideia por trás do Time Machine, um recurso que merece todo o destaque no Mac OS X. Trata-se de um recurso silencioso que não lhe dará trabalho, bastando configurar-e-esquecer. Você dorme tranquilo, sabendo que há uma cópia de segurança de *todo* o seu sistema: os seus arquivos de sistema, programas, configurações, música, fotos, vídeos, arquivos de documentos – *tudo*. Se você estiver sem sorte, ficará *muito* feliz de ter configurado seu Time Machine.

Configurando o Time Machine

Aqui está a má notícia: o Time Machine requer um segundo disco rígido. Essa é a única maneira de criar um backup completamente seguro e automático de *todo* o seu disco rígido principal.

Esse segundo disco rígido pode tomar uma destas formas:

- Um disco rígido externo USB ou FireWire.
- Uma Cápsula do Tempo (Time Capsule) Apple. Consiste ao mesmo tempo em uma estação-base AirPort e um disco rígido de backup para rede wireless, compatível com o Time Machine e disponível com grandes capacidades de armazenamento.
- Um outro disco rígido interno.
- Uma partição em qualquer um desses discos.
- O disco rígido de um outro Mac com Leopard ou Snow Leopard na rede. Antes é necessário montar o seu drive na tela (Capítulo 13).

Dica: É perfeitamente possível copiar vários Macs no mesmo disco rígido externo, desde que ele tenha espaço suficiente. Você também pode copiar para um disco rígido que tenha outras coisas nele, embora, é claro, isso signifique que terá menos espaço para backups do Time Machine.

Em todos os casos, o disco de backup precisa ser maior que o drive onde está copiando (preferivelmente, *muito* maior).

Eis o que você *não pode* usar como disco de backup: um iPod, um iDisk, um disco removível (como um CD ou pen drive) ou um disco de inicialização.

Nota: Se o Time Machine não reconhecer o drive que você fornecer, o drive pode não ser um disco rígido do padrão formatado para o Mac. Essa é uma pegadinha que afeta um fã de Mac que compra um novo disco rígido para fins de backup; muitos discos rígidos vêm em formato Windows, que o Time Machine não reconhece.

Para fazer um drive novo, vazio, parecer que ele está pronto para o Time Machine, abra Utilitário de Disco (Disk Utility). Clique o nome do drive, clique a aba Apagar (Erase), escolha Mac OS Extended (Journaled) do menu pop-up Formato de Volume (Volume Format)e depois clique em Apagar.

Figura 6-12:
Em cima: o Mac acabou de encontrar um segundo disco rígido. O Time Machine ainda funciona se houver outras coisas no drive, mas a vida será mais simples se você não usar aquele drive para nada, a não ser o Time Machine. Quanto mais espaço o Time Machine tiver para trabalhar, mais longe no tempo você conseguirá recuperar arquivos apagados ou corrompidos.

Embaixo: o backup começou. Você sabe disso, pois vê uma mensagem de progresso e o símbolo ↻ que aparece perto do nome do drive de backup em sua Barra Lateral (sidebar).

Obviamente, isso parece uma conspiração da Apple para vender mais discos rígidos. Mas você ficaria surpreso ao saber como os discos rígidos são baratos. Na época em que este livro foi escrito, você podia comprar um disco rígido de 1 TB (1.000 GB) por 100 dólares, é muito barato – e os preços-por-gigabyte dos discos rígidos estão cada vez menores.

Na primeira vez que o Mac vê o seu segundo disco rígido, ele o convida a usá-lo como drive de backup do Time Machine (Figura 6-12, em cima). Essa seria a hora de você conectar um drive externo USB ou FireWire, ou na primeira vez em que você iniciar o Mac depois de ter instalado um drive interno.

Se clicar Usar como backup (Use as Backup Disc), você é levado imediatamente ao painel de Preferências do Time Machine (Figura 6-12, embaixo). Ele mostra que, agora, o Time Machine está ligado, o seu disco de backup foi selecionado e o processo de cópia começou. O Mac copia *tudo* no seu disco rígido, inclusive o próprio Mac OS X, todos os seus programas e as pastas Início de cada um dos usuários do computador.

O seu envolvimento total é de apenas *um* clique. E essa, senhoras e senhores, é a configuração mais fácil de um programa de backup na história.

Nota: O Time Machine não usa qualquer compactação ou codificação; ele copia os seus arquivos exatamente como eles estão em seu disco rígido, para máxima segurança e possibilidade de recuperação. Por outro lado, ele poupa algum espaço no drive de backup, porque ele não se preocupa em copiar arquivos de armazenagem temporária (*cache*), arquivos temporários e outros arquivos que você nunca precisará recuperar.

Agora, afaste-se e deixe o Mac fazer essa coisa. O primeiro backup pode demorar *muito* tempo – horas – enquanto o Mac duplica todo o seu disco rígido interno em um segundo drive. Durante esse tempo, o Mac fica meio lento.

PERGUNTAS FREQUENTES

O fim do tempo

O que acontece quando o meu drive de backup está cheio?

Boa pergunta. A ideia toda do Time Machine (ou seja, a Máquina do Tempo) é que ele preserva múltiplos backups, de modo que você pode voltar uma janela ou um drive não em apenas *um* backup, mas para *qualquer* data no passado. Quanto maior o disco rígido, mais tempo para atrás aqueles backups mensais são preservados.

Claro que, ocasionalmente, o seu drive de backup fica sem espaço. A essa altura, o Time Machine o informa e oferece uma escolha: "Seu disco de backup está cheio. O disco de backup restante mais antigo é..." (e a data).

Você pode continuar usando aquele drive; o Time Machine começará a apagar os backups mais antigos para dar espaço aos novos.

Ou você pode instalar um novo drive de backup do Time Machine. As novas cópias irão para aquele; os seus backups antigos ainda estarão disponíveis no drive original.

Se você precisar recuperar arquivos ou pastas do disco mais antigo, Control-clique (clique com o botão direito) o ícone do Time Machine no Dock, a partir do menu de atalho, escolha Navegar por Outros Discos do Time Machine [Browse Other Time Machine Disks]). Na lista de discos, escolha o mais antigo. Depois, clique o ícone do Time Machine no Dock para entrar no modo de restauração.

Destaque do Snow Leopard: Esse primeiro backup é muito mais rápido no Snow Leopard do que antigamente. Ele pode levar duas horas em vez de uma noite inteira, por exemplo. Os backups subsequentes no Time Machine também são muito mais rápidos, especialmente no estágio de "preparação do backup". (Talvez o melhor de tudo: interromper o backup do Time Machine - por exemplo, se você achar que o processo está tornando seu Mac lento - também é muito mais rápido.)

Como funcionam os backups

De agora em diante, calma e automaticamente, o Time Machine verifica o seu Mac uma vez por hora. Quaisquer alterações feitas em arquivo, em pasta ou configuração são copiadas ao final da hora. Claro que essas cópias de acompanhamento tomam pouco tempo, visto que o Time Machine só copia o que foi alterado.

Assim, se houver um desastre, os únicos arquivos que você pode perder são aqueles alterados nos últimos 59 minutos.

Dica: E mesmo assim, se quiser, você pode *forçar* cópias mais frequentes. Sempre que você quiser que o Time Machine atualize o seu backup antes da hora programada, basta selecionar Fazer Backup Agora (Back Up Now) no menu do Time Machine. Ou escolha Fazer Backup Agora pelo menu de atalho do ícone do Time Machine no Dock.

Da mesma forma é possível interromper o backup - se precisar usar o drive de backup para uma outra tarefa rápida, por exemplo. Vá até Preferências do Sistema→Time Machine (System Preferences→Time Machine) e desative o grande interruptor no canto inferior esquerdo. (Não se esqueça de ativar novamente o backup quando tiver terminado.)

Ao final do dia, você terá 24 horas de backup naquele segundo disco, tudo ocupando espaço. Então, o Time Machine substitui as diversas cópias por um único backup *diário*. Não é mais possível você voltar o seu sistema para as 15 horas da última segunda-feira, mas pode voltar para como era ao *final* daquele dia.

Analogamente, depois de uma semana, os diários são substituídos por um backup de fim de semana; depois de um mês, os semanais são substituídos por um backup de fim de mês. Agora, você não pode voltar para 24 de outubro, mas pode voltar para 1º de novembro. (A Apple supõe que você não levará um mês inteiro para perceber que o seu disco rígido pifou.)

Dica: Se quiser, você pode ver esses backups. Abra o seu drive de backup, abra a pasta Backups.backupdb e abra a pasta nomeada de acordo com o seu computador. Dentro você encontrará uma imensa lista de pastas de backup, contendo nomes como 2007-12-22-155831. Esse é o backup de 22 de dezembro de 2007 às 15h58min e 31 segundos.

A questão é que o Time Machine não mantém *uma* cópia de suas coisas. Ele mantém *múltiplos* backups. Ele se lembra de como as coisas eram em cada pasta – não apenas ontem, mas na semana passada, no mês passado e assim por diante. Ele continua a fazer novos instantâneos de seu disco rígido até que o drive de backup esteja cheio.

Nesse ponto, os mais antigos são apagados para dar espaço aos novos.

Dica: Normalmente, o Time Machine lhe informa quando ele precisa começar a apagar backups antigos. Se você preferir deixá-lo fazer isso sem se preocupar, abra as Preferências do Sistema, clique em Time Machine, clique em Opções (Options) e, finalmente, desative a opção Avisar quando antigos backups forem apagados (Warm when old backups are deleted).

Figura 6-13: *Use a chave grande Inativo/Ativo (On/Off) para desativar todas as atividades do Time Machine, ainda que seja difícil imaginar porque você gostaria de se arriscar. É possível clicar em Alterar Disco (Choose Backup Disk) para escolher um disco rígido diferente para representar a imagem de seu drive principal (depois do primeiro estar cheio, por exemplo).*

A propósito, se um backup for interrompido – se você desligar o Mac, se o puser para dormir ou levar o seu laptop para viajar –, sem problemas. Automaticamente, o Time Machine volta na próxima vez em que você estiver em casa e conectado.

Como mudar as configurações do Time Machine

O Time Machine possui quatro interfaces. Há o próprio aplicativo, que fica em sua pasta Aplicativos; clique-a para entrar no modo Restaurar (Restore). Existe o seu ícone do Dock, que também entra no modo de Restauração, mas que possui um menu de atalho contendo comandos úteis como Backup Agora (Back Up Now) (e Parar Backup [Stop Backing Up]).

Existe o menulet do Time Machine, que pode ser o mais útil para você. Ele identifica a hora e data do último backup; oferece os comandos para iniciar e interromper o backup; e possui acesso direto ao modo de restauração e painel de preferências do Time Machine.

Dica: Se você Option-clicar o menulet do Time Machine, você obtém um novo comando secreto: Explorar Outros Discos do Time Machine (Browse Other Time Machine Disks). Sim, é perfeitamente possível fazer backup em múltiplos discos rígidos – para manter um externo de forma que você não ficará em apuros em caso de incêndio, inundação ou roubo, por exemplo. (Control-clique o ícone do Time Machine no Dock é outra forma de obter esse comando.)

Finalmente, há o seu painel Preferências do Sistema, onde você ajusta suas configurações (Figura 6-13). Para vê-lo, selecione →Preferências do Sistema→Time Machine. Ou selecione as Preferências do Time Machine a partir do seu ícone no Dock ou menulet.

Como recuperar arquivos perdidos ou alterados

Tudo bem. Você está com o Time Machine fazendo seu trabalho direitinho. Você dorme bem à noite, confiante de que a sua vida está em ordem – e suas coisas copiadas.

Então, um dia acontece: o seu disco rígido quebra. Ou você não consegue encontrar um arquivo ou pasta que sabe que tinha. Ou você salva um documento e, depois, gostaria de poder voltar para o rascunho anterior. Ou algum tipo de desastre – man-

USUÁRIOS PROFISSAS

Declarando os limites de ação do Time Machine

Claro que o objetivo do Time Machine é ter um backup de todo o seu disco rígido. É para isso que a maioria das pessoas o usa.

Mas, é concebível que você possa querer excluir alguns arquivos ou pastas do cuidado do Time Machine. Há dois motivos para isso.

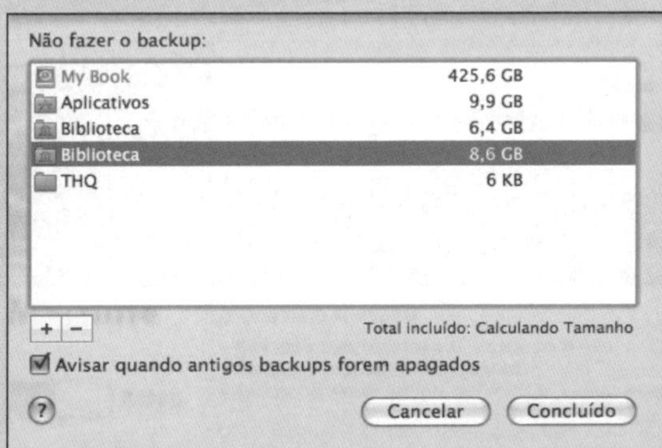

Primeiro que você poderia não querer que determinados materiais, assim particulares, fizessem parte de seu rastro de dados incriminador.

Depois, você poderia querer poupar espaço no drive de backup, seja porque ele não é tão grande quanto o seu drive principal ou porque você preferiria deixar o espaço dele para *mais* backups de coisas *essenciais*. Por exemplo, você poderia resolver não copiar a sua coleção de espetáculos baixados da TV, visto que os arquivos de vídeo são enormes. Ou talvez você use um *website* de compartilhamento de fotos *on-line* como um backup para todas as suas fotos, assim, não acha que é necessário incluí-las no backup do Time Machine.

Para excluir determinados itens do backup, abra o painel Time Machine nas Preferências do Sistema. Clique em Opções. Na lista que aparece, clique no botão +; navegue pelo seu disco rígido e depois selecione os arquivos ou pastas que não deseja que sejam copiados. Ou apenas encontre seus ícones no Finder e *arraste-os* para a lista aqui. (Use o botão – para apagar itens da lista, removendo-os assim da lista de excluídos.)

Se você ficar atrapalhado por causa de espaço em disco, um candidato lógico para exclusão é a pasta Sistema em seu disco rígido principal – isto é, o próprio Mac OS X. Afinal, se você perder o seu disco rígido, já tem uma cópia do Mac OS X: o DVD de instalação original. (Lógico que ele não tem todas as atualizações que a Apple pode ter lançado desde a versão original.)

Quando você adicionar a pasta Sistema à lista de exclusão, o Time Machine faz uma outra oferta para poupar espaço: "Deseja também excluir outros arquivos instalados com o Mac OS X, tal como aplicativos do sistema e ferramentas UNIX?"

Concordando (clicando em Excluir Todos os Arquivos de Sistema), você economiza vários gigabytes de espaço para backup.

chas solares, uma mulher (ou marido) desastrada, seu próprio cansaço – baixou em seus arquivos. Esse é o grande momento do Time Machine.

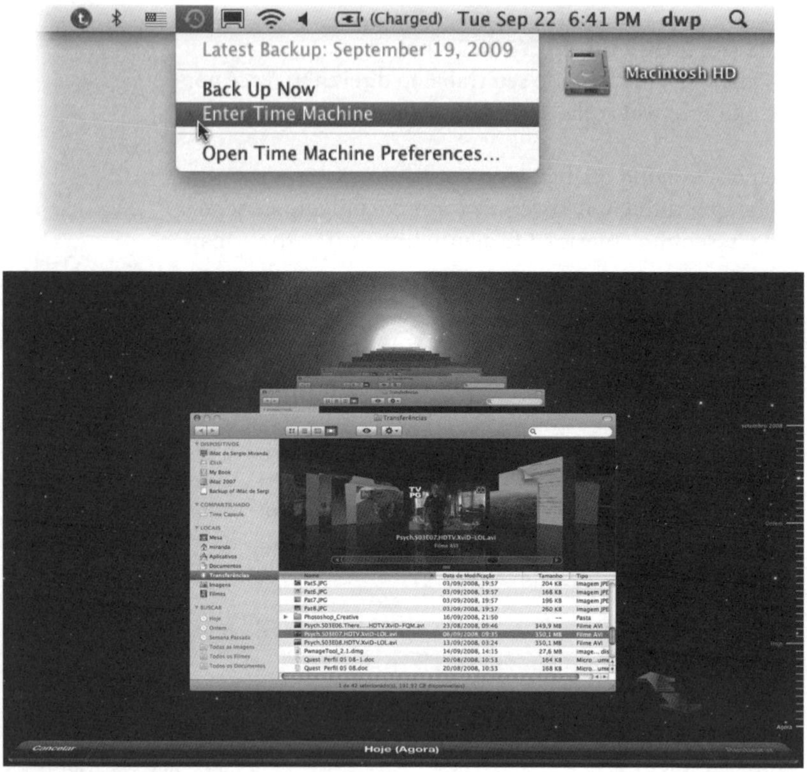

Figura 6-14: *Em cima: escolha Entrar no Time Machine (Enter Time Machine) a partir do menulet (se você não encontrar esse menulet, ative Mostrar* status *do Time Machine na barra de menu [Show Time Machine status in the manu bar], mostrado na Figura 6-13).*

Embaixo: a tão familiar Mesa desliza para baixo, caindo como uma cortina. Pela primeira vez você consegue ver o que estava atrás dela o tempo todo. É o espaço.O Time Machine exibe dúzias de cópias da janela do Finder, representando as suas condições em cada backup, estendendo-se de volta para o passado.

Comece indicando o que você está procurando, com uma dessas duas maneiras:

- Abra a janela do disco ou arquivo onde o item desaparecido ou alterado estava.
- Digite o que você está procurando na caixa de busca, no alto de qualquer janela do Finder. Clique o botão de localização que fizer mais sentido: "Este Mac", ou o nome da janela em que você estiver.

No caso de arquivos ou pastas apagadas, provavelmente a busca será inútil; isso é certo.

Agora, clique o ícone Time Machine no Dock (ou na pasta Aplicativos) (Figura 6-14, em cima). Não desvie o olhar: você não deve perder o espetáculo.

A sua Mesa *desce deslizando pela tela* como faria uma cortina que tenha sido solta de cima. E revela... o espaço. Isto é, o espetáculo máximo da Apple: um universo estrelado, com toques de poeira espacial e meteoros passando ocasionalmente, voando para fora da maciça nebulosa no centro.

Na frente e no meio está a sua janela do Finder – ou melhor, dezenas delas, estendendo-se para o tempo passado (Figura 6-14, embaixo). Cada uma é um instantâneo daquela janela no tempo do backup do Time Machine.

Você tem quatro maneiras de pesquisar o seu universo de backup:

- Clicar janelas individuais para ver o que há nelas.

- Arrastar o seu cursor pela linha de tempo do lado direito. É como uma nave que dispara pelas janelas no passado.

- Clicar uma das duas grandes setas planas em perspectiva. Aquela indicando para o passado significa "Pular diretamente para a janela da versão imediatamente mais recente que seja *diferente* de como ela é agora".

  Em outras palavras, geralmente é uma perda de tempo folhear através das janelas, uma de cada vez, pois o seu arquivo desaparecido ou alterado deve ter sido perdido ou alterado nos últimos 25 backups (ou o que for). O que você deseja saber é a última vez que o conteúdo dessa janela *foi alterado*. É isso o que as grandes setas planas fazem. Elas pulam de uma versão *alterada* dessa janela para uma outra. (Ou, se você começou com uma busca, a seta o leva para a versão de backup mais recente com um resultado de comparação.)

- Usar a caixa de busca no canto da janela. Você pode procurar pelo que estiver desaparecido no backup atual.

  À medida que você prossegue, a parte bem embaixo da tela identifica onde você está no tempo – isto é, qual backup você está examinando.

Dica: Ok, tudo isso é muito deslumbrante. Mas se você já possui uma inclinação técnica, não precisa se sentar para ver o grande show. Basta abrir o próprio disco de backup, cujo ícone aparece na sua Mesa. Dentro dele, você descobrirá pastas aninhadas, representando, com perfeição, cada computador, cada backup, cada dia e cada hora – que você pode explorar manualmente.

De muitas maneiras, o modo de recuperação é exatamente como o Finder. Na verdade, você não pode abrir, editar, renomear ou reorganizar nada aqui. Mas, pode usar o Visualização Rápida (Quick Look) para inspecionar os documentos, de modo a ter certeza que tem a versão certa. E você pode usar a visualização por ícones, em lista ou Cover Flow, assim como a exibição em colunas, para ordenar e examinar os arquivos que estiver vendo.

Se você estiver tentando recuperar uma *versão* mais antiga de um arquivo ou pasta, selecione-o e, depois, clique o botão da seta plana que está apontando para longe de você; o Time Machine volta para a versão mais recente que é *diferente* da atual.

Se você estiver tentando recuperar um arquivo ou pasta apagada que agora localizou, selecione-a e depois clique em Recuperar (Restore) (à direita, embaixo). A Mesa do Mac OS X se ergue novamente, vindo de baixo da tela, há um momento de cópia e, depois, pronto: o arquivo ou pasta perdida está de volta à janela à qual pertencia.

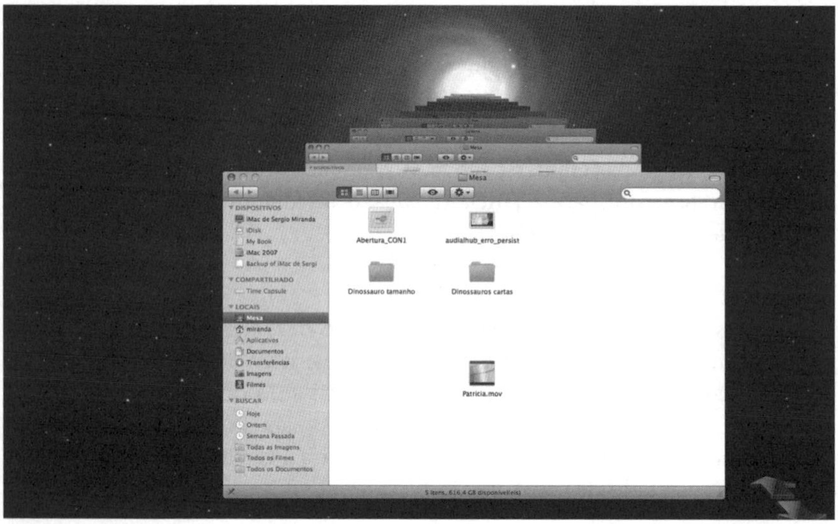

Figura 6-15: *A versão Time Machine do iPhoto é uma versão estranha, simplificada, apenas de exibição. Você não pode fazer muito aqui, além de navegar pelos seus backups – mas, quando você está no caminho certo, isso é o suficiente.*

Nota: O Time Machine tem orgulho de si não apenas por recuperar arquivos e pastas, mas também por colocá-los de volta ao lugar que lhes pertencia.

Se você recuperar uma versão diferente de algo que *ainda está lá*, o Mac OS X pergunta se você quer substituir pela versão recuperada.

E se você estiver recuperando um documento cuja pasta original não existe mais, automaticamente o Time Machine recria a pasta, para que o item recuperado sinta-se em casa.

Como recuperar a partir de iPhoto, Agenda e Mail

Acontece que o Finder não é o único programa que está ligado à mágica do Time Machine. O iPhoto '08, a Agenda e o Mail também trabalham com o Time Machine. Outras empresas de software também podem rever seus próprios aplicativos para funcionar com ele.

Em outras palavras, se você quiser recuperar determinadas fotos, endereços ou mensagens de correio eletrônico que tenham sido apagados, você não inicia suas atividades no Finder; inicia no iPhoto, na Agenda ou no Mail.

Depois, clica no ícone do Time Machine no Dock. Novamente, você entra no modo de recuperação estrelado – mas, dessa vez, você está vendo uma cópia estranha, sem forma, em tiras, do iPhoto, da Agenda ou do Mail (Figura 6-15).

Dica: Como alternativa, no iPhoto também é possível escolher (File→Browse Backups) para entrar no modo de restauração.

Você está pronto para encontrar os dados desaparecidos. Clique a seta para trás para abrir a versão mais recente de sua biblioteca de fotos, agenda de endereços ou pilha de e-mails que seja diferente daquela em que está agora. (Você também pode usar a linha de tempo à direita, se lembrar da data em que a coisa saiu errada.)

Dica: Se você estiver procurando por algo em particular, especifique isso antes de começar a clicar. Por exemplo, selecione primeiro o evento no iPhoto ou digite um nome na caixa de busca da Agenda.

A essa altura, você pode selecionar fotos individuais (ou álbuns ou eventos), contatos da agenda ou mensagens de e-mail para recuperar; basta clicar no botão Restaurar.

GANHE VELOCIDADE

Backup do MobileMe

O Time Machine é, de longe, a maneira mais segura, completa, livre de esforço e automática para manter protegida a vida dos seus dados.

Entretanto, há um método mais antigo, mas que só está disponível aos membros do MobileMe, a suíte de serviços pela Internet de aproximadamente 200 reais por ano da Apple.

Os serviços MobileMe incluem o acesso a um programa chamado Backup que pode lhe oferecer um outro sistema automático de backup para um subconjunto de seus arquivos – os seus arquivos mais importantes. A beleza desse método é que o backup é *externo*, portanto (diferente do Time Machine), ele é seguro mesmo se um incêndio, inundação ou roubo destruir o seu drive de backup.

Se você está interessado nesse pequeno e excêntrico programa, pode baixá-lo aqui: http://bit.ly/ZQMz0. (Por ora, aliás. A Apple está claramente interessada em eliminar esse programa em etapas, e pode retirá-lo do ar a qualquer momento.) As instruções estão no apêndice em PDF desse capítulo, chamado Backup do MobileMe, e que pode ser baixado gratuitamente na página "Missing CD" deste livro em www.missingmanuals.com.

Porém, frequentemente, você gostaria de recuperar *toda* a biblioteca do iPhoto, *todo* o arquivo da Agenda ou *toda* a sua coleção de e-mails do backup. É para isso que serve o botão Restaurar Tudo (Restore All).

Se você clicá-lo, o que acontece é ligeiramente diferente. O iPhoto vai perguntar se você tem certeza que deseja substituir a sua biblioteca. A Agenda pode descobrir muitas entradas com nomes e endereços duplicados e convidá-lo a navegar através delas, decidindo qual permanece (a antiga ou a nova).

Nota: Quando você terminar de restaurar tudo no Mail, encontrará as mensagens recuperadas na pasta Em Meu Mac→Time Machine→Restaurado (My Mac→Time Machine→Recovered), do lado esquerdo da janela.

Recuperando todo o disco rígido

Em algum momento da vida, todo disco rígido morre. Você apenas espera que não aconteça enquanto *você* for o dono do computador.

Mas, os grandes deuses da tecnologia têm um senso de humor espirituoso, e os discos rígidos simplesmente morrem de vez. Só que você, como um fã aficionado do Time Machine, não se importa. Simplesmente, você irá consertar ou substituir o disco rígido e então proceder da seguinte forma:

1. **Conectar o disco de backup do Time Machine ao Mac. Inserir o DVD de instalação do Snow Leopard. Abrir o ícone Install (Instalar)Mac OS X.**

   O instalador do Mac OS X se abre como se ele fosse levá-lo através do processo de colocar o Snow Leopard em um disco rígido novo e vazio. Porém, não se apaixone.

2. **Na tela de Boas-vindas, escolha Utilitários→Restaurar o Sistema do Backup (Utilities→Restore System from Backup).**

   A caixa de diálogo Restaurar Seu Sistema (Restore Your System) aparece.

3. **Clique em Continuar (Continue).**

   Agora, você vê uma lista de discos de backup do Time Machine. Provavelmente, só há uma opção.

4. **Clique no seu disco de backup. Na lista de backups, clique no mais recente.**

   O instalador copia *tudo* do disco de backup no seu novo disco rígido vazio. Quando tudo estiver terminado, você terá um sistema funcionando perfeitamente, exatamente como era antes de sua série de infelizes eventos.

Dica: Também é possível usar essas etapas para voltar a uma versão anterior do Mac OS X, a 10.6, por exemplo, depois de instalar uma atualização de software Apple (10.6.2, por exemplo) e descobrir que ele não funciona com o seu programa preferido.

No entanto, fique atento: recuperar a sua versão anterior também *apaga quaisquer arquivos* que você tenha criado ou alterado desde que instalou a atualização. Copie-os manualmente antes de prosseguir!

Depois, siga as etapas anteriores; quando for solicitado a escolher um backup para restaurar, escolha o mais recente. Quando tudo estiver pronto, copie os arquivos mais recentes (aqueles que você copiou manualmente) de volta para o disco rígido.

Como recuperar para um outro Mac

Também é possível usar o Time Machine como um glorioso buquê de dados, que transporta o mundo de um computador para um outro. Você pode trazer alguma parte de qualquer backup do Time Machine para um Mac completamente diferente.

Na nova máquina, conecte o seu disco de backup. Na pasta Aplicativos→Utilitários, abra o programa Assistente de Migração (Migration Assistant). Na segunda tela, clique em "A partir de um backup do Time Machine" (From a Time Machine Backup). As telas subsequentes o convidam a escolher qual cópia, qual pasta Início de um usuário e quais os itens (aplicativos, configurações, arquivos) você deseja trazer. (Também é possível usar o DVD de instalação do Snow Leopard, conforme descrito anteriormente, com esse mesmo objetivo.)

NOSTALGIA FUTURA

O Rápido Declínio do iSync

O iSync é um programa simples e atraente que foi desenvolvido originalmente para manter seus calendários e listas de telefones em vários computadores, organizadores Palm, telefones celulares e até mesmo o seu iPod em perfeita sincronia, poupando-lhe da dor de cabeça da era moderna: entrar com as mesmas informações várias vezes.

Porém, pouco a pouco, a Apple vem retirando as responsabilidades do iSync. Agora você sincroniza o iPod pelo iTunes. No Snow Leopard, o iSync não reconhece mais os organizadores Palm e telefones. E o iSync jamais conversou com Blackberrys ou telefones celulares com Windows.

No entanto, ainda há alguns telefones celulares que podem ser sincronizados com o iSync. A Apple tem uma lista deles em http://support.apple.com/kb/HT2824. (Dica: a maioria deles são Nokia, Motorola, Samsung e Sony Ericsson.) Se o seu telefone não está na lista, então não se esqueça de acessar o site www.taniwha.org.uk, uma página Web repleta de drivers e instruções de instalação para modelos de telefones específicos.

Mas se você possui um desses modelos escolhidos, o iSync pode mantê-lo atualizado com o calendário de outro Mac, Agenda e lista de tarefas, tanto via cabo USB quanto Bluetooth. Sua configuração requer um pouco de conhecimento técnico (criar um perfil de telefone, emparelhar o telefone com o Mac, abrir o iSync, selecionar Dispositivos→Adicionar Dispositivo [Devices→Add Device], e finalmente selecionar o telefone). Você encontrará informações mais detalhadas nas telas de ajuda do iSync.

Perguntas frequentes

O Time Machine é um tipo muito diferente de programa de backup, e uma verdadeira atração para viciados em Mac de longa data. Portanto, surgem algumas perguntas. Como estas:

- **Eu posso copiar mais do que um Mac no mesmo disco?** Sim. Cada cópia do Mac é armazenada em uma pasta separada daquele disco.

- **O disco de backup precisa ser dedicado ao Time Machine?** Não. Ele pode conter outros arquivos e pastas. Mas, lembre-se de que quanto mais espaço estiver disponível, mais cópias a sua trilha de backup pode fazer.

- **Eu posso usar mais de um disco de backup – como um no escritório e outro em casa?** Sim. Basta usar o painel Time Machine das Preferências do Sistema (ou o menu do ícone Time Machine no Dock) para selecionar o novo drive de backup cada vez que você trocar.

- **Posso apagar para sempre algo de todos os backups de uma vez?** Sim. Clique o ícone Time Machine no Dock para entrar no modo Restaurar (o modo espacial). Encontre e selecione o arquivo ou pasta que deseja que suma. A partir do menu ✲, escolha Apagar de Todos os Backups[Delete From All Backups]). (Escorregadio, hein? Esse comando nunca está no menu ✲, *exceto* quando você está no Time Machine, no modo de restauração).

- **O Time Machine pode copiar outros discos rígidos além do interno principal?** Sim. Abra Preferências do Sistema→Time Machine→Opções (System Preferences→Time Machine→Options). Os seus drives secundários estarão listados aqui, na lista de itens excluídos. Se você quiser que eles sejam copiados também, *remova-os* da lista (clique o nome do drive e, depois, clique o botão -).

- **Há algo mais que você deseja tirar de seu baú?** Sim. O Time Machine tem problemas com duas situações:

  Primeiro, com o FileVault. Se você tiver codificado a sua pasta Início usando o FileVault, o Time Machine *só* pode recuperar a sua pasta Início quando você tiver finalizado sua sessão. E quando as coisas não funcionam, ele só pode remover *toda* a pasta Início (não os arquivos ou pastas individualmente). Raramente parece valer o trabalho.

  Segundo, lembre-se de que o Time Machine copia arquivos *inteiros* de uma vez – e não pedaços dos arquivos. Se você editar arquivos enormes, de vários megabytes, como arquivos de vídeo, tenha em mente que cada arquivo gigantesco é recopiado para o drive de backup cada vez que você o altera. Isto é, um arquivo de vídeo de 2 GB no qual você trabalha o dia todo acabaria ocupando 48 GB no drive de backup ao final do dia! Pense em adicionar esses arquivos à lista de exclusão, conforme descrito anteriormente.

CAPÍTULO

7

Serviços, Automator e AppleScript

A especialidade da Apple sempre foi a de transformar tecnologias caras e complexas em algo mais simples, atraente e mágico. Ela fez isso com a edição de vídeos, fotos digitais, criação de DVDs, rede wireless, webdesign, produção musical, podcast – e o que mais você imaginar.

No entanto, a popularização de uma tarefa em particular continua fugindo da Apple: a *programação*.

Através dos anos, a Apple introduziu várias tecnologias novas para auxiliar os novatos a escreverem seus próprios softwares:

- **AppleScript.** Foi a primeira ferramenta da Apple para automatizar o seu Mac. Você digita comandos em um arquivo de texto chamado *roteiro* (*script*), com um comando por linha, e clica Executar (Run)para que o seu Mac dê o resultado (Figura 7-1, embaixo).

  O AppleScript é o sonho de um usuário capacitado tornando-se realidade, mas, é uma linguagem de programação. Se você quiser automatizar um simples trabalho normal, como converter arquivos de música para MP3, terá que sujar as mãos caçando o comando AppleScript que faz exatamente o que você deseja – e isso pode não ser nada fácil.

- **Automator.** É um programa que lhe permite ensinar ao seu Mac o que fazer, passo a passo, reunindo uma série de blocos visuais montados, chamados de ações (actions). Arraste essas ações para a ordem desejada, clique o botão Executar e, fielmente, o seu Mac executará a lista de etapas que você forneceu a ele (Figura 7-1, em cima).

Você tem uma lista de ações pré-programadas à mão, portanto, nunca precisará escrever uma linha de código ou aprender qualquer linguagem de programação. Assim, criar esses pequenos programas (chamados fluxo de trabalho [workflows]) de automatização é extremamente fácil.

Por outro lado a sua possível seleção de blocos montados é limitada ao que outros programadores já escreveram, assim, os workflows do Automator são limitados no que é possível fazer. Por exemplo, não se pode automatizar um layout complexo de página de jornal usando apenas o Automator, pois ninguém escreveu as ações de bloco necessárias para controlar todos os estágios de produção de um jornal.

Figura 7-1:
As duas faces da automatização do Mac.

Em cima: o Automator usa uma interface mais visual, passo a passo, para a automatização; as setas apontando para baixo indicam como cada bloco montado "alimenta" o seu resultado na próxima ação. Geralmente, é possível dizer o que faz um workflow de Automator, com uma rápida olhada.

Embaixo: o Editor de Roteiros (Script Editor) (o programa usado para escrever e editar código AppleScript) é bem mais nerd. Aqui, há a necessidade de uma boa quantidade de programação e você precisa conhecer o básico de sintaxe AppleScript antes de poder começar a entender um roteiro – e escrever o seu próprio, sozinho.

Para os iniciantes, o recurso mais excitante dentre eles poderá ser o modo Observe como faço. Ele permite que você ensine ao Automator apenas o que deseja que ele faça enquanto o programa observa e decora cada toque de teclado, clique de mouse e seleção de menu. Depois, o Automator pode reproduzir fielmente essas etapas, como um verdadeiro e genuíno programa de macro.

- **O Serviços (Services)** foi totalmente reformulado no Snow Leopard. Ele consiste de comandos inteligentes e úteis, disponíveis na maioria dos programas do Mac em menus de atalho no Finder. É o local para *listar* aqueles aplicativos do

Automator e AppleScript que você criou, tornando-os disponíveis em todos os lugares – juntamente com os vários já existentes da Apple.

Este capítulo aborda essas três tecnologias para você desenvolver o seu próprio software: Serviços, Automator e AppleScript. É verdade que os dois últimos exigem alguma habilidade técnica. Mas mesmo se você se considera um tecnófobo, pelo menos leia esta seção sobre o Serviços. Alguns tesouros o aguardam, e você não tem de fazer nada alem de clicá-los.

Serviços

A Apple sempre sonhou com uma arquitetura de software que permitisse a mistura e combinação de funcionalidades de programas diferentes – o corretor ortográfico do Mac no Microsoft Word, as ferramentas de desenho do PowerPoint em seu e-mail, e por aí vai. (Lembra do projeto do software OpenDoc da Apple? Ninguém se lembra.)

Por várias gerações do Mac OS X, um menu chamado Serviços aparecia no menu Aplicativos de todos os programas, listando tais funções intercambiáveis. E por todos esses anos, as pessoas simplesmente os ignoraram.

Por isso o menu Serviços foi banido. Ele listava todos os tipos de comandos mais esquisitos. A maioria deles, e na maior parte do tempo, estava escondida e indisponível. Nenhum deles era descrito ou explicado em lugar algum. Eles eram considerados um erro.

No Snow Leopard, a Apple promoveu uma profunda reformulação do Serviços, na esperança de torná-lo útil novamente. Ele continua um *pouco* escondido, mas houve alguns progressos.

Para os novatos, os comandos do Serviços agora são contextuais, o que significa que eles são mostrados somente quando é relevante; quando uma foto é selecionada, os comandos relacionados a texto não aparecem.

Eles também podem aparecer em vários outros lugares:

- No submenu Services, que está no menu Aplicativos de todos os programas.
- No menu de atalho que aparece quando você Control-clica (ou clica com o botão direito) um item do Finder.
- No menu de atalho que aparece quando você Control-clica (clica com o botão direito) um texto selecionado em um programa compatível com o Serviços.
- No menu ✲ no topo da janela do Finder.

A Figura 7-2 mostra como o menu Serviços se parece quando você seleciona um texto no TextEdit.

Agora você pode desabilitar os Serviços que nunca utiliza (nas Preferências do Sistema) e, consequentemente, ocultá-los, além de poder atribuir seus próprios atalhos de teclado aos Serviços que você realmente usa. Finalmente, você pode criar, facilmente, seus próprios itens do menu Serviços, utilizando o Automator.

Hoje, os Serviços *ainda* não são cidadãos de primeira classe do Mac. Eles aparecem na maioria dos programas mais utilizados da Apple (Safari, Mail, TextEdit, iChat, Stickies, Terminal etc.). Mas, estranhamente, eles não estão disponíveis em nenhum programa comercial da Apple, como o iLife (iPhoto, iMovie, iDVD, GarageBand), iWork (Pages, Keynote, Numbers) ou os aplicativos profissionais como o Aperture ou Final Cut.

Mesmo assim, com alguma sorte, a nova abordagem de "aparecer onde for relevante" dará ao Serviços um novo salto ao estrelato.

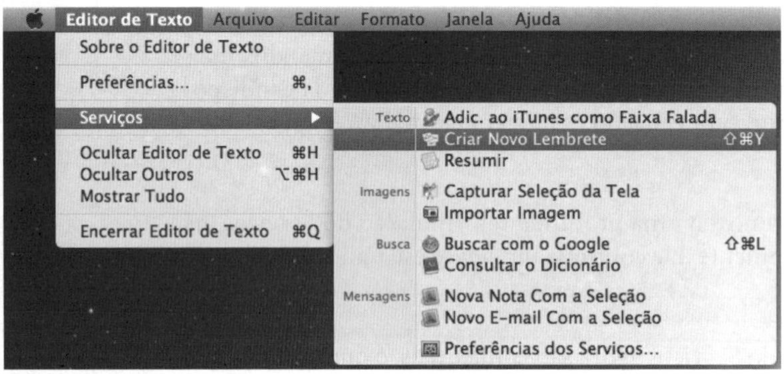

Figura 7-2:
O novo e aperfeiçoado menu Serviços possui várias melhorias em relação ao anterior. Primeiro, cada comando possui um pequeno ícone para auxiliá-lo a distingui-los. Segundo, os comandos estão agrupados por categoria ou função. Terceiro, todos os atalhos de teclado que você definiu aparecem no menu para você se lembrar deles. Quarto, eles também estão disponíveis a partir dos menus de atalho e do menu ✲ no Finder.

Sete serviços que vieram em boa hora

Se você for até Preferências do Sistema→Teclado→Atalhos de Teclado (System Preferences→Keyboard→Keyboard Shortcuts), você verá que o Snow Leopard vem com um conjunto grande de Serviços de inicialização. Muitos deles estão inicialmente desabilitados (está vendo as caixas de seleção?). Isso se dá porque muitos deles são um pouco obscuros ou técnicos.

Se você gostaria de obter um catálogo completo deles e do que cada um faz, faça o download gratuito do apêndice bônus em PDF deste capítulo na página deste livro em www.missingmanuals.com.

Enquanto isso, aqui estão alguns exemplos do que você pode fazer utilizando os Serviços incorporados. Esses exemplos também ilustram algumas das diferentes maneiras de disparar esses comandos.

Capture telas enquanto digita

Suponha que você esteja tentando explicar como se conectar a outro Mac na rede para a sua mãe, seu professor ou seu chefe. O que você *realmente* precisa fazer é criar um guia passo a passo ilustrado.

Então você abre o TextEdit e digita o primeiro passo. Quando chega a hora de incluir uma ilustração, você Control-clica (ou clica com o botão direito) o ponto na página; a partir do menu de atalho, você escolhe Capturar Seleção da Tela (Capture Selection From Screen).

Uma mensagem aparece: "Arraste o cursor para selecionar a área da tela que deseja capturar" ("Drag over the portion of the screen you want to capture"). Você faz isso e pronto! – uma imagem da área da tela que você selecionou aparece no seu documento. Você continua fazendo o mesmo processo, digitando e ilustrando até concluir o seu guia.

Papel de parede com um clique

Alguém acabou de lhe enviar a foto digital *mais legal* do mundo e você a salvou na mesa.

Control-clique (ou clique com o botão direito) a foto. A partir do menu de atalho, você escolhe Definir Imagem da Mesa (Set Desktop Picture). Bam! – agora aquela foto é o seu papel de parede, e você nem precisou ir até as Preferências do Sistema.

Nota: No menu de atalho, os comandos do Serviços aparecem na parte de baixo. Caso haja mais de quatro comandos, eles são agrupados em um submenu chamado Serviços.

Do texto para o e-mail, em um passo

Você está lendo na Web e encontra um artigo que confirma *totalmente* o seu argumento que está conversando com o seu amigo. Você seleciona o texto. A partir do menu Safari→Serviços (Safari→Services), selecione Novo E-mail Com a Seleção (New Email With Selection).

Bingo! Seu Mac abre o programa Mail e cola o texto selecionado no corpo de uma nova mensagem de e-mail. Você se poupou do trabalho de copiar, abrir o Mail, criar uma nova mensagem e colar o texto.

Do texto para uma faixa falada do iTunes

Você gosta de ler as principais notícias do *The New York Times* de manhã, mas nunca há tempo para isso antes do trabalho. Ou você precisa ler algum documento antes de ir para a faculdade. Aí você pensa: que pena que não posso *ouvir* esses documentos no iPod ou iPhone enquanto faço meus exercícios ou estou a caminho para o trabalho.

Agora você pode. No Safari, TextEdit, Mail ou outro lugar, selecione o texto que você deseja converter para áudio. Control-clique (ou clique com o botão direito) o trecho. A partir do menu de atalho, selecione Adicionar ao iTunes como Faixa Falada (Add to iTunes as Spoken Track).

Zap! Com um flash, você encontrará um novo arquivo chamado Text to Speech em sua Biblioteca do iTunes, pronto para ser sincronizado para o seu iPod ou iPhone. Trata-se de um *arquivo de áudio* de alguém lendo o texto que você selecionou. (Esse alguém, obviamente, é o Alex, uma das vozes digitais incorporadas do Mac.)

Crie um novo lembrete

Você encontra um número de telefone, endereço, URL, provérbio ou qualquer outra coisa em uma mensagem de e-mail, em um documento do TextEdit ou na Web. Você seleciona o texto e pressiona Shift-⌘-Y. *Pow!* – agora tudo está colado em um novo lembrete amarelo.

(Shift-⌘-Y é o atalho de teclado para o comando Criar Novo Lembrete [Make New Sticky Note] do Serviços. Qualquer comando do Serviços pode ter um atalho de teclado, e você pode alterá-lo à vontade – incluindo este.

Nota: Muitos programas add-ons do Mac armazenam o menu Serviços com seus próprios comandos. O Skype, por exemplo, adiciona opções como Call, Send Message e Send SMS, de forma que você pode ligar ou enviar uma mensagem de texto para alguém a partir de um número de telefone que você encontra em um documento de texto ou na Web. Programas como o QuickKeys, RealPlayer, iData, Google Quick Search, entre outros, também adicionam o menu Serviços.

Abrevie um escritor enfadonho

Alguém lhe enviou um discurso, proposta ou carta. Você não tem tempo para esse tormento. Você pensa com seus botões: "Bastaria ter me enviado um resumo".

Então você seleciona todo o texto, Control-clica (ou clica com o botão direito) o trecho e seleciona Resumir (Summarize). Bingo! O seu Mac analisa as sentenças que você destacou e, após uns instantes, abre o Serviço de Resumo(Summary Service). Esse pequeno programa, que você provavelmente nem imaginava que possuía, exibe uma ótima versão resumida do texto original. A Figura 7-3 fornece detalhes.

Mais exemplos ótimos de serviços que você pode baixar

As páginas anteriores descreveram o melhor dos Serviços *incorporados*. Mas existem centenas de outros disponíveis na Web.

Considere visitar o website www.macosxautomation.com, por exemplo. Esse site é mantido por fãs veteranos da automação para o benefício de todos que se interessem pelo assunto. Aqui, quando você clica Serviços, você encontra uma página de Download recheada de serviços úteis e prontos. Alguns exemplos:

- **New Disk Image with Selection.** Selecione uma pasta ou um grupo de ícones. Escolha esse comando a partir do menu ✲ – rapidamente, você tem um novo arquivo de imagem de disco (.dmg) contendo os itens selecionados do Finder.

Figura 7-3:
Utilize o comando Resumir para criar um resumo de um parágrafo (embaixo) de um texto mais longo (em cima). Assim que o sumário aparece no programa, você pode torná-lo mais ou menos conciso arrastando o controle deslizante Tamanho do Sumário (Summary Size). Você também pode solicitar que ele exiba os parágrafos mais relevantes em vez de frases, bastando clicar o radio button desejado no canto inferior esquerdo. (Tenha em mente que não executa nenhuma reescrita criativa; nem o Mac OS X pode tornar coerente algo que originalmente não era. Em vez disso, o Service Summary escolhe as sentenças mais significativas de forma estatística para incluir no resumo.)

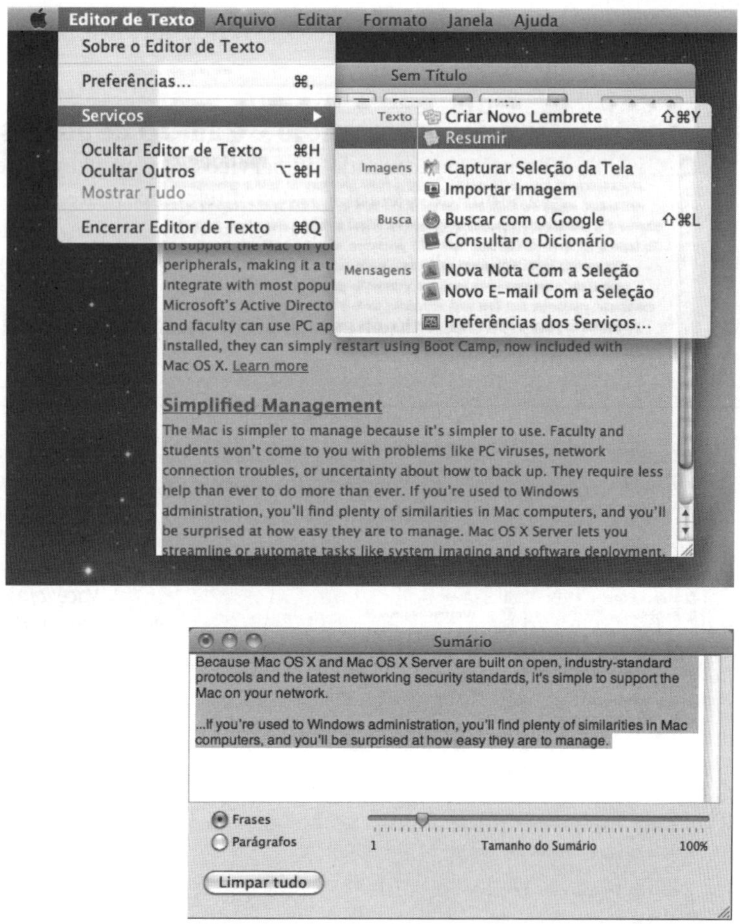

- **Send Photo to Everyone in the Picture.** Você seleciona algumas fotos no iPhoto, e então seleciona esse comando a partir do menu Serviços. O Mac cria uma nova mensagem no Mail, contendo as imagens selecionadas no iPhoto, endereçadas às pessoas que *estão* nas imagens selecionadas, conforme determinado pela funcionalidade Faces (Rostos) do iPhoto.

- **Change File Type.** Selecione alguns arquivos de fotos em uma janela do Finder. A partir do menu ✿, escolha esse comando. Ele os autoconverte para o formato gráfico que você escolher.

- **Encrypt File.** Selecione um documento PDF no Finder e então escolha esse comando a partir do menu ✿ ou do menu de atalho do arquivo. Você obtém uma cópia do arquivo PDF, encriptados com uma senha que você informar, com a palavra "(encrypted)" anexada ao seu nome.

Nitidamente, existem todos os tipos de diversão (e utilidade) a ser descoberta nos Serviços.

Ativação e desativação – e adição de atalhos de teclado

O centro de comando do Serviços está no painel Preferências do Sistema→Teclado →Atalhos de Teclado (System Preferences→Keyboard→Keyboard Shortcuts). (Você também pode chegar lá selecionando Serviços→Preferências dos Serviços [Services →Services Preferences] a partir de qualquer menu Aplicativos do programa.)

Aqui, você marca as caixas de seleção para escolher quais Serviços deseja ter disponíveis.

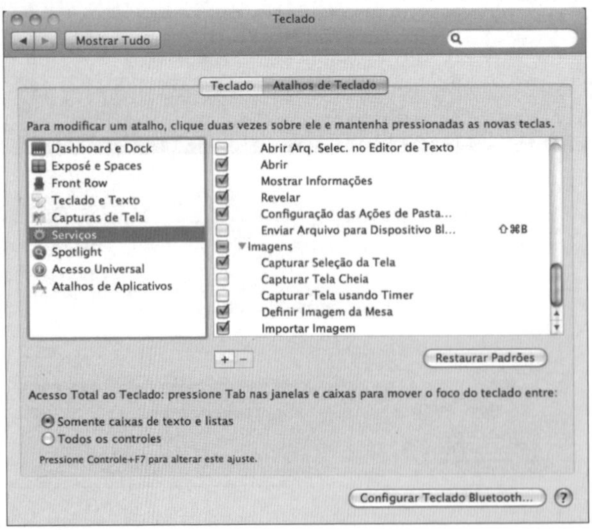

Figura 7-4:
Este é o centro de comando do Serviços. Você pode limpar seus menus de atalho e menus do Serviços dos itens que considera inúteis desmarcando suas caixas de seleção. Você também pode atribuir (ou modificar) atalhos de teclado. Clique o nome de um Serviço e pressione Return para abrir a caixa Atalho de Teclado (Keyboard Shortcut); então pressione o atalho desejado em seu teclado.

Mais útil ainda, você pode dar um duplo-clique à direita do nome de um Serviço e então pressionar a combinação do teclado. Ela se tornará seu novo atalho de teclado, disponível em todo o sistema. (O aviso de sempre também se aplica aqui: qualquer atalho de teclado que você cria *aqui* sobrepõe os atalhos de teclado que os seus programas podem utilizar para eles, então tenha cuidado.)

Automator

O Automator é o programa do Mac OS X que permite a criação de seus *próprios* programinhas – e seus próprios Serviços, se preferir. Assim como a maioria dos programas em seu Mac, ele se localiza em sua pasta Aplicativos. Clique o ícone duas vezes para abri-lo pela primeira vez. (Dizem que o robô do ícone do Automator se chama Otto. Entendeu? Otto Matic? Ah, chega de brincadeiras!)

Sete modelos iniciais

Conforme você descobrirá em breve, criar um fluxo de trabalho no Automator é um exercício intelectual gratificante e um delicioso talento a adquirir. Mas se o objetivo de todo o esforço for criar um robô que economize tempo e elimine etapas, de alguma forma você terá de dispará-lo – isto é, executá-lo, da mesma forma que você roda um programa de e-mail ou um navegador Web.

Felizmente, você pode salvar um fluxo de trabalho como um aplicativo normal, dos que se executa com um duplo clique, se você preferir, ou transformá-lo em um Serviço, conforme descrito anteriormente, ou ainda embuti-lo em menus de atalho em todo o seu Mac. Na realidade, quando você ativa o Automator, a primeira coisa que

DIAMANTE BRUTO

Abra qualquer programa com um atalho de teclado

Trata-se de uma funcionalidade que foi dolorosamente perdida no Mac desde o começo: atribuir atalhos de teclado para *abrir programas*. Você não podia definir Control-W para abrir o Microsoft Word, Control-S para o Safari, entre outros. (Pelo menos não sem a ajuda de um add-on shareware.)

No Snow Leopard, pela primeira vez, você pode.

Primeiro, utilize o Automator descrito no final deste capítulo, para criar um fluxo de trabalho simples de um passo. A primeira e única ação deve ser Abrir um Aplicativo (Launch Application). Use seu menu pop-up para especificar *qual* programa você deseja abrir a partir do teclado.

Na parte superior do painel do fluxo de trabalho, altere os menus pop-up de forma que eles leiam "O Serviços não recebe nenhuma entrada em qualquer aplicativo" (onde as frases sublinhadas são menus pop-up). Essa parte "qualquer aplicativo" é importante; caso contrário, seu atalho de teclado funcionará apenas em um programa.

Salve o resultado e dê um nome a ele, como "AbrirWord" ou "AbrirAddressBook", ou o que você preferir.

Finalmente, abra Preferências do Sistema→Teclado→Atalhos de Teclado (System Preferences→Keyboard→Keyboard Shortcuts). Clique Serviços. Atribua um atalho de teclado ao seu novo Serviço.

E é isso! Você acabou de criar um atalho de teclado que pode abrir o programa desejado – utilizando somente ferramentas incorporadas do Mac OS X. Uhú!

ele quer saber é: qual *é* o destino desejado para este fluxo de trabalho? Ele oferece sete opções na tela de modelos mostrada na Figura 7-5:

Figura 7-5:
O Automator possui sete opções para o formato final do seu fluxo de trabalho. Se você não tem certeza de qual formato deseja usar para um determinado fluxo de trabalho, selecione Fluxo de Trabalho (Workflow) por ora. Depois, se você mudar de ideia a respeito do produto final de sua obra-prima – por exemplo, você percebe que ela funcionaria melhor como um Serviço (Service) ou um Alarme do iCal (iCal Alarm) –, você pode criar um documento em branco em um dos outros tipos, e então arrastar as ações do seu fluxo de trabalho salvo em um projeto novo em branco.

- **Fluxo de Trabalho (Workflow)**. Um arquivo de Fluxo de Trabalho do Automator (com a extensão de nome de arquivo *.workflow*) é o que você cria se deseja estudar e refinar seu projeto. Não é o melhor formato para usar o seu aplicativo feito em casa, aliás, porque para executá-lo você precisa abrir o Automator e clicar o botão Executar (Run).

- **Aplicativos (Application)**. Um fluxo de trabalho salvo como um aplicativo possui todos os benefícios associados com os programas comuns do Mac OS X. Você pode dar duplo clique em seu ícone no Finder para executá-lo, arrastá-lo para o Dock para a execução com um clique, ou apenas deixá-lo em sua pasta de Aplicativos, abrigado entre todos os programas "profissionais."

Então por que não salvar seus fluxos de trabalho como aplicativos *sempre*? Primeiro, porque os aplicativos de fluxo de trabalho são *muito* maiores que os documentos de fluxo de trabalho – muito mais do que 20 vezes maior. Vale a pena lembrar se você planeja distribuir seus fluxos de trabalho on-line ou via e-mail.

Além disso, quando um aplicativo de fluxo de trabalho é executado, ele não lhe dá acesso ao log de Fluxo de Trabalho – uma grande desvantagem se você deseja monitorar o progresso do seu fluxo de trabalho nos mínimos detalhes. Em vez disso, você tem um pequeno indicador de ação na barra de menu, mostrada na Figura 7-6.

Figura 7-6:
O indicador de três partes da barra de menu lhe diz qual aplicativo de fluxo de trabalho está, de fato, em execução (o indicador de progresso girando) – e, de forma mais específica, qual ação está em execução (o texto próximo a ele). Se você quiser cancelar um fluxo de trabalho na metade, clique o sinal Parar (Stop).

Finalmente, é um tormento editar um aplicativo de fluxo de trabalho caso algo dê errado; você precisa abrir tudo no Automator e salvá-lo novamente.

- **Serviço (Service)**. Ah, agora estamos falando a mesma língua. Sim, é verdade: agora você pode criar seus próprios serviços, conforme descrito anteriormente – e dar a eles todos os privilégios de um serviço próprio da Apple. Um benefício exemplar: você pode atribuir seus próprios atalhos de teclado a eles.

  A beleza dos Serviços criados no Automator está no fato de eles aparecem, *de forma instantânea*, em todos os lugares onde os Serviços aparecem: no menu Serviços, no menu de atalho que aparece quando você clica um ícone no Finder ou um texto selecionado com o botão direito e o menu ✲ do Finder – todos prontos para uso. Em outras palavras, aperfeiçoar e depurar seu fluxo de trabalho é incrivelmente fácil, porque ele está pronto para ser testado imediatamente no "mundo real" do seu Mac.

- **Ação de Pasta (Action Folder)**. As *Ações de Pasta* são fluxos de trabalho que são executados automaticamente quando você faz algo para uma *pasta* no Finder – digamos, abri-la ou adicionar arquivos nela. As Ações de Pasta são extremamente poderosas para o processamento de imagens, serviços de backup de rede e muito mais, mas elas também são exageradamente complicadas. Para uma explicação sobre os prós e contras, leia o bônus deste capítulo no apêndice AppleScript (na página "Missing CD" deste livro em www.missingmanuals.com).

- **Plug-in de Impressão (Print Plugin)**. Os fluxos de trabalho aparecem como itens de menu dentro do menu PDF da caixa de diálogo Imprimir (Print). Se você salvar um fluxo de trabalho como um plug-in de Imprimir Fluxo de Trabalho (Print Workflow), poderá executá-lo, facilmente, em um documento que você irá imprimir – aplicando um filtro ColorSync a um documento para compensar as leves descolorações, por exemplo.

- **Alarme do iCal (iCal Alarm)**. Trata-se de um poderoso formato de plug-in que permite o agendamento de fluxos de trabalho para que eles sejam executados em períodos específicos. Quando você salva um fluxo de trabalho nesse formato, o iCal é aberto e cria um novo evento com o nome do seu plug-in; você deve arrastar e editar esse evento para a data e hora que você deseja que o plug-in seja executado. (Você também pode usar o menu pop-up Repetir (Repeat) do iCal para que o fluxo de trabalho seja executado todos os dias, semanalmente etc.)

É uma ferramenta fantástica. Se você tiver um fluxo de trabalho que reproduza uma música no iTunes, por exemplo, você pode muito bem criar um alarme para acordar usando nada além dos alarmes do iCal.

- **Plug-in de Captura de Imagem (Image Capture Plugin)**. O Image Capture é um programa para a importação de fotos de uma câmera ou scanner. Se você salvar um fluxo de trabalho como um plug-in do Image Capture, poderá optar por executar o fluxo de trabalho sempre que importar novas fotos – de forma que você possa, facilmente, reduzir novas imagens para um tamanho menor, por exemplo.

- Você pode clicar esses ícones um por vez para ler as descrições encapsuladas. Você não precisa fazer uma escolha agora; você pode clicar Fechar (Close) para se livrar dessas ofertas de modelos, criar um fluxo de trabalho agora e então decidir o que fazer depois.

Agora, siga em frente e automatize!

Dica: Você pode encontrar recursos extras do Automator, incluindo fluxos de trabalho e ações úteis, em sites como o www.automatorworld.com, www.automatoractions.com, e claro, www.macosxautomation.com.

Tour pelo Automator

Assim que você escolher um formato final para o fluxo de trabalho que você irá criar, passeie pelo próprio Automator. O tour deve ser nesta ordem:

Barra de Ferramentas

No alto da janela do Automator, a Barra de Ferramentas oferece cinco botões autoexplicativos. Da esquerda para a direita (Figura 7-7):

- **Ocultar Biblioteca (Hide Library)**. Esse botão oculta todo o painel esquerdo da Biblioteca do Automator, onde estão relacionadas todas as etapas montadas de blocos pré-fabricados. Você acaba visualizando um grande painel de Fluxo de Trabalho.

- **Mídia (Media)**. Clique para abrir a caixa padrão Navegador de Mídia (Media Browser), que mostra todo o conteúdo no Mac OS X. É possível arrastar as suas músicas, fotos ou filmes do Mídia diretamente para o painel Fluxo de Trabalho *ou* para a própria ação (uma com um tipo de dados combinando, claro), para usar aquela mídia em seu fluxo de trabalho.

Dica: O conteúdo do Mídia não é tudo o que você pode acrescentar ao Automator. Também é possível arrastar documentos de arquivos de textos, diversos tipos de mídia, pastas e assim por diante – direto do Finder para o seu fluxo de trabalho, diminuindo o aborrecimento de precisar *procurar* por eles pelo Automator.

- **Gravar (Record).** Clique para entrar no modo Observe como faço, onde o Automator registra as etapas que você executa manualmente.

- **Passo (Skip), Parar (Stop), Executar (Run).** Estes botões controlam a reprodução do fluxo de trabalho do que você está construindo.

Dica: Para economizar espaço na tela, é possível ocultar toda a Barra de Ferramentas do Automator, escolhendo Visualizar→Ocultar Barra de Ferramentas (View→Hide Toolbar) ou clicando o botão em forma de cápsula no canto superior direito da janela. (Você pode trazer a Barra de Ferramentas de volta, escolhendo Visualizar→Personalizar Barra de Ferramentas [View→Show Toolbar] ou clicando novamente o botão pílula.)

Enquanto a Barra de Ferramentas estiver oculta (e mesmo quando ela está visível), ainda é possível iniciar e parar a execução, escolhendo Fluxo de Trabalho→Executar (Workflow→Run) (⌘-R) e Fluxo de Trabalho→Parar (Workflow→Stop) (⌘-ponto).

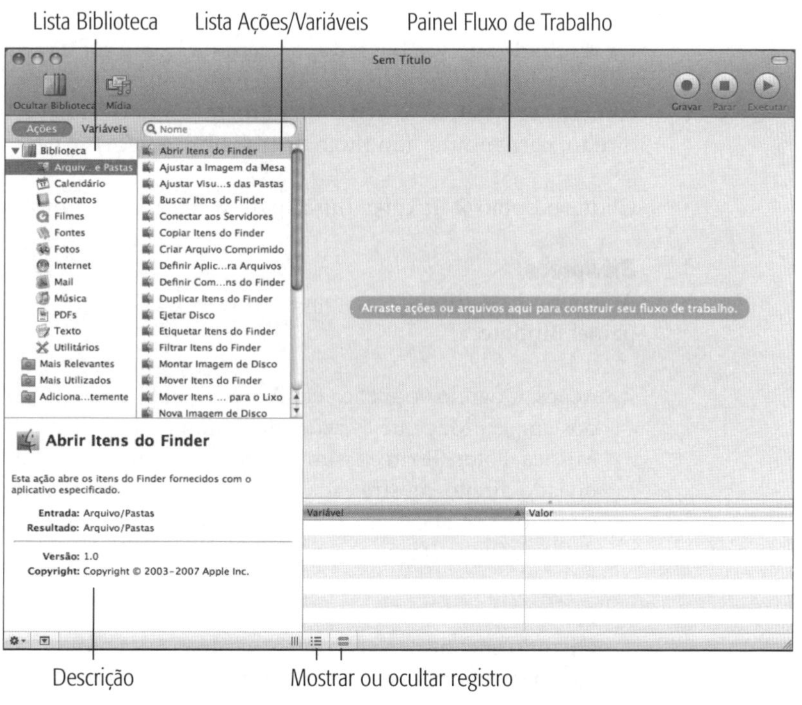

Figura 7-7: *O design da tela do Automator é composto por grandes camadas: uma lista da Biblioteca à esquerda, Actions individuais no meio e a área de criação de fluxos de trabalho à direita.*

Painel Biblioteca

O painel Biblioteca é toda a seção esquerda da janela Automator. Ele inclui a Buscar (Search), a lista Biblioteca, o campo Descrição (Description), a lista de Ações (Actions) ou lista de Variáveis (Variables). Todas elas são descritas a seguir.

Dica: É possível redimensionar qualquer uma das colunas do lado esquerdo do Automator (Biblioteca e Ações), arrastando cuidadosamente as linhas divisórias verticais entre elas.

Buscar

Como as outras caixas de Buscar do Mac OS X, essa funciona em tempo real – exibe as ações ou variáveis que combinem com o teu texto, enquanto você digita.

Se você começar selecionando uma pasta na lista Biblioteca à esquerda, estará dizendo ao Automator para "Buscar apenas dentro dessa pasta de ações ou variáveis". Se quiser buscar por ações que possam processar arquivos no Finder, por exemplo, clique Arquivos e Pastas na lista Biblioteca e depois digite *arquivo* na caixa Busca.

Dica: É possível dar um ⌘-clique para selecionar diversas pastas e depois buscá-las todas, simultaneamente.

Ou, para buscar todas as pastas do Automator, clique Biblioteca no alto da lista Biblioteca antes de buscar. (Essa é a melhor maneira de encontrar uma ação ou variável, se você não tiver certeza em qual pasta ela está.)

Os resultados de sua buscar aparecem na lista Ações/Variáveis (Actions/Variables), classificados por importância, de acordo com os seus termos de busca. Você pode começar arrastando as ações diretamente para o painel Fluxo de Trabalho, do lado direito, para montar um fluxo de trabalho, conforme descrito em breve.

Clique o botão ⊗ na caixa Busca para voltar à lista completa de ações ou variáveis.

Biblioteca

Acima da lista Biblioteca, aparecem dois botões, que regulam o que é exibido no painel Biblioteca:

- **Ações**. Quando você clica em Ações, a Biblioteca relaciona todos os recursos e dados em seu Mac que as ações do Automator podem controlar: Arquivos e Pastas, Música, Fotos, Texto e assim por diante. Quando você clica uma pasta, a lista Ações, do lado direito, mostra cada ação relacionada àqueles tipos de dados. Por exemplo, quando você clicar em Fotos na lista do lado esquerdo, a lista de ações do lado direito oferece etapas como Virar Imagens (Flip Images), Recortar Imagens (Crop Images) etc.

  Quando encontrar a ação que você deseja usar em seu fluxo de trabalho, arraste-a para a direita, para o grande painel Fluxo de Trabalho.

- **Variáveis.** As *variáveis* são pedaços de informações que você pode reutilizar em um fluxo de trabalho do Automator, exatamente como em linguagens de programação reais. A lista Variáveis é dividida em categorias como Data e Hora (Date & Time) (o dia de hoje, o mês de hoje etc.), Localizações (Locations) (os caminhos para as várias pastas em seu Mac), Usuário (User) (o seu nome, telefone etc.) e assim por diante.

  Mais adiante neste capítulo, você verá como é útil incorporar esses pedaços de informações em seus fluxos de trabalho.

Nota: Variáveis cujos ícones se parecem com um V dentro de uma caixa são as variáveis que você pode *mudar*. Por exemplo, é possível mudar a formatação da variável Horário atual (Current time), dando um duplo clique nela.

Variáveis com ícones ✿ são predefinidas e imutáveis.

Campo Descrição

Quando você clica numa ação ou variável na lista, o campo Descrição oferece algumas informações concisas e superficiais sobre como usá-la. É possível ver o que aquela ação faz, quais tipos de dados ela espera receber da ação anterior (*entrada*) e quais ações levam à ação seguinte (*resultado*).

Se a variável puder ser editada (ela tem um ícone V), é possível ver quais partes dela você pode mudar.

Dica: Para poupar espaço, você pode ocultar o campo Descrição, clicando o botão ▼, na margem debaixo da janela. Clique-o novamente para trazer o campo Descrição de volta.

Botão ✿

O botão ✿, no canto inferior esquerda da janela, é um menu pop-up. Os seus quatro comandos permitem que você crie e apague coleções personalizáveis, chamadas Grupos (Groups) ou Grupos Inteligentes (Smart Groups). Eles se comportam exatamente como listas de execução e listas de execução inteligentes no iTunes. Por exemplo, você pode criar um grupo que contenha as ações que você usa com mais frequência, de forma que não tenha de viver procurando por elas.

Os Grupos Inteligentes são atualizados constantemente com as ações que sejam compatíveis com os critérios que você define para aquele grupo inteligente. (Eles estão disponíveis somente para ações, não variáveis.) Por exemplo, você pode criar um grupo inteligente que liste somente as ações que funcionem com o iPhoto, ou ações com tipos de entrada que contenham a palavra "image". Adicione mais critérios clicando o botão **+**.

Dica: A lista Biblioteca do Automator vem com três grupos inteligentes pré-instalados: Mais Relevante (Most Relevant), que exibe todas as ações relevantes que você selecionou no painel Fluxo de Trabalho; Mais Utilizados (Most Used), que exibe as ações mais usadas em seus fluxos de trabalho; e Adicionadas Recentemente (Recently Added), que exibe as ações adicionadas pelos aplicativos recentemente instalados, por exemplo, ou ações que você mesmo baixou e acrescentou.

Painel Fluxo de Trabalho

O painel Fluxo de Trabalho é a cozinha do Automator. É onde você põe as suas ações na ordem que quiser, configura quaisquer preferências específicas à ação e frita todas em uma frigideira.

Mas, o painel Fluxo de Trabalho também é o lugar onde você vê como as informações de uma ação são semeadas em uma outra, criando uma sequência de informações. É assim que o painel Fluxo de Trabalho diferencia o Automator de dúzias de ferramentas de automatização baseadas em programação que existem por aí. A Figura 7-8 mostra como se pareceria um fluxo de trabalho no painel Fluxo de Trabalho.

Quando você arrasta uma ação para fora da lista Ações para o painel Fluxo de Trabalho, quaisquer ações em volta se afastam, para fazer espaço.

Dica: Se você der duplo-clique uma ação na lista Ações, o Automator a insere no fundo do painel Fluxo de Trabalho. (Pressionar Return quando uma ação estiver destacada faz a mesma coisa.)

Visualizador de Registros (Logs)

Sob o painel Fluxo de Trabalho, à esquerda, há dois pequenos botões, identificados na Figura 7-8. Eles ocultam e exibem dois painéis pop-up úteis, que contêm os registros (minirrelatórios): o Registro de fluxo de trabalho que mostra quais execuções de ações foram bem-sucedidas, quais falharam (se houver), o que cada ação fez, e assim por diante; e o registro de Variáveis (Variables) (Figura 7-9), que mostra todas as variáveis usadas em seu fluxo de trabalho. Quando você executa um fluxo de trabalho, a lista de Valor (Value) mostra quais informações foram armazenadas em cada variável após a finalização do fluxo de trabalho.

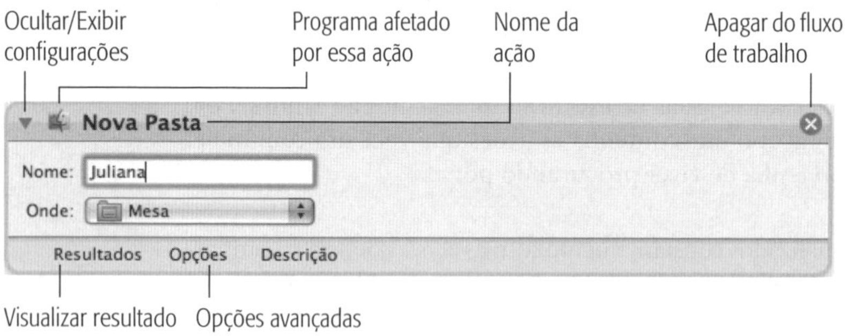

***Figura 7-8:** Anatomia de uma ação do Automator. É possível arrastar a ação pela sua barra de título para movê-la para uma posição anterior ou posterior em seu fluxo de trabalho.*

Abrindo fluxos de trabalho existentes

O Automator vem com três fluxos de trabalho pré-montados, que mostram as capacidades do aplicativo. Para encontrá-los, clique em Ajuda→Abrir Pasta de

Exemplos (Help→Open Examples Folder); e abra um desses fluxos de trabalho para inspeção, dando duplo-clique.

Dica: No Snow Leopard, você não precisa abrir um documento do Automator para ver como ele está configurado. Basta selecionar um fluxo de trabalho no Finder e apertar a barra de espaço para ativar a Visualização Rápida, que lhe oferece uma visualização de todo o fluxo de trabalho – com ações e tudo.

(De qualquer forma, isso não funciona em fluxos de trabalho salvos no formato antigo do Mac OS X 10.4, pelo menos não até você abri-los e salvá-los novamente no Snow Leopard.)

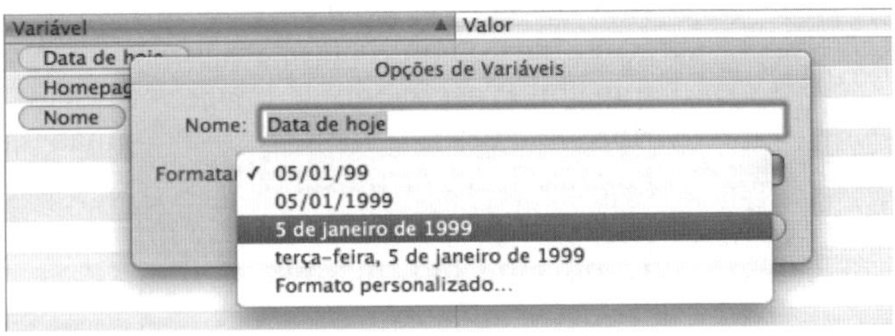

Figura 7-9: *O registro das Variáveis exibe todas as variáveis que você estiver usando em seu fluxo de trabalho. As variáveis azuis claras são editáveis; dê duplo-clique em uma para modificar o nome e as configurações da variável (nesse caso, o formato de Data de hoje [Today's date]).*

Para a surpresa de muitos, os fluxos de trabalho incluídos são bem úteis:

- **Processar Imagens (Process Images)** aplica efeitos visuais especiais em quaisquer fotos que você especificar no fluxo de trabalho. Não, as pessoas não têm exatamente implorado por uma maneira automatizada de criar instantâneos de câmera com imagem espelhada, mas esse fluxo de trabalho mostra o básico do processamento em lote de fotos. Você pode usá-lo como um gabarito para montar o seu próprio fluxo de trabalho "Converter para JPEG" ou "Escalonar para 640 x 480 pixels", por exemplo.

- **Importar o Álbum de Fotos MobileMe para iPhoto (Import MobileMe Photo Album into iPhoto).** Só funciona se você tiver uma conta MobileMe (Capítulo 18). Ele pega as fotos de um álbum que você tenha colocado anteriormente em seu site MobileMe (digamos, enquanto estava de férias) e as importa para o iPhoto. A partir daí, você pode ver uma apresentação em slides das imagens, em tela cheia, ou mesmo editá-las e colocá-las *de volta* em seu site MobileMe.

- **Exibir Trailers no Safari (Display Trailers in Safari)** destina-se a mostrar como você pode criar fluxos de trabalho que funcionem com endereços Web. Este acessa o website dos trailers mais visualizados da Apple, prepara a lista dos últimos anúncios de filmes e abre cada um em uma nova aba da janela do navegador.

- **Copiar Correspondência não Lida para Notas do iPod (Copy Unread Mail to iPod Notes).** Copia quaisquer mensagens do Mail na pasta de notas de texto do seu iPod. Mais tarde, quando você estiver no trem para o trabalho, pode pegar o seu iPod e ler qualquer correspondência que não tenha lido em casa.

Dica: A Apple oferece dois ótimos exemplos de Automator em seu website do Automator, www.automator.us. "Bem-vindo à festa!", por exemplo, demonstra espertamente dois novos recursos do Automator – variáveis e a ação de loop –, mostrando como criar um fluxo de trabalho que tira fotos de seus amigos e as transforma em um protetor de tela transada e pronto para a festa.

Entenda um Fluxo de Trabalho

Antes de montar o seu próprio fluxo de trabalho, é uma boa ideia entender como as ações funcionam juntas para processar informações. Eis um passeio pelo fluxo de trabalho Processando de Imagens (Process Images), descrito nos parágrafos anteriores (Figura 7-10), que oferecerá uma visão mais profunda na montagem de *seus próprios* fluxos de trabalho.

1. Solicitar Confirmação.

Essa ação comum disponível na pasta Utilitário (na lista Biblioteca [Library]) produz uma caixa de diálogo que informa ao inocente espectador o que está para acontecer (Figura 7-11). É uma boa ideia iniciar cada um de *seus próprios* fluxos de trabalho com uma caixa assim, para lembrá-lo (ou seus lacaios que ganham salário mínimo) o que, de fato, o fluxo de trabalho faz.

Nesse caso, a mensagem informa à sua plateia que o fluxo de trabalho está para abrir uma pasta cheia de imagens, aplicar alguns efeitos extravagantes a elas e depois abri-las em Pré-visualização (Preview) para exibir os resultados.

Dica: Se você quiser que a caixa de diálogo apareça com um sinal de aviso – para informar, por exemplo, que você está prestes a apagar todo o disco rígido –, clique o ícone de robô no canto superior esquerdo da ação Solicitar Confirmação (Ask for Confirmation). O Automator se transforma em um ícone de robô com triângulo amarelo.

---

2. Obtenha Itens do Finder Especificados (Get Specified Finder Items).

A próxima etapa no fluxo de trabalho Processando Imagens vem da pasta Arquivos e Pastas. Ela permite que você especifique quais arquivos quer que seu fluxo de trabalho opere. É possível usar os botões Adicionar (Add) e Remover (Remove) para editar a lista – para acrescentar as suas próprias imagens repetidas, por exemplo – ou você pode arrastar os arquivos direto do Finder para essa lista.

Quando essa ação estiver concluída, ela passa de uma lista de arquivos e/ou pastas para a próxima ação, pronta para mais processamento.

Figura 7-10:
O fluxo de trabalho Processando Imagens consiste de apenas cinco ações. (A primeira ação, que só exibe uma caixa de diálogo explicativa, nem mesmo deveria contar.) Ainda assim, essa simples ação faz em 10 segundos o que uma ação humana levaria pelo menos 5 minutos: aplicar o mesmo efeito de foto a várias imagens.

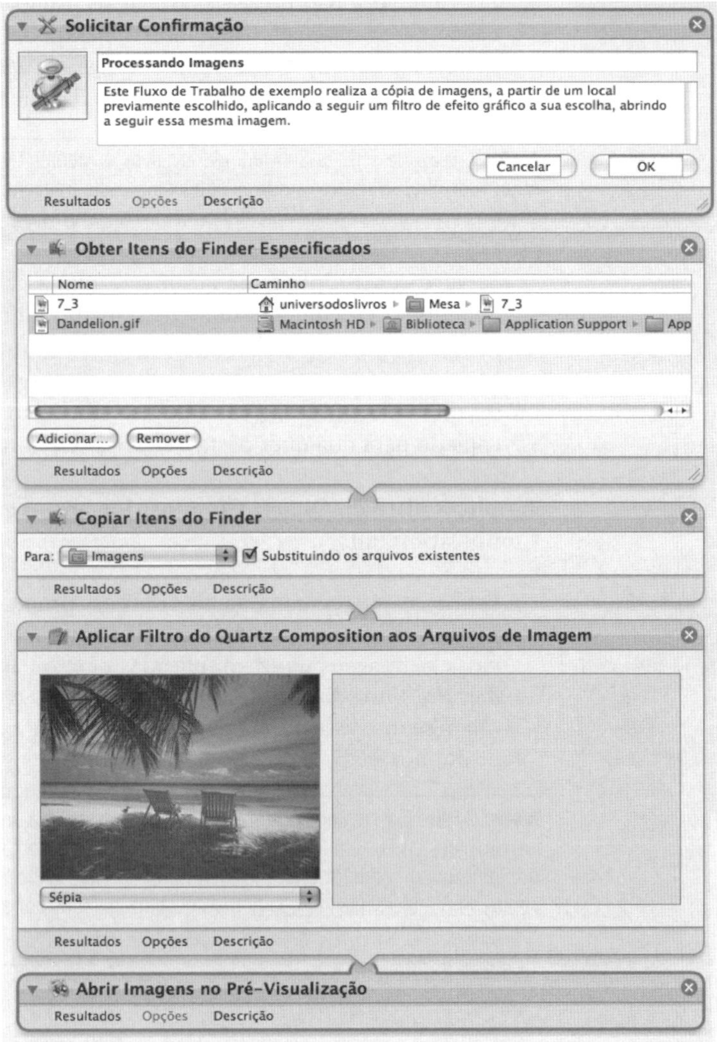

Nota: Esse exemplo de fluxo de trabalho sempre opera no mesmo conjunto de quatro arquivos. Porém, se você fosse substituir pela ação Arquivos e Pastas→Perguntar por Itens do Finder (Files & Folders→Ask for Finder Items), o Automator solicitaria pelos arquivos para processar cada vez que você rodasse o fluxo de trabalho, o que é muito mais útil do que aplicar o mesmo filtro repetidamente nas mesmas quatro imagens.

3. Copie Itens do Finder (Copy Finder Items).

Essa é uma ação muito importante de Arquivos e Pastas: ela faz uma *cópia* dos arquivos e pasta especificadas (nesse caso, aquelas que você identificou no passo 2) assim, você não precisa mastigar os originais. É possível mudar o que quiser nas cópias armazenadas, editando o menu pop-up Para (To) na ação. O menu relaciona localizações óbvias, como Imagens e Mesa, ou você pode escolher Outros (Other) para selecionar qualquer pasta desejada.

Nota: A caixa de seleção Substituindo arquivos existentes (Replacing existing files) apenas informa ao Automator que, se houver arquivos antigos na pasta Imagens com os mesmos nomes dos seus novos arquivos, você deseja apagar automaticamente os arquivos antigos.

Se você clicar Opções na ação, verá que a caixa de seleção Mostrar essa ação quando for executado o fluxo de trabalho (Show this action when the workflow runs) está ativada. Isso significa que o Automator pergunta onde armazenar as cópias, quando você *executar* o fluxo de trabalho, de modo que o destino pode ser diferente em cada ocasião. Caso contrário, automaticamente o arquivo será copiado para qualquer pasta que você selecionar no menu pop-up agora.

4. Aplicar filtro do Quartz Composition aos Arquivos de Imagem (Apply Quartz Composition Filter).

Essa ação (relacionada na pasta Fotos) processa imagens recém-duplicadas, no passo 3; nesse caso, ela aplica a elas um filtro de espelhamento. Depois, a ação passa as imagens recém-duplicadas para o passo 5. Se preferir, você pode escolher um filtro diferente do menu pop-up – para fazer a imagem parecer como um desenho de história em quadrinhos, por exemplo, ao invés de aplicar o filtro de duplicação.

Nota: O Filtro Quartz Composition, uma parte da tecnologia de exibição Quartz do Mac OS X, pode modificar imagens e fotos em tempo real. O Photo Booth utiliza essa tecnologia, razão pela qual muitos efeitos do Photo Booth também estão no menu pop-up Filtro (Filter) da ação. (Veja em http://www.developer.apple.com/graphicsimaging/quartz mais detalhes gerados por especialistas em Quartz.)

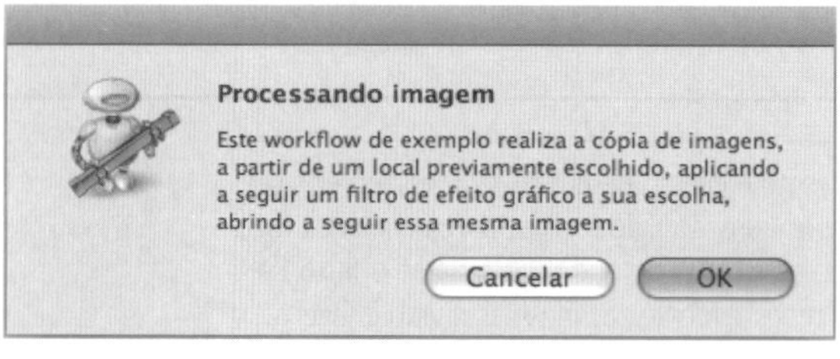

Figura 7-11:
Uma caixa de diálogo criada pela ação Solicitar Confirmação. Fique à vontade para editar a ação com o seu próprio texto; o material que Apple fornece é bem seco.

Visto que Mostrar esta ação quando o fluxo de trabalho for executado (Show this action when the workflow runs) nas Opções está selecionado, você terá a chance de escolher um filtro diferente cada vez que o fluxo de trabalho for executado. (A propósito, a imagem da praia destina-se a demonstrar o efeito do filtro; na verdade, não é uma de suas fotos.)

Dica: A grande caixa do lado direito da ação não está lá porque a Apple não tinha nada para ocupar o espaço. Determinados filtros têm configurações que você pode modificar, que aparecem naquela caixa. Por exemplo, o filtro Brilho (Glow), permite que você especifique quanto brilho deseja aplicar à(s) imagem(ns).

5. Abra Imagens em Pré-visualização (Open Images in Preview).

A ação final, que também vem da pasta Fotos, tira as imagens pós-filtro do passo 4 e abre-as em Pré-visualização. A partir de lá, você pode folhear, redimensionar ou salvar novamente as imagens.

Experimente rodar o fluxo de trabalho clicando Executar. O botão do painel Fluxo de Trabalho informa em qual etapa do fluxo está rodando no momento. À medida que cada ação termina, uma marca de verificação verde aparece em seu canto inferior esquerdo.

Nota: Se algo der errado enquanto o seu fluxo de trabalho estiver rodando (ou se você clicar Cancelar na caixa de diálogo), o seu fluxo para em suas trilhas. Para identificar a etapa violada, procure pelo X vermelho no canto inferior esquerdo da ação e marque o Registro (Log).

Infelizmente, se o seu fluxo de trabalho fechar no meio, não é possível reiniciá-lo a partir de lá. Quando você clicar Executar da próxima vez, o fluxo de trabalho é exibido desde o início.

Como montar o seu próprio fluxo de trabalho

Você poderia passar o dia todo brincando com os fluxos de trabalho que a Apple lhe oferece, fazendo pequenos ajustes e vendo como eles afetam o progresso do fluxo de trabalho. É possível até fazer o download de fluxos de trabalho pré-montados, a partir de www.automatorworld.com, macscripter.net ou www.automator.us da própria Apple, se desejar.

Ainda assim, essas opções não oferecem o tipo de experiência prática que você precisa, se quiser automatizar, você mesmo, o seu Mac.

Por isso que as páginas a seguir o encaminham por três montagens diferentes de fluxos de trabalho do Automator, a partir do zero. No decorrer do caminho, você aprenderá diversos truques que julgará práticos quando começar a montar os seus próprios fluxos de trabalho.

Dica: Se ficar com preguiça, você pode fazer o download de projetos completos de fluxos de trabalho a partir da página "Missing CD" deste livro, em www.missingmanuals.com.

Enviar um anexo de arquivo a partir da Mesa

Não seria legal se você pudesse clicar um ícone de um arquivo no Finder – e selecionar Enviar Este Arquivo como um Anexo de E-mail (Send This File as an Email Attachment) direto do menu de atalho? Apenas um passo, em vez de todo trabalho chato de abrir o programa de e-mail, criar uma nova mensagem, clicar em Anexar (Attach), encontrar o arquivo, selecioná-lo etc. O Windows já possui essa funcionalidade há anos, e ela é absolutamente indispensável.

Agora você pode tê-la também. Com alguns passos no Automator, e essa pequena joia será sua para sempre.

1. No Automator, selecione Arquivo→Novo (File→New) (ou pressione ⌘-N).

A caixa de diálogo dos modelos aparece (mostrado na Figura 7-5).

2. Clique duas vezes em Serviço (Service).

Você quer que essa criança esteja disponível a partir de qualquer menu de atalho de ícone do Finder – e essa é a beleza do Serviço.

Você termina com um novo painel no topo do fluxo de trabalho, com a legenda específica Recepção de serviço selecionado texto em qualquer aplicativo (Service receives selected text in any application) (onde as frases sublinhadas são menus pop-up).

Lembre-se que os serviços são contextuais; eles são inteligentes o suficiente para saber quando aparecer nos menus. Esse é o propósito desses dois menus pop-up: permitir que você especifique quando seu novo serviço deve aparecer. Nesse caso, você quer que o menu apareça somente quando você abrir o menu de atalho para um ícone de arquivo, no Finder.

3. A partir do primeiro menu pop-up, selecione Arquivos ou Pastas (Files or Folders). A partir do segundo, escolha Finder (Figura 7-12, a seguir).

Em experimentos futuros, você poderia escolher, a partir do primeiro menu, Arquivos de imagem (Image files), Arquivos PDF (PDF files), Arquivos de filmes" (Movie files) ou o que for; o serviço então apareceria somente quando você clicasse *aquele* tipo de arquivo com o botão direito.

OK, agora você definiu com qual tipo de arquivo o Serviço funcionará, e em qual programa. Agora você deve dizer ao Automator o que deseja *fazer* com aquele arquivo: anexá-lo a uma nova mensagem de e-mail.

4. Na lista da Biblioteca à esquerda, clique a categoria Mail.

(Certifique-se de que o botão Ações [Actions] esteja clicado em cima da lista.) Você acabou de limitar a lista de ações disponíveis àquelas que pertencem ao programa de e-mail Mail.

5. A partir da coluna Ações, arraste a ação chamada Nova Mensagem do Mail (New Mail Message) para o painel Fluxo de Trabalho.

(Utilize a caixa de busca no topo da coluna se você não quiser ler toda a lista de Ações.)

Figura 7-12:
Em cima: você quer que este Serviço apareça em seus menus de atalho somente quando você clica um arquivo ou pasta com o botão direito do mouse, e somente no Finder.

Se você tiver mais de uma conta de e-mail, você pode selecionar aquela com a qual você deseja enviar a mensagem a partir do menu pop-up na parte inferior dessa janela. Você também pode especificar, antecipadamente, um endereço, assunto, corpo da mensagem etc.

Embaixo: uma vez que você salvou seu Serviço, seu comando Enviar como Anexo de E-mail (Send Attachment) está pronto para funcionar! Control-clique (clique com o botão direito) qualquer ícone no Finder para vê-lo e dispará-lo. Basta informar o endereço, clicar Enviar e sua mensagem segue o seu destino. (Você ainda poderia adicionar a ação Enviar Mensagens de Saída [Send Outgoing Messages] no final do seu fluxo de trabalho para fazer esse passo automaticamente.)

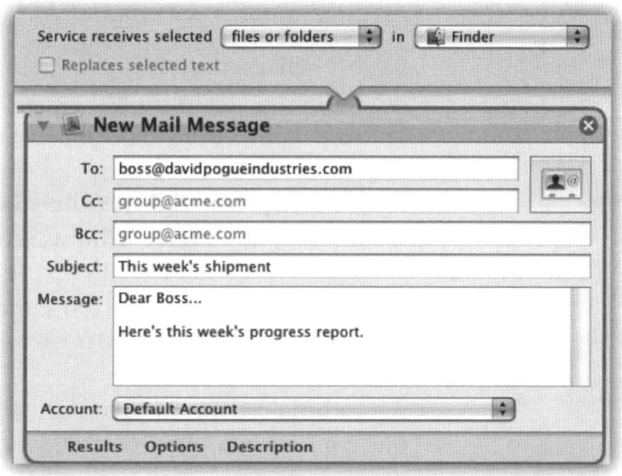

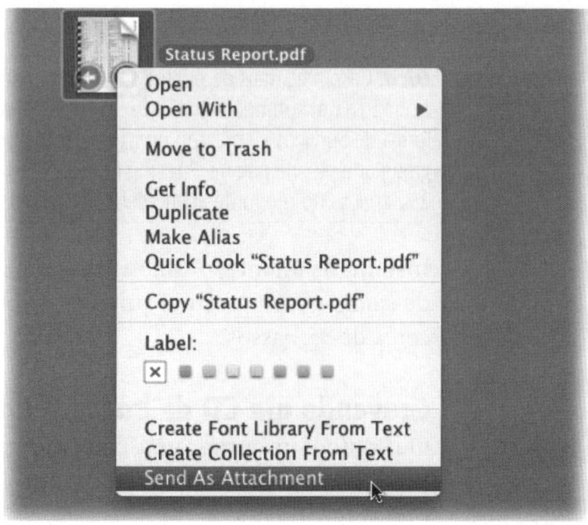

Se você deixar essa ação como está, seu fluxo de trabalho criará, automaticamente, uma mensagem de e-mail de saída em branco e sem endereço; você preencherá o nome do destinatário, assunto e o corpo da mensagem quando executá-lo. O que já é bem legal.

Mas você poderia, se quisesse, pré-especificar o destinatário, assunto e corpo da mensagem para a sua nova mensagem de e-mail – ótimo se você tem de enviar a mesma coisa para a mesma pessoa toda semana, por exemplo. (Você pode até mesmo adicionar um endereço de e-mail direto do Catálogo de Endereços. Basta clicar o botão do catálogo no canto superior direito.)

Dica: Se você usa o Microsoft Entourage para o seu e-mail ao invés do Mail, você perceberá que a sua lista da Biblioteca também oferece ações para operar o Entourage por controle remoto. Então, nesse passo, você arrastaria o Criar Nova Mensagem de E-mail do Entourage (Create New Entourage Mail Message).

Se você olhar a descrição para essa ação, verá que a Entrada (Input) aceita (Arquivos/Pastas, Texto [Files/Folders, Text]). Isso explica que, se um arquivo é passado a partir da ação anterior, ele será anexado automaticamente ao e-mail.

6. Selecione Arquivo→Salvar (File→Save). Na caixa de diálogo, dê um nome para o novo comando do Serviço. Clique Salvar.

Você pode chamar de "Enviar como Anexo de E-mail", "Enviar por E-mail" ou "Envie Essa Belezinha!". Você escolhe.

Agora tudo está pronto para ser testado. Vá para o Finder e Control-clique (clique com o botão direito) qualquer ícone de arquivo (Figura 7-12, embaixo). A partir do menu de atalho, escolha Enviar como Anexo de E-mail (ou o nome que você tiver definido).

Dica: Caso haja mais de quatro Serviços na parte inferior do menu de atalho, seu novo comando será adicionado a um submenu chamado Serviços. Se você preferir evitar esse passo extra – preferir uma lista mais longa de Serviços ali mesmo no menu de atalho –, então faça o download do Services Menu Items Utility, gratuitamente, na página "Missing CD" deste livro em www.missingmanuals.com. Ele permite empilhar até 25 Serviços no menu de atalho sem segregá-los em um submenu Serviços.

Instantaneamente, o Mac abre seu programa de e-mail e cria uma nova mensagem de saída – com o seu arquivo selecionado já anexado. Você acabou de economizar cerca de 35 passos.

Gravando um CD de imagem do iPhoto

O iPhoto é um programa fantástico para organizar fotos digitais. Ele tem até o seu próprio recurso de copiar fotos, que grava fotos dos álbuns selecionados em um CD ou DVD virgem.

No entanto, o recurso de backup do iPhoto grava um disco que mantém uma estrutura de pastas da Biblioteca do iPhoto um tanto complexa e nada amigável para o usuário. Isso é ótimo se você esperar recuperar um dia o backup *para o iPhoto*, pois o backup mantém todas as suas palavras-chave, classificações, álbuns, comentários e outros dados de iPhoto.

Porém, ele não é tão bom se você quiser dar o CD ou DVD para alguém que *não* usa o iPhoto (como uma pessoa que usa o Mac OS 9 ou o Windows), pois ela gastará um tempo infernal para descobrir que todas as fotos estão na enrolada estrutura da pasta Biblioteca.

Se preferir montar um fluxo de trabalho no Automator para copiar as suas fotos, você (a) pode gravar um disco contendo *apenas* as fotos em uma pasta simples; (b) ter mais controle sobre quais fotos são copiadas e (c) aprender mais truques para operações sofisticadas de automatização. A Figura 7-13 mostra como se parece o fluxo de trabalho final.

Eis como juntar tudo:

1. Crie um novo fluxo de trabalho no Automator (⌘-N).

A tela de modelos aparece. Nesse exemplo, você criará um programa autônomo clicável. Agora você é um programador! (Bem, ou quase isso.)

2. Clique duas vezes em Aplicativos (Application).

Você é levado à área de criação do fluxo de trabalho.

3. Clique a pasta da categoria Fotos (Photos). Na lista de ações disponíveis, procure por Perguntar por Fotos (Ask for Photos). Arraste-a para a área vazia do fluxo de trabalho.

Seu fluxo de trabalho recém-programado, quando for executado, iniciará perguntando quais fotos você deseja fazer backup.

Dica: O que você realmente deseja é ter apenas o lote mais recente de fotos – desde o seu último backup, por exemplo. Felizmente, uma das ações na pasta Fotos é chamada de Buscar Itens do iPhoto (Find iPhotos Items) e ela permite que você especifique um período de tempo, como Últimos 12 Meses (Last 12 Months). Seria perfeito para esse fluxo de trabalho – se ele não fosse tão cheio. (Por exemplo, ele encontra *múltiplas* cópias de cada foto.)

Assim, para um melhor resultado, crie um Smart Album (Albúm Inteligente) no iPhoto, que lhe permite filtrar fotos com base em determinados critérios – todas as suas fotos tiradas nos últimos dois meses, por exemplo. Quando rodar o fluxo de trabalho, você pode escolher aquele álbum para copiar, de modo que só obtenha as fotos mais recentes.

4. Na lista da Biblioteca, clique a pasta Utilitários (Utilities). Arraste a ação Solicitar Confirmação (Ask for Confirmation) no painel Fluxo de Trabalho, acima da ação Perguntar por Fotos (Ask for Photos). Preencha o texto conforme mostrado na Figura 7-13, em cima.

Certifique-se de arrastá-la *acima* da ação Perguntar por Fotos de forma que ela seja a primeira coisa a acontecer quando você executar o fluxo de trabalho. Agora você acabou de dirigir o Automator para iniciar o seu trabalho exibindo uma caixa de diálogo (Figura 7-14).

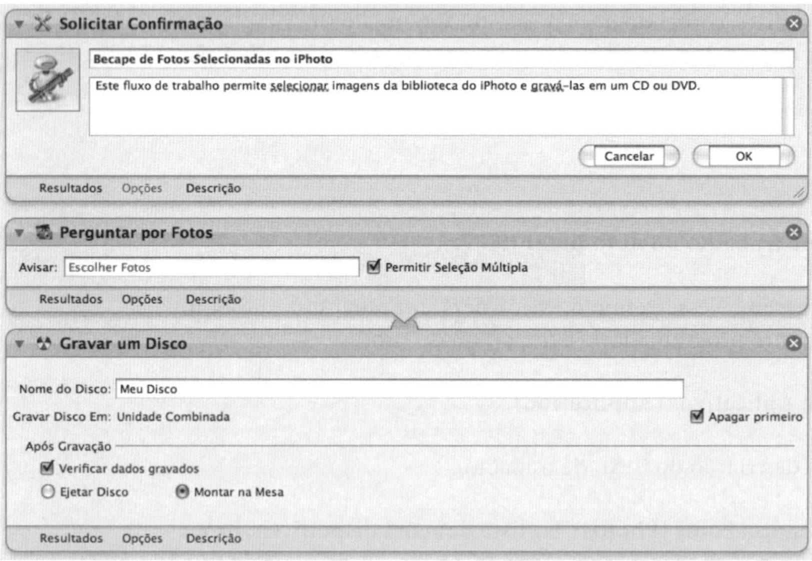

Figura 7-13: *Em cima: a primeira ação apresenta uma caixa de diálogo, informando o que esse fluxo de trabalho faz.*

No meio: a segunda ação permite que você selecione da sua fototeca do iPhoto as imagens que deseja copiar.

Embaixo: a última ação, em uma única etapa, grava aquelas imagens em um CD ou DVD. Ela funciona, independente se o seu Mac tiver um gravador interno ou externo. Experimente essa simplicidade em um PC!

5. Arraste a ação Gravar um Disco (Burn a Disc) na parte inferior do painel Fluxo de Trabalho.

Somente para fazer essa gentileza extra, por que não criar uma caixa de opções que apareça no momento da gravação?

6. Clique Opções (Options) e ative Mostrar esta ação quando o fluxo de trabalho for executado (Show this action when the workflow runs).

A caixa de opções solicitará que você dê um nome para o CD, escolha uma velocidade de gravação, entre outros detalhes.

Figura 7-14:
A caixa de diálogo explicativa do fluxo de trabalho Backup do iPhoto. Fazer a caixa de diálogo aparecer é opcional, mas ela é útil se você voltar para o seu fluxo de trabalho em alguns meses e esquecer o que ela deveria fazer.

7. No campo Nome do Disco (Disc Name) da ação Gravar um Disco, digite "Backup do iPhoto de " (há um espaço após "de").

Esse será o nome proposto para o CD.

8. Clique Variáveis (Variables) acima da lista da Biblioteca.

Essas variáveis são muito úteis. Você completará a frase "Backup do iPhoto de" com a data do backup.

PERGUNTAS FREQUENTES

Verificando o progresso do fluxo de trabalho

Algumas dessas ações tomam o seu doce tempo. Existe alguma barra de progresso que me dirá quanto tempo vai demorar o meu fluxo de trabalho?

Na verdade, o Automator oferece duas formas de verificar o *status* de seu fluxo de trabalho: a maneira simples (chame-a de "o indicador") e o registro do fluxo de trabalho.

O indicador fica no canto inferior esquerdo da janela do Automator, perto dos botões de Registro. Quando o seu fluxo de trabalho estiver rodando, uma pequena mensagem de *status* aparece aqui, para informar exatamente qual ação está sendo executada no momento. Você pode usar essa informação, junto com algum bom senso, para descobrir quão perto o seu fluxo de trabalho está para terminar. Se o fluxo de trabalho tiver terminado, o indicador informa Fluxo de trabalho completado (Workflow completed). (Também é possível identificar qualquer ação que esteja rodando nesse momento, graças ao indicador de engrenagem girando, em seu canto inferior esquerdo. Porém, se você tiver uma grande quantidade de ações, pode não ser capaz de ver a ação que está rodando no momento. A lista não rola automaticamente.)

O registro do fluxo de trabalho é ainda mais poderoso. Ative-o, clicando o botão parecido com lista no canto direito embaixo do painel Fluxo de trabalho (ou clicando Option-⌘-L). Ele informa quando cada ação começa e termina e também exibe informações de conversão de dados (como quando o Mac OS X está convertendo "arquivos de imagem" em arquivos do Finder comuns). E, diferente do indicador, o registro Fluxo de trabalho mantém as suas informações por perto, mesmo depois do seu fluxo de trabalho ter terminado – de modo que você pode ver quanto tempo todo o seu fluxo de trabalho demorou para rodar, por exemplo.

9. Clique a pasta Data e Hora (Date & Time) na lista da Biblioteca. Arraste a variável Data de hoje (Today's date) no campo Nome do Disco após a palavra "de".

O nome do CD ou DVD será algo como "Backup do iPhoto de 4/9/10", tornando mais fácil ver *quando* você fez o disco de backup. A data muda automaticamente quando você executa o fluxo de trabalho.

10. Selecione Arquivo→Salvar. Digite um nome para o seu novo programa (como *Fazer Backup das Fotos do Mês para o CD*) e salve-o no local de sua preferência (na sua mesa, por exemplo).

Agora faça o teste. Clique duas vezes o seu mais novo programa; seu fluxo de trabalho entra em ação, solicitando que você especifique as fotos que deseja, insira o disco e então, gravando!

Fazendo mais com o Automator

A beleza do Automator é que ele não é um programa estático: trata-se de uma ferramenta versátil, *expansível*, com um potencial em constante crescimento. Há duas maneiras em especial que aumentam o poder do Automator além de usar as ações pré-instaladas: você mesmo pode adicionar mais ações e usar o novo recurso Observe como faço.

Como conseguir mais ações

O Automator vem com dúzias de ações, mas você é levado – eventualmente – a se ver desejando que houvesse mais algumas. Quem sabe você gostaria de algumas ações do Automator para controlar programas não Apple, como o Adobe Photoshop, ou simplesmente gostaria de ter algumas ações extras para controlar o próprio Mac OS X.

Felizmente, o Automator também pode lidar com ações escritas por programadores não-Apple. Basta você visitar qualquer dos websites dedicados a ações do Automator (como www.automatorworld.com ou www.macosxautomation.com) e fazer o download de quaisquer ações que quiser.

Se os programadores das ações fizeram seu trabalho direito, você pode simplesmente baixar a ação, rodar o instalador, encostar e observar enquanto o Mac OS X desempacota, copia e instala automaticamente a ação. Na próxima vez em que você abrir o Automator, a nova ação estará listada na lista da Biblioteca (Library).

Por outro lado, se o programador da ação não criou uma ação de autoinstalação, você pode precisar dar um duplo-clique manualmente nos arquivos .dmg, .sit ou .zip que baixou. Dentro da pasta ou disco de imagem que resultar, você deve encontrar um arquivo com extensão .action. Arraste esse arquivo ou para a sua pasta Início→Biblioteca→Automator (Home→Library→Automator folder) (para instalar a ação para uso apenas sob a sua conta) ou a sua pasta Biblioteca→Automator (Library→Automator folder) (para instalar a ação para todos os usuários em seu Mac).

Em qualquer caso, se essa for a primeira vez que você está instalando uma ação do Automator manualmente, você mesmo pode precisar criar a pasta.

Uma vez no Automator, você pode usar as suas novas ações exatamente como usaria aquelas que vêm incluídas com o seu Mac: arrastando e soltando-as em qualquer ordem que queira, personalizando as suas configurações e assim por diante.

Mas, antes de você executar quaisquer novas ações, olhe no campo Descrição para descobrir as entradas e saídas das ações. Com essas informações em mão, acidentalmente, você nunca conectará, digamos, a sua nova ação "Vegetais Sauté" a uma ação não relacionada, como "Gravar um Disco".

E finalmente, se você estiver interessado em escrever suas próprias ações no Automator (aviso: é necessária experiência em programação) visite http://developer.apple.com/documentation/AppleApplications/Conceptual/AutomatorConcepts/Automator.html para obter uma introdução sobre o assunto.

Modo Observe como faço

Em alguma ocasião, você executará uma tarefa que o Automator não pode conseguir realizar com *qualquer* ação, não importando quão gentilmente você peça: abrindo múltiplas pastas de Favoritos em várias janelas Safari, por exemplo, ou automatizando algum programa sem nome, que não sabe nada sobre o Automator e não vem com quaisquer ações.

Entre em Observe como faço. Nesse modo, você clica o botão Gravar. A janela do Automator desaparece e uma janela preta Automator: Gravando (Automator: Recording) toma o seu lugar. A partir daí, até você tocar o botão Parar (Stop), cada clique no mouse e toque de teclado é *gravado,* passo a passo, no Automator. Posteriormente, você pode pesquisar a lista de etapas realizadas e limpá-las.

Quando você rodar o fluxo de trabalho, na verdade, o seu mouse se move, para reproduzir os seus cliques, e o Mac digita os mesmos toques de teclado que você executou. É como observar um fantasma controlando o seu computador, ou talvez, realmente um pequeno aborrecimento que pode perturbá-lo, por não parar de imitá-lo.

É possível até manipular as etapas individuais – apague uma, por exemplo, edite a execução de velocidade ou mude a duração dela antes da etapa Tempo esgotado (Times out).

É muito mais fácil criar fluxos de trabalho usando Observe como faço do que precisar arrastar as ações certas para a sequência certa; você está deixando até mais da programação para o Automator.

Infelizmente, também há inconvenientes no Observe como faço:

- Quando você roda a ação, as condições na tela precisam ser *idênticas* a como estavam quando você gravou. Se alguma janela não estiver do mesmo tamanho, ou na mesma posição, ou se algum botão não estiver onde costumava estar, o fluxo de trabalho desanda.

- O Observe como faço se baseia nos recursos de acessibilidade do Mac – os mesmos que formam as entranhas do VoiceOver e outras ferramentas para deficientes físicos – e programas diferentes têm sido "acessibilizados" para graus amplamente variados. Você pode gravar e executar etapas anteriores que envolvam as Preferências do Sistema com surpreendente sucesso, por exemplo. Mas, operar outros programas pode ser desesperançoso.

Por isso é que o Observe como faço pode parecer incrivelmente extravagante. Para melhores resultados, use toques e atalhos de teclado, o máximo possível.

Eis um exemplo:

Altere o seu Disco de Inicialização

Se você usar o Boot Camp para rodar o Windows em seu Mac (Capítulo 8), pode se pegar tendo de abrir o painel Disco de Inicialização das Preferências do Sistema numa frequência alarmante. E, infelizmente, não há ação "Mudar Disco de Inicialização no Automator" para tornar o trabalho menos repetitivo.

Por sorte, o Observe como faço *pode* automatizar o processo, assim, você pode trocar o seu Disco de Inicialização com um clique em um aplicativo criado pelo Automator, na sua Mesa ou Dock. Criar o fluxo de trabalho é simples:

1. Crie o novo fluxo de trabalho (⌘-N). Clique duas vezes o modelo Aplicativos no painel de seleção.

Como você só vai trabalhar com Observe como faço, você não se confundirá com nenhuma ação predefinida dessa vez.

2. Clique o botão Gravar.

A janela do Automator desaparece e surge a janela preta Gravando (Recording). Tudo o que você fizer será gravado direto no Automator.

3. Clique Preferências do Sistema no Dock.

Se Preferências do Sistema não estiver em seu Dock, coloque-o lá antes de começar a gravar. (Ele está em sua pasta Aplicativos). Escolher o seu nome do menu , normalmente não funciona, graças a alguma extravagância do Observe como faço.

4. Em Preferências do Sistema, clique Disco de Inicialização e depois clique na sua partição Windows ou na sua partição Mac.

Posteriormente, você pode criar um segundo fluxo de trabalho para escolher o seu outro disco, se quiser.

5. Clique Reiniciar (Restart). Na caixa de confirmação, clique Reiniciar novamente.

Não se preocupe; na verdade, você não vai reiniciar agora. Em vez disso, o Automator pula para frente, deixando claro sobre o fato de que ele tem um documento aberto com alterações não salvas – isto é, o fluxo de trabalho em que você está trabalhando!

6. Clique Cancelar.

Agora, o Mac OS X informa que o Automator cancelou o reinício que você solicitou. O que você já sabe, é claro.

7. Clique OK. Clique Parar (Stop) na janela Gravando.

A janela do Automator reabre com uma nova ação no Observe como faço em seu fluxo de trabalho (Figura 7-15). A lista Eventos exibe tudo o que você fez, passo a passo – até o clique no botão OK, na etapa 7. E *aquela* etapa *não* deveria fazer parte do fluxo de trabalho.

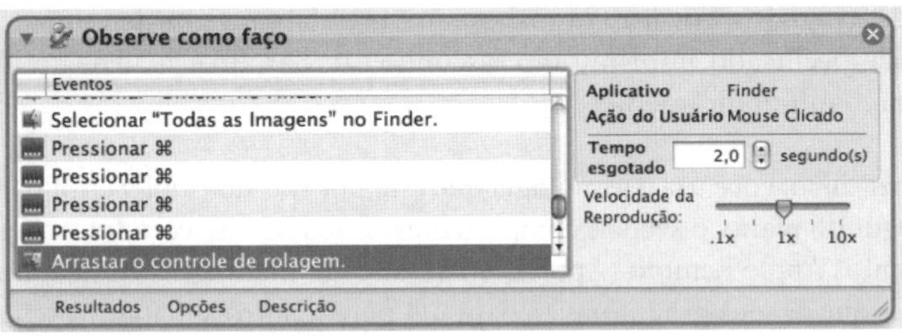

Figura 7-15: *Depois de você ter gravado um fluxo de trabalho no Observe como faço, as etapas executadas aparecem aqui. É possível arrastá-las para cima ou para baixo para reorganizá-las; clique uma e pressione Delete para eliminá-la; ou ajuste o Velocidade de Reprodução (Playback Speed). Por ora, apague a etapa desnecessária Clique OK.*

8. Clique a etapa final na ação de fluxo de trabalho (que diz Clique o botão de OK [Click the OK button]) e pressione Apagar (Delete).

Quando você rodar o fluxo de trabalho, verá que o seu cursor se move sozinho, magicamente, de uma etapa para a seguinte (bem, com uma *pequena* ajuda do Automator). Ele repete cada hesitação, passo em falso e pausa em seu movimento original do mouse. Felizmente, é possível agilizar uma etapa em especial em até dez vezes, usando o deslizador Velocidade de Reprodução (Speed) (também mostrado na Figura 7-15).

No todo, o mantra para usar ao lidar com Automator e com Observe como faço é simples: se você pode executar uma tarefa com uma ação específica, *use a ação*. Use o modo Observe como faço com moderação.

AppleScript

O AppleScript é uma poderosa linguagem de computador que tem estado presente desde a época do Mac OS 7. No entanto, apesar de sua maturidade, o AppleScript é criticado com frequência pela experiência dos programadores do Mac por serem simples demais, fáceis de aprender e muito parecidos com o inglês.

Claro que esses são exatamente os traços que você *deseja* em uma linguagem de computador – supondo, é lógico, que você queira usar uma linguagem de computador. Se você for um usuário aficionado dos Macs – ao contrário de alguns doutores em Ciência da Computação –, o AppleScript é, de longe, a linguagem de programação mais fácil de usar para automatizar seu Mac.

É possível pensar em programas AppleScript (chamados *roteiros*) como robôs programados. Um simples AppleScript pode executar a mesma tarefa, diariamente, como copiar a sua pasta Documentos. Um script mais complexo pode ter diversas páginas de comprimento. Em impressão e publicação profissionais, onde o AppleScript tem um exército de fãs incondicionais, um roteiro pode se conectar ao disco rígido de um fotógrafo em qualquer lugar na Internet, fazer o download de uma foto de uma pasta pré-determinada, corrigir a cor no Photoshop, importá-la para um documento de layout de página especificado, imprimir um rascunho e enviar um e-mail de notificação para o editor – automaticamente.

Mesmo sem saber disso, você usa a tecnologia que está por trás do AppleScript o tempo todo. Em segundo plano, disversos componentes de seu Mac se comunicam entre si, enviando Eventos Apple Remoto (AppleEvents), que são mensagens contendo instruções ou dados que os seus programas enviam um para o outro. Quando você usa o

PERGUNTAS FREQUENTES

O menu Roteiro (Script), ressuscitado

Ei, o que aconteceu com o menu Scripts? Havia algumas ferramentas muitos legais lá!

Ele ainda está lá. Tanto o menu roteiro quanto os 100 scripts de amostra que havia nele ainda estão disponíveis no Snow Leopard. Existem alguns roteiros muito bacanas lá, também, como o que mostra uma amostra útil de fontes para você pregar na sua parede (assim você poderá lembrar da aparência de cada uma das fontes).

Para ressuscitá-los, abra o programa Editor AppleScript (AppleScript Editor) na pasta Utilitários (Utilities). Selecione Editor AppleScript→Preferências (AppleScript Editor→Preferences) e ative Mostrar menu de Roteiros na barra de menus (Show Script menu in menu bar).

Então faça o download do Apêndice em PDF bônus desse capítulo, "What's in the Script Menu", gratuitamente, e divirta-se. Ele está na página Missing CD deste livro em www.missingmanuals.com.

comando Mostrar Original (Show Original) em um substituto, ou o comando Obter Informação de um arquivo ou pasta, um AppleEvent diz ao Finder como responder.

O AppleScript tem várias vantagens importantes sobre o Automator – principalmente pelo seu poder maior. Ele vem com um programa dedicado apenas para escrever esses roteiros. Trata-se do programa Editor AppleScript (AppleScript Editor) que está na pasta Aplicativos→Utilitários (Applications→Utilities). (Ele era chamado Script Editor antes do Snow Leopard.) Ainda assim, AppleScript é um assunto *muito* profundo – na verdade, tão profundo que você precisaria de um livro inteiro para fazer-lhe justiça.

Dica: Você também pode fazer o download de um capítulo inteiro sobre AppleScript – o capítulo que apareceu na edição anterior deste livro – da página "Missing CD" deste livro, em www.missingmanuals.com.

Dois AppleScripts de Amostra

A seguir, você verá alguns AppleScripts simples como aperitivo.

Abrir uma pasta

O primeiro abre sua pasta Aplicativos. Obviamente, você pode fazer isso no Finder de maneira mais fácil, mas ele funciona em qualquer programa que você esteja.

Abra o Editor AppleScript (que está na pasta Aplicativos→Utilitários). Digite o seguinte código:

```
tell application "Finder"
activate
open folder "Applications" of the startup disk
end tell
```

O resultado se parece com o mostrado na Figura 7-16.

Agora faça um teste. Clique o botão Executar (Run). A primeira coisa que o AppleScript faz é verificar o seu script em busca de erros de digitação e sintaxe; se tudo estiver certo, você verá a própria formatação do roteiro, que coloca os verbos em negrito, indenta os pares de comandos combinados etc. Se essa parte também está correta, o roteiro é executado – e a sua pasta Aplicativos aparece na sua frente. Uau!

Agora você pode salvar o seu roteiro (Arquivo→Salvar); selecione o tipo de arquivo Aplicativo. No caso improvável em que esse seria um roteiro realmente *útil*, em vez de uma amostra pouco convincente, você poderia guardar o novo programa no Dock para acessar a qualquer momento.

Então, o que aqueles comandos significam? Veja as explicações:

- **tell application "Finder".** Diz ao Mac OS X qual programa deve obedecer os seguintes comandos.

- **activate.** Trás o Finder para frente, como você faria clicando o seu ícone do Dock.

- **open folder "Applications" of the startup disk.** Diz ao Finder para abrir uma nova janela, exibindo a pasta Aplicativos em seu disco rígido principal.

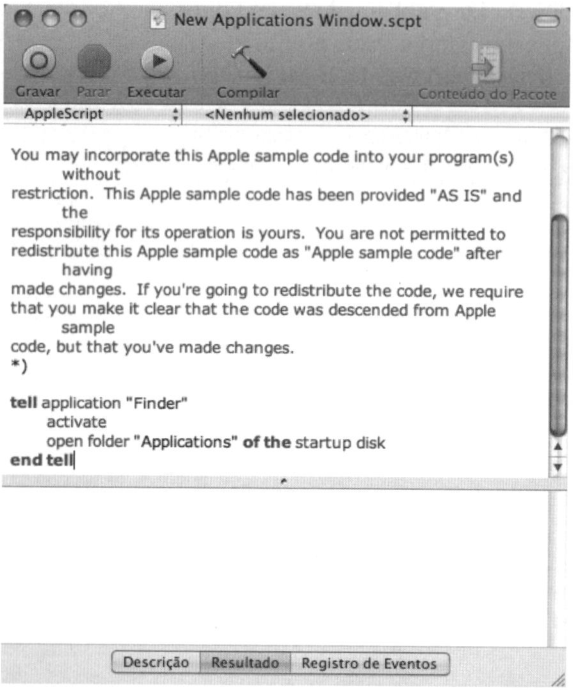

Figura 7-16:
Se você nunca tinha visto um AppleScript antes, pode ficar surpreso por ver quão simples ele se parece. Como provavelmente você adivinhou a partir dos comandos na janela, esse roteiro apenas abre a pasta Aplicativos no Finder.

- **end tell.** Direciona o Finder para cuidar de seus próprios assuntos, ignorando outros comandos AppleScript.

Dica: Também é possível editar esse roteiro para adequar às suas necessidades. Experimente substituir Aplicativos por Usuários, por exemplo, para fazer o seu roteiro abrir a pasta Usuários.

O roteiro do metrônomo

O Mac OS X vem estocado com dúzias de programas – tudo, exceto pia de cozinha. Está bem, tudo menos a pia de cozinha e um *metrônomo*. Como você vai tocar piano no ritmo certo sem o som de um clicar estável fornecido pelo seu Mac? Certo, certo, você pode usar o metrônomo do GarageBand num instante, mas é como chamar um motorista de empilhadeira industrial para matar uma formiga.

Em vez disso, você pode usar o AppleScript para fazer o trabalho. Abra um novo documento no Editor de Roteiros (Arquivo→Novo ou ⌘-N) e digite isto:

```
display dialog "Welcome to the AppleScript Metronome"
set bpm to the text returned of (display dialog ¬
"How many beats per minute?" default answer 60)
set pauseBetweenBeeps to (60 / bpm)
repeat
beep
delay pauseBetweenBeeps
end repeat
```

Nota: Na verdade, não digite o caractere ¬. Esse é o código programável para "Imagina-se que isso tudo fique na mesma linha, mas fiquei sem espaço na página".

Quando você rodar esse roteiro, verá uma caixa de diálogo que pergunta quantas batidas por minuto você deseja que o metrônomo toque. Qualquer número que você digitar (por exemplo, 120) ficará armazenado em uma variável – uma área temporária de armazenagem dentro do roteiro – que você chamou de *bpm* (batidas por minuto).

Em seguida, o roteiro calcula de quanto deve ser a pausa entre as batidas e coloca aquela fração de segundo em `pauseBetweenBeeps`. Se você disse ao roteiro para bater 120 vezes por minuto, por exemplo, `pauseBetweenBeeps` seria de 0,5, visto que o roteiro teria que fazer uma pausa de meio segundo entre batidas.

Finalmente, o roteiro cria uma curva interminável de repetição: batida, pausa pelo período apropriado e, depois, repetindo.

Clique Executar para testar o seu roteiro e clique Parar quando já estiver tido o suficiente de batidas.

AppleScript *versus* Automator

O AppleScript tem centenas e centenas de usos: automatizar o layout de fluxos de trabalho que são complicados para o Automator, controlar programas que o Automator não reconhece e programar coisas com as quais o Automator não pode lidar.

Mesmo se tudo o que você fizer for olhar para o AppleScript como uma segunda escolha ao Automator, estará perdendo muito poder. A verdade é que o AppleScript permite que você faça mais do que o Automator provavelmente permitirá que você faça nos próximos 10 *anos*; ele é apenas um bocado fanático.

No fim, fique com o Automator para coisas simples. Mas se você precisar usar o AppleScript para automatizar algum aspecto de seu Mac, fique orgulhoso; você está caminhando para uma ferramenta realmente poderosa. (É possível até combinar os dois, montar o AppleScript direto em seu fluxos de trabalho do Automator, graças à ação Executar AppleScript [Run AppleScript].)

Feliz automatização!

CAPÍTULO

8

Windows no Macintosh

No exato momento em que a Apple anunciou, em 2006, que todos os novos modelos Mac viriam com chips Intel embutidos, os nerds e os blogueiros começaram a enlouquecer. "Vamos ver", eles pensaram, "agora, Macs e PCs usam exatamente a mesma memória, discos rígidos, monitores, mouse, teclados, protocolos de rede *e processadores*. Pelos nossos cálculos, deve ser possível fazer um Mac rodar Windows!"

Alguns discípulos do "Culto ao Macintosh" ficaram desnorteados com a ideia. "Quem na Terra", perguntavam, "pensaria em poluir a magnificência do Mac com uma dor de cabeça como o Windows?"

Descobriram que muitas pessoas pensavam. Pense em todos os usuários em potencial que ficam tentados pela aparência elegante do Mac e, mesmo assim, preocupados em deixar o Windows totalmente para trás. Ou nas pessoas que adoram o pacote iLife de programas da Apple, mas têm trabalhos feitos no Microsoft Access, Outlook ou algum outro pedaço do Windows corporativo. Até mesmo os verdadeiros fãs do Mac já cobiçaram alguns jogos do Windows, websites, o software de sincronização de palmtop ou os serviços de download de filmes, que eles pensavam nunca serem capazes de usar.

Assim, os hackers começaram a tentar fazer o Windows rodar nos Macs Intel quase que imediatamente. Porém, eles estavam perdendo tempo; em semanas, a Apple fez o serviço para eles – inventando o Boot Camp.

Atualmente, há duas formas de rodar Windows em um Mac com um chip da Intel:

- **Reiniciar no Boot Camp.** O Boot Camp consiste em um pequeno programa da Apple que permite que você *reinicie* seu Mac no Windows.

  Nesse ponto, ele é um PC Windows, sem qualquer vestígio do Mac na tela. Ele roda 100% da velocidade de um PC, pois é um. A compatibilidade com o software Windows é excelente. A única chatice é que você precisa reiniciar o Mac *de novo* para voltar ao mundo familiar do Mac OS X.

Destaque do Snow Leopard: O mais legal, no entanto, é que mesmo que você esteja rodando o Windows, você ainda pode acessar seus arquivos e pastas do Mac, conforme descrito a seguir. Essa é mais uma novidade do 10.6.

- **Executar o Windows em uma janela (Run Windows in a window).** Por cerca de 80 dólares é possível eliminar o principal estorvo do Boot Camp – ter que iniciar o Mac a cada vez que você precisa trocar de sistema operacional. Você pode comprar um programa como o Parallels, o VMWare Fusion ou o VirtualBox, que permite rodar Windows *em uma janela*.

  Você ainda está rodando o Mac OS X e todos os seus arquivos e programas Mac ainda estão disponíveis. Mas, você tem um universo paralelo – o Microsoft Windows – rodando simultaneamente em uma janela.

  Comparado com o Boot Camp, esse *software de virtualização* só oferece 90% da velocidade e 90% da compatibilidade de software. Mas, para milhares de pessoas, a conveniência de eliminar todos esses reinícios – e ganhar a liberdade de copiar e colar documentos entre programas Mac OS X e Windows – torna a solução Windows-em-uma-janela quase irresistível.

PERGUNTAS FREQUENTES

A questão do vírus

Rodar o Windows no meu Mac não significa que estarei exposto ao pesadelo mundial de vírus e spyware, exatamente como o resto do mundo Windows?

De fato, sim.

Se você instalar o Windows no seu Mac, também deve instalar o software do antivírus e anti-spyware do Windows para proteger aquela metade do computador. O mundo está cheio de programas comerciais que fazem esse serviço. Existem também vários programas gratuitos, como o Microsoft Defender para spyware e também o AVG Antivírus (www.gree.grisoft.com) ou o Avast Antivírus (www.avast.com) para vírus.

A boa notícia é que, mesmo se a sua instalação do Windows for infectada, o lado Mac de seu computador não fica infectado. Como o Mac OS X não pode rodar softwares compatíveis apenas com o Windows como, digamos, o Dragon NaturallySpeaking, ele também não pode rodar software de vírus do Windows.

Portanto, algumas pessoas rodam o Windows nu – sem a proteção contra vírus (especialmente ao usar programas Windows-em-uma-janela, como Parallels e VMWare Fusion). Se um vírus atacar, sem grandes problemas; eles arrastam a cópia infectada do Windows para o Lixo e simplesmente instalam uma nova!

Dica: Não há nada errado em usar *ambos* no mesmo Mac. Na verdade, programas como o Parallels podem usar a mesma *cópia de Windows* do Boot Camp. Assim, você poupa espaço no disco e não precisa administrar dois mundos Windows diferentes.

As duas técnicas exigem que você tenha a sua própria cópia do Windows. E ambas são descritas nas próximas páginas.

Nota: Lembre-se, rodar o Windows suave e rapidamente requer um Mac com um chip da Intel. Para descobrir se o seu tem, escolha →Sobre Esse Mac (→About This Mac). Na caixa de diálogo resultante, você verá, perto do rótulo Processador (Processor), "Intel" alguma coisa ou "PowerPC".

Boot Camp

Para instalar Boot Camp, você precisa dos ingredientes apropriados:

- **Um Mac com chip Intel.** Todos os modelos Mac lançados em 2006 e subsequentes têm chips da Intel. Se você não tiver certeza, escolha →About This Mac; se a linha Processador disser alguma coisa sobre Intel, você pode prosseguir.

- **Uma cópia de Windows XP ou Windows Vista ou Windows 7.** O Windows XP precisa do Service Pack 2. Se você tiver uma cópia anterior, não está *totalmente* sem sorte, mas precisará de uma abordagem experiente, que pode ser encontrada on-line. Deixe o Google ser seu amigo.

  Para o Windows Vista ou Windows 7, você precisa de Home Basic, Home Premium, Business ou Ultimate Edition. Em ambos os casos, um disco de atualização não funcionará; é necessária uma cópia de instalação completa. O Boot Camp também requer as edições normais de 32-bits de Windows. As versões de 64-bits não funcionarão.

Nota: As elegantes versões de 64 bits do Vista e do Windows 7 funcionam apenas em modelos novos do Mac. Para descobrir se o seu está entre eles, vá ao site http://support.apple.com/kb/HT1846.

- **Pelo menos 10 GB de espaço em disco livre** no seu disco rígido principal, ou um segundo drive interno. (Você não pode instalar o Windows em um drive externo utilizando o Boot Camp.)

- **Um teclado e mouse com fio**, pelo menos para o processo de instalação. Você pode usar um teclado e mouse Bluetooth depois que a instalação estiver concluída.

Agora sim, você está pronto para prosseguir.

Instalando o Boot Camp

Abra a sua pasta Aplicativos→Utilitários (Application→Utilities). Dentro, abra o programa chamado Assistente do Boot Camp (Boot Camp Assistant).

Fase 1: Particione o seu drive

Na tela Introdução (Introduction), você pode imprimir o livreto de instruções, se quiser (embora as páginas a seguir contenham as informações essenciais). Nesse livreto, há muitas e boas informações conservadoras: a importância de fazer um backup de todo o seu Mac antes de começar, por exemplo.

Quando você clica em Continuar (Continue), obtém a caixa de diálogo mostrada na Figura 8-1 – a parte mais interessante de todo o processo.

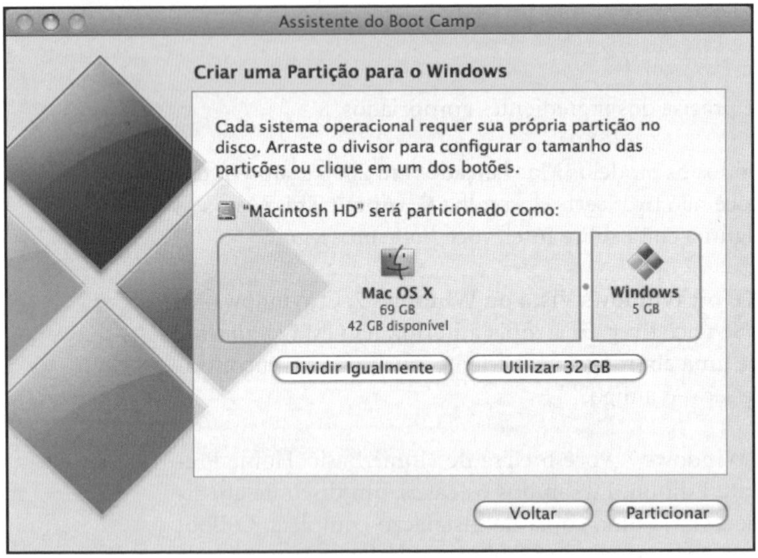

Figura 8-1: *Quanto espaço de disco rígido você quer dedicar ao seu "PC"? Essa não é uma pergunta casual; o que você der ao Windows não estará mais disponível para o seu Mac. Arraste a alça vertical entre os lados do Mac e do Windows desse diagrama.*

Você está sendo solicitado a *particionar* – subdividir – o seu disco rígido (que ainda não pode estar particionado), deixando de lado determinada quantidade de espaço, que conterá a sua cópia de Windows e todo o software de PC que você resolver instalar. Esse processo de particionar não envolve apagar todo o seu disco rígido; todo o seu material está perfeitamente seguro.

A caixa de diálogo oferece botões práticos, como Dividir Igualmente (Divide Equally) e Utilizar 32 Gigas (Use 32 Gigs), mas também permite que você arraste uma alça divisora de espaço, conforme mostrado na Figura 8-1, para dividir o espaço de seu disco rígido entre os lados do Mac e do Windows. Use sua experiência com o Windows em um PC real, se você possuir um, para decidir o tamanho que o "disco rígido" dele deverá ter.

A maioria das pessoas escolhe dedicar uma área do disco rígido principal interno à partição do Windows. Porém, se você tiver um segundo disco rígido interno, também pode escolher uma destas opções:

- **Criar uma Segunda Partição (Create a Second Partition).** O Assistente do Boot Camp cria uma partição Windows *daquele* drive.

- **Apagar o Disco e Criar uma Única Partição para o Windows (Erase Disk and Create a Single Partition for Windows).** Exatamente isso.

Fase 2: Instale o Windows

Na tela Iniciar Instalação do Windows (Start Windows Installation), você deve – ei! – iniciar a instalação do Windows. Agarre o seu CD ou DVD de Windows e insira no Mac. O seu instalador começa a trabalhar imediatamente.

Depois, a tela "Eu concordo com tudo o que os advogados da Microsoft digam" (I agree to whatever Microsoft's lawyers say), o instalador da Microsoft pergunta em qual partição você deseja colocar o Windows. É *realmente* importante escolher a certa. Escolhendo as cartas erradas, você poderia apagar toda a sua partição *Mac*. Então:

- **Windows XP.** Escolha a partição (pressionando as teclas de seta para cima ou para baixo) chamada "C: Partition3 <BOOTCAMP>".

- **Windows Vista.** Escolha uma chamada "Disk 0 Partition 3 BOOTCAMP".

Então, ao pressionar Return, você encontra outra tela de aspecto assustador. Aqui, o Windows convida-o para formatar a sua nova partição.

Se a sua partição do Windows for menor que 32 GB, você deve escolher entre os esquemas FAT32 ou NTFS – uma decisão que, presumidamente, você já tomou depois que leu o box anterior. Prossiga conforme mostra a Figura 8-2.

CONSULTÓRIO PARA USUÁRIOS AVANÇADOS

O segredo do FAT32

Se você estiver instalando o Windows XP e escolher um espaço menor que 32 GB, você terá de optar entre dois esquemas de formatação para o "disco rígido" do Windows.

O FAT32 pode parecer a opção menos atraente, mas ele lhe oferece uma funcionalidade muito legal indisponível no outro formato disponível (NTFS): a capacidade de arrastar arquivos do Windows para o Mac e vice-versa. (Isso funciona somente quando você iniciou o computador no Mac OS X. Quando você estiver no Windows, você poderá ver e abrir os arquivos no lado Mac do disco rígido, embora não consiga editá-los onde eles estiverem. Pelo menos não sem um programa comerciam como o MacDrive [www.macdrive.com].)

Se você escolher uma partição maior que 32 GB, ou se você estiver instalando o Vista ou Windows 7, então você *precisa* usar o esquema NTFS. Ele consiste em um esquema de formatação mais flexível e moderno – ele fornece vantagens como as permissões de acesso arquivo-a-arquivo, compressão e encriptação de arquivo incorporadas, *journaling* (página 832), entre outras.

Mas, no Boot Camp, o NTFS apresenta uma desvantagem: quando você estiver rodando no lado Mac, você poderá ver o que há na partição do Windows, mas não poderá adicionar, remover ou alterar nenhum arquivo.

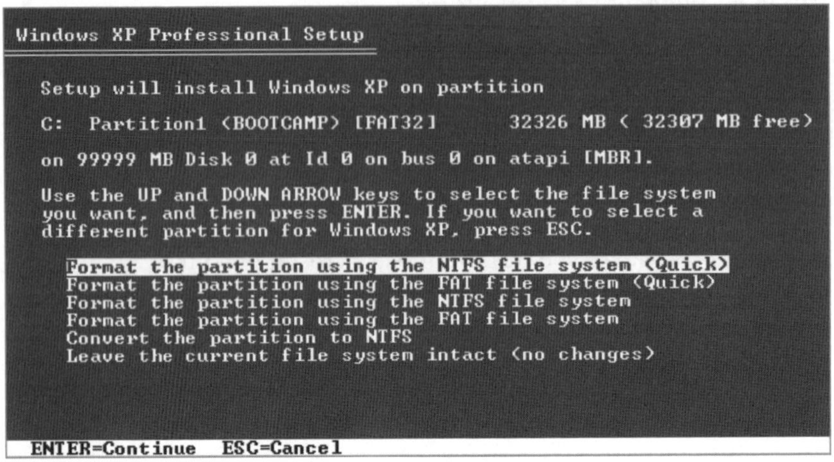

Figura 8-2: *Use as teclas de seta para destacar "Format the partition using the NTFS file system (Quick)" ou "Format the partition using the FAT file system (Quick)". Depois, pressione Return. Na tela seguinte, digite F para confirmar a formatação e depois Return para confirmar tudo.*

- **Windows Vista e Windows 7**. Escolha a partição chamada "Disk 0 Partition 3 BOOTCAMP".

  Então clique "Drive options (advanced)", clique Format, clique OK, e finalmente clique Next. Sua partição do Windows agora está formatada para NTFS, queira ou não.

Agora o seu Mac se parece com um PC com o Windows instalado. Seja paciente; vá dar uma volta por cerca de meia hora enquanto o instalador do Windows se movimenta, reinicia e faz o que deve ser feito.

Fase 3: Instale os drivers

Agora, uma visão maluca e desorientadora se apresenta: o seu Mac, rodando Windows. Não há vestígio da Mesa familiar, do Dock ou do menu ; agora é Windows, criança!

Percorra as telas de configuração do Windows criando uma conta, acertando o horário e assim por diante.

Nesse ponto, o seu Mac é realmente um PC Windows. Você pode instalar e executar programas, utilitários e até mesmo jogos; e descobrirá que eles rodam *realmente* rápido e bem.

Mas, como os veteranos do Windows sabem, cada recurso de hardware de um Windows requer um driver – uma parte do software que informa à máquina como se comunicar com seu próprio monitor, placa de rede, alto-falantes e assim por diante. E, provavelmente, nem precisa dizer que o Windows não inclui quaisquer *drivers* para os componentes de hardware da *Apple*.

Por isso, nesse momento, você deve inserir o seu DVD de instalação do Mac OS X; ele contém todos os *drivers* para a placa de gráficos do Mac, rede Ethernet e AirPort, entrada e saída de áudio, antena sem fio AirPort, câmera iSight, controles de brilho e volume, tecla Ejetar (Eject) e transmissor Bluetooth. Quando tudo isso estiver concluído, o seu controle remoto branco Apple funcionará até mesmo para operar o iTunes para o Windows. (Ele também instala um novo ícone Painel de Controle e um menu pop-up de bandeja do sistema, conforme descrito mais adiante neste capítulo.)

Nota: Algo que você desconhece, o DVD Snow Leopard é, na verdade, um disco de modo duplo. Quando você o insere em um Mac executando o Mac OS X, ele aparece como o instalador do Snow Leopard que você conhece e adora. Mas, quando você o insere em um PC, a sua partição Windows secreta aparece e, automaticamente, abre o instalador de driver do Mac!

Quando você insere o disco do Mac OS X, o driver instalador abre e começa a funcionar, automaticamente. Clique, passando pelas telas de Boas-vindas (Welcome) e Contrato de licença (License Agreement) e, então, clique Instalar (*Install*). Você verá uma série de caixas de diálogo indo e vindo; não interfira (e não clique Cancelar [Cancel]).

USUÁRIOS PROFISSAS

Como clicar com o botão direito

Cada computador Windows vem com um mouse de *dois* botões. O botão da esquerda clica normalmente; o da direita chama um menu de atalho contendo comandos para qualquer coisa que você tenha clicado. O Mac também tem menus de atalho, claro, mas eles não são tão necessários quanto no Windows, onde o atalho de menu geralmente é o *único* lugar onde você encontrará determinado comando.

Assim, quando estiver rodando Windows no seu Mac, como você deve clicar com o botão direito?

Bem, claro que você poderia comprar um mouse de dois botões. Ele funciona bem em um Mac (no Windows ou no Mac OS X). Na verdade, a maioria dos *desktops* Mac vendidos desde 2006 vem *com* um mouse de dois botões, chamado Mighty Mouse. Ele não parece ter dois botões, mas, na verdade, é possível clicar dois pontos diferentes em sua frente curvada. O Mighty Mouse funciona bem clicando com o botão direito no Windows.

Se você tiver um laptop Mac recente, pode acionar um clique à direita usando um truque: coloque a ponta de *dois* dedos na almofada do cursor e depois clique o botão. (Essa é uma opção que pode ser ativada ou desativada no painel Teclado e Mouse [Keyboard & Mouse] de Preferências do Sistema.)

Alternativamente, se isso for demais para aprender, basta destacar o que você quiser para clicar com o botão direito e depois pressionar Shift-F10.

Se você estiver preso a um mouse de um botão do Mac e nenhuma dessas opções funcionar, use o programa Apple Mouse Utility para o Windows. (Ele pode ser baixado da página "Missing CD" deste livro, em www.missingmanuals.com.) Ele permite que você Control-clique para simular um clique com o botão direito enquanto você estiver executando o Windows.

Alguns conselhos:

- Se a instalação parece parar, o Windows pode estar esperando que você clique Ok ou Próximo (Next) em uma janela que está oculta atrás de outras janelas. Inspecione a barra de tarefas e procure atrás de janelas abertas.

- O Windows XP finaliza apresentando o Encontrado Novo Assistente de Hardware (Found New Hardware Wizard). Vá em frente e aceite a atualização de seus drivers.

Quando tudo estiver terminado, uma caixa de diálogo pedirá que você reinicie o computador; clique Reiniciar (Restart). Quando a máquina voltar, ela será um Mac com Windows muito mais funcional. (E ela tem uma janela Assistente do Boot Camp on-line esperando por você na tela.)

Windows/Mac, de lá pra cá

De agora em diante, a sua principal interação com o Boot Camp será dizer a ele qual tipo de computador deseja que o seu Mac seja hoje: uma máquina Windows ou Mac.

Mas, presumivelmente, você preferirá um sistema operacional *na maior parte* do tempo. A Figura 8-3 (em cima e no meio) mostra como especificar o seu preferido.

Dica: Se você estiver executando o Windows e só quiser voltar para o Mac OS X agora, não é preciso se preocupar com todas as etapas mostradas na Figura 8-3. Em vez disso, clique o ícone da bandeja de sistema Boot Camp e, a partir do menu de atalho, escolha Reiniciar em Mac OS X (Restart in Mac OS X).

De agora em diante, cada vez que você ligar o Mac, ele iniciará no sistema operacional escolhido.

Se precisar trocar – quando o Windows for necessário apenas para um serviço rápido, por exemplo –, pressione a tecla Option enquanto o Mac estiver iniciando. Você verá algo semelhante aos ícones mostrados na Figura 8-3 (embaixo).

Dica: Somente para nerds: quando estiver rodando o Windows, você pode reiniciar no Mac OS X apenas digitando um comando na linha de comando do Windows (Start→All Programs→Acessories→Command Prompt [Iniciar→Todos os programas→Acessórios→Prompt de comando]). Digite isso, exatamente como mostrado, e pressione Return: *c:\progra~1\Bootca~1\bootcamp.exe-StartupDisk "Mac OS" Shutdown /r /t 0*

Guia de tradução do teclado

Em primeiro lugar, um teclado Mac e um teclado Windows não são iguais. Cada um possui teclas que diferem muito um do outro. Ainda assim, é possível acionar quase qualquer toque de teclado que o Windows espera, substituindo os toques especiais do teclado Apple, assim:

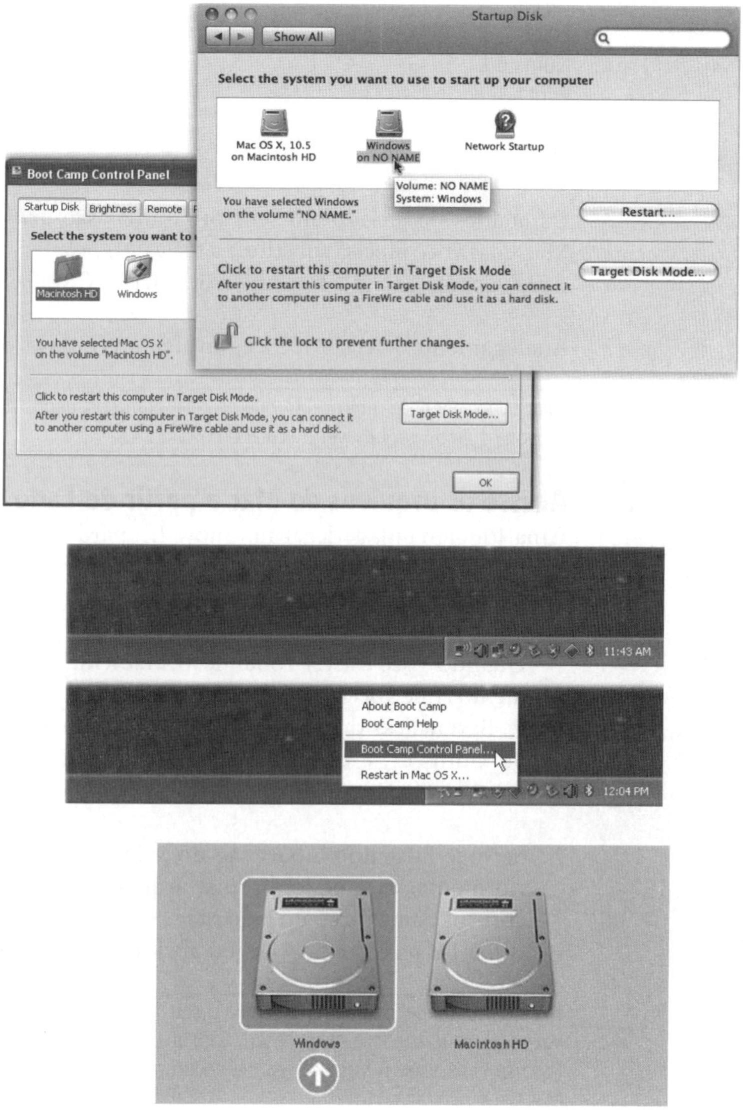

Figura 8-3:
Em cima: para escolher o seu sistema operacional preferido – aquele que inicia automaticamente, a menos que você intervenha –, escolha →Preferências do Sistema. Clique Disco de Inicialização (Startup Disk) e, depois, clique o ícone para o Mac OS X ou para o Windows. Em seguida, clique Reiniciar, se quiser trocar agora, ou feche o painel.

Controles idênticos estão disponíveis quando você estiver executando o Windows, graças ao novo Painel de Controle de Boot Camp (Boot Camp Control Panel).

No meio: para abrir o painel de controle do Boot Camp, escolha o seu nome a partir de seu novo ícone na bandeja de sistema do Windows.

Embaixo: essa exibição, conhecida como o Gerenciador de Inicialização (Startup Manager), aparece quando você pressiona Option durante a inicialização. Ela exibe todos os ícones do disco, ou partições do disco, contendo sistemas operacionais que podem ser iniciados. Basta clicar o nome da partição desejada e, então, clicar a seta Continuar.

Toque de teclado Windows	Teclado Apple
Control-Alt-Delete	Control-Option-Delete
Alt	Option
Backspace	Delete
Delete	⌦ (em laptops, Fn-Delete)
Enter	Return
Num Lock	Clear (laptops, Fn-F6)
Print Screen	F14 (laptops, Fn-F11)
Print Active Window	Option-F14 (laptops, Option-Fb-F11)
⊞	⌘

Os atalhos de teclado em seus programas são *principalmente* os mesmos que no Mac, mas você precisa substituir a tecla Ctrl pela tecla ⌘. Assim, nos programas Windows, Copiar, Salvar e Imprimir são Ctrl-C, Ctrl-S e Ctrl-P, respectivamente.

Analogamente, a tecla Alt é a equivalente Windows da tecla Option.

Dica: Você conhece o incrível truque de rolar com dois dedos nos laptops Mac? Adivinha? Ele também funciona quando você estiver executando o Windows.

Acesse os arquivos do Mac a partir do Lado Negro – e vice-versa

Uma funcionalidade legal no Snow Leopard: quando você inicia em um sistema operacional, é muito mais fácil acessar os documentos que "pertençam" ao outro. Por exemplo:

- Quando você estiver rodando o Mac OS X, você pode acessar todos os documentos que você criou enquanto estava no Windows, o que é muito conveniente. Basta clicar duas vezes o ícone do disco do Windows (chamado NO NAME ou Untitled), e então navegar até Documents and Settings→[o nome da sua conta]→My Documents (ou Desktop).

  Se você formatou a partição do Windows como FAT conforme descrito anteriormente, você poderá copiar arquivos de *ou* para essa partição, e até mesmo abri-los para edição no lado Mac. Se você optou pelo NTFS, no entanto, só pode copiá-los *para* o lado Mac, ou abri-los sem a possibilidade de editá-los.

Dica: Na verdade, não há motivo para o seu "drive" Windows ser chamado de NO NAME ou Untitled. Você pode renomeá-lo como você faria com qualquer outro ícone, tanto no Windows quanto no Mac OS X. (Isso se você usou o formato FAT. Se você optou pelo NTFS, você não pode fazer essa alteração no Mac OS X.)

- Quando estiver rodando no Windows, você também pode acessar seus documentos do Mac (essa é a parte nova do Snow Leopard). Clique Iniciar→Computador (Start→Computer). Na janela resultante, você verá um ícone representando a partição do Mac no disco rígido. Abra-a.

Você pode ver e abrir esses arquivos. Mas se quiser editá-los, primeiro você deve copiá-los para o mundo Windows – no desktop, por exemplo, ou em uma pasta. (A partição do Mac é read-only (somente leitura) nesse sentido, segundo a Apple, para evitar a possibilidade de o seu Mac ser contaminado por vírus do Windows.)

Dica: Se você deseja editar arquivos do Mac no Windows, uma solução é comprar um programa de 50 dólares chamado MacDrive (www.macdrive.com). Outra solução: usar um disco que o Mac e o Windows "enxerguem", e mantenha os seus arquivos compartilhados lá. Um pen drive funciona perfeitamente, assim como seu iDisk ou um drive compartilhado em uma rede.

Windows em uma janela

O problema com o Boot Camp é que, cada vez que você trocar para ou do Windows, é preciso fechar tudo aquilo em que trabalhou e reiniciar o computador – invertendo o processo quando você terminar. Você perde dois ou três minutos em cada vez. E não pode copiar e colar entre os programas Mac e Windows.

Existe outra maneira: um utilitário de 80 dólares norte-americanos, chamado Parallels Workstation para o Mac OS X (www.parallels.com) e o seu rival, o VMWare Fusion (www.vmware.com). Esses programas executam o Windows e o Mac OS X

GANHE VELOCIDADE

Removendo o Windows

Talvez você seja um usuário que aderiu ao Windows porque estava preocupado, pensando que precisaria dele. Talvez você tenha terminado o projeto, o serviço ou a fase de arquivo que solicitava o uso do Windows em seu Mac. Mas, de um jeito ou de outro, pode chegar o momento em que deseja se livrar de sua instalação do Windows e reivindicar todo o espaço que ele usou em disco rígido.

Isso não apenas pode ser feito, bem como o processo não atingirá nada que já está no lado do Mac. Não é preciso apagar todo o seu disco rígido ou qualquer coisa – o Snow Leopard simplesmente apaga o que está na partição do Windows do seu disco rígido e adiciona aquele espaço à sua partição principal do *Mac*.

Para fazer isso, comece certificando-se que resgatou tudo o que merece ser salvo do lado Windows do seu computador – ele logo será apagado.

Inicie no Mac OS X, desista de todos os programas abertos e assegure-se de que mais ninguém esteja logado, exceto você. Agora, abra o programa Assistente do Boot Camp em sua pasta Aplicativos→Utilitários.

Na tela de Boas-vindas, clique Recupere o disco de inicialização para um único volume (Restore the start disk to a single volume), então clique Continuar. Isso é tudo o que precisa ser feito.

Observações especiais para configurações especiais: se você instalou o Windows em um disco rígido separado ao invés de em uma partição no seu disco rígido *principal*, não se preocupe. Basta apagar o disco rígido do Windows usando Utilitário do Disco, conforme descrito no Capítulo 10, e formatá-lo como um drive Mac.

Por outro lado, se o seu Mac tiver mais de um disco rígido interno e você criar uma partição Windows em um deles (ao invés de ocupá-lo inteiramente), abra o Assistente do Boot Camp, como descrito anteriormente. Dessa vez, porém, clique Criar ou remover uma partição Windows (Create or remove a Windows partition), clique Continuar, clique o disco Windows e, depois, clique Recuperar para uma partição única de Mac OS (Restore to a single Mas OS partition).

simultaneamente. O Windows fica em uma janela própria, enquanto o Mac executa o Mac OS X (Figura 8-4). É algo como um antigo software de emulação conhecido como Microsoft VirtualPC, com uma diferença-chave: *velocidade*. Você consegue cerca de 90% da velocidade Windows do Boot Camp – não rápido o bastante para jogos em 3D, mas rápido o suficiente para quase todo o resto.

Novamente, você precisa da sua própria cópia do Windows para o processo de instalação. Mas, dessa vez, não é necessário o Windows XP ou Vista. Pode ser qualquer versão do Windows, inclusive voltar ao Windows 3.1 – ou mesmo o Linux, o FreeBSD, o Solaris, o OS/2 ou o MS-DOS.

Ter o software de virtualização em seu Mac Intel é algo esplêndido. Você pode trabalhar em um design no iWork, mergulhar em um banco de dados do Microsoft Access (apenas Windows), procurar um endereço, copiá-lo e colá-lo de volta no programa do Mac.

E se você não consegue decidir se quer usar o Boot Camp (recurso rápido e completo, mas que exige reinicialização) ou o Parallel/Fusion (rápido e sem inicialização, mas sem jogos em 3D)? Sem problema – instale ambos. Eles coexistem esplendidamente em um único Mac e até podem usar a mesma cópia do Windows.

Juntos, eles transformam o Macintosh baseado em Intel no *Uni-Computer*; a máquina individual que pode rodar quase 100% dos softwares do catálogo mundial.

As melhores dicas de virtualização

Administrar o Parallels, o Fusion ou o Virtual Box significa administrar o Windows, claro, mas também significa administrar estas dicas:

- Você *não precisa* executar o Windows em uma janela. Com um toque de teclado é possível fazer o seu simulador Windows cobrir toda a tela. Você ainda pode executar os dois sistemas operacionais ao mesmo tempo. Porém, todo o mundo Mac fica oculto no momento. Assim, você pode explorar a sua tela cheia. Basta escolher Ver→Tela Cheia (View→Full Screen).

Dica: Ou use o toque de teclado Alt-Enter (Parallels) ou Ctrl-⌘-Return (Fusion) para entrar e sair do modo Tela Cheia (Full Screen).

- Inversamente, tanto o Parallels quanto o Fusion oferecem algo chamado de modo Coerência (Coherence) ou Unidade (Unity), no qual não há vestígio do desktop Windows. Em vez disso, cada programa Windows flutua em sua própria janela, exatamente como um programa Mac; a Mesa do Mac OS X permanece como garantia, em palno de fundo.

Dica: No modo Unidade do Fusion, você pode acessar os seus comandos Meu Computador (My Computer), Documentos, Rede, Painel de Controle, Pesquisar e Executar direto do ícone do Dock do Fusion ou iniciar a paleta. Assim, não é necessário se preocupar com a ausência do menu Iniciar (Start).

Figura 8-4: *A visão mais estranha que você já viu: o Mac OS X e o Windows XP na mesma tela, ao mesmo tempo. Cortesia do VMWare Fusion. O Parallels é bem semelhante.*

No Parallels, pressione Alt+Ctrl+Shft para entrar ou sair do modo Coerência. No Fusion, toque Ctrl-⌘-U para o modo Unidade.

Dica: No Fusion, na exibição Unidade, você pode usar os toques de teclado comuns do Mac para Cortar, Copiar e Colar dentro de aplicativos Windows (⌘-C, ⌘-X, ⌘-V, respectivamente). No Parallels, por outro lado, é possível mapear novamente *todos* os atalhos Control-tecla do Windows para a tecla ⌘ em Preferências (Preferences).

- Para fazer "o gesto dos três dedos" quando as coisas estiverem travadas no Windows (usualmente Ctrl+Alt+Delete), pressione Control-Option-D (Fusion) ou Ctrl+Fn+Alt+Delete (Parallels). Ou use o comando Send Ctrl-Alt-Delete nos menus.

- Você pode arrastar arquivos para trás e para frente entre os universos Mac e Windows. Basta arrastar os ícones para dentro ou para fora da janela do Windows.

- Se você tiver um mouse de um botão, pode "clicar com o botão direito" no Parallels, com Control-Shift-clique. No Fusion, dê um Control-clique. Nos laptops Mac, você pode clicar com o botão direito colocando dois dedos no trackpad enquanto clicar.

- Ao desistir do programa de virtualização, na verdade você não estará "fechando" o PC; mas, apenas *interrompendo-o*, ou colocando-o no modo de espera. Quando der um clique-duplo novamente no ícone Parallels/VMWare, tudo em seu mundo Windows estará exatamente como você deixou.

- Todo o seu universo de arquivos, pastas e programas Windows é representado por um único arquivo em seu disco rígido. No Parallels, ele está em sua pasta Início→ Biblioteca→Parallels (Home→Library→Parallels). No Fusion, está em sua pasta Início→Documentos→Máquinas Virtuais (Home→Documents→Virtual Machines).

  Isso é muito conveniente, pois significa que você pode copiar todo o seu "computador" Windows, arrastando um único ícone para outro drive. E se o seu mundo Windows for infestado por vírus ou spyware, você pode arrastar tudo para o Lixo – e recuperar tudo a partir do backup.

Convivendo com o Microsoft Exchange

No mundo corporativo, o Microsoft Exchange é um peso pesado. Ele consiste de um software que funciona em rede e contém e-mail, catálogo de endereços e calendários para centenas ou milhares de funcionários. Tudo isso se comunica com um banco de dados central cujo coração bate bem longe de qualquer gabinete ou sala na sede da sua empresa.

Por anos, os Macs foram considerados cidadãos de segunda classe no mundo corporativo. Na medida em que eles não podiam conversar com o cérebro do Exchange, eles não eram muito usados fora do departamento de design gráfico. (Você podia

USUÁRIOS PROFISSAS

Além dos grandes nomes

O Parallels e o VMWare Fusion são concorrentes ferrenhos. Novas versões são lançadas com uma frequência assustadora, cada qual destinada a bater o seu rival.

Os dois também permitem que você especifique qual programa – o Mac ou o Windows – abrir quando você der clique-duplo em documentos de tipos específicos (como .jpeg ou .doc). Essa é a outra maneira do Windows de se tornar um jogador ativo na equipe Mac.

Mesmo assim, essas não são as únicas opções. O programa Virtual-Box (www.virtualbox.org) não é tão refinado ou totalmente desenvolvido quanto os seus concorrentes de renome, mas também não é tão caro; na verdade, é gratuito. Isso porque ele é um software de fonte aberta, o que significa que os programadores em todo o mundo se oferecem para colaborar com ele.

Por úlitmo, vários esforços são feitos para criar um software que possibilite rodar softwares para o Windows *sem* o Windows. O programa mais promissor custa 60 doláres norte-americanos, chamado CrossOver (www.codeweavers.com).

Sem dúvida, os programas Windows compatíveis com o CrossOver abrem e rodam em Mac OS X, exatamente como programas Mac – sem que você precise possuir, instalar ou gravar uma cópia do Windows.

Infelizmente, a lista de programas compatíveis é pequena, menos de 20 programas Windows funcionam perfeitamente no CrossOver. Porém, a lista de programas que funcionam *na maioria das vezes* é mais extensa. Assim, veja a lista no website da CrossOver para verificar se o programa que você precisa é compatível com ele.

comprar um software add-on ou fazer alguma sujeira com alternativas, mas você sempre se sentia como um estranho.)

No Snow Leopard, pela primeira vez, a compatibilidade com o Exchange já veio incorporada. No iCal, você pode ver o calendário do Exchange da sua empresa. No Catálogo de Endereço, aparecem os nomes e endereços da empresa. No Mail, você acessa seu e-mail corporativo. E o melhor de tudo é que todas essas informações são exibidas lado a lado com seus dados pessoais, de forma que você pode ter tudo em um único lugar. Todas as conveniências do Snow Leopard agora aplicam-se ao seu e-mail corporativo: Spotlight, Visualização Rápida, detectores de dados, entre outros.

A ironia é que o Mac OS X agora vem com a compatibilidade com o Exchange integrada – e o Microsoft Windows *não*. (Você precisa comprar o Microsoft Outlook separadamente.)

Se você tiver sorte – isto é, se o seu computador tiver o Exchange 2007 ou mais recente – fazer essa configuração não poderia ser mais fácil.

Conexão com o Exchange

Para se conectar ao Exchange da sua empresa, abra o Mail (Capítulo 19). Selecione Mail→Preferences (Mail→Preferências). Clique o **+** abaixo da lista de contas de e-mail; prossiga conforme mostrado na Figura 8-5.

Quando você clicar em Continue (Continuar), uma destas duas coisas acontece:

- Você é recebido com uma mensagem que diz "Mail found a server account for the email address you provided. The following account will be set up on your computer". ("O Mail encontrou uma conta de servidor para o endereço de e-mail que você forneceu. A seguinte conta será configurada em seu computador"). Você está no caminho certo.

  Essa caixa oferece um item Also set up (Configurar também) que contém duas deliciosas caixas de seleção: Address Book contacts (Contatos do Catálogo de Endereços) e iCal calendars (Calendários do iCal). É difícil imaginar por que você não marcaria essas opções; elas fazem todo o trabalho por você.

- Seu Mac não encontra o servidor. Nesse caso, ou (a) sua empresa não utiliza o Exchange 2007 ou mais recente ou (b) o nerd que cuida da sua rede não habilitou o *Autodiscovery* do Exchange. Nesse caso, você não tem outra alternativa senão chamar o suporte e (a) reclamar com ele por não ter habilitado o Autodiscovery ou (b) fazê-lo preencher o endereço da rede e outros campos manualmente.

Dica: Aqui vai uma dica para o administrador de rede que preencherá essas informações, cortesia da Apple: "Informe o nome do domínio totalmente qualificado do Servidor de Acesso para Cliente (CAS – *Client Access Server*) do Exchange da sua organização. (Por exemplo, exchange01.example.com, não apenas exchange01.) Observe que o CAS não compartilha, necessariamente, o mesmo endereço como o Outlook Web Access

(OWA) Server – embora eles geralmente o façam. Os prefixos http não são necessários". Espero que você saiba o que isso significa.

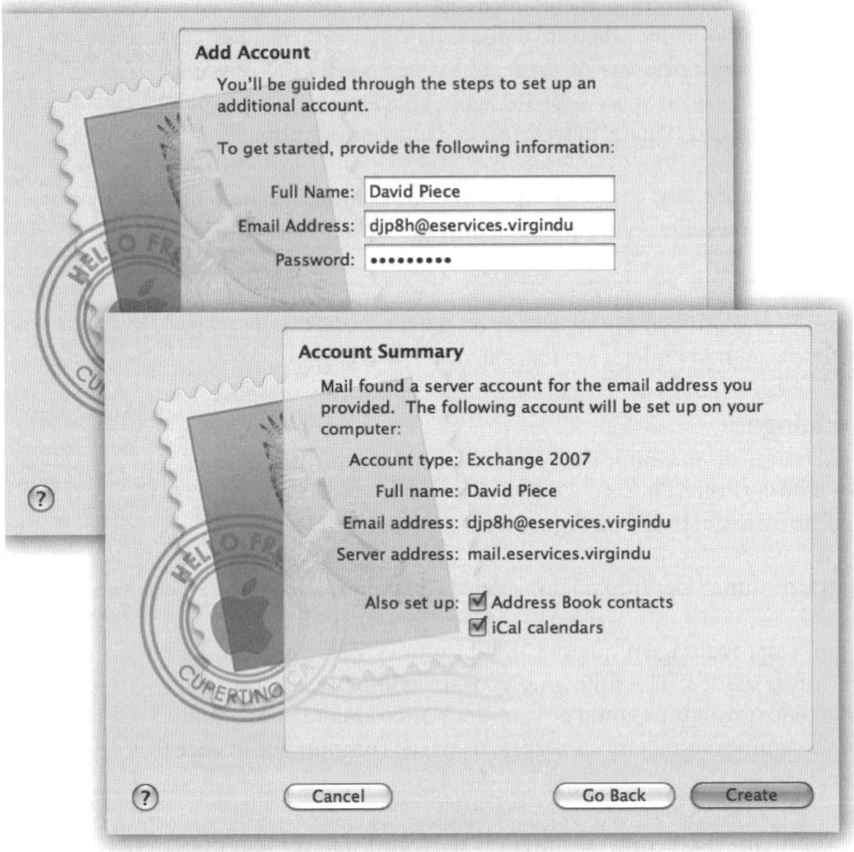

Figura 8-5: *Nas Preferências do Mail, preencha as suas informações do Exchange – seu endereço de e-mail e senha – conforme fornecido pelo divertido administrador da sua rede.*

O Exchange no Mail

Uma vez que todos estejam configurados, abra o Mail. Se você possui muitos e-mails, pode levar algum (ou muito) tempo até que o Mail sincronize com o servidor do Exchange e exiba suas mensagens. Mas, no final, elas estarão lá.

Sua conta do Exchange aparece com seu próprio título, abaixo das suas contas pessoais (Figura 8-6).

Agora você pode enviar e receber e-mails, criar anotações e itens pendentes, responder a convites por e-mail etc. Todas as funcionalidades do Mail descritas no

Capítulo 19 estão prontas para serem usadas: o Spotlight pode pesquisar todas as suas contas simultaneamente, as Smart Folders (Pastas Inteligentes) podem reunir as mensagens de uma ou todas as contas, a Visualização Rápida pode mostrar seus anexos sem ter de abri-los em um programa separado, entre outros.

O Exchange no Catálogo de Endereços

As Listas Globais de Endereço da sua empresa são mostradas no Catálogo de Endereços (Capítulo 19), em uma "pasta" chamada Exchange, do lado esquerdo, conforme mostrado à direita na Figura 8-6. Você pode trabalhar com esses endereços da mesma forma que faria com seus próprios endereços: coloque-os em grupos, clique um endereço para ver a sua localização no Google Maps, e por aí vai. Quando você estiver definindo o destinatário de uma mensagem ou escrevendo um convite do calendário, existe uma funcionalidade que autocompleta a sua digitação com nomes dos seus catálogos de endereço pessoal ou corporativo.

Figura 8-6: *Uma vez que tudo estiver conectado, um novo título aparece no Mail (à esquerda), no Catálogo de Endereços (à direita), indicados após sua conta do Exchange. É a sua vida corporativa, que você pode exibir ou ocultar conforme desejar.*

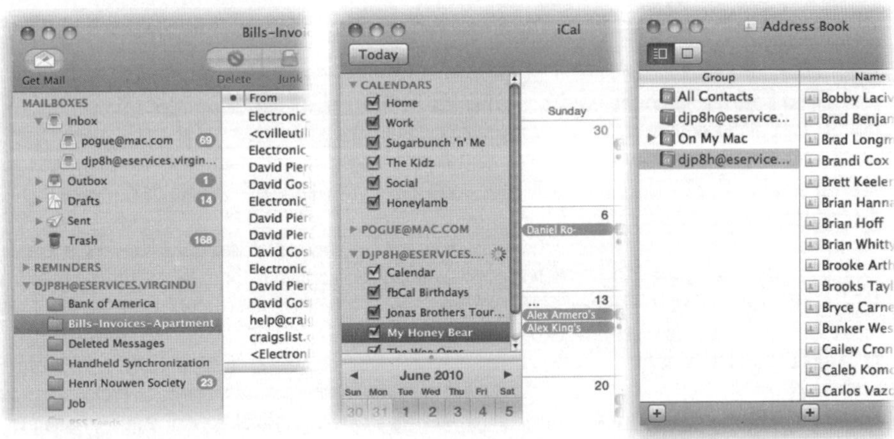

O Exchange no iCal

Seus compromissos corporativos agora aparecem no programa de calendário do seu Mac (Capítulo 10), organizados abaixo de seus respectivos títulos. Cada categoria de compromisso é mostrada com uma caixa de seleção, como sempre, de forma que você possa ocultá-las ou exibi-las conforme você as ajusta – mesmo quando elas estão misturadas com a sua agenda pessoal.

A grande compensação aqui são as reuniões agendadas. Quando você clica Add Invitees (Adicionar Convidados) para um compromisso, o iCal pode mostrar um gráfico do tempo livre dos seus colaboradores, e abrir espaços para a sua sala de conferência, de forma que você possa encontrar um horário em que eles estejam livres.

DIAMANTE BRUTO

Delegando seus calendários

Assim que você estiver sincronizado com o Exchange, você poderá até mesmo *delegar* o seu calendário – isto é, permitir que outra pessoa da sua rede corporativa o veja (e, se você desejar, edite também) pela rede. Isso é útil quando você é um executivo ocupado e precisa que seu assistente o ajude a gerenciar seus compromissos de negócios, ou quando você estiver viajando e autoriza um subordinado de confiança para gerenciar seu calendário enquanto você estiver ausente. (Não se trata de *publicar* seu calendário conforme descrito no Capítulo 10. Seu calendário do Exchange, na realidade, não será movido. Ele permanecerá no servidor – você apenas permitirá que outra pessoa o acesse.)

Para fazer isso, selecione iCal→Preferences→Accounts (iCal→Preferências→Contas). (Se você possui mais de uma conta, selecione a que você deseja compartilhar a partir da lista Contas [Accounts].)

Clique em Delegation (Delegação). Clique Edit (Editar). Na tela Manage Account Access (Gerenciar Acesso à Conta), clique +, e então digite o nome da(s) pessoa(s) com quem você deseja compartilhar seu calendário. Você também pode especificar o tipo de acesso que você deseja atribuir; "Read Only" ("Somente Leitura") significa que a pessoa só pode acompanhar os seus compromissos, e "Read & Write" ("Ler e Gravar") significa que a pessoa pode editar o seu calendário. Você pode conceder níveis diferentes de acesso ao seu calendário e sua lista de Tasks (Tarefas).

Finalmente, clique Done (Concluído).

Agora vamos trocar de lugar. Suponha que você seja o subordi...er, o assistente de confiança.

Em seu Mac, selecione iCal→Preferências→Contas. Clique a conta que foi compartilhada com você. Clique +; digite o nome do seu chefe.

Finalmente, ative a caixa de seleção Show (Mostrar). Feche a caixa de diálogo Preferências para retornar à janela principal do iCal. Aqui, os calendários do seu chefe (categorias de eventos) são exibidos na lista à esquerda; ative as caixas de seleção daquelas que você deseja que apareça na grade do calendário.

3

Parte Três: Os componentes do Mac OS X

CAPÍTULO
9

Preferências do Sistema

O núcleo da personalização do Mac está em Preferências do Sistema, o sucessor dos tempos modernos do antigo Painel de Controle (Windows) ou Painéis de Controle (dos sistemas Mac anteriores). Alguns desses painéis são extremamente importantes, pois as suas configurações determinam se você pode ou não conectar-se com uma rede ou ficar on-line para a troca de e-mails. Outros lidam com aspectos mais estéticos da personalização do Mac OS X.

Este capítulo guiará você por todo o programa Preferências do Sistema, painel por painel.

Dica: Só o administrador do sistema pode mudar as configurações que afetam todos que compartilham de uma determinada máquina: suas configurações de Internet, configurações de Economizador de Energia (Energy Saver) e assim por diante. Se você vir um grupo de controles que esteja cinza e indisponível, agora sabe o motivo.

Um pequeno cadeado no canto inferior esquerdo de um painel é o sinal revelador. Se você não for o administrador e quiser editar algumas configurações, chame um administrador até o seu Mac. Peça que ele clique no cadeado, forneça a sua senha e supervisione as suas alterações.

A janela Preferências do Sistema

Você pode abrir o Preferências do Sistema de muitas formas:

- Selecione o seu nome a partir do menu .
- Clique o seu ícone no Dock.

- Pressione Option-teclas do volume (🔈, 🔉 ou 🔊) na fila superior do teclado), Option-teclas de brilho (☼ ou ☀) ou, em laptops que a tiverem, Option-teclas de brilho (⌨ ou ⌨). Esses truques abrem os painéis de Som (Sound) e Monitores (Displays), mas você pode clicar Mostrar Tudo (Show All) ou pressionar ⌘-L para ver todas as opções.

- Se você souber o nome do painel Preferências do Sistema que deseja, normalmente é mais rápido usar o Spotlight. Por exemplo, para abrir o Economizador de Energia, toque ⌘-Barra de Espaço, digite *ener* e depois pressione ⌘-Return. Veja no Capítulo 3 mais detalhes sobre a operação do Spotlight pelo teclado.

Figura 9-1: *Você pode ver os seus ícones de Preferências do Sistema alfabeticamente (em cima), em vez de em fileiras de categorias arbitrárias (embaixo); basta escolher Visualizar→Organizar Alfabeticamente (View→Organize Alphabetically). Essa abordagem não apenas poupa espaço, mas também facilita muito encontrar determinado painel, pois você não precisa se preocupar em qual categoria ele está.*

- Este é um novo método no Snow Leopard que lhe poupa de vários passos. Acontece que se você colocar o ícone das Preferências do Sistema no seu *Dock* (Capítulo 4), você pode abri-lo *e* ir direto para um painel de preferência específico em um único movimento: use seu mouse para clicar o ícone das Preferências do Sistema. Mantendo o botão pressionado sobre o ícone, surge um menu pop-up de cada painel das Preferências do Sistema.

Suponha então que, de qualquer forma, você descobriu como abrir as Preferências do Sistema. Inicialmente, as fileiras de ícones estão agrupadas de acordo com as funções: Pessoal (Personal), Hardware e assim por diante (Figura 9-1). Porém, também é possível vê-los organizados em ordem alfabética, conforme mostrado na parte inferior da Figura 9-1. Isso pode poupá-lo do ritual de caçar pelas várias fileiras, apenas para encontrar determinado ícone de painel cujo nome você já conhece. (Depressa, sem olhar: em qual fileira está o Data e Hora?) Este capítulo descreve os vários painéis, seguindo essa ordem alfabética.

De qualquer modo, quando você clica em um dos ícones, os controles correspondentes aparecem na janela principal Preferências do Sistema. Para acessar um painel de preferência diferente existem várias opções:

Figura 9-2: *Mesmo se você não souber qual painel Preferências do Sistema contém as configurações que deseja mudar, o Spotlight pode ajudar. Digite na caixa localizada na parte superior e observe, o "Spotlight" brilha nos ícones relevantes. Então, você pode clicar o ícone, clicar o nome no menu pop-up ou usar a seta para baixo no menu e pressionar Return para escolher.*

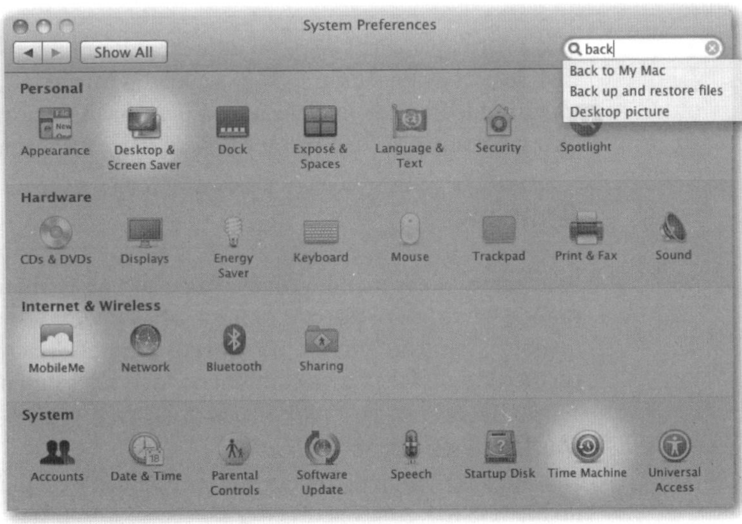

- **Rápida:** quando o Preferências do Sistema abrir pela primeira vez, o ponto de inserção fica piscando em sua nova caixa Buscar. (Se o ponto de inserção *não* estiver piscando lá, pressione ⌘-F.) Digite algumas letras de *volume, resolução, papel de parede, sem fio* ou qualquer recurso que deseja ajustar. Em uma ilustração literal do poder do Spotlight, a janela Preferências do Sistema escurece, *exceto* pelos ícones onde você encontrará os controles importantes (Figura 9-2). Clique o nome ou o ícone daquele que pareça mais promissor.

- **Mais rápida:** clique em Mostrar todos (Show All), no canto superior direito da janela (ou pressione ⌘-L). Então clique o ícone desejado no novo painel.

- **A mais rápida ainda:** escolha qualquer nome do painel no menu Visualizar ou a partir do menu pop-up do ícone do Dock das Preferências do Sistema descrito anteriormente.

Nota: Se a janela das Preferências do Sistema já estiver aberta, o clicar-e-manter não abrirá mais a lista de todos os painéis de preferência. Em vez disso, você precisa Control-clicar (ou clicar com o botão direito) o ícone do Dock das Preferências do Sistema para obter esse menu.

Aqui, então, começa a sua grande jornada pelos 27 painéis das Preferências do Sistema incorporados do Snow Leopard. (Você pode ter alguns itens a mais ou menos, dependendo se você possui um laptop ou desktop. E se você instalou algum painel não-Apple, eles aparecem em sua própria fila das Preferências do Sistema, chamada Outro [Other].)

Contas

Essa é a lista principal de pessoas que têm permissão para efetuar login em seu Mac. É onde você pode ajustar as suas senhas, as imagens de inicialização, a abertura automática de itens de inicialização, a permissão de uso dos vários recursos do Mac e outras ferramentas de segurança. Tudo isso está descrito no Capítulo 12.

Aparência

Esse painel diz respeito à forma como as coisas aparecem na tela: janelas, menus, botões, barras de rolagem e fontes. Nada encontrado aqui permite que você realize qualquer "cirurgia" *radical* no aspecto geral do Mac OS X – mas é possível alterar certas configurações para combinar com o seu estilo pessoal.

Mudança de cores

Dois menus pop-up permitem que você aumente ou diminua a tonalidade da cor geral do Mac OS X:

- **Aparência (Appearence).** Escolha entre Azul ou Grafite. O azul é a configuração de fábrica do Mac OS X – brilho, alças de barra de rolagem com cor de bala, barras de avanço, menu e botões OK pulsando – e aqueles brilhantes botões vermelhos, amarelos e verdes no canto de cada janela. Se você, como alguns profissionais gráficos, julgar que esse colorido cartaz de circo distrai muito, então escolha Grafite, que apresenta todos aqueles elementos da interface em várias tonalidades de cinza.

- **Cor de destaque (Highlight color).** Quando você arrastar o seu cursor pelo texto, o plano de fundo muda de cor para indicar que foi selecionado. A cor do plano de fundo depende de sua escolha – basta selecionar a tonalidade que deseja usar no menu pop-up. A Cor de destaque também afeta sutilezas tais como as linhas no interior de uma janela enquanto você arrasta um ícone para dentro dela.

Se escolher Outra (Other), o Seletor de Cores (Color Picker) surge e, a partir dele, você pode escolher qualquer cor que o seu Mac seja capaz de exibir.

Trocando as barras de rolagem

Os dois conjuntos de botões radiais controlam os botões de seta da barra de rolagem de todas as suas janelas. É possível manter essas setas juntas em uma extremidade da barra de rolagem. Ou, então, você pode separá-las para que a seta "para cima" fique no alto da barra de rolagem e a seta "para baixo" fique na parte inferior. (Barras horizontais de rolagem são afetadas da mesma maneira.) Para detalhes sobre as opções Pular para a próxima página (Jump to the next page) e Pular para cá (jump to here).

Dica: E se você quiser a máxima conveniência: *ambas* as setas *nas duas* extremidades da barra de rolagem? Basta um minuto sozinho com o TinkerTool.

Também é possível ativar estas caixas de seleção:

- **Usar rolagem suave (Use smooth scrolling).** Essa opção só afeta uma pequena situação: quando você clica (ou mantém pressionado o cursor) dentro da área vazia da barra de rolagem (não na alça, e não nos botões de seta). E ela só faz uma pequena alteração: ao invés de pular abruptamente de tela para tela, a janela balança com ligeiras acelerações e desacelerações, de modo que o parágrafo que você está vendo nunca pula inesperadamente para longe de sua visão.

- **Minimizar ao clicar duas vezes na barra de título da janela (Minimize when double-clicking a window title bar).** Essa opção oferece outra maneira de minimizar uma janela. Além do pequeno botão amarelo Minimizar, no canto superior esquerdo da janela, agora você tem um alvo muito maior – toda a barra de título.

Número de Itens Recentes

Exatamente quantos dos seus documentos e aplicativos recentemente abertos você deseja que o Mac mostre usando o comando Itens Recentes (Recent Items) no menu ? Escolha um número dos menus pop-up. Por exemplo, você poderia escolher 30 para documentos, 20 para programas e 5 para separados.

Estilo de suavização de fonte

O recurso Estilo de suavização de fonte (text-smoothing) desenvolvido pelo Mac deve produzir um aspecto mais comercial e suave onde quer que ele apareça em seu Mac: em documentos de processador de textos, mensagens de correio eletrônico, páginas Web e assim por diante.

Experimente com a caixa de seleção marcada/desmarcada – Usar suavização de fonte LCD quando disponível (Use LCD font smoothing when available), por exemplo – para você ver o que acha dos efeitos. De qualquer modo, as diferenças são bem sutis. (Veja a Figura 9-3.) Além do mais, ao contrário da maioria das Preferências do Sistema, essa configuração só terá efeito na próxima vez em que você abrir o programa em questão. Por exemplo, no Finder, você só notará a diferença ao registrar a sua saída e, então, a sua entrada novamente.

Smoothing is turned on.

Smoothing is turned off.

Figura 9-3:
A mesma fonte com 24 pontos com a suavização de texto ativada (em cima) e desativada (embaixo), mostrada ampliada para que você possa analisar melhor. No Snow Leopard, você não tem mais a opção de graus de suavização – apenas ativar ou desativar.

Desativando a suavização de fontes pequenas

Em tamanhos de fonte menores (10 pontos ou menores), você talvez descubra que o texto é, de fato, *menos* legível com a suavização de fonte ativada. Tudo depende da fonte, do tamanho, do seu monitor e do seu gosto. Por esse motivo, esse menu pop-up permite que você escolha um ponto limítrofe. Por exemplo, se você escolher 12 aqui, então o tipo de 12 pontos (e menor) ainda aparece nítido e preciso; apenas o tipo maior, tal como em cabeçalhos, exibe a margem graciosamente suavizada. Você pode escolher um limite de tamanho tão pequeno quanto 4. (Nenhuma dessas configurações afeta as suas impressões, apenas a exibição na tela.)

Bluetooth

O Bluetooth é uma tecnologia de curto alcance, de baixo consumo de energia e sem fio. É projetado para conectar dispositivos em pares, como telefone celular e fone de ouvido, teclado sem fio e Mac, organizador Palm e Mac ou Mac e telefone celular (para se conectar com a Internet ou transmitir arquivos).

Agora, você não gostaria que o sujeito do cubículo ao lado fosse capaz de operar o *seu* Mac usando o teclado Bluetooth *dele*. Então, o primeiro passo em qualquer relação com o Bluetooth é a *paridade*, onde você apresenta formalmente os dois dispositivos que se comunicarão. Eis como funciona:

1. Abra Preferências do Sistema→Bluetooth (System Preferences→Bluetooth).

Assegure-se que o Bluetooth (Bluetooth Power) esteja ativado. (O único motivo para desligá-lo é economizar a energia da bateria do laptop.) Assegure-se também que Visível (Discoverable) esteja ativado; isso torna o Mac "exposto" aos outros dispositivos Bluetooth ao seu alcance.

2. Clique o botão + abaixo da lista à esquerda.

O Assistente de Configuração Bluetooth (Bluetooth Setup Assistant) é aberto. Após alguns instantes, ele exibe os nomes de todos os dispositivos Bluetooth que ele conseguir detectar: fones de ouvido, laptops, telefones celulares etc. que estejam nas proximidades. Geralmente, ele encontra o dispositivo que você está tentando emparelhar.

3. Clique o tipo de equipamento que você possui e, depois, clique Continuar (Continue).

Se você estiver conectando o seu Mac a um celular ou alguma outra coisa que tenha um keypad ou teclado, o Mac exibirá uma *senha* de oito dígitos. É igual a uma senha, exceto que você só terá que fornecê-la uma vez, para confirmar que *você* é o verdadeiro dono de ambos, do Mac e do telefone. (Se não houvesse essa senha em código, alguém perto de você no aeroporto poderia usufruir de acesso gratuito à Internet pelo laptop por meio do telefone celular em *seu* bolso.)

Nesse ponto, o seu telefone ou palmtop exibe uma mensagem para informar que você tem 30 segundos para digitar essa senha. Faça-o. Quando o dispositivo perguntar se você deseja se emparelhar com o Mac e conectá-lo, diga que sim.

Se você estiver fazendo o emparelhamento de um telefone ou palmtop, agora o Mac pergunta *quais* tipos de sincronização de Bluetooth você deseja fazer. Por exemplo, ele pode copiar as suas reuniões do iCal, assim como os endereços da Agenda, para o celular ou Palm. (Ou, se *não* houver tipos de sincronização do Bluetooth que o seu Mac possa fazer com o dispositivo – por exemplo, a menos que o seu telefone celular forneça transferências de arquivo por Bluetooth, não há nada que possa ser realizado interagindo com o seu Mac, visto que ele não oferece transferências de arquivo Bluetooth, por exemplo –, uma mensagem de erro o informará sobre isso.)

Dica: Alguns telefones Bluetooth podem até conectar o seu laptop à Internet através das ondas do celular. Sem necessidade de Wi-Fi – o telefone não precisa sair do seu bolso e o seu laptop pode estar on-line onde houver um sinal de celular.

No entanto, essa é uma configuração especial envolvendo uma assinatura com a sua operadora de celular (e o pagamento de uma taxa mensal adicional). Se você já assinou, então, ative a terceira opção aqui Acessar a Internet [Access the Internet]).

Quando tudo terminar, o novo dispositivo estará especificado no painel do lado esquerdo, na lista de telefones celulares Bluetooth, fones de ouvido e outros dispositivos que você apresentou anteriormente a esse Mac. Clique o botão + para abrir novamente o Assistente de Configuração Bluetooth, ou o botão - para apagar um dos itens relacionados.

Opções avançadas

Se clicar Avançado (Advanced), você chegará a um painel pop-up com mais algumas facilidades de Bluetooth:

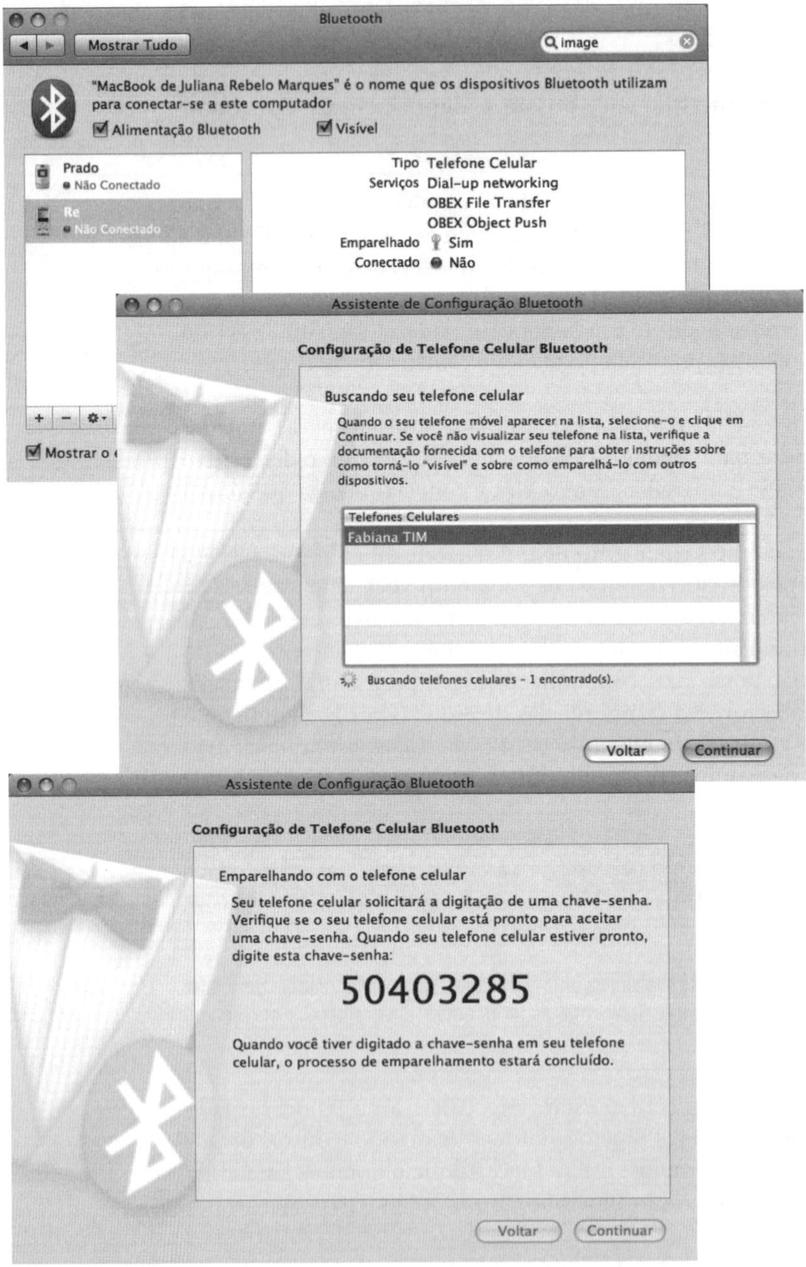

Figura 9-4:
Em cima: esse painel Preferências do Sistema revela uma lista de cada dispositivo Bluetooth que o seu Mac conhece. Clique em um dispositivo Bluetooth para ver os detalhes.

No meio: o Assistente de Configuração Bluetooth examina a área procurando por dispositivos Bluetooth e, depois de um minuto, relaciona-os. Clique em um dispositivo e, então, clique Continuar.

Embaixo: quando segurança é um assunto importante, o Assistente oferece a possibilidade de combinar o seu dispositivo Bluetooth com o Mac. Para provar que você é realmente o dono de ambos, o laptop e o celular, o Mac exibe uma senha prévia que você precisa digitar em 30 segundos no telefone. Feito isso, você pode usar a conexão com a Internet pelo celular à vontade, sem confusão, rebuliço ou senhas.

- **Abrir Assistente de Configuração Bluetooth ao iniciar se não houver dispositivo de entrada (Open Bluetooth Assistant at startup when no imput device is present).** É aqui que você pode informar ao Assistente de Configuração Bluetooth para abrir automaticamente quando o Mac pensar que não há teclado e mouse conectados (porque ele supõe que você tem um teclado e um mouse Bluetooth sem fio que ainda precisam ser instalados).

- **Permitir que dispositivos Bluetooth interrompam o repouso deste computador (Allow Bluetooth device to wake this computer).** Ative, se você quiser acordar um Mac que esteja dormindo quando pressionar uma tecla, exatamente como um teclado com fio faz.

- **Avise-me sobre todos os pedidos de áudio de entrada (Prompt for all incoming audio requests).** O Mac lhe informará quando o seu telefone celular Bluetooth, reprodutor de música, ou outro dispositivo de música tentar se conectar.

- **Compartilhar minha conexão à Internet com outros dispositivos Bluetooth (Share my Internet connection with other Bluetooth devices).** Consideravelmente ignorado – mas quando o futuro chegar, o Mac OS X já estará pronto. O serviço PAN, exposto na descrição desse item, permite que o seu Mac supostamente tenha uma conexão com a Internet via cabo ou Wi-Fi. Ele compartilha essa conexão com dispositivos Bluetooth (como palmtops), que *não* têm conexão com a Internet.

- **Portas seriais (Serial ports).** Essa lista identifica quais conexões simuladas estão presentes no momento. Ela é uma referência àqueles *perfis* (recursos) diferentes do Bluetooth com os quais vários dispositivos podem lidar. Eles incluem Transferir Arquivo Bluetooth (Bluetooth File Transfer) (outras pessoas com Macs de Bluetooth podem ver uma lista que está em sua pasta Pública [Public]e pegar o que desejarem; Troca de Arquivo Bluetooth (Bluetooth File Exchange) (outras pessoas podem enviar arquivos para você usando Bluetooth; Bluetooth-PDA-Sync (assistentes digitais pessoais – isto é, organizadores Palm – podem sincronizar com o seu Mac através do Bluetooth); e assim por diante.

Dica: Se você Option-clicar o menulet Bluetooth (✱), você terá algumas linhas com os detalhes secretos do Bluetooth. O menu revela o nome do seu Mac, como ele aparece para outros dispositivos sem fio Bluetooth; o *status* ativado/desativado do Bluetooth em seu Mac; e a versão do Bluetooth que você está utilizando.

CDs e DVDs

Esse prático painel (Figura 9-5) permite que você informe ao Mac o que ele deve fazer quando detectar que você inseriu um CD ou DVD. Por exemplo, ao inserir um CD de música, provavelmente você quer que o iTunes (Capítulo 11) abra automaticamente. Assim, você pode ouvir o CD ou converter o seu conteúdo musical para MP3 ou arquivos .aac em seu disco rígido. Da mesma forma, ao inserir um CD de imagem (tal como um CD de fotos), você provavelmente quer que o iPhoto abra rapidamente e importe a imagem do CD para a sua coleção de imagens. E, quando você inserir um DVD, vai querer que o programa Reprodutor de DVD do Mac abra.

Figura 9-5: *É possível dizer ao Mac exatamente qual programa iniciar quando você inserir cada tipo de disco, ou dizer a ele para não fazer absolutamente nada.*

Para cada tipo de disco (CD virgem, DVD virgem, CD de música ou DVD de vídeo), o menu pop-up permite que você escolha opções como estas:

- **Perguntar o que fazer (Ask what to do).** Uma caixa de diálogo surge e pergunta o que você deseja fazer com o disco recém-inserido.

- **Abrir (Open) (iDVD, iTunes, iPhoto, Reprodutor do DVD...).** O Mac pode abrir automaticamente determinado programa quando você insere o disco. Quando chegar o dia em que alguém fizer um programa que reproduza música melhor do que o iTunes, ou um programa melhor do que o iPhoto, você poderá usar a opção Abrir outros aplicativos (Open other application).

- **Rodar roteiro (Run Script).** Se você tornou-se hábil em escrever ou baixar programas AppleScript (Capítulo 7), pode programar um de seus próprios roteiros para assumir o controle a partir daqui. Por exemplo, pode ajustar as coisas de maneira que uma cópia de sua pasta Início (Home) seja feita automaticamente, com a finalidade de backup, ao inserir um CD virgem.

- **Ignorar (Ignore).** O Mac não fará nada quando você inserir um disco, apenas exibirá o seu ícone na Mesa. (Se for um disco vazio, o Mac não faz absolutamente nada.)

Data e Hora

A noção do seu Mac sobre que horas são pode ser muito importante. Cada arquivo criado ou salvo é gravado com essa hora, como também cada e-mail que você envia ou recebe. Como você pode ter imaginado, configurar o relógio do seu Mac é tudo o que o painel Data e Hora faz.

Aba Data e Hora

Clique a aba Data e Hora (Date & Time). Se o seu Mac estiver on-line, ative Ajustar data e hora automaticamente (Set date & time automatically) e pronto. O seu Mac acerta o seu próprio relógio, consultando na Internet um relógio científico, muito preciso. (Também não é necessário se preocupar com o horário de verão: os servidores do horário levam isso em consideração.)

Dica: Se você tiver uma conexão com a Internet em tempo integral (modem a cabo ou DSL, por exemplo), também pode deixar essa caixa de seleção ativada. Desse modo, o relógio do seu Mac estará sempre certo. No entanto, se você se conectar à Internet por modem dial-up, desative a caixa de seleção para que o seu Mac não fique tentando discar espontaneamente durante a noite inteira.

Se não estiver on-line e não tiver perspectivas de entrar, também é possível ajustar manualmente a data e a hora. Para alterar o mês, dia ou ano, você pode clicar o dígito que precisa ser mudado e depois (a) digitar um novo número, ou (b) clicar os pequenos botões de seta. Pressione a tecla Tab para destacar o próximo número. (Também é possível especificar o dia do mês, clicando uma data no minicalendário.)

GANHE VELOCIDADE

Preferências do Sistema: por baixo dos panos

Todo o programa Preferências do Sistema nada mais é do que uma série de interfaces gráficas para as configurações fundamentais do Unix. (Se você conhece o Unix e se sentir à vontade, na verdade, pode evitar o painel Preferências do Sistema. Usando o comando *padrões*, você pode usar o programa Terminal do Mac OS X para fazer qualquer uma das alterações descritas neste capítulo – e muitas outras.)

Os painéis individuais Preferências são representados por ícones *de pacote* em suas várias pastas Biblioteca (Library). Por exemplo, ícones no conjunto básico do Snow Leopard estão em Sistema→Biblioteca→Painéis Preferrências (System→Library→PreferencesPanes. O Mac OS X também busca por módulos de preferência na pasta Rede→Biblioteca→PreferencesPanes (Network→Library→PreferencePanes), se houver uma. (É fácil lembrar de tudo isso, quando você quiser *apagar* um painel Preferências.)

Agora, imagine que você baixou algum módulo novo de Preferências e deseja instalá-lo. Basta dar um, clique-duplo o que baixou e o painel Preferências do Sistema faz o truque.

Se preferir o controle manual, você pode colocar um módulo da sua pasta Início→Biblioteca→Painéis Preferências (Home→Library→PreferencesPanes). Claro que a beleza desse arranjo é que qualquer um que compartilhe um Mac agora pode ver uma variedade diferente de painéis Preferência personalizados.

Se você for um administrador, pode criar uma pasta Painéis Preferências na pasta principal Biblioteca do Mac para que todos com uma conta no Mac (Capítulo 12) possam acessar os seus painéis recentemente adicionados.

Quando você instala um novo Painel Preferências, como o TinkerTool, o Adobe VersionCue ou o TiVo Desktop, ele toma a forma de um novo ícone em uma dessas quatro pastas Painéis Preferência. É bom saber disso. Assim, você poderá remover um desses painéis adicionados quando desejar.

Dentro do programa Preferências do Sistema, quaisquer novos painéis adicionados assim aparecem em uma nova fileira de ícones rotulada de Outro (pelo menos quando você estiver vendo Preferências do Sistema na exibição Categoria [Category]).

Para ajustar a horário, use a mesma técnica – ou, para maior divertimento, você pode ajustar o horário arrastando os ponteiros da hora, do minuto ou do segundo no relógio analógico. Finalmente, clique Salvar (Save). (Se você ficar entusiasmado e perder a noção do tempo, clique o botão Reverter [Revert] para recuperar as configurações do painel.)

Dica: Se você estiver frustrado com o fato de que o Mac mostra o horário de 24 horas em sua Barra de Menu (isto é, *17:30* em vez de *5:30 p.m.*) – ou que ele *não* mostra o horário quando gostaria que o fizesse –, clique a aba Relógio (Clock) e ative ou desative Usar um relógio de 24 horas (Use a 24-hour clock).

No entanto, note que isso só afeta o relógio da Barra de Menu. Se você quiser formatar novamente o relógio da Barra de Menu e todas as outras datas (como aquelas mostradas quando os seus arquivos foram modificados nas exibições de lista), clique o botão Abrir Internacional (Open International) no fundo do painel Data e Hora. Uma vez lá, clique a aba Formatos (Formats). Lá você verá um botão Personalizar (Customize) para Horários (Times), que o leva para um mundo todo novo de personalização do formato do tempo. É possível arrastar elementos da hora atual (Hora [Hour], Minuto [Minute], Segundo [Second], Milissegundo [Millisecond] e assim por diante) em qualquer ordem desejada e separá-los com qualquer pontuação desejada. Dessa forma, você pode configurar a exibição da data para (por exemplo) o formato europeu, mostrando 13 de Abril como 13/4 em vez de 4/13 (formato americano).

Aba Fuso Horário

Você ficaria surpreso em saber como é importante ajustar o fuso horário no seu Mac. Se não o fizer, o e-mail e os documentos que você enviar – e a concepção do Mac de quais documentos são mais antigos e quais são mais novos – podem ficar totalmente distorcidos.

Você pode ensinar ao seu Mac onde ele vive usando o que pode ser a nova funcionalidade mais quente do Snow Leopard: a sua capacidade de definir seu próprio fuso horário *automaticamente*. Trata-se de uma funcionalidade especialmente útil se você é um guerreiro do laptop que viaja muito.

Basta ativar a opção Definir fuso horário automaticamente utilizando a localização atual (Set time zone automatically using current location) (Figura 9-6). Se possível, o Mac pensará por uns instantes e então, diante dos seus olhos, colocará um alfinete no mapa-múndi para representar a sua localização – e definir o fuso horário automaticamente. (O mapa-múndi fica em preto e branco para indicar que você não pode mais definir a sua localização automaticamente.)

Muitas vezes, você será avisado pelo Mac que Não foi possível determinar sua localização atual neste momento (Unable to determine current location at this moment). Nesse caso, especifique a sua localização manualmente, conforme mostrado na Figura 9-6.

Aba Relógio

No painel Relógio, é possível especificar se você deseja ou não que a hora atual apareça sempre na extremidade direita da sua barra de menu. Você pode escolher entre dois estilos diferentes de relógio: digital (3:53) ou analógico (aparência de um relógio circular). Você também tem várias outras opções que regulam essa exibição de relógio digital: a exibição em segundos, querer ou não incluir as designações para a.m. (antes do meio-dia) e p.m. (após o meio-dia), o dia da semana, os dois pontos piscando e a opção de usar um relógio 24 horas.

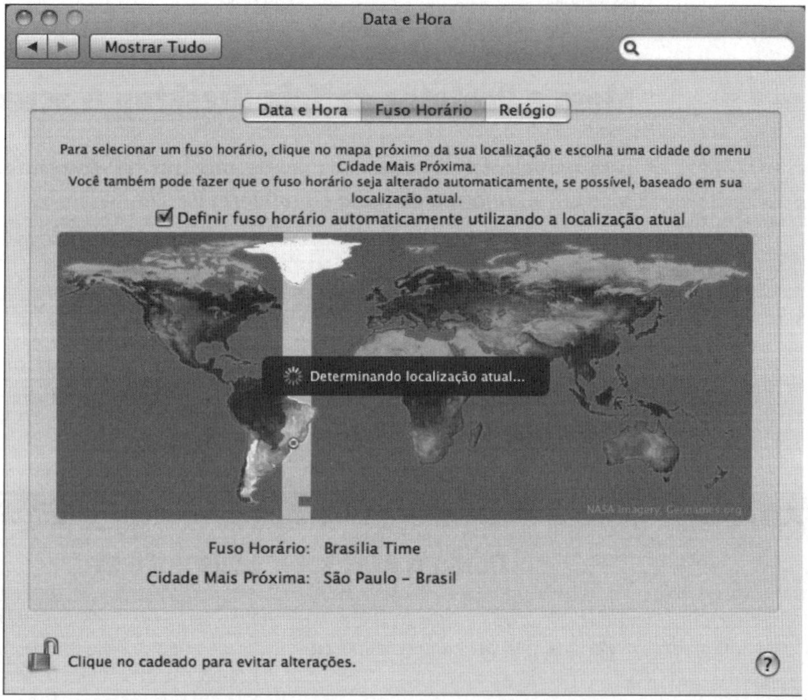

Figura 9-6: *Para definir o seu fuso horário de forma rápida, clique uma seção do mapa para indicar sua região geral no mundo. Para ensinar o Mac o local onde você se encontra naquele fuso horário de forma mais precisa, utilize o menu pop-up Cidade Mais Próxima (Closest City). (Ou, em vez de usar o menu pop-up com o mouse, você também pode selecionar o texto na caixa Cidade Mais Próxima. Então comece a digitar o nome da sua cidade até que o Mac a encontre.)*

Dica: Embaixo da caixa de diálogo, você encontrará um recurso chamado Anunciar a hora (Announce the time). Em intervalos que você especifica, o Mac pode dizer, em voz alta, a hora atual: "São dez horas". Se você tende a ficar imerso no "trabalho" a ponto de perder a noção do tempo, o Mac OS X acabou de remover a sua última desculpa.

No Snow Leopard, existe uma funcionalidade útil: pela primeira vez desde o nascimento do Mac OS X, o relógio da barra de menu pode exibir não apenas a hora, não apenas o dia da semana, mas também a *data* corrente. Ative as caixas de seleção Mostrar o dia da semana (Show the day of the week) e Mostrar data (Show date) se você quiser ver, por exemplo, "qua 5 mai 7:32 PM" na sua barra de menu.

Se você decidir que não precisa de toda essa informação – se a sua barra de menu estiver lotada o suficiente –, você pode ver a data do dia *clicando* a hora na barra de menu. Um menu cai, revelando a data completa. O menu também permite que você alterne entre os tipos de relógio digital e analógico e oferece um atalho para o painel de preferências Data e Hora.

Dica: Essa é só para os aficionados do Unix. Você também pode acertar a data e a hora de dentro de Terminal (Capítulo 16). Use *sudo*, digite a *data* em formato *aaaammddhhmm.ss* e pressione Return. (Claro, substitua esse código pela data e hora desejadas, tal como 201005041755.00 para 4 de Maio, 2010, 5:55 p.m.) Você pode achar esse método mais rápido do que o caminho de Preferências do Sistema.

Mesa e Protetor de Tela (Desktop & Screen Saver)

Esse painel oferece duas formas de mostrar os glamourosos recursos gráficos do Mac OS X: *imagens de mesa* e *protetores de tela*.

Mesa

O Mac OS X vem com várias coleções de imagens de Mesa prontas para usar, variando de fotos da natureza ao estilo da *National Geographic* a cores claras e sólidas. Para instalar uma nova imagem de fundo, primeiro escolha uma das categorias de imagem na lista do lado esquerdo da janela, conforme mostrado na Figura 9-7.

PERGUNTAS FREQUENTES

Como o Mac sabe onde você está

OK, eu vou morder a isca. Para definir meu fuso horário automaticamente, o Mac precisa saber onde eu estou. Ele não possui um GPS. Então como ele faz isso?

Atualmente, as áreas metropolitanas estão cobertas por sinais WiFi sobrepostos. Em uma interseção típica de Manhattan, você pode estar no limite de 20 estações-base. Cada uma transmite seu próprio nome e endereço de rede único (seu endereço MAC – que não tem nada a ver com os computadores Mac) uma vez por segundo. Embora você tenha de estar a cerca de 45 metros para realmente estar na Internet, um laptop ou telefone celular pode detectar esse sinal-guia em até 450 metros de distância.

Uma empresa chamada Skyhook teve uma grande ideia: suponha que você pudesse correlacionar todos esses sinais com suas localizações físicas. Ora, você poderia simular um GPS – sem o GPS!

Então, por cinco anos, 500 funcionários da Skyhook dirigiram por todas as estradas, pistas e rodovias nas principais cidades do mundo, medindo todos esses sinais WiFi, anotando seus endereços de rede e localizações. (Nem esses veículos nem o Mac precisam se *conectar* a essas estações-base. Eles só leem os sinais-guia unidirecionais.)

Até agora, a base de dados da Skyhook contém aproximadamente 50 milhões de hotspots – e a latitude e longitude exatas de cada um. A empresa licencia essas informações para outras, como a Apple, que deseja criar serviços de localização em seu dispositivos.

Para descobrir onde ele está, o Mac procura estações-base WiFi nas redondezas. Se encontra algum, ele transmite seus IDs de volta à Skyhook, que consulta seus endereços de rede – e envia as coordenadas de volta ao Mac pela Internet.

Essa exatidão é boa somente dentro de 30 metros na melhor das hipóteses, e é claro que o sistema da Skyhook falha por completo quando você estiver fora dessas áreas populosas – ou sempre que o Mac não possuir um sinal WiFi ou conexão com a Internet. Por outro lado, ele funciona com rapidez e em locais fechados, algo que o GPS não faz.

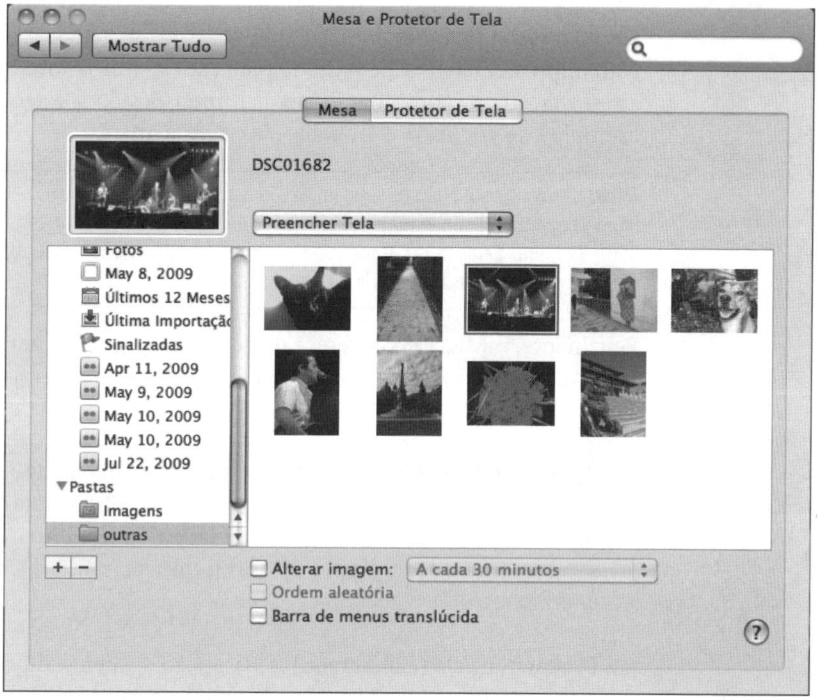

Figura 9-7: *Usando a lista de fontes de imagem à esquerda, você pode visualizar uma pasta inteira de suas próprias imagens antes de instalar uma imagem específica como sua nova imagem de Mesa. Use o botão + para selecionar uma pasta de gráficos variados – ou, se você for um veterano do iPhoto, clique um nome de álbum iPhoto, conforme mostrado aqui. Clicar uma das miniaturas instala a imagem correspondente na Mesa.*

As suas escolhas incluem Imagens Apple (suaves, desvios de foco suaves e redemoinhos), Natureza (insetos, água, leopardo-das-neves, no espaço), Plantas (flores, folhas de foco suaves), Preto-e-Branco (tomadas monocromáticas de tirar o fôlego), Abstrato (desvios e redemoinhos com cores fortes) ou Cores Sólidas (cinza simples, azuis e verdes).

Usando as suas próprias imagens

Talvez você sinta que decorar a Mesa do seu Mac com uma de suas imagens pode ser muito mais divertido. É possível usar qualquer foto digital, imagem digitalizada ou até um gráfico, em quase qualquer formato de arquivo (JPEG, PICT, GIF, TIFF, Photoshop e até mesmo em PDF, caso você queira dominar a sua câmera digital seguindo o seu manual de instruções eletrônico em sua tela toda manhã).

Por isso, os ícones de sua pasta Imagens e álbuns do iPhoto também aparecem aqui, junto com um botão **+** que permite a seleção de *qualquer* pasta de imagens. Quando você clicar um desses ícones, verá versões em miniatura de seus conteúdos na tela principal, à direita. Basta clicar a miniatura de qualquer imagem para aplicá-la imediatamente à Mesa. (Não há necessidade de remover a imagem instalada anteriormente.)

Dica: Se houver determinada imagem que você goste, mas que não está em qualquer das fontes relacionadas, é possível arrastar o seu arquivo de imagem para o *well* (a Mesa em miniatura exibida no painel Mesa). Uma miniatura de sua imagem aparece instantaneamente nele e, um minuto depois, a imagem é colada em seu monitor.

Encaixando a imagem

Não importa qual a origem usada para escolher uma foto, haverá mais uma questão a resolver. Ela só combinará com as dimensões da sua tela (1.280 x 854 pixels, por exemplo), se você teve o trabalho de editá-la antes.

Dica: Os 23 pixels no alto de seu gráfico são parcialmente escurecidos pela barra de menu translúcida do Snow Leopard – algo a lembrar quando você preparar o gráfico. Portanto, novamente, você pode fazer a Barra de Menu parar de ser translúcida – desabilitando a caixa de checagem Barra de Menu Translúcida (Translucent Menu Bar) mostrada na Figura 9-7.

Felizmente, o Mac OS X oferece uma série de soluções para esse problema. Usando o menu pop-up à direita do poço de visualização da Mesa, você pode escolher qualquer uma destas opções:

- **Ajustar à Tela (Fit to Screen).** A sua foto aparece tão grande quanto possível, sem distorção ou apara. Se a foto não combinar exatamente com as proporções de sua tela, você obtém faixas dos lados ou em cima e embaixo. (Use o botão de amostra do lado direito do menu pop-up para especificar a cor dessas faixas laterais.)

- **Preencher Tela (Fill Screen).** Essa opção aumenta ou reduz a imagem para que ela preencha cada centímetro da tela. Se a imagem for pequena, o esticado pode ficar horrível. Inversamente, se a imagem for grande e as suas dimensões não se ajustarem exatamente com as da sua tela, partes serão cortadas. Pelo menos essa opção nunca distorce a imagem, como faz a opção Estender (Stretch) descrita na opção a seguir.

- **Estender e Preencher Tela (Stretch to Fill Screen).** Use essa opção por sua conta, visto que ela faz a sua imagem ajustar-se precisamente na tela (para o bem ou para o mal). Infelizmente, imagens maiores podem ser espremidas vertical ou horizontalmente, conforme necessário, e imagens pequenas podem ser drasticamente inchadas *e* espremidas, normalmente com resultados de aspecto medonho.

- **Centralizar (Center).** Centraliza a foto cuidadosamente na tela. As margens da foto podem ser cortadas.

  Mas, se a imagem for menor do que a tela, ela não cabe em todo o fundo; ao invés disso, ela fica apenas largada no centro do monitor, no tamanho real. Claro que isso deixa uma amostra de margem vazia em volta de toda a sua tela. Como uma solução, a Apple oferece um botão de amostra de cor, perto do menu pop-up (também mostrado na Figura 9-7). Ao clicar nele, a paleta Cor (Color) aparece. Desse modo, você pode especificar a cor para emoldurar a sua pequena imagem.

- **Mosaico (Tile).** Essa opção faz a sua imagem ser repetida muitas vezes, até que múltiplas imagens preencham todo o monitor. (Se a sua imagem for maior do que a tela, não surgirão muitos mosaicos. Você verá apenas o pedaço acima do centro da imagem.)

Mudança automática de imagem

O frescor de qualquer imagem da Mesa, por mais interessante que seja, provavelmente desaparecerá após meses de encontro diário. Por isso, a função aleatória é tão agradável.

Ative Alterar imagem (Change Picture) no fundo da caixa de diálogo. Do menu pop-up especifique quando deseja que a sua imagem de fundo mude: a cada dia (every day), a cada 15 minutos (every 15 minutes) ou, se você estiver *realmente* tendo problemas para acordar o seu Mac, a cada 5 segundos (every 5 seconds), (A opção chamada ao iniciar sessão (when waking from sleep) refere-se ao despertar do Mac, não do seu dono.)

Finalmente, ative Ordem aleatória (Random order), se quiser. Se você deixá-la desativada, as imagens da sua Mesa mudarão em ordem alfabética, pelo nome do arquivo.

Isso é tudo. Agora, nos intervalos especificados, a imagem da sua Mesa mudará automaticamente, trocando suavemente entre as imagens escolhidas em sua pasta de origem, como uma apresentação. É possível que você nunca mais queira abrir outra janela, pois não vai querer perder o espetáculo.

Protetor de Tela

No painel Protetor de Tela, você pode criar as suas próprias apresentações de protetor de tela – uma necessidade absoluta se você tiver Apple Cinema Display e um lindo apartamento de cobertura em Manhattan.

Dica: Claro que um protetor de tela, de fato, não protege a sua tela. Telas LCD planas, o único tipo que a Apple vende, não possui a capacidade de "testar antecipadamente" uma imagem do tipo que originalmente inspirou a criação dos protetores de tela de anos atrás.

Esses protetores oferecem duas funções não relacionadas. Primeiro, eles disfarçam o conteúdo que está em sua tela, sempre que você sair de sua Mesa. Segundo, eles são divertidos!

Quando você clicar o nome de um módulo na lista de Protetores de Tela, verá uma pequena versão dele ao fundo, na tela Pré-visualização (Preview). Clique Testar (Test) para fazer o módulo ser simulado em seu monitor, em tela cheia.

Quando estiver satisfeito com a visualização, basta mover o mouse ou pressionar qualquer tecla. Você voltará para o painel Protetor de Tela.

A Apple fornece algumas exibições para você começar, em duas categorias: Apple e Imagens.

Apple

- **Arabesco (Arabesque).** Você enlouquecerá tentando entender os padrões dos pequenos círculos, enquanto eles vêm e vão, encolhem e aumentam. Mas, esqueça; esse módulo é simplesmente alucinante.

- **Nome do Computador (Computer Name).** Essa exibição mostra apenas o logo da Apple e o nome do computador, fracamente exibido no monitor. (Esses elementos trocam de posição em intervalos de poucos minutos – não é muito rápido.) Provavelmente, a Apple imaginou que esse recurso faria com que os supervisores corporativos olhassem as telas dos Macs vazios, descobrindo assim os funcionários que não estavam em suas mesas.

- **Agitado (Flurry).** Mostra braços de fogo flamejantes, coloridos, ondulantes, que são parecidos com um cruzamento de um polvo com um arco em chamas na escuridão. Se clicar o botão Opções (Options), você pode controlar quantas sequências de fogo aparecem de uma vez, a espessura dos braços, a velocidade do movimento e as cores.

- **Ilustrações do iTunes (iTunes Artwork).** Alguém teve muito trabalho nas capas de CDs cujas músicas você possui – então, por que não usufruir delas como arte? Esse módulo monta um mosaico gigantesco com as capas dos discos da *sua* coleção de músicas, se você tiver uma. Periodicamente, o mosaico é folheado, só para manter a imagem mudando. (O botão Opções permite que você especifique quantas fileiras quadradas de álbuns de arte aparecem, e com que frequência o mosaico é movido.)

- **Visualizador RSS (RSS Visualizer).** Aqui, enterrado em 43 camadas de profundidade, está um dos recursos mais espetaculares e úteis do Mac OS X: o Visualizador RSS. Quando esse protetor de tela aparece, mostra uma exibição de títulos (notícias e outros itens) em 3D de cair o queixo tirados do Leitor RSS Padrão (*RSS reader*) do navegador Web Safari. (Os itens RSS, abreviação de Really Simple Syndication [distribuição bem simples] ou Rich Site Summary [resumo rico do site], são algo como um cruzamento entre mensagens de correio eletrônico e páginas Web, que são enviadas diretamente para você. Detalhes no Capítulo 20.)

  Após a sequência introdutória de "dança-em-volta-de-um-poste-invisível-3D-contra-um-fundo-ondulado-de-céu-azul", o protetor de tela exibe a sinopse das notícias (uma por vez). Cada sinopse permanece na tela o tempo suficiente para que você entenda o essencial. Por trás, em letra pequena, estão as instruções torturantes, "Pressione a tecla 3 para continuar". (Há um número diferente de tecla para cada manchete.) Se, de fato, você tocar a tecla designada, permitirá que o Safari dispare o protetor de tela e acabe em uma página Web, contendo o artigo completo solicitado.

Tudo é grandioso, informativo e profundamente hipnótico. Não use enquanto operar equipamentos pesados.

Dica: Clique Opções para especificar quais RSS dos websites deseja que sejam exibidos.

- **Shell**. Cinco formas giratórias e vertiginosas que lembram fogos de artifícios, centralizadas ao redor de uma outra maior.

- **Espectro (Spectrum)**. Opção para aqueles que não desejam nada específico em suas telas, como fotos ou textos, ela preenche a tela com uma cor sólida que se alterna gradualmente para outras matizes brilhantes do arco-íris.

- **Palavra do Dia (Word of the Day)**. Um desfile de palavras interessantes desenhadas a partir do programa Dicionário (Dictionary). A cada minuto, ou algo assim, uma dessas palavras para, estaciona em sua tela e exibe a sua definição. Você será convidado a tocar a tecla D, que abrirá o dicionário naquela entrada. Assim, você poderá ler mais. Monte o seu glossário!

Dica: Clique Opções para especificar *qual* dicionário você deseja: o New Oxford American Dictionary de inglês padrão, ou o novo dicionário de japonês.

Imagens

A segunda categoria de protetores de tela é toda baseada na apresentação de fotos. É possível escolher entre três apresentações de imagens em qualquer grupo de fotos, conforme representadas pelos três botões de Estilo de Exibição (Display Style), bem abaixo da visualização de protetor de tela.

- **Apresentação de slides (Slideshow)**. Exibe uma foto de cada vez; elas aumentam lentamente e, suavemente, esmaecem para serem trocadas entre si.

Dica: Se clicar Opções, você pode escolher entre Apresentar slides em ordem aleatória (Present slides in random order) (ao invés de na ordem em que elas aparecem na pasta de fotos da Apple, ou na sua); Fusão cruzada entre slides (Cross-fade between slides) (ao invés de apenas cortar abruptamente); Aproximar e afastar imagem (Zoom back and forth) (ao invés de expor faixas de Mesa vazia, se a forma da foto não combinar com a da tela) Cortar slides para encaixar na tela (Crop slides to fit on screen) (ao invés de mostrar espaços vazios no desktop caso o formato da foto não seja igual ao da tela) e Manter slides centralizados (Keep slides centered) (ao invés de distribuir graciosamente).

- **Colagem (Collage)**. Envia fotos individuais que giram aleatoriamente na Mesa, onde elas ficam até que a tela esteja cheia.

Dica: Dessa vez, o botão Opções oferece o botão Apresentar slides em ordem aleatória (Present slides in random order) e o menu pop-up Estilo de colagem (Collage style), que permite adicionar o nome e a data de cada foto em sua borda branca, estilo Polaroid.

- **Mosaico (Mosaic)**. Surpreenderá você; veja a Figura 9-8.

Dica: Clique o botão Opções para especificar a velocidade do afastamento, a quantidade de fotos que transformam pixels da foto maior e se você deseja ou não compor as fotos para que apareçam em ordem aleatória.

Figura 9-8:
Este delicado modelo representativo de quatro quadros terá que representar, nesta página congelada, um impressionante display animado que é a proteção de tela Mosaico.

Ele começa com uma foto (em cima); a sua "câmera" recua mais e mais, revelando que aquela foto é apenas uma na grade – uma grade enorme – composta por todas as suas fotos.

Conforme você recua, cada foto fica tão pequena que ela se torna um simples ponto de outra foto, do mesmo conjunto.

E depois, aquela foto começa a encolher e o ciclo se repete, infinitamente.

Em todo o caso, todas essas opções de exibição de fotos estão disponíveis para qualquer grupo de fotos que você escolher de sua lista à esquerda. As suas opções incluem:

- **Abstract, Beach, Cosmos, Forest, Nature Patterns, Paper Shadow.** Esses conjuntos incluem o Abstract, que mostra efeitos psicodélicos de arte moderna. Nos protetores de tela Beach, Cosmos, Forest e Nature Patterns, você vê uma série de cenas tropicais de oceano, objetos no espaço, florestas tropicais e tomadas de folha/flor. Paper Shadow é uma apresentação de formas abstratas sombreadas em preto e branco, sinuosas e onduladas.

  Cada um deles cria uma experiência surpreendente, quase cinematográfica. Merecendo uma "apresentação" durante jantares como ocorria com a lâmpada de lava nos anos 1970.

Dica: Você também pode criar um protetor de tela a partir de qualquer pasta cheia de fotos no seu disco rígido. Clique o botão **+** e escolha Adicionar Pasta de Imagens (Add Folder of Pictures). A pasta que você selecionar se transforma em um slideshow independente, completo com efeitos espetaculares de zoom e transição.

- **Álbuns do iPhoto (iPhoto albums).** Se você não consegue decidir qual dos módulos deseja usar, ative essa caixa de seleção. O Mac escolherá um módulo diferente cada vez que o seu protetor de tela aparecer.

Destaque no Snow Leopard: Há uma nova opção: Flagged (marcadas com bandeira). Ela exibe somente as fotos em que você coloca a bandeirinha no seu iPhoto – o que faz clicando na foto e pressionando ⌘-. – o que lhe dá uma liberdade maior do que ter que manter um álbum preparado, com as fotos selecionadas.

- **Álbuns do MobileMe (MobileMe Albums).** Uma das alegrias de pagar 100 dólares ao ano para uma assinatura do MobileMe é a possibilidade de criar slideshows on-line. Se você publicou algum deles, seus nomes aparecem aqui.

  Mais estranho ainda, você também pode apreciar um protetor de tela composto por fotos da galeria do MobileMe de *outra pessoa*. ("Oh, olhe, querido, são fotos da colheita desse verão do Tio Jed!")

  Clique o botão **+** e escolha Galeria MobileMe (MobileMe Gallery). Você é solicitado a informar quais coleções de slideshows deseja visualizar e como você quer que elas apareçam (Figura 9-9).

Figura 9-9:
Assim que você informa o nome de um membro do MobileMe, você vê os álbuns de foto públicos da pessoa. Nesse momento, você também pode especificar como deseja que o protetor de tela se comporte: desative a transição entre os slides, corte os slides de forma que eles se ajustem à tela, apresente os slides em ordem aleatória, e por aí vai.

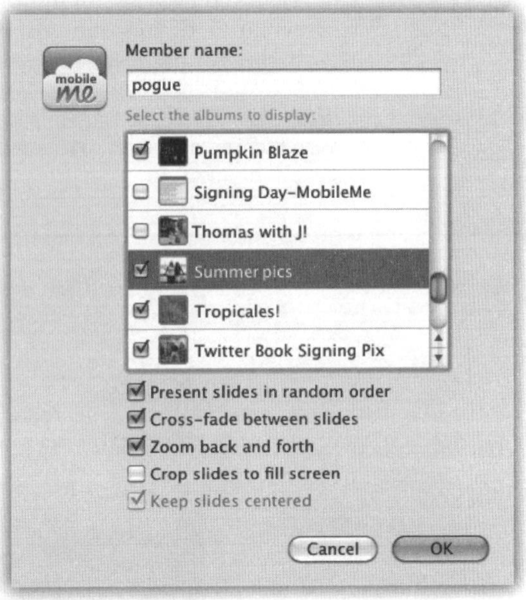

Dica: Se você clicar o botão + e escolher Visualizador de RSS (RSS Feed), também pode especificar um endereço de feed RSS. A ideia, obviamente, é que você especificaria um endereço de feed RSS de fotos aqui, como os gerados pelo iPhoto.

Se você definir mais de um endereço do MobileMe ou RSS-feed aqui, o protetor de tela apresenta-os como slideshows sequenciais. Arraste-os para cima ou para baixo para alterar a ordem.

Independentemente de qual módulo de proteção de tela escolha, você tem mais duas opções:

- **Usar protetor de tela aleatório (User random screen saver).** Se você não consegue decidir qual dos módulos deseja usar, ative essa caixa de seleção. O Mac escolherá um módulo diferente cada vez que o seu protetor de tela aparecer.

- **Exibir com relógio (Show with clock).** Essa opção apenas sobrepõe a hora atual em qualquer protetor de tela que você selecionou. Você se surpreenderá ao notar como pode ser prático usar o seu Mac como um relógio digital gigante, enquanto pega um café do outro lado da sala.

Ativando o protetor de tela

Quando o protetor de tela assume o seu monitor, é possível ter o controle de duas maneiras:

- **Após um período de inatividade.** Usando o deslizador Iniciar protetor de tela (Start screen saver), é possível ajustar a quantidade de tempo necessária sem atividade, do teclado ou mouse, para que o protetor de tela inicie. A duração pode ser curta, de três minutos, ou longa, de duas horas. Você pode ainda arrastar o deslizador para Nunca (Never), evitando assim que o protetor de tela surja.

Dica: O protetor de tela também pode autobloquear seu Mac após alguns minutos (e exige que você digite a sua senha para voltar a ter acesso a ele) – um ótimo esquema de segurança para quando você se afasta da sua mesa.

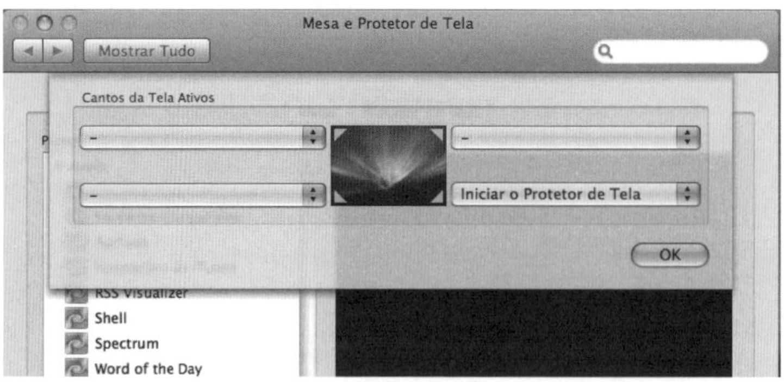

Figura 9-10: *Clique o botão Cantos de Tela Ativos (Hot Corners) para abrir essa "tela", que permite designar determinados cantos de sua tela como pontos de ativação instantânea ou para que eles nunca apareçam. Deslizar o mouse para o canto Iniciar Protetor de Tela (Start Screen Saver), ativa o seu protetor de tela imediatamente.*

- **Quando você parar o seu cursor no canto da tela.** Se clicar o botão Cantos da Tela Ativos, cada canto de seu monitor se tranformará em um *canto ativo* (Figura 9-10).

Dica: Você pode encontrar dúzias de outros módulos de proteção de tela da Apple. Para dar uma olhada neles, clique o botão + abaixo da lista; selecione Explorar Protetores de Tela (Browse Screen Savers). Você é levado ao site www.apple.com/downloads/macosx/icons_screensavers, onde você pode escolher a partir de uma seleção de maravilhosos módulos de proteção de tela adicionais. (No entanto, os mais antigos podem não ser compatíveis com o novo design de 64 bits do Snow Leopard.)

Monitores

O Monitores é o centro de operações de todas as configurações do seu monitor. Aqui você define a *resolução* do seu monitor, determina quantas cores são exibidas na tela e regula o equilíbrio e brilho da cor.

Dica: É possível abrir esse painel com um toque de tecla rápido a partir de qualquer programa no Mac. Basta pressionar Option enquanto toca uma das teclas de brilho de tela na fileira superior do seu teclado.

Os controles específicos que você encontrará aqui dependem do tipo de monitor que estiver usando, mas estes são os que provavelmente verá:

Aba Monitor

Essa aba é o quartel-general de seus controles de tela. Ela governa estas configurações:

- **Resoluções (Resolutions).** Atualmente, todas as telas do Mac podem aumentar ou reduzir as imagens de tela, ajustando-se assim a diferentes tipos de trabalho. Esse aumento ou redução pode ser executado trocando entre as diferentes *resoluções* (medidas da quantidade de pontos que compõem a tela). A lista Resoluções exibe as várias configurações de resolução que o seu monitor pode acomodar: 800 x 600, 1.024 x 768 e assim por diante.

  Quando você usa uma configuração de resolução baixa, tal como 800 x 600, os pontos de sua imagem de tela ficam maiores, alargando assim (aumentando) a

USUÁRIOS PROFISSAS

Segredos dos módulos de protetor de tela

Os módulos enlatados de protetor de tela são armazenados em sua pasta Sistema→Biblioteca→Protetores de Tela (System→Library→Screen Savers). Se você der um Control-clique (clicar com o botão direito) em um dos ícones e escolher Exibir Conteúdo de Pacote (Show Package Contents) do menu de atalho, encontrará uma pasta Conteúdo→Recursos (Contents→Resources). Ela contém os arquivos individuais de imagem de cada módulo (as fotos do espaço do protetor de tela Cosmos, por exemplo).

Por que se preocupar? Porque algumas dessas fotos espetaculares fazem imagens realmente boas para a Mesa. Fique à vontade para copiá-las para a pasta Recursos (Resources).

imagem – mas, exibindo um pedaço menor da página. Use essa configuração quando exibir um filme curto do QuickTime, por exemplo, de modo que ele se encaixe mais na tela. (Geralmente, entretanto, resoluções menores aparecem embaçadas em telas planas.) Em resoluções mais altas, tal como 1.280 x 800, os pontos da tela ficam menores. Desse modo, as suas janelas e ícones tornam-se menores, mas exibem a área total. Use esse tipo de configuração ao trabalhar com planilhas de duas páginas em seu programa de layout de página, por exemplo.

Dica: Você pode ajustar a resolução do seu monitor sem ter de abrir as Preferências do Sistema. Basta ativar a opção Mostrar monitores na barra de menus (Show displays in menu bar), que adiciona um menu pop-up do Monitor (um menulet) na extremidade direita da sua barra de menus para ajustes rápidos. (Se você escolher Número de Itens Recentes [Number of Recent Items] – o que a Apple quer dizer com esse comando? –, então você poderá ajustar quantas resoluções comuns estão listadas nesse menulet.)

- **Cores (Colors), Taxa de Atualização (Refresh Rate), Brilho (Brightness), Contraste (Contrast)**. Caso você ainda utilize um monitor CRT – isto é, os modelos de telas não planas –, esses controles adicionais aparecem. **Cores** especifica quantas cores seu monitor pode exibir (256, Milhares, e por aí vai) – uma opção que está aqui somente por questões nostálgicas, uma vez que nenhuma pessoa normal, de forma deliberada, desejaria fotos com uma aparência *pior*. A **Taxa de Atualização** controla quantas vezes por segundo a imagem é refeita na sua tela pelo bombardeador de elétrons do seu monitor. Selecione uma opção que minimize a tremulação. Finalmente, os controles deslizantes de **Brilho e Contraste** permitem que você melhore o monitor nas condições predominantes de luminosidade.

  É claro, a maioria dos teclados da Apple possuem *teclas* de ajuste de brilho, então esses controles via software são incluídos apenas por questões de integridade.

- **Ajustar automaticamente o brilho de acordo com a luz ambiente (Automatically adjust brightness as ambient light changes)**. Essa opção aparece somente se você possuir um laptop Mac com um teclado iluminado. Nesse caso, o sensor de luminosidade do seu laptop também ilumina a tela automaticamente em ambientes escuros – *se* essa caixa de seleção estiver marcada. (Mas claro, você sempre pode ajustar a luminosidade do teclado manualmente, pressionando as teclas ·:· e ·:·.)

Aba Geometria (Geometry)

Esse painel só aparece nos Macs com telas CRT, cada vez mais raras (isto é, não planas). Ele permite que você ajuste a posição, o tamanho e o ângulo da imagem de tela no próprio painel – controles que podem ser úteis para neutralizar distorções em monitores mais antigos.

Aba Arrangement

Desde a época do nascimento dos monitores coloridos, os Macs possuem um recurso incrível: a capacidade de explorar múltiplos monitores, todos ligados no computador ao mesmo tempo. Qualquer Mac com uma saída de vídeo (laptops, iMacs, eMacs), ou qualquer Mac com uma segunda ou terceira placa de vídeo (Power Macs,

Macs Pro), pode projetar a mesma coisa em ambas as telas (*modo espelho*); o que é útil em uma sala de aula, quando o "monitor externo" é um projetor.

Dica: A placa de vídeo padrão no Mac Pro tem saídas para dois monitores. Instalando mais placas de vídeo, é possível usar seis monitores ao mesmo tempo.

Porém, ele é igualmente útil para fazer um monitor atuar como uma extensão do próximo. Por exemplo, você poderia ter a sua janela de imagem Photoshop em seu monitor grande, mas manter todos os controles e paletas de ferramentas do Photoshop em uma tela menor. O seu cursor passa de uma tela para outra, como se cruzasse uma fronteira.

Não é preciso desligar o Mac para conectar outro monitor. Apenas conectar o monitor, ou projetor, e depois escolher detectar Monitor (Detect Display) a partir do *menulet* Monitores.

Quando abrir Preferências do Sistema, você verá uma janela de Monitores diferente em cada tela. Desse modo, é possível mudar as configurações de cor e de resolução de forma independente para cada uma. O seu menulet Monitores também mostra dois conjuntos de resoluções, um para cada tela.

Se o seu Mac pode mostrar imagens diferentes em cada tela, o painel Monitores oferece uma aba Arrangement, exibindo uma versão em miniatura de cada monitor. Arrastando esses ícones ao redor um do outro, é possível especificar como você quer que a imagem do segundo monitor seja "anexada" ao primeiro. A maioria das pessoas posiciona a imagem do segundo monitor à direita do primeiro. Mas, você tem liberdade de posicioná-la à esquerda, acima, abaixo ou até diretamente em cima do ícone do primeiro monitor (o último deles produz uma configuração de vídeo espelhada). Considere colocar o monitor do mundo real na posição correspondente – à direita do seu monitor, por exemplo – para que não haja a mínima probabilidade de que ele enlouqueça.

Para os fanáticos comprometidos com múltiplos monitores, a diversão não termina aí. Você vê a microscópica barra de menu no ícone do primeiro monitor? Você pode arrastar aquela pequena faixa para o ícone de um monitor diferente, se quiser, para informar

PERGUNTAS FREQUENTES

Telas planas embaçadas

Eca! Eu experimentei a configuração 800 x 600 no meu MacBook e tudo ficou embaçado e enorme! Como posso corrigir isso?

Em qualquer tela plana – não apenas em telas de laptop – só a configuração de uma resolução parece realmente ótima: a máxima. Essa é a que os aficionados chamam de resolução *natural* daquela tela.

Isso porque nas telas planas cada pixel é de um tamanho fixo. Em resoluções mais baixas, o Mac faz o que pode para embaçar pixels adjacentes juntos, mas o efeito é difuso e insatisfatório. (Em um monitor CRT grande, de fato, o emissor de elétrons torna os pixels maiores ou menores, portanto, você não tem esse problema.)

a Monitores onde gostaria que a sua Barra de Menu aparecesse. (E veja quão corretamente a maioria dos protetores de tela mostram coisas diferentes em cada monitor!)

Aba Cor (Color)

Esse painel fornece uma lista de *perfis de cores* para o seu monitor (ou, se você desativar Mostrar somente perfis deste monitor [Show profiles for this display only], para *todos* os monitores). Cada perfil representa cores levemente diferentes – uma grande sacada para a área de design e fotografia.

Quando clicar Calibrar (Calibrate), o Assistente de Calibragem de Monitor (Display Calibrator Assistant) abrirá e o acompanhará por uma série composta de seis telas, apresentando várias configurações de brilho e equilíbrio de cor em cada uma delas. Você escolherá as configurações que considerar melhor; ao final do processo, salve-as como um perfil ColorSync. Assim, os programas ColorSync-savvy podem utilizá-las para regular sua exibição, aperfeiçoando a exatidão da cor.

Destaque do Snow Leopard: Falando em cores que somente os nerds cromáticos apreciarão: a configuração da gama padrão (contraste) no Snow Leopard foi alterada de 1.8 para 2.2. Isto é, o contraste geral foi aumentado a um nível que coincide com o Windows e a maioria dos aparelhos de TV. Supostamente há algo que os profissionais gráficos tenham reivindicado. Se você prefere o visual antigo, clique o botão Calibrar (Calibrate). No Assistente de Calibragem de Monitor (Display Calibration Assistant) que aparece, você tem uma escolha de gama logo na primeira tela de opções.

Dock

Para detalhes sobre o Dock e o seu painel Preferências do Sistema, veja o Capítulo 4.

Economizador de Energia

O programa Economizador de Energia (Energy Saver) ajuda você e o seu Mac de várias maneiras. Escurecendo a tela depois de um período de inércia, ele prolonga a vida de seu monitor. Colocando o Mac em descanso após meia hora de inatividade, o Economizador de Energia diminui os custos com eletricidade e poluição. Em um laptop, o Economizador de Energia aumenta a duração da carga da bateria, controlando a atividade do disco rígido e da tela.

A melhor parte é que esse painel oferece a opção de desligar o seu computador automaticamente todas as noites e de ligá-lo novamente em um horário especificado, antes que você chegue à sua mesa.

Controles deslizantes

Os controles do Economizador de Energia são muito diferentes em um laptop Mac e em um desktop, mas ambos apresentam um par de controles deslizantes (Figura 9-11).

De qualquer modo, o deslizador superior controla quando o Mac entrará em descanso automaticamente – em qualquer ponto a partir de um minuto após a sua última atividade para Nunca (Never). (A atividade pode ser o movimento do mouse, a ação do teclado ou a transferência de dados pela Internet; o Economizador de Energia não colocará o seu Mac em descanso no meio de um download.)

A essa altura, a tela fica escura, o disco rígido para de rodar e o chip do seu processador fica lento. Agora o seu Mac está no modo *em repouso*, usando apenas uma fração do seu consumo habitual de eletricidade. Para acordá-lo quando voltar à sua mesa pressione qualquer tecla. Tudo em que trabalhou, inclusive programas e documentos abertos, ainda estará na tela, exatamente como antes. (Para desativar totalmente esse recurso automático, arraste o deslizador para Nunca.)

O segundo controle deslizante ajusta quando a *tela* escurece para economizar energia. Hoje, existe um motivo realmente bom para colocar o monitor em repouso

Figura 9-11: *Em cima: eis como o Economizador de Energia se parece no estado ampliado em um laptop. (Em uma máquina desktop, ele é muito mais simples.) Na opção Colocar o(s) monitor(es) em repouso quando o computador estiver inativo (Put the display to sleep), é possível especificar um horário para que isso aconteça.*

Embaixo: aqui estão os controles de Programação (Schedule) – o retorno bem-vindo das habilidades de agendamento automático do Mac.

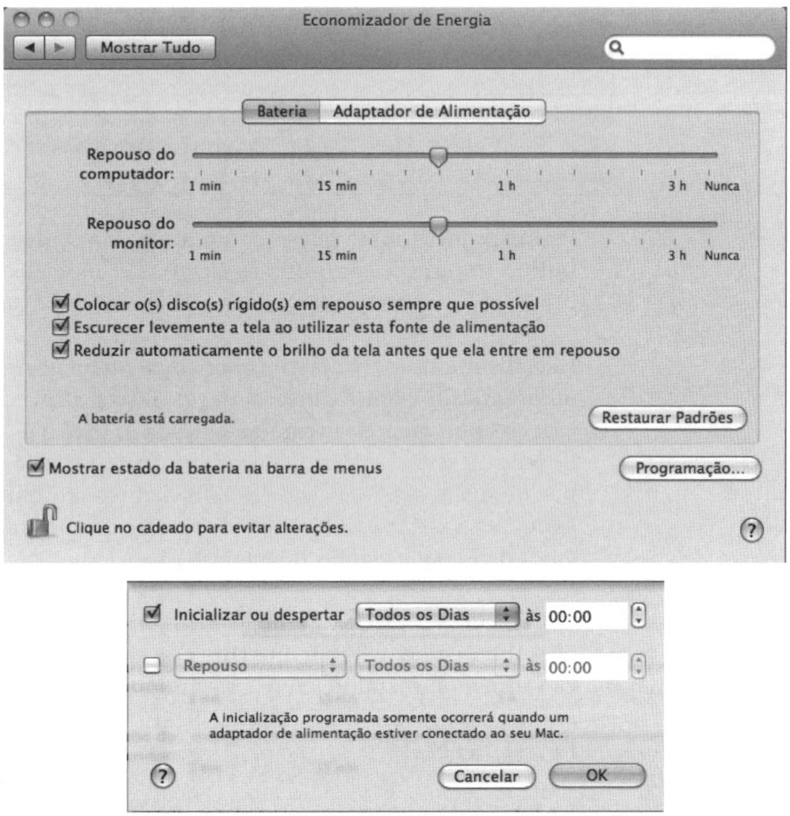

independentemente do próprio Mac: dessa forma, seu Mac pode executar suas rotinas de manutenção de madrugada, mesmo enquanto a tela esteja desligada para economizar energia.

Opções selecionáveis

Abaixo dos controles deslizantes, você vê uma seleção de opções adicionais relacionadas à energia:

- **Colocar o(s) disco(s) rígido(s) em repouso sempre que possível (Put the hard disk(s) to sleep when possible).** Isso economiza ainda mais energia – e ruído – porque faz seus drives pararem de girar quando não estão em uso. A desvantagem é que, depois de uma pausa mais longa, quando você retorna ao trabalho e o tira do repouso, leva-se alguns segundos para que o disco rígido volte a girar.

- **Despertar para o acesso de rede (Wake for network access).** Essa opção permite que você acesse um Mac em repouso através de uma rede. Como isso é possível? Veja o box a seguir.

Nota: A formulação dessa opção reflete como o seu Mac pode se conectar a uma rede. Se ele pode se conectar por um cabo Ethernet ou hotspot sem fio, ele quer dizer Despertar para o acesso de rede. Caso não seja um Mac sem fio, você verá Despertar para o acesso de rede Ethernet (Wake for Ethernet network access). Se for um MacBook Air sem um adaptador Ethernet, ele diz Despertar para o acesso de rede AirPort (Wake for AirPort network access). Em um laptop, a funcionalidade "despertar" está disponível somente quando a tampa/tela estiver aberta e o computador estiver plugado na tomada de energia.

- **Permitir que o botão power coloque o computador em repouso (Allow power button to put the computer to sleep).** Em modelos desktop do Mac, pode ser útil colocá-lo em repouso apenas pressionando o botão ⏻.

- **Inicializar automaticamente após corte no fornecimento de energia (Start up automatically after a power failure).** Essa é uma boa opção se você deixa seu Mac sozinho e o acessa remotamente, ou se você o usa como servidor de arquivo de rede ou servidor Web. Isso garante que, caso haja um blackout momentâneo que desliga o seu Mac, ele será reiniciado assim que a energia voltar. (Em um laptop, essa opção está disponível somente quando você o ajusta no modo Adaptador de Energia [Power Adapter].)

- **Escurecer levemente a tela ao utilizar esta fonte de alimentação (Slightly dim the display when using this power source).** Você vê essa caixa de seleção somente quando estiver ajustando as configurações no modo de bateria em um laptop. Significa "Não utilizar o brilho total, para que eu possa economizar energia".

- **Reduzir automaticamente o brilho da tela antes que ela entre em repouso (Automatically reduce the brightness of the display before display sleep).** Quando essa opção está ativada para o seu laptop, a tela não é desligada de repente após o período de tempo de inatividade definido; em vez disso, ele reduz o brilho pela metade como se estivesse sonolento, de forma que você saiba que ele está prestes a entrar em repouso.

- **Mostrar estado da bateria na barra de menus (Show battery status in the menu bar)**. Somente para laptops, essa opção ativa/desativa os controles do menulet da bateria descritos no box a seguir.

Nota: Em um laptop, observe as duas abas na parte superior da caixa de diálogo. Elas permitem que você defina configurações distintas para os dois tipos de alimentação do laptop, quando ele está plugado na tomada (Adaptador de Alimentação) e quando está sendo utilizado com uma bateria. Isso é importante porque, em um laptop, cada queda na contagem da energia faz diferença.

No entanto, o Snow Leopard não oferece mais uma opção de "perfis" de economizador de energia, como Better Energy Savings e Better Performance. Simplificar é melhor, concorda?

Início e repouso programados

Clicando o botão Programação, é possível ajustar o Mac para desligar e reiniciar automaticamente (Figura 9-11).

Se, por exemplo, você quiser trabalhar das 9 às 5h, acerte o Mac do escritório para ligar às 8h:45 da manhã e desligar às 5h:30 da tarde – um ajuste que conserva a

DIAMANTE BRUTO

Autodespertar para o Acesso de Rede

Você deve colocar o seu Mac em repouso sempre que possível; você economizará energia, dinheiro e poluirá menos. Infelizmente, um Mac em repouso é inútil na rede. Por exemplo, você não pode acessá-lo de outra máquina.

Uma nova funcionalidade do Snow Leopard chamada Despertar a Pedido (Wake on Demand), no entanto, fornece-lhe o melhor dos dois mundos. Ela mantém um Mac em repouso disponível na rede, de forma que você possa despertá-lo remotamente quando precisar dele.

Como fazer isso? Ele está em repouso, não está?

Sim, está em repouso. Mas antes de cair no sono, ele passa sua lista de serviços de rede disponíveis – compartilhamento de arquivo, de tela, da biblioteca do iTunes, de impressora, e por aí vai – à sua estação-base sem fio da Apple. A estação-base se torna o seu agente de repouso do Mac, e dá continuidade à transmissão das funcionalidades disponíveis do Mac em repouso (por meio da tecnologia de rede Bonjour da Apple) ao resto da rede.

Para colocar tudo isso em funcionamento, você precisa de uma estação-base sem fio AirPort Extreme ou uma Time Capsule, rodando a última versão do firmware da Apple. Se você estiver usando uma senha WPA ou WPA2 em sua estação-base ou Time Capsule, ela não pode estar em "modo bridge" (você saberá se tiver ativado esse modo). Somente os Macs fabricados a partir do final de 2008 podem ser despertados através de uma rede sem fio (todos os Macs podem ser despertados em uma rede Ethernet com cabo). Para saber se o seu pode funcionar dessa forma, abra a Visão do Sistema (System Profiler); sob o título Rede (Network), clique AirPort e veja se o recurso Despertar Quando Sem Fio (Wake on Wireless) está listado como Compatível (Supported). (Os fanáticos veteranos do Mac podem observar que Despertar para o acesso de rede já está disponível no Economizador de Energia há anos. O método antigo, no entanto, funcionava somente com redes com fio, não sem fio.)

eletricidade, poupa dinheiro e reduz a poluição, mas não causa qualquer tipo de inconveniência. Na verdade, você talvez esqueça que ajustou o Mac assim, visto que nunca o verá realmente desligado.

Nota: Se você deixou documentos abertos não salvos, o Mac não desligará automaticamente. No entanto, ele ficará em descanso.

Exposé e Spaces

O Exposé e o Spaces, os dois recursos engenhosos de gerenciamento da janela e tela do Mac OS X, são descritos em detalhes no Capítulo 5 – bem como seu painel de controle.

USUÁRIOS PROFISSAS

Mistérios do menulet Bateria (Battery)

Se você tem um laptop, não despreze a caixa de seleção no Economizador de Energia chamada Mostrar estado da bateria na barra de menu (Show battery status in the menu bar). Ela põe um prático indicador de *status* na barra de menu (▭) que o mantém informado sobre o estado da sua bateria.

Quando usado como menu, esse menulet permite escolher entre exibir a quantidade de minutos restantes até que a bateria esteja descarregada, a porcentagem de vida da bateria restante ou um ícone de visualização da bateria esvaziando. (Você também pode trocar entre pré-ajustes de energia-conservação – como Maior Vida Útil da Bateria e Melhor Desempenho – a partir desse menulet.)

Se optou pela versão numérica, você pode perceber que algumas vezes o número, ou porcentagem, está entre parênteses, assim: (78%). Esse é o seu sinal de que o laptop está na tomada e carregando; você vê a quantidade de minutos restantes até que a bateria esteja totalmente carregada (ou a porcentagem ou a carga total conseguida até aquele momento). De qualquer modo, a leitura está em contagem regressiva (ou progressiva) para aquele alegre momento.

Se você apenas enxerga o ícone de bateria na Barra de Menu, eis o que as etapas de leitura significam:

Cabo de força na bateria: o laptop está ligado na tomada e a bateria está 100% carregada. Pronto para partir, capitão!

Iluminação de tranca na bateria: o laptop está ligado na tomada, mas a bateria ainda está carregando.

X sobreposto: o laptop está ligado na tomada, mas há algo errado com a bateria. Ela não está sendo detectada ou não está sendo carregada por algum outro motivo.

Esvaziando a bateria preta: o laptop está ficando sem carga na bateria e tem pelo menos 25% de energia restante. (A largura da barra revela a quantidade de carga restante.)

Esvaziando a bateria vermelha: a sua bateria está ficando sem carga, você tem menos de 25% de energia sobrando.

Uma barra vermelha quase invisível significa que resta menos de nove minutos. Salve os documentos importantes, companheiro. (Dica do Snow Leopard: se você Control-clicar o menulet, você vê um relatório do estado da sua bateria. Ele pode informar, por exemplo, Estado: Normal (Condition: Good). Quando esse estado precisa de atenção – quando ele diz Reparar Bateria (Service Battery), Substituir em Breve (Replace Soon), Substituir Agora (Replace Now) ou Verificar Bateria (Check Battery) – você não tem de pressionar a tecla Option. Você verá essas mensagens toda vez que abrir o menulet.)

Teclado

As mudanças que você faz são pequenas, mas podem ter um grande impacto cumulativo em sua rotina diária de digitação. As opções foram organizadas em dois painéis.

Teclado

No Snow Leopard, a Apple deu continuidade à sua mistura anual de controles para o teclado, mouse e trackpad (que, acredite ou não, todas costumavam estar em um único painel das Preferências do Sistema). Nesse painel, você tem:

- **Velocidade de Repetição Tecla (Key Repeat Rate).** Provavelmente você é jovem demais para lembrar da antiguidade outrora conhecida como *máquina de escrever*. Em algumas de suas versões elétricas, era possível pressionar a tecla da letra X para digitar uma série de XXXXXXs – ideal para riscar algo de um contrato, por exemplo.

  No Mac, *cada* tecla age assim. Mantenha pressionada qualquer tecla por tempo suficiente e ela produzirá repetições. Assim, facilitando digitar, por exemplo, "De jeito NENHUUUUUUUM!" ou "Aeee, garoooooota!" esses dois deslizadores controlam essa ação. À direita: um deslizador que determina por quanto tempo você precisa manter pressionada a tecla antes que ela comece a repetir (em outras palavras, para evitar disparar repetições acidentalmente). À esquerda: um deslizador que restringe quão rápido cada tecla despeja as letras, uma vez que tenha começado a disparar.

- **Use todas as teclas F1, F2 etc. como teclas de função padrão (Use all F1, F2 etc. keys as standard function keys).** Essa opção *só aparece* em laptops e em teclados de alumínio Mac. Ela é complicada, portanto, leia devagar.

- **Iluminar o teclado quando houver pouca luz (Illuminate keyboard in low light conditions).** Essa configuração só aparecerá se o teclado do seu Mac pode, de fato, iluminar-se em ambientes escuros – um recurso pomposo de muitos laptops. É possível especificar se você deseja que a luz interna desligue depois de um período de atividade (para economizar energia quando você estiver passeando, por exemplo) ou que a iluminação seja completamente desligada. (Você pode ajustar o brilho do teclado manualmente, a qualquer momento, pressionando as teclas ·᠁· e ·᠁·.)

- **Mostrar o Visualizador de Teclado e Caracteres (Keyboard & Character Viewer) na barra de menu.** Durante anos, o ativador/desativador dessas ferramentas tão úteis esteve escondido no painel Internacional (International) das Preferências do Sistema (System Preferences); no Snow Leopard, esse ativador/desativador encontra-se duplicado aqui, para sua conveniência.

- **Teclas Modificadoras (Modifier Keys).** Esse botão permite que você desligue ou remapeie as funções das teclas Caps Lock, Control e ⌘. Ele é para programadores Unix cujos mindinhos não podem se ajustar ao layout da tecla modificadora do Mac – e para qualquer um que continue tocando Caps Lock por engano durante a digitação diária.

Atalhos de Teclado

Esse painel (Keyboard Shortcuts) é novo no Snow Leopard – e é ótimo. Ele permite que você crie seus próprios atalhos de teclado para praticamente qualquer função no Mac, desde captura de tela a operação do Dock, ativação de um serviço ou operação de um menu em qualquer programa a partir do teclado. Você pode criar combinações do teclado que, por exemplo, são mais fáceis de lembrar, difíceis de serem ativadas por acidente ou mais fáceis de ativar com apenas uma mão.

Idioma e Texto

A função principal desse painel (Language & Text), que antigamente se chamava Internacional (International), é a de configurar o seu Mac para funcionar em outros idiomas. Se você comprou o seu Mac com um sistema operacional *localizado* – uma versão que já executa seu próprio idioma –, você já estará usando o idioma, formato de número e layout de teclado que precisa, então pode ignorar a maior parte desse painel. Mas quando você for mostrar o Mac OS X para os seus amigos, o fator "uau!" das funcionalidades poliglotas do Mac é enorme.

MobileMe

Esse painel não tem utilidade a menos que você tenha uma conta do MobileMe. Veja o Capítulo 18 para obter mais detalhes.

Mouse

Esse painel, recém-separado do painel Teclado e Mouse (Keyboard & Mouse) que perambulou sem rumo no Mac OS por décadas, tem um visual diferente dependendo do tipo de mouse (se houver um) conectado ao seu Mac.

Velocidade do Rastreamento e Velocidade de Duplo-clique

Talvez você se surpreenda pelo fato de o cursor não se mover aproximadamente dois centímetros na tela quando você move o mouse pela mesma extensão. Ao invés disso, o cursor se move para longe quando você move o mouse mais depressa.

A distância depende do modo como você ajustou o primeiro deslizador. A configuração Rápida (Fast) é satisfatória se você possuir um monitor enorme, visto que não é necessário mousepad igualmente grande para levar o cursor de um canto a outro da tela. A configuração Lenta (Slow), por outro lado, força você a pegar e soltar o mouse frequentemente enquanto atravessa a tela. Ela oferece mínima aceleração, mas pode ser ótima para trabalhos repletos de detalhes como, por exemplo, edição pixel por pixel no Photoshop.

A configuração Velocidade de Duplo-clique (Double-Click Speed) especifica quanto tempo você tem para completar um duplo-clique. Se clicar devagar demais – além do tempo que você indicou –, o Mac "ouve" dois cliques *individuais*.

Destaque do Snow Leopard: Se você tiver um mouse conectado, você também vê a caixa de seleção Zoom utilizando rolagem enquanto pressiona Control (Zoom using scroll wheel while holding Control) na parte inferior desse painel. Ele quer dizer que você pode ampliar toda a tela, dando zoom, ao girar a pequena bola ou roda do seu mouse enquanto pressiona a tecla Control. Isso é ótimo para fontes pequenas, para examinar close-ups de fotos, entre outros.

O Mighty Mouse

Se você tiver um Mighty Mouse, então a aba Mouse é algo bem mais extravagante (Figura 9-12).

Figura 9-12: *Essa enorme exibição fotográfica só aparece se você possuir o Mighty Mouse, o mouse de dois botões da Apple. Os menus pop-up permitem que você programe os botões direito, esquerdo e lateral desse mouse. Ele oferece funções como abrir o Dashboard, acionar o Exposé e assim por diante.*

É também aqui o lugar em que você pode ativar o recurso de clicar com o botão direito (basta escolher Botão Secundário [Secondary Button] do menu pop-up apropriado) – ou trocar as funções dos botões clicar com o botão direito ou clicar com o botão esquerdo.

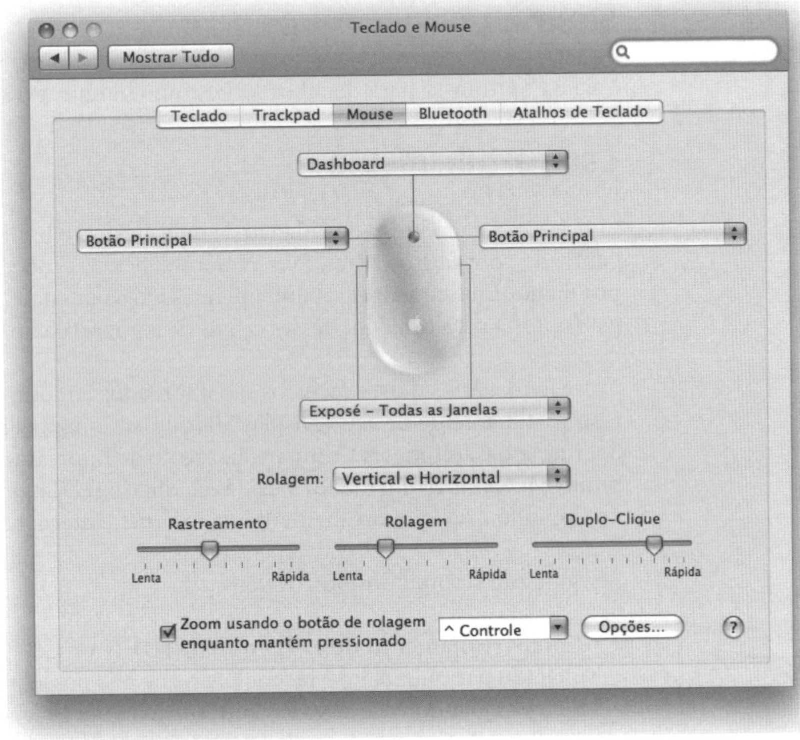

Em um laptop sem nenhum mouse conectado, o painel Mouse ainda aparece nas Preferências do Sistema – mas sua única função é a de ajudá-lo a "emparelhar" seu Mac com um mouse Bluetooth sem fio.

Rede

Vá aos Capítulos 13 e 18 para conhecer as configurações que você precisa para se conectar a uma rede.

Controles Parentais

Esses controles (Parental Controls) estão descritos no Capítulo 12.

Impressão e Fax

O Capítulo 14 descreve em detalhes o painel Impressão e Fax (Print & Fax). O objetivo desse painel é oferecer uma relação centralizada das impressoras que colocou no Mac.

Segurança

Veja o Capítulo 12 para detalhes sobre como bloquear o seu Mac.

Compartilhamento

O Mac OS X é um honrado cidadão da rede, flexível o bastante para compartilhar seu conteúdo com outros Macs, PCs Windows, pessoas conectando no trânsito e assim por diante. Em seu painel totalmente revisado, você encontrará chaves de ligar/desligar (on/off) para cada um desses canais de compartilhamento.

Neste livro, vários desses recursos são abordados em outros capítulos. Por exemplo, Compartilhamento de Tela (Display Sharing) e Compartilhamento de Arquivos (File Sharing) no Capítulo 13; Compartilhamento de Impressora (Printer Sharing) no Capítulo 14; Compartilhamento Web (Web Sharing) e Login Remoto (Remote Login) no Capítulo 22; Compartilhamento de Internet (Internet Sharing) no Capítulo 18.

A seguir, um resumo dos outros itens:

- **Compartilhamento de DVD ou CD (DVD or CD Sharing)**. Esse recurso foi incluído para auxiliar o Macbook Air, que não possui um leitor de CD/DVD embutido. Quando você ativa essa opção, qualquer Macbook Air de uma rede pode "ver" e utilizar o seu drive de DVD do Mac, com o objetivo de instalar um novo software ou para executar o software de reparação de disco do Mac. (Seu drive é exibido abaixo do título do Disco Remoto na Barra Lateral do Air.)

- **Gerenciamento Remoto (Remote Management).** Permite que outra pessoa controle o seu Mac usando o Apple Remote Desktop, um programa adicional e popular para professores.

- **Eventos Apple Remotos (Remote Apple Events).** Permite que os gurus do AppleScript (Capítulo 7) enviem comandos para Macs através da rede.

- **Compartilhamento de Xgrid (Xgrid Sharing).** O Xgrid é um poderoso software que permite dividir uma complexa tarefa de computação – como animação em computador ou imensos cálculos científicos – entre um grupo de Macs em sua rede. Desse modo, eles trabalham automaticamente no problema. Do contrário, estariam sentados e ociosos. Se você estiver intrigado, visite http://developer.apple.com/hardware/hpc/xgrid_intro.html.

- **Compartilhamento de Bluetooth (Bluetooth Sharing).** Esse painel permite ajustar o compartilhamento de arquivo com Bluetooth, uma maneira para outras pessoas próximas a você enviar arquivos para (ou receber arquivos de) seu laptop – sem confusão ou senhas.

Atualização de software

Sempre que a Apple aperfeiçoa ou corrige alguma parte do Mac OS X ou algum programa da marca Apple, o programa Atualização de Software (Software Update) pode informá-lo, realizar o download e instalar as atualizações automaticamente em seu sistema. Essas atualizações podem incluir novas versões de programas como o iPhoto e o iMovie, drivers para impressoras, scanners e câmeras recentemente lançados e outros. Além de ajustes de falhas e conserto de segurança; e assim por diante.

Ele não faz o download de um novo software sem pedir primeiro a sua permissão e informar, explicitamente, o que planeja instalar, conforme mostrado na Figura 9-13.

Aba Verificação Programada (Scheduled Check)

Para máxima comodidade, marque a caixa de seleção Buscar atualizações (Check for updates) e selecione uma frequência a partir do menu pop-up – Diariamente Daily), Semanalmente (Weekly) ou Mensalmente (Monthly). Se você marcar também Transferir atualizações importantes automaticamente (Download important updates in the background), ainda será notificado antes que qualquer coisa seja instalada, mas não precisará esperar pelo download – a ação já terá sido realizada. (Se você tiver desmarcado Buscar atualizações, sempre é possível clicar o botão Buscar Agora [Check Now] para forçar o Mac OS X a informar se novos remendos estão disponíveis.)

Aba Atualizações Instaladas (Installed Updates)

O programa Atualização de Software mantém um registro criterioso de tudo o que coloca em seu sistema. Nessa aba, você vê todos os itens listados para satisfazer a sua necessidade de informação.

Dica: Na sua pasta Sistema→Biblioteca→Receitas (System→Library→Receipts), você encontrará um punhado abundante de arquivos .pkg, baixados pela Atualização de Software.

A maioria deles nada mais é do que recibos, que ajudam o Mac OS X a entender quais atualizações já foram baixadas e instaladas. Eles oferecem uma leitura intrigante, mas o seu principal uso prático é descobrir se você instalou, por exemplo, a atualização 10.6.1.

Figura 9-13:
Quando a Atualização de Software encontra uma atualização de um software que você possui, ela apresenta a mensagem: "Atualizações de software estão disponíveis para o seu computador. Você deseja instalar agora?"

Você poderia clicar em Instalar (Install) direto. Mas em vez disso, é interessante clicar Mostrar Detalhes (Show Details).

Dessa forma, a caixa se expande como mostrado na imagem; você pode clicar cada atualização proposta e ler sobre elas.

USUÁRIOS PROFISSAS

Como armazenar atualizações de software Apple

A grande dor de cabeça, não comentada, da Atualização de Software é esta: se você reinstalar o Mac OS X do seu DVD original (quando instalar um novo disco rígido ou trocar de computador, por exemplo), terá de fazer o download e instalar novamente todas as atualizações relevantes. Isto é, se o seu Mac vier com o Mac OS X 10.6 e o iPhoto 8.0.1, terá de fazer o download e instalar o atualizador do 10.6.1, o atualizador do iPhoto 8.0.2 e assim por diante.

Por sorte, mesmo sem poder pular o processo de reinstalação, você pode pular a etapa do download – preservando os instaladores de atualização na medida em que eles chegam.

Você os encontra na pasta Macintosh HD→Biblioteca→Receitas (Macintosh HD→Library→Receipts).

Posteriormente, você pode reinstalar suas atualizações baixadas a qualquer momento, bastando para isso clicar duas vezes em cada instalador.

Som

Usando as opções do painel Som, é possível configurar o sistema de som de seu Mac em qualquer um dos diferentes modos possíveis.

Dica: Eis uma forma rápida para pular diretamente ao painel Som de Preferências do Sistema – do teclado, sem ao menos precisar abrir Preferências do Sistema ou clicar Som. Basta pressionar Option enquanto toca uma das teclas 🔊, 🔈, 🔉, de ajuste-volume na fileira superior do seu teclado Apple.

Aba Efeitos Sonoros (Sound Effects)

"Efeitos Sonoros" significa *bips de erro* – o som que você ouve quando o Mac quer a sua atenção, ou quando você clica alguma coisa que não devia.

Basta clicar o som de sua preferência para torná-lo o bip padrão de seu sistema. A maioria das escolhas enlatadas são divertidas e inteligentes, apesar de bastante reduzidas para ter algum valor prático como sons de alerta (Figura 9-16).

Quanto aos outros controles no painel Efeitos Sonoros, eles incluem:

- **Volume de alerta (Alert volume).** Alguns fãs do Mac ficam confusos pelo fato de que mesmo ao arrastar esse deslizador bem para a esquerda, os sons dos CDs de jogos e música ainda são reproduzidos a todo o volume.

  O deslizador de volume *principal* do seu Mac é o deslizador Volume de saída (Output volume), localizado na parte inferior do painel Som. O deslizador Volume de alerta (Alert volume) é *apenas* para bips de erro; a Apple foi bem gentil ao permitir que você ajuste o volume desses bips de erro de forma independente.

- **Reproduzir efeitos sonoros de interface de usuário (Play user interface sound effects).** Essa opção produz alguns efeitos sonoros sutis durante determinadas operações do Finder: quando você arrastar alguma coisa para fora do Dock, para o Lixo ou para uma pasta, ou quando o Finder terminar um trabalho de cópia de arquivo.

- **Reproduzir retorno ao alterar volume (Play feedback when volume is changed).** Cada vez que você pressionar uma dessas teclas 🔊 🔈 🔉 , o Mac dará um bip para ajudá-lo no controle do volume atual.

  Tudo isso é ótimo quando você estiver trabalhando em casa. Porém, mais de uma pessoa já se sentiu humilhada durante uma reunião importante, quando o Mac explodiu em um súbito som alto e inapropriado – e, depois, aumentou aquele embaraço, pressionando furiosa e repetidamente a tecla para abaixar o volume, emitindo o bip o tempo todo.

Se você desmarcar essa caixa de seleção, o Mac não emitirá qualquer som enquanto você ajustar o volume. Em vez disso, você só verá uma representação visual do nível de volume diminuindo (ou aumentando).

Dica: A tecla Shift inverte a lógica. Então, se você ativou Reproduzir retorno (Play feedback), pressionar a tecla Shift enquanto pressionar as teclas de volume deixa-as silenciosas. Se a opção estiver desativada, você pode ouvir os bipes do ajuste de volume pressionando a tecla Shift enquanto também pressiona as teclas de volume.

- **Reproduzir efeitos sonoros do Front Row (Play Front Row sound effects).** Você pode ler sobre o Front Row, que transforma a tela do seu Mac em um gigantesco diretório multimídia para todo o seu Mac, no Capítulo 15. Tudo o que essa opção faz é silenciar os pequenos cliques e "ufs" que animam os procedimentos enquanto você operar os menus do Front Row.

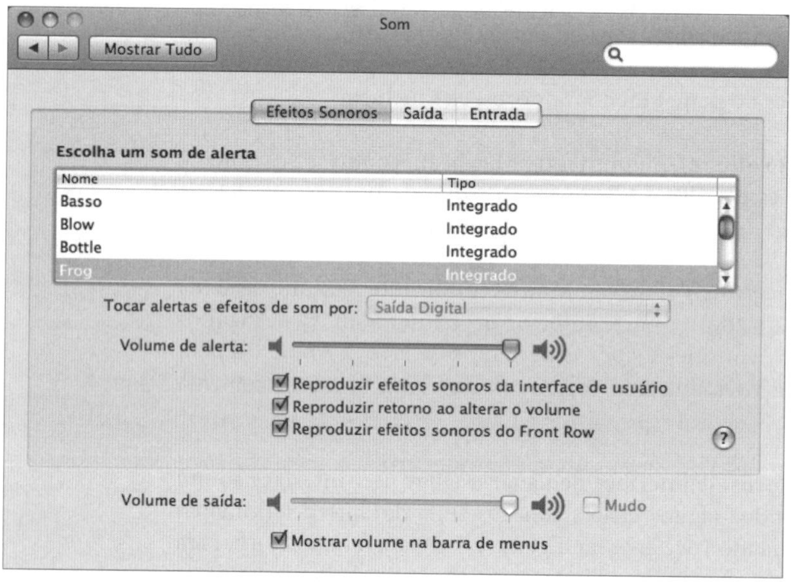

Figura 9-14:
É possível ajustar o volume geral de seu alto-falante independente do volume do bip de alerta, graças aos céus. Dica para os aficionados: você também pode ajustar o volume de alerta mantendo pressionada a tecla Option enquanto arrastar a alça no menulet volume do alto-falante (em sua Barra de Menu).

Aba Saída (Output)

"Saída" significa alto-falantes ou fones de ouvido. Para 99% da comunidade de usuários Mac, esse painel nada oferece de útil, exceto pelo deslizador Balanço (Balance). Ele oferece a possibilidade de ajustar o balanço entre os alto-falantes estéreo à esquerda e à direita do seu Mac. A mensagem "Escolha um dispositivo" (Choose a device) sugere que você pode escolher quais alto-falantes deseja usar para a reprodução. Mas, Alto-falantes Internos (Internal Speakers) normalmente é a única escolha, mesmo se você possuir alto-falantes externos. (O Mac usa automaticamente os seus alto-falantes externos quando você está ligado.)

No entanto, é necessária uma visita a esse painel se quiser usar alto-falantes USB, um Bluetooth ou um jogo de fone de ouvido USB. Escolha o nome do dispositivo na lista.

Destaque do Snow Leopard: Agora, o Mac OS X lembra a configuração do volume do seu fone de ouvido de forma independente.

Aba Entrada (Input)

Esse painel permite especificar qual fonte de som você quer que o Mac "ouça", se tiver mais de uma conectada: microfone externo, microfone interno, linha de entrada, conjunto de fone de ouvido USB, ou o que for. Ele também permite que você ajuste a sensibilidade do microfone – o *volume de entrada* – arrastando o deslizador e observando o medidor de nível de Entrada acima mudar enquanto você fala. Em outras palavras, ele é uma forma rápida para verificar se o seu microfone está funcionando.

O Usar redução de ruído ambiental (Use ambient noise reduction) é ótimo, se você fizer podcasts ou usar software de ditado. Ele transforma qualquer microfone em um microfone à prova de ruído, abafando o ruído ao fundo enquanto você estiver gravando.

Destaque do Snow Leopard: Existe uma forma muito mais rápida de alterar a sua entrada ou saída de áudio: pressione Option enquanto clica o menulet 🔊. Você obterá um menu pop-up secreto que lista seus microfones, alto-falantes e fones de ouvido, de forma que você possa fazer os seus ajustes sem ter de visitar as Preferências de Sistema.

Se você preferir ainda mais controle sobre as entradas e saídas de som do seu Mac, não esqueça do programa reescrito Configuração de Áudio e MIDI (Audio/MIDI Setup) em sua pasta Aplicativos→Utilitários (Application→Utilities).

Spotlight

Eis como você informa ao Mac: (a) quais categorias de arquivos e de informações deseja que o recurso de busca do Spotlight procure, (b) quais pastas você *não* deseja que sejam procuradas, por razões de privacidade, e (c) quais combinações de tecla deseja usar para chamar o menu ou a caixa de diálogo Spotlight. Os detalhes estão no Capítulo 3.

Disco de Inicialização

Use esse painel para pegar a pasta de Sistema que o seu Mac usará na próxima vez em que ele iniciar – quando você trocar entre o Mac OS X e o Windows (rodando Boot Camp), por exemplo. Veja os detalhes no Capítulo 8.

Time Machine

Eis a chave principal de ligar/desligar e o painel de opções do Time Machine, que é descrito no Capítulo 6.

Trackpad

Esse painel, presente somente em laptops, cresce a cada geração do MacBook. (Ele é mostrado na Figura 6-3.)

Na parte superior, você encontrará reproduções dos mesmos deslizadores Velocidade Rastreamento (Tracking Speed) e Velocidade do Duplo-clique (Double-Click Speed), descritos antes – mas esses permitem que você estabeleça velocidades de controle e de clique independentes para o *trackpad*. (Ainda há um novo controle deslizante de rolagem, de forma que você possa controlar a velocidade com que o Mac rola um documento quando você arrasta dois dedos no trackpad.)

Gestos do trackpad

Você pode adorar o seu laptop Mac agora, mas espere até descobrir sobre esses recursos especiais. Eles tornam o seu laptop *loucamente* melhor. Afinal, você pode indicar, clicar, rolar e clicar com o botão direito – tudo no próprio trackpad, sem um mouse e sem ao menos precisar mover os seus dedos.

A Apple continua adicionando novos "gestos" a cada novo laptop, então o seu pode não possuir todas essas opções. A seguir, uma relação do que você pode ver. (Se você apontar para um desses itens sem clicar, um filme ilustra cada uma dessas manobras direto em sua tela.)

Destaque do Snow Leopard: No Snow Leopard, todos os laptops Mac possuem trackpad multitoque que podem lidar os gestos com três ou quatro dedos descritos a seguir. (Por um tempo, esses gestos estavam disponíveis somente nos últimos modelos, aqueles sem o botão separado embaixo do trackpad.)

Um dedo

- **Toque para Clicar (Tap to Click)**. Geralmente, você toca o trackpad do seu laptop apenas para mover o cursor. Para clicar e arrastar, você precisa usar o botão *abaixo* do trackpad (ou, nos últimos modelos, clicar a própria superfície do trackpad).

  Muitas pessoas acham, no entanto, que é muito mais prático tocar e arrastar diretamente no trackpad usando o mesmo dedo que move o cursor. Esse é o propósito dessa caixa de seleção. Quando ela está ativada, você pode tocar a superfície do trackpad para registrar um clique do mouse no local onde o cursor está. Dois toques correspondem a um duplo clique.

- **Arrastar (Dragging)**. Essa opção permite que você mova ícones, selecione texto ou puxe menus – em outras palavras, arraste, não apenas clique – usando o trackpad.

  Comece tocando duas vezes o trackpad, então, *imediatamente* após o segundo toque, comece a arrastar seu dedo. (Se você não começar a arrastar logo em seguida, o laptop supõe que você executou um duplo clique). Você pode tocar o trackpad repetidas vezes para continuar o seu movimento, desde que o seu dedo não deixe a superfície do trackpad por mais de um segundo. Quando você "o deixa", o arrasto é considerado como concluído.

- **Bloquear ação de Arrastar (Drag Lock)**. Se você está preocupado com a possibilidade de "derrubar" o que está arrastando caso interrompa o movimento do seu dedo, ative essa opção. Novamente, inicie o arrasto com um duplo-clique, e então mova seu dedo imediatamente após o segundo clique.

  Quando essa opção está ativada, no entanto, você pode continuar o movimento sem preocupações. Entre os toques no trackpad, você pode tirar o dedo dele pelo tempo que desejar. Você pode atender o telefone, tomar banho, ou tirar férias; o Mac continua pensando que você está no meio de um arrasto. Somente quando você toca *novamente*, o laptop considera que o arrasto foi concluído.

Dois dedos

- **Rolar (Scroll)**. Essa opção é *linda*. Você tem que tentar acreditar. Ela significa que arrastar *dois* dedos pelo trackpad rola qualquer janela que esteja aberta, exatamente como se você estivesse deslizando pela barra de rolagem e clicado lá. Sem falar que fazer isso com dois dedos, no lugar certo, é infinitamente mais rápido e fácil. E você ainda tem o controle deslizante de *Velocidade* de Rolagem (Scrolling Speed).

- **Girar (Rotate)**. Posicione dois dedos no trackpad e, então, gire em torno de um ponto central invisível para girar uma foto ou um documento PDF. Isso não funciona em todos os programas ou em todas as circunstâncias, mas é ótimo para girar imagens diretamente no Finder, Pré-visualização, iPhoto, Captura de Imagem etc.

- **Separar e Juntar os Dedos (Pinch Open & Close)**. Se você já usou um iPhone, essa opção será familiar. Ela significa "Colocar dois dedos no trackpad e afastá-los para *ampliar* o que há na tela. Deslize os dois dedos juntos para encolher novamente". Isso não funciona em todos os programas – ele afeta ícones no desktop, fotos no Pré-Visualização e iPhoto, texto no Safari, entre outros –, mas é muito legal quando funciona.

- **Zoom da Tela (Screen Zoom)**. Outra funcionalidade irresistível. Ela permite que você dê zoom na imagem da tela, ampliando tudo, apenas arrastando com dois dedos para cima ou para baixo do trackpad enquanto pressiona a tecla Control. Você pode dar zoom de tal forma que a palavra "zoom" com um tamanho de fonte 12 preencha todo o monitor.

Essa funcionalidade se torna útil com uma frequência incrível. É ótimo para ler páginas Web com fontes minúsculas ou ampliar vídeos na Web, ou para estudar a construção ponto a ponto de um botão ou ícone que você admira. Basta Control-arrastar para cima para aumentar o zoom e Control-arrastar para baixo para o processo contrário.

Você pode clicar nas Opções (Options) para personalizar essa funcionalidade. Por exemplo, você pode substituir a tecla Option pela ⌘, caso a Control não esteja funcionando para você. Além disso, você pode especificar como você quer que a rolagem funcione dentro da imagem da tela ampliada. A configuração de fábrica Continuamente com o ponteiro (Continuously With pointer) é, na realidade, um pouco frustrante; toda a tela se movimenta quando você move o cursor. (De forma que o ponteiro esteja próximo ou no centro da imagem [So the pointer is at or near the center of the image] é muito parecido.) Somente quando o ponteiro atinge uma borda (Only when the pointer reaches na edge) é menos incômodo, e permite que você *use* o cursor (para clicar botões, por exemplo) sem enviar toda a imagem da tela para longe de você.

Dica: Também na caixa Opções: a possibilidade de desativar a funcionalidade de suavização de pixel que adiciona uma certa imprecisão à imagem ampliada – e um lembrete de que você pode pressionar Option-⌘-\ (barra invertida) para ativar/desativar essa funcionalidade.

- **Clique Secundário (Secondary Click)**. Refere-se ao "clique com o botão direito." O clique com o botão direito é uma grande sacada no Mac; ele disponibiliza funcionalidades úteis em praticamente qualquer lugar.

  Em todos os laptops Mac, você pode ativar um clique secundário por meio de um clique com um dedo enquanto outros dois estão no trackpad.

  Nos laptops mais atuais – os que não possuem um botão separado – existe uma outra opção: um menu pop-up que permite que você especifique um determinado canto do trackpad (inferior direito, por exemplo) como o ponto para o clique secundário. Clicar lá ativa o clique secundário – para abrir um menu de atalho, por exemplo. Esquisito, mas maravilhoso.

Três dedos

- **Passar os Dedos para Navegar (Swipe to Navigate)**. Arraste três dedos horizontalmente pelo trackpad para ir para a próxima página, página anterior ou imagem em um lote. Novamente, essa funcionalidade não é útil em todos os programas, mas é excelente para circular entre imagens ou páginas PDF no Pré-visualização ou iPhoto.

Quatro dedos

- **Na Vertical para Exposé (Swipe Up/Down for Exposé).** Um toque com quatro dedos para cima no trackpad ativa a função Mostrar Desktop (Show Desktop) do Exposé. Quatro dedos *para baixo*, por sua vez, ativa a função Mostrar todas as janelas (Show all windows). Faça esse processo na direção contrária para restaurar as janelas.

- **Na Horizontal para Alternar Aplicativos (Swipe Left/Right to Switch Applications).** Um toque com quatro dedos para a esquerda ou direita faz o alternador de programas ⌘-Tab aparecer de forma que você possa apontar para um ícone de programa diferente e alterne para ele com um clique.

Acesso Universal

O painel Acesso Universal é destinado às pessoas que digitam com apenas uma mão, que tenham dificuldade de usar o mouse ou possuam problemas de visão ou audição. (Esses recursos também podem ser úteis quando o mouse quebrar ou sumir.)

A acessibilidade consiste em um foco importante para a Apple, e no Snow Leopard, há mais funcionalidades do que nunca para pessoas com necessidades especiais, incluindo compatibilidade com telas em Braille (sim, isso existe). Na verdade, há um site da Apple inteiro dedicado à explicação de todas essas funcionalidades: www.apple.com/macosx/accessibility.

Aqui, de qualquer forma, você terá uma visão geral das funcionalidades de destaque.

Aba Visão (aumentando a tela)

Se você tem problemas para ver a tela, então garoto, o Mac OS X tem recursos para você (Figura 9-15).

VoiceOver

Uma opção é o VoiceOver. Ele faz o Mac *ler em voz alta* cada parte do texto que está na tela.

Zoom

Outra solução rápida para reduzir a *resolução* do seu monitor – ampliando assim a imagem – é usar o painel Monitores, descrito anteriormente neste capítulo. Se você tiver um monitor de 17 polegadas, ou maior, ajustado para, digamos, 640 x 480, o resultado é uma imagem bem ampliada.

Se você concorda, experimente então o recurso zoom que aparece aqui; ele permite que você aumente a área em volta do seu cursor.

Dica: Se você possui um laptop, usar simplesmente o truque do trackpad com a tecla Control é uma forma muito mais rápida e fácil de ampliar a sua tela. Se você possui um mouse, girar sua roda ou bolinha enquanto pressiona a tecla Control é muito mais rápido. Ambas as funcionalidades funcionam mesmo quando essa está desabilitada.

Pressione Opção-⌘-8 enquanto estiver trabalhando para que esse recurso funcione. Ou, se o painel Visão estiver aberto, clique Ativado (On) na seção Zoom.

Na verdade, nenhum aumento ocorre até você pressionar Opção-⌘-+ (para ampliar) ou Opção-⌘-- (para diminuir). Com cada pressão, toda a imagem da tela fica maior ou menor, criando um monitor virtual que acompanha o seu cursor pela tela.

Mostrar (cores invertidas)

Enquanto estiver nele, pressionar Control-Option-⌘-* (asterisco) ou clicar o botão Alternar para branco sobre preto (Switch to Black on White) inverte as cores da tela para que o texto apareça branco no preto – um efeito que algumas pessoas acham

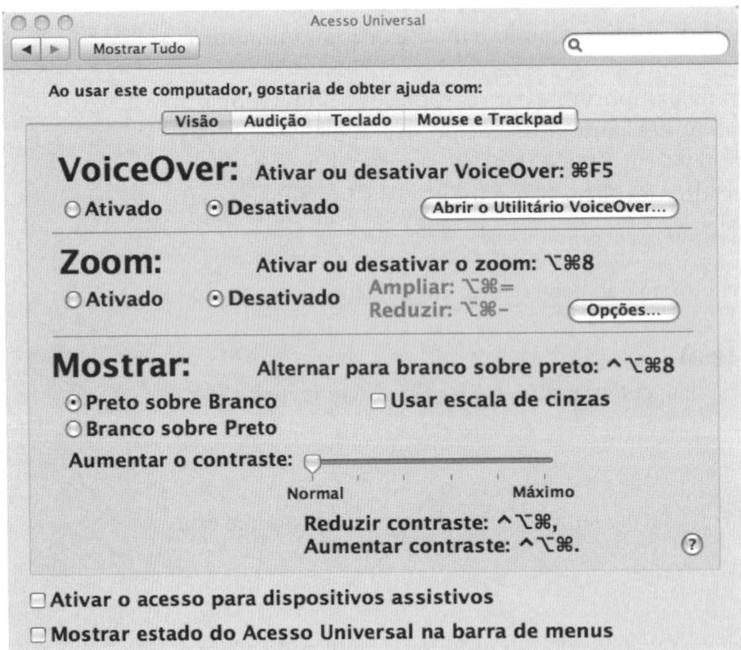

Figura 9-15:
Você ficará assombrado como é possível dar zoom na tela do Mac usando esse painel Acesso Universal. Na verdade, não há nada que o impeça de aumentar um único pixel até que ele preencha todo o monitor. (Isso pode não ser especialmente útil para pessoas com visão limitada, mas pode ser útil para designers gráficos que estão aprendendo a reproduzir determinado ícone, ponto por ponto.)

mais fácil de ler. (Essa opção também apavora muitos fãs do Mac, que a ativam por erro, pressionando de alguma forma Control-Option-⌘-* acidentalmente, durante o trabalho diário. Eles acham que o caro monitor do Mac acabou de enlouquecer. Agora você conhece um pouco mais.)

Dica: Há ainda um botão chamado Usar Escala de Cinza (Use Grayscale) que expulsa todas as cores de sua tela. Esse é outro recurso projetado para aperfeiçoar a clareza do texto, mas também é uma maneira excelente de ver como um documento a cores ficará quando impresso em uma impressora a laser monocromática.

Independente do modo de cor que você escolhe, o deslizador Aumentar o contraste (Enable contrast) é outra opção útil. Ela torna o preto mais preto e o branco mais branco, além de eliminar sombras intermediárias e, portanto, facilitando ver a tela. (Se o painel Acesso Universal por acaso não estiver aberto, sempre é possível usar os toques de teclado Control-Option-⌘-< e > para diminuir ou aumentar o contraste.

Aba Audição (piscando a tela)

Se você tiver problemas para ouvir os sons do Mac, a solução óbvia é aumentar o volume. Por isso, esse painel oferece um link direto para o painel Preferências de Som (Sound Preferences).

Felizmente, escutar o seu computador não é algo crucial (exceto quando estiver trabalhando com música e áudio, é claro). A única ocasião em que o áudio é especialmente importante é quando o Mac tenta chamar a sua atenção com bip. Para tais situações, ative Produzir um clarão na tela sempre que ocorrer um som de alerta (Flash the screen when an alert sound occurs) (um efeito que pode ser experimentado, clicando o botão Piscar Tela [Flash Screen]). Agora, você verá uma faísca branca atravessar todo o monitor sempre que o Mac emitir um bip – na verdade, não é uma má ideia para laptops, de modo que os bips não passarão despercebidos quando você estiver com os alto-falantes desligados. (A opção Reproduzir áudio estéreo como mono [Play stereo audio as mono] é voltada para pessoas com perda de audição em um ouvido. Dessa forma, você não perde nenhum efeito de mixagem musical só porque está ouvindo através de apenas um fone de ouvido.)

Aba Teclado (assistência para digitar)

Esse painel oferece dois recursos inteligentes, destinados a ajudar as pessoas que têm problemas para usar o teclado.

- **Teclas de Ação Conjunta (Sticky Keys).** Permitem que você pressione múltiplas teclas de atalho (envolvendo teclas como Shift, Option, Control e ⌘), uma de cada vez, em vez de todas juntas.

  Para fazer as teclas Sticky funcionar, primeiro ative a chave principal no alto da caixa de diálogo. Depois, trabalhe no Mac, acionando os comandos de teclado conforme demonstrado na Figura 9-16.

  Porém, se você pressionar uma tecla modificadora *duas vezes*, ela é bloqueada. (O seu símbolo na tela fica mais claro, permitindo que você saiba.) Quando uma tecla é bloqueada, é possível usá-la para vários comandos em uma fileira. Por exemplo, se um ícone de pasta estiver destacado, você poderia pressionar duplo-⌘ para bloqueá-la – e, depois, digitar O (para abrir a pasta), olhar em volta e, depois, pressionar W (para fechar a janela). Pressione a tecla ⌘ uma terceira vez para "desfazer o pressionar" dela.

Dica: A caixa de seleção chamada Pressionar Maiúsculas 5 vezes para ativar/desativar as Teclas Sticky (Press the key Shift five times to turn Sticky Keys on or off) oferece a flexibilidade de ativar e desativar as Teclas de Ação Conjunta, sem ir até Preferências do Sistema. Sempre que você quiser ativar as Teclas de Ação Conjunta, pressione cinco vezes a tecla Shift, sucessivamente. Você ouvirá um efeito sonoro especial de choque alertando-o de que essas Teclas acabaram de ser ativadas. (Repita as cinco pressões para desativar novamente as Teclas de Ação Conjunta.)

- **Teclas Lentas (Slow Keys).** Por outro lado, não registra uma tecla pressionada até que você mantenha-a pressionada por mais de um segundo ou algo assim – um recurso projetado para saída de tela causada por pressões acidentais em tecla.

Se Usar sons de clique de tecla (Use click key sounds) estiver ativado, você ouvirá um pequeno som de digitação sempre que pressionar uma tecla – mas nenhuma dessas pressões de tecla é registrada, a menos que você mantenha a tecla pressionada por um momento. (Use o deslizador Intervalo de Aceitação [Acceptance Delay] para definir esse limite.)

Você ouvirá um som diferente quando o Mac aceitar a pressão da tecla – e, claro, você verá a letra digitada aparecer na tela.

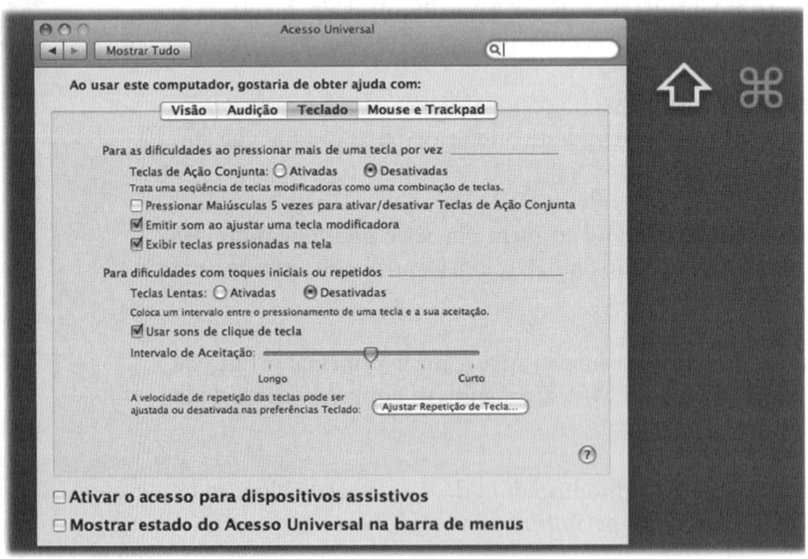

Figura 9-16: *Sempre que você quiser pressionar um toque de teclado de múltiplas teclas, como Shift-⌘-D, pressione-os um de cada vez. Você verá sombras dessas teclas sobrepostas em sua tela, demonstrando quais toques de tela foram adicionados à sua coleção temporária. Para "desfazer a pressão" de uma tecla já pressionada, pressione-a novamente, duas vezes.*

Aba Mouse e Trackpad (Control-cursor a partir do teclado)

O recurso Teclas do Mouse (Mouse Keys) destina-se a ajudar as pessoas que não podem usar o mouse – ou que desejam maior precisão ao trabalhar em programas gráficos. Ele permite que você clique, arraste ou então manipule o cursor, pressionando as teclas em seu teclado numérico. (Não é muito útil em teclados que não *possuem* teclados numéricos separados, incluindo laptops.)

Quando Teclas do Mouse estiver ativado, a tecla 5 atua como o clicker – mantenha-a pressionada por um momento para "clicar o mouse", faça isso duas vezes para dar um duplo-clique e assim por diante. Mantenha pressionada a tecla 0 para bloquear o botão do mouse e a tecla de ponto para desbloqueá-lo. (O período de tempo que você mantém pressionado depende de como o deslizador Espera Inicial [Initial Delay] foi ajustado.)

Mova o cursor pela tela, pressionando as oito teclas que rodeiam a tecla 5. (Por exemplo, mantenha a tecla 9 pressionada para mover o cursor diagonalmente para cima e para a direita.) Se você pressionar continuamente uma dessas teclas, o cursor, depois de uma pausa, começará a mover-se suavemente naquela direção – de acordo com a forma ajustada nos deslizadores chamados Espera Inicial e Velocidade Máxima (Maximum Speed).

Dica: As caixas de seleção chamadas Pressione a tecla Opção para ativar/desativar Teclas do Mouse (Press the Option key five times to turn Mouse Keys on or off), poupam o seu trabalho de abrir Preferências do Sistema.

No fundo dessa janela, você encontrará o deslizador Tamanho de Cursor (Cursor Size). Ele é um enviado dos céus não apenas para pessoas com pouca visão, mas também para qualquer pessoa usando uma das grandes telas de alta resolução da Apple; à medida que a densidade de pixels aumenta, o cursor de seta fica menor e menor. Esse deslizador permite que você torne maior o cursor de seta – muito maior, se quiser –, facilitando vê-lo.

CAPÍTULO

10

Os programas gratuitos

O Mac OS X possui, como item de série, uma boa coleção de cerca de 50 programas gratuitos: aplicativos para enviar e-mail, escrever documentos, fazer contas, e até mesmo se divertir. Alguns já são conhecidos há anos. Outros, no entanto, passaram por uma total repaginação no Snow Leopard. Eles foram projetados não apenas para ostentar algumas das tecnologias mais surpreendentes do Mac OS X, mas também permitir que você trabalhe de verdade nele sem precisar investir em softwares adicionais.

Seus programas gratuitos do Mac OS X

Uma ampla variedade de programas situa-se na pasta Aplicativos na janela do disco rígido principal, e outros utilizados com menos frequência em Aplicativos →Utilitários (Applications→Utilities).

Este capítulo o guiará por todos esses itens em sua nova biblioteca de softwares, um programa por vez. (É claro, sua lista de Aplicativos pode variar. A Apple pode ter abençoado o modelo do seu Mac com alguns programas bônus, ou você pode ter feito o download ou instalado outros.)

Dica: Um lembrete: é possível pular direto para a pasta Aplicativos no Finder, pressionando Shift-⌘-A (o atalho para Ir→Aplicativos [Go→Applications]), ou clicando o ícone da pasta Aplicativos na barra lateral. Você também pode até considerar adicionar o ícone da pasta Aplicativos ao Dock, de modo a poder acessá-la independente do programa que você está. Shift-⌘-U (ou Ir→Utilitários) leva você para a pasta de Utilitários, é claro.

Agenda

A Agenda (Address Book) é um banco de dados que armazena nomes, endereços, e-mails, números de telefone e outras informações de contato.

Automator

Esse programa de software-robô também é descrito no Capítulo 7.

Calculadora

A Calculadora é muito mais do que uma simples calculadora de quatro funções com memória; ela também pode atuar como uma calculadora científica para estudantes e cientistas, uma calculadora de conversão de unidades métricas em medidas americanas, e até uma calculadora de moedas para viajantes pelo mundo.

O pequeno dispositivo Calculadora (Calculator) no Dashboard é mais rápido de abrir, mas o programa autônomo que possui o mesmo nome é muito mais poderoso. Por exemplo:

- A calculadora tem três modos: Básica (Base), Científica (Advanced) e Programador (Programmer) (Figura 10-1). Troque entre eles escolhendo no menu Visualizar (View) (ou pressionando ⌘-1 para Básica, ⌘-2 para Científica ou ⌘-3 para Programador).

Dica: Também é possível circular entre os três modos, clicando repetidamente naquilo que, na maioria das janelas, é o botão Zoom (o ponto verde redondo no canto superior esquerdo). É a primeira vez no Mac que um botão Zoom muda a função cada vez que você clica nele, mas até que é elegante.

- Você pode operar a calculadora clicando os botões na tela, porém, é muito mais fácil pressionar as teclas de números e símbolos correspondentes em seu teclado.

- Enquanto você utiliza a Calculadora, você pode fazê-la falar cada tecla pressionada. A voz do Mac garante que você não vá digitar errado enquanto os seus olhos estão de olho na receita à sua frente, e você tateia o teclado.

  Basta escolher Fala→Escutar Botão Pressionado (Speech→Speak Button Pressed) somente quando a tecla estiver pressionada para ativar ou desativar esse recurso. (Você escolhe *qual* voz vai falar no painel Fala nas Preferências do Sistema.)

Dica: Se você possui um laptop pré-2008, provavelmente possui um teclado numérico embutido, montado no lado direito do teclado e marcado nas teclas com uma cor diferente. Quando você pressiona a tecla Fn no canto inferior esquerdo do teclado, digitar com essas teclas produz números, em vez de letras. (Também é possível pressionar a tecla NumLock para *permanecer* no modo de número, assim, não será preciso continuar pressionando Fn.)

- Pressione a tecla C para limpar a exibição da Calculadora.

- Quando você tiver calculado um resultado, pode copiá-lo (usando Editar→Copiar (Edit→Copy)ou ⌘-C) e colá-lo diretamente em outro programa.

- A Calculadora oferece até *Reverse Polish Notation* (RPN, ou Notação Polonesa Inversa), um sistema de entrada de números que é popular entre alguns matemáticos, programadores e engenheiros, pois permite que eles omitam os parênteses. Escolha Visualizar→Modo RPN (View→RPN) para ativá-lo ou desativá-lo.

Dica: Quão bom é isso? Na maioria dos programas, você não precisa da Calculadora ou mesmo de um dispositivo Dashboard. Basta destacar uma equação (como 56*32.1-517) direto em seu documento e pressionar ⌘-Shift-8. Pronto – o Mac OS X substitui a equação pela resposta certa. Esse truque funciona em Editor de Texto, Mail, Entourage, FileMaker e muitos outros programas.

E se você vier a descobrir que ele *não* funciona, lembre-se que o menu Spotlight agora é também uma calculadora. Digite ou cole uma equação na caixa de busca do Spotlight; instantaneamente, a resposta aparece no menu de resultados.

Conversões

A Calculadora é mais do que uma máquina de cálculos; ela é também um programa de conversão. Não importa quais unidades você esteja tentando converter – metros, gramas, polegadas, milhas por hora – a Calculadora está pronta.

Agora, a verdade é que o dispositivo Conversor em Dashboard é mais simples e melhor do que esse antigo recurso da Calculadora. Mas, se você já estiver com a Calculadora aberta, eis o treinamento:

Figura 10-1:
O programa Calculadora oferece um modo Básico de quatro funções, um modo de calculadora científica totalmente desenvolvida e uma calculadora de programador (mostrada aqui, e capaz de notações hexadecimais, octais, decimais e binárias). Os dois primeiros modos oferecem um recurso "fita de papel" (Janela→Mostrar Fita) [VIew→Show Paper Tape] que lhe permite corrigir os erros cometidos em um cálculo.
Para editar um dos números na Fita selecione um número, redigite-o e então clique Recalcular Totais (Recalculate Totals).

Você também pode salvar a fita como um arquivo de texto, escolhendo Arquivo→Salvar Fita Como (File→Save Tape As), ou imprimi-la, selecionando Arquivo→Imprimir Fita (File→Print Tape).

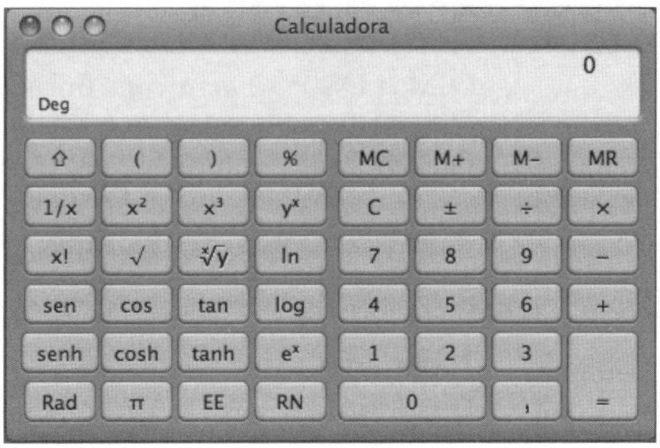

1. Limpe a Calculadora (por exemplo, digite a letra C em seu teclado). Digite a medida de início.

Para converter 48º Celsius para Fahrenheit, por exemplo, digite *48*.

2. A partir do menu Converter (Convert), escolha o tipo de conversão desejado.

Nesse caso, escolha Temperatura (Temperature). Depois de escolher, aparece uma caixa de diálogo.

3. Use os menus pop-up para especificar de qual para qual unidade você deseja converter.

Para converter Celsius para Fahrenheit, escolha Celsius no primeiro menu pop-up e Fahrenheit no segundo.

Na próxima vez que você quiser fazer esse tipo de cálculo, pode pular os passos 2 e 3. Em vez disso, o conversor abrirá com as últimas formas que você usou.

A Calculadora é especialmente surpreendente quando se trata de conversões *de moeda* – de pesos para dólares norte-americanos, por exemplo – pois, na verdade, ela faz o dever de casa. Entra on-line para baixar as taxas de conversão de moeda atualizadas a cada minuto, para garantir que a conversão seja exata.

Dica: Se você trabalha com números grandes, não se esqueça de ativar Visualizar →Mostrar Separadores de Milhares (View→Show Thousands Separators). A Calculadora adicionará pontos (como 1.242.939) para ajudá-lo a ler números grandes com mais facilidade.

Xadrez (Chess)

O Mac OS X só vem com um jogo, mas ele é uma beleza (Figura 10-2). Xadrez (Chess) é o jogo de xadrez tradicional, jogado em um tabuleiro lindamente apresentado com um conjunto de peças em 3D que parecem reais.

Nota: Na verdade ele é baseado em um sofisticado programa de xadrez Unix, o Sjeng Chess, que a Apple embrulhou com uma nova embalagem.

Jogando xadrez

Quando você inicia o Xadrez, é apresentado a um jogo novo, sem jogadas, que é inicializado no modo Administrador vs. Computador (Human vs. Computer) – significando que você (o administrador com as peças de cor clara) deve jogar contra o Computador (o seu Mac, do lado escuro). Arraste a peça do xadrez de sua escolha para posicionar no tabuleiro, e o jogo estará em progresso.

Figura 10-2:
Não é preciso ser terrivelmente exato para agarrar essas peças de xadrez quando se trata de fazer os seus movimentos. Basta clicar em qualquer lugar dentro do quadrado atual de uma peça para arrastá-la para uma nova posição (mostrada aqui como um matiz de Mármore). E como esse tabuleiro de xadrez gira assim? Porque você pode agarrar um canto do tabuleiro e girá-lo no espaço 3-D. Legal!

No entanto, se você escolher Jogo→Novo Jogo (Game→New Game), recebe um menu pop-up com escolhas como Human vs. Computer, Human vs. Human e assim por diante. Se trocar o menu pop-up para Computer vs. Human, você e o seu Mac trocam de lugar; o Mac toma o lado branco do tabuleiro e inicia o jogo com o primeiro movimento e você joga do lado escuro.

Dica: A mesma caixa de diálogo Novo Jogo (New Game) também oferece um menu pop-up chamado Variant, que oferece três outros jogos do tipo xadrez: Crazyhouse, Suicide e Losers. As telas de ajuda de Xadrez (Chess) (escolha Ajuda→Ajuda do Xadrez (Help→Chess Help), clique Chess game variants) explicam essas variações.

Em uma noite em que a locadora de vídeo estiver fechada e você estiver desesperado por alguma diversão, também pode querer experimentar a opção Computador vs. Computador, que põe o seu Mac contra ele mesmo. Sirva-se de uma cerveja, abra um saco de batatas fritas e ajeite-se para observar, até que alguém – o Mac ou o Mac – seja o vitorioso.

Preferências de Xadrez

Escolha Xadrez Preferências (Chess→Preferences) para encontrar alguns comandos úteis, como estes:

- **Estilo** (**Style**). A Apple enlouqueceu com as opções de materiais gerados por computador nesse programa. (É uma coincidência o fato de Steve Jobs ser também o CEO da Pixar, a empresa de animação por computador?)

De qualquer modo, é possível escolher todos os tipos de materiais extravagantes para a aparência do seu Tabuleiro (Board) – Madeira (Wood), Metal, Mármore (Marble) ou Grama (Grass) – e para suas peças do jogo, Pieces, Wood, Metal, Marble, Fur.

- **Computer Plays.** Use esse deslizador para determinar quão frustrado você deseja ficar ao tentar vencer no Xadrez. Quanto mais você arrastar o deslizador na direção do lado Mais Forte (Stronger), mais cálculos o computador faz antes de fazer o próximo movimento – e assim, mais difícil é para você conseguir se sobressair. Na configuração Mais Rápido (Faster), o Xadrez não passa mais de 5 segundos ruminando sobre os possíveis movimentos. Mas, se você arrastar o deslizador totalmente para a direita, o programa pode analisar *cada movimento* por até 10 horas cheias de divertimento. Essa configuração mais difícil, claro, torna impossível vencer um jogo (que pode se estender por uma semana ou mais).

  Escolher a configuração Mais rápido torna apenas ligeiramente impossível.

- **Fala (Speech).** Aqui, as duas caixas de seleção permitem que você jogue o Xadrez usando os recursos de reconhecimento de voz embutidos do Mac, *dizendo* às suas peças de xadrez para onde ir, em vez de arrastá-las, e ouvindo o Mac contar quais movimentos de peça ele está fazendo.

Dica: Se as suas habilidades no jogo de xadrez forem menores do que ótimas, o menu Movimentos (Moves) se transformará em seu melhor amigo. Os três comandos enfiados lá desfazem o seu último movimento (ótimo para se recuperar de um tropeço), sugerem um movimento quando você não tem ideia do que fazer em seguida e exibe o movimento anterior do seu oponente (no caso de você não ter percebido o que o computador acabou de fazer).

Estudando as suas jogadas

É possível escolher Jogo→Salvar Jogo (Game→Save Game) para salvar qualquer jogo em progresso, assim, você pode voltar a ele mais tarde.

Para analisar os movimentos formando um jogo, use o comando Game Log, o qual exibe o histórico do seu jogo, movimento por movimento. Um movimento típico seria registrado como "Nb8-c6", significando o cavalo no quadrado b8 movido para o quadrado c6. Equipado com um documento de lista do Xadrez, você poderia recriar um jogo inteiro, movimento por movimento.

Dica: Se abrir essa janela antes de iniciar um novo jogo, você poderá ver o registro de jogo preenchido com os movimentos, *enquanto* eles acontecem.

Dashboard

O Dashboard, descrito no Capítulo 5, é um aplicativo dedicado e clicável. Como resultado, você pode remover o seu ícone do Dock, se preferir.

Dicionário

Para a palavra dos aficionados de qualquer lugar, o Dicionário (Dictionary) (e o Thesaurus) é uma bênção – uma maneira prática de procurar definições de palavras, pronúncias e sinônimos. Para ser exato, o Snow Leopard agora vem com versões eletrônicas de *sete* serviços de referência em um:

- Todo o *New Oxford American Dictionary.*
- O *Oxford American Writers Thesaurus* completo.

Destaque do Snow Leopard: O Snow Leopard vem com a segunda edição do dicionário *Oxford American*. Você perceberá que suas entradas lhe fornecem muito mais exemplos, contextos e tabelas que o ajudam a diferenciar as diversas nuances de significado (procure por "weak" [em que um dos significados seria "fraco"], por exemplo).

- Um dicionário de termos Apple, de "A/UX" para "widget". (Aparentemente, não existem quaisquer termos Apple que começam com X, Y ou Z.)
- Wikipédia. Claro que essa famosa enciclopédia de fonte aberta criada pelos cidadãos, de fato, não está em seu Mac. O que o Dicionário faz é oferecer uma maneira fácil de buscar na versão *on-line*, e exibir os resultados direto na confiável janela Dicionário.
- Um dicionário e thesaurus japonês e um dicionário de tradução japonês para inglês.

Dica: Não é comum você ver livros de referência em japonês. Você precisa ativá-los em Dicionário→Preferências (Dictionary→Preferences).

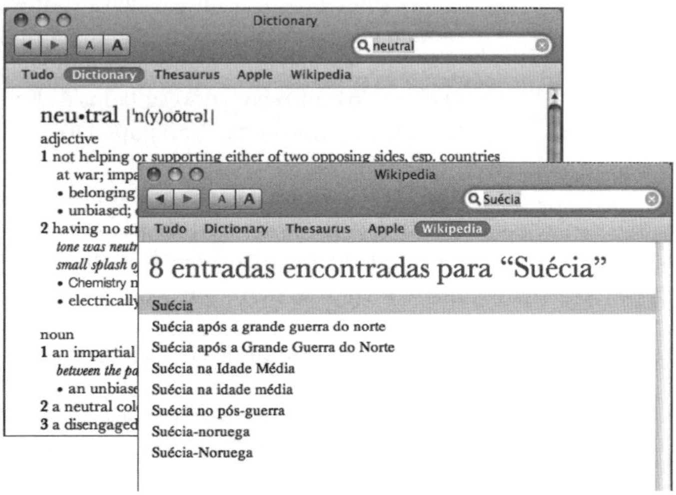

Figura 10-3: *Quando você abrir Dicionário, geralmente ele supõe que você deseja a definição de uma palavra (em cima, à esquerda). Se você preferir ver a entrada de Wikipédia (à direita, embaixo) na hora da inicialização, escolha Dicionário →Preferências (Dictionary→Preferences) – e arraste Wikipédia para cima, de modo que ele preceda o* New Oxford American Dictionary. *Isso é tudo o que precisa ser feito!*

O Mac OS X também vem com cerca de um milhão de maneiras de procurar por uma palavra:

- **Duplo-clique o ícone Dicionário.** Você obtém uma janela, mostrada em cima na Figura 10-3. Enquanto estiver digitando na caixa de busca Spotlight, você obtém palavras correspondentes; dando duplo-clique em uma palavra ou destacando e pressionando Return, terá uma visão completa, uma definição tipograficamente elegante, completada com uma frase de exemplo e guia de pronúncia.

Dica: E se você não reconhecer uma palavra na definição, clique *aquela palavra* para procurar pela sua definição. (Cada palavra fica azul e sublinhada quando você indicá-la, como um lembrete.) Depois, é possível dar duplo-clique novamente *naquela* definição – e de novo, de novo. (Depois, você pode usar os botões ◀ e ▶ na barra de ferramentas, ou os toques de teclado ⌘-[e ⌘-] para ir para trás e para frente em sua cadeia de buscas.)

  A propósito, vale a pena explorar a caixa de diálogo Dicionário→Preferências. Lá, você pode escolher as pronúncias US e British e ajustar o tamanho de fonte.

- **Pressione F12.** É, o Dicionário é um dos dispositivos em Dashboard.

- **Control-clique (ou clique com o botão direito) uma palavra destacada em um programa Cocoa.** A partir do menu de atalho, escolha Consultar o Dicionário (Look Up in Dictionary). O programa Dicionário abre aquela palavra. (Ou visite a caixa de Preferências do Dicionário e escolha Abrir painel Dicionário [Open Dictionary Panel]. Agora, você tem um painel que apresenta a palavra destacada.)

- **Use o prefixo *dict://* em seu navegador.** Isso pode soar um pouco estranho, mas na verdade é muito conveniente, pois coloca o dicionário bem onde provavelmente você poderia precisar dele: coisas na Web.

  E você pode procurar uma palavra (por exemplo, *absurdo*), digitando *dict://absurdo* na barra de endereços – no lugar onde normalmente você digitaria *http://www.oquefor*. Quando pressionar Return, o Mac OS X abre automaticamente o Dicionário e apresenta os resultados de busca de todas as suas fontes (dicionário, thesaurus, termos Apple e Wikipedia).

- **Aponte para uma palavra em um programa básico do Mac, e então pressione Control-⌘-D.** Esse toque de tecla faz o painel de definição aparecer direto na palavra para a qual você estiver apontando. (Claro que a vantagem aqui é que não é preciso destacar antes a palavra.) "Programa básico do Mac" (Basic Mac program), nesse caso, significa um dos aplicativos padrão da Apple: Mail, Lembretes, Safari, Editor de Texto, iChat, entre outros.

Dica: Eis um truque para os fãs sedentos do Mac (ou leitores rápidos). Quando você tiver chamado o toque de teclado Control-⌘-D, mantenha as teclas Control e ⌘ pressionadas. Agora, arraste o cursor pelo texto. Enquanto você empurrar o mouse em volta, a definição de cada palavra tocada aparece.

- **Selecione uma palavra em um programa básico do Mac, e então pressione Shift-⌘-L.** Esse é o atalho de teclado para uma Busca no *Serviço* do Dicionário (ver Capítulo 7).

Eis outro novo recurso de Dicionário que também é válido: a *questão frontal* do *Oxford American Dictionary* (as páginas de referência no início). Aqui estão algumas ferramentas deliciosas dos escritores, incluindo guias para soletrar, gramática, letras maiúsculas, pontuação, elementos químicos e clichês, junto com um texto completo da Declaração de Independência e a Constituição dos Estados Unidos. Basta escolher Ir→Prefácio/Posfácio (Go→Front/Back Matter) – e se maravilhar pelo seu Mac vir com um curso universitário de inglês embutido.

Dica: Entendeu a grande tela ou está ruim da vista? Depois, aperte o tamanho da fonte. A Barra de Ferramentas do Dicionário tem botões de maior/menor e há um menu pop-up Tamanho da Fonte (Font Size) na janela Preferências.

Reprodutor de DVD

Reprodutor de DVD (DVD Player), o seu projetor de filme embutido do Mac, é descrito em detalhes no Capítulo 11.

Catálogo de Fontes

Para detalhes sobre esse programa de gerenciamento de fontes, veja o Capítulo 14.

Front Row

Agora, esse programa de reprodução de multimídia de tela cheia faz parte do Mac OS X; ele está disponível até nos Macs que *não* vêm com o fino controle remoto branco da Apple. O Capítulo 15 tem os detalhes.

GarageBand

O GarageBand, o kit "faça-você-mesmo" de criação de música da Apple, na verdade, não faz parte do Mac OS X. Se você tem uma cópia, é porque ele faz parte do pacote iLife que vem em cada Mac novo (juntamente com o iMovie, iPhoto e iWeb). Existe um capítulo bônus com um curso relâmpago na página "Missing CD" deste livro em www.missingmanuals.com.

iCal

De várias maneiras, o iCal não é tão diferente daqueles calendários de papel "Partes dos Departamentos de Polícia do Meio-Oeste" que as pessoas deixam penduradas nas paredes, mesmo depois de passados meses da vida normal deles. Mas, o iCal oferece diversas vantagens sobre os calendários de papel. Por exemplo:

- Ele pode automatizar o processo de entrar com eventos que se repetem, tais como reuniões semanais do pessoal de programas de ginástica.

- O iCal pode dar uma gentil cutucada (com um som, uma caixa de diálogo ou até um e-mail) quando um acontecimento importante está próximo.

- O iCal pode compartilhar informações com o seu programa Agenda, com o Mail, com o seu iPod ou iPhone, com outros Macs, com calendários "publicados" na Internet, ou com um organizador Palm. Alguns desses recursos exigem uma daquelas contas MobileMe descritas no Capítulo 18. Mas, o iCal também pode funcionar bem em um único Mac, mesmo sem uma conexão com a Internet.

- O iCal pode assinar calendários de outras pessoas. Por exemplo, você pode assinar o calendário de sua esposa descobrindo assim quando você se comprometeu a tomar uns drinques após o jantar na noite daquele grande jogo na TV.

Destaque do Snow Leopard: Agora você pode dizer ao iCal exibir seus calendários on-line a partir do Google e Yahoo – sem precisar de hacks, programas add-ons ou semanas em jejum.

Agora o iCal também exibe o calendário corporativo do Exchange. Para obter mais detalhes, vá ao Capítulo 8.

Trabalhando com os modos de visualização

Quando você abre o iCal, vê algo como a Figura 10-4. Clicar um dos botões Visualização acima do calendário, alterna entre estas exibições:

- **Dia (Day).** Mostra as entrevistas para um único dia na área do calendário principal, separadas por uma ranhura de hora.

  Se escolher iCal→Preferências (iCal→Preferences), você pode especificar quais horas constituem um dia de trabalho. Isso é ideal tanto para aquelas pessoas de vida energética, que se levantam às 5 da manhã para fazer duas horas de calistenia, quanto para as pessoas que dormem até as 11 da manhã.

Dica: O iCal oferece uma maneira rápida de obter a data do dia de hoje – escolha Visualizar→Ir para Hoje (View→Go to Today) ou pressione ⌘-T.

- **Semana (Week).** Preenche a principal área de exibição com sete colunas, refletindo a semana atual. (É possível estabelecer uma semana de cinco dias de trabalho em iCal→Preferências.)

Dica: Se der duplo-clique a data acima do calendário, você abre a exibição daquele dia.

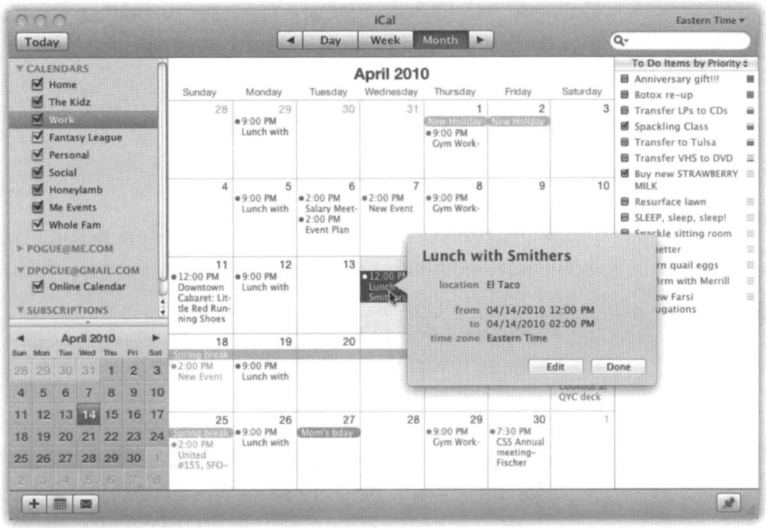

Figura 10-4:
No iCal, o calendário de navegação por miniatura (embaixo, à esquerda) fornece uma visão geral dos meses adjacentes. Você pode saltar para uma semana ou dia diferente clicando os botões ◀ e ▶, e então clicando dentro dos números. Clique duas vezes qualquer evento para ver o balão com um resumo mostrado aqui. Você pode ocultar a lista de Tarefas (Tasks) por meio do comando Visualizar→Ocultar Tarefas (View→Hide To Dos) ou clicando o botão da tachinha no canto inferior direito.

- **Mês (Month).** Mostra todo o mês que contém a data atual (Figura 10-4). Duplo-clique um número de data para abrir a vista do dia para aquela data.

  Para poupar espaço, normalmente o iCal não mostra os *horários* das suas entrevistas (ou reuniões) na exibição Mês. Se quiser vê-los de qualquer modo, escolha iCal→Preferências→Geral (iCal→Preferences→General) e ative Visualização mensal com horas (Show time in month view).

Dica: Se o seu mouse tiver uma rodinha, você pode usá-lo com grande vantagem no iCal. Por exemplo, ao fornecer uma data, ativar a roda permite que você pule para frente e para trás no horário. Também é possível mudar o nível de prioridade de um item Tarefas que você está fornecendo, ou mesmo trocar o fuso horário enquanto você estiver fazendo a sua configuração.

Em qualquer uma das visualizações, clique duas vezes um evento para ver mais detalhes. Na primeira vez que faz isso, você obtém um balão com um resumo (mostrado na Figura 10-4). Se você quiser fazer alterações, pode então clicar o botão Editar (Edit) para abrir uma visualização mais detalhada.

Dica: Na exibição por Semana ou por Dia, o iCal oferece uma prática linha horizontal que mostra onde você está no tempo exatamente *agora*. (Procure no "regulador" de horas do dia abaixo do lado esquerdo da janela para ver essa pequena lâmpada vermelha de linha.) Um toque gentil e uma prática ajuda visual em um olhar informam quando você está atrasado para alguma coisa.

Marcando um evento

O calendário básico do iCal é fácil de configurar. Afinal, com exceção de um infeliz incidente gregoriano, temos usado os calendários com sucesso por séculos.

Ainda assim, há duas maneiras de registrar um novo compromisso: uma maneira simples e uma mais flexível, deliberada.

A maneira fácil

Rapidamente, você pode registrar um compromisso, usando qualquer uma de várias técnicas, relacionadas aqui em ordem decrescente de eficácia:

- Na visualização por Mês, clique duas vezes um lugar vazio na data desejada. Um balão de informações pop-up aparece (Figura 10-5), onde você digita os detalhes para o seu novo evento.
- Na visualização por dia ou Por Semana, clique duas vezes o período inicial para criar um evento de uma hora. Ou arraste verticalmente através dos trechos de tempo que representam a duração do evento. Em ambos os casos, digite o nome do evento dentro da caixa colorida recém-criada.
- Escolher Arquivo→Novo Evento (File→New Event) (ou pressionar ⌘-N). Um novo evento aparece no dia atualmente selecionado, independente da exibição atual.
- Em qualquer exibição, Control-clique ou clique com o botão direito uma data e escolha Novo Evento do menu de atalho.

A menos que você use o método de arrastar por horas, um novo evento acredita em si mesmo como tendo a duração de uma hora. Mas, na exibição por Dia ou por Semana, é possível ajustar a sua duração, arrastando verticalmente a margem de baixo. Arraste a barra superior escura para cima ou para baixo, para ajustar a hora de início.

Em muitos casos, isso é tudo o que há para fazer. Você acabou de especificar o dia, hora e o nome do compromisso. Agora pode continuar a cuidar da sua vida.

Dica: Se esse balão Editar estiver bloqueando uma parte do calendário que você precisa ver, sem problema: basta arrastar o balão para fora do caminho, usando um ponto vazio como uma alça.

O longo caminho

O balão de informações mostrado na Figura 10-5 aparece quando você clica duas vezes um quadrado em visualização por Mês, ou qualquer evento existente.

Figura 10-5:
Todos os detalhes de um evento surgem nesta caixa/box. Entre com as informações da maneira que preferir para tornar sua vida mais organizada.

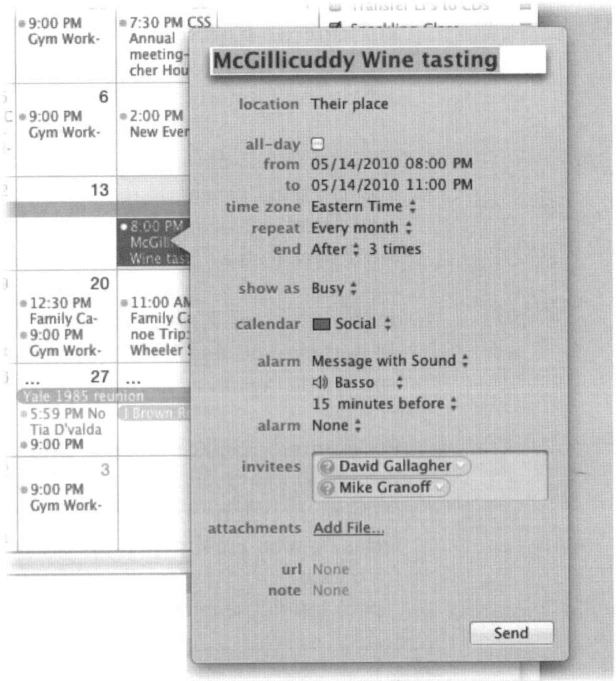

Destaque do Snow Leopard: Depois que você já editou um evento uma vez, o balão de informações completo é um pouco mais trabalhoso de ser aberto; clicar duas vezes em um evento produz somente o balão resumido mostrado na Figura 10-4.

A maneira mais rápida de abrir o balão completo é clicar o evento e pressionar ⌘-E (que é o atalho para Editar→Editar Evento [Edit→Edit Event]). O caminho longo consiste em clicar duas vezes o evento para obter o balão resumido e então clicar o botão Editar (Edit) dentro dele.

Mas a melhor solução para esse problema é disponibilizar a nova opção do Snow Leopard em iCal→ Preferências→Avançado (iCal→Preferences→Advanced). Trata-se da caixa de seleção Abrir eventos em janelas separadas (Open events in separate windows). Agora, quando você clicar duas vezes um evento no iCal, ele é aberto imediatamente em uma janela de Detalhes (Details) em tamanho integral, eliminando o passo intermediário para sempre. (Você pode fechar a janela rapidamente com um ⌘-W.)

Para cada compromisso, você pode abrir caminho com Tab para as seguintes áreas de informação:

- **assunto (subject).** Esse é o nome do seu evento – em fonte grande, em negrito, em cima. Por exemplo, você poderia digitar *Voar para Phoenix*.

- **localização (location).** Esse campo faz muito sentido; se você pensar a respeito, quase qualquer pessoa precisa registrar *onde* será o evento. Você poderia digitar um lembrete para si mesmo, como *Minha casa*, um endereço específico, como *212 East 23* ou alguma outra informação útil, como um número de telefone de contato ou número de voo.

- **dia inteiro (all-day).** Claro que um evento de "dia inteiro" faz referência a algo que não tem horário do dia associado a ele: um feriado, um aniversário, o prazo final de entrega de um livro. Quando você marca essa caixa, vê o nome do evento pular para o alto da tela do iCal, na área reservada para esse tipo de coisa.

- **de (from), a (to).** É possível ajustar os horários mostrados aqui digitando, clicando botões ou as duas coisas. Pressione Tab para pular de uma configuração para outra, e de lá para as horas e minutos do horário de início.

  Por exemplo, comece clicando a hora, depois, aumente ou diminua esse número, seja pressionando as suas teclas de seta para cima ou para baixo ou digitando um número. Pressione Tab para destacar os minutos e repita o negócio de botões ou teclas de seta. Finalmente, pressione Tab para destacar o indicador AM/PM (se for o caso) e digite *A* ou *P* – ou pressione a tecla de seta para cima ou para baixo – para mudar, se necessário.

Dica: Se você especificar uma data diferente de término, aparece uma faixa no alto do calendário.

- **fuso horário (time zone).** Essa opção só aparece depois de você escolher iCal→Preferências→Avançado (iCal→Preferences→Advanced) e depois ativar Ativar suporte de fuso horário (Turn on time zone support). E você faria *isso* somente se planeja viajar no dia em que esse compromisso acontecer.

  Quando tiver feito isso, aparece um menu pop-up fuso horário (time zone). Ele inicia com "Brasil/Leste" (ou qualquer que seja o fuso horário habitual do seu Mac); se você escolher Outro (Other), aparece um pequeno mapa-múndi. Clique o fuso horário que representa onde você estará quando esse evento deve acontecer. A partir do menu de atalho, escolha a principal cidade que esteja na mesma zona em que você estará.

Dica: O menu pop-up fuso horário lembra cada nova cidade selecionada. Na próxima vez em que você viajar para uma cidade que já visitou, não terá que fazer aquela coisa de clicar o mapa do mundo.

Agora, quando você chegar a uma cidade distante, use o menu pop-up fuso horário, no canto superior esquerdo da janela do iCal, para informar ao iCal onde você está. Verá que todos os eventos pulam, como mágica, para o horário correto.

- **repetir (repeat)**. Aqui, o menu pop-up contém as opções comuns para eventos recorrentes: diários, semanais e assim por diante. Ele inicia informando Nenhum (None).

  Quando você tiver feito uma seleção, recebe um menu pop-up fim (end), que lhe permite especificar quando esse evento deve *parar* de se repetir. Se escolher Nunca (Never), ficará vendo esse evento se repetir em seu calendário até o fim dos tempos (uma boa escolha para registrar, digamos, o seu aniversário, especialmente se a sua esposa consultar o mesmo calendário). Também é possível ativar Após (After) (um determinado número de vezes), que é uma opção útil para pagamentos do carro e da hipoteca. E se você escolher Na Data (On Date), é possível especificar a data em que aquelas repetições terminam; use essa opção para indicar o último dia de aula, por exemplo.

  Personalizar (Custom) permite especificar programas de repetição, como Primeira Segunda-feira do mês (First Monday of the month) ou A cada duas semanas (Every two weeks).

- **mostrar como (show as) (ocupado [busy], livre [free], temporário [tentative], fora do escritório [out of office])**. Esse pequeno item, novo no Snow Leopard, aparece somente se você está inscrito em algum calendário baseado na Internet (no idioma dos nerds, em um servidor CalDAV) ou se você está conectado ao calendário do Exchange (Capítulo 8). Ele comunica seus colegas quando você pode estar disponível para reuniões.

Nota: Se o seu calendário vem de um servidor CalDAV, então suas únicas opções são "ocupado" e "livre". As configurações de fábrica da maioria dos eventos é "ocupado", mas para eventos que duram um dia inteiro, é "livre". O que é lógico; somente porque o fato de ser o Dia Internacional da Valorização das Lagartixas não significa que você não esteja disponível para reuniões.

Você pode pensar: "Mas, pense bem – se eu tenho algo no calendário, obviamente eu estou ocupado!". Não necessariamente. Algumas entradas no iCal podem ser apenas reservas, lembretes para si mesmo, programas de TV que você gostaria de assistir, eventos que você pretende alterar – não eventos que o deixariam necessariamente indisponível caso um convite melhor apareça.

- **calendário (calendar)**. Um *calendário*, na confusa terminologia do iCal, é um subconjunto – uma categoria – onde você pode colocar diversos compromissos. É possível criar um para si próprio, outro apenas para eventos familiares, outro para reuniões do clube do livro, e assim por diante. Mais tarde, você será capaz de ocultar e exibir essas categorias à vontade, acrescentando ou removendo-as do calendário com um único clique.

Dica: Use esse mesmo menu pop-up para *mudar* a categoria de um evento. Se tiver arquivado algo em "Memorandos da Empresa" que deveria ter ido para "Bobagens melosas", abra o balão de informações de eventos e reformate-o. Rápido.

- **alarme (alarm)**. Esse menu pop-up informa o iCal como notificá-lo quando determinado compromisso estiver prestes a começar. O iCal envia qualquer uma de quatro tipos de sinalizações para chamar a sua atenção. Ele pode exibir uma mensagem na tela (com um som, se você preferir), enviar um e-mail, rodar um script do tipo descrito no Capítulo 7 ou abrir um arquivo em seu disco rígido. (Você poderia usar essa opção incomum para garantir que não vai se esquecer de um prazo de entrega de um trabalho, atirando o documento em questão aberto diante do seu rosto na décima primeira hora.)

  Quando você tiver especificado um mecanismo de alarme de alerta, aparece um novo menu pop-up, para que seja especificado com quanto tempo de antecedência você deseja ser notificado para esse compromisso em especial. Se for um espetáculo de TV que deseja assistir, você pode ajustar um lembrete para apenas cinco minutos antes de ir ao ar. Se for um aniversário, poderia ser ajustado um aviso com dois dias de antecedência, para dar tempo de você comprar um presente. Na verdade, é possível ajustar mais de um alarme para o mesmo evento, cada um com seu próprio intervalo de aviso antecipado.

Dica: Em iCal→Preferências→Avançado, é possível optar evitar que os alarmes soem – uma boa inspeção na caixa de seleção antes de você fazer uma apresentação diante de 2.000 pessoas. Há ainda uma opção de reprimir alarmes, exceto quando o iCal estiver aberto. Em outras palavras, apenas sair do iCal é suficiente para garantir que aqueles alarmes não interromperão o que você estiver fazendo.

- **convidados (invitees)**. Se o compromisso for uma reunião ou outro tipo de assembleia, você pode digitar aqui os nomes dos participantes. Se um nome já estiver em seu programa Agenda, o iCal se propõe a completar automaticamente o nome.

  Se você separar vários nomes com vírgulas, automaticamente o iCal transformará cada um em um botão pop-up oval sombreado. É possível clicá-lo para um menu pop-up de comandos como Remover Participante (Remove Attendee) e Enviar E-mail (Send Email). (Essa última opção só aparece se a pessoa em sua Agenda tiver um endereço de correio eletrônico ou se você tiver digitado um nome *com* um endereço de correio eletrônico entre os sinais de menor que e maior que, assim: *Chris Smith <chris@yahoo.com>*.)

  Quando você tiver especificado alguns participantes, um botão Enviar (Send) aparece no balão Informações (Info). Se clicá-lo, o iCal liga Mail e prepara mensagens prontas para enviar, cada uma com um anexo *iCal.ics*: um arquivo de convite do programa calendário. Veja a caixa a seguir.

- **anexos (attachment)**. Essa nova opção permite que você prenda um arquivo ao compromisso. Ele pode ser qualquer coisa: uma foto da pessoa que você vai encontrar, um documento para terminar naquele prazo de entrega, uma música que estava tocando na primeira vez em que você encontrou essa pessoa – o que for.

- **url**. Uma URL é um Localizador Uniforme de Recursos (*Uniform Resource Locator*), melhor conhecido como endereço Web, como www.apple.com. Caso haja uma URL relevante para esse evento, digite-o aqui. Digite mais de uma URL, se for útil; apenas certifique-se de separá-las com vírgulas.

- **nota (note).** Eis a sua oportunidade de personalizar o seu calendário de eventos. É possível digitar, colar ou arrastar qualquer texto que quiser para a área de nota – instruções de direção, números de telefone de contato, um histórico de chamadas ou qualquer coisa.

Agora, o seu evento recém-programado aparece no calendário completo, com a codificação por cor que corresponde à categoria de calendário designada.

O que fazer com um compromisso

Quando você tiver confiado a sua agenda ao iCal, poderá colocá-la para trabalhar. O iCal ficará bastante satisfeito de lembrá-lo (através de mensagens instantâneas) de seus eventos, refazer a programação deles, imprimi-los e assim por diante. Eis algumas das possibilidades.

Editando eventos

Para editar os detalhes do evento do calendário, é preciso abrir o seu balão Informações, conforme descrito na Figura 10-5.

Dica: Se você só quiser mudar o nome de um evento, Control-clique-duplo nele no lugar.

GANHE VELOCIDADE

Convidando

Verdade seja dita, esse negócio de convites automáticos do iCal ainda não se popularizou. A menos que você tenha conectado o iCal ao servidor do Exchange da sua empresa (Capítulo 8), o sistema de convites ainda é um pouco complicado, e requer um software compatível do lado do destinatário.

Quando você clica Atualizar embaixo do balão Informações, os seus convidados recebem o seu convite. Se eles usarem o iCal, o convite aparece no painel Notificações (Notifications). (Para abrir o painel Notificações, clique o pequeno ícone de envelope, no canto inferior esquerdo da janela.) Eles podem clicar Aceitar (Accept), Não Aceitar (Decline) ou Talvez (Maybe).

Em *sua* janela Notificações, então, *você* vê o *status* do nome de cada convidado: uma marca para Aceito, um X para Não Aceito, um ? para Talvez e uma seta para Ainda Não Respondeu (Not Yet Responded). (Enquanto isso, os seus convidados ficarão deliciados em descobrir que o evento aparece automaticamente em seus calendários, uma vez aceitos.)

Agora, imagine que você envia um convite para sua irmã, que não tem um Mac. Ela apenas recebe uma mensagem de e-mail que diz "Chris Smith convidou-a para o evento: Empresa Hoedown, programado para 2 de Fevereiro de 2008, às 15 horas. Para aceitar ou recusar esse convite, clique o link abaixo". Infelizmente, em geral não há link. Ela só precisa saber como abrir esse anexo .ics.

Se ela usar um programa calendário que entende esse anexo, o evento aparece em seu calendário e a confirmação dela (RSVP) aparece no seu painel Notificações de iCal (iCal Notification).

E se quiser mudar apenas a categoria "calendário" de um evento, Control-clique (ou clique com o botão direito) em qualquer lugar no evento e, do menu de atalho resultante, escolha a categoria desejada.

Em ambos os casos, não há necessidade de abrir o balão Informações.

No entanto, não é preciso se preocupar se tudo o que você quiser fazer for *reagendar* um evento, conforme descrito a seguir.

Reagendando eventos

Se um evento em sua vida for reagendado, você pode arrastar verticalmente um bloco de compromisso em uma exibição de coluna de dia ou semana para fazê-lo mais tarde ou mais cedo no mesmo dia ou, horizontalmente, para outra data naquela exibição. (Se você reagendar repetidamente um evento, o iCal pergunta se deseja mudar apenas *essa* recorrência ou essa e *todas* as futuras.)

Se algo for protelado por digamos, um mês ou dois, você terá problemas, visto que não é possível arrastar um compromisso além de sua janela de mês. Você não tem escolha senão abrir o balão Informações e editar as datas ou horários de início e encerramento – ou apenas cortar e colar o evento para uma data diferente.

Esticando ou encurtando eventos

Se uma reunião programada ficar mais curta ou a sua hora de almoço for de uma hora e meia (em seus sonhos), mudar a extensão do evento representativo de calendário é tão fácil quanto arrastar a margem de baixo de seu bloco em qualquer exibição de coluna (veja a Figura 10-6).

Dica: Na exibição de semana, se você tiver agarrado a margem de baixo de um bloco de compromisso para que o cursor mude, é possível arrastar horizontalmente, para fazer um compromisso atravessar a linha da meia-noite e estendê-la para um segundo dia.

Imprimindo eventos

Para colocar o seu calendário no papel, escolha Arquivo→Imprimir (File→Print), ou pressione ⌘-P. A caixa de diálogo resultante Imprimir permite que você inclua apenas

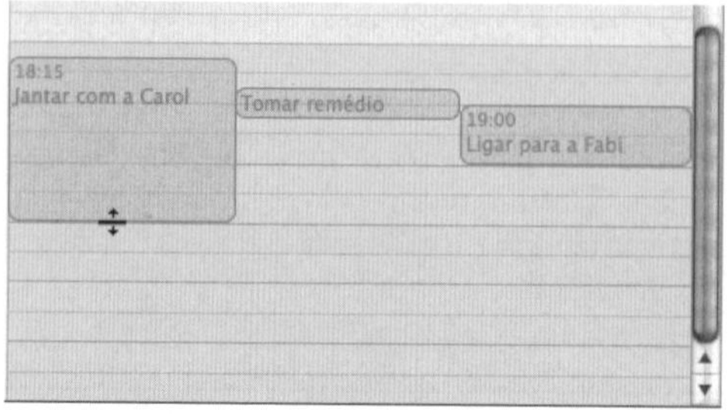

Figura 10-6:
É possível redimensionar qualquer evento do calendário do iCal, bastando arrastar a sua margem de baixo. Quando o seu cursor tocar a margem de baixo de um evento de calendário, ele se transforma em uma seta de cabeça dupla. Agora, você pode arrastar a margem do evento para que ele tome mais ou menos tempo em seu calendário.

determinada faixa de datas, apenas eventos em determinados calendários, com ou sem listas de Tarefas ou meses em miniatura, e assim por diante.

Apagando eventos

Para apagar um compromisso, basta selecioná-lo e depois pressionar a tecla Delete. Se você apagar um evento recorrente (como uma reunião semanal), o iCal pergunta se deseja apagar apenas aquele evento em especial ou toda a série, daquele ponto em diante.

Procurando eventos

Você deve reconhecer imediatamente a caixa oval de texto, no alto da tela do iCal: ela é quase idêntica à caixa do Spotlight. Essa caixa de busca destina-se a permitir que você oculte todos os eventos, exceto aqueles combinando com o que digitar nela. A Figura 10-7 tem os detalhes.

O conceito da categoria "calendário"

Exatamente como o iTunes tem *listas* que lhe permitem organizar canções em subconjuntos, e o iPhoto tem *álbuns* que lhe permitem organizar fotos em subconjuntos, o iCal tem *calendários*, que lhe permitem organizar compromissos em subconjuntos.

Figura 10-7: *Quando você digita na caixa de busca (à direita, em cima), o iCal monta uma pequena lista de resultados de busca na parte de baixo da janela. Duplo-clique qualquer fileira da lista para pular para e destacar o evento correspondente no calendário e abra o seu balão Resumo (Summary).*

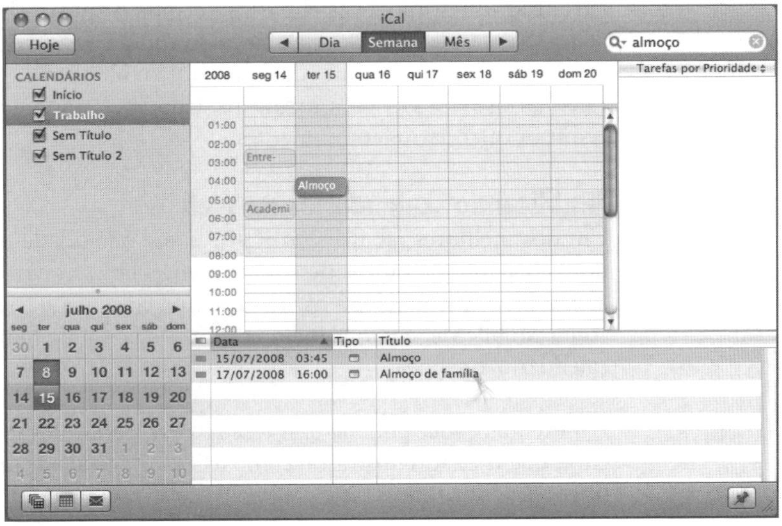

Ele pode ser o que você quiser. Uma pessoa poderia ter calendários chamados Lembretes para Casa, para o Trabalho e para a TV. Uma outra poderia ter Eu, Esposa e Eu e Toda a Família. Um pequeno negócio poderia ter categorias chamadas Viagem Dedutível, Registro de Depósitos e Registro de Imóveis.

Para criar um calendário, duplo-clique qualquer espaço vazio na lista Calendários (Calendars) (embaixo dos calendários existentes), ou clique o botão **+** no canto inferior esquerdo da janela do iCal. Digite um nome que defina, em sua mente, a categoria.

Dica: Clique um nome de calendário *antes* de criar um evento. Assim, o evento já pertencerá ao calendário certo.

Para mudar a codificação por cor de sua categoria, Control-clique (ou clique com o botão direito) o seu nome a partir do menu de atalho, escolha Obter Informações (Get Info). A caixa Informações do Calendário aparece. Aqui, você pode mudar o nome, a cor ou a descrição dessa categoria – ou desativar alarmes para essa categoria.

Você designa um evento a uma dessas categorias usando o menu pop-up em seu balão Informações ou Control-clicando (ou clicando com o botão direito) um evento e escolhendo um nome de calendário a partir do menu de atalho. Depois disso, é possível ocultar ou exibir toda uma categoria de eventos de uma vez, bastando marcar ou desmarcar a caixa de seleção apropriada na lista Calendários.

Dica: O iCal também tem grupos de calendário: contêineres de calendário que consolidam os eventos dos vários outros calendários. Supercalendários como esse facilitam administrar, ocultar, exibir, imprimir e buscar subconjuntos de seus eventos.

Para criar um grupo de calendários, escolha Arquivo→Novo Grupo de Calendários (File→New Calendar Group). Nomeie o item resultante na lista Calendários; em geral, ele se comporta como qualquer outro calendário. Arraste os nomes dos outros calendários para ele, para incluí-los. Clique o triângulo flutuante para ocultar ou exibir os calendários componentes.

"Publicando" calendários na Web

Um dos melhores recursos do iCal é a sua habilidade de colocar o seu calendário na Web, para que outras pessoas (ou você, em um computador diferente) possam assiná-lo, o que adiciona os *seus* eventos aos calendários *delas*. Se você tiver uma conta MobileMe, então alguém com um navegador também pode *visualizar* o seu calendário, on-line.

Por exemplo, você poderia usar esse recurso para colocar a agenda de reunião de um clube que você administra, ou compartilhar a agenda de uma série de futuras reuniões financeiras que todos os seus colegas de trabalho precisarão consultar.

Publicando

Comece clicando a categoria de calendário que deseja, na lista do lado esquerdo. (O iCal só pode publicar uma categoria de calendário de cada vez. Se você quiser publicar mais de um calendário, crie um *grupo* de calendários.)

Depois, escolha Calendário→Publicar (Calendar→Publish); a caixa de diálogo mostrada na Figura 10-8 aparece. É onde você personaliza como o seu calendário salvo vai se parecer e funcionar. É possível até ativar Publicar alterações automaticamente (Publish changes automatically), assim, sempre que você editar o calendário, o iCal se conecta à Internet e o atualiza automaticamente. (Caso contrário, você terá que escolher Calendário→Atualizar (Calendar→Refresh), sempre que quiser atualizar a cópia da Web.)

Figura 10-8:
Se você clicar Publicar em MobileMe (Publish onMobileMe), o iCal coloca o calendário atual, que pode ser exibido, na Web, conforme mostrado na Figura 10-9. Se você escolher um Servidor Privado (a Private Server), você tem a liberdade de descarregar o calendário para o seu próprio website, se ele for compatível com WebDAV (pergunte à sua empresa de hospedagem Web). Os seus fãs serão capazes de baixar o calendário, mas não vê-lo on-line.

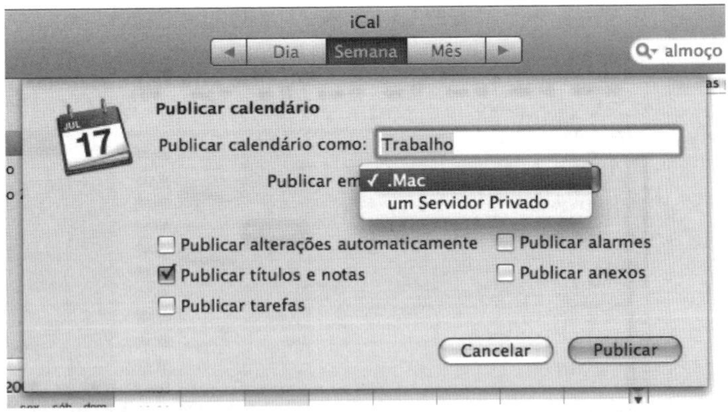

Enquanto estiver nele, você pode incluir tarefas, anotações e alarmes de evento ao calendário publicado.

Quando você clicar Publicar, o seu Mac se conecta com a Web e depois apresenta o endereço Web (a URL) da página terminada, completa, com o botão Enviar E-mail, que lhe permite enviar a URL para seus colegas.

Assinando

Se outra pessoa tiver publicado um calendário, você o assina escolhendo Calendário→Assinar (Calendar→Subscribe). Na caixa de diálogo Assinar o Calendário (Subscribe to Calendar), digite o endereço da Internet que recebeu da pessoa publicando o calendário. Alternativamente, clique o botão Assinar (Subscribe) em qualquer página Web do iCal (Figura 10-9).

De qualquer modo, também é possível especificar com que frequência você deseja que a sua própria cópia seja atualizada (supondo que você tenha uma conexão com a Internet de tempo integral), e se quer ou não se preocupar com alarmes de aviso e notas do editor.

Quando tudo estiver pronto, você verá uma nova categoria de "calendário" em sua lista do lado esquerdo, representando os eventos publicados.

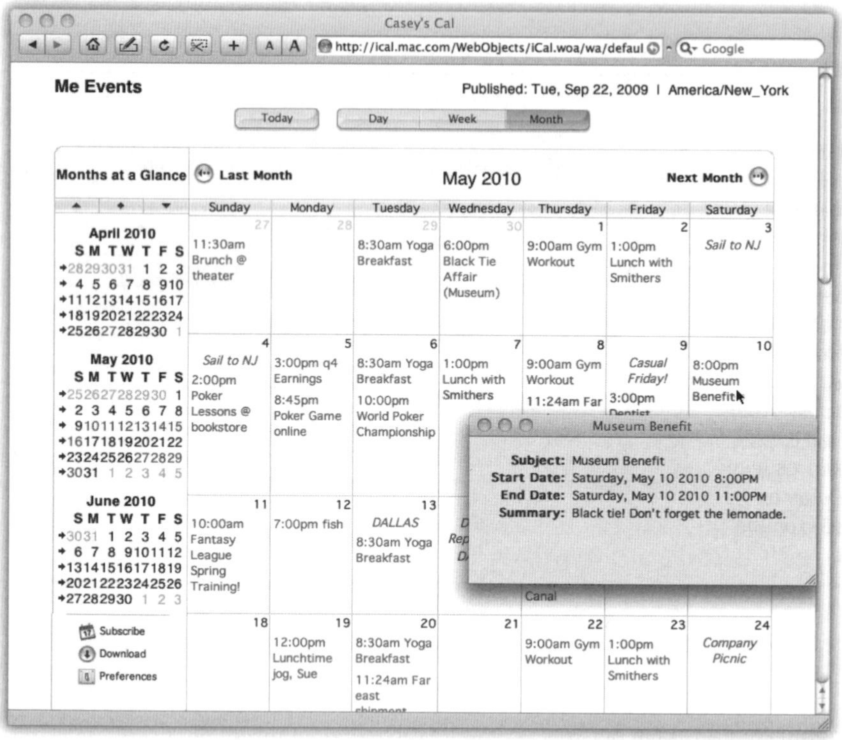

Figura 10-9: *Agora, o seu calendário está ao vivo na Web. Os seus visitantes podem controlar a exibição, trocar datas, dar duplo-clique em um evento para saber detalhes – é como um iCal Live!*

Dica: Quer tentar agora? Visite www.icalshare.com, uma central mundial para conjuntos de eventos do iCal. Você pode assinar calendários para lançamento de foguetes, exibições Mac, equipes da Liga Nacional de Hóquei, corridas NASCAR, jogos de futebol, os programas de TV *Iron Chef e Survivor*, feriados e muito mais. Nunca mais você sofrerá da "síndrome de calendário vazio".

Calendários do Google e Yahoo

Se você mantém um calendário on-line – em www.google.com/calendar ou http://calendar.yahoo.com, por exemplo, você pode ter uma surpresa agradável ao descobrir como é fácil trazer tais eventos para o iCal. É uma forma prática de manter, por exemplo, os eventos do marido ou esposa visível no calendário do outro.

Fazer essa configuração é absurdamente fácil no Snow Leopard (ver Figura 10-10).

Em mais ou menos um minuto você verá todos os seus eventos do Google ou Yahoo aparecerem no iCal. (Cada calendário Web possui seu próprio título na lista do lado esquerdo.) Melhor ainda: a sincronização é bidirecional; as alterações que você fizer nesses eventos no iCal também serão exibidas no calendário da Web.

Figura 10-10:
Para trazer o seu calendário do Yahoo ou Google para o iCal para sincronização bidirecional, selecione iCal →Preferências →Contas (iCal→Preferences→Accounts). Clique o botão + abaixo da lista. Informe seu e-mail do Google ou Yahoo (por exemplo, lalala@gmail.com*) e senha, conforme mostrado aqui. Clique Criar (Create).*

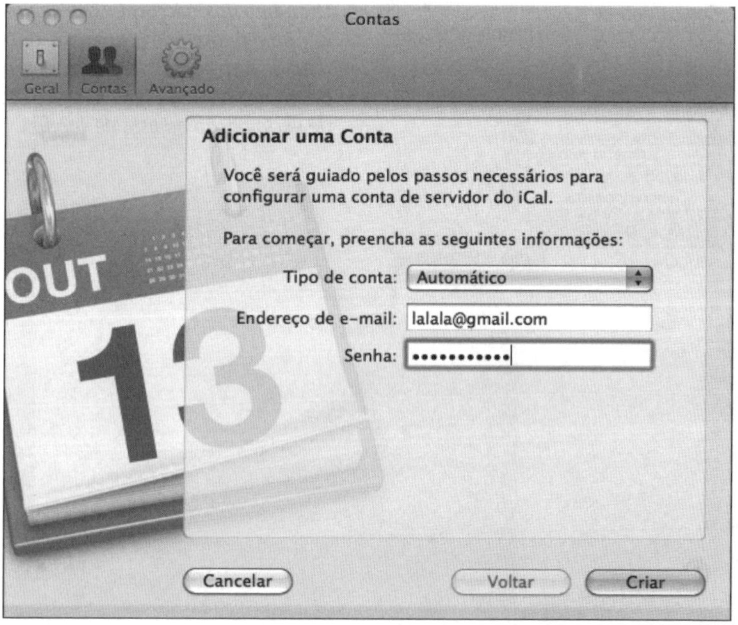

Listas de Tarefas

O recurso Tarefas do iCal (iCal's Tasks) permite que você faça uma lista de afazeres que e o acompanha, oferecendo gentis lembretes, se você assim o desejar (Figura 10-11). O que é simpático, é que agora o Mac OS X mantém uma única lista de Tarefas, que aparece em ambos, iCal e Mail.

Para ver a lista, clique o botão de pino, no canto inferior esquerdo da tela do iCal. Adicione uma nova tarefa, dando um duplo-clique em um ponto vazio na lista que aparece ou escolhendo Arquivo→Nova Tarefa Pendente (File→New To Do). Depois que o novo item aparecer, você pode digitar um nome para ele.

Para mudar a prioridade, alarme de aviso, padrão de repetição da tarefa, e assim por diante, dê duplo-clique nela. Um balão Informações aparece, exatamente como faz em um evento.

Dica: Na verdade, há uma maneira mais rápida de mudar uma prioridade de uma tarefa – clicar a pequena alça de três linhas entrelaçadas do lado direito da lista. Trata-se de um menu de atalho que lhe permite escolher a prioridade Baixa (Low), Média (Medium), Alta (High), ou Nenhuma (None).

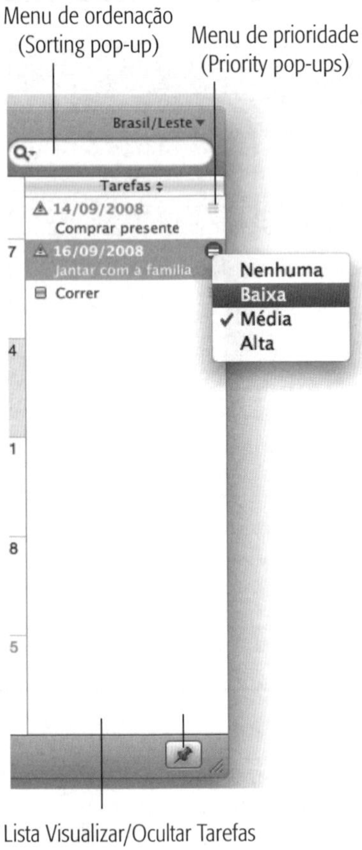

Figura 10-11:
Usando o balão Informações de uma Tarefa (To Do Info), é possível dar uma prioridade à sua nota, um calendário (categoria) ou uma data de prazo final. Tarefas com prazo vencido não vão aparecer no próprio calendário, mas aparece um pequeno triângulo com ponto de exclamação na lista de Tarefas.

Para classificar a lista (por exemplo, por prioridade), use o menu pop-up no alto da lista de Tarefas. Para apagar uma tarefa, clique-a e depois pressione a tecla Delete.

Dica: Você tem muito controle sobre o que acontece a uma listagem de tarefas *depois* de desmarcá-la. Em iCal→Preferências, por exemplo, é possível fazer as tarefas se ocultarem em ou apagarem em automaticamente depois de, digamos, uma semana ou um mês. (E se você pedir que elas se ocultem automaticamente, é possível fazer com que elas reapareçam temporariamente, usando o comando Mostrar Todos os Itens Concluídos [Show All Completed Itens] no menu pop-up, no alto da lista de Tarefas.)

iChat

Detalhes sobre o programa de mensagens instantâneas iChat podem ser encontrados no Capítulo 21.

iDVD

Na verdade, o iDVD não faz parte do Mac OS X, ainda que, provavelmente, você tenha uma cópia dele; como parte do pacote de software iLife, o iDVD vem gratuitamente em cada novo Mac. O iDVD permite que você transforme as suas fotos digitais ou filmes de filmadoras em DVDs que funcionam em quase qualquer reprodutor de DVD, completo, com menus, controles de exibição de slides e outros recursos de navegação. O iDVD cuida da tecnologia; você controla o estilo.

Para uma introdução sobre o iDVD, veja o apêndice do iLife para este capítulo, gratuito e disponível para download na página "Missing CD" deste livro, em www.missingmanuals.com.

Captura de Imagem

Esse pequeno e desvalorizado programa, completamente reprojetado no Snow Leopard, foi desenvolvido originalmente para fazer o download de imagens de câmeras digitais e então processá-las automaticamente (enviando-as para uma página Web, redimensionando-as para envio por e-mail, entre outros). É claro, após o nascimento do Captura de Imagem (Image Capture), o iPhoto chegou e pegou o seu predecessor de surpresa.

Mesmo assim, a Apple inclui o Captura de Imagem ao Mac OS X por estes motivos:

- O Captura de Imagem é o menor e mais rápido programa para fazer o download de todas as fotos ou somente *algumas* de sua câmera (Figura 10-12). Hoje o iPhoto pode fazer isso, mas às vezes é como usar uma escavadeira para abrir um pequeno orifício.

- O Captura de Imagem também pode capturar imagens dos scanners compatíveis com o Mac OS X – não apenas de câmeras digitais.

- O Captura de Imagem pode fazer o download de seus *sons* (como notas de voz) a partir de uma câmera digital silenciosa; o iPhoto não pode.

- O Captura de Imagens pode compartilhar sua câmera ou scanner na rede.

- O Captura de Imagem pode transformar uma câmera digital compatível em uma webcam, transmitindo o que ela "estiver vendo" para alguém na rede do seu escritório – ou em toda a Internet. Da mesma forma, ele pode compartilhar um scanner com todos os Macs em rede em seu escritório.

Você pode abrir o Captura de Imagem de duas formas: clicando duas vezes o seu ícone na pasta Aplicativos (Applications) ou configurá-lo para abrir automaticamente sempre que você conectar uma câmera digital e ligá-la. Para fazer isso, abra o Captura de Imagem manualmente e conecte a câmera ao computador. Ligue-a. Clique na câmera conectada e, no menu pop-up A conexão deste (desta) câmera, abre: (Connecting this câmera opens:, selecione Captura de Imagem.

Destaque do Snow Leopard: Pela primeira vez, você pode especificar qual programa o seu Mac abre quando você conecta uma câmera de forma independente para cada uma. Por exemplo, você pode configurar para abrir o Aperture quando conectar sua câmera SRL, abrir o iPhoto quando conectar sua câmera compacta e abrir o Captura de Imagem quando conectar o iPhone, de forma que você possa capturar as melhores fotos rapidamente para enviar por e-mail.

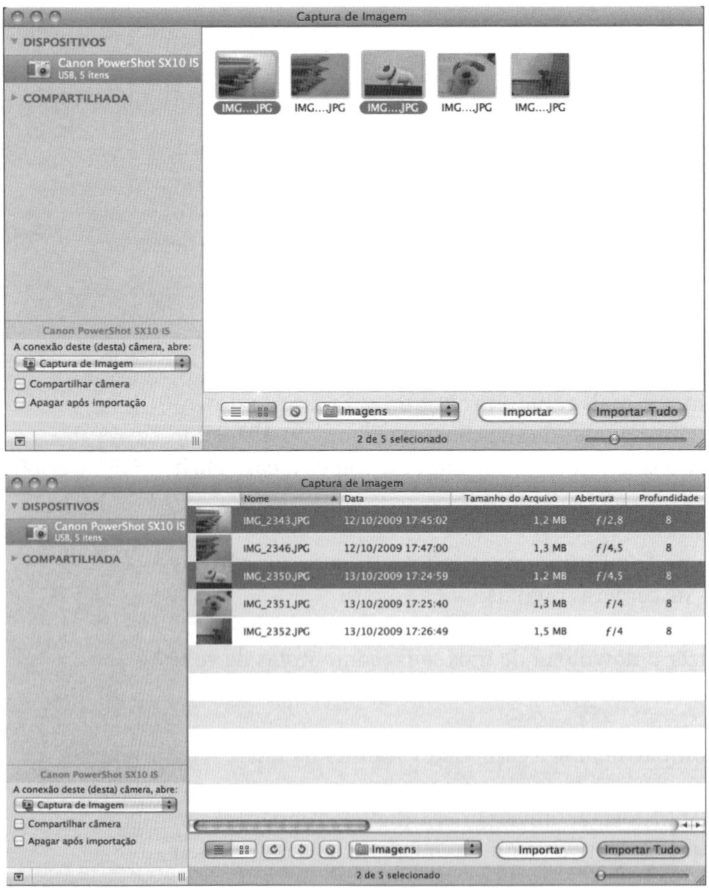

Figura 10-12:

Em cima: de certa forma, o Captura de Imagem é como um mini-iPhoto; utilize o controle deslizante no canto inferior direito para alterar o tamanho da miniatura. Utilize a caixa de seleção Apagar após importação (Delete after import) (canto inferior esquerdo) se você quiser que o cartão de memória da sua câmera seja apagado após você baixar as fotos.

Você pode escolher as fotos individualmente para baixá-las, girar (utilizando os botões embaixo) ou apagar as fotos da câmera.

Embaixo: a visualização por lista fornece uma tabela de detalhes sobre as fotos a serem importadas.

Assim que o Captura de Imagem estiver aberto, ele se parece com a Figura 10-12. Seus controles, que antigamente ficavam escondidos em menus e caixas de diálogo de preferências, agora, no Snow Leopard, foram todos trazidos para a janela principal de forma que estejam sempre disponíveis.

Quando você conecta sua câmera, telefone celular ou scanner, seu nome aparece na lista à esquerda. Para começar, clique o ícone do dispositivo. Após uns instantes, o Captura de Imagem exibe todas as fotos que estão no cartão de memória, tanto na visualização por lista por ou ícone (você escolhe).

Importar Para

Utilize esse menu pop-up para especificar o que acontece com as fotos importadas. O Captura de Imagem propõe que você salve suas fotos, músicas e filmes nas pastas da pasta Início (Home) Pictures (Imagens), Music (Música) e Movies (Filmes), respectivamente. Mas você pode especificar qualquer pasta (selecione Outras [Other] a partir do menu pop-up).

Além disso, existem outras opções muito legais aqui:

- **iPhoto**. Ótimo para direcionar as fotos da câmera *para* o iPhoto *via* Captura de Imagem. Fazer isso pode ser útil quando você não *esperava* carregar as fotos em sua coleção permanente, mas mudou de ideia quando olhou melhor para elas no Captura de Imagem.

- **Pré-visualização (Preview)**. Abre as imagens novinhas em folha no Pré-visualização para que você possa dar uma olha mais detalhada nas fotos.

- **Mail.** Envia as fotos diretamente do programa de e-mail do Mac, o que pode ser muito útil quando o objetivo principal de retirar as fotos da câmera é enviar para os amigos.

- **Criação de página Web (Build a web page).** Cria uma página real e muito atraente das suas fotos baixadas. Sobre um fundo cinza escuro, você tem imagens em miniatura das fotos em um documento chamado index.html. Basta clicar uma das pequenas imagens para visualizá-la em tamanho grande, exatamente como os visitantes do seu website poderão fazer quando sua página estiver realmente no ar. (E colocá-la on-line é por sua conta.)

Nota: O Captura de Imagem coloca os arquivos de página Web na pasta Início→Imagens→Página Web em [data e hora atual] (Home→Pictures→Webpage on [data e hora atual]). Ela contém os arquivos gráficos incorporados ao documento HTML; você pode postar tudo em seu website, se desejar.

O Captura de Imagem abre a página automaticamente em seu navegador, orgulhoso do seu trabalho.

- **CriarPDF (MakePDF).** O que é o CriarPDF? Trata-se de um pequeno aplicativo do Snow Leopard que você nem sabia que possuía.

  Quando você escolhe essa opção, uma janela parecida com o Pré-visualização é aberta, mostrando miniaturas das suas fotos. Se você escolher Salvar (Save) agora, terá um belo PDF colorido das fotos selecionadas, pronto para impressão e, então, presumidamente, ser cortado com uma tesoura ou guilhotina. Mas, se você utilizar o menu Layout, poderá selecionar diferentes layouts para suas fotos: 3 x 5, 4 x 6, 8 x 10 etc.

  E se uma foto não se ajustar de forma precisa às proporções que você selecionou? Os comandos Cortar (Crop) no menu Layout (por exemplo, "Crop to 4 x 6") centraliza cada foto dentro do formato especificado, e então recortam as bordas externas, se necessário. Os comandos Ajustar (Fit), por outro lado, *encolhe* a foto conforme necessário para ajustá-la às dimensões necessárias, deixando, às vezes, margens brancas.

Nota: Os comandos cortar nunca tocam nas fotos baixadas. Os arquivos de imagens que você fez download mantêm seus tamanhos e resoluções originais.

- **Outras (Other).** A beleza do sistema do Captura de Imagem está no fato de as pessoas poderem, na teoria, gravar scripts adicionais de processamento. Uma vez que você os escrever ou fizer o download, coloque os scripts na pasta Sistema→Biblioteca→Captura de Imagem→Tarefas Automáticas (System→Library →Image Capture→Automatic Tasks). Então, aprecie suas presenças no menu Importar Para (Import To) recém-aperfeiçoado.

Dica: Você pode configurar o Captura de Imagem para baixar tudo o que estiver na câmera de forma automática quando se conectar a ela. Sem confusões, sem opções, sem discussões.

Para fazer isso, conecte a câmera. Clique o seu nome na lista de Dispositivos (Diveces). Então, a partir do menu pop-up A conexão deste câmera, abre, selecione Impota Automáticamente (AutoImporter). A partir de agora, o Captura de Imagem baixa todas as fotos da câmera toda vez que ela for conectada.

Quando o processo de download estiver concluído, uma pequena marca verde aparece na miniatura de cada foto importada.

Transferir Algumas, Transferir Todas

Claro que clicar Transferir Todas (Import Some) inicia o processo de baixar as fotos para a pasta que você selecionou. Uma caixa de diálogo de progresso aparece, exibindo imagens em miniatura de cada imagem que voa pelo cabo.

Caso você prefira importar somente *algumas* fotos, selecione-as primeiro. (No modo de visualização por ícone, clique e Shift-clique para selecionar várias fotos *consecutivas*, e ⌘-clique para adicionar fotos *individuais* à seleção. Na visualização por ícone, você pode clicar e *Shift*-clicar somente para selecionar fotos individuais). Então, clique em Importar (Import).

Baixando através da rede

Você está sentado diante do Macintosh nº 1, mas a câmera digital está conectada ao Macintosh nº 2, no andar de baixo, em qualquer lugar na rede. O que fazem os fãs do Mac?

Certo, essa situação pode não ser exatamente o flagelo da computação moderna. Ainda assim, baixar imagens de uma câmera conectada a um computador diferente, ocasionalmente pode ser útil. Em um estúdio gráfico, por exemplo, quando um fotógrafo volta de campo, a câmera transbordando com tomadas frescas, ele pode conectar a câmera ao seu Mac, para que o seu editor possa pesquisar as imagens nela, enquanto se dirige para casa, para tomar um banho.

Para compartilhar sua câmera em rede, conecte-a; então, marque a opção Compartilhar câmera (Share camera) (canto inferior esquerdo). (Esse truque funciona com scanners também.)

No outro Mac (que também deve estar rodando o Snow Leopard), abra o Captura de Imagem. O nome da câmera compartilhada aparece na lista Compartilhada (Shared), à esquerda. Clique o nome da câmera. Agora você vê as fotos que estão na câmera, da mesma forma que foi mostrado na Figura 10-12; você pode visualizar e baixar as fotos como se estivesse com a câmera conectada ao *seu* Mac.

Use o Captura de Imagem como câmera espiã

Alguns poucos modelos de câmeras mais novos podem realmente ser *controlados* pelo Mac.Você pode ativar o botão de disparo a partir do seu laptop, por exemplo, sem tocar a câmera e correr o risco da foto sair tremida. (Fotógrafos de estúdio geralmente utilizam esse truque.)

Nota: As câmeras que funcionam como webcam incluem os modelos PowerShot recentes da Canon, alguns da Kodak e várias SLRs digitais da Nikon. No Snow Leopard, você não pode operar uma câmera como essa através da rede ou Internet – somente quando a câmera está realmente conectada ao seu Mac. Sinto muito, fãs das câmeras para babás.

Para fazer essa configuração, conecte a câmera. Selecione Arquivo→Tirar Foto (File →Take Picture). (Se o comando estiver desabilitado, então sua câmera não oferece essa funcionalidade de controle remoto.)

Se você *realmente* precisa dessa funcionalidade, uma nova caixa de diálogo aparece, mostrando uma pré-visualização do que a câmera vê. Ela também oferece opções que permitem que você controle *quando* as fotos são tiradas: manualmente (quando você pressiona a barra de espaço ou Return) ou automaticamente, em intervalos regulares.

Escaneamento

Se você possui um scanner, as chances de você não precisar de nenhum software especial de digitalização que veio com ele são boas. Em vez disso, o Mac OS X lhe fornece dois programas que podem operar qualquer scanner padrão: Captura de Imagem e Pré-visualização. Na verdade, os controles disponíveis são idênticos em ambos os programas.

Para usar um scanner com o Captura de Imagem, ligue o dispositivo e clique o seu nome na lista à esquerda. Coloque suas fotos ou documentos no scanner.

Nota: Se desejar, você pode compartilhar um scanner em rede ativando o botão Compartilhar (Share) no canto inferior esquerdo da janela. Entretanto, esse é um tipo de opção bem estranho, e por duas razões. Primeiro, o que você ganha esperando em qualquer outro lugar no edifício? Você realmente quer ficar gritando ou ligando para quem estiver próximo ao scanner: "OK! Coloque a próxima foto!"?

Segundo, não se esqueça que qualquer pessoa na rede poderá ver o que você está digitalizando e o resultado pode ser embaraçoso. Bem, você foi avisado.

Agora, você tem algumas decisões a tomar:

- **Separar ou endireitar?** Se você ativar a opção Detectar itens separadamente (Detect separate items), o Snow Leopard realizará, na verdade, uma pequena e elegante proeza: ele verificará se você colocou *múltiplos* itens no vidro do scanner, como várias fotos, por exemplo. (Ele procura por imagens retangulares cercadas por espaços em branco, de forma que se as fotos estiverem sobrepostas, esse recurso não funcionará.)

  Caso encontre múltiplos itens, o Snow Leopard automaticamente os endireita, compensando o posicionamento irregular no vidro, e então salvando como arquivos individuais.

- **Onde arquivar.** Utilize o menu pop-up Escanear para (Scan to) para especificar onde você deseja salvar os arquivos da imagem recém-digitalizada – na pasta Imagens, por exemplo. Você tem outras opções legais além de colocar as digitalizações em uma pasta; você pode utilizar a página Web, PDF, iPhoto e outras opções.

Assim que você colocar o documento no scanner, clique Escanear (Scan). O scanner desperta para a vida e, após um momento, você vê na tela o que está no vidro. A imagem é enviada simultaneamente à pasta (ou tarefa pós-processamento) que você solicitou utilizando o menu pop-up Escanear para (Scan To).

Mais poder para você

Como você pode ver, a Apple tentou tornar uma digitalização *básica* o mais simples possível: com um clique. Esse método à prova de leigos, no entanto, fornece-lhe poucas opções.

Se você clicar Mostrar Detalhes (Show Details) antes de digitalizar, entretanto, você obtém um painel especial do lado direito da janela, repleto de controles úteis de digitalização (Figura 10-13).

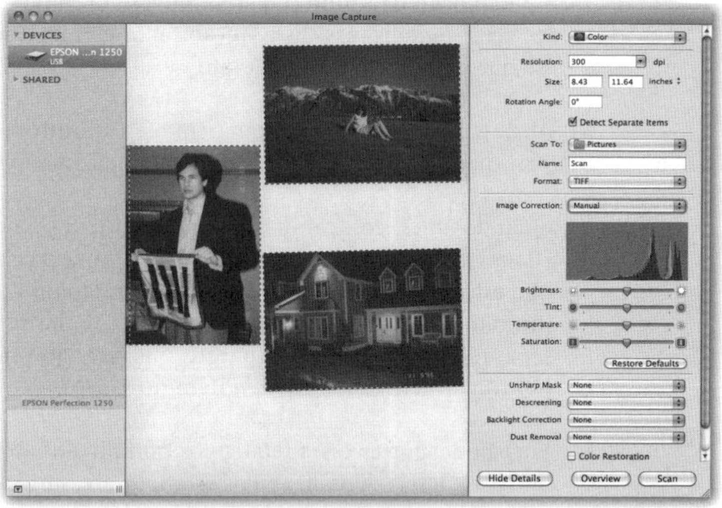

Figura 10-13: *Quando você utiliza o botão Mostrar Detalhes, um novo painel se abre à direita, onde você pode especificar detalhes de ajuste para a digitalização que você está realizando: resolução, tamanho, entre outros. Você vê como as três fotos possuem contornos pontilhados individuais ao redor delas? Isso acontece porque a opção Detectar itens separadamente está ativada. As fotos serão digitalizadas em três arquivos separados.*

A seguir, algumas das opções mais úteis:

- **Resolução (Resolution)**. Esse é o número dos minúsculos pontos digitalizados por polegada. Um valor em torno de 300 está bom para impressão; 72 é o padrão para gráficos que serão visualizados apenas na tela, como imagens para páginas Web.

- **Nome (Name)**. Aqui, especifique qual será o nome de cada imagem quando elas forem enviadas para o disco rígido. Se você disser *Scan*, então os arquivos serão nomeados como *Scan 1*, *Scan 2*, e por aí vai.

- **Formato (Format)**. Normalmente, o formato de arquivo para gráficos digitalizados é o TIFF. Trata-se de um formato de altíssima resolução ideal se você estiver digitalizando fotos preciosas para a posteridade. Mas se essas imagens vão para a Web, é melhor escolher o formato JPEG; esse é o padrão de formato da Web.

- **Correção de Imagem (Image Correction)**. Se você escolher Manual a partir do menu pop-up, então, de forma inacreditável, você será apresentado a um painel expansível com ferramentas de correção de cor: brilho, matiz, saturação, um histograma, entre outros.

- **Máscara de Nitidez (Unsharp Mask)**. Essa opção aumenta a nitidez de quaisquer fotos que estejam levemente "difusas" após a digitalização.

- **Descreening.** Às vezes, quando você digitaliza fotos impressas de um jornal ou revista, você tem um efeito *moiré*: um estranho padrão ondulado na imagem digitalizada que não estava na original. Essa opção serve para remover essa feiura.

- **Remoção de Ruído (Dust Removal).** O ruído é um problema comum em imagens digitalizadas. Essa opção tenta eliminar as manchas causadas pelo ruído que poderia arruinar sua foto.

Abrir o painel de Detalhes também oferece outro benefício prático: ele permite que você digitalize somente uma *porção* do que está no vidro do scanner.

Quando você colocar o documento ou foto no scanner, clique Visão Geral (Overview). O Snow Leopard realiza uma passagem rápida e exibe na tela o que estiver no scanner. Você verá um retângulo pontilhado em torno de toda a imagem digitalizada – a menos que você tenha ativado a opção Detectar imagens separadamente (Detect separate images), que no caso colocará um retângulo pontilhado em volta de *cada* item no vidro.

Você pode ajustar esses retângulos pontilhados até contornar a porção da imagem que você deseja digitalizar. Por exemplo, arraste a alça dos cantos do retângulo para redimensioná-lo; arraste dentro do retângulo para movê-lo; arraste a extremidade direita da linha dentro do retângulo para girá-lo; pré-visualize a rotação pressionando Control e Option.

Finalmente, quando você achar que tem o retângulo de seleção corretamente posicionado, clique Escanear para ativar a digitalização real.

Nota: Essas instruções aplicam-se à maioria dos tipos comuns de scanner – o scanner de mesa. Se você possui um scanner com alimentação de documento – uma bandeja ou compartimento que coleta um documento em papel após o outro de uma pilha –, as instruções são um pouco diferentes.

Você pode, por exemplo, ver algum menu pop-up Modo (Mode) ou Modo de Digitalização (Scan Mode); se encontrar, selecione Alimentador de Documento (Document Feeder). Você desejará utilizar a opção Mostrar Detalhes (Show Details) descrita anteriormente. Também pode estar disponível um comando Duplex (isto é, "digitalizar ambos os lados do papel" – nem todos os scanners fazem isso).

---

iMovie, iPhoto

Eis outro par de aplicativos do iLife – não faz realmente parte do Mac OS X, pulando em volta em seu Mac, pois o iLife vem com todos os novos Macs.

Um capítulo básico de como iniciar esses programas espera, na forma de PDF que pode ser baixado gratuitamente na página "Missing CD" deste livro, em www.missingmanuals.com.

Dica: Se aquele guia básico não for o suficiente para você, tenha em mente que guias escritos com maestria, em profundidade, estão disponíveis na forma de *iMovie '08 & iDVD: The Missing Manual* e *iPhoto '09: The Missing Manual*. (Títulos correspondentes de Missing Manuals também estão disponíveis para versões anteriores desses programas.)

iSync

Para detalhes sobre esse software de sincronização de arquivo, veja o Capítulo 6.

iTunes

O iTunes é o programa amado da Apple de biblioteca digital de música. O Capítulo 11 conta tudo.

Mail

Veja no Capítulo 19 a história completa.

Photo Booth

Ele pode ser simplório, pode ser sem sentido, mas o programa Photo Booth é mais sugador de tempo do que o Paciência (Solitaire), a Web e Dança dos Famosos, juntos.

Ele é uma combinação feita no céu para os Macs que têm a câmera de vídeo pequena acima da tela, mas você também pode usá-lo como filmadora, iSight ou webcam. Apenas certifique-se de que a câmera está ligada e conectada, *antes* de você abrir Photo Booth. (O Photo Booth nem ao mesmo abre se o seu Mac não tiver *algum* tipo de câmera.)

Abra esse programa e, depois, observe na câmera. O Photo Booth age como um espelho digital, exibindo o que a câmera vê – isto é, você.

Mas, depois, você clica o botão Efeitos (Effects). E entra em um mundo de efeitos visuais especiais – e estamos dizendo *muito* especiais. Alguns fazem com que você se pareça com uma cabeça de alfinete, ou bulbo, ou um gêmeo siamês; outros simulam pinturas de Andy Warhol, lentes de olhos de peixe e desenhos a carvão (Figura 10-14). Na verdade, na versão Snow Leopard, há *quatro páginas* de efeitos, nove visualizações por página; clique os botões de seta para a esquerda ou para a direita, ou pressione ⌘-→ou ←, para vê-las todas. (As últimas duas páginas contêm efeitos de *tela de fundo*, descritos a seguir.)

Alguns dos efeitos têm deslizadores que orientam a sua intensidade; você os verá aparecer quando clicar a visualização.

Tirar uma foto

Quando você encontrar um efeito que parece atraente (ou pouco atraente, dependendo de seus objetivos aqui), clique o botão de câmera, ou pressione ⌘-T. Você vê e ouve uma contagem regressiva de três segundos e, depois, *pá*! A sua tela lampeja em branco para acrescentar iluminação, assim a foto resultante aparece em sua tela. A sua miniatura se junta à coleção embaixo.

Dica: Se essa contagem regressiva estiver dando em seus nervos, Option-clique o botão de câmera. Você também pode se livrar da tela lampejando, Shift-clicando. É desnecessário dizer que, se pressionar Option e Shift, você se livra da contagem regressiva e do lampejar.

Figura 10-14: *Os efeitos do Photo Booth devem ter vindo de um sonho na Apple, no meio de uma festa séria regada a cerveja. Eles são perturbadoramente criativos. Se você realmente acreditar que parece melhor sem qualquer ajuda do envolvimento imaginário da Apple, clique o ícone Normal, no meio.*

Quatro fotos rápidas

Se você clicar o botão Tirar quatro fotos rápidas (4-Up) identificado na Figura 10-14, então quando você clicar o ícone da câmera (ou pressionar ⌘-T), a contagem regressiva começa e o Photo Booth tira *quatro* fotos consecutivas em dois segundos. Você pode explorar o tempo da mesma forma que o faria em uma cabine de foto real – fazer quatros expressões diferentes, fazer alguma palhaçada, o que quiser.

O resultado é um gráfico único com quatro imagens, parecido com aqueles que você tira nas cabines de fotos dos shopping centers. (No Photo Booth, elas aparecem montadas de forma aleatória e angular; mas quando você exporta a imagem, as fotos aparecem retas, como painéis de uma janela.) Seu ícone cai em uma faixa de miniaturas na parte inferior da janela, assim como as fotos únicas.

Vídeos

O Photo Booth também pode gravar *vídeos*, completo com aqueles efeitos de distorção. Clique o terceiro ícone abaixo da tela, o ícone Filme (Movie) (Figura 10-14), então clique o botão da câmera (ou pressione ⌘-T). A contagem regressiva começa – mas dessa vez, o Photo Booth grava um vídeo, com som, até você clicar o botão Parar (Stop) ou o disco rígido estiver cheio, o que acontecer primeiro. (O pequeno contador digital à esquerda mostra que você ainda está filmando.) Quando finalizar, o ícone do filme aparece na faixa de miniaturas, pronto para ser reproduzido ou exportado.

Ou selecione Editar→Virar Automaticamente Novas Fotos (Edit→Auto Flip New Photos) se você quiser que o Photo Booth faça a inversão *para* você a partir de agora.

Exportando poses e filmes

Para ver uma foto ou filme que você tenha capturado, clique a sua miniatura na fileira de rolagem, embaixo da tela. (Para voltar ao modo câmera, clique o botão câmera.)

Felizmente, essas obras-primas de simplicidade e distorção não estão bloqueadas no Photo Booth para sempre. Você pode compartilhá-las com o seu adorável público em qualquer uma das quatro maneiras:

USUÁRIOS PROFISSAS

Desfazendo o espelhamento de suas fotos

Tecnicamente, o Photo Booth age como um espelho, não como uma câmera. Isto é, cada foto que você tirar, na verdade, será movida da esquerda para a direita. Se houver texto na imagem – alguma coisa escrita em sua camiseta, por exemplo – ou se você examinar a maneira pela qual o seu cabelo está repartido, perceberá que cada imagem está invertida.

Por isso é que no Snow Leopard, agora você pode clicar uma miniatura do fundo da janela e depois escolher Editar→Virar a Foto (Edit→Flip Photo). Você acabou de fazer a foto combinar com o que a câmera teria visto.

- Arraste uma miniatura para fora da janela, para a sua Mesa. Ou use Arquivo→ Mostrar no Finder (File→Reveal→in Finder) no comando do Finder, para ver os arquivos de foto ou filme.

Dica: Eles estão em sua pasta Início→Imagens→Photo Booth (Home→Pictures→Photo Booth). Você encontrará uma peça JPEG para tomadas individuais, quatro arquivos JPEG para uma foto de 4 tomadas e um arquivo de filme .mov para vídeos.

- Clique em E-mail (Mail)para enviar a foto ou filme como um anexo enviado pelo Apple Mail.
- Clique o botão iPhoto para importar a tomada ou o filme para o iPhoto.
- Clique em Imagem da Conta (Account Picture) para fazer essa foto representá-lo na tela de log-in.

Dica: É possível escolher um quadro de um filme do Photo Booth para representá-lo. Enquanto o filme é exibido, clique o botão Pausa (Pause), depois, arraste a alça da barra de rolagem para congelar a ação no quadro desejado. Depois, clique em Imagem da Conta.

USUÁRIOS PROFISSAS

Telas de fundo imóveis e vídeo

O Photo Booth e o iChat são primos e estão mais próximos do que nunca. Um recurso em especial, na verdade, é idêntico em ambos: telas de fundo personalizadas. Você pode substituir o fundo atual e mundano de seu escritório ou cobrir com algo muito mais excitante: uma cachoeira corrente, por exemplo, ou a visão do olho de um cavaleiro de um navio costeiro. Na verdade, é possível usar qualquer foto ou vídeo que quiser como fundo. É exatamente como a tecnologia chroma-key que Hollywood usa para colocar seus atores em algum lugar em que eles não estão.

Para substituir a sua tela de fundo no Photo Booth, clique em Efeitos. A terceira página de efeitos oferece oito fundos enlatados, preparados pela Apple para o seu prazer: várias imagens estáticas espetaculares (nuvens, pontos coloridos, a lua) e vídeos (praça da Torre Eiffel, aquário, navio costeiro, praia tropical, cachoeira de Yosemite).

A página final oferece oito quadrados de visualização vazios. Você deve arrastar uma imagem parada ou um vídeo de sua Mesa (ou iPhoto) para esses quadrados vazios, fazendo com que eles deixem de estar vazios.

De qualquer modo, prepare a tela de fundo, clicando um dos quadrados de visualização. O Photo Booth informa: "Por favor, saia do quadro" (Please step out of the frame). Faça-o. O Photo Booth vai memorizar o que parece estar em seu campo de visão, sem você nele, para que, quando você reaparecer, ele possa considerá-lo separado de seu cansativo fundo de escritório.

Agora, quando você gravar o filme ou tirar a foto, ficará surpreso ao descobrir que o Photo Booth acabou de transplantá-lo para o local distante mais exótico que você selecionou. (Ah, manchas podem fazer com que o fundo inclua elementos de movimento ou altamente contrastantes.)

Da mesma forma, você pode clicar o seu painel favorito de uma imagem de quatro tomadas para servir como sua foto de representação – ela se expande para encher a tela do Photo Booth – antes de clicar Imagem da Conta.

E falando em fotos interessantes: se você exportar uma imagem de quatro fotos e escolhê-la como seu ícone companheiro no iChat (Capítulo 21), terá um ícone companheiro *animado*. Isto é, o seu pequeno ícone circula entre as quatro imagens, criando uma espécie de animação rústica. Na verdade, é um pouco aborrecida, mas todas as crianças estão fazendo isso.

Quando você se desligar de suas aventuras no Photo Booth, um aviso de cuidado: mantenha-o afastado das crianças. Elas não sairão do Photo Booth pelos próximos 12 anos.

Pré-visualização

O Pré-visualização (Preview) é a visualização de gráficos, de fax e leitor de PDF embutido do Mac OS X. Ele está sempre sendo inundado de recursos que a maioria dos proprietários de Mac nunca soube onde estavam – mas, no Snow Leopard, ele tornou-se uma verdadeira casa do poder.

Importação de fotos da câmera

O Pré-visualização pode importar fotos diretamente de uma câmera digital (ou iPhone), o que significa que agora existem *três* aplicativos do Snow Leopard que podem realizar essa tarefa. (O iPhoto e o Captura de Imagem são os outros dois.) Em alguns momentos, no entanto, é prático usar o Pré-visualização para esse propósito porque ele possui algumas ferramentas excelentes para fotos: controles de correção de cor, opções de tamanho/resolução, conversão de formato etc.

Porém, o processo real de importação é *exatamente* igual ao Captura de Imagem para esse propósito. Conecte sua câmera, selecione Arquivo→Importar de Câmera →[Nome da câmera] (File→Import from [Nome da câmera]).

Operação do seu scanner

O Pré-visualização pode operar um scanner, endireitar automaticamente as imagens digitalizadas e exportá-las como arquivos PDF, gráficos JPEG, entre outros.

O processo é igual ao Captura de Imagem para a operação do scanner. Somente o primeiro passo é diferente. Abra o Pré-visualização, selecione Arquivo→Importar do Scanner→[Nome do scanner] (File→Import from Scanner→[Nome do scanner]).

Claramente, a Apple ganhou tempo reutilizando alguns códigos.

Múltiplas páginas, múltiplas visualizações

Uma marca registrada do Pré-visualização é o seu manuseio fácil de *múltiplos*: múltiplas páginas de fax, múltiplos arquivos PDF, lotes de fotos, e por aí vai. A chave para compreender todas essas possibilidades está no domínio da Barra Lateral (SideBar), mostrada na Figura 10-15. A ideia é que essas miniaturas permitam que você navegue por páginas e gráficos sem ter que abrir várias janelas aninhadas.

Dica: Você pode arrastar essas miniaturas de uma Barra Lateral da janela do Pré-visualização para outra. Trata-se de uma forma excelente de misturar e combinar páginas de documentos PDF diferentes em um único arquivo, por exemplo.

Para ocultar ou exibir a Barra Lateral, pressione Shift-⌘-D (ou clique o botão Barra Lateral na barra de ferramentas, ou utilize o submenu Visualizar→Barra Lateral [View→SideBar]). Quando a Barra Lateral estiver aberta, os quatro pequenos ícones na parte inferior permitem que você escolha entre as seguintes visualizações:

Dica: Você também pode alterar entre essas quatro visualizações utilizando o submenu Visualizar→ Barra Lateral – ou pressionando os atalhos de teclado Option-⌘-1, 2, 3 e 4.

- **Folha de Contato (Contact Sheet)**. Quando você escolhe essa visualização, a janela principal é fechada, deixando você com uma tela inteira com miniaturas. É como uma mesa iluminada onde você pode olhar todas as fotos ou páginas PDF de uma vez. Torne-as menores ou maiores usando o controle deslizante no canto inferior esquerdo.

- **Miniaturas (Thumbnails)**. Essa visualização padrão (Figura 10-15, à esquerda) oferece uma lista vertical com páginas ou fotos em miniatura. Clique uma para vê-la em tamanho normal na janela principal. Redimensione as miniaturas arrastando a pequena alça na parte inferior da linha divisória da janela principal e Barra Lateral.

- **Índice (Table of Contents)**. Se você estiver examinando fotos, essa opção transforma a Barra Lateral em uma lista com os seus nomes. Se você abriu um grupo de PDFs de uma vez, você verá uma lista com eles. Ou, se você tiver um PDF que contenha títulos de capítulo, você os vê listados na Barra Lateral em forma de, sim, um índice.

- **Anotações (Annotations)**. Ainda nesta seção, você poderá ler mais sobre todas as formas de *marcar* um documento PDF com anotações, sublinhados, destaques, entre outros. Essa visualização da Barra Lateral exibe uma lista de todas as anotações, de forma que você possa ir diretamente de uma para a seguinte, respondendo às críticas inúteis do seu editor de forma muito mais eficiente.

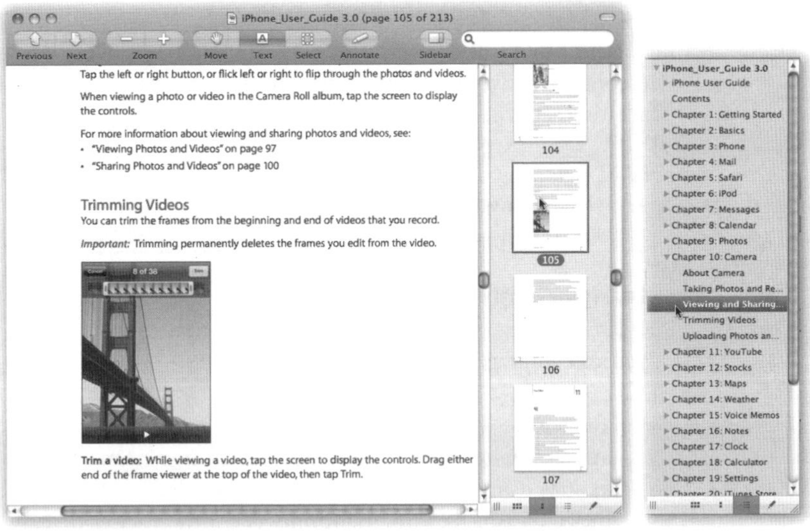

Figura 10-15: *A Barra Lateral pode exibir miniaturas (à esquerda), um índice (à direita), anotações ou ela pode aparecer como uma sequência em tela cheia de imagens em miniatura. Arraste a barra de rolagem central para aumentar a Barra Lateral; arraste o canto inferior direito da Barra Lateral para aumentar todo o Pré-visualização.*

Pré-visualização como um visualizador de gráficos

O Pré-visualização, como você está começando a perceber, é surpreendentemente versátil. Ele pode exibir e manipular imagens salvas em uma ampla variedade de formatos, incluindo os formatos comuns de gráficos, como JPEG, TIFF, PICT e GIF; formatos usados com menos frequência, como BMP, PNG, SGI, TGA e MacPaint; e até gráficos Photoshop, EPS e PDF.

Punhados de gráficos

Se você destacar um grupo de arquivos de imagem no Finder e abri-los todos de uma vez (por exemplo, pressionando ⌘-O), o Pré-visualização abre o primeiro, mas relaciona as miniaturas de todo o grupo na Barra Lateral. Você pode caminhar através deles com as teclas ↑ e ↓, ou pode escolher Visualizar→Apresentação de Slides (View→Slideshow) (Shift-⌘-F) para iniciar uma apresentação de slides em tela cheia. (No entanto, você tem que clicar as figuras manualmente.)

Dica: Você pode alterar a ordem das fotos arrastando-as pela Barra Lateral, em qualquer um dos modos de visualização.

Aparando gráficos

Para aparar gráficos no Pré-visualização, arraste pela parte de gráficos que deseja manter. Para redesenhar, arraste as alças em volta do retângulo pontilhado; ou, para continuar a aparar, selecione Ferramentas→Recortar (Tools→Crop). (O atalho de teclado é ⌘-K.)

Se achar que nunca mais precisará do original, salve o documento. Caso contrário, escolha Arquivo→Salvar Como para rodar a imagem aparada para fora, como um arquivo separado, preservando o original no processo.

Dica: Também é possível girar uma imagem – até mesmo um documento em PDF – em aumentos de 90 graus e depois movê-la vertical ou horizontalmente, usando os comandos no menu Ferramentas (Tools). De fato, se você selecionar várias miniaturas primeiro na Barra Lateral, será possível girar ou movê-las todas, simultaneamente.

Corrigindo fotos

O Pré-visualização não é um Photoshop, mas está chegando perto de ser a cada ano. Vamos contar as maneiras:

- **Selecione Ferramentas→Inspetor (Tools→Inspector).** Uma paleta flutuante aparece. Clique a primeira aba para ver o nome da foto, quando ela foi tirada, as suas dimensões de pixel e assim por diante. Clique a segunda para mais detalhes curiosos da foto, incluindo as configurações de câmera, como tipo de lente,

Figura 10-16: *O pequeno e humilde Pré-visualização cresceu para um grande e forte miniPhotoshop. Realmente, você pode corrigir uma foto se souber o que está fazendo, usando esses deslizadores. Ou pode apenas clicar o botão Níveis Automáticos (Auto Level). Ele ajusta todos aqueles deslizadores para você, o que normalmente faz um trabalho surpreendente de fazer quase qualquer foto parecer melhor.*

configuração ISO, modo de foco, se o flash estava ligado e assim por diante. A terceira aba permite que você adicione palavras-chave e, dessa forma, possa procurar por essa imagem depois utilizando o Spotlight. (A quarta é somente para documentos PDF, não fotos; ela permite que você adicione anotações.)

- **Selecione Ferramentas→Ajustar Cor (Tools→Adjust color).** Uma paleta de ajuste de cor transparente e flutuante aparece, cheio de deslizadores para brilho, contraste, exposição, saturação (intensidade de cor), temperatura e matiz (cálculo de cor), nitidez e mais. Veja a Figura 10-16.

- **Selecione Ferramentas→Ajustar Tamanho (Tools→Adjust Size).** Esse comando, permite que você ajuste a resolução de uma foto, o que é muito prático. Por exemplo, é possível escalonar uma tomada incontrolável de 10 mega-pixels, pixel por pixel, para um simpático JPEG 640 x 480, que é pequeno o bastante para ser enviado por e-mail. Ou você pode diminuir uma foto para que ela caiba dentro de uma janela da Mesa, para usar como um fundo de janela.

  Não há muito a fazer. Digite as novas dimensões de impressão desejadas para a foto, as polegadas ou quaisquer unidades que você escolher do menu pop-up. Se quiser, também é possível mudar a resolução (o número de pixels por polegada), editando a caixa Resolução (Resolution).

USUÁRIOS PROFISSAS

Escalonando e reexemplificando

Quando você estiver brincando com o tamanho e a resolução de uma imagem na caixa de diálogo Ajustar Tamanho (Change Size), pode descobrir que um par de opções aqui precisa de um pouco de explicação.

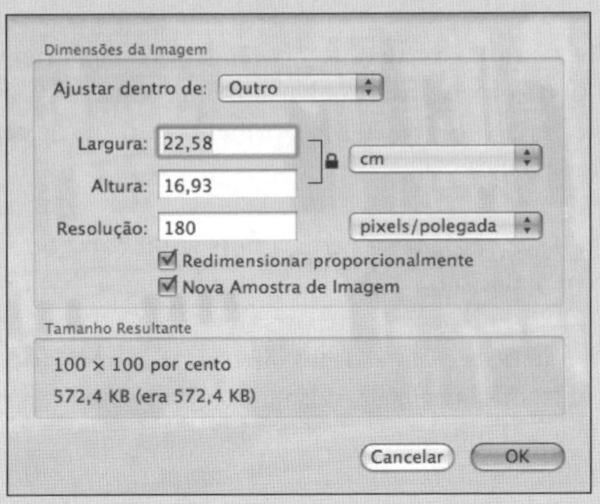

Se Redimensionar proporcionalmente (Scale proportionally) estiver marcada, o Pré-visualização muda o número da Altura (Height) quando você mudar o número da Largura (Width) , e vice-versa. Em outras palavras, ele não permite que você troque a *forma* da foto; por isso é que aparece um pequeno ícone de cadeado para suportar as caixas Altura e Largura.

Se Nova Amostra da Imagem (Resample image) estiver desmarcada, significa que o Pré-visualização ajusta o tamanho da imagem tornando os pontos maiores ou menores – mas nunca muda o *número* de pontos. (Essa é a razão pela qual o suporte de cadeado vincula todas as três caixas. Por exemplo, você pode tornar a imagem mais larga, mas terá que diminuir o número de pontos por polegada.)

Se Nova Amostra da imagem estiver marcada, você vai dar permissão ao Pré-visualização para acrescentar ou subtrair pixels, conforme necessário, para escalonar a foto para mais ou para menos. É claro que ele não pode criar os detalhes que não estavam no original, mas se você estiver escalonando uma imagem para mais, ele faz um serviço decente de gerar novos pixels, pela média das cores das cores próximas.

Tirando pessoas do fundo

Eis um recurso "Photoshopesco" que você nunca, jamais, esperaria encontrar em um simples visualizador como o Pré-visualização. Agora é possível extrair uma pessoa (ou, na verdade, qualquer coisa) de seu fundo. Isso é prático quando você quiser cortar a si próprio da foto de um grupo para usar como o seu retrato no iChat, quando quiser colar alguém em um novo fundo ou quando você romper com alguém e quiser a pessoa fora de suas fotos.

- **Fundos sólidos.** Se o fundo for simples – principalmente de uma ou duas cores sólidas –, você pode fazer esse serviço rapidamente. Comece garantindo que a barra de ferramentas está visível (⌘-B). Do menu pop-up Selecionar (Selet), escolha Extrair usando Cor (Instant Alpha).

  O recurso é extremamente esquisito, mas aqui vai: clique a primeira cor do fundo que você deseja eliminar. Automaticamente, o Pré-visualização escurece *todos* os pixels que combinam com a cor que você clicou. Clique novamente em outra área, para acrescentar mais do fundo ao remendo escurecido.

  Na verdade, se você clicar e *arrastar* a uma pequena distância, verá os números sensíveis à porcentagem aparecendo perto de seu cursor. Eles indicam que quanto mais você arrastar, mais estará expandindo a seleção para cores *próximas* àquela que você clicou. Assim, a técnica apropriada não é clicar-clicar-clicar; é arrastar-arrastar-arrastar.

  Se, acidentalmente, você comer a parte da pessoa ou coisa que deseja *manter*, Option-arraste por ela para remover aquelas cores da seleção.

  Quando parecer que você foi bem-sucedido, isole o sujeito do fundo, pressione Return. Lá está, pronto para cortar ou copiar.

- **Fundos complexos.** Se o fundo *não for* principalmente de cores sólidas, o processo é um pouco mais ardiloso. Novamente, comece garantindo que a Barra de Ferramentas esteja visível (⌘-B). Do menu pop-up Selecionar, escolha Extrair Forma (Extract Shape).

  Agora, trace cuidadosamente a pessoa ou coisa que deseja extrair. O Pré-visualização marca o seu traçado com uma espessa linha rosa (Figura 10-17).

  Você pode traçar linhas retas, liberando o botão do seu mouse e clicando a próxima extremidade. O Pré-visualização desenha uma linha reta entre o seu último arraste e o clique.

Dica: Se o contorno rosa for espesso demais ou fino demais para o seu gosto, mantenha pressionadas as teclas **-** ou **+** para fazer toda a linha ficar mais fina ou mais espessa.

Não se preocupe se você não for preciso; será capaz de aprimorar o contorno mais tarde. (Dê um zoom para apertar os cantos, pressionando ⌘-+.) Continue até que tenha feito uma curva fechada completa. Ou apenas dê duplo-clique para dizer "Conecte onde estou agora com onde eu comecei".

(Pressione Esc para apagar a linha e começar de novo – ou desistir.)

Quando tiver terminado, o contorno gera alças pontilhadas, conforme mostrado na Figura 10-17. Você pode arrastá-las para definir as margens das bordas. Quando o contorno parecer próximo o bastante, pressione Return ou Enter.

Figura 10-17:
Depois que o seu contorno estiver completo, o contorno rosa espesso gera um recorte de pequenas alças. Arraste-as para refinar o contorno.

Agora, você entra no modo Extrair usando Cor, descrito anteriormente. Se vir pedaços do fundo ainda aparecendo, arraste-os com o mouse; eles desaparecem na névoa da área "não incluída". Se, acidentalmente, você cortou uma parte de uma pessoa, Option-arraste. Nos dois casos o Pré-visualização inclui todos os pixels da mesma cor que você desbastou, facilitando remover, por exemplo, um pedaço de tecido.

Quando tudo parecer bom, pressione Return. O Pré-visualização descarta o fundo, deixando apenas a pessoa contornada. Se você escolher Arquivo→Salvar Como, terá uma imagem de fundo vazia, pronta para importar ou colar em outro programa.

Quando tiver exportado o arquivo, parabenize a si mesmo! Você acabou de criar um gráfico com um *canal alfa* que, em termos de computação gráfica, é uma máscara especial que pode ser usada para transparência ou mistura. O fundo que você apagou – a parte branca vazia – aparece transparente quando você importar o gráfico para determinados programas graficamente sofisticados. Por exemplo:

- **iMovie' 08 ou '09.** É possível arrastar o seu gráfico exportado diretamente em uma tira de filme em um projeto iMovie. As áreas brancas da imagem do Pré-visualização exportada tornam-se transparentes, assim qualquer vídeo que já esteja na tira de filme executa através dela. Ótima para créditos de abertura e efeitos especiais.

- **Pré-visualização.** Sim, o próprio Pré-visualização reconhece os canais alfa chegando. Assim, depois de cortar o fundo fora da foto A, você pode selecionar o que sobrou (pressione ⌘-A), copiar para a Área de Transferência (Clipboard) (⌘-C), abrir a foto B e colar (⌘-V). A parte visível da foto A é colada no fundo da foto B.

- **Photoshop, Photoshop Elements.** Claro que esses programas gráficos avançados também conhecem os canais alfa. Cole em seu gráfico do Pré-visualização; ele aparece como uma camada, com as camadas existentes brilhando através das áreas vazias.

Dica: Eis uma ótima maneira de criar um banner ou cabeçalho para a sua página Web. Crie um grande texto em negrito no Editor de Texto. Escolha Arquivo→Imprimir; do menu pop-up PDF, escolha em Pré-visualização, Abrir PDF (Open PDF).

Em Pré-visualização, apare o documento e salve-o como um gráfico em formato PNG (pois PNG reconhece canais alfa). Depois, use o recurso Extrair usando Cor para tirar fora o fundo e colocar dentro as letras. Ao importar essa imagem para a sua página Web, você verá um banner de texto com aparência profissional que permitirá ao fundo de sua página brilhar através de todas as áreas de texto.

Convertendo formatos de arquivo

O Pré-visualização não apenas abre todos esses formatos de arquivo – ele também pode converter entre a maioria deles. Você pode abrir alguns arquivos antigos Mac PICT e transformá-los em arquivos BMP para um usuário Windows, bisbilhotar alguns arquivos abertos SGI em uma estação de trabalho Silicon Graphics e transformá-los em JPEGs para usar em seu website, e assim por diante.

Dica: O que é ainda mais legal é que você pode abrir arquivos brutos PostScript direto no Pré-visualização, que os converte em arquivos PDF no ato. Não é mais necessária uma impressora top de linha a laser PostScript para imprimir os diagramas e layouts de página que chegam a você como arquivos PostScript. Graças ao Pré-visualização, até mesmo uma impressora de jato de tinta pode cuidar deles.

Tudo o que é preciso fazer é abrir o arquivo que você deseja converter e escolher Arquivo→Salvar Como. Na caixa de diálogo que aparece, escolha o novo formato para a imagem usando o menu pop-up Formato (Format) (JPEG, TIFF, PNG ou Photoshop, por exemplo). Finalmente, clique Salvar para exportar o arquivo.

O Pré-visualização como um leitor de PDF

O Pré-visualização é quase um equivalente ao Acrobat Reader, o programa gratuito usado por milhões de pessoas para ler documentos PDF. Ele permite que você busque documentos PDF, copie texto deles, adicione destaques, circule determinadas passagens, digite anotações – recursos que só costumavam estar disponíveis no Acrobat Reader da Adobe.

Eis o básico:

- Ampliar e diminuir com Zoom usando ⌘-sinal de mais (+) e ⌘-sinal de menos (-).

- Usar o submenu Visualizar→Exibição do PDF (View→PDF Display) para controlar como o documento PDF aparece: como duas páginas abertas; como uma única folha de rolagem de "papel toalha"; com margens que indicam o fim das páginas e assim por diante.

- Pressione a barra de espaço para folhear um documento (adicione a tecla Shift para folhear *para cima*. As teclas Page Up e Page Down fazem a mesma coisa).

Dica: Alguns documentos PDF incluem um sumário, que você verá na Barra Lateral do Pré-visualização, completo, com pequenos triângulos que mostram os principais tópicos e cabeçalhos de capítulo (Figura 10-19, à direita). É possível usar as teclas de seta para cima ↑ e para baixo ↓ sozinhas para caminhar por esses cabeçalhos de capítulos e, depois, expandir um que pareça bom, pressionando a tecla de seta para a direita. Diminua-o novamente com a tecla ← para a esquerda.

Em outras palavras, você expande e diminui os pequenos triângulos no Pré-visualização exatamente como faz em uma exibição de lista do Finder.

Figura 10-18:
A nova faixa de Anotações na margem inferior da janela do Pré-visualização torna incrivelmente fácil adicionar diversos tipos de anotações. Essa faixa aparece quando você clica o botão Anotar (Annotate) na barra de ferramentas superior, ou sempre que adicionar uma marca ou anotação manual utilizando o submenu Ferramentas→Anotar (Tools→Annotate). Clique o botão desejado, então arraste diagonalmente para definir um retângulo, oval, seta ou link. Ou clique para colocar um ícone de Anotação e editá-la na margem esquerda. Você pode arrastar ou excluir os pequenos ícones de anotações, ou ajustar sua aparência na paleta Ferramentas→Inspetor (Tools→Inspector).

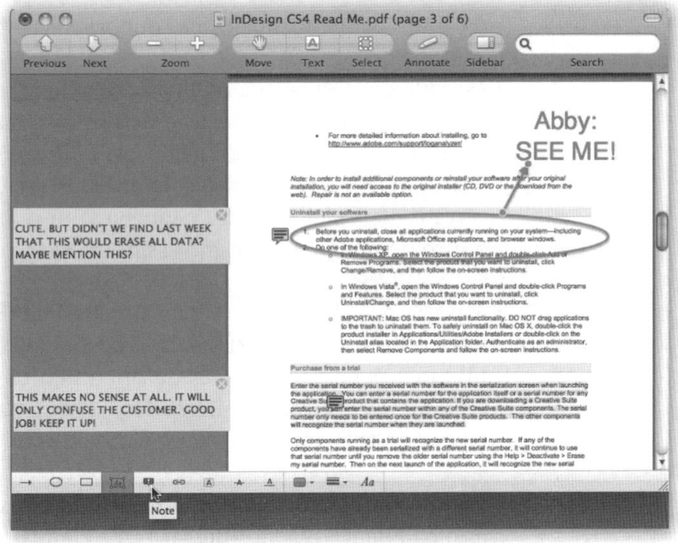

- Marque o seu lugar, escolhendo Favoritos→Adicionar Favorito (Bookmarks→Add Bookmark) (⌘-D); digite um nome inteligente. No futuro, você será capaz de voltar àquele ponto, escolhendo o seu nome a partir do menu Favoritos (Bookmarks).

- Você pode digitar anotações, adicionar links clicáveis (para endereços Web ou outros pontos no documento), ou utilizar círculos, setas, retângulos, tachados, sublinhados ou destaques em amarelo para chamar a atenção dos seus leitores para determinadas seções, conforme mostrado na Figura 10-18.

Dica: Normalmente, o Pré-visualização marca cada nota de texto com o seu nome e a data. Se você preferir não ter essas informações acrescentadas, escolha Pré-visualização→Preferências, clique Geral (General) e, depois, desative Adicionar nome às anotações (Add name to annotations).

Elas permanecem entidades vivas e editáveis mesmo após o documento ser salvo e reaberto. Essas são as anotações completas do Acrobat; elas lhe mostrarão quando seu documento PDF foi aberto pelo Acrobat Reader ou mesmo em um PC Windows.

Dica: Você pode adicionar círculos, setas, retângulos e caixas de texto mesmo em arquivos de imagens, como fotos, por exemplo.

- Ative a suavização para melhorar a leitura. Para fazer isso, selecione Pré-visualização→Preferências, e clique a aba PDF. Ative Suavizar texto e ilustração (Smooth line art and text). (Embora um texto com "antialias" geralmente pareça ótimo, às vezes é mais fácil ler um texto muito pequeno com essa propriedade desativada. É um pequeno ajuste, mas que com certeza melhora muito a nitidez.)

- Marque ou desmarque o antisserrilhado (processo que disfarça a aparência de imagens gráficas – suavização de fonte) para melhorar a legibilidade. Para encontrar a chave ligar/desligar, escolha Pré-visualização→Preferências e clique a aba PDF. (Ainda que texto com antisserrilhado geralmente pareça fantástico, às vezes é mais fácil ler letra pequena com o antisserrilhado desativado. Fica um pouco dentado, mas mesmo assim mais claro.)

- Ative a opção Visualizar→Exibição do PDF→Página Única Contínua/Duas Páginas Contínua (View→PDF Display→Single Page Continuous/Double Page Continuous) para rolar através de documentos PDF de muitas páginas em uma sequência contínua, ao invés de pular de página para página quando usar as barras de rolagem.

- Para encontrar uma palavra ou frase em um documento PDF, pressione ⌘-F (ou escolha Editar→Buscar→Buscar [Edit→Find→Find]) para a caixa tipo do Spotlight – ou apenas clique na caixa 🔍, em cima da Barra Lateral, se ela abrir. Proceda conforme mostrado na Figura 10-19.

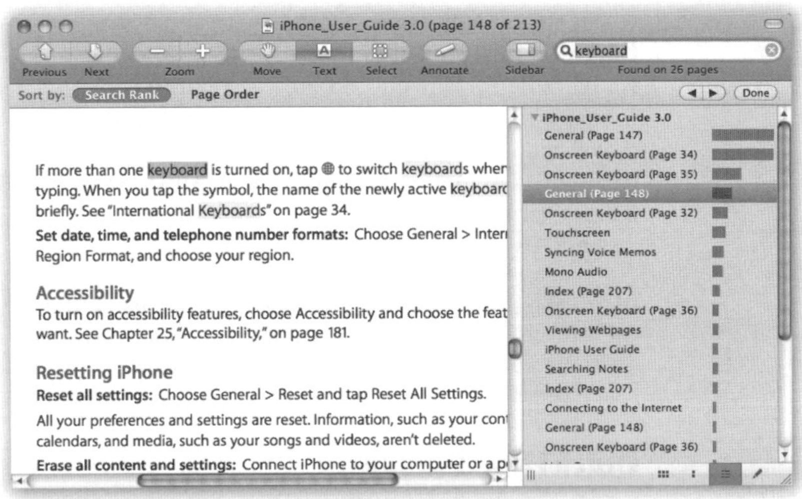

Figura 10-19: *Digite na caixa de Busca ou Pesquisa. Os resultados aparecem na Barra Lateral, com os números das páginas; clique um para ir até aquele ponto. O gráfico de barras mostra o quão relevante aquela página é em relação ao termo da pesquisa – quantas vezes ela aparece, por exemplo.*

- Se você quiser copiar algum texto de um documento PDF – para colar em um processador de textos, por exemplo, onde é possível editá-lo –, clique a ferramenta Texto (Text) (a letra A na Barra de Ferramentas) ou escolha Ferramentas→Ferramenta de Texto (Tools→Text Tool). Agora, é possível arrastar através de um texto e depois escolher Editar→Copiar (Edit→Copy), exatamente como se o documento PDF fosse uma página Web. Você pode até arrastar além dos limites de página.

Destaque do Snow Leopard: Normalmente, arrastar através do texto seleciona-o de uma margem da página até a outra, mesmo se o documento PDF estiver disposto em colunas. Mas no Snow Leopard, o Pré-visualização é um pouco mais esperto. Ele pode perceber se você está tentando selecionar o texto de apenas uma coluna, e selecionar apenas essa parte automaticamente. (A versão anterior desse programa podia fazer isso, mas você tinha que pressionar a tecla Option conforme arrastava.)

- É possível salvar uma única página de um PDF como um arquivo RIFF, para usá-lo em outros programas de gráficos, processadores de textos ou layout de página que podem não reconhecer PDF diretamente.

  Para extrair uma página, use o comando normal Arquivo→Salvar Como, tendo certeza de escolher o novo formato de arquivo do menu pop-up. (Se você escolher um formato como Photoshop ou JPEG, o Pré-visualização só converte a página atual selecionada de seu documento PDF. Isso porque não existe tal coisa como gráfico de múltiplas páginas em Photoshop ou JPEG. Mas isso você já sabia.)

- Adicione palavras-chave aos gráficos ou PDFs (selecione Ferramentas→Mostrar Inspetor [Tools→Show Inspector], clique a aba 🔍, clique o botão +). Depois, você poderá encontrar esses documentos com uma busca rápida do Spotlight por meio desses detalhes.

Barra de Ferramentas

Na Barra de Ferramentas do Pré-visualização você pode ter horas de divertimento. Exatamente como com a Barra de Ferramentas do Finder, é possível personalizá-la (escolhendo Visualizar→Personalizar Barra de Ferramentas [View→Customize Toolbar] – ou com Option-⌘-clique o botão superior direito da Barra de Ferramentas), reorganizar os seus ícones (⌘-arrastando-os para os lados), e remover ícones (⌘-arrastando-os para baixo).

Dica: Está insatisfeito porque o espaço de todas as polegadas da tela foi ocupado pela Barra de Ferramentas? Sem problema. Basta dar ⌘-clique o botão da Barra de Ferramentas (a cápsula branca no canto superior direito). Com cada clique, você circula para o próximo estilo de Barra de Ferramentas: ícones grandes, ícones pequenos, sem rótulos de texto, apenas rótulos de texto e assim por diante.

QuickTime Player

Há muito a dizer sobre o QuickTime Player, mas está tudo no Capítulo 15.

Safari

O navegador Web da Apple abriga várias dicas e truques ocultos que você levaria toda a vida para descobri-los. Mais detalhes no Capítulo 20.

Lembretes

Os Lembretes (Stickies) criam blocos de notas Post-it virtuais, que você pode colar em qualquer lugar na sua tela – um software de resposta triunfante às milhares de pessoas que colam notas nas bordas de seus monitores reais. Como com o dispositivo de Lembretes, no Dashboard, é possível abrir esse programa com um toque de tecla (destaque algum texto, depois, pressione ⌘-Y) – mas ele é muito mais poderoso.

É possível usar Lembretes para digitar notas rápidas e itens a fazer, colar em endereços da Web ou números de telefones que você precisa lembrar, ou ainda, armazenar quaisquer pequenos rascunhos e pedaços de texto com os quais você se deparar. O seu bloco de notas eletrônico aparece sempre que o programa Lembretes estiver rodando (Figura 10-20).

Figura 10-20:
Nos velhos tempos do Mac, os notas que você criava com Lembretes eram apenas texto, com uma única fonte. Atualmente, porém, você pode usar uma mistura de fontes, texto a cores e estilos, dentro de cada nota. É possível até colar neles gráficos, sons e música (como PICT, GIF, JPEG, QuickTime, AIFF, todos os arquivos PDF e assim por diante), criando os lembretes e listas de coisas a fazer mais elaborados do mundo.

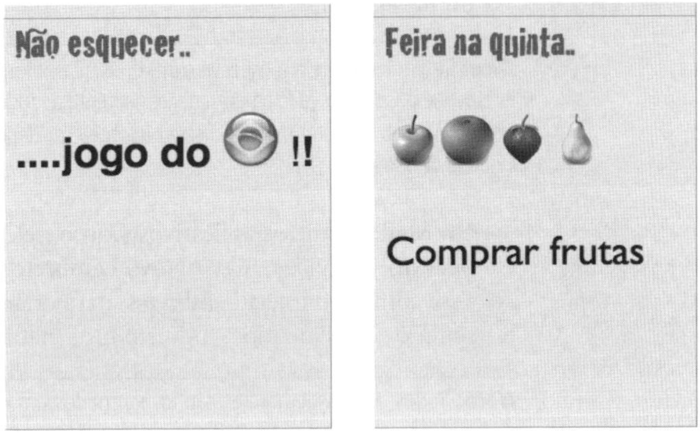

Criando lembretes

Quando você iniciar Lembretes pela primeira vez, automaticamente aparecem alguns exemplos de lembretes, descrevendo alguns recursos do programa. Você pode descartar rapidamente cada exemplo, clicando o botão de fechar no canto superior esquerdo de cada nota ou escolhendo Arquivo→Fechar (File→Close) (⌘-W). Cada vez que você fechar um lembrete, uma caixa de diálogo pergunta se deseja salvá-lo. Se você clicar Não Salvar (Don´t Save) (ou pressionar ⌘-D), o lembrete desaparece permanentemente.

Para criar um novo lembrete, escolha Arquivo→Novo Lembrete (File→New Note) (⌘-N). Depois, comece a digitar ou:

- Arraste o texto de qualquer outro programa, tal como o Editor de Texto, o AppleWorks ou o Microsoft Word. Ou arraste recortes de texto da Mesa diretamente para o seu lembrete. Também é possível arrastar um arquivo PICT, GIF, JPEG ou TIFF para um lembrete, para adicionar uma imagem. Você pode até arrastar um som ou filme para ele. (Uma mensagem pergunta se você tem certeza que deseja copiar todo o extenso filme QuickTime para a pequena nota de Lembretes.)

- Arraste o ícone de um arquivo PDF para um lembrete. (Lembretes pode acomodar até múltiplos arquivos PDF. Inicialmente, você só vê a primeira página, mas uma barra de rolagem está disponível para ver o resto.)

- Isso não é estranho? Você pode até arrastar um documento *Microsoft Word* para um lembrete!

- Escolha Arquivo→Importar (File→Import) e selecione qualquer arquivo simples de texto ou documento RTF (Rich Text Format), para trazê-lo para um lembrete.

- Arraste URLs diretamente para um lembrete, a partir de uma barra de endereços do navegador.

Dica: Se um lembrete em especial contiver as suas informações mais importantes – digamos, a sua lista de tarefas –, é possível forçá-lo a permanecer na frente de todas as outras janelas, mesmo se o próprio Lembretes ficar enfurnado no fundo. Basta clicar o lembrete e, depois, escolher Lembrete→Janela Flutuante (Note→Floating Window).

- No Mail ou outros aplicativos Cocoa, selecione um texto e, depois, escolha Editor de texto→Serviços→Criar Novo Lembrete (Text Edit→Services→Make New Sticky). Esse comando inicia Lembretes, para criar um novo lembrete, e o preenche com o seu texto selecionado – tudo em uma etapa.

Nota: Todos os seus lembretes são armazenados em um arquivo chamado StickiesDatabase (banco de dados de Lembretes), localizado em sua pasta Início→Biblioteca. Você tem a liberdade de copiá-lo, passá-lo adiante e assim por diante, como faria com qualquer arquivo.

- No próprio Editor de Texto, Mail, Pages, Safari, iChat e Lembretes, além de outros programas padrão da Apple, você pode selecionar uma porção de texto e então escolher Criar Novo Lembrete (Make New Sticky Note) a partir do menu Serviços (Services) do programa, ou pressionar Shift-⌘-Y. Agora, todos os novos lembretes aparecerão no tamanho, fonte e cor da sua escolha.

Quer criar um estilo para os seus lembretes? Primeiro crie uma nova nota e escolha a cor, a fonte e o tamanho do texto que você prefere. Agora escolha Notas→Usar como padrão (Notes→Use as Default). Todas as notas criadas aparecerão no estilo determinado.

Aumentando e diminuindo lembretes

O Lembretes inclui alguns truques embutidos para administrar uma escrivaninha cheia deles:

- Há uma pequena alça para redimensionar, no canto inferior direito de cada lembrete. Arraste-a para torná-los maiores ou menores na tela.

- Use o pequeno triângulo no canto superior direito de cada lembrete para aumentar e diminuir com Zoom as suas janelas, com um único clique. O primeiro clique diminui o lembrete para um tamanho mais compacto. Outro clique abre o lembrete no tamanho normal.

- A melhor opção: duplo-clique em qualquer lugar na tira escura no alto de cada lembrete, para diminuí-lo a minilembrete compacto, de uma linha, conforme mostrado na Figura 10-21. Você também pode diminuir um lembrete selecionado, escolhendo Janela→Contrair→Janela (Window→Miniaturize Window) (⌘-M).

Dica: A maneira mais eficaz de usar Lembretes é mantê-los em seu estado menor, conforme mostrado na Figura 10-21. Quando um lembrete é diminuído, a primeira linha do texto aparece em fonte pequena em sua barra de título, assim, não é necessário expandi-lo para se lembrar do que se trata. E, visto que muitos – se não a maioria – de seus lembretes estão resumidos em poucas palavras ("Passar na tinturaria" ou "Ligar para Mamãe"), é possível manter os seus lembretes permanentemente menores.

Figura 10-21:
Se a primeira linha de texto aparecer cortada, como no segundo lembrete aqui, você pode puxar o canto direito dele e arrastá-lo para que fique maior, sem desfazer a sua posição de miniatura.

Formatando lembretes

O Lembretes tem vários processadores de texto – como comandos para criar lembretes desenhados, com qualquer combinação de fontes, cores e estilos. Também é possível escolher a partir de seis cores de fundo de tela, do menu Cor (Color).

Como salvar lembretes

Os lembretes que você cria em Lembretes só duram enquanto ficarem abertos. Se você fechar um lembrete para tirá-lo do caminho (e clicar Não Salvar na caixa de confirmação), ele some para sempre.

Se você quiser preservar as informações que colocou em seus lembretes de uma maneira mais permanente, use Arquivo→Exportar Texto (File→Export Text) para salvar cada lembrete como um documento individual do Editor de Texto. Ao usar o comando Exportar Texto, você tem as seguintes opções:

- **Texto normal (Plain Text).** Essa opção salva o seu lembrete como um arquivo simples de texto, sem qualquer formatação ou imagens.

- **RTF.** Significa Rich Text Format, um formato especial de troca que preserva a maior parte da formatação, incluindo fonte, estilo e escolhas de cor. Você pode abrir o arquivo RTF resultante em quase qualquer processador de textos, com toda a sua formatação ainda intacta.

- **RTFD.** Uma estranha e poderosa variação de RTF, um documento Rich Text Format *com anexos*. Como você "anexa" itens a um arquivo RTFD? Arraste o ícone de um aplicativo atual (Pré-visualização, Calculadora ou o que for) ou um arquivo

PDF de múltiplas páginas, em um lembrete. O ícone do programa ou documento aparece no lembrete, mas duplo-clique o ícone não faz nada. Quando você exporta o lembrete como um arquivo RTFD, o resultado é um documento Editor de Texto que foi embutido dentro de *todo* o programa ou documento que você arrastou para dentro dele. O ícone do programa aparece como se ele não contivesse um lembrete, mas, se você der duplo-clique no ícone, de fato, o programa abre.

Também é possível colar um gráfico em seu lembrete. Quando você exportar o lembrete como um documento RTFD, o *pacote* de arquivo resultante inclui um arquivo gráfico do formato colado.

Se você não embutiu programas ou documentos em seus lembretes, então os arquivos exportados RTFD são exatamente iguais às suas contrapartes RTF.

Dica: Você pode importar o arquivo de Lembretes da pasta Sistema (System) do seu antigo Mac OS 9. Basta escolher Arquivo→Importar Lembretes do Classic (File→Import Classic Stickies). Na caixa de diálogo Abrir, navegue pelo documento da antiga pasta Sistema→Preferências→Arquivo de Lembretes (System Folder→Preferences→Stickies File) e abra-o.

Preferências do Sistema

Esse programa abre a porta para o centro nervoso das diversas preferências, configurações e opções de usuário do Mac OS X. O Capítulo 9 cobre todas as opções em detalhes.

Editor de Texto

O Editor de Texto (Text Edit): não é mais apenas para arquivos Leia-me (Read Me).

O Editor de Texto (Figura 10-22) é um processador de textos básico – mas, não tão básico quanto costumava ser. Você pode criar documentos reais com formatação real, usando folhas de estilo, numeração automática e marcações, tabelas e espaçamento de linha personalizado, e – olha só! – até salvar o resultado como um documento Microsoft Word. Há até um comando de múltiplos níveis de Desfazer (Undo). Se tivesse necessidade, você poderia escrever um romance no Editor de Texto e ele ficaria com um aspecto bem legal.

Não há novidades no Editor de Texto no Snow Leopard. Existe, no entanto, uma longa lista de novas funcionalidades de edição de texto no Snow Leopard: links inteligentes, citações inteligentes, pontuações inteligentes, copiar/colar inteligente, expansão de abreviação, correção automática de ortografia, detectores de dados, entre outros. Todos eles são descritos no Capítulo 6, e todos funcionam no Editor de Texto.

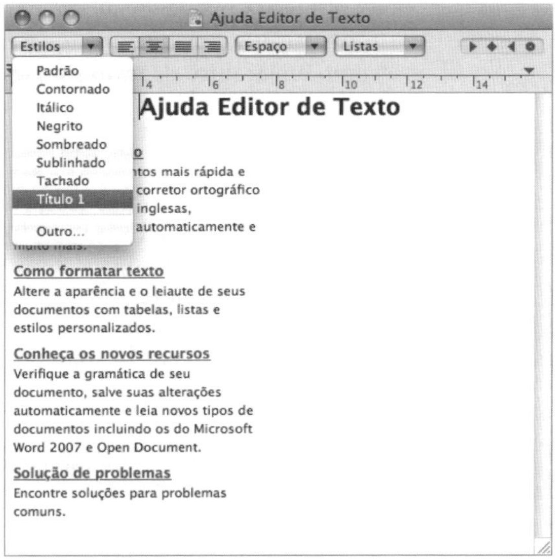

Figura 10-22:
A régua de texto permite que você controle as abas de interrupção, espaçamento de linha, justificação de parágrafo e assim por diante. Pressionar ⌘-R faz com que ela apareça e desapareça. O menu pop-up Estilo relaciona conjuntos enlatados de caracteres e formatação de parágrafos, de modo que você pode aplicá-los consistentemente por um documento.

GANHE VELOCIDADE

O acordo com o Microsoft Word

Sim, você leu corretamente: o humilde Editor de Texto pode abrir e criar documentos do Microsoft Word! A sua economia: o preço de 400 dólares norte-americanos do Microsoft Office!

Bem, mais ou menos isso...

Quando você abrir um documento do Microsoft Office no Editor de Texto, a maior parte da formatação aparece: negrito, itálico, escolhas de fonte, cores, espaçamento de linha, alinhamento e assim por diante. Mesmo as tabelas aparecem no Editor de Texto, ainda que com diferentes larguras de coluna.

Mas, muito da formatação específica do Word não sobrevive depois de atravessar o abismo: margens, folhas de estilo, notas de rodapé e similares. Marcações e listas numeradas também não conseguem, ainda que o Editor de Texto possa criar as suas próprias versões delas. E o Editor de Texto não reconhece os comentários e muda o controle que os seus colaboradores poderiam usar para marcar o seu manuscrito.

Salvar um documento no Editor de Texto como um documento Word (Arquivo→Salvar Como) é uma ideia melhor, pois o Word entende os diversos tipos de formatação que o Editor de Texto pode produzir, incluindo marcação, numeração e tabelas. O único desapontamento é que o Word não reconhece qualquer folha de estilo que você tenha ajustado no Editor de Texto. A formatação aplicada àqueles nomes de estilo sobrevive – apenas não os próprios nomes de estilo.

Ainda assim, um editor de documento Word embutido é um enorme, imenso, passo para o Mac OS. Significa que em muitos casos, você pode ser um cidadão de primeira classe jogando no campo do comércio americano. Ninguém jamais precisará saber que você: (a) está usando um Mac e (b) não está usando o verdadeiro Microsoft Word.

Duas personalidades do Editor de Texto

O único aspecto confuso do Editor de Texto é que ele tanto é um *editor de texto simples* (sem formatação, globalmente compatível) como um verdadeiro *processador de textos* (fontes, tamanhos, estilos; compatível com outros processadores de texto). Você precisa manter-se alerta quando digitar, pois no instante em que acrescentar formatação ao seu documento, o Editor de Texto não permite mais que você o salve como um arquivo de texto simples.

Eis o esquema:

- É possível mudar um documento de texto simples para um formatado, escolhendo Formato→Converter para Texto com Estilo (Fomat→Make Rich Text). A régua aparece automaticamente, para lembrá-lo de que um novo mundo de formatação acabou de ser disponibilizado.

- Inversamente, você pode mudar um documento formatado (por exemplo, um arquivo Word que você abriu) para um documento de texto simples, escolhendo Formato→Converter Texto Normal (Format→Make Plain Text). Uma mensagem de alerta aparece, para indicar que você está para perder a formatação.

- Se souber qual tipo de documento você vai querer abrir *sempre*, vá para a caixa de diálogo Editor de Texto→Preferências (TextEdit→Preferences); na aba Novo Documento (New Document), selecione Texto com estilo (Rich Text) ou Texto normal (Plain Text). É isso o que você conseguirá sempre que escolher Arquivo→Novo (File→New).

Dica: Aqui também é o lugar onde você pode ativar os links inteligentes, as citações inteligentes, as pontuações inteligentes, e outras funcionalidades inteligentes de edição de texto descritas no Capítulo 6.

Trabalhando com o Editor de Texto

Quando você começar a digitar, todas as regras comuns de processamento de texto se aplicam, com algumas distorções:

- Escolha Negrito, Itálico e tamanhos de fonte usando o submenu Formato→Fonte (Format→Font), ou escolha Formato→Fonte→Mostrar Fontes (Format→Font→Show Fonts) (⌘-T), para abrir o painel Fonte padrão do Mac OS X. Você pode até criar subscrito ou sobrescrito, mudar a cor do texto (Formato→Fonte→Mostrar Cores [Format→Font→Show Colors]) e assim por diante.

- Opções comuns de alinhamento de parágrafo – Alinhar à esquerda (Align Left), Alinhar à direita (Align Right), Centro (Center), Justificar (Justify) – estão todas disponíveis como botões de régua e também ficam no submenu Formato→Fonte. Ajuste o espaçamento de linha (simples, duplo, qualquer fração ou múltiplos) usando o menu pop-up Espaçamento (Spacing) na régua.

- A régua também oferece marcação automática e numeração de parágrafos. É só escolher o estilo de numeração preferido do menu pop-up Listas (Lists).

- Você pode selecionar vários pedaços de texto não adjacentes, *simultaneamente*. Para puxar isso, destaque o seu primeiro pedaço de texto, arrastando e depois pressionando ⌘, enquanto usar o mouse para selecionar mais texto. Bingo! Você destacou dois pedaços de texto separados.

  Quando tiver terminado de selecionar partes de texto aqui e ali, você pode operar neles em massa. Por exemplo, você pode transformar todos em negrito ou itálico com um sopro. Pode até usar os comandos Cortar, Copiar e Colar, conforme descrito na próxima seção. Quando você corta ou copia, o comando age de uma vez, de acordo com a sua seleção.

  Também é possível arrastar qualquer *uma* das partes destacadas para uma nova área, certo de que os outros punhados virão junto de carona. Todas as áreas selecionadas acabam consolidadas em seu novo lugar.

Dica: Se você Option-arrastar um dos trechos selecionados, você copiará tudo o que foi selecionado, deixando os originais no lugar certo.

- Analogamente, é possível usar o comando Buscar (Find) para destacar determinado termo em qualquer lugar que ele apareça em um documento. Para fazer isso, escolha Editar→Buscar→Buscar (Edit→Find→Find) (ou apenas pressione ⌘-F). Preencha as caixas "Buscar" e "Substituir por" (Replace with) – e, depois, pressione a tecla Control. O botão Substituir Tudo (Replace All) muda para Substituir Tudo (Select All).

Dica: Ah, não inicie o Editor de Texto nos toques de teclado secretos na caixa Buscar. Por exemplo, se você pressionar Option, o botão Substituir Tudo muda para Na Seleção (In Selection) (significando que só buscará-e-substituirá o pedaço de texto destacado).

Também é possível combinar os dois truques anteriores. Se você pressionar Control e Option, o botão Substituir Tudo muda para Na Seleção – mas agora, você está *selecionando*, não substituindo, todas as ocorrências do texto buscado, *só* dentro do bloco destacado.

- Se você Option-arrastar verticalmente, poderá selecionar livremente uma coluna de texto arbitrária (não necessariamente toda a largura da página). Essa técnica é muito útil quando você só quer selecionar uma coluna em um layout de múltiplas colunas, ou quando quiser selecionar os números em uma lista e formatar todos de uma vez. (Conforme observado anteriormente, esse truque também funciona em documentos PDF do Pré-visualização.)

Folhas de estilo

Um *estilo* é uma coleção de atributos de formatação pré-empacotada que você pode aplicar e reaplicar com um clique do mouse (negrito, Optima 24-pontos, espaço duplo, centralizado, por exemplo). É possível criar tantos estilos quantos você quiser: cabeçalhos de capítulo, estilos de Barra Lateral e assim por diante. Você acaba com uma coleção de estilos personalizados para cada um dos elementos repetidos de seu documento.

Quando tiver criado os seus estilos, você pode aplicá-los quando precisar deles, certo do conhecimento de que eles serão consistentes através do documento. Durante o processo de edição, se perceber que, acidentalmente, você deu estilo a uma *manchete* usando um estilo como *Subtítulo* será possível corrigir o problema, bastando reaplicar o estilo certo.

USUÁRIOS PROFISSAS

Tipografia avançada no Editor de Texto

Você está perdoado se derramou o seu café ao ler o cabeçalho desta caixa. Tipografia avançada no Editor de Texto? Não parece um pouco como dizer "layout de página em Bloco de Notas?".

Absolutamente não. O Editor de Texto é uma reluzente vitrine para a inteligência tipográfica do Mac OS X.

A maioria dos comandos no submenu Formato→Fonte deveria ser familiar para você: Negrito, Itálico, Sublinhado, e assim por diante. Mas, alguns foram descobertos apenas em programas caros de layout de página como InDesign e QuarkXPress. Por exemplo:

Kern. Use esses comandos, como Estreitar (Tighten) e Ampliar (Loosen), para cutucar as letras do texto selecionado para mais próximas ou mais afastadas – um recurso útil especialmente quando você está lutando com manchetes e cabeçalhos.

fluffy fluffy

Não há controles para ajustar quanto você deseja balancear o texto, mas é possível aplicar esses comandos repetidamente à mesma seleção de texto para intensificá-los. Se você quiser que o seu texto seja bem apertado, por exemplo, basta continuar clicando o comando Estreitar. Os caracteres se amontoam mais e mais próximos até trombar entre eles.

Ligadura (Ligature). As ligaduras são pares de letras, tais como fl e ff, que, em configurações de fonte extravagantes, geralmente são unidas em especial combinação de caracteres, conforme mostrado aqui. Se você escolher Formato→Fonte→Ligadura→Utilizar Padrões (Format→Font →Ligature→Use Default) (ou Usar Todas [Use All]), o Editor de Texto exibe esses pares de letras com as ligaduras apropriadas, conforme mostrado aqui. (Isso só funciona se a fonte que você estiver usando tiver essas ligaduras embutidas. Por exemplo, New York, Charcoal, Apple Chancery e todas as fontes Adobe Expert têm, mas muitas outras fontes não têm.)

Linha-base (Baseline). A linha-base é um "chão" imaginário para caracteres de texto em uma linha de fonte. Você pode empurrar texto sobre essa linha ou puxá-lo para baixo da linha-base, usando os comandos Aumentar (Raise) e Diminuir (Lower) no submenu Linha-base. Por outro lado, os comandos Sobrescrito (Superscript) e Subscrito (Subscript) trocam caracteres muito acima ou muito abaixo da linha base, assim, é possível escrever coisas como H_2O.

Forma de caractere (Character Shape). Em algumas fontes, tais como fontes Adobe Expert, esse submenu oferece uma escolha entre a Forma Tradicional (Traditional Form) e os tratamentos especializados de letras, como Minúsculas (Small Caps).

Copiar Estilo/Colar Estilo (Copy Style/Paste Style). Se administrar o menu pop-up Estilos (descrito a seguir) for esforço demasiado, esses comandos oferecem outra maneira de copiar e colar apenas a formatação de fonte para outro texto – a fonte, cor, estilo e tamanho, mas nenhum dos atributos atuais de texto ou parágrafo, tal como o alinhamento.

Nota: Diferente de um processador de texto real, o Editor de Texto não permite que você mude a formatação de um estilo e, assim, atualize cada ocorrência dele. Também não é possível buscar e substituir por estilo.

- **Criando um estilo nomeado.** Para criar um estilo, formate algum texto, para que ele fique com a aparência que você deseja, completo, com fonte, cor, espaçamento de linha, configurações de tabulação e assim por diante.

  Depois, a partir do menu pop-up Estilos na régua, escolha Outro (Figura 10-23). Clique Incluir Em Favoritos (Add To Favorites), digite um nome para o estilo, marque ambas as caixas de seleção (Figura 10-23) e clique Adicionar (Add):

Figura 10-23:
Em cima: destaque o texto que deseja formatar. Depois, a partir do menu pop-up Estilos na régua, escolha Outro. Com cada clique do botão ▶, você chama um pedaço do próximo exemplo de formatação. Quando encontrar o que quiser, pode ou clicar Aplicar (Apply), para submeter o texto destacado ou Incluir em Favoritos (para reutilizar esse estilo enlatado posteriormente). No último caso, você pode dar um nome ao novo estilo (embaixo).

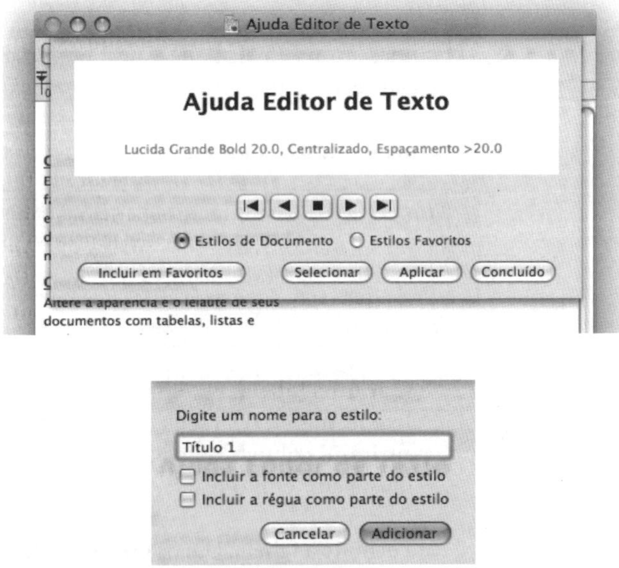

- **Aplicando um estilo.** Mais tarde, quando quiser reutilizar a formatação que você ajustou, destaque algum texto e, então, escolha o nome apropriado no menu pop-up Estilos. O Editor de Texto aplica imediatamente a formatação.

Dica: Se você apenas digitar *dentro de um parágrafo*, aplicar um estilo só afeta os atributos do *parágrafo*, como espaçamento de linha, tabulação e alinhamento. Se, ao invés disso, você *destacar um punhado aleatório de texto*, aplicar o estilo afeta apenas os atributos de *caractere*, como a fonte e o tamanho da letra. No entanto, se destacar *todo* o parágrafo, a formatação de ambos, texto e parágrafo, aparece.

- **Apagando um estilo.** Para apagar um estilo supérfluo, escolha Outro do menu pop-up Estilos na régua. Marque Estilos Favoritos (Favorite Styles), escolha o nome do estilo indesejado do menu pop-up e, depois, clique Remover De Favoritos (Remove From Favorites). (Apagar um estilo não afeta qualquer formatação que já esteja em seu documento; só tira o nome do menu Estilos.)

- **Copiando por exemplo.** No Editor de Texto, você pode usar Option-⌘-C e Option-⌘-V (Formato→Fonte→Copiar Estilo [Format→Font→Copy Style] e Formato→Colar Estilo [Format→Paste Style]) para agarrar a formatação de um lugar em seu documento e reutilizá-la em outro lugar. (Claro que não é possível aplicar estilos em ocumentos apenas de texto.)

Tabelas

As *Tabelas* tornam a vida muito mais fácil quando você deseja criar um currículo, agenda, livreto de programa, lista, teste de múltipla escolha, página Web ou outro documento em que números, palavras e frases precisam ser alinhados pela página. Nos ruins e antigos tempos, as pessoas faziam isso pressionando a tecla Tab para alinhar colunas – uma técnica que virava um pesadelo assim que você tentava acrescentar ou apagar texto. Mas, usar um recurso *tabela* do processador de textos é anos-luz mais fácil e mais flexível, porque cada fileira de uma tabela se expande infinitamente para conter o que for colocado nela. Todo o resto em sua fileira permanece alinhado.

Dica: As tabelas também são importantes para desenhar páginas Web, como qualquer webdesigner pode dizer. Ainda que não seja possível ver os contornos da tabela, muitas páginas Web são cheias de colunas de texto, que são invisivelmente alinhadas pelas tabelas. Agora que o Editor de Texto pode salvar o seu trabalho como um documento HTML, subitamente ele é um candidato viável para redesenhar páginas Web básicas.

- **Crie uma tabela**. Escolha Formato→Texto→Tabela (Format→Text→Table). A paleta flutuante de Tabela aparece (Figura 10-24). Use-a para especificar quantas fileiras e colunas deseja. A tabela de contenção de lugar em seu documento se ajusta em tempo real.

- **Formate a tabela.** Use os outros controles na paleta Tabela. Os controles de Alinhamento (Alignment) permitem que você especifique como o texto em uma das células da tabela se aproxima de sua margem. A Borda da Célula (Cell Border) controla a espessura da linha em volta das margens da célula selecionada (ou, se você entrar com 0, torna invisíveis as paredes da tabela). A amostra de cor perto da Borda da Célula especifica a cor das linhas sólidas. Os controles de Fundo da Célula (Cell Background) permitem que dê às suas células de tabela as cores de sua escolha. (Escolha Cor de preenchimento [Color Fill] do menu pop-up e, depois, clique a amostra de cor.) Essa é uma opção especialmente valiosa para webdesigners.

- **Ajuste fileiras e colunas** arrastando as margens da célula.

- **Intercale duas células selecionadas.** Clique Combinar Células (Merge Cells) na paleta Tabela. Quando tiver feito isso, é possível usar o botão Dividir Células (Split Cell), para separá-las novamente. (Dividir Células não funciona, exceto em células que você tenha intercalado anteriormente.)

- **Aninhe uma tabela dentro de uma célula de outra.** Clique na célula e depois em Aninhar Tabela (Nest Table). Mude os números nas caixas Linhas (Rows)e Colunas (Columns) para ajustar as suas dimensões.

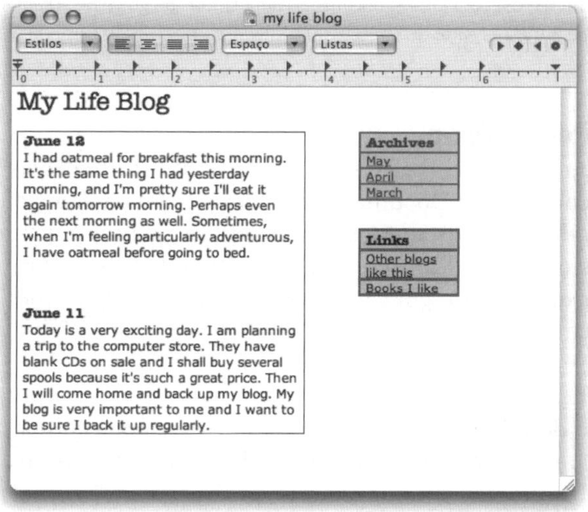

Figura 10-24:
Nota para os webdesigners: o Editor de Texto pode não ser o Dreamweaver, mas é ótimo para lançar rapidamente páginas Web, graças aos recursos de tabela. Aqui, você pode ver que uma grande tabela forma a estrutura subjacente dessa página Web, juntamente com um par delas aninhadas e seleções de cores.

O Editor de Texto como webdesigner

A nova paleta Tabela não é a única pista de que a Apple pretende que o Editor de Texto seja um programa de design rápido e fácil de página da Web. Veja estas outras ferramentas:

- Facilmente, é possível adicionar gráficos à página, arrastando-os ou colando-os em um documento. O programa entende formatos TIFF, PICT, JPG e GIF.

- Você pode adicionar hiperlinks do estilo Web, destacando "Clicar aqui" (Click here) (ou o que o link disser), escolhendo Formato→Texto→Link (Format→Text→Link) e entrar com o endereço Web na caixa de diálogo resultante. Ou apenas arrastar um link do Safari, Mail ou um outro programa. (Depois, para editar o link, Control-clique nele e escolha Editar Link [Edit Link].)

- Para salvar um documento como um HTML (página Web), escolha Arquivo→Salvar Como; a partir do menu pop-up Formato, escolha Arquivo Web (Web Archive).

- Não deixe de ver as opções de HTML em Editor de Texto→Preferências. Na aba Abrir e Salvar (Open and Save), você pode especificar qual tipo de documento HTML deseja produzir, qual configuração de estilo em cascata (CSS) deseja e se deseja ou não que o Editor de Texto inclua código para preservar as áreas em branco (espaço em branco, ou vazio) em seu layout.

Dica: Quando você abre um documento de página Web – isto é, um documento HTML – o Editor de Texto se vê diante de um dilema. Ele deve abrir a página como se ela fosse uma página da Web, interpretar o código HTML como se fosse um navegador? Ou deve exibir o próprio código HTML subjacente?

Na verdade, depende de você. Quando você escolher Arquivo→Abrir, marque Ignorar comandos de texto com estilo (Ignore Rich Text test commands) para fazer o documento abrir como código HTML. (Para tornar essa mudança permanente, marque a mesma caixa de seleção, no painel Abrir e Salvar do caixa de diálogo Editor de Texto→Preferências.)

As Preferências do Editor de Texto

A maioria das configurações no painel Preferências de Editor de Texto→Novo Documento (TextEdit Preferences→New Document) não afeta os documentos que já estão abertos – apenas os documentos abertos ou criados de agora em diante. A maioria das configurações é autoexplicativa; contudo, práticos balões explicativos aparecem, se você apontar uma opção sem clicá-la. Eis algumas configurações que não são esclarecidas imediatamente:

- **Fonte (Font).** Se Helvetica 12 não flutua, especialmente, em seu barco, é possível mudar a fonte de início do Editor de Texto. Observe que você pode ajustar *duas* fontes padrão – uma para documentos Texto com Estilo e outra para arquivos de Texto Normal.

Nota: Por definição, arquivos de texto simples não têm formatação. Assim, qualquer fonte que você escolher aqui para arquivos Texto Normal será apenas para o seu prazer. Se pretender enviar o arquivo para alguém, lembre-se de que a escolha de fonte não será salva com o documento.

USUÁRIOS PROFISSAS

Arquivos dentro de arquivos dentro de arquivos

Não é surpresa saber que é possível incluir texto formatado e imagens em um documento do Editor de Texto, mas eis algo chocante. Você também pode embutir um programa inteiro ou documento dentro de um arquivo do Editor de Texto.

Experimente isto: crie um novo documento no Editor de Texto no modo Texto com Estilo (Rich Text). Arraste um par de ícones de programa para ele, com alguns documentos que foram criados usando programas originais do Mac OS X (outro documento do Editor de Texto, por exemplo).

Quando você salvar o arquivo, o Mac OS X salva cópias embutidas dos aplicativos e documentos arrastados para o próprio documento do Editor de Texto. (O arquivo do Editor de Texto é salvo em um formato chamado RTFD, que é um documento Rich Text Format com anexos.)

Uma vez salvo o arquivo, você pode dar duplo-clique em qualquer um dos ícones no arquivo, para iniciar os itens embutidos. No documento do Editor de Texto mostrado aqui, você poderia iniciar os programas Xadrez, Reprodutor de DVD e Mail – direto de dentro do arquivo.

Para tornar as coisas ainda mais bárbaras, é possível arrastar um arquivo do Editor de Texto contendo itens embutidos para outro arquivo do Editor de Texto, salvando um arquivo dentro de um arquivo dentro de um arquivo.

Um ponto importante: os ícones de duplo-clique que você criar no Editor de Texto usando esse método não são substitutos ou links para os seus documentos e programas originais. Eles são cópias completas, verdadeiras. Se você embutir um programa de 10 MB em um documento do Editor de Texto, acabará com um arquivo do Editor de Texto de 10 MB!

- **Tamanho de janela (Window Size).** Essas configurações não têm efeito a menos que você esteja no modo Ajustar à Janela (Wrap to Window), onde o texto se envolve para caber na largura da janela, em oposto ao modo Ajustar à Página (Wrap to Page). (Essas opções são escolhidas a partir do menu Formato do Editor de Texto [TextEdit's Format].)

  Se você *estiver* no modo Ajustar à Janela, então essas dimensões determinam o tamanho da janela que aparece cada vez que você criar um novo documento no Editor de Texto.

- **Propriedades (Properties).** Essas caixas – Autor (Author), Empresa (Company) e Direitos Autorais (Copyright) – são algumas das abas que o Spotlight inspeciona quando busca o seu Mac. Se você quiser ser capaz de reunir os seus documentos por essas características, preencha aqui, para especificar as informações que deseja usar na *maioria* dos seus documentos. (Para preencher diferentemente os seus documentos individuais, escolha Arquivo→Mostrar Propriedades [File→Show Properties].)

- **Opções (Options).** Aqui você ativa/desativa os auxílios à digitação do Snow Leopard descritos no Capítulo 6: citações inteligentes, detectores de dados, substituição de texto, entre outros.

Outras ferramentas de escrita do Editor de Texto

O Editor de Texto inclui algumas outras ferramentas úteis de editar documentos:

- **Permitir Separação de Palavras (Allow Hyphenation).** Quando você selecionar esse comando do menu Formato, o Editor de Texto separa suas palavras por sílaba e insere hifens quando necessário, de modo a criar quebras de linha visualmente mais agradáveis.

Dica: É particularmente importante ativar esse recurso se o seu alinhamento de parágrafo estiver ajustado para justificado, ou se você criar colunas estreitas de texto. Se a hifenização estiver desativada, o Editor de Texto não separa palavras inteiras ao final da linha – mesmo se deixar um grande e feio espaço em branco entre palavras.

- **Impedir Edição (Prevent Editing).** Quando ativar essa opção (novamente, no menu Formato), você estará bloqueado. É possível selecionar e copiar texto para satisfação do seu coração, mas não pode mudar nada. O modo Impedir Edição pode ser útil se você quiser evitar a si mesmo de fazer alterações acidentais a um arquivo, mas não é um recurso de muita segurança. (Tudo o que alguém precisa fazer é escolher Formato→Permitir Edição (Format→Allow Editing) para conseguir novamente privilégios completos de edição.)

- **Ortografia e Gramática Spelling and Grammar).** Essas não são funcionalidades do Editor de Texto, e sim, funcionalidades do Mac OS X que funcionam em todo o sistema e também são descritas no Capítulo 6.

Time Machine

Esse marco do Mac OS X é descrito no Capítulo 6.

Utilitários: a sua caixa de ferramentas do Mac OS X

A pasta Utilitários (Utilities) (dentro de sua pasta Aplicativos) hospeda um outro lote de brindes: outro par de dezenas de ferramentas para monitorar, sintonizar, torcer e solucionar problemas do seu Mac.

A verdade é que você só deve usar cerca de seis desses utilitários. Os restantes são fragmentos muito especializados de interesse, principalmente para administradores de rede ou aficionados do Unix, que têm obsessão por saber qual tipo de asneira de código de computador estará por trás das cenas.

Dica: Mesmo assim, obviamente a Apple percebeu que na medida em que a sofisticação dos fãs do Mac OS X cresce, mais pessoas abrem com mais frequência a pasta Utilitários. Por isso é que há um comando de menu e um toque de teclado que pode levá-lo até lá. No Finder, escolha Ir→Utilitários (Go→Utilities) (Shift-⌘-U).

Monitor de Atividade

O Monitor de Atividade (Activity Monitor) destina-se a permitir que os fãs tecnologicamente entendidos do Mac vejam quanto poder disponível do Mac pode ser mostrado a qualquer momento.

A tabela Processos (Processes)

Mesmo quando você só está rodando um ou dois programas em seu Mac, dezenas de tarefas de computação (*processos*) estão trabalhando ao fundo. A metade superior da caixa de diálogo, que se parece com uma tabela, exibe todos os diferentes processos – visíveis e invisíveis – com os quais o seu Mac está lidando no momento.

Verifique quantos itens aparecem na lista de Processos, quando você está na sua mesa. É muito legal ver como o seu Mac é ocupado! Alguns processos são programas facilmente reconhecíveis (como o Finder), enquanto outros consistem em operações em nível de sistema que rodam em segundo plano e que normalmente você não vê. Para cada item, você pode ver o percentual de CPU que ele exige, quem está usando (seu nome da conta, de outra pessoa, ou *root*, que significa ser o próprio Mac), se foi ou não gravado como um aplicativo de 64 bits, e quanto de memória ele está usando.

Ou use o menu pop-up acima da lista para ver:

- **Todos os Processos (All Processes)**. Essa é uma lista completa de processos rodando; você perceberá que a ampla maioria é de pequenos aplicativos Unix que você nem sabia que tinha.

- **Todos os Processos, Hierarquicamente (All Processes, Hierarchically)**. Às vezes, um processo ativa outro, criando uma hierarquia. O "pai" de todos é o processo chamado *launchd*. De vez em quando, você verá alguns outros relacionamentos interessantes: por exemplo, o Dock executa o Dashboard, e o InternetSharing abre outros processos para fazer suas coisas.

- **Meus Processos (My Processes).** Essa é uma lista só mostra os programas que pertencem ao *seu* mundo – seu registro de entrada. Há também vários itens não familiares, mas todos eles estão rodando para servir à *sua* conta.

- **Processos do Sistema (Administrator Processes).** Esses são os processos executados pelo *root* – isto é, abertos pelo próprio Snow Leopard.

- **Outros Processos do Usuário (Other User Processes).** Essa é uma lista de *outros* processos – que não "pertencem" ao *root* e nem a você. Aqui, você pode ver os processos sendo executados por outro dono de conta, por exemplo (usando a Troca Rápida de Usuário [Fast User Switching]), ou as pessoas que estejam conectadas a esse Mac pela rede ou pela Internet.

- **Processos Ativos (Active Processes), Processos Inativos (Inactive Processes).** Essa é a diferenciação para os processos que estão realmente fazendo alguma coisa nesse exato momento, em vez de estarem aí, aguardando por um sinal (como um pressionamento de tecla ou clique do mouse).

- **Processos em Janelas (Windowed Processes).** E agora, *isso* é o que provavelmente você estava esperando: uma lista dos programas atuais, com nomes atuais em inglês, como Monitor de Atividade, Finder, Safari e Mail. Esses são os únicos rodando nas janelas atuais, os únicos que são *visíveis*, o que a maioria das pessoas pensa sobre como sendo programas.

As abas do Monitor do Sistema

Embaixo do Monitor de Atividade, você vê cinco abas que exibem detalhes íntimos sobre o seu Mac e seus esforços em segundo plano (Figura 10-25):

- **CPU.** Enquanto você cuida de sua vida normal no Mac, abrindo alguns programas, arrastando um filme QuickTime em exibição pela tela, jogando e assim por diante, é possível ver o gráfico da CPU subir e descer, dependendo de quão ocupada você a mantém. Em Macs de múltiplos processadores, você vê uma barra diferente para cada chip, permitindo ver com que eficiência o Mac OS X está distribuindo o trabalho entre eles.

Dica: Você também pode querer observar esse gráfico direto em seu Dock (escolha Visualizar→Ícone do Dock→Mostrar Histórico da CPU [View→Dock Icon→Show CPU History]) ou na barra, na margem de sua tela (escolha Janela→Janela da CPU Flutuante→Horizontalmente [Windows→Floating CPU Window→Horizontally]).

Finalmente, lá está o esquisito comando em minúsculas Visualizar→Exibir monitores da CPU por cima de outras janelas (Show CPU Monitors on top of other windows). Ele faz a pequena barra flutuar em cima de todos os seus outros programas, assim, não é possível deixar de vê-la.

- **Memória do Sistema (System Memory).** Eis um gráfico colorido que mostra a posição da RAM do seu Mac no momento.

  O número embaixo do gráfico mostra quanta memória está instalada no Mac. Se quando ele estiver rodando um complemento típico de programas, o número Residente (Wired) mais o número Ativo (Active) estiverem quase iguais à quantia total de sua RAM, é hora de pensar em comprar mais memória. Você está sufocando o seu Mac.

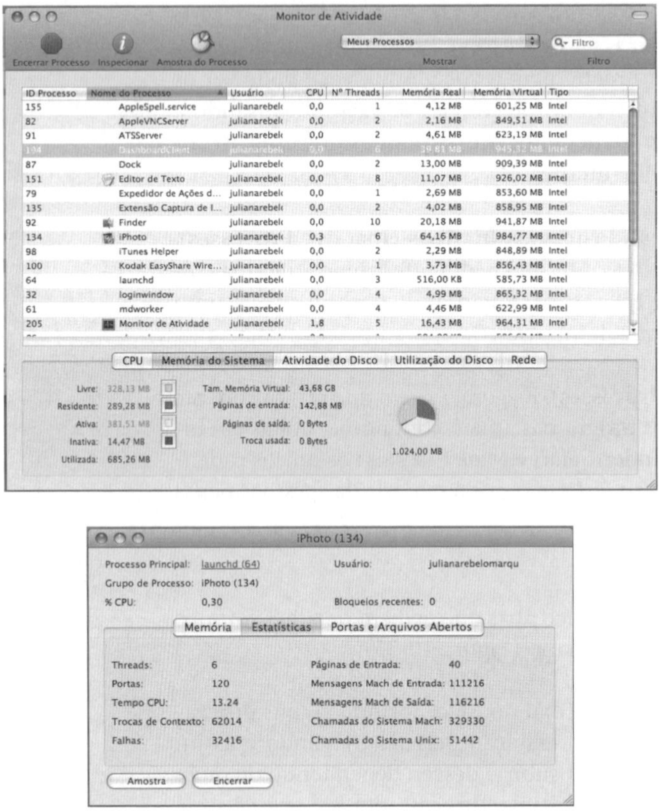

Figura 10-25:
As muitas faces do Monitor de Atividade.

Em cima: ele pode ser um gráfico de atividade de seu processador (CPU), de seu uso de RAM no momento, de sua capacidade de disco e assim por diante. Para a maior parte das pessoas, só os processos relacionados aqui com pequenos ícones ao lado de seus nomes são verdadeiros programas com janelas – aqueles com ícones no Finder, aqueles com os quais você realmente interage.

Não deixe de olhar o botão Encerrar Processo (Quit) no alto à esquerda. É uma maneira conveniente de descartar um programa bloqueado quando ele falhar.

Embaixo: se der duplo-clique no nome de um processo, você obtém uma caixa de diálogo de três abas que oferece assombrosas resmas completas de dados (na maioria de interesse apenas para os programadores) sobre o que o programa quer fazer. (A aba Portas e Arquivos Abertos (Open Files and Ports), por exemplo, mostra quantos arquivos aquele programa abriu, com frequência, invisivelmente.)

- **Atividade do Disco (Disk Activity).** Mesmo quando você não está abrindo ou salvando um arquivo, frequentemente, o disco rígido do seu Mac está trabalhando, pondo e tirando punhados de código de programa na e da memória, por exemplo. É aqui que o técnico experiente pode ver exatamente quão frenético está o disco no momento.

- **Utilização do Disco (Disk Usage).** Esse pequeno gráfico oferece uma das maneiras mais rápidas de verificar quão cheio está o seu disco rígido no momento. (Se você tiver mais de um disco rígido – digamos, um disco rígido de memória volátil e temporária, uma unidade de backup ou o que for –, escolha outro nome de unidade do menu pop-up.)

- **Rede (Network).** Fique de olho na quantidade de dados que está passando pela rede de seu escritório com esse prático gráfico EKG.

Utilitário AirPort

O Utilitário AirPort é usado para inicializar e administrar estações-base AirPort (os roteadores de rede sem fio Wi-Fi da Apple).

Se você clicar Continuar (Continue), o utilitário apresenta uma série de telas, fazendo uma pergunta de cada vez: se você deseja nomear a rede, qual senha quer usar para ela e assim por diante. Uma vez seguidas as etapas e respondidas as perguntas, o seu hardware AirPort estará adequadamente configurado e pronto para uso.

Editor AppleScript

Esse pequeno programa, antigamente chamado de Editor de Script (Script Editor), é onde você pode digitar seus próprios *AppleScripts*, conforme descrito no Capítulo 7.

Configuração de Áudio e MIDI

Esse programa desenvolveu uma dupla personalidade no Snow Leopard. Seu nome agora é uma descrição literal de suas duas metades.

- **Áudio (Audio).** Quando você abre a Configuração de Áudio e MIDI pela primeira vez, vê um resumo completo das entradas e saídas de áudio disponíveis em seu Mac atualmente. Ele é muito parecido com o painel Som das Preferências do Sistema, mas com detalhes muito mais nerds. Aqui, por exemplo, você pode especificar o nível da gravação para o microfone do seu Mac, ou mesmo alterar a qualidade do áudio que ele grava.

  Para a maioria das pessoas, isso tudo não significa nada, porque a maior parte dos Macs possui apenas uma entrada (o microfone) e uma saída (os alto-falantes). Mas se você estiver em seu estúdio musical escuro, que estremece com os equipamentos de áudio high-tech cujos softwares foram projetados para funcionar com esse pequeno programa, você ficará feliz quando vir essa aba.

Ainda existe um botão Configurar Alto-falantes (Configure Speakers), para aqueles fãs "audiófilos" do Mac que instalam sistemas de alto-falantes estéreo ou mesmo som surround em seus Macs.

Dica: Utilizando o menu ✲ na parte inferior da janela, você pode ativar e desativar várias entradas de áudio (isto é, microfones, entradas de linha, entre outros). Você ainda pode direcionar os bipes de sistema do Mac para fluir de um conjunto de alto-falantes (como o embutido do seu Mac), e outros sons, como música, através de um sistema diferente.

- **MIDI.** MIDI significa Interface Musical Digital de Instrumento Musical (*Musical Instrument Digital Interface*), uma "linguagem" padrão para comunicação entre sintetizadores. Ela está disponível para empresas de software de música que têm gravado seus produtos para lucrar com essas ferramentas.

  Quando você seleciona Janela→Mostrar Janela de MIDI (Window→Show MIDI Window), é aberta uma janela que representa sua configuração do estúdio de gravação. Clicando Adicionar Dispositivo (Add Device), você cria um novo ícone que representa uma das partes da engrenagem. Clique duas vezes o ícone para especificar seu tipo e modelo. Finalmente, arrastando as linhas das setas de entrada e saída, você ensina o seu Mac e o seu software de MIDI como os vários componentes estão interligados.

Intercâmbio de arquivos Bluetooth

Um dos luxos de usar um Mac que tem Bluetooth é a habilidade de disparar arquivos (para colegas que têm dispositivos similarmente espertos) pelo ar a até 20 metros de distância. O Intercâmbio de Arquivos Bluetooth (Bluetooth File Exchange) torna isso possível.

Assistente do Boot Camp

Esse programa ajuda a criar (ou destruir) uma partição de seu disco rígido para conter uma cópia do Microsoft Windows. Detalhes no Capítulo 8.

Utilitário ColorSync

Se você já usa ColorSync, provavelmente, sabe que é útil para os negócios de impressão em alta resolução. Esse utilitário combina duas funções:

- Sua aba **Restaurador de Perfis (Profile First Aid).** Executa uma tarefa bastante esotérica: reparar os perfis ColorSync que possam ter "quebrado" por não estarem em estrita conformidade com as especificações do *Perfil ICC*. (Os perfis ICC [International Color Consortium – Consórcio Internacional da Cor] fazem parte do sistema de administração de cores ColorSync da Apple.) Se um perfil específico do seu monitor ou impressora não aparecer na seção Perfis (Profiles) desse programa quando deveria, o Restaurador de Perfis é a ferramenta necessária para corrigir.

- A aba **Perfis** permite que você reveja todos os perfis ColorSync instalados em seu sistema. A área do lado direito da janela exibe informações sobre cada perfil ColorSync que você seleciona da lista na esquerda.

Console

O Console é um visor para todos os registros (logs) do Mac OS X – o segundo plano, o *status* de mensagens internas do Unix sendo passadas entre o Mac OS X e outros aplicativos.

Abrir um registro no Console é um pouco como pôr os pés em uma sala de cirurgia durante uma cirurgia complexa: você é exposto a coisas que a pessoa mediana não deveria ver. (Entradas típicas de Console: "kCGErrorCannotComplete" ou "doGetDisplayTransfer By Table".) Você pode ajustar a fonte e os dizeres que o envolvem, usando o menu Fonte de Console (Console Font), mas a verdade é que a frase "CGXGetWindow Type: Invalid window – 1" fica horrível, simplesmente em *qualquer* fonte!

Entretanto, Console não é inútil. Essas mensagens podem ter valor significativo para programadores que estejam depurando software ou solucionando um problema confuso, ou ocasionalmente, para alguém que tenha chamado o suporte técnico.

Medidor de Cor Digital

O Medidor de Cor Digital (Digital Color Meter) pode agarrar o valor exato de cor de qualquer pixel em sua tela, o que pode ser útil quando se combina cores em construção de página Web ou outro trabalho de design. Depois de iniciar o Medidor de Cor Digital basta apontar para qualquer lugar em sua tela. Aparece uma exibição ampliada na janela do medidor, e o valor de cor RGB (vermelho-verde-azul) dos pixels aparece na janela do medidor. É possível exibir os valores de cor como porcentagens RGB ou valores reais, em forma hexadecimal (maneira pela qual as cores são definidas em HTML; o branco representado como #FFFFFF, por exemplo), e em diversos outros formatos.

Eis algumas dicas para usar o Medidor de Cor Digital para capturar informações de cor de sua tela:

- Para iniciar no exato pixel (e cor) que deseja medir, arraste o deslizador Tamanho de Abertura (Aperture Size) para o menor tamanho – um pixel. Depois, use as *teclas de seta* para mover a abertura para o local exato desejado.

- Pressione Shift-⌘-C (Cores→Copiar Cor Como Texto [Color→Copy Color as Text]) ou ponha o valor numérico da cor para a qual você está apontando.

- Pressione Shift-⌘-H (Cores→Pegar Amostra de Cor [Color→Hold Color]) para "congelar" o Medidor de Cor na cor para a qual você está apontando – um golpe prático quando você estiver comparando duas cores na tela. É possível apontar para uma cor, mantê-la, pressionando Shift-⌘-H e, depois, mover o seu mouse para a segunda cor. Pressionar Shift-⌘-H novamente libera a pressão sobre a cor.

- Quando o deslizador Tamanho de Abertura estiver ajustado para ver mais de um pixel, o Medidor de Cor Digital mede o valor *médio* dos pixels que estão sendo examinados.

Nota: Você está lendo esta página porque está procurando pelo aplicativo Diretório (Directory)? (Seu nerd!) Ele não está presente no Snow Leopard. O Diretório, um glorioso programa de agenda, planejado para ser configurado por um administrador de rede, foi incorporado ao Agenda (Address Book).

O Utilitário de Diretório (Directory Utility) também parece ter ido embora, mas na verdade ele está em outro lugar. Esse aplicativo, também para administradores de rede, controla o acesso de cada Mac na rede tem aos serviços do diretório do Mac (bancos de dados especiais que armazenam informações sobre usuários e servidores). O Acesso do Diretório também controla o acesso aos diretórios LDAP ("páginas amarelas" baseadas em Internet ou intranet para endereços de Internet). Para encontrá-lo, abra Preferências do Sistema→Contas→Opções Início de Sessão (System Preferences→Accounts→Login Options). Onde estiver escrito Servidor de Contas de Rede (Network Account Server), clique Conectar (Join). Você é perguntado sobre o endereço do diretório de rede que deseja – e aparece um botão que abre, sim, o velho Utilitário de Diretório.

Utilitário de Disco

Esse importante programa serve para duas funções-chave:

- Ele serve como o pequeno Norton Utilities do próprio Mac OS X: uma poderosa ferramenta de administração de disco rígido que lhe permite reparar, apagar, formatar e particionar discos. Na vida diária, provavelmente você usa o Utilitário de Disco com mais frequência pelo seu recurso *Reparar Permissões* (Repair Permissions), que soluciona muitas estranhas e pequenas falhas do Mac OS X. Mas, ele também deve ser lembrado, no caso de você vir a enfrentar um sério problema de disco.

- O Utilitário de Disco também cria e administra *imagens de disco*, versões de discos ou pastas que você pode trocar eletronicamente com outras pessoas.

A seguinte discussão aborda duas personalidades do programa, uma de cada vez.

Utilitário de Disco, o programa de reparo do disco rígido

Eis algumas das tarefas que podem ser realizadas com essa metade do Utilitário de Disco:

- Reparar pastas, arquivos e programas que não funcionam porque você não deve ter "privilégios de acesso" suficientes. De longe, esse é o uso mais comum do Utilitário de Disco, para não falar do mais confiável e satisfatório. Usar o botão de Reparar

Permissões do Disco (Repair Disk Permissions) corrige uma surpreendente gama de problemas bizarros do Mac OS X, de programas que não abrem a menulets que congelam os trabalhos.

- Obter informações de tamanho e tipo sobre quaisquer discos conectados ao seu Mac.

- Consertar discos que não aparecem em sua Mesa ou não se comportam adequadamente.

- Apagar completamente os discos – inclusive CDs e DVDs regraváveis (tais como discos CD-RW e DVD-RW).

- Particionar um disco em múltiplos *volumes* (isto é, subdividir uma unidade para que os seus segmentos apareçam na Mesa com ícones de disco separados).

Dica: No Snow Leopard, o Utilitário de Diretório pode criar ou aumentar as partições do disco sem a necessidade de apagar todo o disco rígido. Detalhes, a seguir.

- Criar um conjunto RAID (um grupo de discos separados que age como um volume único).

Nota: O Utilitário de Disco pode executar *algumas* de suas mágicas na inicialização de disco – o disco que está rodando o Mac OS X no momento. Por exemplo, ele pode verificar o disco quanto a dano, corrigir as *permissões* do disco, ou mesmo ajustar suas partições.

Porém, qualquer outra operação, como reformatar, apagar ou, de fato, reparar o disco, ainda exige que o Mac inicie de um disco diferente (por exemplo, o seu DVD do Snow Leopard). Caso contrário, ele seria como um cirurgião fazendo uma operação de apêndice em si próprio – o que não é uma boa ideia.

O painel esquerdo do Utilitário de Disco relaciona o seu disco rígido e quaisquer outros discos dentro ou conectados ao seu Mac no momento. Quando você clicar o nome do mecanismo de seu disco rígido, como "74.5 GB Hitachi iC25N0..." (não o rótulo de partição "Macintosh HD" embaixo dele), verá um painel com cinco abas, uma para cada uma das principais funções de Utilitário de Disco:

- **Reparador (First Aid)**. Essa é a parte de reparo de disco do Utilitário de Disco e faz um trabalho fantástico ao consertar muitos problemas de disco. Quando você estiver solucionando problemas, o Utilitário de Disco deve ser sempre o seu primeiro recurso.

  Para usá-lo, clique o ícone de um disco e, depois, clique Verificar Disco (Verify Disk) (para obter um relatório sobre a saúde do disco) ou Reparar Disco (Repair Disk) (que corrige quaisquer problemas que o programa encontrar). Em outras palavras, o Reparador tenta executar os mesmos efeitos curativos em um disco rígido doente como, digamos, um programa como o Norton Utilities.

Se o Utilitário de Disco relatar que é incapaz de corrigir o problema, *então*, é hora de investir em um programa como o DiskWarrior (www.alsoft.com).

Você pode acabar usando os botões de Verificar e Reparar *Permissões* do Disco (Verify and Repair Disk Permissions) ainda com mais frequência. A função deles é esclarecer os problemas com os arquivos invisíveis de permissão Unix que lhe permitem continuar movendo, mudando ou apagando arquivos ou pastas. (O instalador de software ocasional pode criar problemas como esse.) Você ficaria surpreso com que frequência rodar uma dessas verificações de permissão soluciona pequenas falhas do Mac OS X.

O Capítulo 12 tem uma discussão muito mais detalhada de permissões.

- **Apagar (Erase).** Selecione um disco, escolha um formato (*sempre* Mac OS X Expandido [Registro Cronológico], a menos que você esteja formatando um disco para usar em uma máquina Windows ou um Mac antigo rodando Mac OS 8.1 ou anterior), dê um nome a ele e clique Apagar, para limpar o disco.

- **Particionar (Partition).** Com a ferramenta Particionar, você pode apagar um disco rígido de tal maneira que a superfície dele se torna subdividida. Cada parte é representada em sua tela por outro ícone de disco rígido (Figura 10-26).

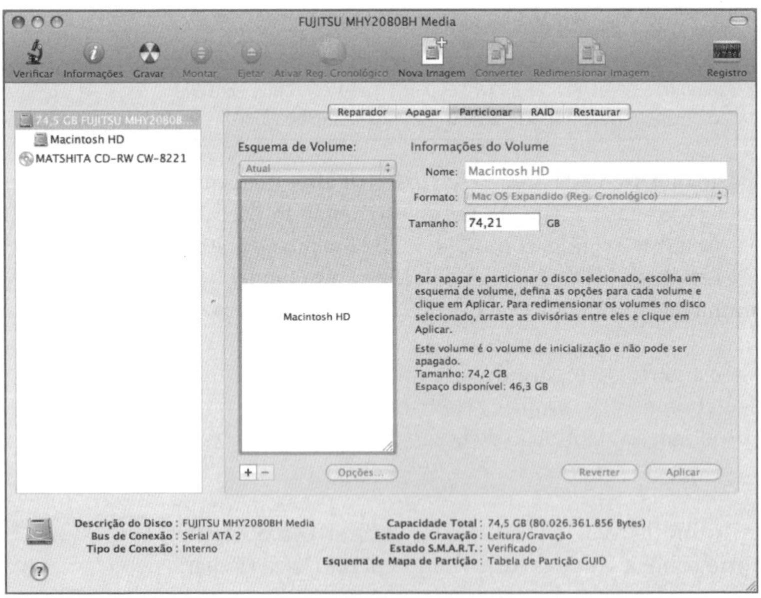

Figura 10-26: *Particionar o seu disco com o Utilitário de Disco não implica mais apagá-lo completamente. Selecione a unidade que deseja particionar a partir da lista à esquerda e clique a aba Particionar (Partition). Clique o botão + para cada nova partição desejada.*

Agora, arraste os divisores horizontais no mapa de Volumes para especificar os tamanhos relativos da partição que deseja criar. Designe um nome e formato a cada partição na área Informações do Volume (Volume Information) e, depois, clique Aplicar (Apply).

Atualmente, existem alguns bons motivos para *não* particionar um disco: um disco rígido particionado é mais difícil de ressuscitar depois de uma quebra séria, exige mais navegação quando você deseja abrir um arquivo em especial e não oferece os benefícios de velocidade e segurança.

Por outro lado, há um motivo muito bom para fazê-lo: particionando é a única forma de usar o Boot Camp, descrito no Capítulo 8. Quando você está usando o Boot Camp, seu Mac é um Mac quando roda em sua primeira partição, e um PC Windows quando iniciado a partir da segunda. (Mas você não precisa utilizar o Utilitário de Disco nesse caso; utilize o Assistente do Boot Camp.)

- **RAID.** Significa Redundant Array of Independent Disks (Conjunto Redundante de Discos Independentes) e refere-se a um esquema especial de formatação, onde um grupo de discos separados é configurado para trabalhar junto como um grande disco, e muito veloz. Em um arranjo RAID, múltiplos discos compartilham o serviço de classificar dados – uma configuração que pode aperfeiçoar a velocidade e a confiabilidade.

  A maioria dos usuários do Mac não usa ou configura arranjos RAID, provavelmente porque a maioria dos usuários do Mac só tem um disco rígido (e o

USUÁRIOS PROFISSAS

Ajustes em partição no ar

No Leopard, pela primeira vez, é possível expandir, diminuir ou criar partições sem precisar apagar todo o disco rígido. Se você for particionar, essa é uma *enorme* conveniência.

Expandindo uma partição. Imagine, por exemplo, que o seu disco rígido principal tem duas partições: uma principal (200 gigas) e uma secundária (50 gigas), que costumava conter todas as suas fotos e filmes. Mas, você fez a segunda partição e moveu todas as fotos e filmes para um disco rígido externo deles. Não seria bom adicionar os recém-desocupados 50 gigas à sua partição principal?

Isso pode ser feito sem precisar apagar todo o disco rígido. (No entanto, esse processo anula tudo na segunda partição, portanto, esteja preparado para perder tudo.)

Abra o Utilitário de Disco. Clique o nome do disco rígido (por exemplo, "Hitachi HTS541616J9SA00" – *não* "Macintosh HD"). Clique Particionar. Você vê uma exibição como aquela da Figura 10-26.

Clique a segunda partição (ou terceira, ou qualquer partição que estiver *depois* daquela que você deseja expandir) e então, clique o botão – embaixo da lista. Puf! Ela se foi.

Agora, você pode arrastar a margem de baixo da principal partição para baixo (ou digitar um novo tamanho na caixa Tamanho [Size]), expandindo-a para a área livre. Respire fundo e depois clique Aplicar.

Diminuindo uma partição. Na Figura 10-26, você pode ver que uma parte da primeira partição está ligeiramente sombreada. (Na vida real ela é azul.) O azul representa dados; não é possível diminuir tanto uma partição que esteja cheia com os seus arquivos. No entanto, é possível diminuir a partição para eliminar o espaço vazio. Basta arrastar a margem inferior de seu mapa de punhado para cima.

Criando novas partições. Sempre que houver espaço sobrando em um disco, você pode criar *novas* partições a partir dele.

Para fazer isso, clique o botão + e proceda conforme descrito na Figura 10-26.

Utilitário de Disco não pode fazer a inicialização do seu disco de um arranjo RAID).

No entanto, se você estiver usando múltiplos discos rígidos externos, pode usar RAID Apple para fundi-los em um disco gigante. Basta arrastar os ícones dos discos pertinentes (ou partições de disco) da lista do lado esquerdo de discos para a lista principal (onde está escrito "Arraste discos ou volumes para cá para adicionar ao conjunto" [Drag disks or volumes here to add a set]). Use o menu pop-up Tipo de RAID (RAID Type) para especificar o formato RAID que você deseja usar (Conjunto RAID com Gravação Múltipla [Strpe) é uma escolha popular para maximizar a velocidade do disco), nomeie o seu novo megadisco e, depois, clique Criar (Create). O resultado é um único ícone "disco" em sua Mesa que, de fato, representa a capacidade combinada de todos os discos RAID.

- **Restaurar (Restore).** Essa aba permite que você faça uma cópia perfeita de um disco, ou uma imagem de disco, muito como os populares programas SharewareCarbon CopyCloner e SuperDuper. Você poderia achar isso útil quando, por exemplo, quisesse fazer uma cópia exata do seu antigo disco do Mac para o seu novo. Isso não pode ser feito apenas copiando os seus arquivos e pastas antigos manualmente. Se você tentar, não receberá os milhares de arquivos *invisíveis* que formam o Mac OS X. Usando a função Restaurar, eles virão junto.

  Comece arrastando o disco, ou imagem de disco, de onde deseja copiar para a caixa Origem (Source). Depois, arraste o ícone do disco *para* onde você deseja copiar para a caixa Destino (Destination).

Dica: Se você quiser copiar uma imagem de disco on-line para um de seus discos, não é preciso baixá-la primeiro. Basta digitar o seu endereço Web no campo Origem. Você pode julgar esse truque conveniente se mantiver imagens de disco em seu iDisk, por exemplo.

Se você marcar Apagar Destino (Erase Destination), o Utilitário de Disco apaga todos os dados em seu disco-alvo antes de copiar os dados. Porém, se deixar essa caixa de seleção desmarcada, o Utilitário de Disco simplesmente copia tudo para o seu destino, preservando todos os seus dados antigos no processo. (Se tiver certeza de que todos os arquivos no disco de origem estão 100% saudáveis e inteiros, desmarque a caixa de seleção Pular Somas de Verificação [Skip Checksum] para poupar tempo. Caso contrário, deixe-a marcada para segurança extra.)

Finalmente, clique o botão Restaurar. (Você pode precisar digitar uma senha de administrador.) A restauração pode demorar muito para grandes discos, portanto, vá em frente e prepare um café para você enquanto está esperando.

Dica: Em vez de clicar um ícone de disco e depois clicar a aba apropriada do Utilitário de Disco, basta dar Control-clique (ou clicar com o botão direito) o nome de um disco e escolher Informações, Reparador, Apagar, Particionar e Restaurar do menu de atalho.

Utilitário de Disco, o programa de imagem de disco

As *Imagens de Disco* são muito bacanas. Cada uma possui um ícone que se comporta exatamente como um disco real – um pen drive ou disco rígido, por exemplo –, mas que pode ser distribuído eletronicamente. Por exemplo, muitos dos softwares add-ons do Mac OS X são baixados da Web em forma de imagem de disco, conforme explicado a seguir.

As imagens de disco são populares para a distribuição de software por um simples motivo: cada arquivo de imagem duplica exatamente o disco master original, com todos os arquivos necessários, em todos os lugares corretos. Quando uma empresa de software lhe envia uma imagem de disco, ela garante que você instalará o software a partir de um disco que combina *exatamente* com o disco master.

É importante entender a diferença entre um *arquivo de imagem de disco* e o *disco montado* (aquele que aparece quando você dá duplo-clique na imagem de disco). Consulte a Figura 5-20, essa distinção deve ficar clara.

Dica: Depois de dar duplo-clique na imagem de disco, clique Ignorar (Skip) na caixa de verificação que aparece. Se alguma coisa realmente se embaralhou durante o download, você saberá imediatamente – o seu arquivo não descompacta corretamente ou ele pode exibir o ícone errado, por exemplo.

Na verdade, você pode fazer o Utilitário de Disco pular *sempre* esse negócio de verificação, que é uma relíquia da época dos disquetes. Para fazer isso, escolha Utilitário de Disco→Preferências (Disk Utility→Preferences) e desmarque Verificar imagens em mídia bloqueada (Check images on locked media).

Você também pode criar imagens de disco. Fazer isso pode ser muito prático em situações como as seguintes:

- Você deseja criar um backup de um CD importante. Transformando-o em um arquivo de imagem de disco em seu disco rígido, você terá sempre uma cópia protegida, pronta para queimar de volta em um *novo* CD. (Essa é uma prática essencial para CDs educacionais com os quais as crianças mexerão logo depois de comer manteiga de amendoim e geleia.)

- Você deseja duplicar todo o seu disco rígido, com todos os seus arquivos, programas, pasta de inicializações e assim por diante – para um novo disco rígido maior (ou um novo Mac, melhor), usando o recurso Restaurar, descrito anteriormente.

- Você deseja copiar todo o seu disco rígido, ou talvez apenas um determinado punhado dele, para um iPod ou outro disco. (Novamente, mais tarde é possível usar a função Restaurar para completar a transação.)

- Você comprou um jogo que exige o seu CD no drive o tempo todo. Muitos programas como esse rodam igualmente bem fora de uma imagem de disco montada que foi feita do CD original.

- Você deseja enviar a alguma outra pessoa a cópia de um disco pela Internet. Simplesmente, crie uma imagem de disco e depois envie-a – preferivelmente em uma forma compactada.

Eis como fazer uma imagem de disco:

- **Para fazer uma imagem de disco ou partição.** Clique o nome do disco na lista do painel esquerdo, onde você vê que os discos estão em seu Mac, no momento ou conectados a ele. (O item mais superior é o nome do seu *drive*, como "484.0 MB MATSHITA DVD-R" para um drive de DVD ou "74.5 GB Hitachi" para um disco rígido. Por baixo daquela entrada, geralmente você vê o nome da partição atual, como "Macintosh HD" ou o nome do CD como ele aparece na tela.)

  Depois, escolha Arquivo→Nova→Imagem de Disco de (File→New→Disk Image From) (qualquer que seja o nome do disco ou partição).

- **Para fazer a imagem de uma pasta.** Escolha Arquivo→Nova→Imagem de Disco da Pasta (File→New→Disk Image From Folder). Na caixa de diálogo Abrir, clique a pasta que deseja e, depois, clique Imagem (Image).

Dica: O Utilitário de Disco não pode transformar um *arquivo* individual em uma imagem de disco. Mas, você pode colocar um único arquivo em uma pasta e, depois, fazer uma imagem de disco dela.

De qualquer maneira, a caixa de diálogo seguinte (Figura 10-27) oferece algumas opções fascinantes.

- **Formatar Imagem (Image Format).** Se escolher "leitura/gravação" (read/write), a sua imagem de disco de arquivo, quando você der duplo-clique nela, transforma-se em uma soberba imitação de um disco rígido. É possível arrastar arquivos e pastas para ela, arrastá-los para fora, mudar nomes dos ícones nela e assim por diante.

  Porém, se você escolher "somente leitura" (read-only), o resultado se comporta mais como um CD. É possível copiar coisas dele, mas não fazer quaisquer mudanças nele.

Figura 10-27: *Esses dois menus pop-up permitem que você especifique (a) qual tipo de imagem de disco deseja, e (b) se deseja ou não que ele seja protegido por senha. A última opção é ótima quando você deseja proteger com senha uma pasta, sem se preocupar com toda a pasta Início.*

A opção "comprimido"(compressed) é melhor se você pretende enviar o arquivo resultante por e-mail, colocar na Web para download ou preservar a imagem de disco em algum disco de backup para um dia de chuva. Demora um pouco para criar um disco simulado quando você dá duplo-clique na imagem de disco de arquivo, mas toma muito menos espaço em disco do que uma versão não compactada.

Finalmente, escolha DVD/CD principal, (DVD/CD master), se estiver copiando um CD ou um DVD. O arquivo resultante é uma cópia perfeita do disco original, pronta para ser copiada em um CD ou DVD virgem quando chegar a hora.

- **Encriptação (Encryption).** Eis uma maneira fácil de bloquear arquivos particulares em uma caixa-forte que ninguém mais pode abrir. Se você escolher uma dessas duas opções de criptografia AES (escolha AES-128, se valoriza o seu tempo), é solicitado a designar uma senha para a sua nova imagem de arquivo. Ninguém pode abri-la sem a senha – nem mesmo você. Por outro lado, se você salvá-la em seu acesso às Chaves (Keychain), não chega a ser um desastre se você perder a senha.

- **Salvar Como (Save As).** Escolha um nome e um lugar para a sua nova imagem de arquivo. O nome escolhido aqui não precisa combinar com o nome do disco ou pasta original.

Quando clicar Salvar (ou pressionar Return), e se você optou por criar uma imagem criptografada, é solicitado a criar uma senha nessa hora.

Caso contrário, o Utilitário de Disco cria a imagem e depois *a monta* – isto é, transforma a imagem de arquivo em um ícone de disco simulado, ainda que totalmente funcional, em sua Mesa.

Quando você tiver terminado de trabalhar com o disco, ejete-o como faria com qualquer disco (Control-clique nele e escolha Ejetar [Eject], por exemplo). No entanto, coloque na própria imagem de disco de arquivo .dmg. Esse é o arquivo que você precisará dar duplo-clique se precisar recriar o seu "disco simulado".

Transformando uma imagem em um CD

Uma das outras tarefas mais comuns de imagem de disco é transformar uma imagem de disco *de volta* em um CD ou DVD – desde que você tenha um gravador de CD ou DVD em seu Mac, é claro.

Tudo o que é preciso fazer é arrastar o arquivo .dmg para a janela de Utilitário de Disco, selecioná-lo e clicar o ícone Gravar (Burn) na barra de ferramentas (ou, alternativamente, Control-clique o ícone .dmg e escolher Gravar do menu de atalho). Insira um CD ou DVD virgem e, depois, clique Gravar.

Captura

O Captura (Grab) tira fotos da tela do seu Mac para usar quando você estiver escrevendo instruções, ilustrando um livro de computador ou coletando provas de alguma tela secreta que encontrou enterrada em um jogo. É possível tirar fotos de toda a sua tela (pressione ⌘-Z, que por uma vez em sua vida *não* significa Desfazer [Undo]) ou capture apenas o conteúdo de uma seleção retangular (pressione Shift-⌘-A). Quando você tiver terminado, o Captura exibe o seu instantâneo em uma nova janela, que você pode imprimir, fechar sem salvar ou salvar como um arquivo TIFF, pronto para ser enviado por e-mail ou inserido em um manuscrito.

Agora, como os entusiastas do Mac já sabem, o Mac OS há muito tinha os seus próprios atalhos internos para capturar instantâneos: pressione Shift-⌘-3 para tirar uma foto de toda a tela e Shift-⌘-4 para capturar uma seleção retangular.

USUÁRIOS PROFISSAS

A imagem esparsa

Um dos recursos mais simpáticos do Utilitário de Disco também é um dos mais enterrados.

Por fim, você pode fazer uma imagem de disco interessante, hermeticamente vedada, protegida por senha, que começa pequena, mas, magicamente, aumenta, na medida em que você coloca mais arquivos nele. Se a imagem de disco normal é como um buquê de aço – um tamanho fixo para sempre –, uma imagem esparsa é como uma sacola elástica.

Escolha Arquivo→Nova→ Imagem de Disco em Branco (File→New→Blank Disk). Na caixa de diálogo resultante, nomeie o arquivo que você está criando (no qual você dá duplo-clique para que o disco virtual apareça), assim como o próprio disco virtual.

A partir do menu pop-up Tamanho do Volume (Volume Size), escolha o tamanho *máximo* que essa imagem de disco deverá ter. A parte bonita é que, provavelmente, ele nunca ocupará tanto espaço em disco; ele começa pequeno e, lentamente, expande-se, apenas quando necessário. Mas, aqui você está configurando o máximo.

Do menu pop-up Encriptação (Encryption), escolha um dos métodos de criptografia que terá a sua imagem de disco protegida por senha. Finalmente, do menu pop-up Formato da Imagem (Image Format) – essa é a etapa chave – escolha Imagem de disco esparsa (Sparse disk image).

Clique Criar. Escolha uma senha (digite-a duas vezes); por segurança extra, não armazene em seu chaveiro. (Se armazená-la em seu chaveiro, não será necessária nenhuma senha para abri-la por algum passante espião.) Depois, clique Criar.

Agora, em sua Mesa há um *arquivo* de imagem de disco com o sufixo ".sparseimage". Para começar, ele só ocupa 26 MB em seu disco rígido.

Dê duplo-clique e entre com a sua senha para trazer o ícone do disco virtual para sua Mesa. Agora é possível começar a encher a imagem de disco com as coisas particulares. O arquivo .sparseimage crescerá automaticamente para acomodar – mas, apenas se necessário.

Destaque do Snow Leopard: Não se esqueça que você pode escolher atalhos de teclado diferentes e mais fáceis de memorizar para essas funções, se desejar. Basta abrir Preferências do Sistema→Teclado→Atalhos de Teclado (System Preferences→Keyboard→Keyboard Shortcuts), clique onde estiver indicado o atalho Shift-⌘-3 (ou o que você for alterar) e pressione a nova combinação.

Então, por que usar o Captura? Em muitos casos, você não deveria. Os atalhos Shift-⌘-3 e Shift-⌘-4 funcionam como um sonho. Mas, há certas ocasiões em que faria mais sentido optar pelo Captura. Aqui estão três:

- O Captura pode fazer uma captura de tela *temporizada* (escolha Capturar→Tela com Temporizador [Capture→Timed Screen], ou pressione Shift-⌘-Z), que lhe permite desfrutar de uns 10 segundos de demora antes do instantâneo ser, de fato, tirado. Depois de clicar o botão Iniciar Temporizador (Start Timer), você tem a chance de ativar janelas, puxar menus para baixo, arrastar itens em volta ou então ajustar a tomada antes do Captura tirar a foto.

- Quando capturar um instantâneo usando o comando Seleção de Captura (Grab's Selection), o *tamanho* de sua seleção é exibido, em pixels, bem no cursor enquanto você arrasta. Se precisar capturar um quadrado com 256 pixels de largura, por exemplo, é possível fazê-lo com a identificação precisa. (Escolha Editar→Inspetor [Edit Inspector] para ler as dimensões de um instantâneo *depois* de tê-lo capturado.)

- Com o Captura você tem a opção de incluir o cursor na imagem, o que é extremamente útil quando você estiver mostrando um menu sendo puxado para baixo ou um botão sendo clicado. (Os toques de teclado instantâneos do Mac OS X, ao contrário, sempre eliminam o cursor.) Use a técnica descrita na Figura 10-20 para adicionar o estilo do cursor de sua escolha a um instantâneo do Captura.

Figura 10-28:
Diferente dos toques de teclado Shift-⌘-3 ou Shift-⌘-4, o Captura permite que você inclua o cursor na imagem – ou oculte-o. Escolha Captura→Preferências (Capture→Preferences) e pegue um dos oito estilos diferentes de cursor, ou escolha manter o cursor oculto, ativando o botão vazio no canto superior esquerdo.

Dica: Na verdade, se você for escrever um livro ou manual sobre o Mac OS X, o programa que realmente precisa é o Snapz Pro X; uma versão experimental está disponível a partir do "Missing CD" deste livro em www.missingmanuals.com, entre outros lugares. Ele oferece muito mais flexibilidade do que quaisquer recursos de instantâneos do próprio Mac OS X. Por exemplo, é possível ter uma escolha de formato de arquivo, você pode tirar fora organizadamente apenas uma caixa de diálogo ou janela com um único clique e pode até capturar filmes de tela em atividade com muito mais flexibilidade do que o QuickTime Player pode oferecer (Capítulo 15).

Grapher

Esse pequeno e desprezado aplicativo é uma maravilhosa ferramenta de trabalho. Ele permite que você crie gráficos 2D e 3D de beleza e complexidade incríveis.

Quando você abre o Grapher pela primeira vez, é solicitado a escolher qual tipo de "papel gráfico" virtual deseja: bidimensional (padrão, polar, logaritmo) ou tridimensional (cúbico, esférico, cilíndrico). Clique um nome para ver uma exibição; quando estiver satisfeito com a seleção, clique Abrir.

Agora aparece a principal janela do Grapher (Figura 10-29). Faça a si mesmo um favor. Passe alguns minutos de assombro escolhendo equações enlatadas a partir do menu Exemplos (Examples) e observando como o Grapher incita gráficos deslumbrantes, coloridos, às vezes animados no ar.

Quando estiver pronto para a sua própria equação, digite-a na caixa de texto, no alto da janela. Se você não for um figurão matemático, ou não tiver certeza do formato da equação, trabalhe a partir das equações enlatadas e blocos de montagem matemática que aparecem quando você escolhe Equação→Nova Equação do Modelo ou Janela→ Exibir Paleta de Equações (Equation→New Equation From Template ou Window→ Show Equation Palette) (uma janela flutuante contendo uma enorme seleção de símbolos e constantes matemáticas).

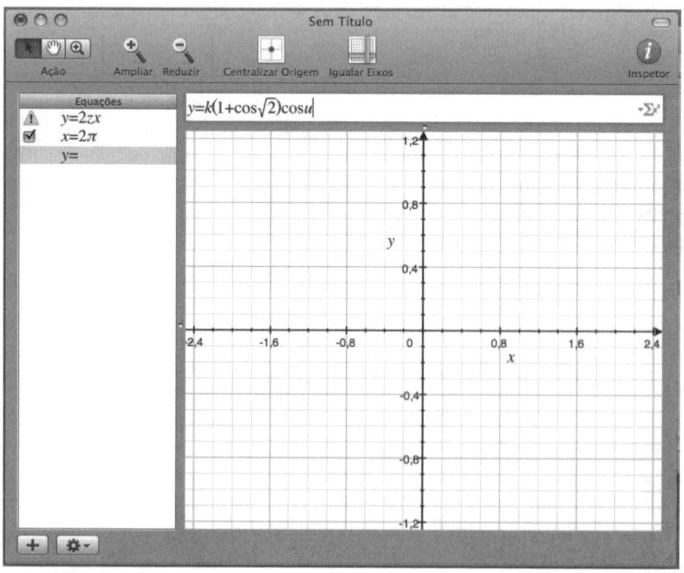

Figura 10-29: *Geralmente, você digita equações no Grapher apenas como faria no papel (como z=2xy). Se ficar em dúvida, verifique a ajuda on-line, que oferece sugestões suficientes sobre funções, constantes, equações diferenciais, séries e equações periódicas para manter o sujeito "Uma Mente Brilhante" ocupado por dias.*

Dica: Se você não conhecer o toque de teclado que produz um símbolo matemático como "Pi" ou "Teta", basta digitar a palavra "pi" ou "theta". Automaticamente, o Grapher a substitui pelo símbolo certo.

Quando o gráfico estiver na tela, você pode moldá-lo assim:

- **Para mover um gráfico em 2D.** Na janela, escolha Visualizar→Ferramenta de Movimento (View→Move Tool) e, depois, arraste; para mover um gráfico em 3D, ⌘-arraste-o.

- **Para girar um gráfico em 3D.** Arraste em qualquer direção. Se você acrescentar a tecla Option, você gira o gráfico em torno apenas de um eixo.

- **Para mudar as cores, espessura de linha, superfícies 3D e outros elementos gráficos.** Clique o botão I (ou escolha Janela→Mostrar Inspetor [Window→Show Inspector]) para abrir a paleta de formatação. Os controles encontrados aqui variam por tipo de gráfico, mas fique certo de que o Grapher pode acomodar cada um dos seus anseios visuais.

- **Para mudar as fontes e os tamanhos.** Escolha Grapher→Preferências (Grapher→Preferences). No painel Equações (Equations), quatro deslizadores permitem que você especifique os tamanhos relativos dos elementos de texto. Se clicar a equação de amostra, o painel Fontes (Fonts) aparece, assim, é possível mexer com a letra.

- **Acrescente as suas próprias legendas e desenhos de setas, ovais ou retângulos** usando o menu Objeto (Object).

Quando tudo estiver terminado, você pode preservar a sua obra-prima, usando qualquer uma dessas técnicas:

- **Exportar um gráfico** escolhendo Arquivo→Exportar (File→Export).

USUÁRIOS PROFISSAS

Apenas para matemáticos (e físicos, cientistas e estudantes)

Para você que está na matemática, ciências ou estudando matemática ou ciências, o Grapher é um tremendo acréscimo ao Mac OS X. Ele tem muita coisa – mas se você estiver apenas começando, eis alguns recursos que não devem ser perdidos:

- É possível calcular valores, intercepções, derivadas e integrais (até integrais indefinidas) usando os comandos Equação→Avaliação e Equação→Integração (Equation→Evaluation and Equation→Integration).

- Alguns componentes úteis de equação prontos aguardam no botão pop-up, do lado direito da caixa de texto de equação. Usando os símbolos Soma e Produto, por exemplo, você pode calcular rapidamente somas e produtos.

- O mesmo menu pop-up pode ajudá-lo a gerar gráficos em partes, paramétricos e outros gráficos especializados.

- **Copiar uma equação para a Área de Transferência.** Dando Control-clique nela e escolhendo Copiar Como→TIFF (Copy As→TIFF) (PDF ou EPS, ou o que for) a partir do menu de atalho. Agora, você pode colá-la em outro programa.

- **Exportar um gráfico animado.** Escolhendo Equação→Criar Animação (Equation→Create Animation). A caixa de diálogo resultante permite que você especifique quanto tempo deseja que o filme dure (e muitos outros parâmetros mais).

Dica: Se você Shift-arrastar as imagens de início ou término embaixo, é possível mudar o tamanho delas.

Finalmente, clique Criar Animação. Depois de um minuto, aparece um filme acabado. Se você gostar como ele está, escolha Arquivo→Salvar Como para preservá-lo em seu disco rígido para as gerações futuras.

Java

Geralmente, os programadores usam a linguagem de programação Java para criar pequenos programas que eles depois embutem em páginas da Web – efeitos animados, relógios, calculadoras, notas de ações e assim por diante. Automaticamente, o seu navegador faz o download e roda tais pequenos programas aplicativos (supondo que você tenha "Habilitar Java" habilitado em seu navegador).

A sua pasta Java contém diversas ferramentas referentes a Java, que existem principalmente em benefício de programadores da Web e programas Web (inclusive o Safari).

Acesso às Chaves

O Acesso às Chaves memoriza e armazena todas as suas informações secretas – senhas para acesso à rede, arquivo de servidores, sites FTP, páginas da Web e outros itens protegidos. Para instruções sobre o uso de Acesso às Chaves, veja o Capítulo 12.

Assistente de Migração

Esse pequeno ajudante automatiza a transferência de todo o seu material de um Mac para outro – a sua pasta Início, configurações de rede, programas e mais. Isso é extremamente prático quando você compra um novo Mac, melhor – ou quando precisa do Time Machine para recuperar dados válidos de um Mac que morreu. (Ele também pode copiar tudo de um disco rígido secundário ou partição.)

As instruções na tela o orientam através do processo (veja a página 825).

Utilitário de Rede

O Utilitário de Rede reúne informações sobre Websites e cidadãos na rede. Ele oferece um pacote de ferramentas padrão Internet, como NetStat, Ping, Traceroute, Finger e Whois – ferramentas avançadas, com certeza, mas algumas que até mesmo os iniciantes em Mac podem ser solicitados a descartar quando solicitando ajuda de um técnico para a Internet.

Caso contrário, provavelmente você não precisa usar o Utilitário de Rede para fazer o seu trabalho. No entanto, o Utilitário de Rede pode ser útil quando você estiver executando trabalho de detetive na Internet.

- **Whois ("Who is" em inglês, ou seja, "quem é").** Pode reunir uma incrível quantidade de informações sobre os proprietários de qualquer domínio em especial (tal como www.apple.com) – incluindo as informações de nome e endereço, números de telefone e contatos administrativos. Ele usa a técnica mostrada na Figura 10-30.

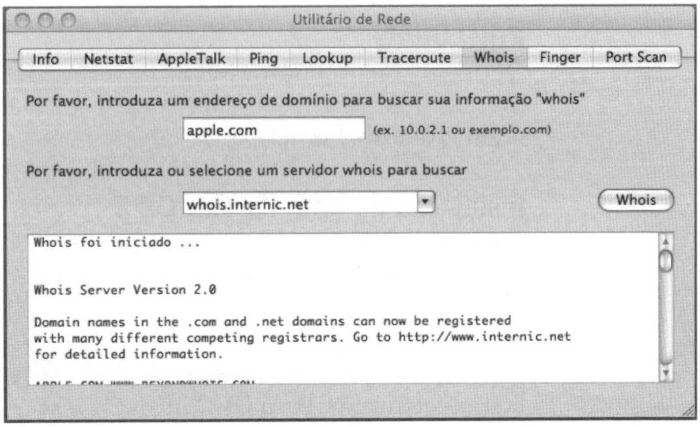

Figura 10-30: *A ferramenta Whois é uma parte poderosa do Utilitário de Rede. Primeiro, entre com um domínio para o qual você deseja informações, depois, escolha um servidor Whois, a partir do menu pop-up (você pode experimentar whois.networksolutions.com). Quando clicar o botão Whois, receberá um surpreendente relatório revelador, sobre o proprietário do domínio, incluindo números de telefone, números de fax, nomes de contato e assim por diante.*

- Use **Ping** para entrar com um endereço da Web (tal como www.google.com) e depois "ping" (enviar um sinal de "sonar" para) o servidor para ver quanto tempo demora para ele responder à sua solicitação. O Utilitário de Rede faz um relatório do tempo de resposta em milésimos de segundos – um teste útil quando você estiver tentando ver se um servidor remoto (um Web site, por exemplo) está ativo e rodando. (O tempo que leva para o ping responder com um relatório também informa quão ocupado está o servidor.)

- **Traceroute** permite rastrear quantos "pulos" são necessários para o seu Mac se comunicar com determinado servidor da Web. Basta digitar o endereço da rede ou a URL e, depois, clicar Buscar. Você verá que a sua solicitação pula de um tronco da Internet para outro, de um roteador para outro, como se abrisse caminho para o seu destino. Você descobrirá que, às vezes, uma mensagem atravessa todo o continente antes de chegar ao seu destino. Também verá quanto demorou cada perna da viagem, em milésimos de segundos.

Destaque do Snow Leopard: Nesse ponto deste capítulo alfabético, você costuma ler sobre Administrador ODBC. Se você não faz ideia pra que serve esse programa, e nenhum administrador de sistemas corporativos sentou-se com você para explicar, então seu trabalho diário não envolve trabalhar com bancos de dados ODBC (*Open Database Connectivity*, ou Conectividade Aberta de Banco de Dados) corporativos. Não? Você nunca usou isso? Talvez seja por isso que a Apple livrou-se dele.

Podcast Capture

Esse programa é uma fachada para o Podcast Producer, um programa da liga profissional de gravação e publicação, que faz parte do pacote de software Servidor Mac OS X da Apple. A menos que você trabalhe em um escritório onde um Servidor Mac OS X esteja murmurando em uma sala dos fundos, pode jogar fora esse programa.

RAID Utility

Outro programa que provavelmente você não precisa. Ele só é útil se o seu escritório tiver Servidor Mac OS X e apenas se o seu Mac tiver uma placa RAID (sistema de múltiplos discos) instalada.

Instalação Remota do Mac OS X

Ok, você acabou de comprar um laptop MacBook Air. Ele não possui drive de CD/DVD. Como você instalaria o Snow Leopard nele, ou executaria um programa para reparo/teste de disco?

Eis como: "emprestando" o drive de DVD de outro Mac. Para usar esse pequeno utilitário, coloque o CD ou DVD no outro Mac; então execute a Instalação Remota do Mac OS X (Remote Install Mac OS X) (no mesmo Mac). Clique Continuar (Continue). Você será conduzido por um processo de instalação do Mac OS X ou execução do seu programa utilitário, remotamente, através da rede até o seu Air.

Nota: Para instalar outros tipos de software no Air, você não tem que passar por todos esses problemas. Você pode emprestar o drive de outro Mac de forma muito mais direta.

Spaces

Clicar o ícone duas vezes é outra maneira de ativar o Spaces, a funcionalidade de tela virtual do Mac.

Visão do Sistema

O Visão do Sistema (System Profile), antes chamado de Apple System Profiler, é uma ótima ferramenta para saber o que está instalado em seu Mac e o que não está – em termos tanto de hardware quanto de software. As pessoas que atendem ao telefone na linha de suporte técnico da Apple são especialmente fãs do Visão do Sistema, visto que as informações detalhadas que ele fornece podem ser muito úteis para solucionar problemas desagradáveis.

Agora há três maneiras de abrir o Visão do Sistema:

- **Lenta.** Remexa em sua pasta Aplicativos→Utilitários; e dê duplo-clique em Visão do Sistema.

- **Média.** Escolha →Sobre Este Mac (→About This Mac). Na caixa de diálogo resultante, clique Mais Informações (More Info).

Dica: Clicando duas vezes o número da versão de seu Mac OS X na caixa Sobre (About), você consegue ver o número de série do seu Mac!

- **Rápida.** Mantenha pressionada a tecla Option, que faz o comando →Sobre Este Mac *mudar* para dizer Visão do Sistema. Selecione-o.

Ao iniciar Visão do Sistema, ele dá informações sobre o seu Mac em uma lista embaixo, do lado esquerdo (Figura 10-31).

Figura 10-31:
O chip do seu MacBook roda em 2 Ghz ou 2.6? Em que porcentagem o seu disco rígido externo está cheio? Deseja uma lista abrangente de cada programa instalado em seu Mac, com os números das versões? O seu gravador de DVD pode queimar discos de camada dupla? E (mostrado aqui): o seu laptop tem quaisquer slots abertos para RAM extra?

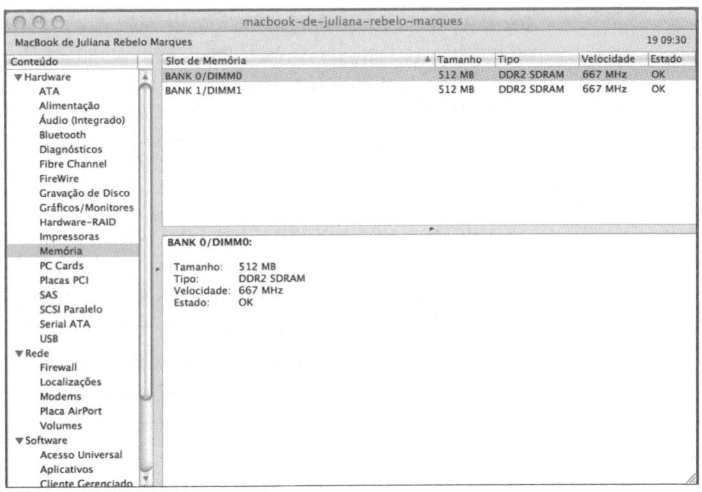

Elas caem em três categorias:

- **Hardware**. Clique essa palavra para ver exatamente qual modelo de Mac você tem, qual tipo de chip está dentro dele (e quantos), quanta memória ele possui e o seu número de série.

Se você expandir o triângulo flutuante, consegue ver sobre detalhes sobre quais slots de **memória** estão cheios e o tamanho do módulo de memória em cada slot; qual tipo de **gravação de disco** o seu Mac pode fazer (DVD-R, DVD+R e assim por diante); quais **placas PCI** estão instaladas em seus encaixes de expansão; quais circuitos **Gráficos/Monitores** você tem (placa aceleradora de vídeo e monitor); o que está conectado ao seu **barramento ATA** (unidades internas, como a sua unidade de DVD e disco rígido); o que está conectado aos seus adaptadores **SCSI**, **USB** e **FireWire**, entre outros.

- **Rede (Network)**. Esse item revela detalhes sobre a sua **Placa AirPort** (se você tiver uma), quais modems você tem, quais **Localizações** de conexão de Internet você estabeleceu e assim por diante.

- **Software**. Clique esse cabeçalho para ver exatamente qual versão do Mac OS X você tem, e qual é o nome do seu computador, quanto à rede ("Computador do Chris", por exemplo).

A lista **Aplicativos** documenta cada programa em seu sistema, com informações sobre a versão – um rápido inventário do que foi instalado em seu Mac. É útil para detectar cópias repetidas de programas.

Dica: A coluna do lado direito da lista de Aplicativos identifica cada programa como sendo Universal ou PowerPC (ou, em raros casos, Intel). (Um programa Universal pode rodar *originalmente* – a toda velocidade – seja em Macs baseados em Intel ou modelos anteriores; um programa PowerPC roda originalmente em Macs antigos, mas, de certa forma, mais lentamente em Macs Intel, pois ele precisa ir através do tradutor Rosetta.) Essa lista é um resumo prático de quais programas foram atualizados para a geração do Intel.

Informações semelhantes aparecem no painel Extensões (Extensions). Nesse sentido, "extensões" não significa extensões de *sistema*, como aquelas que faziam da vida um inferno no Mac OS 9 e anteriores. No Mac OS X o termo *extensões* refere-se a um tipo diferente de componente add-on ao núcleo do sistema. Em geral, esses são unidades para os vários componentes do Mac, que ficam na pasta Sistema→Biblioteca→Extensões (System→Library→Extensions). Você vê relacionado nesse painel o que estiver nessa pasta.

Outras categorias incluem listas autoexplicativas, como Fontes (Fonts), Painéis de Preferência (Preferences Panels) e Itens de Incialização (Startup Items).

Finalmente, o painel Registros (Logs) revela o diário secreto do seu Mac; um registro de eventos traumáticos que ele experimenta todos os dias. (Muitos desses são iguais àqueles revelados pelo utilitário Console.) Alguns revelam *registros de problema* (crash logs), que são descrições técnicas detalhadas do que aconteceu de errado quando vários programas travaram, e o que estava armazenado na memória naquela ocasião.

Infelizmente, não há muito português aqui para ajudá-lo e entender a quebra ou como evitá-la no futuro. A maioria roda por meio de "Exception: EXC_BAD_ACCESS (0x0001); Codes: KERN_INVALID_ADDRESS (0x0001) at 0x2f6b657d". Em outras palavras, destina-se principalmente em benefício dos programadores. Ainda assim, ocasionalmente, o pessoal do suporte técnico pode pedir para ver as informações em um desses registros.

Dica: Se qualquer uma dessas telas estiver exibindo mais ou menos informações técnicas do que você gostaria, use o menu Visualizar para escolher MiniPerfil (Mini Profile), Perfil Básico (Basic Profile) ou Perfil Completo (Full Profile).

USUÁRIOS PROFISSAS

As ferramentas Xcode

O DVD do Mac OS X inclui um lote de programas especiais, conhecidos como Ferramentas Xcode (Xcode Tools), principalmente para desenvolvedores (programadores) que escrevem software do Mac OS X. Você precisará de alguns desses programas se quiser se aprofundar em truques e dicas mais exóticas (ou, como alguns diriam, divertidas) do Mac OS X.

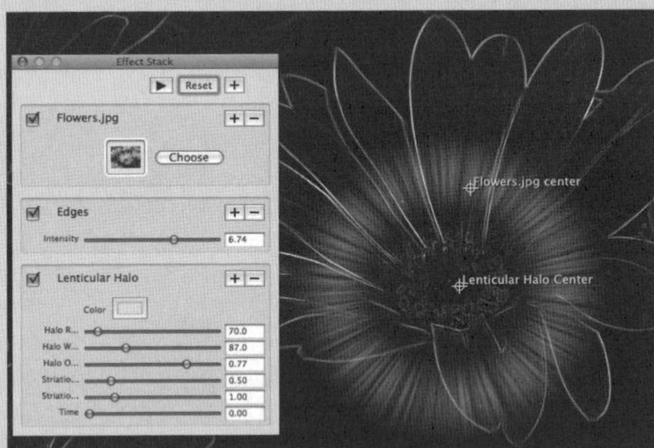

Para instalar essas ferramentas, abra no DVD a pasta de instalações opcionais, Ferramentas Xcode e clique-duplo XcodeTools.mpkg. Depois de seguir as instruções da tela, você acaba com uma nova pasta, chamada Desenvolvedor (Developer), em seu disco rígido. A sua pasta Aplicativos→ Utilitários contém alguns programas que são suficientemente amistosos com o usuário, até para não programadores.

CrashReporterPrefs, por exemplo, permite que você informe ao Mac OS X quando exibir a caixa de diálogo (O Aplicativo Fechou Inesperadamente) [Application Unexpectedly Quit]. Se escolher Server (Servidor) você nunca mais verá uma dessas caixas de diálogo enfadonhas – perfeito se você tiver um programa que simplesmente não para de fechar.

Da mesma forma, se abrir Desenvolvedor→Aplicações→Ferramentas Gráficas (Developer→Application→Graphic Tools), você encontrará o **Quartz Composer Visualizer**. Esse programa possibilita montar protetores de tela, animações e toneladas de outras belezas gráficas, sem escrever uma única linha de código.

Finalmente, não perca o **Core Image Fun House** (também em Desenvolvedor→Aplicações→Ferramentas Gráficas). Ele destina-se a ser uma vitrine para as tecnologias Core Image do Mac OS X, que se constituem de um conjunto de ferramentas para transformação de fotos prontas para usar, que empresas de software podem montar dentro de seus programas. O Fun House permite que você aplique dezenas de efeitos visuais estonteantes às suas imagens e filmes – distorções, correções de cor, chamas solares e assim por diante – com nada mais senão alguns cliques. (Se o seu Mac for rápido o bastante, você pode até ajustar filtros em tempo real, de modo a conseguir ver o resultado de suas modificações enquanto as fizer.) Essa é uma das possibilidades.

Quando tiver terminado de transformar a sua imagem em psicodelia, você pode exportá-la para uma imagem padrão JPEG ou TIFF, escolhendo Arquivo→Salvar Como. A partir de lá, é possível apresentá-la em um website, enviar por e-mail para seus amigos ou transformá-la na tela de fundo de sua Mesa.

Salvando um relatório

Para criar um relatório belamente formatado que pode ser impresso ou salvo, escolha File→Save, e, depois, escolha Rich Text Format do menu pop-up Formato do Arquivo. No entanto, observe que o relatório resultante pode ter mais de 100 páginas de extensão. Em muitos casos, é melhor você fazer apenas uma tomada de tela da tela Profiler pertinente, ou salvar a coisa como um arquivo PDF.

O Terminal

O Terminal abre uma janela de terminal com uma *interface de linha de comando*, levando-o para dentro do mundo do Unix, o sistema operacional no qual o Mac OS X é baseado. Os Capítulos 16 e 17 oferecem em detalhes essa janela poderosa à sombra do sistema operacional do Mac.

O VoiceOver

Para detalhes sobre esse software de leitor de tela conferir o Capítulo 15.

CAPÍTULO

11

CDs, DVDs e iTunes

A Apple chocou o mundo quando, em 1998, apresentou o iMac sem um drive (unidade) de disquete – e continuou a eliminar o drive de disquete de todos os modelos Mac subsequentes nos anos seguintes. A Apple argumentou que o disquete estava morto: era pequeno demais para servir como um disco de backup e, na era da Internet, era um método redundante de troca de arquivos com outros computadores.

Atualmente, até os fabricantes de PCs estão deixando o drive de disquete morrer. Unindo-se ao grande recanto dos discos nos céus: discos Zip, discos Jaz, discos SyQuest, SuperDisks, discos Peerless...

Os discos atualmente

Então, o que está aparecendo para ocupar o lugar do disquete? Vamos elencar os tipos de discos:

Discos rígidos e iPod

Graças ao FireWire do Mac ou a portas USB, é mais fácil do que nunca conectar um disco rígido externo para um armazenamento extra. Seria difícil imaginar um segundo disco rígido mais conveniente do que, por exemplo, o iPod da Apple. A maioria dos modelos não são apenas incríveis reprodutores de MP3, mas também se desdobram como discos rígidos extremamente compactos que não precisam de alimentação externa e ainda podem inicializar seu Mac.

CDs e DVDs

Você não iria longe sem um drive de CD/DVD no mundo dos computadores de hoje. A maioria dos softwares comerciais vem em um CD ou DVD – sem falar nos CDs de música que o Mac pode tocar tão magistralmente.

CD-ROM significa "disco compacto – memória somente de leitura". Em outras palavras, você não pode acrescentar ou apagar livremente arquivos de um CD, assim como pode fazer com um disco rígido. Mas é claro que seu Mac pode guardar coisas em CDs virgens e provavelmente em DVDs virgens também, graças a um gravador de CD/DVD interno. Um gravador pode queimar os dois tipos de discos virgens:

- **CD-R.** É possível encher esse tipo de disco com os seus próprios arquivos – uma vez. (O R quer dizer *gravável.*) O disco não pode ser apagado, ainda que seja possível acrescentar coisas nele. Uma vez que você capte esse conceito, provavelmente entenderá o termo DVD-R (e as versões quase idênticas com "+", CD+R e DVD+R).

Nota: Um Mac com Snow Leopard pode aceitar ambos os tipos de discos virgens: do tipo -R e +R. Eles são tecnicamente diferentes, mas uma vez que seu Mac pode lidar com ambos os tipos, basta comprar o que estiver disponível.

- **CD-RW.** As iniciais significam algo como *regravável*; usando o Utilitário de Disco (Disk Utility), você pode apagar um desses discos e regravar, repetidamente. Claro que os discos CD-RW e DVD-RW virgens são, de certa forma, mais caros do que os dois tipos que gravam uma só vez.

O drive de CD/DVD padrão do Mac também pode reproduzir filmes em DVD que você tenha alugado ou comprado, mas, de vez em quando, você também pode usá-los como DVDs de dados – isto é, DVDs que contêm arquivos do Mac ou instaladores de software.

Todo Mac com Snow Leopard (exceto o MacBook Air, é claro) contém o que a Apple chama de SuperDrive. Esse drive, que na verdade é fabricado por empresas como a Pioneer ou Matsushita, podem reproduzir CDs *e* DVDs. Você poderia, por exemplo, utilizar DVDs em branco como discos de backup que armazenem 4.7 GB ou 8.5 GB cada. (Isto é, 4.7 gigas em DVDs virgens normais e 8.5 gigas nos mais novos e mais caros *dual-layer* ou dupla-camada.) No entanto, nem todos os Macs reconhecem DVDs de dupla-camada. (Confirme isso na Visão do Sistema [System Profile].)

Se você usava o iMovie para editar os seus curta-metragens domésticos com sua filmadora, agora também pode salvá-los em um desses DVDs para exibir em um reprodutor de DVD doméstico – a maneira perfeita de distribuir a sua obra-prima aos amigos e familiares com qualidade espetacular.

Pen drives

A invenção mais recente está entre as mais convenientes: *pen drives* ou *flash drives*, do tamanho de um chaveiro, que se conectam diretamente à sua porta USB e atuam como discos rígidos de baixa capacidade, sem partes móveis. Dentro, eles não contêm nada, exceto RAM – memória pura.

Os *pen drives* são apetrechos fantásticos e baratos e podem ter até 128 GB. Eles funcionam em qualquer Mac ou PC e não exigem qualquer instalação de drivers ou software especial. Peça um no seu aniversário.

Disco entra, disco sai

Quando você insere um disco, o seu ícone aparece em três lugares (a menos que você tenha alterado as suas Preferências do Finder): do lado direito da tela, na janela Computador e na Barra Lateral. Para ver o que tem dentro do disco que foi inserido, duplo-clique em seu ícone.

Nota: É possível fazer o Mac funcionar como o Windows, se você quiser. Por exemplo, para abrir uma única janela contendo os ícones de todos os discos atualmente inseridos, escolha Ir→Computador (o que produz o equivalente da janela Meu Computador).

Para completar a ilusão de que você está rodando o Windows, é possível até dizer ao Mac OS X para não colocar ícones de disco na Mesa. Basta escolher Finder→Preferências, clicar Geral (General) e desmarcar as quatro caixas de seleção de cima - Discos rígidos (Hard disks), Discos externos (External disks), CDs, DVDs e iPods (CDs, DVDs and iPods) e Servidores conectados (Connected servers). Eles não aparecerão mais na Mesa - só em sua janela Computador. (Também é possível impedi-los de aparecer na Barra Lateral, clicando em Barra Lateral nas preferências do Finder e desmarcando as mesmas caixas de seleção.)

Para remover um disco do seu Mac, use um destes métodos:

- **Mantenha pressionada a tecla Ejetar (Eject) em seu teclado.** Os teclados do Mac, tanto dos laptops quanto dos desktops, têm uma tecla especial de Ejetar (⏏), normalmente no canto superior direito. Pressione-a por um instante para fazer um CD ou DVD sair. (Se você não tiver uma tecla Ejetar, mantenha pressionada F12.)

- **Arraste o seu ícone para o ícone do Lixo (Trash).** Durante anos, essa técnica confundiu e assustou os usuários novatos do Mac. A reação típica deles: o Lixo não significa "apagar"? Sim, mas só quando você arrasta os ícones de um *arquivo* ou *pasta* – não ícones de *discos*. Arrastar um ícone de disco para o Lixo (ao final do Dock) faz o Mac descartar o disco. (Se você tivesse arrastado o ícone de uma *imagem de disco* ou o ícone de um disco de rede, essa manobra os *desmontaria* – isto é, os tiraria de sua tela.)

Disco entra, disco sai

No momento em que você começar a arrastar um ícone de disco, o ícone Lixo no Dock muda de forma, como se para relembrar um novato que arrastar um ícone de disco para lá só vai ejetar o disco. Enquanto você o arrastar, o ícone do Lixo se transformará em um logo ⏏ de tamanho gigante.

- Selecione o ícone do disco e depois escolha Arquivo→Ejetar (File→Eject) (ou pressione ⌘-E). O disco é ejetado.
- Control-clique (ou clique com o botão direito) o ícone do disco. A partir do menu de atalho, escolha Ejetar.
- Clique no botão ⏏ próximo ao ícone do disco no sidebar.

Qualquer uma dessas técnicas também funciona para tirar discos e imagens de discos da rede da sua tela.

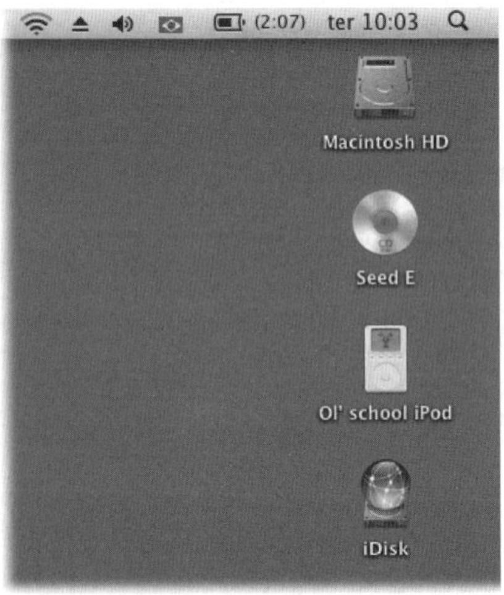

Figura 11-1:
É possível ver todos os tipos de discos na Mesa do Mac OS X (mostrado aqui: disco rígido, CD, iPod, iDisk) – ou nenhum, se você tiver escolhido ocultá-los por meio da opção Finder→ Preferências.

A propósito: se você possui um MacBook Air (um laptop sem drive de CD/DVD), você também pode usar discos. Você pode adquirir um bonito drive externo USB da Apple por 100 dólares. Ou você pode utilizar o Remote Disc Sharing (Compartilhamento de Disco Remoto), uma pequena e estranha tecnologia que permite que o Air acesse o drive em outro computador na rede.

Para ativar o Disco Remoto (Remote Disc), vá ao outro Mac. Abra as Preferências de Sistema→Compartilhamento (System Preferences→Sharing). Ative a opção Compartilhar de CD ou DVD (DVD or CD Sharing). (Você também pode usar um PC Windows como o "outro Mac", desde que você instale o painel de controle de compartilhamento de disco que veio com o seu Air.)

Agora, qualquer disco que você colocar no outro Mac aparecerá na Barra Lateral do MacBook Air, definido como Disco Remoto. Você pode clicar duas vezes nele para ver os computadores que compartilham discos na rede, e clicar duas vezes seus ícones para acessar dos discos em seus drives emprestados. Sorrateiro, não?

Destaque do Snow Leopard: Antigamente, ejetar um disco produzia com muita frequência uma mensagem de erro repulsiva que dizia "O disco está em uso". Ela aparecia quando, por exemplo, um documento daquele disco ainda estava aberto em um dos seus programas.

No Snow Leopard, essa mensagem aparece com muito menos frequência – e quando ela aparece, a mensagem diz exatamente qual programa ainda está retendo o disco. Você pode ir até o programa, fechar o documento que provocou o problema e, então, ejetar o disco.

Discos de inicialização

Quando você liga o Mac, ele procura por um disco de inicialização – isto é, um disco contendo uma pasta Sistema. Se você já tiver visto o ícone de uma pasta piscando com desalento sobre um fundo cinza em um Mac, sabe o que acontece quando o Mac *não* consegue encontrar um disco de inicialização. Ele vai piscar assim para sempre ou até que você encontre e insira um disco viável com uma pasta Sistema.

Criando um disco de inicialização

É possível criar um disco de inicialização instalando o Mac OS X em um disco – seja ele um disco rígido ou um DVD.

Nota: Nem todos os discos são capazes de inicializar o Mac, mas qualquer disco rígido interno pode, e qualquer disco rígido externo Fireware Também.

PERGUNTAS FREQUENTES

O botão Ejetar que não ejeta

Quando pressiono a tecla ⏏ no meu teclado (ou o botão Ejetar do meu CD-ROM), por que o CD não sai?

Podem estar acontecendo três coisas. Em primeiro lugar, algum arquivo no disco pode estar aberto – ou seja, em uso por um dos seus programas. Você não tem permissão para ejetar o disco até que o arquivo seja fechado.

Segundo, para evitar apertões acidentais, ⏏ do teclado Mac moderno é projetada para só funcionar quando você a mantiver pressionada por um ou dois segundos. Apenas tocar não funciona.

Em terceiro lugar, lembre-se que uma vez que você inseriu um disco, o Mac não permite que você o ejete a menos que o retire da maneira "oficial".

Em modelos do Mac com unidades de CD de bandeja, pressionar o botão na porta do drive só abre a gaveta quando ela estiver vazia. Se houver algum disco nela, você pode pressionar aquele botão até o dia do juízo final; o Mac irá simplesmente ignorá-lo.

Esse comportamento confunde principalmente as pessoas que estão acostumadas a trabalhar com o Windows. (Em um PC Windows, pressionar o botão do CD de fato ejeta o disco.) Mas, no Mac, pressionar o botão da porta do CD só ejeta um disco inserido quando ele não estiver adequadamente colocado, ou quando ele não puder ser lido por algum motivo, ou quando o ícone do disco não aparecer na tela.

No entanto, ⏏ no teclado moderno do Mac não é tão exagerada. Ela solta qualquer CD ou DVD que esteja no drive.

Ah, e se um CD ou DVD não sair de modo algum (e o seu ícone não aparecer no Finder), reinicie o Mac. Mantenha o botão do mouse ou a tecla F12 pressionado enquanto o Mac reinicia para fazer o disco sair.

E se mesmo essa técnica não funcionar, procure pelo pequeno buraco de alfinete na entrada do CD ou perto dela. Inserir um clipe de papel desdobrado, devagar e firmemente, também fará o disco sair.

Como selecionar um disco de inicialização

É perfeitamente possível ter mais de um disco de inicialização conectado simultaneamente ao seu Mac. Esse é o negócio, por exemplo, quando você insere o DVD do Mac OS X em seu Mac: tanto o seu disco rígido principal como o DVD contêm uma pasta Sistema, e cada um é um disco de inicialização. Alguns veteranos no Mac criam deliberadamente outros discos de inicialização – usando iPods, por exemplo – para poderem iniciar facilmente seu computador a partir de um disco de backup ou de uma versão diferente do sistema operacional.

Apenas uma pasta Sistema pode estar em operação de cada vez. Então, como o Mac sabe qual usar com o seu disco de inicialização? Você faz essa seleção no painel do Disco de Inicialização (Startup Disk) nas Preferências do Sistema (Figura 11-2).

Dica: Se você estiver com pressa para iniciar a máquina a partir de um disco diferente, clique o ícone do disco e depois em Reiniciar (Restart) na janela Preferências do Sistema. Não será preciso fechar a janela de Preferências antes.

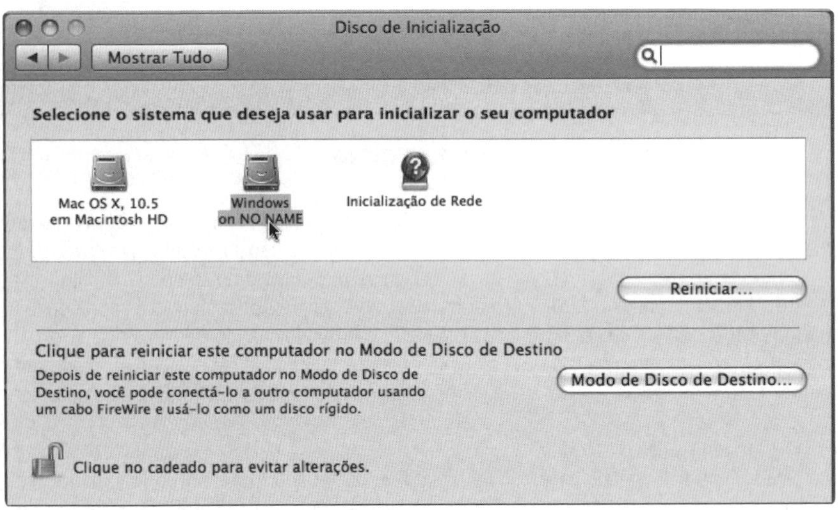

Figura 11-2: *No painel do Disco de Inicialização nas Preferências do Sistema, o disco selecionado no momento – aquele que estará "em vigor" na próxima vez em que a máquina iniciar – está sempre destacado. Também é possível ver a versão da pasta Sistema, o nome do drive em que ele está e o seu nome atual.*

Apagando um disco

O Mac OS X não tem um comando Apagar Disco (Erase Disk) no Finder. Quando quiser apagar um disco (como um disco DVD-RW), a única ferramenta que a Apple oferece é o Utilitário de Disco, que fica em sua pasta Aplicativos→Utilitários. Esse é o mesmo programa usado para apagar, reparar ou subdividir (*particionar*) um disco rígido.

Quando você tiver aberto o Utilitário de Disco, clique o nome do disco (na lista do lado esquerdo), clique na aba Apagar (Erase) e depois no botão Apagar.

Você não poderá fazer isso se:

- O disco for um CD-ROM padrão, um DVD, um disco CD-R previamente gravado ou um disco na rede.

- Você estiver tentando apagar o disco de inicialização. Não é possível limpar o disco que contém a pasta Sistema rodando no momento, tanto quanto você não pode pintar o chão embaixo de seus pés. (Para apagar o seu disco rígido interno, por exemplo, é preciso iniciar a partir do DVD do Mac OS X.)

Gravando CDs e DVDs

É possível comprar CDs virgens baratos em punhados – 70 reais por 100 discos, por exemplo – pela Web. (Para descobrir os melhores preços, visite www.bondfaro.com.br ou www.buscape.com.br e procure por *CD-R virgem.*) Os DVDs virgens são apenas ligeiramente mais caros – cerca de 80 reais por 100.

Gravar um CD ou DVD é ótimo para copiar coisas, para transferir material para um outro computador (até mesmo um PC Windows), para enviar coisas para alguém ou arquivar material antigo para liberar espaço no disco rígido.

É possível gravar um disco de duas maneiras: com ou sem o disco virgem inserido.

Pastas de gravação: sem o disco

A *pasta de gravação* é uma pasta especial que você enche arrastando ícones de arquivos e de pastas para ela. Então, quando você estiver pronto para gravar, basta inserir o disco virgem e ir em frente.

GANHE VELOCIDADE

Formato Mac OS Expandido

Seja usando o Utilitário de Disco para apagar um disco (ou quando instalar pela primeira vez o Mac OS X e decidir apagar o disco rígido no processo), você terá que escolher entre as opções de formatação, chamadas Mac OS Expandido (MAc OS Extended) e Sistema de Arquivos Unix (Unix File System) (UFS). (Dependendo do tipo de disco, também é possível ver uma opção para criar um disco formatado em DOS, para uso em máquinas Windows.)

Mac OS Expandido ou Registro Cronológico refere-se ao sistema de arquivamento HFS Plus, um formato de disco que, orgulhosamente, tem maximizado o espaço em disco para os macmaníacos desde o Mac OS 8.1.

O Mac OS X ainda aceita discos que foram preparados usando a antiga formatação Padrão do Mac OS – o antigo formato HFS (Sistema Hierárquico de Arquivamentos ou *Hierarchical Filing System*) –, mas você não pode usar um como o seu disco de inicialização e quaisquer nomes de arquivo com mais de 31 caracteres aparecerão truncados.

Quanto à opção Sistema de Arquivos UNIX, ela é para uso exclusivo em computadores que rodam Unix (a versão pura, não a elegante que é o Mac OS X).

O conceito de pasta de gravação tem muito a seu favor:

- **Sem desperdício de espaço em disco.** Quando você usa uma pasta de gravação, não está consumindo nenhuma espaço extra em disco conforme você carrega um disco com arquivos e pastas. Em vez disso, o Mac apenas cria atalhos dos arquivos e pastas que você deseja gravar. Os atalhos ocupam um espaço insignificante no disco rígido. Quando você finalmente grava o disco, o material designado é copiado diretamente para o CD ou DVD.

- **Fácil reutilização.** Você mantém uma pasta de gravação em sua Mesa, preparada com as pastas que gostaria de copiar. Sempre que gravar um disco, você obtém a versão mais recente do conteúdo dessas pastas, e poupa a si mesmo o esforço de precisar juntá-lo toda a vez.

- **Preparo antecipado.** Você pode ter um CD ou DVD pronto para gravar sem ter um disco virgem à mão.

Eis como usar as pastas de gravação:

1. Crie uma pasta de gravação.

Para fazer uma pasta de gravação aparecer no Finder, escolha Arquivo→Nova Pasta de Gravação (File→Now Burn Folder). Para criar uma em qualquer outra janela, Control-clique (ou clique com o botão direito) em um ponto vazio dentro daquela janela e, a partir do menu de atalho, escolha Nova Pasta de Gravação.

Em qualquer das duas maneiras, uma nova pasta aparece, contendo o símbolo universal e radioativo de gravação no Mac.

2. Renomeie a pasta.

O nome dela é destacado para que você possa começar a digitar para renomeá-la. Pressione Return quando tiver terminado.

3. Encha a pasta de coisas, arrastando arquivos e pastas para dentro dela.

Se você der um duplo-clique na pasta de gravação para abrir a sua janela (Figura 11-3), você verá que, na verdade, não está copiando arquivos imensos. Está apenas fazendo uma lista de atalhos.

Dica: Na parte inferior da janela da pasta de gravação, o "tamanho mínimo do disco" (minimum disc size) exibe quanto de material você já carregou, de forma que você possa calcular se tudo caberá em um disco.

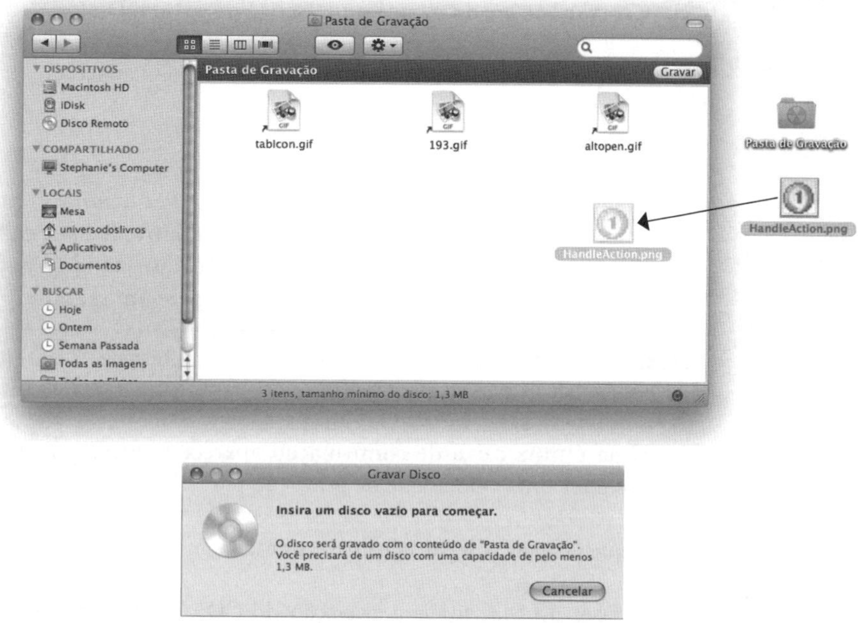

Figura 11-3: *Em cima: uma pasta de gravação se parece com qualquer pasta comum – exceto porque ela tem esse logo "radioativo". Você pode arrastar arquivos e pastas direto para a sua janela; por ora, o Mac OS X só exibe os atalhos, mas quando você queima o disco, os arquivos e pastas verdadeiros estarão lá.*

Se você abrir a pasta de gravação, encontrará uma barra incomum que vai de um lado ao outro no alto. A sua maior importância é o botão Gravar à direita.

Embaixo: pronto para prosseguir, Capitão!

4. Decore a janela, se quiser.

Você pode escolher a visualização em ícones ou em lista; pode arrumar os ícones em um arranjo que preferir; pode mudar a cor de fundo da janela e assim por diante.

Um recurso interessante do Mac (que não está disponível no Outro sistema operacional) é que a aparência de uma janela é preservada quando você a grava em CD.

5. Clique no botão Gravar no canto superior direito da janela ou escolha Arquivo→Gravar [nome da pasta] no Disco (File→Burn Disc).

A mensagem mostrada embaixo na Figura 11-3 aparece.

6. Insira um disco virgem.

Se você tiver um Mac com unidade de CD *slot-loading* (aquele com uma fenda para colocar o CD), deslize o disco para dentro. Se, por outro lado, o seu Mac tiver um CD de bandeja, abra-a primeiro, pressionando o botão próximo à porta do CD ou pressionando a tecla ⏏ por cerca de um segundo.

Dica: Quando você colocar um CD ou DVD na bandeja, você pode fechá-la empurrando-a suavemente ou pressionando novamente a tecla ⏏.

Uma última caixa de confirmação aparece, onde é possível nomear o disco e escolher uma velocidade de gravação para ele.

7. Clique Gravar (ou pressione Return).

O laser do Mac inicia a gravação do CD ou DVD, o que pode demorar algum tempo. Fique à vontade para alternar para outro programa e continuar a usar o seu Mac. Quando ele tiver terminado, você terá um novo CD ou DVD, cujos arquivos e pastas podem ser abertos em qualquer Mac ou PC Windows.

Quando você tem um disco virgem em mãos

Se você tiver um disco virgem pronto para gravar, as pastas de gravação são ainda mais simples de usar.

Comece inserindo um disco virgem. Depois de um momento, o Mac exibe uma caixa de diálogo perguntando o que, de fato, você deseja fazer com esse disco virgem (a menos que você tenha brincado com suas preferências). Para orientações, veja a Figura 11-4.

Se você escolher Abrir o Finder (Open Finder), verá o ícone do disco aparecer no desktop depois de um momento; o seu ícone também aparece na Barra Lateral, com o símbolo redondo de gravação, que se parece com um logo de radioatividade.

A essa altura, você pode começar a arrastar arquivos e pastas para dentro do ícone do disco, ou (se você der um duplo-clique no ícone) para a sua janela. É possível adicionar, remover, reorganizar e renomear os arquivos, exatamente como você faria em qualquer janela padrão do Finder. Na verdade, tudo o que você está fazendo é arrastar atalhos: os verdadeiros arquivos ficam intocados em seu disco rígido. Também é possível renomear o próprio CD/DVD, como seria com um arquivo ou pasta.

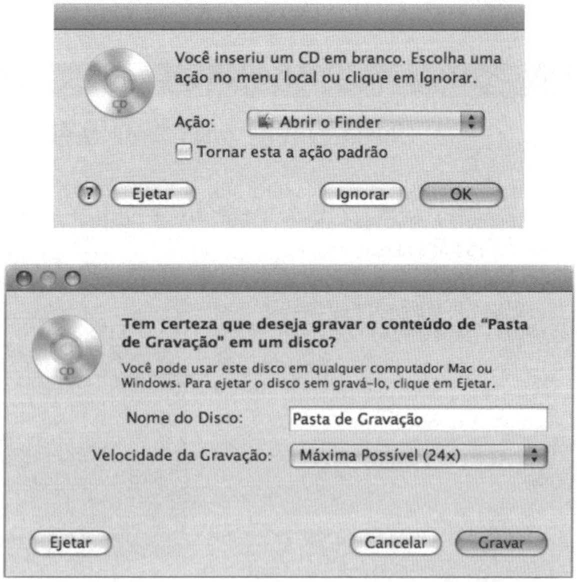

Figura 11-4:
Em cima: escolha Abrir o Finder se pretender copiar arquivos normais do Mac no CD ou DVD, ou Abrir o iTunes, se você pretende gravar um CD de música usando o iTunes. (Clique Tornar esta a ação padrão (Make this action the default se julgar que sempre responderá a essa pergunta da mesma maneira.) Clique em OK.

Arraste o disco para o ícone Gravar no Dock, ou escolha Arquivo→Gravar Disco.

Embaixo: confirme a sua escolha nessa caixa.

Quando o disco contiver os arquivos e pastas que você deseja imortalizar, faça uma dessas coisas:

- Selecione Arquivo→Gravar [o nome do disco].
- Clique no botão Gravar, perto do nome do disco na Barra Lateral.
- Clique o botão Gravar no canto superior direito da janela do disco.
- Arraste o ícone do disco na direção do ícone do Lixo, no Dock. Assim que você começar a arrastá-lo, o ícone do Lixo se transforma naquele desolado logo amarelo. Solte o ícone do disco nele.
- Control-clique (ou clique com o botão direito) o ícone do disco; a partir do menu de atalho, selecione Gravar [o nome do disco].

De qualquer forma, a caixa de diálogo mostrada embaixo à esquerda, na Figura 11-4, agora aparece. Clique em Gravar. Quando o processo de gravação terminar, você terá um CD ou DVD que funciona em qualquer outro Mac ou PC.

Eis algumas observações finais sobre gravar CDs e DVDs no Finder:

- Não tem certeza de quais tipos de discos o seu Mac pode gravar? Abra a Visão do Sistema (em sua pasta Aplicativos→Utilitários). Expanda o triângulo Hardware e

DIAMANTE BRUTO

Como gravar um CD de múltiplas sessões no Mac OS X

A maioria das pessoas acredita que, uma vez queimado um disco CD-R ou DVD-R, tudo acabou. Não é possível gravar mais nada nele.

A verdade, porém, é que é possível usar o velho e bom Utilitário de Disco, escondido lá em sua pasta Aplicativos→Utilitários, para gravar um único disco quantas vezes você quiser. Certo: os discos CD-R normais, os mais baratos, não os CD-RW (regraváveis).

O que é criado aqui é um disco de *múltiplas sessões*. Cada vez que você gravar mais material nele, um novo ícone de disco é criado; ele aparecerá separadamente quando você inserir o CD. Mostrado aqui em cima, por exemplo, está um disco que foi gravado duas vezes. Uma pasta chamada PhotoRabbit foi gravada primeiro no CD. Depois, uma semana mais tarde, uma pasta chamada "Flower pix" foi gravada no mesmo disco, criando uma segunda sessão (um ícone de disco).

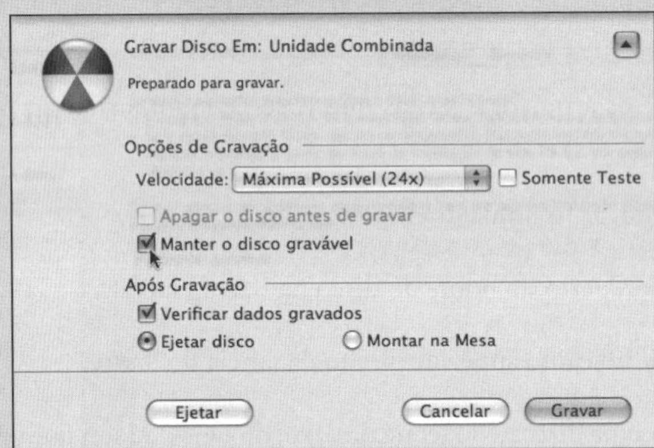

Para fazer igual, prepare o material que pretende gravar pela primeira vez. Por exemplo, coloque tudo em uma pasta em sua Mesa.

Agora, abra o Utilitário de Disco. Escolha Arquivo→Nova→Imagem de Disco da Pasta (File→New→Disk Image from folder). Quando solicitado, navegue até a pasta que deseja gravar, clique nela uma vez e depois clique em Imagem.

Digite um nome para a imagem de disco que você está criando. Especifique um local (por exemplo, a Mesa) e depois clique em Salvar. Neste exemplo, suponha que ela se chame PhotoRabbit CD.dmg.

Quando estiver pronto para gravar, abra o Utilitário de Disco. Clique no ícone Gravar, na Barra de Ferramentas. Navegue pelo disco e selecione a imagem de disco (PhotoRabbit CD.dmg). Depois, clique em Gravar.

Na caixa de diálogo Gravar Disco resultante, clique no botão azul ▼, em cima à direita. A caixa de diálogo se expande, conforme mostrado aqui. Marque Manter o disco gravável (Leave disc appendable). Clique em Gravar para gravar o material no CD.

Quando chegar a hora de adicionar material novo àquele disco, repita todas as etapas feitas até agora. Dessa vez, na caixa de diálogo mostrada acima, você verá que, em vez de Gravar, agora o botão inferior direito diz Anexar. (Append) Essa é uma dica do Utilitário de Disco que ele entende o que está para acontecer: você quer adicionar informações a um CD já gravado, resultando em um segundo ícone de disco no Finder, contendo apenas o novo material.

Você acabou de criar um disco de múltiplas sessões!

É possível repetir o processo várias vezes, adicionando mais e mais material a um disco – ou pelo menos, até que ele esteja cheio.

clique na categoria Gravação de Disco (Disc Burning). Lá está, clara como o dia: a lista dos formatos que a sua máquina pode ler e escrever (isto é, gravar). Por exemplo, você poderia ver: "Grava CD: -R, -RW. Grava DVD: -R, -RW, +R, +RW".

- No Finder, só é possível gravar um disco inteiro de uma vez; você não pode acrescentar mais nenhum arquivo depois da primeira gravação. Porém, há um truque que lhe permite acrescentar mais dados a um CD-R ou DVD-R previamente gravado, se você usar o Utilitário de Disco. (Tecnicamente, é possível criar um disco de *múltiplas sessões*.) Veja a caixa na página anterior.

- Se você tiver que gravar muitos discos, um programa de gravação de CD mais desenvolvido como Toast Titanium (www.roxio.com) oferece uma série de opções adicionais de formatação, que permite fazer CDs de inicialização, CDs de vídeo e outros.

- Quando você inserir um disco CD-*RW* ou DVD-*RW* que foi previamente gravado, a caixa mostrada na Figura 11-4 anterior não aparece. Em vez disso, o ícone do disco simplesmente aparece no Finder como se fosse um CD comum. Antes de você poder copiar novos arquivos dentro dele, é preciso apagá-lo usando o Utilitário de Disco, conforme descrito na seção anterior.

- Os discos que o seu Mac grava funcionam igualmente bem em Macs e PCs Windows (ou Linux). Mas, se você pretende inserir um CD ou DVD em um PC, lembre-se de que o Windows não permite determinados símbolos em um nome de arquivo Windows (\ / : * ? < > |). Você terá problemas se qualquer um dos nomes de seus arquivos tiver esses símbolos. Na verdade, você não será capaz de abrir qualquer pasta em seu disco que contenha arquivos ilegalmente nomeados.

iTunes: o jukebox digital

Localizado em sua pasta Aplicativos (Application), o iTunes é o software de jukebox definitivo (Figura 11-5). Ele pode tocar CDs de música, sintonizar as estações de rádio na Internet, carregar música para seu iPod ou iPhone, e executar arquivos digitais de som (incluindo o formato preferido da Internet, arquivos MP3) e outros formatos populares de áudio. Ele também pode transformar faixas selecionadas dos seus CDs de música em arquivos MP3, para que você possa armazenar as suas canções preferidas em seu disco rígido para executar em qualquer ocasião – sem precisar procurar os CDs originais.

O iTunes também permite que você grave seus próprios CDs de áudio que contenham somente as melhores músicas. Finalmente, é claro, o iTunes é a janela de compras para a iTunes Store, que vende música, programas de TV e filmes.

O iTunes também pode gravar *CDs de MP3:* CDs de música que cabem muito mais do que os usuais 74 ou 80 minutos de música em um disco (isso porque eles armazenam canções em formato MP3, ao invés de AIFF). Mas nem todos os CD players podem tocar discos MP3 e a qualidade de som é ligeiramente menor do que os CDs padrão.

Figura 11-5: *O iTunes se tornou um dos programas mais populares do mundo por ser útil, funcionar em diferentes sistemas operacionais e, é claro, ser gratuito.*

Ele basicamente consiste em uma base de dados que exibe todas as suas músicas, vídeos e outros itens reproduzíveis, e é cheio de formas de dividir, analisar e exportar toda a sua diversão para outros dispositivos.

Na primeira vez que você entra no iTunes, você é perguntado: (a) se deseja que o iTunes seja o programa padrão que o seu Mac utilizará para executar arquivos de música da Internet, (b) se você quer que ele peça a sua permissão sempre que se conectar à Internet e (c) se você deseja que o programa faça uma varredura na sua pasta de usuário para acrescentar os arquivos de música que já estiverem nela. (Você pode recusar que o seu disco rígido seja escaneado nesse momento. Mais tarde, sempre é possível arrastar seu disco ou qualquer outra pasta diretamente para a janela do iTunes para uma busca automática.)

Por ora, o layout do iTunes deveria parecer familiar: uma Source list (Lista de fontes) do lado esquerdo, que funciona como um índice para a janela maior da direita. É o mesmo layout que você costumava ver no Finder (a Barra lateral), iPhoto, Image Capture e outros programas da Apple.

Os títulos principais na lista do iTunes são Biblioteca (Library), Loja (Store), Dispositivos (Devices), Compartilhado (Shared), Genius e Listas de Reprodução (Playlists). A seguir, detalhes sobre cada um deles:

Biblioteca

Os items dessa lista representam todas as suas músicas e vídeos: Músicas, Vídeos, Programas de TV, podcasts etc. Eles incluem tanto as suas coisas – músicas que você copiou de CDs, por exemplo – como materiais que você comprou na iTunes Store on-line.

Nota: Quando você abre o iTunes, ele oferece a opção de pesquisar seu disco rígido por todos os tipos de arquivos que ele pode reproduzir – todas as músicas em formatos como MP3, AIFF, WAV, AAC e Apple Lossless, por exemplo. Então ele copia todos esses arquivos para a sua pasta Home→Música→iTunes→iTunes Music (Home→Music→iTunes→iTunes Music). Mas você não precisa fazer sujeira por lá; use o iTunes apenas para gerenciar sua coleção.

Quando você clica Música, a janela principal do iTunes é organizada de forma parecida com o Finder, com colunas indicando a duração da música, artista, álbum etc. Como sempre, você pode reorganizar essas colunas arrastando seus títulos, ordenando sua lista por um desses critérios clicando seus títulos, invertendo a ordem clicando esse título uma segunda vez, e por aí vai.

Ou clique um dos três botões de Visualização (View) próximos à caixa de Busca (Search) para exibir suas músicas em uma grade com miniaturas das capas dos álbuns – ou como Cover Flow, que permite que você passeie entre as capas dos álbuns como se elas estivessem em uma loja de discos.

Para encontrar uma determinada música ou vídeo, basta digitar algumas letras na Caixa de busca parecida com o Spotlight acima da lista. O iTunes oculta tudo, exceto os itens que coincidam com o que você digitou.

Loja

A iTunes Store é fácil de configurar. Clicando as abas localizadas no topo da janela, você pode pesquisar músicas (mais de 11 milhões de músicas, composições clássicas e trechos de comédias); filmes (mais de 8 mil); programas de TV (2 dólares por episódio, sem propagandas, de mais de 500 séries); aplicativos para o iPhone (85 mil); podcasts gratuitos (75 mil); audiobooks (30 mil) e muito mais. Você poderá falir nessa loja, mas com certeza se divertirá bastante antes.

Além disso, não há taxas mensais e seus downloads não desaparecerão caso você cancele sua assinatura, como alguns serviços concorrentes costumam fazer.

Use a caixa de Busca da Music Store (canto superior direito) para encontrar as músicas e intérpretes que você tem interesse. Clique duas vezes uma música ou vídeo para ouvir uma amostra de 30 segundos. (Para audiobooks, você tem 90 segundos de aperitivo.)

Caso você decida comprar uma música, precisará de uma conta na Apple. Clique o botão Sign In (em cima, à direita) e então Create New Account para começar. (Se você já comprou ou registrou um produto da Apple no website da empresa, no AppleCare, comprou um livro de fotos no iPhoto ou é membro do MobileMe, você já possui uma conta na Apple. Tudo o que você precisa fazer é lembrar do seu nome – geralmente o seu endereço de e-mail – e senha.)

Quando você clica o botão Buy próximo ao nome da música, o iTunes faz o download dela para o seu Mac. Nos bastidores, ela vai para a pasta Home→Music→iTunes→iTunes Music. Porém, ela aparece na categoria Store→Purchased na Lista de fonte para um acesso mais conveniente.

Dispositivos

Esses ícones representam outros dispositivos com os quais o iTunes pode comunicar. Se você insere um CD, ele é exibido aqui. Se você conecta um iPod ou iPhone, o seu ícone aparece aqui também. Caso você tenha uma Apple TV, ela também estará aqui. Clique um desses ícones para ver o que há dentro deles.

E se você não tiver nenhum desses itens conectados, a categoria Dispositivos não aparece.

Compartilhado

Se você teve o trabalho extra de configurar uma rede doméstica, você pode compartilhar músicas e listas de reprodução com até cinco computadores em rede. Você poderia, por exemplo, ouvir a coleção de jazz dos seus amigos sem sair da sua mesa, e eles poderiam ouvir amostras de zydeco e tejano da sua lista de reprodução World Beat. As músicas que você decide compartilhar são transmitidas pela rede para o outro computador. Na verdade, você pode até mesmo *copiar* músicas e vídeos de uma máquina para outra, de forma que você possa apreciá-los mesmo que o computador de origem esteja desligado.

Nota: Essa funcionalidade, chamada Home Share, também funciona entre Macs e PCs.

Para começar, vá para o Computador A. Clique em Home Sharing na Source List. Você é solicitado a informar informações sobre a sua conta Apple. Clique Create Home Share e depois em Done.

Agora, se você for no iTunes do Computador B, verá o Computador A listado na categoria Compartilhado à esquerda. Clique-o para ver o que há em sua cópia do iTunes. Você pode reproduzir os itens – mesmo estando no Computador B – e até mesmo copiar do Computador A. (Basta arrastar as músicas ou vídeos que você deseja para a categoria apropriada – Music, Movies, TV Shows etc. – na parte superior da Source List.)

Nota: Mas existem alguns detalhes a seguir: até cinco computadores podem fazer o compartilhamento no Home Share. Todos eles devem logar com a mesma conta Apple, e todos devem estar na mesma rede local (isto é, na mesma rede física).

Genius

O Genius, de acordo com a Apple, monta listas de "músicas legais para se ouvir juntas", seja lá o que isso signifique. (Isso parece significar "músicas que possuem o mesmo estilo").

Para começar, selecione Store→Turn On Genius (a menos que ele já esteja ativado). Clique uma música em sua biblioteca que você queira que sirva de âncora – a música "semente" – para fazer a combinação. Então continue de uma dessas três formas:

- **Crie uma playlist do Genius**. Clique o botão ⚛ no canto inferior direito. Rapidamente, você terá uma nova lista de reprodução na Source Lista, abaixo da categoria Genius. (Seu nome é Genius. Genial!) Reproduza-a para conferir como o iTunes fez a combinação do estilo da música original.

  Na parte superior da janela, você pode usar o menu pop-up Limit To para especificar quantas músicas serão adicionadas à lista de reprodução ; o botão Refresh faz uma nova combinação a partir da música "semente"; ou o botão Save Playlist para o iTunes salvar na lista de reprodução apropriada.

- **Crie um Genius Mix**. Você também tem um recurso chamado *Genius Mix* que, diferente de uma lista de reprodução, ele nunca acaba. Ele é mais parecido com uma estação de rádio, puxando, eternamente, as músicas da sua coleção que se combinem (ou, como diz a Apple, "que são legais para se ouvir juntas"). Basta clicar o Genius Mix na Source List; você verá alguns mixes iniciais, que você clica para ouvir.

- **Compre as sugestões do Genius**. Se você clicar o nome da música, e então clicar o botão ▶ à *direita* do botão ⚛, você abrirá um novo painel do Genius do lado direito da janela do iTunes. Ele exibe outras músicas e álbuns da iTunes Store que a Apple supõe que você gostaria de adquirir, baseada na música que você clicou.

Listas

A Apple sabe que você pode não querer ouvir a *todas* as suas músicas toda a vez que você precisar de algumas canções. Por isso é que o iTunes permite que você crie listas de reprodução – pastas que ficam à esquerda da janela do programa, que contêm apenas determinadas músicas. Na verdade, é possível produzir os seus próprios álbuns, como um chamado "Festa do Batidão", outro chamado "Música para um Encontro às Cegas", e assim por diante.

Criando listas

Para criar uma nova lista, clique no botão + no canto inferior esquerdo da janela, ou escolha File→New Playlist (⌘-N). Alternativamente, se você já tiver selecionado determinadas músicas – ⌘-clicando nelas ou Shift-clicando nelas –, você pode escolher File→New Playlist From Selection.

Uma nova lista aparece como um ícone na seção Source. Você pode renomear uma lista dando duplo-clique nela e adicionar músicas a outra arrastando canções da lista principal para ela.

Dica: Apagar uma música de uma lista não a apaga da seção Biblioteca (ou do seu disco rígido). Da mesma forma, você pode adicionar a mesma música em tantas listas diferentes quantas você quiser, uma vez que, na verdade, você não esteja aumentando o tamanho da seção Biblioteca. (Você pode estar começando a selecionar um tema em algum software da Apple. As listas funcionam exatamente como álbuns no iPhoto, ou como a Barra Lateral do Finder.)

Listas inteligentes

As *listas inteligentes* se constroem automaticamente de acordo com critérios que você especificar. Você pode dizer a uma lista inteligente para montar 45 minutos de músicas que você classificou com mais de quatro estrelas, mas raramente escuta, e outra para relacionar suas músicas mais tocadas dos anos 1980.

Dica: Para classificar uma música, torne a janela principal larga o suficiente para que você possa ver a coluna Rating. (Se não você não conseguir ver essa coluna, Control-clique qualquer cabeçalho de coluna e marque Rating na lista de opções.) Depois, apenas clique na coluna Rating na música selecionada. O número apropriado de estrelas aparece – uma, duas, três, quatro ou cinco – dependendo da posição do seu clique. É possível mudar a classificação de uma música quantas vezes você quiser – uma coisa legal, considerando a curta vida de um sucesso nas prateleiras atualmente.

Para fazer uma lista inteligente, escolha File→New Smart Paylist on (Option-⌘-N) – ou apenas Option-clique no botão + sob a lista à esquerda. A caixa de diálogo mostrada na Figura 11-6 aparece. Aqui, os controles são projetados para configurar uma música em seu banco de dados de músicas. Por exemplo, a Figura 11-6 ilustra como você faz para encontrar 74 minutos de músicas dos Beatles lançadas entre 1965 e 1968 – que você classificou com três estrelas ou mais e que ouviu exatamente duas vezes.

Quando clicar em OK, a sua lista inteligente já estará pronta para ser exibida. Quando você clicar o nome dela na coluna à esquerda do iTunes, a lista principal se atualiza, de acordo com os seus critérios e quaisquer mudanças em sua coleção de músicas. (As listas inteligentes são transferidas para o seu iPod ou iPhone, mas não continuam a se atualizar de lá.)

CDs de áudio

Se você não for um colecionador de arquivos MP3, você também pode encher essa lista principal aqui simplesmente inserindo um CD de música. As canções dele aparecem imediatamente na lista.

Inicialmente, elas podem aparecer com excitantes nomes de "Faixa 01", "Faixa 02" e assim por diante. Mas logo depois de alguns momentos, o iTunes se conecta com a Internet e compara o seu CD com as listagens em www.gracenote.com, um banco de dados global de CDs de música e seus conteúdos. Se ele encontrar uma combinação entre os milhares de CD que estão lá, ele copia os nomes do álbum e das músicas para o iTunes, onde eles reaparecem sempre que você usar esse CD em especial.

Você pode reproduzir o CD da mesma forma como faria com qualquer outra coisa no iTunes: pressionando a barra de espaço, por exemplo.

Dica: Se você conectar um MP3 player portátil compatível com iTunes ao seu Mac (o iPod não é o único), o seu nome também aparece na lista Dispositivos, do lado esquerdo. É possível adicionar músicas ao seu player (arrastando-as para o ícone dele), renomear ou refazer a sua ordem, e assim por diante.

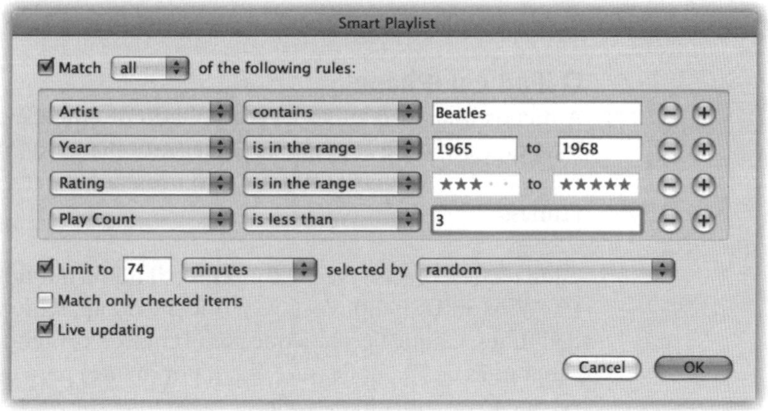

Figura 11-6: *Uma lista inteligente é um comando de busca poderoso em seu banco de dados do iTunes. É possível configurar um determinado critério, como a caça por canções dos Beatles em especial, ilustrada aqui. A caixa de seleção Live updating faz o iTunes manter essa lista atualizada depois que a sua coleção muda, quando você muda as suas classificações, quando a sua Play Count muda, e assim por diante.*

PERGUNTAS FREQUENTES

Executando CDs de música automaticamente

Como faço para que os CDs de música toquem automaticamente quando estão inseridos no Mac?

Primeiro, assegure-se de que o iTunes esteja configurado para abrir automaticamente quando você inserir um CD de música. Isso pode ser feito no painel CD e DVDs nas Preferências do Sistema (use o menu pop-up Ao inserir um CD de música [When you insert a music CD]).

Depois, tudo o que é preciso fazer é garantir que o iTunes saiba que tem que começar a tocar automaticamente quando iniciar. Escolha iTunes→Preferences, clique no ícone Advanced e depois em Importing; do menu pop-up On CD Insert, escolha Begin Playing. Clique em OK.

De agora em diante, sempre que você inserir um CD de música, o iTunes abrirá automaticamente e começará a tocar.

Copiando (ripando) CDs de música para o seu disco rígido

Uma vez que você copiar seus CDs de áudio favoritos para o seu disco rígido, você pode reproduzi-los sempre que quiser, sem o CD original.

Para *ripar* um CD (como os fanáticos diriam) como esse, certifique-se de que somente as músicas que você deseja capturar foram selecionadas na lista principal. Escolha um formato para os arquivos que você irá criar, se desejar – MP3, por exemplo, ou ACC (qualidade/tamanho melhores, mas menos compatível com outros dispositivos) –, clicando o botão Configurações de Importação (Import Settings) (Figura 11-7). Finalmente, clique o botão Importar CD (Import CD) no canto inferior direito da janela.

Quando tudo estiver terminado, você encontrará as músicas importadas relacionadas em Library. (Clique no ícone Music na seção Library, na lista à esquerda.) De lá, é possível arrastá-las para qualquer outra "pasta" (listas de músicas), conforme descrito a seguir.

O iPod e o iPhone

A menos que você tenha recém-voltado de Alfa Centauri, provavelmente você já sabe que o iPod é o pequeno e elegante player de música da Apple. Ele e o seu companheiro celular, o iPhone, são projetados para se integrar facilmente com o iTunes.

Tudo o que é preciso fazer é conectar o iPod ou o iPhone ao Mac através de seu cabo FireWire ou USB 2.0. Você verá o ícone do aparelho aparecer na lista Dispositivos do iTunes. Clique no seu ícone para ver o seu conteúdo – e clique nas abas (Música, Programas de TV, podcasts e assim por diante) para especificar qual material gostaria que fosse copiado para ele.

Brincando com o playback

Para reproduzir uma música ou vídeo, clique duas vezes o item. Ou clique o botão Play (▶) do iTunes, ou ainda pressione a barra de espaço. O Mac imediatamente começa a reprodução das músicas cujos nomes possuem marcas de seleção na lista principal (Figura 11-7), ou o CD que estiver no seu Mac.

Dica: O display central na parte superior da janela mostra não apenas o nome da música e do álbum, mas também em que parte da música você está, conforme representado pelo diamante na faixa horizontal. Arraste esse pequeno diamante ou clique em qualquer lugar da faixa para saltar para outro trecho da música.

Para visualizar os níveis de som da música atual, clique o pequeno triângulo no lado esquerdo desse display para ver um medidor de UV (Unidades de Volume), que indica diversas frequências.

Enquanto a música toca, você pode configurar o visualizador do iTunes em vários parâmetros interessantes. Algumas pessoas ficam imóveis por meses na frente de seus Macs em certas ocasiões, só para ver tudo.

Figura 11-7: *Observe o quadro no alto da janela para ver quanto tempo a conversão vai demorar e em qual música o iTunes está trabalhando. À medida que o iTunes termina de processar cada música, você vê uma pequena marcação em círculo próxima ao seu nome, na lista principal, para lembrá-lo que ela já está a bordo e você não precisa mais do CD em sua máquina.*

Ativando os visuais

Os *visuais* são os espetáculos de luz que pulsam na tela, batem e dançam em sincronia com a música. O efeito é hipnótico e excitante. (Para uma festa divertida de verdade, convide algumas pessoas que cresceram nos anos 1970 para ir à sua casa assistir o visual.)

Para ativar essa exibição psicodélica, escolha View→Turn On Visuals ou apenas pressione ⌘-T. O espetáculo começa imediatamente – ainda que haja muito mais divertimento se você escolher View→Full Screen (⌘-F), de modo que o espetáculo ocupe todo o seu monitor. É verdade, você não trabalhou muito, mas quando se trata de alívio de estresse, os visuais são muito mais baratos do que uma banheira quente.

Se você analisar o submenu Visualizar→Visualizador (View→Visualizer), verá que o iTunes vem com cinco módulos de proteção de tela diferentes. Cada um possui atalhos de teclado secretos que disparam funções secretas. Pressione a tecla ? para ver um pequeno roteiro dos comandos de teclado disponíveis.

Controle de teclado

É claro que é possível controlar a reprodução de músicas usando os menus do iTunes, mas o teclado pode ser muito mais eficiente. Eis alguns atalhos de teclado de controle que merecem destaque:

Função	Atalho de teclado
Reproduzir, Pausar	barra de espaço ou tecla ▶II
Próxima música/música anterior	↑, ↓ ou ←, →
Volume mais alto/baixo	⌘-↑, ⌘-↓
Retroceder, avançar	teclas ◀◀ ▶▶ (ou Option-⌘-←, Option-⌘-→)
Ejetar o CD	⌘-E
Ativar Visualizador	⌘-T
Desativar Visualizador	⌘-T ou clique do mouse
Visualizador em tela cheia	⌘-F
Sair do Visualizador em tela cheia	⌘-T, ⌘-F, Esc ou clique do mouse

Dica: Você também pode controlar a reprodução de CD a partir do Dock. Control-clique o ícone do iTunes (ou clique e mantenha pressionado o botão do mouse) para mostrar o menu pop-up oferecendo os comandos de reprodução, como pausar, ir para a música seguinte ou música anterior, juntamente com a identificação da música que está sendo tocada no momento.

Tocando com o equalizador gráfico

Se você escolher Windows→Equalizer, vai conseguir um belo console de controle, que lhe permite ajustar a intensidade de cada frequência musical, de maneira independente (Figura 11-8).

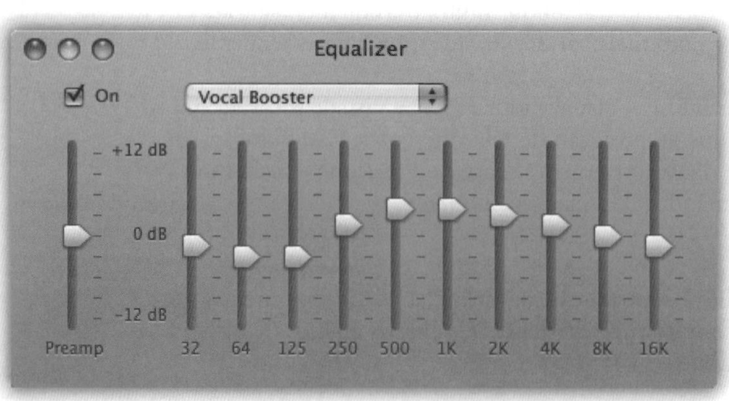

Figura 11-8:
Deslize os ponteiros (graves à esquerda, agudos à direita) para acomodar as forças e as fraquezas de seus alto-falantes e microfones (e gostos auditivos). Ou poupe-se do trabalho – use o menu pop-up acima dos ponteiros para escolher entre as configurações enlatadas prontas como Classical, Dance, Jazz, Latin e assim por diante. Essas configurações também são transferidas para o iPod.

Evitando a síndrome do ouvido estourado

Eis um toque inteligente: na caixa de diálogo iTunes→Preferences, se você clicar o ícone Playback, verá uma caixa de seleção chamada Sound Check. Sua função é manter o volume da reprodução de todas as músicas dentro do mesmo nível básico, para que você não precise ajustar o volume para compensar diferentes níveis gravados. (Essa configuração também é transferida para o seu iPod ou iPhone.)

Pense nisso, você poderia passar algumas tardes bem contente só fuçando na caixa de diálogo Preferences. Ela fica mais rica a cada versão do iTunes.

Gravando CDs de música

O iTunes pode gravar conjuntos selecionados de músicas, independente de quais sejam os seus originais, para um CD virgem. Quando tudo estiver terminado, você pode ouvir o CD gravado em quase qualquer CD player padrão, exatamente como faria com um CD de uma loja de música – mas, dessa vez, você só ouve as músicas que gosta, na ordem que quiser, com todas as músicas chatas eliminadas.

Comece criando uma lista para o CD que você vai fazer. Clique seu ícone na coluna do lado esquerdo para ver a lista que você montou. Arraste as músicas para cima e para baixo na lista para refletir a sua ordem de execução. Tenha em mente os seguintes pontos:

- A leitura da parte de baixo da lista mostra quanto tempo as músicas vão tomar.

- Um CD de áudio comporta cerca de 74 a 80 minutos de música em arquivos de áudio comuns. Mas se você fizer um CD de MP3, você pode gravar até 10 vezes mais – 12 horas de música em um único disco!

OFICINA DE MACETES

A independência do iPod

De fábrica, o iPod e o iTunes vêm configurados para uma sincronização automática. Isto é, tão logo você os conecte, o iTunes manda sua biblioteca de música completa (o conteúdo da "pasta" Library no iTunes) para o iPod. As músicas e as listas de reprodução do iPod sempre batem com as do Mac.

A ideia da Apple aqui é garantir que você não vai usar o iPod como uma conveniente máquina de pirataria. Seu iPod obtém as músicas de seu Mac, mas não pode colocar as músicas dele em algum Mac.

Pelo menos essa é a teoria. Mas o que fazer se seu disco rígido se autodestruir, vaporizando 945 arquivos MP3 que você ripou a partir de sua coleção de CDs, que você pagou por eles? Você possui legalmente essas cópias. Você não deveria ter o direito de recuperá-las de seu próprio iPod?

Se você acredita que a resposta seja sim, uma rápida busca em www.versiontracker.com com a palavra "iPod" lhe retornará uma lista de programas como o Senuti (iTunes ao contrário, entendeu?), que permite que você copie as músicas do iPod para o Mac.

Esses programas sabem que o nome da pasta supersecreta de músicas do iPod, chamada iPod_Control, é invisível, e é por esse motivo que você não pode vê-la em sua Mesa sem a ajuda desses utilitários.

Um detalhe: nem todos os CD players podem reproduzir CDs de MP3 (verifique o manual ou a embalagem do CD player). Observe também que um CD de MP3 não pode incluir músicas que você comprou no iTunes music store da Apple; o iTunes não as converte para o formato MP3.

Para gravar um CD de MP3, veja a Figura 11-9.

- Você também pode controlar quantos segundos de silêncio o iTunes insere entre as faixas no seu CD customizado. Utilize o menu pop-up Intervalo Entre Faixas (Gap Between Songs) mostrado na Figura 11-9.

Quando tudo estiver configurado, clique no botão Burn Disc na janela da lista. Especifique as opções do seu CD (Figura 11-9), insira um CD virgem no Mac e prossiga com este livro; o processo de gravação leva algum tempo. Fique à vontade para trabalhar em outros programas enquanto o iTunes reproduz tudo.

Figura 11-9:
Para gravar um CD de MP3, clique a lista lista de reprodução, insira um CD virgem, e então clique Gravar CD (Burn Disc) (canto inferior direito da janela). Esta caixa aparece. Aqui, você pode selecionar o CD de MP3. Porém, se em vez disso você estiver gravando um CD de áudio comum, poderá especificar o intervalo entre as músicas.

Filmes em DVD

Assistir filmes na tela do seu Mac não poderia ser mais fácil: basta inserir um DVD de filme. O Mac detecta que o disco é um DVD de filme (ao contrário de, podemos dizer, um disco contendo somente arquivos). Então, a menos que você tenha brincado com as configurações de preferência, o programa Reprodutor de DVD (DVD Player) é aberto e começa a reproduzir o filme em modo de tela cheia. (A barra de menu desaparece. Para fazê-la reaparecer, mova o cursor do seu mouse no topo da tela.)

Nota: Se o Reprodutor de DVD não iniciar automaticamente quando você inserir um DVD de filme, você mesmo pode abri-lo. Ele fica em sua pasta Aplicativos. (Depois, corrija o "problema", usando o painel CDs e DVDs nas Preferências do Sistema.)

Exibindo um filme

A partir do momento em que o Reprodutor de DVD inicia a reprodução do seu filme, você pode mover o seu mouse na parte inferior da tela, a qualquer momento, para visualizar a barra de controle, que é analisada na Figura 11-10.

Figura 11-10: *Em cima: mesmo em modo tela cheia, você pode controlar a reprodução e navegar pelo disco utilizando a barra de controle translúcida.*

Não se esqueça da barra de progressão na parte de baixo da tela. Ela permite que você vá diretamente para qualquer ponto no DVD.

Embaixo: quando você não estiver em modo tela cheia, um "controle remoto" flutuar aparece. Ele possui os mesmos controles, mas estão organizados com um design mais retrô.

Ou use os seguintes atalhos em seu teclado.

Função	Atalho de teclado
Reproduzir, Pausar	barra de espaço ou tecla ▶II
Retroceder, avançar	teclas ◀◀, ▶▶ (ou Shift-⌘-→, Shift-⌘-←); pressione várias vezes para multiplicar a velocidade
Saltar para frente/Voltar 5 segundos	Option-⌘-→, Option-⌘-←
Volume mais alto/baixo	⌘-↑, ⌘-↓
Mudo/Retornar som	Option-⌘-↓
Próximo capítulo/Capítulo anterior	→, ←
Ativar/desativar modo tela cheia	⌘-F
Tamanho pela metade, normal, máximo	⌘-1, 2, 3
Ejetar	⌘-E
Adicionar marcador	⌘-= (sinal de igual)

Diversão com as línguas

A maioria dos DVDs de Hollywood é programada com legendas na tela para ajudar àqueles que possuem dificuldades de audição ou para pessoas que estejam assistindo um DVD em um bar barulhento. O botão Legenda (Subtitle) oferece um menu pop-up com idiomas alternativos e opções de legendas.

Dica: Para diversão de verdade, ative as legendas em inglês e troque o áudio para um idioma estrangeiro. Independente de quão horrível seja o filme que você está assistindo, ganhará muito mais respeito dos seus amigos e familiares quando contar a eles que assistiu a um filme estrangeiro.

Favoritos e clipes de vídeo

Dois recursos do Reprodutor de DVD são projetados para ajudá-lo a marcar e voltar para os seus momentos ou cenas preferidos de um filme em DVD.

- **Favoritos.** Sempre que você encontrar um ponto que gostaria de voltar mais tarde (durante a reprodução ou uma pausa), pressione ⌘-= (sinal de igual), ou escolha Controles→Novo Favorito (Control→New Bookmark). O Reprodutor de DVD o convida a nomear o marcador. Você pode aceitar a proposta dele de 1:23:15 (ou qualquer que seja a contagem de horas:minutos:segundos).

Quando tiver clicado OK, você poderá usar o submenu Ir→Favoritos (Go→ Bookmarks) para pular de uma marcação para outra.

Dica: Em geral, o Reprodutor de DVD é suficientemente inteligente para começar a exibir um filme do ponto onde você o interrompeu, mesmo que nesse meio-tempo você tenha ejetado o DVD e ter passado muito tempo.

Mas quando você criar uma marcação, a caixa de diálogo de nomeação dos seus Favoritos oferece a possibilidade de definir uma marcação *padrão*. Isso significa, "Na próxima vez em que você inserir esse disco, execute a partir *daqui*, em vez de onde eu parei".

DIAMANTE BRUTO

Podcasts e rádio da Internet

CDs de áudio e arquivos MP3 não são as únicas fontes de sons musicais e falados que você pode ouvir enquanto trabalha. O iTunes também permite que você sintonize centenas de estações de rádio baseadas na Internet, que podem acabar sendo a fonte de música mais conveniente de todas. Elas são gratuitas, tocam 24 horas por dia e suas coleções musicais fazem as suas parecerem uma gota no oceano. Você pode até fazer o download e ouvir podcasts, que são como programas de rádio pessoais e caseiros (às vezes, *muito* caseiros) distribuídos na Web.

Para escutar as rádios, clique em Radio na seção do lado esquerdo. Se você estiver conectado à Internet, verá na lista principal categorias como Blues, Classic Rock, Clássico, e assim por diante, conforme mostrado aqui. Clique no triângulo rotativo para ver uma lista de estações de rádio da Internet para aquela categoria.

Quando encontrar uma que pareça interessante, duplo-clique ela. (Quando maior o número na coluna Bit Rate, melhor a qualidade de som.) Espere um momento para o seu Mac se conectar com o site da rádio na Internet, e depois, deixe a música começar!

Infelizmente, não há uma maneira fácil de capturar essas transmissões pela Internet ou salvá-las em seu disco rígido. No entanto, é possível arrastar o nome de uma para a coluna à esquerda, ou para a seção Library, ou mesmo para uma lista, para facilitar um acesso posterior.

Se você encontrar outras estações de rádio que lhe pareçam interessantes, escolha Advanced→Open Stream, digite o endereço da estação na Web (URL) e pressione Return.

Para baixar um *podcast*, clique em iTunes Store na coluna à esquerda. Na lista principal de categorias, do lado esquerdo da "página" do iTunes Store, clique em Podcasts. Agora, o iTunes permite que você navegue por uma ampla lista de podcasts disponíveis. Quando você clicar um que pareça promissor, verá que é possível ouvi-lo no ato ou – e aqui está a verdadeira diversão – clicar em Subscribe.

Feito isso, você poderá clicar o ícone Podcasts à esquerda para encontrar os episódios mais recentes que você assinou. Sincronize esses pequenos para o seu iPod e terá um material interessante – ou pelo menos, material novo em folha – para ouvir todo o dia da semana.

- **Clipes de vídeo.** Um clipe de vídeo é exatamente o mesmo que uma marcação, exceto que você deve designar um ponto inicial *e* um ponto final. (Não fique animado; um clipe de vídeo não é um arquivo individual que é salvo em seu computador, e não é possível enviá-lo ou compartilhá-lo. Ele só funciona dentro do Reprodutor de DVD.)

A Figura 11-11 mostra como criar e usar um clipe de vídeo.

Figura 11-11:
Quando você escolher Controles→Novo Clipe de Vídeo, essa caixa aparece. Encontre o ponto de partida da sua cena preferida e depois clique no botão superior Ajustar. Agora, exiba ou navegue para o fim da cena, e clique no botão inferior Ajustar. Ao clicar Salvar, você é convidado a nomear a cena. De agora em diante, é possível exibir essa cena escolhendo-a a partir do menu Ir→Clipes de Vídeo.

Miniaturas de capítulos

Um típico DVD hollywoodiano vem programado com capítulos – marcadores invisíveis que permitem que você salte do início de uma cena importante para outra. Para vê-los no DVD Player, basta mover o seu mouse no topo da tela. Uma linha com miniaturas dos capítulos aparece, que podem ser clicadas para você saltar para aquele ponto.

Você também pode criar suas próprias miniaturas de cenas. Essa pode não ser uma funcionalidade especialmente tentadora quando você está reproduzindo DVDs de sucesso. Porém, em DVDs caseiros, feitos tanto por você quanto por outra pessoa, esses marcadores customizados de cenas podem ser indicadores úteis.

Primeiro, escolha Janela→Capítulos (Windows→Chapters) (⌘-B) para abrir a nova paleta de miniaturas de capítulos. Aqui, você encontrará as quebras de cena existentes, que podem ou não já ter imagens de capa (*poster frames*) (Figura 11-12).

Toda a ação acontece no menu de Ação (✲), na parte inferior do painel. Por exemplo, ele contém o comando Gerar Miniaturas Ausentes (Generate Missing Thumbmails) para usar em DVDs que têm quebras de capítulo, mas não têm pequenas imagens de capa para representá-las.

Se há ou não uma imagem de capa para um capítulo em especial, você pode substituir por uma imagem sua. Encontre o quadro do filme exato que julga ficar melhor do que aquele que já está na paleta Capítulos; clique no capítulo na paleta e, a partir do menu pop-up ✲, escolha Usar Quadro Atual como Miniatura (Use Current Frame Thumbnail). Pronto: você acabou de substituir a inútil (ou inexistente) imagem de capítulo por uma que funciona melhor.

Figura 11-12:
Dê duplo-clique em uma miniatura de capítulo para pular para aquele ponto no vídeo. Use o menu pop-up em cima para trocar entre Favoritos, Clipes de Vídeo e Capítulos que você tenha feito. E use o menu ✲, embaixo, para administrar os nomes e imagens dos capítulos.

DIAMANTE BRUTO

Ajustes do Reprodutor

Todos os aparelhos de TV possuem controles de reprodução – configurações que modificam as proporções e a cor da imagem; então por que não no Mac?

Se você clicar o botão Ajustes do Reprodutor (Picture Settings) na barra de ferramentas (identificada na Figura 11-10), você obterá esse controle flutuante pouco conhecido. Na verdade ele é composto por três caixas de dialogo em uma; se você clicar o botão ▶ em sua barra de título, você pode escolher a que deseja.

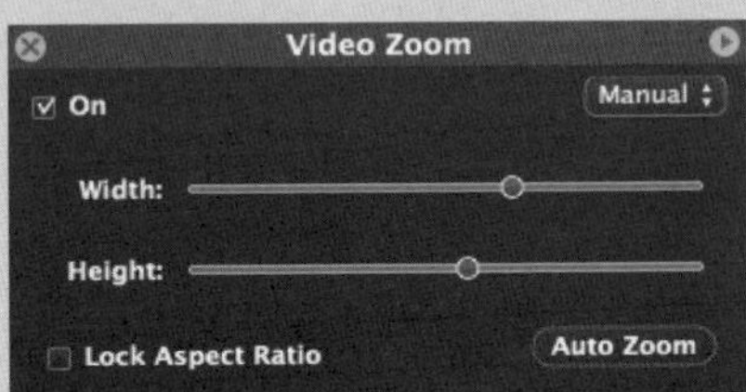

O **Video Zoom** controla o *aspect ratio* (proporções de largura e altura) da imagem. Ele é útil quando o DVD que você está reproduzindo não é compatível com o tamanho e formato da sua tela. Quando você o ativa (no canto superior esquerdo), você pode escolher Auto Zoom (o que melhor se ajusta ao Mac), ou você pode fazer o ajuste com os controles deslizantes horizontal e vertical. (A caixa de seleção Lock Aspect Ratio mantém os controles sincronizados para que você não distorça a imagem.)

Ou você pode utilizar o menu pop-up que é aberto com a configuração Manual e lhe permite escolher uma predefinição, como Widescreen. Você também pode salvar os seus ajustes com um novo nome de predefinição, para uso posterior em seu sistema.

O **Video Color** ajusta a cor, brilho, contraste, entre outros. E o **Audio Equalizer** permite que você ajuste as propriedades do som para determinados tipos de alto-falantes/fones de ouvido e ouvidos específicos. Ele funciona da mesma forma que a descrita na Figura 11-8.

Controles Parentais

Os novos controles parentais do Snow Leopard não são muita coisa. Por exemplo, você não pode dizer "Não assista nada classificado para maiores de 13 anos"; você mesmo precisa classificar cada DVD, um de cada vez. Mas eles são melhor do que nada.

Insira o DVD com o qual você está preocupado. Escolha Arquivo→Obter Informações do Disco (File→Get Disk Info). Clique na aba Controles Parentais (Parental Controls).

Clique no botão 🔒 e entre com a sua senha de administrador. (A menos, é claro, que em vez de você, o seu garoto de oito anos de idade seja o administrador desse Mac; nesse caso, o DVD é o menor dos seus problemas.)

Agora, é possível selecionar (Sempre solicitar autorização) (Always ask for authorization) ou Sempre permitir que seja reproduzido (Always allow to be played), dependendo dos seus sentimentos quanto a esse filme. Clique OK.

No entanto, tudo o que você fez até agora foi especificar o que acontece quando você ativa os controles parentais – e você ainda não fez isso. Selecionar Recursos→Habilitar Controles Parentais (Parental Controls) faz a mágica.

Quando o controle paterno está marcado, ninguém tem permissão de assistir aos DVDs Sempre solicitar autorização, *a menos* que eles coloquem a sua senha de administrador exata.

Que ninguém conhece, a não ser você. (Certo?)

PERGUNTAS FREQUENTES

Mudança de região

Na primeira vez que tentei exibir um DVD, recebi essa estranha mensagem sobre inicializar o código de região. O que significa isso?

Geralmente, os filmes são lançados em cada parte do mundo em épocas diferentes. Um filme pode sair em vídeo nos Estados Unidos, quando ele está apenas chegando às telas na Europa. Certamente não temos pessoas assistindo a um DVD antes do estúdio de cinema ter dito que está Ok! Por isso é que muitos discos são bloqueados por região, para que eles só sejam exibidos em equipamentos de determinadas regiões geográficas.

Como um reprodutor de DVD disfarçado, o seu Mac está simplesmente cumprindo a sua obrigação. É possível mudar a sua região (você terá a oportunidade de fazê-lo quando inserir um DVD bloqueado, de outra região), mas apenas cinco vezes – depois, ele fica congelado para sempre na quinta versão.

A caixa de diálogo mostra para qual região o seu DVD está projetado: 1 para os Estados Unidos e Canadá; 2 para Japão, Europa, África do Sul e Oriente Médio; 3 para o sudeste e o oeste da Ásia; 4 para Austrália, Nova Zelândia, Ilhas do Pacífico, América Central, México, América do Sul e Caribe; 5 para o Leste Europeu, África e Coreia do Norte; 6 para a China e 8 para aviões, navios de cruzeiro, e assim por diante. Qualquer DVD que você mesmo tenha gravado tem a região designada 0, significando que ele rodará em qualquer lugar. (Não há região 7. Talvez ela esteja reservada para o ponto vazio nos corações dos executivos de cinema.)

A Grande Tela

Agora, assistir a um filme sentado diante do seu Mac não é exatamente o sonho de como assistir a um filme. Felizmente, os modelos recentes de Mac têm uma saída de vídeo; com os cabos apropriados, você pode conectar o seu Mac à sua TV para uma experiência muito mais confortável.

Apenas assegure-se de conectar o cabo *diretamente* na TV. Se você conectá-lo ao seu vídeo-cassete, provavelmente terá uma imagem horrível, sombria, com cores misturadas – esse é o resultado do circuito interno de proteção contra cópia de cada vídeo-cassete.

Ou – que se dane! – peça uma Apple TV no seu aniversário.

DIAMANTE BRUTO

O Snow Leopard e a Capacidade de Disco

Inicialmente, o Snow Leopard era considerado uma mera atualização – uma revisão sem grandes funcionalidades. Ainda que de forma sutil e silenciosa, o esquema de medição de espaço em disco do Snow Leopard vai contra uma forte corrente do senso comum.

Desde os primórdios do sistema métrico, estamos habituados a utilizar termos como mili, centi, kilo e mega para indicar as potências decimais. São 10 milímetros em um centímetro. São 1.000 kilowatts em um megawatt. E por aí vai.

Então por que quando vamos para as medidas de espaço em disco, aqueles prefixos possuem significados totalmente diferentes? Não são 1.000 megabytes em um gigabyte – são 1.024!

Isso se deve ao fato de os engenheiros de software, que são criaturas que pensam de forma binária, sempre raciocinaram em potências de dois. Em um disco rígido, o Windows e as versões anteriores do Mac OS X sempre reportavam que havia 1.024 kilobytes em um megabyte, porque 1.024 é o valor do sistema binário mais próximo de 1.000. (Existe, na verdade, alguns termos para essas unidades de potência de dois: *kibibyte*, *mebibyte*, e assim por diante. Mas ninguém consegue dizer essas palavras com uma cara séria.)

Então, você paga bem por, digamos, por um pen drive de 4 GB – e quando chega em casa, descobre que existem apenas 3.7 GB disponíveis para você usar! O pen drive realmente possui 4 bilhões de bytes de espaço – mas o seu sistema operacional o divide por 1.024 em vez de 1.000 para descobrir quantos kilobytes ele possui. Por esse motivo ele aparenta ter menos espaço que você esperava. (É claro, os arquivos que você coloca nele são proporcionalmente "menores", também, mas ainda assim você se sente enganado.

No Snow Leopard, a Apple finalmente decidiu que era hora de dar um basta nisso: 4 GB devem ser 4 GB. Então o Snow Leopard reporta os tamanhos de arquivos e discos no sistema métrico, exatamente como você esperava. Quando você compra um disco rígido de 500 GB, pasmem, ele mostrará que possui 500 GB livres (menos um pequeno espaço usado para formatação e outras coisas).

O único momento em que você perceberá essa mudança é quando você troca arquivos ou discos entre o Snow Leopard e outro computador. Os arquivos serão reportados como sendo um pouco menores no Mac OS X 10.5 que no 10.6. Um disco rígido parecerá ter um pouco mais de capacidade no Snow Leopard do que no Windows. E por aí vai.

Na realidade, você não está obtendo mais espaço. Nada está sendo adicionado, retirado ou comprimido. Se um disco possui 30% do seu espaço livre no Leopard, ele também terá esse mesmo percentual no Snow Leopard, mesmo que o número de megabytes seja maior – porque os arquivos que estão sendo reportados também são maiores.

Nesse meio-tempo, no entanto, o Snow Leopard o isenta daquele breve momento de pânico quando você conecta um novo drive – e elimina a dúvida que todos nós temos uma vez ou outra:

"Por que esse disco não é tão grande quanto o fabricante diz que ele era?"

4

Parte Quatro: As tecnologias do Mac OS X

CAPÍTULO

12

Contas, Controles Parentais e Segurança

Em uma era em que *segurança* é palavra da moda na alta tecnologia, a Apple foi inteligente ao tornar a segurança um ponto crucial para o Mac OS X. Já é livre de vírus e melhor protegido dos ataques pela Internet do que o Windows. Mas, o Mac OS X 10.6 é o sistema Mac mais impenetrável até agora, repleto de defesas contra as artes obscuras.

Com a premissa de que a maior ameaça de todas à segurança venha de outras pessoas em sua casa ou escritório, o recurso mais importante de segurança no Mac OS X é o sistema de *contas*.

Apresentando Contas

O conceito de *conta de usuário* está no centro da abordagem de segurança do Mac OS X. Com o Unix sob a sua pele (e também como o Windows), o Mac OS X é projetado, desde o início, para ser um sistema operacional de *múltiplos usuários*. Você pode configurar uma máquina Mac OS X para que todos possam fazer login – isto é, você precisa clicar ou digitar o seu nome e digitar uma senha – quando ligar o computador (Figura 12-1).

Depois disso, o universo Macintosh é revelado, exatamente como você o deixou, inclusive estes elementos:

- Os seus documentos, arquivos e pastas.
- As suas configurações de preferência em cada programa que usa: marcadores e página inicial do navegador Web; imagem da área de trabalho; protetor de tela

e idioma; ícones na Mesa e no Dock; o tamanho e a posição do próprio Dock; e assim por diante.

- Conta(s) de e-mail(s), incluindo informações pessoais e caixas de correspondência.
- Os seus programas e fontes instalados pessoalmente.
- Os programas de sua escolha que iniciam automaticamente na inicialização.

Esse sistema significa que várias pessoas diferentes podem usá-lo durante o dia, sem perturbar os arquivos e configurações umas das outras. Ele também protege o Mac de ser enganado por estudantes, empregados e hackers mal-intencionados (ou incompetentes).

Se você for a única pessoa que usa o seu Mac, poderá pular com segurança a maior parte deste capítulo. O Mac nunca para por ocasião da inicialização para exigir o nome e a senha que você forneceu quando instalou o Mac OS X, pois, automaticamente, o instalador da Apple ativa algo chamado *registro de entrada*, ou *login automático*. Sabendo ou não, você *usará* uma dessas contas.

Além do mais, quando estiver preso na fila no Departamento de Veículos Motores, finalmente você pode descobrir que vale a pena passar os olhos nos conceitos aqui apresentados, pois determinados elementos desse sistema de múltiplos usuários podem se intrometer em suas atividades solo – e figurar nas discussões deste livro – de tempos em tempos.

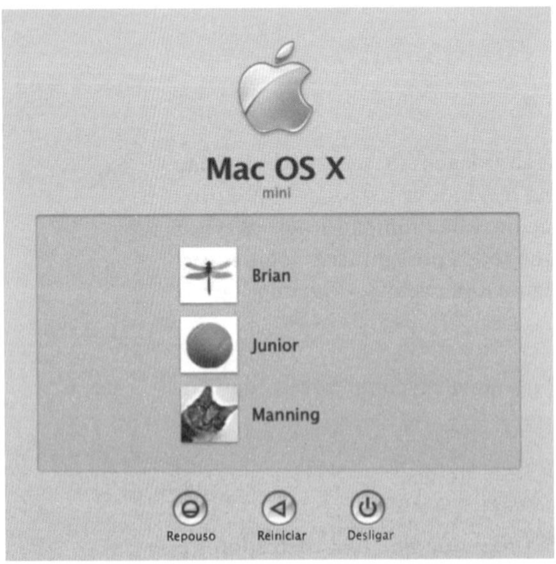

Figura 12-1:
Quando você ajusta diversas contas, o Mac não é ligado tanto quanto é logado. Um comando no menu , chamado Finalizar Sessão (Log Out) ativa esse sinal na tela, como no menu Contas (Accounts), descrito posteriormente neste capítulo. Clique o seu próprio nome e digite a sua senha (se houver), para conseguir passar dessa caixa e ir para a sua própria conta.

Dica: Mesmo se você não compartilhar o seu Mac com alguém e não criar nenhuma outra conta, ainda poderia ficar tentado a aprender sobre o recurso de contas, por causa de sua habilidade em proteger por senha todo o computador. Tudo o que é necessário fazer é *desmarcar* o recurso de registro de entrada automático. Daí em diante, o seu Mac está protegido de mexidas não autorizadas quando você estiver longe da sua Mesa ou quando o seu laptop for roubado.

A primeira conta

Quando o Mac OS X foi inicialmente instalado, sendo ele 10.6 ou uma versão anterior, você foi solicitado a fornecer um nome e uma senha. Na ocasião, você pode não ter percebido, mas estava criando a primeira *conta de usuário* no seu Macintosh. Desde aquele fatídico dia, você pode ter feito várias alterações em sua Mesa – ajustado as configurações do Dock, preparando as suas pastas e a Mesa do jeito que gosta delas, acrescentando alguns favoritos ao seu navegador Web e assim por diante – sem perceber que, de fato, você estava fazendo essas mudanças apenas em *sua conta*.

Provavelmente, você tem salvo os seus documentos em sua pasta pessoal, que é a base de sua própria conta. Essa pasta, normalmente nomeada por você e colocada na pasta Usuários (Users) de seu disco rígido, armazena não apenas o seu próprio trabalho, mas também as suas configurações de preferência para todos os programas que você usa, fontes especiais que você instalou, a sua própria coleção de e-mails e assim por diante.

Então, vejamos: suponha que você crie uma conta para uma segunda pessoa. Quando ela ligar o computador e assinar a entrada, descobre a Mesa do jeito que ela foi instalada na fábrica pela Apple – a incrível imagem da Terra no espaço. O Dock bem embaixo, a página padrão do navegador Web e assim por diante. Ela pode fazer os mesmos tipos de mudanças que você fez, mas nada do que fizer afetará o *seu* ambiente, na próxima vez em que você registrar o seu log-in.

Em outras palavras, o recurso de múltiplas contas tem dois componentes: primeiro, um elemento de conveniência, que oculta o lixo de qualquer outra pessoa; e segundo, um elemento de segurança que protege ambos, o software do sistema do Mac e o trabalho de cada pessoa.

Criando uma conta

Suponhamos que um novo membro junte-se à sua pequena família Mac – um novo trabalhador, aluno ou um amor, por exemplo. E você deseja que a pessoa sinta-se em casa no seu Mac.

Comece abrindo Preferências do Sistema (Capítulo 9). Na janela Preferências do Sistema, clique Contas. Você acabou de chegar ao centro de controle principal para a criação e administração das contas (Figura 12-2).

Criando uma Conta

Para criar uma nova conta, comece desbloqueando o painel Contas. Isto é, clique o 🔒 na extrema esquerda e preencha o nome e a senha em sua própria conta.

Agora, você clica o botão **+** sob a lista de contas. O pequeno painel mostrado embaixo na Figura 12-2 aparece.

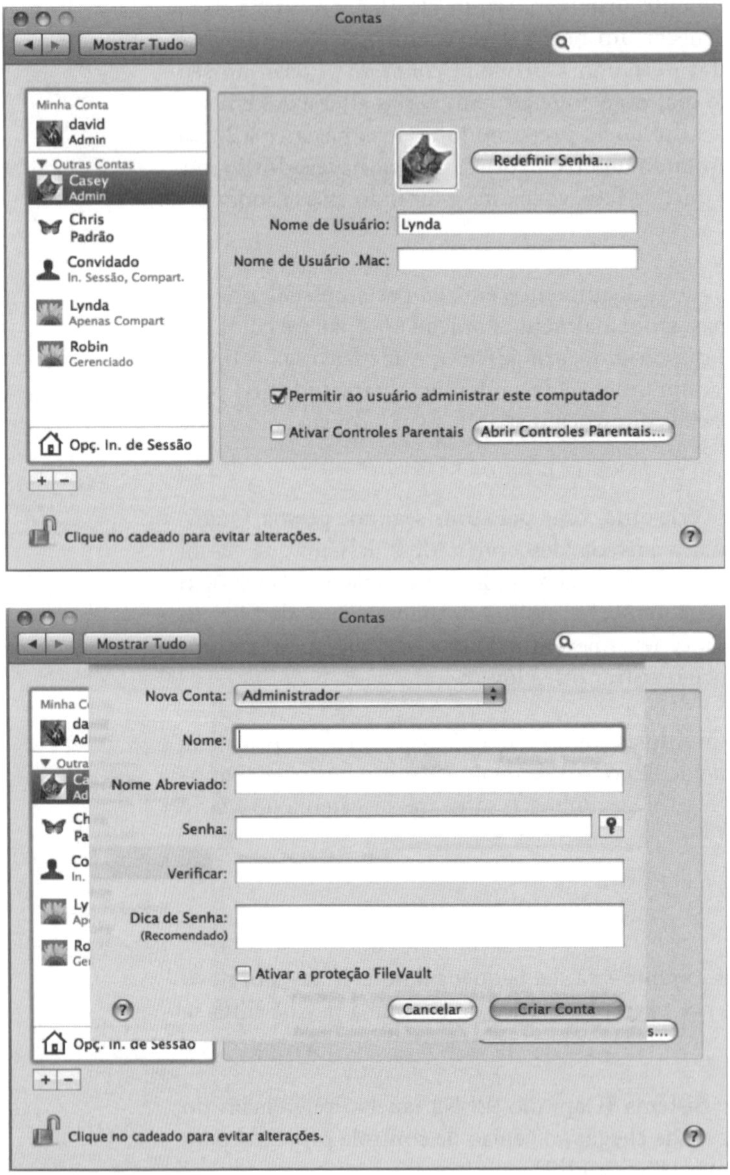

Figura 12-2:
Em cima: a tela relaciona todos que têm uma conta. Daqui você pode criar novas contas ou mudar senhas. Se você for novo nisso, provavelmente há apenas uma conta relacionada aqui: a sua. Essa é a conta que o Mac OS X criou quando você o instalou no início. Você, o "muito sabido" administrador precisa clicar 🔒 para se autenticar, antes de poder começar a fazer alterações.

Embaixo: no reformado processo de conta do Leopard, o primeiro passo é escolher qual tipo de conta você deseja criar.

Fase 1: Escolha de um tipo de conta

Pensando que esse negócio de contas e senhas já não é complicado o bastante, o Mac OS X oferece mais *tipos* de contas do que nunca. E espera-se que você especifique *qual* tipo cada pessoa terá, no momento em que você criar uma conta.

Para fazer isso, abra o menu pop-up Nova Conta (New Account) (Figura 12-2). Os seus cinco tipos de contas são descritos nas próximas páginas.

Contas de Administrador

Se esse for o seu próprio Mac, bem sob o seu nome no painel Contas das Preferências do Sistema, está escrito *Admin.* Isso, como provavelmente você pode adivinhar, significa Administrador.

Por ter sido você a pessoa que instalou originalmente o Mac OS X, o Mac supõe que você é o seu *administrador* – o especialista técnico encarregado dele. Você é o professor, o pai, o guru residente. É aquele que manterá esse Mac. Só um administrador tem permissão para:

- Instalar novos programas na pasta Aplicativos (Application).
- Adicionar fontes que todos podem usar.
- Fazer alterações em determinados painéis de Preferências do Sistema (incluindo Rede [Network], Data e Hora [Date & Time], Economizador de Energia [Energy saver] e Disco de Inicialização [Startup Disk]).
- Usar alguns recursos do programa Utilitário de Disco.
- Criar, mover ou apagar pastas fora de sua pasta pessoal.
- Decidir quem pode ter contas no Mac.
- Abrir, alterar ou apagar arquivos de qualquer outra pessoa.
- Passar por cima do FileVault, usando uma senha mestra.

Para você, o conceito de administrador pode ser novo, mas é importante engolir a pílula. Por um lado, você encontrará determinadas configurações por todo o Mac OS X que você pode mudar *somente* se for um administrador – inclusive várias configurações no próprio painel Contas. Por outro lado, o *status* de administrador exerce uma função enorme quando você deseja colocar em rede o seu Mac com outros tipos de computadores, conforme será descrito no próximo capítulo. E, finalmente, no cenário maior, o fato de que o Mac tem um sistema de conta de força industrial, exatamente como o tradicional Unix e os sistemas operacionais recentes do Windows, oferece uma oportunidade de lutar nas corporações em todo mundo.

Na medida em que você cria contas para outras pessoas que usarão esse Mac, você oferece a oportunidade de tornar cada uma um administrador como você. É desnecessário dizer: seja cuidadoso! Só conceda esses poderes a pessoas tão responsáveis e tecnicamente competentes quanto você.

Contas Padrão (Standard)

A maioria das pessoas na maioria dos Macs é detentora de uma conta *Padrão* (Figura 12-2). Essas pessoas têm acesso diário às suas próprias pastas pessoais e aos inofensivos painéis de Preferências do Sistema, mas a maioria das outras áreas do Mac está fora dos limites. O Mac OS X nem ao menos permite que elas criem novas pastas no disco rígido principal, exceto dentro de suas próprias páginas pessoais (ou na pasta Compartilhada [Shared].

Alguns dos painéis de Preferências do Sistema exibem um ícone de cadeado (🔒). Se você for um detentor de conta Padrão, não poderá fazer alterações nessas configurações sem a assistência de um administrador. Felizmente, você não precisa registrar a sua saída para que um administrador possa registrar a entrada e fazer as alterações. Basta que você chame o administrador, clique o ícone de cadeado e deixe que ele digite o seu nome e senha (se, de fato, ele sentir-se à vontade com você fazendo as modificações que deseja fazer).

Contas administradas com Controles Parentais (Parental Controls)

Uma conta Gerenciada (Managed) é como uma conta Padrão – exceto pelo fato de você ter marcado Controles Parentais. (Esses controles são descritos posteriormente neste capítulo.) É possível transformar uma conta Gerenciada em uma conta Padrão, bastando desmarcar Controles Parentais e vice-versa.

Isto é, normalmente essa conta tem bem menos liberdade – porque você é limitado aos programas que essa pessoa tem permissão de usar, por exemplo. Use uma conta Gerenciada para crianças ou outra pessoa que precise do Mac com paredes de borracha.

Apenas Compartilhamento (Sharing Only)

Esse tipo de conta é extremamente útil – *se* o seu Mac estiver em uma rede (Capítulo 13).

Veja, normalmente, você pode registrar a sua entrada e acessar os seus arquivos no seu Mac, em uma dessas duas maneiras:

- Pessoalmente, sentado diante dele.

- Por meio da rede.

Esse arranjo foi projetado tendo em mente famílias e escolas: muitas pessoas compartilhando um *único* Mac.

Porém, essa configuração é um pouco tola quando cada uma das pessoas em uma rede doméstica ou de escritório tem o seu *próprio* computador. Se você quisesse que a sua esposa ou o seu diretor de vendas fosse capaz de tirar alguns arquivos do seu Mac, seria preciso criar contas totalmente desenvolvidas para eles no *seu* Mac, completas, com uma pasta pessoal incrivelmente desnecessária, que eles nunca usariam.

Por isso é que a conta *Apenas Compartilhamento* é uma ideia tão boa. Ela *só* está disponível pela rede. Você não pode ter acesso a ela sentado no próprio Mac – ele não tem pasta pessoal! Finalmente, é claro que o detentor de uma conta Apenas Compartilhamento não pode fazer nenhuma alteração nas configurações ou programas do Mac. (E, visto que ele não têm pastas pessoais, você também não pode marcar o FileVault para essas contas.)

Em outras palavras, uma conta Apenas Compartilhamento *só* possui a finalidade de compartilhar arquivos na rede, e as pessoas podem fornecer seus nomes e senhas *apenas* a partir de outros Macs.

USUÁRIOS PROFISSAS

Criação de grupos

Mudar as configurações de permissões em um Mac na rede ou um com muitos detentores de conta é muito mais fácil se você transformar todos os seus lacaios em subconjuntos, chamados *grupos*.

Esse processo costumava exigir uma série de etapas Unix complicadas que, se não executadas cuidadosamente, podiam prejudicar seriamente o seu Mac. No entanto, no Mac OS X, é possível criar um grupo tão facilmente quanto criar uma conta. E no mesmo lugar: o painel Contas de Preferências do Sistema.

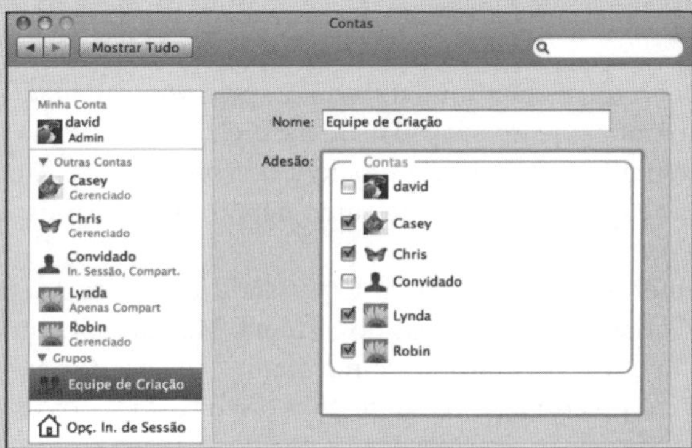

Clique o pequeno ícone 🔒, no canto inferior esquerdo. Quando solicitado, digite o seu nome e senha de administrador e, depois, clique OK. O Mac está apenas se certificando de que alguém está no comando.

Agora, clique o botão +, como se você estivesse para criar uma nova conta. Mas, a partir do menu pop-up Contas (mostrado na Figura 12-2), escolha Grupos (Groups). Digite um nome para o novo grupo (Contabilidade, Crianças, o que for) e clique Equipe de Criação (Create Group).

Agora, você vê algo como a lista mostrada aqui: caixas de seleção de todos esses detentores de conta do Mac. Nas caixas de seleção, marque aquelas que considerar como válidas para fazer parte desse grupo.

É possível criar tantos grupos quantos você quiser. Posteriormente, quando for hora de compartilhar uma pasta ou arquivo, você economizará algum tempo escolhendo um nome de grupo ao invés de configurar essas permissões para uma pessoa por vez.

Quando você tiver ajustado esse tipo de conta, todas as benesses de compartilhamento de arquivo e compartilhamento de tela, descritos no Capítulo 13, são disponibilizadas.

Grupo (Group)

Um *grupo* é apenas um contêiner virtual que armazena os nomes dos outros detentores de conta. Seria possível criar um para a maioria dos seus colegas confiáveis, outro para aquelas crianças indisciplinadas e assim por diante – tudo em nome da sequência do recurso dos *privilégios de compartilhamento de arquivo*. O box a seguir aborda os grupos em mais detalhes.

A conta Convidado (Guest)

O Mac OS X sempre ofereceu uma conta especial, chamada conta Convidado. Ela era ótima para acomodar visitantes, amigos ou qualquer pessoa que estivesse passando e desejasse usar o seu Mac por algum tempo. Se você deixasse essa pessoa usar a conta Convidado, a sua própria conta permaneceria particular e sem bagunça.

Nota: A conta Convidado não está relacionada entre os *tipos* de conta no menu pop-up Nova Conta (Figura 12-2). Isso porque só há uma conta Convidado; na verdade, você não pode criar outras, adicionais.

Porém, ainda é um tipo de conta com características específicas. Ela fica bem lá, na lista de contas, desde o primeiro dia.

Mas até os Macs OS X 10.5 e 10.6 chegarem, havia um problema: qualquer mudança que o seu amigo fazia – baixar correspondência, fazer marcações da Web, colocar uma imagem insinuante na Mesa – ainda ficava lá para o *próximo* convidado apreciar, a menos que você restaurasse tudo de volta ao neutro. A conta Convidado era como um quarto de hotel compartilhado por convidados sucessivos. E *você* era a faxineira.

Atualmente, quaisquer mudanças feitas pelo seu convidado enquanto usando o Mac são automaticamente apagadas quando ele registra a sua saída. Arquivos são apagados, e-mails esvaziados, mudanças de configuração são esquecidas. É como um hotel que é demolido e reconstruído depois que cada hóspede sai.

Conforme observado, a conta Convidado está permanentemente relacionada no painel Contas de Preferências do Sistema. Mas, geralmente você não a vê na lista da tela de Registro de Entrada; se normalmente você for a única pessoa que usa esse Mac, não é preciso ficar olhando para o seu rosto todos os dias.

Assim, para usar a conta Convidado, traga-a para vida marcando Permitir que convidados se iniciem a sessão neste computador (Allow guests to log into this computer). Você pode até marcar nos Controles Parentais, descritos anteriormente neste capítulo, clicando Abrir Controles Parentais (Open Parental Controls), ou permitindo que o convidado troque arquivos com o seu Mac pela rede (Capítulo 13), marcando Permitir que convidados se conectem a pastas compartilhadas (Allow guests to connect to shared folders).

Lembre-se apenas de avisar ao seu amigo folgado que, quando ele registrar a saída, todos os vestígios de sua visita serão apagados para sempre. (Pelo menos do seu *Mac.*)

Fase 2: Nome, Senha e *Status*

Está bem. Então, você clicou o botão **+**. Do menu pop-up Nova Conta, você decidiu digitar a conta que queria criar.

Agora, na mesma folha inicial, você preenche as informações mais críticas sobre o novo detentor de conta:

- **Nome (Name).** Se for da família, esse seria Chris ou Robin. Se for de uma corporação ou escola, provavelmente você iria querer usar os dois, nome e sobrenome.

- **Nome Abreviado (Short Name).** Logo você descobrirá o valor de ter um nome curto – uma abreviação do seu verdadeiro nome –, especialmente se o seu nome for, digamos, Alexandra Stephanopoulos.

  Ao assinar seu Mac pessoalmente, você pode usar o seu nome completo ou o abreviado. Porém, quando acessar esse Mac por conexão discada ou a partir da rede (conforme descrito a seguir neste capítulo), use a versão curta.

  Assim que tocar nesse campo, o Mac lhe propõe um nome abreviado. É possível substituir a sugestão pelo que você quiser. Tecnicamente, ele nem precisa ser mais curto do que o nome "longo", mas espaços e a maioria das pontuações são proibidos.

- **Senha, Verificar (Password, Verify).** É aqui que você digita a senha do detentor da nova conta (Figura 12-2). Na verdade, você deve digitá-la duas vezes, para ter certeza que não cometeu um erro de digitação na primeira vez. (O Mac só exibe pontos enquanto você digita, para proteger contra a possibilidade de alguém estar olhando sobre os seus ombros.)

  Aproveitamos essa oportunidade para enfatizar a importância de uma senha longa, complexa – uma frase que não esteja no dicionário, algo formado por uma mistura de letras e números. Esse é um excelente conselho se você cria documentos confidenciais e trabalha em uma grande empresa.

  Porém, se você só compartilhar o Mac com um cônjuge ou alguns colegas confiáveis em um pequeno escritório, pode não ter nada a esconder. Você pode ver o recurso de múltiplos usuários mais como uma conveniência (manter as suas configurações e arquivos separados) do que um protetor de sigilo e segurança. Nessas situações, não há necessidade especial para a missão de impedir os hackers do mundo com uma senha complicada.

  Nesse caso, você pode pensar em *não* configurar uma senha – deixando em branco ambas as áreas de senha. Posteriormente, se você for solicitado a fornecer a sua senha, basta deixar a caixa Senha (Password) em branco. Dessa forma, você poderá registrar a sua entrada muito mais depressa.

Dica: Na verdade, ter uma senha é útil se você compartilha arquivos na rede, porque o Mac A pode armazenar seu nome e senha do Mac B – e então você pode acessar o Mac B sem a necessidade de informar seu nome e senha. Então, considere definir sua senha como um apóstrofe/aspa simples – a tecla '. Trata-se de uma senha real, então é o suficiente para o Mac A memorizar. Então, quando você for solicitado a informar a sua senha – por exemplo, quando for instalar um novo programa – é incrivelmente fácil e rápido fazer isso, porque basta pressionar a tecla à direita do Return.

- **Dica de Senha (Password Hint).** Se você criou uma senha, pode deixar uma dica para si mesmo nessa caixa. Se a sua senha for o nome do meio da primeira pessoa que o beijou, por exemplo, a sua dica poderia ser "nome do meio da primeira pessoa que me beijou".

  Mais tarde, se esquecer a senha, o Mac mostrará essa dica para refrescar a sua memória.

- **Ativar a proteção FileVault (Turn on FileVault protection).** Saiba mais sobre esse recurso avançado de proteção corporativo no tópico FileVault. (Essa opção não está disponível para contas Apenas Compartilhamento.)

Destaque do Snow Leopard: Dois novos botões estreiam na tela Conta: uma local para especificar o nome da sua conta do MobileMe (só para garantir que você não cometeu nenhum erro no painel do MobileMe das Preferências do Sistema) e um local para criar um cartão para si mesmo no programa Catálogo de Endereços. Essa informação – quem você é – surge de tempos em tempos no Mac OS X. É a mesma que o Mail utiliza como sua identidade, por exemplo.

Quando terminar de configurar esses importantes itens, clique Criar Conta. Se você deixar as caixas de senha vazias, o Mac pede a confirmação de que você sabe o que está fazendo; clique OK.

Então, você volta para o painel Contas, onde verá o nome da nova conta na lista, do lado esquerdo.

Aqui, três decisões finais aguardam pela sua sabedoria:

- **Nome de Usuário MobileMe (MobileMe User Name).** Cada detentor de conta poderia muito bem ter a sua própria conta MobileMe (especialmente porque a Apple oferece uma oferta de pacote familiar nessas contas). Visto que o serviço MobileMe está crescendo em importância e recursos – endereço de e-mail, website, iDisk, sincronização "Volta ao meu Mac" e assim por diante – é conveniente associar cada conta com o seu próprio nome MobileMe.

- **Ativar Controles Parentais (Enable Parental Controls).** Os Controles Parentais referem-se à funcionalidade do Mac OS X que limita o que seus filhos podem fazer neste computador – e quanto tempo por dia eles têm permissão para passar grudados a ele. (Só é possível marcar os Controles Parentais em contas Padrão e de Convidado, ainda que a caixa de seleção apareça também para contas de Administrador.)

- **Permitir ao usuário administrar este computador (Allow user to administer this computer).** Essa caixa de seleção permite que você transforme contas insuspeitas, Padrão ou Gerenciada, em contas de Administrador, conforme descritas anteriormente. Você sabe – quando a sua criança fizer 18 anos.

Fase 3: Escolha uma foto

A tela normal de entrada do Mac OS X (Figura 12-1) exibe o nome de cada detentor de conta, acompanhado por uma pequena foto.

Quando você clica a amostra da foto, obtém um menu pop-up de imagens fornecidas pela Apple para que você possa escolher uma para representá-lo. Ela se torna não apenas o seu ícone na tela de assinatura de sua entrada, mas também a sua foto "cartão" no programa Agenda do Mac OS X e seu ícone no iChat.

Você poderia preferir fornecer o seu *próprio* arquivo de imagens – uma foto digital do seu próprio rosto, por exemplo – e depois escolher Editar Imagem (Edit Picture) a partir do menu pop-up. Conforme mostrado na Figura 12-3, há várias opções:

- **Arraste um arquivo de imagens diretamente para a "fonte de fotos" (Figura 12-3).** Use o deslizador de apara, abaixo da foto, para emoldurá-la adequadamente.

Figura 12-3: *Quando você tiver selecionado uma foto para se representar (à esquerda), será possível ajustar a sua posição com referência à "moldura" quadrada (à direita), ou ajustar o seu tamanho, arrastando o deslizador. Finalmente, quando a foto parecer corretamente emoldurada, clique Definir (Set). (Na próxima vez em que você voltar para a caixa de diálogo Imagens, poderá chamar a nova imagem, usando o menu pop-up Imagens Recentes [Recent Pictures].)*

- **Clique Escolher (Choose).** Você vê uma lista do que está em seu disco rígido. Encontre a imagem desejada e dê duplo-clique nela.

- **Tire uma nova foto.** Se o seu Mac tiver uma câmera embutida, acima da tela, ou se você tiver uma webcam ou filmadora externa conectada, clique o pequeno botão de câmera. O Mac faz a contagem regressiva a partir de três bipes para você ficar pronto e, depois, tira a foto.

Em cada caso, clique Definir (Set), para garantir o seu ícone para sempre (ou até que tenha vontade de escolher um diferente).

Fase 4: Itens Login

Eis uma configuração adicional de Preferências do Sistema que os seus detentores de conta podem ajustar para eles próprios: quais programas ou documentos abrem automaticamente por ocasião do registro de entrada. (Essa é uma decisão que um administrador *não pode* tomar por outras pessoas. Ela só está disponível para quem quer que tenha se registrado naquele momento.)

Para escolher a sua própria tripulação de autoiniciadores, abra Preferências do Sistema e clique o ícone Contas. Clique a aba Itens Login. Conforme mostrado na Figura 12-4, agora você pode montar uma lista de programas, documentos, discos e outras belezas que iniciam automaticamente quando você registrar sua entrada. É possível até marcar a caixa de seleção Ocultar (Hide), de cada uma, para que o programa fique rodando em segundo plano por ocasião do registro de entrada, esperando ser chamado para serviço com um rápido clique.

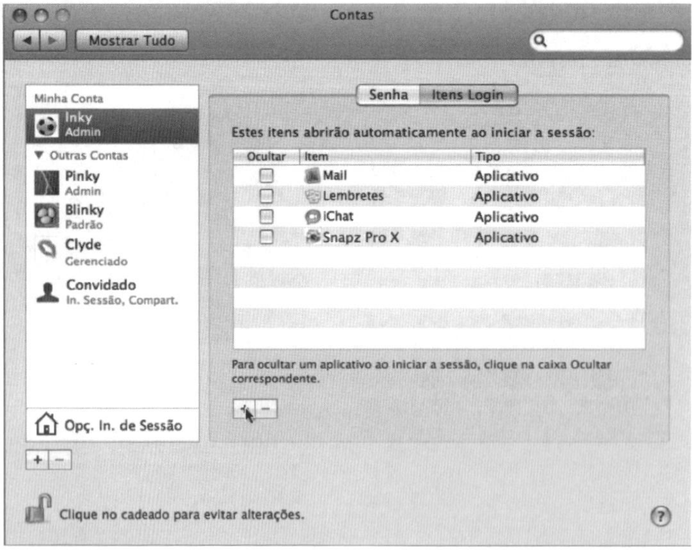

Figura 12-4:
É possível adicionar qualquer ícone à lista de coisas que você deseja inicializar automaticamente. Clique o botão + para revelar a caixa de diálogo Abrir, onde você pode encontrar o ícone, selecioná-lo e, depois, clicar Adicionar. Melhor ainda, se você puder ver o ícone em uma janela de pasta ou disco (ou na Mesa), basta arrastá-lo para essa lista. Para remover um item, clique-o na lista e, depois, clique o botão -.

A propósito, não se sinta obrigado a limitar essa lista a programas e documentos. Discos, pastas, servidores na rede e outros ícones divertidos também podem ser itens de inicialização, de modo que suas janelas são abertas e os aguardem quando você aterrissa no Mac todas as manhãs.

Dica: Eis uma maneira muito mais rápida para acrescentar algo à lista de Itens Login: dê Control-clique (ou clique com o botão direito) algum ícone Dock e escolha Abrir no Início da Sessão (Open at Login) a partir do menu de atalho.

Controles Parentais

Se você estiver configurando uma conta Padrão, a caixa de seleção Controles Parentais oferece a possibilidade de proteger o seu Mac – ou o seu muito novo, muito temeroso ou muito mal-intencionado operador – contra bagunças e prejuízos. Esse é um recurso útil para lembrar quando você estiver configurando contas para estudantes, crianças pequenas ou adultos facilmente intimidáveis. (Essa caixa de seleção também está disponível às contas de Administrador, mas tentar marcá-la produz apenas uma curta mensagem "Tolinho – isso é para crianças!")

É possível especificar quantas horas por dia cada pessoa tem permissão para usar o Mac e declarar determinadas horas (como os horários de dormir) de limite. Você pode especificar exatamente quais dos seus filhos têm permissão para se comunicar pelo e-mail (se eles usarem o Mail) e mensagens instantâneas (se eles usarem o iChat), quais websites eles podem visitar (se eles usarem o Safari), quais programas eles têm permissão para usar e até quais palavras eles podem buscar no Dicionário (Dictionary) do Mac OS X.

Eis as maneiras pelas quais você pode manter os seus pequenos detentores de conta Padrão protegidos da Internet – e deles mesmos. Em nome do bom senso, a discussão a seguir refere-se ao detentor de conta Padrão como "seus filhos". Mas, alguns desses controles – notadamente aqueles na categoria Sistema – são igualmente úteis para pessoas de *qualquer* idade que se sintam subjugadas pelo Mac, propensas a confundir tudo por não saberem o que estão fazendo, ou tentadas a confundir tudo deliberadamente.

Nota: Se você usar qualquer uma dessas opções, o tipo de conta listado no painel Contas muda de Padrão para Gerenciado com Controles Parentais.

Sistema

Nessa aba, você vê as opções mostradas na Figura 12-5. Use essas opções para limitar o que o seu rebanho de conta Gerenciado com Controles Parentais terá permissão para fazer. Você pode limitá-los a usar determinados programas, por exemplo, ou evitar que gravem DVDs, mudem as configurações ou mexam nas instalações de sua impressora.

(Limitar o que as pessoas podem fazer ao seu Mac quando você não estiver olhando é um recurso prático, sob qualquer circunstância de computador compartilhado. Mas, se houvesse uma palavra tatuada em sua testa, ela seria "Salas de Aula!")

Figura 12-5:
Na janela Controles Parentais, é possível controlar as capacidades de qualquer detentor de conta em seu Mac. Na metade de baixo da janela da aba Sistema, você pode escolher aplicativos e até widgets do Dashboard, marcando as caixas próximas aos seus nomes. (Amplie os triângulos rotativos, se necessário.) Aqueles são os únicos programas que esses detentores de conta terão permissão para usar. (A nova caixa Buscar, ajuda-o a encontrar determinados programas, sem conhecer suas categorias.)

No painel que aparece quando você clica Sistema, você tem duas opções: Usar Finder Simples (Use Simple Finder) ou Somente permitir aplicativos selecionados (Only allow selected applications).

Usar Finder Simples

Se você estiver *realmente* preocupado sobre a capacidade de alguém de sobreviver ao Mac – ou sobre a capacidade do Mac sobreviver à pessoa –, marque Usar Finder Simples. Depois, marque nas caixas de seleção dos programas o que essa pessoa tem permissão para usar.

Suponhamos que você seja o felizardo fã de Mac que tenha recebido uma conta com o Finder Simples. Ao registrar a sua entrada, descobrirá a interface sem graça mostrada na Figura 12-6. Esses são os únicos três menus (, Finder e Arquivo), uma única janela na tela, nenhum ícone de disco rígido e um Dock magro. As únicas pastas que você pode ver estão no Dock.

Figura 12-6:
O Finder Simples não o faz se sentir em casa – a menos que você tenha um daqueles blocos ao estilo espartano, da era espacial, ou Dr. Evil. Mas, ele pode ser a entrada para os usuários Mac menos habilidosos, com poucas opções e uma interface básica de um clique. Cada programa na pasta Meus Aplicativos é um substituto do programa verdadeiro, que está guardado em segurança na pasta Aplicativos, fora de alcance.

Elas incluem:

- **Meus Aplicativos (My Applications).** Esses são substitutos dos aplicativos que o administrador aprovou. Eles aparecem em uma exibição de ícones estranhos e fixos, chamada "páginas". As exibições de lista e coluna não existem. No Finder Simples, uma pessoa não pode mover, renomear, apagar, classificar ou mudar a exibição desses ícones – apenas clicar neles. Se você tiver muito para caber em uma tela, pode obter botões de página numerados sob eles, os quais você clica para se mover de um conjunto para outro.

- **Documentos (Documents).** Por trás deles, essa é a sua pasta Início→Documentos (Home→Documents). É claro que, como um tipo de alma do Finder Simples, você não *tem* uma pasta pessoal visível. Todas as suas coisas vêm para cá.

- **Compartilhado (Shared).** Essa é a mesma pasta Compartilhado já descrita. Ela é fornecida de modo que você e os outros detentores de conta possam trocar documentos. No entanto, você não pode abrir qualquer uma das pastas aqui, apenas os documentos.

- **Lixo (Trash).** O Lixo está aqui, mas você não o usa muito. Selecionar ou arrastar qualquer ícone é contra as regras, de modo que você é deixado sem meios óbvios de colocar alguma coisa em seu Lixo.

Os únicos programas com seus próprios ícones no Dock são o Finder e o Dashboard.

Caso contrário, você pode esquecer, essencialmente, de tudo o que leu neste livro. Não é possível criar pastas, mover ícones ou fazer muito de qualquer coisa, além de clicar os ícones que o seu benevolente administrador forneceu. É como se o Mac OS X tivesse ido embora e deixado você na casa vazia.

- Para manter as coisas bem simples, o Mac OS X só permite que uma janela seja aberta de cada vez. Também é fácil abrir ícones, pois *um clique* o abre, não dois.

- O menu Arquivo está mirrado, oferecendo apenas um comando Fechar Janela (Close Window). O menu do Finder oferece duas opções: Sobre o Finder (About Finder) e Executar o Finder Completo (Run Full Finder). (O último comando pede um nome de usuário e senha do administrador e, depois, volta para a escotilha de escape normal do Finder. Para voltar ao Finder Simples, basta escolher Finder→Voltar ao Finder Simples [Finder→Return to Simple Finder].)

- O menu é *realmente* magro. Você pode Finalizar Sessão (Log Out), Forçar Encerrar (Force Quit) ou Repouso (go to Sleep). É isso!

- Não há vestígio do Spotlight.

Ainda que o Finder Simples seja simples, qualquer programa (pelo menos, qualquer um que o administrador tenha permitido) pode rodar a partir do Finder Simples. Um programa rodando dentro do Finder Simples ainda tem todos os seus recursos e complexidades – apenas o Finder foi reduzido à sua essência.

Em outras palavras, o Finder Simples é ótimo para a sequência do Finder, mas os iniciantes não vão longe na luta contra os seus medos tecnológicos, até que o mundo nos presenteie com um Keynote Simples, Mail Simples e Microsoft Word Simples. Ainda assim, é melhor do que nada.

Quando as pessoas que utilizam o Finder Simples tentam salvar documentos, descobrem que, ainda que a caixa Salvar relacione os locais normais (Mesa, Aplicativos e assim por diante), na verdade, ela só pode salvar arquivos dentro de suas próprias pastas ou subpastas pessoais.

Somente permitir aplicativos selecionados (Only allow selected applications)

Remexendo com as caixas de seleção aqui, você pode declarar determinados programas como fora dos limites para esse detentor de conta, ou desmarcar a habilidade dele de remover ícones do Dock, gravar CDs e assim por diante.

É possível restringir o acesso dessa pessoa ao Mac de diversas maneiras diferentes:

- **Limitar os programas.** Embaixo da caixa de diálogo mostrada na Figura 12-5, você vê uma lista de todos os programas em sua pasta Aplicativos (uma leitura interessante em seu próprio direito). Apenas itens marcados aparecem na pasta Aplicativos do detentor da conta.

Dica: Se não vir um programa relacionado, use a caixa Buscar (Search), ou arraste o seu ícone do Finder para a janela.

Se, por exemplo, você estiver configurando uma conta para usar na sala de aula, é possível que queira desmarcar o acesso a programas como o Utilitário de Disco, o iChat e o Tomb Raider.

- **Limitar os recursos.** Inicialmente, quando você os cria, os detentores de conta Padrão têm a liberdade de gravar CDs ou DVDs, modificar o que está no Dock, mudar suas senhas e ver as configurações de todos os painéis Preferências do Sistema (ainda que não possam *mudar* todas essas configurações).

  Dependendo da situação, você poderá julgar útil desmarcar algumas dessas opções. Em um laboratório de escola, por exemplo, você poderia querer desmarcar a possibilidade de gravar discos (para bloquear a pirataria de software). Se estivesse configurando um Mac para um tecnófobo, você poderia querer desmarcar a possibilidade de mudar o Dock (para que, acidentalmente, o seu colega não perdesse acesso aos programas e trabalhos dele mesmo).

Conteúdo (Content) (Dicionário e Web)

Nesse caso, "Conteúdo" significa "duas opções que realmente não temos qualquer outro lugar para colocar". Na verdade, o que *realmente* significa é Dicionário e Safari.

Ocultar profanação no Dicionário (Hide profanity in Dictionary)

Como você sabe, do Capítulo 10, o Mac OS X vem com uma cópia eletrônica completa do *New Oxford American Dictionary*. E "completa", nesse caso, significa "ele tem até palavrões".

Marcar Ocultar profanação no Dicionário é como ter uma "censura instantânea". Ela oculta a maioria das palavras maliciosas do dicionário, sempre que o seu jovem detentor de conta registre a sua entrada (Figura 12-7).

Figura 12-7:
Estranhamente, alguma coisa está faltando no Dicionário quando os Controles Parentais estão ativados: os palavrões em inglês.

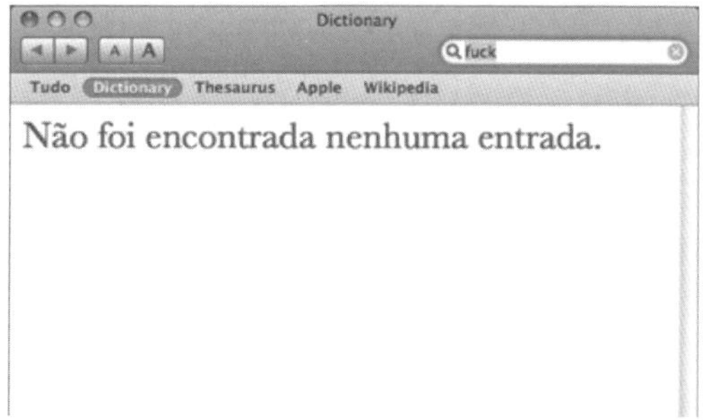

Restrições de sites (Web Site Restrictions)

Esse recurso destina-se a limitar quais websites o seu filho tem permissão de visitar.

Sinceramente, tentar bloquear a coisa pulsante da Web é quase que uma tarefa sem esperança; se o seu filho não conseguir transpor esse bloqueio, usando apenas um navegador diferente, ele acabará vendo as fotos proibidas na casa de outra criança. Mas pelo menos, você pode ter a ilusão de assumir uma posição, usando abordagens de três graus de severidade:

- **Permitir acesso irrestrito a sites (Allow unrestricted access to Websites).** Em outras palavras, sem filtragem. Tudo é permitido.

- **Tentar limitar o acesso a sites adultos automaticamente (Try to limit access to adult Websites automatically).** Essa palavra – "tentar" – é uma forma da Apple admitir que nenhum filtro é infalível.

  De qualquer maneira, o Mac OS X vem com um banco de dados de Websites que ele já sabe que podem ser inadequados para crianças – e esses sites não aparecem no Safari enquanto esse detentor de conta estiver registrado. Clicando Personalizar (Customize) e depois editando as listas Sempre permitir estes sites (Always allow) e Nunca permitir estes sites (Never allow), você pode sobrescrever as decisões dele em uma base um site de cada vez.

- **Permitir acesso a apenas estes sites (Allow access to only these Websites).** Essa é a abordagem mais restritiva de todas. Essa é uma *lista branca*, que contém *apenas* os websites que o seu jovem pode visitar. Ela está cheia de sites para crianças, como Disney e Discovery Kids, mas claro que você pode editar a lista, clicando os botões **+** e **-** embaixo da lista.

Destaque do Snow Leopard: Supõe-se que o filtro da Web esteja muito mais eficiente no Snow Leopard. Isso se deve ao fato de que "agora ele suporta arquivos de configuração automática do proxy (now supports auto proxy (PAC) files)", seja lá o que isso signifique.

Mail e iChat

Aqui você pode montar uma lista de endereços de e-mail e bate-papo, correspondente às pessoas com quem você esteja à vontade para deixar o seu filho trocar e-mails e conversar. Clique o botão **+** abaixo da lista, digite o endereço, pressione Return, lave, enxágue e repita.

Dica: Não, você não pode arrastar cartões da sua Agenda; isso seria simples demais. Mas, depois de clicar o botão **+** para criar uma nova fileira na lista (no modo Editar), é possível arrastar *apenas o endereço de e-mail* para fora de um cartão da Agenda que você abriu.

Por motivos explicados em breve, marque Enviar pedidos de permissão a (Send permissions emails to), e conecte ao seu próprio endereço eletrônico.

Agora sim: quando o seu jovem usar o programa Mail da Apple para enviar uma mensagem a alguém que *não* esteja na lista aprovada, ou tentar conversar pelo iChat com alguém de fora da lista, ele recebe a mensagem mostrada abaixo, na Figura 12-8. Se ele clicar Pedir Permissão Ask Permission), então a *sua* conta do Mail logo recebe uma mensagem de solicitação de permissão (Figura 12-8); enquanto isso, a mensagem de saída é colocada no limbo, em suas pasta Rascunhos (Drafts).

Se você acrescentar o endereço daquela pessoa à lista de correspondentes aprovados, então na próxima vez em que o seu jovem aprendiz clicar a mensagem de saída em quarentena na sua pasta de Rascunhos dele, a sinalização no alto faz com que ele saiba que tudo está bem – e a mensagem está OK para sair.

Controlar os acessos de um adolescente é problema seu!

Figura 12-8:
Em cima: se o seu filho tentar fazer contato com alguém que não esteja na lista de aprovados, ele pode desistir ou clicar Pedir Permissão.

Embaixo: no último caso, você saberá sobre isso. Se estiver convencido de que o correspondente em questão não é, de fato, alguém perigoso, você pode conceder a permissão, clicando Permitir Sempre (Always Allow).

O seu jovem recebe as boas notícias na próxima vez em que visitar a pasta Rascunhos, onde a mensagem esperava a sua palavra, o Bom Pai.

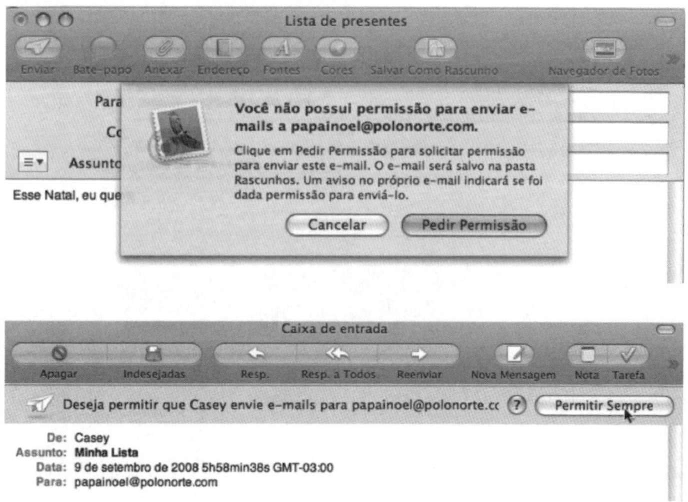

Nota: Esse recurso não tenta parar o e-mail ou bate-papo usando *outros* programas, como o Microsoft Entourage ou o Skype. Se você estiver preocupado que seus esforços sejam superados, bloqueie o acesso a tais programas, usando a lista Aplicativos Proibidos (Forbidden Applications), descrita anteriormente.

Quando o seu subalterno disparar o iChat ou o Mail, descobrirá que a Lista de Contatos (Buddy List) dele está vazia, exceto pelas pessoas que você identificou.

Limites de Tempo (Time Limits)

Caras espertos, esses programadores da Apple. Eles devem ter filhos.

Eles percebem que alguns pais se preocupam com *quanto tempo* seus filhos passam diante do Mac e alguns também se preocupam sobre *quais* horas (Figura 12-9):

- **Quanto tempo.** Na seção Limites de tempo para dias da semana (Weekday time limits), marque Limitar o uso do computador para (Limit computer use to) e depois ajuste o deslizador. Um deslizador semelhante aparece para Limites de tempo para fins de semana (Weekend time limits).

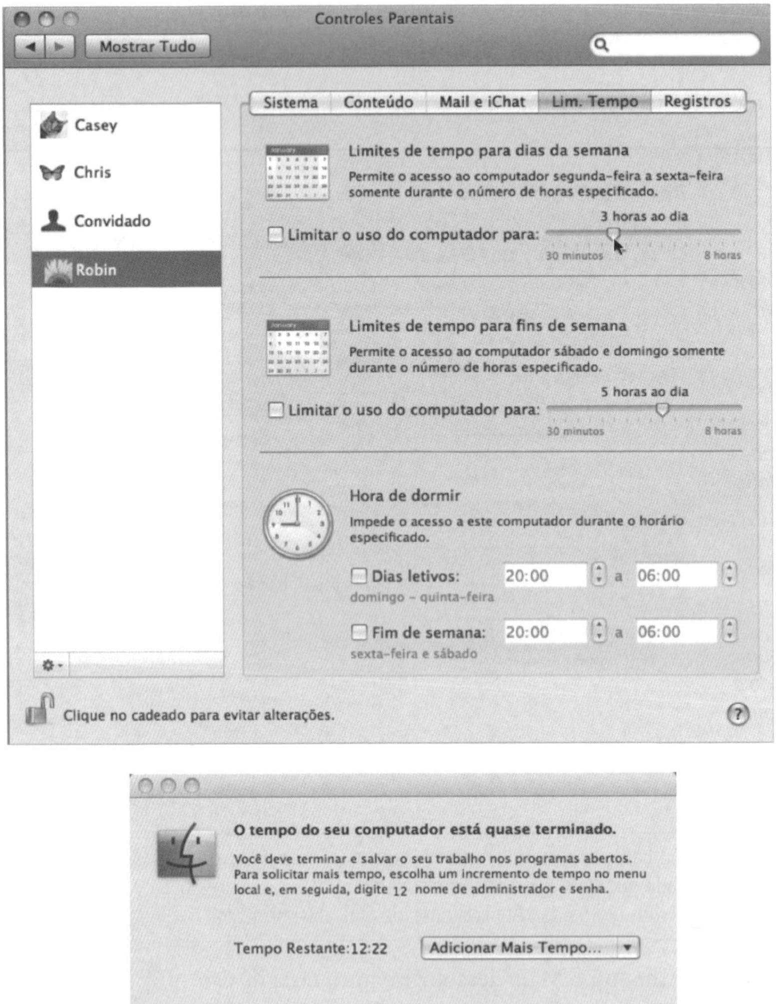

Figura 12-9:
Em cima: se esse detentor de conta tentar se registrar fora dos limites de hora que você especificar aqui, ele encontrará apenas uma caixa informando: "O tempo do seu computador está quase terminado" ("Computer time limits expired"). Será oferecido a ele um menu pop-up que lhe concede tempo adicional de 15 minutos para O final do dia (Rest of the day) – mas, ele exige o seu consentimento paterno (na verdade, a sua senha paterna) para ativar.

Embaixo: da mesma forma, se ele estiver usando o Mac quando o seu tempo acabar, receberá essa mensagem. Novamente, você, o "sabe tudo" administrador, pode conceder mais tempo, usando essa caixa de diálogo.

- **Quais horas.** Na seção Hora de dormir (Bedtime), marque a caixa de seleção para Dias letivos (School nights) ou Fim de semana (Weekend) e, depois, ajuste as horas do dia (ou melhor, da noite) quando o Mac fica indisponível aos seus jovens detentores de conta.

Em outras palavras, esse recurso pode ter a menor classificação de significado para páginas em todo este livro. Não demora muito para explicar, mas pode oferecer muita paz aos pais de viciados em Mac.

Destaque do Snow Leopard: Quando os Limites de Tempo forem aplicados, suas crianças poderão verificar quanto tempo elas ainda têm pra brincar no Mac antes que o seu punho de ferro digital dê o golpe final. Quando elas clicam o relógio na barra de menu (onde ele mostra a hora atual), um menu completo aparece, com um mostrador que exibe, por exemplo, "Parental Controls: Time Remaining 1:29" ("Controles Parentais: Tempo Restante 1:29"). Uma boa criação vem em todas as formas.

Registros

A aba final do painel Controles Parentais é a "Central Big Brother". Aqui está um resumo do que os seus filhos têm feito. Ela tem quatro categorias – Sites visitados (Websites visited), Sites bloqueados (Websites blocked), Aplicativos (Application) e iChat – que são extremamente detalhadas. Por exemplo, em Aplicativos, você pode ver exatamente quais programas as suas crianças tentaram usar, quando e quanto tempo elas passaram em cada um. A Figura 12-10 mostra o seu funcionamento.

USUÁRIOS PROFISSAS

Controle Parentais Remotos

Passou pela cabeça de alguém na Apple que o novo recurso Controles Parentais poderia ser especialmente útil em uma sala de aula. Tal pessoa até percebeu que seria muito interessante se você pudesse ajustar as configurações para os Macs A, B, C e D enquanto sentado no Mac E. Isto é, o professor poderia preferir não precisar percorrer as mesas de criança por criança para fazer as alterações.

E é por isso é que você pode operar Controles Parentais de outro Mac na mesma rede.

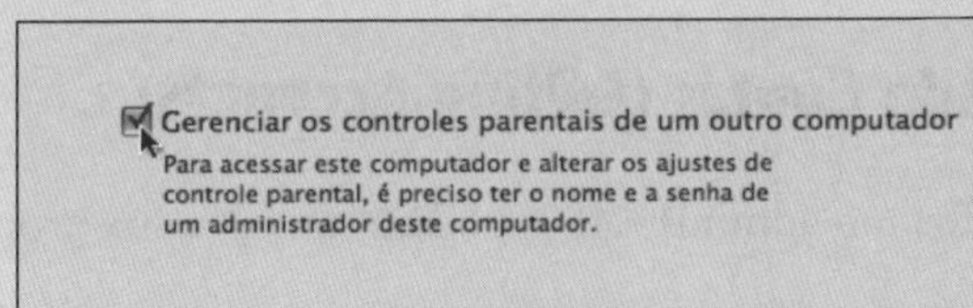

Fase 1: enquanto sentado no Mac da primeira criança, abra Preferências do Sistema; abra Controles Parentais; clique o 🔒; entre com a sua senha.

Agora, clique o nome da conta que você deseja administrar remotamente. Depois, a partir do menu ✲, abaixo da lista de contas, escolha Permitir Configuração Remota (Allow Remote Setup). Feche Preferências do Sistema.

Repita para cada conta em cada Mac que você desejar administrar à distância.

Fase 2: volte para a sua mesa de professor. No seu próprio Mac, escolha Ir→Conectar ao Servidor (Go→Connect to Server). Na caixa de diálogo resultante, clique Explorar (Browse).

Agora, você obtém uma lista dos outros Macs na rede. Clique um e entre com um nome e senha do administrador para aquele Mac.

Então, abra Preferências do Sistema, clique Controles Parentais, clique o 🔒 e, depois, entre novamente com a sua senha. Dessa vez, você verá uma seção na lista Contas, chamada Outros Computadores (Other Computers). Clique o nome da conta (no Mac da criança), cujas configurações você deseja mudar. Entre, mais uma vez, com o nome e a senha de administrador do computador remoto e aí é com você!

Se você vir algo que realmente julgar fora dos limites – um site na lista Registros, um aplicativo, uma sessão do iChat com alguém –, clique o seu nome e, depois, clique Restringir (Restrict). Você acabou de cortar *aquele* mal pela raiz.

Inversamente, se o Mac bloqueou um website que você acha que é realmente bom, clique o seu nome na lista e, depois, clique Permitir (Allow). (E se você estiver imaginando o que determinada página Web é, clique-a e depois clique Abrir.)

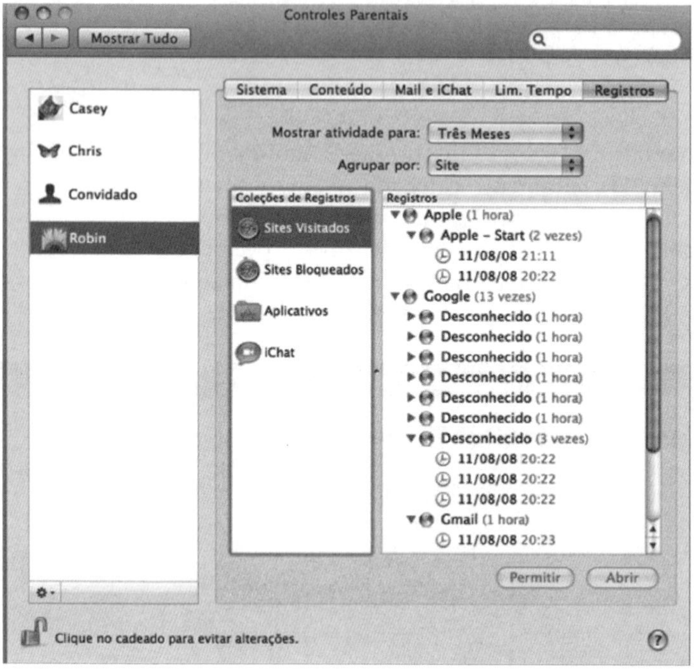

Figura 12-10:
Esses registros rastreiam tudo o que o seu filho tentou fazer; está certo que ele espiona, mas é para o bem do seu filho. (Certo?) Use os menus pop-up, em cima, para mudar o período de tempo sendo relatado (Hoje [Today], Esta Semana [This Week] ou o que for) e como eles estão agrupados na lista – por data ou por aplicativo/website.

Editando Contas (Editing Accounts)

Se você for um administrador, poderá mudar a sua própria conta da maneira que quiser.

Porém, se tiver qualquer outro tipo de conta, você não pode mudar nada, exceto a sua foto e senha. Se você quiser fazer quaisquer outras alterações, terá que pedir um registro de entrada de administrador, fazer as alterações desejadas em sua conta e, então, logar novamente.

Apagando contas

Ei, acontece: alguém se forma, alguém é demitido, alguém rompe com você. Cedo ou tarde, você pode precisar apagar uma conta do seu Mac.

Quando chegar a hora, clique o nome da conta na lista Contas e, depois, clique o botão com sinal de menos (subtração) sob a lista. O Mac OS X pergunta o que fazer com todos os arquivos e configurações do "falecido" (Figura 12-11):

- **Salvar a pasta de início em uma imagem de disco (Save the home folder in a disk image).** Essa opção apresenta a abordagem "Eu voltarei". O Mac OS X preserva as pastas queridas de quem partiu no Mac em um envelope digital organizado que não entope o seu disco rígido e pode ser reaberto, no caso de emergência.

  Na pasta Usuários→Usuários Apagados (Users→Deleted Users), você encontra um arquivo de imagem de disco (.dmg). Se você der duplo-clique nele, um novo ícone de disco virtual, nomeado para a conta apagada, aparece em sua Mesa. Você pode abrir pastas e a raiz, usando o material nesse "disco", exatamente como se ele fosse uma pasta viva funcionando em Início.

  Se o destino trouxer aquela pessoa de volta à sua vida, essa imagem de disco pode ser usada para reintegrar a conta apagada da pessoa. Comece criando uma conta nova.

USUÁRIOS PROFISSAS

As opções da conta secreta

Todo mundo que conhece muito bem o Mac OS X poderia se opor quanto a uma sentença nesta seção: "Se você for um administrador, você pode mudar a sua conta da maneira que quiser".

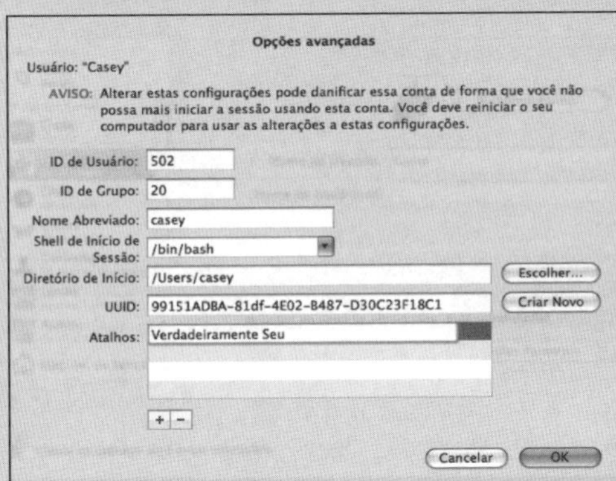

Porque todo mundo sabe que há um aspecto da conta que mesmo um administrador não pode mudar: o nome curto (abreviado) da conta. Quando ele é criado, é seu para sempre, ou pelo menos, até que você apague a conta.

Ou pelo menos é o que a Apple *quer* que você pense. No entanto, existe uma forma secreta de escolher um nome curto diferente. Você não pode mudar facilmente um nome que tenha criado originalmente, mas pode criar outro – mais curto, mais fácil – esse *também* funciona quando você estiver iniciando a sessão ou se autenticando.

Para encontrá-lo, Control-clique (ou clique com o botão direito) o nome da conta na lista, do lado esquerdo do painel Contas em Preferências do Sistema. A partir do menu de atalho, escolha Opções Avançadas (Advanced Options).

Aparece o estranho e maravilhoso painel de Opções Avançadas. Bem lá, no meio, está uma caixa Nome da Conta (Account Name) mas não edite isso; ele não funciona.

Ao invés disso, clique o botão + abaixo da lista Atalhos (Aliases). Você tem a oportunidade de digitar um nome curto *alternativo* e depois, clicar OK. É possível criar tantos desses atalhos quantos você quiser.

Quando tudo estiver terminado, clique OK. Na próxima vez em que registrar a sua entrada no Mac, poderá usar o seu novo nome curto aperfeiçoado, ao invés do antigo.

Alegre-se! Você viveu para ver esse dia!

Depois, copie o conteúdo das pastas na imagem de disco montada (Documentos, Música, Mesa e assim por diante) nas pastas correspondentes da nova pasta Início.

- **Não alterar a pasta de início (Do not change the home folder).** Dessa vez, o Mac OS X remove a *conta*, de forma que ela não aparece mais na lista de login ou no painel Contas de Preferências do Sistema – mas ele deixa a *pasta Início* exatamente onde ela está. Use essa opção se você não pretende descartar os pertences queridos de quem partiu neste exato momento.

- **Apagar a pasta de início (Delete the home folder).** Esse botão oferece a abordagem "Hasta la vista, baby". A conta e todos os seus arquivos e configurações são vaporizadas para sempre, no ato.

Nota: Se você apagar a conta Apenas Compartilhamento, não tem a oportunidade de preservar o conteúdo da pasta início – pois a conta Apenas Compartilhamento não *possui* essa pasta.

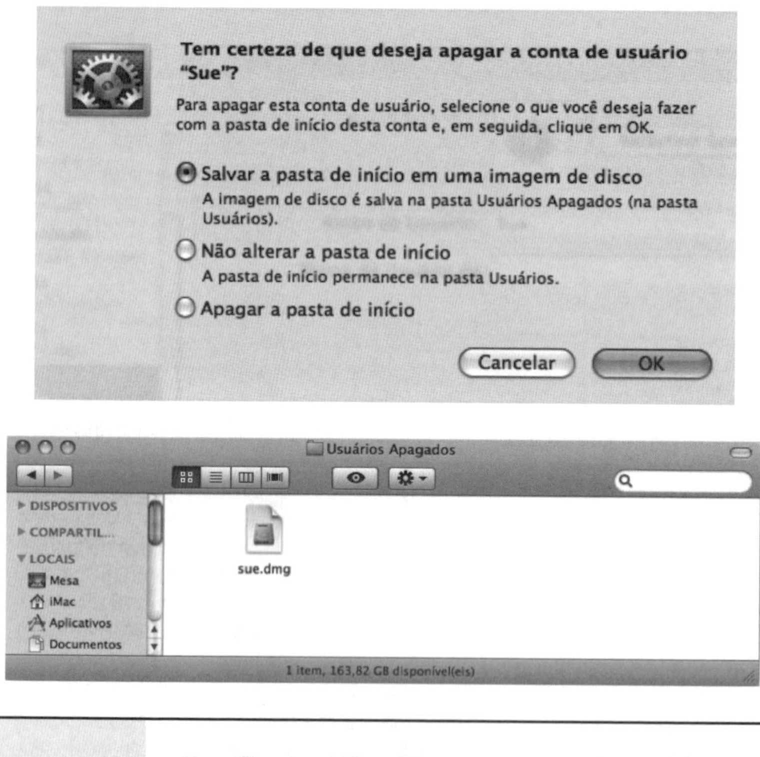

Figura 12-11:
Em cima: essa caixa de diálogo permite que você saiba onde encontrar o material da conta apagada, para o caso de surgir uma necessidade.

Embaixo: os arquivos e configurações de contas que você apagou ficam na pasta Usuários→Usuários Apagados (Users→Deleted Users).

Configuração do processo de início de sessão

Quando você tiver instalado mais de uma conta, a caixa de diálogo mostrada na Figura 12-1 aparece, sempre que você ligar o Mac, sempre que escolher →Login ou sempre que o Mac finalizar a sua sessão. Porém, alguns controles permitem que você, um administrador, ajuste mais ou menos a segurança na tela de registro de entrada – ou, colocando de outra maneira, baseie-se em mais, ou menos, conveniência.

Abra Preferências do Sistema, clique Contas e, depois, clique o botão Opções de Início de Sessão (Login Options) (Figura 12-12). Eis algumas das maneiras pelas quais você pode moldar a tentativa de registro de entrada para maior segurança (ou maior conveniência):

- **Início de sessão automático (Automatic login).** Essa opção elimina a necessidade de assinar a entrada e tudo. Serve como uma economia de tempo, um arranjo sem confusão, se apenas uma pessoa usa o Mac, ou se apenas uma pessoa o usa na maior parte do tempo.

  Quando você escolher o nome de um detentor de conta a partir desse menu pop-up, você será solicitado pelo seu nome e senha. Digite e clique OK.

USUÁRIOS PROFISSAS

Movendo a sua pasta pessoal entre computadores

O Mac OS X propõe colocar todas as pastas pessoais dos detentores de conta em uma pasta especial (Usuários) no disco rígido principal. Mas, ser capaz de colocar a sua pasta pessoal em um disco diferente também tem as suas vantagens. Se você viajar pra lá e pra cá, entre a sua casa e o trabalho, por exemplo, pode achar conveniente manter todo o seu arquivo em um iPod ou algum outro disco portátil. Em ambientes corporativos, um administrador de rede pode querer manter a sua pasta pessoal em algum outro lugar na rede Windows. (Sim, o Mac OS X é compatível assim.)

Você pode fazer isso, mas isso lhe exigirá alguns passos.

Comece copiando a sua pasta pessoal para o iPod (ou o que for). Para ter absoluta certeza de que está colocando tudo nele, use Terminal – descrito no Capítulo 16. Abra uma janela Terminal e digite este comando:

```
sudo ditto -rsrc  "/Users/casey"
    "/Volumes/caminho-da-nova-
pasta"
```

Claro que você digita o nome de sua conta ao invés de "casey", e o caminho de pasta, ao invés de "caminho-da-nova-pasta".

Use a notação de caminho de pasta descrita na página 30.

Agora, abra o painel Contas de Preferências do Sistema. Control-clique (ou clique com o botão direito) o nome da sua conta; a partir do menu de atalho, escolha Opções Avançadas.

Na nova caixa de diálogo Opções Avançadas, na caixa Diretório de Início (Home Directory), digite o caminho da pasta para a sua nova pasta iniciar – ou apenas clique Escolher e mostre ao Mac OS X onde ela está.

Agora, reinicie o Mac. Registre a entrada de volta e teste o arranjo da nova pasta pessoal. Se tudo estiver funcionando perfeitamente, você pode apagar a original do disco rígido interno.

Se a sua intenção é trazer o disco rígido externo para trabalhar de lá para cá, repita o procedimento no Mac do trabalho.

Apenas certifique-se de que o disco rígido externo esteja conectado, ligado na energia e rodando, antes de você tentar registrar a entrada; caso contrário, o Mac não será capaz de encontrar a pasta pessoal, e dará uma mensagem de erro.

De agora em diante, a caixa de diálogo mostrada na Figura 12-1 não aparece mais por ocasião da inicialização. Depois de ligar a máquina, você, o detentor especificado da conta, vai direto para a sua Mesa.

É claro que só uma pessoa de sorte pode usufruir esse bilhete expresso. Todos os demais ainda precisam fornecer seus nomes e senhas. (E como eles conseguem, visto que o Mac corre direto, no Automático, para a conta da pessoa na hora da inicialização? Resposta: a coisa "automática" só aparece na hora da inicialização. A tela normal de registro de entrada aparece sempre que o detentor da conta atual registra a saída – escolhendo →Finalizar Sessão [→Log Out], por exemplo.)

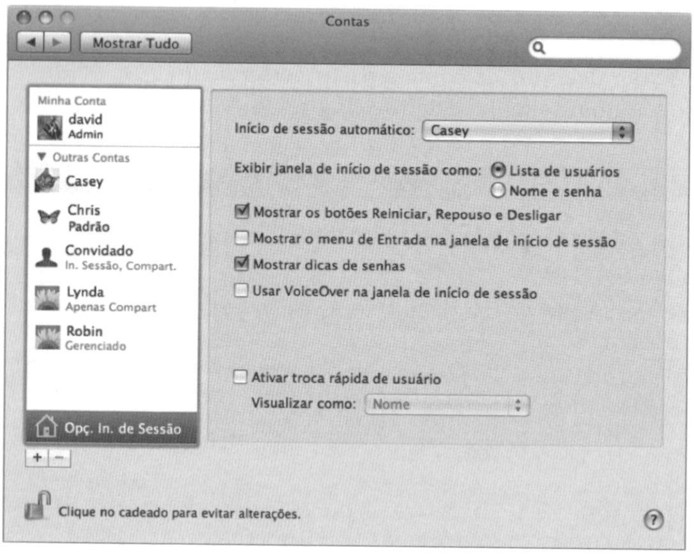

Figura 12-12:
Essas opções facilitam ou dificultam a entrada das pessoas, oferecendo vários graus de segurança. A propósito, marcar Nome e senha (Name and password) também permite que você assine a entrada como ">console", uma técnica de solução de problemas. É também uma forma de assinar a entrada com a conta raiz, quando ela estiver ativada.

- **Exibir janela de início de sessão como (Display login window as).** Sob circunstâncias normais, a tela de registro de entrada apresenta uma lista de detentores de conta quando você liga o Mac, conforme mostrado na Figura 12-1. Essa é a opção Lista de usuários (List of users) em ação.

  Porém, se você estiver especificamente preocupado com a segurança, poderá nem querer que essa lista apareça. Se marcar Nome e senha, cada pessoa que assinar precisará digitar tanto o seu nome (em um espaço vazio que aparece) *quanto* a sua senha – um arranjo bem inconveniente, no entanto, mais seguro.

- **Mostrar os botões Reiniciar, Repouso e Desligar (Show the Restart, Sleep and Shut Down buttons).** A verdade é que o sistema de segurança do Mac OS X é fácil de burlar. Os malfeitores verdadeiramente dedicados podem ultrapassar a tela de registro de entrada padrão de uma série de maneiras diferentes: reiniciando no modo disco FireWire, reiniciando no Terminal Unix e assim por diante. De repente, esses do mal têm total acesso a cada documento na máquina, explodindo todas as proteções que você tenha estabelecido cuidadosamente.

Uma maneira de enganá-los é usar o FileVault. Outra é desmarcar essa caixa de seleção. Não há em lugar algum botão Reiniciar ou Desligar para tentar os malfeitores. Na maioria das casas, escolas e locais de trabalho isso é proteção suficiente; afinal, o pessoal do Mac tende a ser pessoas *simpáticas*.

USUÁRIOS PROFISSAS

Senha de Firmware

Depois de toda essa discussão sobre segurança e senhas, pode ser um pouco chocante descobrir que vilões empreendedores podem superar todos os recursos de segurança do Mac OS X em dez segundos. Se você não tiver ativado o FileVault, as opções execráveis deles incluem usar o console Unix, descrito no Apêndice B, usando o modo de disco FireWire e assim por diante.

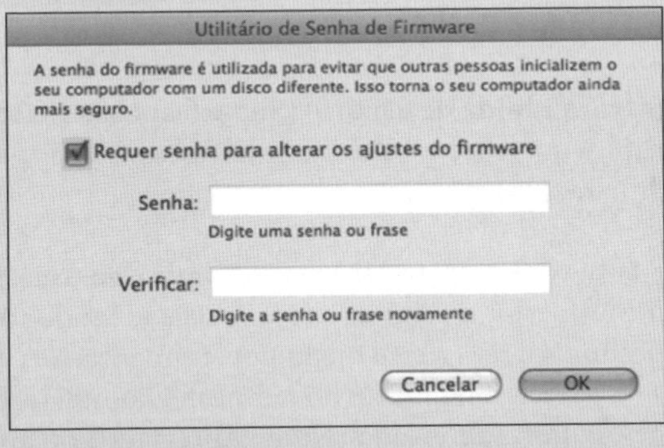

Mas, existe uma maneira de proteger completamente o seu Mac: usando o programa pouco conhecido Utilitário de Senha de Firmware (Firmware Password).

Para encontrá-lo, insira o DVD do Snow Leopard. Reinicie o Mac enquanto pressiona a tecla da letra C, que inicia o Mac a partir do DVD e executa o instalador do Mac OS X. Na primeira tela, selecione o seu idioma e então clique a seta Next (Próximo) (ou pressione Return).

Na tela de instalação, selecione Utilities→Firmware Password Utility (Utilitários→Utilitário de Senha de Firmware).

Quando você rodar esse utilitário, marque Requerer senha para alterar os ajustes do firmware (Require password to change firmware settings), conforme mostrado aqui. Depois, prepare uma senha principal que é exigida para inicializar a partir de qualquer coisa, exceto do disco interno.

Em seguida, uma senha do administrador é solicitada. Finalmente, uma mensagem informa, As configurações foram salvas com sucesso (The settings were successfully saved). Reinicie o Mac.

De agora em diante, sempre que você tentar inicializar em qualquer coisa exceto da maneira habitual, você será solicitado a digitar a senha Abrir Firmware (Open Firmware). Por exemplo, você a vê quando pressiona a tecla C para inicializar a partir de um CD, ou quando pressionar Opção para escolher um disco ou partição diferente de inicialização.

Nenhum dos truques habituais de tecla de inicialização funciona. Manter pressionada a tecla C para inicializar a partir de um CD, manter pressionada N para inicializar a partir de um servidor NetBoot, pressionar T para inicializar em Seleção de Disco de Inicialização (Target Disk Mode), pressionar ⌘-V para inicializar no modo Verbose, ⌘-S para inicializar no modo Usuário Único (Single-user), ⌘-Option-P-R para reajustar o parâmetro RAM, pressionar Option para inicializar a partir de um disco de sistema diferente, pressionar Shift para entrar no modo Inicialização de Segurança – nada disso funciona sem a Senha Abrir Firmware principal.

Mas, se você estiver preocupado que alguém, com uma grande intenção de invadir possa reiniciar, apenas ligando a tomada, então use o FileVault ou ajuste *Abrir Senha Firmware*, conforme descrito na caixa a seguir.

- **Exibir o menu de Entrada na janela de início de sessão (Show Input menu in login window).** Se o menu entrada estiver disponível por ocasião do registro de entrada, significa que pessoas que usam teclados com layouts e alfabetos não norte-americanos podem usar os recursos de registro de entrada sem precisar fingir que são americanas. (Também significa que você tem um universo muito mais amplo de senhas difíceis de adivinhar, visto que a sua senha pode estar em caracteres japoneses, por exemplo. Saudações, Sr. Bond-san.)

- **Mostrar dicas de senha (Show password hints).** Conforme descrito anteriormente, o Mac OS X é bem gentil em mostrar a sugestão para a sua senha ("nome do meio da primeira pessoa que me beijou") depois de você tê-la digitado errado três vezes ao tentar fazer log-in. Essa opção permite que você desative esse recurso para uma camada extra de segurança. A sugestão nunca aparecerá.

- **Use o VoiceOver na janela de início de sessão (Use VoiceOver at login window).** O recurso VoiceOver é ótimo e vai bem se você for cego. Mas, como você deve registrar a entrada? Marque essa caixa de seleção e o VoiceOver também descreve os recursos no painel Login.

- **Ativar troca rápida de usuário (Show fast user switching menu as).** Esse recurso permite que você troque para outra conta sem precisar registrar a sua saída da primeira.

  Se, de fato, você marcar Ativar troca rápida de usuário, aparece um novo menu no canto superior direito de sua tela, relacionando todos os detentores de conta na máquina. Graças a esse menu pop-up, agora você pode especificar como esse menu se parece. Ele pode exibir o nome completo do detentor da conta atual (Nome), o nome abreviado (Nome Abreviado) ou apenas um ícone genérico de silhueta (Ícone) para poupar espaço na Barra de Menu.

Iniciando e encerrando sessão

Quando alguém tiver instalado a sua conta, aqui está como é entrar, e sair, de uma máquina Mac OS X. (Para os objetivos desta discussão, "você" não é mais o administrador – você é um dos alunos, empregados ou membros da família para quem uma conta foi configurada.)

Identificando-se

Quando você ligar o Mac – ou quando a pessoa que usou esse computador pela última vez escolher →Finalizar sessão – aparece a tela de login, mostrada na Figura 12-1. Nessa altura, é possível prosseguir em qualquer uma de várias maneiras:

- **Reiniciar (Restart).** Clique, se por algum motivo você precisar reiniciar o Mac. (Os botões Reiniciar e Desligar não aparecem aqui se o administrador tiver decidido escondê-los como uma medida de precaução.)

- **Desligar (ShutDown).** Clique, se você tiver terminado o dia, ou se um repentino pânico sobre a complexidade de contas de usuário fizer com que você queira sair correndo. O computador desliga.

- **Login (Log In).** Para assinar a entrada, clique o nome de sua conta na lista. Se você for ágil no teclado, também pode digitar uma ou duas letras – ou pressionar as teclas de seta para cima ou para baixo – até que o seu nome seja destacado. Depois, pressione Return.

  De qualquer forma, agora aparece a caixa de senha (se for exigida uma senha). Se, acidentalmente, você clicar o nome da pessoa errada na primeira tela, poderá clicar Voltar. Caso contrário, digite a sua senha e, depois, pressione Return (ou clique Login).

  É possível tentar digitar a senha quantas vezes quiser. Em cada adivinhação incorreta, toda a caixa de diálogo balança de lado a lado, como se sacudisse a cabeça dizendo "Não". Se você tentar três vezes seguidas, a sua sugestão aparece – se você tiver configurado uma. (Se vir um ícone ⇪ estranho na caixa de senha,

PERGUNTAS POUCO FREQUENTES

O caso da senha esquecida

Socorro, eu esqueci a minha senha! E eu nunca a revelei a ninguém, então nem o administrador pode me ajudar!

Sem problema. Basta o seu administrador abrir Preferências do Sistema, clicar Contas, clicar o nome da pessoa que esqueceu a senha e, depois, clicar Alterar Senha (Reset Password), para restabelecer a senha.

Mas, você não entendeu. Eu sou o administrador! E tenho uma única conta!

A-rá – essa é outra estória. Está bem, sem dramas! Na tela de Login, digite três vezes uma senha esquisita. Na última tentativa, o Mac oferecerá a oportunidade de redefinir a senha. Tudo o que você terá que fazer é digitar a sua senha principal para comprovar sua identidade

Hmm... eu nunca configurei uma senha principal.

Então está bem. Na verdade, essa é uma boa notícia, pois significa que você não ativou o FileVault. (Se tivesse e também esquecesse a senha principal, agora a sua conta estaria bloqueada para sempre.)

Insira o DVD do Mac OS X. Reinicie o Mac enquanto pressiona a tecla da letra C, que inicializa o Mac a partir do CD e inicia o instalador do Mac OS X. Na primeira tela, selecione o seu idioma e clique a seta Next (Próximo) (ou pressione Return).

Na primeira tela do instalador, escolha Instalador→Alterar Senha (Installer→Reset Password). Quando a tela Alterar Senha aparecer, clique o disco rígido que contém o Mac OS X. A partir do primeiro menu pop-up, escolha o nome de sua conta. Agora, crie uma nova senha e digite-a nas duas caixas. Clique Salvar, feche a janela, clique o instalador e reinicie.

E na próxima vez, tenha mais cuidado! Anote a sua senha em um bilhete Post-it e afixe-o em seu monitor. (Piada, isto é uma piada!)

adivinha? Você está com a sua tecla de Caps Look ativada, e o Mac pensa que você está digitando toda a senha em letras maiúsculas.)

Dica: Assim, o que acontecerá se você esquecer a sua senha e nem o administrador do Mac conhecê-la? Em sua terceira tentativa de digitar corretamente a senha, o Mac mostra a sua sugestão de senha (a menos que o administrador tenha desmarcado a opção Sugestão [Hint]) *e* um botão chamado Redefinir Senha. Quando você clicá-lo, o Mac pede pela senha *principal*, que o administrador quase que *certamente* conhece.

Quando ela for digitada, você tem a permissão de informar uma nova senha para a sua própria conta (e, supostamente, uma sugestão melhor dessa vez). Sem qualquer dano.

Quanto tiver entrado, o mundo do Mac parece estar exatamente como você o deixou (ou como um administrador o arrumou para você). Tudo em sua pasta Início, todos os seus e-mails e marcadores, a sua foto de Mesa e as configurações do Dock – tudo o que é só seu. A sua pasta Início até contém a sua própria pasta Biblioteca, que mantém um conjunto (adicional) separado de fontes e configurações de preferência só para você. A sua pasta Aplicativos pode ter programas que outros detentores de conta não veem.

A menos que você seja um administrador, você não terá permissão para instalar quaisquer novos programas (ou, na verdade, colocar alguma coisa) na pasta Aplicativos. Afinal, essa pasta é um depósito central de software para *todos* os que usam o Mac e o Mac proíbe, diariamente, detentores de contas de mover ou alterar todas essas pastas universalmente compartilhadas.

Finalizar Sessão

Quando você tiver terminado de usar o Mac, escolha →Finalizar Sessão (→ Logging Out) (ou pressione Shift-⌘-Q). Aparece uma mensagem de confirmação; se clicar Cancelar ou pressionar Esc, você volta para o que estava fazendo. Se clicar Finalizar Sessão ou pressionar Return, você volta para a tela mostrada na Figura 12-1, e todo o ciclo para registrar a entrada se repete.

Dica: Se você pressionar Option enquanto escolher →Finalizar Sessão (ou enquanto pressionar ⌘-Q), a caixa de confirmação não aparece.

Compartilhamento por meio de Contas

Está certo dizer que cada conta é agregada de todas as *outras* contas. É bom saber que o seu material está a salvo dos olhos espiões de seus colegas de trabalho ou familiares.

Mas, e quanto à colaboração? E se você *quiser* dar alguns arquivos ou pastas a outro detentor de conta?

Não é possível simplesmente abrir a pasta pessoal de outra pessoa e jogar lá dentro. Sim, cada detentor de conta tem uma pasta pessoal (todas na pasta de Usuários em seu disco rígido). Mas, se você tentar abrir a pasta pessoal de qualquer outra pessoa, verá um pequeno ícone ⃠ vermelho sobrepondo quase toda pasta dentro, informando "Olhe, mas não toque".

Felizmente há um par de buracos de traça entre as contas (Figura 12-13):

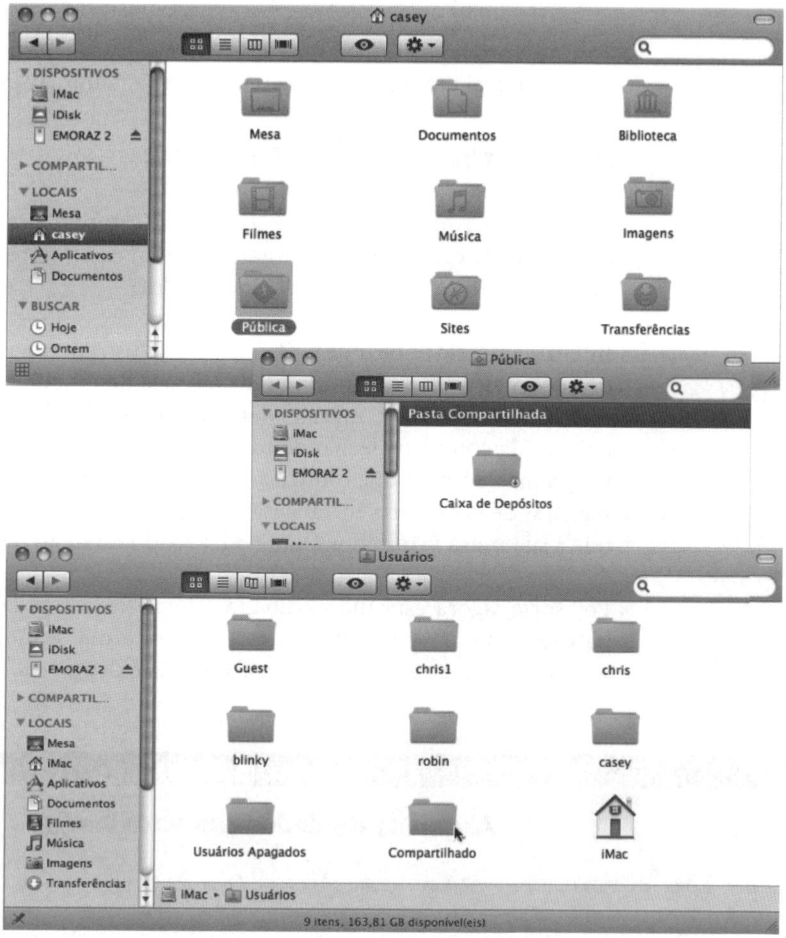

Figura 12-13:
Em cima: na pasta Início de outras pessoas, as pastas Pública e Sites estão disponíveis para a sua inspeção. Essas duas pastas contêm material que outras pessoas "publicaram" em favor de seus colegas de trabalho.

No meio: na pasta Pública está a Caixa de Depósitos, que tem o objetivo oposto. Ela permite que uma outra pessoa que usar esse Mac encaminhe os arquivos para você; no entanto, ela não vê o que há dentro.

Embaixo: dentro da pasta Usuários (para chegar lá a partir de uma pasta Início, pressione ⌘-↑) está a pasta Compartilhado, com um "buraco de traça" conectando todas as contas. Todos têm acesso total a tudo o que está dentro dela.

- **A pasta Compartilhado (Shared).** Dentro da pasta Usuários está uma pasta que não corresponde a qualquer pessoa em especial: a pasta Compartilhado. Todos têm livre acesso a essa pasta, inserindo e extraindo arquivos, sem restrição. É o terreno comum entre todos os detentores de contas em um único Mac. É como o Central Park, o mercado do fazendeiro e o quadro de avisos da loja de doces.

- **A pasta Público (Public).** Em sua pasta Início, há uma pasta chamada Público. Qualquer coisa que você copiar se tornará para ela disponível para inspeção e cópia (mas não alteração ou remoção) por parte de qualquer outro detentor de conta, estando ele registrado em seu Mac ou assinando a entrada através da rede.

- **A Caixa de Depósitos (The Drop Box).** E *dentro* de sua pasta Público há outra pequena e simpática pasta: a Caixa de Depósitos. Ela existe para permitir que *outras* pessoas deem arquivos para *você*, discreta e invisivelmente diante de qualquer outra pessoa. Isto é, as pessoas podem soltar arquivos e pastas em sua Caixa de Depósitos, mas, na verdade, não podem *abri-la*. Essa pasta também está disponível tanto localmente (em pessoa) quanto através da rede.

Ativar troca rápida de usuário

O sistema de contas descrito até agora neste capítulo tem o seu charme. Ele mantém o material de cada pessoa separado, mantém os seus arquivos protegidos e permite que você tenha a foto de sua escolha na Mesa.

Infelizmente, ele pode ir de prático para confuso em uma fração de segundo. É quando você registra a sua entrada e outra pessoa deseja ancorar por apenas um segundo – verificar o e-mail ou um calendário, por exemplo. O que você deve fazer – registrar a sua saída completa, fechando todos os seus documentos e saindo de todos os seus programas, só para que o intruso possa olhar alguma coisa? Depois, você teria que registrar de novo a sua entrada e ativar todas as suas coisas novamente, rezando para que a sua musa inspiradora não tenha voado no meio tempo.

Por sorte, agora está tudo acabado. Ativar troca rápida de usuário – um recurso baseado em um recurso Windows semelhante, que se moldou para um recurso Unix – permite que a Pessoa B registre a entrada e use o Mac por pouco tempo. Todas as

PERGUNTAS FREQUENTES

Arquivos de dados compartilhados

A minha esposa e meu filho mais velho, de oito anos, compartilham o meu Mac. Por anos, nós reunimos uma fabulosa coleção de arquivos MP3, mas no momento, eu sou o único que os escuta no iTunes. Esse negócio de ambientes separados para cada detentor de conta é muito bom e tudo, mas e quando nós quisermos acessar os mesmos arquivos – como a sessão Library do iTunes?

O problema é que sessão Library do iTunes é armazenada na pasta Music apenas de uma pessoa. Felizmente, a solução é bem fácil.

Quem quer que seja o administrador deve mover a pasta iTunes (atualmente na pasta iTunes→Music de alguém) para a pasta Usuários→Compartilhado. Agora ela está disponível a todos.

Nesse ponto, cada detentor de conta pode registrar a entrada, acionar o iTunes, Escolhendo iTunes→Preferences→ Advanced e clicar o botão Change para escolher a pasta realocada iTunes Music, na pasta Compartilhado.

De agora em diante, cada pessoa será capaz de ver e acessar os sons da biblioteca do iTunes, mas também usufruir a flexibilidade de montar listas de reprodução individuais.

suas coisas, Pessoa A, simplesmente deslizam para um segundo plano, ainda aberto como estava; veja a Figura 12-14.

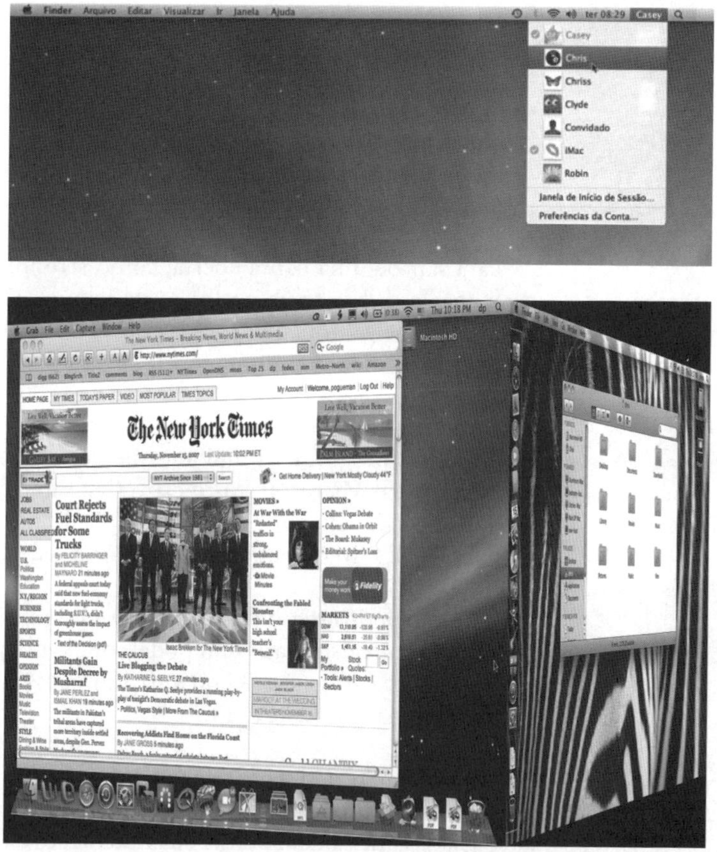

Figura 12-14:
Em cima: a aparência do menu Contas permite que você saiba que Ativar troca rápida de usuário está marcado. A marca de seleção circulada indica que pessoas, de fato, estão registradas, inclusive aquelas que estavam em "troca rápida de usuário" em segundo plano. O nome escurecido mostra quem está registrado no momento.

Embaixo: quando a tela mudar da sua conta para a de outra pessoa, todo o seu mundo Mac desliza para fora da tela visível, como se ele estivesse montado no lado de um cubo rotativo – uma animação espetacular possibilitada pelo software de imagens Quartz Extreme do Mac OS X.

Quando a Pessoa B terminar de trabalhar, você poderá trazer de volta à tela todo o seu ambiente de trabalho, sem precisar reabrir qualquer coisa. Todas as suas janelas e programas ainda estarão abertos, exatamente como você os deixou.

Para marcar esse recurso, abra o painel contas de Preferências do Sistema (e clique 🔒, se necessário, para desbloquear o painel). Clique Opções de Início de Sessão (Logging Options) e marque Ativar troca rápida de usuário. (Essa caixa de diálogo pode ser vista na Figura 12-12.)

A única mudança que você notará imediatamente é o aparecimento do nome de sua própria conta no canto superior direito da tela (Figura 12-14). Você poderá mudar a maneira com que o menu se parece, usando o menu pop-up Visualização como, também mostrado na Figura 12-12.

Isso é tudo a esse respeito. Na próxima vez que você precisar de um companheiro detentor de conta para soltar o controle para que você possa ancorar e fazer um pequeno trabalho é só escolher o seu nome do menu Contas. Digite a sua senha, se for solicitada uma, e não se sinta culpado pela interrupção.

E agora, os pontos mais refinados de Ativar troca rápida de usuário:

- Dependendo de quantos programas estejam abertos e quanto mais de memória o Mac tenha, trocar contas pode permitir uma demora e muita atividade do disco rígido. Esse é o esquema virtual de "se acomodar" do Mac OS X, que estava na memória da *sua* conta, para fazer espaço para a entrada de material da outra conta.

- Para sair de uma conta aberta, como sempre, escolha →Finalizar Sessão. Ou apenas escolha Janela de Início de Sessão (Login Window) a partir do menu Contas. Ele garante que você consiga a sua própria conta, independente do que estiver rodando no momento.

- Bem estranhamente, um punhado de detentores de contas pode estar usando o mesmo programa, simultaneamente, em seus próprios universos paralelos. Mesmo se o Microsoft Word estiver aberto em sua conta, Chris, Casey e Robin podem, cada um, abrir a mesma cópia do mesmo programa, simultaneamente, quando eles tiverem ativado troca rápida em suas próprias contas.

- Você não pode fazer mudanças em contas (em Preferências do Sistema) que ainda estejam registradas. Nem pode, como você poderia esperar, desmarcar Ativar troca rápida de usuário enquanto outra pessoa estiver registrada. Também não é possível marcar o FileVault.

- Se você tentar desligar o Mac ou reiniciá-lo enquanto outras pessoas estiverem registradas, uma caixa de diálogo informa Atualmente há usuários com sessões iniciadas que podem perder suas alterações não salvas se você desligar este computador (There are currently logged in users who may lose unsaved changes if you shut down this computer). E você é solicitado a digitar um nome e senha do administrador para estabelecer que sabe o que está fazendo.

  Aqui está um dilema moral para a era moderna. Se você prosseguir, digitando a senha e clicando Desligar, você desligará todas as contas abertas em segundo plano e, *quaisquer* documentos abertos – e se aqueles documentos não tiverem sido salvos, quaisquer alterações terão sumido para sempre. Se clicar Cancelar (Cancel), você não poderá desligar o Mac até caçar os detentores de conta cujo material ainda está aberto ao fundo, para que eles possam registrar suas saídas.

Dica: É possível evitar essa situação desagradável de duas maneiras: (a) confiar totalmente um no outro, ou (b) salvar os seus documentos antes de permitir que qualquer outra pessoa entre e envie a sua conta para o espaço.

- Lembra da pasta Compartilhado (na pasta Usuários, no disco rígido)? Ainda existe o buraco de traça conectando todas as contas. Se você quiser compartilhar um arquivo com outro detentor de conta, coloque-o lá.

- A sua conta não está completamente anestesiada quando ela é trocada para o fundo. Na verdade, ela continua fazendo o que você tiver ajustado para ela fazer. Se você estava baixando algum arquivo grande, por exemplo, ela continua fazendo exatamente o download de quando o sujeito do lado registrou a entrada.

Cinco escudos de segurança do Mac OS X

O Mac OS X tem uma reputação espetacular quanto à estabilidade e segurança. Enquanto estou escrevendo isto, nem um único Mac OS X apareceu com vírus – um recurso incrível que faz o Windows parecer uma perda de tempo. Também não existe spyware como acontece no Windows (programas baixados que fazem alguma espionagem rasteira pelas suas costas). De fato, *não existe qualquer* spyware Mac.

A conversa normal é "Bem, isso é porque o Windows é um alvo muito maior. Qual escritor de vírus vai perder o seu tempo com um computador com uma quota de mercado de apenas 8%?"

Isso pode ser parte do motivo pelo qual o Mac OS X não tem vírus. Porém, o Mac OS X também foi desenvolvido com mais inteligência desde o começo. Relacionados a seguir estão alguns dos pontos vulneráveis de um típico sistema operacional que a Apple resolveu de forma concreta:

- O Windows XP original vem com cinco de suas *portas* abertas. O Mac OS X sempre veio da fábrica com todas as suas fechadas e bloqueadas.

  Portas são canais que computadores remotos usam para conectar os serviços em seu computador: uma para o envio de mensagens instantâneas, uma para o recurso de controle remoto do Windows XP e assim por diante. É bom ter portas abertas se você estiver esperando visitas. Mas, se você tiver uma porta aberta que exponha a frágil intimidade do seu computador sem o seu conhecimento, você está pronto para um mundo de dor. Portas abertas foram exatamente o que permitiu um vírus como o Blaster se infiltrar em milhões de PCs. A Microsoft não fechou essas portas até o Windows XP Service Pack 2.

- Sempre que um programa tentou se instalar no Windows XP original, o sistema operacional foi em frente e instalou-o, potencialmente sem o seu conhecimento.

  Em um Mac OS X, isso nunca acontece. Você é notificado toda vez que algum programa tenta se instalar no seu Mac. De fato, toda vez que você tenta fazer o download de algo que contenha algum *código executável* (um programa, em outras palavras), tanto no Safari quanto no Mail, uma caixa de diálogo o avisa que tal arquivo poderia conter um vírus – mesmo se o seu download estiver comprimido como um arquivo .zip ou .sit (Figura 12-15).

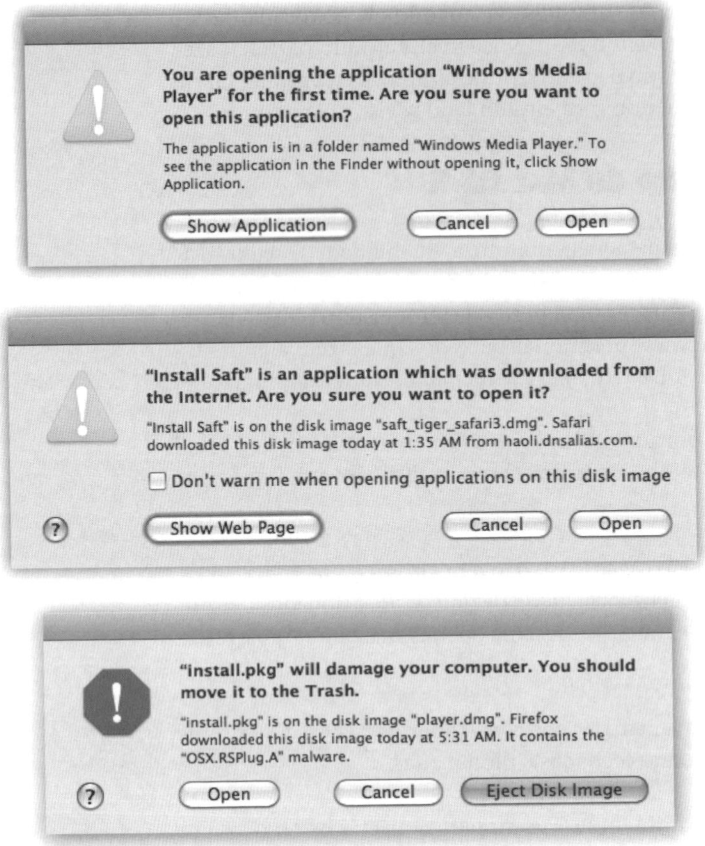

Figura 12-15:
Esse sistema operacional se propõe a garantir que nenhum programa será executado sem o seu conhecimento (que é a forma como os PCs com Windows são infectados com vírus e spywares). Ele tenta lhe proteger, por exemplo, de quando você dá um duplo-clique em um documento e o programa necessário é aberto pela primeira vez (em cima). Ele também o adverte na primeira vez que você dá um duplo-clique em qualquer problema que veio da Internet (no meio). No Snow Leopard, ele ainda verifica seus downloads e compara com um banco de dados de vírus conhecidos, avisando-o antes que seja tarde demais (embaixo). No entanto, dificilmente você verá uma dessas; os vírus do Mac aparecem com a mesma frequência do Monstro do Lago Ness.

- Diferente de determinados sistemas operacionais, o Mac OS X nem mesmo permite que um administrador toque em arquivos que direcionam o próprio sistema operacional sem obrigá-lo a fornecer a sua senha e conceder permissão para você o fazê-lo. Um vírus do Mac OS X (se tal coisa existisse) teoricamente, poderia varrer todos os seus arquivos, mas não seria capaz de acessar o material de qualquer outra pessoa – e não poderia tocar no próprio sistema operacional.

- Provavelmente, você já sabe sobre a opção Esvaziamento Seguro do Lixo (Secure Empty Trash) do Finder. Mas, uma opção na aba Apagar do programa Utilitário de Disco pode fazer a mesma super-remoção de *todo o espaço livre* em seu disco rígido. Não estamos falando apenas de apagar, mas de gravar bobagem sobre os pontos onde os seus arquivos estavam antes – uma vez, sete vezes ou *trinta e cinco* vezes – arrasando completamente com qualquer esperança que uma empresa (ou espião) de recuperação de disco rígido poderia ter de recuperar senhas ou arquivos do seu disco.

- O modo Navegação Privada do Safari (Safari's Private Browsing) significa que você pode visitar livremente os websites, sem deixar *quaisquer* vestígios digitais – nenhum histórico, nada.

Esses são apenas alguns pequenos exemplos. Aqui estão algumas das grandes defesas do Mac OS X.

O Firewall

Se tiver uma banda-larga, sempre conectada, você está na Internet 24 horas por dia. Teoricamente, é possível que qualquer pessoa use um software automatizado de espionagem para inundá-lo com arquivos e assumir o controle de sua máquina. O recurso *firewall* do Snow Leopard coloca uma barreira para tal travessura. Para ativá-lo, clique Start (Iniciar) neste painel.

Nota: Você não precisa ativar esse firewall se seu Mac se conecta à Internet por meio de um roteador com ou sem fio (incluindo a estação-base AirPort). Virtualmente, todo roteador já possui um firewall incorporado que protege toda a sua senha. (De forma semelhante, se você estiver utilizando a funcionalidade de Internet Sharing (Compartilhamento de Internet) do Mac, ative o firewall somente para o primeiro Mac, ou seja, o que estiver conectado diretamente à Internet.)

Resumindo: utilize o firewall somente se o seu Mac estiver conectado diretamente a um modem a cabo, ADSL ou dial-up.

Felizmente, essa não é uma barreira *completa*. Uma das maiores alegrias de se ter um computador é a sua capacidade de conexão a outros computadores. Viver em uma caixa cimentada é uma forma de evitar ser infectado, mas não é lá muito divertido.

Dessa forma, você pode ativar o firewall acessando System Preferences→Security→ Firewall e clicando Start. No Snow Leopard, você ainda pode refinar o bloqueio.

Para fazer isso, clique em Advanced (Avançado); você verá algo como a Figura 12-16, em cima. Como você pode perceber, o Snow Leopard agora permite que você bloqueie as conexões da Internet de forma individual, para *cada programa* em seu Mac. Veja o que você descobrirá lá:

- **Block all incoming connections (Bloquear todas as conexões de entrada).** Essa opção poderia se chamar Modo Paranoico. Você tem permissão para enviar e-mails e navegar na Web de forma básica, além de executar alguns poucos serviços incorporados que o Mac OS X precisa para trabalhar. Mas todos os outros tipos de conexões à rede são bloqueados, incluindo o compartilhamento de tela, o compartilhamento de músicas pelo iTunes, entre outros. Esse é um firewall barra pesada que, para a maioria das pessoas, mais traz problemas do que soluções.

- **[Lista de programas individuais.]** Se o firewall estiver ativado, mas você não definiu como Block All (Bloquear Tudo), então o Mac utiliza uma lista de programas e funcionalidades individuais para determinar quem tem permissão para aceitar conexões à Internet.

  Acima da linha horizontal (Figura 12-16, em cima), as próprias funcionalidades do Mac OS X são listadas. Elas foram adicionadas automaticamente quando você as ativou nas Preferências do Sistema: Compartilhamento de Arquivo, Compatrilhamento de Impressora, etc.

  Programas não Apple também podem obter passagem através do seu firewall. Você pode adicioná-los à lista manualmente clicando o botão + acima da lista e selecionando-os; ou você pode simplesmente responder à caixa de solicitação que se abre sempre que um novo programa deseja se conectar à Internet (Figura 12-16, embaixo).

  De fato, esse bombardeamento de solicitações de permissão começa assim que você ativar o firewall – uma solicitação de permissão para cada um dos seus programas *atualmente* abertos. Clique Allow (Permitir) para cada um (a menos, é claro, que você veja uma solicitação de um aplicativo chamado SneakyPoisonVirus ou algo parecido). Conforme você faz isso, os nomes dos programas são adicionados à lista nessa caixa de diálogo.

  Para cada programa, você pode utilizar o menu pop-up próximo ao seu nome para especificar se você Permite as conexões de entrada (Allow incoming connections) ou Bloqueia as conexões de entrada (Block incoming connections), dependendo do seu nível de paranoia.

- **Automatically allow signed software to receive incoming connections (Permite que o software assinado receba conexões de entrada automaticamente).** Um software é *assinado* quando se trata de um programa que a Apple reconhece como procedente de empresas legítimas. Qualquer coisa da Adobe ou Microsoft, por exemplo, tem que estar Ok, certo? (Insira sua própria piada aqui.)

Nota: Ok, tecnicamente, um programa assinado é aquele cuja autenticidade é confirmada por terceiros – uma empresa considerada "autoridade em certificações" como a VeriSign ou GoDaddy. Um sistema de chaves invisíveis (números de segurança) confirma que o software, de fato, veio dos criadores que ele diz vir, não importa quantas voltas ele deu para chegar até você.

Mais um ponto: quando você concede uma permissão de forma explícita para um programa conforme descrito anteriormente, você está assinando aquele programa.

  Se essa caixa de seleção *não* estiver marcada, então cada vez que você executar um novo programa pela primeira vez, você será interrompido para que o Mac possa lhe perguntar se ele pode liberar as conexões à Internet. A caixa de "software assinado" evita essas interrupções, uma vez que se supõe que os aplicativos bem conhecidos não são vírus ou spywares.

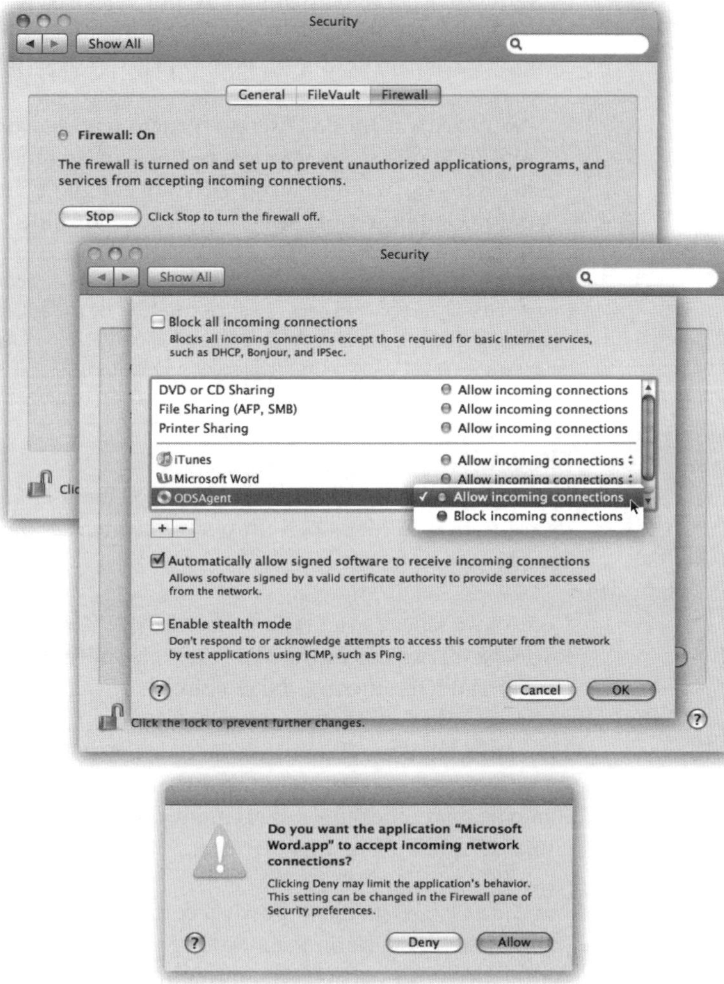

Figura 12-16:
Em cima: o recém-aprimorado firewall do Mac OS X é ativado com um simples botão Start/Stop. Mas a diversão não começa até que você clique o botão Advanced (Advanced) na parte inferior da tela (ele está coberto nesta figura, mas ele está lá).

No meio: este painel lista os programas que receberam permissão para fazerem conexões a Internet. A qualquer momento, você pode configurar o Bloqueio/Permissão de um programa, como mostrado aqui.

*Embaixo: de tempos em tempos, algum programa pedirá permissão para se comunicar com sua nave-mãe. Se ele for um programa confiável, clique Allow (Permitir). Você também pode clicar o botão **+** para navegar pela sua pasta Aplicativos e escolher, manualmente, os programas para inclusão.*

Para mais poder e flexibilidade, instale um programa shareware como o Firewalk ou BrickHouse (disponíveis em www.missingmanuals.com, da página "Missing CD" deste livro, por exemplo).

- **Ativar Modo Discreto (Enable Stealth Mode).** Destina-se a fechar a porta de trás do Mac para a Internet. Veja, com que frequência, os hackers usam ferramentas automatizadas de invasão que enviam mensagens Você está aí?. Eles esperam encontrar computadores que estejam ligados e conectados em tempo integral à Internet. Se a sua máquina responder e eles puderem descobrir como entrar nela, eles a usarão, sem o seu conhecimento, como uma estação de transmissão para enviar spam ou mascarar as pegadas deles de invasão.

  Assim, Ativar Modo Discreto torna o seu Mac ainda mais invisível na rede; significando que o seu Mac não responderá ao *ping*. (Por outro lado, *você* também não será capaz de sinalizar eletronicamente a sua máquina quando estiver na estrada e quiser saber se ela está ligada e on-line.)

Destaque do Snow Leopard: Você deve ter percebido que não existe mais uma opção para ativar o logging do firewall, que cria um pequeno arquivo texto onde o Mac OS X grava todas as tentativas externas de se infiltrarem em seu Mac. No entanto, o logging ainda está disponível – na verdade, ele está ativado o tempo todo. Para visualizar o log, vá até Applications→Utilities→Console (Aplicativos→Utilitários→Console). Na lista do lado esquerdo, expanda o título /private/var/log e clique appfirewall.log.

FileVault

O painel Segurança de Preferências do Sistema é um dos recursos mais poderosos de segurança do Mac OS X. Entretanto, entender o que ele faz, pode ser um pouco cansativo.

Como você sabe, o sistema de contas do Mac OS X é projetado para manter as pessoas longe das coisas dos outros. Por exemplo, normalmente, Chris não teria permissão para mergulhar no material de Robin.

Mas, até o FileVault aparecer, havia todos os tipos de maneiras de contornar esse sistema de proteção. Um engraçadinho ou um exibicionista poderia iniciar o Mac em modo de disco FireWire, por exemplo, ou mesmo remover o disco rígido e conectá-lo a uma máquina Linux ou outro Mac.

Em cada caso, seria então possível correr desenfreadamente pelos arquivos de cada pessoa, alterando-os ou jogando-os fora com desprezo. Para pessoas com arquivos confidenciais ou particulares, o resultado seria um rombo na segurança, maior do que na conta bancária do Steve Jobs.

O FileVault é uma linha extra de defesa. Quando você ativa esse recurso, automaticamente o seu Mac *codifica* (mistura) tudo em sua pasta Início, usando algo chamado criptografia AES-128. (Quão seguro é isso? Para adivinhar uma senha de computador demoraria *149 trilhões de anos* antes de conseguir jogar sujo. Ou, em termos mais humanos, ligeiramente mais tempo do que dois filmes inteiros do Kevin Costner.)

Isso significa que, a menos que alguém saiba (ou possa descobrir) a sua senha, o

FileVault apresenta os seus arquivos ilegíveis a qualquer pessoa, exceto você e o administrador do seu computador – não importando que truques eles tentem fazer.

Você não perceberá muita diferença quando o FileVault estiver ligado. Você se registrará normalmente, clicando o seu nome e digitando a sua senha. Só uma pequena pausa, quando você registrar a sua saída, indica que o Mac OS X está fazendo alguma limpeza nos arquivos codificados: liberando algum espaço e/ou copiando o seu diretório Início com o Time Machine.

Dica: Esse recurso é especialmente útil para donos de laptops. Se alguém roubar ou "tomar emprestado" o seu laptop, não poderá entrar em seu material sem a senha.

Eis algumas coisas que você deveria saber sobre a proteção do FileVault:

- **Ele só é útil se você tiver finalizado a sessão.** Quando você estiver registrado, os seus arquivos são acessíveis. Se quiser a proteção, finalize a sessão antes de ficar longe do Mac. (Ou deixe o protetor de tela fechar a sua conta por você).

- **Ele só cobre a sua pasta pessoal.** Qualquer coisa em suas pastas Aplicativos, Sistema ou Biblioteca está isenta de proteção.

- **Um administrador também pode acessar os seus arquivos.** De acordo com o sistema de casta do Mac OS X, qualquer pessoa com uma conta de administrador, teoricamente, pode ter um acesso sem impedimentos aos arquivos de seus peões – mesmo com o FileVault ligado – se esse administrador tiver a senha principal descrita a seguir.

GANHE VELOCIDADE

Senha total

Com a introdução da senha principal, agora você tem várias senhas diferentes para mantê-lo organizado. Entretanto, cada uma tem um objetivo específico:

Senha de conta. Você digita essa senha na tela normal de registro de entrada. Não é possível entrar na conta de qualquer outra pessoa com ela – apenas na sua. Fornecer essa senha também desbloqueia o FileVault.

Senha de administrador. Você é solicitado a fornecer essa senha sempre que tentar instalar um novo software ou modificar determinadas configurações de sistema. Se você for a única pessoa que usa o seu computador (ou for a única que o controla), a sua senha de administrador é a sua senha de conta. Caso contrário, você deve encontrar um administrador (o pai, o professor ou o "guru" que inicialmente configurou a sua senha) e pedir àquela pessoa para digitar o seu nome e senha quando ela tiver chegado ao que você estava tentando fazer.

Senha principal. Pense nessa senha como a chave-mestra. Se qualquer pessoa com o FileVault esquecer a senha de conta, o administrador que conhecer a senha principal pode desbloquear a conta. A senha principal também permite a um administrador mudar a senha de uma conta direto na tela de Login, o FileVault estando ou não ativado.

Senha de raiz. Essa senha raramente é útil para qualquer coisa, a não ser pirataria Unix.

- **Ele impede que outras pessoas *abram* seus arquivos, não que os apaguem.** Ainda é possível alguém jogar fora todos os seus arquivos, sem sequer ver o que eles são. Não há muito a fazer sobre isso com o FileVault ligado *ou* desligado – tudo o que uma pessoa maliciosa precisa fazer é começar a apagar os arquivos codificados e os seus dados se vão. (O FileVault trabalha codificando a sua pasta pessoal em punhados de oito megabytes.)

- **Pastas compartilhadas em sua pasta Início não estarão mais disponíveis na rede.** Isto é, quaisquer pastas que você tenha compartilhado não estarão disponíveis para os seus colegas de trabalho, *exceto* quando você estiver no seu Mac e logado.

- **Programas de backup podem provocar alguma tensão.** O trabalho do FileVault é "encher" e "esvaziar" a sua pasta Início quando você registra a sua entrada e saída. Portanto, os programas de backup que operam copiando arquivos e pastas que tenham mudado desde o último backup podem ficar bastante confusos.

  Até mesmo o Time Machine (Capítulo 6) nem sempre trabalha bem com o FileVault. Por um lado, ele só pode copiar a pasta Início codificada quando ele estiver fechado – isto é, quando você tiver encerrado a sessão. Assim, você não consegue backups contínuos a cada hora, como todas as outras pessoas conseguem.

  Em segundo lugar, em ocasiões de tragédia, o Time Machine só pode restaurar a sua pasta Início *inteira*; você não conseguirá recuperar documentos ou pastas individuais nela.

- **Ele é tão seguro quanto a sua senha.** Se alguém puder descobrir a senha da sua conta, pode ultrapassar o FileVault para a sua conta. Ainda mais sério, se alguém puder descobrir a *senha principal* (ver a caixa anterior), ele pode invadir sua conta no FileVault.

- **Se você esquecer a sua senha *e* o seu administrador esquecer a senha principal, você está frito.** Se isso acontecer, os seus dados estarão *permanentemente* perdidos. Você não terá escolha, senão apagar o seu disco rígido e começar do zero.

Para ligar o FileVault, proceda assim:

1. Em Preferências do Sistema, clique Segurança→FileVault→Definir Senha Mestra (Set Master Password).

Se você é a primeira pessoa a usar o FileVault, é necessário criar uma senha mestre primeiro.

A senha principal é uma senha sobrescrita que dá a um administrador total poder para acessar qualquer conta, mesmo sem conhecer a senha do detentor da conta, ou desativar o FileVault para alguma conta.

A lógica é a seguinte: o pessoal das contas Padrões esquece as senhas o tempo todo. Mas com o FileVault, uma senha esquecida significaria que *toda a pasta Início está bloqueada para sempre* – assim a Apple dá a você, o administrador tecnicamente sensato, a porta dos fundos. (E você, o onisciente administrador, *nunca* esqueceria a senha *principal* – certo?)

Quando você clicar Definir Senha Mestra, a caixa de diálogo mostrada na Figura 12-17, em cima, aparece.

2. Clique Ativar FileVault (Turn On FileVault).

Você verá uma mensagem de erro se outros detentores de conta estiverem registrados simultaneamente (usando Ativar troca rápida de usuário). Caso contrário, você será solicitado a digitar a senha de sua conta. Uma caixa de diálogo explicativa aparece, oferecendo algumas opções.

Se você selecionar a opção Usar exclusão segura (Use secure erase), o Mac OS X trabalha mais duro quando apaga arquivos que você apaga, o que torna mais difícil para os "caras maus" obter os dados codificados, mesmo se eles tiverem sequestrado o seu computador.

Se você selecionar Usar memória virtual segura (Use secure virtual memory), o Mac OS X também codifica o conteúdo da *memória virtual*. (Todas as contas compartilham os mesmos arquivos de memória virtual no Mac OS X, portanto, um hacker demoníaco com ferramentas sofisticadas poderia, possivelmente, analisar os arquivos de memória virtual em seu Mac para ver o que está nos documentos que você abriu na tela.)

Nota: Também é possível ativar o FileVault para uma conta no momento em que você criá-la em Preferências do Sistema→Contas.

3. Clique novamente Ativar o FileVault.

Agora, o Mac OS X registra a sua saída da sua própria conta. (Ele não pode codificar uma pasta que esteja em uso.) Passa-se algum tempo enquanto ele converte a sua pasta Início para uma posição segura, durante o qual você nada pode fazer, senão esperar.

Depois de alguns minutos, você chega à janela padrão de registro de entrada, onde é possível assinar a entrada como sempre, certo de que o seu material está bloqueado e em segurança, longe de qualquer pessoa que tente chegar até ele quando você não estiver logado.

Nota: Para desativar o FileVault, abra Preferências do Sistema, clique Segurança e, depois, clique Desativar FileVault (Turn Off File Vault). Entre com a sua senha e clique OK. (Porém, a senha principal continua existindo, para o caso de você desejar ativar novamente o FileVault.)

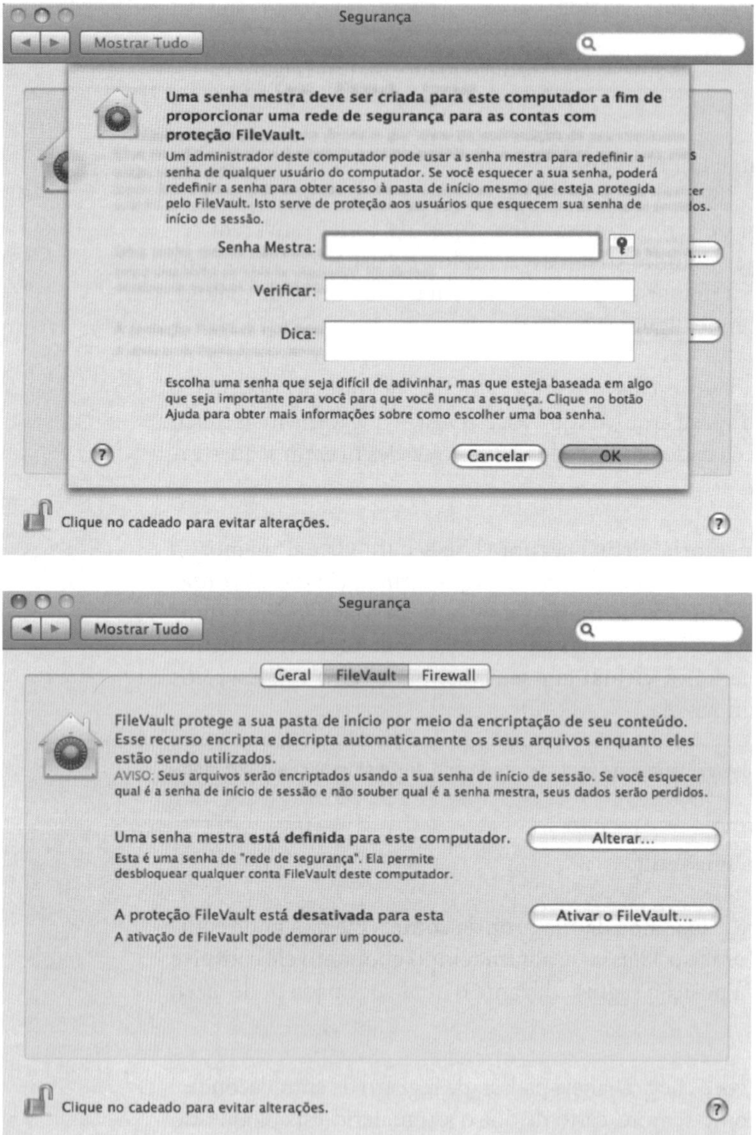

Figura 12-17:
Em cima: para ativar o FileVault para uma conta, você precisa começar informando uma senha-mestra: um esqueleto de chave que pode levá-lo à conta de alguém, mesmo se essa pessoa tiver esquecido a senha. (Você não imagina com quanta frequência isso acontece.)

Digite duas vezes a sua senha principal e dê a si mesmo uma sugestão.

Embaixo: quando você clicar OK, verá que agora a caixa de diálogo Segurança (Security) diz Uma senha-mestra está definida para este computador (A master password is set for this computer). No caso de uma emergência, você obterá a sugestão quando clicar um nome de conta na tela Registro de Entrada e, depois, clique Redefinir Senha.

Agora você pode clicar Ativar o FileVault para iniciar o processo de criptografia.

Opções de Finalizar Sessão (Logout Options)

Como você leu previamente neste capítulo, o procedimento normal para encerrar uma sessão de trabalho é cada pessoa escolher →Finalizar Sessão. Depois de confirmar a sua intenção de registrar a sua saída, a tela Login aparece, pronta para a próxima vítima.

Mas, eventualmente, as pessoas esquecem. Você poderia ir ao banheiro por um minuto, mas encontra um colega que, sem fôlego, começa a descrever o encontro da noite anterior e propõe terminar a conversa com uma pizza. A próxima coisa que você lembra é que deixou o seu Mac sozinho, mas com o Login, e todos os segredos de sua vida acessíveis a qualquer pessoa que passasse pela sua mesa.

É possível evitar essa situação usando qualquer uma das duas caixas de seleção, ambas no painel Segurança de Preferências do Sistema:

- **Exigir senha imediatamente depois de repouso ou quando iniciar a proteção de tela (Require password immediately after sleep or screen saver begins).** Essa opção oferece um protetor de tela protegido por senha que bloqueia o seu Mac após alguns minutos de inatividade. Agora, sempre que alguém tentar reativar o seu Mac depois do protetor de tela ter aparecido (ou quando o Mac tiver simplesmente ido dormir, de acordo com as suas configurações no painel Economizador de Energia de Preferências do Sistema), a caixa de diálogo para entrada de senha aparece. Sem senha? Sem acesso.

Destaque do Snow Leopard: O menu pop-up aqui (que inicia com o Immediately [Imediatamente]) representa uma melhora excelente dessa funcionalidade. Antigamente, a pessoa mais incomodada com a solicitação de senha era você, não o maldito espião da Contabilidade; mesmo que você fosse só até o banheiro ou à máquina de café, você tinha que desbloquear seu protetor de tela com sua senha. Mas isso ficou ultrapassado.

Hoje, a solicitação de senha pode ser ativada após você se ausentar por uma quantidade maior de tempo – 5 minutos, 15 minutos, 1 hora, tanto faz. Você ainda pode pôr o Mac para dormir, ou definir que a proteção de tela será ativada muito antes disso. Mas até que esse período de tempo tenha passado, você poderá despertar a máquina sem ter de fazer o login.

(Detalhe bônus supernerd: você pode usar um comando do Unix no Terminal, descrito no Capítulo 16, para especificar qualquer intervalo de tempo – não apenas as opções predefinidas presentes no menu pop-up. O comando mágico é defaults -currentHost write com.apple.screensaver askForPasswordDelay -int 1800, onde o número final especifica quantos segundos devem se passar antes de a senha ser solicitada.)

- **Disable automatic login (Desativar início de sessão automático).** Essa é apenas uma cópia da ativação/desativação do Automatic Login (Início de sessão automático). A Apple percebeu que essa funcionalidade realmente merecia *alguma* presença em um painel de controle chamado Segurança (Security).

- **Exigir uma senha para desbloquear cada painel das Preferências do Sistema (Require a password to unlock each System Preferences pane).** Normalmente, determinadas alterações nas Preferências do Sistema precisam da aprovação do administrador – principalmente aquelas que afetam todo o computador e os que o utilizam, como Date & Time (Data e Hora), Accounts (Contas), Network

(Rede), Time Capsule e Security (Segurança). Se você *não* é o administrador, você não pode alterar esses painéis até que um administrador digite seu nome de usuário e senha para aprovar a sua alteração.

No entanto, uma vez que o Sr. Professor ou a Sr. Mãe desbloqueou *uma* daquelas configurações de preferência segura, *todas* elas estarão desbloqueadas. Assim que o administrador deixar a sua mesa, você pode ir até lá e alterar *outros* painéis importantes (Rede *e* Time Capsule *e* Segurança) sem o conhecimento do administrador.

Isso é, a menos que essa caixa Requer uma senha (Require password) esteja ativada. Nesse caso, o dono de uma conta de administrador deve informar o seu nome de usuário e senha para aprovar *cada* um dos painéis das Prefrências do Sistema individualmente.

- **Finalizar a sessão após ____ minutos de inatividade (Log out after ____ minutes of inactivity).** Se preferir, você pode fazer o Mac assinar a saída de sua conta completamente, se ele descobrir que você sumiu (e faz, digamos, 15 minutos desde a última vez que você tocou o mouse ou o teclado). Em vez disso, ele apresenta a tela de Login padrão.

Nota: Atenção! Se houver documentos abertos e não salvos no momento da verdade, o Mac não pode registrar a sua saída.

- **Use secure virtual memory (Usar memória virtual segura).** A *memória virtual* é um truque que os computadores usam para manter vários programas abertos ao mesmo tempo – mais, na verdade, do que eles tecnicamente possuem de memória (RAM) para isso. Como eles fazem o gerenciamento para manter tantos softwares no ar? Fácil: eles mantêm algumas delas no chão, isto é, no disco rígido.

  Quando você vai usar o Photoshop, o Mac OS X libera a memória necessária para ele, armazenando alguns códigos de programa em *segundo plano* no disco rígido. Quando você alterna entre programas, por exemplo, o Safari, o Mac OS X troca o código do Photoshop pelo do Safari que ele precisa a partir do disco rígido, de forma que o programa ativo sempre possui o comando completo da sua memória real.

  Espiões de softwares sofisticados poderiam, na teoria, invadir o Mac enquanto você está logado, mas longe de sua mesa. Usando um comando do Unix chamado *strings*, o indivíduo mau caráter poderia realmente *ler* o que está armazenado no disco rígido naquele arquivo de swap de memória virtual – em particular, suas senhas.

  Mas essa caixa de seleção descarta toda essa diversão; ela encripta seu arquivo de swap de memória virtual de forma que ninguém consiga ler. (Você também pode achar que isso deixa o seu Mac mais devagar, principalmente quando você alterna entre um programa e outro.)

- **Desativar Serviços de Localização (Disable Location Services)**. Os Serviços de Localização têm a ver com "saber onde eu estou". É uma nova funcionalidade do Snow Leopard que permite que um laptop identifique seu próprio fuso horário, por exemplo.

  Toda vez que um programa deseja utilizar sua localização atual para sua nova funcionalidade, você será perguntado sobre isso. Mas se você deseja descartar qualquer possibilidade que alguém, ou algum software, possa descobrir onde você está, então ative essa caixa.

Nota: Uma vez que você concede permissão para um programa acessar as informações de localização do Mac, ele nunca perguntará novamente. Clique Reset Warnings (Redefinir Avisos) se você quiser recomeçar – se quiser que todos os programas voltem a perguntar se eles possuem permissão para usar sua informação de localização, como aconteceu na primeira vez.

- **Disable remote control infrared receiver (Desativar receptor de infravermelho do controle remoto)**. Você pode operar as funções de reprodução dos laptops e iMacs com um controle remoto, como o pequeno modelo branco da Apple. (É a forma como você controla, por exemplo, a reprodução de vídeos, músicas e slideshows no Front Row, um programa descrito no Capítulo 15.)

  Se você estiver preocupado se algum estudante espertalhão irá interferir, por exemplo, tentando abrir o Front Row enquanto você está tentando mastigar alguns números, então ative essa opção. Agora os Macs tapam os olhos e ouvidos para os sinais do controle remoto.

Nota: O botão Pair (Emparelhar) útil aqui é quando mais de um produto da Apple esteja respondendo aos sinais do controle remoto – dois Macs diferentes próximos um ao outro, por exemplo, ou um Mac e um Apple TV. Clique esse botão para "casar" um determinado controle com um determinado Mac.

Assistente de Senha (Password Assistant)

Muitos recursos de software exigem que você forme uma senha: websites, contas, discos da rede e assim por diante. Não é de admirar que a maioria das pessoas acaba tentando usar a mesma senha em tantas situações quanto possível. Pior, elas usam algo que pode ser facilmente adivinhado, como seus nomes, nomes das crianças, nomes dos cônjuges e assim por diante. Mesmo palavras normais em inglês não são muito seguras, pois rotineiramente os hackers usam *ataques dicionário* – softwares que tentam adivinhar a sua senha percorrendo cada palavra no dicionário – para rompê-la.

Para evitar que malfeitores adivinhem as suas senhas, o Mac OS X vem com um recurso de sugestão de boa senha, chamado Assistente de Senha. Ele gera alegremente uma sugestão após outra para senhas impossíveis de adivinhar (recharges8@exchangeability, alguém?)

Felizmente, *você* não precisará se lembrar da maioria delas, graças ao recurso de memorização de senha Acesso às Chaves, descrito ao final deste capítulo. (A única senha que você precisa lembrar é a sua senha de conta.)

Veja a Figura 12-18 para detalhes sobre o Assistente de Senha.

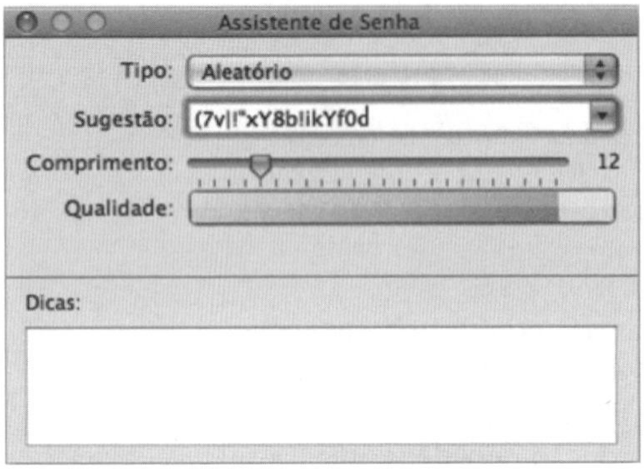

Figura 12-18:
Em qualquer lugar que você deve informar uma senha, inclusive o painel Contas de Preferências do Sistema, aparece um ícone de chave. Quando você clicá-lo, o Assistente de Senha abrirá. Use o menu pop-up e o deslizador Comprimento para especificar quão longa e impossível de adivinhar ela é. O gráfico de Qualidade mostra exatamente quão difícil é romper essa senha.

(No menu pop-up Tipo, você poderia vagar pelo FIPS-181. Trata-se da Publicação 181 de Informações Federais sobre Padrões de Processamento [Federal Information Processing Standards Publication 181], que ajusta o padrão do governo dos Estados Unidos para algoritmos de geração de senha.)

O Acesso às Chaves

A explosão de informações da era do computador pode ser traduzida em barganhas, poder e eficiência, mas, conforme observado anteriormente, ela traz junto um aborrecimento colossal: a proliferação de *senhas* que precisamos decorar. Pastas compartilhadas na rede, websites, o seu iDisk, sites FTP – cada um exige uma senha diferente.

A Apple fez ao mundo um poderoso favor com o seu recurso *Acesso às Chaves (Keychain)*. O conceito é brilhante. Sempre que você logar no Mac OS X e digitar a sua senha, você digita o código principal que informa ao computador "Esse sou eu mesmo. Agora estou no meu computador". Daquele momento em diante, *automaticamente*, o Mac a preenche em cada espaço vazio de senha que você encontrar, seja ele um website no Safari ou no Opera, um disco compartilhado em sua rede, uma rede sem fio, uma imagem de disco codificada ou um programa FTP como o Transmit ou o RBrowser. Com apenas algumas exceções, com segurança, você pode esquecer *todas* as suas senhas, exceto a sua senha de registro de entrada.

Atualmente, todos os tipos de programas e serviços sabem a respeito do Acesso às Chaves e se oferecem para armazenar as suas senhas lá. Por exemplo:

- No Safari, sempre que você digita o seu nome e senha para determinada página Web e depois clica OK, uma caixa de diálogo pergunta: Deseja salvar esta senha? (Would you like to save the password?) (Veja a Figura 12-19, a seguir.)

Nota: Essa oferta só é válida se, em Safari→Preferências, você tiver clicado a aba Preenchimento Automático (Auto Fill) e marcado Senhas e nomes de usuário (User name and password). Se não, a mensagem Deseja salvar esta senha? (Would you?) nunca aparece.

Observe ainda que alguns websites usam um sistema de registro de entrada não padronizado, que também não produz a mensagem "Deseja salvar esta senha?". A menos que o website ofereça a sua própria opção Me lembrar ou Armazenar (Reminde me) a minha senha (Store my password), você está sem sorte; terá que digitar essas informações em cada visita.

Figura 12-19:
Em cima: o Safari é um dos vários programas baseados na Internet que se oferece para salvar as suas senhas no Acesso às Chaves; basta clicar Sim. Na próxima vez em que você visitar essa página Web, já encontrará o seu nome e senha digitados.

No meio: em qualquer ocasião, é possível ver uma lista completa das senhas da Web memorizadas, escolhendo Safari→Preferências, clicando Preenchimento Automático e, depois, clicando o botão Editar, perto de Senhas e nomes de usuário (User name and passwords). É aí que você também pode apagar uma senha, fazendo assim o Safari esquecê-la.

Embaixo: quando você estiver conectado a um servidor (um disco compartilhado ou pasta na rede), basta marcar Recordar esta senha nas minhas chaves (Remember this password in my keychain).

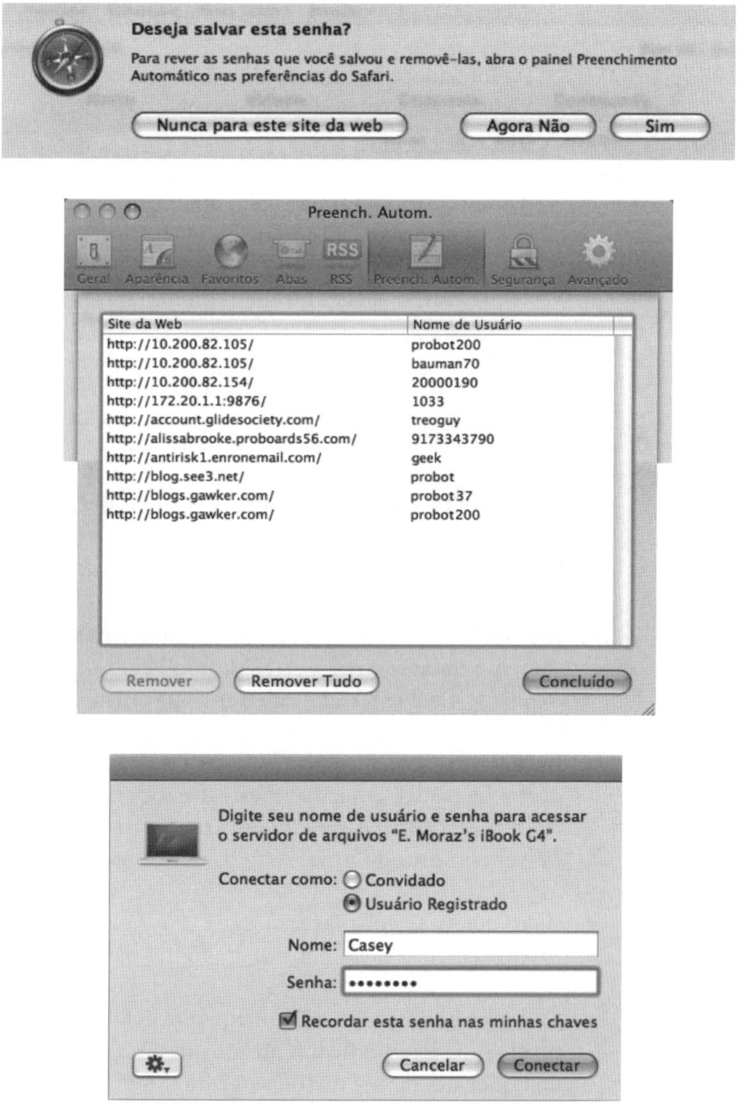

- Quando você se conectar a uma pasta compartilhada ou disco na rede, a oportunidade de salvar a senha em seu Acesso às Chaves é igualmente óbvia (Figura 12-20).

- Você também verá a opção Recortar esta senha nas minhas chaves (Remember password [add to Keychain]) quando criar uma imagem de disco codificada, usando o Utilitário de Disco.

- Os programas de e-mail do Mac, como o Mail e o Entourage, armazenam suas senhas de conta de e-mail no seu Acesso às Chaves. Da mesma forma funcionam os programas de FTP (transferência de arquivo) como o RBrowser e Fetch; verifique suas preferências nas caixas de diálogo.

- As informações da sua conta do MobileMe também ficam armazenadas no Acesso às Chaves (quando você as informou no painel MobileMe das Preferências do Sistema).

- Uma opção Lembrar senha aparece quando você digitar uma senha para uma rede sem fio ou estação de base AirPort.

- O programa iTunes também memoriza a sua senha da Apple Music Store.

Dica: Se você for um assinante do MobileMe (Capítulo 18), esse serviço pode até mesmo sincronizar seu Acesso às Chaves com outros Macs. (Abra System Preferences→MobileMe→Sync [Preferências do Sistema→MobileMe→Sincronizar].) Todos os seus Macs possuirão Acesso às Chaves idênticos – assim, eles saberão e também autoinformarão suas senhas. A vida ainda pode ser simples.

Bloqueando e desbloqueando o Acesso às Chaves

Se você trabalha sozinho, o Acesso às Chaves é automático, invisível e, geralmente, maravilhoso. O Login é a única ocasião em que você precisa digitar uma senha. Depois disso, o Mac descobre, "Ei, eu te conheço; você provou fornecendo senha de sua conta. Aquela identificação é o suficiente para mim. Eu preencherei automaticamente todas as suas outras senhas". Na linguagem Apple, você *desbloqueou* o seu Acesso às Chaves só em registrar a sua entrada.

Entretanto, pode haver ocasiões em que você deseja que o Acesso às Chaves *pare* de preencher todas as suas senhas, talvez apenas temporariamente. Talvez você trabalhe em um escritório onde uma outra pessoa possa sentar em seu Mac enquanto você estiver comprando uma barra de chocolate, por exemplo.

Claro que você pode fazer o Mac OS X bloquear o seu Mac – Acesso às Chaves e tudo – depois de um certo período de inatividade.

Se quiser bloquear *manualmente* o Acesso às Chaves, para que nenhuma senha seja preenchida automaticamente até que você o desbloqueie novamente, você pode usar qualquer um desses métodos. Cada um exige o programa Acesso às Chaves (em sua pasta Aplicativos→Utilitários):

- **Bloquear o Acesso às Chaves manualmente.** No programa Acesso às Chaves, escolha Arquivo→Bloquear Chaves (File→Lock Keychain) [Seu Nome] (⌘-L), ou apenas clique o grande cadeado na extrema esquerda. Clique o botão Bloquear na Barra de Ferramentas da janela Acesso às Chaves (Figura 12-20).

Figura 12-20: *Na lista principal do Acesso às Chaves, você pode dar duplo-clique em uma listagem para obter mais detalhes sobre determinada senha – inclusive a senha atual que ele está armazenando.*

Para ver a senha, marque Mostrar senha (Show password). Na primeira vez em que você experimentar isso, você é solicitado a provar a sua validade, fornecendo a sua senha Acesso às Chaves (geralmente a sua senha de conta). Se então você clicar Permitir (Allow), não será aborrecido novamente sendo solicitado a dar uma senha, para ver tal senha.

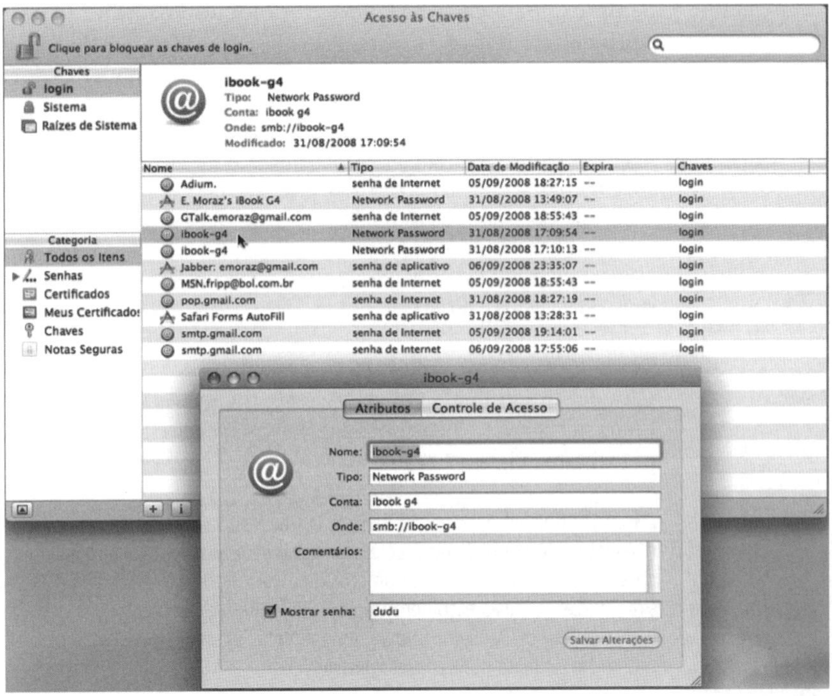

- **Escolha Bloquear Acesso às Chaves [Seu Nome] a partir do menu.** Para colocar o menu de Acesso às Chaves em sua Barra de Menus, abra o Acesso às Chaves, escolha Acesso às Chaves→Preferências. Em Preferências, clique Geral e, depois, marque Mostrar Estado na Barra de Menus (Show Status in Menu Bar).

- **Bloquear o Acesso às Chaves automaticamente.** No programa, escolha Editar→ Alterar Ajustes das Chaves de [seu nome] (Edit→Change Settings for keychain).

A caixa de diálogo resultante permite que você configure o Acesso às Chaves que seja bloqueado, digamos, cinco minutos depois da última vez que você usar o seu Mac, ou sempre que o Mac for dormir. Quando você voltar ao Mac, você será solicitado a entrar novamente com a sua senha de conta para desbloquear o Acesso às Chaves, recuperando o seu recurso de senha automática.

Sempre que o Acesso às Chaves for bloqueado, o Mac OS X não preencherá mais as suas senhas.

Nota: Conforme observado antes, você desbloqueia o seu Acesso às Chaves usando a mesma senha utilizada para registrar a sua entrada no Mac OS X, mas isso é apenas uma conveniência. Se você estiver realmente preocupado com a segurança, pode escolher Editar→Alterar Senha das Chaves [seu nome], (Edit→Change Password for Keychain) estabelecendo assim uma senha diferente para o seu Acesso às Chaves, de modo que ela não combine mais com a sua senha de log-in.

Claro que fazer isso também desativa o recurso de desbloqueio automático do Acesso às Chaves quando você registrar a sua entrada.

Como administrar o Acesso às Chaves

Para dar uma olhada em seu Acesso às Chaves, abra o programa. Clicando uma das fileiras de senha, você consegue ver os seus atributos – Nome, Tipo, Chaves e assim por diante (Figura 12-20).

Dica: O principal objetivo do Acesso às Chaves, claro, é digitar automaticamente senhas para você. No entanto, ele também é um excelente lugar para gravar todos os tipos de informações particulares apenas para a sua própria referência: números de cartão de crédito, números ATM (caixa eletrônica bancária) e assim por diante. Basta escolher Arquivo→Novo Item de Senha (File→New Password Item) (se é um nome e uma senha) ou Arquivo→Novo Item de Nota Segura (File→New Secure Note) (se você só quiser digitar um trecho de texto muito, muito particular).

Não, o Mac não as digita automaticamente para você em qualquer lugar, mas ele as mantém em um lugar central, isto é, ele próprio, protegido por senha.

Chaves múltiplas

Escolhendo Arquivo→Novas Chaves (File→New Keychain), é possível criar mais de um Acesso às Chaves, cada um com a sua própria senha principal. Por um lado, isso poderia frustrar o objetivo de simplicidade do Acesso às Chaves. Por outro lado, é provável que você possa querer codificar todos os documentos do seu negócio com uma senha principal, e todo o seu material pessoal com outra, por exemplo.

Se você tiver mais de um Acesso às Chaves, poderá ver todos eles clicando o pequeno botão Exibir Acessos às Chaves (Show Keychains), no canto inferior esquerdo da janela Acesso (Keychain Access) do programa; agora, você vê uma lista de todos os seus acessos (inclusive alguns mantidos pelo Microsoft Office e pelo próprio Mac OS X). Clique seus nomes para trocar entre eles.

Arquivos do Acesso às Chaves

O Acessos às Chaves é representado por arquivos separados em sua pasta Início →Biblioteca→Acessos às Chaves (Home→Library→Keychains). Saber isso pode ser prático quando você quiser apagar um acesso ou copiá-lo para outro Mac – o seu laptop, por exemplo. (Então, de novo, o comando Arquivo→Exportar (File→Export)pode ser ainda mais conveniente.)

CAPÍTULO

13

Rede, Compartilhamento de Arquivo e Compartilhamento de Tela

As redes são formidáveis. Quando você tiver uma rede, poderá copiar arquivos de uma máquina para outra – mesmo entre PCs e Macs – exatamente como arrastaria arquivos entre pastas em seu próprio Mac. Você poderá enviar pequenas mensagens para cada uma das outras telas. Todos na rede poderão consultar o mesmo banco de dados ou calendário, ou ouvir a mesma coleção de músicas no iTunes. Você poderá brincar com jogos em rede, compartilhar uma única impressora, modem a cabo entre todos os Macs no escritório. Você poderá se conectar a essa rede de qualquer lugar em que estiver no mundo, usando a Internet no seu escritório como o maior cabo de extensão que já existiu.

No Snow Leopard, é até possível fazer o *compartilhamento de tela*, significando que você, o especialista em computadores, pode ver o que está na tela do seu parente ou amigo atrapalhado em qualquer lugar na rede. Você pode até ter o controle do mouse e do teclado do outro Mac; pode solucionar problemas, mexendo com as configurações; e assim por diante. É o segundo melhor motivo para estar aqui – e, é claro, muito melhor do que está ali.

Este capítulo se preocupa com a rede local – configurando uma rede em sua casa ou um pequeno escritório. Mas, não deixe de ver o seu irmão, o Capítulo 18, que é sobre a conexão com uma rede de certa forma maior, chamada Internet.

Ligando a rede com cabos

A maioria das pessoas conecta seus computadores usando um de dois sistemas de conexão: Ethernet ou Wi-Fi (que a Apple chama AirPort).

Redes Ethernet

Cada Mac (exceto o MacBook Air) e cada impressora a laser pronta para a rede têm um encaixe da Ethernet (veja a Figura 13-1). Se você conectar todos os Macs e as impressoras com Ethernet de seu pequeno escritório a um hub (concentrador de cabeamento) ou roteador Ethernet – uma caixa compacta, barata, com encaixes para cinco, dez ou até mais computadores e impressoras –, você terá uma rede rápida e bastante confiável. (A maioria das pessoas acaba ocultando o hub em um armário, e passando-o pelos cantos do cômodo ou dentro de paredes.) Você pode comprar os cabos de Ethernet, mais o hub em qualquer loja de computadores ou, mais barato, de um estabelecimento com loja na Internet; nada disso é específico do Mac.

Dica: Se você deseja conectar apenas dois Macs – digamos, o seu laptop e sua máquina desktop –, não precisará de um hub Ethernet. Em vez disso, só precisará de um cabo padrão para Ethernet. Conecte-os diretamente aos dois computadores. (Não é necessário um cabo *crossover* especial da Ethernet, como acontecia com os Macs de antigamente.) Depois, conecte os Macs.

Ou não use a Ethernet; basta usar um cabo FireWire ou uma rede AirPort "pessoa-para-pessoa".

Para muitos escritórios, a Ethernet é o melhor sistema de rede. Ele é rápido, fácil e barato de implementar.

Figura 13-1: *Todos os Macs, exceto o Air, possuem uma entrada Ethernet incorporada (à esquerda). Ele se parece com um encaixe de telefone mais gordinho. Ele se conecta a um roteador, ou hub Ethernet (à direita), através de um cabo Ethernet (também conhecido com CAT-5 ou CAT-6), que termina no que se parece com uma tomada de fio de telefone maior (também conhecido como conector RJ-45).*

Redes AirPort

O Wi-Fi, conhecido pelos nerds como 802.11 e para os fãs da Apple como AirPort, significa rede sem fio. É a tecnologia que permite aos laptops do mundo ficar on-line, em alta velocidade, em qualquer "hot spot" Wi-Fi (gíria, para dizer "área de tensão", em inglês: "ponto quente"). Atualmente, os hot spots estão em todo lugar: residências, escritórios, cafeterias, hotéis, aeroportos e milhares de outros locais.

Dica: Em www.jiwire.com você pode digitar um endereço ou cidade para saber exatamente onde encontrar os hot spots Wi-Fi mais próximos.

Quando você estiver em um hot spot Wi-Fi, o seu Mac tem uma conexão mais rápida com a Internet, como se estivesse conectado a um modem de cabo ou DSL.

Os circuitos do AirPort vêm pré-instalados em cada laptop Mac, iMac e Mac Mini e você pode pedir que ele seja embutido em um Mac Pro.

Esses circuitos permitem que a sua máquina se conecte com a sua rede e com a Internet sem quaisquer tipos de cabos. Basta que você esteja dentro do limite de aproximadamente 50 metros de uma *estação-base* ou (como as pessoas Windows dizem) "*ponto de acesso*", que, por sua vez, precisa estar fisicamente conectada à sua rede ou conexão de Internet.

Se você pensar a respeito, o sistema AirPort é muito parecido com um telefone sem fio, onde a estação-base é, bem, a estação-base e o Mac é o fone.

Essa estação-base pode tomar qualquer destas formas:

- **Estação-base AirPort.** As estações-base brancas e polidas, quadradas ou arredondadas da Apple (de 100 a 180 dólares norte-americanos) permitem que até 50 computadores se conectem, simultaneamente.

  O mais barato, AirPort Express, é tão pequeno que se parece com um discreto adaptador de energia branco. Ele também tem um encaixe USB para que você possa compartilhar uma impressora USB na rede. Ele pode servir a até dez computadores de uma vez.

- Uma **Time Capsule**. Esse dispositivo da Apple é igualzinho à estação-base AirPort, exceto pelo fato dele possuir um enorme disco rígido para que você possa fazer o backup dos seus Macs automaticamente por meio de uma rede com ou sem fio.

- **Um roteador Wireless.** Muitas outras empresas fazem estações-base Wi-Fi mais baratas, incluindo a Linksys (www.linksys.com) e a Belkin (www.belkin.com). Você pode conectar a estação-base em um roteador Ethernet ou hub, permitindo assim que dez ou vinte computadores equipados com wireless, inclusive Macs, unam-se à uma rede Ethernet ativa, sem cabos. (No entanto, com todo o devido não fanatismo, as estações-base e software da Apple são infinitamente mais refinados e satisfatórios de se usar.)

Dica: É perfeitamente possível, também, conectar uma estação-base Wi-Fi em um roteador comum, para acomodar tanto computadores com fio quanto wireless.

- **Outro Mac.** O seu Mac também pode imitar uma estação-base AirPort. De fato, o Mac torna-se uma estação-base moldada em softwares, e você economiza o custo de uma estação-base física separada.

Algumas pessoas, orgulhosas, ainda ficam on-line discando por meio de um modem, que é montado em alguns modelos de estação-base AirPort. A estação-base é conectada a um encaixe de telefone. Os Macs Wireless podem entrar on-line em casa acionando a estação-base para discar por controle remoto.

GANHE VELOCIDADE

AirPort a, b, g e n: normal ou superdimensionado?

Na breve história da rede sem fio, a interface Wi-Fi tem vindo com diversas variações, contendo os nomes, absurdamente hostis para com o usuário, *802.11b*, *802.11g*, *802.11a*, *802.11n* e assim por diante.

As diferenças envolvem as especificações técnicas do sinal wireless. O AirPort original usa o padrão 802.11b; o AirPort Extreme usa 802.11g; as placas atuais do AirPort e estações-base usam 802.11n.

Então, qual é a diferença? Equipamentos contendo o rótulo "b" transferem dados pelo ar em até 11 megabits por segundo; o sistema "g" é quase cinco vezes mais rápido (54 Mbytes/segundo); e o "n" é tido como quatro vezes mais rápido que *isso*. (Tradicionalmente, os aficionados medem a velocidade de rede em megabits, não megabytes. Mas, se você estiver mais familiarizado com megabytes, eis uma tradução: a interface AirPort mais antiga tem uma velocidade máxima de 1.4 megabytes por segundo, *versus* mais de seis megabytes por segundo para o caso do AirPort Extreme. [Ah, e enquanto estamos usando os parênteses aqui: o único lugar onde você conseguirá as velocidades citadas para essa interface será na lua. Aqui na Terra, a força do sinal é afetada por coisas empestiadas, como ar, móveis, paredes, chão, cabos, interferência de telefone e ângulo da antena. A velocidade e a força do sinal diminuem proporcionalmente na medida em que você se afasta da estação-base.])

Agora, cada versão sucessiva da estação-base W-Fi/circuito padrão de laptop é retroativamente compatível. Por exemplo, você pode comprar uma nova estação-base 802.11n e ainda conectá-la ao seu antigo PowerBook 802.11g. É claro que você não conseguirá nenhuma velocidade maior – isso exigiria um laptop com um transmissor 802.11n –, mas apreciará uma faixa maior em sua casa.

No entanto, é importante compreender que, mesmo o mais caro a cabo modem top de linha ou serviço DSL entrega informações da Internet a apenas cerca de metade de um megabyte por segundo. O importante é a conexão da Internet, não a sua rede. Nunca compre em equipamento AirPort pensando que vai aumentar a velocidade de seu e-mail e atividade na Web.

Em vez disso, o aumento de velocidade que você obtém com o AirPort Extreme só é útil para transferir arquivos entre computadores e dispositivos em sua própria rede (como a Apple-TV, faminta por banda larga) – e jogar em jogos que funcionam em rede.

E mais uma observação: todos os equipamentos Wi-Fi funcionam juntos, independente de qual tipo for o computador. Não existe essa coisa de uma rede sem fio "Windows" ou uma rede sem fio "Macintosh". Os Macs podem usar estações-base não-Apple, os PCs podem usar estações-base AirPort e assim por diante.

Dica: Se você se conecta usando um roteador ou estação-base AirPort, já tem a proteção de um ótimo firewall. Não é necessário ativar o firewall do Mac OS X. Mas lembre-se de ativá-lo assim que sair com seu laptop da rede WiFi do café onde você estava.

Para facilitar a configuração de rede AirPort, comece configurando o seu Mac para que ele possa entrar on-line pela maneira com fio, conforme descrito nas páginas anteriores. Quando ele for capaz de se conectar com a Internet pelos fios, então você pode usar o AirPort Utility (em sua pasta Aplicativos→Utilitários) para transmitir aquelas configurações de Internet sem fio para a própria estação-base. Daí em diante, o modem da estação-base ou conector Ethernet – não do seu Mac – fará a conexão com a Internet.

Seja para configurar a sua própria rede wireless ou dar um pulinho na de outra pessoa, o Capítulo 18 tem todo um apanhado sobre como *se juntar* às redes Wi-Fi.

Redes FireWire

Redes *FireWire*? Você está perdoado por se assustar. Todos sabem que o FireWire é ótimo para ligar uma filmadora ou disco rígido e algumas pessoas sabem sobre essa conexão. Porém, não são muitas as pessoas que percebem que o FireWire faz o papel de um fantástico cabo de rede, visto que ele é incrivelmente rápido. (Está certo, o *Gigabit Ethernet* é mais rápido, assim como o FireWire 800. Mas, atingir esse tipo de "nirvana" em redes requer que todos os seus Macs, hubs e outros equipamentos de rede sejam Gigabit Ethernet ou o FireWire 800.)

A rede FireWire, tecnicamente conhecida como *IP sobre FireWire*, é um recurso não anunciado e não aclamado do Mac OS X. Mas, quando você tiver muitos dados para movimentar entre Macs – por exemplo, o seu desktop e o seu laptop –, uma rede FireWire casual é a melhor maneira de fazer. Ela permite que você copie um gigabyte de e-mails, fotos ou arquivos de vídeo em uma questão de segundos.

DIAMANTE BRUTO

Entrando em rede sem a rede

Em último caso, você pode conectar dois Macs sem qualquer rede verdadeira. É possível criar uma conexão Ethernet sem um hub ou um roteador – ou uma conexão AirPort sem uma estação-base Wi-Fi.

Para configurar a conexão com fio, basta passar um cabo padrão Ethernet entre os encaixes da Ethernet aos dois Macs. (Não é necessário usar um cabo *crossover* da Ethernet, como você fazia antigamente.)

Para configurar uma conexão sem fio, a partir do seu menulet ᯤ, escolha Criar Rede (Create Network). Dê um nome à sua pequena rede privada e depois clique OK. No segundo Mac, escolha ᯤ→Conectar a outra rede (ᯤ→Join Other Network), entre com o mesmo nome da rede privada e clique Conectar (Join).

A essa altura, os seus dois Macs pertencem à mesma microrrede específica. Se você compartilhou algumas pastas no seu primeiro Mac, agora seu nome (algo como iMac do Casey) aparece na Barra Lateral do segundo Mac. Clique-o para ver o que há nele.

Eis como liberar esse recurso secreto:

1. Conecte dois Macs com o cabo FireWire.

Você não pode usar um que sirva a uma filmadora. É necessário um cabo de seis pinos para os encaixes tradicionais do FireWire. Se quiser usar a conexão mais rápida, FireWire 800, em algum dos modelos Mac mais recentes você precisará comprar um cabo um pouco menos comum.

Ambos os computadores podem permanecer ligados: você ainda pode continuar *usando* os dois Macs enquanto eles estão conectados.

2. Abra Preferências do Sistema. Clique Rede (Network). Clique o ícone 🔒 e entre com a sua senha de Administrador. Clique o botão + abaixo da lista de conexões de rede.

A pequena caixa de diálogo mostrada na Figura 13-2 aparece, permitindo que você especifique qual tipo de conexão de rede deseja configurar.

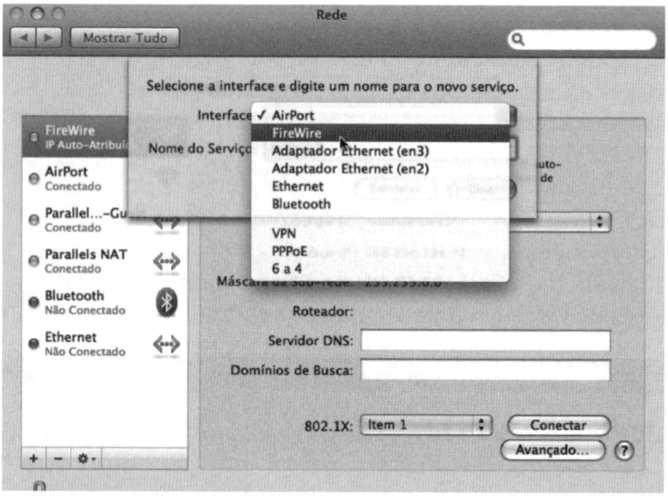

Figura 13-2:
No painel Rede, em Preferências do Sistema, você pode adicionar a sua porta FireWire à lista de conexões de rede. A propósito, o ponto dessa janela é que um Mac pode manter abertas, simultaneamente, conexões de rede – Ethernet, AirPort, FireWire e modem de discagem. (Esse é um recurso chamado de multidirecional.)

3. A partir do menu pop-up, escolha FireWire. Clique Criar (Create).

Agora, a sua recém-criada conexão FireWire aparece na lista.

4. Repita os passos 2 e 3 no segundo Mac.

Agora, você pode ter descoberto que, na verdade, não é possível ficar on-line usando o FireWire, visto que o seu cabo corre diretamente entre os dois Macs. Mas, sempre é possível ativar o Compartilhamento de Internet no outro Mac.

5. **Saia de Preferências do Sistema.**

Os seus Macs estão prontos para conversar – *rapidamente*. Leia nas próximas páginas os detalhes sobre o compartilhamento de arquivos entre eles.

Dica: Quando você estiver ligado à sua conexão FireWire, você pode precisar desabilitar o Compartilhamento de Arquivos ou Compartilhamento de Internet e depois habilitá-lo novamente para fazê-los funcionar.

Compartilhamento de Arquivos

Quando tiver terminado de colocar os fios (ou não colocar os fios, conforme o caso), a sua rede estará pronta. O seu Mac deve "ver" qualquer Ethernet ou impressoras USB compartilhadas, de prontidão para imprimir (Capítulo 14). Agora você pode brincar com jogos ou usar um calendário na rede. E pode ativar o *Compartilhamento de Arquivos (File Sharing)*, um dos recursos mais úteis de tudo.

No Compartilhamento de Arquivos, é possível convocar o ícone de uma pasta ou disco anexado a outro computador na rede, seja ele um Mac ou um PC. Ele aparece em uma janela do Finder, conforme mostrado na Figura 13-3.

Nesse ponto, você pode arrastar arquivos pra lá e pra cá, exatamente como se a pasta ou o disco do outro computador fosse um disco rígido conectado à sua própria máquina.

A questão é, não é fácil ser a Apple. Você precisa escrever *um* sistema operacional que deve agradar *a todos*, desde o trabalhador autônomo com seu primeiro computador ao administrador de rede da NASA. Você precisa projetar um sistema de rede simples o bastante para o dono de laptop que só deseja copiar coisas para um desktop Mac quando retornar de uma viagem, e, ao mesmo tempo, seguro e flexível o bastante para o responsável pela rede em uma grande corporação.

Claramente, diferentes pessoas têm diferentes atitudes com relação à necessidade de segurança e flexibilidade.

Por isso o Snow Leopard oferece duas maneiras de compartilhar arquivos – uma maneira simples e limitada e uma maneira mais complicada e flexível:

- **A maneira simples: a pasta Público (Public).** Cada detentor de conta tem uma pasta Público. Ela fica disponível para qualquer pessoa na rede acessar. Como um painel de aviso de loja de conveniência, não há necessidade de senha. Superconveniente, superfácil.

  Existe apenas uma desvantagem, e você não precisa se preocupar com isso: você tem que mover ou copiar os arquivos *para* a pasta Público antes que qualquer pessoa possa vê-los. Dependendo de quantos arquivos você deseja compartilhar, isso pode ser entediante, corromper sua estrutura organizacional padrão e consumir espaço em disco.

- **A maneira flexível: qualquer pasta.** Você também pode disponibilizar *qualquer* arquivo, pasta ou disco para inspeção por parte de outras pessoas na rede. Isso significa que, para começar, você não precisa mover arquivos para a pasta Pública. Ele também desenvolve um controle sobre quem tem permissão de fazer o que em seus arquivos. Você pode querer permitir que os executivos de sua empresa vejam e editem os seus documentos, mas permitir que os "peões" na Contabilidade possam apenas vê-los. E o Andy, aquele careca irresponsável de Vendas, por exemplo? Você não quer que ele veja nem mesmo o que está na sua pasta Compartilhado (Shared).

Claro que configurar todos esses níveis de controle significa mais trabalho e mais complexidade.

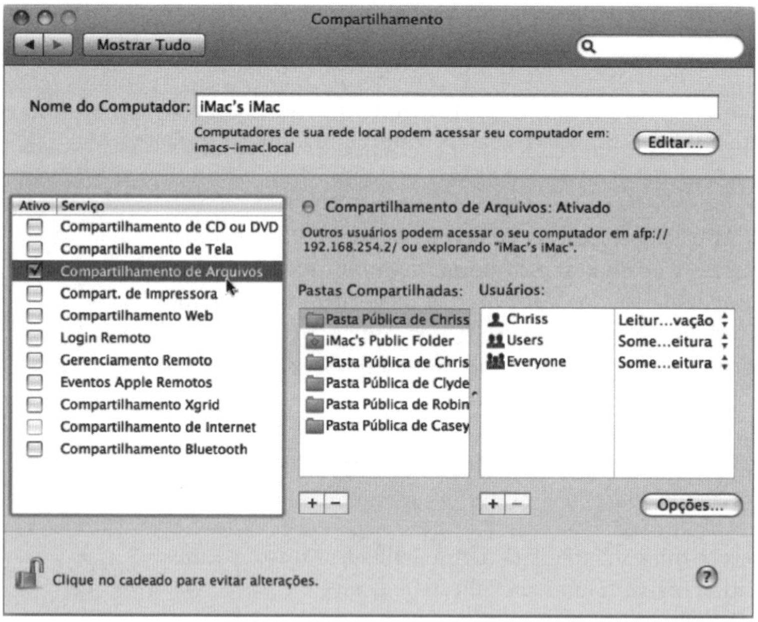

Figura 13-3:
Eis a chave-mestra que disponibiliza a sua pasta Pública (e quaisquer outras pastas que você designar) a outras pessoas na rede. Se quiser, você pode editar Nome do Computador (Computer Name). O seu Mac aparecerá na rede com esse nome. Faça-o atraente e descritivo, tal como "iMac Recepção".

Configuração: compartilhamento por meio da pasta Pública

Dentro de sua pasta pessoal, há uma pasta chamada Pública. Dentro da pasta pessoal *de cada pessoa* há uma pasta chamada Pública.

Tudo o que é copiado nessa pasta, fica automaticamente disponível a qualquer outra pessoa na rede. Não é necessária uma senha, elas não precisam de uma conta em seu Mac – basta que estejam na mesma rede.

Para disponibilizar a sua pasta Pública aos seus companheiros de rede, é preciso marcar Compartilhamento de Arquivos na chave principal. Escolha →Preferências do Sistema→Compartilhamento→Compartilhamento de Arquivos (→Home Public) (Figura 13-3).

Agora, junte os arquivos e pastas que deseja compartilhar com todos os visitantes na rede e arraste-os para a sua pasta Início→Pública. E só isso!

Nota: Você pode observar que já há algo em sua pasta Pública: uma pasta chamada Caixa de Depósitos. Ela está lá para que outras pessoas possam dar a *você* arquivos por meio da rede, conforme descrito mais adiante neste capítulo.

Então, agora que você configurou o compartilhamento da pasta Público, como as outras pessoas devem acessar a sua pasta Pública?

Configuração: compartilhamento por meio de qualquer pasta

Se o método de pasta Público parecer simples e restritivo demais, então você pode graduá-lo para o método compartilhamento de arquivos ativado (Share any folder). Nesse esquema, você pode tornar *qualquer* arquivo, pasta ou disco disponível a outras pessoas na rede.

Dessa vez, não será preciso mover os seus arquivos para lugar algum; eles ficam bem onde estão. E, você pode configurar *privilégios de compartilhamento* elaborados (também conhecidos como *permissões*), que concedem diferentes níveis individuais de acesso aos seus arquivos.

Esse método é mais complicado de configurar do que o da pasta Pública. Na verdade, apenas para esboçar a sua complexidade, a Apple criou dois procedimentos diferentes de configuração. Você pode compartilhar um ícone de cada vez, abrindo a janela Obter Informações (Get Info); ou trabalhar em uma lista principal de itens compartilhados em Preferências do Sistema.

As próximas páginas cobrem os dois métodos.

O método Obter Informações

Eis como compartilhar um arquivo, disco ou pasta de disco Mac usando a sua janela Obter Informações.

Os passos a seguir supõem que você ativou a opção em →System Preferences→Sharing→File Sharing (→Preferências do Sistema→Compartilhamento de Arquivos), conforme mostrado na Figura 13-3.

1. Selecione a pasta ou disco que deseja compartilhar. Selecione File→Get Info (Arquivo→Obter Informações).

A caixa de diálogo Obter Informações aparece (Figura 13-4). Expanda o painel Geral (General), se ele ainda não estiver visível.

Nota: Compartilhar um disco inteiro significa que todas as pastas e arquivos contidos nele estão disponíveis para qualquer um que você conceder acesso. Por outro lado, compartilhando somente uma pasta ou outra, você pode manter a maior parte das suas coisas do seu disco rígido como privada, fora do alcance dos seus companheiros curiosos de rede. Compartilhar apenas uma pasta ou outra acaba por fazer um favor a eles, pois torna mais fácil encontrar os arquivos que eles procuram. Dessa forma, eles não precisam ter acesso ao seu disco rígido inteiro para procurar apenas uma pasta de que eles realmente precisam.

2. Marque Pasta compartilhada (Shared folder).

Se necessário, entre com a sua senha de administrador.

Destaque do Snow Leopard: Novidade no Mac OS X 10.6: para ajudá-lo a lembrar o que você disponibilizou para outras pessoas na rede, uma etiqueta cinza Shared Folder (Pasta Compartilhada) aparece no topo de qualquer janela do Finder que você tenha compartilhado. Ela ainda pode aparecer no topo das caixas de diálogo Abrir (Open) e Salvar (Save).

Ok, agora esse disco ou pasta está compartilhado. Mas, com quem?

3. Expanda o painel Compartilhamento e Permissões (Sharing & Permissions), se ele ainda não estiver visível. Clique o ícone 🔒 e entre com a sua senha de administrador.

Os controles na área de Compartilhamento e Permissões tomam vida e tornam-se editáveis. Embaixo do painel Informações, há uma pequena tabela. A primeira coluna exibe os nomes dos detentores individuais de contas, como Casey ou Chris, ou detentores de *grupos* de contas, como "todos" ou "Depto. de Contabilidade".

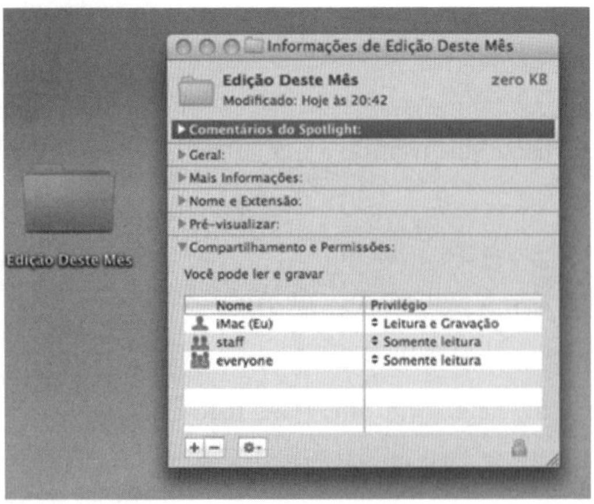

Figura 13-4:
Os controles de permissão de compartilhamento de arquivos estão aqui, e na caixa Get Info de qualquer arquivo, pasta ou disco.

A segunda coluna relaciona os *privilégios* que cada pessoa ou grupo tem para essa pasta.

Agora, a pessoa comum não imagina o que "privilégios" significa, e por isso é que as coisas ficam um pouco arriscadas quando você está configurando permissões pasta por pasta. Mas continue a ler; não é tão ruim quanto parece.

4. Edite a tabela, acrescentando os nomes das pessoas. Depois, ajuste suas permissões de acesso.

No momento, o seu nome aparece na coluna Nome e, provavelmente, ele apresenta Leitura e Gravação (Read & Write) na coluna Privilégio (Privilege). Em outras palavras, atualmente você é o principal dessa pasta. Você pode colocar e tirar coisas dela.

Isso significa que se você deseja apenas compartilhar arquivos *consigo mesmo*, então você pode transferi-los de um computador para outro, você pode parar aqui.

Se você deseja compartilhar arquivos com *outras* pessoas, bem, observe que, no momento, os privilégios para Todos (Everyone) provavelmente está definido como Somente leitura (Read only). As outras pessoas podem ver essa pasta, mas elas não podem fazer nada com ela.

A sua tarefa é trabalhar esta lista de pessoas, especificando *quanto* controle cada pessoa tem sobre o arquivo ou pasta que você está compartilhando.

Para adicionar o nome de uma pessoa ou grupo, clique o botão **+** abaixo da lista. A lista de pessoas mostrada na Figura 13-5 aparece.

Agora, clique um nome na lista. Depois, a partir do menu pop-up Privilégio, escolha uma configuração de permissões.

Leitura e Gravação (Read & Write). Oferece o maior acesso de todos. Essa pessoa, como você, pode acrescentar, mudar ou apagar qualquer arquivo na pasta compartilhada, ou fazer quaisquer mudanças que você quiser a um documento. Dê permissão de Leitura e Gravação às pessoas nas quais você confia que não vão bagunçar as coisas.

Somente leitura (Read only). Significa, "olhe, mas não toque". Essa pessoa pode ver o que está na pasta (ou arquivo) e pode copiar, mas não pode apagar ou modificar o original. É uma boa configuração para distribuir documentos da empresa ou disponibilizar arquivos fonte para os seus subordinados.

Apenas gravação (Caixa de Depósitos) (Write only [Drop Box]). Significa que outras pessoas não podem abrir a pasta, de forma alguma. Elas podem soltar coisas nela, mas é como soltar ícones em uma caixa do correio: a carta desaparece na caixa e, depois, é tarde demais para mudar de ideia. Como o dono da pasta, você pode fazer o que quiser com os bens depositados. O efeito dessa caixa é ótimo quando você deseja que estudantes, colegas de trabalho ou familiares sejam capazes de *mandar coisas* para você – dever de casa, relatórios, diários escandalosos – sem correr o risco de que uma outra pessoa possa ver esses documentos. (Essa opção não aparece para documentos – apenas discos e pastas.)

Nenhum acesso (No access). É uma opção apenas para todos, significa que outras pessoas podem ver o ícone desse arquivo ou pasta, mas nada podem fazer com ele.

Dica: Normalmente, você desejará que os privilégios para a pasta também se apliquem a tudo *dentro* dela; seria uma chatice precisar alterar os privilégios de compartilhamento do conteúdo ícone a ícone. Por isso é que o menu ✲, embaixo da caixa de diálogo Obter Informações, tem um comando Aplicar aos itens incluídos (Apply to enclosed items).

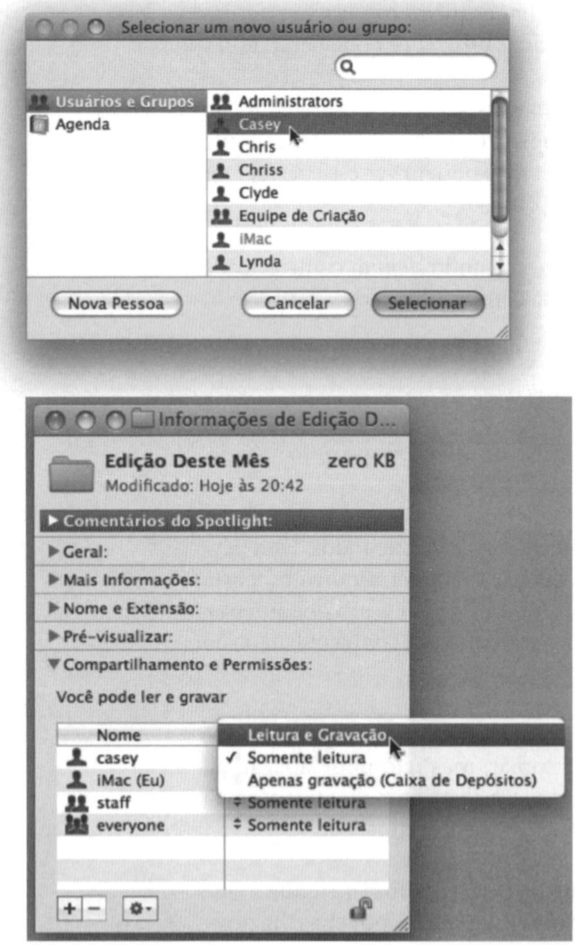

Figura 13-5:
Esta lista inclui cada detentor de conta no seu Mac, mais grupos que você tenha configurado, mais o conteúdo da sua Agenda. Um por um você pode adicioná-los à lista de participantes de sorte no seu arquivo ou pasta – e, depois, mudar o grau de acesso que eles têm sobre o material que você está compartilhando.

5. **Feche a janela Informações.**

Agora, a pasta está pronta para a invasão a partir da rede.

O método Preferências do Sistema

É muito conveniente marcar o compartilhamento de uma pasta de cada vez, usando a janela Obter Informações. Porém, também existe outra maneira, uma que exibe *todo* o seu material compartilhado em uma prática lista principal.

Para vê-la, escolha →Preferências do Sistema. Clique Compartilhamento→Compartilhamento de Arquivos (e assegure-se de que ele esteja marcado).

Figura 13-6: *Oculta em Preferências do Sistema há uma lista de cada arquivo, disco e pasta que você compartilhou. Para interromper o compartilhamento de alguma coisa, selecione-a e clique o botão -. Para compartilhar alguma coisa nova, arraste o seu ícone da Mesa, ou de sua janela, diretamente para a lista de Pastas Compartilhadas.*

Agora você está olhando para um tipo de tabela de permissões ligeiramente diferente, mostrado na Figura 13-6. Ela tem *três* colunas:

- **Pastas compartilhadas.** A primeira coluna relaciona os arquivos, pastas e discos que você compartilhou. Provavelmente, de imediato você verá que a pasta *Público* de todos já está relacionada aqui, visto que todas elas são automaticamente compartilhadas. (Você também pode *desmarcar* o compartilhamento de uma pasta, bastando selecioná-la e depois clicar o botão -.)

  Entretanto, você pode acrescentar mais ícones a essa lista. Arraste-os diretamente para a lista a partir da Mesa ou de uma janela do Finder, ou clique o sinal +, navegue para o item que deseja compartilhar, selecione-o e depois clique Adicionar (Add). Agora aquele item aparece na lista Pastas Compartilhadas.

- **Usuários.** Quando você seleciona um item compartilhado, a segunda coluna exibe uma lista de *quem* pode trabalhar com ele, em toda a rede. Provavelmente, você está relacionado aqui, é lógico, visto que é o seu material. Mas, alguém chamado Todos também aparece nessa lista (uma referência às pessoas que se logam como Usuários. Aqui existe também uma listagem para todos, o que realmente significa "qualquer outra pessoa" – isto é, qualquer *outra* pessoa que não esteja especificadamente relacionada aqui.

  Você também pode adicionar a essa lista. Clique + para abrir a caixa de seleção de pessoas mostrada na Figura 13-5. Ela lista os donos de outras contas no seu Mac, alguns grupos predefinidos e o conteúdo do seu Catálogo de Endereços.

Nota: A maioria dos contatos na Agenda não tem contas nesse Mac, é claro. Se você escolher alguém dessa lista, será solicitado a dar uma senha de conta. Quando clicar Criar Conta, na verdade você *criou* uma conta Apenas Compartilhamento (Sharing Only) no seu Mac para aquela pessoa. Ao voltar para o painel Contas de Preferências do Sistema, você verá aquela nova pessoa relacionada.

  Dê duplo-clique no nome da pessoa para acrescentá-la à lista de pessoas que podem acessar esse item através da rede e, depois, configure os privilégios apropriados (descritos a seguir).

  Claro que para *remover* alguém dessa lista, basta clicar o nome e depois clicar o botão **–**.

- **Usuários.** Essa *terceira* coluna permite que você especifique quanto acesso cada pessoa na *segunda* coluna tem a essa pasta. As suas escolhas são Leitura e Gravação (acesso total para alterar ou apagar o conteúdo desse item); Somente Leitura (abrir ou copiar, mas não editar ou apagar); e Somente gravação (Caixa de Depósitos), que permite à pessoa colocar coisas *dentro* desse disco ou pasta, mas não abrir ou ver o que há dentro.

  Para o grupo Todos, você ainda tem uma opção chamada **Sem Acesso (No Access)**, que significa que esse item está completamente fora dos limites de qualquer outra pessoa na rede.

E agora, tendo trabalhado sem descanso por todas essas opções e permutas, o seu Mac está pronto para a invasão pela rede.

Acessando arquivos compartilhados

Até agora neste capítulo, você leu sobre a *configuração* de um Mac para que pessoas em outros computadores possam acessar os arquivos dele.

Agora vem a compensação: estar em algum outro computador e se *conectar* àquele que você configurou. Existem duas formas de fazer isso: você pode usar a Barra Lateral ou o velho, e mais flexível, comando Conectar ao Servidor (Connect to Server). As páginas a seguir abordam os dois métodos.

Método A de conexão: use a Barra Lateral

Vamos supor então que você esteja sentado diante do seu Mac e deseja ver os arquivos em outro Mac na rede. Proceda assim:

1. Abra qualquer janela do Finder.

Na categoria Compartilhado, na Barra Lateral, à esquerda da janela, aparecem ícones de todos os computadores na rede. Veja a Figura 13-7.

Dica: Os mesmos itens da Barra Lateral também aparecem nas caixas de diálogo Salvar e Abrir de seus programas, disponibilizando toda a rede para você abrir e salvar arquivos.

Figura 13-7: *Os Macs aparecem na Barra Lateral com seus respectivos nomes, que foram definidos em Preferências do Sistema→Compartilhamento (System Preferences→Sharing). Seus pequenos ícones lembram os próprios computadores. Outros computadores (como PCs com Windows) exibem monitores azuis genéricos.*

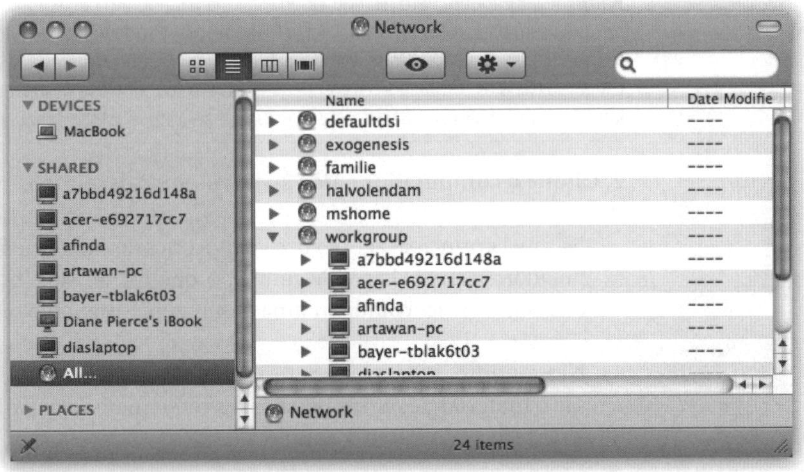

Se você *não* vir determinado ícone do Mac aqui, ele pode estar desligado, pode não estar na rede ou pode estar com o Compartilhamento de Arquivos desativado. (E se você não vir quaisquer computadores na Barra Lateral, então o seu computador pode não estar na rede. Ou talvez você tenha desmarcado as caixas de seleção para Servidores Conectados [Connected Servers] e Computadores Bonjour [Bonjour Computers] no Finder→Preferências→Barra Lateral [Finder→Preferences→Sidebar].)

Destaque do Snow Leopard: Se o outro Mac estiver em repouso, no entanto, ele ainda estará visível na Barra Lateral e você poderá acordá-lo para acessá-lo. Como isso é possível? Através do milagre da nova funcionalidade Wake for Network Acess (Despertar para o acesso de rede).

Caso existam muitos ícones de computadores na Barra Lateral, ou se você estiver em uma rede corporativa que possua subestruturas como *nós* e *grupos de trabalho*, você também poderá ver um ícone chamado Todos (All). Clique-o para acessar uma lista completa das entidades de rede que o seu Mac pode ver: não apenas máquinas Macs, Windows e Unix individuais, mas também "vizinhanças de redes" (ramificações da sua árvore de rede). Por exemplo, você pode ver os nomes das áreas de rede (setores de máquinas, como os encontrados nas grandes empresas e universidades).

Ou, se você estiver tentando tocar em uma máquina Windows, abra o ícone representando o *grupo de trabalho* (o grupo de computadores) que contém a máquina desejada. Em redes de um escritório pequeno, ele é chamado de MSHOME ou WORKGROUP (grupo de trabalho). Em grandes corporações, esses grupos de trabalho são chamados das mais variadas coisas – desde que o tamanho não tenha mais de 12 letras, sem pontuação. (Obrigado, Microsoft.)

Se você *realmente* vir ícones de "áreas" de grupos de trabalhos ou de outra rede, clique duas vezes até que você veja os ícones dos computadores individuais.

Nota: Se você for um nerd da rede, pode estar interessado em perceber que o Mac OS X pode "ver" servidores que usam protocolos SMB/CIFS, NFS, FTP e WebDAV rodando nos servidores Mac OS X Server, AppleShare, Unix, Linux, Novell NetWare, Windows NT, Windows 2000, Windows XP e Windows Vista. Porém, a Barra Lateral só exibe os computadores compartilhados em sua subrrede (a sua rede local interna de escritório). (Ela também mostra a opção Back to My Mac [Voltar ao Meu Mac].)

---

2. Clique o computador cujos arquivos você deseja ver.

Na janela principal agora você vê os ícones de cada detentor de conta naquele computador: Mamãe, Papai, Maninha, o que for. Se você tiver uma conta nesse outro computador, verá também uma pasta representando o seu material (Figura 13-8):

Nesse ponto, as instruções restantes divergem, dependendo se você deseja acessar o material de *outras* pessoas ou o *seu* material. Por isso é que há duas versões alternativas do passo 3 aqui:

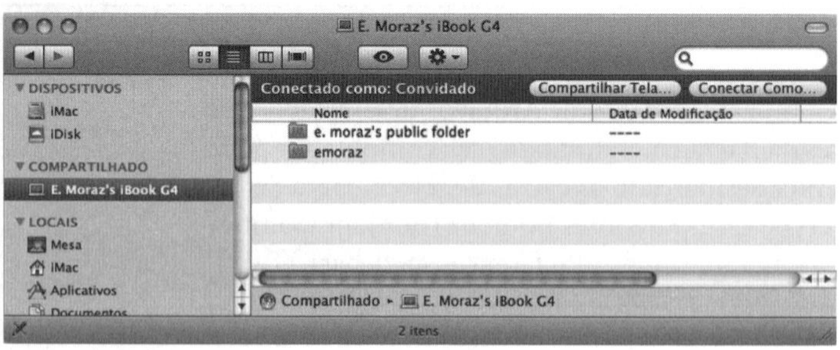

Figura 13-8: *Sem a necessidade de qualquer nome ou senha no outro Mac, você tem total acesso a qualquer coisa que outros detentores de conta tenham deixado em suas pastas Públicos. (Há uma pasta Público na pasta Início de qualquer pessoa.) Nesse ponto, você é considerado um Convidado (Guest).*

3a. Se quiser acessar o material que outra pessoa tenha deixado para você, dê duplo-clique na pasta Público daquela pessoa.

Instantaneamente, o ícone daquela pasta aparece em sua Mesa e um botão Ejetar (⏏) aparece, ao lado do nome do computador, na Barra Lateral.

Nesse caso, você é simplesmente um Convidado. Não é preciso se preocupar com uma senha. Por outro lado, a única coisa que geralmente você pode ver dentro da pasta de conta da outra pessoa é a pasta Público dela.

Dica: Na verdade, seria *possível* ver outras pastas aqui – se o detentor de conta as tivesse compartilhado especificamente *e* julgado que você é importante o suficiente para ter acesso a elas.

Uma coisa que você encontrará dentro da pasta Pública é a pasta Caixa de Depósitos. Essa pasta existe para que você possa *dar* arquivos e pastas a outra pessoa. É possível soltar os seus próprios ícones na pasta Caixa de Depósitos – mas você não pode abrir a pasta para ver o que as *outras* pessoas colocam lá.

Se você vir alguma coisa a mais na pasta Pública aberta, então é material que o detentor de conta copiou lá para a sua apreciação e de seus companheiros de rede. Você não tem permissão para apagar nada da pasta Pública da outra pessoa ou fazer alterações nela.

Entretanto, você pode abrir esses ícones, lê-los ou mesmo copiá-los para o *seu* Mac – e depois editar as *suas* cópias.

USUÁRIOS PROFISSAS

O que você pode ver

Normalmente pastas que você pode ver no Mac remoto dependem de qual tipo de conta você tem lá: *Convidado*, *Padrão* ou *Administrador*. (Veja o capítulo anterior.)

Se estiver usando a conta de Convidado, você só pode ver a pasta Público e a pasta Caixa de Depósitos. O resto do Mac é invisível e está fora dos seus limites.

Se tiver uma conta Padrão, você poderá ver as pastas Público e Caixa de Depósitos das outras pessoas, *mais* a sua própria pasta Início. (Claro que essas são apenas as configurações de fábrica; alguém poderia ter marcado o compartilhamento para pastas adicionais.)

Se você for um administrador, conseguirá ver ícones para as pastas de detentor de conta e o próprio disco rígido ao qual você está conectado. Na verdade, é até possível ver os nomes de quaisquer outros discos conectados a esse Mac.

Se você, "o" felizardo administrador, abrir o disco rígido, descobrirá que também tem a liberdade de ver e manipular o conteúdo de Aplicativos, Mesa, Biblioteca e Usuários→Pastas Compartilhadas.

Poderá ver até quais pastas estão nas pastas Início dos outros usuários, ainda que não possa abri-las ou colocar qualquer coisa nelas.

Finalmente, conforme descrito no próximo capítulo, há o *usuário raiz*. Essa conta tem total liberdade de mover ou apagar *qualquer arquivo ou pasta em qualquer lugar*, inclusive arquivos de sistema críticos que poderiam incapacitar o seu Mac.

3b. Para acessar a sua própria pasta Início em outro Mac, clique-a e, depois, clique o botão Conectar Como (Connect As) (Figura 13-19). Registre-se como de hábito.

Quando a caixa Conectar como aparecer, você deve especificar o nome e a senha de sua conta (do Mac que você está acessando). Tratam-se do mesmo nome e senha usados para registrar a sua entrada, se de fato você estiver diante daquela máquina.

Digite o seu nome abreviado de usuário e senha. (Se não tiver certeza de qual é o seu nome abreviado, abra Preferências do Sistema em seu Mac principal, clique Contas e depois clique o nome de sua conta.) E se você não configurou uma senha para a sua conta, deixe a caixa de senha em branco.

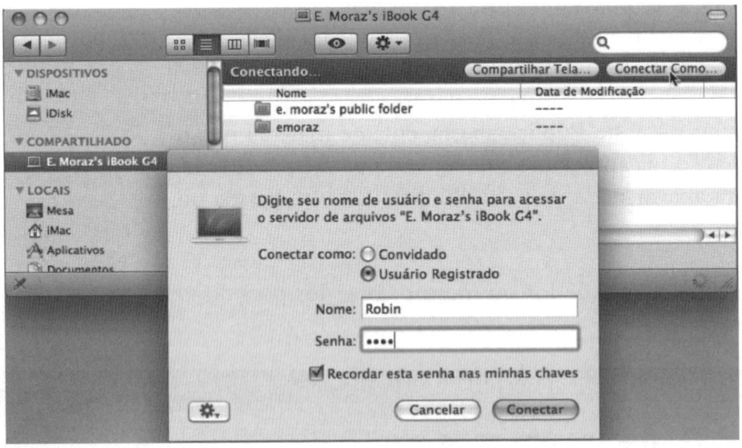

Figura 13-9:
Em cima: você pode registrar a sua conta em outro Mac na rede (mesmo enquanto outra pessoa estiver usando aquele). Clique Conectar como (em cima, à direita), e depois entre com o seu nome e senha. Marque Recordar esta senha (Remember this passaword) para agilizar o processo na próxima vez.

O menu pop-up Ação (✲) oferece a opção Alterar Senha (Change Password) ue lhe dá a oportunidade de mudar a senha de sua conta na outra máquina, só para o caso de você suspeitar que alguém o viu digitar.

Embaixo: independente de qual método for usado para conectar uma pasta ou disco compartilhado, o seu ícone aparece na Barra Lateral. Ele é fácil de desconectar, graças ao pequeno botão ⏏.

Dica: A caixa de diálogo mostrada na Figura 13-9 inclui a deliciosa e econômica opção Recordar esta senha, o que faz o Mac memorizar a sua senha para determinado disco, de modo que não é preciso repeti-la – ou mesmo ver essa caixa de diálogo – a cada vez que você se conectar. (Porém, se você não tiver senha, Recordar esta senha não funciona e, a cada vez, você terá que se confrontar – e pressionar Return para dispensá-la – com a caixa de diálogo Conectar como.)

Quando clicar Conectar (ou pressionar Return), a sua própria pasta Início no outro Mac aparece. O seu ícone é mostrado em sua Mesa e aparece um pequeno botão ⏏ próximo ao seu nome. Clique-o para desconectar.

Dica: Quando você tiver se conectado a um Mac, usando a sua conta, o outro Mac mantém a sua identidade. Será possível se conectar ao outro Mac repetidamente durante a mesma sessão no computador, sem jamais precisar repetir a sua senha.

Nesse meio-tempo, é possível executar duplos-cliques nos ícones para abri-los, copiá-los ou então manipulá-los, exatamente como faria se fossem ícones em seu próprio disco rígido. Dependendo de quais permissões você recebeu, poderá até editar ou jogar esses arquivos no Lixo.

Dica: Há uma diferença significativa entre trabalhar com ícones "locais" e trabalhar com aqueles que estão em qualquer outro lugar na rede. Quando você apaga um arquivo a partir de um outro Mac na rede, seja pressionando a tecla Delete ou arrastando-o para o Lixo, aparece uma mensagem para que você saiba que está para apagar aquele item instantânea e permanentemente. Ele não fica simplesmente na "pasta" Lixo, esperando pelo comando de Esvaziar Lixo (Empty Trash).

É possível usar o Spotlight para encontrar arquivos naquele disco em rede. Se o Mac do outro lado da rede estiver rodando o Leopard ou o Snow Leopard, na verdade você poderá procurar por palavras *dentro* dos arquivos dele, exatamente como se estivesse sentado diante dele. Se não, você só pode buscar pelos nomes dos arquivos.

Método B de conexão: Conectar ao Servidor

O método Barra Lateral de conectar pastas e discos na rede é rápido e prático. Não é preciso mais do que clicar para abrir caminho pelas pastas – uma habilidade que, na teoria, você já conhece.

Mas, o método Barra Lateral tem suas desvantagens. Por exemplo, o método Barra Lateral não permite que você digite um endereço de rede do disco. Como resultado, não é possível acessar qualquer disco compartilhado *na Internet* (por exemplo, um site FTP), ou de fato, em qualquer lugar além de sua subrrede local (a sua própria pequena rede).

Felizmente, existe outro caminho. Quando você escolhe Ir→Conectar ao Servidor (Go→Connect to Server), você obtém a caixa de diálogo mostrada na Figura 13-10. Você deve digitar no *endereço* do disco compartilhado desejado.

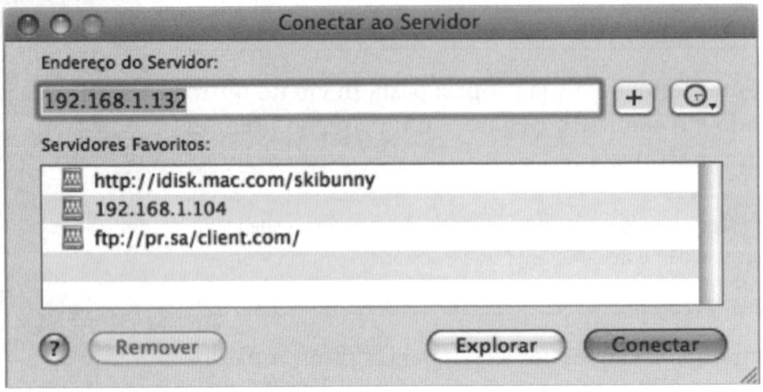

Figura 13-10: *O método Barra Lateral de se conectar a discos e pastas compartilhadas é rápido e fácil, mas não permite que você conecte determinados tipos de discos. O método Conectar ao Servidor possibilita procurar entre várias caixas de diálogo e não permite que você navegue para discos compartilhados, mas ele pode encontrar quase qualquer disco em rede.*

Por exemplo, daqui, você pode se conectar com:

- **Macs diários em sua rede.** Se você conhecer o endereço IP do Mac que está tentando acessar, pode digitá-lo na caixa e depois clicar Conectar (Connect).

  E se o outro Mac rodar Mac OS X 10.2 ou posterior, basta digitar o seu nome Bonjour (antigamente chamado de Rendezvous): afp://upstairs-PowerMac.local/.

Dica: Para descobrir o endereço IP do Mac, abra o painel Rede (Network) de Preferências do Sistema. Lá, perto do alto, você verá uma mensagem como esta: "AirPort está conectado ao Hotspot da Tim e possui o endereço IP 192.168.1.113". Esse é o seu endereço IP.

Para ver o seu endereço Bonjour, abra o painel Compartilhamento do painel Preferências do Sistema. Clique Compartilhamento de Arquivos. Perto do alto,

DIAMANTE BRUTO

Maneiras mais rápidas de se conectar da próxima vez

Se você imaginar que pode querer acessar de novo, mais tarde, uma pasta ou disco compartilhado, perca um minuto para fazer um atalho dele. (Por exemplo, dê Control-clique nele e, a partir do menu de atalho, escolha Criar Atalho [Create Shortcut].)

Na próxima vez, é possível trazê-lo de volta para a sua tela, bastando dar duplo-clique no atalho. E se você marcou Recordar esta senha nas minhas chaves, você nem será solicitado a fornecer de novo seu nome e senha.

Da mesma forma, se arrastar uma pasta compartilhada para o Dock, você pode trazê-la de volta à sua tela posteriormente, bastando clicar o seu ícone.

É possível até arrastar o seu ícone para a janela Itens Login. Agora, o disco aparecerá *automaticamente* em sua Mesa, sempre que você registrar a sua entrada – o arranjo mais fácil de todos.

você verá o nome do computador com ".local" colado ao seu nome – e hifens, em vez de espaços, assim: Little-MacBook.local.

Depois de fornecer a sua senha de conta e escolher o disco ou pasta compartilhada desejada, o ícone dela aparece em sua Mesa e na Barra Lateral. Você é conectado, exatamente como se tivesse clicado Conectar Como (Figura 13-9).

Na próxima vez que você abrir a caixa de diálogo Conectar ao Servidor, o Mac OS X se lembrará daquele endereço, como uma gentileza, e o apresentará pré-fornecido no campo Endereço (Address).

- **Mac pela Internet.** Se o seu Mac tiver um endereço IP permanente (estático), o próprio computador pode ser um servidor, ao qual você se conecta a partir de qualquer lugar no mundo através da Internet.

- **Máquinas Windows.** Descubra o endereço IP do PC, ou o nome do computador, e depois, use esse formato para o endereço: *smb://192.168.1.34* ou *smb://Cheapo-Dell.*

  Depois de um momento, você é solicitado a fornecer o seu nome de conta e senha Windows, e depois a escolher o nome da pasta compartilhada desejada. Quando clicar OK, a pasta compartilhada aparece em sua Mesa como um ícone, pronta para usar. (Mais informações sobre compartilhamento com PCs Windows estão adiante neste capítulo.)

Dica: Se souber o nome da pasta compartilhada, você pode acrescentá-lo depois da barra, assim: smb://192.168.4.23/materialcompartilhado. Você economiza uma caixa de diálogo.

- **Servidores NFS (Network FileSystem).** Se estiver em uma rede com máquinas Unix, você pode explorar um dos diretórios compartilhados delas usando este formato de endereço: *nfs://Machine-Name/pathname*, onde *Machine-Name* é o nome do computador ou endereço IP e *pathname* é o caminho da pasta para o item compartilhado desejado.

- **Servidores FTP.** O Mac OS X também simplifica trazer servidores FTP para dentro de sua tela. (Esses são os drives, localizados na Internet, que armazenam os arquivos usados pelos websites.)

  Na caixa de diálogo Conectar ao Servidor, digite o endereço FTP do servidor que você deseja, como este: ftp://www.apple.com. Se os administradores do site tiverem permitido acesso *anônimo* – o equivalente de uma conta de Convidado –, isso é tudo a fazer. Uma janela do Finder aparece aberta, revelando o conteúdo do site FTP.

  Entretanto, se houver necessidade de uma senha para o site FTP, o que você digitar na caixa de diálogo Conectar ao Servidor deve incorporar o nome da conta que você deu, como isto: ftp://seunome@www.apple.com. A sua senha será solicitada.

Dica: Você pode até eliminar aquela etapa de caixa de diálogo de senha, usando este formato de endereço: ftp://seunome:suasenha@www.apple.com.

Quando você digitá-la e pressionar Return, o servidor FTP aparecerá como um ícone de disco em sua Mesa (e na Barra Lateral). O seu conteúdo aparece pronto para abrir e copiar.

- **Servidor WebDAV.** Esse disco compartilhado especial, baseado na Web, requer um formato especial de endereço, como este: http://Computer-Name/pathname. (Tecnicamente, o iDisk é um servidor WebDAV – mas existem maneiras muito mais amistosas para que o usuário chegue a ele.)

  Em qualquer caso, quando você clicar OK, poderão ser solicitados seu nome e senha.

Agora, alguns recursos para poupar tempo, na caixa de diálogo Conectar ao Servidor:

- Depois de digitar o endereço de um disco, você pode clicar + para adicioná-lo à lista de servidores favoritos. Na próxima vez em que quiser se conectar basta dar um duplo-clique em seu nome.

- O ícone que tem um relógio é um menu pop-up que relaciona os servidores Recentes (Recent) – computadores que você acessou recentemente na rede. Se você escolher um deles a partir desse menu pop-up, poderá pular o passo de digitar um endereço.

Dica: Como o método de buscar na rede na Barra Lateral, o comando Conectar ao Servidor exibe cada computador conectado como um ícone em sua Barra Lateral, inclusive dentro das caixas de diálogo Abrir ou Salvar de seus programas. Não é preciso se aprofundar no ícone Rede da Barra Lateral para abrir arquivos a partir deles, ou salvar arquivos neles.

Desconectando-se

Quando tiver terminado de usar um disco ou pasta compartilhada, você pode se desconectar dele, clicando o ícone ⏏ perto de seu nome, na Barra Lateral.

Desconectando outros

No Mac OS X, você terá um pouco mais de trabalho se quiser saber se outras pessoas na rede estão acessando o *seu* Mac. Você precisa ir até Preferências do Sistema→Compartilhamento→Compartilhamento de Arquivos→Opções (System Preferences→Sharing→File Sharing→Options). Lá, você verá algo como "Número de usuário conectados: 1".

Talvez seja porque não há motivo para se preocupar. Com certeza você não tem nada a temer quanto à segurança, visto que as pessoas através da rede têm permissão para acessar apenas suas próprias pastas. Nem você terá muita lentidão no computador enquanto estiver trabalhando, graças aos prodigiosos recursos multitarefa do Mac OS X.

Ainda assim, se você estiver se sentindo particularmente antissocial, pode fechar a porta do seu Mac, abra Preferências do Sistema→Compartilhamento e desmarque Compartilhamento de arquivos.

Se de fato alguém estiver conectado ao seu Mac naquela hora (*a partir de* um Mac), você vê a caixa de diálogo da Figura 13-11. Se não, instantaneamente, o seu Mac se torna de novo uma ilha solitária.

GANHE VELOCIDADE

Olá Bonjour!

Usando deste capítulo e este livro, você encontrará rituais para se conectar a outro Mac, servidor ou impressora, digitando o endereço IP dele (o seu único endereço de rede).

Porém, antes de tudo, os endereços IP são incrivelmente difíceis de decorar (192.179.244.3, deu pra sentir?). Segundo, as redes não deveriam pedir que você lidasse com eles, de modo algum. Se uma parte do equipamento está na rede, ela deveria anunciar a sua presença, ao invés de fazer com que você o chame especificamente pelo nome.

Agora é possível apreciar a beleza do Bonjour (anteriormente, Rendezvous), uma tecnologia subjacente de rede do Mac OS X que permite aos dispositivos em rede detectar *automaticamente* um ao outro, e reconhecer as capacidades entre eles.

Por exemplo, se o Bonjour estiver trabalhando, isso faz os nomes dos outros Macs aparecer em seu programa iTunes, para que você possa ouvir a música deles pela rede. O Bonjour também é responsável pelo preenchimento de sua lista de companheiros Bonjour, automaticamente, no iChat, relacionando cada pessoa que esteja na mesma rede do escritório; para fazer com que nomes do Mac compartilhado apareçam no ícone Rede na Barra Lateral; e para fazer os nomes do modem das impressoras a laser da HP, Epson ou Lexmark aparecer como que por mágica, na lista de impressoras na caixa de diálogo Imprimir (Print).

E, se você tiver sorte o bastante em ter: (a) um gravador de vídeo TiVo Série 2 (ou posterior) para a sua televisão, (b) uma rede doméstica que o conecte ao seu Mac e (c) a Opção Rede Doméstica (Home Networking Option) do TiVo, já sabe que o nome do seu Mac aparece magicamente na tela do TiVo. Isso permite tocar a sua música do iTunes, ou fazer uma apresentação de slides de suas fotos do iPhoto, direto na TV. Novamente, é o Bonjour trabalhando.

É ainda mais tentador olhar o futuro do Bonjour. Citando www.zeroconf.org, cuja tecnologia subjacente forma a base do Bonjour: "O objetivo de longo prazo da Zeroconf é possibilitar a criação de produtos de tipos inteiramente novos de rede, produtos que hoje simplesmente não seriam comercialmente viáveis, devido à inconveniência de custos e suporte envolvidos em instalar, configurar e manter uma rede para permitir que eles operassem".

Mas, isso é apenas o começo. Se empresas eletrônicas mostrarem interesse (e algumas já o fizeram), algum dia você será capaz de conectar a TV, o som e o Reprodutor de DVD com apenas um par de cabos da Ethernet, ao invés de um ninho de rato de cabos de áudio e vídeo.

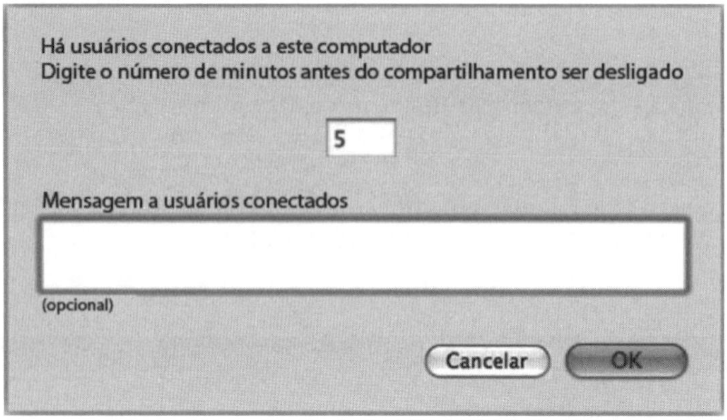

Figura 13-11: *Esta caixa de diálogo lhe permite ajustar quanto tempo resta para seus colegas de trabalho serem desconectados do seu Mac. Além disso, você pode escrever uma mensagem que aparecerá antes da conexão fechar.*

Em rede com o Windows

O Microsoft Windows pode dominar o mercado corporativo, mas *há* Macs nos escritórios em todo mundo. O Mac OS X representa um momento histórico nas relações Mac-Windows. Ele permite que Macs e PCs Windows vejam uns aos outros na rede, sem a necessidade de nenhum software especial (ou talento).

Na verdade, é possível ir para qualquer direção. O seu Mac pode ver arquivos compartilhados nos PCs Windows e um PC Windows pode ver arquivos compartilhados em seu Mac.

Funciona assim:

Sentado diante do Mac, vendo o PC

Suponhamos que você tenha um PC Windows e um Mac na mesma rede com ou sem fio. Eis como conseguir que o Mac e o PC conversem:

1. Em seu PC Windows, compartilhe alguns arquivos.

Realmente, este não é um livro sobre rede em Windows (graças aos céus), mas aqui está o básico.

Exatamente como no Mac, há duas maneiras de compartilhar arquivos no Windows. Uma delas é bem simples: basta copiar os arquivos que você deseja compartilhar em uma pasta central, totalmente acessível. Sem a necessidade de senhas, contas ou outras etapas.

No **Windows XP**, essa pasta especial é a pasta Documentos Compartilhados (Shared Documents), que pode ser encontrada selecionando Iniciar→Meu Computador (Start→My Computer). Compartilhe-a na rede, como mostrado na Figura 13-12, em cima.

No **Windows Vista**, ela é a pasta Pública que aparece no painel Navegação (Navigation), de cada janela do Explorer. (No Vista, há uma pasta Público para todo o *computador*, não uma por detentor de conta.)

No **Windows 7**, existe uma pasta Pública em cada uma de suas bibliotecas. Isto é, existe uma Public Documents, uma Public Pictures, uma Public Music, e por aí vai.

HORA DA SOLUÇÃO DE PROBLEMAS

No Inferno com o Windows 7

No Windows 7, a Microsoft eliminou o software de rede e o substituiu por outro que ela considera melhor. Infelizmente, ele ainda é incompatível com o compartilhamento de arquivo do Mac.

No entanto, você pode tentar.

Primeiro, certifique-se de que você compartilhou tudo o que deseja que esteja visível na máquina com Windows 7. Por exemplo, supondo que você queira compartilhar toda a sua pasta Personal (a pasta equivalente à Início do Mac).

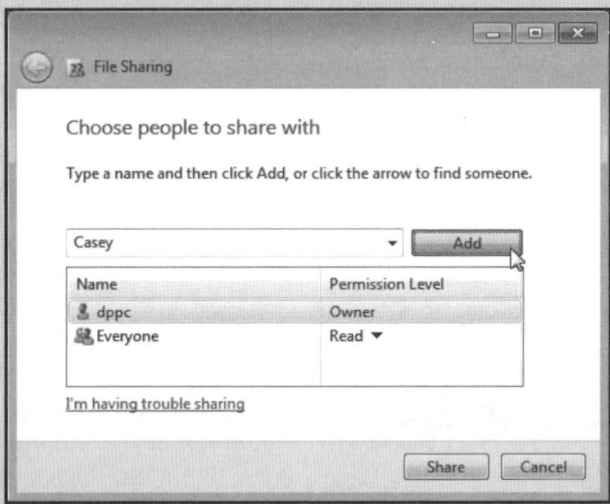

Para fazer isso, selecione Start→[seu nome] (Iniciar→[seu nome]). Na janela que se abre, selecione Share with→Specific people (Compartilhar com→Pessoa específica). Na caixa de diálogo resultante, você verá que já possui permissão para acessar essa pasta, conforme mostrado aqui; a menos que você queira adicionar mais alguém, basta clicar Share (Compartilhar) e, em seguida, Done (Concluído).

Agora, no Mac, no Finder, selecione Go→Connect to Server (Ir→Conectar ao Servidor). Digite *smb://SuperDell*, supondo que o seu computador se chame SuperDell (substitua pelo nome do seu PC). (E como você descobre isso? Abra o menu Início (Start); clique com o botão direito em Computer [Computador]; a partir do menu de atalho, selecione Properties [Propriedades]. Você verá o Computer Name [Nome do Computador] no meio da caixa de diálogo.)

No Mac, após digitar o nome do PC, clique Connect (Conectar). Após uns instantes, você é solicitado a informar o nome e a senha da sua conta, conforme ela aparece no PC. Informe essas credenciais – marque a opção Remember my password (Recordar esta senha) se você deseja se livrar dessa etapa na próxima vez – e então clique Conectar.

Agora será exibida uma lista de discos e pastas que você compartilhou no Windows. Clique duas vezes no que você deseja. Rapidamente: o item aparece em uma janela do Finder, pronto para ser acessado! (Se você descobrir que pode copiar itens dessas pastas, mas não pode copiá-los para elas, isso se deve ao fato de você não ter ativado o Full Control (Controle Total) para você mesmo, conforme descrito anteriormente.)

Finalmente, graças aos céus, crie um apelido para a pasta ou disco do Windows no Mac de forma que você só tenha de dar um duplo-clique para abri-lo na próxima vez!

Figura 13-12:
Em cima: para compartilhar uma pasta no Windows XP, clique-a com o botão direito, escolha Propriedades e, depois, marque Compartilhar esta pasta na rede (Share this folder on the network). Na caixa de diálogo Compartilhamento (Share name), digite um nome para a pasta, quando ela aparecer na rede. (Espaços não são permitidos.)

Embaixo: de volta à segurança do Mac OS X, clique o nome do PC na Barra Lateral. (Se ele fizer parte de um grupo de trabalho, clique Todos e, depois, primeiro o seu nome de grupo de trabalho. E se você ainda não vir o nome do PC, veja a caixa na página seguinte.)

Em seguida, clique o nome do computador compartilhado. Se os arquivos desejados estiverem em Documentos Compartilhados ou pasta Público, nenhuma senha é exigida. Você vê o conteúdo da pasta Documentos Compartilhados ou pasta Público do PC, como mostrado aqui. Agora, é exatamente como compartilhar arquivos com outro Mac.

Se você quiser acesso a qualquer outra pasta compartilhada, clique Conectar Como e veja a Figura 13-13.

O segundo e mais complicado método é o método "compartilhar qualquer pasta", exatamente como no Leopard. No XP ou Vista, você clica com o botão direito a pasta que deseja compartilhar, escolhe Propriedades a partir do menu de atalho, clica a aba Compartilhando e marca Compartilhar esta pasta na rede (Share this folder on the network) (Figura 13-12, em cima). No Windows 7, utilize o menu Share With (Compartilhar Com) no topo de todas as janelas de pastas.

2. No Mac, abra qualquer janela do Finder.

Os PCs compartilhados podem aparecer como nomes de computador individuais na Barra Lateral, ou você pode precisar clicar o ícone Todos para ver os ícones de seus *grupos de trabalho* (grupos de rede). A menos que você ou um administrador de rede tenha mudado, provavelmente, o nome do grupo de trabalho é MSHOME ou WORKGROUP. Dê duplo-clique no nome do grupo de trabalho desejado.

Dica: Você também pode acessar o PC compartilhado através do comando Conectar ao Servidor. Você poderia digitar aí *smb://192.168.1.103* (ou qualquer que seja o endereço IP do PC) ou ou *smb://SuperDell* (ou qualquer que seja o nome) e pressionar Return – e, depois, pular para o passo 5. Geralmente usar o método Conectar ao Servidor funciona quando o método Barra Lateral não funciona.

Agora, os nomes dos PC individuais na rede aparecem na sua janela do Finder. (Se você estiver utilizando o Windows 7.)

3. Duplo-clique o nome do computador desejado.

Se você estiver usando um dos métodos simples de compartilhar arquivo no PC, conforme descrito anteriormente, isso é tudo a fazer. O conteúdo de Do-

HORA DA SOLUÇÃO DE PROBLEMAS

Quando o Mac Não Enxerga o PC

Se o ícone do seu PC não aparecer de jeito nenhum no Mac, ou vice-versa, provavelmente é porque o Mac nada sabe sobre os *grupos de trabalho* Windows. Até mesmo um humilde PC doméstico faz parte de um grupo de trabalho (um grupo corporativo), sabendo ou não. E até que o seu Mac faça parte daquele pequeno grupo, não será capaz de ver os seus PCs, e eles não serão capazes de vê-lo.

Portanto, se não estiver tendo sorte com todo esse negócio Mac-PC, experimente isto. Primeiro, descubra qual o workgroup do seu PC. Normalmente ele é um WORKGROUP ou MSHOME. Clique Start (Iniciar). Clique a palavra Computer com o botão direito; a partir do menu de atalho, selecione Properties. Na tela de informações resultante, você verá o nome do grupo de trabalho.

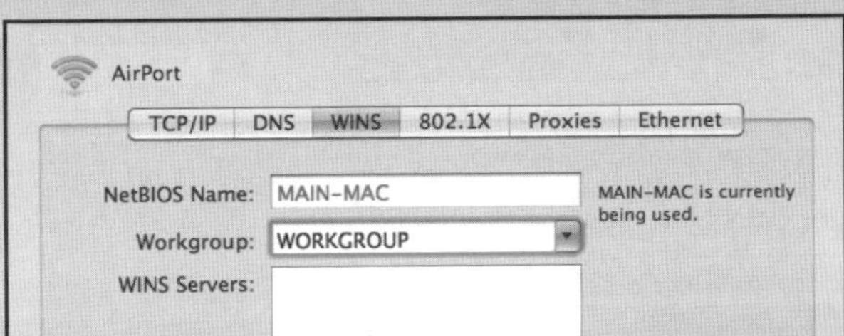

Agora, no Mac, abra as Preferências do Sistema. Clique em Rede. Clique a conexão que você está utilizando (como AirPort ou Ethernet). Clique Avançado. Clique WINS.

Agora, você vê o conjunto peculiar de controles mostrados aqui. O menu pop-up Grupo de Trabalho já relaciona os grupos de trabalho que o seu Mac vê. Escolha Grupo de Trabalho do menu pop-up. Clique OK e, depois, clique Aplicar (Apply).

Agora, seu PC Windows aparece na Barra Lateral como mágica.

Ainda tem problemas? Abra as System Preferences→Security→Firewall (Preferências do Sistema→Segurança→Firewall). Certifique-se de que o firewall do seu Mac esteja desativado ou pelo menos não esteja configurado para Block all incoming connections (Bloquear todas as conexões de entrada).

cumentos Compartilhados ou da pasta Pública agora aparece em sua tela do Mac. É possível trabalhar com eles exatamente como faria com os seus próprios arquivos.

Se você não estiver usando nenhum desses métodos simples e quiser acesso às pastas individuais compartilhadas, continue a ler.

Nota: No Windows XP Pro, a próxima etapa não funciona, a menos que você *desmarque* Compartilhamento Simples de Arquivo (Simple File Sharing). Para fazer isso, escolha Ferramentas→Opções de Pasta em qualquer janela do Explorer. Clique a aba Ver e desmarque Usar compartilhamento simples de arquivo (Tools→Folder Options) (Use simple file sharing).

4. Clique Conectar Como.

Esse botão aparece no canto de cima à direita da janela do Finder; ele pode ser visto na Figura 13-12.

Então, você é solicitado pelo seu nome e senha (Figura 13-13, em cima).

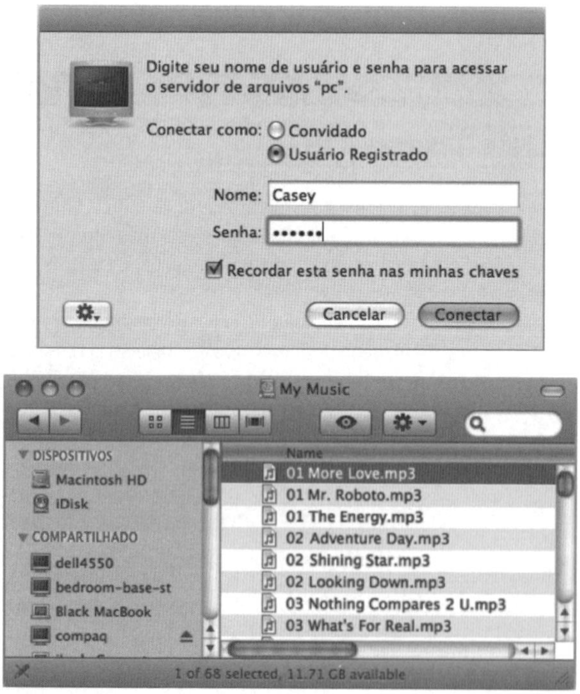

Figura 13-13:
Em cima: o PC quer garantir que você tem autorização para visitá-lo. Se a terminologia aqui parecer um pouco estranha frente aos padrões Apple, não estranhe – o que você está vendo é o idioma do Microsoft Windows, não o da Apple. Felizmente, você só vê essa caixa na primeira vez que acessar determinada pasta ou disco Windows; depois disso, você só vê a caixa mostrada embaixo.

Embaixo: aqui, você vê uma lista de pastas compartilhadas no PC. Escolha a que deseja se conectar e depois clique OK. Como mágica, a pasta Windows aparece na tela do seu Mac, pronta para uso!

5. **Entre com o nome e senha para a sua conta no PC e depois clique OK.**

Após esse processo, o conteúdo da pasta na máquina Windows aparece em sua janela do Finder, exatamente como se você tivesse acessado outro Mac (Figura 13-13). O ícone da pasta compartilhada também aparece na sua Mesa, e um botão Ejetar (⏏) aparece perto do nome do PC, em sua Barra Lateral.

A partir daí, é uma simples questão de arrastar arquivos entre as máquinas, abrir documentos do Word no Word para Mac e assim por diante – exatamente como se você estivesse conectado a outro Mac.

Sentado diante do PC, vendo o Mac

Multiplataformas de plantão, congratulem-se: o Mac OS X permite que você compartilhe arquivos em *ambas as direções*. Não apenas o seu Mac pode ver outros PCs na rede, mas eles também podem ver o Mac.

No Mac, escolha →Preferências do Sistema→Compartilhamento→Compartilhamento de Arquivos (garanta que Compartilhamento de Arquivos esteja marcado) e, depois, clique Opções para abrir a caixa de diálogo mostrada na Figura 13-14.

Marque "Compartilhar arquivos e pastas usando SMB" (Windows). Abaixo daquela caixa de seleção, você vê uma lista de todas as contas em seu Mac. Marque as caixas de seleção para especificar *quais* contas de usuário Mac deseja ser capaz de acessar. Também é necessário digitar a senha de cada pessoa. Clique Concluído.

Figura 13-14:
Prepare o seu Mac para a visita do Windows PC. Não vai doer nada. A chave Ativado (On) (de extensão do sistema para invasão do Windows é a terceira caixa de seleção aqui, na caixa de diálogo Preferências do Sistema→Compartilhamento→Compartilhamento de Arquivo→Opções.

Em seguida, marque as contas individuais cujos ícones você desejará mostrar no PC. Forneça também as senhas de conta delas. Clique Concluído quando terminar.

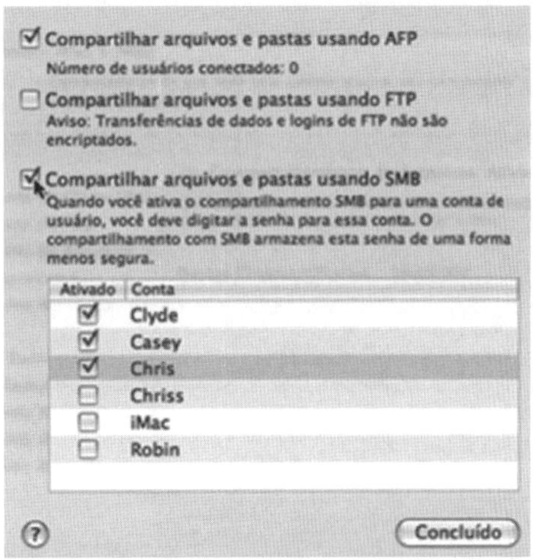

Antes de fechar Preferências do Sistema, dê uma olhada na linha perto do meio da janela, onde está escrito: "Outros usuários podem acessar o seu computador em afp://192.168.1.108 ou MacBook-Pro. Você precisará de um desses endereços em breve.

Agora, no **Windows XP**, abra Meus Locais de Rede (My Network Places); no **Windows Vista**, escolha Iniciar→Rede (Start→Network); no **Windows 7**, expanda o título Network na barra lateral da janela do desktop. Se você "tiver sacrificado os animais apropriados para os deuses da rede", o ícone do seu Mac deve aparecer por si só na janela de rede, conforme mostrado na Figura 13-15, em cima.

Nota: Se *não* vir o seu Mac aqui, vá imediatamente para as caixas nas páginas 593 e 595.

Dê duplo-clique no ícone do Mac. O material da pasta Público é imediatamente disponibilizado. Caso contrário, você precisará registrar a sua entrada com o seu nome e senha de conta Mac; a Figura 13-15, no meio, tem os detalhes.

Na janela final, você vê a sua pasta Início – em um PC Windows! Você está pronto para abrir os arquivos dele, copiá-los para lá e para cá, ou o que for (Figura 13-15, abaixo).

Figura 13-15:
Em cima: duplo-clique no ícone do Mac que você deseja acessar a partir de sua máquina Windows (no exemplo, usamos o Vista).

No meio: digite o nome do seu Mac, todo em letras maiúsculas, ou o seu endereço IP, depois uma barra invertida e, em seguida, o seu nome abreviado de conta Mac. (É possível descobrir o nome do seu Mac no painel Compartilhamento do Preferências do Sistema.)

Forneça também a senha da sua conta Mac. Marque Lembrar minha senha (Remember my password), se você pretende fazer isso novamente no futuro. Clique OK.

Embaixo: aqui está a sua pasta Mac Início – no Windows! Abra-a para encontrar todo o seu material.

Se o ícone do seu Mac *não* aparecer, espere um ou dois minutos. Tente reiniciar o PC. No Windows XP, experimente clicar Rede Microsoft Windows (Microsoft Windows Network) ou Ver computadores do grupo de trabalho (View workgroup computers) no painel de tarefas.

Se ainda assim o seu Mac não aparecer, você terá que adicioná-lo da maneira difícil. Na barra de endereçamento de qualquer janela do Windows, digite *\\macbook-pro\chris* (mas substitua o nome do seu computador Mac e o seu nome curto de conta), tomando o cuidado de usar as barras invertidas, não as normais (/). Você também pode digitar o endereço IP do Mac no lugar do seu nome de computador.

No futuro, você não terá tanto aborrecimento; o ícone do seu Mac deve aparecer automaticamente nas janelas Rede ou Meus Locais de Rede (My Network Places).

Mais conexões Mac-Windows

O recurso de compartilhamento direto de arquivo Mac-para-Windows do Mac OS X é, de longe, a maneira mais fácil de acessar os arquivos entre as duas plataformas. Mas, não é a única maneira. O capítulo 6 fornece uma longa lista com outras opções, de pen drives ao iDisk.

Compartilhamento de Tela

As preces dos iniciantes desnorteados e dos especialistas exasperados afinal foram atendidas. Agora, quando os novatos precisam de ajuda do guru, este não precisa correr escada abaixo ou pelo corredor para ajudar. Graças à funcionalidade de Compartilhamento de Tela do Snow Leopard, você pode ver exatamente o que está na tela de outro Mac, através da rede – e até ter o controle do mouse e do teclado do outro Mac (lógico que com a permissão do novato).

(Qualquer pessoa que já tenha tentado ajudar a solucionar o problema de alguém pelo telefone sabe exatamente o que isso significa. Se não aconteceu com você, este pequeno exemplo deve bastar: "Ok, abra o menu Apple e escolha 'Sobre Este Mac'". Pausa. "O que é o menu Apple?")

Não é só na brincadeira de "salvar a pele do novato" que o Compartilhamento de Tela é útil. Ele também é ótimo para colaborar em um documento, mostrar alguma coisa a alguém para aprovação ou apenas apavorar um ao outro. Ele também pode ser prático quando *você* for o dono dos dois Macs (um laptop e um desktop, por exemplo) e quiser rodar um programa que não tem no Mac que está à sua frente. (Você poderia querer ajustar a seleção de sua lista de execução no Mac lá de cima que está conectado ao seu sistema de som, por exemplo.)

Ou talvez você só queira ficar de olho no que os seus filhos estão fazendo nos Macs lá em cima, em seus quartos.

A pessoa no controle pode fazer *tudo* no Mac controlado, inclusive rodar programas, movimentar pastas e arquivos e até desligar o Mac controlado.

Destaque do Snow Leopard: De fato, o Compartilhamento de Tela foi melhorado de uma forma especialmente interessante no Mac OS X 10.6: agora você pode utilizar atalhos de teclado em seu Mac – ⌘-Tab, ⌘-barra de espaço, ⌘-Option-Esc, entre outros – para ativar as funções correspondentes em outro Mac. (No Mac OS X 10.5, seu próprio Mac interceptava esses atalhos.)

Se você deseja que um atalho de teclado tenha efeito em seu próprio Mac, primeiro clique em sua própria Mesa ou em uma janela diferente em seu próprio Mac.

O Mac OS X está infestado de diferentes formas de usar o compartilhamento de tela. Você pode fazê-lo por uma rede, pela Internet e até durante uma conversa no iChat.

Esse método, descrito no Capítulo 21, é muito mais simples e melhor do que o método de pequena rede, descrito aqui. Ele não exige nomes ou senhas, é fácil fazer a troca entre a tela da outra pessoa que você está vendo e a sua própria, e você pode transferir arquivos arrastando-os de sua tela para a da outra pessoa (e vice-versa).

E de novo, o método de pequena rede descrito aqui é montado direto no Finder, não requer registro de entrada no iChat e não exige o Leopard ou Snow Leopard rodando nos dois computadores.

Mac nº 1: dar permissão antecipadamente

Como sempre, tentar entender metaconceitos como ver a tela de um Mac no monitor de outro pode ser bem confuso. Então, nesse exemplo, vamos supor que você deseja assumir o controle do Mac Nº 1 enquanto está no Mac Nº 2.

Agora, seria um mundo caótico (ainda que muito divertido) se qualquer Mac pudesse assumir o controle, aleatoriamente, de qualquer outro Mac. Porém, felizmente, ninguém pode compartilhar a sua tela ou assumir o controle do seu Mac sem a sua permissão explícita.

Para dar tal permissão, escolha →Preferências do Sistema→Compartilhamento→Compartilhamento de Tela.

Nota: Se aparecer uma mensagem informando "Compartilhamento de Tela está atualmente sendo controlado pelo serviço de Administração Remota" (Screen Sharing is currently being controlled by the Remote Management service), desmarque a caixa de seleção Administração Remota (Remote Management) e tente novamente.

A essa altura, há três níveis de segurança para proteger o seu Mac contra controle remoto malicioso não autorizado:

- **Protegido (Secure).** Se você selecionar "Todos os Usuários" (All Users), todos com uma conta no seu Mac poderam acessá-lo e assumir o controle quando quiser, mesmo quando você não estiver por perto. Essa pessoa só precisará fornecer o mesmo nome e senha que usaria se estivesse sentado diante de sua máquina.

Se "todos" significar "você e seu cônjuge" ou "você e os outros dois professores da 4ª série", provavelmente está perfeitamente certo.

- **Protetor (Securer).** No entanto, para maior segurança, você pode limitar quem tem permissão para dar uma olhada em seu Mac. Clique Somente estes usuários (Only these users) e, depois, clique o sinal **+**. Um pequeno painel aparece, listando cada pessoa com uma conta em seu Mac. Escolha aqueles nos quais você confia que não vão bagunçar as coisas enquanto você estiver afastado do seu Mac (Figura 13-16).

- **Permitir acesso para (Allow access for).** Se clicar Somente estes usuários e depois não adicionar qualquer pessoa à lista, então somente as pessoas que possuem contas de Administrator em seu Mac podem acessar a sua tela.

Alternativamente, se você for só *um pouquinho* mesquinho, poderá ajustar as coisas para que as pessoas possam pedir permissão de compartilhar a sua tela – desde que você esteja diante do seu Mac na hora e sentir-se generoso.

Para ajustar isso, clique Configurações do Computador (Computer Settings) e marque Todos podem solicitar permissão para controlar a tela (Anyone may request permission to share screen). Agora, os seus fãs terão que pedir permissão para entrar, e você terá que conceder (clicando OK na tela), em tempo real, enquanto estiver lá para ver o que eles estão fazendo.

Figura 13-16: *Agora o seu Mac está pronto para ser observado, e até controlado, por outras máquinas por meio da rede. As pessoas relacionadas aqui têm permissão de explorar, sempre que quiserem, até mesmo quando você não estiver em sua máquina.*

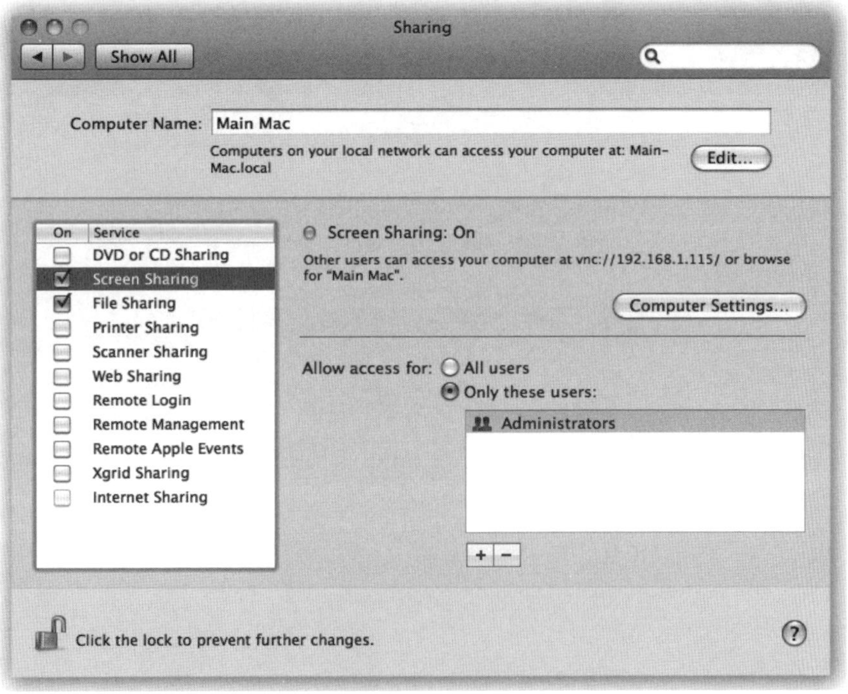

Mac nº 2: assumir controle

Está bem, o Mac nº 1 está preparado para invasão. Então, imagine que você é a pessoa do outro lado. Você é o guru, ou o pai, ou quem quer que seja desejando assumir o controle.

Sente diante do Mac nº 2 em qualquer lugar de sua rede doméstica ou de escritório. Abra uma janela do Finder. Expanda a lista Compartilhado na Barra Lateral, se necessário, para poder ver o ícone do Mac nº 1.

Quando clicar o ícone daquele Mac, a tira escura no alto da janela principal exibirá um botão que não estava lá antes: Compartilhar Tela (Share Screen). Proceda conforme mostrado na Figura 13-17.

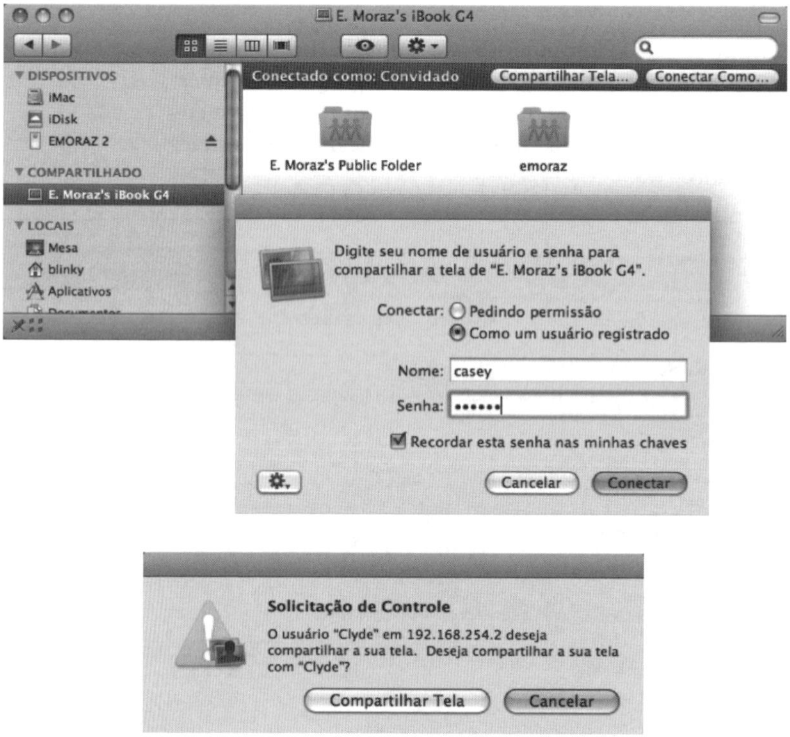

Figura 13-17:
Em cima: comece clicando Compartilhar Tela, na tira do lado da janela do outro Mac.

No meio: se você tiver adicionado previamente a lista VIP de pessoas autorizadas a compartilhar a tela, conforme descrito anteriormente, você pode registrar a sua entrada com seu nome e senha. Se não, pode pedir permissão para compartilhar a tela do Mac nº 1. Você só terá permissão se o dono do Mac nº 1 por acaso estiver sentado diante dele naquele momento, e tiver decidido aceitar tal solicitação.

Embaixo: se você pedir permissão, a outra pessoa (sentada diante do Mac nº 1), vê a sua solicitação nesse formulário.

Dica: Na teoria, também é possível se conectar usando a Internet, supondo que você deixe o seu Mac em casa, ligado e se conecte com um modem banda larga, e supondo que você tenha ajustado de porta de encaminhamento.

Nesse caso, entretanto, você começaria escolhendo Ir→Conectar ao Servidor; na caixa de diálogo Conectar ao Servidor, você digitaria *vnc://123.456.78.90* (ou qualquer que seja o endereço IP público do seu Mac em casa). O resto das etapas é igual.

Se o seu registro de entrada for bem-sucedido, ou se a permissão for concedida, então uma visão nova e maravilhosa aparece. Conforme mostrado na Figura 13-18, agora a sua tela se enche com uma *segunda* tela – do outro Mac. Você tem total controle do teclado e do mouse para trabalhar na outra máquina, exatamente como se estivesse sentado diante dela.

Bem, talvez não *exatamente*. Há algumas advertências.

- **Tamanhos de tela desajustados.** Se a outra tela for *menor* do que a sua, sem grandes problemas. Ela flutua no tamanho atual do seu monitor, com espaço de sobra. Mas, se ela for do mesmo tamanho que a sua, então a tela do outro Mac diminui, para caber em uma janela.

  Se preferir vê-la no tamanho normal, escolha Visualizar→Desativar Redimensionamento (View→Turn Scaling Off). É claro que agora você precisa rolar na janela Compartilhamento de Tela para ver a imagem inteira.

Dica: Uma outra forma de ativar e desativar o redimensionamento é clicar o primeiro botão na *Barra de Ferramentas* de Compartilhamento de Tela (Figura 13-18).

- **A questão de velocidade versus embaçamento.** Lembre-se, você está pedindo ao outro Mac para mostrar o seu vídeo pela rede – e isso demora. Na verdade, milésimos de segundos a cada vez.

  Assim, normalmente, o Mac usa algo chamado de *qualidade adaptativa*, que significa apenas que a tela fica embaçada quando você rola, sai de um programa ou faz alguma outra coisa que crie uma súbita mudança na imagem. Esse recurso pode ser desativado, escolhendo Visualizar→Qualidade Completa (View→Full Quality). Agora, o tempo todo você tem completa exatidão – mas as coisas demoram mais para rolar, aparecer e desaparecer.

- **Administrar a Área de Transferência.** Acredite ou não, na verdade, é possível *copiar e colar* material do Mac remotamente controlado para o seu – ou ao contrário – graças a um pequeno buraco de traça na sequência de tempo-espaço.

  Basta tornar a Barra de Ferramentas visível (você pode vê-la na Figura 13-18). Clique o *segundo* botão para copiar o conteúdo da Área de Transferência do Mac distante para a *sua* Área de Transferência. Ou clique o *terceiro* botão para pôr o que está na *sua* Área de Transferência para aquela do *outro* Mac. Respire lentamente, beba bastante líquido e a sua mente não explodirá.

Nota: Infelizmente, não há como transferir *arquivos* enquanto estiver compartilhando tela – apenas o material que você copiou *fora* de documentos. Use o método iChat descrito no Capítulo 21.

- **Saindo.** Ao dar o toque de teclado ⌘-Q, você *não* sai de Compartilhamento de Tela; você sai de qualquer programa que esteja *rodando* no outro Mac! De modo que, quando terminar de abrir o seu caminho no outro computador, você escolhe Compartilhamento de Tela→Encerrar Compartilhamento de Tela para voltar à sua própria Mesa.

Figura 13-18: *Não se assuste. Você está olhando para a Mesa do outro Mac em uma janela na Mesa do seu Mac. Você tem o controle do teclado e do mouse, como a outra pessoa (se ela estiver lá); quando você estiver realmente entediado, pode brincar de Rei do Cursor. (Observe a barra de ferramentas de Compartilhamento de Tela, que ficou visível, escolhendo Visualizar→Exibir Barra de Ferramentas [View→Show Toolbar].)*

Variações no Compartilhamento de Tela

As etapas anteriores o levam através do compartilhamento de tela entre dois Macs com Leopard ou Snow Leopard. Mas, a tecnologia de compartilhamento de tela do Leopard é baseada em uma tecnologia padrão, chamada de VNC, e o Mac OS X se mantém estável, mesmo nas mais diferentes trocas de arquivos.

Compartilhamento de Tela por meio do iChat

Duas pessoas que têm o Mac OS X 10.5 ou posterior podem executar o mesmo compartilhamento de tela *pela Internet*. Sem contas, senhas ou configuração exigidas – apenas a concessão de permissão por parte da outra pessoa. Basta iniciar uma conversa no iChat e, depois, proceder como descrito na página 599. É realmente incrível.

Compartilhamento de Tela com um Mac pré-Leopard

Os dois Macs não precisam estar rodando Mac OS X 10.5 ou 10.6 para usar o Compartilhamento de Tela. Afinal, os Mac OS X 10.3 e o 10.4 também são capazes de compartilhar suas telas – só que o botão de ligar/desligar tem um nome diferente. A Figura 13-19 tem os detalhes.

Quando tiver ativado o Desktop Remoto da Apple (Apple Remote Desktop) no Mac mais antigo, conforme mostrado na Figura 13-19, você pode sentar-se diante do seu Leopard/Snow Leopard e assumir o controle, clicando Compartilhamento de Tela na Barra Lateral, exatamente como descrito anteriormente.

Nota: A essa altura, o Compartilhamento de Tela é de mão única: o Mac Leopard pode ver a tela do Mac mais antigo. Se você quiser que o Mac mais antigo acesse a tela do Mac *Leopard*, volte para a caixa mostrada na Figura 13-19. Marque Os usuários VNC podem controlar a tela com senha e crie uma senha. Agora, faça o download do Chicken, do software VNC; ele está disponível a partir da página "Missing CD" deste livro, em www.missingmanuals.com. Use-o para acessar o Mac Leopard.

Figura 13-19:
Nos Macs pré-10.5, não há opção para Compartilhamento de Tela no painel Compartilhamento de Preferências do Sistema. No entanto, há uma, chamada Desktop Remoto da Apple – é um recurso que permite o compartilhamento de tela com máquinas 10.5 e 10.6. Quando você clicá-la, terá várias das mesmas opções que o Leopard oferece. Na verdade, até mais.

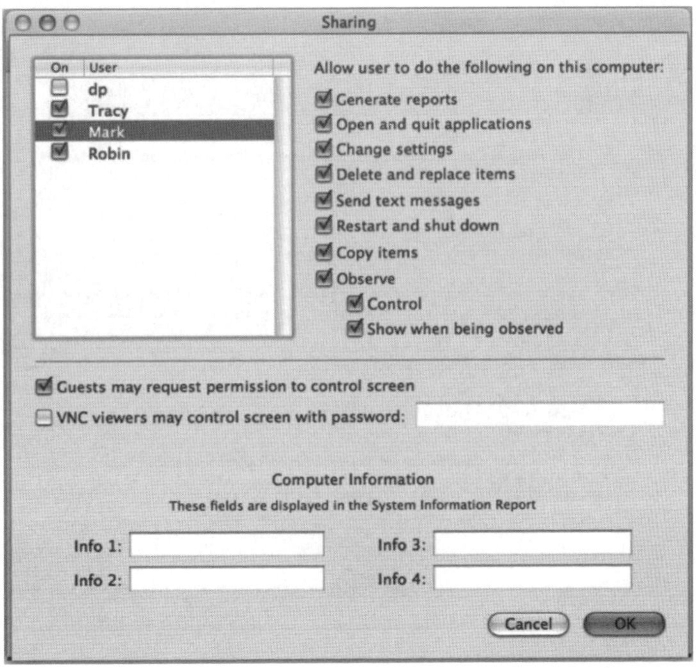

Compartilhamento manual de tela

O Compartilhamento de Tela é um programa real, que pode ser acionado, usando o próprio ícone no seu Mac. (Ele está na pasta Sistema→Biblioteca→Core Services.) Quando você executa esse programa, é possível digitar o endereço IP público ou nome de domínio do computador ao qual deseja se conectar e pronto: você está conectado!

Compartilhamento de Tela com Voltar para meu Mac

"Voltar ao meu Mac" é destinado a simplificar o pesadelo da rede remota. Ele só funciona se:

- Você for um membro do MobileMe.
- Você possuir pelo menos dois Macs, ambos rodando o Leopard ou Snow Leopard.
- Em cada um, você forneceu suas informações MobileMe no painel MobileMe de Preferências do Sistema.

Quando tudo estiver ajustado, os seus Macs se comportam exatamente como se eles estivessem na mesma rede doméstica, ainda que estejam na rede, separados por milhares de quilômetros.

Para configurar, proceda como mostrado na Figura 13-20.

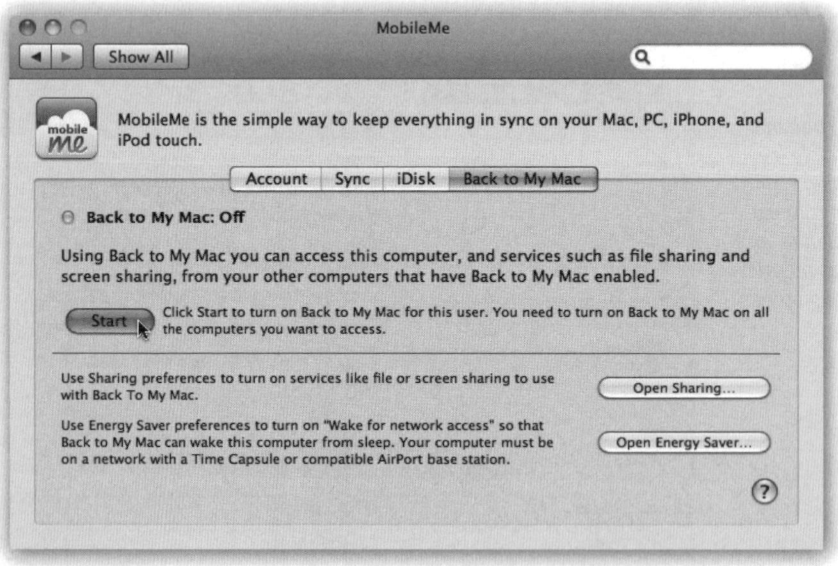

Figura 13-20: *No primeiro Mac, abra Preferências do Sistema. Clique MobileMe e, depois, clique Voltar para meu Mac. Clique Iniciar (Start) feche as Preferências do Sistema. Repita a operação em cada Mac, garantindo que todos tenham as mesmas informações de conta MobileMe.*

Agora, em cada Mac que você quiser "visitar", de longe, abra o painel Preferências do Sistema→Compartilhamento→Compartilhamento de Arquivos e/ou Compartilhamento de Tela.

Depois em seu laptop, na Nova Zelândia, por exemplo, você verá uma entrada para voltar para meu Mac na seção Compartilhamento de sua Barra Lateral. Clique para ver o ícone do seu Mac, em sua casa. Nesse ponto, é possível conectá-lo para compartilhar arquivos, clicando Conectar Como, ou assumir o controle dele, clicando Compartilhar Tela.

Na teoria, Voltar para meu Mac o poupa de uma visita terrivelmente longa ao "inferno" da rede inclusive a dor de cabeça da porta de encaminhamento, descrita. Pois a Apple fez todo o trabalho de configuração para você.

Nota: Muitas pessoas não podem fazer Voltar para meu Mac funcionar. A Apple diz que os problemas estão relacionados a (a) esse é um novo serviço, com algumas dobras a serem trabalhadas; (b) problemas do firewall; e (c) incompatibilidades do roteador. A Apple também diz que terão mais sorte as redes que só envolvem uma estação-base AirPort – e não com o hardware de roteador.

Todos os detalhes técnicos estão disponíveis on-line. Vá para http://search.info.apple.com e faça uma busca por *306672*. (Esse é o número do artigo que explica as questões de Voltar para meu Mac.)

Mais DSL

Se você for uma das várias milhares de pessoas que têm conexão em tempo integral à Internet – em outras palavras, modem a cabo ou contas DSL –, uma emoção es-

DIAMANTE BRUTO

Compartilhamento de Tela com Windows e outras máquinas esquisitonas

A beleza da tecnologia de compartilhamento de tela da Apple é que ela não é a tecnologia de compartilhamento de tela da *Apple*. É uma tecnologia popular, de padrão aberto, com o nome de VNC (Virtual Network Computing).

Quando você tiver marcado Compartilhamento de Tela no seu Mac, qualquer computador na Terra com um programa cliente VNC gratuito – uma espécie de programa visualizador – pode entrar em sua máquina para compartilhar uma tela. Os clientes VNC estão disponíveis para Windows, Linux, Macs pré-Leopard e até alguns telefones celulares.

Para preparar o seu Mac para a invasão, abra o painel Compartilhamento de Preferências do Sistema. Clique Compartilhamento de Tela e clique Configurações de Computador. Marque Os usuários VNC podem controlar a tela com senha (VNC viewers may control screen with password) e faça uma senha. (O VNC nada sabe sobre as senhas de conta do Mac OS X, portanto, você está fazendo uma senha para compartilhar *todo* o seu Mac.)

Dê essa senha a alguns poucos felizardos, nos quais você confia. Permita que eles conectem o endereço IP público do seu Mac em seus clientes VNC – ou que se conectem pela rede do seu escritório, usando o endereço exibido no painel Compartilhamento de Tela (vnc://MacBook-Pro", por exemplo) – e deixe o compartilhamento começar.

pecial o espera. É possível conectar o seu Mac de qualquer lugar do mundo através da Internet. Se você tiver um laptop, não precisa se preocupar quando descobrir que deixou um arquivo importante no seu desktop Mac em casa.

O Mac OS X oferece diversas maneiras de se conectar com o seu Mac a partir de um local distante, incluindo o compartilhamento de arquivo pela Internet, Voltar para meu Mac, rede virtual privada, FTP e SSH (secure shell). O Capítulo 22 tem os detalhes.

CAPÍTULO
14

Impressão, Envio de Fax, Fontes e Imagens

O Macintosh pode representar apenas 8% das soluções no mundo dos negócios, mas nas indústrias de imagens e impressão é o gorila de 400 quilos. É melhor você acreditar que, quando a Apple projetou o Mac OS X, trabalhou muito duro para manter felizes os seus fãs de imagens e impressão.

Este capítulo aborda a impressão, o envio de fax, as fontes, as imagens, o ColorSync e os arquivos PDF (Acrobat), que o Mac OS X usa como um formato de troca diário – uma das maiores mordomias no Mac OS X.

O Mac conhece a impressora

Uma das funcionalidades mais interessantes do Snow Leopard é que ele ocupa muito pouco espaço do seu disco rígido. De forma geral, esse sistema operacional possui metade do tamanho da versão anterior.

Porém, uma boa parte dessa economia vem dos drivers para impressora. O Mac OS X costumava vir pré-carregado com softwares de impressoras para praticamente todos os modelos de todos os fabricantes – Epson, HP, Lexmark, Canon, entre outras, que rendiam vários gigabytes. Obviamente, a maioria das pessoas se ofenderia com esse fardo de aproximadamente 900 impressoras que elas provavelmente nunca usariam.

Quando você instala o Snow Leopard, no entanto, você obtém somente os drivers de impressão das impressoras que você realmente possui, o que estejam por perto na rede. Caso você encontre um modelo de impressora diferente depois, o Mac OS X faz o download para você na hora.

Nota: Se você não possui uma conexão à Internet pode você também instalar todas aquelas centenas de drivers do DVD do Snow Leopard. Basta clicar em Personalizar (Customize) na primeira tela da instalação, conforme descrito no Apêndice A.

Configuração de uma impressora

Configurar uma impressora pela primeira vez é incrivelmente fácil. Na primeira vez em que você quiser imprimir alguma coisa, siga esta orientação:

1. Conecte a impressora ao Mac e, depois, ligue-a.

As impressoras de jato de tinta se conectam ao seu encaixe USB. As impressoras a laser se conectam tanto pela entrada USB quanto pela rede (Ethernet ou rede sem fio).

2. Abra o documento que deseja imprimir. Clique Arquivo→Imprimir (File→ Print). Na caixa de diálogo Imprimir, escolha o nome de sua impressora a partir do menu pop-up (ou um de seus submenus, se houver, como Nearby Printers [Impressoras Próximas]).

Legal! Não foi fácil? É muito bom como o Mac descobre, configura e relaciona automaticamente quase qualquer impressora USB, FireWire, Bluetooth ou Bonjour (Rendezvous).

Tenha uma boa tarde. Fim.

Ops – a menos que a sua impressora *não esteja* relacionada no menu pop-up Impressora. Nesse caso, continue a ler.

Nota: Impressoras Próximas refere-se às impressoras que não estejam conectadas diretamente ao seu Mac, mas estão acessíveis de alguma forma: uma impressora conectada a uma Time Capsule ou estação-base AirPort, algumas impressoras de rede que entendam o Bonjour, ou impressoras conectadas a outros Macs compartilhados, conforme será descrito neste capítulo mais tarde.

3. A partir do menu pop-up, escolha Adicionar Impressora (Add Printer)(Figura 14-1, em cima).

Aparece uma janela especial de instalação (Figura 14-1, embaixo), que é ainda melhor em detectar automaticamente as impressoras disponíveis para o seu Mac. Se agora você vir o nome da impressora na janela Impressora (Print), clique-o e, depois, Adicionar (Add) (Figura 14-1, embaixo). Você acabou de designar aquela impressora como a impressora *padrão*, aquela que usará para imprimir na maior parte do tempo.

Tudo está ajustado. Divirta-se.

A menos, é claro, que a sua impressora *ainda* não esteja aparecendo. Prossiga para o passo 4.

4. Clique o ícone do *tipo* de impressora que você tem: Default, IP ou Windows.

Padrão (Default) geralmente dá conta do recado, especialmente se você possui uma impressora a jato de tinta. Selecione **IP** se você possuir uma impressora de rede que não é mostrada como Padrão – especialmente se você tiver uma antiga impressora AppleTalk. E selecione **Windows** se há uma impressora somente para o Windows na rede do seu escritório.

Depois de um instante, os nomes de quaisquer impressoras que estejam ligadas e conectadas aparecem na lista de impressoras. Para a maioria das pessoas, isso significa apenas uma impressora – mas uma é suficiente.

Figura 14-1:
Em cima: para apresentar o seu Mac a uma nova impressora, tente imprimir alguma coisa – e, depois, clique Adicionar Impressora (Add Printer) a partir desse menu pop-up.

Embaixo: automaticamente, o seu Mac deve "ver" quaisquer impressoras que estejam conectadas e ligadas. Clique a que você deseja e, depois, Adicionar.

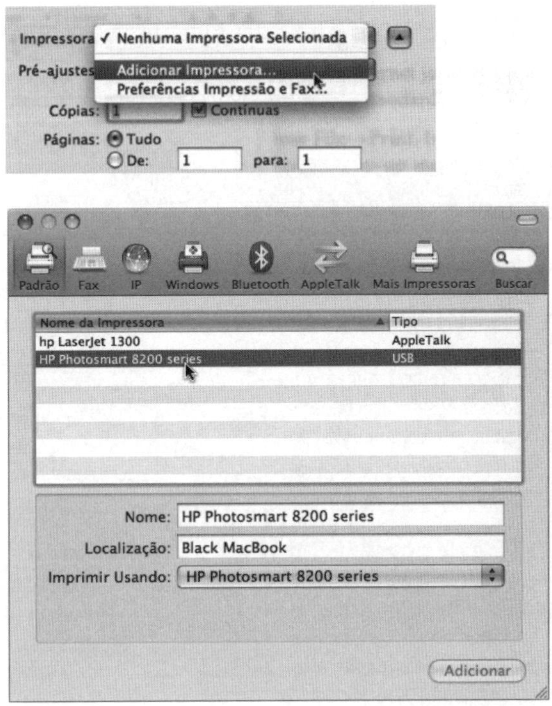

5. Clique o nome da impressora que você deseja usar.

Como uma etapa opcional, é possível abrir o menu pop-up Imprimir Usando (Print Using), embaixo, na caixa de diálogo. Escolha Selecionar um driver para utilizar (Select a driver to use) e, depois, na lista que aparece, escolha o nome do modelo da impressora em especial, se puder encontrá-lo. É assim que o seu Mac sabe quais recursos de impressão oferecer quando a hora chegar: frente-e-verso, tamanho oficial, segunda bandeja de papel e assim por diante.

6. **Clique Adicionar.**

Depois de um instante, volte para a janela principal Procurar Impressora (Printer Browse) (Figura 14-1, em cima), onde, agora, a sua impressora aparece. Você está pronto para imprimir.

Nota: Se você *ainda* não vir o nome de sua impressora aparecendo, pergunte-se: o meu Mac está em uma rede corporativa? A rede tem uma impressora LPR (Impressora em Linha)? Se você e o nerd de rede da sua empresa determinam que a impressora que você deseja usar, realmente, é uma impressora LPR, clique Impressão IP (IP Printing) no alto da caixa de diálogo Procurar Impressora. Preencha o endereço IP apropriado e as outras configurações, conforme orientado pelo seu cordial administrador de rede.

A lista de impressoras

Se você tiver sorte suficiente para ter várias impressoras, repita as etapas anteriores para cada uma delas. Eventualmente, você terá que apresentar ao Mac todas

HORA DA SOLUÇÃO DE PROBLEMAS

A morte do AppleTalk

Assim como a maioria das empresas de tecnologia pesos-pesados, a Apple também pode ser um parceiro decepcionante. Ela aposta tudo em uma tecnologia, faz todas as outras empresas adotarem esse padrão – e então muda de ideia e segue outra direção.

É por esse motivo que o AppleTalk não está mais conosco, para a tristeza de muitos fãs do Mac que possuem impressoras AppleTalk.

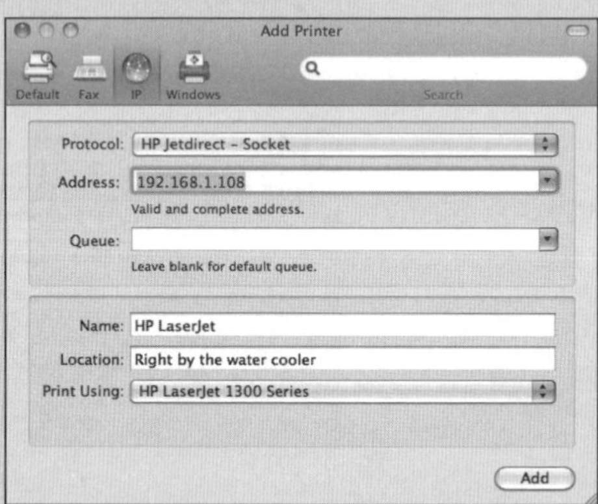

O AppleTalk consistia de um sistema de rede que fazia parte do Mac desde 1984. Centenas de modelos de impressora para rede, especialmente a laser, utilizaram esse esquema para conversar com os Macs.

Se a sua está entre elas, você ainda pode fazer sua impressora funcionar. Siga os passos 1 a 4 de "Configuração de uma impressora" nas páginas anteriores; no passo 4, escolha IP.

A partir do menu pop-up de protocolo, selecione HP JetdirectSocket (se você tiver uma impressora a laser da HP), ou Internet Printing Protocol (IPP) (para a maioria das impressoras a laser). Se você e o especialista em redes da sua empresa definirem que a impressora que vocês desejam usar é, de fato, uma impressora LPR, então escolha Line Printer Daemon.

Em qualquer um desses casos, você sabe como preencher o endereço *IP* (endereço de rede) da impressora. Em algumas impressoras, você pode acessar essa informação diretamente na tela. Em outras, você precisará imprimir aquela página de teste da impressora. (Em muitas impressoras a laser da HP, você faz isso pressionando um botão enquanto a impressora é ligada.) Não há solução para isso, exceto apelar para o manual – ou mais rápido ainda, pedir a ajuda do Google ("HP LaserJet 1300 Configuration page").

Após preencher o endereço IP, você pode definir o nome para essa impressora (HP Hulk, por exemplo) e um local (Próximo ao filtro de água), se desejar. O menu pop-up Printer using: (Impressora usando:) provavelmente se autopreenche com a informação correta do driver; se isso não acontecer, você pode escolher o modelo da impressora (ou, se necessário, uma muito semelhante) manualmente.

Clique Adicionar (Add). Agora é só imprimir!

as impressoras à disposição dele, de modo que seus nomes apareçam na lista de impressoras.

Para ver a lista de impressoras até agora, abra Preferências do Sistema→Impressão e Fax (System Preferences→Print & Fax) Aqui, você pode ter todos os tipos de divertimentos:

- **Escolha uma impressora padrão.** Conforme indicado pelo menu pop-up Impressora Padrão (Default Printer), convenientemente, o Mac OS X pretende usar na próxima vez qualquer impressora que você utilizou na última impressão. Afinal, a maioria das pessoas não troca muito de impressora.

  Mesmo assim, é possível escolher uma impressora em especial a partir desse menu pop-up, para ajustá-la como a impressora padrão – aquela que o Mac usa, a menos que você intervenha, escolhendo do menu pop-up Impressora (Printer), na caixa de diálogo Imprimir (Printer) (Figura 14-1).

- **Crie ícones de impressora na Mesa.** Esse recurso prático e pouco conhecido oferece acesso de arrastar e soltar às suas impressoras.

  Do painel Impressora e Fax de Preferências do Sistema, basta arrastar o ícone de uma impressora para fora da janela e para a Mesa (ou o que quiser). Repita para as outras impressoras. De agora em diante, é possível imprimir um documento em determinada impressora, apenas arrastando o ícone do documento para o ícone da impressora apropriada na Mesa.

- **Verifique o nível de suprimento.** Clique em uma impressora, depois clique Options & Supplies (Opções e Materiais), para ver o nível de tinta de sua impressora jato de tinta ou do toner de sua impressora a laser. Assim, você não será pego de surpresa quando estiver em seu prazo final e a impressora ficar sem suprimento.

Destaque do Snow Leopard: Agora você tem um ícone de advertência amarelo "Low ink" (indicando o baixo nível de suprimento) na caixa de diálogo que aparece quando você imprime (Figura 14-3).

Preparando a cópia

A experiência de imprimir depende da impressora que você estiver usando – impressora a laser, jato de tinta ou o que for. Entretanto, de qualquer modo, todas as opções de impressão se ocultam atrás de dois comandos: Arquivo→Configurar Página (File→Page Setup), que você só precisa ajustar ocasionalmente, e Arquivo→ Imprimir, que, normalmente, você usa sempre que imprimir (File→Print). Esses dois comandos são encontrados em quase todo programa Macintosh.

Configuração de Página

A caixa de diálogo Configuração de Página (Page Setup) permite especificar algumas características chave sobre o documento que você vai imprimir: orientação, dimensões de papel e assim por diante (veja a Figura 14-2).

Aqui as opções variam de acordo com o programa e a impressora. As opções de Configuração de Página para uma Epson jato de tinta, por exemplo, diferem dramaticamente daquelas para uma impressora a laser. Só o manual de usuário da sua impressora pode informar exatamente o que fazem essas escolhas.

Nota: É necessário definir a Configuração de Página em cada programa que você usa de forma independente. E a propósito, para mudar o tamanho de papel *padrão* de todos os novos documentos, escolha Salvar Como Padrão (Save As Default) a partir do menu pop-up Configurar (Settings).

O comando Imprimir

Mesmo que você possa envelhecer sem jamais ter visto a caixa de diálogo Configuração de Página, não pode deixar de ver a caixa de diálogo Imprimir. Ele aparece, querendo ou não, sempre que você escolhe Arquivo→Imprimir em um dos seus programas.

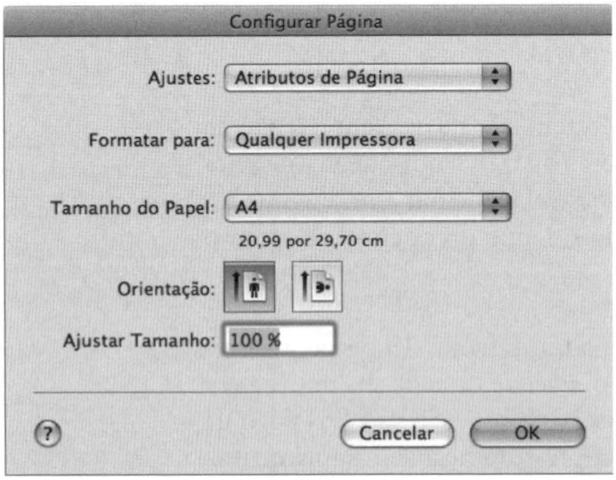

Figura 14-2:
Aqui, na Configuração de Página, estão os controles necessários para imprimir um documento girado de lado na página, para que ele seja impresso no "modo retrato". O controle Ajustar Tamanho (Scale), que permite reduzir ou aumentar o seu documento, pode ser prático se o programa que você estiver usando não oferecer tal controle. E o menu pop-up Tamanho de Papel (Paper Size), é claro, especifica o tamanho do papel no qual você está imprimindo – papel carta norte-americano, ofício norte-americano, envelopes e um do tamanho de papel do padrão europeu ou japonês (A4 e B5).

De novo, as opções encontradas dependem da impressora que você estiver rodando. Também dependem se você *expande* ou não a caixa de diálogo, clicando o botão ▼; fazer isso exibe *muitas* opções úteis, inclusive uma visualização prática; veja a Figura 14-3.

Nota: O layout certo dessa caixa de diálogo Imprimir difere por programa, porém, nos modelos mais modernos se parece com a Figura 14-3.

Se você expandir a caixa, aqui está o que encontrará:

- **Impressora (Printer).** Se você tiver mais de uma impressora conectada ao seu Mac, é possível indicar qual deseja usar para determinada impressão, escolhendo o seu nome do menu pop-up.

- **Pré-ajustes (Presets).** Eis uma maneira de preservar as suas configurações preferidas de impressão: quando você tiver percorrido essa caixa de diálogo, especificando o número de cópias, de quais bandejas da impressora deseja que o papel seja tirado, e assim por diante, você pode escolher Salvar Como do menu pop-up e, depois, dar um nome ao seu conjunto de configurações (como "Sem margem, 2 cópias"). Dali em diante, você será capaz de recriar esse pacote elaborado de configurações, apenas escolhendo o seu nome desse menu pop-up.

- **Cópias (Copies).** Digite o número de cópias desejadas. A caixa de seleção Contínuas (Collated) controla a ordem de impressão das várias páginas. Por exemplo, se você imprimir duas cópias de um documento de três páginas, em geral o Mac imprime as páginas nesta ordem: 1, 2, 3, 1, 2, 3. Por outro lado, se você desmarcar Ordenada (collated), ele imprime nesta ordem: 1, 1, 2, 2, 3, 3.
- **Páginas (Pages).** Não é preciso imprimir um documento inteiro – você pode imprimir digamos, apenas as páginas de 2 a 15.

Dica: Você não precisa digitar números em ambas as caixas, De (To) e Para (From). Se deixar a primeira caixa em branco, o Mac supõe que você quer dizer "da página 1". Se deixar a segunda caixa em branco, o Mac entende que significa "até o fim". Em outras palavras, para imprimir apenas as três primeiras páginas, deixe a primeira caixa em branco e digite *3* na segunda caixa. (Esses números de páginas referem-se às páginas físicas que você deseja imprimir, não à elegante numeração que você deu em seu processador de texto. No que se refere à caixa de diálogo Imprimir, a primeira página impressa é a página 1, mesmo se você tiver dito ao seu processador de texto para rotular a página como 455.)

Figura 14-3:
Em cima: na maior parte do tempo, tudo o que você quer é uma cópia do que está em sua tela. Assim, a caixa de diálogo padrão Imprimir é, de fato, simples.

Embaixo: quando você expande a caixa, obtém um novo mundo de opções, inclusive uma visualização que pode ser percorrida. Aqui, as opções dependem do modelo da impressora. No painel Layout, você pode economizar papel, escolhendo um número mais alto a partir do menu pop-up Páginas por Folha (Pages per Sheet).

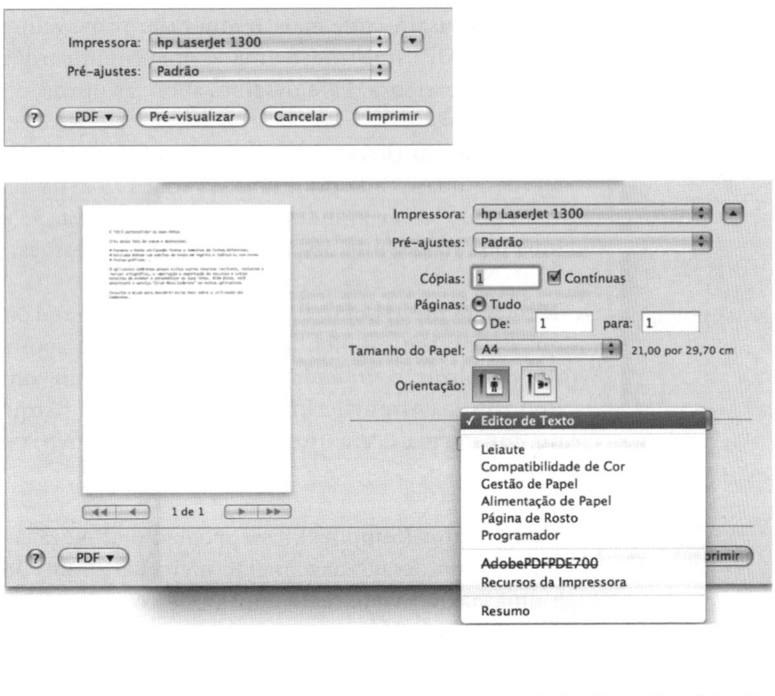

- **Tamanho de Papel (Paper Size), Orientação (Orientation).** Finalmente, alguém na Apple percebeu quão frustrante era precisar abrir a caixa de diálogo Configuração de Página para trocar as configurações de tamanho de papel e orientação e, depois, abrir a caixa de diálogo Imprimir para outras configurações. Agora, na maioria dos programas, esses controles são repetidos direto na caixa de diálogo Imprimir, para a sua conveniência.

- **PDF.** Um arquivo em *PDF*, claro, é um documento Adobe Acrobat – um arquivo que qualquer usuário do Mac, Windows, Linux ou Unix pode ver, ler e imprimir, usando Pré-visualização (Preview) ou o gratuito Acrobat Reader (incluso em cada PC e sistema do Mac).

  É possível salvar facilmente qualquer documento como um arquivo PDF em vez de imprimi-lo – um recurso realmente lindo, que poupa papel, tinta e tempo. O documento permanece em seu disco rígido e o texto nele ainda pode ser pesquisado usando o Spotlight.

  Mas, esse é só o começo. A Apple acrescentou uma longa lista de opções PDF (como PDFs protegidos por senha, os enviados por e-mail e assim por diante). Ela enfrentou um dilema de design: como poderia oferecer uma nova lista de opções referentes ao PDF sem descartar a caixa de diálogo Imprimir?

  A sua solução consistiu em um item estranho e pequeno chamado de *botão* pop-up, mostrado na Figura 14-3. Use-o como um menu pop-up. O comando que você usará com mais frequência, provavelmente, é o Salvar como PDF (Save as PDF), que transforma a cópia em um arquivo PDF ao invés de enviá-la para a impressora. Para detalhes sobre as outras opções referentes ao PDF.

- **Pré-visualizar (Preview).** Esse botão oferece uma função de visualizar a impressão para quase cada programa do Mac OS X na Terra, que, no decorrer da sua vida, pode salvar grandes extensões da floresta tropical brasileira e o valor de uma piscina de tinta desperdiçados em impressões.

  Tecnicamente, o botão Pré-visualizar envia a sua cópia para o Pré-visualização, que lhe permite aumentar ou diminuir com zoom, girar ou então processar a sua visualização. Quando estiver satisfeito com como ela se parece, você poderá imprimi-la (Arquivo→Imprimir), cancelá-la (Arquivo→Fechar [File→Search]) ou transformá-la em um arquivo PDF (Arquivo→Salvar como PDF [File→Save as PDF]).

- **Suprimentos (Supplies).** Esse recurso o atingirá como maravilhosamente conveniente ou desagradavelmente mercenário: um botão que o leva diretamente a uma página Web, onde você pode comprar novos cartuchos para o modelo específico da sua impressora. No Snow Leopard, ele se torna amarelo e abre um ponto de exclamação "Low ink" quando o nível do cartucho estiver baixo.

Se examinar o menu pop-up sem nome bem abaixo do menu pop-up Pré-ajustes (Presets), encontrará uma dúzia de opções adicionais. Elas dependem do modelo de sua impressora e do programa que esteja usando no momento, mas, eis algumas escolhas típicas:

- **Layout.** Conforme descrito na Figura 14-3, você pode poupar papel e cartuchos de tinta ou toner, imprimindo várias "páginas" em miniatura em uma única folha de papel.

- **Gestão de Papel (Paper Handling).** É possível optar por imprimir as suas páginas na ordem inversa, de modo que elas se empilhem corretamente, ou você pode imprimir apenas as páginas pares ou ímpares, para poder rodá-las novamente, para impressão frente e verso.

- **Tipo/Qualidade do papel (Paper Feed).** Se você escolher o modelo certo quando estiver configurando a sua impressora, então essa tela "conhece" as várias bandejas de papel do seu equipamento. É aqui que você especifica quais páginas deseja que venham de qual bandeja de papel. (De longe, o uso mais popular desse recurso é imprimir a primeira página de uma carta no papel timbrado da empresa e as páginas seguintes em papel em branco, da segunda bandeja.)

- **Página de Rosto (Cover Page).** Sim, aquela página de informações que se joga fora abriu caminho do mundo do fax para o mundo da impressão.

- **Programador (Scheduler).** Essa opção permite que você especifique *quando* deseja que o seu documento seja impresso. Se você for um autônomo, que trabalha em casa com uma impressora jato de tinta em sua mesa, poderia não perceber imediatamente porque alguém não desejaria as cópias *agora*. Mas, tente imprimir um catálogo de 400 páginas em um grande escritório, onde outras pessoas na rede podem se ressentir de vê-lo ocupando a impressora a laser a tarde toda, e você terá uma ideia de como isso pode ser conveniente.

- **Compatibilidade de Cor (Color Sync).** A maioria das impressoras a cores oferece esse menu pop-up, onde é possível ajustar as configurações de cor – talvez para acrescentar um pouco mais de vermelho. É onde você também indica qual *sistema de combinação de cores* deseja usar: o ColorSync da Apple, o do fabricante da sua impressora ou nenhum.

Depois, abaixo da linha cinza claro nesse menu pop-up, você verá algumas opções que são únicas para a impressora ou programa escolhido. Por exemplo, algumas impressoras HP oferecem capa, acabamento e outras escolhas. Outros prováveis comandos:

- **Qualidade e Mídia (Quality & Media) (somente para impressoras jato de tinta).** É onde você especifica a qualidade de impressão desejada, o tipo de papel em que está imprimindo e assim por diante. (O nome desse painel varia conforme o fabricante.)

- **[Nome do Programa].** Qualquer que seja o programa que você está usando – Mail, Word, AppleWorks ou qualquer outra coisa – pode oferecer as suas próprias opções especiais de impressão nessa tela.

- **Resumo (Summary).** Esse comando reúne um resumo de texto de todas as suas configurações até agora.

Dica: Esta é para os tecnicamente inclinados. Abra o seu navegador Web e digite este endereço: http://127.0.0.1:631. Você se verá em uma "fachada" secreta de CUPS (*Common Unix Printing System* - Sistema Comum de Impressão Unix), a tecnologia subjacente de impressão do Mac OS X. Esse truque permite que o seu Mac se comunique com uma extensa gama de impressoras mais antigas, que ainda não têm drivers do Mac OS X. Usando essa tela de administração, você pode imprimir uma página de teste, parar a sua impressora em suas faixas, administrar as suas impressoras em rede e imprimir serviços, e mais um truque muito engenhoso.

Imprimindo

Quando todas as suas configurações parecerem boas, clique Imprimir (ou pressione Return) para enviar as suas cópias para a impressora.

Administrando as cópias

Depois de ter usado o comando Imprimir, você pode ficar sentado até que o papel saia da impressora ou pode *administrar* as cópias em espera. Essa opção é atraente, principalmente para pessoas que têm muitas impressões para fazer, têm conexões com muitas impressoras ou compartilham impressoras com muitas outras pessoas.

Comece abrindo a janela da impressora. Se você já está no processo de imprimir, basta clicar o ícone do Dock da impressora. Se não, abra →Preferências do Sistema→Impressão e Fax, clique o nome da impressora e depois clique Abrir Fila de Impressão (Open Print Queue).

A essa altura, você vê algo como a Figura 14-4: as cópias que logo deslizarão para fora de sua impressora aparecem em uma lista organizada.

Eis algumas das maneiras pelas quais você pode controlar essas cópias em espera que, coletivamente, a Apple chama de *fila de impressão*:

- **Apagando todas.** Clicando um ícone, ou dando ⌘-clique em vários e depois clicando o botão da Barra de Ferramentas de Apagar (Delete), você remove itens da lista de cópias em espera. Agora elas não serão impressas.

- **Parando todas.** Selecionando uma cópia e depois clicando o botão Suspender (Hold), você para aquela cópia. Ela não imprime até que você a selecione novamente e depois clique o botão Retomar (Resume). (Os outros documentos continuam a ser impressos.) Esse negócio de parar pode ser útil quando, por exemplo, você precisar de tempo para verificar ou repor o suprimento da impressora, ou quando estiver pronto para imprimir o seu pedido de demissão e o seu chefe passar para oferecer uma promoção.

- **Interrompendo todas.** Você pode parar todas as cópias de uma impressora, clicando Parar Impressora (Pause Print). (Elas voltam quando você clicar o botão novamente, que agora diz Retomar Impressora [Resume Printer].)

Não é possível reorganizar cópias arrastando-as na lista de espera. Mas, lembre-se de que você pode refazer a sequência da ordem de impressão, escolhendo a opção Programador (Scheduler), também é possível arrastar cópias em espera *entre* essas listas, trocando-as de uma impressora para outra.

Dica: Como você sabe, o ícone da janela de fila de uma impressora aparece automaticamente no Dock quando você imprime. Porém, ela *fica* no Dock pelo resto do dia; não desaparece quando a impressão está terminada.

Se quiser que ela saia, dê Control-clique (ou clique com o botão direito) o ícone da impressora no Dock da impressora; a partir do menu de atalho, clique Encerramento Automático (Auto Quit).

Figura 14-4: *As cópias em espera aparecem nessa janela. Você pode classificar a lista, clicando a coluna de cabeçalhos (Nome ou Estado, por exemplo), ampliar ou estreitar as colunas, arrastando horizontalmente os divisores da coluna de cabeçalho, ou inverter a ordem de classificação, clicando o nome da coluna uma segunda vez. O botão Níveis de Suprimentos (Supply Level) abre um gráfico que mostra quanta tinta cada cartucho tem restante (somente para determinados modelos de impressora).*

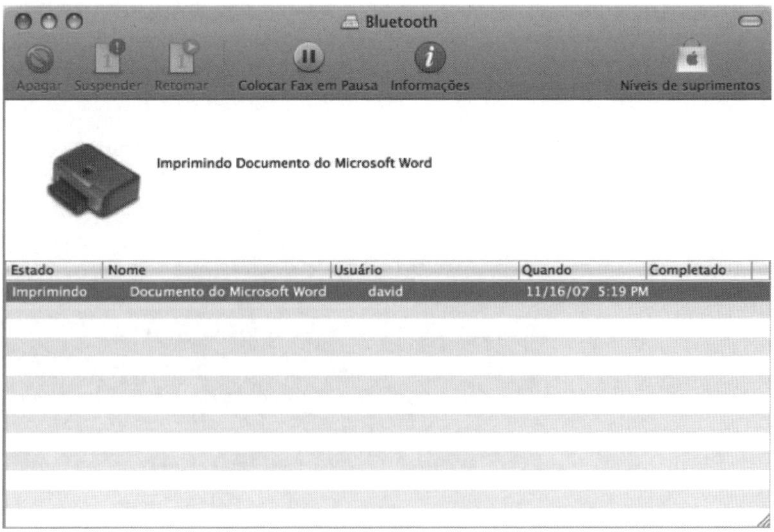

Compartilhamento de Impressora

O *Compartilhamento de Impressora* (Printer sharing) é ideal para pessoas (ou escritórios) com mais de um Mac conectado a uma rede, que teriam preferido não comprar uma impressora separada para cada máquina. Em vez disso, você conecta a impressora a um Mac, troca um par de ligações de software e, depois, bum: os outros Macs na rede podem enviar suas cópias para a impressora sem, de fato, estarem conectados a ela – nem mesmo conectados sem fio, se estiverem em uma rede do AirPort.

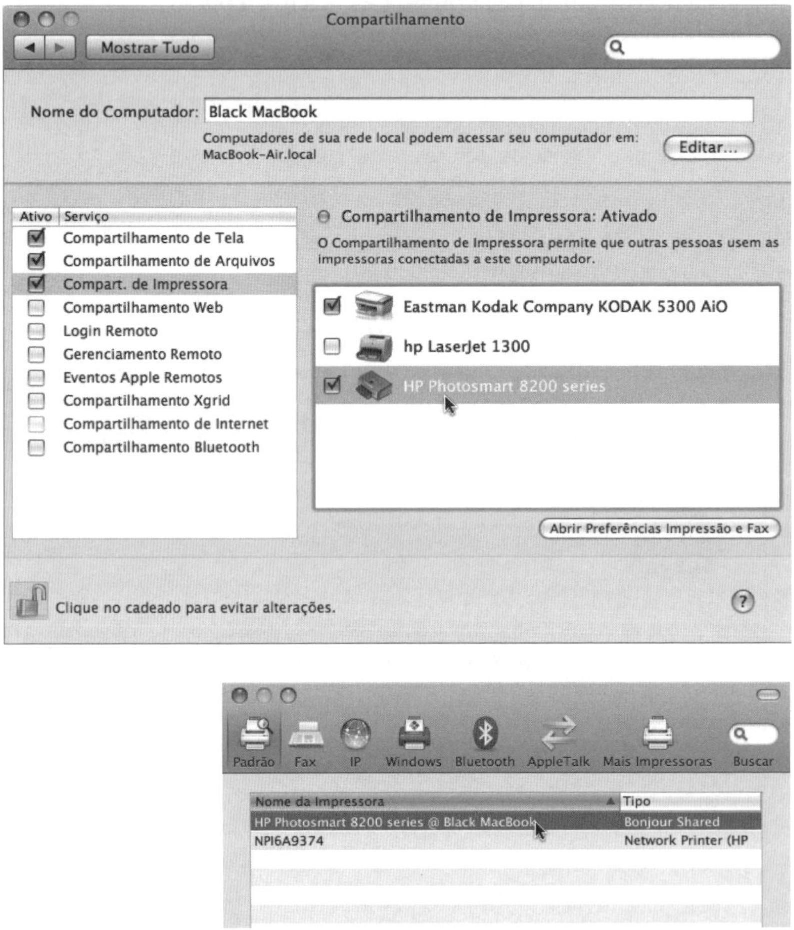

Figura 14-5:
Em cima: no Mac com a impressora, abra o painel Compartilhamento de Preferências do Sistema. Marque Compartilhamento de Impressora. Marque na caixa de seleção a(s) impressora(s) que deseja compartilhar.

Embaixo: para usar uma impressora compartilhada em qualquer lugar na rede, abra o documento que você deseja imprimir e, depois, escolha Arquivo→Imprimir, escolha Adicionar Impressora. A impressora compartilhada é claramente identificada; clique-a e depois Adicionar, exatamente como você acrescentaria qualquer impressora.

Nota: Claro que esse recurso é mais útil quando você estiver compartilhando impressoras que podem se conectar a apenas um Mac de cada vez, como as impressoras de fotos de jato de tinta USB. Geralmente, as impressoras a laser de escritório destinam-se à rede, desde o primeiro dia.

A configuração de compartilhamento de impressora é fácil; veja a Figura 14-5. Depois, para fazer uma cópia usando a rede, veja as instruções da Figura 14-5.

Destaque do Snow Leopard: No Mac OS X 10.6, você pode controlar quais donos de contas em sua rede têm permissão para utilizar a impressora que você compartilhou. Você conhece aquele folgado da Contabilidade que sempre usa seus cartuchos para imprimir 200 páginas de documentos? Corte ele fora! Basta adicionar os nomes dos ilustres convidados na coluna Users (Usuários) em System Preferences→Sharing→Printer Sharing (Preferências do Sistema→Compartilhamento→Compartilhamento de Impressora), conforme mostrado na Figura 14-5.

Se os seus amigos que utilizam PC instalarem o Bonjour para o Windows (um download gratuito a partir da página "Missing CD" deste livro, em www.missingmanuals.com), eles podem até imprimir na impressora compartilhada do seu Mac.

Dica: É claro que o seu Mac (aquele conectado à impressora), precisa estar ligado para que os outros computadores imprimam. Em parte, isso porque os documentos em espera das outras pessoas empilham no *seu* disco rígido.

Enviando fax

Se enviar fax ainda faz parte da sua rotina de trabalho – ei, pode acontecer –, então usar o Mac como uma máquina de fax é uma grande ideia, por vários motivos. Ele poupa dinheiro em papel e cartuchos de fax e o livra da despesa de comprar um aparelho físico de fax. Enviar fax do Mac também elimina o procedimento bobo e de perda de tempo de imprimir algo apenas para que você possa colocá-lo no fax. E pelo fato de o seu fax se originar diretamente do coração do Mac OS X ao invés de ser digitalizado por um scanner fajuto de um fax de 200 dpis (pontos por polegada), ele abençoa o seu destinatário com um documento de ótima qualidade.

Eis a ideia básica: quando os faxes chegam, você pode lê-los na tela, optar por eles serem impressos automaticamente ou mesmo enviados por e-mail para você, para que possa recebê-los em qualquer parte do mundo em que estiver. (Tente *isso* com uma máquina normal de fax.) E enviar um fax é até mais fácil em um Mac do que em uma máquina de fax normal: você só precisa usar o comando Arquivo→Imprimir, exatamente como quando está fazendo uma cópia do documento na tela.

Existem somente duas desvantagens em usar um Mac como máquina de fax:

- **O Mac precisa de sua própria linha telefônica.** Caso contrário, o seu Mac, respondendo à cada entrada de chamada, dará aos seus amigos e parentes um grito na orelha, quando eles ligarem para expressar seu amor, por exemplo.

  É claro que você pode evitar esse pré-requisito, usando o seu Mac exclusivamente para *enviar* faxes, para que ele não atenda ao telefone. Ou, se precisar receber um fax ocasional, você poderia apenas ligar o recurso de recepção de fax quando alguém estivesse para enviar um fax. Ou poderia comprar um divisor automatizado de fax/voz, que envia linhas de voz ao telefone e a chegada de faxes ao Mac.

Porém, em geral, o Mac como fax funciona melhor se ele tiver a sua própria linha.

- **Você não pode enviar fax de um livro ou revista.** A grande limitação do Mac do fax baseado no Mac é que você só pode transmitir documentos que estão, de fato, *no computador*. Isso descarta o envio por fax de anotações rabiscadas em um bloco, artigos da revista *People* e assim por diante, a menos que você os digitalize antes.

Configuração para enviar fax

A Apple não incorpora mais placas de fax-modem nos novos Macs – nem nos laptops. Consequentemente, se você possui uma placa desse tipo, provavelmente ela é de um destes tipos:

- Apple USB Fax/Modem externo da Apple (50 dólares). Assim que ele é plugado em uma porta USB, uma caixa de diálogo permite que você saiba se o Mac o "vê", e lhe oferece a opção de ir diretamente às Preferências do Sistema, onde o seu nome aparece na lista de Impressoras (Figura 14-6).

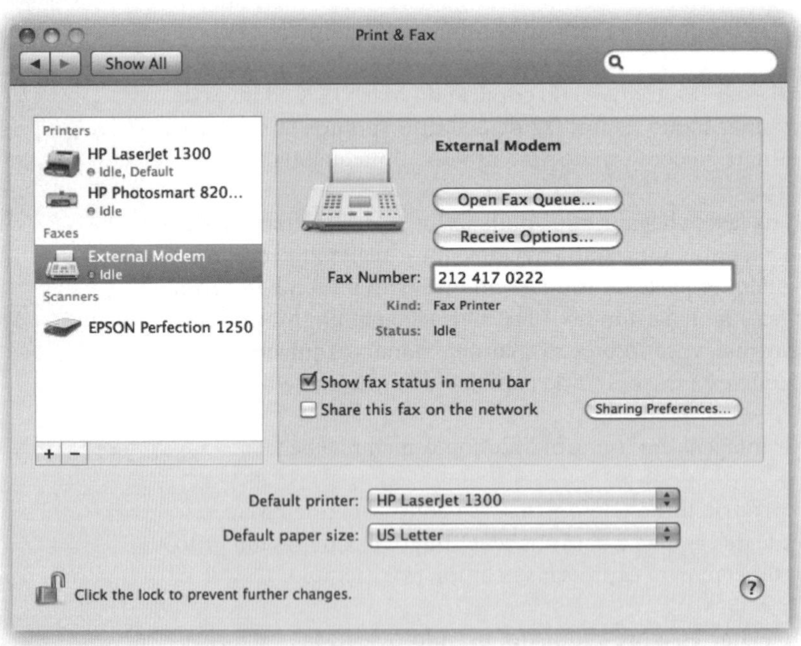

Figura 14-6: *Caso seu novo modem diga Not configured (Não configurado), basta você digitar o número do seu fax e clicar Apply (Aplicar). Se você for esperto, você também marcará a caixa de seleção Show fax status in menu bar (Mostrar status do fax na barra de menu). Essa opção instala um menulet que permite que você monitore e controle o seu envio e recebimento de fax. Agora é só enviar o seu fax!*

- Uma impressora multifuncional com funcionalidade de fax. Configure-a como uma impressora, conforme descrito anteriormente neste capítulo. Então clique seu nome na lista em Preferências do Sistema→Impressão & Fax, e prossiga conforme mostrado na Figura 14-6.

Se você pretende *receber* faxes, clique Opções de Recepção (Receive Options) e marque Receber faxes neste computador (Receive faxes on this computer). Depois, especifique com que rapidez a máquina de fax deve aceitar a chamada (depois de quantos toques – você não quer que ela atenda ligações antes de você ter uma chance de fazê-lo).

Finalmente, você pode informar como deseja lidar com o recebimento de faxes, conforme descrito na Figura 14-7.

Figura 14-7: *Quando o seu Mac atender a linha de fax, ele pode fazer três coisas com o que estiver sendo recebido. Opção 1: salvá-lo como um arquivo PDF, que você abre com o Pré-visualização. (O Mac propõe salvar esses arquivos na pasta Usuários→Compartilhamento→Faxes Compartilhados [Users→Shared→Shared Faxes], mas você pode configurar uma pasta mais conveniente.) Opção 2: imprimi-lo automaticamente, exatamente como uma máquina real de fax. Opção 3: enviá-lo por e-mail para você, para que você receba os seus faxes mesmo quando não estiver em casa (e para que possa encaminhá-lo facilmente).*

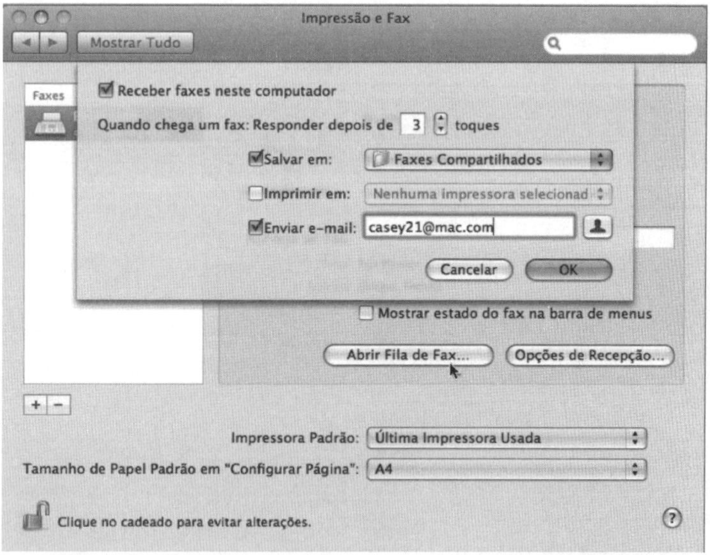

Enviando um fax

Quando você estiver pronto para enviar um fax, digite o documento que deseja enviar. Escolha Arquivo→Imprimir. Na caixa de diálogo Imprimir (Figura 14-3), abre o botão pop-up PDF e escolha Enviar PDF por Fax (Fax PDF).

A caixa de diálogo mostrada na Figura 14-8 aparece. Aqui estão as caixas que você pode preencher:

- **Para (To).** Se quiser, basta digitar o número do fax na caixa Para, exatamente como seria discar: *1-212-553-2999*, por exemplo. Você pode enviar um único fax para mais de um número, separando-os com uma vírgula e um espaço.

  Mas, se você envia fax para as mesmas pessoas com frequência, é melhor acrescentar os nomes e os números de fax delas a partir da lista de endereços da Agenda (Capítulo 19). Assim, é possível clicar o pequeno botão de silhueta à direita da caixa Para e escolher o destinatário, conforme mostrado na Figura 14-8.

Dica: Por ocasião dessa escrita, o recurso de lista da Agenda não funciona quando você está enviando a partir do Microsoft Word ou do Excel. Mas existe uma alternativa: selecione File→Print (Arquivo→Imprimir), então clique Preview (Pré-visualizar) e envie o fax a partir daí (Arquivo→Imprimir novamente).

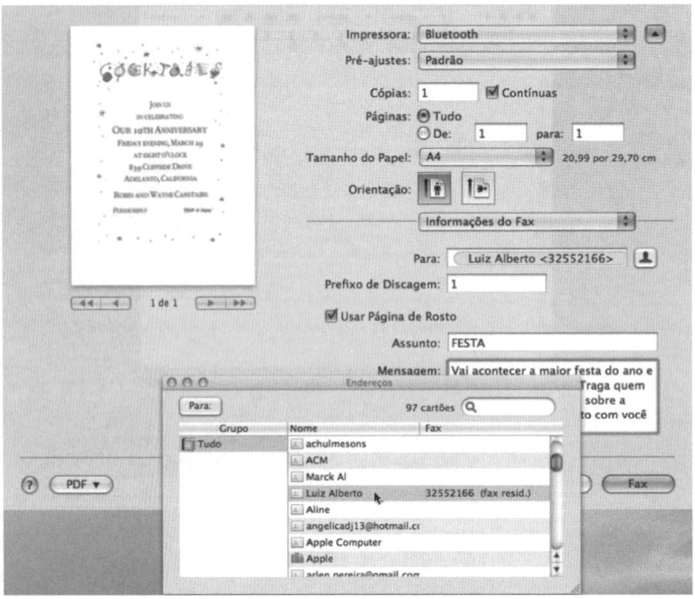

Figura 14-8: *Ao enviar um fax, você tem uma caixa de diálogo Imprimir modificada. É onde você especifica uma página de rosto (e o que quiser nela). Você pode digitar um número de fax na caixa Para ou clicar o botão de silhueta de cabeça para abrir uma versão em miniatura da Agenda. Ela permite que você escolha o nome de alguém através de duplo-clique. Todos os números de telefone aparecem aqui, portanto, procure por aqueles identificados como números de fax. (É possível que essas listagens não incluam o prefixo 1 de longa distância, razão pela qual a Apple ofereceu uma caixa separada de Prefixo de Discagem [Dialing Prefix].) Se você tiver grupos montados em sua Agenda, é possível enviar para todos de um grupo de uma vez.*

- **Configurações (Settings).** Em geral, perder tempo com o menu pop-up de impressão não é pertinente ao envio de fax. (ColorSync? Em um fax em preto e branco? Acorda!) Mas, os controles padrão de impressão estão aqui para a sua conveniência. É possível usar o painel Programador (Scheduler para especificar uma hora para a saída do seu fax, o painel Layout para imprimir mais de uma "página" por folha e assim por diante.

- **Usar Página de Rosto (Use Cover Page), Assunto (Subject), Mensagem (Message).** Se você marcar essa caixa de seleção, terá permissão de digitar uma pequena mensagem nas caixas de Assunto e Mensagem.

  Atenção! Não pressione a tecla Return para acrescentar uma linha em branco à sua mensagem. O Mac OS X pensa que você quer "clicar" o botão Fax – e lá vai ele!

Dica: Nesse momento, escolher Salvar como PDF a partir do pequeno botão pop-up PDF é a sua única chance de manter uma cópia do fax que está enviando.

Enviando

Quando tudo parecer certo, clique o botão Fax. Mesmo que pareça que nada está acontecendo, veja o seu Dock, onde o ícone do seu fax/modem apareceu. Se clicá-lo, você verá um clone da caixa de diálogo, mostrada na Figura 14-4, indicando o progresso do seu fax. Aqui, é possível fazer uma pausa no envio do fax, apagá-lo, ou retê-lo, exatamente como faria com uma cópia. (O seu menulet Fax, que foi instalado, também o mantém informado sobre o progresso do fax; veja a Figura 14-9.)

Quando a conexão tiver terminado, você não ouve ou vê nada, nem recebe qualquer informação de que o fax foi enviado com sucesso. (Se o seu fax *não* tiver sido enviado com sucesso por algum motivo, automaticamente a janela do modem reprograma o fax para ser enviado em cinco minutos.)

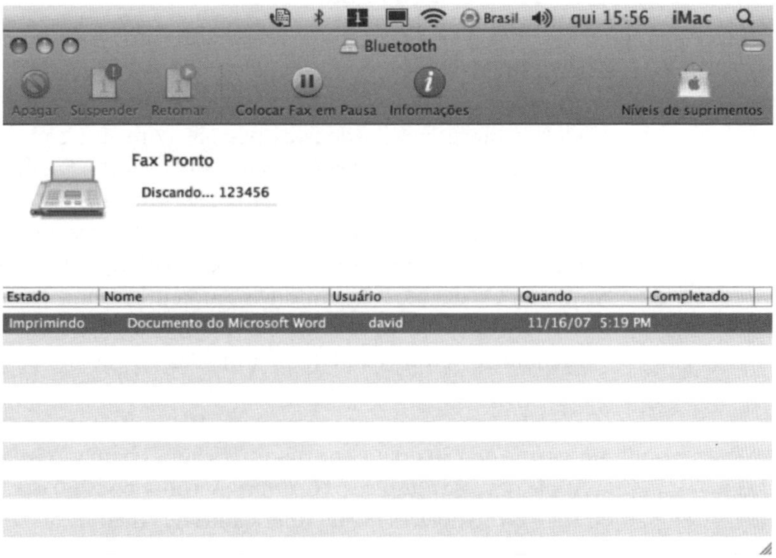

Figura 14-9:
O menulet Fax (em cima) diz "Discando... Conectando..." (Dialing... Connecting) e assim por diante. Clique para ver o comando Desligar Agora (Hang Up Now).

A fila de faxes mostra aqueles que estão sendo enviados no momento ou programados para envio posterior. Para ver quais documentos foram enviados com sucesso, e quando eles saíram, escolha Serviços→Mostrar Serviços Completados (Jobs→Show Complete Jobs).

Nota: Em uma rede, apenas um Mac precisa estar conectado a uma linha telefônica. Naquele Mac, abra Preferências do Sistema, clique Compartilhamento, marque Compartilhamento de Impressora e a caixa de seleção do seu fax modem. De agora em diante, os outros Macs na rede podem enviar faxes por meio daquele que tem uma linha telefônica! (Eles veem o modem compartilhado relacionado na caixa de diálogo Fax.)

Verificando o registro, verificando a fila

Para ver o registro de todos os faxes enviados e recebidos, escolha →Preferências do Sistema→Impressão e Fax. Dê duplo-clique no nome do seu fax/modem; a janela de administração de fax aparece, mas não é nela que você está interessado. Ao invés disso, escolha Trabalhos→Mostrar Trabalhos Concluídos (Jobs→Show Completed Jobs). Você obtém uma janela de *status* que se parece com a de uma impressora.

Recebendo um fax

Um Mac que foi configurado para atender chamadas faz uma boa imitação de uma máquina de fax. Você nem precisa estar logado para receber faxes, embora o Mac tenha que ser ligado. Em Preferências do Sistema→Economizador de Energia→Opções (System Preferences→Energy Saver→Options), marque Iniciar automaticamente ao detectar uma chamada (Wake when modem detects a ring), para evitar que o seu Mac esteja dormindo no grande momento.

Quando uma chamada de fax chega, o Mac a responde, depois do número de toques que você especificou. Então, ele trata da imagem de entrada de fax como você havia deixado em Preferências do Sistema: enviando-a para o seu programa de e-mail, imprimindo-a automaticamente ou apenas salvando-a como um arquivo PDF na pasta que você especificou.

Arquivos PDF

Cedo ou tarde, quase todas as pessoas com um computador pessoal deparam-se com arquivos PDF (*Portable Document Format* – Formato Portátil de Documento). Muitos software manuais, arquivos Leia-Me (Read Me) e que podem ser baixados em "papel em branco" vêm nesse formato. Até recentemente, você precisava de um programa gratuito chamado Acrobat Reader, se esperava abrir ou imprimir esses arquivos. Os devotos do Windows ainda precisam.

Entretanto, os arquivos PDF são uma das formas atuais de moeda do Mac OS X. De fato, você pode transformar *qualquer documento* (em qualquer programa com um comando Imprimir) em um arquivo PDF – um truque que antigamente exigia um programa de 250 dólares norte-americanos chamado Adobe Acrobat Distiller. (Talvez a Apple devesse anunciar: "Compre Acrobat por 250 dólares e receba o Mac OS X de graça – e 120 dólares norte-americanos de volta!")

Mas, por que você iria querer fazer isso? Qual é o grande negócio em relação ao PDF no Mac OS X? Pense nestas vantagens:

- **Outras pessoas veem o seu layout.** Quando você distribui arquivos PDF a outras pessoas, elas veem exatamente as mesmas fontes, cores, design de página e outros elementos que você coloca em seu documento original. E eis o detalhe: elas conseguem ver tudo isso mesmo se não *tiverem* as fontes ou o software que você usou para criar o documento. (Contraste com a alternativa. Digamos que você esteja enviando um documento em Microsoft Word para alguém. Se o seu correspondente não tiver exatamente as mesmas fontes que você, ele verá um layout revirado. E se ele não tiver o Word ou um programa que possa abrir arquivos Word, ele não terá absolutamente nada.)

- **Ele é universal.** Os arquivos PDF são comuns nos mundos do Macintosh, Windows, Unix/Linux e até Palm e organizador PocketPC. Quando você criar um arquivo PDF, pode distribuí-lo (por e-mail, por exemplo) sem se preocupar com quais tipos de computadores os seus correspondentes estão usando.

- **Ele tem uma resolução muito alta.** Os arquivos PDF imprimem na máxima qualidade de qualquer impressora. Um arquivo PDF fica ótimo impresso tanto nas impressoras baratas de jato de tinta quanto em aparelhagem de alta qualidade de ajuste de imagem em lojas de impressão profissional. (Neste momento você está olhando para um arquivo PDF que foi impresso em uma gráfica de editora.)

- **Você pode pesquisá-lo.** Ainda que você possa pensar em um arquivo PDF como algo como uma imagem capturada do documento original, ele tem várias diferenças-chave. Por trás da cena, o seu texto ainda é texto; o Spotlight pode encontrar um PDF em uma pilha em questão de segundos. Esse é um recurso especialmente prático quando você trabalha com manuais de software eletrônicos em formato PDF.

Nota: Está bem, a piada sobre uma cópia gratuita do Acrobat é um exagero. O Mac OS X cria sozinho *telas otimizadas* de arquivos PDF: arquivos compactos, fáceis de enviar por e-mail, que têm ótima aparência na tela, mas não têm resolução alta o suficiente para impressão profissional. Com objetivos de alta finalidade e mais otimização para usos específicos (Web, máquinas sofisticadas de impressão e assim por diante), você precisará de um programa como o Adobe Acrobat, o Illustrator ou o InDesign.

Abrindo arquivos PDF

Não há nada de especial em abrir um arquivo PDF: basta dar duplo-clique. A Pré-visualização assume a partir daí e abre o arquivo PDF em sua tela.

Criação de arquivos PDF

O que é realmente excitante no Mac OS X é a habilidade de criar os seus *próprios* arquivos PDF. A maneira mais fácil é clicar o botão pop-up PDF, na caixa de diálogo padrão Imprimir (Figura 14-10). Quando você o clicar, obtém um mundo de possibilidades interessante de criação de PDF.

- **Salvar como PDF (Save as PDF).** O Mac OS X salva a sua futura cópia para o disco, como um documento em PDF, em vez de imprimi-lo.

- **Salvar PDF como PostScript (Save PDF as PostScript).** Você recebe um arquivo PostScript em vez de PDF. (PostScript é o formato preferido de alguns designers e lojas de impressão. Ele consiste de instruções altamente exatas de "o que desenhar" para as impressoras PostScript a laser.)

- **Enviar PDF por Fax (Fax PDF).** Envia um documento por fax em vez de imprimi-lo, conforme descrito nas páginas anteriores.

- **Enviar PDF por E-mail (Mail PDF).** Gera um PDF e, depois, anexa-o a uma mensagem que será enviada pelo Mail. Ótimo para troca de documentos com muito layout entre colaboradores que não têm as mesmas fontes, softwares ou gosto como o seu.

- **Salvar como PDF-X (Save as PDF-X).** Cria um formato especializado de PDF, popular na indústria de impressão, que tem uma compactação extra, pois contém o mínimo de dados necessários para imprimir o documento.

- **Salvar PDF no iPhoto (Save PDF to iPhoto).** Cria uma versão do documento e, depois, exporta-o para iPhoto. Essa não é uma ideia tão ruim: o iPhoto é ótimo em administrar e encontrar qualquer tipo de documentos de imagens, inclusive PDFs.

Dica: Lembre-se de que, uma vez tendo enviado um documento ou layout para o iPhoto, é possível transformá-lo em um catálogo, calendário, cartão de saudações ou cartão postal com impressão personalizada.

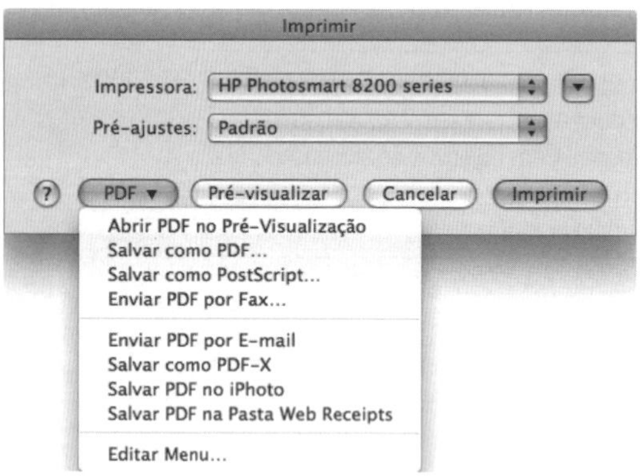

Figura 14-10:
O botão PDF está infestado de ótimas maneiras de processar um documento enquanto ele ainda estiver aberto – e você também pode fazer acréscimos à lista desse botão pop-up. Por exemplo, é possível criar caminhos ainda mais elaborados para os documentos que você deseja imprimir ou converter para PDF, usando um fluxo de trabalho do Automator (Capítulo 7). Ou, para reduzir esse menu, escolha Editar Menu (Edit→Menu).

- **Salvar PDF na pasta Receitas da Web (Save PDF to Web Receipts Folder).** É um dos recursos mais simples e doces em todo o Mac OS X.

  Você o usa quando tiver comprado alguma coisa em um website e a tela Imprimir Este Recibo (Print This Receipt) está à sua frente. Não desperdice papel e tinta (e mais tarde, tempo para encontrá-lo!). Em vez disso, use esse comando.

Você recebe uma versão em PDF perfeitamente utilizável, armazenada em sua pasta Início→Documentos→Receitas da Web (Home→Documents→Web Receipts), onde é possível usar o Spotlight para encontrá-lo mais tarde, quando precisar consultar ou imprimi-lo, porque as mercadorias do "mercado cinza" nunca chegaram.

- **Editar Menu (Edit Menu).** Permite que você apare essa lista para remover as opções que nunca usa.

Fontes e Catálogo de Fontes

O Mac OS X fornece fontes que são *todas suaves, o tempo todo.* Os formatos de fontes no Mac OS X – chamados TrueType, PostScript Tipo 1 e OpenType – sempre aparecem suavemente na tela e em impressões, independente do tamanho do ponto.

O Mac OS X também vem com um programa que é *apenas* para instalar, remover, inspecionar e organizar as fontes. Ele é chamado de Catálogo de Fontes (Font Book) (Figura 14-11), e está em sua pasta Aplicativos.

Onde vivem as fontes

Anime-se! No Mac OS X há *três* pastas de fontes. As fontes que de fato você vê relacionadas nos menus Fontes (Fonts) e os painéis Fonte de seus programas são combinações do conteúdo dessas pastas de fontes.

Elas incluem:

- **Suas fontes particulares a sua pasta Início→Biblioteca→Fontes (Home→Library→Fonts).** Essa pasta de fontes fica dentro de sua própria pasta Início. Você tem liberdade para acrescentar as suas próprias fontes personalizadas a essa pasta. Fique à vontade – é a sua coleção de fontes, só sua. Ninguém mais que usar o Mac poderá usar essas fontes; eles sequer saberão que você as tem.

- **Coleção principal de fontes Biblioteca→Fontes (Library→Fonts).** Quaisquer fontes nessa pasta estão disponíveis para qualquer pessoa usar em qualquer programa. (Porém, como com a maioria dos recursos que afeta a todos os que compartilham o seu Macintosh, apenas pessoas com contas de Administrador podem alterar o conteúdo dessa pasta.)

- **Fontes essenciais ao sistema Sistema→Biblioteca→Fontes (System→Library→Fonts).** Essa pasta contém as 35 fontes que o próprio Mac precisa: os tipos de letra que você vê em seus menus, caixas de diálogo, ícones e assim por diante. É possível abrir essa pasta para *ver* as malas de fontes, mas você nada pode fazer com elas, tal como abrir, mover ou adicioná-las. Lembre-se de que, por motivos de estabilidade, a pasta Sistema é vedada, para sempre, sob vidro. Apenas o *superusuário* pode tocar esses arquivos – e ainda assim se tal pessoa se atrever a fazê-lo.

Com exceção das fontes essenciais ao sistema, você encontrará um ícone representando cada um desses lugares em seu programa Catálogo de Fontes, descrito a seguir.

Nota: Apenas para tornar a vida mais excitante, os software instaladores da Adobe podem doar ainda *mais* fontes, em uma *outra* pasta: a sua pasta Início→Suporte de Aplicativo (Home→Application Support).

Catálogo de Fontes: instalando e administrando fontes

Uma das maiores mordomias do Mac OS X é a sua coleção pré-instalada de mais de 50 fontes de ótima aparência – "que vale mais de 1.000 dólares norte-americanos", segundo a Apple, que licenciou muitas delas de empresas de letras. Em resumo, cada vez menos usuários Mac terão de comprar e instalar novas fontes.

Destaque do Snow Leopard: De fato, o Mac OS X 10.6 vem com quatro novas fontes: Menlo, uma nova fonte monospaced para ser usada em programas como o Terminal; Chalkduster, que parece que foi escrita em um quadro negro; e Heiti e Hiragino Sans (para idiomas asiáticos).

Mas, você tem sorte quando compra ou faz o download de novas fontes. Não há limite para a quantidade de fontes que você pode instalar.

Figura 14-11: *Cada detentor de conta pode ter um conjunto separado de fontes; o seu conjunto é representado pelo ícone Usuário (User). É possível arrastar fontes e famílias de fontes entre as várias pastas Fontes – aqui representadas – da sua pasta de Usuário de conta para o ícone Computador (Computer), por exemplo, disponibilizando-as para todos os detentores de conta.*

Cuidando de suas fontes

Direto ao ponto, o Catálogo de Fontes é ótimo para uma busca agradável: olhar as amostras de cada tipo de letra. Clique Computador, por exemplo, clique o primeiro nome de fonte e, depois, pressione a tecla de seta para baixo. Enquanto você percorre a lista para baixo, o painel da extrema direita exibe uma amostra de cada fonte (Figura 14-11).

Também é possível clicar qualquer triângulo giratório da família da fonte (ou selecionar o seu nome e depois pressionar a seta para a direita) para ver as *variações* de fonte que ela inclui: Itálico, Negrito e outras.

Dica: Quando você abrir o Catálogo de Fontes pela primeira vez, o texto da visualização de tipo de letra (no painel direito) é bem genérico. Não deixe de ver o menu Pré-visualizar (Preview), pois ele permite que você substitua toda uma exposição de cada caractere (escolha Repertório [Repertoire]) – ou, se escolher Personalizar (Customize), você poderá digitar o seu *próprio* texto.

Imprimindo uma folha de referência

É fácil imprimir uma amostra útil inteira com fontes de qualquer fonte. Clique o seu nome e, depois, Arquivo→Imprimir. Na caixa de diálogo Imprimir, clique o botão ▼ para expandi-la, se necessário.

Conforme mostrado na Figura 14-12, você pode usar o menu pop-up Tipo de Relatório (Report Type) para escolher a partir de três estilos de folha de referência:

- **Catálogo (Catalog)**. Imprime o alfabeto duas vezes (em maiúsculas e minúsculas) e os números em cada fonte selecionada; use o deslizador Tamanho da Amostra (Sample Size) para controlar o tamanho. Esse estilo é o mais compacto, porque mais de uma amostra de impressão cabe em cada folha de papel.

- **Repertório (Repertoire).** Imprime uma grade que contém cada caractere individual na fonte. Esse relatório pode ocupar mais de uma página por fonte.

- **Cascata (Waterfall)**. Imprime o alfabeto repetidamente, com tamanhos de letra crescentes, até que a página esteja cheia. Você pode controlar quais tamanhos aparecem, usando a lista Tamanho da Amostra.

Quando tudo parecer bom, clique Imprimir.

Eliminando duplicados

Visto que o seu Mac acessa até três pastas contendo fontes, você poderia imaginar o que acontece no caso de *conflitos*. Por exemplo, suponhamos que você tem duas fontes ligeiramente diferentes, chamadas Optima, que vieram de empresas diferentes de letras, e estão guardadas em pastas Fontes diferentes no seu sistema. Qual fonte você de fato recebe quando a usa em seu documento?

Na verdade, o esquema é bem simples: o Mac OS X percorre a lista de pastas Fontes na ordem mostrada anteriormente, começando com a sua própria pasta Fontes inicial. Ele só reconhece a existência da *primeira* fonte repetida que encontrar.

Se você preferir ter mais controle, abra o Catálogo de Fontes. Um bullet (•) perto do nome da fonte é a maneira charmosa do Catálogo tentar informar que você recebeu cópias da mesma fonte em mais de uma de suas pastas Fontes. Você pode ter uma versão de Comic Sans em sua própria pasta Início→Biblioteca→Fontes, por exemplo, e outra em sua pasta principal de fontes do Mac.

Clique naquela que deseja manter e, depois, escolha Editar→Resolver Duplicados (Edit→Resolve Duplicates). O Catálogo de Fontes desmarca todas as *outras* cópias e o bullet desaparece.

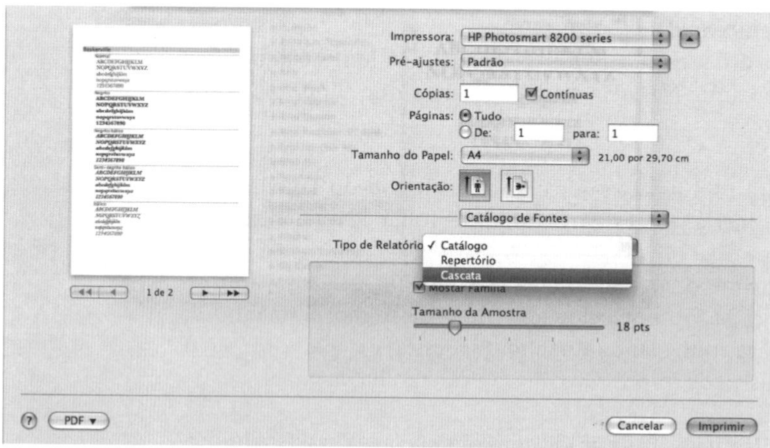

Figura 14-12: *A partir do menu pop-up Tipo de Relatório, escolha o estilo desejado. A tela de visualização exibe cada um, antes de você mandá-lo para o papel. Os controles de tipo/tamanho sempre aparecem embaixo, à direita.*

Como acrescentar, remover e ocultar fontes

Eis o que você pode fazer com o Catálogo de Fontes:

- **Instalar uma fonte.** Quando você dá duplo-clique sobre um ícone de um arquivo de fonte no Finder, o Catálogo de Fontes abre e apresenta o tipo de letra para a sua prazerosa inspeção. Se quiser, clique Adicionar Fonte (Install Font). Você acabou de instalá-la na pasta Fontes da *sua conta*, de modo que ela aparece nos menus Fonte de todos os seus programas. (Se preferir instalá-la para que ela apareça nos menus Fontes de *todos* os detentores de conta, veja a Figura 14-11.)

- **Remover uma fonte.** É fácil remover uma fonte da sua máquina: selecione-a no Catálogo de Fontes e, depois, pressione a tecla Delete. (Você é solicitado a confirmar a decisão.) Porém, antes de tomar uma atitude tão drástica e permanente, tenha em mente que você pode simplesmente *desabilitar* (ocultar) a fonte. Continue a ler.

- **Desativar fonte.** Ao desativar uma fonte, você está apenas ocultando-a de seus programas. Você poderia querer desmarcar uma fonte para poder usar uma versão diferente dela (contendo o mesmo nome, mas de uma empresa de letras diferente, por exemplo), ou encurtar os seus menus Fonte, ou fazer programas como o Microsoft Word iniciar mais depressa. Sempre é possível trazer de volta uma fonte desativada, se vier a precisar dela novamente.

Dica: Como é isso em um novo recurso do Leopard? Agora, o Mac OS X pode ativar fontes *automaticamente*, quando você precisar delas. Quando você abre um documento que se baseia em uma fonte que ele não tem, o Leopard ativa aquela fonte e a mantém disponível até que o programa em especial saia.

Na verdade, ele faz melhor que isso! Se não vir aquela fonte instalada, ele *busca em seu disco rígido*, em uma procura pela fonte – e, depois, pergunta se você a quer adicionada, para que o documento pareça certo.

Para desativar uma fonte, basta clicá-la (ou o seu nome de família; veja a Figura 14-11) e, depois, clicar o botão da caixa de seleção, sob a lista (ou pressionar Shift-⌘-D). Confirme a sua decisão, clicando Desativar (Disable) na caixa de confirmação. (Marque Não perguntar mais [Do not ask me again], se você for do tipo confiante.)

Agora o nome da fonte aparece cinza e a palavra Inativo (Off) aparece próxima a ela, deixando absolutamente claro o que você acabou de fazer. (Para ativar novamente a fonte, selecione o seu nome e depois clique o agora vazio botão da caixa de seleção, ou pressione novamente Shift-⌘-D.)

Nota: Quando você instala, remove, desativa ou ativa uma fonte usando o Catálogo de Fontes, vê imediatamente as mudanças nos menus e painéis Fonte dos programas *Cocoa*. Entretanto, você não vê as mudanças nos programas Carbon abertos, até sair e reabri-los.

Coleções de fontes

Uma *coleção*, como aquelas relacionadas na primeira coluna do Catálogo de Fontes, é um subconjunto das suas fontes instaladas. A Apple o inicia com coleções de coisas chamadas PDF (um conjunto de fontes padrão usadas em arquivos PDF) e Web (fontes seguras para uso em páginas Web – isto é, fontes que provavelmente você instalou nos Macs ou PCs Windows em suas visitas à Web).

Porém, você pode criar coleções chamadas, por exemplo, de Headline ou Sans Serif, organizadas por tipo de fonte. Ou pode criar coleções como Brochure ou Movie Poster, organizadas por projeto. Depois, é possível ativar e desativar esses grupos de fontes à vontade, exatamente como se você tivesse comprado um programa como o Suitcase.

Para criar uma nova coleção, clique o botão + da extrema esquerda, a fim de criar uma nova entrada na coluna Coleções (Collections), cujo nome você pode editar. Depois, clique um dos lugares de armazenagem de fonte – Usuário ou Computador – e arraste as fontes ou as famílias de fontes para o ícone de sua recém-criada coleção. (Reconhece esse processo das listas de reprodução do iTunes ou de álbuns do iPhoto?) Cada fonte pode estar em quantas coleções você quiser.

Para remover uma fonte da coleção, clique o seu nome e depois pressione Delete. Na verdade, é claro que você não está removendo a fonte do seu Mac – apenas da coleção.

Dica: Cada vez que você criar uma nova coleção de fontes, o Mac OS X grava o seu nome e conteúdo em um pequeno arquivo na sua pasta Início→Biblioteca→Coleções de Fonte (Home→Library→FontsCollections).

Copiando esses arquivos para a pasta Compartilhado, eles ficam disponíveis para qualquer pessoa que usar o Mac. Por exemplo, se a sua irmã copiar um desses arquivos de lá para a pasta Iniciar→Biblioteca→Coleções de Fonte dela, ela verá o nome de sua coleção no próprio painel Fontes. Assim, ela pode usufruir os benefícios do esforço e cuidado que você põe em sua criação.

Bibliotecas de fontes

Não fique confuso: uma *biblioteca* de fontes não é a mesma coisa que uma *coleção* de fontes.

Uma biblioteca de fonte é um conjunto de fontes *fora* do Catálogo de Fontes, que você pode instalar e desinstalar à vontade. Elas não precisam estar em qualquer de suas pastas Fontes; o Catálogo de Fontes pode instalá-las a partir de onde quer que elas estejam no seu disco rígido (ou mesmo na rede). Ele nunca copia ou move esses arquivos de fonte quando você as instala ou remove das bibliotecas; ele apenas as adiciona aos seus menus Fonte, referenciando-as exatamente onde estão.

Dica: Esse pode ser um arranjo prático, se, periodicamente, você trabalhar em projetos diferentes para clientes diferentes. Por que perturbar o seu menu Fonte do dia a dia com as 37 fontes usadas pela revista *Beekeeper Quarterly*, por exemplo, quando você só precisa trabalhar com aquelas fontes quatro vezes por ano?

Quando tiver acrescentado algumas fontes a uma biblioteca, é possível até instalar coleções *dentro* dela.

Para criar uma biblioteca, escolha Arquivo→Nova Biblioteca (File→New Library); a biblioteca aparece na lista Coleção, do lado esquerdo do Catálogo de Fontes. Agora, é possível arrastar fontes do Finder para ela, ou instalar coleções dentro dela, selecionando o ícone da biblioteca e escolhendo Arquivo→Nova Coleção (File→New Collection).

Exportando fontes

Na próxima vez em que você sugerir um projeto de design a uma gráfica ou escritório de imagens, não será preciso se preocupar se eles não têm as fontes certas. É fácil reunir todas as fontes usadas em um documento e, depois, exportá-las para uma pasta, pronta para apresentar, junto com o seu documento, à gráfica.

Use o comando Catálogo de Fontes→Serviços→Catálogo de Fontes→Criar Coleção do Texto (Font Book→Services→Font Book→Create Collection From Text). O Catálogo de Fontes abre e exibe uma nova coleção que ele criou, contendo todas as fontes usadas no seu documento. Clique a coleção e, depois, escolha Arquivo→Exportar Coleção (File→Export Collection). O software pede o seu nome e escolhe um lugar para a pasta das fontes exportadas.

Nota: O comando Criar Coleção do Texto (Create Collection From Text) não funciona em todos os programas, mas sempre é possível montar e exportar manualmente uma coleção.

O painel Fontes

Conforme observado no Capítulo 5, alguns programas existentes do Mac foram apenas modificados para serem compatíveis com o Mac OS X. A escolha de fontes nesses programas funciona exatamente como sempre funcionou no Mac: você escolhe um nome de tipo de letra do menu Fonte ou uma paleta de formatação.

As coisas ficam muito mais interessantes quando você usa os programas *Cocoa*, como Editor de Texto, iMovie, Pages, Keynote, Numbers, iPhoto e Mail. Eles oferecem um recurso padrão do Mac OS X chamado de painel Fontes. Se estiver sentado agora diante da sua máquina Mac OS X, acione o Editor de Textos ou Pages e acompanhe.

Escolhendo fontes a partir do painel Fontes

Suponha que você tenha selecionado um cabeçalho no Editor de Textos e agora quer escolher um tipo de letra adequado para ele.

No Editor de Textos, abra o painel Fontes (Figura 14-13), escolhendo Formato→Fonte→Mostrar Fontes (Format→Font→Show Fonts) (⌘-T). Se você já tiver usado o Catálogo de Fontes, essa visualização deve parecer familiar. A primeira coluna relaciona as suas Coleções, conforme descrito anteriormente. A segunda coluna, Família (Family), mostra os nomes das fontes atuais no seu sistema. A terceira, Tipo de Letra (Typeface), mostra as diversas variações de estilo – Negrito, Itálico, Condensado e assim por diante – disponíveis naquela família de letras. (Oblíquo [Oblique] e Itálico [Italic] são basicamente a mesma coisa; Negrito [Bold] e Ultra são graus variáveis de letra em negrito.)

A última coluna relaciona uma amostragem de tamanhos de pontos. Você pode usar o deslizador de tamanho, escolher a partir do menu pop-up de tamanho de ponto ou digitar qualquer número na caixa no alto da lista Tamanho (Size).

Projetando as coleções e os favoritos

Embaixo do painel Fontes, o menu ✲ oferece algumas ferramentas úteis para personalizá-lo:

- **Incluir em Favoritos (Add to Favorites).** Para designar uma fonte como uma de suas favoritas, especifique uma, seu estilo e seu tamanho, clicando nas colunas apropriadas do painel Fontes. Depois, use esse comando.

  De agora em diante, sempre que clicar Favoritos na coluna Coleções, você verá uma lista dos tipos de letra especificados.

- **Mostrar Pré-Visualização (Show Preview).** O painel Fontes é ótimo e tudo mais, mas você deve ter observado que, pelo menos a princípio, na verdade ele não *mostra* as fontes com as quais você está trabalhando – algo como uma vista de uma janela, para ajudá-lo a encontrar as suas fontes. Veja a Figura 14-13 para detalhes. (Escolha novamente esse comando – agora chamado Ocultar Pré-visualização [Hide Preview] – para se livrar dessa amostragem.)

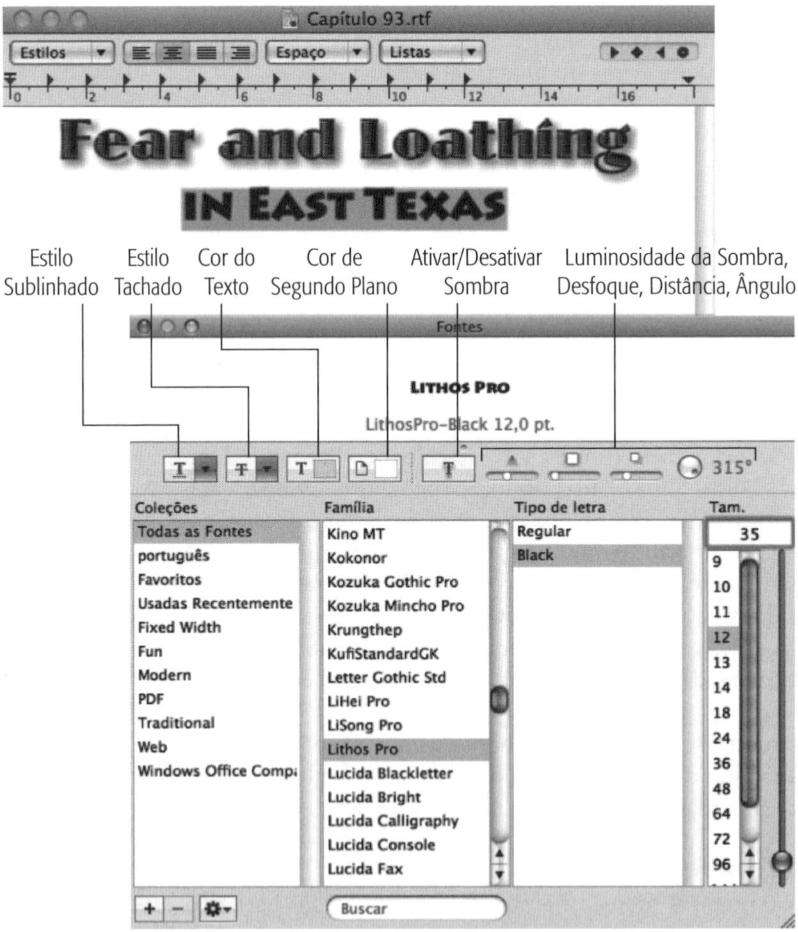

Figura 14-13: *O painel Fontes, normalmente disponível apenas em programas Cocoa, oferece controles elaborados, com relação aos estilos de cor de texto, sombra e sublinhado.*

Vê a prática amostra de fontes mostrada aqui, acima da lista de fontes? Para se livrar dela, escolha Mostrar Pré-visualização (Show Preview) a partir do menu pop-up ✲. Ou use o mouse: coloque o seu cursor logo abaixo da barra de título (onde diz Fontes) e arraste para fora.

Nota: Quando você tiver aberto o painel Pré-visualização, fique à vontade para clicar os diferentes tamanhos, nomes de tipo de letras e nomes de família, para ver os vários efeitos.

- **Ocultar Efeitos (Hide Effects).** No painel Fontes, a Barra de Ferramentas permite que sejam criados efeitos especiais de texto – cores, sombras e assim por diante –, conforme mostrado na Figura 14-13. O comando oculta essa fileira de botões pop-up.

- **Cor (Color).** Abra a paleta Seletor de Cor (Color Picker), para poder especificar uma cor para o texto selecionado em seu documento.

- **Caracteres (Characters).** Abra a Paleta de Caracteres (Character Palette) para poder escolher um símbolo, sem precisar se lembrar da louca combinação de teclado que o digita.

- **Tipografia (Typography).** Abre a paleta Tipografia (veja a Figura 14-14).

- **Editar Tamanhos (Edit Sizes).** Os tamanhos de ponto relacionados no painel Fontes são apenas sugestões. Você pode digitar qualquer tamanho de ponto que quiser. Na verdade, escolhendo esse comando, é possível editar essa lista para que os tamanhos mais usados estejam apenas a um clique de distância.

Figura 14-14:
A paleta Tipografia é uma reserva que pode ser diminuída de letras de elegantes efeitos, que variam por fonte. Nesse exemplo, marcar Common Ligatures, cria pares de letras agrupadas, como fl e fi; a opção Small Caps, cria o estilo "[Do Not Drink'; e assim por diante.

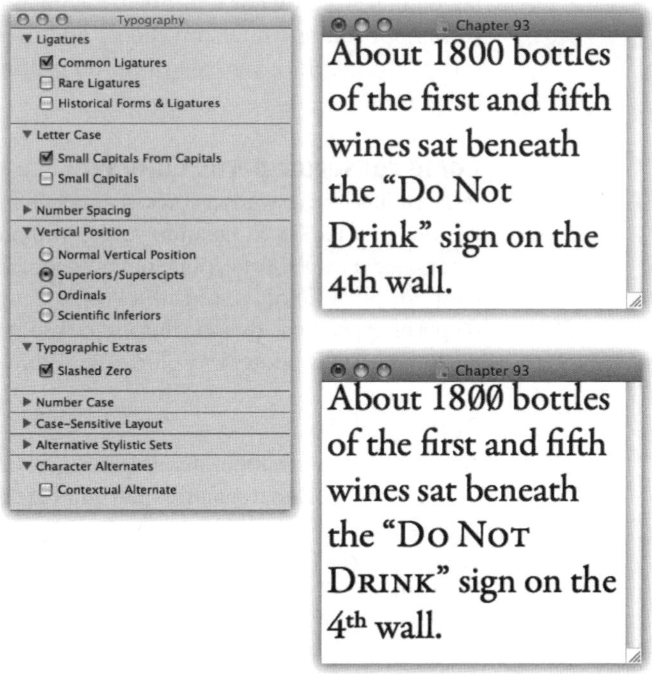

- **Gerenciar Fontes (Manage Fonts).** Abre o Catálogo de Fontes, descrito anteriormente neste capítulo.

ColorSync

Como você deve ter descoberto, por meio de "dolorosa" experiência, os computadores não são ótimos com cores. Cada dispositivo que você usa para criar e imprimir imagens digitais "vê" as cores de forma um pouco diferente, o que explica o motivo pelo qual o âmbar profundo captado pelo seu scanner pode aparecer como marrom embaçado no seu monitor, ainda podendo vir como um laranja fogo em sua impressora Epson a jato de tinta. Visto que cada dispositivo define e apresenta cores à sua própria maneira, frequentemente as cores são inconsistentes quando um serviço de impressão vai do projeto para a prova de impressão.

O ColorSync tenta organizar essa confusão, servindo como um tradutor entre todas as peças diferentes de hardware no seu fluxo de trabalho. Para isso funcionar, cada dispositivo (scanner, monitor, impressora, câmera digital, copiadora, revisor e assim por diante) precisa estar calibrado com um único *perfil ColorSync* – um arquivo que informa ao seu Mac exatamente como ele define as cores. Munido do conhecimento contido nos perfis, o software do ColorSync pode compensar os vários desvios dos diferentes dispositivos, e até os tipos diferentes de papel onde eles imprimem.

A maioria das pessoas que perde o sono por causa da fidelidade de cor, é aquela que faz digitalização de cor e impressão comercial, onde as cores "desligadas" são uma coisa importante. Afinal, um cliente pode devolver um produto depois de descobrir que, por exemplo, a verdadeira cor do produto não combina com a foto no website da empresa.

Como conseguir perfis ColorSync

Para muitas impressoras a cores, scanners e monitores, os perfis ColorSync veem embutidos no Mac OS X. Quando você compra equipamentos ou software da, digamos, Kodak, Agfa ou Pantone, pode obter perfis adicionais. Se o seu equipamento não vier com um perfil ColorSync, visite a Profile Central (www.chromix.com), onde centenas de perfis específicos de modelos estão disponíveis para download. Coloque os novos perfis na pasta Biblioteca→ColorSync→Profiles (Library→ColorSync→Profiles).

Perfis padrão

No trabalho profissional de imagens, geralmente um perfil ColorSync é embutido direto em uma foto, tornando automática toda a sua administração de cor. Usando o programa Utilitário ColorSync (em Aplicativos→Utilitários), você pode especificar qual perfil ColorSync cada um dos seus dispositivos deve usar. Clique o botão Dispositivos (Devices), abra a categoria para o seu dispositivo (Scanners, Câmeras, Monitores ou Comprovadores), clique o modelo que você tem e use o menu pop-up Perfil Atual (Current Profile) para designar um perfil a ele.

Dica: No painel Monitores de Preferências do Sistema, você encontrará uma aba Cores. O seu botão Calibrar destina-se a criar um perfil para o seu monitor em particular, na iluminação específica do seu escritório – tudo o que é preciso fazer é responder a algumas perguntas na tela e arrastar alguns deslizadores.

Mais sobre o ColorSync

Se você sente até "dor" de tanta vontade de aprender sobre ColorSync, não encontrará muito no sistema de Ajuda do Mac OS X. Em vez disso, pesquise na Web. Pesquisar *ColorSync* no Google é um exercício muito enriquecedor.

Imagens no Mac OS X

Isso é conversa! Se você quiser ver as pupilas dilatadas e mãos suando, basta dizer "imagens" para qualquer pessoa viciada no Mac OS X.

Sim, o Mac OS X fez das imagens um grande negócio, graças à sua sofisticada tecnologia de processamento de imagens gráficas Quartz. Em qualquer lugar que você olhar no Mac OS X encontrará efeitos visuais que fariam qualquer outro sistema operacional pensar em aposentadoria precoce.

Por exemplo: os menus são transparentes e quando você os libera, eles esmaecem ao longe, em vez de sumir de repente. Você pode ajustar gráficos Excel 3D para serem levemente transparentes, para que eles não bloqueiem outras barras em um gráfico 3D. Quando você cola arquivos em uma janela na visualização de ícone, seus ícones esmaecem na visualização. Quando você abre uma mensagem especialmente longa

DIAMANTE BRUTO

O recurso mais legal?

No âmago do programa Utilitário ColorSync bate um dos recursos mais legais do Mac OS X, que ninguém jamais descobriu.

Na aba Perfis (Profiles), você pode clicar o nome de um perfil de dispositivo de cor e ver a aba exibir toda a sua gama (as cores que ele é capaz de exibir). Mas, o que você pode não perceber é que essa é uma imagem 3D; você pode arrastar os seus cantos para pôr no espaço.

Porém, essa não é a parte legal. O pequeno triângulo no canto da imagem é um menu pop-up. Se você escolher Guardar para comparação (Hold for comparison) e depois escolher um perfil diferente de cor, verá aquela aba ser sobreposta, revelando a gama de áreas que elas sobrepõem – e os espaços restantes, onde elas não podem exibir as mesmas cores.

Dentre outras coisas, você descobrirá que algumas impressoras não podem exibir quase tantas cores quanto o seu monitor e que as impressoras a jato de tinta são muito melhores em demonstrar, digamos, o "ciano" do que o "verde".

E enquanto estamos falando de recursos que você pode ter perdido: dê duplo-clique sobre o nome de um perfil para ver uma descrição científica, vertiginosamente complexa, de seus elementos.

Alguém vai de tristímulo de coloração azul?

no Mail, o seu texto esmaece do branco. Quando você abre um dispositivo no Dashboard, ele espirra para baixo, com um efeito de ondulação. E quando você alterna entre contas usando o Ativar Troca Rápida de Usuário (Fast User Switching), o seu ambiente de trabalho desliza para fora da tela como se ele estivesse colado no lado de um cubo animado.

Todas essas belezas visuais devem a sua existência ao Quartz (ou o seu sucessor aperfeiçoado, o Quartz Extreme, que não está disponível nos Macs mais antigos).

Formatos de imagens gráficas no Mac OS X

O Mac OS X entende dúzias de formatos de arquivos gráficos do Mac e do Windows. E, ainda melhor, o seu programa Pré-visualização pode abrir tais imagens e depois exportá-las em um formato diferente, transformando-o em um excelente programa de conversão de arquivo.

Você pode dar duplo-clique com confiança os arquivos de imagens – de uma câmera digital, scanner ou download da Web, por exemplo – em qualquer um destes formatos:

- **Arquivos PICT.** Por quase 20 anos, o arquivo PICT era o formato de imagem gráfica com o qual os fãs do Mac estavam mais familiarizados. Era o formato de imagem usado pela Área de Transferência (Clipboard) do Macintosh, e era o formato criado pelo toque de teclado Shift-⌘-3 (veja o final deste capítulo).

  Infelizmente, nenhum outro tipo de computador podia abrir esses arquivos, assim os arquivos PICT causavam faniquitos nos equipamentos das gráficas. No Snow Leopard, após todos esses anos, a Apple finalmente abandonou o formato PICT. O programa Preview não pode mais salvar gráficos no formato PICT. Ele pode abrir arquivos desse tipo, mas somente quando estiver rodando em modo 32-bits.

- **Arquivos TIFF.** O formato de arquivo TIFF é um *bitmap* de alta densidade – isto é, o Mac decorou a cor de cada pequeno ponto no arquivo. Tentar aumentar um é como aumentar um fax: faça-o grande demais e a imagem se parte em pontos visíveis.

  No entanto, os arquivos TIFF são muito populares na indústria de impressão – a maioria das imagens gráficas neste livro, por exemplo, foram armazenadas como arquivos TIFF. Elas imprimem lindamente, funcionam muito bem em programas de layout de página e são entendidas tanto pelos Macs quanto pelos PCs. (Eles também resultam em arquivos enormes.)

- **Arquivos JPEG.** Esse formato é um dos mais populares na Web, especialmente para fotos e outros trabalhos de arte de alta qualidade, todos em cor.

  O que torna os arquivos JPEG ideais para uso on-line é que eles foram compactados (usando um programa como o Photoshop). Apenas o suficiente de dados de cor tem sido jogados fora do arquivo original para fazer da imagem rápida para download, sem afetar perceptivelmente a sua qualidade.

- **Arquivos GIF.** GIF significa *formato de imagens gráficas intercambiáveis* (*graphics interchange format*). Atualmente, os arquivos GIF são usados quase que exclusivamente na Web, geralmente para imagens de cores sólidas, como desenhos animados, cabeçalhos e logos. (Um arquivo GIF pode ter um máximo de 256 cores, o que não chega nem perto do realismo fotográfico do JPEG, por exemplo. Isso é o que torna os arquivos GIF inadequados para fotografias.)

- **Arquivos PNG.** Como resultado, um dos algoritmos usado pelos arquivos GIF é, falando tecnicamente, a propriedade de uma empresa chamada Unisys, que ameaçou processar todos aqueles que criassem arquivos GIF. "Sem problemas", disse o Consórcio World Wide Web, "apenas faremos a nossa própria substituição – um formato de arquivo que não esteja ligado a impedimentos legais". O que eles criaram foi o PNG (para Imagens Gráficas Portáteis em Rede – *Portable Network Graphics*). Você pode salvar documentos AppleWorks, Photoshop e Pré-Visualização em formato PNG, e cada navegador Web moderno o entende. Instantâneos que você tira no Mac OS X (isto é, imagens capturadas da tela, conforme descrito nas próximas páginas) agora estão no formato PNG.

  Quando compactados, os arquivos PNG não perdem qualidade, como acontece com os arquivos JPEG. Por outro lado, os arquivos PNG não acomodam animação, como os arquivos GIF. E, quando se trata de fotos, eles não oferecem um equilíbrio impressionante de tamanho/qualidade como JPEG.

- **Arquivos PDF (Acrobat).** Conforme observado anteriormente neste capítulo, o Mac OS X trafega sem esforço nos arquivos PDF, o que significa que você pode distribuir os documentos que criar para quase qualquer pessoa, certo de que ela será capaz de abrir e imprimir o seu material, independente de qual tipo de computador, fontes ou programas tenha.

GANHE VELOCIDADE

AppleScript e ColorSync

Usando o AppleScript, descrito no Capítulo 7, é possível aproveitar o ColorSync de maneiras elaboradas. Bastando arrastar ícones de documentos para os ícones do AppleScript, por exemplo, você pode embutir perfis ColorSync, modificar os perfis já incorporados, remover perfis, rever as informações de perfis embutidos em uma imagem e muito mais. Melhor ainda, nem é preciso conhecer o AppleScript para executar essas funções – basta usar os AppleScripts internos que vêm com o Mac OS X.

Para encontrá-los abra a pasta Biblioteca→ColorSync→Scripts (Library→ColorSync→Scripts). Infelizmente, não há quaisquer instruções para usas esses 18 AppleScripts já feitos. Contudo, a verdadeira esperança da Apple é que esse exemplo de scripts lhe dê uma ajuda na criação de seus próprios AppleScripts – para que algum dia você, o operador da gráfica, seja capaz de automatizar toda a sua rotina de processamento de cor usando AppleScript e ColorSync.

- **Arquivos Photoshop.** Se você for um designer gráfico ou um webmaster, esse é ótimo: o Mac OS X pode abrir (e o aplicativo Pré-visualização pode até exportar) os atuais arquivos Photoshop (exceto quanto aos chamados arquivos *RGB de 16-bits*). Em termos práticos, o fato de o Mac OS X poder abrir e exibir esses arquivos significa que você pode usar uma obra de arte de Photoshop, completa, com camadas e transparências como, por exemplo, um background de Mesa do Mac OS X.

- **BMP.** Você pode pensar nesse formato de imagem gráfica como os arquivos PICT do mundo Windows. É bom que o Mac OS X possa abri-los (e o aplicativo Pré-visualização exportá-los), especialmente porque, ocasionalmente, você pode encontrar arquivos .bmp na Web ou anexados a mensagens de e-mail.

- **Silicon Graphics, MacPaint, Targ.** Falando sobre o obscuro – você poderia passar toda a sua vida sem jamais ver uma imagem gráfica em um desses formatos. Silicon Graphics é, claro, o formato criado pelos computadores Silicon Graphics. MacPaint é um formato de imagens gráficas do velho Macintosh, apenas em preto e branco, com no máximo 8 x 10 polegadas, que desapareceu de cena por volta de 1988. E Targ (Targa) é o formato de arquivo usado em certa ocasião pelos produtos da Truevision Corporation.

Atalhos de teclado para captura de tela

Se você estiver lendo este capítulo sobre impressão e imagens, algum dia você pode estar interessado em criar *tomadas de tela* (*screenshots*) – ilustrações da tela do Mac que podem ser impressas.

As tomadas de tela são uma base de artigos, tutoriais e livros sobre o Mac (inclusive este). O Mac OS X tem um recurso secreto interno que permite que você os faça – e inclui alguns recursos interessantes, muito convenientes.

Eis como capturar várias regiões da tela.

Toda a tela

Pressione Shift-⌘-3 para criar um arquivo de foto em sua Mesa, no formato PNG, que demonstre toda a imagem da tela. Uma câmera com obturador deve informar, com um som, que você foi bem-sucedido. Cada vez que você pressiona Shift-⌘-3, você obterá outro arquivo em sua mesa.

Desde os primórdios do Mac, esses arquivos eram nomeados como Picture 1, Picture 2, e assim por diante, que não era o sistema de nomeação mais esclarecedor do mundo. No Snow Leopard, pela primeira vez, os arquivos são nomeados segundo a data e hora correntes. Uma captura de tela agora se chama "Screen shot 2010-01-18 at 5.18.13 PM" ("Captura de tela 2010-01-18 às 5.18.13 PM), "Screen shot 2010-01-18 at 5.18.32 PM" etc.

É possível abrir esses arquivos no aplicativo Pré-visualização ou qualquer outro programa de edição de imagens, prontos para editar, imprimir ou exportar em um formato diferente.

Dica: Não precisa ser Shift-⌘-3. Você pode mudar essas teclas de atalho, ou quaisquer outras de tomada de tela, para qualquer coisa que queira. Abra Preferências do Sistema→Teclado e Mouse→Atalhos de Teclado (System Preferences→Keyboard & Mouse→Keyboard Shortcuts). Expanda a lista Captura de Tela (Screen Shots). Clique sobre a descrição do atalho de teclado que deseja mudar e pressione Return para selecionar a combinação atual do teclado, e então pressione o novo atalho de teclado que preferir.

Uma seção na tela

É possível capturar apenas uma *região* retangular da tela, pressionando Shift-⌘-4. O seu cursor se transforma em um fio de cabelo cruzado com dois pequenos leitores digitais – as coordenadas horizontal e vertical de seu cursor na tela, nesse momento. (Os números são pixels, como medidos a partir do canto superior esquerdo da tela, que têm as coordenadas 0,0.)

Agora, arraste diagonalmente pela tela, para capturar apenas um pedaço retangular dela. Quando você arrastar e soltar o mouse, ouvirá o som de clique da câmera, e o arquivo Imagem 1 aparece em sua Mesa, como sempre – contendo apenas o retângulo que você delimitou.

Mas isso é apenas o começo. Quando você tiver começado a arrastar diagonalmente, enquanto o mouse ainda estiver pressionado, você pode tocar qualquer uma dessas teclas para efeitos especiais de manipulação:

- **Barra de espaço.** Enquanto mantiver pressionada a barra de espaço com uma das mãos, a sua seleção de retângulo é congelada no tamanho e forma. Com a mão do seu mouse, você pode mover o cursor com todo o retângulo de seleção anexado para refinar melhor o seu posicionamento com relação ao seu alvo.

- **Tecla Shift.** Quando pressionar Shift, você delimita a ação de arrastar de seu mouse a uma única dimensão: horizontal ou vertical. A dimensão depende de como você move o seu mouse depois de pressionar Shift.

  Por exemplo: imagine que você arraste para fora um quadrado de três centímetros e depois pare. Com o botão do mouse ainda pressionado, você pressiona Shift. Se agora você continuar a arrastar para baixo, a área selecionada mantém uma largura fixa; você só está aumentando a altura do retângulo.

- **Tecla Option.** Se mantiver pressionada Option depois de começar a arrastar, o Mac OS X cria uma seleção retangular que cresce do centro, indicando para fora. Isto é, ele trata o seu clique inicial como o ponto central do retângulo, em vez de como um canto diagonal.

- **Esc**. Se você mudar de ideia quando estiver capturando uma tela, pressione Esc. A área de seleção escurecida desaparece, e você sairá do modo de captura de tela.

Uma caixa de diálogo, menu, janela ou ícone

Por que se preocupar em limpar uma tela depois de tê-la capturado? Usando esse truque, você pode recortar organizadamente *um elemento de tela* do seu fundo.

Garanta que a caixa de diálogo, o menu, a janela ou o ícone esteja visível. Depois, pressione Shift-⌘-4. Mas, ao invés de arrastar diagonalmente, toque a barra de espaço.

O seu cursor se transforma em uma pequena câmera (Figura 14-15). Mova-a, para que a seleção azul enevoada encha a janela ou o menu que você deseja capturar – e depois clique. O arquivo Imagem resultante recorta organizadamente a janela ou o menu de seu plano de fundo.

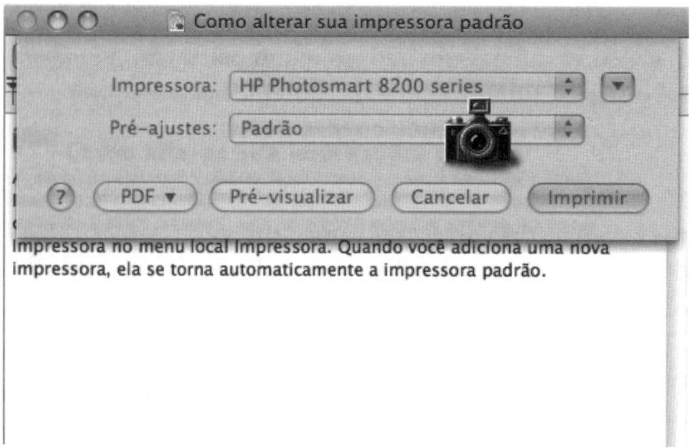

Figura 14-15: *Para capturar apenas uma caixa de diálogo, use o velho truque de "cursor de câmera". Isto é, tecle Shift-⌘-4 e, depois, toque a barra de espaço para produzir o cursor mostrado aqui. Clique o elemento que deseja para recortá-lo de seu plano de fundo. (Pressione uma segunda vez a barra de espaço para sair do modo "recortar um elemento de tela" e voltar para o modo "arrastar através de uma área".) Se você vier a mudar de ideia sobre tomar qualquer tipo de tomada de tela, pressione ⌘-. ou a tecla Esc.*

Com Shift-⌘-4-barra de espaço também é possível capturar o Dock em um rápido recorte. Quando obtiver a câmera de cursor, basta clicar qualquer ponto *vazio* no Dock (entre ícones).

Dica: Se você mantiver pressionada a tecla Control enquanto clicar ou arrastar (usando qualquer uma das técnicas descritas anteriormente), é possível copiar uma tomada de tela para a sua *Área de Transferência*, para colar, ao invés de salvá-la como um novo arquivo de imagem em sua Mesa.

O Snow Leopard vem com outras formas de criar capturas de tela:

- **Grab (Captura)**. O Captura é um programa que você encontra em sua pasta Applications→Utilities (Aplicativos→Utilitários). O ponto forte do captura está na sua opção *timer*, que permite que você configure a tela antes de capturá-la.

- **Preview (Pré-visualização).** Você pode usar os comandos do submenu File→Take Screen Shot (Arquivo→Capturar a Tela) para capturar telas (tela inteira, seleção, somente uma janela) e abrir o resultado diretamente no Pré-visualização em vez de colocar o resultado no seu disco rígido. A vantagem aqui está no fato de que você pode utilizar todas as habilidades de manipulação de imagem do Pré-visualização – alterar a resolução, cortar, incluir anotações, ajustar a cor, exportar para vários formatos gráficos – antes de jogá-lo em seu disco rígido.

- **Services (Serviços).** Os comandos Capture (Capturar) no menu Serviços (Capítulo 7) ativam a mesma função de captura de tela. No entanto, eles funcionam somente quando seu cursor está em um programa Cocoa que aceita colar gráficos (TextEdit [Editor de Texto], Stickies [Lembretes], Mail e Pages, por exemplo).

Dica: Uma imagem vale mais que mil palavras, mas às vezes um vídeo vale mais que mil imagens. Não se esqueça que o QuickTime Player (Capítulo 15) agora pode gravar *vídeos* da sua atividade na tela, para quando um único quadro não for suficiente.

CAPÍTULO

15

Som, filmes e fala

Durante anos, enquanto outras empresas de computador se esforçavam em uma frenética tentativa de comercializar um ou outro computador multimídia, os fãs do Mac apenas sorriam. Desde o primeiro dia, os Macs foram capazes de exibir sons e imagens – sem a necessidade de dispositivos suplementares de som, imagens ou placas de vídeo – anos antes do mundo *multimídia* ter sido cunhado.

A superioridade do Mac em lidar com som e vídeo continua no Snow Leopard. O QuickTime, por exemplo, é um software faz com que assista filmes digitais em sua tela e veja programas ao vivo na Internet. Este capítulo cobre ambas as atividades: a criação e o uso de som e a execução e a edição de filmes.

Como um extra, este capítulo também aborda os recursos de fala do Mac OS X (como comandar o seu Mac por voz, assim como fazer o seu Mac responder); e Front Row, o modo de apresentação para filmes, sons, fotos e DVDs em tela cheia, para ver do outro lado do cômodo, controlado por controle remoto.

Tocando sons

Você pode se divertir muito com sons digitais – se souber onde encontrá-los, onde colocá-los e como editá-los. É possível tocar quase qualquer tipo de arquivos de sons digitais, até arquivos MP3, direto no Finder – se colocar a sua janela na visualização de coluna ou visualização do Cover Flow (ou usar a Visualização Rápida). Porém, esse é apenas o começo.

Como controlar o volume

O ajuste do volume do alto-falante do seu Mac não poderia ser mais fácil: pressione as teclas 🔉 e 🔊 em seu teclado. (A tecla 🔈 próxima a elas é o botão Mudo (Mute), que interrompe o som do Mac instantaneamente – uma funcionalidade maravilhosa quando você está tentando usar seu Mac escondido em uma biblioteca ou igreja.)

De forma alternativa, você pode adicionar o menulet 🔊 à sua barra de menus (Figura 15-1).

Figura 15-1:
A pequena silhueta de alto-falante no canto superior direito de sua tela se transforma em um controle de volume deslizante quando você a clica. Para fazer esse menulet de som aparecer, abra o painel Som (Sound) de Preferências do Sistema e marque Mostrar volume na barra de menu (Show volume in menu bar) (embaixo).

A propósito, a aba Saída (Output) desse painel destina-se a permitir que você ajuste o equilíbrio da esquerda para a direita dos seus alto-falantes estéreo, se os tiver. Os alto-falantes estéreos, na maioria dos Macs que os tem (iMacs, laptops) são perfeitamente centralizados, de modo que pouco precisam de ajuste nesse deslizador, a menos que você incline para um lado de sua cadeira. (Controles adicionais podem ser encontrados aqui, se você tiver equipamentos extras de áudio – um antigo sistema iSub de subwoofer, por exemplo.)

Dica: No programa Configuração de Áudio e MIDI (em Aplicativos→Utilitários), é possível configurar e instalar ajustes muito mais caprichados de auto-falantes, inclusive sistemas de som surround 5.1 e 6.1.

Toques de alerta e você

Os *toques ou bips de erro* são grasnidos, bips ou sons de trompete que informam, "Você não pode clicar aqui". (Tente digitar letras em uma caixa de diálogo onde um programa espera números, por exemplo.)

Escolhendo um toque de alerta

Para escolher um que se adapte ao seu gosto pessoal, abra Preferências do Sistema→Som→Efeitos Sonoros (System Preferences→Sound→Sound Effects). Pressione as teclas ↑ e ↓ para percorrer por entre os 14 graciosos e interessantes fragmentos de som que você pode usar como alerta de erro. Também é possível arrastar o deslizador Volume de alerta (Alert volume) para ajustar o volume do bip de erro com relação a toda a configuração de auto-falante do seu Mac.

Como acrescentar novos bips de alerta

Os bips de erro do Mac OS X são arquivos de som AIFF, um formato popular Mac/Windows/Internet – o qual, como um testemunho de seu potencial de alta qualidade, também é o formato padrão de arquivo de som em CDs de música. (A abreviação significa *Audio interchange file format* (formato de arquivo de intercâmbio de áudio).

Do mesmo jeito que com as fontes, o Mac OS X monta a lista de bips de erro que você vê no painel Som de Preferências do Sistema a partir de várias pastas de origem:

- **Pasta Sistema→Biblioteca→Sons (System→Library→Sounds).** Essa pasta contém o conjunto básico do Mac OS X. Pelo fato de estar na pasta Sistema, ela está fora dos limites para ser manipulada por nós, seres humanos intrometidos. Você não pode apagar com facilidade um dos bips de erro original do Mac OS X ou acrescentar à sua coleção.

- **Pasta Início→Biblioteca→Sons (Home→Library→Sounds).** É bem fácil adicionar sons para o seu próprio uso – é só acrescentá-los a essa pasta.

- **Biblioteca→Sons (Library→Sounds).** Se você, um administrador, quiser disponibilizar um arquivo de som para todos os detentores de conta em seu Mac (se houver mais de um), crie uma nova pasta Sons na pasta Biblioteca da janela do disco rígido principal. Quaisquer arquivos de som que você colocar lá, agora aparecem na lista de sons de alerta de cada detentor de conta.

Os arquivos de som colocados nessas pastas precisam estar no formato AIFF, isto é, seus nomes precisam terminar com a extensão *.aiff* ou *.aif*.

Nota: Quaisquer alterações feitas nessas pastas Sons não aparecem no painel Som até a próxima vez em que ele for aberto.

Gravação de som

Se você pretende gravar novos sons, vai precisar de um microfone. A localização do seu microfone depende do tipo de Mac que você usa:

- **Laptop, iMac, eMac.** Você tem um microfone interno, geralmente um pequeno orifício perto da tela.

- **Mac Pro, Mac Mini.** É possível conectar um microfone USB externo ou usar um adaptador (tal como o iMic, www.griffintechnology.com) que acomoda um microfone padrão.

O painel Preferências do Sistema→Som→Entrada (System Preferences→Sound→Input) permite que você selecione qual origem de som deseja que o Mac ouça: microfone USB externo, microfone embutido, ou o que for.

Dica: Na verdade, existe uma maneira mais rápida de alterar as entradas de som – se você conhece o segredo. Option-clique o menulet 🔊, se você o instalou. O menu resultante mostra uma lista de todas as entradas e saídas de áudio, tornando mais fácil a escolha.

Gravando

Quando estiver com a localização do seu microfone resolvida, você precisa pôr as mãos em algum software de gravação de som. O Snow Leopard oferece uma maneira nova e especialmente fácil de gravar um áudio: o QuickTime Player, que está em sua pasta de Aplicativos. (Você também pode usar o GarageBand para gravar sons, mas fazer isso mais se parece usar uma britadeira para abrir um furinho na parede.)

Selecione Arquivo→Nova Gravação de Áudio (File→New Audio Recording). Use o menu pop-up para especificar a qualidade e origem do áudio (Figura 15-2). Clique o botão redondo e vermelho Gravar (Record) e comece a falar; clique o botão quadrado Parar (Stop) para finalizar. Agora você pode usar o controle deslizante de volume e o botão ▶ para ouvir a sua obra-prima.

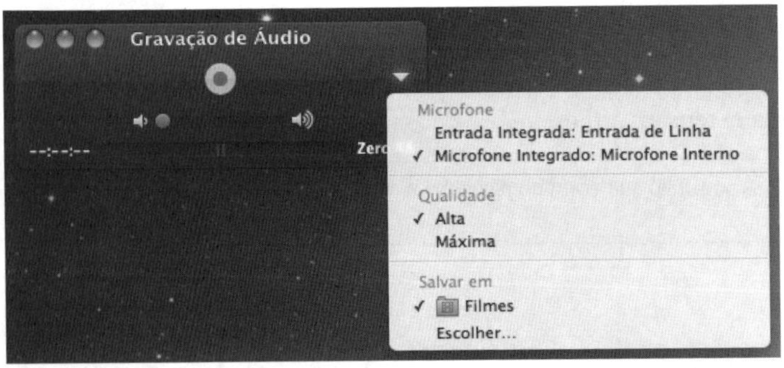

Figura 15-2:
Há muito o que fazer nessa pequena janela. O menu pop-up permite que você selecione a qualidade e entrada do áudio. Embaixo, conforme você grava, verá um medidor de VU (nível do áudio) e uma indicação da duração da gravação e tamanho do arquivo.

Dica: Não ajuste o pequeno deslizador do alto-falante (volume) na janela Gravação de Áudio (Audio Recording) a menos que esteja usando fones de ouvido. Esse deslizador permite que você monitore o som – e deslizá-lo enquanto os auto-falantes do Mac estão ativos corre o risco de produzir o terrível som agudo conhecido como *feedback* (retorno).

Em segundo plano, o Mac criou um arquivo de áudio ACC chamado Gravação de Áudio.mov (Audio Recording.mov) em sua pasta Início→Filmes (Home→Movies). (Gravações adicionais são chamadas Gravação de Áudio 2, 3, 4, e assim por diante.) Você pode clicar duas vezes o arquivo para abri-lo diretamente no QuickTime Player para editá-lo/recortá-lo. Ou, se você acha que precisa de uma edição mais profunda, você pode abrir o GarageBand e colocar o seu talento em prática de verdade.

Dica: Você pode gravar um vídeo no QuickTime com a mesma facilidade.

Filmes QuickTime

Um filme QuickTime é um arquivo de vídeo que pode ser reproduzido a partir do seu disco rígido, de um CD ou DVD ou pela Internet. Como qualquer filme, ele criará a ilusão de movimento, fluindo muitos quadros individuais (fotos) por segundo, diante dos seus olhos, enquanto, simultaneamente, executa uma trilha sonora sincronizada.

QuickTime Player

Milhares de programas do Mac OS X podem abrir filmes QuickTime, exibi-los e, às vezes, até incorporá-los a documentos: Word, FileMaker, Keynote, PowerPoint, Safari e até o Finder (quando você usa o Visualização Rápida ou os modos de visualização por coluna ou Cover Flow; veja o Capítulo 1).

PERGUNTAS FREQUENTES

QuickTime Player *versus* QuickTime Player 7 *versus* QuickTime Player Pro

Ei! Eu paguei 30 dólares para atualizar o antigo QuickTime Player para a versão Pro para que eu pudesse editar vídeos, copiar/colar, combinar faixas, exportar para formatos diferentes, e coisas do tipo. Eu atualizei para o Snow Leopard e agora o Pro foi embora! O que aconteceu? A Apple jogou meus 30 dólares no lixo?

Relaxa, cara. Está tudo em ordem.

De fato, o objetivo do novo QuickTime Player é o de substituir o antigo QuickTime Player gratuito (agora chamado de QuickTime Player 7), assim como a versão atualizada de 30 dólares, o QuickTime Player Pro. A Apple esclarece: veja, esse novo aplicativo tem um visual mais legal, reproduz melhor, faz uploads para o YouTube e faz edições básicas muito bem. Se você precisa de edições ou exportações mais sofisticadas, bem, seu Mac veio com o iMovie, não veio? Você pode utilizá-lo.

Mas se você pagou 30 dólares para atualizar o antigo Player para Pro, você pode se ofender por ter de abrir o desajeitado iMovie somente para copiar/colar rapidamente seus trabalhos.

Felizmente, a Apple não apagou o seu antigo QuickTime Player Pro; ele apenas foi movido para a pasta Aplicativos→Utilitários (Applications→Utilities) quando você instalou o Snow Leopard. Lá está ele, ostentando o nome QuickTime Player 7. Se você utilizá-lo mais do que o QuickTime Player do Snow Leopard, então você pode redefinir para que os vídeos sejam abertos no Player 7 quando você der duplo-clique neles.

Para tornar as coisas um pouco mais complicadas, o antigo QuickTime Player 7 (não Pro) realmente ainda está disponível – para o evento improvável de você preferir suas funções de reprodução básicas às do novo Player. Essa é uma das Instalações Opcionais (Optional Installs) do seu DVD de Instalação do Mac OS X.

Para recapitular, existem três programas em circulação. O QuickTime Player em sua pasta de Aplicativos é o novo programa de reprodução/gravação (com recorte e upload para o YouTube). O QuickTime Player 7, se você o encontrar na pasta Utilitários, pode ser tanto sua antiga cópia de 30 dólares do QuickTime Player Pro quanto o antigo QuickTime Player que você instalou manualmente a partir do DVD do Mac OS X.

Happy QuickTiming!

Mas, a pedra fundamental do software de execução de filme do Mac OS X é o QuickTime Player, que fica em sua pasta Aplicativos (e até vem instalado de fábrica, no Dock). Esse programa, reescrito do zero para o Snow Leopard, foi projetado não apenas para reproduzir vídeos e sons, mas também para gravá-los e recortá-los, postá-los no YouTube ou MobileMe etc.

Exibindo filmes com o QuickTime Player

É possível abrir um arquivo de filme dando duplo-clique. Quando o QuickTime é aberto pela primeira vez, você vê a janela de reprodução sem bordas e muito estilosa do Snow Leopard. Se você pressionar a barra de espaço, o filme será reproduzido.

Existe uma barra de ferramentas de controle na parte inferior da janela (Figura 15-3), mas ela desaparece após alguns segundos – ou imediatamente, se você coloca o cursor para fora do quadro. A barra de ferramentas reaparece toda vez que você move o mouse sobre a região da janela onde ela costuma ficar. Os controles são os seguintes:

- **Controle de volume (🔈...🔊).** Clique o controle deslizante ou arraste o ponto para ajustar o volume – embora seja mais fácil fazer isso pressionando as teclas ↑ e ↓. Clique o 🔈 para suprimir o áudio; clique novamente para voltar a reproduzir com áudio.

Dica: Para emudecer o som, clique o pequeno ícone 🔈 ou pressione Option-↓. Pressione Option-↑ para fazer o deslizador de volume pular para a posição de explosão total.

- **Retroceder, Avanço Rápido (◀◀, ▶▶).** Clicando um desses botões, você aumenta a velocidade de reprodução do seu filme em 2x, para trás ou para frente, completo com som. Clique novamente para aumentar a velocidade em 4x, e de novo para 8x.

Figura 15-3: *O novo e aperfeiçoado QuickTime Player exibe esta barra de controle somente quando você move o seu mouse sobre a sua janela, ou sempre que a reprodução é encerrada.*

Destaque do Snow Leopard: Você não tem que manter o botão do seu mouse pressionado nesses botões como antigamente. Basta clicar uma vez e deixar o QuickTime fazer o serviço. Clique ▶ ou pressione a barra de espaço para interromper o avanço rápido.

- **Reproduzir/Pausa (▶/❚❚)**. Clique ▶ para iniciar a reprodução e ❚❚ para pausar/parar. Ou basta pressionar a barra de espaço para ambas as funções.

- **Barra de rolagem**. Arraste o pequeno diamante ou clique dentro da faixa para saltar para um ponto diferente do vídeo. Os contadores no início e no fim da barra de rolagem lhe informam, no formato "horas:minutos:segundos", quanto do vídeo já foi reproduzido e quanto tempo falta para o final. (Clique o mostrador da direita para ver a duração total do vídeo.)

Dica: Você também pode pressionar as teclas ← e → para pular o filme um quadro por vez. Se você pressionar Option ← ou Option →, irá saltar para o começo ou fim do filme. É importante saber isso, visto que não há mais botões exclusivos para Ir para o início/Ir para o fim na barra de controle.

- **Alça de redimensionamento.** Arraste diagonalmente para aumentar ou diminuir a janela. O QuickTime sempre mantém o mesmo *aspect ratio* (dimensões relativas) do vídeo original, de forma que você não o achate acidentalmente.

- **Botão compartilhar (📤).** Clique para abrir o menu pop-up com três opções para enviar um vídeo para seus adorados fãs: iTunes, YouTube ou MobileMe. O comando Recortar (Trim) está aqui também. Todas as quatro opções são descritas a seguir.

- **Tela cheia (⤢)**. Clique para que o vídeo preencha todo o seu monitor, o que equivale a selecionar Visualizar→Entrar em Tela Cheia (View→Enter Full Screen).

Destaque do Snow Leopard: Quando você entra em Tela Cheia, o vídeo não começa a ser reproduzido automaticamente, como ele fazia no antigo QuickTime Player. Você precisa pressionar a barra de espaço para começar o show.

Truques caprichados de execução invertida

Ninguém sabe com certeza em que a Apple pensava ao criar alguns desses recursos adicionais – com que frequência, exatamente, você quer que o seu filme seja exibido de trás para frente? –, mas, aqui estão eles (alguns desses recursos só estão disponíveis na versão desbloqueada Pro do QuickTime Player):

- **Alterar o tamanho da tela**. Conforme observado anteriormente, você pode arrastar a janela para qualquer tamanho utilizando a alça no canto inferior direito. Mas os comandos do menu Visualizar – Ajustar à Tela (Fit to Screen), Tamanho Real (Actual Size), Entrar em Tela Cheia (Enter Full Screen), entre outros – também são úteis.

  Então o que todos eles significam? O **Tamanho Real** representa o vídeo em sua tela com o tamanho original – não maior. (Se ele for muito grande, maior que a sua tela, ele poderá ser redimensionado para um tamanho *menor* para se ajustar à tela. Mas isso é raro de acontecer.)

Ajustar à Tela preenche sua tela sem cortar ou distorcer o vídeo; a barra de menu e outras janelas permanecem visíveis.

Entrar em Tela Cheia é especialmente gratificante, porque esse modo transforma seu monitor inteiro em uma área de reprodução de vídeo; até a barra de menu fica oculta. E se as proporções do vídeo não são compatíveis com a sua tela? Se você fizer a barra de menu retornar quando você aponta com o mouse para o topo da tela, poderá lidar com esse problema usando uma das três opções do menu Visualizar (View):

Ajustar à Tela (Fit to Screen), assim como a opção descrita anteriormente, amplia o vídeo o máximo possível *sem cortar suas bordas*. Então você poderá ver aquelas faixas pretas em cima/embaixo ou à esquerda/direita. **Preencher a Tela** (Fill Screen) amplia o vídeo para que ele se ajuste completamente à tela, mesmo que as bordas sejam cortadas. **Panorâmico** (Panoramic) achata as bordas externas do vídeo, distorcendo-o levemente, de forma que nada seja cortado *e* o vídeo preencha a tela.

Dica: As mesmas opções estão disponíveis por meio de atalhos de teclado – ⌘-3, ⌘-4 e ⌘-5. Ainda há um pequeno botão na barra de controle, o segundo À direita, que alterna entre os modos Ajustar à Tela e Preencher a Tela. (Esse botão aparece somente quando você já está em modo de Tela Cheia.)

Ampliar a janela do vídeo também reduz a sua qualidade de reprodução, porque o QuickTime simplesmente aumenta cada ponto que estava presente no original. Ainda assim, quando você deseja mostrar um vídeo para um grupo de pessoas que estejam a uma distância um pouco maior, esses tamanhos maiores são perfeitamente eficientes.

Dica: Você pode aumentar ou diminuir o tamanho da janela do vídeo pressionando ⌘-(+) ou ⌘-(–).

- **Exibir mais do que um filme.** Você pode abrir vários filmes ao mesmo tempo e depois exibi-los simultaneamente. (Claro que quanto mais filmes você tentar exibir de uma vez, pior fica a exibição.)

- **Repetir o filme.** Quando você escolher Visualizar→Loop (View→Loop) e depois clicar Reproduzir (Play), o filme se repete indefinidamente, até que você o faça parar.

- **Navegue pelos capítulos**. Poucos filmes, como os que você compra ou aluga da Apple, vêm com marcadores de capítulos incorporados, como em um DVD. Conforme mostrado na Figura 15-4, eles permitem que você salte para diversos pontos do filme que você está assistindo.

Figura 15-4:
Os filmes da loja do iTunes vêm com marcadores de capítulos, que você pode clicar para navegar. Para vê-los, selecione Visualizar→Mostrar Capítulos (View→Show Chapters) (⌘-R). No caso improvável em que você encontrar um filme com idiomas alternativos e opções de legendas, você também pode ativar e desativar esses recursos a partir do menu Visualizar.

Gravação de vídeos com o QuickTime Player

Pela primeira vez na história, o QuickTime Player agora faz mais do que *reproduzir* filmes; ele também pode *gravá-los*. Sim, agora o seu Mac é uma câmera de vídeo, e daquelas absurdamente práticas; você pode gravar congratulações rápidas em vídeo, assustar seus antigos colegas de quarto, impressionar os colegas de trabalho com um ensaio geral do seu poder de persuasão, e por aí vai.

Os laptops e iMacs, é claro, possuem uma câmera de vídeo embutida ali mesmo, acima da tela. Se você possui outro modelo, pode conectar uma webcam, uma antiga câmera iSight, ou mesmo uma câmera de vídeo com entrada FireWire.

Então, abra o QuickTime Player e selecione Arquivo→Nova Gravação de Filme (File→New Video Recording). A janela de pré-visualização aparece. Utilize o menu pop-up mostrado na Figura 15-5 para especificar qual microfone e câmera você deseja utilizar (no caso de você ter mais de um), a qualidade do vídeo, e onde deseja armazenar o resultado.

Então, para gravar, clique o botão vermelho Gravar ou pressione a barra de espaço. Dê o seu show e use a barra de espaço novamente para finalizar a gravação.

Seu novo vídeo aparece em sua própria janela de reprodução. Verifique-o, corte-o se for necessário e, então, envie-o para o iTunes, MobileMe ou YouTube!

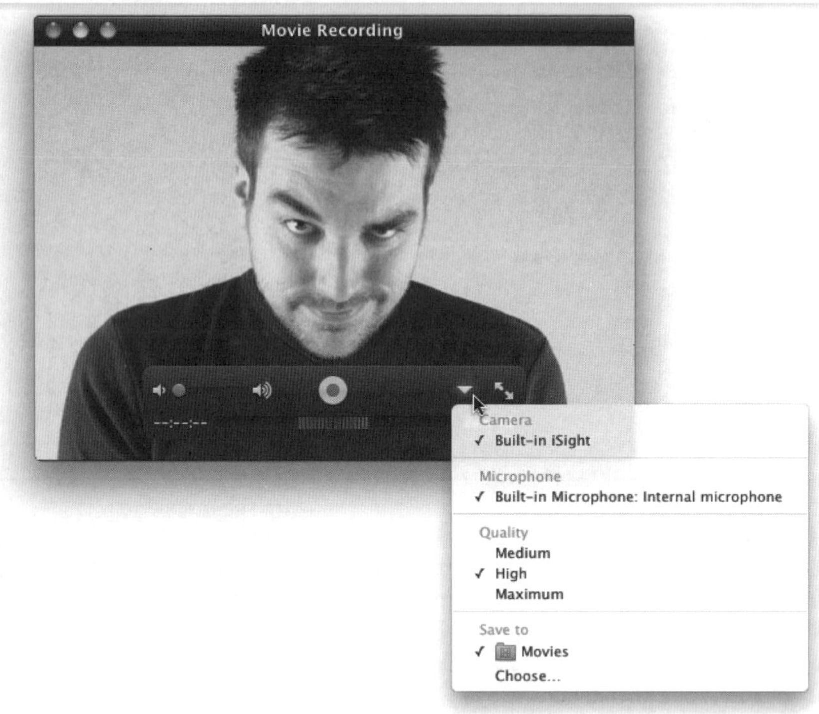

Figura 15-5: *Utilize o menu pop-up para configurar o seu vídeo; verifique o nível de áudio (refletido pelas "ondas sonoras" na parte de baixo da barra de controle). Pressione a barra de espaço quando estiver pronto para mostrar a sua performance!*

Gravação de vídeos da tela

Existe uma nova funcionalidade do Snow Leopard que *ninguém* viu chegar: agora você pode gravar vídeos *da tela*.

Por que é útil capturar a atividade da tela em forma de vídeo? Porque você pode dar pequenas aulas de informática aos seus parentes enviando um minitutorial a eles. Você pode criar podcasts em vídeo que mostrem como mexer em seus programas. Você pode gravar animações Web que você achava que não havia como capturar.

Mas existem limitações. O QuickTime Player pode gravar apenas a *tela inteira*, não apenas parte dela. Seus vídeos não incluem o som dos alto-falantes do próprio Mac, então esqueça se deseja capturar vídeos do YouTube. (Ele pode gravar do microfone, então você pode narrar o que está fazendo.) Em outras palavras, ele não se adapta a programas para criação de vídeo em tela dedicado como o Snapz Pro X.

Mas quem se importa? Ele é incrivelmente útil.

Dica: Se você deseja isolar somente uma parte da tela, você pode fazer isso depois no iMovie, que veio com o seu Mac. Ele é uma ótima ferramenta para edição de vídeo.

Para fazer uma gravação da tela, selecione Arquivo→Nova gravação de Tela (Files→ New Screen Recording). Utilize o menu pop-up no painel Gravação de Tela para ativar ou desativar o microfone, para configurar a qualidade, e para indicar onde você deseja armazenar o filme finalizado.

Finalmente, clique o botão vermelho Gravar ou pressione a barra de espaço, então prossiga conforme mostrado na Figura 15-6.

Figura 15-6:
Este estranho aviso aparece quando você pressiona a barra de espaço. Ele permite que você saiba que a janela se auto-ocultará para não atrapalhar a gravação da sua tela, mas que o botão para encerrar o processo aparecerá na barra de menu. Pressione o botão Mostrar (Show Me). Que esquisito! (Sim, o botão Parar a Gravação [Stop Recording] aparecerá no seu vídeo.) Clique Iniciar Gravação (Start Recording) quando entender como funciona.

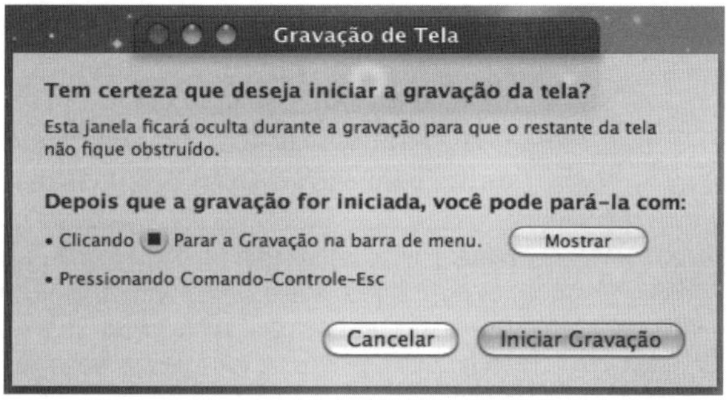

Quando você finalmente clicar Parar a Gravação na barra de menus ou pressionar ⌘-Control-Esc, seu vídeo aparecerá em uma janela normal de reprodução – uma janela *realmente grande* – pronto para ser recortado ou enviado aos seus fãs.

QuickTime Streaming da Internet

O QuickTime Player também permite que você assista "apresentações de slides na Internet", assista ao vivo uma ou duas estações de TV ou escute rádio – tudo enquanto trabalha no seu Mac, e tudo sem custo.

Streaming de vídeo a partir do seu navegador

Com frequência crescente, os websites anunciam eventos de *vídeo ininterruptos*, tais como os discursos de abertura de Steve Jobs e um ocasional concerto de rock ao vivo. Você verá uma nota em uma página Web, informando, por exemplo, "Assista o debate ao vivo, clicando aqui em 15 de Outubro, às 9 horas da noite, no horário oficial da zona oriental dos Estados Unidos (EST)".

Se o fizer, às vezes você será capaz de assistir em seu navegador, e, às vezes, será novamente transportado para o QuickTime Player, que se conecta à "estação" apropriada na Internet e exibe o vídeo em sua janela. (Também é possível escolher Arquivos→Abrir URL [File→Open URL] de dentro do QuickTime Player para digitar no endereço Web.)

Enquanto estiver assistindo uma transmissão ao vivo, você não tem muito controle. Em geral, não é possível voltar e, certamente, você não pode ir para frente depressa. Você pode ser capaz de parar uma transmissão, mas quando desfizer a pausa, acabará na transmissão sendo exibida no momento – não onde parou.

Destaque do Snow Leopard: Agora o QuickTime Player pode reproduzir streamings de vídeo HTTP, que é utilizado para transmissões ao vivo. Uma vantagem: ele fala a mesma "língua" das páginas Web comuns, com isso é menos provável que os firewalls corporativos e roteadores estressados bloqueiem esse tipo de vídeo.

Recorte de vídeo

Gostando ou não, nós vivemos no mundo dos 15 minutos de fama. Nessa cultura dominada pelo YouTube e pelos vídeos de câmeras digitais, o mundo se tornou um enorme resumo dos melhores momentos.

Talvez seja por isso que o QuickTime Player vem com um comando de Recorte (Trim) muito útil. Você ainda não pode cortar nada do meio de um vídeo, mas pode muito bem extrair trechos inúteis nas *extremidades*. A Figura 15-7 mostra como.

Dica: Enquanto estiver no modo Recortar, o menu Editar (Edit) apresenta um comando muito legal: Selecionar Tudo Excluindo Silêncio (Select All Excluding Silence). Ele ajusta, de forma automática, as alças amarelas de recorte para cortar quaisquer porções de silêncio do vídeo (no início e fim). Trata-se de um atalho muito prático se você deixar, assim como muitos produtores de vídeo improvisados, a câmera rodando um pouco antes e depois do evento principal.

Figura 15-7:
Para recortar um vídeo, selecione Editar→Recortar (Edit→Trim) ou pressione ⌘-T. Arraste as alças amarelas para dentro para isolar o pedaço que você deseja manter. (Você pode clicar ▶ ou pressionar a barra de espaço para verificar o seu trabalho.) Quando tudo estiver Ok, clique Recortar (Trim) ou pressione Return.

Superdica: em geral, é útil "ver o áudio" conforme você recorta, de forma que possa encerrar o clipe após a palavra final de uma pessoa, por exemplo. Sem problemas. Se você mantiver a tecla Option pressionada, verá um gráfico do áudio (embaixo).

Você não precisa se preocupar com a possibilidade de danificar o vídeo original enquanto faz o recorte – você não conseguiria modificar o original mesmo se tentasse, porque não existe nenhum comando Salvar. (Mas se você acabou de gravar um vídeo, salve-o antes de recortar; caso contrário, o recorte será permanente!)

Você pode, no entanto, exportar ou fazer o upload do vídeo encurtado, conforme descrito a seguir.

Quatro maneiras de exportar seu vídeo

Um dos novos talentos mais importantes do QuickTime é a capacidade de *compartilhar* um vídeo: postando-o diretamente no YouTube ou MobileMe, convertendo-o para o formato correto para um iPod, iPhone ou telefone celular, armazenando-o no iTunes para transferir facilmente para o seu iPod/iPhone ou salvando-o no disco rígido como um filme clicável.

Veja a seguir como fazer tudo isso.

Enviar para o iTunes

O motivo principal pelo qual você gostaria de enviar seu vídeo ao iTunes seria porque você possui um iPod, iPhone ou Apple TV. Uma vez que ele estiver no iTunes, você pode sincronizá-lo facilmente para outro dispositivo da Apple e tê-lo pronto para assistir a qualquer momento.

Para fazer essa transferência, selecione Compartilhar→iTunes (Share→iTunes). Ou clique o ícone na barra de controle e selecione iTunes a partir do menu pop-up.

De qualquer forma, você vê a caixa de diálogo da Figura 15-8. Clique o dispositivo/tamanho de tela adequado e, em seguida, clique Compartilhar (Share). Quando terminar, seu vídeo aparecerá seguro no iTunes, na categoria de Vídeos, pronto para ser assistido ou sincronizado.

Figura 15-8:
Esta caixa de diálogo lhe oferece três opções de tamanho para o filme que você está exportando, que corresponde aos tamanhos de tela dos três gadgets disponíveis da Apple. (A opção Computador [Computer] está lá somente no caso de você querer reproduzir os vídeos direto do iTunes, na sua tela. Ele ficará embaçado se o filme original não for grande o suficiente para preencher a tela.)

Enviar para a Galeria MobileMe

Se você está pagando 100 dólares por ano por uma conta do MobileMe (Capítulo 18), uma alternativa melhor o aguarda: você pode postar seu vídeo em sua própria galeria on-line. Quais são as vantagens sobre o YouTube? Mais simples, upload mais rápido. Nada de esperar 10 minutos por upload, nada de limite de tamanho de 1 GB. Uma apresentação on-line muito mais elegante, sem propagandas ou comentários juvenis. Controle sobre quem a vê. Qualidade superior (mesmo em high definition).

Selecione Compartilhar→Galeria MobileMe, ou clique na barra de controle e selecione Galeria MobileMe (MobileMe Gallery) a partir do menu pop-up. Digite um nome e descrição e considere estas três opções:

- **Incluir um filme compatível com o iPhoto e iPod Touch (Include a movie compatible with iPhoto and iPod Touch)**. O filme de tela grande que você postará não possui o formato ideal para as pessoas que acessarão sua Galeria MobileMe a partir de seus iPhones e Touches. Mas se você ativar essa caixa de seleção, irá gerar uma versão sombra dimensionada e formatada corretamente para aqueles populares dispositivos.

- **Ocultar filme na página inicial da minha Galeria (Hide movie on my Gallery home page)**. Em outras palavras, "Não torne esse filme público". Ninguém jamais saberá que esse filme existe on-line a menos que você envie o endereço Web impossível de adivinhar.

- **Permitir o download do filme (Allow movie to be downloaded)**. É o que o próprio nome diz. Se você deseja manter o controle sobre o seu filme, deixe essa opção desmarcada; as pessoas poderão assisti-lo somente na sua galeria do MobileMe. Mas se você quiser que sua criação se torne um viral, por outro lado, marque a opção e espere pelo melhor.

Finalmente, clique Compartilhar. O QuickTime Player começa a trabalhar, enviando seu vídeo à Galeria MobileMe. Quando a barra de progresso finaliza sua trajetória pela caixa de diálogo, você vê um pequeno link (Figura 15-9) do vídeo postado.

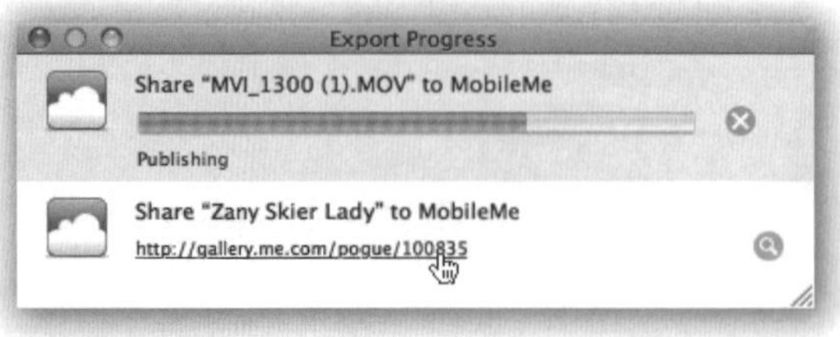

Figura 15-9:
Quando o upload do vídeo para o MobileMe for finalizado, um pequeno endereço Web aparece na caixa de progresso. Clique-o para visualizar sua obra-prima on-line, ou envie o endereço para seus fãs.

Enviar para o YouTube

Quando considerar que seu filme está pronto para a estreia, você poderá postá-lo no YouTube, o maior e mais famoso website para vídeos curtos, com um único comando. (O filme não pode ter duração maior que 10 minutos, ou o arquivo ter mais que 1 GB.)

Antes de começar, porém, você deve criar uma conta no site. É gratuito, mas você tem que fazer isso no www.youtube.com, e lembrar o nome e senha que escolheu.

Então, com seu filme aberto no QuickTime Player, selecione Compartilhar→ YouTube. (Ou clique o ícone na barra de controle e selecione YouTube a partir do menu pop-up.) Você é solicitado a informar seu nome e senha. Se você ativar a caixa de seleção Lembrar desta senha em minhas chaves (Remember this password in my keychain), você não precisará informar esses dados na próxima vez.

Finalmente, clique Registrar (Sign In). Na próxima tela (Figura 15-10), digite um título e descrição para o filme. Informe as palavras-chave (pesquisar as categorias como "engraçado" ou "esporte") para que as pessoas no YouTube encontrem seu vídeo quando fizerem uma pesquisa.

Finalmente, clique Próximo (Next). Uma tela final aparece, avisando-o sobre a publicação de conteúdo impróprio. Clique Compartilhar para finalizar o processo. Em poucos minutos, seu vídeo estará no ar para todo o mundo assistir – e de graça.

Figura 15-10:
Se você deseja se adequar ao resto da comunidade no YouTube, certifique-se de que não cometeu erros de digitação ou utilizou apóstrofes nos textos.

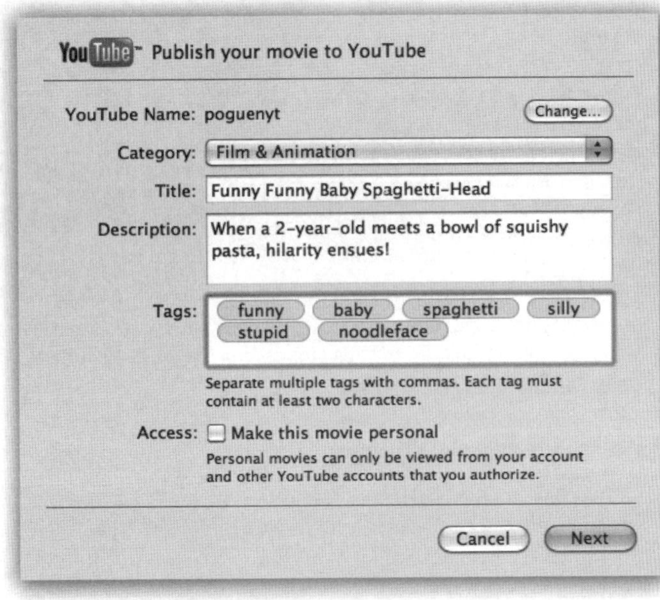

Salve o filme finalizado

Após ter recortado (ou não) um filme, você pode selecionar Arquivo→Salvar Como (File→Save As) para especificar um novo nome para sua obra-prima editada. Tudo o que você precisa fazer é definir, usando o menu pop-up Formato (Format), qual *tamanho* o arquivo finalizado deve ter: iPhone, iPod, HD 480p (que significa "tela padrão de TV"), HD 720p (que significa "TV de alta definição"), entre outros. Tenha em mente que tamanho grande na tela significa um arquivo de vídeo grande, o que torna sua transmissão on-line lenta e desagradável.

Reconhecimento de Voz

Ainda que possa surpreender muitos usuários do Mac, o Mac é bastante talentoso quando se trata de falar. As suas habilidades caem em duas categorias: leitura de texto em voz alta, usando uma voz sintetizada; e aceitar comandos da sua voz.

DIAMANTE BRUTO

Realidade virtual QuickTime

Se vivessem até os 100 anos, a maioria dos usuários do Mac provavelmente nunca encontraria um filme QuickTime VR. Talvez porque a versão do Snow Leopard do QuickTime Player não pode abrir esses "filmes panorâmicos" antigos e legais, cuja tecnologia foi incluída em todos os Macs por uma década.

Felizmente, o QuickTime Player 7 ainda está incluso no Snow Leopard, e ele ainda pode reproduzir esses filme de imersão.

O truque é encontrar um filme QuickTime VR; como sempre, a sua melhor aposta é a Web. (O melhor ponto de partida é a página QuickTime VR da própria Apple, www.apple.com/quicktime/technologies/qtvr.)

Quando você abre um filme QuickTime VR, inicialmente poderá pensar que acabou de abrir apenas uma foto imóvel (não há barra de rolagem, por exemplo). O truque é arrastar o seu cursor em volta, dentro da foto. Fazer isso gira a "câmera", permitindo que você olhe em volta, em todas as direções.

Depois, tente pressionar a tecla Shift, para ampliar com zoom (mover adiante) tanto quanto quiser. Se for longe demais, a imagem começa a ficar muito granulada. Pressione a tecla Control para diminuir com zoom (mais para trás).

E se você realmente quiser ficar impressionado, experimente um dos filmes VR cúbicos, colocados naquela página Web. Eles permitem que você gire para ver não apenas de lado a lado, mas também para cima, para o céu e para baixo, para os seus pés.

Usando as ferramentas gratuitas e comerciais relacionadas no website da Apple (ou várias outras que não estão, inclusive PanoTools), você pode até fazer os seus próprios filmes QuickTime VR – desde que consiga uma câmera, um tripé e uma boa dose de paciência.

A máquina de marketing da Apple deve ter trabalhado duro para chamar esse recurso de "reconhecimento de voz" – o recurso do Mac OS X chamado Reconhecimento de Voz não toma ditado, ou seja, não digita o que você fala. (Para isso, você precisa de um programa como iListen, www.macspeech.com – ou, melhor ainda, o Dragon NaturallySpeaking, um programa surpreendente de ditado para o Windows, que você pode rodar em seu Mac com chip Intel rodando Windows, conforme descrito no Capítulo 8.)

Em vez disso, o Reconhecimento de Voz é conhecido como uma tecnologia de *comando-e-controle*. Ele permite que você abra programas, acione AppleScripts, escolha comandos de menu, acione toques de teclado e clique botões de caixas de diálogo e abas – bastando falar seus nomes.

Poucas pessoas usam o reconhecimento de voz do Plain Talk. Mas, se o seu Mac tiver um microfone, o Reconhecimento de Voz vale ao menos um *test drive* de 15 minutos. Ele pode se tornar parte de sua rotina de trabalho para sempre.

A sua primeira conversa com o Mac

A chave Ativado/Desativado (On/Off) para reconhecimento de voz no Mac OS X está no painel Fala (Speech) de Preferências do Sistema (Figura 15-11). Onde você vir "Speakable Items" (na aba Reconhecimento de Voz [Speach Recognition]), clique Ativado (On).

Figura 15-11:
Marque e desmarque aqui a opção de ouvir. Se você marcar Escutar somente quando a tecla estiver pressionada (Listen only while key is pressed), o Mac só presta atenção quando você estiver pressionando uma tecla (como Esc). Como uma conveniência, ele até interrompe a execução do iTunes enquanto você estiver pressionando a tecla. Se marcar Escutar de forma contínua com palavra-chave (Listen continuously with keyword), será preciso dizer certa palavra-chave para "conseguir a sua atenção" antes de falar cada comando. No espaço em branco de Palavra-chave (Keyword), digite a palavra que deseja que o Mac escute enquanto ele monitorar o som do seu microfone.

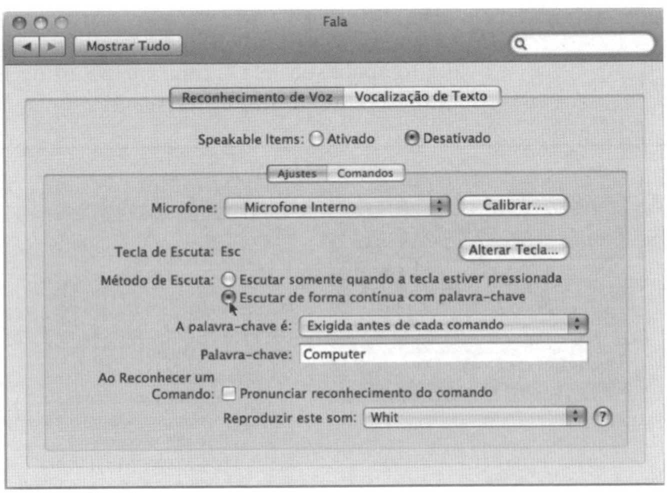

A janela Feedback

Verifique a sua tela: agora aparece uma janela pequena, como um microfone flutuante (Figura 15-12). A palavra "Esc" no seu centro indica a tecla "escutar" – a tecla que você deve pressionar quando quiser que o Mac responda à sua voz. (Você não gostaria que o Mac escutasse o tempo todo – nem quando você dissesse, por exemplo "Ei, está frio aqui. *Feche a janela*". Portanto, o Mac vem ajustado para escutar apenas quando você estiver pressionando essa tecla.)

É possível especificar uma tecla diferente, se você quiser, ou eliminar totalmente a exigência de pressionar uma tecla, conforme descrito na próxima seção.

Quando você começar a falar, também verá a interpretação do Mac sobre o que você disse, escrita em um balão amarelo, bem acima da janela Feedback.

A janela Comandos de Voz

Os únicos comandos que o PlainTalk entende estão relacionados na janela Comandos de Voz (Speech Command). (Se ela não estiver aberta, veja a Figura 15-12.) Ficar de olho nessa janela é importante, porque ela oferece uma lista completa de tudo o que o seu Mac entende. Como é possível ver, alguns dos comandos representam atalhos que exigiriam várias etapas se você tivesse que executá-los manualmente.

Eis alguns exemplos do que, inicialmente, você encontrará na lista:

- **Phone to [Steve Jobs].** Exibe o número do telefone do Steve Jobs em enormes dígitos pela sua tela – uma forma ainda mais rápida do que procurar por um número em seu programa Agenda.

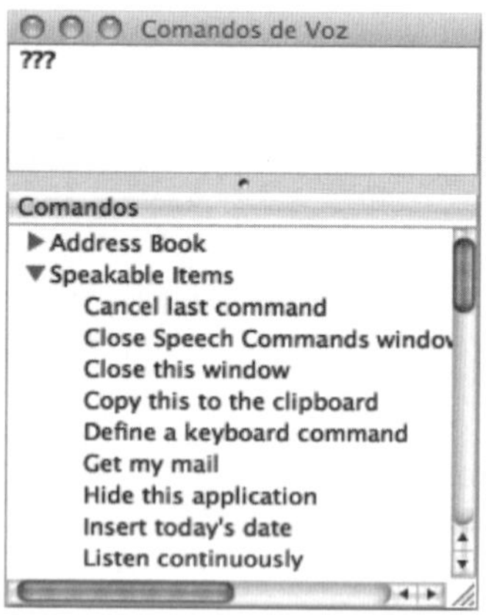

Figura 15-12:
À esquerda: a janela Feedback não tem os botões padrão Fechar e Minimizar. Se ela estiver em seu caminho, basta dar duplo-clique (ou dizer minimize a janela comandos de voz [minimize speech commands window]) para diminuí-la em seu Dock. Se você escolher Preferências de Fala (Speech Preferences) a partir do triângulo de sua margem de baixo, uma janela se abrirá.

À direita: escolher a janela Abrir Comandos de Voz (Open Speech Commands), claro, abre a lista de frases que você pode falar.

Você também pode dizer "Chat with Steve Jobs" (ou quem for) para iniciar uma nova sessão de conversa no iChat com aquela pessoa, "Mail this to Steve Jobs" para enviar um documento atual como um anexo do Mail, ou "Meet with Steve Jobs", para acrescentar uma reunião no iCal com as informações dessa pessoa anexadas.

- **Set alarm for 30 minutes.** (Você pode especificar qualquer número de minutos ou horas – "Ajuste o alarme para 2 horas" ou o que quer que seja.) O Mac lhe pede que digite uma pequena mensagem, que surgira na caixa de diálogo do iCal que aparecerá no horário especificado.

Dica: Verifique a lista completa de comandos do iCal e da Agenda na janela comandos de voz.

- **Close this Window.** Fecha instantaneamente a janela mais à frente.
- **Empty Trash.** Esvazia o Lixo e só funciona quando você estiver no Finder.
- **Switch to Safari.** Traz o Safari para a frente. (Na realidade, você pode dizer "switch to" e depois, o nome de *qualquer* programa que esteja rodando ou que tenha sido usado recentemente.)
- **Quit all applications.** Poupa o seu trabalho de trocar para cada programa e escolher Sair.
- **Open Speech Commands window** ou **Show me what to say.** Claro, abre a janela Comandos de Voz.
- **What day is it?** Informa a data.
- **Tell me a Joke.** Inicia uma piada patética. Você precisa entrar na brincadeira, perguntando "Who's there?" e "So-and-so *Who?*" responde.

O Mac OS X *atualiza* a listagem na janela Comandos de Fala em tempo real, de acordo com o contexto. Quando você troca de um programa para outro, vê uma lista dos comandos locais que funcionam no novo programa. Você descobrirá que, quando usar o comando "Tell me a Joke", por exemplo, não necessariamente será preciso dizer "Who's there?" Também poderá dizer "Stop", "Go away" ou "Stop telling jokes!" (Você precisa ser muito divertido para trabalhar na Apple.)

Falando para o Mac

Aqui finalizamos o painel Fala de Preferências do Sistema. Use o menu pop-up Microfone (Microphone) para especificar qual microfone você usará (se tiver uma escolha). Clique Calibrar (Calibrate) para ajustar a sua sensibilidade.

Agora, você está pronto para começar. Pressionando a tecla Esc (se essa ainda for a identificada na janela Feedback), comece a falar. Fale normalmente, não exagere ou grite. Experimente um dos comandos na lista Comandos de Voz. Se o seu microfone estiver corretamente ajustado, a janela redonda Feedback exibirá animadas ondas de som quando você falar.

Como personalizar o Reconhecimento de Voz

É possível moldar o recurso de Reconhecimento de Voz de duas formas: ajustando a aparência dele e como ele opera, e acrescentando novos comandos ao seu vocabulário.

Alterando quando o Mac escuta

Ter o microfone "aberto", escutar o tempo todo é um convite para o desastre. As conversas telefônicas diárias, o bate-papo no escritório e os pigarros deixariam o software maluco, disparando comandos aleatoriamente.

Portanto, você precisa *dizer* explicitamente ao Mac quando está se dirigindo a ele. Quando ligar pela primeira vez o recurso de Reconhecimento de Voz, o Mac espera que você o alerte, pressionando uma tecla, como a tecla Esc, quando falar.

Dica: Para mudar a tecla que pressiona quando quiser que o Mac o ouça, visite o painel Fala de Preferências do Sistema, clique a aba Reconhecimento de Voz (Speech Recognition), Clique Confirgurações (Settings) e, depois, clique Alterar Tecla (Change Key). Uma pequena mensagem solicita que você pressione a tecla de teclado que gostaria de usar. As suas escolhas são Esc, Delete, F5 a F12 ou as teclas em seu teclado numérico – com ou sem as teclas Shift, Control e Option.

Se preferir não ter que pressionar qualquer tecla sempre que quiser a atenção do computador, clique a outra opção nesse painel, Escutar de forma contínua com a palavra-chave (Listen continuously with keyword). Agora, para conseguir a atenção do computador, você precisa falar a palavra-chave – que você digita na caixa Palavra-chave – antes de cada comando. Por exemplo, você poderia dizer, "Computer open Apple Works", ou "Hal, what day is it?".

O nome especificado aparece no meio da janela redonda do Feedback.

Nota: Esse método de conseguir a atenção do computador é menos confiável do que o sistema de pressionar uma tecla para falar. *Especialmente* se você nomear o computador como Hal. Ainda que na teoria seja hilário, os nomes polissilábicos funcionam melhor na prática.

Enquanto estiver usando o menu pop-up A palavra-chave é (Keyword is), você pode especificar quão grande a sua janela de oportunidade é:

- **Opcional antes de comandos (Optional before commands).** Se você trabalha sozinho em uma sala silenciosa, essa é a sua escolha. Significa que você não tem que pressionar uma tecla *ou* dizer o nome do Mac quando emitir um comando de voz. *Tudo o que você disser* será considerado um comando.

- **Exigida antes de cada comando (Required before each command).** Nada do que você disser será interpretado como um comando, a menos que você diga primeiro a palavra-chave do computador, como em "*Macintosh*, switch to Microsoft Word".

- **Exigida 15 segundos após o último comando (Required 15 seconds after last command). Exigida 30 segundos após o último comando (Required 30 seconds after last command).** Às vezes, você quer emitir vários comandos seguidos e seria tolice dizer "Computer, close all Windows". "Computer empty the Trash". "Computer, switch to Calculator". Quando você marcar essa opção, poderá dizer o nome do computador apenas uma vez; todos os comandos emitidos nos próximos 15 ou 30 segundos "pertencem" àquela primeira saudação. A tecla "pressionar para falar" e o nome dito, nesse caso, servem como uma chave principal de ligar/desligar o modo de escutar do Mac.

Dica: Se não estiver usando o método "pressionar para falar", você ainda pode desmarcar temporariamente o Reconhecimento de Voz, dizendo "Turn on push to talk". (Agora, o Mac só o escuta quando você estiver pressionando a tecla designada.) Quando quiser voltar ao modo de "escutar-o-tempo-todo", diga "Listen continuously".

Alterando o feedback

Outro conjunto de opções na aba Reconhecimento de Voz coordena o que o Mac faz quando entende algo que você disse. Por exemplo:

- **Reproduzir este som (Play sound).** De uma maneira geral, o Mac emite um som sempre que ele reconhece alguma coisa que você disse. Use esse menu pop-up para controlar qual dos seus bips internos deseja que ele use – ou escolha Nenhum (None).

- **Pronunciar reconhecimento do comando (Speak command acknowledgement).** Às vezes, a janela Retorno de Fala (Speech Feedback) exibe uma mensagem própria. Quando você usa o comando "Empty the Trash", por exemplo, o texto na janela Feedback pode informá-lo que um item bloqueado evita o esvaziamento. Geralmente, o Mac lê esse texto em voz alta para você; desmarque essa caixa de seleção se preferir deixar o Mac em silêncio.

Como acionar menus por voz

No painel Fala de Preferências do Sistema, clique a aba Reconhecimento de Voz e, depois, clique a mini-aba Comandos (Commands). Aqui você encontrará uma lista das categorias de comando que Speakable Items pode entender. Enquanto você marca e desmarca cada caixa de seleção, observe a janela Comandos de Voz. Grandes amostras de comandos aparecem ou desaparecem enquanto você mexe com essas caixas de seleção dando uma boa indicação quanto às suas funções. Eis uma explicação:

- **Agenda (Address Book).** Esse comando permite que você procure números; acrescente reuniões ao seu calendário iCal; instale alarmes de aviso para si mesmo; envie coisas às pessoas por e-mail; e inicie conversas de texto, áudio ou vídeo com pessoas cujos nomes já estão em sua Agenda.

- **Global Speakable Items.** Essa é a principal lista de Speakable Items, mostrada na Figura 15-12.

- **Itens Específicos dos Aplicativos (Application-Specifc Itens).** Certos programas do Mac OS X vêm com listas de comandos pré-ajustadas, que só funcionam quando você está no programa pertinente. Por exemplo, sempre que você estiver no Finder, poderá dizer "Empty the Trash", "Hide the Dock", "Minimize all windows", "Open a new folder", e assim por diante. Quando essa caixa de seleção estiver desmarcada, o Mac não reconhece mais qualquer um desses práticos comandos.

- **Troca de Aplicativo (Application Switching).** Essa é a categoria de comando, abaixo da metade da lista Comandos de Voz – "Switch to Address Book", "Switch to AOL" e assim por diante.

- **Janela Frontal (Front Window).** Em sua janela Comandos de Voz, observe o aspecto de uma nova categoria de comandos, chamada Front Windows. A ideia aqui é oferecer um acesso rápido ao reconhecimento de fala aos botões importantes, abas e ícones em qualquer janela à sua frente. A Figura 15-13 elabora a ideia.

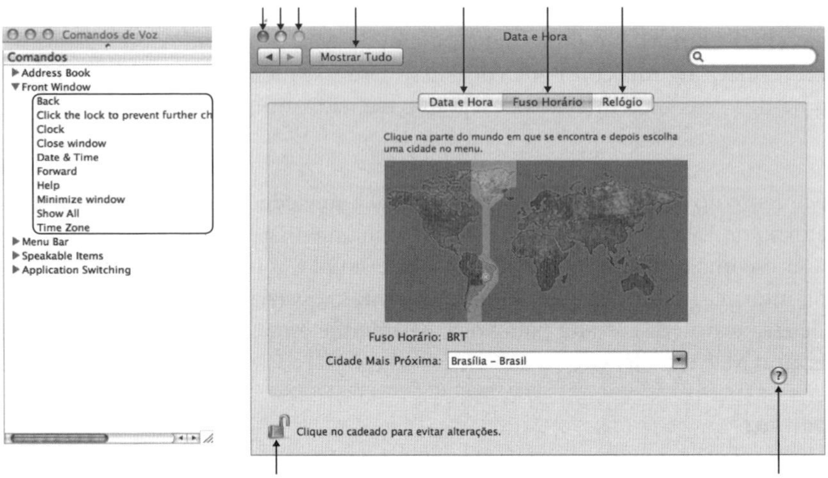

Figura 15-13: *Os comandos de Janela Frontal mudam automaticamente para refletir os controles que estão na janela mais à frente. Por exemplo, no painel Data e Hora (Date & Time) de Preferências do Sistema, você pode dizer qualquer coisa na área circulada da janela Comandos de Voz: o nome de qualquer aba ou controle de janela (indicado pelas setas). Sempre que você disser um item, o Mac o "clica" para você. Também é possível falar os nomes dos menus para abri-los.*

- **Barra de Menu (Menu Bar).** Esse comando permite que você abra menus (na Barra de Menu), falando seus nomes.

Quando você disser o seu nome ("File Menu", por exemplo) o menu se abre. Agora, você pode dizer qualquer comando no menu aberto ("New Playlist", "Save" ou o que for). A categoria Barra de Menu da janela Comandos de Voz muda para lembrá-lo do que você pode dizer em qualquer momento.

Os comandos de Janela Frontal e Barra de Menu em combinação permitem que você trabalhe um pouco mais no seu Mac sem precisar do mouse ou do teclado.

Como melhorar o vocabulário do Reconhecimento de Voz

Colocando um substituto de um documento, pasta, disco ou programa favorito em sua pasta Início→Biblioteca→Fala→Speakable Items, você pode ensinar ao Reconhecimento de Voz a reconhecer o seu nome e abri-lo para você, atendendo ao comando. Você pode nomear esses ícones como quiser. Também pode renomear o conjunto ativador que a Apple oferece.

Você terá melhor sorte com nomes de múltiplas palavras ou polissilábicos – "Microsoft Word", não apenas "Word".

Um tipo de ícone do Reconhecimento de Voz (plainTalk) pode abrir isso em um ícone *Apple-Script* (veja o Capítulo 7). Se você abrir a sua pasta Início→Biblioteca→Fala→ Speakable Items, descobrirá que a maioria dos ícones internos de itens que podem ser ditos, de fato, são ícones AppleScript. A questão é que você pode fazer o PlainTalk fazer quase tudo o que você quiser, especialmente no Finder, simplesmente criando AppleScripts e colocando-os na pasta Speakable Items.

Comandos específicos de Aplicativos

A maioria dos comandos instalados do Reconhecimento de Voz funciona em qualquer programa. Por exemplo, você pode dizer "Open iTunes" para iniciar o iTunes de dentro de qualquer programa.

Entretanto, também é possível criar comandos que só funcionam em um programa específico. Eles ficam em sua pasta Speakable Items→Application Speakable Items, dentro de pastas individuais com o nome do aplicativo. Por exemplo, o Mac OS X vem com comandos para o Safari que incluem voltar (Back), adiantar (Forward) e página para baixo (Page Down).

Se você for bom em AppleScript, pode criar as suas próprias pastas de comando de aplicativo na pasta Speakable Items→Application Speakable Items.

Depois, abra o programa para o qual deseja criar comandos especiais e diga "Make this application speakable". O Mac cria uma pasta para o programa na pasta Speakable Items; enche-a com os AppleScripts que você criou. (Nem todos os programas podem ser controlados por AppleScript.)

Nota: Se você der a um ícone específico de aplicativo exatamente o mesmo nome de um dos comandos globais, o Mac executa aquele específico de aplicativo – se aquele programa estiver rodando.

Dicas, truques e solução de problemas do Reconhecimento de Voz

Quando você estiver criando novos comandos, clique o botão Dicas Úteis (Helpful Tips) no canto inferior direito do painel Comandos (do Reconhecimento de Voz, do painel Fala Preferências do Sistema).

O Mac lê para você

Até agora, neste capítulo, você leu sobre a habilidade de escutar do Mac. Mas, a conversa não precisa ser unilateral; é até mais fácil fazer o Mac *falar*.

No Snow Leopard, a maioria dos programas da Apple possui um comando Iniciar Fala (Start Speaking) incluso no Safari, Mail, Editor de Texto, iChat, Lembretes, Pages etc. Basta Control-clicar (ou clicar com o botão direito) dentro de uma janela cheia de texto e, a partir do menu pop-up, selecionar Fala→Iniciar Fala (Speech→Start Speaking). O quanto isso é legal? Seu Mac pode ler seu e-mail ou artigo da Web enquanto você se arruma para trabalhar.

Você pode adicionar um comando de Fala nos scripts do FileMaker Pro. Os programas Xadrez e Calculadora também podem falar.

Mas, isso é coisa de criança. A verdade é que o Mac pode ler quase qualquer coisa que você queira: texto sobre o qual você tenha passado o cursor por cima, mensagens de alerta, menus e *qualquer documento de texto em qualquer programa.* Ele pode falar em sua escolha de 24 vozes sincronizadas, com idades entre oito e 50 anos. A voz do Mac vem de seus auto-falantes. A maioria lê com um acento melodioso, charmosamente norueguês – tudo menos Alex, que fez a sua aparição no Leopard e soa assustadoramente como um artista profissional imitando a voz humana.

Nota: Esse negócio de leitura de texto não é a mesma coisa que o recurso VoiceOver do Mac. O VoiceOver destina-se a ler *tudo* na tela, inclusive menus, botões e outros controles, para os fãs do Mac com limitações visuais (e para permitir total controle de tudo, sem o uso do mouse).

Configurando a voz do Mac

Para configurar a maneira como o Mac fala, visite novamente o painel Fala das Preferências do Sistema. Clique a aba Vocalização do Texto (Text to Speech), no alto da janela. Enquanto você vê a Figura 15-14, pode controlar quais vozes do Mac deseja que o seu computador use, assim como quão depressa ele deve falar.

Dica: Cinco das vozes *cantam* em vez de falar. Good News canta ao tom de *Pomp and Circunstance*, conhecida também como a *Marcha da Formatura*. Bad News canta no tom do *Prelúdio em Lá menor* de Chopin, conhecida como a *Marcha Fúnebre*. Celos toca no tom da suíte *Peer Gynt de Grieg*. Pipe Organ toca ao tom do tema de TV de Alfred Hitchcock. Bells toca a melodia típica dos carrilhões da igreja.

Em outras palavras, essas vozes cantam quaisquer palavras que você queira digitar para essas melodias. (Para ouvir as melodias inteiras, não use qualquer pontuação.)

Aqui estão todas as diferentes ocasiões em que o Mac pode falar com você.

Figura 15-14:
Como resultado, você vê apenas seis vozes – aquelas que soam mais humanas. Selecione Mostrar Mais Vozes (Show More Voices) para ver a lista completa de 24.

Depois, por 15 hilários minutos, tente clicar as vozes para ouvir amostras das frases. Arraste o deslizador para afetar a velocidade de falar de cada uma. (Claramente, os programadores da Apple se divertiram com essa designação.)

Anunciar quando alertas forem exibidos

Se você marcar essa caixa de seleção, pode fazer com que o Mac leia em voz alta as mensagens de erro e mensagens de alerta que podem aparecer em sua tela. Se clicar o botão Definir Opções de Alerta (Set Alert Options), encontrará estes comandos úteis:

- **Voz (Voice).** Use esse menu pop-up para especificar a voz que deseja ler a sua mensagem de erro. (Ela não precisa ser a mesma voz padrão normal do Mac que é usada com outros objetivos.)

- **Frase (Phrase).** Use esse menu pop-up para especificar que emissão o Mac faz antes da mensagem de erro real – por exemplo, "*Excuse me!* The Trash could not be emptied", ou "*Attention!* The document could not be printed".

  Se escolher a seguinte lista de frases (Next in the phrase list) ou Aleatório da lista de frases (Random from the phrase list) a partir desse menu pop-up, você nunca ouvirá a mesma frase duas vezes. Melhor ainda, escolha Editar Lista de Frases (Edit Phrase List) para abrir uma caixa de diálogo onde é possível especificar as suas próprias palavras de frustração. ("A Apple Computer, Inc. não se responsabiliza por qualquer problema que você possa ter com as pessoas nos cubículos vizinhos.")

- **Atraso (Delay).** O ostensivo objetivo do recurso Anunciar alertas é conseguir a sua atenção se você estiver vagando, longe do seu Mac – mental ou fisicamente. As chances são pequenas, mas um problema urgente pode acontecer que, se ignorado, pode trazer alguns transtornos. (Vem à cabeça uma impressão de 500 páginas caindo em seu colo por causa de um papel preso.)

  Em outras palavras, se você ainda estiver sentado diante do seu Mac, pode não precisar que o Mac fale para chamar a sua atenção; seria suficiente ler a mensagem na tela. Por isso é que você pode ajustar esse deslizador para fazer o Mac esperar por um minuto, depois do aparecimento de uma mensagem de erro, antes de tentar avisá-lo com a voz. Assim ele não fica com arengas desnecessárias.

Anunciar quando um aplicativo exigir a sua atenção

Um ícone do Dock pulando significa que o programa está tentando chamar a sua atenção. Poderia ser porque a sua impressora está sem papel ou porque você tentou fechar um programa que ainda tem documentos abertos, não salvos. De qualquer modo, agora o Mac pode informá-lo (e com muitas palavras!), qual programa precisa de alguma atenção carinhosa.

Selecione o texto de fala quando a tecla for pressionada

Conforme o prometido, esse é o recurso que lhe permite ouvir qualquer página Web lida para você, qualquer mensagem de e-mail, qualquer bilhete adesivo – uma pausa bem-vinda para os seus olhos. Além do mais, se você fizer qualquer tipo de escrita, descobrirá o valor de ter o seu material lido em voz alta; é uma técnica de revisão que revela todos os erros de ortografia e de gramática que você poderia não pegar, simplesmente lendo, ainda que por 50 vezes.

Na primeira vez que você marcar essa caixa de seleção, o Mac pede que você especifique um toque de teclado. (Posteriormente, sempre é possível mudar o toque de teclado, clicando Definir Tecla [Set Key].) Escolha um toque de teclado que não entre em conflito com o programa que você está usando, como Control-T.

Agora, vá para o programa no qual gostaria que a leitura acontecesse. Selecione algum texto (ou pressione ⌘-A para selecionar todo ele). Depois, pressione o toque de teclado especificado. Imediatamente, o Mac começa a leitura dele em voz alta. Para interromper a execução, pressione novamente a mesma tecla. E fique feliz por estar vivo para ver esse dia.

Dica: Se você tiver um iPod, o seu Mac pode converter *qualquer* texto ou documento de processador de texto em uma gravação falada, para que você possa ouvi-la enquanto estiver em movimento.

VoiceOver

O Mac sempre foi capaz de ler coisas na tela, em voz alta. Mas a Apple levou esse recurso anos-luz adiante, transformando-o em um *leitor de tela* totalmente desenvolvido, em benefício das pessoas que não podem enxergar. O VoiceOver não apenas lê qualquer pedaço de texto que encontrar na tela – ele também permite que você controle tudo na tela (menus, botões e assim por diante) sem qualquer necessidade do mouse. E no Snow Leopard, o VoiceOver passou por outro enorme avanço.

A seguir, algumas das novidades:

- **Gestos**. Em um Mac com trackpad multitoque, você pode interagir com o que está visível na tela usando o próprio trackpad como um mapa da janela atual ou área da tela; o VoiceOver lê o que estiver embaixo do seu dedo. Você pode mover o dedo em qualquer direção para ir para o próximo item da tela. Você ouve um

DIAMANTE BRUTO

Falando com o Xadrez

Se, por algum motivo, os seus amigos e colegas de trabalho ainda não estiverem impressionados pelo Mac OS X e o seu controle sobre ele, convide-os para assistir você jogar xadrez com o seu Mac – falando com ele. (Na verdade, esse recurso não é apenas para entretenimento. Alguns jogadores de xadrez preferem se mover sem olhar para o tabuleiro. Falando seus movimentos para o computador – com o computador respondendo, falando os seus próprios movimentos – essas pessoas podem jogar "como cegas".)

Abra o programa Xadrez. A menos que você tenha desmarcado em Xadrez→Preferências (Chess→Preferences) o recurso de Reconhecimento de Voz do jogo, ele já estará marcado. Quando estiver marcado, a janela redonda Feedback deve estar visível na tela.

Para aprender sobre os comandos de voz da maneira que o Xadrez entenda, clique o pequeno triângulo cinza, embaixo da janela Voz de Feedback, para abrir a janela Comandos de Voz. Como sempre, ela relaciona todos os comandos que o Xadrez entende.

Você especifica o lugar das peças usando a grade de números e letras que aparece ao longo da margem do tabuleiro de xadrez. O rei branco, por exemplo, inicia no quadrado e1, pois ele está na primeira fileira (1) e na quinta coluna (e). Para mover o rei um quadrado para a frente, você pode dizer: "King e1 to e2".

Enquanto a janela Comandos de Voz for suficiente, alguns outros comandos estão à sua disposição. "Move Back" é um dos mais úteis. Quando você estiver pronto para fechar, matando, a sintaxe é: "Pawn e5 takes f6".

E sorria ao dizer isso!

som sempre que o VoiceOver encontrar espaços em branco na tela, tudo para ajudá-lo a "sentir" onde tudo está.

- **Monitores Braille.** Sim, as "telas" em Braille realmente existem – planos e sensíveis a toque, esses painéis possuem pontos que saem de orifícios em uma superfície plana conforme você move o cursor do Mac, permitindo que você leia o que está na tela. O Snow Leopard funciona com mais desses dispositivos, incluindo os sem fio, e pode transmitir informações para uma sala de aula inteira deles de forma simultânea.

- **Navegação Web com o VoiceOver.** O Snow Leopard pode ler páginas Web inteiras, navegar por tabelas, pular de link para link, entre outros. Você pode navegar pressionando as teclas de setas, com o mouse ou usando o trackpad.

- **Mais flexibilidade.** O Snow Leopard oferece mais personalização, mais configurações e mais ajuda aos novatos, graças a um tutorial interativo.

Obviamente, aprender o VoiceOver é uma *grande* tarefa que pode levar dias ou semanas – mas se essa é a sua oportunidade para começar a usar um computador, você provavelmente ficará feliz em ter um programa completo como esse.

Um guia completo do VoiceOver poderia preencher 40 páginas facilmente – e é o que aconteceu. Faça o download gratuito do apêndice em PDF do capítulo "VoiceOver: The Missing Manual" na página "Missing CD" deste livro em www.missingmanuals.com.

Ink: reconhecimento da escrita manual

Da mesma maneira que a sua avó transformou o jantar de ontem no sanduíche de hoje (e na sopa de amanhã), a Apple reciclou a tecnologia de escrita à mão de seu falho portátil de mão Newton e acrescentou-o ao Mac OS X. Ele agora é chamado de Ink, e faz exatamente o que costumava fazer: transforma a sua escrita manual em texto "digitado" em qualquer programa.

Você não pode escrever muito bem diretamente em seu Apple Display Cinema (ainda que poderia ser legal). Assim, o Ink aparece no Mac OS X apenas se você tiver um tablet, um daqueles dispositivos de stylus-e-pad normalmente encontrados apenas nas mesas de artistas gráficos. (A Wacon é a melhor empresa de tablets conhecida, mas há algumas outras.)

Ainda assim, o Ink pode substituir o teclado? Com certeza, não para qualquer coisa a mais do que rápidos bilhetes. Mas ele pode ser prático quando você estiver navegando a Web, esboçando, preenchendo formulários de bancos de dados e assim por diante.

Mesmo assim, sejamos francos: você poderia contar em uma das mãos o número de pessoas com tablets Wacon de digitalização que as usa para a entrada de escrita manual.

Assim, para evitar sacrificar ainda mais o crescimento das velhas árvores, mais do que absolutamente necessário para este livro, as instruções para o Ink estão disponíveis como um apêndice deste livro, em PDF, que pode ser baixado gratuitamente. Você o encontrará na página "Missing CD" deste livro, em www.missingmanuals.com.

Nota: Por que diabos a Apple teve todo esse trabalho de escrever um software só para satisfazer a pequena comunidade de donos de tablets? É exatamente isso que a GCIPAADCTPU (Grande Confederação na Internet de Pessoas que Acreditam que a Apple deve estar Desenvolvendo um Computador de Tablet de Peça Única) quer saber.

Front Row

Nos últimos anos, a maioria dos novos modelos Mac tem vindo com um acessório peculiar: um fino controle remoto branco, procurado por todo mundo, como um iPod que perdeu muito peso. Se você apontá-lo para o Mac e pressionar o botão Menu do remoto, será projetado para o mundo mágico do Front Row, uma superposição especial que oferece acesso à sua música, fotos, filmes e DVD player – com fontes bem grandes e imagens que são visíveis do sofá, no outro lado da sala.

A ideia, é claro, era a de tornar o Mac um sistema de entretenimento por si só.

A ideia nunca se popularizou. Eventualmente, a Apple parou de incluir esse controle remoto em seus computadores (embora você possa comprá-lo da Apple). Mas mesmo hoje, todo laptop Mac, Mac Mini e iMac respondem àquele pequeno controle – e o Front Row, o programa, está incluso no Mac OS X. Ele está instalado em todos os Macs, mesmo aqueles que não possuem sensor infravermelho.

Por isso é que você pode operar o Front Row inteiramente a partir do teclado – mesmo estando do outro lado da sala, se tiver um Bluetooth. Então, assim, até os Macs sem infravermelho, como o Mac Pro, estão convidados para a festa do Front Row.

O Front Row se parece com o sistema de menus do AppleTV se já o tiver visto antes (Figura 15-15).

Use as teclas de seta ou os botões **+** e **-** no remoto para escolher a atividade principal na qual você está interessado: Músicas, DVDs, Filmes, Programas de TV, Música, Podcasts ou Fotos. Use a barra de espaço ou o botão ▶ como a tecla Enter, para escolher o tipo de entretenimento.

Para o seu prazer, você descobrirá que o Front Row permite acionar não apenas todas as músicas que você tem no iTunes, todas as fotos do iPhoto e assim por diante, mas também todas as músicas, fotos e vídeos armazenados nos outros Macs em sua rede (supondo que você tenha deixado o iPhoto e o iTunes rodando naqueles Macs).

A questão toda é: agora o seu Mac é um centro de entretenimento que pode ser operado à distância. Peça por peça, a Apple está se esgueirando para a sala de estar – e o Front Row é o seu Cavalo de Troia.

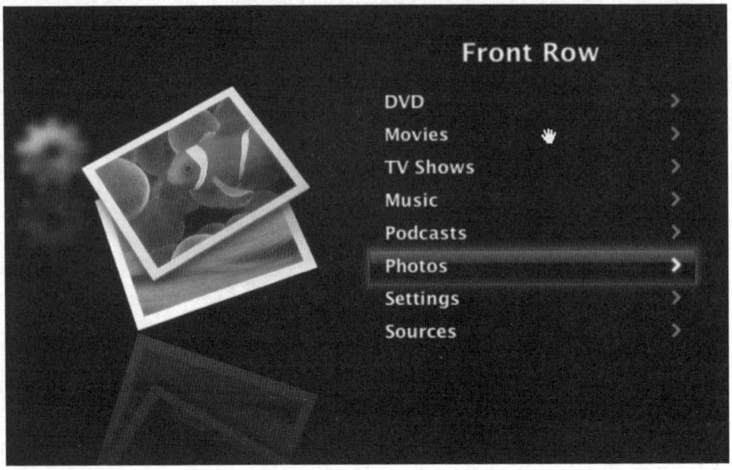

Figura 15-15: *O Front Row é todo sobre se aprofundar nas teclas do menu, exatamente como em um iPod. Comece aqui, no menu principal. Use o botão central no remoto ou a barra de espaço em seu teclado para selecionar um comando ou categoria e abrir a próxima tela. Continue assim até poder assistir aos seus filmes ou apresentações de slides, ou ouvir a sua música.*

A seguir, uma lista para navegar nas coleções de entretenimento do seu Mac – independente de você ter ou não um controle remoto.

Como	Usando o controle remoto	Usando o teclado
Abrir e fechar o Front Row	Menu	⌘-Esc
Navegar pelos menus e listas	+/-	↑/↓
Voltar para um menu anterior	Menu	Esc
Selecionar um item em um menu ou lista	▶II	Barra de espaço ou Return
Tocar e pausar áudio ou vídeo	▶II	Barra de espaço ou Return
Mudar o volume	+/-	↑/↓
Ir para a anterior/próxima música, foto ou capítulo de DVD	⏮/⏭	→/←
Voltar/Adiantar rápido (DVD ou filme)	⏮/⏭ (Pressionar e manter o botão pressionado.)	→/← (Manter pressionada.)

CAPÍTULO

16

O Curso-relâmpago de Unix

Como certamente a essa altura você já sabe, a semelhança do Mac OS X com o sistema operacional do Mac original é apenas superficial: o motor por dentro do lindo capô é totalmente diferente. Na verdade, ele é o Unix, um dos sistemas operacionais mais antigos e respeitados em uso atualmente. Na primeira vez que você o vê, pode jurar que o Unix tem tanta coisa em comum com o Mac tradicional quanto um jipe tem com um melão (veja a Figura 16-1).

O que a ilustração da Figura 16-1 mostra, é claro, é uma *interface de linha de comando*: um lugar onde você pode digitar instruções ao computador. Esse é um mundo sem ícones, menus ou caixas de diálogo. Aqui, o mouse é quase inútil.

Certamente você pode gostar da ironia: o brilho do Macintosh original de 1984 foi o fato de eliminar a interface de linha de comando, que ainda era a regra nos computadores da época (como o Apple II e as máquinas DOS). A maioria dos usuários menos técnicos suspirou de alívio, gratos por nunca mais ter que decorar comandos. Ainda assim, aqui está o Mac OS X, o sistema operacional supostamente ultramoderno da Apple, implementando com uma interface não-gráfica! O que está acontecendo?

Na verdade, a linha de comando nunca desapareceu. Nas universidades e corporações do mundo inteiro, os usuários profissionais do computador continuavam batendo nos pequenos prompts *C:* ou *$*, gostando da eficiência e poder que tal controle direto do computador lhes proporcionava.

Você está perdoado se a sua reação à ideia de aprender Unix for, "Pelo amor de Deus – mal acabei de aprender uma maneira de controlar o meu novo sistema operacional e já tenho que aprender outro?".

Absolutamente. Você nunca *precisa* usar a linha de comando do Mac OS X. Na verdade, a Apple varreu-a para debaixo do tapete, obviamente esperando que a maior parte das pessoas use os lindos ícones e menus da mesa normal. Entretanto, há algumas tarefas que você *só* pode executar na linha de comando, ainda que cada vez menos com cada lançamento do Mac OS X.

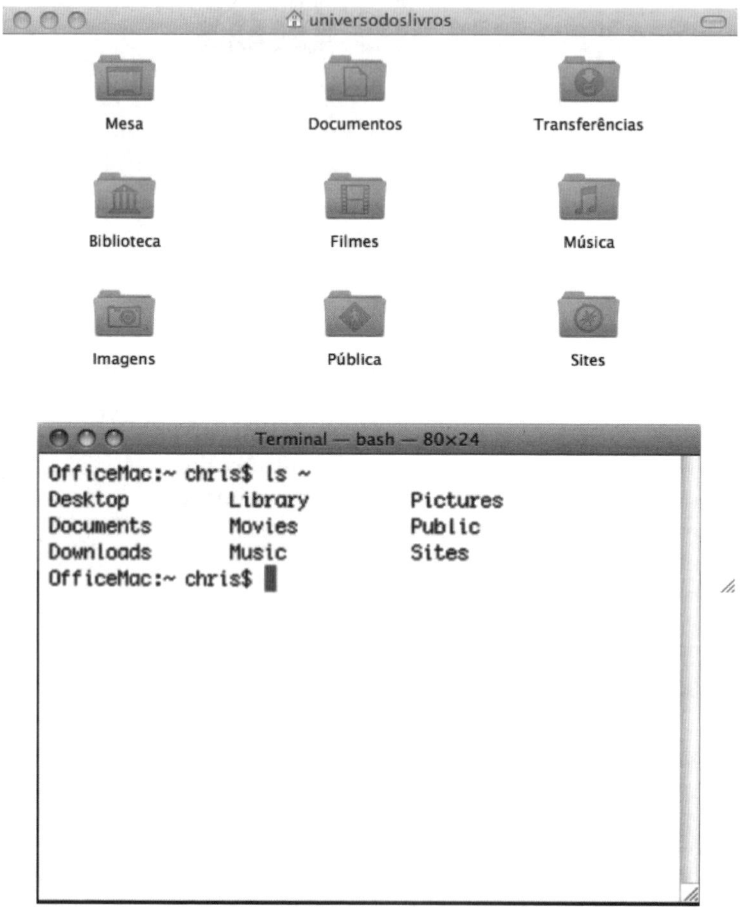

Figura 16-1:
Em cima: o que a maioria das pessoas imagina ao pensar em "Macintosh" é uma interface gráfica (GUI) – uma que você pode controlar com um mouse, usando ícones e menus para representar arquivos e comandos.

Embaixo: o terminal oferece uma segunda maneira de controlar o Mac OS X: uma interface de linha de comando, que você opera digitando programação de comandos.

No entanto, para fãs intermediários ou avançados do Mac com um pouco de tempo e curiosidade, a linha de comando abre um mundo de possibilidades. Ela permite que você acesse cantos do Mac OS X que não podem ser atingidos a partir da mesa normal. Ela permite que você execute determinadas tarefas com muito mais velocidade e eficiência do que conseguiria clicando botões e arrastando ícones. E oferece uma visão fascinante das mentes e temperamentos das pessoas que vivem e respiram computadores.

Se você já trabalhou superficialmente em macros Excel, fez experimentos com AppleScript ou instalou um Mac em uma rede, já sabe o nível técnico do material sobre o qual está para ler. A linha de comando do Unix pode *não ser familiar*, mas não precisa ser especialmente técnica, particularmente se você tem algumas "receitas" para seguir, como as que estão neste capítulo e no próximo.

Nota: O Unix é um sistema operacional inteiro por si só. Este capítulo destina-se a ajudá-lo a encontrar a sua posição e decidir se gosta ou não do Unix. Se você for mordido pelo inseto, veja o Apêndice D para fontes adicionais de informações sobre o Unix.

Terminal

O buraco da fechadura para os detalhes internos do Unix no Mac OS X é um programa chamado Terminal que se encontra na pasta Aplicativos→Utilitários (veja a Figura 16-2). O nome Terminal vem dos terminais (computadores que consistem apenas de um monitor e um teclado) que ainda se encontram no *mainframe* (unidade principal) de computadores em algumas universidades e corporações. Da mesma maneira, Terminal é apenas uma janela que transfere mensagens para e a partir do cérebro do Mac.

Na primeira vez que você abrir o Terminal, notará que não há muito em sua janela, exceto a data, a hora e a fonte do seu último registro de entrada (login), e o *prompt da linha de comando* (Figura 16-2).

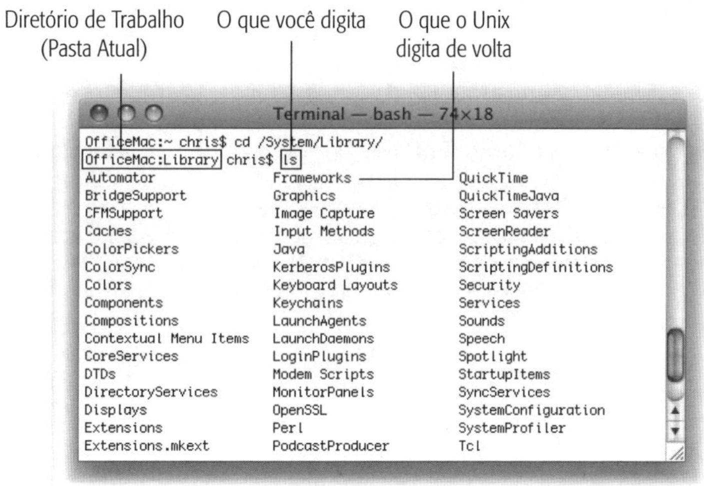

Figura 16-2:
Na Web, o Terminal do Mac OS X é um dos elementos do Mac OS X discutidos com mais frequência. Dezenas de tutoriais passo a passo para executar determinadas tarefas circulam on-line, geralmente sem muito comentário sobre porque você está digitando o que está digitando. Na medida em que ler este capítulo, lembre-se que maiúsculas no Terminal são importantes ainda que não o sejam no Finder. No que se refere aos comandos do Unix, Olá e olá são duas coisas diferentes.

Para os fãs da cordialidade para com o usuário, o Terminal não se sai muito bem de início; o seu prompt parece quase tão técnico quanto os computadores. Ele é dividido em:

- **Office-mac:** é o nome do seu Mac (pelo menos o Unix acha isso). Geralmente, é o Nome de Computador do Mac (ou como ele aparece no painel Compartilha-

GANHE VELOCIDADE

As raízes Unix do Mac OS X

Em 1969, um programador da Bell Labs, Ken Thompson, viu-se com com algum tempo disponível depois que o seu próprio principal projeto, um sistema operacional chamado Multics, foi cancelado. A Bell Labs, desapontada com os resultados, tinha se retirado do projeto dispendioso depois de quatro anos de trabalho.

Mas Thompson ainda achava que o projeto – um sistema operacional que funcionasse bem como um ambiente de desenvolvimento de software corporativo – era uma ideia promissora. Finalmente, ele e seu colega Dennis Ritchie apareceram com um sistema operacional que logo seria chamado de Unix (um trocadilho com Multics). A Bell Labs viu o valor do Unix, concordou em oferecer suporte para continuar o desenvolvimento e tonou-se a primeira corporação a adotá-lo.

Na época em que Thompson e Ritchie começaram o seu trabalho no Unix, a maioria dos programadores escrevia código que funcionava em apenas um tipo de computador (ou ainda em *um modelo* de computador). Porém, o Unix foi um dos primeiros sistemas operacionais portáveis: seus programas poderiam ser executados em diferentes tipos de computadores, sem que fosse preciso reescrevê-los. Isso porque Thompson e Ritchie escreveram o Unix usando uma nova linguagem de programação, inventada por eles mesmos, chamada C.

Os programadores só precisavam escrever seu código uma vez. Depois, um tipo de software chamado *compilador* podia converter o software recém-projetado para o formato que um modelo especial de computador pudesse entender.

Logo o Unix achou o caminho nos laboratórios e, graças às pequenas taxas de licenciamento acadêmico da AT&T, nas universidades de todo o mundo. Os programadores do mundo inteiro acrescentaram alguma coisa ao código-fonte, consertaram bugs e depois passaram as modificações para frente.

Em meados da década de 1970, a Universidade da Califórnia, em Berkeley, tornou-se o local de desenvolvimento mais intenso do Unix. Os alunos e o corpo docente melhoraram o *kernel* do Unix (a parte central e essencial do sistema operacional), acrescentaram recursos e escreveram novos aplicativos para Unix. Por volta de 1977, eles tinham software adicional suficiente para lançar sua própria versão do Unix, a primeira de várias versões da *Berkeley Software Distribution* (BSD).

Quando isso aconteceu, a Defence Advanced Research Project Agency (DARPA) estava procurando um sistema operacional uniforme e portátil para usar em sua crescente rede de área abrangente, originalmente chamada de ARPAnet (e agora chamada de Internet).

A DARPA gostou do Unix e concordou em patrocinar mais pesquisas em Berkeley. Em Janeiro de 1983, a DARPA mudou o protocolo de rede para TCP/IP – e nasceu a Internet, apoiada principalmente em máquinas Unix.

Corte para 1985. Steve Jobs deixou a Apple para iniciar a NeXT Computer, cujo sistema operacional NextStep era baseado no BSD Unix. Quando a Apple comprou a NeXT em 1996 Jobs, NextStep (que acabou trocando o nome para OpenStep) e o seu programa Terminal chegaram juntos. O Unix que bate dentro do coração do Mac OS X é apenas o lugar de descanso mais recente para o sistema operacional que a equipe de Jobs desenvolveu na NeXT.

Assim, na próxima vez que você ouvir a Apple falar sobre o seu "novo" sistema operacional, lembre-se de que a sua tecnologia básica tem, de fato, mais de 35 anos de idade.

das de Preferências do Sistema), mas ocasionalmente, é o nome do seu Mac que aparece na Internet.

- Indica em qual pasta você está "dentro" (Figura 16-2). Ela mostra o *diretório de trabalho* – ou seja, a pasta aberta no momento. (Lembre-se, não há ícones no Unix.) Basicamente, esse comentário informa onde você está enquanto navega pela sua máquina.

  Quando você experimentar o seu Terminal pela primeira vez, o diretório de trabalho estará ajustado para o símbolo ~. Esse símbolo til é uma taquigrafia importante; ele significa "a sua própria pasta Início". É a primeira coisa que você vê ao iniciar o Terminal, mas logo verá aqui os nomes de outras pastas – *Office-Mac: /Users* ou *Office-Mac: /System/Library*, por exemplo.

Nota: Antes de a Apple aparecer com o termo amistoso para com o usuário *pasta*, para representar um tanque eletrônico de armazenagem para arquivos, as pastas eram chamadas de *diretórios*. Neste capítulo, você encontrará quase que exclusivamente o termo *diretório*. Em qualquer discussão sobre o Unix "diretório" é simplesmente o termo certo.

Além do mais, usar um termo como *pasta de trabalho* nos ouvidos de um aficionado Unix pode fazer que você seja linchado.

- **chris$.** Começa com o seu nome de usuário abreviado. Ele mostra quem se conectou ao *shell* (veja a caixa na página 682), que normalmente é quem está utilizando o Mac no momento. Quanto ao sinal $, pense nele como dois pontos. Na verdade, pense em todo o prompt mostrado na Figura 16-2 como uma forma do Unix dizer "OK, Chris, estou ouvindo. O que lhe agrada?".

A menos que você tenha mexido com as preferências do Terminal, o ponto de inserção se parece com um retângulo alto ao final da linha de comando. Ele se desloca para a direita enquanto você digita.

Programas do Unix

Uma enorme quantidade de programas tem sido escrita para o Unix. E graças aos milhares de desenvolvedores de fonte aberta – programadores de todo o mundo que colaboram e disponibilizam seus trabalhos para a próxima rodada de modificações – muito desse software está gratuitamente disponível a todos, inclusive usuários do Mac OS X.

Em geral, cada comando do Unix chama um único aplicativo (ou *processo*, como os aficionados o chamam) que inicia, executa uma tarefa e fecha. Muitos desses aplicativos mais conhecidos vêm com o Mac OS X.

Eis um divertido: apenas digite *uptime* e pressione Enter ou Return. (É assim que você roda um programa do Unix: digita o seu nome e pressiona Return.) Na linha seguinte, o Terminal mostra quanto tempo o seu Mac está ligado continuamente. Ele mostra algo como: "13:09 por 8 dias, 15:04, 1 usuário, médias de carga: 1.24, 1.37, 1.45" – o que significa que o seu Mac está ligado há 8 dias, 15 horas, sem parar.

Você acabou de rodar o programa *uptime*. O prompt $ volta, sugerindo que o Terminal está pronto para o que você atirar em seguida.

Experimente este: digite *cal* no prompt, e depois pressione Return. Imediatamente, o Unix despeja um calendário com o mês atual.

```
office-mac:~ chris$ cal
         Maio 2008
 Dom. Seg. Ter. Qua. Qui. Sex. Sáb.
                        1    2    3
    4    5    6    7    8    9   10
   11   12   13   14   15   16   17
   18   19   20   21   22   23   25
   25   26   27   28   29   30   31

office-mac:~ chris$
```

Dessa vez, experimente digitar *cal 4 2010, cal -y* ou *cal -yj*. Esses três comandos fazem o Unix gerar um calendário de Abril de 2010, um calendário do ano corrente, e um calendário dos dias *Julianos* do corrente ano, respectivamente.

GANHE VELOCIDADE

bash, o Terminal e shells

Um programa do Unix roda automaticamente quando você abre uma janela do Terminal: *bash*. Ele é o *shell* escolhido para o Mac OS X 10.6 da Apple.

Um *shell* é um programa do Unix que interpreta os comandos que você digitou, passa-os para o *kernel* (o cérebro do sistema operacional) e, depois, exibe a resposta do kernel.

Em outras palavras, o shell é o Finder do Unix. Ele é o programa que permite que você navegue pelo conteúdo do seu disco rígido, veja o que está dentro de determinadas pastas, inicie programas e documentos e assim por diante.

Na verdade, há sete shells diferentes disponíveis no Unix, cada uma com uma *sintaxe* ligeiramente diferente de comando. Todas as populares – como *tsch, ksh* e *zsh* vêm com o Mac OS X. (Você pode escolher uma delas como o seu shell padrão, usando o painel Contas (Accounts) das Preferências do Sistema. Clique o 🔒, forneça a sua senha de Administrador e, depois, clique com a tela Control pressionada ou clique com o botão direito o seu nome de conta na lista; escolha Opções Avançadas (Advanced Options). Lá, no painel de Opções Avançadas, você encontrará a caixa de Shell de início de Sessão (Login Shell), onde você pode fazer a alteração.) Mas, em uma instalação limpa do Leopard, o Terminal vem ajustado para usar *bash*.

O *bash* evoluiu do shell *sh* original, que foi chamado de shell Bourne devido ao seu inventor. Então, *bash* recebeu o seu nome como *Bourne Again Shell* (entendeu?)

Você pode abrir janelas adicionais do Terminal (100 ou mais, dependendo de quantos outros programas estejam rodando), escolhendo Shell→Janela. Ainda mais escorregadio, o Terminal do Leopard agora permite que você abra múltiplas sessões em *abas* (exatamente como com o Safari), escolhendo Shell→Nova Aba. Cada janela e aba atuam independentemente uma da outra. Para tirar a prova, experimente abrir várias janelas e depois rodar o comando *cal* (calendário) em cada uma.

Dica: O mouse não é muito útil na linha de comando. Em geral, você só move o cursor com as teclas direcionais ← e →.

Entretanto, você *pode* usar o mouse para selecionar texto de qualquer lugar na janela (ou outros programas) e colá-lo no prompt. Também é possível usar o mouse para arrastar um ícone para fora da sua mesa, e para dentro da janela do Terminal, conforme mostrado na Figura 16-3.

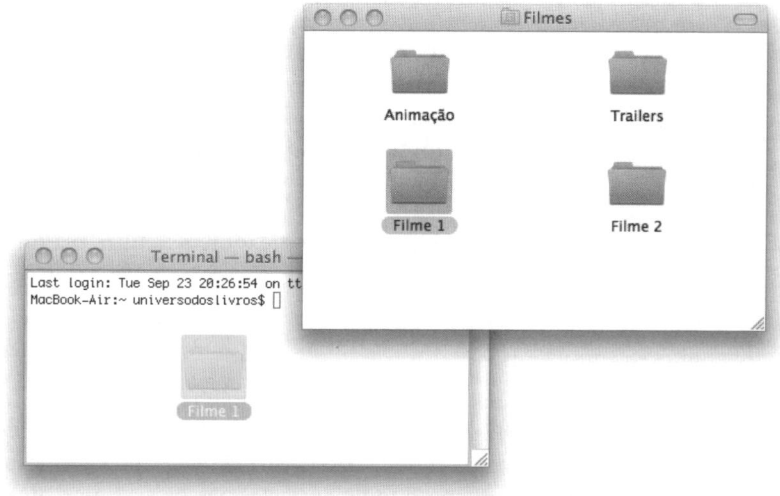

Figura 16-3: *Essa pode ser a maneira mais rápida de todas para identificar um diretório ou arquivo que você quer manipular: não digite nada. Quando arrastar os ícones diretamente da mesa para uma janela do Terminal, o nome de caminho do ícone aparece automaticamente no ponto de inserção. O Terminal até adiciona barras invertidas a quaisquer caracteres nesses nomes de caminho para você (uma etapa necessária conhecida como caracteres especiais de escape.*

GANHE VELOCIDADE

101 nomes de caminho

De várias maneiras, navegar pelo conteúdo do seu disco rígido usando o Terminal é exatamente como fazê-lo com o Finder. Você começa com uma pasta e move-se para baixo, para as suas subpastas, ou para cima, para as suas pastas-pai.

Neste capítulo, você será solicitado a especificar determinado arquivo ou pasta nessa árvore de pastas. Mas, você não vê os seus ícones a partir da linha de comando. Assim, como você pode identificar o arquivo ou pasta desejada?

Digitando o seu *nome de caminho* (pathname). O nome de caminho é uma sequência de nomes de pasta, algo como um mapa, que o leva do *nível de raiz* para a próxima pasta aninhada, para a próxima e assim por diante. (Com objetivos de aprendizado do Unix, o nível de raiz é o equivalente à sua janela do disco rígido principal. No Unix, ele é representado por uma única barra oblíqua. Em outras palavras, a frase /Usuários significa "a pasta de Usuários na janela do meu disco rígido" – ou, em termos do Unix, "o diretório de Usuários ao nível de raiz".)

Uma maneira de se referir à pasta de Documentos em sua própria pasta Iniciar seria, por exemplo, /Users/chris/Documents (claro, se o seu nome for Chris).

Navegando no Unix

Se você não puder ver quaisquer ícones para os seus arquivos e pastas, como deverá fazer para trabalhar com eles?

Você não tem escolha, senão pedir ao Unix para dizer qual pasta você está procurando (usando o comando *pwd*), o que há nela (usando o comando *ls*) e para qual pasta você deseja trocar (usando o comando *cd*), conforme descrito nas próximas páginas.

pwd (Print Working Directory, ou "Onde estou?")

Eis um dos comandos de navegação mais básico: *pwd*, que significa *print working directory* (imprimir diretório de trabalho). Na verdade, o comando *pwd* não imprime nada em sua impressora. Ao invés disso, o comando *pwd* digita, na tela, o *caminho* em que o Unix acredita que você esteja (o diretório de trabalho).

Experimente digitar *pwd* e pressionar Return. Na linha seguinte, o Terminal pode mostrar algo como isto:

```
/Users/chris/Movies
```

O Terminal está revelando o *caminho* do diretório de trabalho – uma lista de pastas-em-pastas, separadas por barras oblíquas, que especifica a localização de uma pasta no seu disco rígido. */Users/chris/Movies* indica a pasta Filmes na pasta Pessoal de Chris (que, como todas as pastas pessoais, está no diretório de Usuários).

Dica: No Unix, as letras maiúsculas são importantes. Os nomes de comandos são quase sempre todos com letras minúsculas (como *cal* e *pwd*). Mas quando você digitar os nomes das pastas, assegure-se de pôr as maiúsculas corretamente.

ls (Lista, ou "O que há aqui?")

O comando *ls*, abreviação de *lista*, faz o Terminal digitar os nomes de todos os arquivos e pastas na pasta em que você está (isto é, o seu diretório de trabalho). Você pode experimentá-lo agora: basta digitar *ls* e depois pressione Return. O Terminal responde, exibindo os nomes dos arquivos e pastas dentro de uma lista, assim:

```
Desktop      Downloads    Movies      Pictures     Sites
Documents    Library      Music       Public
```

Em outras palavras, você vê uma lista dos ícones que, no Finder, você veria em sua pasta Iniciar.

Nota: O Terminal respeita os limites das várias contas do Mac OS X (Capítulo 12). Em outras palavras, um detentor de conta Padrão ou Administrador, em geral não tem permissão de se aprofundar mais na pasta Iniciar de alguma outra pessoa. Se você tentar, ouvirá um "Permissão negada".

Você também pode fazer uma lista do Terminal que está em qualquer outro diretório (uma que *não* seja o diretório de trabalho) apenas clicando o seu nome de caminho como um *argumento*. Argumentos são partes extras de informações seguindo o comando que refina como o comando deve rodar. (Lembra do exemplo do calendário? Quando você queria o calendário de April de 2010, digitou *cal 4 2010*. As partes "4" e "2010" eram os argumentos – isto é, tudo o que você digitou depois do próprio comando.)

Assim, para ver uma lista de arquivos em seu diretório de Documentos, bastaria que você digitasse *ls /Users/chris/Documents*. Melhor ainda, devido ao símbolo ~ ser a abreviação de "meu diretório iniciar", você pouparia tempo digitando *ls~/Documents*. O nome do caminho "~/Documents" é um argumento com o qual você alimenta o comando *ls*.

Sobre sinalizações

Como parte de um argumento de comando, às vezes é possível inserir *opções de sinalizações* (*option flags* também chamadas de *switches*) – caracteres modificadores (ou frases curtas) que afetam como o comando funciona, exatamente como fazem as opções de configuração em aplicativos GUI. No exemplo do calendário, você pode digitar *cal -y* para ver um calendário do ano todo; a parte *-y* é uma opção de sinalização.

As opções de sinalização são quase sempre precedidas por um hífen (-), embora, normalmente, você possa rodar várias sinalizações juntas, seguindo apenas de um hífen. Se digitar *ls -al*, ambas as sinalizações, *-a* e *-l* estão em efeito.

Eis algumas opções úteis para o comando *ls*:

- ***-a.*** O pouco decorado comando *ls* até exibe os nomes de arquivos *invisíveis* e pastas – pelo menos pela definição do Finder. O shell do Unix usa o seu próprio sistema de indicar arquivos e pastas invisíveis e ignorar as do Finder. Isso não significa que você está vendo tudo; arquivos que estão invisíveis pela definição do Unix ainda não aparecem.

  No entanto, é possível usar uma das sinalizações do comando *ls*, para forçar o aparecimento até dos arquivos invisíveis do Unix. Basta acrescentar a sinalização *-a*. Em outras palavras, digite isto: *ls -a*. Então, quando você pressionar Return, poderá ver algo como isto:

```
.                       Desktop        Music
..                      Documents      Pictures
.CPUserTextEncoding     Downloads      Public
.DS__Store              Library        Sites
.Trash                  Movies
```

- ***-F.*** Como você vê, todos os nomes dos arquivos invisíveis do Unix iniciam com um ponto (o pessoal do Unix os chama de *ponto de arquivos* [*dot files*]). Mas, esses são arquivos ou pastas? Para descobrir, use *ls* com a opção *-F* (a maiúscula conta), assim: *ls -aF*. Você vê algo assim:

```
./                        Desktop/      Music/
../                       Documents/    Pictures/
.CPUserTextEncoding       Downloads/    Public/
.DS_Store                 Library/      Sites/
.Trash/                   Movies/
```

Os nomes dos próprios itens não mudaram, mas a sinalização *-F* faz as barras oblíquas aparecerem nos nomes do diretório (pasta). Esse exemplo mostra que em seu diretório Iniciar há 12 outros diretórios e dois arquivos.

- ***-G.*** Eis uma sinalização fascinante, que faz *ls* exibir resultados codificados por cor: azul para diretórios, vermelho para programas, letra normal preto no branco para documentos e assim por diante.

- ***-R.*** A sinalização *-R* produz uma listagem *recursiva* – uma que exibe os diretórios *dentro* dos diretórios na lista. Listar todo o diretório de Iniciar poderia ocupar várias páginas, mas se você digitar *ls -R Movies*, por exemplo, poderia conseguir algo assim:

```
Bad Reviews.doc Old Tahoe Footage 2 Picnic Movie 2 Reviews.doc
./Old Tahoe Footage 2:
Tahoe 1.mov    Tahoe 3.mov    Tahoe Project File
Tahoe 2.mov    Tahoe 4.mov
./Picnic Movie 2:
Icon?          Media          Picnic Movie 2 Project
./Picnic Movie 2/Media;
Picnic Movie 1 Picnic Movie 3 Picnic Movie 5
Picnic Movie 2 Picnic Movie 4 Picnic Movie 6
```

Em outras palavras, aqui você obtém dois subdiretórios, chamados Old Tahoe Footage 2 e Picnic Movie 2 – que autocontêm um diretório Mídia (Media).

Dica: Como você pôde observar, conforme os exemplos *cal* e *ls*, os comandos do Unix são bem curtos. Geralmente, eles são comandos de apenas duas letras e um número impressionante deles usa as *não invertidas* (*ls, cp, rm* e assim por diante).

Em parte, o motivo tem a ver com conservar a memória limitada dos computadores antigos e em parte com a eficiência: a maioria dos programadores prefere digitar o mínimo possível para fazer as coisas. Não é amistoso para com o usuário, mas quando você digitar esses comandos repetidamente, acabará agradecendo pela economia de toques de teclado.

cd (Change Directory, ou "Mostre-me outra pasta")

Agora você sabe como descobrir em qual diretório está, e como ver o que há dentro dele, tudo sem dar duplo-clique quaisquer ícones. Essas são ótimas informações, mas são apenas informações. Como você *faz* alguma coisa em sua linha de comando do Finder – como trocar para um diretório diferente?

Para mudar o seu diretório de trabalho, use o comando *cd*, seguido pelo caminho do diretório para o qual você deseja trocar. Quer ver o que está no diretório de Filmes da sua pasta pessoal? Digite *cd /Users/chris/Movies* e pressione Return. O prompt $ exibe o que ele considera ser o diretório em que você está agora (o novo diretório de trabalho). Se a essa altura você executar um comando *ls*, o Terminal exibe o conteúdo de seu diretório de Filmes.

Claro que exige muita digitação. Felizmente, em vez de digitar todo esse caminho (o caminho *absoluto*, como ele é chamado), basta especificar qual diretório você deseja ver, *com relação* ao diretório no qual você já está.

Por exemplo, se a sua pasta Pessoal for o diretório de trabalho, o nome de caminho relativo do diretório Trailers, dentro do diretório de Filmes, seria *Movies/Trailers*. Isso é muito mais curto do que digitar o nome de caminho absoluto completo (*/Users/chris/Movies/Trailers*).

Se o seu cérebro ainda não está vazando de tanto estresse, eis um resumo das três maneiras a partir das quais você poderia trocar de *~/(seu diretório inicial)* para *~/Movies*:

- ***cd /Users/chris/Movies***. Esse é o caminho longo – o nome de caminho absoluto. Ele funciona, independente de qual seja o seu diretório de trabalho.

- ***cd ~/Movies***. Esse também é um nome de caminho absoluto que pode ser digitado a partir de qualquer lugar. Ele se baseia no ~ de taquigrafia (que significa "meu diretório inicial", a menos que coloque outro nome de conta depois de ~).

- ***cd Movies***. Esse caminho *relativo* sequenciado explora o fato de que você já estar em seu diretório inicial.

Dica: Na verdade, há uma quarta maneira de especificar um diretório, que não requer qualquer digitação; *arrastar o ícone* do diretório que você deseja especificar, diretamente para a janela do Terminal. A Figura 16-3 deve esclarecer isso.

.. (Ponto-Ponto, ou "Faça-me voltar")

Bom, agora você remexeu no seu diretório de Filmes. Como voltar?

Certamente seria possível digitar o nome de caminho completo do diretório que contém Filmes – se você tivesse a tarde toda. Mas, há um atalho. Você pode digitar duas vezes um ponto (..) em qualquer nome de caminho. Esse atalho representa o *diretório-pai do diretório atual* (o diretório que o contém).

Para ir do seu diretório inicial para */Users*, por exemplo, bastaria digitar *cd ..* (isto é, *cd* seguido de um espaço e dois pontos).

Você também pode usar o atalho ponto-ponto *repetidamente* para escalar múltiplos diretórios de uma vez, assim: *cd ../..* (que poderia significar "trocar o diretório de trabalho pelo diretório de duas camadas acima"). Se estivesse em seu diretório Filmes, ../.. mudaria o diretório de trabalho para o diretório Usuários.

Um outro truque: é possível misturar o atalho .. com os nomes do diretório atual. Por exemplo, suponha que o seu diretório de Filmes contenha dois diretórios: Trailers e Shorts. Trailers está no diretório atual, mas você deseja trocar para o diretório Shorts. Tudo o que é preciso fazer é digitar *cd ../Shorts*, conforme ilustrado na Figura 16-4.

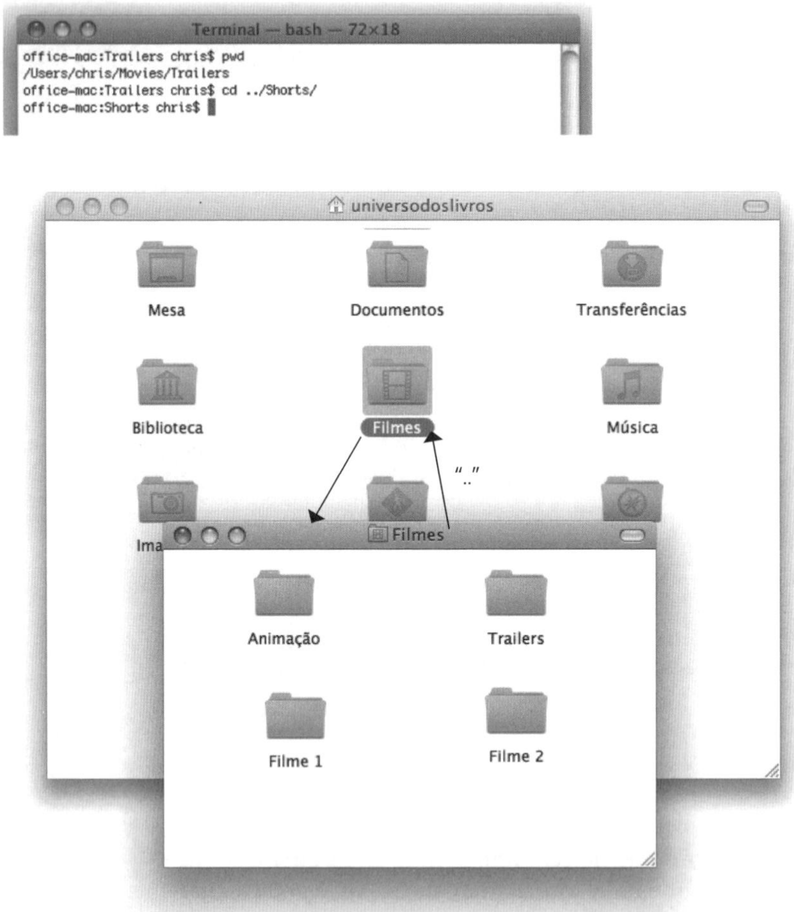

Figura 16-4: *O ponto duplo diz ao Unix para trocar a sua atenção para o diretório de Filmes (subindo, pela árvore do diretório); o resto diz para ele descer o diretório de Filmes para o diretório Curtas. Observe que o prompt sempre identifica o diretório de trabalho atual.*

Recursos para economizar toques de tecla

A essa altura, você pode estar pensando se clicar ícones seria mais rápido do que fazer toda essa digitação. É aqui que entram os atalhos do shell *bash*.

Término com tabulação

Você sabia que é possível selecionar um arquivo em uma janela do Finder digitando os primeiros poucos caracteres de seu nome? O recurso de término com Tab funciona da mesma maneira. Com o tempo, ele pode poupar quilômetros de movimento do seu dedo.

Ele aparece sempre que você está para digitar um nome de caminho. Comece digitando a primeira letra, ou as duas primeiras, do caminho desejado e depois pressione Tab. Instantaneamente, o Terminal exibe o resto do nome do diretório. Conforme mostrado na Figura 16-5, você pode repetir esse processo para especificar o trecho do caminho que contém o nome do próximo diretório.

Algumas dicas para término com tabulação:

- O uso de letras maiúsculas e minúsculas é importante.

- O Terminal acrescenta automaticamente barras invertidas, se os nomes de seus diretórios incluírem espaços, sinais $ ou outros caracteres especiais. Mas, ainda é necessário inserir as suas próprias barras invertidas ao digitar os caracteres de "sugestão" para completar a tabulação.

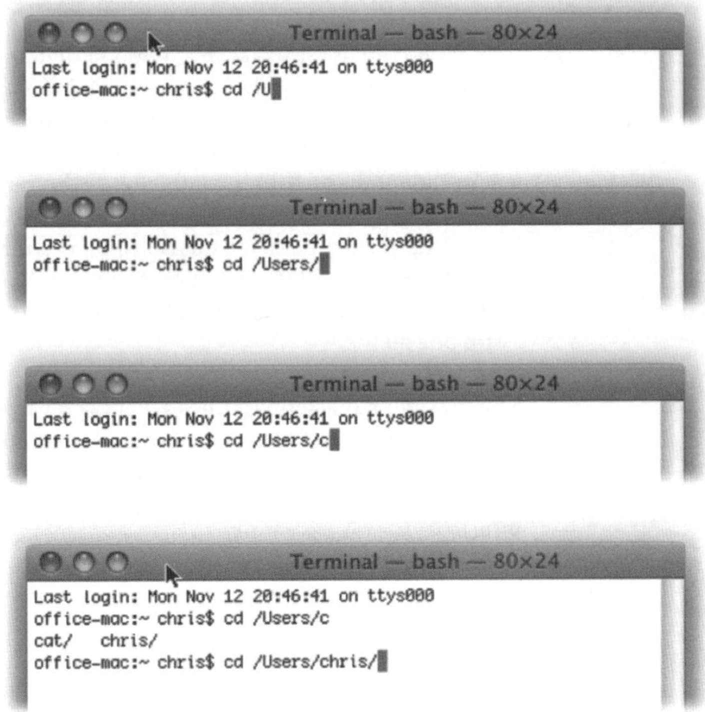

Figura 16-5:
Em cima: você digita cd /U *e, depois, pressiona Tab.*

Segunda a partir de cima: o Terminal termina o nome do diretório de Usuários *para você.*

Terceira a partir de cima: você digita c *e depois pressiona Tab.*

Embaixo: o Terminal completa o nome do diretório pessoal, chris. *Também é possível usar o término com tabulação para especificar nomes de arquivo, como quando você digita* ls -l Movies/R *e depois pressiona Tab; o Terminal termina o nome* Reviews.doc

- Se não conseguir encontrar uma combinação para o que você digitou, o Terminal emite um bip.

  Se ele encontrar *vários* arquivos ou diretórios que combinam com o que você digitou, o Terminal emitirá bips quando você pressionar Tab novamente, exibindo uma lista deles. Para especificar o que você realmente deseja, digite a próxima primeira ou segunda letra e pressione Tab de novo.

Usando o histórico

Em algum ponto, você pode precisar executar um comando previamente fornecido, mas teme a perspectiva de entrar de novo com o comando todo. No entanto, nunca é necessário redigitar um comando. O Terminal (ou melhor, o shell que ele está rodando) se lembra dos últimos 500 comandos que você executou. Em qualquer prompt, ao invés de digitar, basta clicar as teclas de ↑ ou ↓ para percorrer os vários comandos que estão na memória do shell. Eles surgem, um de cada vez, no prompt $ – bem lá, na mesma linha.

Curingas

Os *curingas* são caracteres especiais que representam outros caracteres – e eles poupam um tempo enorme.

O curinga mais popular é o asterisco (*), que significa "qualquer texto pode entrar aqui". Por exemplo, para ver uma lista dos arquivos no diretório de trabalho que terminam com as letras *te*, você poderia digitar *ls *te*. O Terminal mostraria os arquivos chamados Yosemite, BudLite, Brigitte e assim por diante – e ocultaria todos os outros arquivos na lista. Se o curinga combinar com quaisquer diretórios, você também verá o *conteúdo* daqueles diretórios, exatamente como se você tivesse usado *ls* com cada um dos nomes completos de diretório.

Da mesma forma, para ver quais arquivos e diretórios começam com "Old", você poderia digitar *ls Old** e pressionar Return. Você só veria os nomes de ícones no diretório de trabalho chamados Old Yeller, Old Tahoe Footage, Olduvai Software e assim por diante.

Se acrescentar o asterisco antes *e* depois da frase de busca, você encontrará itens com aquela frase *em qualquer lugar* em seus nomes. Digitar *ls *jo* exibirá os arquivos chamados Mojo, Johnson, Major Disaster e assim por diante.

Dica: Usar * sozinho significa "exibir tudo". Para ver uma lista do que está em um diretório e nos diretórios *dentro* dele (como se você tivesse selecionado todas as pastas em uma lista de visualização de vista do Finder e depois pressionado ⌘-seta para a direita), basta digitar *ls **.

Como alternar entre diretórios

Um hífen (-) depois de um comando *cd* significa "Leve-me de volta ao diretório de trabalho anterior". Por exemplo, se você mudou o seu diretório de trabalho de

~/Movies/Movie 1 para *~/Documents/Letters*, basta entrar com *cd* - para voltar para *~/Movies/Movie 1*. Use *cd* - uma segunda vez para voltar ao *~/Documents/Letters*. (Observe o espaço entre *cd* e o hífen.)

Dica: Se você estiver fazendo muitas trocas entre diretórios, provavelmente julgará mais fácil abrir e trocar entre duas janelas ou abas do Terminal, cada uma com um diretório de trabalho diferente.

O atalho ~

Você já sabe que o caractere til (~) é um atalho para o seu diretório pessoal. Mas, ele também pode ser usado como um atalho para o diretório pessoal, com a simples colocação do nome da conta daquela pessoa. Por exemplo, para mudar para o diretório pessoal de Miho, use *cd ~Miho*.

Teclas especiais

O shell *bash* oferece dúzias de atalhos de toques de tecla especiais para navegação. Você pode considerar muitos deles como atalhos úteis não documentados, que funcionam em qualquer aplicativo Cocoa, porém, até mais disponíveis (e úteis) no Terminal:

WORKSHOP DE ALTERNATIVAS

Espaços não são permitidos

O Terminal não vê um espaço como um espaço. Ele pensa que um espaço significa, por exemplo, "eu acabei de digitar um comando e o que segue é um argumento". Portanto, se você quiser ver o que está em seu diretório de Filmes Curtas, não se preocupe em digitar *ls ~/Movies/Short Films*. Você só obterá uma mensagem de erro "Não há tal arquivo no diretório", graças ao espaço no nome do diretório de Filmes Curtas.

Da mesma forma, os sinais de % têm um significado especial no Unix. Se você tentar digitar um em um nome de caminho (porque um nome de diretório contém %, por exemplo), não conseguirá nada, senão problemas.

Felizmente, é possível contornar esse capricho usando um terceiro caractere reservado, ou especial: a barra invertida (\). Ela diz, "ignore o significado especial do próximo caractere – um espaço, por exemplo. Não estou usando-o para algum significado especial do Unix, estou usando o espaço a seguir como, bem, como um espaço". (Em uma reunião de usuários do Unix, você poderia ouvir alguém dizer "Use o caractere de barra para *promover o escape* do espaço de caractere.)

A maneira certa de ver o que está em seu diretório de Filmes Curtas, então seria *ls ~/Movies/Short\ Films*. (Observe como a barra invertida antes do espaço significa "Isso é apenas um espaço, continuem em frente, companheiros".)

É claro que se você precisar fornecer muito texto com espaços, seria muito doloroso digitar a barra invertida antes de cada um. Por sorte, ao invés de usar barras invertidas, você pode encerrar toda a confusão com aspas simples. Isto é, ao invés de digitar isso:

cd /Users/chris/My\Documents/Letters\ to\ finish/Letter\ to\ Craig.doc

... você poderia digitar apenas isto:

cd '/Users/chris/My Documents/Letters to finish/Letter do Craig.doc'

Pode ficar mais complicado. Por exemplo, e se houver uma aspa simples *no* caminho? (Resposta: Proteja-a com aspas duplas.) Ah, mas você ainda tem anos de estudo pela frente, gafanhoto.

Toque de Tecla	Efeito
Control-U	Apaga toda a linha de comando em que você trabalha (para o ponto de inserção à esquerda).
Control-A	Move o ponto de inserção para o início da linha.
Control-E	Move o ponto de inserção para o fim da linha.
Control-T	Transpõe os dois caracteres anteriores.
Esc-F	Move o ponto de inserção para o início da próxima palavra.
Esc-B	Move o ponto de inserção para o início da palavra atual.
Esc-Delete	Apaga a palavra anterior (definida como "qualquer coisa que termine com um espaço, barra, ou a maioria das outras pontuações; pontos e asteriscos não incluídos"). Você precisa manter pressionada a tecla Esc enquanto pressionar Apagar; repita para cada palavra.
Esc-D	Apaga a palavra, ou seção de uma palavra, em seguida ao ponto de inserção.
Esc-C	Põe em maiúscula ou minúscula a letra seguinte ao ponto de inserção.
Esc-U	Muda a próxima palavra ou seção de palavra para todas em letras maiúsculas.
Esc-L	Muda a próxima palavra ou seção de palavra para todas em letras minúsculas.

Trabalhando com arquivos e diretórios

As páginas anteriores mostraram como navegar os seus diretórios usando os comandos do Unix. Entretanto, apenas olhar rapidamente os seus diretórios não é especialmente produtivo. Esta seção mostra como *fazer* alguma coisa com os arquivos que você vê relacionados – copiar, mover, criar e apagar diretórios e arquivos.

Dica: Você está entrando em um território poderoso, onde teoricamente é possível apagar um diretório inteiro com um único erro de digitação. Como precaução, avalie a possibilidade de trabalhar essa seção com os privilégios de administrador da sua conta desmarcados, para que você não seja capaz de alterar nada fora do seu diretório pessoal – ou para ficar realmente protegido, crie uma nova conta, de teste, apenas para esse exercício, para que nem mesmo os seus arquivos pessoais corram risco.

cp Copiar

Usando esse comando *cp* do Unix você pode copiar e renomear um arquivo com um movimento. (Experimente *isso* no Finder!)

O comando básico é assim: *cp path1 path2*, onde os marcadores de lugar *path* representam o arquivo original e a cópia, respectivamente.

Copiando no lugar

Para duplicar um arquivo chamado *Thesis.doc*, você digitaria *cp Thesis.doc Thesis2.doc*. (Há apenas um espaço entre os nomes.) Não é preciso chamar a cópia de *Thesis2* – ela pode ter o nome que você quiser. A questão é que você acaba com dois arquivos idênticos no mesmo diretório, com nomes diferentes. Lembre-se apenas de acrescentar uma barra invertida antes de um espaço, se quiser nomear a cópia com duas palavras (*Thesis\ Backup*, por exemplo).

Dica: Se esse comando parecer não funcionar, lembre-se de que é preciso digitar os nomes completos dos arquivos que você está movendo – inclusive seus sufixos de nome de arquivo, como .doc ou .gif, os quais normalmente o Mac OS X oculta. Usar o comando *ls* antes de uma cópia pode ajudá-lo a descobrir quais devem ser os nomes certos e completos dos arquivos. Ou você pode querer usar apenas o recurso de término com tabulação, fazendo o Terminal digitar o nome inteiro por você.

Copiando e renomeando

Para copiar o mesmo arquivo para a sua pasta Documentos, por exemplo, basta mudar a última frase, para que ela especifique o caminho, assim: *cp Reviews.doc ~/Documents/Reviews2.doc.*

Dica: Observe que *cp* substitui arquivos de nomes idênticos sem avisar. Use a sinalização *-i* (isto é, *cp -i*) se quiser ser avisado antes de *cp* substituir um arquivo assim.

PERGUNTAS FREQUENTES

A barra e os dois pontos

Ok, eu estou confuso. Você diz que as barras simbolizam diretórios aninhados. Mas eu sei que, tradicionalmente, dois pontos (:) representam a notação de pasta interna do Mac e que esse é o motivo pelo qual eu não posso usar dois pontos nos nomes dos meus ícones. Qual é a história?

Na mesa, o Mac ainda usa cores como separadores de caminho ao invés da barra. Portanto, você *tem* permissão para usar barras nos nomes de arquivos no Finder, mas não dois pontos.

Inversamente, no Terminal, você pode usar dois pontos nos nomes de arquivos, mas não barras.

Em segundo plano, automaticamente o Mac OS X converte uma forma de pontuação para outra, conforme necessário. Por exemplo, um arquivo chamado *Letter 6/21/2010* no Finder aparece como *Letter 6:21:201* no Terminal. Da mesma forma, um diretório chamado *Attn: Jon* no Terminal, no Finder aparece com o nome *Attn/ Jon*. Estranho – e divertido!

Copiando sem renomear

Para copiar alguma coisa em outro diretório sem mudar o seu nome, basta usar um nome de caminho (sem um nome de arquivo) como a frase final. Assim, para copiar Reviews.doc para a sua pasta Documentos, por exemplo, você digitaria *cp Reviews. doc ~/Documents.*

Dica: É possível usar o atalho de diretório "." (que significa o diretório de trabalho atual) para copiar arquivos de outro diretório para o diretório de trabalho, assim: *$ cp ~/Documents/Reviews.doc.* (Observe o espaço e o ponto antes de *Reviews.doc.*)

Múltiplos arquivos

Você pode até copiar vários arquivos ou diretórios de uma vez. Onde normalmente você especifica o arquivo-fonte, basta listar seus nomes de caminho separados por espaços, como mostrado na Figura 16-6.

Figura 16-6: *O primeiro argumento desse comando relaciona dois arquivos diferentes. A cláusula final indica para onde eles vão.*

Também é possível usar o curinga * para copiar vários arquivos ao mesmo tempo. Por exemplo, vamos dizer que você tenha esses arquivos em seu diretório Projetos iMovie: Tahoe 1.mov, Tahoe 2.mov, Tahoe 3.mov, Tahoe 4.mov, Script.doc e Arquivo de Projeto Tahoe. Agora, digamos que você queira copiar *apenas* os filmes do QuickTime para um diretório chamado FilmesTerminados (FinishedMovies). Seria preciso digitar *cp *mov ../FinishedMovies* e pressionar Return; instantaneamente o Mac OS X faz a cópia.

Se você quisesse copiar *todos* esses arquivos (não apenas os filmes) para outro diretório, você usaria o * sozinho, assim: *cp * ../Finished Movies.*

Infelizmente, se o diretório Projetos iMovie contiver outros *diretórios* e não apenas arquivos, esse comando produz uma mensagem de erro. O comando *cp* do Unix não copia diretórios de dentro dos diretórios, a menos que você informe especificamente a ele, usando a opção de sinalização *-R*. Eis o comando terminado que copia tudo do diretório atual – tanto arquivos quanto diretórios – para FinishedMovies: *cp -R * ../FinishedMovies.*

Eis outro exemplo: um comando que copia tudo (arquivos e diretórios) com Tahoe em seu nome para o diretório Caixa de Soltar de outra pessoa: *cp -R *Tahoe* ~miho/Public/Drop\ Box.*

mv (Movendo e renomeando arquivos e diretórios)

Agora que você sabe como copiar arquivos, pode querer ir adiante e renomeá-los. Para fazê-lo, use o comando *mv* do Unix quase da mesma maneira que usaria *cp* (exceto que ele sempre move diretórios dentro dos diretórios que você está movendo, assim, não é preciso digitar *-R*).

A sintaxe é parecida com isto: *mv oldname newname*. Por exemplo, para mudar o nome do seu diretório Movies para Films, você digitaria *mv Movies Films*. É possível renomear ambos, arquivos e diretórios, dessa maneira.

Movendo arquivos e diretórios

Para renomear um arquivo e, simultaneamente, movê-lo para um diretório diferente, apenas substitua a última parte do comando por um nome de caminho. Para mover o arquivo de filme Tahoe1 para o seu diretório de Documentos – e ao mesmo tempo renomeá-lo como LakeTahoe – digite isto: *mv Tahoe1.mov ~/Documents/LakeTahoe.mov.*

Todos os atalhos normais se aplicam, inclusive o curinga. Eis como você moveria tudo contendo a palavra Tahoe em seu diretório de trabalho (arquivos e diretórios para o seu diretório de Documentos: *mv *Tahoe* ~/Documents*).

USUÁRIOS PROFISSAS

Os seus metadados protegidos conosco

Metadados quer dizer "dados sobre dados". Por exemplo, o bilhete manuscrito em uma caixa de fotos é um registro de metadados dos dados de imagens no interior, lembrando-o da data, local, informações sobre a câmera das fotos, ou mesmo quais CDs contêm as versões digitais. Esses metadados permitem que você localize e acesse rapidamente os dados atuais (e também, para começar, ajudam a decidir se você deveria ter esse trabalho).

Arquivos de computador também têm metadados, e quanto mais o computador pode rabiscar, mais fácil ele pode operar com o amontoado de arquivos vivendo em seu disco rígido. O Mac sempre armazenou alguns arquivos de metadados, de uma maneira ou de outra, mas o Leopard realmente vai longe. Agora, ele reconhece um recurso do Unix chamado *atributos ampliados*, para armazenar todos os tipos de arquivos de metadados.

Na verdade, muitos dos recursos especiais do Leopard descritos neste livro, como o Time Machine e o Downloaded Application Tagging, dependem dos atributos ampliados para executar sua mágica. Agora a Apple também usa os atributos ampliados para controlar os metadados tradicionais do Mac, até *resource forks* (recursos bifurcados) (recursos trazidos do OS 9 que o Mac OS X ainda tem que reconhecer).

Quando você cria, modifica ou move arquivos no Finder, não é preciso se preocupar com os atributos ampliados; o Mac sempre os mantém junto aos seus arquivos associados.

Quando você estiver trabalhando com arquivos na linha de comando, porém, é preciso ter mais cuidado. Desde o Tiger (Mac OS X 10.4), as ferramentas de arquivo do Unix mais comuns, como os comandos *cp*, *mv*, *tar* e *rsync* (com o flag *-E*), gerenciam os atributos estendidos de forma correta. Entretanto, à medida em que você explora outras ferramentas, é interessante usá-los para duplicar, em vez de mover os arquivos, até ter certeza de que todos os pedaços fiquem juntos.

A ferramenta da linha de comando para olhar rapidamente os seus atributos ampliados é *xattr*, sobre a qual você aprenderá neste capítulo.

Opção de sinalização

É possível seguir o comando *mv* com qualquer uma dessas opções:

- ***-i***. Faz o Terminal pedir a sua permissão antes de substituir um arquivo por um do mesmo nome.
- ***-f***. Sobrescreve arquivos de nomes similares sem primeiro perguntar a você. (De fato, é assim que *mv* trabalha, se você não especificar o contrário.)
- ***-n***. Não sobrescreve arquivos de nomes similares; apenas os pula, sem aviso.
- ***-v***. Exibe na tela explicações *prolixas* (totalmente explicadas), permitindo que você saiba exatamente o que foi movido.

Dica: Se usar uma combinação de opções que pareçam contraditórias entre si – como as opções *-f*, *-i* e *-n* – a última opção (a mais distante à direita) vence.

A propósito, o comando *mv* nunca substitui um *diretório* com um *arquivo* de nome idêntico. Ele copia todo o resto que você tenha solicitado, mas pula os arquivos que poderiam esvaziar pastas.

mkdir (Criar novos diretórios)

No Finder, você faz uma nova pasta escolhendo Arquivo→Nova Pasta (File→New Folder). No Terminal, você cria uma usando o comando *mkdir* (de *make directory* – fazer diretório).

Siga o comando com o nome que deseja dar ao novo diretório, como, por exemplo, em: *mkdir 'Early iMovie Attempts'* (as aspas simples nesse exemplo evitam que você precise preceder cada espaço com uma barra invertida).

O comando *mkdir* cria o novo diretório no diretório de trabalho atual, ainda que você possa criá-lo em qualquer outro lugar. Basta acrescentar o nome de caminho ao seu argumento. Para criar um novo diretório em seu diretório Documents→Finished, por exemplo, digite *mkdir '~/Documents/Finished/Early iMovie Attempts'*. Graças ao olhar vigilante do Spotlight na atividade do arquivo, o novo diretório aparece *imediatamente* no Finder.

Dica: Se não houver um diretório chamado Finished em seu diretório de Documents, você receberá uma mensagem de erro – a menos que você use a opção *-p*, que cria tantos novos diretórios quantos necessários para combinar com o seu comando. Por exemplo, *mkdir –p '~/Documents/Finished/Early iMovie Attempts'* criaria ambos, um diretório Finished e um diretório Early iMovie Attempts dentro dele.

touch (Criar arquivos vazios)

Para criar um novo arquivo, vazio, digite *touch filename*. Por exemplo, para criar o arquivo practice.txt em seu diretório de trabalho, use *touch practice.txt*.

E por que você se importaria? Por ora, você usaria os tais novos arquivos, inicialmente vazios, como alvos para praticar o próximo comando.

rm (Remover arquivos e diretórios)

O Unix oferece uma maneira extremamente eficiente de jogar arquivos e diretórios na lixeira. Com um único comando, *rm*, você pode apagar qualquer arquivo ou diretório – ou *todos aqueles* que você teria permissão de acessar com o seu tipo de conta.

Os perigos dessa configuração devem ser óbvios, especialmente à luz do fato que as *remoções são imediatas* no Unix. Não há comando para Desfazer ou Esvaziar a Lixeira, não há caixa de diálogo "Você tem certeza?" no Unix, todas as vendas são finais.

O comando *rm* significa "remover", mas também poderia significar "me respeite". Interrompa por um minuto o que estiver fazendo e chame-o. Com a finalidade desta introdução ao *rm*, torne a verificar se os privilégios de administração estão, de fato, desmarcados para a sua conta.

Para usar esse comando, basta digitar *rm*, um espaço e o nome certo do arquivo que você deseja apagar do diretório de trabalho. Para remover o arquivo practice.txt criado com o comando *touch*, você digitaria apenas *rm practice.txt.*

Para remover um diretório e tudo dentro dele, acrescente a sinalização *-r*, assim: *rm -r Practice-Folder.*

Se você estiver se sentindo particularmente poderoso (e gostar de assumir riscos), é possível até usar curingas com o comando *rm*. Agora, usuários muito experientes do Unix fizeram uma regra, de *nunca* usar o comando *rm* com curingas enquanto registrados como um administrador, pois um toque de tecla errado pode apagar tudo em um diretório. Mas aqui está, apenas com objetivos de aprendizado, a bomba atômica das linhas de comando, aquela que apaga *tudo* do seu diretório de trabalho: *rm -rf**.

Dica: Seja duplamente cauteloso ao usar curingas nas linhas de comando *rm*, e triplamente cauteloso quando usá-los enquanto registrado como um administrador.

Se você estiver usando o Time Machine, tem uma rede segura, claro. Mas, por que provocar a sorte?

Logo depois das letras *rm*, você pode inserir opções como estas:

- *-d*. Apaga quaisquer diretórios vazios que encontrar, além de arquivos. (Caso contrário, diretórios vazios acionam uma mensagem de erro.)

- *-f*. Reprime quaisquer tentativas de chamar a sua atenção, mesmo que haja um problema, como um erro de permissão ou um arquivo inexistente. O comando prossegue adiante, a toda velocidade.

- *-i.* (de *interativo*). Faz o Mac pedir confirmação antes de cada remoção.

- *-P.* Por segurança, sobrescreve três vezes o arquivo. (Ele também serve como uma alternativa ao comando *srm*, descrito a seguir.)

srm (Remoção segura)

srm é uma versão da linha de comando da função Esvaziamento Seguro do Lixo (Secure Empty Trash) do Finder. Ele permite que você escolha exatamente *quão* cuidadosamente o Mac OS X vasculha o ponto do disco rígido onde o arquivo apagado estava.

O utilitário *srm* permite que você especifique três níveis gerais de remoção:

- **Simples.** A sinalização **-s** diz ao *srm* para executar uma remoção *simples* segura, sobrescrevendo o material apagado com dados aleatórios, apenas uma vez. Ele é mais rápido do que Esvaziamento Seguro do Lixo do Finder, mas não tão cuidadoso.

- **Médio.** A sinalização **-m** designa o nível *médio* que sobrescreve, sete vezes, os dados indesejados, com vários tipos de dados aleatórios e não aleatórios. Isso é semelhante ao que você consegue quando usa o comando Esvaziamento Seguro do Lixo, e é cuidadoso o bastante para atingir as exigências de segurança do Departamento de Defesa dos Estados Unidos.

- **Forte.** Se você não especificar **-s** ou **-m**, *srm* executará uma remoção segura *forte*. Isso implica gravar 35 vezes sobre o ponto onde o arquivo apagado estava, cada vez usando uma sequência de dados diferentes, conforme especificado pelo algoritmo de Gutmann. (O que é o algoritmo de Gutmann? Uma série de padrões de dados que torna a recuperação de um arquivo apagado quase impossível. Mais do que você gostaria de saber está em www.cs.auckland.ac.nz/~pgut001/pubs/secure_del.html.)

A questão é: para garantir que ninguém, nunca, jamais possa ler aquele poema que você digitou para o seu amor de olhos turvos, em uma noite solitária, digite *srm* "*My Twinkie. doc*". Isso será o fim dele, e nem a CIA ou o Norton Utilities jamais saberão como ele era.

echo (Uma verificação final)

É possível tornar *rm* ou *srm* menos arriscados, prefaciando-os com o comando *echo*. Ele faz o Terminal digitar o comando uma segunda vez, dessa vez com uma prática lista exatamente daquilo que você está para destruir. Se você tiver usado curingas, pode ver os nomes dos arquivos que serão afetados pelo caractere *. Se você digitar *echo rm -r**, por exemplo (o qual, sem a parte *echo*, normalmente significaria "apagar tudo neste diretório"), pode ver uma lista como esta:

```
rm -r Reviews.doc  Tahoe Footage  Picnic Movie  Contract.doc
```

Quando tiver revisado a lista e aprovado o que o Terminal está para fazer, você pode redigitar o comando, sem a porção *echo*.

Nota: O comando *rm* não funciona em nomes de arquivo ou diretório com um hífen (-). Para apagar esses itens do seu diretório de trabalho, inicie seus nomes com um ponto-barra (./), assim: *rm ./-Recipes.doc.*

Ajuda on-line

O Mac OS X vem com mais de 1.400 programas do Unix, como aqueles descritos neste capítulo. Como você pode aprender o que todos eles fazem?

Felizmente, quase cada programa do Unix vem com um arquivo de ajuda. Ele pode não aparecer dentro de uma janela elegante, em degradê cinza do Snow Leopard – na verdade, é bem simples –, mas oferece muito mais material do que a Central de Ajuda (Mac Help Center) normal do Mac.

Essas páginas de manual do usuário, ou *manpages*, contêm descrições de virtualmente cada comando e programa disponível. Na verdade, o Mac OS X vem com manpages com quase 7.500 tópicos – o que dá mais de 40.000 páginas impressas.

Ah, as manpages raramente têm a clareza de escrita ou a abordagem focalizada no aprendizado do Centro de Ajuda do Mac. Geralmente, elas são ríspidas, com descrições apenas dos fatos. Então, provavelmente você terá necessidade de reler determinadas seções repetidamente. Porém, as informações contidas são valiosas tanto para os novatos quanto para os experientes fãs do Unix, e o esforço de escavá-las geralmente é válido.

Usando o *man*

Para acessar a manpage de determinado comando, digite *man* seguido pelo nome do comando que você está procurando. Por exemplo, para ver a manpage do comando *ls*, entre com: *man ls*.

Dica: A opção de sinalização *-k* permite que você busque pela palavra-chave. Por exemplo, *man -k applescript* produz uma lista de todas as manpages que se referem ao AppleTalk, através da qual você pode escolher um dos nomes na lista e *man* o nome daquela página.

Agora, o manual aparece, uma tela de cada vez, como mostrado na Figura 16-7.

Uma manpage típica começa com estas seções:

- **Nome.** O nome e uma rápida descrição do comando.
- **Sinopse.** Apresenta a sintaxe do comando, incluindo todas as possíveis opções e argumentos, em uma fórmula concisa. Por exemplo, a sinopse para *du* (uso de disco) é assim: *du [-H | -L | -P] [-a | -s | -d depth] [-c] [-h | -k | -m-g] [-x] [-I mask] [file ...]*.

  Essa linha mostra todas as sinalizações disponíveis para o comando *du* e como usá-las.

Colchetes ([ ]) envolvem os argumentos *opcionais.* (Todos os argumentos para *du* são opcionais.)

Barras verticais, chamadas de *pipes* (|) indicam que você só pode usar um item (do grupo separado por barras verticais) de cada vez. Por exemplo, ao escolher opções para usar com *du*, você pode usar *uma* opção -H, -L ou -P – não duas ou três ao mesmo tempo.

A palavra *file* na sinopse significa "digite aqui um nome de caminho". A elipse (...) seguinte a ela indica que você tem permissão para digitar mais do que um nome de caminho.

- **Descrição.** Explica em mais detalhes o que o comando faz e como ele funciona. Frequentemente, a descrição inclui a lista completa das opções de sinalização daquele comando.

Para mais informações sobre o uso do *man*, veja a sua própria página, entrando com – o que mais? – *man man*.

Dica: O programa gratuito ManOpen, disponível para download em www.missingmanuals.com, é um leitor de páginas de manual Cocoa, que oferece uma janela de ótima aparência, fácil de controlar para a leitura das manpages.

Ou, por que não usar o Dashboard? Faça o download do *NIX Manual widget (da página "Missing CD" deste livro, em www.missingmanuals.com, por exemplo). Ele oferece uma interface igualmente atraente às manpages.

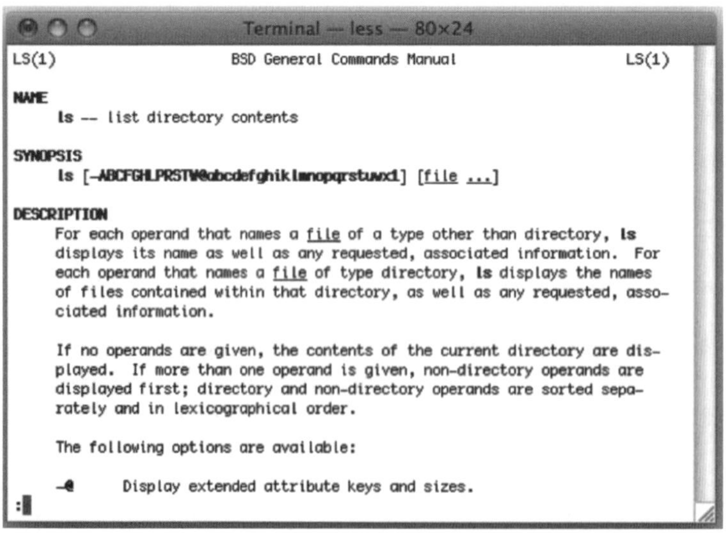

Figura 16-7:
Para se mover para a próxima tela, pressione a barra de espaço. Para voltar, pressione ↑ ou a tecla B. Para fechar o manual e voltar para um prompt, pressione q. *Você também pode buscar por determinada frase, digitando* a *(para produzir o prompt "encontrar o quê?"); dali em diante, digite* n *para encontrar a próxima ocorrência.*

Mais ajuda on-line

Às vezes o Terminal empurra um pouco do manual do usuário embaixo do seu nariz – quando ele acredita que você está com problemas. Por exemplo, se você usa o comando *mkdir* sem especificar um nome de caminho, *mkdir* interrompe os procedimentos, exibindo a sua própria sinopse como um lembrete cordial (subtexto: "Hum, é assim que você *deve* me usar"), como isso: *usage: mkdir [-pv] [-m mode] directory...*

Preferências do Terminal

Se você passa horas intermináveis olhando para a tela do Terminal, como a maioria dos aficionados do Unix, ocasionalmente você ficará grato pelas configurações de preferências que lhe permitem controlar a aparência e os atos do Terminal. De fato, no Terminal, você pode administrar as suas preferências de uma maneira completamente nova.

Em vez de ter um único conjunto de opções salvas (como com outros aplicativos), agora o Terminal administra as suas opções como configurações nomeadas de grupos, permitindo que você aplique rapidamente diferentes configurações a diferentes janelas, em qualquer ocasião, usando a janela Inspetor (Shell→Mostrar Inspetor [Shell→Show Inspector]).

Também é possível salvar o layout de todos os grupos de janelas, cada qual com sua própria configuração de efeito, em uma única configuração, permitindo que você recrie aqueles layouts em um instante.

As suas configurações são feitas usando o painel Preferências do Terminal (Terminal Preferences) (Figura 16-8), que você obtém escolhendo Terminal→Preferências (Terminal→Preferences)(de todos os lugares).

Figura 16-8:
Para acessar o Inspetor do Terminal, escolha Shell→Mostrar Inspetor (ou pressione ⌘-I). Essa janela exibe todas as configurações do seu Terminal salvas. Para aplicar qualquer uma a uma janela existente, é suficiente selecionar a janela e depois uma configuração.

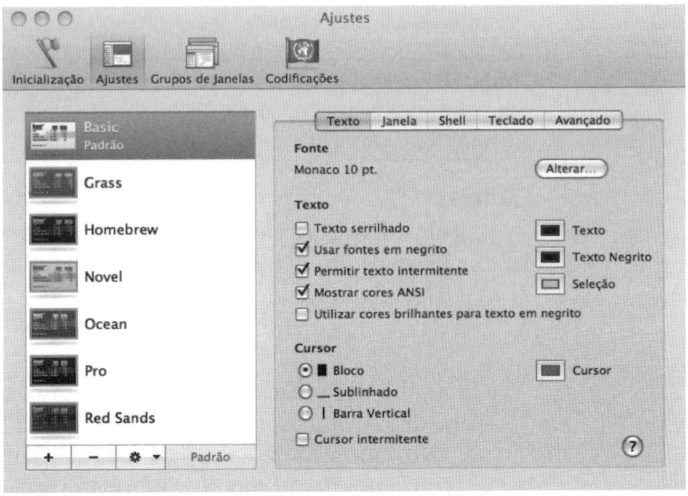

Destaque do Snow Leopard: Se selecionar Janela→Dividir Painel (Windows→Split Pane) (⌘-D), você divide a janela do Terminal em um painel inferior e superior. Isso pode ser útil quando você mantém alguns scripts rodando o tempo todo. Os dois painéis espelham o mesmo comando, mas agora você pode rolar para diferentes posições dentro de cada painel, mantendo as indicações em partes diferentes de uma mesma saída ao mesmo tempo. (A outra melhoria do Snow Leopard no Terminal é a sua nova fonte padrão, que é definitivamente mais bonita que a anterior.)

Inicialização

A aba Inicialização (Startup) permite que você configure quais grupos de Configurações ou Janela do Terminal deve usar para abrir (no caso de você querer algo diferente do padrão). Essa aba também oferece outra maneira de trocar do *bash* para um shell padrão diferente. (Onde informa "Shells abrem com", escolha "comando (caminho completo)" e, depois, digite */bin/bash* para *bash* ou */bin/tcsh* para *tcsh*. As novas janelas do Terminal abrirão então com aquele shell.

Ajustes

Essa aba é o coração da administração de preferências do Terminal. À esquerda: uma lista de configurações de categorias. À direita: as opções para a categoria selecionada no momento. O Terminal vem com diversas configurações predefinidas, que você pode acrescentar e remover, e usar os seus próprios botões + e -, abaixo da lista. (Para recuperar todas as opções para as configurações pré-empacotadas às suas posições originais, selecione Restaurar Padrões [Restore Defaults] a partir do menu ✿.)

Para ver as suas mudanças instantaneamente exibidas em uma janela do Terminal, assegure-se de que a janela que você está observando esteja usando a mesma configuração que está sendo modificada.

Texto

É aqui que você controla qual a aparência do ponto de inserção, juntamente com as escolhas de fontes e cores.

Nota: Não importa qual fonte você escolha, os caracteres digitados são alinhados verticalmente. O Terminal os espaça dessa forma, mesmo que não se trate de fontes monospaced como a Courier, Monaco ou Menlo (nova fonte padrão do Terminal).

Janela

- **Título.** Marque os elementos que gostaria que a janela atual do Terminal exibisse na barra de título. Lembre-se que as suas preferências podem ser diferentes para cada configuração de grupo, portanto, você poderia querer que as barras de títulos das janelas identificassem as diferenças.

- **Tamanho de janela.** As caixas de Dimensões (Dimensions) afetam a largura nos caracteres (colunas) e na altura das linhas (fileiras) das novas janelas do Terminal. (É claro que sempre é possível redimensionar uma janela existente, arrastando o seu canto inferior direito. Enquanto você arrasta, a barra de título exibe as dimensões atuais da janela.)

- **Cor.** Você pode ajustar não apenas a cor do fundo como também a sua *opacidade*, tornando as suas janelas do Terminal translúcidas – uma maneira garantida de fazer os novatos cairem de joelhos em temor. Basta arrastar o deslizador para a direita e observar o fundo da janela ativa quase desaparecer, como o Gato de Botas, deixando apenas texto.

Dica: Esse efeito parece especialmente interessante se você fizer a janela do Terminal preta com escrita branca ou amarela.

- **Barra de rolagem.** Enquanto a atividade na sua linha de comando enche a janela do Terminal com texto, linhas mais antigas no alto desaparecem da visão. De modo que você pode voltar para essas linhas anteriores para ver, copiar ou imprimir. O Terminal oferece uma *área de armazenagem temporária de barra de rolagem de volta* (scrollback buffer), que separa determinada quantidade de memória – e acrescenta uma barra de rolagem – para que você possa fazê-lo. O novo Terminal armazena os dados nesse buffer com muito mais eficiência, assim, você não tem problemas em manter isso em sua configuração padrão ilimitada. No entanto, se você estiver em uma louca emergência para exibir todas as 1.6 milhões de linhas das manpages, pode acabar sem memória, se não ajustar um limite.

Nota: E como você faria isso? Claro que rodando este comando: *find /usr/share/man/man* -type f -exec man -P cat / {} \;*.

Shell

- **Inicialização.** Entre aqui com um comando (por exemplo, *cal -y*) e, cada vez que você abrir uma nova janela, verá a sua saída e depois receberá um novo prompt. (Se você só quiser a saída, sem um novo prompt, marque "Executar em um Shell" [Run inside Shell].)

- **Quando o shell sair.** Quando tiver terminado de remexer no Terminal, você encerra a sua sessão fechando a janela ou, mais apropriadamente, digitando *sair* (exit) (ou pressionando Control-D) no prompt. A configuração "Quando o Shell Sair" (When the Shell Exits) determina o que acontece quando você fizer isso.

- **Avisar antes de fechar.** Os comandos shell podem demorar um pouco para se completar. Em alguns casos, quando você tentar fechar uma janela do Terminal antes do trabalho dele terminar, o Terminal pergunta se você tem certeza que deseja cancelar o processo e perder o seu trabalho. Aqui, a opção permite que você configure quando deseja ser consultado, se em alguma ocasião, e até quais processos você *não* quer que o Terminal o avise.

Teclado

Esses controles permitem que você escolha atalhos de teclado que o ajudam a navegar na sua janela do Terminal, ou que enviam sequências de texto enlatado para o shell. Na medida em que a façanha do seu Unix cresce, esses atalhos tornam-se mais úteis.

Dica: Para alguns aficionados do Unix, a localização não Unixy da tecla Control tem sido suficientemente frustrante para evitar que eles usem os Macs. Eles usam essa chave constantemente e preferem não precisar reformar os cabos de seus cérebros para lidar com o lugar trocado.

Porém, esse problema pode ser facilmente solucionado. Em Preferências do Sistema, em Teclado e Mouse, o botão Teclas Modificadoras (Modifier Keys) permite que você troque as funções das teclas Control e Caps Lock (bloqueio de maiúsculas), permitindo que os "dedinhos confusos" de cabeças de Unix encontrem novamente seus caminhos.

Grupos de Janelas

Quando você tiver ido longe com as configurações do Terminal, pode acabar com um mosaico de janelas espalhadas pela sua exibição (ou exibições) – de sua janela principal do Terminal, um par de janelas de *man* (manual de usuário), uma janela *em cima* mostrando todos os programas rodando e assim por diante. Você vai adorar: cada janela tem o seu próprio esquema de cor e título, para refletir o que ela está fazendo, e todas as janelas são perfeitamente dimensionadas, para conter seu texto de saída.

Seria uma vergonha perder tudo isso quando você saísse do Terminal. Felizmente, você não precisa perder, graças aos Grupos de Janelas.

Escolha Janela→Salvar Janelas como Grupo (Window→Save Windows as Group) e nomeie o grupo. Você será capaz de recriar a sua obra-prima quando voltar ao Terminal, selecionando aquele nome de grupo a partir de Janela→Abrir Grupo de Janelas (Window→Open Window Group). (Lógico que a sua saída original não estará lá, mas quaisquer comandos que tenham sido configurados para rodar na inicialização exibirão sua nova saída.)

A aba de Preferências Grupos de Janelas (Window Groups Preferences) é apenas um lugar para ver esses grupos e apagar qualquer um que não seja mais necessário. Usando o menu pop-up ✲, você também pode exportar esses grupos como arquivos, para importar em outras máquinas (ou outras contas).

Conectar ao servidor

Quando você usa o Terminal para se conectar com outros computadores por uma rede – uma tarefa comum do Terminal –, você usa comandos como *ssh* e *ftp*, junto com o nome ou endereço IP do outro computador. Por exemplo, você poderia digitar *ssh bertha.acmeco.com* ou *ssh 192.168.43.76.*

O problema é que esses nomes e endereços IP são difíceis de lembrar – e os números podem mudar com o tempo. Para facilitar a conexão, o Terminal pode usar a mágica do Bonjour – um recurso de rede no qual os Macs anunciam a sua presença à rede, usando seus nomes em inglês simples. O Bonjour permite que você navegue em outros Macs da sua rede, exatamente como você navegaria no Finder (Capítulo 13).

Para começar, escolha Shell→Nova Conexão Remota (Shell→New Remote Connection). Continue conforme mostrado na Figura 16-9.

Figura 16-9:
A partir do lado esquerdo, escolha o serviço desejado; da direita, você pode escolher de uma lista de máquinas cujas caixas de seleção de Login Remoto e FTP estejam marcadas no painel Compartilhamento (Sharing) de Preferências do Sistema. Digite o seu nome de conta na caixa Usuário (Users). À medida em que você ajusta as opções de conexão, a caixa embaixo mostra o comando do Unix que você está montando. Clique Conectar (Connect) para abrir uma nova janela do Terminal e envie aquele comando para dentro dela.

Dica: Mesmo se a máquina remota não estiver rodando o Bonjour, ainda é possível adicionar manualmente o endereço dela à lista Servidor, clicando o botão **+** que está logo abaixo. Da mesma maneira, todas as linhas de comando fornecidas no campo de baixo são acrescentadas ao menu pop-up ao lado dele, permitindo que rapidamente você se reconecte sem precisar procurar.

Dicas e truques do Terminal

Depois de ter usado por um tempo o Terminal, você pode sentir que está pronto para algumas destas poderosas dicas.

Alternando janelas

Você pode alternar entre as suas várias janelas do Terminal, pressionando ⌘-1, ⌘-2 e assim por diante (até ⌘-9). Você será capaz de identificar facilmente as janelas se escolher incluir a tecla ⌘ nas barras de título. (Use a seção Janela [Window] do painel Preferência de Configurações [Settings Preferences].)

Seleção não contígua

É possível selecionar trechos de texto, exatamente como no Microsoft Word ou Editor de Texto. Para selecionar um único retângulo de texto em qualquer lugar na janela, Option-arraste por ele. Para selecionar múltiplos retângulos, ⌘-arraste. Depois, você pode copiar e colar apenas aqueles trechos selecionados.

Ferramentas do Unix selecionáveis com duplo-clique

A maioria das pessoas está habituada a pensar sobre os aplicativos do Unix como programas que você roda de dentro do Terminal. No entanto, muitos aparecem no Finder como os ícones normais, antigos – e podem ser abertos com um duplo-clique, exatamente como faria em um programa tradicional do Mac OS X. Esse truque não é muito útil para comandos que requerem sinalizações. Mas, para alguns, como o *cal*, clicar oferece uma maneira rápida de rodar o programa, especialmente se ele for mantido no seu Dock.

Porém, para dar um duplo-clique em um programa do Unix, primeiro você precisa *encontrá-lo* – e isso pode não ser fácil. A estrutura de diretório do Unix do Mac OS X é, de fato, parecida com um labirinto.

Mas, por que não perguntar ao Terminal onde está o programa? Você pode fazer exatamente isso, usando o comando *which cal*, por exemplo. O Terminal responde com */usr/bin/cal*, informando que *cal* fica no diretório */usr/bin*.

Para chegar lá, use o comando *open* no Terminal, assim: *open /usr/bin*. Uma janela se abre no Finder; dentro, você encontrará o ícone do *cal*. Arraste o ícone para o lado direito do Dock.

De agora em diante, quando você clicar esse ícone do Dock, uma nova janela do Terminal se abrirá, exibindo automaticamente o calendário desse mês. Você economizou preciosos segundos do tempo que teria levado para abrir o iCal.

Mudando as permissões com o Terminal

O recurso *permissões* do Mac OS X e do Unix é bem invisível, mas extremamente importante. Por trás da cena, a configuração das permissões para um arquivo ou pasta determina se você tem ou não permissão para abri-lo, alterá-lo ou apagá-lo. As permissões são a base de vários recursos importantes do Mac OS X, inclusive a separação de contas de usuário e a invulnerabilidade relativa do próprio sistema operacional.

Como você viu no Capítulo 13, é possível dar uma boa olhada nas configurações de permissão de qualquer arquivo, pasta ou disco, selecionando-o e escolhendo Arquivo→ Obter Informações (File Info), no Finder. Mas, mesmo lá, você não vê *todas* as configurações de permissão que o Unix oferece, e, de vez em quando, é algo que você pode querer. Digamos, por exemplo, que você é um professor encarregado de um laboratório de computação contendo 25 Macs. Em cada computador você criou contas Padrão (veja o Capítulo 22) para cinco alunos, para um total de 125 contas de alunos.

Logo depois dos alunos começarem a usar o laboratório, você percebe uma digitação um pouco mais divertida e frenética, do que a esperada por parte dos alunos pesquisando a economia na Era da Depressão. Indiferentemente, você anda para o fim da sala e faz uma rápida verificação diante de uma das mesas. Ahá! – iChat! Terrivelmente deprimido pelos comentários que você lê, com referência ao seu senso de moda, você jura que os alunos nunca mais usarão aquele aplicativo.

Você tem várias opções:

- **Apagar o iChat da pasta Aplicativos.** Infelizmente, o Clube de Informática se reúne em seu laboratório após as aulas, e, rotineiramente, os seus membros usam o iChat para se comunicar. (Afinal, falar alto é *tão* século XX.)

- **Usar os Controles Parentais.** Você pode abrir Preferências do Sistema, clicar em Contas e clicar Controles Parentais (Parental Controls). Depois, poderia clicar para configurar Finder e Sistema (Finder & System), selecionar Somente permitir aplicativos selecionados e desmarcar a caixa de seleção do iChat da lista de aplicativos permitidos. Repita 124 vezes. (O bom é que agora o Leopard permite que você faça isso remotamente.)

- **Comprar, instalar e configurar o Servidor Mac OS X.** Depois, você pode criar e configurar grupos de trabalho com quaisquer configurações de permissão desejadas. (A Apple oferece um curso de treinamento de quatro dias, se você ficar atrapalhado.)

- **Usar o Terminal.** Vá para um Mac, acione o Terminal e digite um rápido comando para desmarcar *executar permissões* para os detentores de conta Padrão

USUÁRIOS PROFISSAS

O fim dos arquivos .term?

A habilidade de salvar diferentes conjuntos de janelas de configuração, na verdade, não é nova para o Terminal. Em versões anteriores, era possível exportar um arquivo .term que armazenava as configurações de uma janela (grupos de janela). Abrir o arquivo .term abria uma nova janela (ou grupos de janelas) com aquelas configurações.

No Terminal de hoje, você obtém uma administração mais fácil dessas configurações e uma nova maneira de armazená-las. Ao invés de usar um arquivo separado para cada configuração, agora o Terminal salva todas em um único arquivo: com.apple.Terminal.plist (em ~/Library/Preferences).

Se você tivesse quaisquer arquivos .term no local padrão (~/Library/Application Support/Terminal, quando a sua lista fosse aberta pela primeira vez no Terminal do Leopard, eles ainda apareceriam no Inspetor – mas o Terminal não poderia mais lê-los.

Em vez disso, por ocasião no início do Terminal, aquelas configurações dos arquivos são copiadas no novo arquivo com.apple.Terminal.plist. Por isso é que, depois da primeira vez que você abre o Terminal, acrescentando arquivos adicionais .term a ~/Library/Application Support/Terminal, não as faz aparecer no Inspetor. Para fazer isso, duplo-clique os arquivos .term no Finder; o Terminal os importa.

Dar um duplo-clique em um arquivo .term ainda abre uma janela do Terminal usando aquelas configurações. Se isso for o que você quer, por que tanto trabalho? Ao invés disso, dê um duplo-clique os mais novos arquivos *.terminal*, que você consegue exportando ou da sua janela ou grupos de configurações. Você encontrará o comando Exportar (Export) no menu ✲ de ambas as abas, Configurações e Grupos de Janelas, do painel Preferências.

do iChat. (Esse processo não afeta o Clube de Informática, pois todos os seus membros têm contas de Administrador.) Repita apenas 24 vezes.

Na verdade, se andar por cada máquina for trabalho demais, você pode até usar a técnica *ssh*, descrita no Capítulo 22, para rodar o comando *remotamente*, a partir de uma única máquina, enquanto está sentado no conforto da sua própria cadeira de professor.

Claro que, de longe, essa é a melhor solução. Demorará várias páginas para trabalhar esse exemplo. Mas, no processo, você aprenderá uma incrível quantidade de sutilezas sobre o Terminal e sobre o Unix do Mac OS X.

Nota: O sistema original de permissões do Unix está por aí há mais tempo do que a discoteca, e ainda opera bem no Mac OS X. Mas, o Leopard apresenta um sistema secundário de permissões para ajudar alguns de seus novos recursos a trabalhar. Essas Listas de Acesso de Controle (*Access Control Lists* – ACLs) oferecem um controle muito mais refinado de permissões, permitindo que você designe múltiplos proprietários e grupos a um único arquivo, por exemplo. As ACLs também estão por trás das permissões de compartilhamento de arquivo.

Nem todos os arquivos, ou mesmo a maioria dos arquivos em seu Mac, usa ACLs. Porém, quando você estiver presente, as permissões ACL passam por cima das permissões do arquivo do Unix. Para detalhes sobre ACLs, faça o download gratuito do apêndice deste livro, "Access Control Listas" do "Missing CD" em www.missingmanuals.com.

Considerações sobre permissões

Geralmente, quando você executa duplo-clique em um ícone de arquivo no Finder, ele abre ou *como* um programa ou abre *em um* programa (se ele for um documento).

Mas, conforme observado, a maioria dos ícones de aplicativos do Mac OS X no Finder, são, de fato, pastas *posando* como arquivos individuais. Dentro da pasta, ou *pacote*, estão todos os arquivos dos quais esse aplicativo depende para rodar, inclusive o próprio arquivo de aplicativo, o que abre quando você duplo-clica o ícone do pacote. Se desativar *executar permissão* para essa pepita interna, evita que seja executada – e, como no exemplo dessa sala de aula, você pode desativá-la para determinados detentores de conta e não para outros.

Para inspecionar as permissões para o iChat, abra a pasta Aplicativos e Control-clique o ícone iChat. A partir do menu de atalho, escolha Mostrar Conteúdo do Pacote (Show Package Contents). Uma nova janela do Finder se abre, exibindo o conteúdo do pacote de aplicativo do iChat.

Abra a pasta Conteúdo→Mac OS (Contents→Mac OS); dentro, você encontrará o arquivo de programa individual do iChat. (Ninguém jamais se preocupa em abrir o iChat com duplo-clique sobre *esse* ícone, mas é possível.) Você *pode* inspecionar as suas permissões, selecionando o ícone interno do iChat, escolhendo Arquivo→Obter Informações, e, depois, ampliando a seção Compartilhamento e Permissões (Sharing and Permissions).

A maneira Unix é mais rápida. No Terminal, use apenas o comando *ls*, assim:

```
ls -l /Applications/iChat.app/Contents/MacOS
```

A sinalização *-l* produz uma *longa lista* – uma exibição ampliada mostrando informações extras sobre cada item no diretório, nesse caso, o seu único arquivo do iChat. A resposta do Terminal é algo como isto:

```
total 10616
total 4424
-rwxrwxr-x  1 root  admin  543128 Oct  3 23:27  iChat
```

Graças à opção -l, a primeira linha exibe o tamanho total, em disco, de todos os arquivos soltos no diretório: 4424. (A medição é feita em blocos de 512 bytes. Se você também inclui o flag -k, você veria o total em kilobytes. Lembre-se que parte do motivo pelo qual o Snow Leopard ocupa muito menos espaço em disco também se deve ao fato de muitos dos seus arquivos de sistema estarem comprimidos no disco. É por isso que o tamanho "em disco" e o tamanho real do conteúdo das pastas fazem sentido.)

Em seguida, você vê o nome de um habitante do diretório do Mac OS: *iChat*. (Se houvesse mais, você poderia ver cada item em sua própria linha.) Mas, o que é *-rwxr-xr-x*? O Terminal está fundindo?

Absolutamente; você está vendo apenas mais taquigrafia do Unix, listada no que deve se tratar de colunas úteis. A Figura 16-10 separa o significado de cada punhado de texto.

- **Tipo (Type).** O primeiro caractere da linha indica o *tipo de arquivo* – normalmente, **d** (um diretório), **l** (um *link simbólico* – a versão do Unix de um substituto) ou, como nesse caso, um **hífen** (um arquivo).

- **Modo de arquivo (File Mode).** É uma sequência de nove caracteres aglutinados com o tipo (como: *rwxr-xr-x*), indicando em um formato codificado as permissões atuais de acesso àquele item, conforme descrito na próxima seção.

- **Proprietário (Owner).** A resposta do Terminal também identifica o nome da conta de quem quer que possua esse arquivo ou diretório, que normalmente é quem o criou. Lembre-se que *raiz* significa que o próprio Mac OS X o possui. Por isso é que até os administradores em geral não têm permissão de apagar diretórios que contêm a propriedade "raiz".

Nota: Na janela Obter Informações do Finder, você pode ver propriedade relacionada como *Sistema*. Esse é o termo mais gentil e atencioso da Apple para *raiz*.

- **Grupo (Group).** Depois do proprietário vem o nome do *grupo* que possui esse arquivo ou diretório. "Roda" (Wheel) como em "grande roda" (big wheel), indica o grupo com os maiores poderes (os administradores não fazem parte desse grupo); o grupo "admin" contém todos os administradores.

- **Nome de caminho (Pathname).** Ao final da linha (após o tamanho e a data do arquivo) vem o caminho desse arquivo ou diretório, relativo ao diretório listado.

Código em modo de arquivo (File-Mode Code)

Para entender a seção modo de arquivo de nove caracteres codificados, você precisa de uma boa compreensão dos tópicos abordados no Capítulo 13. Lá você descobrirá que, conforme criar novos arquivos e diretórios, você pode especificar essas permissões para três categorias diferentes de pessoas: o proprietário (normalmente, você mesmo), o seu grupo e todos os demais.

A coluna modo de arquivo é formada por três subcolunas (Figura 16-10), que correspondem àquelas mesmas categorias de pessoas: *usuário*, *grupo* e *todos os demais*.

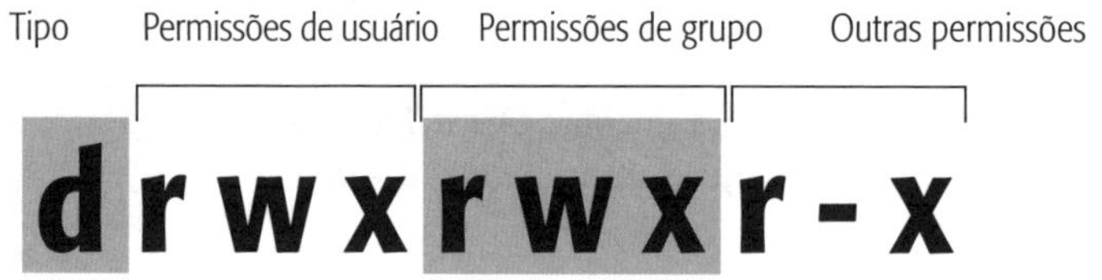

Figura 16-10: *Se olhar atentamente e mover o seu nariz bem em cima da tela, você verá que a coluna de modo-arquivo não é apenas uma sequência de letras aleatórias – ela tem três conjuntos distintos de informações, que informam quem tem permissão para fazer o quê.*

Dentro de cada sequência, três caracteres descrevem as permissões para *ler* (*read -r*), *escrever* (*write -w*) e *executar* (*execute -x*) que essa pessoa ou grupo precisa ter para esse arquivo ou diretório (mais sobre esses conceitos em instantes). Um hífen (-) significa, "Não, essa pessoa não tem permissão para esse tipo de acesso". Na Figura 16-10, é possível ver que, se você fosse o proprietário desse arquivo, poderia fazer o que quisesse com ele – porque não há hifens.

Há também um *x* em todas as outras colunas, significando que *qualquer pessoa* pode executar (iniciar) esse arquivo. Visto que também há um *w* nas duas colunas, de proprietário e de grupo, as categorias desse usuário poderiam, na teoria, até fazer alterações no arquivo (mesmo que nunca tivessem motivo para fazê-lo).

As três formas de acesso – ler, escrever e executar – têm significados ligeiramente diferentes quando aplicadas a arquivos e diretórios:

- **Acesso de leitura (Read access).** Para um *arquivo*, significa que alguém pode abri-lo e lê-lo. (No caso de um programa como o iChat, o sistema precisa "ler" o arquivo por você, para rodá-lo.) O acesso de leitura a um *diretório* (pasta), por outro lado, significa apenas que alguém, usando o Terminal, pode ver uma lista de seu conteúdo usando um comando como *ls*.

- **Acesso para escrever (Write access).** Para um *arquivo*, significa que alguém pode modificar e salvar as mudanças feitas nele. Acesso para escrever em um *diretório* significa que alguém pode acrescentar, remover ou renomear qualquer item que a pasta contenha (mas não necessariamente os itens dentro de suas subpastas).

Nota: Desativando o acesso para escrever em determinado arquivo não o protege de remoção. Desde que o acesso para escrever esteja ativado para a pasta em que ele esteja, o arquivo ainda pode ser jogado na lixeira.

Em outras palavras, para proteger determinado arquivo de remoção, você também precisa se preocupar com as configurações de acesso da pasta que o contém.

- **Acesso para executar (Execute access).** Quando usado em um aplicativo, significa que as pessoas podem rodar aquele programa em especial. (Na verdade, o Unix distingue os aplicativos dos arquivos comuns, verificando o *status* dessa configuração.)

  É claro que você não pode "rodar" muito bem um diretório. Se esse bit *x* estiver ativado para um diretório, ele é chamado de bit *pesquisável* (em oposto ao bit de *executar acesso*) e significa que você pode fazê-lo o diretório de trabalho, usando o comando *cd*. Ainda não é possível ver o que há dentro da pasta se você também não tiver permissões de leitura, mas é bem-vindo para ler ou copiar um arquivo nele, desde que conheça todo o seu nome de caminho.

Trabalho de detetive com um grupo

De volta à tarefa de impedir o iChat de iniciar. O *x* em cada categoria de usuário informa que qualquer pessoa pode rodar esse programa. A sua missão, caso você resolva aceitá-la, é mudar essas configurações para que uma classe de detentor de conta possa rodar o iChat (Admin), mas não outra (Padrão).

Como você viu, todo conjunto de permissões de um arquivo identifica tanto um dono quanto um grupo. O grupo que possui um arquivo do iChat é um *wheel*, mas como você podia prever, a classe de usuários Admin é parte do grupo admin (embora não seja parte do wheel). Se você deseja permitir que somente administradores, e mais ninguém no grupo *admin*, executem o programa, então você também precisa alterar o seu grupo para *admin*.

Você precisa apenas ter certeza de que nenhum outro detentor de conta – Padrão – também faz parte do grupo *admin*. Isso é fácil de descobrir.

Para descobrir a quais grupos do Unix *você* pertence, digite *id* no Terminal e pressione Return. Na linha seguinte, o Terminal digita uma lista de itens começando com o nome de sua conta – essa é sua ID de usuário (a sua *uid*) – seguido pelo nome de seu grupo principal (o seu *gid*). Em seguida, estão os nomes de todos os grupos que incluem sua conta. (O Mac refere-se às contas e grupos pelo número, que são relacionados aqui.) Se você tiver uma conta de Administrador, ela provavelmente será parecida com *uid=506(chris) gid=20(staff) groups=20(staff), 401(com.apple.sharepoint.group.1), 204(_developer), 100(_lpoperator), 98(_lpadmin), 81(_appserveradm), 80(admin), 79(_appserverusr), 61(localaccounts), 12(everyone).*

Mas, você quer descobrir quais grupos incorporam os detentores de conta *Padrão.* Para determinar a quais grupos a conta de alguma outra pessoa pertence, digite id casey (ou qualquer que seja o nome da conta). Provavelmente, você verá que Casey não pertence ao grupo admin. E, na verdade, essa é a realidade para todos os detentores de conta Padrão. (Se você preferir um pouco menos de saída, o comando do grupo usado de forma semelhante lhe mostrará somente os nomes do grupo.)

Então está bem: o grupo *admin* contém apenas usuários Admin. No que se refere às permissões, então, os detentores de conta Padrão caem na categoria *qualquer outra pessoa.*

Você só precisa desativar as permissões de executar do iChat para *qualquer outra pessoa*, depois, completar a sua tarefa. Fazer isso permite que apenas o proprietário do arquivo (raiz) e os membros do grupo (admin) executem o arquivo (isto é, abrir o programa). Todos os outros detentores de conta, significando detentores de conta Padrão, estão sem sorte. Na verdade, eles precisam prestar atenção na aula.

chmod (Modo de Mudança)

O comando do Unix para mudar os modos (permissões) de arquivo é *chmod* (de modo de mudança [change mode]). Eis o comando usado no arquivo iChat:

```
chmod  o-x  /Applications/iChat.app/Contents/MacOS/iChat
```

E eis como você o entende.

Lógico que a linha de comando começa com o próprio comando *chmod*, e termina com o nome de caminho do arquivo iChat.

No meio há três caracteres, que formam as três partes de uma cláusula de modo de mudança: *o-x.*

O primeiro caractere, *o*, representa a classe de usuário que as mudanças afetam. Nesse ponto, você pode digitar *u* para simbolizar o proprietário do arquivo, *g* para o seu grupo, *o* para outro (qualquer outra pessoa), e *a*, para indicar todas as três classes de uma vez.

O segundo caractere representa a operação a ser executada, a qual na maioria dos casos é ou acrescentar uma permissão (use o símbolo **+**) ou remover uma (use o sinal **-**).

O caractere final especifica qual permissão mudar: *r* para ler (read), *w* para escrever (write) ou *x* para executar (execute).

O comando *chmod* completo fornecido antes, então diz "Remover as permissões de executar de outros", exatamente o que você quer fazer.

Permissão para mudar permissões

Entretanto, se de fato experimentar o comando *chmod*, descrito anteriormente, você receberá apenas uma mensagem de erro ("Operação não permitida").

Só o *proprietário* de um item pode mudar suas permissões. E você não é o proprietário do iChat; *raiz* é (isto é, o próprio Mac OS X).

Então, como solucionar o problema: uma opção seria marcar a conta raiz, e depois registrar a sua entrada como *raiz.* Mas isso é aborrecido e marcar a conta raiz sempre possibilita um risco à segurança.

Em vez disso, sempre é possível abrir a janela Obter Informações do arquivo de aplicativos do iChat, tornar a si mesmo o proprietário e depois digitar o seu nome e senha, para provar que é um administrador. Depois, abra o Terminal, use o comando *chmod*, agora que você é o proprietário do arquivo, volte para o Finder, abra novamente Obter Informações e mude as permissões do arquivo de volta para *raiz.*

Para um guru do Unix, essas são etapas *demais* para algo que só deveria custar alguns toques de tecla. Como resultado, a possibilidade final é rápida e fácil, o que explica a popularidade nos círculos do Unix. É o comando *sudo.*

sudo

sudo é um nome simpático de comando. Tecnicamente, ele é uma abreviação de *superusuário faz* (superuser do), o que significa que você tem permissão de executar qualquer comando, como se tivesse registrado a sua entrada com a conta-raiz (superusuário) – mas sem, de fato, precisar marcar a conta-raiz, registrar a sua saída, voltar e assim por diante.

Também é um ótimo nome de comando, pois parece como se ele pudesse ser pronunciado como "pseudo", como em "Estou apenas *fingindo* ser o usuário-raiz por um minuto. Estou aqui sob um pseudônimo". (De fato, você o pronuncia "SUU--duu", pois ele vem de "*super user do*". Mas, na privacidade do seu cérebro, você pode pronunciar como quiser.)

Nota: Só os detentores de conta de Administrador podem usar o comando *sudo*.

Se você tiver a conta root – ou puder simular uma usando *sudo* –, pode sobrepor quaisquer configurações de permissões, incluindo aquelas que evitam que você mude coisas no diretório de Aplicativos (como o iChat).

Por fim, você está pronto para mudar as permissões daquele infernal arquivo do aplicativo iChat. Para usar *sudo*, é preciso prefaciar uma linha de comando inteira, com *sudo* e um espaço. Digite isto:

```
sudo chmod o-x  /Applications/iChat.app/Contents/MacOS/iChat
```

Visto lentamente, esse comando se divide como a seguir:

- ***sudo***. "Dê-me o poder para fazer o que eu quiser."
- ***chmod***. "Mude o modo de arquivo..."
- ***o-x***. "...dessa maneira: remova execute permissão para outros..."
- ***/Applications/iChat.app/Contents/MacOS/iChat***."... a partir do arquivo chamado iChat, que está dentro da pasta Aplicativos→iChat.app→Contents→MacOS."

Na primeira vez que você executar *sudo*, você é tratado com o humor característico, supostamente sério, dos programadores mundiais: Aviso: o uso incorreto do comando sudo pode levar a perda de dados ou a exclusão de arquivos importantes do sistema. Por favor, verificar novamente sua digitação ao usar o sudo. Digite "mansudo" para mais informações. "Para continuar, digite sua senha, ou dê Ctrl-C para sair.

Em outras palavras, *sudo* é uma ferramenta poderosa que lhe permite intromissão irrestrita nas partes delicadas do Mac OS X, portanto, você deve proceder com cautela. Como resultado, pelo menos você deve usá-la quando tiver seguido as etapas específicas recebidas, como neste capítulo.

Agora, *sudo* pede pela sua senha normal de registro de entrada, só para confirmar que você não é um aluno da sétima série disposto a coisas ruins. Se, de fato, você for um administrador, e a sua senha tiver sido confirmada, *sudo* lhe dá uma janela de cinco minutos onde, prefaciando cada comando *sudo*, você pode se movimentar, como se fosse o superior, o detentor da conta principal de root. (Se você não usar *sudo* novamente dentro dos cinco minutos, terá que entrar novamente com a sua senha.)

O último passo, então, é alterar o grupo do iChat para *admin*.

chgrp (Alterar grupo)

O comando Unix para alterar o domínio de um grupo de arquivo é o *chgrp* (de *change group*, ou alterar grupo), e ele fará a seguinte façanha:

```
sudo  chgrp  admin  /Applications/iChat.app/Contents/
MacOS/iChat
```

A partir de agora, você deve ser capaz de adivinhar o que esse comando permite que você faça (com o *sudo*) para alterar o domínio do grupo para admin do arquivo /Applications/iChat.app/Contents/MacOS/iChat.

Agora, sempre que alguém que não seja um administrador tentar abrir o iChat, o seu ícone salta apenas uma vez no Dock antes de ficar quieto novamente.

Para restaurar suas permissões originais, utilize os mesmos comandos, mas, no comando *chmod*, substitua o - por um +, como a seguir:

```
sudo chmod o+x /Applications/iChat.app/Contents/MacOS/
iChat
```

Então, reexecute o comando *chgrp*, mas substitua o *admin* por *wheel*:

```
sudo chgrp wheel /Applications/iChat.app/Contents/
MacOS/iChat
```

Nota: A Apple possui essas permissões padrão definidas por um motivo: mais segurança. Enquanto suas alterações não permitirão, de imediato, que os caras maus entrem, é melhor não deixar essas permissões estabelecidas a menos que você realmente precise delas.

De qualquer maneira, sempre que você executar a função Reparo de Permissões do Mac (mesmo automaticamente, o que ocorre cada vez que você faz o update do Mac OS X, ou manualmente, usando o Disk Utility), o iChat retorna a configuração original. Você tem que re-executar o comando para proteger o lugar.

Protegendo arquivos em massa

Pode acontecer com você. Você se vê com uma pasta cheia, com centenas de arquivos – fotos baixadas da sua câmera digital, por exemplo. A maioria bem fajuta, mas as que você tirou em Tahoe (e, portanto, tem Tahoe em seus nomes de arquivo) são espetaculares. Você quer proteger esses arquivos de remoção, sem precisar marcar a caixa de seleção Bloqueado (Locked) de cada arquivo individualmente.

GANHE VELOCIDADE

Cuidado com os erros tipográficos

Use *sudo* com cautela, especialmente com o comando rm. Mesmo um único erro tipográfico em um comando sudo rm pode ser desastroso.

Vamos supor, por exemplo, que você pretendia digitar isto:

sudo rm -ri Users/Jim/Pictures

... mas, acidentalmente, inseriu um espaço depois da primeira barra, assim:

sudo rm -ri/ Users/Jim/Pictures

Você acabou de dizer ao Terminal para apagar *todos os dados em todos os drives* (unidades)!

Devido ao espaço extra, o comando *rm* vê o seu primeiro argumento de nome de caminho como sendo apenas /, o diretório de raiz. A sinalização *–r* significa "e todos os diretórios dentro dele".

Seria uma boa coisa se você acrescentasse a sinalização *-i*, que instrui o Mac OS X a pedir a sua confirmação antes de apagar cada diretório. É quase sempre uma boa ideia incluir *-i* sempre que usar *sudo* com *rm.*

Especialistas em História (e fãs do Unix) podem lembrar que o primeiro instalador do iTunes 2 da Apple, lançado em Outubro de 2001, continha um pequeno bug: a tendência de apagar o disco rígido das pessoas. (Ops!) Apressadamente, a Apple retirou o instalador e substituiu-o por uma versão corrigida. Por trás da cena, um comando *rm* impropriamente formado era o culpado.

Portanto, novamente, você *poderia* operar no Finder, como qualquer mortal comum. Poderia usar o Spotlight para juntar todos os arquivos com Tahoe em seus nomes, selecionar todos eles na janela de resultado de busca, escolher Arquivo→Obter Informações e, depois, marcar Bloqueado para todos eles de uma vez. Mas, fazer isso no Unix põe à prova a sua habilidade.

Quando você marca a caixa de seleção Bloqueado do arquivo, o Mac OS X marca uma chave invisível conhecida pelos veteranos do Unix como a *sinalização imutável*. Nem mesmo o superusuário tem permissão para alterar, mover ou apagar um arquivo cuja sinalização imutável esteja marcada.

O comando necessário para mudar tais sinalizações é *chflags* – abreviação de *mudar sinalizações* (change flags), é claro. Você pode seguir o comando *chflags* com três argumentos: a opção dele mesmo de sinalizações, o arquivo sinalizações e o nome de caminho do arquivo cujas sinalizações estão sendo alteradas. Nesse caso, a sinalização com que você se preocupa é chamada de *uchg* (abreviação de *pode ser trocada pelo usuário* [user changeable]; em outras palavras, essa é a finalização imutável).

Assim, para proteger todas as fotos Tahoe de uma vez, eis o que você digitaria no prompt:

```
chflags uchg ~/Pictures/*Tahoe*
```

Os asteriscos são curingas, que significam "todos os arquivos contendo a palavra Tahoe em seus nomes". Portanto, em inglês você disse "Mudar a sinalização imutável (a configuração da caixa de seleção Bloqueado) de todos os arquivos Tahoe na minha pasta Fotos para 'bloqueado'".

Dica: Para *desbloquear* um arquivo, portanto, desmarcando a sua sinalização *uchg*, basta acrescentar o prefixo "não" (no), assim: *chflags nouchg ~/Pictures/*Tahoe**.

Para ver o resultado do seu trabalho manual direto no Terminal, emita esse comando: *ls -lO ~/Pictures* (ou qualquer outro caminho para uma pasta contendo itens bloqueados). Esse é o familiar comando *ls* (lista) que exibe o que há em determinado diretório, seguido por uma sinalização *-l* para uma listagem mais completa, e uma sinalização *-O* que produz uma coluna de "sinalizações" na tabela resultante.

De qualquer modo, o Terminal pode soltar algo como isto:

```
total 830064
-rw-r-r-1 chris  chris -     158280000 Jun 16 20:05 Sunset.jpg
-rw-r-r-1 chris  chris uchg   58560000 Jun 16 20:05 NewMoon.jpg
-rw-r-r-1 chris  chris uchg  107520000 Jun 16 20:05 Tahoe.jpg
-rw-r-r-1 chris  chris uchg  100560000 Jun 16 20:05 Buddy.jpg
```

A quarta coluna, o produto da sinalização *-O*, relaciona qualquer arquivo que tenha sido ajustado para cada arquivo. Nesse caso, três dos arquivos estão listados com *uchg*, o que representa a sinalização de usuário imutável (bloqueado). (O hífen para o primeiro arquivo relacionado significa "sem sinalizações" – isto é, não bloqueado.)

Fazendo os arquivos se ocultarem

De volta ao laboratório de informática da escola, você ainda está rabugento. Os alunos deixaram pilhas de ícones de arquivos e pastas espalhados pelas Mesas de todos os Macs e você já não aguenta mais. Não apenas é um sinal de preguiça e desorganização, mas os ícones cobrem a foto da Mesa do bendito mascote da escola: um rombate, marsupial que vive na Austrália.

Você os avisou o suficiente e agora chegou a hora da ação: nada de World of Warcraft na hora do almoço, a menos que as Mesas estejam limpas em 15 minutos!

Enquanto você termina de escrever a nova regra na lousa, você vira para olhar as telas dos Macs dos alunos – e fica assombrado. A imagem inteira e sóbria de seu amado marsupial contempla por detrás das telas dos Macs; os ícones ofensivos desapareceram. Como pode ser? Ele nem sequer dera tempo para os alunos selecionarem todos os ícones e arrastá-los para a Lixeira!

Aparentemente os alunos não eram tão preguiçosos quanto você pensava: eles tinham aprendido o Modo do Terminal. O que eles realmente fizeram foi varrer todos aqueles ícones para debaixo do tapete, ao estilo do Unix, com este comando:

```
chflags hidden ~/Desktop/*
```

Eles manipularam outra sinalização de arquivo, chamada de sinalização de ocultar. O comando marca a sinalização de ocultar para todos os arquivos (indicados pelo asterisco) na pasta Mesa – e, assim, seus ícones desaparecem. O verdadeiro arquivo ainda está lá; você só não pode mais vê-lo no Finder.

É claro que você não vai deixar algumas crianças rebeldes lhe enganarem. Habilmente, em sua cópia do Terminal você digita *chflags nehidden ~/Desktop/** para trazer os ícones de volta.

Restam 13 minutos para os alunos realmente limparem suas Mesas.

20 utilitários úteis do Unix

Até agora, você só leu a respeito de um punhado de centenas de programas do Unix que são montados no Mac OS X e prontos para rodar. Sim, *ls* e *sudo* são ferramentas muito úteis, mas elas são apenas o início. Enquanto você lê com atenção livros do Unix do nível iniciante e os websites (veja o Apêndice E), por exemplo, gradativamente ficará familiarizado com alguns dos termos e ferramentas mais importantes.

Eis uma explicação de alguns dos programas mais interessantes (e muito seguros) que o aguardam para experimentá-los.

Nota: Se você não voltar para o prompt $ depois de usar um desses comandos, digite *q* ou, em alguns casos, *quit*, e depois, pressione Return.

bc

O Mac OS X e o Windows não são os únicos sistemas operacionais que vêm com um acessório básico de calculadora; o Unix também é bem equipado nessa questão.

Quando você digitar *bc* e apertar Enter, receberá uma notificação de direito autoral e depois... nada. Basta digitar a equação que deseja resolver, tal como 2+2 ou 95+97+456+2-65 ou (2*3)+156-95*(2.5*2.5) e depois pressionar Return. Instantaneamente, na linha seguinte, *bc* exibe o resultado de seu cálculo. (Na terra do computador, * designa multiplicação e / representa divisão. Da mesma forma, note que *bc* resolve equações corretamente; ele calcula multiplicação e divisão antes de adição e subtração, e parênteses internos antes dos externos. Para conhecer mais truques e dicas sobre o *bc*, digite *man bc* no prompt.)

kill

O Mac OS X oferece várias maneiras de cortar a corda em um programa que parece estar travado ou rodando descontroladamente. Você pode forçá-lo a terminar, usar Monitorar Atividade (Activity Monitor) ou usar *kill*.

O programa *kill* no Terminal simplesmente força o término de um programa, como se por controle remoto. (Ele funciona até quando você acessa seu Mac via SSH, a partir de um local remoto, conforme descrito no Capítulo 22.) Tudo o que você precisa fazer é seguir o comando *kill* com um número de identificação (ID) do programa que deseja terminar.

E como você descobre o número ID? Comece rodando *top* – descrito neste capítulo – cuja primeira coluna exibe o PID (ID de processo) de cada programa rodando.

Dica: A menos que use o *sudo*, você só pode usar o *kill* em programas que "possui" – aqueles que estão rodando sob a sua conta. (O próprio sistema operacional – *root* – está sempre rodando programas próprios e é tecnicamente possível que outras pessoas, discando da estrada, estejam rodando programas delas mesmas, inclusive enquanto você estiver usando o Mac!)

Quando você escuta os fãs do Unix falarem sobre *kill* on-line, frequentemente eles indicam um número de sinalização após o comando: *kill -9*. Essa sinalização é uma "morte não perceptível, não ignorável". Em outras palavras, ele é um assassino de força industrial que não aceita pedidos de clemência do programa que você está matando.

Se verificar top e descobrir que o ID de processo do BeeKeeper Pro é 753, você o abortaria, digitando *kill -9 753* e depois pressionando Return. Se mesmo assim ele ainda resistir, adicione o flag -9 desta forma: *kill -9 753*, que deveria dar o golpe final. Talvez você ainda precise reexecutar o comando até que você receba uma saída deste tipo para o *kill: 753: no such pid*, informando que, de fato, o processo não existe mais; agora você pode baixar a arma.

open

Qual sistema operacional seria completo sem uma maneira de iniciar programas? Na versão do Unix do Mac OS X, o comando é bem fácil: *open -a*, como em *-a Chess*. A sinalização *-a* permite que você especifique um aplicativo pelo nome, independente de onde ele está no seu disco rígido, exatamente como o Spotlight faz. É possível até especificar qual documento você deseja abrir naquele programa, assim: *open -a Preview FunnyPhotoOfCasey.tif*.

Dica: A sinalização -e abre qualquer documento de texto no Editor de Texto (ou qualquer que seja o seu editor de texto padrão), assim: *open -e Diary.txt*. Esse atalho o poupa de precisar especificar o próprio Editor de Texto.

A verdadeira utilidade desse comando pode não estar clara de início, mas imagine fazer algo como isso no Finder: selecionar, a partir de uma pasta com centenas de arquivos HTML, aqueles que contêm a palavra "Sequoia" em seus nomes de arquivo e visualizar todos com o navegador OmniWeb, independente de a qual aplicativo eles estejam associados. Você poderia fazer isso com a ajuda do comando do Spotlight, mas exigiria algumas boas etapas. Mas, no Terminal, você apenas troca para aquele diretório (usando o comando *cd*) e digita *open -a OmniWeb *Sequoia**. Pronto!

Claro que você não se preocupa apenas com *iniciar* programas e documentos dessa maneira. Contudo, é possível ver quão útil *open* pode ser quando você estiver escrevendo scripts automatizados para o seu Mac, como aqueles usados pelo comando organizador de programa *launchd*.

ps

O comando *ps* (*status* de processo [*process status*]) age como uma outra forma de olhar rapidamente todos os programas rodando no seu Mac, mesmo aqueles normalmente invisíveis, completos com seus números de ID. (Para resultado mais útil, use -l e -f, como. Para uma descrição completa dessas e de outras sinalizações, digite *man ps* e pressione Return.)

shutdown

É muito fácil desligar o seu Mac a partir do menu . Mas, usar *shutdown* (desligar) com a sua sinalização *-h* (de interromper [*halt*]) no Terminal tem as suas vantagens. Por um lado, é possível controlar quando ocorre o desligamento, usando uma destas três opções:

- **Now** (agora). Você pode desligar com segurança, digitando *shutdown -h now*. (Na verdade, apenas o usuário root tem permissão de usar *shutdown*, assim, você digitaria *sudo shutdown now* e depois digitaria a sua senha de administrador, quando solicitada.)

- **Later today** (hoje mais tarde). Especifique uma hora, em vez de agora. Digitar *sudo shutdown -h 2330*, por exemplo, desliga a sua máquina às 23:30 horas de hoje (*2330* é a notação de hora militar para 11:30 da noite).

- **Any time in the next 100 years** (qualquer hora nos próximos 100 anos). Para fazer a máquina desligar às 17 horas em 3 de Abril de 2008, por exemplo, você poderia digitar *sudo shutdown -h 0804031700.* (Esse número em código está no formato de ano [últimos dois dígitos]:mês:dia:hora:minuto.)

Dica: Quando você coloca em movimento o robô de desligamento automático, não é possível interrompê-lo facilmente. Você precisa usar o comando *kill*, descrito anteriormente, para encerrar o próprio processo de desligamento. Para encontrar o número de ID do *shutdown* para encerrá-lo, procure pelo número *pid* na saída do comando *shutdown*, ou use o comando *top* ou *ps*.

Há mais outras sinalizações úteis. Por exemplo:

- Usar a sinalização *-r* em vez de *-h* significa "reiniciar em vez de apenas desligar", como em *sudo shutdown -r now*.

- Você pode usar *shutdown* para encerrar a conexão com todos os usuários conectados pela rede de sua máquina, sem na verdade desligar. Use a sinalização *-k* assim: *sudo shutdown -k now*.

Um dos usos mais poderosos de *shutdown* é desativar os Macs por controle remoto, seja através da rede ou através do mundo, pela Internet. Isto é, você pode usar SSH (descrito no Capítulo 22) para emitir esse comando.

tar, gzip, zip

Você sabe como o Mac OS X pode criar arquivos compactados no formato .zip?

O Terminal permite que você encha e combine arquivos nesses formatos com a maior facilidade. Para compactar um arquivo, basta digitar *gzip*, um espaço e depois o nome do caminho do arquivo que deseja compactar (ou arraste o arquivo diretamente da Mesa para a janela do Terminal). Quando você pressionar Return, o Mac OS X compacta o arquivo.

Usar *tar* em uma pasta (combinar o seu conteúdo em um único arquivo – um *tarball*, como os entusiastas do Unix chamam) é só ligeiramente mais complicado. É preciso especificar o nome do arquivo resultante, seguido pelo nome de caminho do diretório atual, assim: *tar -cf Memos.tar /Users/chris/Memos.* Acrescente a sinalização *-z* se você quiser combinar (tar) *e* compactar a pasta: *tar -czf Memos.tar.gz /Users/chris/Memos.*

Para combinar e compactar arquivos usando *zip* basta especificar um nome para o arquivo zip e os nomes dos itens para zip, como isto: *zip StaffordLake.zip Stafford** (que abarrotaria com todos os arquivos o diretório de trabalho, cujos nomes começassem com *Stafford*, em um único arquivo).

Para zipar uma *pasta*, inclua a sinalização *-r*, assim: *zip -r Memos /Users/chris/Memos*.

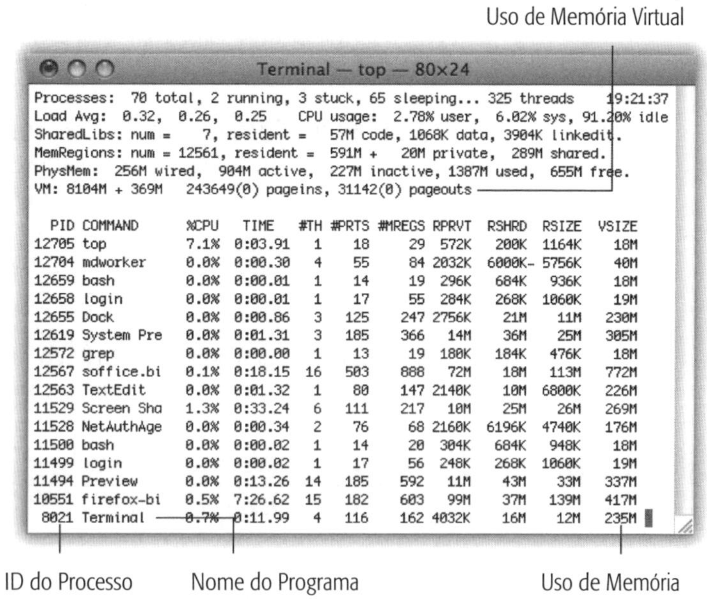

Figura 16-11: *O texto no alto permanece na tela, atualizando-se automaticamente enquanto você trabalha, até você digitar q para encerrar o programa. Os nomes do programa, em inglês simples, estão lá, em algum lugar.*

De qualquer modo, se você trocar para o Finder, verá que a pasta ou arquivo que você especificou, agora está compactado (com o sufixo *.gz*, *tar.gz* ou *.zip*).

Infelizmente, a linha de comando do utilitário *zip* não lida adequadamente com atributos ampliados (veja a próxima página), portanto, fique com *tar* e *gzip* se você quiser criar arquivos de armazenagem de dados garantidos e cordiais para com o Mac. O melhor formato é um *tarball* com *gzip*, o qual o Finder abrirá adequadamente com um duplo-clique. (Se você usar *gzip* em um arquivo, sem *tar*, o Finder não preserva quaisquer *forks* [desdobramentos, bifurcações] de recursos ao abri-lo.) Você também pode usar esses utilitários para abrir arquivos combinados e compactados, mas eles podem sobrescrever facilmente itens existentes de mesmo nome, se você não tiver cuidado. Use o Finder ou o StuffIt Expander para eliminar essa preocupação.

Nota: O comando *gzip* apaga o arquivo original após você "gzipá-lo". Os comandos *tar* e *zip*, por outro lado, "amontoam" as coisas, mas deixam de lado o original.

top (table of processes – tabela de processos)

Quando você digita *top* e pressiona Return, obtém uma prática tabela que relaciona cada programa rodando no momento no seu Mac, inclusive aqueles obscuros, ao fundo, cuja existência você ignorava (Figura 16-11).

Você também recebe estatísticas, que informam quanto de memória e velocidade (potência da CPU) está consumindo. Nesse aspecto, *top* é semelhante ao Monitor de Atividade.

Dica: Se digitar *top -u*, você recebe uma lista classificada pelo uso da CPU, significando que os programas que mais gastam energia estão relacionados primeiro. Se o seu Mac parecer agir morosamente, é uma boa medida verificar com *top -u* o que está prendendo as coisas.

xattr (extended attributes – atributos ampliados)

O comando *xattr* permite que você veja e administre os atributos estendidos (AEs) de seus arquivos – os metadados invisíveis, que descrevem todos os tipos de características de cada arquivo, da exposição de uma foto de câmera digital ao tempo de uma música no iTunes. (O Capítulo 3 tem muito mais detalhes sobre os metadados e a busca por eles.)

Rodar *xattr* * relaciona quaisquer AEs em seu diretório de trabalho. Se você rodá-lo em sua pasta ~/Downloads, o resultado pode ser semelhante a este:

```
MacChris:Downloads chris$ xattr  *
GoogleEarthMac.dmg: com.apple.diskimages.fsck
GoogleEarthMac.dmg: com.apple.diskimages.recentcksum
GoogleEarthMac.dmg: com.apple.metadata:kMDItemWhereFroms
GoogleEarthMac.dmg: com.apple.quarantine
MacPorts-1.8.0-10.6-SnowLeopard.dmg:   com.apple.diskimages.
fsck
MacPorts-1.8.0-10.6-SnowLeopard.dmg:   com.apple.diskimages.
recentcksum
MacPorts-1.8.0-10.6-SnowLeopard.dmg:     com.apple.metadata:
kMDItemWhereFroms
MacPorts-1.8.0-10.6-SnowLeopard.dmg: com.apple.quarantine
NeoOffice-3.0-Intel.dmg:com.apple.metadata:kMDItemWhereFroms
NeoOffice-3.0-Intel.dmg: com.apple.quarantine
```

Só três arquivos estão relacionados, mas cada um dos seus AEs tem a sua própria linha. O que você verá de comum a todos esses arquivos é que eles têm um AE "com.apple.quarantine".

Como é sabido, na primeira vez em que abre um programa em seu Mac, você recebe a caixa de diálogo mostrada na Figura 12-15. Agora, fica claro como o Mac sabe que essa é primeira vez que ele é rodado: esse detalhe estava armazenado em um de seus atributos estendidos.

Se você não quiser tais mensagens, pode evitar o incômodo da caixa aparecendo, com outro comando do Unix. Por exemplo, se você tiver acabado de instalar o NeoOffice, poderia simplesmente remover o AE em quarentena, usando a sinalização *-d* do comando *xattr*, assim:

```
xattr -d com.apple.quarantine NeoOffice-3.0-Intel.dmg
```

Também é possível usar o comando *ls* para ver os AEs. Quando você usar a sinalização *-l* com *ls*, os arquivos com AEs mostram um sinal @ ao final dos códigos de permissão:

```
MacChris: Downloads ls -l NeoOffice-3.0-Intel.dmg
-rw-r--r--@ 1 chris  staff  167536744 Mar 28 11:58 NeoOffice-
3.0-Intel.dmg
```

Para ver o que são esses AEs, acrescente a sinalização @:

```
MacChris:Downloads chris$ ls -l@ NeoOffice-3.0-Intel.dmg
-rw-r--r--@ 1 chris  staff  167536744 Mar 28 11:58 NeoOffice-
3.0-Intel.dmg
com.apple.metadata:kMDItemWhereFroms           196
com.apple.quarantine          74
```

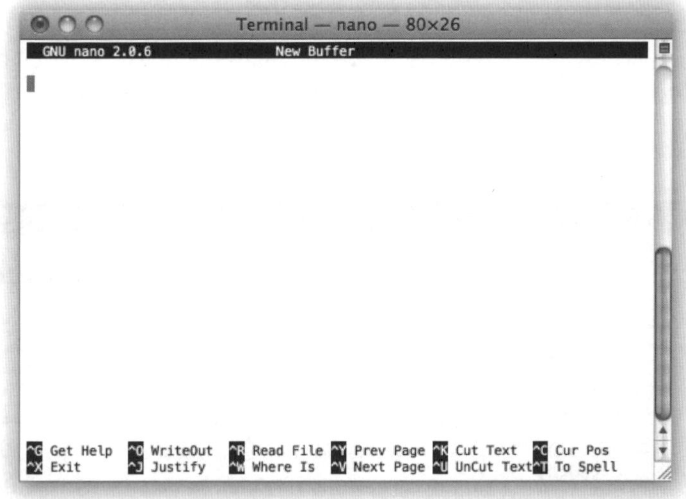

Figura 16-12:
Uma nova sessão de nano. Uma diferença importante entre nano e, digamos, Editor de Texto: para rolar, você precisa usar as teclas ↑ e ↓, ou os comandos Prev Pg (página anterior) e Next Pg (próxima página) – não a barra de rolagem do Terminal.

Aliases

Os aliases no Unix nada têm a ver com os aliases tradicionais de ícone do Macintosh. Em vez disso, os aliases do Unix são mais como macros de texto, por serem comandos mais longos que você pode acionar digitando uma abreviação bem mais curta.

Por exemplo, lembra do comando para desbloquear todos os arquivos em uma pasta? (*sudo chflags -R nouchg [nome de caminho*]. Para desbloquear tudo no Lixo do usuário atual, por exemplo, você digitaria *sudo chflags -R nouchg ~/.trash.*)

Entretanto, usando o comando *alias*, você pode criar um comando muito mais curto (*unlock* [desbloquear], por exemplo) que causa o mesmo efeito. (O comando *alias* toma dois argumentos: o nome substituto que você deseja e o comando que ele deve digitar, como este: *alias unlock= '1sudo chflags -R nouchg ~/.trash'*.)

A desvantagem é que os aliases criados dessa maneira só ficam na memória do Terminal enquanto você estiver na janela original do Terminal. Assim que você fechá-la, perderá os seus aliases. Mas, quando você estiver melhor no Unix, poderá aprender a criar um arquivo .bash_profile que armazena permanentemente todos os seus comandos de aliases. (Sugestão: abra ou crie um arquivo chamado .bash_profile em seu diretório iniciar e adicione a ele um comando alias por linha.)

nano, emacs, vim

Uma forma de criar e editar arquivos de texto contendo aliases (e executar outras tarefas relacionadas a comandos) é usar *nano*, um popular editor de texto que é uma versão aperfeiçoada do editor *pico* (veja a Figura 16-12). Na verdade, se você tentar rodar *pico*, é o *nano* que abre.

Como você verá ao digitar *nano* e pressionar Return, *nano* é um aplicativo de tela cheia do Unix. Você digita texto em *nano* exatamente como é feito no Editor de Texto, além do que *nano* é cheio de recursos especialmente moldados para trabalhar com as tarefas e os comandos do Unix.

DIAMANTE BRUTO

Eliza, tenho problemas com a minha mãe

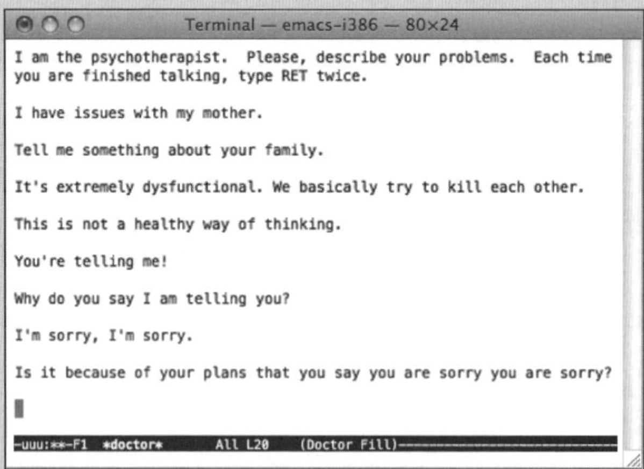

Terapia é cara, se for a respeito de suas frustrações com o seu Mac ou qualquer outro assunto. Ainda assim, parece bom falar com alguém sobre o que está te aborrecendo – e o Mac OS X está pronto para ouvi-lo.

Oculto no programa de edição de texto *emacs*, há uma psicóloga automatizada, sem qualquer licença para clinicar, chamada Eliza. Para entrar no escritório dela, abra o Terminal, digite *emacs* e pressione Return. Depois da tela de apresentação, pressione Shift-Esc, digite *xdoctor* e, depois, pressione Return.

"Eu sou a psicóloga", Eliza começa. "Por favor, descreva os seus problemas. Cada vez que terminar de falar, digite RET duas vezes". (Ela quer dizer, "Pressione duas vezes a tecla Return".)

Como você pode ver, a partir dessa ilustração, ela não é exatamente um Sigmund Freud. Mas, é bastante divertida, e surpreendentemente atenciosa.

Quando a sua sessão terminar, pressione Control-X e depois Control-C para sair de *Eliza* e do *emacs*.

Porém, *nano* não é o único editor de textos embutido no Unix sob o Mac OS X. Alguns fãs do Unix preferem o mais poderoso e complexo *vim* ou o *emacs*, da mesma forma que algumas pessoas preferem o Microsoft Word ao Editor de Texto.

date

Usado sozinho, o comando *date* exibe apenas a data e o horário atuais. No entanto, é possível usar a sua lista maior de "conversão de especificações" de data (entre com *main date* para ver todas elas) para formatar a sequência de data de qualquer maneira possível. Inicie a sequência com um **+** e, depois, entre com a formatação desejada, misturando ainda em qualquer texto normal, como isto:

```
office-mac:~  chris$ date +"I can't believe it's already week
%V of %Y, here in the %Z time zone. But what do you expect on
a %A at %1:%M %p?"
I can't believe it's already week 23 of 2010, here in the PST
time zone. But what do you expect on a Wednesday at 8:21 AM?
```

Nota: Tenha cuidado com o uso de *date* com *sudo*. Se o fizer, e acidentalmente esquecer do **+** dianteiro, reajustará o relógio interno do seu Mac.

grep

O programa *grep* é um *filtro*, um poderoso programa projetado para buscar dados para texto que combinem com um padrão especificado. Ele pode passar o resultado processado para outro programa, arquivo ou para a própria linha de comando.

Você especifica o padrão de texto que deseja que *grep* procure, usando uma notação chamada de *expressões regulares*. Por exemplo, a expressão regular *dis[ck]* procura tanto por *disk* quanto por *disc*. Outro exemplo: para buscar linhas em um arquivo contendo os endereços de 200 a 299 da Redwood Way, você poderia dizer ao *grep* que está procurando por "*\<2[0-9][0-9] Redwood Way*".

Uma coisa incrível sobre *grep* é que o seu material de busca pode ser parte de qualquer arquivo, especialmente arquivos de texto simples. Os arquivos de texto no seu Mac incluem arquivos HTML, arquivos de registro e – possivelmente os mais saborosos de todos – os seus arquivos de caixas de e-mail. Usando *grep*, por exemplo, você poderia buscar em todos os seus arquivos do Mail, com mensagens combinando com determinados critérios, com ótima eficiência e até mesmo com controle mais refinado do que o Spotlight.

find

Agora que o Spotlight está em cena, você pode imaginar porque precisaria usar o comando *find* do Unix. Bem, por um lado, *find* realiza uma busca de arquivo a um nível completamente novo. Por exemplo, é possível encontrar arquivos com base em suas permissões, nome de proprietário, configurações de sinalização e, claro, qualquer tipo de padrão de nome que você possa pensar com o uso de expressões regulares.

Da mesma forma como a maioria dos outros comandos do Unix, é possível "colocar em linha" a lista do comando *find* de arquivos encontrados, direto em outro programa, para mais processamento. Você poderia fazer isso para mudar seus nomes, convertê-los para outros formatos ou mesmo descarregá-los para um servidor de rede.

O melhor de tudo, talvez seja que, desde que você possa rodar *find* com *sudo*, é possível procurar por arquivos existentes *em qualquer lugar* no seu disco rígido, independente das configurações de permissão do diretório.

Para encontrar todos os arquivos no seu diretório Iniciar com "Bolinas" em seus nomes, por exemplo, você usaria este comando:

```
find ~/ -name '*Bolinas*'
```

Ou, para ignorar o estilo de letra (maiúscula ou minúscula):

```
find ~/ -iname '*Bolinas*'
```

E este comando busca por todos os arquivos *bloqueados* em seu diretório Iniciar:

```
find ~/ -flags uchg
```

mdfind

Se você tiver um lugar em seu coração para o Spotlight, ficará feliz em ver o comando *mdfind* no Terminal. Ele executa os mesmos tipos de buscas, encontrando metadados como gêneros musicais ou exposição de dados para fotos.

Para encontrar todas as músicas de reggae, por exemplo, experimente:

```
mdfind 'kMDItemMusicalGenre == "Reggae"'
```

Para encontrar todas as fotos que você tirou com o flash:

```
mdfind 'kMDItemFlashOnOff == "1"'
```

Os comandos *mdls* revelam todos os metadados de um arquivo em especial, como a imagem IMG_3033.jpg picture, vista neste exemplo:

```
ongaku:Photo$ mdls  IMG_3033.JPG
kMDItemAcquisitionMake            = "Canon"
kMDItemAcquisitionModel           = "Canon PowerShot S3 IS"
kMDItemAperture                   = 4.65625
kMDItemBitsPerSample              = 32
kMDItemColorSpace                 = "RGB"
kMDItemContentCreationDate        = 2007-06-30 14:51:07 -0700
kMDItemContentModificationDate    = 2007-06-30 14:51:07 -0700
kMDItemContentType                = "public.jpeg"
```

É possível descobrir mais sobre as suas dúvidas de montagem aqui: http://developer.apple.com/documentation/Carbon/Conceptual/SpotlightQuery/Concepts/QueryFormat.html.

launchd

O *launchd* é um programa de múltiplos talentos do Unix, responsável por iniciar os programas do sistema, durante a inicialização ou em qualquer ocasião depois. Parte do seu trabalho é acionar determinados comandos, de acordo com uma programação especificada, mesmo quando você não estiver registrado. As pessoas podem usar o *launchd* para acionar a manutenção de backups diários ou mensais, por exemplo. Você pode programar o software-robô para editar, sem a sua presença, as propriedades de lista de arquivos.

O Mac OS X vem configurado para rodar o *launchd* automaticamente; ele é o primeiro processo que inicia quando o Mac inicia. Na verdade, ele inicia todos os seus outros itens de inicialização. (Se abrir o programa Monitor de Atividade em sua pasta Aplicativos→Utilitários, você o verá relacionado entre os processos de administrador que o seu Mac roda o tempo todo.)

De fato, o *launchd* vem com três tarefas de manutenção do Unix por trás, já programadas: um serviço diário, um serviço semanal e um serviço mensal. Elas vêm ajustadas para rodar às 3h:15 da manhã (as primeiras duas) e às 5h:30 da manhã. Se o seu Mac normalmente não estiver ligado no meio da noite, esses serviços saudáveis podem não rodar nunca.

USUÁRIOS PROFISSAS

Os segredos da memória virtual

A tabela de comando *top* oferece um aspecto fascinante de como o Mac OS X administra memória. Na seção "VM", por exemplo, você verá a estatística atual de *pageins* (entradas de páginas) e *pageouts* (saídas de páginas) – isto é, quantas vezes o sistema de memória virtual teve que fazer código de software para "se acertar" por um momento, enquanto ele coloca os seus programas abertos na memória atual. (Esses números são mostrados na Figura 16-11.)

As estatísticas de *pageins* e *pageouts* são compostas de dois números diferentes, como estes: *45451(0) pageins, 42946(0) pageouts*. O número maior informa quantas vezes o seu Mac teve que administrar dados para dentro e para fora da memória desde que ele foi iniciado. O número entre parênteses indica quanto da remessa desse material foi feito no *último* segundo.

O valor de *pageouts* é o número preocupante. Se ele ficar acima de zero por algum tempo, o seu Mac anseia por RAM (quando o disco rígido demora no envio de música para a Lixeira e a troca de programas, provavelmente ele também está informando isso).

Na listagem de programas individuais, as últimas quatro colunas oferecem detalhes sobre o uso de memória de cada programa relacionado. Aquele com o qual você deve se preocupar é o da coluna RPRVT (Resident Private), que mostra quanta memória cada programa está, de fato, usando naquele momento. Esse número sobe e desce enquanto você trabalha, ilustrando o milagre do Mac OS X. Os programas não agarram simplesmente um punhado de memória e ficam com ela. Eles colocam a RAM de volta no pote quando não precisam dela.

De vez em quando você pode deixar o seu Mac ligado durante a noite ou, se você for ambicioso, mudar a hora para eles serem executados. Uma olhada em *man launchd.plist* mostra como. (Sugestão: ele envolve o uso de *sudo nano* e a edição de três listas de arquivo de propriedade com.apple.periodic em /System/Library/LaunchDaemons – mas tenha cuidado para não misturar com qualquer outra coisa que esteja lá!)

Nota: Alguns outros sistemas do Unix (e versões do Mac OS X) usam o utilitário *cron* para rodar esses serviços. *cron* também existe no Snow Leopard e começará a trabalhar como faz em qualquer outro lugar – no minuto em que você acrescenta um novo serviço *cron*. Veja as manpages de *cron* e *crontab* para detalhes.

FTP

FTP (e o seu parente, telnet), evidentemente, não são programas exclusivamente do Unix. Os técnicos de todas as vertentes de sistemas operacionais têm usado telnet por anos, sempre que desejam tocar, de longe, em outro computador, e FTP para entregar e baixar arquivos de software. Os detalhes sobre FTP estão no Capítulo 22.

Juntando tudo

Toda a sintaxe e o vocabulário do Unix apresentada neste capítulo é uma coisa ótima, pelo fato de oferecer um crescimento extra por aprender a administrar algo novo. Mas, ainda não explica *totalmente* por que o Unix deixa os programadores com as palmas suando e os olhos arregalados.

O verdadeiro poder do Unix está no caminho – quando você começa a juntar esses comandos.

Vamos supor, por exemplo, que você deseja reunir todos os arquivos de imagens TIFF referentes ao seu projeto Yosemite, escaloná-los para um tamanho comum, convertê-los para arquivos JPEG e copiá-los para um site FTP. Como faria isso?

Claro que seria possível usar o Spotlight para buscar todos os arquivos TIFF contendo "Yosemite" em seus nomes. Mas e se as suas imagens estivesses nomeadas de outra maneira, mas mantidas nas pastas com Yosemite em seus nomes? Você precisaria encontrar essas pastas primeiro, e depois os arquivos TIFF dentro delas.

Você executaria a próxima etapa (escalonar e converter a imagem) seja manualmente, através de um script preprogramado ou fluxo de trabalho do Automator, usando um programa como o Photoshop ou mesmo o iPhoto. Quando todas as imagens estivessem prontas, você precisaria reuni-las e, depois, usar o seu programa FTP preferido para descarregá-las para o servidor.

No entanto, se você tiver compreendido o Unix, poderia poupar 12 minutos de seu dia de trabalho, apenas mudando para um diretório de trabalho vazio (neste exemplo, ~/Stage) e digitando isto como uma longa linha:

```
find ~ -type f -ipath '*yosemite*tif' - print 0) | xargs -0
sips -Z 250 -s format jpeg - -out ~/Stage && ftp -u ftp://
ftp.coast- photo.com/Incoming *
```

Mesmo depois de quase 50 páginas do básico do Unix, essa massa de comandos provavelmente parece um pouco intimidante. E, de fato, se você nunca fez programação antes, mesmo a próxima quebra pode fazer arregalar os seus olhos. No entanto, partes dela agora podem parecer familiares:

- **find ~-type f -ipath '*yosemite*tif' -print0 |.** Esse segmento busca o seu diretório Iniciar (~) por arquivos (*-type f*), cujos nomes de caminho (*-ipath*, significando que "o estilo de letras não importa") contêm a palavra *Yosemite* e termina em *tif*. Lembre-se de que os asteriscos aqui são caracteres curingas, que estão no lugar de "qualquer número de caracteres". O comando até agora faz uma lista de todos os arquivos combinando, que ele mantém em sua pequena cabeça.

  O comando *-print0* formata essa lista de nomes de caminhos dos arquivos encontrados, separando-os com o *caractere nulo* (um caractere especial que os programadores usam para indicar onde termina uma sequência de texto e começa outra), ao invés dos espaços normais. Ele permite que o comando trabalhe com

DIAMANTE BRUTO

O famoso truque da Mesa animada

Essa foi uma das primeiras incríveis dicas do Mac OS X a ser passada para todos pela Internet: o clássico truque de "protetor de tela na Mesa". Nesse esquema, a sua Mesa exibe mais do que alguma foto sem movimento. Na verdade, ele exibe uma dos módulos de animação de Efeitos de Tela (Screen Effects).

Comece escolhendo o módulo de protetor de tela que você prefere, usando o painel Mesa/Prot. de Tela das Preferências do Sistema (aquele chamado "Agitado" é uma boa escolha).

Depois, no Terminal, digite: */System/Library/Frameworks/ScreenSaver.framework/Resources/ScreenSaverEngine.app/Contents/MacOS/ScreenSaverEngine –background &*

Por fim, pressione Return. Observe que não há espaços ou Return no comando, ainda que ele apareça quebrado em mais de uma linha aqui.

Pronto: o protetor de tela ativo se torna a foto da sua Mesa! Deixe-se cair na cadeira, em assombro.

Quando tiver recuperado a compostura, olhe novamente na janela do Terminal. O número que segue o [1] na linha seguinte é o ID de processo do programa de fundo da sua Mesa.

Você precisará desse número quando for hora de desativar o efeito, o que é uma boa ideia, visto que o negócio de Mesa/Protetor de tela drena uma grande quantidade da potência de processamento do seu Mac. A coisa toda é uma demonstração que você, normalmente, desejará desativar antes de executar qualquer trabalho significativo.

Para desativar esse efeito, digite *kill 496* (ou qualquer que seja a ID de processo) e, depois, pressione Return.

E se você ficar cansado de digitar esse longo comando, faça o download de xBack em www.gideonsoftworks.com/xback.html. Trata-se de um pequeno software que lhe permite ativar esse efeito, além de muitas opções adicionais, para ativar e desativar com o clique de um mouse.

os nomes de caminho que contêm espaços, uma ocorrência comum nos Macs (mas raridade no Unix). Logo você verá como ele faz isso.

Depois vem o *pipe* (a barra vertical), que você pode usar para direcionar os resultados (saídas) de um comando na entrada de outro. Nesse caso, ele envia a lista de nomes de caminho encontrados para o próximo comando.

- **xargs -0 sips -z 250 -s format jpeg - -out ~/Stage &&.** *xargs* é um construtor de argumento. Nesse caso, ele monta um argumento a partir da lista de arquivos recebidos do comando *find* e o encaminha para *sips* para processamento. Em outras palavras, *xargs* passa uma lista de arquivos para *sips* e *sips* roda o mesmo comando em cada um.

  A sinalização *-0* informa a *xargs* que os nomes de caminho são separados por caractere nulo. (Caso contrário, *xargs* separaria os nomes de caminho em cada caractere de espaço, o que estaria em desacordo com o *sips*.)

  Para cada arquivo que ele recebe, primeiro o *sips* escalona a maior dimensão da imagem para 250 pixels, e proporcionalmente, a sua outra dimensão. (Assim,

USUÁRIOS PROFISSAS

X11

Se você já remexeu em sua pasta /Aplicativos/Utilitários, pode ter encontrado um programa chamado X11.

Não, não é o codinome de um projeto altamente secreto que a Apple esqueceu de remover antes de embarcar o Leopard. X11 é o outro nome para X System Window, um GUI que apareceu nos sistemas do Unix quase ao mesmo tempo em que o Macintosh foi apresentado. ("GUI" significa *graphic user interface* [interface gráfica de usuário] e quer dizer "ícones, janelas e menus como você está habituado – não para digitar comandos em um prompt".)

Mais importante, o X11 permite que o seu Mac rode vários dos aplicativos GUI do Unix, tanto gratuitos quanto comerciais, que se tornaram disponíveis com o passar dos anos.

Fazer com que o X11 trabalhasse direito com o Mac OS X costumava exigir alguma mexida. Mas, no Leopard, você pode rodá-lo sem muito problema. X11 vem com vários programas "X", que se encontram em */usr/X11/bin*. O seu shell conhece esse diretório e o Terminal sabe a respeito do X11, portanto, é possível rodar esses aplicativos como qualquer outro comando.

Para iniciar o relógio do X11, por exemplo, inicie no Terminal. Digite *xclock* e pressione Return. Depois de um minuto, o ícone do X11 aparece no seu Dock – e uma pequena janela de relógio aparece ao lado de suas outras janelas, exatamente como um programa normal. (Como você descobrirá, os programas X11 são visualmente mais agradáveis do que o código do Unix. Mas eles não, bem, foram projetos por Steve Jobs.)

Para interromper o aplicativo X, você pode fechar a sua janela ou pressionar Control-C no Terminal. (Nenhum novo prompt aparece enquanto o aplicativo X está rodando.)

Muitos outros aplicativos X vêm com o Leopard; no Terminal, digite *ls /user/X11/bin* para relacioná-los. Alguns interessantes para experimentar são *xterm*, *xcalc*, *glxgears* e *xman*. Você pode até acrescentar mais aplicativos X, fazendo o download e compilando código-fonte (uma tarefa dantesca para qualquer pessoa nova no Unix), ou através de um sistema de "portas", como o MacPorts (www.macports.org), o qual oferece pacotes de software "em portas" para o Mac OS X, para facilitar a instalação.

qualquer imagem caberá em uma caixa de 250 x 250 pixels em uma página Web, por exemplo.)

Então, o *sips* ajusta o formato (*-s format*) da imagem para JPEG e a salva, com a extensão .jpg correta, no diretório ~/Stage.

O e comercial duplo (&&) ao final desse fragmento informa ao shell para só rodar o próximo comando quando tiver terminado com sucesso o anterior. (Se ele falhar, toda a coisa para aqui.) Assim, quando o *sips* tiver terminado com cada arquivo recebido do *xargs*, o shell se move para fazer isto:

- **ftp -u ftp://ftp.coast-photo.com/Incoming*.** O utilitário *ftp* incluído no Snow Leopard pode trabalhar muito como o *curl*, em que ele pode baixar e descarregar arquivos com um único comando. Nesse caso, o comando descarrega (*-u*) cada arquivo do diretório de trabalho como especificado pelo asterisco – isto é, todos

USUÁRIOS PROFISSAS

A conta root

Padrão, Administrador, Gerenciado, Apenas de Compartilhamento e Convidado não os únicos tipos de contas. Há mais um, que concede o poder final, uma pessoa que pode fazer qualquer coisa com qualquer arquivo em qualquer lugar. Essa pessoa é chamada de *superusuário*.

Os fãs do Unix falam da conta de superusuário – também chamada de root – em tom respeitoso, pois ela oferece poder absolutamente irrestrito. O detentor da conta root pode mover, apagar, renomear ou até destroçar qualquer arquivo na máquina, independente de em qual pasta ela esteja. Um movimento errado – ou um hacker malicioso que consiga dimensionar a conta root – e você se vê diante de uma porta fechada de 2.000 dólares norte-americanos. Por isso é que a conta root do Mac OS X é completamente oculta.

A verdade é que você pode desfrutar da maioria dos poderes do root sem sequer ativar essa conta. Eis algumas das coisas que o detentor da conta root pode fazer – e as maneiras pelas quais você pode fazê-las, sem mergulhar em uma cabine telefônica para tornar-se o superusuário.

Ver arquivos importantes do sistema que normalmente estão invisíveis. Claro que você também pode vê-los facilmente, usando o programa freeware TinkerTool. Também é possível usar o programa do Terminal, descrito neste capítulo.

Remexer nas pastas dos outros detentores de conta (ou mesmo jogá-las fora). Você não precisa ser o superusuário para fazer isso – basta ser um administrador que seja esperto o bastante para usar o comando Obter Informações.

Usar os poderosos recursos do sistema Unix. Alguns dos comandos do Unix que você pode emitir no Mac OS X exigem os poderes do superusuário. No entanto, conforme observado neste capítulo, há um simples comando – o comando *sudo* – que lhe concede poderes de root sem, de fato, você precisar registrar a sua entrada na conta root.

Usar o comando *sudo* é mais fácil, e mais seguro, do que usar a conta root. Ele não oferece o risco de que você irá se afastar do seu Mac enquanto registrado, como o usuário root, deixando-o assim apto à aniquilação completa por parte de um malfeitor passante (em pessoa ou pela Internet).

Porém, se você for um aficionado do Unix e quiser bisbilhotar os níveis mais profundos do sistema operacional, ou se estiver em uma época de crise e realmente, realmente, precisar registrar a sua entrada com a conta root, veja o apêndice deste capítulo, que pode ser baixado gratuitamente (Enabling the Root Account). Ele está disponível na página "Missing CD" deste livro, em www.missingmanuals.com.

os arquivos processados por *sips* no diretório de entrada (Incoming) do *coast-photo.com* do site FTP.

Nota: Como escrito, esse comando só funciona se você não precisar de uma senha para entrar no site FTP. Caso contrário, monte o seu nome e senha de conta FTP em seu endereço, assim: ftp://chris:password@ftp.coast-photo.com/Incoming.

Quando você pressionar Return depois desse comando gigantesco, o Mac OS X varre todos os diretórios dentro do seu diretório Pessoal, reúne todas as imagens referentes a Yosemite, escalona-as, converte-as e as renomeia e, depois, descarrega cada uma delas para o diretório FTP.

Quando você tiver obtido alguma experiência com os comandos e programas do Unix, como esses, descobrirá que é bem fácil adaptá-los às suas próprias tarefas. Por exemplo, eis mais um comando versátil que busca um diretório chamado Projetos (Projects) de todos os arquivos TIFF modificados depois de 6:00 daquela manhã, converte-os para JPEGs em tamanho miniatura e, depois, coloca-os no diretório de imagens de seu servidor da Web acessível ao FTP:

```
cd ~/Stage && final ~/Projects -type f -iname *tif -newermt
6:00 -print0 | xargs -0 sips -Z 128 -s format jpeg - -out ~/
Stage && ftp -u ftp://carlos:birdie@ ftp.coast-photo.com/
htdocs/ images * && mv * ~/Backup/
```

Dica: Não é preciso digitar toda a linha de comando cada vez que você precisar dela; você pode salvar a coisa toda como um arquivo *.command* em sua Mesa, que roda o comando quando executado duplo-clique.

Primeiro, crie um novo documento de texto simples; você pode usar o Editor de Texto. Digite todo o comando que deseja memorizar. Salve o documento com um nome que termine com *.command* – por exemplo, *ProcessImages.command*. (Documentos com essa extensão aparecem com um ícone vistoso no Finder.)

Em seguida, torne aquele arquivo autoexecutável, usando o comando *chmod*. Se, por exemplo, você quiser que só o dono do arquivo *ProcessImages.command* o abra, digite: *chmod u+x ProcessImages.command*.

Com apenas mais alguns toques de tecla, você pode modificar esse comando para reunir alguns arquivos, bloqueá-los e colocar cópias de cada um no diretório Pessoal de cada detentor de conta, assim como em vários servidores diferentes ao mesmo tempo. E mais, quando terminar, ele manda um relatório para você por e-mail. Usando *launchd*, será possível até configurar essa rotina para se acionar automaticamente a cada dia, às 23h:00. Considerando as centenas de programas do Unix incluídos no Mac OS X e os milhares de outros disponíveis na Internet, as possibilidades são ilimitadas.

Para algumas orientações sobre como firmar a sua carreira no Unix a partir daqui, veja o Apêndice E.

CAPÍTULO

17

Hackeando o Mac OS X

O Capítulo 9 mostra como personalizar a foto da sua Mesa, bip de erro e protetor de tela. Mas, se você for de se esgueirar, de forma criativa ou apenas diferente, pode executar uma cirurgia visual mais dramática e comportamental em sua cópia do Mac OS X – desde mudar a imagem da tela de inicialização até substituir o "puf" que aparece quando você arrasta algo para fora do Dock com uma animação sua. Tudo o que você precisa é de algumas ferramentas menos óbvias do Mac OS X, ou alguns softwares de personalização, disponíveis gratuitamente para download, e algumas receitas como as oferecidas neste capítulo.

Alguns desses truques são frívolos. Alguns são funcionais e úteis. E, ainda que a Apple não sancione nenhum, todos são perfeitamente seguros.

TinkerTool: Personalização 101

Se você remexer os websites e os grupos de notícias sobre o Mac OS X com tempo suficiente, descobrirá pequenos trechos de código do Unix sendo passados. Um deles pretende deixá-lo mudar a animação de gênio que você vê quando minimiza uma janela para o Dock. Outro elimina o sombreamento atrás dos nomes de ícones em sua Mesa. Outro, ainda, permite que você altere a transparência da janela do Terminal (Capítulo 16) – um efeito interessante, ainda que não especialmente prático.

Se, realmente, você deseja remexer com esses pedaços de código Unix, vá em frente. Poderá descobrir a maior parte deles em websites como www.macosxhints.com.

Porém, a verdade é que não há um bom motivo para você se sujeitar ao doloroso esforço de digitar comandos do Unix quando estão disponíveis programas de pressionar botões, fáceis de usar, para fazer a mesma coisa.

O TinkerTool, por exemplo, é um utilitário gratuito que oferece um surpreendente grau de controle sobre as fontes, a Mesa, o Dock, as setas da barra de rolagem e outros aspectos do ambiente do Mac OS X.

Eis alguns dos destaques:

- **Matar as animações.** Quando você abre qualquer ícone, expande o painel Obter Informações e assim por diante, vê um pequeno efeito animado da expansão. É interessante, mas toma tempo. O TinkerTool pode desativá-los (veja a Figura 17-1).

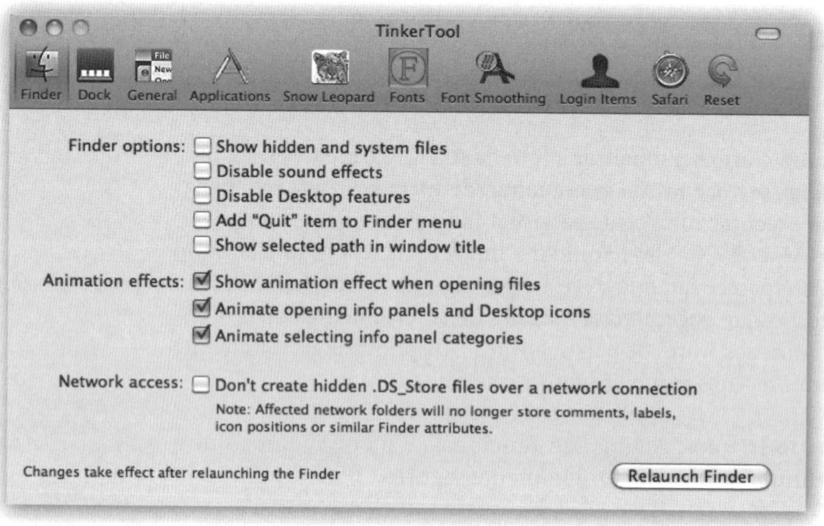

Figura 17-1: *O TinkerTool é um programa de cliques-duplos, que só faz alterações nas configurações de sua conta. (Felizmente, ele é gratuito. É possível obtê-lo da página "Missing CD" deste livro, em www.missingmanuals.com.)*

- **Dock.** O TinkerTool permite que você faça programas ocultos aparecerem com ícones transparentes no Dock e especifique a posição do Dock na tela – esquerda, direita, embaixo ou *em cima* – e até se ele é centralizado ou recolhido em um canto. O TinkerTool também desbloqueia uma terceira opção para a animação de janelas se recolhendo no Dock. Além das escolhas padrão do Mac OS X (Genie and Scale), você também tem algo chamado Suck In (sem comentários).

Dica: O TinkerTool pode até desativar a aparência vitral em 3D do Dock do Leopard, que não é universalmente adorado.

- **Barras de rolagem.** O TinkerTool oferece um maior controle sobre a colocação das setas de barra de rolagem do Mac OS X – junto com uma extremidade da barra de rolagem, duplicada nas duas extremidades da barra de rolagem, e assim por diante.

- **Visibilidade.** O TinkerTool pode fazer os milhares de arquivos invisíveis do Unix aparecer como ícones sangrentos. (Usuários poderosos, vocês se conhecem.)

- **Fontes.** O TinkerTool permite que você mude as fontes das caixas de diálogo, menus, barras de títulos, balões de ajuda e assim por diante.

O que é fantástico sobre o TinkerTool é o fato de ele ser totalmente seguro. Ele não é nada mais do que uma fachada para uma série de configurações perfeitamente legítimas do Unix que a Apple simplesmente decidiu não disponibilizar no Finder normal. Além do mais, as mudanças que você faz usando o TinkerTool são armazenadas em sua pasta Início→Biblioteca (Home→Library)– isto é, elas só afetam a sua conta. Quaisquer alterações feitas não afetam a capacidade do Mac para qualquer outra pessoa usando a sua máquina. E o painel Restaurar (Reset) do TinkerTool facilita recuperar *tudo* de volta a como era antes de você começar a se fazer de bobo.

Editando as imagens do Mac OS X

Os artistas, profissionais de interface na Apple, usam Adobe Photoshop, exatamente como artistas profissionais em qualquer outro lugar. Porém, no Mac OS X eles fizerem um pequeno esforço para disfarçar seus rastros. Nos programas Cocoa e até em alguns Carbon, cada elemento da famosa interface Aqua nada mais é do que um arquivo de imagens gráficas geradas em Photoshop.

Claro que a beleza dos arquivos de imagens gráficas é que você pode editá-las. Talvez você só queira ajustar as cores. Talvez encontre on-line uma imagem para substituição. Ou talvez você queira realmente desenhar uma nova imagem gráfica do zero. Em cada um desses casos, usando um programa como o Adobe Photoshop ou como o Photoshop Elements, é possível decorar a sua própria Mesa à sua maneira.

Além de um pouco de talento artístico, tudo o que você precisa saber é como abrir as imagens que constituem a interface de cada programa. Geralmente, a rotina é esta:

1. No Finder, abra a pasta Aplicativos. Control-clique (ou clique com o botão direito) o ícone do programa que deseja editar; escolha Mostrar Conteúdo de Pacote (Show Package Contents) a partir do menu de atalho.

Você pode lembrar, do Capítulo 5, que a maioria dos programas do Mac OS X podem se *parecer* com ícones individuais, mas que, na verdade, são pastas disfarçadas, contendo todos os seus próprios arquivos de suporte.

É possível escolher quase qualquer programa Cocoa para editar dessa maneira: Agenda, Xadrez, iChat, Mail, iPhoto, Safari, iDVD, iMovie, Editor de Texto, qualquer um.

2. **Abra a pasta Conteúdo→Recursos (Contents→Resources).**

   Dentro estão os objetos de sua busca: os arquivos de imagem (geralmente em formato TIFF ou PDF) que constituem a "face" do programa que você está editando. (Às vezes, eles estão uma ou mais pastas abaixo, em uma pasta representando o seu idioma – English.lproj, por exemplo.)

   Quando estiver editando o iPhoto, por exemplo, a pasta Resources contém as imagens que criam os botões de execução da apresentação de slides, os botões da barra de ferramentas e assim por diante. Não há nada para impedi-lo de trocar as fotos dos rostos de seus amigos de lugar. A Figura 17-2 mostra outro exemplo.

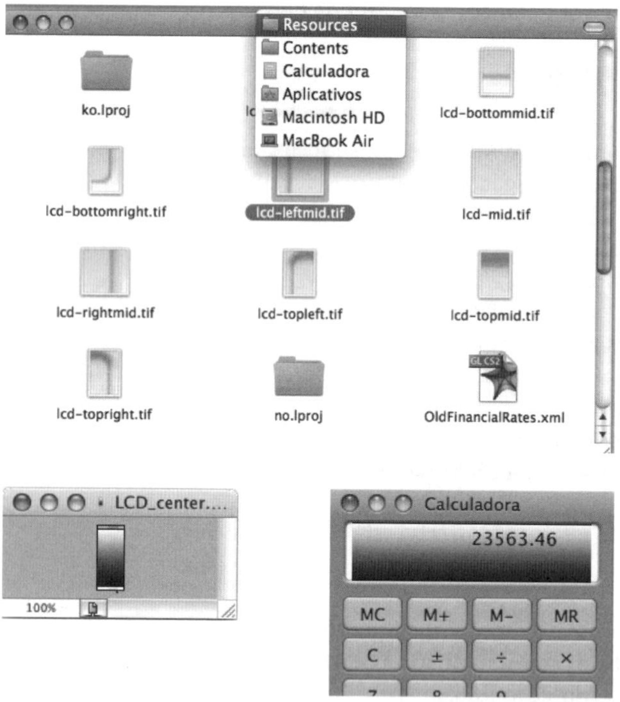

Figura 17-2:
Em cima: os programas Cocoa nada mais são do que um punhado de arquivos TIFF artisticamente feitos em Photoshop, enterrados na pasta pacote do programa→Conteúdo→Recursos. Quando sentir a necessidade de mudar, vá em frente e edite-os.

Embaixo: quando estiver editando o programa de Calculadora, você pode editar os arquivos LCD_center.tif, LCD_right.tif e LCD_left.tif (à esquerda) para mudar a aparência da janela de leitura (à direita). Neste exemplo, a parte do "centro" é esticada o quanto for necessário, para encher a largura da tela da Calculadora.

Enquanto estiver nele, você também pode querer abrir o programa Mail do Mac OS X e editar os ícones de sua Barra de Ferramentas. O céu é o limite!

Dica: Se você acredita que pode querer voltar à aparência original do seu programa depois de sua experiência, faça uma cópia de segurança desses arquivos antes de prosseguir.

3. Abra os arquivos TIFF no Photoshop.

Edite-os com brilhantismo.

4. Salve as suas alterações.

A escritura está lavrada. Agora você tem um programa que pode, definitivamente, chamar de seu.

Editando os ícones do Lixo, do Dashboard e do Finder

Você pode editar o ícone no Dock do Finder, do Dashboard e os ícones do Lixo (vazia ou cheia), exatamente como descrito antes – mas, será preciso espiar em um canto diferente para encontrá-los. O programa Dock não está em sua pasta Aplicativos; está em sua pasta Sistema. E no Mac OS X, a pasta Sistema é território sagrado, proibido para os humanos. Uma mensagem de erro informa que você não tem permissão para editar os arquivos de imagens gráficas que o próprio Mac OS X edita (ao invés de seus aplicativos).

Nesse trecho e em vários outros sobre o Mac OS X neste capítulo, você precisa descobrir uma maneira de contornar esse tipo de autoproteção do sistema operacional. É possível fazê-lo de duas maneiras:

- Registrar a entrada no Mac OS X como o *usuário* root.
- Mais simples ainda: ⌘-arraste o ícone que você deseja fora da pasta Sistema, edite uma cópia dele (preserve o original, só para uma eventualidade), e, depois, ⌘-arraste-o de volta para o lugar.

  Assim que você começar a ⌘-arrastar um desses arquivos sagrados, o Mac OS X pede que você comprove suas credenciais, fornecendo o nome e senha do administrador – e, depois, permite que você prossiga com a cirurgia.

De qualquer modo, para editar os ícones do Finder ou da Lixeira, você iniciaria abrindo a pasta Sistema→Biblioteca→Serviços de Núcleo (System→Library→CoreServices). Control-clique o Dock e escolha Mostrar Conteúdo de Pacote (Show Packing Contents) a partir do menu de atalho. A janela do Dock se abre. Abra a pasta Conteúdo→Recursos. Lá estão as imagens gráficas que você deseja editar (como imagens PNG ao invés de TIFF): *finder.png*, *trashempt.png*, *trashfull.png* e *dashboard.png*.

Substituindo o "puf"

Quando você arrasta um ícone para fora do Dock ou da barra de ferramentas, ele desaparece com um "puf" de fumaça virtual – uma graciosa animação do tipo desenho animado que a Apple tem tentado trabalhar em seus sistemas operacionais desde a época do palmtop Newton. A maioria das pessoas acha essa pequena interface de um segundo de exibição mágica, charmosa e espirituosa, mas outras argumentam que ela desprestigia a dignidade da aparência profissional do Mac OS X.

Se você acompanhar esse último grupo, é possível substituir as animações, simplesmente editando a animação de "puf" de cinco molduras da própria Apple. A Figura 17-3 mostra o procedimento.

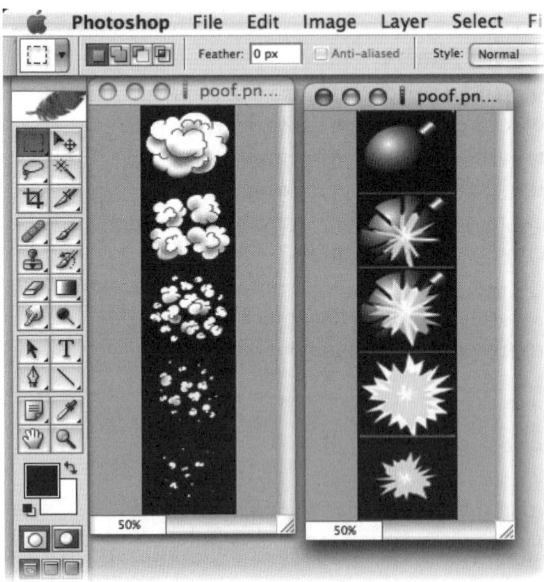

Figura 17-3:
A animação "puf" nada mais é do que cinco molduras individuais de fumaça tipo desenho animado, em um quadrado de 128 pixels. Você encontrará esse arquivo dentro do pacote do Dock, conforme descrito na seção anterior, junto com os arquivos finder.png e do Lixo. Como mostrado aqui em Photoshop Elements, é possível substituir quaisquer imagens que você quiser, desde que elas sejam perfeitamente encaixadas nessa "tira de filme" de 640 pixels de altura (isto é, 128 pixels vezes cinco). Salve, saia e depois reinicie.

Como editar os menulets

É possível colorir os pequenos símbolos da barra de menu, carinhosamente chamados de *menulets*, ou mesmo editar suas imagens gráficas. Como muitos outros elementos de tela do Mac OS X, esses não são mais do que pequenas imagens salvas em formato PDF.

De novo, aqui você não pode salvar as mudanças feitas nelas, a menos que você: (a) registre a sua entrada como o usuário raiz, ou (b) ⌘-arraste os arquivos originais para a Mesa, edite-os e, depois, ⌘-arraste-os de volta. Abra a pasta Sistema→Biblioteca→Serviços de Núcle→Extras de Menu (System→Library→CoreServices→Menu Extras).

Aqui, você pode encontrar arquivos individuais (na verdade, pacotes) de quase todos os menulet: Bateria, Relógio, Exibições, e assim por diante. Abra o que deseja personalizar (o menu AirPort, por exemplo) com Control-clique nele e escolhendo Mostrar Conteúdo de Pacote. Como de hábito, abra a pasta Conteúdo→Recursos.

Dentro, há uma série de arquivos TIFF que representa as diversas formas que o seu menulet pode tomar; o ícone Volume, por exemplo, parece emitir números diferentes de ondas de som, dependendo da sua configuração de volume. Edite cada uma das imagens que julgar conveniente. (Aquelas cujos nomes estão rotulados com *s* ou *w* representam a imagem *selecionada* invertida, que você vê quando clica o menulet.)

Substituindo os ícones do Finder

Isso é fácil: basta fazer o download do CandyBar, um simples programa de arrastar e soltar. Sem qualquer habilidade técnica, você pode usar esse programa para substituir as figuras dos ícones contidos em suas pastas, discos e na barra de ferramentas do Finder. Ele vem até com diversas coleções de ícones substitutos ativos (mas não fotorrealísticos) (Figura 17-4).

Figura 17-4: *Para usar o CandyBar, basta arrastar os seus novos ícones para os espaços apropriados. Quando reiniciar o Mac, você encontrará os seus novos ícones no lugar. Recuperar os ícones originais é igualmente simples.*

Reescrevendo as palavras

O Mac OS X armazena o texto e as configurações de seus menus, caixas de diálogo e outros elementos em arquivos de texto especiais, chamados de arquivos *plist* (de Property List). Eles ficam em uma das três pastas Biblioteca (em sua pasta Pessoal, na pasta Sistema ou na janela do disco rígido).

A maneira mais fácil de editá-los é usando o Property List Editor da Apple, um programa que vem no CD do Desenvolvedor do seu Mac OS X. Quando tiver instalado as suas ferramentas de desenvolvedor, você pode encontrar o Property List Editor em Developer→Applications→Utilities.

Há centenas de arquivos plist, portanto, é necessário um pouco de teste e paciência. A maior parte das interessantes mudanças que você pode fazer às suas plists pode ser executada muito mais facilmente usando o TinkerTool, descrito no início deste capítulo. No entanto, aqui está um exemplo de uma pequena mudança que pode ser feita dessa maneira.

Renomeando o Lixo

Ela é chamada de Lixo, mas no Mac OS X parece mais como uma cesta de basquete de um escritório. Quando a inspiração do trabalho que você *deveria* estar fazendo fica seca, pense em solucionar essa discrepância trocando o nome do ícone do Lixo para algo mais apropriado.

Figura 17-5:
Em cima: esse simples arquivo contém o nome do ícone de Lixo no Dock – e o nome do ícone de Ejetar, que o substitui quando você está arrastando um disco. Duplo-clique no texto na coluna Value (Valor), você pode editar essas descrições, para mudar os nomes correspondentes.

Embaixo: o Lixo resultante tem um nome muito diferente.

No Property List Edit, escolha File→Open. Navegue para Sistema→Biblioteca→CoreServices→Dock→Contents→Resources→English.lproj→InfoPlist.strings.

Quando tiver terminado de fazer a mudança, escolha Arquivo→Salvar Como (File→Save As) e salve o seu documento plist editado na Mesa. Agora, substitua o documento original (depois de fazer uma cópia de segurança, se quiser) pela sua versão editada, usando qualquer uma das técnicas já descritas.

De qualquer forma, na próxima vez em que registrar a sua entrada, você verá o seu novo nome no Lixo.

Reescrevendo o Dock

Usando a mesma rotina descrita nos parágrafos anteriores, é possível editar todos os comandos que pertencem ao Dock – tanto os seus comandos no menu (Preferências do Dock, Marcar Ampliação e assim por diante) quanto os menus de atalho que surgem instantaneamente dos próprios ícones do Dock. Esses dizeres estão em Sistema→Biblioteca→CoreServices→Dock.app→Contents→Resources→English.lproj→DockMenus.plist. Clique os triângulos rotativos para ver os diversos comandos que você pode reescrever.

O seu futuro promissor como profissional de personalização

Alguém poderia escrever um livro inteiro sobre como personalizar o Snow Leopard, e provavelmente, alguém irá (e escreveu). Muitas outras pequenas receitas flutuam pela Web. Muitas delas envolvem digitar alguns comandos no Terminal (Capítulo 16), mas isso não é tão ruim se você digitar cuidadosamente.

Aqui, por exemplo, está uma amostra dos hacks que você pode encontrar em www.macosxhints.com.

- Como transformar um grupo de imagens em Pré-visualização em um arquivo PDF de múltiplas páginas.
- Como mudar as cores do Dock com Automator.
- Como remover o Spotlight da Barra de Menu.
- Como desativar completamente o Spotlight.
- Como fazer a Barra de Menu deixar de ser translúcida.
- Como mudar a fonte do Dicionário.
- Como remover a cena de espaço do fundo de tela do Time Machine.

- Como alterar o intervalo de backup do Time Machine.
- Como eliminar as tiras azuis e brancas das exibições do Finder.
- Como trazer de volta os cantos arredondados de janelas.
- Como desativar determinados itens de menu do Front Row.
- Como modificar o cinza do logo de inicialização da Apple.

Feliz personalização!

5

Parte Cinco: Mac OS On-line

CAPÍTULO

18

Configurações da Internet

Enquanto os programadores da Apple trabalhavam sem descanso por meses no maciço projeto do Mac OS X, houve áreas em que eles devem ter se sentido como se estivessem patinando alegremente no gelo: redes e a Internet. Em princípio, a Internet já funcionava no Unix e centenas de ferramentas extremamente polidas e trechos de software já estavam disponíveis.

Atualmente, existem várias maneiras de conectar o seu Mac à Internet:

- **Wi-Fi**. Os hotspots wireless, conhecidos como Wi-Fi (ou, como a Apple os chama, AirPort), são conveniências maravilhosas, especialmente se você possui um laptop. Sem ter de levantar da sua cama no hotel, você está on-line em alta velocidade. Às vezes, até mesmo gratuitamente.

- **Modems a cabo e ADSL**. Mais da metade da população dos EUA se conecta por cabos de alta velocidade, utilizando *conexões de banda larga* a partir de: modems a cabo, ADSL ou redes corporativas. (Essas, é claro, geralmente são o que está na outra extremidade de um hotspot de Internet.)

- **Modems de celular**. Alguns poucos indivíduos têm o privilégio da liberdade de um *modem de celular USB*, que os mantêm on-line em praticamente qualquer lugar em que eles possam fazer uma ligação para celular. Esses modems são oferecidos pela Verizon, Sprint, AT&T, entre outras, e geralmente custam em torno de 60 dólares por mês.

- **Tethering**. *Tethering* consiste na possibilidade de o seu telefone celular atuar como uma antena para Internet para o seu Mac, conectado por um cabo ou um link Bluetooth. Em geral, a empresa de telefonia cobra uma taxa alta por essa conveniência.

- **Modems dial-up**. É verdade: muita gente ainda se conecta à Internet usando um modem que faz discagens em uma linha telefônica comum. O serviço é barato, mas a conexão é lenta e seus números são inexpressivos.

Este capítulo explica como configurar cada um desses tipos de conexão. Ele também descreve algumas funcionalidades fora do padrão para Internet do Mac OS X e aborda o MobileMe, uma suíte de funcionalidades essenciais e nem tão essenciais de 100 dólares/ano da Apple; Compartilhamento de Internet (Internet Connection Sharing), que permite que vários computadores no mesmo local compartilhem uma única conexão de banda larga; e os marcadores de Internet para todo o sistema chamados Arquivos de localização da Internet (Internet location files).

A melhor notícia que você ouviu hoje

Se você fez o upgrade para o Snow Leopard a partir de uma versão mais antiga do Mac OS, acalme-se; você já está on-line, uma vez que o instalador já pegou as configurações da sua rede e Internet da instalação anterior. No momento em que vir a Mesa do Mac OS X, você estará pronto para usar a Internet (e pular as duas próximas páginas).

Entretanto, continue a ler se precisar fazer manualmente as configurações para entrar na Internet. Se estiver configurando um novo Mac, ou se apenas tiver usado a opção de "instalação limpa" (Apêndice A), ou ainda se você simplesmente quiser criar uma nova conta na Internet, definitivamente, precisa se preparar para um pouco de digitação.

Dica: Se você ainda não tiver configurado uma conexão para a Internet, a leitura das próximas páginas irá orientá-lo entre as configurações adequadas nas Preferências do Sistema.

No entanto, se você for mais de fazer do que de ler, pode preferir o botão Obter Auxílio (Assist me), embaixo do painel Rede (Network) das Preferências do Sistema. Ele pergunta como você deseja se conectar à Internet (por modem de discagem, DSL, modem a cabo e assim por diante) e, depois, encaminha-o pelo processo de infomar todas as configurações, se necessário.

Central de Rede – e Multihoming

Neste capítulo, você gastará muito tempo no painel Rede das Preferências do Sistema (Figura 18-1). (Escolha →Preferências do Sistema→Rede [→System Preferences→Network].) Essa lista resume as maneiras pelas quais o seu Mac pode se conectar com a Internet ou uma rede de escritório – Ethernet, AirPort sem fio, Bluetooth, FireWire, placa de modem de celular, VPN (Capítulo 22) e outros.

Multihoming

A *ordem* das conexões de rede listadas no painel Rede (Network) é importante. Essa é a sequência que o Mac usa quando tenta ficar on-line. Se um dos seus programas precisar de acesso à Internet e o primeiro método não estiver instalado, automaticamente, o Mac troca para a próxima conexão disponível.

A melhor notícia que você ouviu...

Na verdade, o Mac OS X pode manter *simultaneamente múltiplas* conexões de rede – Ethernet, AirPort, discagem, até FireWire –, um recurso conhecido como *multihoming* (ou seja, multidirecional).

Esse recurso é especialmente importante para os laptops. Quando você abre o seu navegador Web, inicialmente, o seu laptop pode verificar se ele está no escritório, ligado a um modem de cabo, conectado a um cabo Ethernet, que é o mais rápido, o tipo mais seguro de conexão. Se não houver Ethernet, ele procura por uma rede AirPort. Finalmente, se ele encontrar um vazio aqui, com relutância o laptop disca no modem. Pode não ser a conexão mais rápida à Internet, mas é tudo o que você tem no momento.

Aqui está como configurar a sequência de tentativas de conexão que você deseja:

1. Abra Preferências do Sistema→Rede.

A tela Estado da Rede (Network Status) (Figura 18-1) exibe o ponto de multihoming, é possível ter mais de uma conexão de rede operando ao mesmo tempo:

Figura 18-1:
Você configura todas as suas conexões de rede aqui, onde também pode conectar e desconectar todas elas. As conexões de rede listadas aqui são rotuladas com pontos de codificação por cor. Um ponto verde significa ligado e conectado a uma rede; amarelo significa que está funcionando, mas não conectado no momento; vermelho significa que você ainda não configurou um método de conexão.

2. A partir do menu pop-up ✿, escolha Definir Ordem de Serviço (Set Service Order).

Agora você vê a exibição mostrada na Figura 18-2. Ela relaciona todas as maneiras diferentes que o seu Mac conhece para entrar on-line, ou em uma rede de escritório.

3. Arraste os itens para cima e para baixo na lista, na ordem de prioridade.

Se você tiver uma conexão de banda larga com fio, por exemplo, pode querer arrastar Ethernet (Built-in Ethernet) para o alto da lista, visto que quase sempre essa é a forma mais rápida de entrar on-line.

4. Clique OK.

Você volta para o painel Rede das Preferências do Sistema, onde, magicamente, a lista principal de conexões se reorganiza, para combinar com os seus esforços.

Agora o seu Mac será capaz de trocar de conexões até em tempo real, durante uma única sessão na Internet. Se a luz desligar o hub (concentrador de cabeamento) da sua Ethernet, no meio de sua navegação pela Web, sem emendas o seu Mac trocará para a sua rede AirPort, por exemplo, para manter a sua sessão ativa.

Então está certo: a sua papelada está completa. As próximas páginas o guiam pelo processo de configurar essas várias conexões.

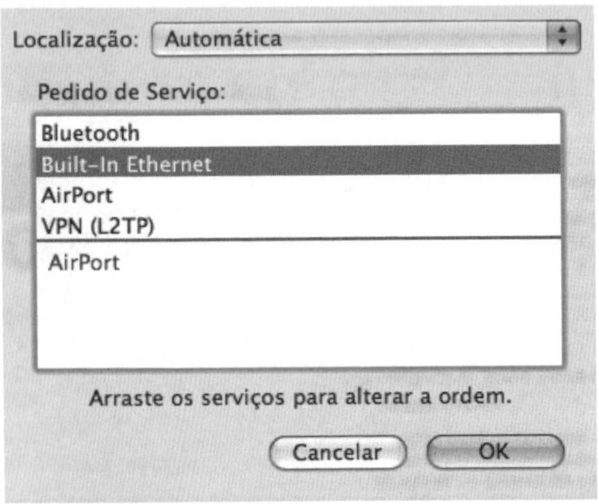

Figura 18-2:
A chave para o multihoming é deslizar para cima e para baixo os nomes dos métodos de conexão de rede. Observe que é possível escolher uma sequência diferente de conexão para cada local. (Os locais são descritos mais adiante neste capítulo.)

Conexões de banda larga

Se o seu Mac estiver conectado sem fio ou, hmm, *cheio de fios* a um modem de cabo, DSL ou rede de cabo, você é um dos felizardos. Você tem uma conexão por banda larga em alta velocidade com a Internet, que está sempre disponível, sempre ligada. Nunca será preciso esperar para discar.

Configuração automática

A maioria das conexões de banda larga *não precisa de nenhuma configuração*. Tire um Mac novo da caixa, encaixe o cabo da Ethernet ao seu modem de cabo (ou escolha uma rede sem fio do menulet ᯤ) e, instantaneamente, você pode começar a navegar pela Web.

Isso porque, automaticamente, a maioria dos modems de cabo, DSL e estações-base usam o *DHCP*. Essa é a sigla para *dynamic host configuration protocol* (protocolo de configuração de host dinâmico), e na prática isso significa: "Preencheremos automaticamente o seu painel Rede das Preferências do Sistema". (Incluindo especificações técnicas como endereço IP e endereços de Servidores DNS.)

Configuração manual

Se por algum motivo você não conseguir navegar pela Web ou verificar seu e-mail na primeira vez que tentar, é possível que o seu modem de banda larga ou rede de escritório *não* ofereça DHCP. Nesse caso, você pode precisar explorar o painel Rede das Preferências do Sistema, preferivelmente ao telefone com um representante de suporte ao cliente, do provedor de sua banda larga.

No painel Rede, clique sua conexão de Internet (AirPort, Ethernet incorporada, modem de celular, ou o que for). Clique Avançado (Advanced); clique TCP/IP. Agora você verá algo parecido com o que a Figura 18-3 mostra.

Figura 18-3:
Não se preocupe com o emaranhado de números e pontos – tudo é pelo bem da diversão. (Isto é, se você achar TCP/IP divertido.)

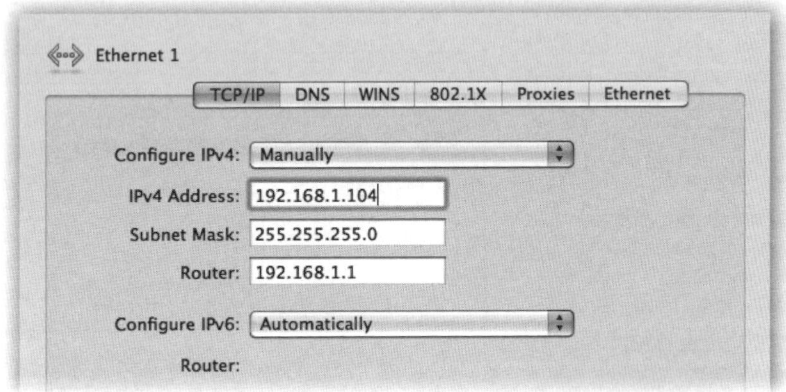

Na Figura 18-3, você vê a instalação para uma conta de modem a cabo com um endereço IP estático, o que significa que você mesmo precisa digitar todos esses números, conforme orientado pela empresa que fornece o serviço. A alternativa é uma conta servidor DHCP, que preenche a maior parte disso automaticamente.

Nota: Existe um lado bom de ter um endereço IP estático, isto é, um endereço de Internet que é todo seu e não mudará. Se o seu Mac possuir esse endereço confiável, várias funcionalidades legais do Mac OS X estão disponíveis para você. Por exemplo, é mais fácil acessar seus arquivos de qualquer lugar no mundo, conforme descrito no Capítulo 22.

Conexões Ethernet

A beleza das conexões Ethernet é que elas são super-rápidas e superseguras. Nenhum sujeito do mal, sentado no café da esquina, armado com softwares de "espionagem" por shareware pode interceptar o seu e-mail e mensagens de conversas, como, teoricamente, podem quando você está sem fio.

E em 99% das vezes, conectar a uma rede Ethernet é tão simples quanto conectar o cabo ao Mac. É isso. Você está on-line, de forma rápida e segura, e nunca terá de se preocupar com conexões e desconexões.

Conexões AirPort (Wi-Fi)

AirPort é o termo da Apple para a tecnologia de rede sem fio (Wi-Fi) 802.11. Se você a tiver, o seu Mac pode se comunicar com uma estação-base sem fio até a 30 metros de distância, exatamente como um telefone sem fio. Fazer isso permite que você

USUÁRIOS PROFISSAS

A nova e supersecreta caixa de gerenciamento de hotspot

Se você abrir Preferências do Sistema→Rede, clicar AirPort na lista do lado esquerdo e depois clicar Avançado, verá a nova e interessante caixa de diálogo mostrada aqui. Ela permite que você administre a lista de hotspots Wi-Fi que o Mac OS X memorizou nas suas viagens.

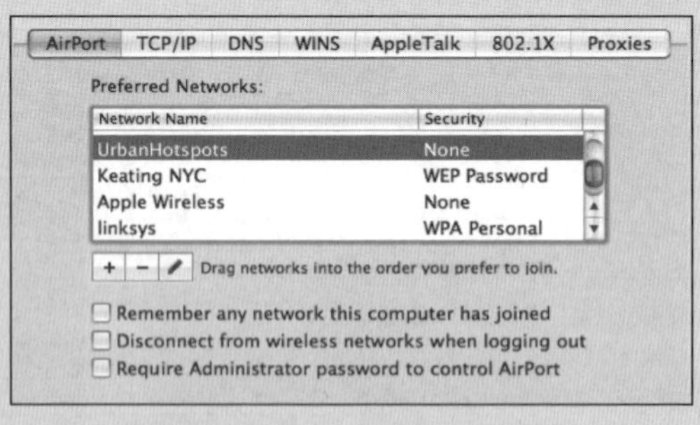

Por exemplo, você pode apagar as antigas. Também pode dar duplo-clique no nome da rede Wi-Fi para digitar e armazenar a sua senha. Por fim, você pode arrastar os nomes de hotspots para cima e para baixo da lista, para estabelecer uma prioridade para fazer conexões quando mais de uma estiver disponível.

Normalmente, o Mac OS X memoriza os nomes dos vários hotspots que você reúne em suas viagens. De fato, ele é bem gentil, pois significa que você foi interrompido com menos frequência pela caixa "Você gostaria de se juntar?" (Do you want to join?).

Mas, se você ficar alarmado com a quantidade na lista de hotspots que o Snow Leopard memorizou – digamos que por motivos de privacidade –, você desmarca aqui Remember any network this computer has joined (Lembrar qualquer rede que esse computador já conectou).

navegue pela Web do seu laptop no quarto de hotel, por exemplo, ou compartilhe arquivos com alguém no prédio onde você mora.

O Capítulo 13 tem muitas outras informações sobre a *configuração* de uma rede AirPort. Porém, o verdadeiro divertimento começa quanto é hora de se *juntar* a uma.

Às vezes, você só quer se juntar à rede Wi-Fi de um amigo. Às vezes, você tem tempo para matar em um aeroporto e não gostaria de pagar. E, às vezes, em alguma esquina de uma grande cidade, a transmissão de sinal Wi-Fi de prédios residenciais pode lhe oferecer a escolha de se juntar a 20 ou 30 hotspots gratuitos.

O seu Mac acessa hotspots Wi-Fi como estes:

- Primeiro, ele procura em volta por uma rede Wi-Fi que você já tenha usado. Se encontrar uma, silenciosa e automaticamente ele se conecta. Você não é solicitado a pedir permissão, apresentar uma senha ou qualquer outra coisa; simplesmente está on-line. Para detalhes sobre o recurso de memorização, veja o box "A nova e supersecreta caixa de gerenciamento de hotspot".

Figura 18-4:
Em cima: parabéns! O seu Mac descobriu novos hotspots Wi-Fi, todos à sua volta! No Snow Leopard, você ainda pode ver a qualidade do sinal diretamente do menu. Dê duplo-clique num deles para se conectar. Mas, se vir um ícone 🔒 próximo ao nome do hotspot, fique atento: ele é protegido por uma senha. Se você não conhecê-la, não será capaz de se conectar.

Embaixo: mais tarde, sempre será possível trocar de rede, usando o menulet do AirPort.

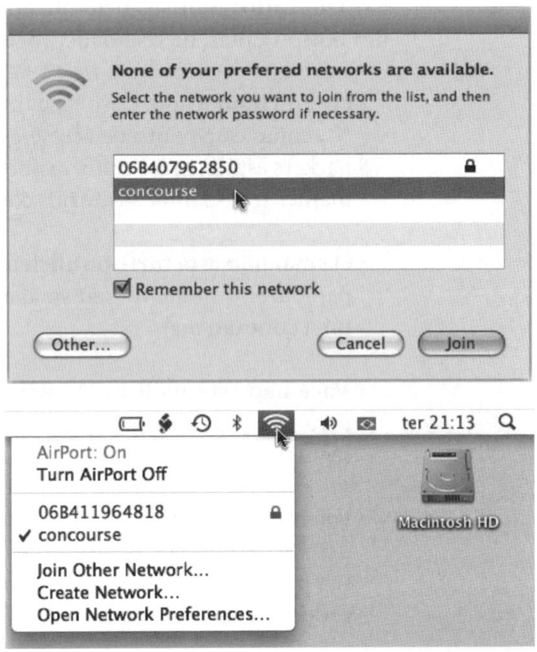

- Se o Mac não puder encontrar um hotspot anterior, mas detectar um ou dois novos, aparece uma mensagem na tela (Figura 18-4), exibindo seus nomes. Dê duplo-clique em um deles para conectar.

Dica: Se não *quiser* que o seu Mac continue a interrompê-lo com as suas descobertas de novos hotspots - ele pode ficar bem desagradável quando, por exemplo, você estiver em um táxi cruzando a cidade -, é possível desativá-lo. Nas Preferências do Sistema, clique Rede→AirPort e, depois, desmarque "Perguntar para se conectar a novas redes" (Ask to join new networks).

- Se você perdeu a chance de se juntar a um hotspot quando a mensagem apareceu, ou se entrou em um errado ou que não estava funcionando, terá, então, uma nova oportunidade. Sempre é possível escolher um nome de hotspot a partir do menulet , como mostrado na Figura 18-4 (em cima). Um ícone indica um hotspot que requer uma senha para que você não perca o seu tempo digitando para se juntar àqueles (a menos, é claro, que tenha a senha).

Destaque do Snow Leopard: Um computador sempre leva alguns segundos - talvez 5 ou 10 - para se conectar à Internet via Wi-Fi. No Snow Leopard, o próprio menulet pulsa ou ondula com uma animação em preto e cinza para lhe mostrar que ainda está em processo de conexão. Trata-se de uma ajuda antifrustração. (Ah, além disso, agora a qualidade de cada sinal de hotspot aparece no menulet.)

No entanto, antes que você se anime, é bom baixar um pouco as suas expectativas. Existem vários motivos pelo qual o seu menulet pode indicar que você está em um hotspot, mas, na realidade, você não está on-line:

- **Ele está bloqueado.** Caso haja um ao lado do nome do hotspot em seu menulet , então esse ponto de acesso está protegido por senha. Em parte, isso evita que hackers espionem as transmissões e interceptem mensagens, e em parte serve para manter transeuntes aleatórios como você fora da rede.

- **O sinal não está forte o suficiente.** Às vezes, o sinal de Wi-Fi é forte o suficiente para fazer o nome do seu sinal aparecer no menu , mas não o suficiente para uma conexão real.

- **Você não está na lista.** Às vezes, por segurança, os hotspots são manipulados para permitir somente o acesso de *determinados* computadores (ver a caixa a seguir), e o seu não está entre eles.

- **Você ainda não está logado.** Hotspots comerciais (os que você precisa pagar para usar) não o conectam à Internet até que você forneça detalhes de pagamento em sua página especial que aparece automaticamente quando você abre o seu navegador, conforme descrito a seguir.

- **O roteador está ligado, mas não está conectado à Internet.** Em alguns casos, os roteadores wireless estão transmitindo, mas suas conexões à Internet caíram. Seria como um telefone sem fio que possui uma boa conexão com sua estação-base na cozinha – mas o fio do telefone não está conectado a ela.

Hotspots comerciais

Geralmente, tudo o que é preciso fazer é escolher o nome do hotspot ao qual deseja se juntar – se ele for uma rede Wi-Fi *doméstica.*

Infelizmente, para se juntar a um hotspot Wi-Fi *comercial* – um que exija um número de cartão de crédito (em um quarto de hotel ou no aeroporto, por exemplo) – é preciso mais do que apenas se conectar a ele. Você também precisa *se registrar nele*, antes de poder enviar ao menos uma única mensagem de e-mail.

Para fazer isso, abra o seu navegador Web. Você verá a tela "Forneça as suas informações de pagamento" (Enter your payment information) imediatamente ou assim que tentar abrir uma página Web de sua escolha. (Até mesmo em hotspots gratuitos, você pode ter que clicar OK em uma página de boas-vindas para iniciar a conexão.)

Forneça as informações de seu cartão de crédito ou (se fizer parte dessa cadeia Wi-Fi, como Boingo ou T-Mobile) o seu nome e senha. Clique Enviar (Submit) ou Prosseguir (Proceed), tente *não* pensar como esse dinheiro são puro lucro para alguém e aproveite a navegação.

Modems de celular

Os hotspots Wi-Fi em geral são rápidos e baratos – mas eles são *pontos*. Além de 45 metros dele, você fica off-line.

Não é a toa que os usuários de laptops dos EUA estão optando pelos serviços de Internet por *celular*. Todas as grandes companhias de telefonia celular oferecem

USUÁRIOS PROFISSAS

A vida secreta do menulet do AirPort

Aqui está algo que nem um fã do Mac em um milhão conhece: um modo de diagnóstico secreto no menulet .

É que se você pressionar a tecla Option enquanto abrir o menulet , receberá um presente especial: um pequeno menu *interno* cinza claro que identifica alguns detalhes de diagnóstico de sua atual rede sem fio. Você consegue ver o canal dos hotspots, a sua taxa de dados atual e o endereço no Mac de sua placa do AirPort.

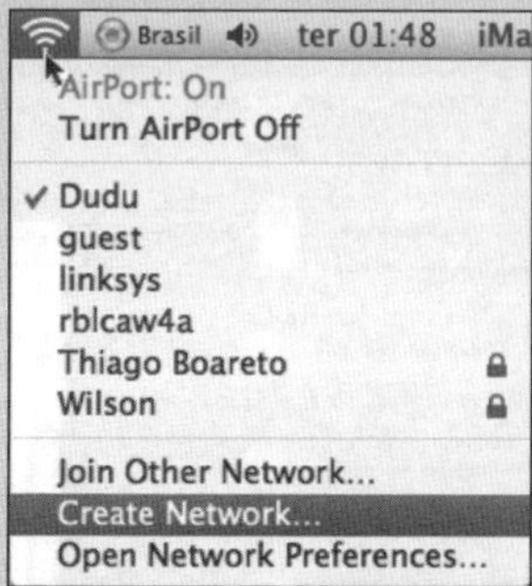

Um endereço MAC nada tem a ver com os Macs; PCs Windows também têm endereços MAC. Isso significa Media Access Control (controle de acesso de mídia), ainda que o termo equivalente, Ethernet Hardware Address (endereço de hardware Ethernet) seja muito mais descritivo. Ele é um identificador único de sua placa de rede, seja ela a sua placa Ethernet ou seu circuito do AirPort.

De vez em quando, alguém perguntará pelo seu endereço MAC – em geral quando o ajudar a solucionar problemas em sua rede ou para conseguir entrar em um hotspot Wi-Fi *realmente* exclusivo. (Alguns hotspots são tão restritivos, que o administrador de rede precisa registrar *cada endereço MAC* que tem permissão para usá-lo.)

ExpressCards ou equipamentos USB que permitem que o seu laptop fique on-line em alta velocidade *em qualquer lugar* nas grandes cidades.

Com ele não é preciso correr pra uma cafeteria com Wi-Fi; com um serviço de Internet celular, você pode verificar seu e-mail enquanto está no táxi. (Fora as áreas metropolitanas, você ainda pode continuar on-line sem fio, mas com o acesso bem mais lento.)

Empresas como a Verizon, Sprint e AT&T oferecem redes de Internet celular com velocidades que se aproximam à de um modem de cabo. Então por que o mundo não abre caminho para essa deliciosa porta da tecnologia? Porque ela é cara – na época em que este livro foi escrito, o serviço custava cerca de 60 dólares por mês na sua conta de telefone.

Para ficar on-line, insira a placa ou modem USB; pode levar uns 15 segundos para o laptop se entender com o sinal do celular.

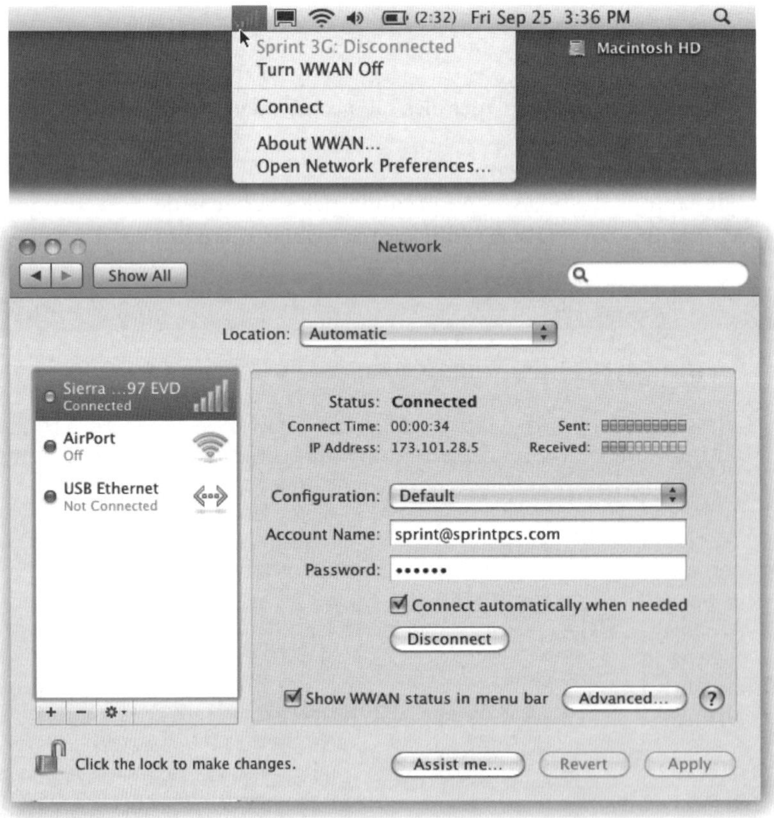

Figura 18-5:
Nas Preferências do Sistema→Rede (System Preferences→Network), clique o ícone do modem de celular. Clique Conectar (Connect) para ficar on-line – ou, melhor ainda, ative a caixa de seleção Mostrar estado de WWAN na barra de menus (Show WWAN status in menu bar) (Ele corresponde à Rede Wireless de Longa Distância, se isso ajuda.) Na próxima vez, você poderá se conectar selecionando Conectar nesse menulet em vez de ter que entrar nas Preferências do Sistema.

Agora, suponha que você tenha que fazer a conexão com a Internet utilizando o software especial de "discagem" fornecido pela empresa de telefonia celular. Tecnicamente, você não precisaria fazer isso; o Snow Leopard vem configurado para autorreconhecer a maioria dos modems de celular. Você pode iniciar a interromper a conexão utilizando o menulet – nenhum software é necessário (ver Figura 18-5).

Conexões via modem de discagem

Se perguntar para a Apple, os modems de discagem estão mortos. Os Macs nem ao menos vêm mais com modems internos. Você pode conseguir um modem USB externo por 50 dólares norte-americanos, mas, claramente, a Apple está tentando empurrar a confiável tecnologia de discagem para a lixeira.

Ainda assim, milhões de pessoas nunca receberam esse recado. Se você estiver entre elas, precisa assinar o serviço na Internet. Centenas de empresas, grandes e pequenas, adorariam tornar-se o seu *provedor de serviço de Internet* (ISP [*Internet Service Provider*]), normalmente cobrando uma taxa pelo privilégio de conectá-lo à grande Internet.

Quando tiver selecionado um provedor de serviço, você instala as configurações dele no painel Rede das Preferências do Sistema. Você recebe as informações necessárias diretamente do seu ISP por consulta, seja por sua página Web, a folha de instruções que vem com sua conta ou agente de suporte pelo telefone.

Nota: As seguintes instruções não são de provedores de Internet. Elas vêm com o seu próprio programa de instalação e não envolvem quaisquer configurações nas Preferências do Sistema.

Configuração do modem

Abra Preferências do Sistema e clique Rede. Se o seu modem ainda não estiver relacionado, clique o botão **+** à esquerda, bem embaixo; a partir do menu pop-up Interface que aparece, escolha Modem Externo (External Modem) e, depois, clique Criar (Create).

Agora a sua conexão via modem aparece na lista do lado esquerdo do painel. Clique-a. Então, preencha os espaços em branco, assim:

- **Configuração (Configuration).** Inicialmente, ela é chamada Padrão, o que está bom. Se quiser, você pode escolher Adicionar Configuração (Add Configuration) a partir desse menu pop-up e, depois, nomeie-o de acordo com o seu ISP (*Earthlink*, por exemplo).

- **Número de Telefone (Telephone Number).** Esse é o número de acesso local que o seu modem deve discar para se conectar ao seu ISP.

Dica: Se você precisar que o seu Mac digite um 0, um 9 ou um 8 para uma linha externa (como seria de um hotel), ou *70 para desmarcar Aguardar sinal de linha antes de discar (Call Waiting), acrescente-o ao início do número de telefone, seguido por uma vírgula. A vírgula significa "Aguardar por 2 segundos". Você também pode fazer bom uso da vírgula sempre quando digitar a sequência de discagem para um número de cartão de chamada.

- **Nome da Conta (Account Name).** Esse é o seu nome de conta, conforme designado pelo ISP. Se você for *BillG@earthlink.net*, por exemplo, digite *BillG* aqui.

- **Senha (Password).** Especifique aqui a senha de sua conta ISP. Marque Lembrar senha (Save password) se preferir não ter que digitá-la cada vez que se conectar.

O botão Avançado

Clique o botão Avançado para apresentar uma caixa de diálogo especial, preenchida com as prestes a se tornar obsoletas configurações de modem (Figura 18-6). A maior parte das ações está nessas duas abas.

A aba Modem

Na aba Modem, você especifica qual tipo de modem é o seu. Aproximadamente 99.99999% dos Macs têm modems *Apple*, razão pela qual o menu pop-up já informa "Apple". Se você, herege, tiver algum outro tipo de modem, escolha o nome a partir do menu pop-up.

Algumas outras configurações práticas incluem:

- **Aguardar sinal de linha antes de discar (Wait for dial tone before dialing).** Essa configuração é para os americanos proprietários de laptops. Porque os tons de discagem em determinados países estrangeiros soam esquisito ao Mac e, portanto, ele não disca; ele ainda escuta aquele bom e velho tom de discagem norte-americano. Nesse caso, desmarcar essa caixa de seleção faz o Mac discar bravamente, ainda que ele não tenha ouvido o som.

- **Discando (Dialing).** Especifique qual tipo de serviço telefônico você tem – Tom (Tone), ou em algumas áreas rurais, Pulso (Pulse).

GANHE VELOCIDADE

PPPoE e DSL

Se você tiver o serviço DSL, pode ser orientado a criar um serviço PPPoE. (Isso é feito no painel Rede das Preferências do Sistema; clique a sua conexão Ethernet e, depois, escolha Configurar→Criar Serviço PPPoE [Configuration→Create PPPoE Service].)

Ele significa PPP pela Ethernet, de modo que ainda que o seu "modem" DSL esteja conectado à sua porta Ethernet, você ainda precisa se conectar e desconectar manualmente, como se tivesse um modem de discagem.

Preencha a caixa de diálogo PPPoE conforme orientado pelo seu provedor (normalmente, basta o seu nome e senha de conta). De agora em diante, você inicia e encerra as suas conexões da Internet exatamente como se tivesse um modem de discagem.

- **Som.** Clicar Inativo (Off) faz o seu Mac discar a Internet silenciosamente, poupando os familiares ou companheiros de quarto de precisar ouvir o seu modem arranhar enquanto se conecta.

Figura 18-6:
Os modems de discagem podem desaparecer na era de conexões em alta velocidade à Internet, mas eles ainda não estão mortos. O Mac OS X ainda oferece uma quantidade de configurações para eles.

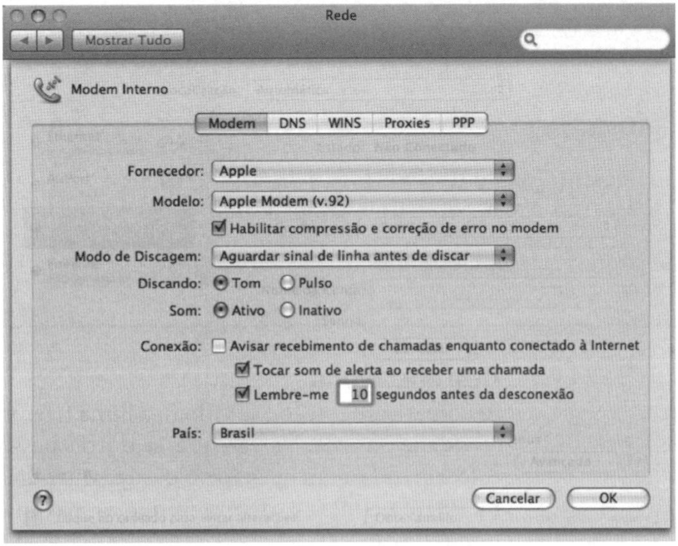

A aba PPP

Na aba PPP você pode especificar por quanto tempo o Mac espera antes de desligar a linha telefônica depois de sua última atividade on-line, e quantas vezes o Mac deve rediscar se o número do telefone do ISP estiver ocupado.

E, quase com certeza, você vai querer marcar Conectar automaticamente quando necessário (Connect automatically when needed). Isso faz o seu Mac discar para a Internet automaticamente, sempre que você verificar o seu e-mail ou o seu navegador Web.

Entrando on-line

Se você marcou Conectar automaticamente quando necessário, então você pode fazer o seu Mac discar de uma entre duas maneiras:

- **Use o painel Rede.** Bem aqui, nas Preferências do Sistema, você pode clicar Conectar, para fazer a conexão.

- **Use o menulet.** Mas, se você foi esperto, marcou Mostrar estado do modem na barra de menu (Show modem status on menu bar) nas Preferências do Sistema→Rede. Ela acrescenta o menulet ao canto superior direito de sua tela, o qual lhe permite entrar on-line com uma rápida escolha de menu (Figura 18-7).

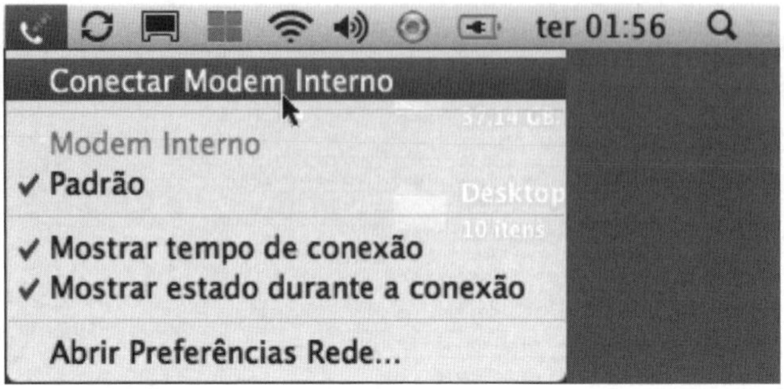

Figura 18-7: *A vida será mais simples quando você tiver dito ao seu Mac para discar automaticamente quando ele precisar entrar on-line. Mas, também é possível se conectar a partir do comando, usando este menulet.*

Desconectando

Automaticamente, o Mac libera a linha telefônica 15 minutos depois de sua última atividade on-line. Na verdade, se outras pessoas tiverem conta no seu Mac (Capítulo 12), o Mac nem mesmo desliga quando você tiver registrado a sua saída. Ele mantém a conexão, de modo que a próxima pessoa possa navegar pela Internet sem rediscar.

Claro que se outras pessoas em sua casa estiverem gritando para você liberar a linha para que possam fazer uma ligação, você também pode desconectar manualmente. Clique Desconectar (Disconnect) do menulet .

Dica: Se você tiver mais de um ISP, ou se viajar com o seu laptop, não deixe de ver o recurso Localização (Location). Ele permite que você ajuste as configurações do modem de discagem – inclusive o número de telefone local – com uma simples seleção de menu. Ele é descrito a seguir.

Alternando locais

Se você viaja com um laptop, já conhece o problema. Está abrindo constantemente Preferências do Sistema→Rede para poder alternar entre as configurações de Internet: Ethernet no escritório, Wi-Fi em casa. Ou, talvez você apenas visite a filial do escritório de tempos em tempos e esteja ficando cansado de precisar mudar o número de acesso local do seu ISP cada vez que sair de casa (e voltar para casa).

A simples solução é o submenu →Localização (→Location), que aparece quando você tiver ajustado mais de um local. Como ilustra a Figura 18-8, tudo o que é preciso fazer é informar onde você está. O Mac OS X cuida dos detalhes de trocar as conexões de Internet.

Criação de um novo local

Para criar um *local*, que nada mais é do que um conjunto de configurações memorizadas. Abra Preferências do Sistema, clique Rede e, depois, escolha Editar Localizações (Edit Locations) a partir do menu pop-up Localização. Prossiga conforme mostrado na Figura 18-9:

Dica: Você pode usar os comandos no menu ✲ para renomear ou duplicar o local.

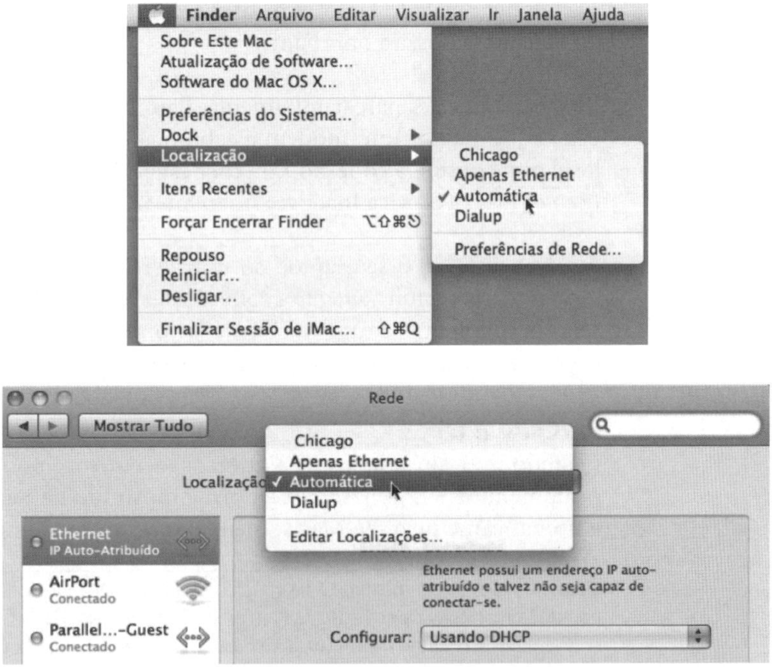

Figura 18-8:
O recurso Localização permite que você alterne de um "local" para outro, simplesmente escolhendo o seu nome – seja a partir do menu (em cima) ou a partir deste menu pop-up nas Preferências do Sistema (embaixo).

Localização Automática (Automatic Location) significa apenas "o padrão, normal que você instalou originalmente". (Não se engane: apesar de seu nome, não é o único local que oferece multihoming, descrito anteriormente neste capítulo.)

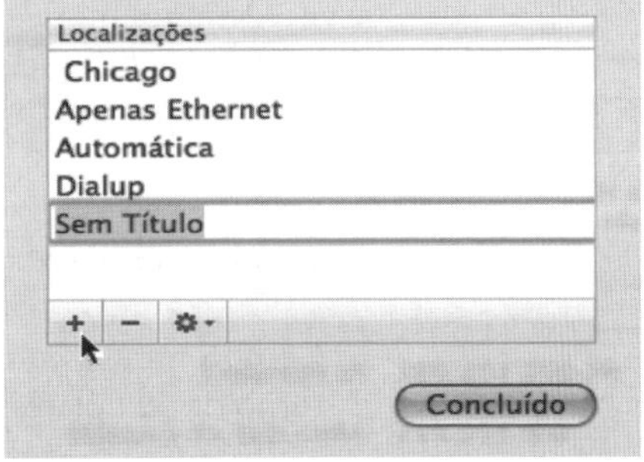

Figura 18-9:
Quando você escolhe Editar Localizações, esta lista de locais existentes aparece; clique o botão **+**. *Surge uma nova entrada, embaixo da lista. Digite um nome para o seu novo local, tal como Escritório em Chicago ou Salão de Jantar.*

Quando você clicar Concluído (Done), voltará para o painel Rede. Aproveite essa oportunidade para ajustar o tipo de conexão que você usa no local correspondente, exatamente como descrito nas primeiras páginas deste capítulo.

Se você viaja regularmente, pode montar uma *lista* de Locais (Locations), cada um que "conheça" que você gostar de entrar on-line em cada cidade que visita.

Uma parte importante ao fazer um novo local é colocar os seus diversos tipos de conexão à Internet (Ethernet, AirPort, Modem, Bluetooth) na ordem certa. As suas conexões serão ligeiramente mais rápidas se você der prioridade para o modem em sua configuração do Hotel, a prioridade AirPort em sua conexão para configuração do Starbucks e assim por diante.

É possível até desmarcar totalmente algumas conexões. Por exemplo, se você não usa nada a não ser um modem a cabo quando está em casa, pode querer criar um local onde *apenas* a conexão Ethernet esteja ativa. Use o comando Tornar o Serviço Inativo (Make Service Inactive) no menu ✲.

Inversamente, se o seu laptop só usar Wi-Fi quando você estiver viajando, o seu local poderia incluir *somente* a conexão AirPort. Você economizará alguns segundos sempre que tentar entrar on-line, pois o seu Mac não precisará se preocupar em procurar por uma conexão que não existe.

Fazendo a troca

Quando tiver ajustado os seus diversos locais, você pode alternar entre eles usando o submenu →Localização, conforme mostrado na Figura 18-8. Assim que o fizer, automaticamente o seu Mac se ajeita para entrar on-line do jeito que você quiser.

Dica: Se você tiver um laptop, crie uma conexão chamada Desconectado (Offline). A partir do menu pop-up Exibir (Show), escolha Configurações de Porta de Rede (Network Port Configurations); torne *todos* os métodos de conexão da lista inativos. Quando tiver terminado, você tem um laptop que *nunca* tentará entrar on-line. Ou seja, o laptop equivalente ao Modo AirPort em um telefone celular.

Compartilhamento de Internet

Se você tem um modem a cabo ou serviço DSL, é um indivíduo de muita sorte. Você não apenas se beneficia da ótima velocidade quando está navegando a Web. Pena que só um computador em sua casa ou escritório possa usufruir desses luxos.

Na verdade, não precisa ser assim! Você pode distribuir a alegria da Internet em alta velocidade por cada Mac (e PC) em sua rede, de qualquer uma dessas duas maneiras:

- **Compre um roteador.** Um *roteador* é um pequeno equipamento, com preço em torno de 50 dólares norte-americanos, que se conecta diretamente ao modem de cabo ou à caixa DSL. Na maioria dos casos, ele tem múltiplas entradas de Internet, de modo que você pode ligar em vários Macs, PCs e/ou estações-base sem fio. Como um bônus, um roteador oferece excelente segurança, servindo como um firewall, para manter afastadas as visitas dos hackers indesejados da Internet.

- **Use o Compartilhamento de Internet (Internet Sharing).** O recurso Compartilhamento de Internet do Mac OS X é a versão em software de um roteador, pois ele distribui um único sinal de Internet a cada computador na rede. Mas, diferente de um roteador, ele é gratuito. Você só precisa ativá-lo em um Mac que esteja conectado diretamente à Internet – o computador *gateway* ("de ligação").

  Porém, há uma desvantagem: se o gateway do Mac estiver desligado ou dormindo, as outras máquinas não podem conectar on-line.

A maioria das pessoas usa o Compartilhamento de Internet para compartilhar uma conexão de banda larga, como um modem de cabo ou DSL. Mas existem outros momentos em que isso pode ser considerado útil. Se você tem um modem de celular, por exemplo, pode querer compartilhar o sinal via Wi-Fi com seus filhos no banco de trás do carro para que eles fiquem on-line em seus iPods Touch. Você ainda poderia compartilhar uma conexão de Internet do celular Bluetooth via tethering com um colega de viagem que precise verificar seu e-mail rapidamente.

A única exigência é que o gateway do Mac *também* tenha uma conexão de rede (Ethernet, AirPort ou FireWire) para o Mac, que compartilhará a conexão.

Figura 18-10:
Oba! Você e seus amigos acabaram de economizar dinheiro. Neste exemplo, um modem USB de celular (Sierra) mantém este Mac on-line. Mas ele está compartilhando essa conexão com outros Macs via AirPort wireless.

Eles também ficam on-line, mesmo que não estejam conectados diretamente ao modem USB.

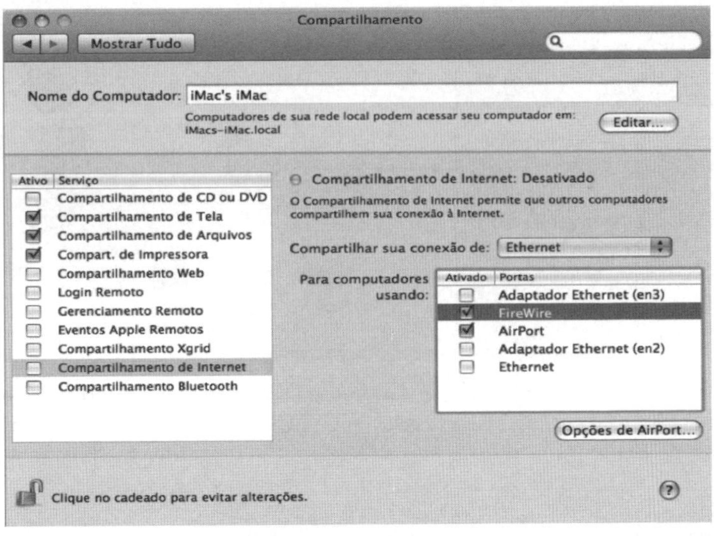

Ativando o Compartilhamento de Internet

Para ativar o Compartilhamento de Internet no gateway do Mac, abra o painel Compartilhamento (Sharing) das Preferências do Sistema. Marque Compartilhamento de Internet, como mostrado na Figura 18-10, mas não ative a caixa de seleção ainda.

Antes de fazer isso, é preciso especificar: a) como o gateway do Mac está conectado à Internet, e b) como ele está conectado aos outros Macs em sua rede de escritório:

- **Compartilhar sua conexão de (Share your connection from).** O uso desse menu pop-up identifica como *esse* Mac (a máquina do gateway) se conecta à Internet – por meio da Ethernet, AirPort, modem de celular ou DUN Bluetooth (rede discada – isto é, tethering para um telefone celular).
- **Para computadores usando (To computers using).** Utilizando essas caixas de seleção, especifique como você deseja que o seu Mac retransmita o sinal de Internet para os outros. (O modo deve utilizar um canal de rede *diferente*. Você não pode obter um sinal via AirPort e então transmiti-lo via AirPort.)

USUÁRIOS PROFISSAS

Compartilhamento de Internet como uma ponte

Normalmente, apenas um Mac tem o Compartilhamento de Internet ativo: aquele que está diretamente conectado à Internet.

No entanto, há ocasiões em que você pode querer também outra origem de fluxo de dados no Mac. É quando você quer fazer uma *ponte* entre duas redes.

Observe a configuração mostrada aqui: realmente, há duas redes, uma que usa o AirPort e outra conectada a um hub Ethernet.

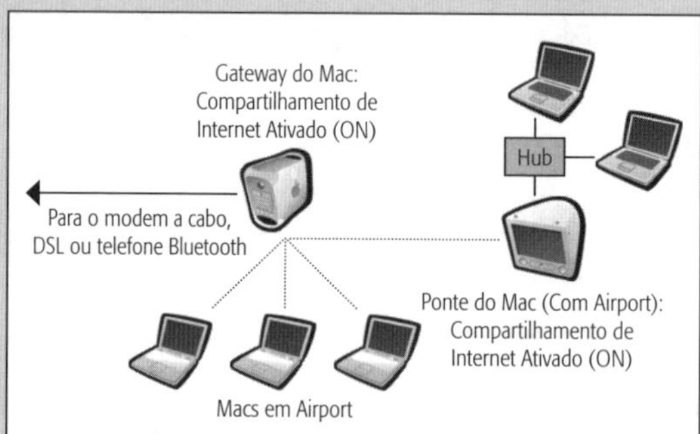

Se você jogar as cartas certas, todos esses Macs poderão entrar simultaneamente on-line, usando uma única conexão de Internet.

Configure o gateway do Mac para que ele seja uma estação-base do AirPort, exatamente como descrito nestas páginas.

Comece configurando o Mac de *ponte*, de modo que configure os outros Macs em AirPort – com AirPort selecionado como o método principal de conexão e com Usar DHCP (Using DHCP) marcado no painel Rede.

Depois, visite o painel Compartilhamento do Mac de ponte. Marque aqui também Compartilhamento de Internet, porém, dessa vez, selecione Para computadores usando Ethernet (To computers using: Built-in Ethernet).

Agora, o Mac de ponte está em ambas as redes. Ele usa a conexão AirPort como uma ponte para o gateway do Mac e a Internet – e a sua conexão Ethernet para compartilhar aquela felicidade com os Macs ligados pelo fio em sua própria vizinhança.

Nota: Quais caixas de seleção aparecem aqui depende de quais tipos de conexão à Internet estão marcadas no painel Rede das Preferências do Sistema. Se o gateway do Mac não tiver os circuitos do AirPort, por exemplo, ou se o AirPort estiver desmarcado na configuração atual, a opção AirPort não aparece.

Agora, visite cada um dos outros Macs na mesma rede. Abra o painel Rede das Preferências do Sistema. Selecione o modo de rede que você escolher no segundo passo anterior: AirPort, Ethernet ou FireWire. Clique Aplicar (Apply).

Se o Mac gateway estiver retransmitindo usando AirPort – de longe o uso mais comum dessa funcionalidade –, você terá mais um passo. No seu menulet ᯤ, você verá um novo hotspot estranho que não estava lá antes, com o nome do Mac gateway. (Ele pode indicar, por exemplo, "Casey's MacBook Air".) Selecione seu nome para iniciar o seu empréstimo de conexão à Internet.

Enquanto o Mac gateway permanecer ligado e on-line, tanto você quanto os outros computadores podem acessar a Internet simultaneamente, todos em alta velocidade, mesmo em PCs Windows. Você criou uma *estação-base de software*. Agora o próprio Mac é um transmissor de sinais de Internet de e para quaisquer outros computadores Wi-Fi ao alcance.

Dica: Agora que você sabe como permitir que um Mac sem fio pegue carona em uma conexão de um Mac com fio, também poderá fazer com que um Mac com fio compartilhe de uma conexão sem fio. Imagine, por exemplo, que você e um colega estejam com seus laptops no lobby de um hotel. Você está on-line, tendo pago 13 dólares para usar a rede Wi-Fi do hotel. Se você configurar o Compartilhamento de Internet de forma adequada, seu colega poderá se conectar ao seu laptop por meio de um cabo Ethernet ou mesmo FireWire e navegar com você – sem custos extras.

MobileMe

Em Janeiro de 2000, Steve Jobs, o presidente da Apple, explicou à multidão na Macworld Expo que ele e sua equipe tinham travado uma extensa troca de ideias: a Apple controla as *duas pontas* da conexão entre um Mac e o website da Apple. Como resultado, a Apple deveria ser capaz de criar alguns recursos mais inteligentes baseados na Internet, como recompensa aos leais fãs do Mac. Mais tarde, no mesmo dia, o website da Apple ofereceu um pacote de serviços *gratuitos*, chamado iTools.

E o mundo da tecnologia ferve!

Atualmente, aquele serviço de Internet, que antigamente se chamava .Mac e agora se chama MobileMe, custa 100 dólares por ano. A maior parte dele está no website central www.me.com (Figura 18-11).

Associando-se ao MobileMe

Abra Preferências do Sistema e clique o ícone MobileMe. Clique Mais Informações (Learn More). Agora, você está on-line, onde o seu navegador Web abriu para a tela de registro de entrada do MobileMe. Preencha o seu nome e endereço, faça um nome e senha de conta, desmarque as caixas de seleção que o convidam para receber mensagens de bobagens e assim por diante.

Finalmente, volte para Preferências do Sistema→MobileMe (System Preferences→ MobileMe), preencha o nome da conta e senha que você acabou de criar, se necessário. Agora, o painel de preferências possui quatro guias, que você conhecerá nas páginas a seguir.

Agora começa o *grand tour* pelas diversas funcionalidades do MobileMe.

Sincronização do MobileMe

Para muitas pessoas, esse pode ser o aplicativo matador do MobileMe logo de cara: o website www.me.com, atuando como centro de controle master, pode manter múltiplos Macs, PCs Windows e iPhones/IPods Touch sincronizados.

Ele funciona armazenando cópias master de suas coisas – e-mails, calendários, agendas, favoritos da Web, itens do Dock, senhas, anotações, detalhes de conta de e-mail e widgets do Dashboard – na Web. (Ou, "na nuvem", como diriam os gerentes de produto mais pretensiosos.)

Figura 18-11:
As funcionalidades do MobileMe aparecem como botões no site www.me.com. Aqui fica o seu endereço de e-mail, agenda e calendário que é autossincronizado entre seus Macs, PCs e iPhones. Além disso, aqui ficam as fotos ou vídeos que você publicou a partir do Snow Leopard e os arquivos que você armazenou no iDisk.

Sempre que seus Macs, PCs ou iPhones/Touches ficam on-line, eles se conectam à nave-mãe e se atualizam. Edite um endereço em seu iPhone, e instantes depois você encontrará a mesma alteração na Agenda (no seu Mac) e Outlook (no PC Windows). Envie uma resposta de e-mail a partir de um PC no escritório e você o encontrará na pasta de E-mails Enviados no Mac em casa. Adicione uma URL aos seus Favoritos a partir de um lugar e você a encontrará em todos os lugares.

Na verdade, há um quarto local onde você pode trabalhar com seus dados: na Web. Em www.me.com, você pode se logar para encontrar clones baseados na Web do iCal, Agenda e Mail; ainda há um mini-iPhoto.

Para configurar a sincronização, abra Preferências do Sistema→MobileMe→Sincronizar (System Preferences→MobileMe→Sync). Ative as caixas de seleção dos itens que você deseja sincronizar:

- **Favoritos (Bookmarks)**. Se um website é importante o suficiente para ir para os Favoritos enquanto você está usando o seu laptop, por que ele não poderia aparecer no menu Favoritos no seu desktop Mac em casa, no seu iPhone ou PC no trabalho?

- **Calendários (Calendars), Contatos (Contacts)**. Esses são ótimos. Não há nada pior do que perceber que a Agenda que você está consultando no Mac em casa não possui um contato que você tem *certeza* que incluiu no seu computador do trabalho. Essa opção mantém todas as Agendas e calendários do iCal dos Macs sincronizados. Se você apagar um telefone no trabalho, você descobrirá que ele foi apagado do seu Mac em casa também.

- **Widgets do Dashboard**. Agora a configuração e instalação dos seus widgets no Mac A estão sincronizados com os Macs B, C e D, de forma que todos estejam compatíveis.

- **Itens do Dock (Dock Items)**. Não é a melhor coisa do mundo, mas se você perder algum tempo configurando o seu Dock em um Mac, será legal descobrir que o MobileMe configura o Dock dos outros Mac de forma idêntica.

- **Keychains**. Todos os seus Macs possuem as mesmas senhas memorizadas. Esse vale o seu peso em ouro.

- **Contas (Accounts), Regras (Rules), Assinaturas (Signatures) e Caixas de Correio Inteligentes (Smart Mailboxes) do Mail**. Esses itens referem-se às configurações e preferências da sua conta do programa Mail do Mac OS X, não as próprias mensagens de e-mail.

- **Notas (Notes)**. Essa opção refere-se às anotações que você informa na funcionalidade Notas do Mail. (Capítulo 19). É ótimo fazer um lembrete para si mesmo em um Mac e tê-lo cumprindo sua função em outro computador. (Se você utiliza o Microsoft Office, você também verá uma opção de Notas do Entourage.)

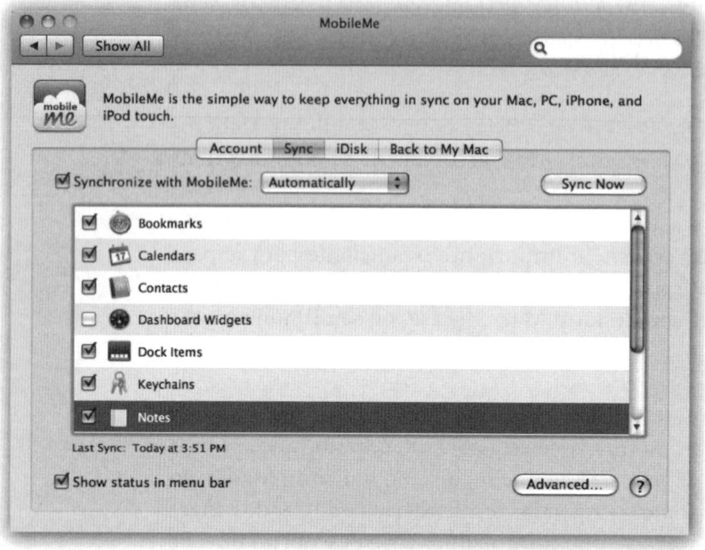

Figura 18-12:
Para configurar a sincronização do MobileMe, abra as Preferência do Sistema. Clique MobileMe e depois a guia Sincronizar (Sync). Ative as caixas de seleção dos itens que você deseja sincronizar. Utilize o menu pop-up no topo da janela para configurar uma programação automática de sincronização. Enquanto estiver nessa janela, ative também a opção Mostrar estado na barra de menus (Show status in menu bar) de forma que você possa iniciar ou interromper uma sincronização manualmente.

- **Preferências (Preferences)**. Todas as suas configurações das Preferências do Sistema.

- **Outros aplicativos (Other apps)**. Programas que não são da Apple podem instalar suas próprias opções de Sincronização no final dessa lista. O Microsoft Entourage permite a sincronização com as suas notas, por exemplo, e o TextExpander (shareware de substituição de digitação) mantém sua lista de abreviações de digitação sincronizada entre os Macs.

Para configurar a sincronização do MobileMe, ative as caixas de seleção dos itens que você deseja manter sincronizados, conforme mostrado na Figura 18-12.

Após a primeira sincronização, você também pode ativar as caixas de seleção nos outros Macs, para que eles participem desse grande experimento de compartilhamento de dados.

Na primeira vez que eles tentem, talvez fiquem um pouco confusos. "Espere aí. Minha agenda está vazia, mas a que eu estou baixando da Internet (do outro Mac) está carregada. Quem vence?" Você verá a caixa de diálogo mostrada na Figura 18-13, que permite que você decida como prosseguir.

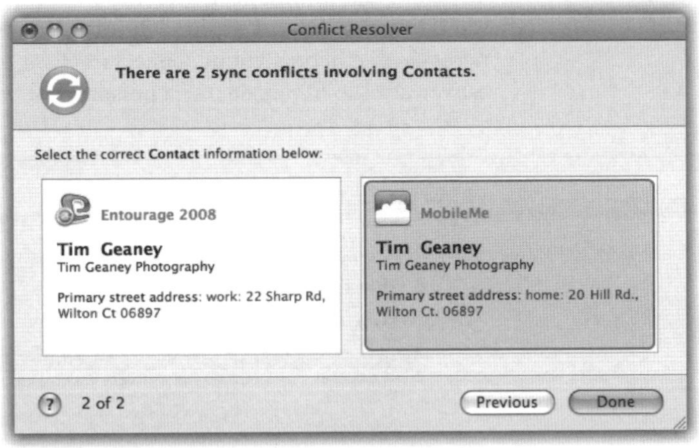

Figura 18-13:
Esta mensagem permite que você decida como proceder quando os dados de um dos Macs sincronizados são muito diferentes daqueles que foram "publicados" por outros Mac. Você pode mesclar as informações dos dois (uma ótima maneira de combinar agendas e calendários), fazer com que os dados desse Mac elimine os outros (Substituir dados no MobileMe [Replace data on MobileMe]) ou fazer com que os dados da Internet substituam os desse computador (Substituir dados no computador [Replace data on computer]).

O iDisk

O iDisk consiste em um ícone de um disco rígido baseado na Internet na sua mesa que faz o papel perfeito de local de armazenamento intermediário dos arquivos que você deseja transportar de um computador para outro. Ou você pode utilizá-lo apenas para backup remoto dos seus arquivos mais importantes. (Sua conta do MobileMe vem com 20 GB de espaço para armazenamento. Em suas configurações de conta em www.me.com, você pode decidir como dividir essa capacidade entre seu iDisk e outros recursos do MobileMe, como o Mail e seus websites. E, é claro, você pode pagar mais por mais espaço.)

Além do mais, é possível puxar o iDisk para *qualquer* tela de computador – Mac ou Windows – em seu escritório, em sua casa, na casa de seu amigo, assim, não será preciso carregar um disco físico para transportar arquivos importantes.

Puxando-o para sua tela

De fato, a Apple deve adorar o conceito do iDisk, pois concebeu cerca de trezentas maneiras diferentes de puxar o seu ícone para a sua tela (Figura 18-14):

- **Escolha Ir→iDisk→Meu iDisk (Go→iDisk→My iDisk)** (ou pressione Shift-⌘-I).

- **Clique o ícone do iDisk na Barra Lateral** (de uma janela do Finder ou uma caixa de diálogo Salvar ou Abrir).

- **Escolha Ir→Conectar ao Servidor (Go→Connect to server).** Embaixo da caixa de diálogo resultante, digite http://idisk.mac.com/casey (substitua *casey* pelo seu nome de conta). Pressione Return. Digite o seu nome e senha MobileMe, se necessário, e depois clique Conectar. (Essa é a abordagem mais rápida se você estiver usando o Mac de outra pessoa.)

Figura 18-14: *Escolha Ir→iDisk→Meu iDisk (em cima) ou clique o ícone de iDisk em sua Barra Lateral. Quando finalmente o iDisk aparecer (embaixo, à direita), dê duplo-clique nele – e espere – para ver o seu conteúdo (embaixo, à esquerda). Observe que você não pode criar as suas próprias pastas nesse disco especial; você precisa arrastar os seus arquivos diretamente para uma das pastas mostradas aqui. Arraste seus arquivos para copiá-los para este disco ou para suas pastas.*

- **Visite www.mac.com e clique o ícone de iDisk.** Digite o seu nome e senha e, depois, clique Return. Finalmente, clique Abrir seu iDisk (Open Your iDisk). (Claramente, isso é muito mais trabalho do que os métodos já descritos, aqueles de apenas um clique. Use essa técnica quando estiver usando uma máquina pública, por exemplo, distante de casa.)

Nesse ponto, o iDisk se comporta como um disco rígido externo. É possível arrastar arquivos ou pastas do seu disco rígido para uma das pastas que aparecem no iDisk.

Daqui por diante, será possível recuperar ou abrir o que você tiver copiado para o iDisk. Abra uma das pastas dele; agora é possível abrir, renomear, jogar na lixeira ou copiar (para o seu disco rígido) o que estiver dentro.

Tornando o iDisk rápido e sincronizado

Como é possível supor, copiar arquivos *para* e *de* um disco na Internet é mais lento do que copiá-los entre discos rígidos no mesmo Mac. Assim, o iDisk tem a reputação de ser muito lento.

Porém, o iDisk não precisa rodar à velocidade de uma lesma anestesiada. Por baixo dos panos, o Mac OS X pode manter uma *cópia* invisível completa, com o conteúdo do iDisk no seu disco rígido. Portanto, quando você acrescentar algo ao iDisk, a *impressão* é que aparece lá instantaneamente – ainda que você não esteja on-line – porque tudo o que você fez foi copiar algo para um esconderijo em seu disco rígido. O Mac iniciará o processo de transmitir a cópia para o iDisk *on-line* na próxima oportunidade. Resumindo, você pode deixar o ícone do iDisk na tela, se quiser, mesmo quando estiver off-line.

Para ativar esse recurso, veja a Figura 18-15:

Dica: Se você tiver mais de um Mac em diferentes lugares (em casa e no escritório, por exemplo), poderá manter todos os seus principais arquivos sincronizados, marcando essa sincronização automática do iDisk em todas as máquinas. (A nova opção do Snow Leopard, Sempre manter a versão mais recente de um arquivo [Always keep the most recent version of a file], torna essa organização especialmente mais segura porque você não tem mais que se preocupar com os conflitos de versões.) Você nunca mais precisará gravar CDs para levar para casa!

DIAMANTE BRUTO

O anexo de e-mail de 20 GB

As pessoas utilizam o iDisk para todos os tipos de coisas: como backup, como contêiner para transportar arquivos entre computadores, e por aí vai. Mas essa é uma das funcionalidades mais legais de todas: você pode enviar qualquer coisa por *e-mail* a partir do iDisk para qualquer pessoa.

Normalmente, você não pode anexar alguma coisa que possua mais de 5 ou 10 MB em uma mensagem de e-mail. Mas os "anexos" de e-mail do iDisk podem ser enormes – com muitos GB. Isso porque eles não são, de fato, anexados ao e-mail; você apenas envia um link para que a outra pessoa faça o download a partir do seu iDisk.

Para utilizar essa funcionalidade, vá ao www.me.com e faça o login. Clique o botão iDisk na barra de ferramentas. Na lista de conteúdo do seu iDisk, clique o arquivo que você deseja enviar e, em seguida, em Compartilhar Arquivo (Share File). Preencha o endereço de e-mail do destinatário e uma pequena mensagem, se desejar. Se necessário, forneça uma senha para proteger o download.

Assim que o seu colega receber o e-mail do site www.me.com, basta ele clicar o link na mensagem para fazer o download do arquivo gigante imediatamente.

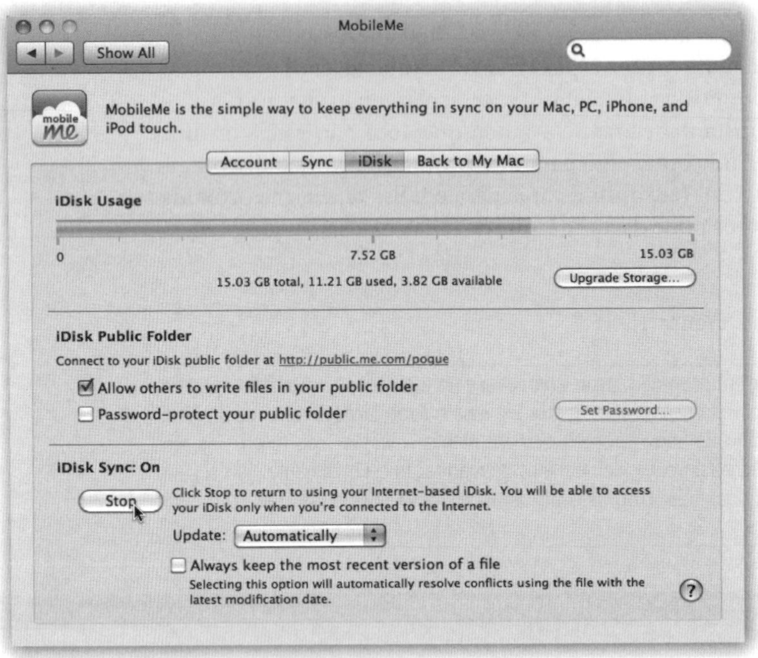

Figura 18-15:
Para ativar a sincronização do iDisk, abra Preferências do Sistema, clique MobileMe, clique iDisk e, depois, ative Sincronizar iDisk (iDisk Syncing), clicando o botão Iniciar (Start). Se você tiver uma conexão de banda larga, deixe selecionado Sincronização (Update: Automatically). Se optar por uma sincronização manual (por exemplo, em uma conexão discada), você precisa acionar as suas próprias sincronizações, clicando o botão ↻ próximo ao nome do iDisk na barra lateral.

A pasta Pública

Normalmente, o que você coloca em seu iDisk é particular e protegido por senha. Mas, há uma exceção. Qualquer coisa que você puser na pasta *Público* em qualquer iDisk, pode ser vista, aberta ou copiada por qualquer outro membro do MobileMe. Tudo o que as pessoas precisam é o seu nome de membro – não a sua senha MobileMe (ainda que você *possa* protegê-la com senha, se quiser). Pense na pasta Pública do iDisk como o gêmeo, há muito perdido, da pasta Pública em sua própria pasta Início.

A pasta Pública é ótima para armazenar as fotos da família quando alguém que esteja interessado puder olhá-las. Também é prática quando você estiver trabalhando em sistema de colaboração; basta colocar os últimos rascunhos de seu trabalho na pasta Público para a revisão de seus colegas de trabalho.

Para ver a pasta Pública de alguma *outra* pessoa, use uma destas técnicas; supondo que o nome do MobileMe da pessoa seja SkiBunny23:

- **A partir do Mac OS X 10.3, ou anteriores.** Escolha Ir→iDisk→Usar Pasta Pública de Outro do Usuário (Go→iDisk→Other User's Public Folder). Digite *SkiBunny23* e pressione Return.

- **No Mac OS X 10.1 ou 10.2.** Escolha Ir→Conectar ao Servidor (Go⌘→Connect to Server). Embaixo, na caixa de diálogo, digite http://idisk.mac.com/skibunny23/Public. Clique Conectar ou pressione Return. Se for necessária uma senha, use *public* como o nome de usuário e *password*, como a senha.

Dica: Na verdade, há uma maneira mais simples: use o utilitário iDisk, descrito a seguir.

- **A partir do Mac OS 9.** Escolha →Seletor (→Chooser), clique AppleShare, clique o botão do Endereço IP do Servidor, digite *idisk.mac.com* na caixa de Endereço do Servidor e, depois, clique Conectar. Digite *SkiBunny23*; use *public* como a senha (a menos que a pasta seja realmente protegida por senha, nesse caso você deve digitar a senha que recebeu). Depois, clique Conectar. Selecione o iDisk e clique OK.

- **A partir do Windows.** Veja a caixa a seguir.

Depois de um minuto, ou algo assim, um novo ícone de iDisk aparece em sua Mesa, contendo o nome daquele associado. Dê duplo-clique nele para ver o seu conteúdo. Você pode copiar esses arquivos para o seu disco rígido, ou dar duplo-clique neles, para abri-los diretamente.

Dica: Se você possui um iPhone ou iPod Touch, não deixe de experimentar o iDisk App (que você pode baixar gratuitamente na App Store). Esse aplicativo permite que você visualize, abra e encaminhe qualquer coisa em seu iDisk – direto do seu iPhone ou iPod. (Você não pode colocar nada novo no iDisk dessa forma, mesmo assim... – quando necessário, é excelente poder passar aquela proposta comercial para um cliente quando você está na praia, bem longe do computador!)

Opções do iDisk

Nas Preferências do Sistema→MobileMe→iDisk, são oferecidas as seguintes opções de pastas públicas:

USUÁRIOS PROFISSAS

O iDisk do Windows

Antigamente, só era possível obter o seu iDisk a partir de um Macintosh. Atualmente, é possível trazer o seu iDisk para a tela de qualquer computador, até mesmo um rodando Windows ou Unix.

Agora você pode *acessar* seus arquivos no iDisk a partir de qualquer computador na Terra – basta ir ao site www.me.com e fazer o login. Não importa se você está em um Mac, Windows ou qualquer outro sistema operacional.

Mas se você deseja aquele ícone do iDisk *no seu desktop* de forma que você possa arrastar e soltar seus arquivos facilmente, então o procedimento é um pouco mais complexo. Você precisa criar um novo "disco rígido" na janela do seu computador com Windows, cujo ícone representa o iDisk.

Selecione Iniciar→Meu Computador (Start→My Computer). Na janela Meu Computador, clique Mapear unidade de rede (Map network drive) na barra lateral. Quando for solicitado o endereço do disco, digite *http://idisk.me.com/casey* (ou qualquer que seja o seu nome no MobileMe). Clique Conectar-se com um nome de usuário diferente (Connect using a different username.). Informe o seu nome de membro do MobileMe e senha, e clique OK em seguida. Seu iDisk aparecerá no seu desktop e você pode trabalhar com ele como se fosse qualquer disco rígido.

- **Permitir que outras pessoas gravem arquivos em sua pasta Pública (Allow others to write files in your public folder).** Normalmente, as outras pessoas podem colocar material na sua pasta Público, assim como copiar coisas. Se você preferir configurá-la para que apenas *você* possa soltar coisas lá, então desative essa caixa de marcação.

- **Proteger a sua pasta Pública com senha (Passaword-protect your public folder).** Provavelmente é uma boa ideia se você resolver disponibilizar a sua pasta Pública para depósitos.

E-mail

A Apple oferece um endereço de e-mail a cada associado MobileMe.

Provavelmente, qualquer pessoa que possa *conseguir* ir ao website da Apple já *tem* uma conta de e-mail. Então, por que se preocupar? A primeira vantagem é o endereço simples: *SeuNome@me.com*. (De forma que você também possa usar *SeuNome@mac.com* alternadamente.)

Em segundo lugar, os endereços MobileMe são integrados ao programa Mail do Mac OS X, como você verá no próximo capítulo. E, finalmente, você pode ler o seu e-mail MobileMe a partir de qualquer computador, em qualquer lugar do mundo, por meio do website me.com, ou em seu iPhone/iPod Touch.

Galerias

Dentro do iPhoto, iMovie, Final Cut e até mesmo no QuickTime Player, você encontrará botões úteis para a Galeria do MobileMe. Eles permitem que você poste as fotos ou vídeos selecionados em um canto particular do site www.me.com. (Você sempre verá o endereço Web da galeria resultante, de forma que você possa dizer aos seus amigos como encontrá-la.)

Não é a mesma coisa de postar, por exemplo, no Flickr ou YouTube, onde uma cacofonia de anúncios, banners e textos distraem a atenção da apresentação. As galerias do MobileMe são bonitas e estilosas, com fundo preto e animações sutis. Você também tem todos os tipos de opções interessantes – por exemplo, você pode oferecer aos seus fãs a chance de fazer o download das suas fotos e vídeos em versões com qualidade máxima (e assim seus amigos e familiares podem imprimir suas próprias cópias, por exemplo). Você também pode permitir que as pessoas postem suas próprias fotos em suas galerias, para a melhor experiência nostálgica daquele casamento ou reunião.

Websites

Se você utiliza o programa iWeb da Apple para criar seus próprios websites, então o MobileMe fornece outra oportunidade prática de publicação. Suas páginas Web possuem um lar feliz e livre de incômodos na Web, sem ter que conhecer HTML ou usar um programa de FTP para postá-las on-line.

Assim que você postar suas páginas, encontrará seus arquivos de fontes no www.me.com clicando o ícone do iDisk na barra de ferramentas. O título Sites à esquerda contém a pasta iWeb que guarda os arquivos reais do website.

Nota: É nesse mesmo lugar que você também encontrará a pasta HomePage, contendo os arquivos do website que o antigo site do MobileMe permitiu que você criasse on-line. Isso foi antes de a Apple se interessar mais em vender cópias do iWeb e permitir que a pasta HomePage praticamente caísse no esquecimento.

Arquivos de localização na Internet

Um arquivo de localização na Internet (Figura 18-16) é como um sistema de favoritos: quando você der duplo-clique em um deles, o navegador Web abre naquela página, ou o seu programa de e-mail gera uma mensagem de envio aos destinatários pré-determinados. Você poderia colocar uma página cheia de arquivos de localização dos seus websites favoritos no Dock. Faça o mesmo com destinatários aos quais envia e-mail com frequência. Dali por diante, você poupa cada etapa que quiser para pular para uma página Web em especial ou enviar um e-mail para uma pessoa em particular – basta escolher o nome adequado na Pilha (Stack) da pasta do Dock. (A propósito, tudo bem renomeá-los!)

Figura 18-16:
*Para criar um arquivo de local da Internet, arraste um endereço destacado de um programa como o Textedit para o seu desktop. Apesar da web e dos endereços de e-mail serem os tipos mais populares, você também pode criar arquivos locais para os endereços de grupos de notícia (*news://news.apple.com*), sites FTP (*ftp://ftp.apple.com*), Servidores AppleShare (*afp://at/Engineering:IL5 3rd Floor*), zonas de AppleTalk (*at://IL5 2nd Floor*), e até mesmo páginas armazenadas em seu MAC (*file://Macintosh HD/Website Stuff/home.html*).*

CAPÍTULO

19

Mail e Agenda

O e-mail é um conveniente meio de comunicação rápido e barato. Atualmente, qualquer pessoa que *não* tem um endereço de e-mail pode ser considerada como uma espécie exótica.

Se você tem um ou dois endereços de e-mail, gostará de saber que o Mac OS X inclui o Mail, um programa que lhe permite receber e enviar mensagens de correio eletrônico sem precisar penar em meio a um punhado de spam (correspondência indesejada). O Mail é um programa surpreendentemente completo, acelerado de forma substancial para o Mac OS X 10.6, e cheio de atalhos e surpresas em cada curva.

E esse desktop de correio oferece mais do que apenas correspondência – dentre outras coisas, também é possível usar o programa como um bloco de notas pessoal e um leitor de notícias dos seus websites favoritos.

Nada mal para um brinde, não é?

Configuração do Mail

O que você vê quando abre o Mail pela primeira vez pode variar. Se tiver se registrado em uma conta MobileMe (e digitado o seu nome no painel MobileMe das Preferências do Sistema), estará pronto para prosseguir; você vê a janela de visor de mensagens. Se não receber a oferta de instalar uma conta, escolha Arquivo→Adicionar Conta (File→Add Account), para entrar no processo. (É dessa maneira que você acrescenta outras contas, posteriormente.)

Se receber o seu correio eletrônico de algum outro provedor de serviço, como Verizon, Comcast, Gmail, Yahoo ou o que for, a configuração do Mail é fácil, quase que da mesma maneira. A Apple reuniu as configurações de acrônimos de servidor dos 30 serviços mais populares de correio eletrônico e os embutiu.

Só é preciso digitar o nome do seu e-mail e a senha na caixa (Figura 19-1). Se o Mail reconhecer o sufixo (por exemplo, *@gmail.com*) e se Configurar conta automaticamente (Automatically set up account) estiver marcado, o Mail faz o trabalho pesado por você.

Destaque do Snow Leopard: Se você trabalha em uma empresa que utiliza um sistema de e-mail/calendário em rede do Microsoft Exchange, a boa notícia chegou. Informar o seu endereço de e-mail e senha geralmente é o suficiente para se conectar ao sistema corporativo de e-mail.

Agora, se você usar um provedor de serviço que o Mail *não* reconhece quando você digita um nome e uma senha de e-mail excêntricos, então é preciso configurar a sua conta de correio eletrônico no modo trabalhoso. O Mail o orienta e você se vê diante das caixas de diálogo mostradas na Figura 19-2, onde devem ser digitadas as diversas configurações para especificar a sua conta de e-mail. Algumas das informações podem fazê-lo ter que ligar para o seu provedor de serviço de Internet (ISP).

Figura 19-1: *O Mail tira a dor, a agonia e os acrônimos fora da configuração de uma conta de e-mail em seu Mac. Esqueça aquilo de lembrar o endereço SMTP do servidor (ou mesmo, o que significa SMTP), e, simplesmente, digite o seu endereço de e-mail e senha na caixa de diálogo. Se você usar um provedor de correio eletrônico dominante, como Gmail, Hotmail, Yahoo, Comcast ou Verizon, o Mail configura automaticamente a sua conta depois que você clicar o botão Criar.*

GANHE VELOCIDADE

POP, IMAP, Exchange e Mail baseados na Web

Quando se trata de e-mail, há quatro sabores principais de servidores (computadores de Internet que processam correio eletrônico): *POP* (também conhecido como POP3), *IMAP* (também conhecido como IMAP4), *Ex-*

Eis uma explicação:

- **Tipo de Conta (Account Type).** É onde você especifica como deve ser a sua conta de e-mail. Verifique com o seu ISP se não tiver certeza de qual tipo você tem.

change e *baseados na Web*. Cada um tem o seu gosto peculiar, com forças e fraquezas diferentes. (O e-mail da AOL poderia ser considerado um quinto tipo, mas se você pesquisar no Google por "e-mail AOL como conta *IMAP*", você encontrará instruções para acessar o seu e-mail AOL como se ele tivesse vindo de uma conta IMAP normal.)

Contas POP (Post Office Protocol). Consistem o tipo mais comum na Internet. Um servidor POP transfere a entrada da sua correspondência para o seu disco rígido antes de você lê-la, o que funciona bem, desde que você só esteja usando um computador para acessar o seu e-mail.

Se quiser verificar a sua correspondência na estrada, será necessário copiar a pasta Mail de sua pasta Iniciar→Biblioteca para o lugar correspondente no disco rígido do seu laptop. Assim, quando você rodar o Mail no laptop, encontrará as suas mensagens e anexos no lugar.

Servidores IMAP (Internet Message Access Protocol). São mais novos e têm mais recursos do que os servidores POP, mas não são tão comuns. Os servidores IMAP mantêm todo o seu correio eletrônico on-line, ao invés de fazer você armazenar em seu disco rígido; como resultado, você pode acessar o mesmo correio eletrônico, independente do computador que usar. Os servidores IMAP se lembram de quais mensagens você leu e enviou, para começar. Eles são ótimos de configurar se, por exemplo, você verificar os seus e-mails através de um iPhone, pois as remoções e respostas que você processar no telefone estão lá no seu Mac quando você chegar em casa. (Uma conta MobileMe é uma conta IMAP, razão pela qual é possível acessar o correio eletrônico repetidamente em sua Caixa de Entrada a partir de qualquer Mac no mundo, em qualquer lugar que vá. Você também pode optar por uma conta Gmail para ser uma conta IMAP.)

Uma desvantagem com essa abordagem, claro, é que você não pode apagar o seu e-mail – ou lê-lo pela primeira vez – a menos que esteja on-line, pois tudo de sua correspondência está em um servidor de Internet. Outra desvantagem é que se você não apagar conscienciosa e manualmente a correspondência depois de ler, eventualmente a sua caixa de correspondência on-line ficará sobrecarregada. Cedo ou tarde, o sistema começará a devolver as mensagens aos remetentes, aborrecendo seus amigos.

Servidores Exchange. São populares em empresas e algumas escolas. Na maior parte do tempo, os funcionários acessam esses servidores usando um programa Windows, como o Outlook. Especialistas corporativos gostam dos servidores Exchange, pois eles são fáceis de configurar e manter, e porque eles oferecem muitos dos mesmos recursos que os servidores IMAP. Felizmente, o Mail pode ler e enviar e-mail através dos servidores Exchange, como se o seu Mac fosse outro PC bege.

Servidores gratuitos. Baseados na Web, como Hotmail, Yahoo e Gmail, também armazenam a sua correspondência na Internet, mas você pode usar um navegador Web em qualquer computador para ler e enviar mensagens. Eles são mais lentos e mais ineficientes de usar do que contas de e-mail "regulares", mas geralmente são gratuitos. Infelizmente, o Mail não pode verificar as contas que são inteiramente baseadas na Web.

Por sorte, os serviços de e-mail baseados na Web de grandes nomes também oferecem servidores POP e IMAP. Se você tiver uma conta MobileMe, por exemplo, descobrirá que pode ler os seus e-mails usando um navegador Web ou o Mail (o qual, em segundo plano, acessa o servidor MobileMe IMAP). O mesmo serve para o serviço Gmail do Google, que lhe permite verificar os seus e-mails pela Web – ou usando um servidor POP ou IMAP (veja as páginas de ajuda do Gmail para detalhes sobre como fazer isso funcionar).

Inversamente, mais e mais contas POP e IMAP também estão oferecendo um componente *baseado na Web*. Por exemplo, quem quer que forneça o seu serviço de Internet – EarthLink, Verizon ou Speakeasy, por exemplo – provavelmente oferece ambos, o serviço POP e uma maneira baseada na Web de acessar o seu correio eletrônico, assim, você pode acessar a sua correspondência de casa ou de um café com Internet em Bangladesh.

Tudo o que importa ao Mail é se a sua conta de e-mail permite acesso POP, IMAP ou Exchange; o que você faz na Web, no que se refere ao Mail, é assunto seu.

• **Descrição (Account Description).** É apenas para sua referência. Se você tiver um apelido carinhoso para sua conta de e-mail, digite-o aqui.

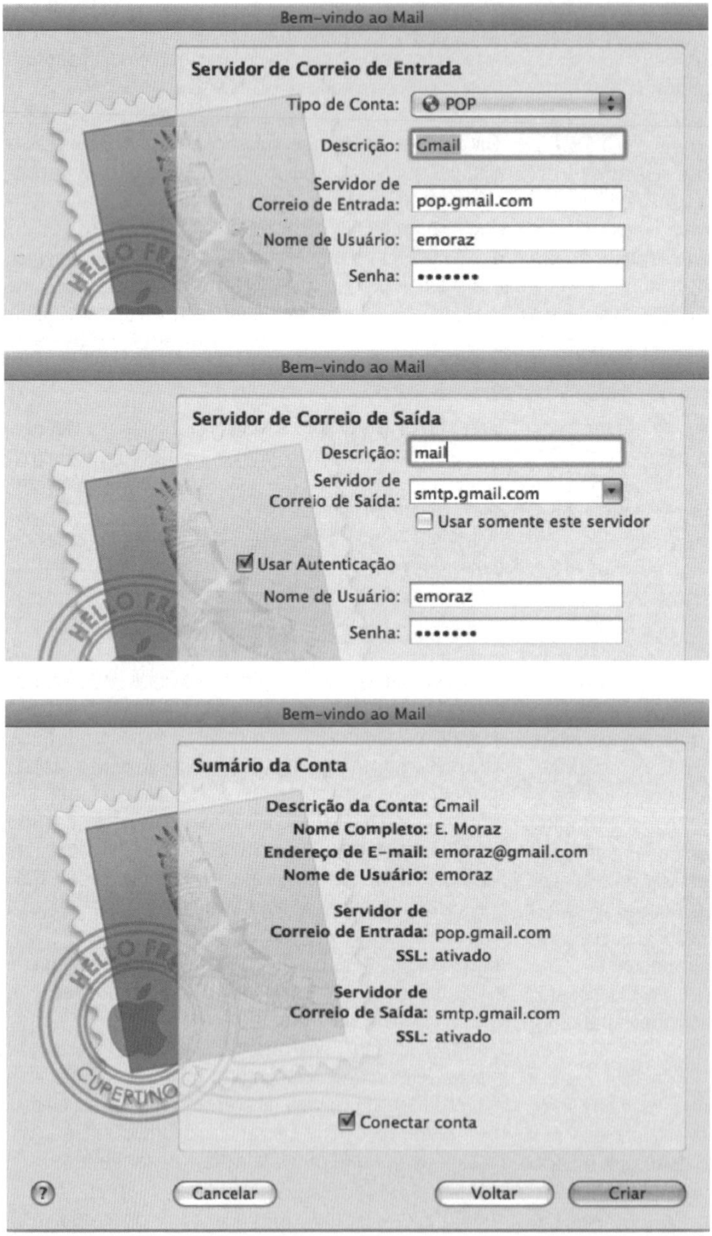

Figura 19-2:
Estas caixas de diálogo permitem que você instale as configurações de e-mail fornecidas pelo seu ISP. Se você quiser adicionar outra conta de e-mail posteriormente, escolha Arquivo→Adicionar Conta e, depois, entre com as suas informações na caixa de diálogo resultante. (Ou, se preferir fazer as coisas da maneira difícil, escolha a aba Mail→ Preferências→Contas [Mail→ Preferences→Accounts], clique + no canto inferior esquerdo da janela, e forneça as suas informações de conta nos campos à direita.)

- **Nome de Usuário (Full Name) (mostrado na Figura 19-1).** Aparecerá no campo "De:" (From) de qualquer e-mail que você enviar. Digite-o da forma que gostaria que ele aparecesse.

- **Endereço de E-mail (Email Address).** É o endereço que lhe foi designado quando você se registrou nos serviços de Internet, tal como *billg@microsoft.com.*

- **Servidor de Correio de Entrada (Incoming Mail), Servidor de Correio de Saída (Outgoing Mail Server).** São as informações que você fornece, dadas pelo seu ISP, sobre os serviços de correio eletrônico dele. Geralmente, o servidor de entrada é um *servidor POP3* e o seu nome está relacionado ao nome do seu ISP, tal como *popmail.mindspring.com.* O servidor de saída de correio eletrônico (também chamado de *servidor SMTP*) normalmente se parece com isto: *mail.mindspring.com.*

- **Nome de usuário, senha (User Name, Password).** Entre com o nome e a senha fornecidos pelo seu ISP. (Geralmente, eles são iguais, para os servidores de entrada e saída.)

Clique em Continuar (Continue) quando tiver terminado.

O Mail também pode importar a sua coleção de e-mails de um programa de correio eletrônico que você usava antes – Entourage, Thunderbird, Netscape/Mozilla, Eudora ou mesmo uma versão de Mail do Mac OS X que esteja armazenado em algum outro lugar (digamos, no disco rígido de um antigo Mac). A importação é uma grande ajuda para suavizar a transição entre o seu mundo antigo de e-mail e o novo.

Para trazer as suas antigas correspondências e caixas de correio eletrônico, escolha Arquivo→Importar Caixas de Correio (File→Import Mailboxes). A Figura 19-3 tem os detalhes.

Como verificar seu Mail

Você recebe novas mensagens e envia e-mails que já escreveu usando o comando Receber (Get Mail). Você pode acioná-lo em qualquer uma de várias maneiras:

- Clique Receber na Barra de Ferramentas.

- Escolha Caixa de Correio→Obter novas mensagens (Mailbox→Get All New Mail) (ou pressione Shift-⌘-N).

Nota: Se você tiver múltiplas contas de e-mail, também pode usar o submenu Caixa de Correio→Obter Correio Novo (Mailbox→Get New Mail), para pegar apenas *uma* conta e verificar a sua correspondência.

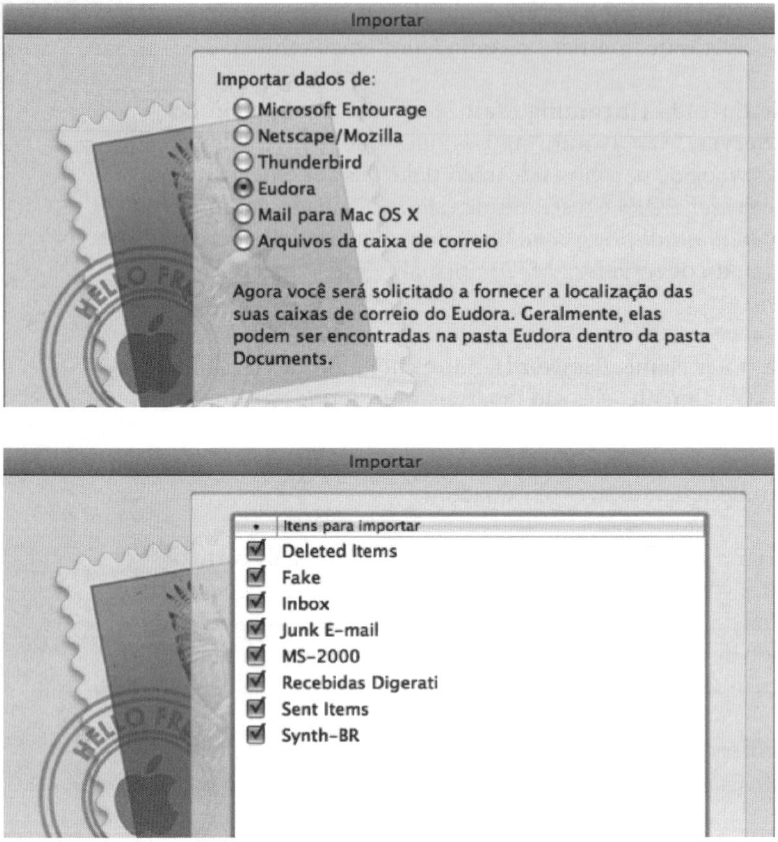

Figura 19-3:
Se você for para Arquivo→Importar Caixas de Correio (File→Import Mailboxes), o Mail se oferece para importar a sua velha coleção de e-mails de qualquer outro que não o programa de e-mails do Mac (em cima).

É possível até especificar quais pastas de e-mail você deseja importar (embaixo). Quando o processo de importação tiver terminado – e ele pode demorar um bom tempo –, você encontrará exatamente as mesmas pastas ajustadas no Mail.

- Control-clique (ou clique com o botão direito) o ícone Dock do Mail e escolha Obter Correio Novo no menu de atalho. (Esse método pode ser usado de dentro de qualquer programa, desde que o Mail já esteja aberto.)

- Espere. O Mail vem ajustado para verificar automaticamente os seus e-mails a cada intervalo de poucos minutos. Para ajustar esse tempo ou desmarcar esse recurso, escolha Mail→Preferências→Geral (Mail→Preferences→General) e, depois, escolha um tempo de intervalo a partir do menu pop-up Verificar se há novas mensagens (Check for new mail).

Agora, o Mail contata os servidores de correspondência relacionados no painel Contas das Preferências do Mail, recuperando as novas mensagens e baixando quaisquer arquivos anexados àquelas mensagens. Ele também *envia* quaisquer mensagens da caixa de saída que não puderam ser enviadas quando você as escreveu.

Dica: A coluna da extrema esquerda da janela do Mail tem um pequeno monitor Atividade do Mail (Mail Activity) oculto; clique o ícone quadrado ao fundo da janela do Mail para exibir Atividade de Mail. Se você não deseja deixar de lado a estrutura de lista de caixas de correio, ou preferir monitorar a sua correspondência em uma janela separada, também pode fazer isso. A janela Atividade (Activity Viewer) oferece um botão Parar, barras de progresso e outras informações úteis. Chame-a escolhendo Janela→Visor de Atividade (Windows→Activity Viewer), ou pressionando ⌘-O.

Da mesma forma, se você estiver com problemas para se conectar a alguma (ou todas) das suas contas de e-mail, escolha Janela→Verificador de Conexão (Window→Connection Doctor). Aqui, é possível ver informações detalhadas sobre quais de suas contas não estão respondendo. Se a conexão de Internet do seu computador for a culpada, você pode clicar Ajude-me (Assist Me) para tentar voltar a entrar on-line.

A lista de Caixas de Correio (Mailboxes)

Se estiver acostumado às antigas versões do Mail, a primeira coisa que perceberá é que o painel Caixas de Correio não é mais apenas para as caixas de correspondência. Categorias como Lembretes (Reminders) e RSS também podem aparecer aqui, conforme mostrado na Figura 19-4. Porém, a metade superior dessa coluna azul acinzentada, do lado esquerdo, relaciona todas suas pastas das contas de e-mail (e subpastas, e sub-subpastas) para fácil acesso. Agora, o Mail se parece um pouco com o iTunes (com o iPhoto e com o Finder, também) – exceto que aqui você tem caixas de correspondência onde estariam a biblioteca do seu iTunes e os iPods conectados.

No painel Caixas de Correio, às vezes ocultas por triângulos giratórios, você pode encontrar estas pastas:

- **Caixa de Entrada (Inbox).** Mantém a correspondência recebida. Se você tiver mais de uma conta de e-mail, é possível expandir os triângulos para ver as pastas separadas das duas contas individuais. Você também verá esse padrão repetido com Enviadas, Lixo e outras caixas de correspondência – contas separadas têm subtítulos também separados.

Dica: Se o Mail tiver algo a lhe dizer sobre a sua Caixa de Entrada (como, por exemplo, que ele não pode se conectar a ela), um pequeno triângulo de aviso aparece do lado direito da coluna Caixas de Correio. Clique-o para ver o que está "prendendo" o Mail.

Se você vê um ícone de trinco iluminado, essa é a maneira do Mail de anunciar que você está off-line (desligado). Clique o ícone para tentar se conectar à Internet.

- **Caixa de Saída (Outbox).** Mantém a correspondência que você escreveu, mas não enviou (porque estava em um avião quando a escreveu, por exemplo). Se não houver correspondência para ser enviada, a própria Caixa de Saída desaparece.

- **Rascunhos (Drafts).** Mantém as mensagem que você começou, mas não terminou e ainda não quer enviar.

- **Enviadas (Send).** Sem surpresa, mantém cópias das mensagens que você enviou.

- **Lixo (Trash).** Funciona praticamente como o Lixo em sua Mesa, onde as mensagens que você coloca lá, na verdade, não desaparecem. Eles ficam na pasta Lixo até que você as apague permanentemente ou mova-as para algum outro lugar – ou até que, automaticamente, o serviço de limpeza de lixeira do Mail apague-as para você.

- **Mensagens Indesejadas (Junk).** Aparece automaticamente quando você usa o filtro de spam do Mail, conforme descrito posteriormente neste capítulo.

DIAMANTE BRUTO

A poderosa interface que muda

Não é preciso ficar satisfeito com a aparência padrão da tela do Mail. Você pode controlar quase cada parte de seu aspecto e layout.

Por exemplo, é possível controlar as colunas de informações da janela principal exatamente como você faria em uma exibição de lista no Finder – estreitar ou ampliar uma coluna, arrastando a margem direita do cabeçalho da coluna, reorganizando as colunas arrastando seus títulos e assim por diante.

Você também pode controlar *quais* colunas aparecem, usando os comandos no menu Ver→Colunas (View→Columns). Da mesma forma, você pode classificar seus e-mails, clicando os cabeçalhos dessas colunas, exatamente como no Finder. Clique uma segunda vez para inverter a ordem de classificação.

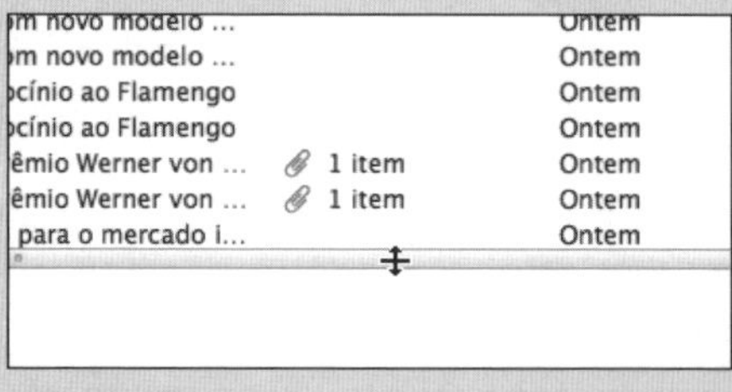

Os diversos painéis na janela principal também estão sob o seu controle. Por exemplo, você pode arrastar, para cima e para baixo, a barra divisória entre a lista Mensagens e o painel Visualização para ajustar as proporções relativas, conforme mostrado aqui. Na verdade, é possível se livrar totalmente do painel Visualização, clicando-duplo a linha divisória, clicando-duplo logo acima da barra de rolagem vertical ou arrastando a alça da linha divisória totalmente para o fundo da tela. Traga-o de volta arrastando a linha divisória de baixo para cima.

Você também pode controlar o painel Caixas de Correio. Arraste a fina linha vertical que separa essa coluna matizada da área branca de mensagens, para ampliar ou estreitar a coluna. Você até pode arrastá-la para que fique tão estreita que você só possa ver os ícones das caixas de correspondência. Escolhendo Ver→Ocultar Caixas de Correio (View→Hide Mailboxes) (ou Ver→Exibir Caixas de Correio [View→Show Mailboxes]), ou pressionando Shift-⌘-M, você pode fazer a coluna desaparecer ou reaparecer.

Finalmente, você tem controle total sobre a Barra de Ferramentas, que funciona muito como a Barra de Ferramentas do Finder. Você pode reorganizar ou remover os botões de ícones (⌘-arrastando-os); acrescentar novos botões interessantes à barra de ferramentas (escolhendo Ver→Personalizar Barra de Ferramentas [View→Customize Toobar]); alterar a sua visualização para exibir *apenas* rótulos de texto ou *apenas* ícones – sejam eles grandes ou pequenos (clicando ⌘ repetidamente o botão superior direito, branco, oval da barra de ferramentas); ou ocultar totalmente a barra de ferramentas (clicando esse botão branco ou usando o comando Ver→Ocultar Barra de Ferramentas [View→Hide Toolbar]).

- **Lembretes (Reminders).** Quaisquer Lembretes que você tenha escrito enquanto estava trabalhando no Mail estão aqui. (Ambos serão descritos ainda neste capítulo.)

- **RSS (Alimentadores RSS).** Quem precisa usar um navegador Web para se manter atualizado com as notícias? O Mail as traz para você enquanto você estiver respondendo, conforme descrito a seguir.

- **Atividade do Mail (Mail Activity).** Não é preciso chamar uma janela separada para ver quanto tempo mais o programa ainda precisa para enviar aquela mensagem com o anexo imenso. Para exibir o painel de atividade do Mail, clique o ícone central do lado inferior esquerdo da janela do Mail (Figura 19-5).

- **Painel de Pré-visualização (Preview panel).** A diferença entre as Figuras 19-4 e 19-5 é o Painel de pré-visualização – a metade inferior da janela principal que mostra o conteúdo da mensagem selecionada na lista superior. Se você ainda não está visualizando esse painel, arraste a borda inferior da janela, marcada com um ponto, para cima (conforme mostrado na caixa da página anterior); trata-se de uma borda móvel entre as metades da janela.

Destaque do Snow Leopard: Pela primeira vez, agora você pode arrastar as caixas de correio para cima e para baixo na lista. Perfeito.

Figura 19-4:
Se você já tiver usado o iTunes, perceberá muitas semelhanças com a janela do Mail. Todas as suas fontes de informações – caixas de correspondência, notas, Itens A Fazer e Alimentadores RSS – estão agrupadas organizadamente na coluna da extrema esquerda, onde sempre é possível vê-las. Os botões ao longo da parte de cima da janela do Mail permitem que você crie novas mensagens, notas e tarefas, com um clique. Para ver o que há em uma dessas pastas, clique-a uma vez. A relação das mensagens aparece na metade de cima do lado direito da janela (a lista Mensagens).

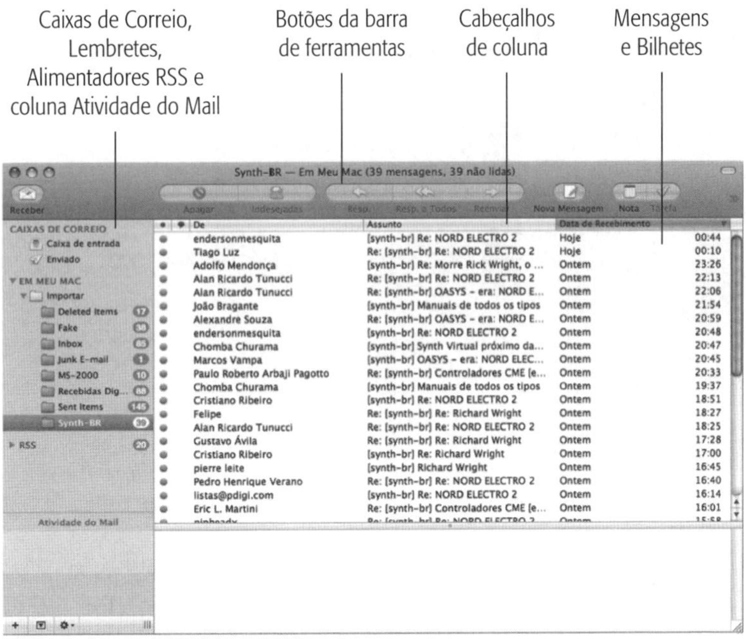

Escrevendo mensagens

Para enviar um e-mail, clique em Nova Mensagem (New) na Barra de Ferramentas ou pressione ⌘-N. O formulário Nova Mensagem (New Message), mostrado na Figura 19-6, aparece. Eis como você escreve uma mensagem:

1. No campo "Para" (To), digite o endereço de e-mail do destinatário.

Se alguém estiver em sua Agenda, digite as primeiras duas letras do nome ou endereço de e-mail: automaticamente, o Mail completa o endereço. (Se a primeira sugestão estiver errada, digite outra letra, ou duas, até que o Mail revise a sua sugestão.)

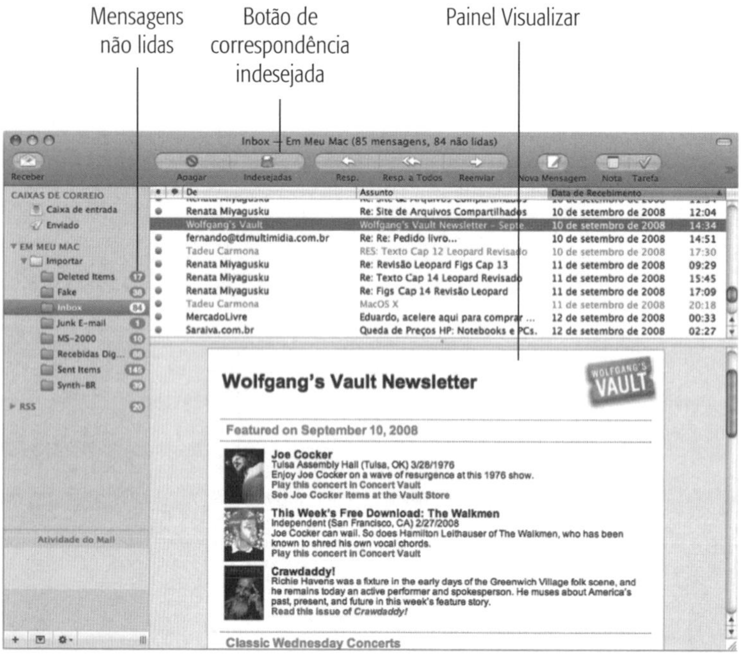

Figura 19-5:
Os muitos painéis do Mail. Clique um ícone na coluna Caixas de Correio para ver o seu conteúdo na lista Mensagens. Quando você clicar o nome de uma mensagem na lista Mensagens (ou pressionar as teclas ↑ e ↓ para selecionar nomes de mensagens sucessivas), verá a própria mensagem, junto com quaisquer anexos, no painel Visualizar.

Clique um dos títulos de coluna (De, Assunto e assim por diante) para classificar a sua coleção de e-mails por esse critério.

Dica: Se você descobrir que, constantemente, o Mail tenta preencher automaticamente o endereço de alguém com quem você realmente não se comunica, é possível remover aquele endereço de sua memória, escolhendo Janela→Destinatários Anteriores (Window→Previous Recipients). Clique o endereço indesejado e depois clique Remover da Lista (Remove From List).

Como na maioria das caixas de diálogo, você pode pular entre espaços vazios (do campo "Para" para o campo "Cc", por exemplo), pressionando a tecla Tab. Para enviar essa mensagem para mais de uma pessoa, separe os endereços com vírgulas: *bob@earthlink.net*, *billg@microsoft.com*, e assim por diante.

Dica: Se você enviar a maioria dos seus e-mails para endereços dentro da mesma empresa (como *reddelicious@apple.com*, *grannysmith@apple.com* e *winesap@apple.com*), automaticamente o Mail pode tornar vermelhos todos os outros endereços de e-mail. É um recurso que permite evitar o envio de mensagens confidenciais para endereços externos.

Para ativar esse recurso, escolha Mail→Preferências, clique Redação (Composing), selecione Marcar endereços não terminados em (Mark addresses not ending with) e depois digite o domínio "seguro" (como *apple.com*) no espaço em branco.

2. Para enviar uma cópia a outro(s) destinatário(s), entre com seu(s) endereço(s) no campo "Cc".

Cc significa *carbon copy* (cópia carbono). Enviar uma mensagem por e-mail onde o seu nome está na linha "Cc" equivale a dizer: "Estou mandando uma cópia para você, pois achei que gostaria de saber sobre essa correspondência, mas não estou esperando a sua resposta".

Dica: Se o Mail reconhecer os endereços que você digitar na caixa "Para" ou "Cc" (por ser alguém em sua Agenda, por exemplo), o nome se transforma em uma caixa de botão arredondado, sombreado. Além de ficar com bom aspecto, esses botões têm um pequeno triângulo do lado direito; quando você clicá-lo, obtém uma lista de comandos úteis (inclusive Abrir na Agenda [Open in Address Book]).

Esses botões também podem ser arrastados e deixados cair. Por exemplo, você pode arrastar um da caixa "Para" para o campo "Cc" ou da Agenda para o Mail.

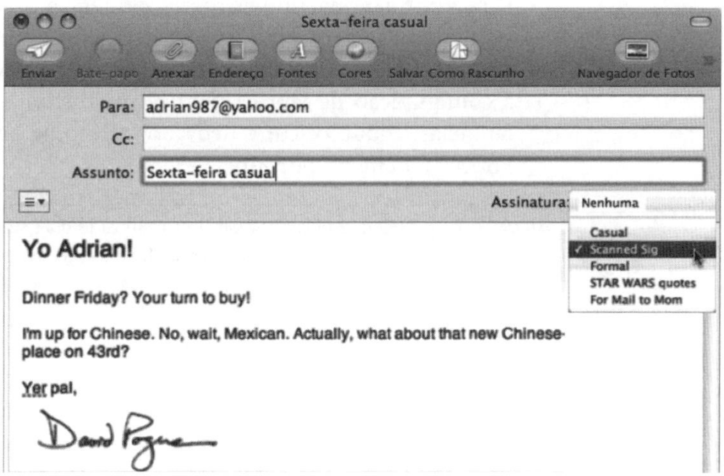

Figura 19-6: *Uma mensagem tem duas seções: o cabeçalho, que contém as informações sobre a mensagem; e o corpo, a grande área vazia que contém a própria mensagem. Além disso, a janela Mail tem uma Barra de Ferramentas que oferece recursos para compor e enviar mensagens. O menu pop-up Assinaturas (Signature) não existe, até que você crie uma assinatura; o menu pop-up Conta permite que você escolha a partir de qual endereço de e-mail você gostaria de enviar a mensagem (se você tiver mais de um endereço de e-mail).*

3. Digite o tópico da mensagem no campo Assunto (Subject).

É gentil colocar alguma ideia na linha de Assunto. (Use, por exemplo, "Mudança de planos para a próxima semana" em vez de "Oi".) Além disso, deixá-la em branco só aborrece o destinatário. Por outro lado, você também não escreve a mensagem *inteira* na linha de Assunto.

4. Especifique um formato de e-mail.

Há dois tipos de e-mail: *texto simples* e *formatado* (que a Apple chama de Texto com Estilo). As mensagens de texto simples são mais rápidas de enviar e abrir, são universalmente compatíveis com os programas mundiais de e-mail e as preferidas pelos fãs veteranos de computador. E, mesmo que a própria mensagem seja simples, é possível anexar fotos e outros arquivos. (Se realmente você quiser colocar imagens em sua correspondência, pode usar a opção *Mostrar Modelos* [Stationery], a qual oferece gabaritos pré-formatados para a mensagem, para soltar em fotos, gráficos e texto.)

Os aficionados talentosos aprenderam como inventar alguma formatação em mensagens simples: eles usam letras maiúsculas ou asteriscos em vez de formatação em negrito (**cara* ele é um GEEK!*), "sorrisos" assim :-) em vez de fotos e pseudossublinhados para ênfase (*Eu_adoro_queijo Suíço!*).

Por outro lado, de vez em quando, mensagens formatadas abrem lentamente e em alguns programas de e-mail as formatações nem aparecem.

Para controlar qual tipo de correspondência você envia em uma base mensagem-por-mensagem, escolha a partir do menu Formato (Format), Fazer Texto Normal (Make Plain Text) ou Fazer Texto com Estilo (Make Rich Text). Para mudar a configuração de fábrica para novas mensagens de saída, escolha Mail→Preferências; clique o ícone Redação; e escolha Formato de Mensagem (Message Format) do menu pop-up.

Dica: Se você pretende enviar e-mails formatados, lembre-se de que seus destinatários não verão as fontes usadas, a menos que suas máquinas tenham as mesmas instaladas. A questão é: em e-mails de fãs do Mac e do Windows, fique com as escolhas universais, como Arial, Times e Courier.

5. Digite a sua mensagem na caixa de mensagem.

Você pode usar todas as técnicas padrão de edição, inclusive copiar e colar, arrastar e soltar, e assim por diante. Se você selecionar o estilo de e-mail Texto com Estilo, poderá usar formatação do tipo de processador de textos (Figura 19-7).

Enquanto você digita, o Mail verifica a sua ortografia, usando sublinhado pontilhado para marcar palavras questionáveis (também mostrado na Figura 19-7). Para verificar ortografias alternativas de uma palavra sobre a qual haja dúvidas, Control-clique nela. A partir da lista de sugestões no menu de atalho, clique a palavra realmente desejada ou escolha Aprender Ortografia (Learn Spelling), para acrescentar a palavra ao dicionário do Mac OS X. Você pode aprender muito mais sobre o corretor de ortografia/gramática (e expansão de digitação) no Capítulo 6.

Se você estiver compondo uma longa mensagem de e-mail, ou se não quiser enviá-la até mais tarde, clique o botão Salvar como Rascunho (Save As Draft), pressione ⌘-S ou escolha Arquivo→Salvar como Rascunho (File→Save As Draft). Você acabou de salvar a mensagem em sua pasta Rascunhos. Ela ainda estará lá na próxima vez que você abrir o Mail. Mais tarde, para reabrir o rascunho salvo, clique o ícone de Rascunhos na coluna Caixas de Correio e, depois, dê duplo-clique na mensagem na qual deseja trabalhar.

6. Clique Enviar (ou pressione Shift-⌘-D).

O Mail envia a mensagem.

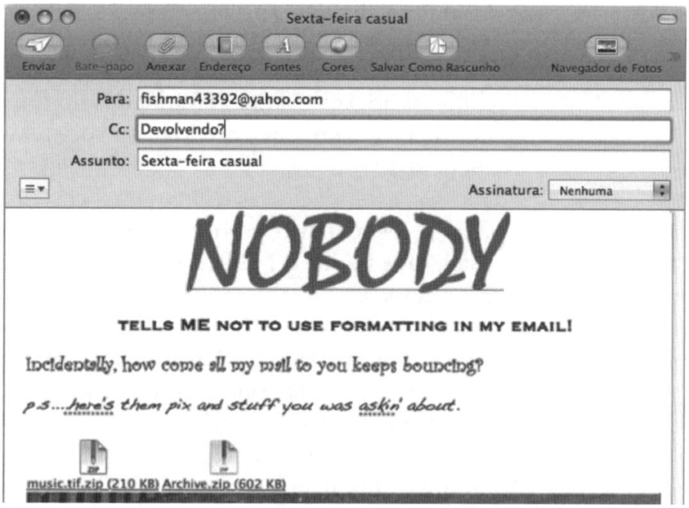

Figura 19-7: *Se de fato você deseja usar formatação, clique o ícone Fontes (Fonts) na Barra de Ferramentas, para abrir o painel Fonte, ou o ícone Cores (Colors) para abrir o Seletor de Cor (Color Picker) (página 224). O menu Formatar (na Barra de Menu) contém ainda mais controles: alinhamento de parágrafo (à squerda, à direita, centralizado ou justificado), e até os comandos Copiar/Colar Estilo (Copy/ Paste Style), que lhe permitem transferir a formatação de um bloco de texto para outro.*

Dica: Para reenviar uma mensagem que você já tenha enviado, use Option-duplo-clique na mensagem em sua caixa de Enviar. Obediente, o Mail abre uma nova duplicata, pronta para ser editada, reencaminhada se você quiser e depois enviada novamente. (A rota prescrita pela Apple é selecionar a mensagem e depois escolher Mensagem→Enviar Novamente [Message→Send Again], mas isso não é muito divertido.)

Se você preferir que o Mail coloque cada mensagem escrita na pasta de Saída ao invés de se conectar à Internet quando você clicar Enviar, escolha Caixa de Correio→Desconectar (Mailbox→Take All Accounts Offline). Enquanto você não estiver on-line, o Mail evita se conectar, o que é um ótimo recurso quando você está trabalhando em um laptop a 39 mil pés de altitude. (Escolha Caixa de Correio→Conectar todas as contas [Mailbox→Take All Accounts Online] para reverter o procedimento.)

Anexando arquivos a mensagens

Enviar pequenas mensagens de texto é bom, mas não ajuda muito quando você quer enviar para alguém uma fotografia, uma música ou um documento Word. Para anexar um arquivo a uma mensagem que você tenha escrito, use um destes métodos:

- Arraste os ícones que deseja anexar diretamente para fora da Mesa (ou para fora de uma pasta) para a janela Nova Mensagem. Os seus anexos aparecem lá, com os seus próprios hiperlinks (mostrado na Figura 19-7), significando que basta o seu destinatário clicar para abri-los.

Dica: O Exposé nasceu para esse momento. Pressione a tecla ⌘-F3 para fazer todas as janelas voarem para as margens da tela, exibindo a Mesa. Procure até encontrar o arquivo que deseja enviar. Comece a arrastá-lo; sem soltar o mouse, pressione ⌘-F3 novamente, para trazer a janela da sua mensagem de volta à exibição. Complete o seu arraste para dentro da janela de mensagem. (Nos antigos teclados de plástico, pressione F11.)

O Mail faz parecer como se você pudesse estacionar o ícone do arquivo anexado (ou o arquivo completo de imagem de um gráfico) *dentro* do texto da mensagem, misturada à sua digitação. Mas, não se engane; na ponta receptora, todos os anexos ficarão amontoados no fim da mensagem (a menos que o seu destinatário também use o Mail ou você tenha enviado as fotos com alguns dos modelos).

- Arraste os ícones que você deseja anexar da Mesa para o ícone do Dock do Mail. Obediente, o Mail cria uma nova mensagem de saída, com os arquivos já anexados.

- Clique o ícone Anexar (Attach) na Barra de Ferramentas Nova Mensagem, escolha Arquivo→Anexar Arquivo (File→Attach File), ou pressione Shift-⌘-A. Agora, a folha padrão Abrir Arquivo (Open→File) aparece, para que você possa navegar e selecionar os arquivos que deseja incluir. (É possível escolher múltiplos arquivos simultaneamente nessa caixa de diálogo. Basta dar ⌘-clique ou Shift-clique nos arquivos individuais desejados, como se você os estivesse selecionando em uma janela do Finder.)

  Quando eles estiverem selecionados, clique Escolher Arquivo (Choose File) (ou pressione Return). Você volta para a janela Nova Mensagem, onde aparecem os ícones dos anexos, prontos para ir junto quando você enviar a mensagem.

Para remover um anexo, arraste pelo seu ícone, para selecioná-lo e, depois, pressione a tecla Delete. (Também é possível arrastar o ícone de um anexo para fora da janela, para o Lixo do Dock ou escolher Mensagem→Remover Anexos [Message→Remove Attachments].)

Assinaturas

As *assinaturas* são trechos de texto que ficam estampadas embaixo de suas mensagens de e-mail de saída. Uma assinatura pode conter um nome, endereço postal, uma citação contundente ou mesmo uma digitalização da sua *verdadeira* assinatura, conforme mostrado na Figura 19-6.

Você pode personalizar a sua assinatura, escolhendo Mail→Preferências e, depois, clicando o ícone Assinaturas. Eis o que você deve saber:

- **Para montar uma biblioteca de assinaturas que você pode usar em qualquer uma das suas contas:** selecione Todas as Assinaturas (All Signatures) no painel extremo esquerdo, e, depois, clique o botão + para adicionar cada nova assinatura (Figura 19-8). Dê um nome a cada nova assinatura, no painel do meio, e depois personalize o texto da assinatura no painel da extrema direita.

GANHE VELOCIDADE

Cco, Responder Para (Reply-to) e Prioridade

Uma *cópia carbono cega (blind carbon copy)* é uma cópia secreta. Esse recurso permite que você envie, secretamente, uma cópia de uma mensagem, sem que qualquer outro destinatário saiba que você o fez. Para ver esse campo enquanto estiver compondo uma mensagem, escolha Visualizar→Campo de Endereço Cco (View→Bcc Address Field).

É possível usar o campo "Cco" para informar silenciosamente a um terceiro que uma mensagem foi enviada. Por exemplo, se você enviar uma mensagem a um colega de trabalho dizendo, "Chris, estou aborrecido por você ter enganado os consumidores", pode enviar uma Cco à sua supervisora, para informá-la, sem criar problemas com a Chris.

A caixa "Cco" também é útil de outras maneiras. Muitas pessoas enviam mensagens (por exemplo, piadas batidas) para uma longa lista de destinatários. Você, o destinatário, precisa rolar através de uma longa lista de nomes que o remetente colocou no campo "Para" ou "Cc".

Porém, se o remetente usou o campo "Cco" para conter todos os endereços de e-mail dos destinatários, você, o destinatário, não vê quaisquer nomes, exceto o seu no alto do e-mail. (Os remetentes de spam também aprenderam esse truque, motivo pelo qual normalmente parece que você é o único destinatário de mensagens de lixo, quando, na verdade, há milhões de outras pessoas que recebem a mesma mensagem.)

Outro campo oculto que você pode acrescentar às suas mensagens é *Responder Para (Reply-To)*. (Escolha Visualizar→Campo de endereço "Responder Para" [View→Reply-To Address Field].) Esse campo tem um único objetivo: fazer o programa de e-mail do destinatário responder a um endereço de e-mail diferente daquele do qual você enviou a mensagem. Por exemplo, se o seu endereço de e-mail comercial não estiver funcionando, mas você *tiver* necessidade de enviar um relatório de campo para seu chefe, pode enviar a mensagem da sua conta pessoal de e-mail, mas colocar o endereço comercial no campo Responder Para. Assim, quando o seu chefe responder com um e-mail de congratulações, o e-mail vai para a sua conta comercial.

Finalmente, se clicar o botão pop-up de três linhas do lado esquerdo de uma mensagem de e-mail e escolher Personalizar, você poderá habilitar mais uma opção oculta de cabeçalho: *Prioridade* (Priority). (É o menu pop-up com um ponto de exclamação nele.) Marcando a caixa de seleção perto daquele menu pop-up e clicando OK, todas as suas mensagens de e-mail permitem que você ajuste a importâncias delas, em uma escala de três camadas.

A boa parte sobre esse sistema é que ele permite que o seu destinatário veja que um e-mail enviado por você é, por exemplo, urgente. A parte ruim é que nem todo programa de e-mail exibe a prioridade do e-mail – e mesmo se o programa de correio eletrônico do seu destinatário exibir a prioridade da sua mensagem, não há garantia de que ele responderá mais depressa.

Dica: Se ficar cansado de uma assinatura, você pode apagá-la para sempre, selecionando Todas as Assinaturas→[o nome da sua assinatura], clicando o botão – e, depois, clicando OK.

- **Para tornar uma assinatura disponível em uma de suas contas de e-mail:** arraste o nome da assinatura a partir do painel do meio para o nome da conta, no painel extremo esquerdo. Em outras palavras, é possível disponibilizar determinadas assinaturas apenas para a sua conta comercial (ou pessoal), para que nunca, acidentalmente, você acabe anexando a sua assinatura de agente secreto do FBI embaixo de um convite de aniversário que enviar.

- **Para designar uma assinatura especial a uma conta:** no painel esquerdo, clique uma conta, a partir do menu pop-up, selecione Escolher Assinatura (Choose Signature). Sempre que você compuser uma mensagem daquela conta, o Mail insere a assinatura selecionada.

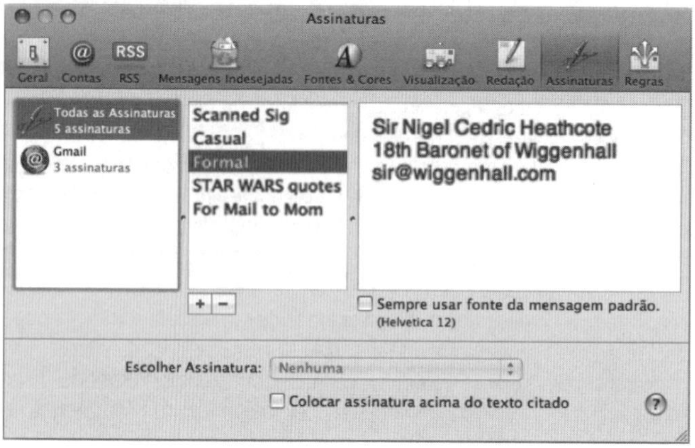

Figura 19-8: *Após definir um nome para a sua assinatura, no painel do meio e digitar o texto no da direita, não se esqueça do menu Formato (Format), que você pode utilizar para enfeitar sua assinatura com cores e formatações. Você também pode colar uma imagem na caixa de assinatura. Clique OK quando tiver finalizado. (Você pode utilizar assinaturas formatadas somente quando enviar mensagens em formato Rich Text.)*

Dica: Para tornar as coisas mais interessantes aos seus destinatários, escolha: Aleatoriamente (At Random); o Mail seleciona uma assinatura diferente cada vez que você enviar uma mensagem. Ou, se você não for muito do tipo de se arriscar, escolha Em Ordem Sequencial (In Sequential Order); o Mail pega a próxima assinatura na ordem de cada mensagem que você escrever.

Lembre-se de que sempre é possível trocar a sua assinaturas em uma base de mensagem por mensagem, usando o menu pop-up Assinaturas em qualquer nova mensagem de e-mail.

- **Para usar o recurso de assinatura como um prefixo em respostas:** marque Colocar assinatura acima do texto citado (Place signature above quoted text). Se marcar essa configuração, a sua assinatura é inserida *acima* de qualquer texto ao qual você esteja respondendo, ao invés de abaixo. Essa configuração seria usada se a sua "assinatura" dissesse algo como "Olha! Você me escreveu isto...".

Dica: Se você for consistente no estilo ortográfico, também pode marcar Sempre usar fonte da mensagem padrão (Always match my default font). Essa configuração garante que quaisquer mensagens que você enviar contenham a assinatura na mesma fonte que o restante da mensagem, deixando um ar de profissionalismo em sua mensagem.

Modelos

Mensagens com Texto com Estilo – e até Texto Simples – são ótimas para a sua correspondência pessoal e comercial diária. Afinal, você não ganha nada acrescentando visual de sinos e apitos às suas mensagens do tipo "Vamos nos reunir para discutir os resultados dos lucros do terceiro trimestre".

USUÁRIOS PROFISSAS

Truques para anexar

Atualmente, o que é *anexado* a uma mensagem de e-mail, frequentemente é mais importante do que a própria mensagem. Você poderia enviar um arquivo em PowerPoint para um colega de trabalho ou uma foto do seu novo cachorro para uma tia, por exemplo, sem se preocupar em escrever qualquer coisa além de "Veja o anexo", no corpo da mensagem.

Por isso é tão doloroso quando anexos de e-mail não são adequadamente recebidos – ou quando são grandes demais para serem enviados. Felizmente, agora o Mac OS X oferece três ferramentas para fazer anexos menores e mais compatíveis com o Windows, de forma que você nunca mais receberá outra resposta raivosa "Não *posso* ver o anexo!".

Se você estiver enviando imagens junto com a sua mensagem, é possível diminuí-las direto no Mail. Use o menu pop-up Tamanho da Imagem (Image Size), no canto inferior direito da janela, para escolher um tamanho menor para as imagens (como Médio [Medium] ou Pequeno [Small]).

Você também pode manter as tabulações no tamanho total de seus anexos no canto inferior esquerdo da janela. O ideal seria manter o total abaixo de 2 MB, de modo que os usuários de discagem não ficassem aborrecidos – e, assim, a sua mensagem não seria rejeitada pelo ISP do seu destinatário, por ser grande demais.

Use o Finder para compactar arquivos grandes antes de enviá-los. Conforme descrito anteriormente, o Finder cria arquivos compactados .zip, os quais normalmente ocupam muito menos espaço do que os originais.

Você pode escolher entre dois formatos diferentes para os seus anexos: normal ou amistoso para com o Windows. Os anexos normais abrem corretamente tanto nos Macs quanto nos PCs. O problema é que um anexo normal pode aparecer em um PC acompanhado por um segundo anexo, inútil, cujo nome começa com "._" (basta que os seus destinatários o ignorem).

Os anexos amistosos para com o Windows, por outro lado, sempre funcionam corretamente nos PCs – mas, podem não abrir de modo algum nos Macs. A menos que você trabalhe em uma empresa só de Windows, fique com a configuração normal.

Para usar a configuração amistosa para com o Windows em uma mensagem aberta, escolha Editar→Anexos→Enviar Anexos Amigáveis do Windows (Edit→Attachments→Send Windows Friendly Attachments). (Se nenhuma mensagem for aberta, então, o comando informa "Enviar *sempre* anexos amigáveis do Windows" [Always Send Windows Friendly Attachments].) Também é possível ajustar a configuração em cada e-mail, usando a caixa de seleção Enviar Anexos Amigáveis do Windows (Send Windows Friendly Attachments), embaixo da caixa de diálogo de anexar.

Mas, vamos supor que haja uma ocasião em que você *deseja* anunciar a sua correspondência, como um convite eletrônico para uma despedida de solteiro ou uma atualização de e-mail em massa para poder por o pé na estrada, na Rota 66.

Essas mensagens clamam pelo novo recurso do Mail, *Modelos*. Modelos são gabaritos coloridos, pré-desenhados de correio, que você transforma em seus, arrastando para eles fotos da sua própria coleção. Essas fontes e imagens elegantes, certamente atrairão a atenção das pessoas quando abrirem a mensagem.

Nota: E elas serão atraídas, isto é, se os programas de e-mail que elas usam entenderem formatação HTML. Essa é a formatação que o Mail usa em seu Modelo. (Se a palavra de aficionado *HTML* parece familiar, é porque a Linguagem de Marcação de Hiper-Texto [HyperText Markup Language] é a mesma usada em muitas páginas Web, tão vivas e coloridas.)

Poderia ser uma boa ideia garantir que toda a sua lista de destinatários tenha um programa de correio eletrônico que pode lidar com HTML; caso contrário, a sua mensagem pode parecer uma confusão de códigos e letras no meio da tela.

Para fazer uma mensagem estilizada com um modelo do Mail:

1. Crie uma nova mensagem.

Clique Arquivo→Nova Mensagem, pressione ⌘-N ou clique o botão Nova Mensagem na Barra de Ferramentas da janela Mail. A escolha é sua.

2. Do lado direito da Barra de Ferramentas na janela Nova Mensagem, clique Mostrar Modelos (Show Stationery).

Um painel aparece, exibindo todos os gabaritos disponíveis, em categorias como "Aniversário" (Birthday) e "Anúncios" (Announcements).

3. Clique uma categoria e, depois, clique uma imagem sobre a miniatura do modelo, para aplicá-la à sua mensagem.

O corpo da sua mensagem se altera para tomar a aparência do gabarito.

4. Se tudo estiver certo clique o botão Ocultar Modelos (Hide Stationery) na Barra de Ferramentas, para dobrar o painel seletor de modelos.

Agora, sem dúvida, o pacote de Papel de Carta da Apple tem uma aparência fantástica. O único problema é que as fotos que enfeitam a maioria dos gabaritos são fotos da família e amigos de *alguma outra pessoa*. A menos que você trabalhe para a agência de modelos da Apple, provavelmente não terá a mínima ideia de quem são eles.

Dica: Se não gostar da cor do fundo, experimente clicar a miniatura; alguns gabaritos oferecem algumas escolhas de cores diferentes.

Felizmente, é bem fácil substituir aqueles porta-retratos pelos seus *próprios* instantâneos.

5. Adicione e ajuste fotos.

Clique o ícone Navegador de Fotos (Photo Browser) na Barra de Ferramentas da mensagem, para abrir uma paleta que relaciona todas as suas fotos armazenadas no iPhoto, no Aperture e no Photo Booth (Figura 19-9).

Dica: Se você mantém suas imagens em nenhum desses programas, pode arrastar qualquer pasta de imagens para a janela Navegador de Fotos para adicioná-las.

Agora, você pode arrastar as suas próprias fotos diretamente *nas* falsas fotos da Apple, no gabarito de Modelos. Elas substituem os manequins ao sol.

Dê duplo-clique em uma foto para redimensioná-la no gabarito. Um deslizador aparece, permitindo que você ajuste o tamanho da foto dentro da mensagem. Arraste o mouse em volta da janela da foto para reposicioná-la com relação à sua moldura.

6. Selecione o texto simulado e digite o que você realmente deseja dizer.

A menos que esteja escrevendo para os seus alunos de latim, é claro, em cujo caso *Duis nonsequ ismodol oreetuer iril dolore facidunt* pode ser perfeitamente apropriado.

De qualquer modo, enquanto você cobre o texto falso, as suas palavras são automaticamente formatadas, para combinar com o design do gabarito.

Quando a mensagem estiver com a aparência que você deseja, enderece-a como faria com qualquer outro e-mail e clique o botão Enviar, para colocá-la a caminho.

Dica: Você não está preso aos designs da Apple em seus gabaritos de Modelos; pode fazer os seus próprios. Basta abrir uma nova mensagem, usar os estilos de fonte e fotos que deseja e, depois, escolher Arquivo→Salvar Como Modelo (File→Save as Stationery). Agora você pode selecionar a sua obra de arte na categoria Personalizar, que aparece embaixo da lista, no painel seletor de modelos.

Se julgar que a mensagem ficaria melhor como o velho texto simples, clique Mostrar Modelos (Show Stationery) na janela de mensagem. Na lista de categorias de gabarito, clique modelos e, depois, Original, para tirar a cor e os formatos da mensagem.

Dica: Se você descobrir que está usando um ou dois gabaritos demais (por exemplo, se todos os seus amigos estão tendo filhos atualmente), arraste os gabaritos usados com frequência para a categoria de Favoritos, para que não seja preciso procurá-los por todo lado.

Para remover um dos Favoritos (Favorites), clique-o e, depois, clique o ⊗ no canto superior esquerdo da miniatura.

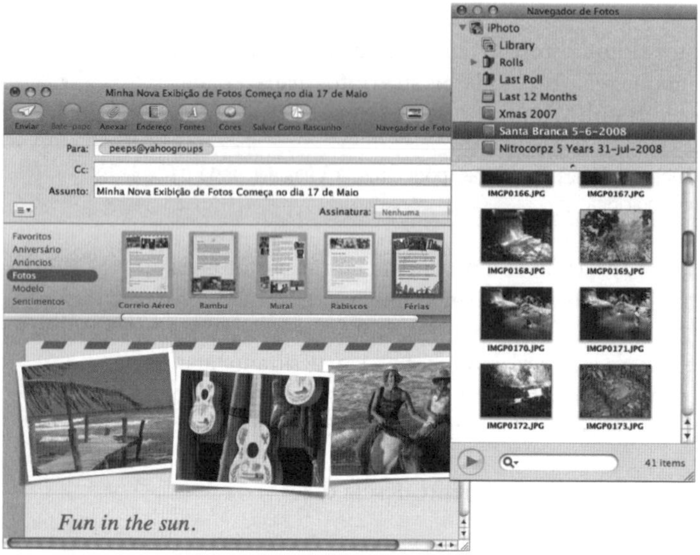

Figura 19-9:
Para usar um modelo, comece clicando um gabarito, depois, adicione o seu próprio texto no lugar da cópia genérica que vem com este gabarito.

Clique o botão Navegador de Fotos, no alto da janela de mensagem, para abrir as suas coleções de fotos do Mac (mostradas à direita) e, depois, arraste as imagens que deseja nas caixas de foto, no gabarito dos modelos. Não é precisa saber nada de HTML para usar os gabaritos – é tudo uma questão de arrastar, soltar e digitar, meu bem.

Lendo e-mail

O Mail põe todos os e-mails que chegam em sua Caixa de Entrada; a estatística depois da palavra *Caixa de Entrada* permite que você saiba quantas mensagens ainda não foram lidas. As novas mensagens também são marcadas com pontos em azul claro na lista principal.

Dica: O ícone do Mail no Dock também mostra quantas novas mensagens estão à sua espera; ele é o número no círculo vermelho.

Clique a pasta Caixa de Entrada para ver uma lista de mensagens recebidas. Se ela for uma longa lista, pressione Control-Page Up e Control-Page Down para rolar. Clique uma vez o nome da mensagem para lê-la no painel de Visualização, ou dê duplo-clique em uma mensagem para abri-la em uma janela separada. (Por sua vez, usar Page Up e Page Down sem a tecla Control rola o Painel de pré-visualização.)

Dica: Em vez de ler o seu e-mail, você pode preferir que o Mac OS X o leia para você, enquanto você recosta na cadeira e beberica um daiquiri de morango. Selecione o texto que deseja escutar (ou escolha Editar→Selecionar Tudo [Edit→Select All]) e, depois, escolha Editar→Fala→Começar a falar (Edit→Speech→Start Speaking). Você ouve a mensagem lida em voz alta, na voz selecionada no painel Voz das Preferências do Sistema (Capítulo 9).

Para interromper a insanidade, escolha Editar→Fala→Parar de falar (Edit→Speech→Stop Speaking).

Quando tiver visto uma mensagem, você pode respondê-la, apagá-la, imprimi-la, arquivá-la e assim por diante. As próximas páginas devem ajudá-lo a começar.

Encadeamento

O *encadeamento* é um dos métodos mais úteis de classificação de e-mail que já apareceu – e ele está disponível no Mail. Quando o encadeamento está ativado, o Mail agrupa e-mails com o mesmo assunto (como "Raccoons" e "Re: Raccoons") *como um único item* na lista principal de correio.

Para marcar o encadeamento, escolha Ver→Organizar por Encadeamento (View→Organize by Thread). Se várias mensagens tiverem o mesmo assunto, elas ficarão azul claro para indicar a sua associação em uma cadeia (Figura 19-10).

Eis algumas maneiras poderosas de usar o encadeamento.

- **Veja uma lista de todas as mensagens em uma cadeia clicando o seu cabeçalho.** No painel Visualização, você vê um inventário compreensivo das cadeias (Figura 19-10). É possível clicar o nome de uma mensagem nessa lista, para pular direto nela.

- **Mova todos os membros de uma cadeia para uma nova caixa de correio bastando mover o seu cabeçalho.** Você pode julgar isso útil quando, por exemplo, tiver terminado um projeto e quiser arquivar longe todos os e-mails relacionados, para fazê-lo rapidamente. (Como um extra, um número circulado informa quantas mensagens você está movendo enquanto arrasta o cabeçalho.) É possível até apagar de uma vez todas as mensagens em uma cadeia, apagando o seu cabeçalho.

- **Examine os membros da cadeia a partir de múltiplas caixas de correio.** Normalmente, as cadeias só exibem mensagens mantidas na *mesma* caixa de correio, mas isso não é particularmente conveniente quando você deseja ver ambas as mensagens (da sua Caixa de Entrada) e as suas respostas (em sua caixa Enviadas). Para resolver esse problema, clique Caixa de Entrada e, depois, ⌘-clique a caixa de correio Enviadas (ou qualquer outra das caixas de correio que deseje incluir.) As suas cadeias combinam, sem emendas, as mensagens relacionadas de todas as caixas de correio selecionadas.

- **Diminua rapidamente todas as cadeias.** Clique Ver→Diminuir Todas as Cadeias (View→Collapse All Threads). Se a sua lista principal ficar abarrotada com tantas cadeias expandidas, essa é uma maneira rápida de forçar a sua ordem. (Por outro lado, se a sua lista principal não estiver cheia o *suficiente*, escolha Ver→Expandir Todas as Cadeias [View→Expand All Threads].)

- **Envie para alguém todas as mensagem em uma cadeia.** Selecione o cabeçalho da cadeia e clique Encaminhar (Forward). Automaticamente, o Mail copia todas as mensagens da cadeia em uma nova mensagem, colocando a mais antiga em cima. Você pode considerar isso útil quando, por exemplo, quiser enviar ao seu chefe toda a correspondência que trocou com alguém sobre um determinado projeto.

Adicionar remetente à Agenda

Quando você escolhe o comando Mensagem→Adicionar Remetente à Agenda (Message→Add Sender To Address Book), o Mail memoriza o endereço de e-mail da pessoa cuja mensagem está na tela. Na verdade, usando essa técnica é possível selecionar uma grande quantidade de mensagens e acrescentar *todos* os remetentes simultaneamente.

Figura 19-10: *As cadeias têm duas partes: um cabeçalho (o assunto da cadeia, relacionado em azul escuro quando não está selecionado) e membros (as mensagens individuais na cadeia, relacionadas em azul claro e recuadas). Com frequência, a lista principal só mostra o cabeçalho de uma cadeia; clique o triângulo giratório para revelar seus membros.*

Doravante, você será capaz de escrever novas mensagens a alguém, bastando digitar as primeiras poucas letras do nome ou endereço de e-mail.

Detectores de dados

Eles são o que você vê quando o Mac OS X reconhece trechos usados de informações escritas de forma comum: em uma mensagem, endereço físico, um número de telefone, uma data e hora e assim por diante. Com um rápido clique, você pode enviar essas informações para o programa do Mac OS X adequado, como o iCal, a Agenda ou o seu navegador Web (para procurar um endereço em um mapa).

Esse é apenas um lembrete de serviço público de que os detectores de dados são especialmente úteis – *primeiramente*, ele é realmente útil – no Mail. Olhe o retângulo pontilhado que aparece quando você aponta para um nome, endereço, data, hora ou número de voo.

Destaque do Snow Leopard: Quando alguém envia algo que parece ser uma data e hora – "Ei, vamos nos reunir para um luau em meu apartamento em 12/06/2010 às 20h30! Espero que você vá!" – os detectores de dados vão além. Agora, o menu pop-up que se abre quando você clica o botão, na verdade ele propõe "Crie um novo Evento do iCal". (Esse recurso funciona até mesmo com informações menos específicas, como "Você pode vir na quinta-feira à tarde às 15h30?")

Você dá uma olhada no evento proposto (você provavelmente desejará editar o título), e é isso – o Mail realmente cria um evento em seu iCal automaticamente!

Abrindo anexos

Da mesma maneira que você pode anexar arquivos a uma mensagem, frequentemente, outras pessoas enviam arquivos para você. Às vezes, elas nem se preocupam em digitar uma mensagem; você acaba recebendo uma mensagem de e-mail vazia com um ou dois arquivos anexados. Só a presença do ícone do arquivo no corpo da mensagem mostra que há algo anexado.

Dica: Normalmente, o Mail não indica a presença de anexos na lista de Mensagens. No entanto, ele pode fazê-lo. Basta escolher Visualizar→Colunas→Arquivos Anexos (View→Columns Attachments). Uma nova coluna aparece na lista de e-mails – na extrema direita – onde você verá um ícone de clipe de papel e a quantidade de arquivos anexados relacionados em cada mensagem.

GANHE VELOCIDADE

Todos os pequenos símbolos

A primeira coluna da principal lista de e-mails exibe pequenos símbolos que lhe permitem saber, com um rápido olhar, como foram processadas determinadas mensagens. Claro que o mais comum é o ponto azul claro (●), que significa "nova mensagem". (Depois de ler uma mensagem, você pode marcá-la novamente como uma mensagem *não lida*, clicando Mensagem→Marcar→Como Não lida [Message→Mark→As Unread] [Shift-⌘-U] ou dando Control-clique no nome da mensagem e depois escolhendo Marcar→Como Não lida a partir do menu de atalho.)

Você também pode ver esses símbolos, cada um deles representando as mensagens que você tenha respondido (↰), encaminhado (→), redirecionado (⤳) ou sinalizado (⚑).

Entretanto, um segredo bem guardado é que os símbolos "responder a" e "encaminhado" não são apenas indicadores – eles são *botões*.

Quando vir um desses símbolos perto de sua mensagem original, clique-o para pular direto para a sua resposta (ou mensagem encaminhada). Você poupa o trabalho de precisar procurar por todas as suas caixas de correio.

A propósito, você deve ter percebido que o Mail marca uma mensagem como lida no momento em que você a clica. É possível voltar para não lida, usando o seu menu de atalho – mas há ainda um recurso mais permanente.

Se você ocultar o painel Visualização dando duplo-clique na barra divisora logo acima dele, o Mail não marca mais as mensagens como "lidas" apenas porque você clicou-as na lista. (É possível trazer o painel Visualização de volta, dando duplo-clique logo acima da barra de rolagem vertical, ou arrastando a barra divisória de volta para o fundo.)

O Mail não armazena os arquivos baixados como ícones de arquivos normais no seu disco rígido. Na verdade, eles são codificados direto nos bancos de dados da caixa de correio *.mbox*. Para extrair um arquivo anexado dessa massa de software, é preciso proceder de uma destas maneiras:

- Clique o botão Visualização Rápida (Quick Look), no cabeçalho da mensagem. Instantaneamente, você recebe uma visualização de tamanho quase completo do conteúdo do arquivo. Sim, o Visualização Rápida veio para o e-mail. As suas forças e fraquezas aqui são exatamente conforme descritas no Capítulo 1.

Dica: Se os anexos forem fotos, clicar Visualização Rápida oferece uma apresentação de slides em tela cheia de cada imagem anexada.

Se você remexer um pouco o mouse durante a apresentação de slides, também obterá uma útil fileira de botões de controle do slideshow embaixo da tela.

- Clique o botão Salvar (Save) no cabeçalho da mensagem para salvá-la em Transferências do Mac (Mac's Downloads), aconchegada com fácil acesso no Dock.

Dica: Se você não quiser usar a pasta Downloads, pode escolher um novo local para salvar automaticamente os anexos, escolhendo Mail→Preferências→Geral→Pasta de Transferências (Mail→Preferences→General→Downloads Folder).

- Dê Control-clique no (ou clique com o botão direito) ícone do anexo, e, a partir do menu de atalho, clique Salvar Anexo (Save Attachment). Você será solicitado a especificar onde deseja colocá-lo. Ou poupe tempo, escolhendo Salvar para Pasta de Transferências (Save to Downloads Folder), o que significa a pasta Downloads no Dock.

- Arraste o ícone do anexo para fora da janela de mensagem, para qualquer parte visível da sua Mesa (ou qualquer pasta visível).

- Clique o botão Salvar, em cima do e-mail, ou escolha Arquivo→Salvar Anexos Save Attachments). (Se a mensagem tiver mais de um anexo, a manobra salva todos eles.)

Dica: O botão Salvar, em cima do painel Visualização, dobra-se como um menu pop-up; se clicá-lo e mantiver o botão do mouse pressionado, você pode selecionar a partir de várias outras opções para salvar os anexos – como importá-los para o iPhoto ou fazer o download de apenas um deles.

- Dê duplo-clique no ícone do anexo, ou clique uma vez o link azul sob o ícone. Se você fosse enviar um documento (uma foto, arquivo Word ou arquivo Excel, por exemplo), agora ele aparece em seu programa correspondente.

Nota: Depois de aberto o anexo, use o comando Arquivo→Salvar Como (File→Save As), para salvar o arquivo em uma pasta de sua escolha. Caso contrário, qualquer mudança feita no documento não será visível, exceto ao abri-lo de dentro do Mail.

- Dê Control-clique no ícone do anexo. A partir do menu de atalho, você pode especificar qual programa deseja usar para abri-lo, usando o submenu Abrir Com (Open With).

Respondendo a uma mensagem

Para responder uma mensagem, clique o botão Responder (Reply) na Barra de Ferramentas da mensagem (ou escolha Mensagem→Responder [Message→Reply], ou pressione ⌘-R). Se a mensagem foi endereçada originalmente a múltiplos destinatários, você pode enviar a sua resposta simultaneamente para todos, clicando Responder a Todos (Reply All).

Uma janela de nova mensagem se abre, já endereçada. Como uma cortesia ao seu remetente, o Mail coloca a mensagem original embaixo da janela, com uma marcação de recuo feita por uma barra vertical, conforme mostrado na Figura 19-11.

Dica: Se você selecionar algum texto antes de clicar Responder, o Mail só cola aquele trecho da mensagem original em sua resposta. Essa é uma ótima conveniência para o seu remetente, que sabe exatamente qual parte da mensagem você está respondendo.

WORKSHOP DE ALTERNATIVAS

A melancolia da discagem

Se você, orgulhoso, estiver entre os poucos que ainda se conectam à Internet com um modem de discagem, pode descobrir que o Mail é dolorosamente lento em abrir e ler e-mail – e que ele torna vagarosos outros programas da Internet, como o seu navegador Web, sempre que verificar novas mensagens.

Felizmente, é possível usar algumas etapas para apressar o Mail (e, indiretamente, os seus outros programas de Internet):

Cortar as verificações de correspondência. Escolha Mail→Preferências, clique Geral, mude o menu pop-up Verificar se há novas mensagens (Check for new email) para A cada hora (Every hour) ou mesmo Manualmente (Manually). Assim, o Mail não ocupará o seu telefone tentando se conectar a cada cinco minutos.

Sempre que puder, não assine e-mail com HTML. Correspondência com HTML demora muito mais tempo para chegar do que e-mail simples. Portanto, se você assinar atualizações de e-mail em empresas (como o boletim eNews da Apple ou o Circuito de notícias do *The New York Times*), escolha receber as mensagem como texto, não como HTML.

Desmarque imagens em correspondência formatada. Se você não tiver escolha, a não ser receber mensagens em HTML, o mínimo que pode fazer é bloquear as fotos, que são os elementos maiores e mais lentos de uma mensagem formatada.

Para fazer isso, escolha Mail→Preferências, clique Visualização (Viewing) e, depois, desmarque Exibir imagens remotas em mensagens em HTML (Display images in HTML Messages). De agora em diante, você verá um botão especial, Carregar Imagens (Load Images), no alto do painel Visualização, sempre que selecionar uma mensagem em HTML. Se você sentir que as caixas vazias (onde as imagens deveriam aparecer) realmente privam a mensagem de seu *sex-appeal*, clique aquele botão para fazer o Mail baixar todas as imagens da mensagem atual – só dessa vez, porque você pediu.

Não baixe automaticamente os anexos. Se você usa uma conta IMAP, MobileMe ou Exchange é possível ajustar o Mail para que ele não faça o download de anexos até que você o informe para fazê-lo.

Abra o painel Contas das Preferências do Mail, selecione a sua conta, clique Avançado (Advanced)e escolha Todas as mensagens, mas omitir anexos (All messages, but omit attachments) do menu pop-up, no meio. De agora em diante, o Mail não faz o download dos anexos, a menos que você o oriente a fazê-lo.

A essa altura, é possível acrescentar ou remover destinatários, editar a linha de Assunto ou a mensagem original, anexar um arquivo e assim por diante.

Dica: Use a tecla Return para criar linhas em branco na mensagem original. Usando esse método, você pode separar os seus próprios parágrafos de comentários da mensagem original, respondendo ponto por ponto. As chaves precedendo cada linha da mensagem original ajudam o/a seu remetente a detectar qual é a sua e qual é a dele/dela.

Quando tiver terminado, clique Enviar. (Se agora você clicar Responder a Todos na janela da mensagem, a sua mensagem vai para todos os que receberam a correspondência original, *mesmo* se você iniciar o processo de resposta clicando Responder. Em outras palavras, o Mac OS X lhe dá uma segunda chance de endereçar a sua resposta a todos.)

Encaminhando mensagens

Em vez de responder à pessoa que lhe enviou uma mensagem, às vezes você pode querer passar um bilhete para uma terceira pessoa.

Para fazê-lo, clique o botão Encaminhar (Forward) na Barra de Ferramentas (ou escolha Mensagem→Encaminhar [Message→Forward], ou pressione Shift-⌘-F). Uma

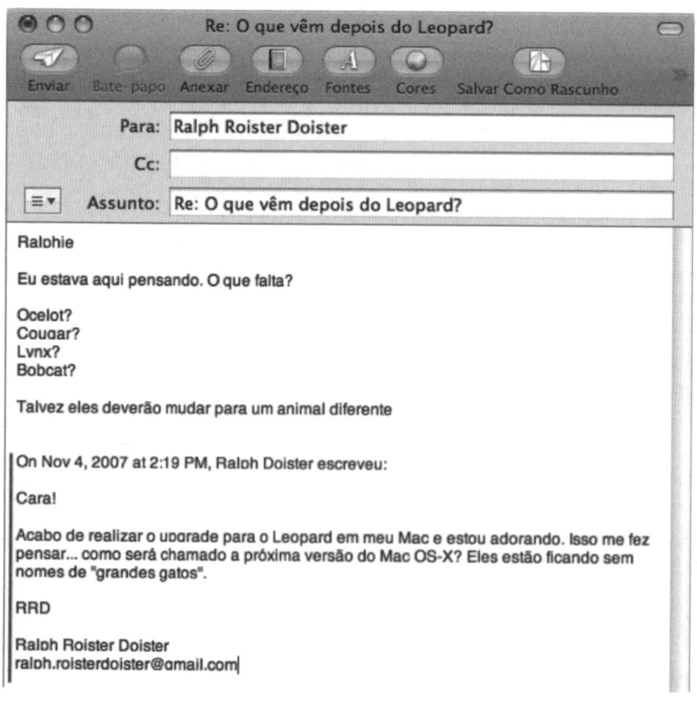

Figura 19-11: *Em mensagens formatadas em Rich Text (não confunda com RTF [Rich Text Format], um formato de arquivo de texto, que é bem diferente), uma resposta inclui a mensagem original marcada em uma cor especial (que pode ser mudada em Mail→Preferências) e com uma barra vertical, para diferenciá-la do texto de sua resposta. (Em mensagens de texto simples, cada linha da resposta é >apresentada >com >chaves francesas, ainda que só o seu destinatário as veja). Automaticamente, o nome do remetente original é colocado no campo "Para". O assunto é o mesmo que o assunto original, com o acréscimo de Re: (abreviação de Referência [Regarding]). Agora, você está pronto para digitar a sua resposta.*

nova mensagem se abre, muito parecida com aquela que aparece quando você responde. Você pode querer preceder a mensagem original com um comentário próprio, do tipo: "Frank, eu achei que você estaria interessado nessa piada sobre a sua mãe".

Finalmente, encaminhe-a como faria com qualquer outro e-mail.

Redirecionando mensagens

Uma mensagem redirecionada é semelhante a uma mensagem encaminhada, com uma diferença útil: quando você encaminha uma mensagem, o seu destinatário vê que ela vem de você. Quando a redireciona, o seu destinatário vê o nome do escritor *original* como o remetente. Em outras palavras, uma mensagem redirecionada o usa como uma mera estação de transmissão entre duas outras pessoas.

Cuide desse recurso. Muitos programas de e-mail, incluindo o Outlook e o Outlook Express para o Windows, não oferecem um comando Redirecionar (Redirect). Ele pode ser usado para transferir imagens de uma das suas contas para outra, ou para retransmitir uma mensagem que chegou a você por engano.

Para redirecionar uma mensagem, escolha Mensagem→Redirecionar (Message→Redirect), ou pressione Shift-⌘-E. Você receberá uma cópia de envio da mensagem – dessa vez sem quaisquer marcas de citação. (Também é possível editar as mensagens redirecionadas antes de enviá-las, o que é perfeito para as brincadeiras de 1º de Abril.)

Imprimindo mensagens

Às vezes, não há substituto para uma folha impressa. Selecione Arquivo→Imprimir (File→Print) ou pressione ⌘-P para chamar a caixa de diálogo Imprimir.

Como arquivar mensagens

O Mail permite que você crie novas caixas de correio no painel Caixas de Correio. Seria possível criar uma para mensagens importantes, outra para confirmações de pedidos de compras na Web, mais outra para amigos e familiares, e assim por diante. Você pode até criar caixas de correio *dentro* dessas caixas de correio, um recurso adorado pelos desesperadamente desorganizados.

O Mail oferece *caixas de correio inteligentes* – pastas que se atualizam, mostrando toda a correspondência que você recebeu do seu chefe, por exemplo, ou cada mensagem com "hipoteca" no assunto. É a mesma ideia das pastas inteligentes no Finder ou listas de reprodução inteligentes nas pastas do iTunes, cujo conteúdo é baseado nos critérios que você especifica (Figura 19-12).

Todos os comandos necessários estão no menu Caixa de Correio. Por exemplo, para criar uma nova pasta de caixa de correio, escolha Caixa de Correio→Nova Caixa de Correio (Mailbox→New Mailbox), ou clique o botão +, embaixo da coluna Caixas de Correio. Para criar uma caixa de correio inteligente, escolha Caixa de Correio→Nova Caixa de Correio Inteligente (Mailbox→New Smart Mailbox).

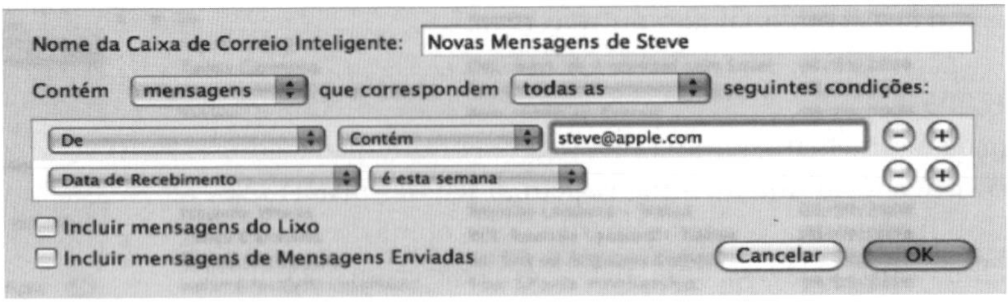

Figura 19-12: *O Mail lhe permite criar pastas que são automaticamente preenchidas. Neste exemplo, a caixa de correio inteligente "Novo Mail do Steve" exibirá automaticamente todas as mensagens do Steve Jobs da Apple que você recebeu na semana passada.*

O Mail pede que você nomeie a nova caixa de correio. Se você tiver mais de uma conta de e-mail, poderá especificar qual conterá a nova pasta. (No entanto, as caixas de correio inteligentes sempre ficam separadas das suas outras caixas de correio.)

Dica: Se você quiser criar uma pasta dentro de uma pasta, use barras no nome de sua nova caixa de correio. (Se usar, por exemplo, o nome *Cephalopods/Squid*, o Mail cria uma pasta chamada Cephalopods, com uma subpasta chamada Squid.) Também é possível arrastar os ícones de caixa de correio para cima e para baixo na gaveta, para colocar uma dentro da outra.

Entretanto, nenhum desses truques funciona em caixas de correio inteligentes. A única maneira de organizar caixas de correio inteligentes é colocá-las dentro de uma *pasta* de caixa de correio inteligente, que você cria usando Caixa de Correio→Nova Caixa de Correio. Você pode querer fazer isso se tiver várias caixas de correio inteligentes para correspondência dos seus colegas de trabalho ("Do Jim", "Da Anne" e assim por diante) e quiser colocá-las juntas em um grupo menor, para poupar espaço na tela.

Quando você clicar OK, um novo ícone aparecerá na coluna caixa de correio, pronto para ser usado.

É possível mover uma mensagem (ou grupo de mensagens) para uma pasta de caixa de correio, em qualquer destas maneiras:

- Arraste-a da lista principal para o ícone da caixa de correio.

- No painel de lista, selecione uma ou mais mensagens e depois escolha do submenu Mensagem→Mover Para (Message→Move To), que relaciona todas as suas caixas de correio.

- Control-clique (ou clique com o botão direito) uma mensagem, ou uma das várias selecionadas. A partir do menu de atalho resultante, escolha Mover Para e, depois, do submenu, escolha a caixa de correio desejada.

É claro que a única forma de mudar o conteúdo de uma caixa de correio *inteligente* é alterar o critério que ela usa para se encher. Para fazer isso, duplo-clique o ícone de caixa de correio inteligente e use a caixa de diálogo que aparece.

Sinalização de mensagens

Pode acontecer de você receber um e-mail que lhe pede para executar algum tipo de ação, mas você pode não ter o tempo (ou a força) para enfrentar a tarefa no momento. ("Ei, você... sou eu, o seu contador. Você se importaria em reunir as suas despesas de 1999 a 2009 e me mandar uma lista por e-mail?")

Por isso é que o Mail permite que você *sinalize* uma mensagem, chamando um pequeno ícone de bandeira em uma nova coluna, próxima ao nome da mensagem. Esses indicadores podem indicar qualquer coisa que você queira – eles apenas chamam a atenção para determinadas mensagens. É possível classificar a sua lista de correspondência, para que as suas mensagens sinalizadas sejam relacionadas antes; clique a bandeira no alto do cabeçalho da coluna.

Para sinalizar uma mensagem assim, selecione a mensagem (ou várias mensagens) e, depois, escolha Mensagem→Marcar→Como Sinalizada (Message→Mark→As Flagged), ou pressione Option-⌘-L, ou dê Control-clique no nome da mensagem na lista e, a partir do menu de atalho, escolha Marcar→Como Sinalizada (Mark→As Flagged). (Para remover as bandeiras, repita o procedimento, só que agora usando o comando Marcar→Como Não-Sinalizada [Mark→As Unflagged].)

Dica: Todo esse negócio de sinalizar tem outro efeito colateral útil. Quando o Mail encontrar mensagens que ele supõe serem spam, ele as marcas com pequenos ícones de saco de lixo na coluna de bandeira. Se você classificar a sua correspondência por sinalização, então, todos os seus spams ficam reunidos – o que é ótimo se quiser fazer uma grande limpeza dos spams, arrastando todos para o Lixo.

HORA DA SOLUÇÃO DE PROBLEMAS

Recriando os bancos de dados do seu Mail

O Mail mantém suas mensagens em vários arquivos de banco de dados de caixa de correio em sua pasta Início→Biblioteca→Mail (Home→Library→Mail).

Com o tempo, conforme você adiciona e apaga centenas de mensagens desses arquivos de banco de dados, alguns resquícios digitais são deixados para trás, resultando em peculiaridades quando endereçamos alguma mensagem ou uma lentidão geral do Mail. Você também encontrará arquivos de mensagem enormes ocultos em seu disco rígido, que podem consumir centenas de megabytes de espaço em disco. É um problema sério caso você queira copiar o banco de dados de mensagens para o seu laptop quando for viajar.

Felizmente, é bem fácil *recriar os bancos de dados de mensagens*. Fazer isso limpa, repara e remove tudo o que for desnecessário em seus arquivos de mensagens.

Para recriar uma caixa de correio, selecione-a na coluna Caixas de Correio (Mailboxes) no Mail. (Para selecionar várias, ⌘-clique as caixas de correio.) Então selecione Caixa de Correio→Reconstruir (Mailbox→Rebuild). O Mac OS X leva alguns minutos (ou horas, dependendo do tamanho das suas caixas de correio) para reparar e compactar seu banco de dados – mas se você está percebendo alguma coisa estranha ou lentidão no Mail, o sacrifício da espera vale a pena.

Como encontrar mensagens

Ao lidar com mensagens de e-mail em massa, você pode se basear nas ferramentas de busca *dedicadas* do Mail. Elas são rápidas e convenientes e, quando você tiver terminado com elas, pode voltar a navegar a sua lista Mensagem, como ela era.

Encontrando mensagens dentro de uma caixa de correio

A caixa no canto superior direito da janela principal de correspondência é o Spotlight particular do próprio Mail. Você pode usá-lo para ocultar todas, exceto determinadas mensagens, como mostrado na Figura 19-13.

Dica: Também é possível configurar o Mail para exibir apenas determinadas mensagens, que você selecionou *manualmente*, ocultando todas as outras na lista. Para fazer isso, selecione as mensagens desejadas, usando as técnicas normais de seleção. Depois, escolha Visualizar→Exibir Apenas Mensagens Selecionadas (View→Display Selected Messages Only). (Para ver todas novamente, escolha Visualizar→Exibir Todas as Mensagens [View→Display All Messages].)

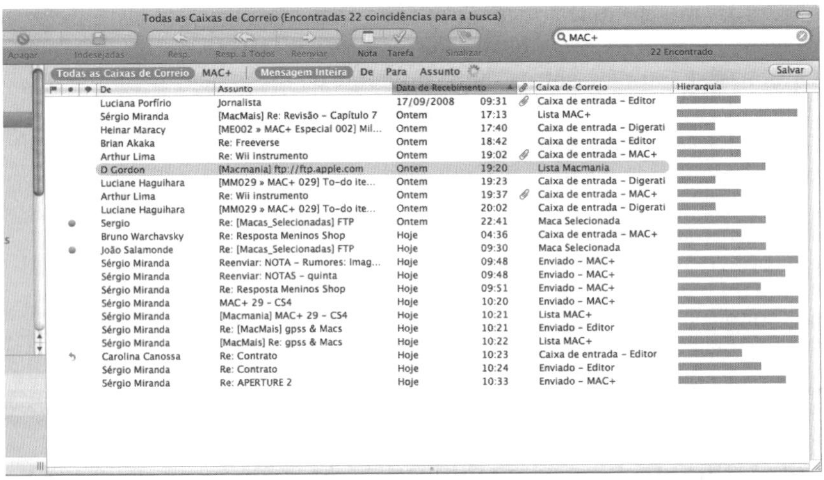

Figura 19-13: *Você pode pular para a caixa de busca, clicando ou pressionando Option-⌘-F. Enquanto você digita, o Mail diminui a lista de mensagens. É possível refinar os seus resultados, usando o botão logo acima da lista. Para voltar à lista completa de mensagens, clique o pequeno ⊗, do lado direito da caixa de busca.*

No Snow Leopard, essa caixa de busca é realmente poderosa. Por exemplo:

- Você tem o poder de cobrar do Spotlight as suas classificações de busca; as mensagens mais importantes em sua busca aparecem no alto da lista. E as Notas e Tarefas agora também aparecem nos resultados de busca.

- Quando você estiver fazendo uma busca, uma estreita fileira de botões aparece sob a Barra de Ferramentas. Esses botões podem ser usados para estreitar seus resultados para mensagens apenas com o seu termo de busca, em seu *assunto*, por exemplo, ou apenas para aquelas mensagens na caixa de correio atualmente selecionada.

- Quando você selecionar uma mensagem na visualização de busca, o painel Visualizar surge do fundo da janela. Mas, se clicar Exibir na Caixa de Correio, você sai da vista de busca e pula diretamente para a mensagem, em qualquer caixa de correio da qual ela veio. Isso é perfeito se a mensagem fizer parte de um encadeamento, visto que pular para a mensagem também exibe todas as outras mensagens na cadeia.

- Se você acredita que gostará de executar novamente a busca atual no futuro, clique Salvar, no canto superior direito da janela. O Mail exibe uma caixa de diálogo com o seu termo de busca e os critérios preenchidos; bastará que você digite um nome e clique OK para transformar a sua busca em uma caixa de correio inteligente, que pode ser aberta em qualquer ocasião.

Como encontrar texto dentro de uma mensagem aberta

Também é possível procurar determinado texto *dentro* de uma mensagem aberta. Escolha Editar→Buscar→Buscar (Edit→Find→Find) (ou pressione ⌘-F) para apresentar a caixa de diálogo Buscar (Find) (Figura 19-14):

Figura 19-14:
A caixa de diálogo Buscar funciona da mesma maneira que em um processador de palavras, exceto que a função Substituir só funciona nas mensagens que você mesmo tenha escrito – o Mail não lhe permite mudar as palavras de correspondência recebida. (Os advogados teriam que passar um dia no campo com essa.)

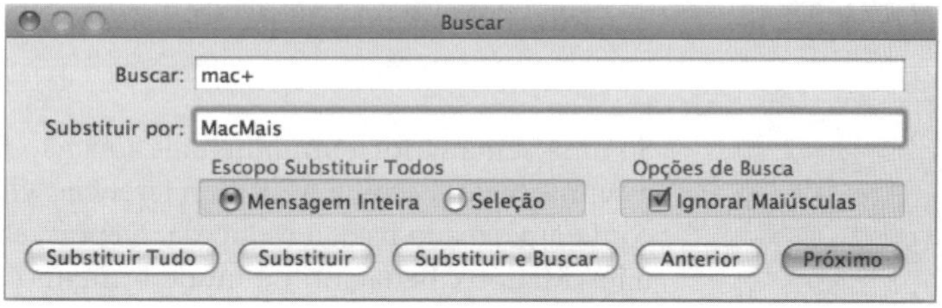

Deletando mensagens

Às vezes, uma mensagem é lixo de correspondência ou você já terminou com ela. De qualquer modo, é fácil remover uma mensagem selecionada, várias mensagens selecionadas ou uma mensagem que esteja na tela à sua frente no momento. Basta pressionar a tecla Delete, clicar o botão Apagar (Delete) na Barra de Ferramentas, escolher Editar→Apagar (Edit→Delete), ou arrastar as mensagens para fora da janela de lista e para dentro do Lixo da sua Caixa de Correio – ou mesmo para dentro do ícone Lixo do Dock.

Dica: No caso de você remover uma mensagem por acidente, o comando Desfazer (Undo) (Editar→Desfazer (Edit→Undo) ou ⌘-Z) a recupera.

Todos esses comandos movem as mensagens para a pasta Lixo. Se quiser, você pode, mais tarde, clicar o seu ícone para ver uma lista das mensagens removidas. É possível até resgatar as mensagens, arrastando-as de volta para outra caixa de correio (de volta para a Caixa de Entrada, por exemplo).

Método 1: esvaziando a pasta Lixo

O Mail não some com as mensagens na pasta Lixo até que você "esvazie a lixeira", exatamente como no Finder. A pasta Lixo pode ser esvaziada de várias maneiras:

- Clique uma mensagem (ou várias) dentro da lista da pasta Lixo, e, depois, clique o ícone Apagar na Barra de Ferramentas (ou pressione a tecla Delete). Agora, essas mensagens foram *realmente* apagadas.

- Selecione Caixa de Correio→Eliminar Mensagens Apagadas (Mailbox→Erase Deleted Messages) (⌘-K). (Se você possui múltiplas contas, escolha Eliminar Mensagens Apagadas→Em Todas Contas [Erase Deleted Messages→In All Accounts].)

- Control-clique (ou clique com o botão direito) o ícone do Lixo da Caixa de Correio e, depois, escolha Eliminar Mensagens Apagadas a partir do menu de atalho. Ou escolha o mesmo comando a partir do menu pop-up ✲, embaixo da janela.

- Aguarde. O Mail apagará permanente e automaticamente essas mensagens, depois de uma semana.

  Se uma semana for tempo demais (ou não for o suficiente), você pode mudar esse intervalo. Escolha Mail→Preferências clique Contas e selecione o nome da conta a partir da lista, à esquerda. Depois, clique Procedimentos Caixa de Correio (Mailbox Behaviors) e mude o menu pop-up Eliminar mensagens apagadas quando (Erase deleted messages when). Se você escolher Encerrando o Mail (Quitting Mail), o Mail tirará o lixo sempre que você sair do programa.

Método 2: correspondência apagada fica invisível

O Mail oferece um segundo método – e bem incomum – de apagar as mensagens que não envolvem, de forma alguma, a pasta Lixo. Usando esse método, pressionar a tecla Delete (ou clicar o botão Apagar da Barra de Ferramentas) simplesmente oculta a mensagem selecionada na lista. As mensagens ocultas assim permanecem, mas não vão embora para sempre, até que você use o comando Reconstruir Caixa de Correio (Rebuild Mailbox).

Figura 19-15: *Para ressuscitar uma mensagem apagada (indicada em letras cinza claro), dê Control-clique nela e escolha Desfazer Exclusão (Undelete) a partir do menu de atalho.*

Se esse arranjo parecer útil, escolha Mail→Preferências; clique Contas e selecione a conta a partir da lista à esquerda; clique Procedimentos Caixa de Correio (Mailbox Behaviors) e, depois, desmarque a caixa de seleção Mover mensagens apagadas a outra pasta (Move deleted messages to a separate folder) ou Mover mensagens apagadas para o Lixo da caixa de correio (Move deleted messages to the Trash mailbox). (Os dizeres da caixa de seleção dependem de qual tipo de conta você tem.) De agora em diante, as mensagens apagadas sumirão da lista.

No entanto, elas não sumiram para sempre. É possível trazê-las de volta, pelo menos em forma de fantasma, escolhendo Visualizar→Mostrar Mensagens Apagadas (View→Show Deleted Messages) (ou pressionando ⌘-L). A Figura 19-15 mostra a ideia.

Em outras palavras, usando esse sistema você nunca apaga realmente mensagens; apenas as oculta.

Inicialmente, você poderia ficar preocupado quanto ao espaço em disco e o tamanho do banco de dados envolvidos em manter as suas velhas mensagens por perto, assim para sempre. A verdade é que o Mac OS X é perfeitamente capaz de manter muitos milhares de mensagens em seus bancos de dados de caixa de correio – e com os tamanhos dos discos rígidos atuais, alguns milhares de mensagens não são grande problema.

Nesse meio tempo, esse arranjo traz um enorme benefício. Em determinada ocasião, quase qualquer pessoa deseja poder ressuscitar uma mensagem apagada – talvez meses mais tarde, talvez anos mais tarde. Usando o sistema de ocultar mensagens apagadas, as suas velhas mensagens estão sempre por perto, para referência. (Claro que a desvantagem do sistema é que os investigadores da SEC [organização governamental norte-americana que supervisiona as transações da bolsa de valores] podem encontrar correspondência incriminadora que você pensava ter apagado.)

Quando você quiser se livrar dessas mensagens para sempre, sempre é possível voltar para a caixa de diálogo Caixas de Correio Especiais e marcar de volta a caixa de seleção Mover mensagens apagadas para outra pasta.

USUÁRIOS PROFISSAS

Os segredos dos arquivos Mbox (Mailbox – Caixa de Correio)

O Mail mantém as suas mensagens em uma série de arquivos de banco de dados da caixa de correio na sua pasta Início→Biblioteca→Correspondência, dentro das pastas com os nomes das suas contas (Caixa de Saída, Mensagens Apagadas, e assim por diante).

Saber disso permite que você execute uma série de truques interessantes. Primeiro, agora você sabe quais arquivos copiar para salvaguardar. Em segundo lugar, agora você sabe quais arquivos copiar para o seu laptop, para manter a continuidade de e-mails quando estiver viajando.

E, finalmente, se você tiver mensagens em um antigo Mac que gostaria de copiar para o novo, saberá onde elas estão armazenadas.

Arquivando Caixas de Correio

O Time Machine (Capítulo 6) mantém um olhar atento em seu Mac, copiando os seus dados com regularidade – inclusive o seu e-mail. Se você apagar uma mensagem por acaso ou então fizer uma confusão em sua pilha de e-mails, pode entrar no Time Machine, direto de dentro do Mail.

Porém, não é qualquer pessoa que deseja usar o Time Machine, por motivos pessoais – falta de um segundo disco rígido, aversão a softwares nomeados com nomes dos romances de H. G. Wells ou o que for.

Mesmo assim, ter um backup de seus e-mails é fundamental. Pense em todas as preciosas correspondências que você detestaria perder: correspondência comercial, receitas eletrônicas, a primeira mensagem de seu filho. Felizmente, há uma segunda boa maneira de copiar o seu e-mail – *arquivá-lo*, assim:

1. Na coluna Caixas de Correio, escolha qual caixa de correio, ou quais, deseja arquivar.

Se você tiver múltiplas caixas de correio em mente, Control-clique (ou clique com o botão direito) cada uma, até ter selecionado todas as desejadas.

2. Embaixo da janela Mail, abra o menu pop-up ✲ e escolha Arquivar Caixa(s) de Correio (Archive Mailbox(es)).

Você também pode obter esse comando escolhendo Caixa de Correio→Arquivar (Mailbox→Archive).

3. Na caixa de diálogo que aparece, navegue para o lugar onde deseje empilhar esse arquivo de correspondência valiosa, como um servidor, flash drive ou pasta. Clique Selecionar (Choose).

DIAMANTE BRUTO

A secretária eletrônica do e-mail

Se estiver saindo de férias, você poderá ativar uma secretária eletrônica de e-mails no Mail, que envia uma mensagem pré-gravada "Estarei ausente até o dia 15", para alguém que lhe escrever.

Para fazer isso, ajuste o primeiro conjunto de menus pop-up na caixa de diálogo Regras (Rules), para que eles informem Conta e o nome de sua conta. Na metade de baixo da caixa de diálogo, selecione Responder à Mensagem (Reply to Message), a partir do menu pop-up. Clique Responder mensagem de texto (Reply message text) e, depois, digite a sua resposta rápida na caixa resultante.

Entretanto, tenha em mente que as regras de correspondência só funcionam quando o Mail está aberto e conectado à Internet. Portanto, se o seu computador estiver configurado para desligar depois de determinado período de tempo, assegure-se de desmarcar esse recurso antes de sair de férias.

E ainda: se você assinar listas de discussão (mailing lists), ajuste outra regra de correspondência que intercepte e arquive-as *antes* que a sua regra de secretária eletrônica dispare. Caso contrário, você incorrerá com a ira de outros cidadãos na Internet, entupindo os e-mails dos grupos de discussão com cópias de sua mensagem de resposta automática.

As suas caixas de correspondência arquivadas são salvas no local escolhido. Agora, você pode voltar ao trabalho de escrever novas mensagens.

Posteriormente, se precisar trazer um desses arquivos de volta à função, escolha Arquivo→Importar Caixas de Correio (File→Import Mail boxes). Escolha a opção Mail para Mac OS X (Mail for Mac OS X) e navegue de volta ao lugar onde você armazenou as suas caixas de correio arquivadas.

Nota: Se você arquivar caixas de correio com regularidade, não se preocupe em trocar o nome do arquivo .mbox para evitar que ele sobrescreva um arquivo anterior. O Mail é suficientemente esperto para colocar por você um número ao final do nome do novo arquivo.

Regras de mensagem

Quando você souber como criar pastas, a próxima etapa na administração do seu e-mail é instalar uma série de *regras de mensagem* (filtros) que arquivam, respondem ou apagam automaticamente as mensagens de entrada, com base em seus conteúdos (tal como seus assuntos, endereços e/ou tamanhos). As regras de mensagem exigem que você pense como o parente distante de um programador, mas o esforço mental pode recompensá-lo muito mais. As regras de mensagem transformam o Mail em uma secretária surpreendentemente esperta e eficiente.

Figura 19-16:
Em cima: as regras do Mail podem verificar correspondência indesejada, servir como uma máquina de responder e-mails ou chamar a sua atenção para mensagens importantes. Todas as regras de mensagem de correspondência que você criar aparecem nesta lista. (A sombra de cor de cada regra é um reflexo das opções de coloração que você instalou, se houver.)

Embaixo: duplo-clique em uma regra para abrir a caixa de diálogo Editar Regra (Edit Rule), onde é possível especificar qual regra deve ser ajustada e o que deve fazer em resposta.

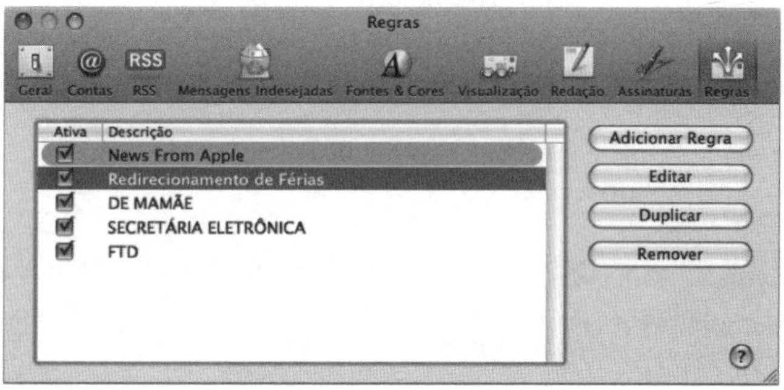

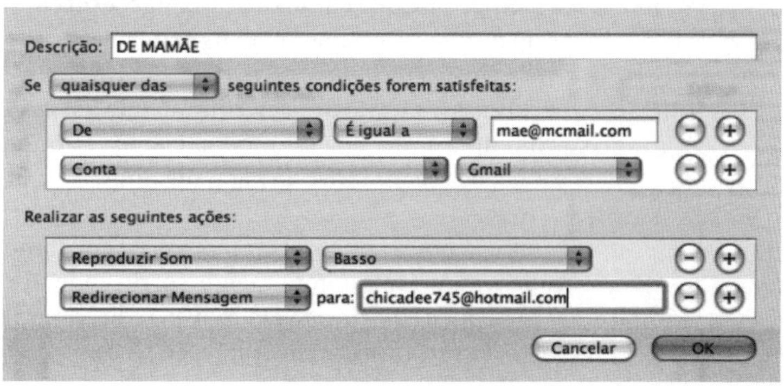

Instalação de regras de mensagem

Eis como instalar uma regra de mensagem:

1. Escolha Mail→Preferências. Clique o ícone Regras (Rules).

O painel Regras aparece, como mostrado em cima, na Figura 19-16.

2. Clique Adicionar Regra (Add Rule).

Agora, aparece a caixa de diálogo mostrada embaixo, na Figura 19-16.

3. Use as opções de critérios (em cima) para especificar como o Mail deve selecionar mensagens para processar.

Por exemplo, se você quisesse que o programa verificasse suas mensagens de uma pessoa em especial, ajustaria os dois primeiros menus pop-up para "De" (From) e "Conteúdo" (Contains), respectivamente.

Para sinalizar mensagens contendo *empréstimo, $$$$, XXXX, !!!!,* e assim por diante, ajuste os menus pop-up para "Assunto" e (Subject) "Conteúdo".

Aqui você pode ajustar *múltiplos* critérios, portanto, sinalize as mensagens cujos assuntos contenham um daqueles acionadores comuns de spam. (Se você mudar "qualquer" menu pop-up para "todos", então *todos* os critérios devem valer para a regra despachar.)

4. Especifique quais palavras ou pessoas você deseja que a regra de mensagem observe.

Na caixa de texto à direita dos dois menus pop-up, digite a palavra, endereço, nome ou frase que deseja que o Mail observe – o nome de uma pessoa, ou $$$$, dos exemplos anteriores.

5. Na metade inferior da caixa de diálogo, especifique o que deseja que aconteça às mensagens que combinam com os critérios.

Se nos passos 1 e 2 você determinou que a sua regra fosse apagar todas as mensagens cujo a linha de Assunto fosse $$$$, é aqui que você pode informar ao Mail para apagá-la ou movê-la para, digamos, uma pastas Mensagens Indesejadas.

Com um pouco de imaginação, você verá como as opções nesse menu pop-up podem fazer coisas totalmente surpreendentes com seus e-mails de entrada. O Mail pode colorir, apagar, mover, redirecionar ou encaminhar mensagens – ou até tocar uma música quando você receber determinada mensagem.

Configurando os controles conforme mostrado na Figura 19-19, por exemplo, você terá especificado que, sempre que sua mãe (*mom@mcmail.com*) enviar alguma coisa para a sua conta Gmail, você ouvirá um ruído de alerta específico quando o e-mail for redirecionado para uma conta de e-mail diferente, *chickadee745@hotmail.com*.

6. No alto de cada caixa, nomeie a sua regra de correspondência. Clique OK.

Agora você está de volta ao painel Regras (Figura 19-16, em cima). Aqui é possível escolher uma sequência para as regras criadas, arrastando-as para cima e para baixo. Também aqui, você pode desmarcar as que não vai precisar no momento, mas podem ser usadas novamente um dia.

Dica: O Mail aplica as regras como elas aparecem, de cima para baixo na lista. Se uma regra parecer não funcionar adequadamente, pode ser que uma regra anterior esteja interferindo e processando algumas mensagens antes que a regra "quebrada" sequer as veja. Para corrigir isso, tente arrastar a regra (ou a regra que interfere) para cima ou para baixo na lista.

O conjunto de ferramentas anti-spam

Spam, o lixo que agora forma mais de 80% dos e-mails, é um problema que só está ficando pior. Por sorte, você, juntamente com os filtros avançados contra spam do Mail, podem melhorar isso – pelo menos para as *suas* contas de e-mail.

Como usar o Filtro de Mensagens Indesejadas do Mail (Junk Mail Filter)

Na primeira vez em que verificar a sua correspondência, você verá os efeitos do filtro anti-spam do Mail: uma certa quantidade de títulos de mensagens aparece colorida. Essas são as mensagens que o Mail considera como indesejadas.

Nota: Externamente, o Mail não aplica os seus recursos de detectar spam de pessoas cujos endereços estão na sua Agenda, de pessoas para quem você tenha enviado e-mails recentemente ou para mensagens enviadas por *nome* em vez de apenas pelo endereço de e-mail. Essas configurações podem ser ajustadas na aba Mail→Preferências→Mensagens Indesejadas (Mail→Preferences→Junk Mail).

Durante as suas primeiras semanas com o Mail, o seu trabalho é supervisionar o trabalho de coloração do Mail. Isto é, se você receber spam que o Mail não perceber, clique a mensagem e, depois, clique o botão Indesejadas (Junk), em cima de sua janela, ou o ícone Indesejadas, na Barra de Ferramentas. Mas, se o Mail sinalizar uma correspondência legítima como spam, bata nele com gentileza, clicando o botão Não Indesejadas (Not Junk). Com o tempo, o Mail vai melhorando na filtragem de sua correspondência; ele até se sai surpreendentemente bem com os novos spams.

O problema é que com esse chamado modo de Treinamento (Training), você ainda fica com tarefa de limpar a pasta de spam, sem conseguir poupar tempo para quaisquer outras coisas.

No entanto, quando o Mail tiver aperfeiçoado as suas habilidades de filtragem a contento, abra Preferências do Mail, clique Indesejadas e clique Mover para a caixa de correio de Indesejadas (Move it to the Junk mailbox). De agora em diante, automaticamente o Mail arquiva o que ele julgar indesejado em uma caixa de correio de Mensagens Indesejada, onde é muito mais fácil verificar e apagar mensagens em massa.

Dica: Não deixe de ver a opção Confiar nos cabeçalhos das Mensagens Indesejadas definidos pelo seu provedor (Trust Junk Mail headers set by your Internet Service Provider), no painel do Mail, Mensagens Indesejadas, da janela de preferências. Se você marcar essa caixa de seleção, o Mail aceita a palavra do seu ISP de que determinadas mensagens são spam, oferecendo-lhe uma *dupla* camada de proteção anti-spam.

Mais dicas sobre anti-spam

O filtro de Mensagens Indesejadas vai longe para limpar o spam de sua coleção de correspondência – mas ele não pega tudo. Se você for invadido por spams, eis algumas outras providências que podem ser tomadas:

- **Não permita que os remetentes de spam saibam que você está lá.** Você escolhe Mail→Preferências, clica Visualização e desmarca Exibir imagens remotas em mensagens em HTML (Display remote images em HTML messages). Essa opção é uma tática comum de spam à medida em que bloqueia os gráficos que aparecem incorporados na mensagem mas que, na verdade, são recuperados de um website de algum lugar. Os remetentes de spam usam esse truque de imagens embutidas para saber se suas mensagens caíram em terreno fértil – um trouxa que, de fato, olha essas mensagens –, mas, com essa pequena troca de preferência, você pode enganá-los.

- **Regras.** Configure algumas regras de mensagem, conforme descrito nas páginas anteriores, que sinalizam automaticamente mensagens como spam, que tenham linhas de assunto contendo palavras acionadoras como "Viagra", "Ervas", "Hipoteca", "Refinanciamento", "Aumente"... – já deu para entender.

- **Crie uma conta particular.** Sobretudo, se você estiver abarrotado de spam, pense em acabar com o seu endereço nas áreas públicas da Internet, como salas de bate-papo, compras on-line, registro em websites e softwares e envio de grupos de notícias. Os remetentes de spam usam robôs de software automatizados que esquadrinham cada mensagem pública na Internet e página Web, gravando os endereços de e-mail que encontram. (Na verdade, provavelmente foi assim que eles conseguiram seu endereço.)

  Usando essa técnica, ao menos agora, você está restringindo a correspondência indesejada a uma conta de correio secundária. Reserve uma conta separada de e-mail para mensagens de pessoa para pessoa.

Eis algumas sugestões para evitar pousar nas listas dos remetentes de spam:

- **Não peça por isso.** Quando estiver preenchendo formulários on-line, desmarque as caixas de seleção que dizem, "Sim, envie-me ofertas excitantes e novidades de seus associados".

- **Engane os robôs.** Quando estiver colocando mensagens em um grupo de notícias ou quadro de mensagens, insira as letras NOSPAM (NÃOSPAM) em algum lugar no seu endereço de e-mail. Qualquer pessoa respondendo por meio de e-mail precisa apagar o NÃOSPAM do seu endereço de e-mail, o que é ligeiramente aborrecedor. Entretanto, nesse meio tempo, os softwares-robô dos remetentes de spam criarão um falso endereço de e-mail a partir de suas colocações on-line.

- **Nunca responda a spam.** Fazer isso identifica o seu endereço de e-mail como um ativo, e pode levar a ainda mais correspondências indesejáveis. Da mesma maneira, nunca clique "Favor me retirar da sua lista", no link embaixo de um e-mail, a menos que você saiba quem enviou a mensagem.

E, por Deus, *não faça nenhum pedido* de algo vendido pelos remetentes de spam. Se apenas uma pessoa, entre 500 mil o fizer, o remetente de spam ganha dinheiro.

Alimentadores RSS

O Mail se move para além de *mail* (correspondência). Agora ele é um programa que o ajuda a se manter atualizado com o mundo exterior – e dentro de seu próprio cantinho dele.

Por exemplo, a habilidade de assinar aqueles resumos de notícias constantemente atualizados, conhecidos como *alimentadores RSS* em seu navegador Web tem poupado muito o tempo das pessoas no correr dos anos. Afinal, por que perder preciosos minutos procurando pelas notícias quando é possível fazer com que as notícias o encontrem?

Com o Mail, nem ao menos é necessário perder os segundos trocando de sua Caixa de Entrada para o seu navegador ou alimentador RSS dedicado para receber uma dose fresca de manchetes. Elas podem aparecer diretamente na janela principal do Mail. Você nem precisa trocar de programas para descobrir qual candidato político atirou em seu pé enquanto ainda estava em sua boca.

Na verdade, se julgar cansativo demais clicar o ícone de RSS na lista de Caixas de Correio, você pode preferir ter todas as suas atualizações de RSS pousadas diretamente em sua Caixa de Entrada, junto com todas as suas outras mensagens.

Acrescentando alimentadores RSS

Com apenas alguns cliques, é possível trazer as notícias do mundo diretamente com o resto de sua correspondência. Escolha Arquivo→Adicionar Documentos RSS (File→Add RSS Feeds) e, depois, proceda conforme mostrado na Figura 19-17.

Dica: Quando você marcar os ativadores que deseja ver no Mail, ⌘-clique para selecionar um punhado de alimentadores de uma vez.

Se quiser que as manchetes de RSS apareçam em sua Caixa de Entrada como mensagens normais de e-mail, marque Mostrar na Caixa de Entrada (Show in Inbox). Finalmente, quando tiver escolhido os alimentadores que deseja ver, clique Adicionar. Agora, os seus alimentadores aparecem, sempre que você lhes disser para ir: seja na Caixa de Entrada ou na coluna Caixas de Correio.

Agora, na categoria RSS de sua lista de Caixas de Correio, os nomes de seus alimentadores RSS aparecem; a quantidade de pequenos círculos cinza informa quantas manchetes não lidas estão na lista. Se uma manchete de alimentação intrigá-lo o bastante para querer mais informações, clique Ler Mais... (Read More) para fazer exatamente isso. O Safari aparece e o encaminha para fora, para o website que inicialmente enviou a notícia.

Dica: Clique o botão de seta para cima, próximo ao nome de um alimentador, para encaminhar todas as suas atualizações para a sua Caixa de Entrada; lá, elas aparecem com o mesmo rótulo azul de RSS, mas se comportam como uma categoria de Caixa de Entrada, para que você não tenha que ir e voltar entre duas áreas distantes da lista de Caixas de Correio.

Se, *acidentalmente*, você clicar essa seta e, de fato, não quiser 57 manchetes de RollingStone.com aparecendo em sua dose diária de correspondência, clique o nome do alimentador e, depois, clique a seta indicando para baixo próxima a ele; ele volta para a seção RSS da lista. Alternativamente, é possível dar um Control-clique (ou clicar com o botão direito) o nome do alimentador sob Caixas de Correio e, no menu de atalho, desmarcar Mostrar na Caixa de Entrada.

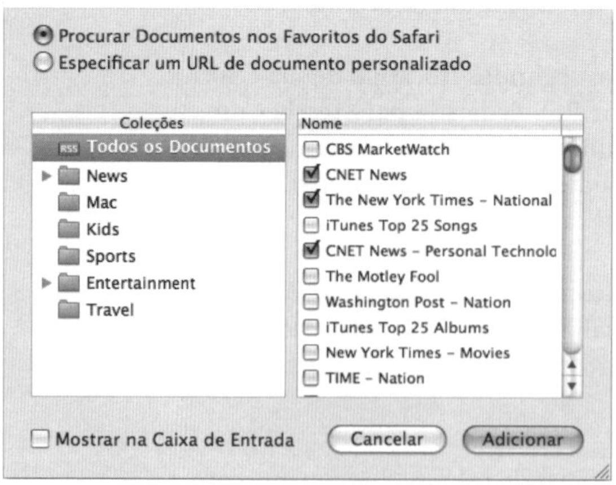

Figura 19-17:
Na caixa de diálogo Adicionar Documentos RSS, você pode clicar para acrescentar os sites nos quais se inscreveu no Safari. Se o alimentador ainda não estiver marcado em seus favoritos no Safari, clique Especificar um URL de documento personalizado (Specify a custom feed URL) e cole o endereço do alimentador na caixa de diálogo resultante. Se você receber toneladas de alimentadores e não quiser penar para ler todos, use a caixa de busca para procurar aquele específico desejado.

Como administrar os alimentadores

Agora que os seus alimentadores estão no Mail, você pode querer explorá-los:

- **Atualizando.** É possível alterar a frequência de suas novas atualizações, escolhendo Mail→Preferências→RSS→Buscar Atualizações (Mail→Preferences→RSS→Check for Updates). Você pode atualizá-las automaticamente a cada meia hora, a cada hora ou a cada dia. Também pode dizer ao Mail para atualizar determinado alimentador *agora*; Control-clique o nome do alimentador na lista Caixas de Correio e a partir do menu de atalho, escolha Atualizar BBC News (ou qualquer que seja o nome).

- **Arquivando.** Você pode salvar e armazenar um lote inteiro de alimentadores em um arquivo de armazenagem a longo prazo, exatamente como pode ser feito com caixas de correio normais; escolha Caixa de Correio→Arquivar Alimentação (Mailbox→Archive Feed). Uma caixa de diálogo o ajuda a salvar uma cópia de todas as mensagens em um drive (unidade) de backup ou outro lugar protegido.

- **Compartilhando.** Se você quiser compartilhar as notícias com um amigo, no menu de atalho, Control-clique a manchete, escolha Encaminhar (ou Encaminhar como Anexo [Forward as Attachament]) para apresentar as informações em uma nova mensagem Mail, que você poderá enviar para seu amigo.

- **Renomeando.** Não é necessário usar o nome completo do site em sua janela do Mail – afinal, "WaPo" se encaixa muito melhor na coluna de Caixas de Correio do que "Washington Post". Para renomear um alimentador, selecione-o e, depois, escolha Caixa de Correio→Renomear Alimentação (Mailbox→Rename Feed). Digite o novo nome e pressione Return. (Você também pode dar um Control-clique, ou clicar com o botão direito, no nome para trazê-lo para a opção Renomear Alimentação [Rename Feed].)

- **Apagando.** Depois de ler um item de notícias, clique o botão Apagar (Delete), no alto da janela. Você pode dizer ao Mail para se desfazer de todos os velhos artigos depois de determinado tempo (um dia, uma semana, um mês...) em Mail→Preferências→RSS→Remover Artigos (Mail→Preferences→RSS→Remove Articles).

  Ou, para se livrar completamente de um alimentador RSS, selecione-o e, depois, escolha Caixa de Correio→Apagar Alimentação (Mailbox→Delete Feed). (A mesma opção pode ser obtida com Control-clique ou clique com o botão direito.)

Notas

Sejamos francos: nenhum sistema operacional está completo sem Notas (Notes). Você *precisa* ter um lugar para pequenos lembretes, números de telefone, recados, endereços Web, ideias brilhantes, sugestões de listas de compras – qualquer coisa que valha a pena escrever, mas pequena demais para justificar um processador de texto aos seus pés.

A bobagem é como tantas pessoas criam lembretes para si mesmas, *enviando para elas próprias uma mensagem de e-mail.*

Esse sistema funciona, apesar de ser pouco elegante. Felizmente, agora o Mac OS X tem um recurso próprio para isso: as Notas. Como um bônus, ele se sincroniza automaticamente com a pasta Notas do seu programa de correspondência do iPhone, ou para outros computadores, desde que você tenha uma conta de e-mail ao estilo IMAP.

As Notas se parecem com os *post-it*, mas você pode dar-lhes estilo, salvá-las e até enviá-las aos seus amigos. É possível digitar, colar e anexar fotos nelas. E, diferente de pedaços de papel soltos ou mensagens de e-mail para si próprio, que podem se perder em sua caixa de correio, as Notas ficam, obedientes, paradas na seção Lembretes (Reminders) da lista Caixas de Correio, de modo que você possa encontrá-las sempre que precisar.

Dica: Normalmente, o recurso Notas também aparece em sua Caixa de Entrada, em cima. Porém, se você preferir manter a sua Caixa de Entrada apenas para mensagens, poderá remover as Notas. Escolha Mail→Preferências→Contas→Comportamentos de Caixa de Correio (Mail→Preferences→Accounts→Mailbox Behaviour) e, depois, desmarque Armazenar notas na caixa de entrada (Store notes in Inbox). O recurso Notas ainda estará à sua espera na coluna lateral, embaixo da área Lembretes.

Para criar uma nota, clique o botão Nota na Barra de Ferramentas do Mail. Também é possível escolher Arquivo→Nova Nota (File→New Note) ou pressionar Control-⌘-N para apresentar um pedaço de papel em branco na tela.

Figura 19-18:
Elas podem se parecer com pequenos post-its, mas o recurso Notas do Mail permite que você cole endereços da Web, e fotos ao lado do texto formatado que você digitou. Se você quiser compartilhar, clique o botão Enviar para que todo a Nota apareça em uma nova mensagem do Mail, pronta para ser endereçada.

Quando tiver a sua Nota, digite o seu texto e clique os botões Fontes e Cores (Fonts and Colors), em cima da janela, para dar estilo. Para inserir uma foto, clique o botão Anexar (Attach) e, depois, encontre a foto ou a imagem desejada no seu Mac. A Figura 19-18 apresenta um exemplo.

Nota: Também é possível anexar outros tipos de arquivos a uma Nota – documentos comuns, por exemplo. Mas, você não pode enviar tais Notas a outras pessoas – apenas Notas com fotos.

Figura 19-19:
Em cima: se uma mensagem trouxer uma tarefa que você precisa completar, você poderá se dar um pequeno lembrete extra, no Mail. Selecione o texto em referência e clique o botão Tarefa (To Do) para acrescentar um grande lembrete, colorido, ao alto da mensagem.

Embaixo: clique a seta próxima à primeira linha da Tarefa, para uma maneira rápida e fácil de ajustar uma data/hora de prazo final e um alarme, e também escolha qual calendário você deseja usar para essa tarefa em especial.

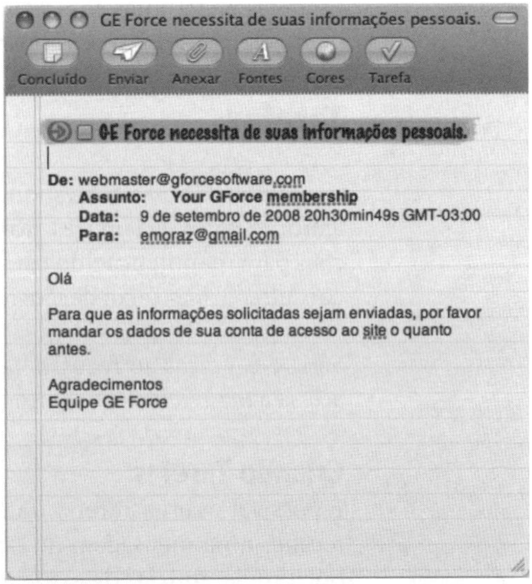

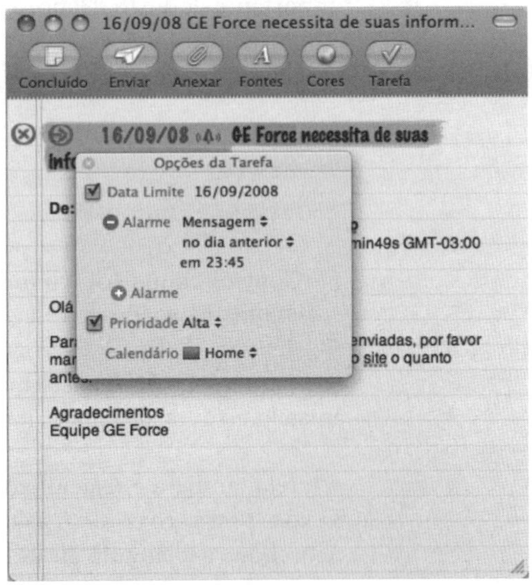

Quando tiver terminado a sua Nota, clique Concluído (Done), para salvá-la. Ao procurar por ela na categoria Lembretes da lista de Caixas de Correio, você verá que o Mail usou a primeira linha da Nota como seu assunto.

Para apagar uma Nota definitivamente, selecione-a e pressione a tecla Delete.

Se você tiver tido muito trabalho nessa pequena Nota e quiser compartilhá-la, dê duplo-clique nela para abri-la em uma nova janela. Clique o botão Enviar em sua Barra de Ferramentas. O Mail coloca tudo em uma nova mensagem Mail – completa, com o fundo de papel amarelo – de modo que o seu camarada possa ver o quão seriamente (e com quanto estilo), você absorveu todo o conceito de "Nota para si mesmo".

Tarefas

Você tem toda essa correspondência empilhada, com todos os tipos de coisas para se lembrar: datas de jantares, horários de reuniões, prazos finais de projetos, programações para manutenção do carro. Não seria ótimo se você não precisasse se lembrar de consultar a sua Caixa de Correio para descobrir o que deve fazer naquele dia?

Seria e é, graças ao recurso Tarefas (To Do) do Mail. E a melhor parte é que o Mail acessa a *mesma* lista que o iCal. Há a mesma lista de tarefas em ambos os programas.

Criando Tarefas

É possível usar as Tarefas de várias maneiras diferentes. Por exemplo, quando você receber uma mensagem de e-mail que exija outras ações ("Preciso das fotos para o boletim de notícias da associação do condomínio até sexta-feira"), selecione a parte importante do texto. Depois, faça qualquer uma destas coisas:

- Clique Tarefas na Barra de Ferramentas da janela da mensagem.

- Escolha Arquivo→Nova Tarefa (File→New To Do).

- Pressione Option-⌘-Y.

- Control-clique (ou clique com o botão direito) o texto selecionado e, depois, escolha Nova Tarefa (New To Do) partir do menu de atalho.

Em cada caso, o Mail apresenta uma cópia do texto selecionado em uma tira de papel amarelo, ao estilo de bilhete, no alto da mensagem, conforme mostrado na Figura 19-19.

A tarefa também é relacionada na área de Lembretes, da lista de Caixas de Correio. Se você precisar ver *todas* as tarefas que o aguardam, de todas as suas contas de correio, clique o triângulo giratório para que ele se abra e exiba seus afazeres. O número no círculo cinza indica quantos itens de Tarefas que você ainda precisa fazer.

Dica: Control-clique (ou clique com o botão direito) qualquer item na lista Tarefas para abrir um menu de atalho, que oferece controles úteis para configurar o seu vencimento, prioridade e *calendário* (isto é, a categoria do iCal).

Quando você clicar a área Tarefas da lista de Caixas de Correio, todas as suas tarefas estarão relacionadas no centro da janela do Mail. Clique a seta cinza ao lado de cada linha de assunto de Tarefas para voltar à mensagem que a originou.

Dica: Nem todas as tarefas urgentes da sua vida surgem das mensagens de e-mail. Felizmente, também é possível criar uma Tarefa individual. Basta clicar o botão Tarefas, no alto da janela do Mail, quando não houver mensagem selecionada. Um item vazio aparece em sua lista Tarefas, com o nome genérico "Nova Tarefa" (New To Do). Selecione o nome para sobrescrevê-lo com aquilo que realmente se trata esse lembrete: *Comprar areia para o gatinho HOJE* (ou o que for).

Completando e apagando Tarefas

Quando você completar uma tarefa, clique a pequena caixa de seleção à frente da linha de assunto de Tarefa – seja na própria mensagem ou na lista Lembretes. Quando você tiver marcado assim uma tarefa como Concluído, o número total de tarefas na lista Lembretes diminuirá em um, e essa é menos uma coisa que terá que fazer.

Para apagar um grande banner amarelo da Tarefa de uma mensagem, posicione o mouse sobre o lado esquerdo do banner, até que apareça um X vermelho com aspecto de manuscrito. Clique o X para tirar o banner da Tarefa da mensagem.

É possível apagar um item Tarefa da lista Lembretes, selecionando-o e depois pressionando Delete, dentre outros métodos.

Lista de Tarefas: sincronização do Mail/iCal

É ótimo ver os seus itens de Tarefas – quando você está trabalhando no Mail. Porém, tê-los no iCal é ainda melhor, pois você poderá ver toda a imagem de um dia inteiro, semana ou mês. Como resultado, o Mail e o iCal podem compartilhar exatamente a mesma lista de Tarefas. Crie uma tarefa em um programa e ele aparecerá, *instantaneamente*, no outro.

Dica: É até possível ajustar o vencimento e a prioridade de uma tarefa de dentro do Mail. Tais controles estão no balão Opções de Tarefas (To Do Options) (Figura 19-19). Você abre esse balão clicando Control na tarefa e escolhendo Editar Tarefa (Edit To Do), ou apenas clicando o grande botão de seta que aparece à esquerda de um banner do Tarefa em uma janela de mensagem de e-mail. Mais tarde, no iCal, se você der duplo-clique em um item se tarefas e depois clicar Mostrar no Mail (Show in Mail), será enviado de volta à mensagem original, direto no Mail.

Agenda

A Agenda é o programa do pequeno livro preto do Mac OS X – um Rolodex eletrônico onde você pode colocar os nomes, posições, endereços, números de telefone, endereços eletrônicos e os nomes de tela de bate-papo na Internet de todas as pessoas da sua vida (Figura 19-20). A Agenda também pode conter informações pertinentes, como datas de nascimento, de aniversários e quaisquer outros petiscos de dados pessoais que você queira manter ao alcance.

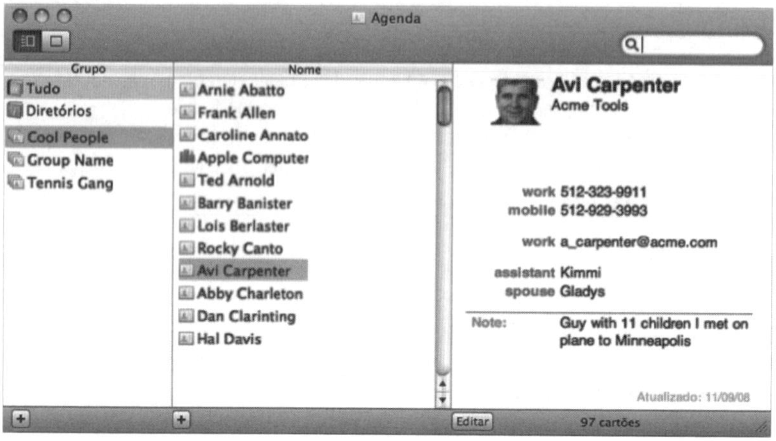

Figura 19-20: *A grande pergunta: por que o nome desse programa não é iContact? Com as suas três exibições de painel, cantos suavemente arredondados e fundo em gradiente cinza, ele se parece com um primo próximo do iPhoto, do iCal e do iTunes.*

Quando você tiver feito da Agenda o depósito central de todas as suas informações pessoais de contato, poderá chamar essas informações de várias maneiras convenientes:

- Você pode iniciar a Agenda e buscar por um contato, digitando apenas algumas letras na caixa Busca (Search).

- Independente do programa em que você esteja, poderá usar um único toque de tecla (F12 é a configuração de fábrica, ou ⊙ nos teclados de alumínio) para chamar a Agenda no widget do Dashboard. Lá, você pode procurar por qualquer contato desejado, e ocultar o widget com o mesmo toque de tecla rápido, quando tiver terminado.

- Quando estiver compondo mensagens no Mail, automaticamente a Agenda preenche os endereços de e-mail, quando você digitar as primeiras poucas letras.

Dica: Se você escolher Janela→Painel de Endereço (Window→Address Panel) (Option-⌘-A) de dentro do Mail, poderá navegar por todos os seus endereços sem ao menos iniciar o programa Agenda. Quando tiver selecionado as pessoas que deseja contatar, basta clicar o botão "Para", para endereçar um e-mail a eles – ou, se já tiver uma nova mensagem de e-mail aberta, acrescentá-las aos destinatários.

- Quando você usar o iChat para trocar mensagens instantâneas com as pessoas da sua Agenda, automaticamente as fotos delas, armazenadas por você, aparecem nas janelas de bate-papo.

- Se você tiver se associado ao serviço MobileMe (Capítulo 18), poderá sincronizar os seus contatos à Web, para poder vê-los enquanto estiver longe do seu Mac. Você também poderá compartilhar a Agenda com os membros honorários do MobileMe: escolha Agenda→Preferências→Compartilhamento (Address Book→Preferences→Sharing), clique a caixa de diálogo Compartilhar sua Agenda (Share your address book) e, depois, clique o botão + para adicionar seus camaradas ao MobileMe com os quais você deseja compartilhar. Você também poderá convidá-los a compartilhar sua lista de endereços. Se você mesmo receber um convite, abra o seu próprio programa Agenda e escolha Editar→Assinar à Agenda (Edit→Subscribe to Address Book).
- A Agenda pode enviar as informações para um iPod ou um iPhone, oferecendo-lhe "um pequeno livro preto" que caiba no bolso de sua camisa, que pode ser operado com apenas uma das mãos e que venha com acompanhamento musical embutido. (Para configurar isso, abre o iTunes enquanto o seu iPod ou o seu iPhone estiver conectado. Clique o ícone do iPod/iPhone; na aba Contatos ou Informações, marque Sincronizar Contatos da Agenda [Synchronize Address Book Contacts].)

A Agenda pode ser encontrada em sua pasta Aplicativos (Applications) no Dock.

Criando cartões de endereço

Cada entrada na Agenda é chamada de um *cartão* (*card*) – como um cartão de papel Rolodex, com espaços pré-definidos para conter todas as informações padrão de contato.

Para acrescentar uma nova pessoa, escolha Arquivo→Novo Cartão (File→New Card), pressione ⌘-N ou clique o botão + sob a coluna Nome (Name). Depois, digite as informações de contato, pressionando a tecla Tab para se mover de campo para campo, conforme mostrado na Figura 19-21.

Dica: Se você adicionar os mesmos campos aos novos cartões com frequência, verifique o painel Modelo da Agenda. Lá, é possível personalizar exatamente quais campos aparecem para os novos cartões.

Cada cartão também contém um campo Notas (Notes), sem formato, embaixo, onde você pode digitar quaisquer outros punhados de informações aleatórias que deseje armazenar sobre a pessoa (nome do animal de estimação, apelidos embaraçosos, o restaurante chinês preferido e assim por diante).

Editando um endereço

Ao criar um novo cartão de endereço, automaticamente você está no Modo Editar (Edit Mode), o que significa que é possível acrescentar e remover campos e alterar as informações no cartão. Para trocar para o Modo Navegar (Browse Mode) (onde você pode ver e copiar informações de contato, mas não alterá-las), clique o botão Editar (Edit) ou escolha Editar→Editar Cartão (Edit→Edit Card) (⌘-L). Também é possível trocar para *sair* do Modo Navegar de algumas maneiras.

Dica: Independente de em qual modo você esteja – Editar ou Navegar – *sempre* é possível digitar, arrastar ou colar texto no campo Notas de um cartão de endereço.

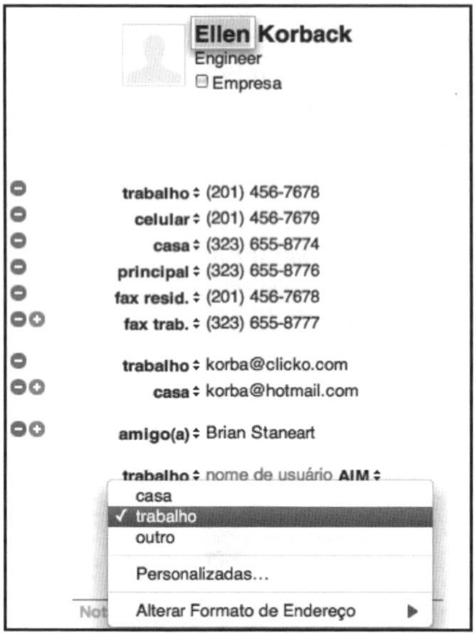

Figura 19-21:
Se acontecer de um dos seus contatos ter três extensões telefônicas no escritório, um número de pager, duas linhas telefônicas em casa, um telefone celular e duas máquinas de fax, não tem problema – você pode acrescentar quantos campos precisar. Clique os pequenos botões verdes + quando estiver editando um cartão, para acrescentar mais campos de telefone, e-mail, apelido e endereço. (O botão só aparece quando os campos existentes estiverem cheios.) Clique o nome de um campo para modificar o seu rótulo; você pode selecionar um dos rótulos padrão do menu de atalho (Casa, Trabalho e assim por diante) ou fazer os seus próprios rótulos (ou etiquetas), escolhendo Personalizar (Custom), como visto na parte inferior desta figura.

Este exemplo mostra alguns campos incomuns que você pode preencher nos cartões de endereço. Os campos fonéticos de nome/sobrenome (mostrados na primeira linha) permitem que você armazene pronúncias fonéticas de nomes difíceis de pronunciar. Os outros campos armazenam nomes para redes de mensagens instantâneas como o Jabber e o Yahoo. Para adicionar campos como esses, selecione o menu Cartão→Adicionar Campo (Card→Add Field).

Como acrescentar endereço a partir do Mail

Você também pode fazer novos contatos na Agenda, direto no Mail, evitando o trabalho de precisar digitar nomes e endereços eletrônicos manualmente. Selecione uma mensagem no Mail, depois, escolha Mensagem→Adicionar Remetente à Agenda (Message→Add Sender to Address Book) (ou pressione ⌘-Y). Pronto: o Mac OS X adiciona um novo cartão à Agenda, já com os campos de nome e endereço eletrônico preenchidos. Posteriormente, você poderá editar o cartão na Agenda para adicionar números de telefone, endereços e assim por diante.

Importando endereços

A maneira mais fácil de acrescentar pessoas à Agenda é importá-las de outro programa, como o Entourage, o Outlook Express ou o Palm Desktop.

A Agenda não é inteligente o bastante para ler um banco de dados do Entourage ou do Outlook Express – ela só pode importar arquivos no formato vCard, o formato pouco comum LDIF ou os arquivos de banco de dados separados por Tab ou vírgula (descrito a seguir).

É uma arte, este negócio de importação, todo o tipo de coisa pode dar errado. Os campos (Nome, Endereço, Telefone) podem não estar na ordem correta. Ao exportar arquivos com Tab eles podem não ter o mínimo correto de campos vazios e por aí vai.

Para melhores resultados escolha Agenda→Ajuda (Address Book→Help) e procure por "importar contatos de outros aplicativos". O resultado fornece discas especiais para cada tipo de exportação/importação (dependendo do formato do arquivo).

Com relação a vCards

A Agenda troca informações de contato com outros programas, principalmente através do *vCards*. vCards é a abreviação de *cartão de visita virtual* (*virtual business card*). Mais e mais programas de correio eletrônico enviam e recebem esses cartões de visita eletrônicos, os quais você pode identificar pelas suas extensões de nome de arquivo .vcf (isto é, se você tiver configurado o seu Mac para exibir essas extensões).

Se vier a receber um e-mail ao qual esteja anexado um arquivo vCard, arraste o arquivo .vcf para a janela da sua Agenda, para criar uma entrada instantânea, com um conjunto completo de informações. Você também pode criar os seus próprios vCards. Basta arrastar um nome para fora da sua Agenda e para a Mesa (ou para uma porção de correspondência de saída).

Dica: Além de permitir que você crie vCards de entradas individuais, a Agenda facilita a criação de vCards que contêm várias entradas. Para fazer isso, na coluna Nome, ⌘-clique as entradas que você deseja incluídas e arraste-as para a Mesa. Lá, elas aparecerão juntas, como um vCard único. É possível até arrastar um item da coluna Grupo (Group) para a Mesa, para fazer um vCard que contenha todas as entradas do grupo.

Lembre-se desse truque quando quiser copiar todos os seus contatos de um antigo PC para um novo Mac. Criando um único vCard contendo todos os seus contatos, facilitará importá-los na cópia da Agenda rodando no seu novo Mac.

Sincronização com o Google, Yahoo, MobileMe e Exchange

Sim, essa é ótima: a Agenda pode sincronizar o seus contatos com qualquer um dos catálogos de endereço externos que podem ser muito importantes para você: seus contatos do Gmail, Yahoo, MobileMe e os contatos corporativos do Microsoft Exchange.

Para detalhes sobre o Exchange, vá ao final do Capítulo 8; para o MobileMe, vá ao Capítulo 18.

Se você mantém um catálogo de endereços no Yahoo ou Gmail, selecione Agenda→Preferências→Contas (Address Book→Preferences→Accounts). Clique Em Meu Mac Local (On My Mac). Ative a caixa de seleção que desejar, e prossiga conforme mostrado na Figura 19-22.

Dica: Assim que você tiver configurado essa sincronização on-line, a atualização bidirecional é realizada a cada hora. Se você não pode esperar todo esse tempo, aqui vai uma dica para forçar a sincronização manualmente: abra o programa iSync a partir da sua pasta de Aplicativos, selecione iSync→Preferências (iSync→Preferences), e então marque a opção Mostrar estado na barra de menus (Show status in the menubar). A partir de agora, você pode escolher Sincronizar Agora (Sync Now) a partir do menulet sempre que você desejar que a Agenda verifique o seu irmão gêmeo on-line.

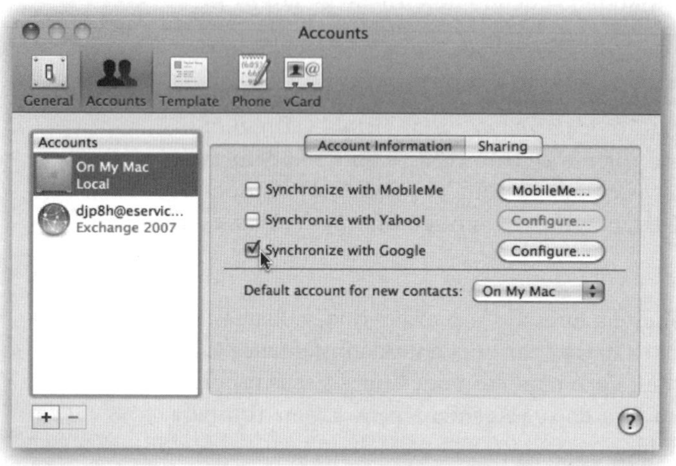

Figura 19-22:
Quando você ativa uma dessas caixas de seleção, primeiro vê um aviso de responsabilidade; ignore-o e clique Concordar (Agree). Agora você é solicitado a informar o seu nome e senha do Yahoo ou Gmail. Feito isso, rapidamente sua Agenda do Mac e seus contatos on-line são sincronizados. Até mesmo suas fotos, se o seu catálogo de endereço as possuir, são exibidas na Agenda!

Grupos

Um *grupo* é uma coleção de cartões de endereços relacionados, salvos sob um único nome descritivo (conforme mostrado na Figura 19-20).

Organizar os seus contatos em grupos pode torná-los muito mais práticos para encontrar e usar – especialmente quando o seu banco de dados de endereços cresce às centenas. Por exemplo, se regularmente você envia boletins de notícias da família para 35 parentes, você poderia reunir os cartões de endereço de todos os seus variados irmãos, primos, sobrinhas, sobrinhos, tios e tias em um único grupo, chamado

USUÁRIOS PROFISSAS

A viagem do Windows para a Agenda

Tirar nomes e endereços de um programa do Mac e colocar em outro é uma coisa. Mas, e se os seus contatos estiverem armazenados em um PC Windows rodando o Microsoft Outlook, o gerenciador de contatos mais usado no mundo?

Fácil: use o comando Exportar do Outlook (Outlook's Export) para criar um arquivo de texto delimitado por tabulação (tab) contendo todos os seus contatos. Depois, copie o arquivo de texto para o seu Mac.

Na Agenda, escolha Arquivo→Importar→Arquivo de Texto (File→Import→Text File), localize o arquivo exportado do Outlook e clique Abrir (Open). Depois de uma rápida espera, os seus novos contatos aparecem na Agenda, prontos para irem em frente.

Família. Ao encaminhar uma mensagem usando o Mail, basta digitar o nome desse grupo para atingir todos os seus parentes de uma vez. Uma pessoa pode ser membro de tantos grupos diferentes quantos você quiser.

Dica: Quando você envia uma mensagem de e-mail para um grupo maciço, como o Mail sabe qual endereço eletrônico usar para cada pessoa?

Porque você *disse* a ele. Escolha Editar→Editar Lista de Distribuição (Edit→Edit Distribution List). Uma caixa de diálogo especial aparece, relacionando todos em cada grupo, junto com a lista completa de endereços de e-mail de cada pessoa. (Use o pequeno menu pop-up, acima da lista, para escolher Telefone ou Endereço; assim, você também poderá indicar o número preferido de telefone e endereço eletrônico.)

Para criar um grupo, clique o botão + embaixo da coluna Grupo na janela da Agenda, ou escolha Arquivo→Novo Grupo (File→New Group)(Shift-⌘-N). Digite um nome para o recém-criado ícone de grupo na coluna Grupo e, depois, encha-o com os cartões de endereço, arrastando as entradas da lista Nome para o grupo. Clicar o nome de um grupo localiza e exibe, automaticamente (na coluna Nomes), todos os nomes que fazem parte daquele grupo – e oculta qualquer um que não faça parte.

Dica: Para transformar, bem depressa, um conjunto de cartões de endereço em um grupo, selecione múltiplas entradas a partir da coluna Nomes – seja Shift-clicando os nomes (para fazer seleções contínuas) ou ⌘-clicando (para seleções não contínuas) – e, depois, escolha Arquivo→Novo Grupo da Seleção (File→New Group From Selection). Você acabará com um novo grupo contendo todos os nomes selecionados.

Como remover alguém de um grupo

Para tirar alguém de um grupo, primeiro clique o nome do grupo e, depois, clique o nome da pessoa na coluna Nome e pressione a tecla Delete. Se você quiser remover a pessoa da *própria* Agenda, clique Apagar na caixa de diálogo resultante. Caso contrário, basta clicar Remover do Grupo (Remove from Group) ou pressionar Return. A Agenda mantém o cartão, mas remove-o do grupo presentemente selecionado.

USUÁRIOS PROFISSAS

Notificações automáticas

Na Agenda, notificar os amigos e familiares que o seu endereço eletrônico mudou é facílimo.

Escolha Agenda→Preferências→Geral (Address Book→Preferences→General) e marque "Notificar as pessoas quando meu cartão mudar" (Notify people when my card changes). De agora em diante, sempre que você alterar as informações em seu cartão de endereço (como endereço residencial, endereço eletrônico ou número de telefone), a Agenda perguntará se você deseja enviar um e-mail de notificação – um cartão virtual de mudança de endereço. Se quiser, clique Notificar (Notify).

Na caixa de diálogo resultante, escolha quais grupos de pessoas deseja notificar e, depois, personalize a mensagem de saída. Quando você clicar Enviar, a Agenda envia um e-mail a todas as pessoas no grupo escolhido, anexando o seu novo vCard. Quando os seus destinatários receberem o e-mail, eles podem simplesmente arrastar o vCard para suas próprias Agendas, para atualizar as informações a seu respeito. (Se preferir enviar atualizações *manualmente* aos seus contatos, basta escolher Arquivo→Enviar Atualizações [File→Send Updates].)

Dica: Se você selecionou a coluna Todos no Grupo (All in the Group), ao invés de um grupo específico, você não terá uma opção Remover do Grupo (Remove from Group). Em vez disso, o Mac apenas pede que confirme se você, de fato, deseja remover permanentemente o cartão.

Acrescentando fotos

É possível decorar cada entrada da Agenda com uma foto. Sempre que você estiver editando o cartão de alguém, arraste uma foto digital – preferivelmente um quadrado de 64 pixels ou um múltiplo seu – para um quadrado vazio em cima. Ou, duplo-clique na fonte da foto; agora você pode navegar para uma foto em seu disco rígido, clicando Escolher (Choose), ou, se a pessoa estiver *com* você, tire uma nova foto, clicando o ícone da câmera. (Não deixe de ver o botão ondulado perto dele, o qual lhe permite aplicar efeitos exóticos o Photo Both.) A essa altura, é possível aumentar, reposicionar e aparar a nova foto.

É lógico que não é preciso usar, necessariamente, uma foto. Você poderia aplicar qualquer imagem que queira para representar alguém, mesmo que seja a face do Bart Simpson ou um crânio e uma cruz de piratas. É possível usar qualquer arquivo de imagem padrão em um cartão de endereço – JPEG, GIF, PNG, TIFF ou mesmo PDF.

DIAMANTE BRUTO

Simpáticos truques de Grupo

Arrastar cartões para dentro e para fora de grupos pode ser uma ótima forma de passar uma tarde, mas, na verdade, os grupos são poderosos em poupar tempo. Por exemplo, se um cartão for selecionado na coluna Nome, rapidamente você pode selecionar *todo* o grupo ao qual ele pertence, pressionando a tecla Option.

Se você tiver criado muitos grupos, pode ser bem difícil encontrar um, específico – principalmente porque a caixa de Busca da Agenda só procura por cartões individuais. Para contornar essa limitação, clique na lista Grupo e, depois, digite as primeiras letras do nome de um grupo. A Agenda pula direto para o primeiro grupo combinando.

É possível até acrescentar grupos a *outros*. Você pode julgar útil manter um grupo de Sobrinhas e um de Sobrinhos, por exemplo, mas manter ambos dentro de um grupo principal, Família. Para fazer isso, crie dois grupos. Então ⌘-clique cada um deles na Lista de Grupo e Option-arraste para o grupo Família. Agora, sempre que selecionar Família, você verá as Sobrinhas e os Sobrinhos listados entre os outros cartões; clique duas vezes cada um para ver seus membros.

Da mesma forma, não deixe de ver o recurso Grupos Inteligentes (Smart Groups) da Agenda. Os grupos de endereço inteligentes, como as pastas inteligentes no Finder, automaticamente se enchem com itens que combinam com os critérios que você especifica. Por exemplo, você poderia criar um chamado Funcionários da Apple que relacione todos os seus contatos com "apple.com" em seus endereços eletrônicos.

Para criar um grupo inteligente, escolha Arquivo→Novo Grupo Inteligente (File→New Smart Group) (Option-⌘-N). Depois, use a caixa de diálogo resultante (que se parece com a Caixa de Diálogo da Caixa de Correio inteligente do Mail) para especificar como gostaria que o grupo inteligente se enchesse.

Quando tiver terminado, o seu novo grupo inteligente poderá ser usado exatamente como um grupo normal. Claro que você mesmo não pode acrescentar contatos a um Grupo Inteligente, mas ainda pode enviar um e-mail a todos os membros dele, por exemplo, ou arrastar um para o Finder, para criar um vCard composto.

De agora em diante, se você receber um e-mail daquela pessoa, a foto aparecerá direto na mensagem.

Dica: Se você tiver instantâneos no iPhoto, será particularmente fácil acrescentar uma foto a qualquer cartão de endereço. Basta arrastar uma foto diretamente da janela principal do iPhoto para a moldura de foto no cartão de endereço para inseri-la.

Substituindo e removendo uma foto

Para substituir uma foto em um cartão de endereço, basta arrastar uma nova imagem para cima da antiga. Se você quiser se livrar de uma foto existente, sem substituí-la, selecione o cartão e, depois, escolha Cartão→Limpar Imagem Personalizada (Card→Clear Custom Image) (ou, no Modo Editar, pressione Delete).

Como encontrar um endereço

É possível fazer uma busca por uma entrada na Agenda dentro do grupo atualmente selecionado, digitando algumas letras de um nome (ou endereço, ou qualquer outro fragmento de informação de contato) na caixa Busca (Figura 19-22). Para buscar *todos* os seus contatos ao invés de apenas o grupo atual, na lista Grupo, clique Todos (All).

Dica: Você pode pressionar ⌘-F para pular diretamente para o campo de busca e começar a digitar. A sua economia: um clique de mouse.

Figura 19-23: Com cada letra que você digitar, a Agenda filtra o seu círculo social e exibe a quantidade de combinações embaixo. Os registros das próprias combinações aparecem na coluna Nome, a primeira das entradas do cartão que combina aparece no painel da extrema direita e o texto da própria combinação aparece selecionado no cartão que está combinando.

Se a Agenda encontrar mais de um cartão combinando, use as teclas ↓ ou ↑, ou Return e Shift-Return para navegar através deles.

Quando tiver encontrado o cartão que procurava, você pode executar alguns efeitos interessantes. Se clicar o rótulo (etiqueta) de um número de telefone ("casa" ou "escritório", por exemplo) verá a opção Fonte Grande (Large Type): a Agenda exibe o número em uma fonte absurdamente gigantesca, que enche toda a largura da sua tela, permitindo ler o número enquanto você digita, do outro lado da sala. Você também pode clicar o rótulo de um endereço eletrônico para criar uma mensagem de e-mail pré-endereçada, ou clicar uma home page para iniciar o seu navegador Web e ir para o site de outra pessoa.

Também é possível copiar e colar (ou arrastar) as informações de cartão de endereço para outro programa, ou convertê-las em um Lembrete Adesivo (Sticky Note).

Dica: Quando você tiver encontrado um endereço de rua na sua Agenda, poderá encontrar aquelas coordenadas em um mapa, dando Control-clique (ou clicando com o botão direito) a parte de endereço do cartão e escolhendo Mapa De (Map Of) a partir do menu de atalho, conforme mostrado na Figura 19-24. Obediente, o seu nabegador Web dispara, para exibir o endereço no Google Maps.

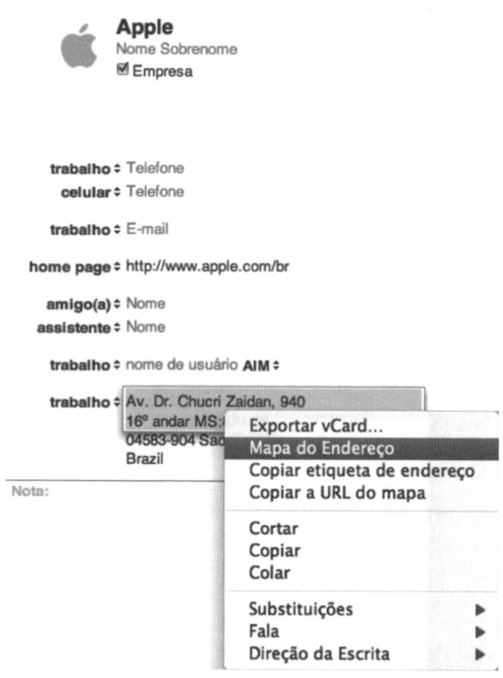

Figura 19-24:
As opções que podem ficar disponíveis quando você clica o rótulo do campo em um cartão de endereço variam de acordo com o tipo de campo. Os menus pop-up permitem que você envie e-mail, abra uma página Web ou veja um mapa, dependendo do tipo de campo que você clicou.

Como alterar a exibição da Agenda

Não é possível fazer muito para personalizar a aparência da Agenda, mas o painel Preferências (Agenda→Preferências) oferece ao menos algumas opções, no painel Geral, que são válidas de se observar:

- **Mostrar Nome (Display Order).** Escolha ter os nomes exibidos com o primeiro nome, seguido pelo sobrenome, ou vice-versa.

- **Ordenar (Sort By).** Classifica as entradas na Agenda, pelo primeiro nome ou pelo sobrenome.

- **Tamanho da Fonte (Font Size).** Escolha entre Pequena (Regular), Média (Medium) ou Grande (Large). Infelizmente, não é possível mudar mais nada com referência à fonte usada na Agenda; a cor, a face e o estilo, todos são bloqueados.

Opções de impressão

Quando você escolhe Arquivo→Imprimir e clica o ▼ para expandir a caixa de Impressão, o menu pop-up Estilo (Style), oferece quatro maneiras de imprimir quaisquer endereços que estejam selecionados no momento:

- **Etiquetas de Endereços (Mailing Labels).** Essa opção imprime os endereços nas folhas padrão de rótulos presos na correspondência – Avery, por exemplo – que você compra nas lojas de material de escritório.

Dica: Enquanto você manipula as configurações, é possível ver as suas alterações no painel de visualização, à esquerda. Se a visualização for muito pequena para conseguir ver, use o deslizador Zoom. (Ele não afeta a sua impressão.)

- **Envelopes.** Esse recurso é ótimo se você tiver uma letra manual ruim; ao invés de endereçar manualmente os seus envelopes, você pode fazer a Agenda imprimi-los. Use o menu pop-up Layout para escolher o tamanho de seus envelopes – normalmente, ele está relacionado fora da caixa de envelope.

Nota: Ambas as opções, Etiquetas e Envelopes, *só* imprimem os contatos para os quais você, de fato, forneceu os endereços físicos de correspondência.

- **Listas (Lists).** Se você só quiser uma cópia em papel das entradas da sua Agenda, use essa configuração. Marque, na lista Atributos (Attributes), as caixas de seleção dos campos que deseja impressos – apenas o nome e número do telefone, por exemplo.

- **Agenda de Bolso (Pocket Address Book).** Esse recurso imprime um conveniente livro de endereços em *papel* do seu livro de endereços virtual. Se você escolher Indexado (Indexed) do menu pop-up Folhear Estilo (Flip Style), a margem de cada página relacionará as primeiras letras dos últimos nomes relacionados na página, tornando uma ligação para encontrar a página com o endereço desejado. (Aqui, de novo, você pode escolher quais campos gostaria de incluir – números de telefone, endereços e assim por diante.)

Enquanto você explora as opções apresentadas aqui, poderá ver uma miniatura, bem na caixa de diálogo, que mostra como ficará.

Não importa qual método você escolher, os únicos cartões que serão impressos são aqueles selecionados quando você escolheu Arquivo→Imprimir. Portanto, se você quiser imprimir *todos* os seus cartões, na coluna Grupo, clique Todos, antes de imprimir.

Dica: É possível combinar o recurso de Grupos Inteligentes com os recursos de impressão de uma maneira inteligente: você mesmo imprimir um livro de telefones portátil quando estiver indo visitar uma cidade diferente. Isto é, configure um grupo que englobe todas as pessoas que conhece que vivem em Chicago, e, depois, imprima aquilo como uma agenda portátil.

Backups da Agenda

Pense nisso: o conteúdo da sua Agenda pode representar *anos* de esforço de digitação e compilação. Perder todas essas informações para um banco de dados corrompido ou um disco rígido quebrado seria devastador. Eis as três maneiras de proteger os dados da sua Agenda:

- **Marcar sincronizar com MobileMe.** Ter uma conta MobileMe tem seus privilégios – e um deles é a sincronização automática com outros Macs, ou apenas com o MobileMe nave-mãe na nuvem da Internet.

- **Fazer backup de todos os dados da sua Agenda.** Abra a sua pasta Início→Biblioteca→Suporte de Aplicativo (Home→Library→Application Suport). Copie toda a pasta da Agenda em outro disco – queime um CD, faça o download dela para o seu iPod, ou descarregue-a para um arquivo servidor, por exemplo. Agora, os seus dados de contato estão protegidos, mesmo no caso de uma falha do disco rígido.

- **Copiar todo o seu Mac com Time Machine.** O Capítulo 6 diz como fazer.

CAPÍTULO
20

Safari

A Internet percorreu um longo caminho desde os seus primeiros tempos, nos anos 1960, quando era uma rede de comunicações para as universidades e os militares. Atualmente, essa pequena rede foi transformada em um hub, um ponto central de informações internacionais, provedor de entretenimento e o maior centro de compras do mundo. Por isso, devemos agradecer o desenvolvimento da World Wide Web – a face visual, de indicar e clicar da Internet.

Obviamente a Apple fica intrigada com as possibilidades da Internet. Com cada novo lançamento do Mac OS X, mais rebentos inteligentes chegam do Mac para a maior rede do mundo: Dashboard, o link de Wikipédia no programa Dicionário, fragmentos Web, Back to My Mac, e assim por diante.

No entanto, a criação cordial, mais óbvia da Apple para a Internet é Safari, uma janela sabiamente projetada para a Web (agora disponível ao Mac OS X e, acredite

PERGUNTAS FREQUENTES

Onde especificar seus programas de e-mail e navegador preferidos

Ei! Onde especifico qual navegador eu quero abrir quando, digamos, clico um link em uma mensagem de e-mail? Costumava ser no painel Internet das Preferências do Sistema, mas esse painel não existe mais!

Isso vai parecer um pouco esquisito. Mas, para indicar que deseja algum outro navegador para ser o seu favorito, você começa abrindo o *Safari*. Escolha Safari→Preferências [Safari→Preferences], depois clique a aba Geral e, a partir do menu pop-up, escolha Navegador da Web Padrão (Default Web Browser).

Você muda os programas de e-mail usando alguma lógica torcida. Abra o Mail e, depois, abra as suas Preferências.

ou não, para o Windows). Este capítulo é todo sobre Safari: o ícone de compasso no Dock aponta o caminho para a sua aventura na Internet.

Safari

Se você quiser que algo seja bem feito, faça você mesmo.

Deve ter sido isso que a Apple pensou quando escreveu o seu próprio navegador Web, alguns anos atrás, que tanto aborreceu a Microsoft, que logo interrompeu qualquer outro trabalho na versão do Mac de seu próprio Internet Explorer.

O Safari é lindo, muito rápido e cheio de deliciosos recursos. No Snow Leopard, ele está mais rápido que antes, e os plugins mal comportados de antigamente não fazem mais estragos em todo o navegador; em vez disso, o plugin com falha apenas é fechado. Você vê um espaço vazio na página onde o vídeo ou animação do plugin deveria aparecer, e pode recarregar a página caso queira tentar novamente.

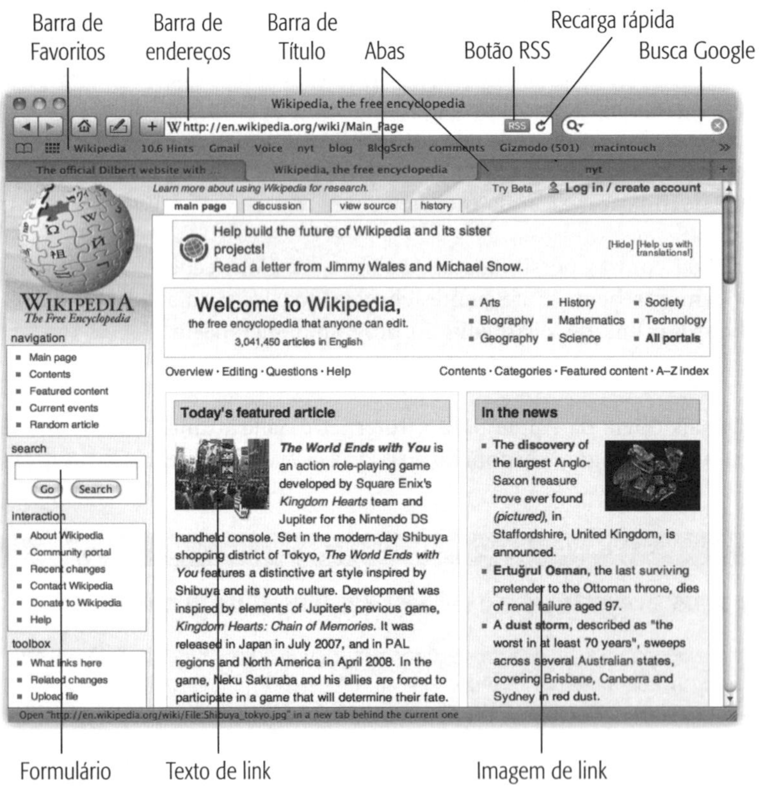

Figura 20-1: *A janela do Safari oferece ferramentas e recursos que lhe permitem navegar a Web quase sem esforço. Essas várias Barras de Ferramentas e botões são descritos neste capítulo.*

No entanto, o Safari não é o Internet Explorer e alguns websites – alguns sites de Internet banking, por exemplo – se recusam a reconhecer sua existência. Nessas situações, você pode experimentar a versão do Mac do Firefox, um navegador gratuito, disponível em www.getfirefox.com.

Navegando o Básico e as Barras de Ferramentas

Provavelmente, você conhece o exercício quando se trata de navegadores Web. Quando você clica um link sublinhado (*hyperlink*) ou um botão de foto, você é transportado de uma página Web para outra. Uma página pode ser a homepage da General Motors; outra pode conter informações críticas sobre uma conta no congresso; outra ainda pode ter as fotos de um bebê, colocadas pelos pais em Omaha.

Dica: *Nem sempre* os links de texto são azuis e sublinhados. Na verdade, às vezes, webdesigners modernos dificultam muito dizer qual texto pode ser clicado e qual é apenas texto. Quando estiver em dúvida, mova o seu cursor sobre algum texto; se a seta mudar para um cursor de dedo apontando, você acabou de encontrar um link.

Algumas das outras dicas do Safari não serão óbvias:

- **Imagens gráficas que devem ser salvas.** Quando você vir uma figura que gostaria de manter, Control-clique ela (ou clique com o botão direito) e escolha Salvar Imagem na Mesa (Save Imagem to Desktop) (ou Adicionar Imagem à Fototeca do iPhoto [Save Image to iPhoto], ou apenas Salvar Imagem Como [Save Image As]), livre do seu local de origem na Web. (Você pode especificar onde o Safari salva fotos baixadas, na aba Safari→Preferências→Geral [Safari→Preferences→ General]. Nesse caso, os dizeres do menu de atalho mudam para, por exemplo, "Salvar Arquivos Transferidos em 'Fotos'".)

Dica: Você também pode salvar uma imagem na Mesa, apenas arrastando-a para lá, direto da janela do Safari.

- **Barras de rolagem.** Use a barra de rolagem para mover a página para cima e para baixo – ou para poupar o uso do mouse, pressione a barra de espaço cada vez que quiser ver mais. Pressione Shift-barra de espaço para rolar para *cima.* (A barra de espaço só serve à sua função tradicional de fazer espaço quando o ponto de inserção está piscando em uma caixa de texto ou barra de endereço.)

  Também é possível pressionar as suas teclas ↑ e ↓ para rolar uma linha de cada vez. Page Up e Page Down rolam em aumentos de tela cheia, enquanto que as teclas Home e End levam a página Web atual para cima ou para baixo. E, se o seu mouse tiver roda de rolagem, ele também funciona. (Pressione Shift enquanto estiver rolando a roda, para rolar *horizontalmente.*)

  Em um laptop, arraste dois dedos para rolar, como de costume.

Barras de Ferramentas do Safari

Muitos dos controles mais úteis do Safari vêm estacionados em barras de ferramentas e botões, que você chama ou oculta escolhendo seus nomes a partir do menu Visualizar (View). Eis o que eles fazem:

Barra de endereços

Quando você digita um novo endereço de página Web (URL) nessa tira e pressiona Return, o website correspondente é carregado.

Nota: Se o resultado for apenas uma mensagem de erro, então você deve ter cometido um erro ao digitar o endereço, ou a página Web pode ter sido movida ou retirada do ar – um acontecimento relativamente frequente na atual World Wide Web, sempre se alterando com rapidez.

Da mesma forma, você receberá uma mensagem de erro se o Safari não puder se conectar, de forma alguma, à Internet. (Essa mensagem de erro é uma obra-prima de clareza: "Você não está conectado à Internet" ["You are not connected to the Internet"].)

Nesse caso, clique Diagnóstico de Rede (Network Diagnostics)para ver se o Mac OS X pode rastrear a origem do problema de sua conexão. Quando você estiver de volta on-line, automaticamente o Safari carrega quaisquer páginas pelas quais você estava esperando para ler.

Pelo fato de digitar endereços da Internet ser tão objetivo para a experiência da Internet e propiciar erros de digitação, a barra de endereços é cheia de recursos que minimizam os toques de tecla. Por exemplo:

- Não é preciso clicar a barra de endereços antes de digitar; basta pressionar ⌘-L.

- Você pode selecionar todo o endereço (assim, ele fica pronto para ser sobrescrito por um novo), clicando a margem superior ou inferior da caixa de texto da barra de endereços. Alternativamente, você poderá clicar o pequeno ícone à esquerda do endereço atual, clicar três vezes a barra de endereços ou pressionar ⌘-L.

- Não é necessário digitar todo o endereço da Internet. Você pode omitir as partes *http://*, *www* e *.com*; o Safari preenche esses fragmentos de endereço padrão por você. Por exemplo, para visitar NYTimes.com, um fanático apressado poderia pressionar ⌘-L para selecionar a barra de endereços, digitar *nytimes* e depois pressionar Return.

Dica: Você está navegando a Web e, de repente, precisa confirmar uma reunião no iCal. O que fazer?

O usuário poderoso abre outros programas direto de dentro do Safari, digite *ical://* na barra de endereços – ou *ichat://, agenda:// ou sherlock://* – e depois pressione Return. (Infelizmente, apenas esses são os programas da Apple que funcionam com esse truque de iniciar URL.)

Você também pode digitar *mailto:* para abrir uma nova mensagem de e-mail para envio em seu programa padrão de e-mail, ou *mailto:steve@apple.com* para pré-endereçar essa mensagem de saída para Steve Jobs. (É lógico que você deve substituir esse endereço eletrônico pelo de alguém que você realmente deseja contatar.)

- Quando você começar a digitar em uma barra de endereços, o recurso Preenchimento Automático (Autocomplete) compara o que você está digitando com uma lista de websites visitados recentemente ou aqueles que tenham sido marcados como favoritos. O Safari exibe uma lista que se estende com endereços da Web que parecem combinar com o que você está digitando. Para se poupar do tédio de digitar toda a coisa com o seu mouse, clique o endereço completo correto, ou use a tecla ↓ para chegar à listagem desejada e, depois, pressione Return. O endereço completo selecionado aparece na barra de endereços.

Dica: Você poderia imaginar por que o menu Visualizar oferece a oportunidade de ocultar a barra de endereços. Se ela estivesse oculta, como você poderia usar a Web?

Simples: mesmo com essa barra oculta, você pode chamá-la rapidamente, pressionando ⌘-L. Digite o endereço desejado e depois pressione Return, para fazer com que a barra desapareça novamente. Essa é uma boa notícia para pessoas com telas pequenas – e para colecionadores de trivialidades do Mac.

Botões da barra de endereço

Você pode chamar ou descartar uma série de botões individuais na barra de endereços, personalizando-os (Figura 20-2). Vale a pena prestar um pouco mais de atenção nesses botões customizados, porque algumas das funções deles são realmente úteis. Eis uma lista de suas opções:

DIAMANTE BRUTO

Deixe o preenchimento automático digitar

O Safari também pode se lembrar de nomes dos usuários, senhas e outras informações que você digita nas caixas de texto encontradas em suas viagens pela Web.

Para ativar esse ótimo recurso, visite a aba Safari→Preferências→Preenchimento Automático (Safari→Preferences→AutoFill). Se marcar Utilizando informações do cartão da Agenda (Using info from my Address Book card), sempre que você tiver que preencher um formulário da Web com o seu endereço de envio, poderá clicar o botão Preenchimento Automático na barra de endereços, para que o Safari preencha, automaticamente, os espaços em branco por você. (Se você não ver o botão Preenchimento Automático – veja a Figura 20-2 – escolha o seu nome no menu Visualizar, ou use Editar→Preenchimento Automático de Formulário [Edit→AutoFill Form], para fazer o serviço.)

Alternativamente, clique apenas uma caixa de texto – Nome, por exemplo – e comece a digitar. Assim que o Safari reconhecer um vestígio familiar de suas informações de contato, ele completa automaticamente o resto da palavra. (Se ele adivinhar errado, basta continuar a digitar.)

Em Preferências, se você marcar Senhas e Nomes de usuários, cada vez que digitar uma senha em uma página Web, o Safari se oferecerá para memorizá-la. É uma ótima oportunidade – e que poupa o seu cérebro, ainda que não funcione em todos os websites. (Claro que você deve usar isso com cuidado, se compartilhar uma conta no seu Mac com outras pessoas.)

Quando você quiser que o Safari "esqueça" as suas senhas – por motivos de segurança, por exemplo – faça uma nova visita àquela aba, Safari→Preferências→Preenchimento Automático. Clique um dos botões de Editar e, depois, apague os nomes dos websites para os quais as suas informações foram armazenadas.

Se quiser que o Safari lembre-se dos termos que você digitou em máquinas de busca, sites de compras, sites de jogos on-line e outros, marque Outros Formulários (Other Forms).

- **Voltar/Avançar (Back/Forward).** Clique o botão ◀ para visitar novamente a página onde estava. *Atalho de teclado:* Delete, ou ⌘-←.

Quando você tiver clicado ◀, poderá então clicar o botão ▶ (ou pressionar ⌘-→, ou ⌘-[) para voltar à página onde estava, antes de clicar o botão Voltar (Back). Clique e mantenha pressionado o botão ◀ para obter uma lista que se estende de *todas* as páginas da Web que você visitou durante essa sessão on-line.

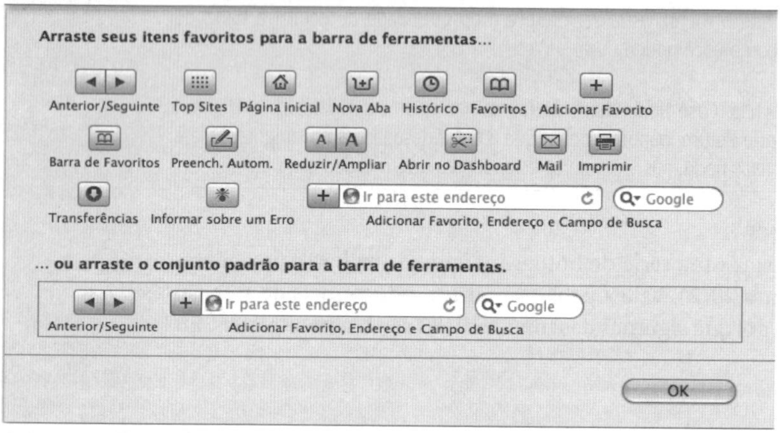

Figura 20-2: *Para abrir essa tela de customização de barra de ferramenta, selecione Visualizar →Personalizar Barra de Ferramentas (View→Customize Address Bar). Então, arraste os botões que deseja diretamente na barra de endereço. Alguns deles não possuem títulos quando instalados, mas possuem etiquetas de dicas que você pode ler apontando o cursor do mouse sobre ele, sem clicar.*

Esse menu pop-up relaciona os sites pelos nomes, como em "The New York Times – Notícias de Última Hora, Notícias do Mundo & Multimídia". Se, em vez disso, você preferir, de fato, ver os *endereços*, Option-clique (e mantenha o botão do mouse pressionado) o botão Voltar ou Avançar (Forward).

Dica: Em vez de clicar e manter pressionado o botão ◀ ou ▶ para executar esses truques, você pode poupar meio segundo de espera, apenas com Control-clique.

- **Top Sites.** Essa nova funcionalidade do Safari 4 abre o Dashboard altamente visual mostrado na Figura 20-3. Essas miniaturas representam o que o Safari determinou como seus websites favoritos, calculados com base na frequência e o quão recentemente você os visitou.

- **Início (Home).** Clique, para trazer para frente, a página Web que você designou como a sua homepage (na aba Safari→Preferências→Geral).

- **Nova Aba (New Tab).** Cria uma nova aba (janela embutida), descrita depois neste capítulo.

- **Histórico (History).** Clique para abrir a lista dos websites que você visitou recentemente em uma janela – uma visualização muito mais fácil de navegar do que o *menu* Histórico.

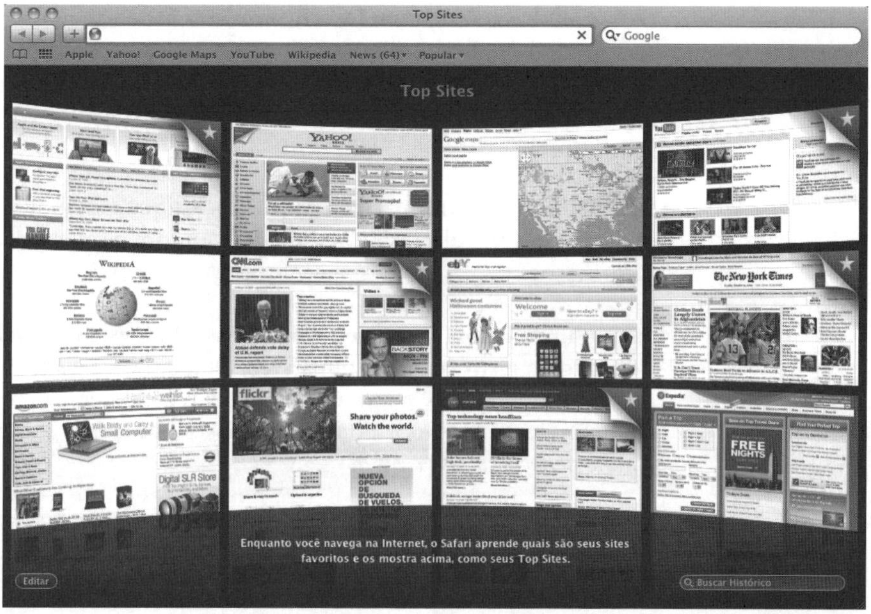

***Figura 20-3:** Você pode abrir a visualização do Top Sites clicando o botão Top Sites na barra de ferramentas ou selecionando Histórico→Mostrar Top Sites (History→Top Sites). Clique uma página para revisitá-la; uma estrela no canto significa "Esta página foi alterada desde a sua última visita".*

- **Adicionar Favoritos (Add Bookmark).** Quando encontrar uma página Web que você gostaria de visitar novamente, clique esse botão. Também é possível pressionar ⌘-D ou escolher Favoritos→Adicionar Favoritos (Bookmark→Add Bookmark), ou arrastar o pequeno ícone da barra de endereços, diretamente para a sua Barra de Favoritos.

  Conforme mostrado na Figura 20-4, o Safari se oferece para acrescentar o nome dessa página Web (ou um nome abreviado que você especificar para ela), seja ao menu Favoritos ou para a *Barra* de Favoritos, descrita a seguir. Na próxima vez que você quiser visitar tal página, bastará selecionar o seu nome em qualquer lugar que queira.

Dica: Pressione Shift-⌘-D para adicionar instantaneamente o favorito ao menu – sem perguntas feitas, sem apresentação de caixa de diálogo.

O botão 📖 (Favoritos) abre a janela de edição dos Favoritos (Figura 20-4). Aqui você pode reorganizar os nomes no menu dos seus Favoritos facilmente, ou analisá-los rolando através das miniaturas do Cover Flow – uma grande funcionalidade em um navegador, porque uma representação visual de uma página ajuda muito mais do que apenas o endereço. (Mesmo sem o botão 📖, você pode acessá-lo selecionando Favoritos→Mostrar Todos os Favoritos [Bookmarks→Show All Bookmarks] ou pressione Option-⌘-B.)

Na organização de janelas resultante, arraste os favoritos para cima e para baixo. A Figura 20-4 mostra como realizar uma reorganização mais drástica, editando, renomeando ou deletando favoritos.

- **Barra de Favoritos (Bookmarks Bar).** Oculta ou exibe a barra de ferramentas horizontal que lista seus favoritos. (O equivalente a selecionar Visualizar→Mostrar Barra de Favoritos [View→Bookmarks Bar].)

- **Preenchimento Automático (AutoFill).** Clique esse botão para que o Safari preencha os formulários de pedido da Web com o seu nome, endereço e outras informações.

- **Tamanho de Texto (Text Size).** Usando esses botões, é possível ajustar o tamanho de ponto do texto de uma página Web. Quando você visitar um website destinado aos computadores Windows – cujo texto geralmente parece pequeno demais nas telas do Mac – você poderá usar esses botões para aumentar o tamanho. *Atalho de teclado:* ⌘-+ ou ⌘- -.

- **Abrir no Dashboard (Open in Dashboard).** Esse ícone é a chave para criar *webclipes* no Dashboard. Clique esse botão, e então selecione a parte da página que você deseja "widgetizar". Ele é equivalente ao comando Arquivo→Abrir no Dashboard (File→Open in Dashboard).

CONSULTÓRIO PARA USUÁRIOS AVANÇADOS

Customize o Top Sites

Normalmente, o Top Sites exibe mudanças ao longo do tempo, de acordo com as mudanças em seu gosto e atividade. Mas você pode se impor em relação à tentativa do Safari de ter a custódia dessa página de várias maneiras. Por exemplo, você pode marcar um determinado site de forma que ele nunca deixe de aparecer na tela do Top Sites, ou pode adicionar uma página manualmente.

Tudo isso acontece quando você clica o botão Editar (Edit) no canto inferior esquerdo. Cada miniatura abre dois botões em seu canto: o botão X (essa página nunca mais aparecerá no Top Sites) e o botão da tacha (essa página sempre aparecerá no Top Sites, mesmo que você não a visite muito).

Para adicionar uma nova página ao Top Sites, primeiro abra a página em outra janela do Safari. Então, selecione sua URL na barra de endereço e arraste-a para a página do Top Sites. Você também pode arrastar um link da Web que estiver em uma mensagem de e-mail, documento de texto, página Web ou qualquer outra fonte para a página do Top Sites.

Você também pode reordenar as miniaturas, bastando para isso arrastá-las pela tela.

Finalmente, você também pode alterar o tamanho da miniatura. Utilize o controle Pequeno/Médio/Grande (Small/Medium/Large) no canto inferior direito; miniaturas menores significam mais sites na tela (24, 12 ou 6, respectivamente).

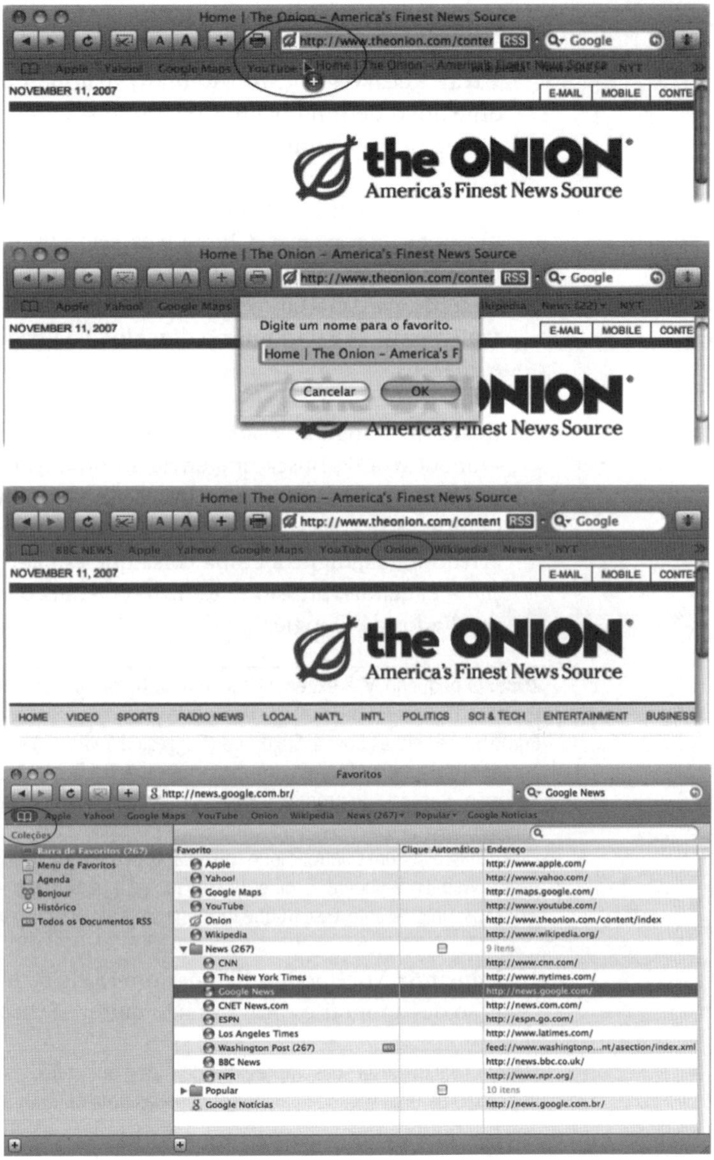

Figura 20-4:
Em cima: quando você tiver sentido o gosto de uma página Web na tela, poderá arrastar o seu pequeno ícone de logotipo de página da barra de endereços, diretamente para a Barra ou menu Favoritos.

Segunda, de cima para baixo: se você preferir que um nome abreviado apareça na barra de espaço limitado, o Safari faz isso, oferecendo-lhe a oportunidade de digitar em o rótulo que você quiser.

Terceira de cima para baixo: quando clicar OK, o novo botão aparece na barra, conforme mostrado aqui. (Também é possível arrastar qualquer link para a barra, tal como uma frase em azul, sublinhada, de uma página Web, ou mesmo um ícone da sua Mesa!) Para remover um botão, arraste-o para fora da barra; para reorganizar os ícones, basta arrastá-los.

Embaixo: clique o pequeno 📖 (circulado) para abrir a janela Favoritos. Aqui, é possível arrastar nomes para cima ou para baixo, para reorganizar a lista, ou arrastá--los para uma "pasta", que se transforma em um submenu no menu Favoritos. (Crie um submenu, clicando o botão + abaixo da lista.) Você pode editar um favorito, clicando uma vez no seu nome ou URL, ou apagar um, pressionando Delete.

- **Mail.** Abre uma nova mensagem de e-mail de saída em seu programa de e-mail. A linha de Assunto contém o *nome* do site que você estava visitando; o corpo da mensagem contém um link para o site. Você pode endereçar a mensagem, adicionar um comentário ("Resp: seu comentário de 'leigo' recomenda trampolins para crianças"), e envie-a.

- **Parar/Recarregar (Stop/Reload).** Clique o botão Parar para interromper o download de uma página Web que você tenha solicitado (se tiver cometido um erro, por exemplo). *Atalho de teclado:* Esc ou ⌘-ponto.

  Quando uma página tiver terminado de baixar, o botão Parar se transforma em um botão Recarregar. Clique essa seta circular (ou ⌘-R) se uma página não parecer ou funcionar muito bem, ou se você quiser ver a versão atualizada de uma página Web (tal como um site de notícias de última hora), que muda constantemente. O Safari refaz o download da página Web e reinterpreta o seu texto e imagens. .

- **Busca no Google (Google Search).** Esse é um dos recursos mais úteis do Safari – uma caixa de Busca que envia automaticamente o seu pedido de busca para o Google.com, a página de busca da Web mais popular do mundo. Pressione Option-⌘-F para depositar o seu ponto de inserção dentro dessa caixa de texto arredondada, digite alguma coisa que esteja procurando – digamos, *programação* – e, depois, pressione Return. O Safari o leva diretamente para a página de resultados do Google.

Dica: O pequeno ▼ à extrema esquerda da barra do Google é um menu pop-up de suas buscas mais recentes. Ele oferece duas categorias de listagens, com a intenção de economizar o seu tempo e digitação. Primeiro, existem as Buscas Sugeridas (Suggested Searches) (você pode notar que elas também se abrem automaticamente conforme você digita na caixa de Busca). Essas sugestões vêm da funcionalidade de Sugestão (Suggest) do próprio Google. A segunda categoria: suas buscas mais recentes.

Dica extra: se der um Control-clique (ou clicar com o botão direito) uma palavra ou frase selecionada em uma página Web, você poderá escolher Busca Google a partir do menu de atalho para procurar aquele texto. E, ainda mais interessante, esse truque funciona em *todos* os programas do Cocoa – não apenas no Safari.

- **Imprimir.** Você pode adicionar um ícone de impressora ao Safari com a simples ação de "apontar e clicar", se não quiser se incomodar com ⌘-P.

Dica: O Safari ajusta suas impressões de forma automática, se necessário, em até 10%, se isso evitar a impressão de uma segunda página com apenas uma ou duas linhas de texto. Muito legal.

- **Transferências (Downloads).** Esse botão abre sua janela de Transferências, que mostra o progresso dos arquivos que você está baixando, seu histórico de downloads recentes e contém ícones clicáveis dos downloads que permitem que você vá até eles no disco rígido.

Dica: Em Safari→Preferências→Geral (Safari→Preferences→General), você pode optar por remover a listagem de downloads da janela Transferências assim que eles tenham sido concluídos com sucesso. Você pode desejar fazer isso por questões de privacidade, ou somente porque não há motivo para continuar com eles ali na lista uma vez que eles já foram finalizados.

- **Informar sobre um erro (Report Bug).** Senhoras e senhores, eis a Apple em sua maior humildade. Esse botão em forma de inseto abre uma pequena caixa "Querida Apple" (Dear Apple), onde você pode informar à Apple a respeito de um recurso do Safari ou página Web que não funciona. Se clicar Mais Opções (More Options), é possível até enviar para a Apple uma tela ilustrativa de, por exemplo, um layout de página Web "zoado" que o Safari apresentou.

Barra de Favoritos

O menu Favoritos consiste de uma das maneiras de você manter uma lista de Web sites visitados com frequência. Mas, abrir uma página Web a partir desse menu exige *dois cliques com o mouse* – um gasto de energia exorbitante. Por outro lado, a Barra de Favoritos (Visualizar→Barra de Favoritos) permite que você chame algumas páginas Web *muito* favoritas, com apenas um clique.

Dica: Se você tiver um punhado de favoritos armazenados em outro navegador Web, use esse recurso de exportar do navegador para salvá-los em um arquivo e, depois, use o comando Arquivo→Importar Favoritos (File→Import Bookmarks) do Safari, para economizar o tempo de entrar novamente, à mão, em favoritos.

A Figura 20-4 ilustra como acrescentar botões a essa Barra de Ferramentas, ou removê-los dela.

Dica: Conforme mostrado na Figura 20-4, é possível arrastar um link de uma página Web para a sua Barra de Favoritos. No entanto, você também pode arrastar um link diretamente para a Mesa, onde ele se transforma em um *arquivo de local da Internet*. Dali em diante, para iniciar o seu navegador e visitar a página Web sempre que você quiser, bastará dar duplo-clique nesse ícone.

Melhor ainda, empilhe alguns desses ícones no seu Dock ou Barra Lateral para facilitar ainda mais o acesso.

Barra de Estado

A Barra de Estado, embaixo da janela, informa o que o Safari está fazendo (tal como "Abrindo a página..." ou "Pronto"). Quando você indicar um link sem clicá-lo, a Barra de Estado também informa qual URL abrirá se você clicá-lo. Por esses dois motivos, ela é uma tira muito útil, mas não aparece quando você roda o Safari pela primeira vez. Você precisará chamá-la, escolhendo Visualizar→Mostrar Barra de Estado (View→Show Status Bar).

Dicas para navegar melhor

O Safari é cheio de atalhos e truques para maior velocidade e navegação mais agradável. Por exemplo:

SnapBack

O pequeno botão cor de laranja SnapBack (Voltar Rapidamente (↶)), que às vezes aparece na extrema direita da barra de endereços ou na barra de busca do Google, leva-o instantaneamente de volta para a página Web, cujo endereço você digitou por último (ou cuja preferência você clicou por último), ou para a sua primeira página de resultados do Google.

A questão aqui é que, depois de passar de um link para outro na busca de algum resultado no Google ou listagem do Amazon, você pode voltar para o ponto de partida sem precisar clicar repetidamente o botão Voltar. (O botão SnapBack não aparece até que, de fato, você tenha clicado fora da primeira página visitada.)

Destaque do Snow Leopard: O que aconteceu? A Apple estava tão entusiasmada quando inventou o SnapBack – mas no Safari 4, o SnapBack foi pouco recuperado. Não há mais o atalho de teclado para esse recurso, não há mais formas de marcar quaisquer páginas aleatórias como sua página "SnapBack".

Você ainda pode pressionar a tecla Delete (ou ⌘-←) para voltar uma página, ou Shift-Delete (⌘-→) para ir para a próxima. Elas devem aliviar um pouco a tristeza.

Remova pop-ups e pop-unders (aparecimento na frente ou atrás, na tela)

Os anunciantes mais aduladores do mundo nos inundam com anúncios *pop-ups* e *pop-unders* – pequenas janelas desagradáveis que aparecem na frente da janela do navegador ou pior, atrás dela, esperando para aparecer no momento em que você fechar a sua janela atual. Geralmente eles são decepcionantes, mascarados como mensagens de erro ou caixas de diálogo e farão absolutamente qualquer coisa para que você clique dentro deles.

Se esse tipo de coisa está deixando-o louco, escolha Safari→Bloquear Janelas Pop-up (Safari→Block Pop-Up Windows), de modo que uma marca de seleção apareça perto do comando. Há uma guerra lá fora – mas, pelo menos agora você tem alguma munição.

Nota: Esse recurso não barra as pequenas janelas que aparecem quando você clica um link – apenas em janelas que aparecem sem solicitação.

Entretanto, até mesmo janelas não solicitadas às vezes são legítimas (e sem anúncios) – informações sobre novos recursos bancários, avisos de que as instruções para usar um site foram alteradas e assim por diante. O Safari pode não conseguir diferenciar essas dos anúncios e removê-las também. Portanto, se um site no qual você confia disser "Favor desativar os bloqueadores de pop-up e recarregar esta página", você saberá que, provavelmente, poderá perder uma mensagem pop-up *útil*.

E tem mais uma coisa: atualmente, os mal-intencionados da Internet já começaram a criar janelas pop-up usando código de programação não padrão que o Safari e outros navegadores nada podem fazer a respeito. Felizmente, eles ainda são bem raros.

Três maneiras de ampliar o texto da Web

Se você tem a impressão de que muitos websites foram projetados com uma fonte muito pequena para ler, você e seus olhos cansados não são os únicos a pensar isso. Macs e Windows vêm com resoluções de tela diferentes, então um site projetado para um tipo de computador pode parecer pequeno demais em outro.

Felizmente, o Safari é extremamente bem equipado para ajudá-lo com esse problema. Na verdade, ele oferece três soluções diferentes:

- **Ampliar a tela.** Pressione ⌘+ ou ⌘- para ampliar ou reduzir toda a página Web. Ou utilize o gesto de "espalhar" dois dedos no trackpad do laptop. Ou ainda utilize o botão de Zoom, caso o tenha adicionado em sua barra de ferramentas. A vantagem desse método é que o layout de toda a página permanece proporcional.

- **Ampliar somente o texto.** Se você selecionar Visualizar→Ampliar/Reduzir Apenas Texto (View→Zoom Text Only), então todos aqueles atalhos servem para ampliar ou reduzir *somente o texto* em sua página. Os gráficos permanecem com seus tamanhos originais. Assim você distorcerá o layout original, mas maximizará o total de leitura que você pode fazer antes de ter que rolar a tela.

- **Especificar um tamanho mínimo de fonte.** Essa pode ser a melhor opção de todas, porque lhe poupa de ficar ampliando/reduzindo. Vá até Safari→Preferências→Avançado (Safari→Preferences→Advanced), e defina a opção Nunca usar tamanhos de fonte menores que (Never use font sizes smaller than) para, por exemplo, 14 pontos. Agora *todas* as páginas Web exibirão um texto legível. (Exceto quando alguns indivíduos excêntricos utilizam uma codificação esquisita para evitar a alteração do tamanho do texto.)

Controle do teclado

Os excêntricos mais eficientes geralmente preferem atalhos de teclado a usar o mouse, então faz a sua vontade.

Pressione Tab para ir de uma caixa de texto ou menu pop-up para o próximo na página Web. Adicione a tecla Option para ir de um *link* para o outro (e quando você seleciona um link, pressione Return para "clicá-lo").

Dica: Para uma lista completa dos atalhos de teclado do Safari, abra o menu Ajuda (Help). Na caixa de busca na parte de cima do menu, digite *Atalhos do Safari* (ou *Safari shortcuts*). Aguarde um instante e então clique "Atalhos do Safari" ("Safari shortcuts") na lista de tópicos de Ajuda.

Imitando o Internet Explorer

Cedo ou tarde, você encontrará um website que não funciona no Safari. Por quê? Quando você chega a um website, o seu navegador se identifica. Isso porque muitos websites comerciais exibem uma versão diferente da página, dependendo do navegador que você esteja usando, graças às diferenças na maneira pela qual os diversos navegadores interpretam os layouts da Web.

No entanto, pelo fato de você fazer parte da minoria dos esquisitões usando Safari, o seu amado website informa: "Lamento, navegador não suportado". (Esse problema mudará, agora que a Apple lançou uma versão do Safari para o Windows? Só podemos esperar que sim.)

Em tais ocasiões de problemas, você pode fazer o Safari *imitar* qualquer outro navegador, o que geralmente é bom o bastante para enganar o website escolhido a deixá-lo entrar.

A chave desse truque está no menu Depurar (Debug) do Safari, que normalmente está oculto. Você pode fazê-lo aparecer selecionando a aba Safari→Preferências→Avançado (Safari→Preferences→Advanced). Ative a opção Mostrar menu Desenvolvedor na barra de menus (Show Develop menu in menu bar).

O novo menu Desenvolvedor aparece à direita dos Favoritos. A maior parte de seus comandos foram projetados para atrair os programadores, mas é o submenu que você deseja – Agente do Usuário (User Agent) – útil para todos. Ele permite que o Safari se passe por um navegador diferente. Escolha, por exemplo, Agente do Usuário→Internet Explorer 7.0 (User Agent→Internet Explorer 7.0), para assumir a identidade de um navegador popular do Windows.

Dica: Se você estiver em uma página Web codificada ou de design, primeiro o menu Desenvolvedor do Safari também contém o Inspetor Web (Web Inspector). Control-clique (ou clique com o botão direito) qualquer parte de uma página Web – imagem, texto, link – e escolha Inspecionar Elemento (Inspect Element) a partir do menu de atalho.

O Inspetor Web seleciona o elemento clicado e abre uma janela, para que você possa ver cada pedacinho de código HTML que foi colocado naquele item da página. Também é possível ver as folhas de estilo, imagens e outros arquivos exibidos na janela do Inspetor – realmente, facilitando ver (e aprender) como a página foi feita.

Navegação mais rápida sem imagens gráficas

As imagens gráficas são parte do que torna a Web tão atraente. Porém, elas também são responsáveis por fazer as páginas Web demorarem tanto para chegar à tela. Sem elas, as páginas Web aparecem quase que instantaneamente – e, ainda assim, você as vê totalmente apresentadas, com todo o seu texto e manchetes.

Para desmarcar imagens gráficas, escolha Safari→Preferências e, depois, clique a aba Aparência (Appearence). Desmarque Exibir imagens ao abrir páginas (Display images when the page opens) e escolha a janela Preferências. Agora, tente visitar alguma página Web e aprecie a rápida apresentação. (Se acabar em uma página Web que não contenha nada a não ser fotos, volte para Safari→Preferências, marque a mesma caixa de seleção e, depois, recarregue a página.)

Figura 20-5:
Se você der ⌘-clique na barra de títulos (centralizada logo acima da barra de endereços), o Safari exibe uma "escada" de páginas que você "subiu" para chegar à atual.

Onde estou?

Na medida que você se aprofunda em um website, pode desejar ter deixado um rastro de migalhas de pão para marcar o seu caminho. Ah, mas o Safari já pensou nisso. Veja a Figura 20-5.

Como ver páginas Web desconectado (Offline)

Não é preciso estar conectado à Internet para ler a sua página Web favorita. Você pode salvar determinada página Web no seu disco rígido, para poder pesquisá-la posteriormente – em seu laptop, enquanto viaja entre a casa e o trabalho, por exemplo – bastando escolher Arquivo→Salvar Como.

Para salvar uma página *inteira*, juntamente com todas as suas imagens, filmes e assim por diante, escolha Arquivo Web (Web Archive) a partir do menu pop-up Formato (Format). (Selecione Código-fonte da Página [Page Source] somente se você pretende *editar* os documentos HTML e então colocá-los no ar novamente, ou se você apenas deseja estudar o código oculto.)

Como um bônus útil, no Snow Leopard, agora o Visualização Rápida reconhece os sites do Safari que você salva dessa forma.

Dica: Sempre que você comprar alguma coisa on-line, não gaste papel imprimindo a página final "Este é o seu recibo". Em vez disso, escolha Arquivo→Imprimir e, do botão pop-up PDF, escolha Salvar PDF para a pasta de Recibos da Web (Save PDF to Web Receipts folder). O Safari salva-o como um arquivo em PDF em uma pequena pasta (em sua pasta Início→Documentos), chamada Recibos da Web. Belo toque!

Expandindo os formulários Web

Se o formulário de comentários sobre serviço ao cliente naquele website corporativo não oferecer espaço suficiente para você poder falar bobagens à vontade, é possível redimensionar a caixa de texto, direto na página – um recurso novo e *muito* bem-vindo no Snow Leopard. A Figura 20-6 conta tudo.

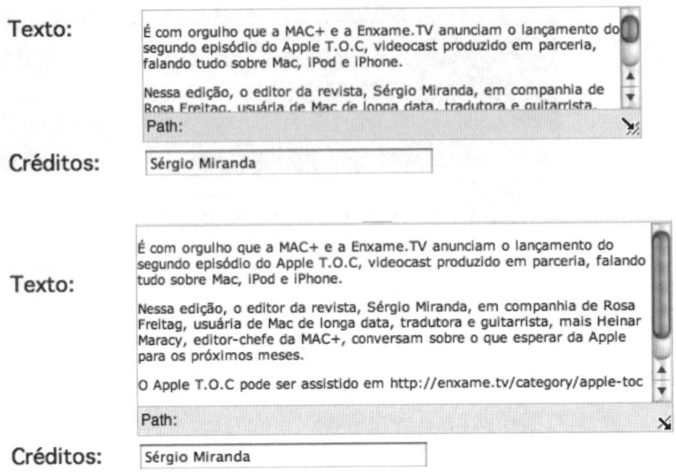

Figura 20-6:
Este truque funciona nos campos de texto de uma página Web – caixas de comentários, formulários para enviar uma carta ao prefeito e assim por diante. Você pode redimensionar tais caixas, arrastando as três linhas diagonais de cordão, no canto inferior direito do campo de texto. O resto da página se ajusta para conter o novo tamanho da caixa de texto, e você tem espaço para dizer o que precisar.

Enviando uma página a um amigo

O Safari oferece duas maneiras diferentes de contar a um amigo sobre a página que você está vendo. Você poderia achá-la útil quando se deparar com uma história especialmente interessante no noticiário, uma peça em cartaz ou uma receita de burrito.

- **O método de enviar a página inteira.** Enquanto estiver vendo uma página, escolha Arquivo→Enviar Página por e-mail (File→Mail Contents of this Page) (⌘-I) para abrir uma nova mensagem do Mail, com uma cópia da página Web *atual* no corpo. Enderece a mensagem e clique Enviar.

- **O método de enviar um link.** Para enviar apenas um *link* para a página que você está vendo, escolha Arquivo→Enviar Link por e-mail (File→Mail Link to this Page) (Shift-⌘-I). Depois, proceda como de hábito, endereçando a mensagem e clicando Enviar.

  Os links demoram apenas um segundo para o seu destinatário baixar e eles são garantia de serem exibidos adequadamente em todos os programas de e-mail. Os seus destinatários só precisarão clicar o link para abri-lo em seus navegadores Web.

Defina a sua página inicial

O que é a primeira coisa que você vê quando abre o Safari? É a página de notícias da Apple? É a sua visualização do Top Sites (Figura 20-3)?

Na verdade, é você quem decide isso.

Selecione a aba Safari→Preferências→Geral (Safari→Preferences→General). Aqui, o menu pop-up Janelas novas se abrirão com (New windows open with) oferece opções como:

- **Top Sites.** A visualização em miniatura dos seus sites favoritos cumpre o papel de um excelente ponto de partida.
- **Página Inicial (Home Page).** Se você escolher essa opção, o Safari abrirá com a página que você especificar na caixa Página inicial (Home Page). O Google – ou sua página de notícias, http://news.google.com – é um bom ponto de partida. Você pode definir sua página favorita de notícias, ou www.macsurfer.com, um resumo das notícias diárias sobre Mac em todo o mundo, ou talvez a charge do dia no site do Dilbert em www.dilbert.com.

  Se você já está na página desejada, basta clicar em Ajustar à Página Atual (Set to Current Page).
- **Página Vazia (Empty Page).** Algumas pessoas preferem essa configuração, que faz com que o Safari seja aberto pela primeira vez muito mais rapidamente. Assim que a janela vazia é aberta, *então* você diz ao Safari para onde você deseja ir.
- **Favoritos (Bookmarks).** Sempre que você abre uma nova janela ou o Safari, você vê sua lista completa de favoritos. Você pode então escolher qual página deseja abrir.
- **Abas para Barra de Favoritos (Tabs for Bookmarks Bar).** Essa nova e intrigante opção abre uma sequência de abas em uma única janela – uma para *cada* ícone da sua barra é Favoritos. A ideia, é claro, é ter não apenas uma página favorita esperando por você de manhã, mas todas aquelas que você visita com frequência, pré-carregadas e prontas para serem acessadas.
- **Escolher pasta de abas (Choose Bookmarks folder).** Essa opção é semelhante a Abas para Barra de Favoritos, exceto pelo fato de ela abrir com abas de quaisquer websites aleatórios – não apenas aqueles da barra de Favoritos. O truque é criar uma *pasta* cheia de favoritos (Figura 20-4), e *selecioná-la* como a base para as suas abas que se abrem automaticamente.

Nota: Um menu pop-up idêntico está disponível para As novas abas se abrirão com (New tabs open window). Isto é, você pode especificar um preferência de página inicial para as novas abas e outra para novas janelas.

Como encontrar texto em páginas Web

A Barra de Busca do Google pode ajudá-lo a encontrar websites que combinam com as suas palavras-chave. Mas, algumas páginas são tão longas, densas ou com design tão pobre que encontrar as palavras na página requer toda uma outra máquina de busca. Felizmente, a nova função do Safari de nova busca dentro da página ilumina as palavras ou frase que você está procurando.

Para usá-la, pressione ⌘-F e, depois, digite a sua palavra de busca na caixa Buscar (Figura 20-7). Quando o Safari localizar a palavra, ou palavras, ele a exibirá dentro de uma caixa em amarelo claro e escurecerá o fundo do restante da página. A barra Buscar também o informa sobre quantas vezes a palavra ou frase ocorre na página; você pode pular para cada exemplo. Clique o botão ⊗ para começar novamente com novos termos de busca, ou clique em Concluído (Done) para fechar a barra Buscar e voltar à sua atividade normal de navegação.

Figura 20-7:
Quando você tiver fornecido as suas palavras-chave ("Eagles", neste caso) o navegador escurece a página e seleciona cada exemplo dessa palavra – marcando-a de modo a facilitar para você encontrar o que está procurando, por meio de uma página Web cheia.

O menu Histórico

O menu Histórico relaciona os websites visitados na última semana, ou algo assim, bem organizados em subpastas, como "Hoje mais cedo" (Earlier Today) e "Ontem" (Yesterday). (Um menu semelhante aparece quando você clica *e mantém pressionado* o botão Voltar ou Avançar.) Esses são ótimos recursos se não conseguir se lembrar da URL de um website que você lembra ter visitado recentemente.

Dica: Você vê o menu de Ajuda do Safari? Ele possui uma Caixa de busca que lhe permite pesquisar todos os comandos no Safari – incluindo o menu de Histórico do Safari. É simplesmente uma funcionalidade incrível. Significa que você pode reencontrar um site sem ter de buscá-lo por todos os submenus do Histórico manualmente; basta buscar por uma palavra do título do site que você se lembre.

Você também pode visualizar seu Histórico de forma mais ampla – em modo de visualização de Cover Flow, na verdade – clicando o 📖 no canto esquerdo da barra de ferramentas. Você entrará na visualização de gerenciamento dos Favoritos, descrito na Figura 20-4.

Dica: Ter o Histórico disponível na janela de Favoritos é muito prático, porque você pode arrastar uma página para o menu ou barra de Favoritos. Isto é, você pode marcar um website como favorito depois de sua visita inicial.

Aproximação em páginas PDF

Os arquivos em PDF estão por toda a Web como, dentre outras coisas, formulários para fazer download, brochuras on-line e páginas de livros digitalizadas. Porém, elas nem sempre são especialmente legíveis em uma janela de navegador.

Figura 20-8:
Se estiver com problemas para ler a letra pequena em um PDF, passe o seu mouse embaixo dele para chamar a Barra de Ferramentas do PDF do Safari. Você pode afastar, aproximar, abrir o arquivo no programa Visualizar do Mac ou mesmo baixá-lo de um website, com um clique bem colocado.

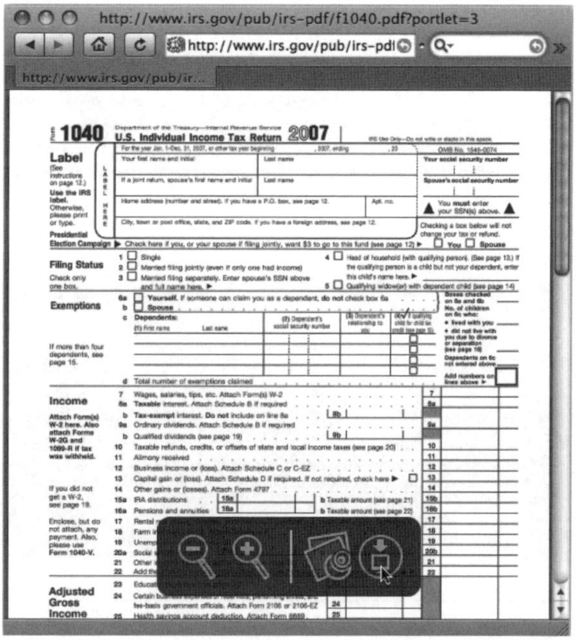

Isto é, a menos que você esteja usando o Safari e as suas novas ferramentas de ver e salvar PDF. Na próxima vez em que estiver espreitando um PDF em uma janela, indique para a margem de baixo do documento; você verá aparecer uma Barra de Ferramentas como aquela na Figura 20-8. Com esses quatro ícones, é possível se afastar (zoom out), aproximar-se (zoom in), abrir o arquivo no Pré-visualização ou salvar o próprio arquivo PDF para a sua pasta Transferências.

Navegação por abas

Amada pelos navegadores explícitos do mundo todo, a *navegação por abas* é uma maneira de manter um punhado de páginas Web abertas simultaneamente – em uma única e organizada janela. A ilustração está na Figura 20-9.

Marcar a navegação por abas desbloqueia todo um punhado de atalhos e truques do Safari, que são apenas uma espécie de coisa que dá energia aos navegadores, que a bebem como Gatorade:

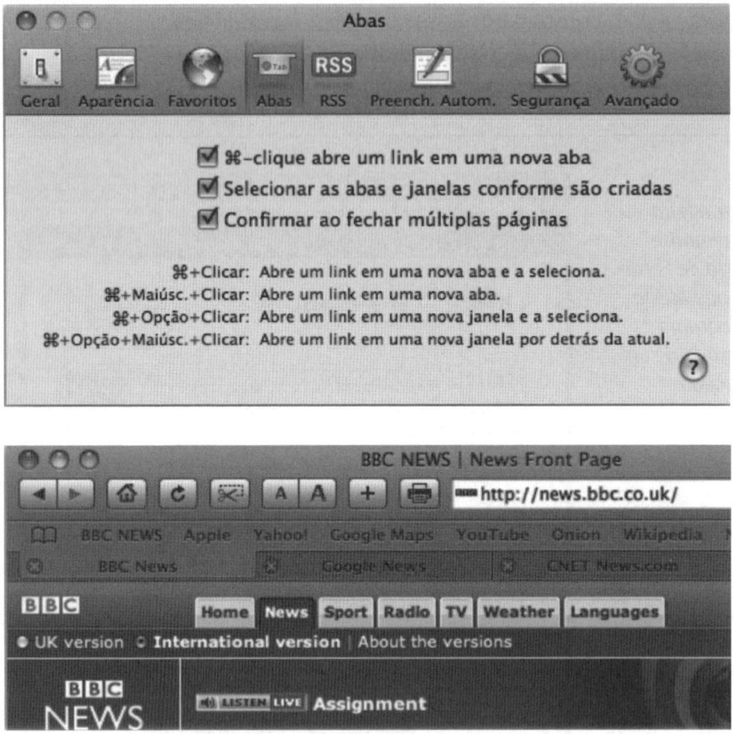

Figura 20-9:
Em cima: primeiro, marque a navegação por abas na janela Preferências→Abas (Preferences→Tabs) do Safari. (Para melhores resultados, marque também Selecionar abas e janelas conforme são criadas [Select new tabs as they are created].)

Embaixo: agora, quando você der ⌘-clique em um link ou digitar um endereço e pressionar ⌘-Return, abrirá uma nova aba, não uma nova janela como normalmente faria. Então, você poderá abrir de uma página para outra, clicando as abas, logo abaixo de sua barra de Favoritos, ou fechar uma, clicando o seu botão ⊗ (ou pressionando ⌘-W).

- Se houver um determinado conjunto de websites que você gosta de visitar diariamente, ponha os favoritos em uma pasta, usando Favoritos→Adicionar Pasta de Favoritos e a janela do organizador de Favoritos (Figura 20-4). Depois, será possível carregar todos eles de uma vez em uma única aba, bastando selecionar a "pasta" resultante no menu de Favoritos – ou na barra de Favoritos – e, a partir de seu submenu, escolher Abrir em Abas (Open in Tabs).

  A beleza desse arranjo é que você pode começar a ler a primeira página Web enquanto todas as outras carregam em suas próprias abas.

Dica: Clique o ícone 📖 à extrema esquerda da barra de Favoritos. No organizador de Favoritos, clique o item Barra de Favoritos na lista do lado esquerdo. Agora, você pode ver a caixa de seleção de cada pasta relacionada.

Se marcar essa caixa de seleção, será possível abrir todos os favoritos naquela pasta em abas, de uma só vez, bastando clicar o nome da pasta na barra de Favoritos. (Se quiser chamar o menu *normal* a partir da pasta, basta pressionar o botão do mouse.)

- Uma variação desse tema: quando tiver um punhado de páginas abertas em abas, você pode arrastar as abas pela janela para reorganizar. Quando as tiver da maneira desejada, Control-clique (ou clique com o botão direito) em uma aba e, depois, escolha a partir do menu de atalho Adicionar Favorito para essas [*número*] Abas (Add Bookmark for These [*number*]). Você poderá salvar as suas abas inseridas na barra de Favoritos e carregar todas essas páginas com apenas um clique.

- Se você der Option-clique um botão ⊗ (fechar) da aba, fechará todas as abas, *exceto* aquela que você clicou. A mesma coisa acontece se você mantiver pressio-

PERGUNTAS FREQUENTES

Apagando os seus rastros e navegação particular

Então, sobre esse menu Histórico: eu gostaria que minha esposa/marido/chefe/pai/filho não soubesse quais websites eu tenho visitado. Esse menu Histórico precisa exibir os meus movimentos tão descaradamente?

Algumas pessoas não gostam que o Safari mantenha uma lista completa de cada website que elas visitaram recentemente, bem à vista de qualquer membro da família ou colega de trabalho que possa passar por perto.

Para apagar apenas *uma* listagem do Histórico, que seja particularmente incriminadora, clique o 📖 na extremidade esquerda da barra de Favoritos; na janela organizadora de Favoritos resultante, clique Histórico. Expanda o triângulo de dados pertinente, selecione o endereço ofensivo e depois pressione a sua tecla Delete. Clique novamente 📖 para voltar à navegação normal. Você acabou de reescrever o Histórico (History→Clear History)!

Ou, para apagar *todo* o menu Histórico, escolha Histórico→Limpar Histórico.

É claro que o menu Histórico não é o único lugar em que você deixa impressões digitais. Se preferir escolher Safari→Redefinir Safari (Safari→Reset safari), você também apagará todos os *outros* pedaços de suas atividades: quaisquer *cookies* (arquivos de preferência de página Web) que tenha acumulado, a sua lista de downloads passados, os arquivos *cache* (pequenos arquivos de imagens gráficas Web em seu disco rígido que um navegador armazena para poupar tempo quando você voltar à página de onde eles vieram), e assim por diante. Essa é uma boa informação para se saber; afinal, algum dia você pode ser nomeado para a Suprema Corte.

Isso é muito trabalho só para cobrir os meus vestígios; também apaga muitos cookies valiosos, senhas e entradas no Histórico que eu gostaria de manter. Tudo isso é realmente necessário só para poder me esconder por uma espiada ocasional no website da Associação dos Contadores que preparam o Imposto de Renda do Meio-Oeste para os figurões?

Não, não é. Um recurso chamado *navegação particular* permite que você navegue sem adicionar quaisquer páginas à sua lista Histórico, buscas à sua caixa de busca do Google, senhas da lista de senhas salvas do Safari ou entradas de preenchimento automático na memória do Safari. (A Apple informa que esse recurso destina-se ao uso de Macs públicos, onde você não deseja revelar nada pessoal aos visitantes posteriores. Ah!)

O truque é escolher Safari→Navegação Privada (Safari→Private Browsing) antes de começar a navegar. Quando você der OK na caixa de explicação, o Safari não registra nada enquanto você estiver navegando, isto é, exceto cookies. Em outras palavras, os seus rastros não estarão totalmente ocultos. É possível apagar os cookies, se necessário, em Safari→Preferências→Segurança [Safari→Preferences→Security].)

Quando estiver pronto para navegar "publicamente" de novo, escolha Safari→Navegação Privada novamente, para que a marca de seleção desapareça. Uma vez mais o Safari começa a anotar as páginas que você visitar – mas nunca se lembrará das anteriores.

Em outras palavras, o que acontece na Navegação Privada fica na Navegação Privada.

nada a tecla Option e escolher Arquivo→Fechar Outras Abas (File→Close Other Tabs), ou se pressionar Option-⌘-W.

- Se você der um Option-⌘-clique em um link, ele abre uma janela separada, em vez de uma nova aba. (Quando a navegação por abas estiver *desmarcada*, basta dar ⌘-clique em um link para abrir uma nova janela.)

- Se você encontrar um punhado de janelas de navegador separadas por toda a sua tela, é possível consolidá-las organizadamente em uma janela do Safari bem

PERGUNTAS FREQUENTES

Controle de Cookie

Socorro! Eu tenho medo dos cookies! Eles estão tentando me vigiar!

Os cookies são algo como arquivos de preferência de página Web. Determinados websites – especialmente os comerciais, como Amazon.com – os deposita em seu disco rígido como pequenos favoritos, para que eles se lembrem de você em sua próxima visita. A maioria dos cookies é perfeitamente inofensiva – e, na verdade, extremamente útil, pois eles ajudam os websites a se lembrarem dos seus gostos. Os cookies também o poupam do esforço de precisar digitar o seu nome, endereço, número de cartão de crédito e assim por diante, cada vez que você visitar esses websites.

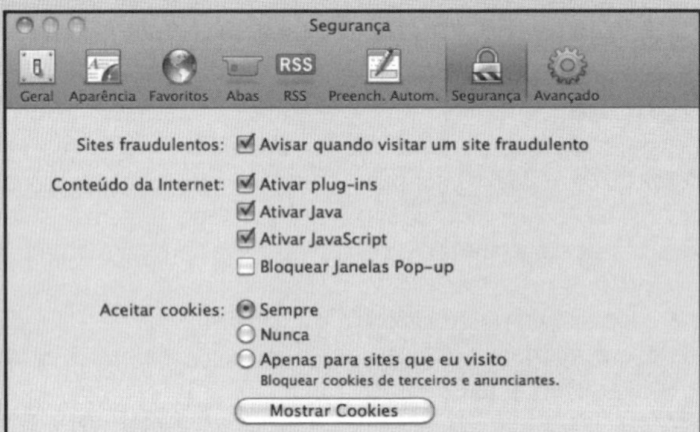

Mas o medo se espalha e a mídia inflama os fãs com lendas de cookies sinistros que rastreiam os seus movimentos na Web. Se estiver preocupado com invasões de privacidade, o Safari está pronto para protegê-lo.

Quando o navegador estiver aberto, escolha a aba Safari→Preferências→Segurança (Safari→Preferences→Security).

Os botões nessa caixa de diálogo são como um medidor de paranoia. Se você clicar Nunca (Never), criará um escudo acrílico em volta do seu Mac. Nenhum cookie entrará, e nenhuma informação de cookie poderá sair. Provavelmente você achará a Web um lugar muito inconveniente; terá que fornecer repetidamente as suas informações a cada visita e alguns websites podem não funcionar tão bem.

Uma opção menos drástica seria Apenas para sites que eu visito (Only from sites I visit), que aceita cookies dos sites que você mais visita, mas bloqueia os cookies depositados no seu disco rígido por sites que, de fato, você não visita – os cookies em um banner especialmente ruim de um anúncio oferecido a você, por exemplo.

Observe ainda o botão Mostrar Cookies (Show Cookies), que revela a chocante lista completa de cada cookie acumulado até agora – e lhe oferece uma oportunidade de apagar aqueles que não parecem tão saborosos.

Em resumo, o que acontece na Navegação Privada, fica na Navegação Privada.

distribuída em abas, escolhendo Janela→Combinar Todas as Janelas (Window→ Merge All Windows).

- Se você der Shift-⌘-clique um link, o Safari abre aquela página em uma aba *atrás* daquela que você estiver lendo. Esse é um truque fantástico quando estiver lendo uma página Web e ver uma referência a algo que deseja deixar de lado para ler em seguida, mas não quer interromper o que está lendo.

RSS: o manual que faltava

No início, a Internet era um Jardim do Éden informativo. Não havia banners de anúncios, pop-ups, animações faiscando ou mensagens de spam. Naquela época, as pessoas pensavam que a Internet era a maior ideia já inventada.

Infelizmente, aqueles dias há muito já se foram. Agora, navegar a Web implica uma constante luta contra anúncios intrusivos e animações desagradáveis. E, com a proliferação de websites de todo tipo – de sites de notícias a blogs (*weblogs*) pessoais – apenas ler os seus sites favoritos pode se tornar um trabalho de tempo integral.

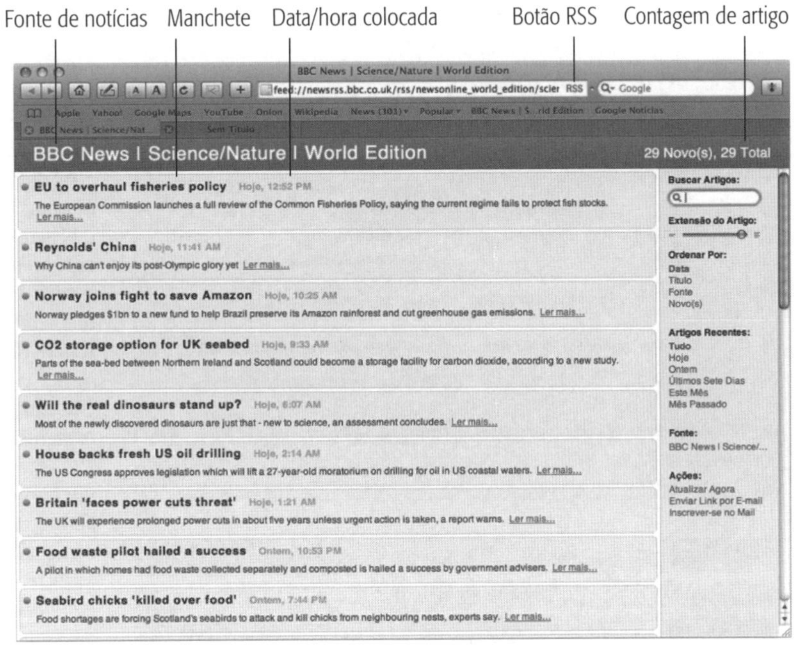

Figura 20-10: *O deslizador Extensão do Artigo (Length) controla quanto texto aparece em cada sinopse RSS; se você arrastá-lo totalmente para a esquerda, não terá nada, senão as manchetes. Para mudar a quantidade e a ordem dos artigos exibidos, use as opções de busca, à direita. E, se você sentir um súbito desejo de contar aos seus amigos sobre um incrível alimentador RSS que acabou de descobrir, use o link "Enviar Link por e-mail" (Mail Link to This page), na seção inferior direita da janela.*

Adentre RSS, uma tecnologia que lhe permite assinar os alimentadores – resumos de notícias fornecidas por milhares de fontes de todo o mundo, da Reuters à Apple, para o seu vizinho fanático. Você usa um programa como o Safari "se associando" para receber atualizações de tais alimentadores, e depois lê quaisquer novos artigos ou apresentações para o seu prazer (Figura 20-10).

Resultado: você se poupa do trabalho de verificar manualmente as atualizações, além de poder ler resumos curtos de novos artigos, sem anúncios e animações lampejando. E se quiser ler o artigo inteiro é só clicar o seu link no alimentador RSS e pular direto para o website principal.

Nota: RSS significa *Rich Site Summary* (resumo rico de site) ou *Really Simple Syndication* (distribuição realmente simples). Cada abreviação explica um aspecto de RSS – seja o seu talento em resumir ou a sua simplicidade.

Vendo um alimentador RSS

Então, como você assina para receber essas "transmissões" de RSS gratuitas e automáticas? Olhe a sua barra de endereços enquanto estiver navegando. Quando vir aparecer um botão azul RSS, o Safari está informando "Este site tem um alimentador RSS disponível" (Figura 20-1).

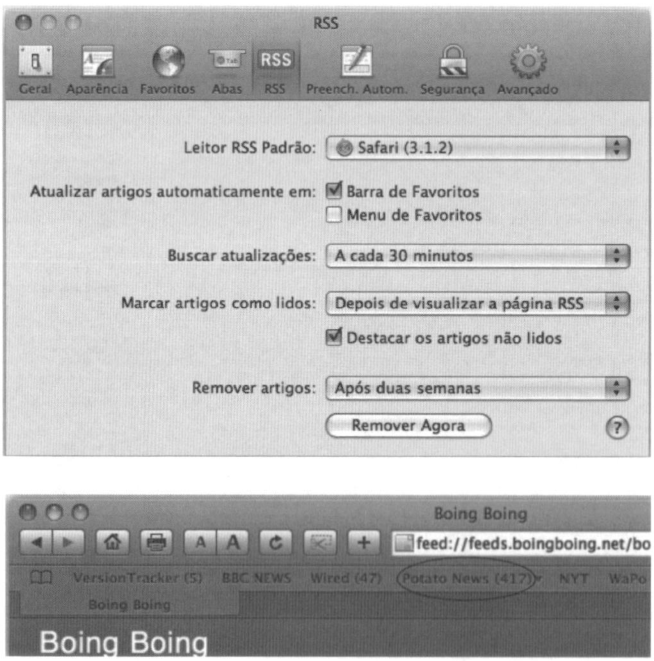

Figura 20-11

Em cima: você quer especificar quando o Safari deve verificar as atualizações para os seus RSS favoritos? Em Safari→Preferências, clique RSS. Marque Barra de Favoritos e Menu de Favoritos. (Se você for uma pessoa especialmente impaciente, selecione A cada 30 minutos [Every 30 minutes] do menu pop-up Buscar atualizações [Check for updates].)

Embaixo: perto dos nomes dos seus alimentadores RSS (nessa, VersionTracker e Wired), um número informa quantos artigos estão à sua espera. Se você tiver uma pasta de favoritos contendo vários alimentadores RSS (aqui, Potato News), o número reflete a quantidade total de novos arquivos de alimentadores naquela pasta. Nunca mais você terá que ver um website para conseguir atualizações da maneira antiga.

Para ver do que se trata, clique aquele botão. O Safari troca para o modo de exibição de RSS. A essa altura, você tem duas escolhas:

- **Adicionar o alimentador RSS como um favorito.** Use o comando Favoritos→Adicionar Favorito, e acrescente o alimentador ao seu menu de Favoritos, barra de Favoritos ou Mail como faria com qualquer página Web. De agora em diante, você será capaz de ver se o alimentador RSS teve alguns novos artigos apresentados – sem, de fato, precisar visitar o site. A Figura 20-11 tem os detalhes.

- **Fechar completamente o alimentador RSS.** Para fazer isso, basta clicar novamente o botão RSS. Você é levado de volta para onde começou, qualquer página Web que estava visitando.

Truques de RSS

RSS é uma tecnologia tremendamente flexível e poderosa, especialmente no Safari. O divertimento nunca termina, como ilustram estes truques.

Criando resumos de RSS

Se você criar uma nova pasta de favoritos e enchê-la com alimentador RSS, poderá ver o número *total* de novos artigos bem próximo ao nome da pasta (Figura 20-11, embaixo). Seria possível criar uma pasta de alimentadores de notícias do Mac, por exemplo, para saber sempre que houver um evento importante no mundo do Mac.

De agora em diante, clicando o nome da pasta (e abrindo o seu menu pop-up), você poderá ver quais alimentadores têm novos artigos; eles são aqueles com números perto de seus nomes. Se você der ⌘-clique o nome de uma pasta de favorito – seja na barra de Favoritos ou no menu de Favoritos – o Safari exibirá *todos* os alimentadores, organizadamente diminuídos em uma grande e digerível lista para o seu deleite. (Se você for cobrado por hora, também poderá escolher Ver todos os Artigos RSS [View All RSS Articles] do menu pop-up da pasta, para obter o mesmo efeito.)

Dica: Para tornar a lista mesclada mais útil, clique Novo (New), sob o cabeçalho Ordenar Por (Sort By). Agora, o Safari exibirá quaisquer novos artigos no alto da lista, independente de qual site eles vieram, portanto, você mesmo não precisará caçar pela lista, procurando novos artigos.

O serviço de recorte pessoal

A caixa de busca à direita de qualquer janela de visualização de RSS funciona muito como você poderia esperar: ela estreita a lista de artigos para apenas aqueles que contêm os seus termos de busca.

Mas, isso mal arranha a superfície do poder do campo de busca. Se você tiver adotado o truque de fundir alimentadores, descrito anteriormente, a caixa de Busca pode buscar *vários* alimentadores ao mesmo tempo – sendo perfeita, por exemplo, se você quiser ver todas as notícias dos sites do Mac que estejam relacionadas ao iTunes.

Agora, quanto você pagaria? Aguente isso – você poderá até salvar a própria busca como um favorito. Use o link Marcar esse Link como Favorito, no canto inferior direito da janela. Dê um nome ao favorito, escolha onde ele deve aparecer no Safari e, depois, clique Acrescentar.

Você acabou de transformar o Safari em um serviço de recortes pessoal de alta tecnologia. Com um clique em seu novo favorito, será possível buscar simultaneamente todas as suas fontes preferidas de notícias – os alimentadores selecionados – com os termos desejados. Você acabou de poupar *horas* de busca diária – sem falar na despesa de um serviço real de recortes.

Dica: O Mail também pode exibir seus alimentadores RSS.

O RSS protetor de tela

Na aba Preferência do Sistema→Mesa e Protetor de Tela→Protetor de Tela (System→Preferences→Desktop&Screen Saver→Screen Saver), você encontrará o protetor de tela Visualizador RSS (RSS Visalizer) uma visualização realmente impressionate. Quando você clica Opções (Options) e seleciona um alimentador RSS você configura o Mac OS X para receber as notícias daquele alimentador sempre que você estiver distante do seu Mac. Quando o protetor de tela aparece, oferece-lhe uma animação tridimensional das notícias daquele site – junto com os olhares atônitos dos seus colegas de trabalho.

Se a história da notícia chamar a sua atenção, pressione a tecla do número mencionado embaixo da tela. O protetor de tela desaparece e o Safari se adianta, exibindo o artigo associado.

Dica: Mas, e se o alimentador que você quer não fizer parte do repertório do Safari? Não tem problema. Acrescente o alimentador aos seus favoritos do Safari e reinicie as Preferências do Sistema.

Faça os alimentadores abrirem automaticamente

É bem fácil configurar qualquer website favorito como sua homepage, a página que abre automaticamente sempre que você inicia o Safari ou cria uma nova janela. Mas, você também pode tornar um alimentador RSS – ou uma lista de alimentadores – sua homepage. Abra o alimentador que quiser, escolha Safari→Preferências, clique Geral e clique Ajustar à Página Atual (Set to Current Page).

Em outras palavras, vamos imaginar que você inicie abrindo uma lista de alimentadores de notícias de comércio nacional, internacional e esportes. Nesse caso, você acabou de fazer para si mesmo uma imitação fantástica das manchetes do jornal, mas moldada para os *seus* interesses, com precisão espetacular: o Francis J. McQuaid Times (ou qualquer que seja o seu nome).

Dica: Se você tiver marcado navegação por abas, poderá dar Shift-⌘-clique as manchetes. Isso fará os artigos inteiros abrirem nas tabulações em segundo plano, enquanto você continua a ler os cabeçalhos.

Os artigos nesse arranjo de jornal do Safari são mais temporizados do que qualquer coisa que você poderia ler impressa – e são completamente gratuitos. Se você perder um dia de leitura dos cabeçalhos, sem problemas; os cabeçalhos ficam perto de você por dias e só desaparecem quando você tiver lido. Finalmente, quando tiver terminado de ler, você não precisa se preocupar em reciclar o seu "jornal". Nenhuma árvore será prejudicada na confecção dessa publicação.

Bem-vindo ao futuro das notícias: personalizadas, gratuitas, atualizadas e sem papel.

Dica: Para saber mais sobre alimentadores RSS, visite um site como www.syndic8.com, ou apenas observe o aparecimento do botão azul do RSS na barra de endereços.

A propósito, o Safari não é o único leitor de RSS. Se você for pego pelo bug do RSS, pode querer experimentar um programa como o NetNewsWire (http://ranchero.com/netnewswire/), que oferece muitos recursos mais poderosos para o usuário.

CAPÍTULO

21

iChat

Em algum ponto entre o e-mail e o telefone há uma ferramenta de comunicação única, chamada de *mensagem instantânea*. Muitos dos programas de mensagens instantâneas rodam no Mac, mas, adivinha? Na verdade, você não precisa deles. O Mac OS X vem com o seu próprio programa de mensagens, chamado o iChat, embutido no sistema e pronto para conectá-lo aos seus amigos nas redes AIM, Jabber ou GoogleTalk.

No Snow Leopard, o iChat foi o foco de muitos refinamentos e retoques. As conversas por vídeo agora requerem muito menos largura de banda, o que significa que as conexões à Internet mais lentas agora podem experimentas os chats em vídeo. A janela do iChat Theater (quanto você exibe um filme ou apresentação de slides para alguém do outro lado) agora pode ser quatro vezes maior que a anterior (640 x 480 pixels, por exemplo). E por aí vai.

Para iniciar o iChat, vá para Aplicativos→iChat (Application→iChat), ou apenas clique o ícone do Dock do iChat. Este capítulo demonstra como usar o iChat para se comunicar por vídeo, áudio e texto com os seus amigos on-line.

Bem-vindo ao iChat

O iChat faz cinco coisas muito bem:

- **Mensagem instantânea.** Se você não sabe o que é mensagem instantânea, tem um adolescente perto de você que sabe.

É como e-mail ao vivo. Você digita mensagens em uma janela de bate-papo e seus amigos digitam respostas. A mensagem instantânea combina a privacidade do e-mail com o imediatismo do telefone.

Nesse aspecto, o iChat é muito parecido com o popular AOL Instant Messenger (AIM) e o Buddy Chats. Na verdade, o iChat permite que você digite para lá e para cá com qualquer dos 150 milhões de associados do AIM, o que é uma vantagem enorme. (Ele fala o mesmo idioma "bate-papo" que o AIM.) Porém, o design visual do iChat é totalmente Apple.

- **Ligação gratuita para longa distância.** Se o seu Mac tiver um microfone e o seu camarada também, os dois também podem conversar *em voz alta*, usando a Internet como um telefone gratuito de longa distância. Espere, não apenas vocês dois – vocês *10*, graças ao recurso de linha-de-reunião do iChat.

- **Videoconferência gratuita.** Se cada um de vocês, você e os seus amigos, tiverem conexões de Internet de banda larga e uma câmera – como aquela embutida em muitos modelos do Mac, ou mesmo uma filmadora digital –, até quatro participantes podem se reunir em bate-papos *em vídeo*, todos na tela ao mesmo tempo, independente de em qual lugar no mundo eles possam estar. Trata-se de um arranjo de cena visual de cair o queixo, que deixa pessoas distantes frente a frente sem bilhetes aéreos – e o preço de 99,90 dólares norte-americanos é menor do que o cobrado por soluções profissionais de videoconferência.

- **Transferências de arquivo.** Você tem um álbum de fotos em alta qualidade ou um arquivo gigantesco de apresentação que é grande demais para enviar por e-mail? Esqueça essa coisa de usar algum serviço de transferência de arquivo on-line ou servidor de rede; basta arrastar o arquivo monstro diretamente para o Mac do seu amigo através do iChat, para uma transferência direta máquina para máquina. (Ele é salvo em sua pasta Documentos [Documents].)

- **Apresentações.** Você pode abrir quase todos os tipos de documentos, quase em tamanho cheio, para exibir o seu vídeo, direto lá na janela do iChat, sem ao menos precisar transferi-lo. Esse é um novo recurso, chamado de iChat Theater.

As três redes de bate-papo

O iChat permite que você atinja os parceiros de bate-papo em três redes diferentes:

- **A rede AIM.** Se você tiver se registrado para um endereço MobileMe (o tipo pago ou o tipo gratuito, descrito a seguir) ou a uma conta gratuita do AOL Instant

1. Esse sistema é muito popular nos Estados Unidos , mas não está disponível no Brasil. Aqui utilizamos, principalmente, o MSN entre outros.

Messenger (AIM), poderá bater papo com qualquer pessoa dos 150 milhões de membros da rede AIM.

- **A rede Jabber.** Jabber é uma outra rede de bate-papo, cuja principal virtude é a sua origem de *código aberto*. Em outras palavras, ela não é administrada por alguma mídia corporativa gigantesca; ela é resultante de um esforço totalmente voluntário, feito por milhares de programadores do mundo todo. Não existe um programa Jabber de bate-papo (como o AOL Instant Messenger). Há dúzias, disponíveis para o Mac OS X, Windows, Linux, Unix, organizadores Palm e assim por diante. Todos eles podem bater papo entre si pela Internet, em um glorioso frenesi de digitação.

  E agora, existe mais um programa que pode entrar na festa: o iChat.

- **Google Talk.** Claro que o Google sentiu que não havia programas de bate-papo suficientemente diferentes, pois o lançamento do seu próprio programa de bate-papo aconteceu em 2005.

  Por trás da cena, ele usa a rede Jabber, portanto, o Google Talk realmente não conta com uma *rede* diferente. (Apesar da manchete.) Mas, significa que você também pode usar o iChat para conversar com todos aqueles falantes do Google.

- **A sua própria rede local.** Graças à tecnologia de reconhecimento de rede Bonjour, você pode se comunicar com outros Macs em sua própria rede, sem se registrar em qualquer lugar – e sem estar on-line. Esse é um recurso incrível para quando você estiver sentado a uma mesa de conferência, conversando ociosamente com colegas, usando o seu laptop sem fio (e o chefe pensando que você está anotando coisas). Também é útil quando você deseja digitar pequenas mensagens ao longo do dia para um membro da família no andar de baixo ou um colega de quarto que esteja a cinco metros de você.

  Em geral, cada rede tem a sua própria janela separada de Lista de Amigos (Buddy List) e a sua própria janela de bate-papo, mas você *pode* consolidar todos os seus vários bate-papos em uma única janela.

  Você se registra em cada rede separadamente, usando o submenu iChat→Contas (iChat→Accounts), mas também pode se registrar em todas elas de uma vez. Essa é uma excelente opção se os seus amigos estão dispersos dentre as diferentes redes de bate-papo.

Nota: Se você estiver no serviço do AOL Instant Messenger (AIM), por qual motivo preferiria usar o iChat em vez do programa AIM da própria AOL? Fácil: porque o iChat é um programa simpático, projetado com clareza, que não tem anúncios, vírus e elementos batidos de interface.

E, portanto, os bate-papos e as videoconferências funcionam da mesma maneira em todas as três redes. Tenha isso em mente enquanto lê as próximas páginas.

Registrando a entrada

Quando você abre o iChat pela primeira vez, vê a janela "Bem-vindo ao iChat" (Welcome To iChat) (Figura 21-1). Essa é a primeira de várias telas na sequência de configuração do iChat, durante a qual você deve informar quais tipos de contas de bate-papo tem, e configurar a sua câmera, se houver.

Uma *conta* é um nome e senha. Felizmente, essas contas são gratuitas e existem várias formas de se conseguir uma.

Dica: O procedimento mais fácil é configurar as suas contas *antes* de abrir o iChat pela primeira vez, então, basta você ligar os nomes e as senhas às telas de inicialização.

No entanto, você pode entrar com as suas informações de conta posteriormente. Escolha iChat→Preferências (iChat→Preferences), clique o botão Contas (Accounts), clique o botão **+** e escolha o tipo de conta certa (Jabber, MobileMe, Google Talk ou AIM), a partir do menu pop-up Tipo de Conta (Account→Type).

Como conseguir uma conta MobileMe gratuita

Se você for associado ao serviço MobileMe da Apple (Capítulo 18), o iChat preenche automaticamente o seu nome de usuário e senha.

Se não, você poderá obter uma conta MobileMe gratuita apenas para o iChat. Para começar, faça uma dessas duas coisas:

- Clique o botão Obter uma Conta do iChat, (Get an iChat Account) que aparece na segunda tela Assistente de Configuração (Setup Assistant).

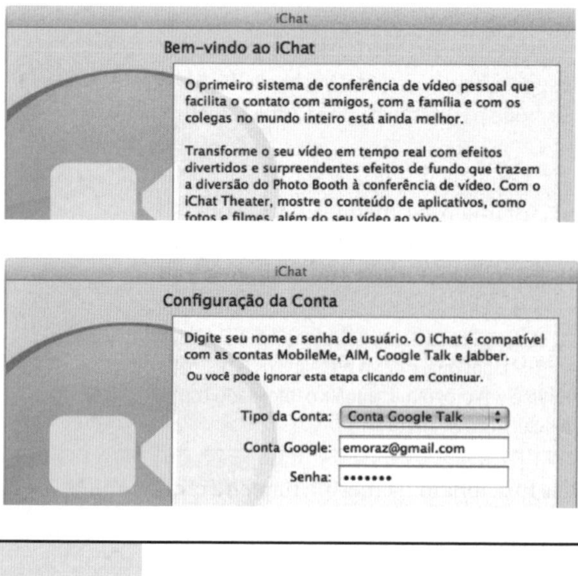

Figura 21-1:
O assistente de configuração do iChat lhe oferece a oportunidade de entrar com os nomes e senhas de sua conta, se você já os tiver. Apenas uma dessas telas (Configurar o mensageiro instantâneo iChat [Set up iChat Instant messaging]) oferece a chance de criar uma conta de bate-papo, nesse caso uma conta MobileMe gratuita. Caso contrário, você já deverá ter um nome e senha (para AIM, Google Talk ou Jabber, por exemplo).

- Escolha iChat→Preferências, clique o botão Contas, clique o botão + e clique Criar Nova conta MobileMe (Create New MobileMe Account).

De qualquer modo, vá para a página Web da Apple, onde poderá se registrar para obter um nome de conta gratuita no iChat. Você também terá 60 dias do mais completo tratamento MobileMe (geralmente ao custo de 100 dólares norte-americanos por ano), descrito no Capítulo 18. Quando o seu período de experiência terminar, você perderá todas as outras coisas que o MobileMe oferece, mas manterá o seu nome iChat.

Nota: Se o seu nome MobileMe for *missingmanualguy*, você aparecerá para qualquer outra pessoa como missingmanualguy@mac.com. Automaticamente, o software acrescenta o sufixo "@mac.com".

Como conseguir uma conta Jabber (ou Gmail) gratuita

Não é possível criar uma conta Jabber usando o iChat. A Apple espera que, se você está tão interessado em Jabber, já deve ter uma conta instalada pela empresa para a qual trabalha (o Jabber é popular em empresas) ou por você mesmo, usando um dos programas gratuitos do Jabber.

Alternativamente, você pode se registrar para uma conta gratuita do Google Talk, que é igual a ter uma conta Gmail gratuita. (Vá para Gmail.com e registre-se.)

Quando tiver um endereço Gmail, escolha iChat→Preferências→Contas (iChat→Preferences→Accounts)e clique o botão +. Sob Tipo de Conta, escolha Google Talk e digite o seu endereço Gmail completo (como *gwashington@gmail.com*) e senha. O seu nome Gmail aparece na lista Jabber do iChat – junto com qualquer um dos seus contatos Gmail que estiverem on-line e tagarelando.

Como conseguir uma conta AIM gratuita

Se você for um membro da América On-line, a sua atual tela com nome e senha funciona; se tiver usado o AIM antes, você poderá usar o seu nome e senha que já tem.

Se você nunca teve uma conta do AIM, então escolha AIM a partir do menu pop-up Tipo da Conta (Account Type), e então clique Obter uma Conta do iChat (Get an iChat Account). Você é levado à Web, onde pode preencher seus dados para criar a conta.

As listas de amigos

Quando tiver fornecido as informações de conta, tecnicamente, você estará pronto para começar o bate-papo. Tudo o que você precisa agora é uma companhia para tagarelar, ou o que nos círculos de mensagens instantâneas é chamado de amigo (buddy). O iChat vem com uma janela Lista de Amigos completa, onde você pode hospedar os "endereços" de bate-papo de todos os seus amigos, parentes e colegas na Internet.

Para ser exato, na verdade, o iChat vem com três listas de amigos (Figura 21-2).

- **Lista de Amigos AIM (AIM Buddy Lista).** Essa janela relaciona todos os seus companheiros de bate-papo que têm tanto contas MobileMe como AIM; todos eles compartilham a mesma lista de amigos. Você vê a mesma lista, seja se registrando em sua conta MobileMe ou em seu AIM.

Destaque do Snow Leopard: Agora você pode realizar chats com áudio e vídeo com outros membros do AIM, que utilizem Mac ou PC. Eles só precisam da última versão do programa AIM – e, é claro, uma webcam.

- **Lista do Jabber (Jabber List).** A mesma ideia, exceto que todos os seus contatos nessa janela precisam ter contas Jabber ou Google Talk.

- **Bonjour.** Essa lista é limitada aos seus amigos da rede local – provavelmente, aquelas no mesmo prédio, e na mesma rede. Você não pode acrescentar nomes à sua lista Bonjour; qualquer pessoa que esteja na rede e rodando o iChat aparece automaticamente na lista Bonjour.

Fazendo uma lista

Quando você inicia o iChat, automaticamente as suas listas de amigos aparecem (Figura 21-2). Se não as vir, escolha a lista que deseja a partir do menu Janela: [Sua conta MobileMe/AIM], Bonjour ou Lista do Jabber. (Ou pressione seus atalhos de teclado: ⌘-1, ⌘-2 ou ⌘-3, respectivamente.)

Acrescentar um amigo a essa lista implica saber o nome de conta daquela pessoa, seja ela AIM, MobileMe ou Jabber. Quando você a tiver, pode escolher Amigos→Adicionar Amigo (Buddies→Add Buddy) (Shift-⌘-A) ou clicar o botão + no canto inferior esquerdo da janela.

Uma folha anexada à janela Lista de Amigos desce, oferecendo uma janela no programa Agenda (Address Book) (Capítulo 19).

Dica: À medida que você acumula amigos, a sua Lista de Amigos fica cheia. Se escolher Visualizar→Mostrar Desconectados (View→Show Offline Buddies) (para que a caixa de seleção desapareça) apenas os seus amigos on-line no momento aparecem na Lista de Amigos – uma lista muito mais significativa para a solidão temporária.

Se o seu companheiro de bate-papo já estiver no Agenda, role pela lista até encontrar o nome desejado (ou entre com as primeiras letras na caixa Buscar), clique o nome e, depois, clique Selecionar Amigo (Select Buddy).

Se não, clique Nova Pessoa (New Person) e entre com o endereço AIM, endereço MobileMe ou (se você estiver na Lista do Jabber) o endereço Jabber do amigo. Você estará acrescentando essa pessoa tanto à sua Lista de Amigos quanto à sua Agenda.

Figura 21-2:
Em cima: clique o botão + para acrescentar um novo amigo, seja escolhendo a partir da sua Agenda ou do zero (clicando Nova Pessoa [New Person]). Se você já tiver usado o AIM, pode descobrir que já tem amigos em sua lista. As contas AIM armazenam suas listas de amigos nos computadores da AOL, de modo que você pode manter os seus amigos, mesmo se trocar de computador.

Embaixo: a sua Lista de Amigos também está ocupando muito espaço na tela? Use as opções do menu Visualizar (View) para afastar as fotos de amigos e outros ícones amontoados para deixar a janela contígua.

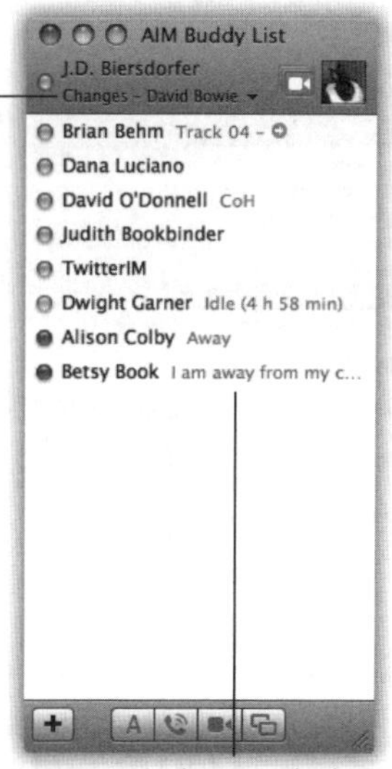

Transmitindo o seu Estado

Usando o menu pop-up logo abaixo do seu nome (Figura 21-3), você poderá mostrar a sua capacidade mental atual para as listas de amigos de outra pessoa. É possível informar que você está Disponível (Available) ou Ausente (Away). (Para este, será necessário escolher Editar Menu de Estado [Edit Status Menu]; veja a Figura 21-3, à esquerda.)

Melhor ainda, se tiver música tocando no iTunes, você pode dizer ao mundo o que está ouvindo no momento, escolhendo Música Atual do iTunes (Current iTunes Track). (O seu amigo pode até clicar o nome daquela música para abrir a sua tela na Loja do iTunes, tudo pela "gratificação da compra instantânea".)

Para algumas pessoas, a opção mais saborosa é o Invisível (Invisible) (disponível apenas para as contas MobileMe e AIM). Ela é como um dispositivo de capa ao estilo Star Trek para a sua presença na tela (Figura 21-3). Ótima para os que estão de tocaia!

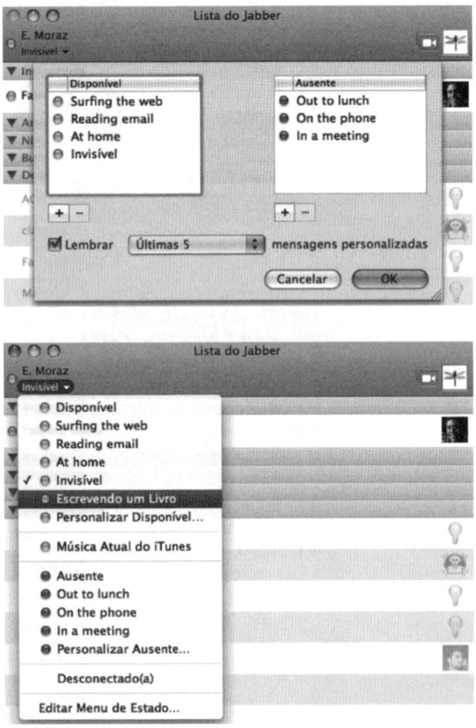

Figura 21-3:
Em cima: escolha Editar Menu de Estado a partir do menu pop-up no alto da lista de amigos do iChat, para definir alternativas mais criativas para Disponível (Available) e Ausente (Away).

Embaixo: agora, a sua lista editada de mensagens de status *está disponível. A mais interessante é a Invisível (Invisible). Ela lhe permite ver os seus amigos on-line, mas eles não podem vê-lo – o que é ótimo quando você estiver ocupado demais para bater papo com desconhecidos desagradáveis, mas deseja ficar de olhos em um companheiro em especial. Você ainda pode enviar e receber mensagens para e de qualquer pessoa em sua Lista de Amigos.*

Classificando e dimensionando os seus amigos

Em Visualizar→Organizar Amigos (View→Sort Buddies), é possível reorganizar seus amigos como se eles estivessem relacionados nas Listas de Amigos:

- **Por disponibilidade (By Availability).** Os seus companheiros disponíveis se movem para o topo da lista, alfabeticamente classificados pelo sobrenome. Aqueles indisponíveis (marcados por pontos vermelhos e mensagens visíveis de Ausente) são enfiados embaixo.

- **Pelo prenome (By First Name), Pelo sobrenome (By Last Name).** Exatamente isso que você imagina.

- **Manualmente (Manually).** Essa opção permite que você arraste seus amigos para cima e para baixo em sua Lista de Amigos, na ordem pessoal de sua preferência, independente do alfabeto.

Dica: Em Visualizar→Nomes de Amigos, é possível ver os seus amigos relacionados pelos Nomes Completos (Full Names), Nomes Abreviados (Short Names) (geralmente o primeiro nome) ou por Apelidos (Handle) (a tela de nome IM). Se a sua Lista Amigos estiver exibindo nomes na tela ("jdeaux444") misturados com nomes próprios ("Johann Deux"), é porque você não *registrou* os verdadeiros nomes das pessoas reais ainda sem nome. Clique o nome da pessoa, escolha Amigos→Mostrar Informações (Buddies→ Show Info), depois clique Cartão de Endereço→Mostrar na Agenda (Address Card→Show Address Book) e preencha o prenome e o sobrenome da pessoa.

Quando você tiver muitas pessoas amontoadas em sua lista, todas com suas fotos e ícones de bate-papo com áudio/vídeo, poderá achar que o iChat está ocupando muito do seu terreno na tela. Se quiser uma visualização mais eficaz com relação a espaço de sua lista de amigos (como aquela mostrada na Figura 21-2), vá para o menu Visualizar e desmarque Mostrar Imagens do Amigo (Show Buddy Pictures),

DIAMANTE BRUTO

Fazendo o iChat responder automaticamente

Quando você convida outro Mac para um bate-papo em vídeo, alguém precisa estar sentado diante dele para aceitar o seu convite. Esse é um importante recurso de privacidade, é lógico, pois evita que estranhos deem uma olhada quando você estiver andando com roupas íntimas.

Mas, com a obrigatoriedade de ter um ser humano na outra ponta trata-se de uma espécie de perambular, se você apenas quiser espiar a sua casa, seus filhos ou seu/sua cônjuge enquanto estiver fora, usando a sua câmera iSight ou uma filmadora como um tipo de câmera de segurança ou câmera-babá. Nos dias pre-Leopard, era possível ajustar o iChat para responder automaticamente aos seus convites para bate-papos com vídeo, usando apenas um pequeno software adicional ou os comandos do Terminal, de especialistas.

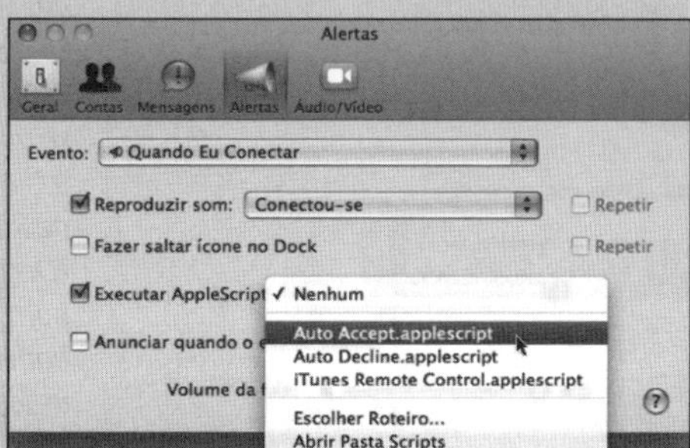

De qualquer forma, desde o Leopard, essa opção já vem disponível de fábrica.

Escolha iChat→Preferências→ Alertas (iChat→Preferences→ Alerts) e depois, marque Executar AppleScript (Run Apple Script). A partir do menu pop-up anexo, escolha Aceitar Automaticamente (Auto Accept). De agora em diante, o iChat irá adorar todos os seus amigos e aceitará imediatamente os convites deles.

Exibir Status de Áudio (Show Audio Status) ou Exibir Status de Vídeo (Show Video Status). Também é possível desmarcar aqui os Grupos de Amigos, se preferir vê-los em uma única lista.

Que comece o bate-papo

Como em qualquer conversa, alguém tem que começar a falar. Nos círculos de bate-papo, isso é chamado de *convidar* alguém para um bate-papo.

Você é convidado

Para "ligar o seu Pager" de modo que você seja informado quando alguém deseja falar com você, rode o iChat. Oculte suas janelas, se quiser, pressionando ⌘-H.

Quando alguém tenta "avisá-lo" de um convite para bate-papo, automaticamente, o iChat se adianta e exibe uma mensagem de convite, como aquela na Figura 21-4. Se a pessoa iniciando um bate-papo ainda não estiver na sua Lista de Amigos, você verá apenas um bilhete dizendo "Mensagem de [nome da pessoa]" (Message from [name of the person]).

Dica: Se alguém da sua lista de amigos AIM/MobileMe estiver aborrecendo-o, clique o nome da pessoa na tela e escolha Amigos→Bloquear Pessoa (Buddies→Block Person). Se a pessoa não estiver online na ocasião, vá para iChat→Preferências→Contas→Segurança (iChat→Preferences→Accounts→Security) e clique o botão para Bloquear pessoas (Block Specific people). Clique o botão Editar Lista (Edit List) e, depois, digite na tela o nome da pessoa que deseja tirar de sua vida IM (Instant Messaging - mensagem instantânea).

Figura 21-4: *Você está sendo convidado para um bate-papo! O seu amigo deseja ter um bate-papo digitado (em cima, à esquerda) ou um falado (em cima, à direita). Para começar a conversar, clique a janela do convite, digite uma resposta no fundo da caixa de texto, se quiser (para conversas de texto), e clique Aceitar (Accept) (ou pressione Return). Ou então, clique Recusar (Decline) para bloquear a pessoa, para que não envie mensagens – um bom truque, se alguém o estiver assediando.*

Você convida

Para convidar alguém de sua Lista de Amigos para um bate-papo:

- Para um bate-papo de texto, clique-duplo o *nome* da pessoa, digite um rápido convite ("Você está aí?") e pressione Return.

É possível convidar mais de uma pessoa para o bate-papo. Cada vez que você clicar o botão + embaixo da lista de Participantes (Participants), poderá escolher outra pessoa para convidar. (Ou ⌘-clique cada nome na lista de amigos para selecionar várias pessoas de uma vez e, depois, clique o botão A, embaixo da lista, para iniciar o bate-papo de texto.) Todos veem todas as mensagens que todos enviam.

Destaque do Snow Leopard: Caso você tenha mais de uma conta (e elas estejam ativas), então você pode especificar qual conta você deseja usar para esse chat clicando ▼ próximo ao seu nome de usuário no topo da tela de convite. Prático!

- Para iniciar um bate-papo de áudio ou vídeo, clique o ícone de microfone ou de filmadora em sua Lista de Amigos (mostrada na Figura 21-2).

Para iniciar um bate-papo com alguém que *não* esteja na Lista de Amigos, escolha Arquivo→Novo Bate-Papo com Pessoa (File→New Chat With Person). Digite o nome de conta da pessoa e, depois, clique OK para enviar o convite.

De qualquer modo, é possível ter mais de um bate-papo acontecendo ao mesmo tempo. Os verdadeiros aficionados do iChat acabavam com as telas superpopulosas de janelas de bate-papos individuais.

DIAMANTE BRUTO

iTunes por controle remoto

Graças a algum AppleScript escorregadio (Capítulo 7), agora você pode usar o iChat como um glorificado sistema de música por controle remoto em outro Mac. Especificamente, você pode sentar-se diante do Mac nº 1, e controlar a execução do iTunes no Mac nº 2 que está em algum outro lugar na casa. Isso é prático quando o Mac nº 2 está conectado ao seu sistema de som e você, realmente, não quer se levantar do sofá.

Para configurar tudo, inicie o Mac nº 1, aquele que você usará pessoalmente. No iChat, escolha iChat→Preferências→Contas. Clique Bonjour e marque Usar Mensagem Instantânea do Bonjour (Use Bonjour Instant Messaging). Feche a janela.

No Mac nº 2, aquele com o iTunes, abra o iChat. Escolha iChat→Preferências→Alertas (iChat→Preferences→Alerts). A partir do menu pop-up Eventos, escolha Mensagem Recebida (Message Received). Marque Executar AppleScript também nesse Mac e, depois, selecione iTunes Remote Control Applescript a partir do menu pop-up.

Agora, enquanto estiver sentado diante do Mac nº 1, você poderá controlar a execução de música do nº 2, digitando comandos de uma palavra no iChat. É possível digitar qualquer um desses comandos: tocar, pausar, *status*, próximo, anterior, mudo, não mudo ou ajuda. Depois de digitar o seu comando (por exemplo mudo quando o telefone toca e você está "estourando" com Green Day), pressione a tecla Return para fazer o iTunes no outro Mac obedecer as suas ordens.

Você também receberá respostas na janela do iChat. Por exemplo, se enviar "seguinte" (next), o iChat devolve, "Executando faixa seguinte. Agora executando 'In This Diary' do 'The Ataris'" (Playing next track. Now playing 'In this Diary' by 'The Ataris').

Porém, nos tempos modernos, você pode conter todas as suas conversas em uma única janela. Se gostar da ideia de um espaço de bate-papo consolidado, escolha iChat→Preferências→Mensagens (iChat→Preferences→Messages) e toque uma caixa de seleção na caixa Coletar bate-papos em uma única janela (Collect chats into a single window). A Figura 21-5 tem os detalhes.

Figura 21-5:
Agora, quando você estiver conversando com vários amigos, poderá alternar entre conversas, clicando os nomes deles do lado da janela. Não é uma aventura tão grande quanto manter todos os seus bate--papos acontecendo em janelas separadas, mas é muito mais fácil de ocultar quando o chefe estiver vindo na sua direção.

Bate-papo de texto

Um bate-papo digitado funciona assim: cada vez que você ou o seu companheiro de bate-papo digitar algo e depois pressionar Return, o texto aparece nas duas telas (Figura 21-6). O iChat exibe cada comentário digitado perto de um ícone, que pode ser qualquer uma dessas três coisas:

Figura 21-6:
Enquanto você bate papo, os seus comentários sempre aparecem à direita. Se ainda não tiver criado um ícone personalizado, você se parecerá com um globo azul ou um homem correndo da AOL. É possível escolher uma foto sua, seja em seu próprio cartão da Agenda ou direto no iChat. E os links da Web que os seus companheiros colam nas mensagens podem ser perfeitamente clicáveis – o seu navegador Web o leva direto para o site que seu amigo compartilhou.

- **Uma foto acrescentada pelos outros.** Se a pessoa acrescentar a foto dela – à sua própria cópia de iChat, um programa Jabber ou AOL Instant Messenger –, ela será transmitida para você, aparecendo automaticamente na janela de bate--papo. Legal!

- **Uma foto que você acrescenta.** Se você tiver acrescentado uma foto dessa pessoa à Lista de Amigos ou Agenda, ela será então vista aqui. (Afinal, a visão de como alguém se parece pode não combinar com a sua própria autoimagem.)

- **Genérico.** Se ninguém tiver feito qualquer tipo de arraste de ícone, você obtém um ícone genérico – seja ele um globo azul (de pessoas MobileMe), uma lâmpada (de pessoas Google Talk) ou o homem correndo do AOL Instant Messenger (de pessoas AIM).

Para escolher uma imagem gráfica para usar como o seu próprio ícone, clique o quadrado da foto à direita do seu nome, em cima da lista Amigo, Jabber ou Bonjour. A partir do menu pop-up de fotos recentemente selecionadas, escolha Editar Foto (Edit Picture) para abrir uma paleta pop-up de seleção de imagens, onde você poderá tirar um instantâneo com a câmera do seu Mac ou escolher um arquivo de foto do seu disco rígido. Fique à vontade para montar uma sequência de imagens gráficas diferentes para se representar – e para mudá-las no meio do bate-papo, usando essa paleta pop-up, para a confusão ou o deleite de seu(sua) parceiro(a) de conversa.

Dica: Quando você minimizar a janela de mensagem do iChat, o seu ícone do Dock exibe o ícone da pessoa com quem você está conversando – um lembrete prático de que ela ainda está lá.

USUÁRIOS PROFISSAS

Ficando animado no iChat

A maioria das pessoas acha que texto que rola é dinâmico o bastante. Mas, se você precisa de mais atividade na janela do iChat, também poderá acrescentar ícones animados para movimentar a sua Lista de Amigos. Tal ícone, um arquivo GIF animado, na verdade é montado de várias molduras individuais que são exibidas em sucessão, criando um tipo bruto de animação.

Para encontrar um arquivo GIF animado válido de representá-lo ou aos seus amigos, procure on-line, onde estão disponíveis milhares. Busque por eles pelo Google ou visite sites como www.gifanimations.com ou www.gifs.net.

Quando tiver conseguido um bom GIF animado, acrescente-o ao seu perfil do iChat (conforme descrito na página anterior), depois escolha iChat→Preferências→Geral e marque Figuras Animadas do Amigo (Animate buddy picture).

É possível até fazer os seus próprios ícones GIF animados no Photo Booth (Capítulo 10). Tire uma foto de quatro molduras usando a opção de foto "4-up" (Fourth Universal Player), tomando o cuidado de fazer quatro rostos loucos diferentes enquanto a câmera tira as fotos quatro vezes.

Quando quatro instantâneos aparecerem na bandeja de fotos do Photo Booth, clique o botão Imagem do Amigo (Buddy Picture), para tornar aquela foto a sua novo foto do iChat.

Você também pode designar um GIF animado do Photo Booth para outro amigo; a partir do menu do Photo Booth, escolha Arquivo→Exportar (File→Export). Salve o arquivo no seu Mac e acrescente-o ao seu cartão da Agenda daquele companheiro. (Se você vai contar ou não ao seu amigo qual imagem associou à tela do nome dele, cabe a você decidir.)

Divertimento no bate-papo

Digitação não é a única coisa que você pode fazer durante um bate-papo. Também é possível executar qualquer um desses truques:

- **Abrir a gaveta.** Escolha Visualizar→Mostrar Participantes do Bate-Papo (View→Show Chat Participants) para ocultar ou exibir a "gaveta" que relaciona cada pessoal em seu grupo atual de bate-papo. Para convidar alguém novo para a conversa, clique o botão + embaixo da gaveta, ou arraste o ícone da pessoa para fora da janela da Lista de Amigos e para dentro dessa gaveta.

- **Formatar o seu texto.** Você pode pressionar ⌘-B ou ⌘-I para transformar em negrito ou itálico a sua próxima digitação. Ou alterar a sua cor ou fonte, escolhendo Formato→Mostrar Cores (Format→Show Colors) ou Formato→Mostrar Fontes (Format→Show Fonts), o que chama as paletas de cor ou fonte padrão do Mac OS X. (Se você usar alguma fonte esquisita que seus parceiros de bate-papo não tiverem, eles não verão o mesmo tipo de letra.)

- **Inserir um sorriso.** Ao escolher um rosto (como Indeciso [Undecided], Raivoso [Angry] ou Preocupado [Frown]) desse menu de acesso rápido de opções de sorriso (à extrema direita da caixa de texto de resposta), o iChat o insere como uma imagem gráfica em sua resposta.

  Por outro lado, se você conhecer os símbolos certos para produzir sorrisos – por exemplo, que :) significa um rosto sorridente –, poderá poupar tempo, digitando-os ao invés de usar o menu pop-up. O iChat converte-os em ícones de sorriso no ato, assim que você enviar a sua resposta.

- **Enviar um arquivo.** Selecionar Amigos→Enviar Arquivo (Buddies→Send File), permite que você envie um arquivo a todos os participantes do seu bate-papo.

  Melhor ainda, basta arrastar o ícone do arquivo do Finder para a caixa onde normalmente você digita. (Esse truque funciona bem com fotos, pois o/a seu parceiro/a de conversa vê a imagem gráfica em sua janela do iChat).

  Essa é uma maneira fantástica de transferir um arquivo que seria grande demais para enviar por e-mail. Uma janela de bate-papo nunca fica "cheia" e nenhum anexo é tão grande para ser enviado.

Destaque do Snow Leopard: Agora você pode usar o Visualização Rápida quando alguém lhe envia um arquivo no iChat, para obter uma pré-visualização em tamanho completo antes de fazer o download. Basta escolher Arquivo→Visualização Rápida (File→Quick Look) após alguém enviar o arquivo (ou clique sua miniatura e pressione a barra de espaço).

Esse método também corta ao meio o tempo de transferência, visto que os destinatários recebem o arquivo enquanto você o descarrega. Eles não precisam esperar 20 minutos para que você envie o arquivo e depois outros 20 minutos para baixá-lo, como fariam com um e-mail ou FTP.

No entanto, observe que essa opção não está disponível nas versões antigas do AOL Instant Messenger – apenas em novas versões e no iChat.

Se você estiver em múltiplas conversas – e estiver enviando arquivos para um punhado de pessoas –, pode ficar atento ao progresso de cada arquivo com o Gerente de Transferência de Arquivo (File Transfer Manager). Escolha Janela→ Transferências de Arquivo (Window→File Transfers)(ou pressione Opção-⌘-L) para abrir na hora um monitor de entrega de documentos tudo em um.

Dica: Se tiver aberto a gaveta de Participantes (Visualizar→Mostrar Participantes do Bate-papo [View→Show Chat Participants]), você poderá arrastar os arquivos do Finder para os nomes dos participantes individuais nessa gaveta para enviar-lhes arquivos diretamente.

- **Obter Informações sobre alguém.** Se você clicar um nome em sua Lista de Amigos e depois escolher Amigos→Exibir Informações (Buddies→Show Info)(ou Control-clique o nome de alguém e escolher Exibir Informações (Show Info) a partir do menu de atalho), obterá uma pequena janela Informações (Info) sobre a pessoa, onde é possível editar o nome dela, endereço eletrônico e foto. (Se mudar a foto aqui, você a verá, em vez da imagem gráfica que a própria pessoa escolheu para ela.)

  Se nesse ponto você escolher Alertas (Alerts) do menu pop-up Exibir, poderá fazer o iChat reagir quando essa pessoa em particular registrar a sua entrada, registrar a sua saída ou mudar seu *status* – por exemplo, tocando uma música e dizendo "Ela está aqui! Ela está aqui!"

- **Enviar uma Mensagem Instantânea (Instant Message).** Nem todo mundo em uma missão de bate-papo precisa ser "ouvido" por todos os participantes. Se você escolher Amigos→Enviar Mensagem Instantânea (Buddies→Send Instant Message),

DIAMANTE BRUTO

A transcrição de bate-papo

De vez em quando, você desejará poder guardar um bate-papo o tempo todo – uma conversa especialmente significativa com um amigo, uma amante ou agente de serviço ao consumidor.

No painel iChat→Preferências→Mensagens, você pode marcar você pode ativar a opção Salvar transcrições de bate-papo para (Save chat transcriptions to) (e escolha uma pasta em seu disco rígido). De agora em diante, o texto de suas conversas é automaticamente salvo nessa pasta. Mais tarde, para ver o bate-papo, duplo-clique o seu ícone. Ele abre dentro do iChat, completo, com todas as cores e formatação.

Enquanto estiver nessa janela, você também pode desejar ativar uma nova funcionalidade do Snow Leopard: Em novas janelas de bate-papo, mostrar (In new chapter window, show). Isso significa que, na próxima vez que você conversar com alguém, sua última mensagem (ou as últimas 25, 100 ou 250) de chat com aquele amigo abre(m)-se automaticamente em uma nova janela, para a sua consulta. (Dica bônus: Editar→Marcar Transcrição [Edit→Mark Transcriptions] exibe a data e hora atual em cada transcrição.)

Ainda que você não marque essa caixa de seleção, é possível salvar bate-papos individuais em progresso, escolhendo Arquivo→Salvar uma Cópia Como (File→Save a Copy as).

recebera uma janela de bate-papo *particular*, onde será possível sussurrar alguma coisa diretamente para alguém especial pelas costas dos outros tagarelas.

- **Enviar uma mensagem segura.** Os membros honorários do MobileMe podem se envolver em bate-papos codificados, que mantêm a conversa estritamente entre os participantes. Se você não marcou bate-papos codificados quando configurou o seu MobileMe no iChat, escolha iChat→Preferências→Contas→Segurança (iChat→Preferences→Accounts→Security) e, depois, clique Encriptar.

- **Enviar e-mail.** Se alguém lhe enviar uma mensagem, "Ei, você me dá o caminho por e-mail?", será possível fazê-lo na hora, escolhendo Amigos→Enviar E-mail (Buddies→Send Email). O seu programa de e-mail abre automaticamente para que você possa enviar um bilhete; se o endereço eletrônico do seu amigo fizer parte de suas informações no Agenda, a mensagem é pre-endereçada.

- **Enviar uma mensagem de SMS para um telefone celular.** Se você estiver usando um nome de tela AIM ou conta MobileMe, poderá enviar mensagens de texto diretamente para os celulares de seus amigos (nos Estados Unidos, de qualquer modo). Escolha Arquivo→Enviar SMS (File→Send SMS). Na caixa que aparece, digite o número completo do telefone celular, sem pontuação, assim: *2125551212.*

  Pressione Return para voltar à janela de bate-papo. Digite uma mensagem curta (umas duas sentenças, no máximo) e, depois, pressione Return.

Dica: Se o iChat informar rudemente que as suas configurações de privacidade evitam que você faça contato com "essa pessoa", escolha iChat→Preferências, clique Contas, clique a sua conta de bate-papo e marque Permitir qualquer pessoa (Allow anyone).

  Obviamente não é possível manter uma conversa interativa dessa maneira. A única resposta que terá é a dos computadores da AOL, para que saiba que a sua mensagem foi enviada. Mas, que ótima maneira de disparar uma mensagem "Telefone!" ou "Estou atrasado – nos veremos hoje à noite!" ou ainda "Ligue no canal 4 agora!!!" para o telefone de alguém.

  Por outro lado, se você for ficar longe do seu Mac por algumas horas, poderá fazer com que o iChat encaminhe suas mensagens de entrada de bate-papo para o seu telefone celular. Escolha iChat→Preferências→Contas e clique Configurar Encaminhamento móvel de AIM (Configure AIM Mobile Forwarding). Na janela resultante, preencha o número do seu telefone celular, para que as mensagens de entrada saibam para onde ir.

Estourando os balões

As palavras que você pode ter para designar o balão de palavras do iChat poderiam ser "bonitinho" e "característico". Mas também é provável que a sua escolha de palavras incluam "juvenil" e "irritante".

Por sorte, atrás do revestimento adocicado do iChat há muitas opções afastadas no menu Visualizar (View), onde, certamente, você encontrará uma que funcione para você (veja a Figura 21-7).

Você poderá até mudar o fundo branco do iChat para qualquer tipo de imagem, usando Visualizar→Ajustar Fundo do Bate-Papo (View→Set Chat Background). Melhor ainda, encontre uma foto que goste e arraste-a para a sua janela de bate--papo. Imediatamente, o iChat a transforma na tela de fundo do seu bate-papo. Para se livrar do fundo e voltar ao branco tranquilizante, escolha Visualizar→Limpar Fundo (View→Clear Chat Background).

Figura 21-7:
O iChat pode se parecer com quase qualquer coisa. Aqui, por exemplo, é como se parece um bate-papo, com o efeito de balão desativado (oferecendo retângulos coloridos no lugar). Você poderá até desmarcar os balões e as fotos se elas o aborrecerem demais. Também é possível ocultar os nomes, se quiser. Você faz essas alterações no decorrer de um bate-papo, usando o menu Visualizar. Também é possível mudar as configurações de cor e tipo de fonte no painel iChat→Preferências→Mensagens.

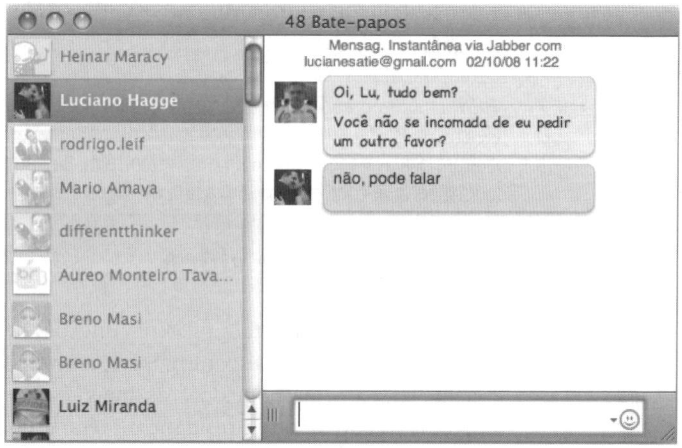

Bate-papos com áudio

O iChat se torna muito mais excitante quando você explora as suas capacidades de Clube AV (Áudio/Vídeo). Mesmo através de uma conexão com modem discado, é possível conduzir bate-papos com áudio, falando pelo seu microfone e ouvindo as respostas pelo seu auto-falante.

Entretanto, se tiver uma conexão de banda larga, você tem uma experiência muito mais satisfatória – e, se tiver um Mac bem rápido, até dez de vocês podem se unir em uma maciça conferência gratuita, feita por meio da Internet.

Um ícone de telefone perto de um nome na sua lista de amigos informa que a pessoa tem um microfone, e que está pronta para um "telefonema" gratuito pela Internet. Se você vir que parece ser uma pilha de ícones de telefones, então o Mac da pessoa tem potêncial suficiente para suportar uma chamada em conferência de múltiplas pessoas. (Esses ícones podem ser vistos na Figura 21-2.)

Para iniciar um bate-papo de áudio, faça a sua escolha:

- Clique o ícone de telefone perto no nome da pessoa.
- Selecione alguém na Lista de Amigos e, depois, clique o ícone de telefone embaixo da lista.
- Se você já estiver em um bate-papo de texto, escolha Amigos→Convidar para um Bate-Papo de Áudio (Buddies→Invite to Audio Chat).

Quando o seu convite for aceito, vocês poderão começar a conversar. As barras de medição do nível de som permitem que você saiba se o microfone – que foi especificado na aba iChat→Preferências→Áudio/Vídeo (iChat→Preferences→Audio/Video) – está funcionando.

Nota: Embora o áudio seja totalmente duplo (você pode ouvir e falar simultaneamente, como em um telefone, mas, diferente de um walkie-talkie), pode haver uma demora, como se você estivesse ligando para um país estrangeiro com uma conexão ruim. Se não puder ouvir nada, verifique o sistema de Ajuda do iChat, o qual contém uma longa lista de sugestões.

Bate-papos com vídeo

Se você e sua/seu parceira/o tiverem conexões de banda larga à Internet, façanhas ainda mais impressionantes o esperam. Será possível manter um bate-papo com vídeo gratuitamente com até quatro pessoas, as quais aparecem em três painéis verticais, lindamente refletidos na superfície de uma mesa preta, brilhante. Esse não é o vídeo truncado, com áudio fora de sincronia e minúsculo de antigamente. Se você possuir um Mac e banda larga robustos, seus parceiros aparecem como se estivessem na televisão: revigorados, claros, brilhantes e suaves – tão grandes quanto a sua tela, se você quiser.

As pessoas podem ir e vir; enquanto elas entram e saem da "vídeo esfera", o iChat desliza para o lado as suas telas brilhantes, aumentando ou diminuindo-as conforme necessário, para encaixar na sua tela.

No entanto, a Apple só oferece essa experiência de luxo se você tiver um ótimo equipamento:

- **Uma câmera de vídeo.** Ela pode ser a pequena câmera iSight, que é embutida acima das telas dos iMacs e laptops; uma câmera externa FireWire iSight; uma câmera digital comum ou uma webcam tipo bola de golfe, que se conecte através do FireWire ao invés de via USB.

Dica: Os dois, você e a outra pessoa, não precisam ter os mesmos equipamentos. Por exemplo, se apenas você tiver uma câmera, poderá escolher Amigos→Convidar para Bate-Papo com Vídeo de Mão Única (Buddies→Invite to One-Way Video Chat) (ou bate-papo com áudio). O seu amigo menos equipado poderá vê-lo, mas só poderá falar (apenas áudio) ou digitar em resposta.

- **Largura de banda.** Você precisará de velocidades de download pela Internet de pelo menos 100 Kbps para bate-papos com vídeos básicos, pequenos, com uma outra pessoa, e um mínimo de 384 Kbps para bate-papos com vídeo de quatro vias. E esses são para as menores janelas de vídeo. Iniciar um bate-papo com vídeo a uma qualidade de vídeo mais alta requer uma largura de banda para upload de 300 kpbs. Esse requisito é tremendamente menor do que o do iChat da era pré-Snow Leopard, mas ainda pode ser um pouco pesado para pacotes ADSL residenciais.

Dica: Se você está começando a gostar da ideia, as exigências de sistema do iChat são variadas. Alguns recursos exigem muito pouca potência, outros precisam de toneladas.

Para descobrir exatamente com quais recursos o seu Mac consegue ligar, escolha Vídeo→Inspetor de Conexão (Video→Connection Doctor); a partir do menu pop-up Exibir, escolha Recursos (Capabilities). Lá existe um pequeno gráfico de todos os recursos do iChat, mostrando caixas de seleção para as que o seu Mac pode administrar.

Se vir um ícone de filmadora próximo ao nome de um amigo, você poderá ter um bate-papo com vídeo em tela cheia, de alta qualidade com aquela pessoa, pois ela, como você, tem uma câmera adequada e uma conexão de alta velocidade à Internet. Se você vir um ícone de filmadora empilhado, significa que aquela pessoa tem um Mac capaz de realizar um bate-papo com vídeo de até quatro vias.

Para iniciar um bate-papo com vídeo, clique o ícone de câmera perto do nome de uma pessoa, ou selecione alguém na Lista Buddy e depois, clique o ícone da filmadora, embaixo da lista. Ou, se você já estiver em um bate-papo de texto, escolha Amigos→Convidar para Bate-Papo com Vídeo.

Uma janela se abre exibindo *você*. Esse modo de Visualizar destina-se a exibir o que o seu amigo verá. (Provavelmente, você descobrirá que precisa de algum tipo de luz à sua frente, para evitar muito sombreado.) Na medida em que seus amigos juntam-se a você, eles aparecem em suas próprias janelas (Figura 21-8).

CONSULTÓRIO PARA USUÁRIOS AVANÇADOS

Chats de headset Bluetooth

Se gritar em frente ao computador não é o seu método preferido de conversa civilizada, você pode conduzir seus chats de áudio (e vídeo) enquanto usa um headset Bluetooth.

Se você ainda não emparelhou seu headset com seu Mac, vá até iChat→Preferências→Áudio/Vídeo (iChat→Preferences→Audio/Video e clique o botão Configurar Headset Bluetooth (Set Up Bluetooth Headset). Ele ativa o programa Assistente de Configuração Bluetooth (Bluetooth Setup Assistant) do Mac para guiá-lo por todo o processo.

Após você fazer o seu headset Bluetooth casar com seu Mac, vá para →Preferências do Sistema→Som→Saída (→System Preferences→Sound→Output) e selecione o seu headset na lista.

Clique a aba Entrada (Input) para ajustar os níveis de volume de forma que o som não fique muito alto nem distorcido quando você fala ao microfone – e não o ensurdeça quando o som chegar ao seu ouvido.

Figura 21-8:
Na janela menor está você. Para mover a sua própria minijanela, clique um canto diferente, ou arraste a si mesmo para um canto diferente. Se você precisar assoar o nariz ou fazer alguma outra coisa diferente, Option-clique o botão do microfone para congelar o vídeo e emudecer o áudio. Clique novamente para voltar.

E agora, algumas observações sobre bate-papo com vídeo:

- Se os seus parceiros de conversa não parecerem muito dispostos a fazer contato visual, não é porque são matreiros. É que eles estão olhando apenas para *você*, em vez de para a câmera – é possível que você também não esteja olhando para a sua câmera.

- Não deixe de ver o comando Vídeo→Tela Cheia (Video→Full Screen)! Loucura.

- Também é possível manter bate-papos com vídeo em computadores Windows, desde que eles estejam usando uma versão recente do AOL Instant Messenger. Mas, esteja preparado para ficar desapontado; em geral o vídeo é retorcido, pequeno e ligeiramente fora de sincronia. Isso é devido, em parte, às webcams USB baratas que a maioria dos PCs têm, e, em parte, pelo fraco *codec* (sistema de compactação) que é embutido no Instant Messenger da AOL.

- Se você usa o iChat com uma filmadora, poderá ajustar a câmera para o modo VTR (reprodução) e exibir uma fita direto pela Internet a quem quer que esteja no outro lado! (O vídeo aparece girado horizontalmente na sua tela, mas aparece certo para a outra pessoa.)

- Você pode capturar uma "foto" imóvel de um bate-papo com vídeo, ⌘-arrastando a imagem para a sua Mesa ou escolhendo Vídeo→Tirar Instantâneo (Video→Take Snapshot) (Option-⌘-S).

- Não quer ver a si mesmo em uma janela foto em foto durante o seu bate-papo com vídeo? Escolha Vídeo→Ocultar Vídeo Local (Video→Hide Local Video).

- Essa tecnologia de cortar a margem ocasionalmente pode apresentar falhas no corte de margem. A qualidade do vídeo se deteriora, a transmissão pára abruptamente, o áudio apresenta um eco irritante e assim por diante. Quando os problemas aparecem, a Ajuda do iChat oferece uma série de dicas: Vídeo→Inspetor de Conexão poderá identificar a velocidade de sua rede. (O vídeo do iChat gosta de rede com muita velocidade.)

- Da mesma forma que é possível salvar as transcrições das conversas mantidas nas mensagens instantâneas que digitou, você pode gravar os seus bate-papos com áudio e vídeo. Quando começar a conversar, escolha Vídeo→Gravar Bate-Papo (Video→Record Chat). O seu amigo é perguntado se está bem você prosseguir com a gravação (para se livrar de qualquer dúvida daquelas leis pestilentas de escutas telefônicas); se a permissão for concedida, o iChat inicia a gravação da chamada.

  Quando tiver o que deseja, clique Parar (Stop). Automaticamente, as suas gravações são salvas em Início→Documentos→iChats (arquivos AAC para conversas de áudio, arquivos MPEG-4 para bate-papos com vídeo). De lá, você pode arrastá-las para o iTunes, para executar ou sincronizá-las com um iPod ou iPhoto. Sim, agora você pode reviver esses gloriosos momentos de iChat quando não estiver conectado, na loja de doces.

Fundo de tela azul e vídeo FX

Se os seus bate-papos com vídeo parecem com um punhado de habitantes de cubículos conversando em suas mesas, poderá animar as coisas com um dos recursos mais atraentes e de deixar cair o queixo no Leopard: fundos de foto ou vídeo para a sua cabeça falante. É isso mesmo, agora os seus parceiros de bate-papo com vídeo podem pensar que você está em Paris, na lua ou mesmo imitando uma serigrafia de quatro painéis do Andy Warhol.

Nota: Os efeitos de fundo do iChat e Photo Booth são muito, muito comilões; eles exigem uma largura de banda enorme, cara – pelo menos 128 kbps tanto para velocidades de upload quanto de download.

Eis como preparar o seu fundo para um bate-papo com vídeo:

1. Vá para iChat→Preferências→Áudio/Vídeo.

Uma janela de vídeo se abre, para que você possa se ver.

2. Pressione Shift-⌘-E (ou vá para Vídeo→Exibir Efeitos de Vídeo[Video→Show Video Effects]).

A caixa de Efeitos aparece, muito parecida com aquela no Photo Booth (Capítulo 10); muitos fundos visuais são bem semelhantes. Clique os diversos quadrados da grade de jogo-da-velha para ver em tempo real, como cada efeito o transformará; tornando o seu rosto bulboso ou apresentando-o com sombreados delicados pintados a lápis.

A primeira página de efeitos faz toda a mágica de vídeo em você e todo o resto da foto. Se você quiser uma dessas, clique-a e está feito. Não há uma 3ª etapa. Agora, os seus amigos de bate-papo com vídeo o veem em seu novo aspecto distorcido ou artístico.

A segunda das duas páginas de efeitos, porém, não faz nada com a sua imagem. Em vez disso, ela substitui a *tela de fundo*.

Essa é a parte realmente surpreendente. Na TV e nos filmes, substituir o fundo é um efeito especial extremamente comum chamado Chroma Key. Tudo o que é necessário fazer é ajustar um fundo com iluminação igualada, perfeitamente suave, de azul sem sombras ou verde claro, atrás da pessoa. Posteriormente, o computador substitui essa cor sólida por uma nova foto ou vídeo da escolha do diretor.

Entretanto, o iChat cria exatamente o mesmo efeito especial (Figura 21-9), sem precisar de telas azuis ou telas verdes. Continue a ler.

3. Clique o efeito de fundo desejado.

Vamos imaginar, por exemplo, que você tenha clicado a curva do vídeo mostrando a Torre Eiffel com pessoas caminhando em volta. Nesse ponto, aparece uma mensagem na tela, que diz "Sair do quadro".

4. Afaste-se da faixa da câmera (ou mova-se para um lado).

Veja, o iChat pretende memorizar uma foto do verdadeiro fundo – sem você nele. Quando você voltar à cena, o seu Mac de alta potência compara então cada pixel da imagem memorizada com o que ele está vendo agora. Ele conclui que quaisquer diferenças devem estar em você. É assim que ele cria um efeito de tela de fundo azul, sem uma tela azul.

Nota: Para fazer isso funcionar, tanto a câmera quanto o fundo precisam estar perfeitamente imóveis. Se a iluminação ou o visual mudar ou se alterar de alguma maneira, você pode obter alguns efeitos esquisitos, denteados, onde o seu verdadeiro fundo se esvai.

5. Quando a tela informar "Fundo detectado" (Background detected), volte para a moldura.

Ora, bolas! Agora você está virtualmente em Paris. Vá em frente e inicie o bate-papo com vídeo com seus amigos e não se esqueça da sua boina.

Se quiser tirar o fundo ou mudá-lo, clique o quadrado Original, no meio da paleta Efeitos (Effects) e depois escolha uma tela de fundo diferente. (Também é possível mudar telas de fundo no meio do bate-papo, escolhendo Vídeo→Mostrar Efeitos de Vídeo (Video→Show Video Effects), para abrir a paleta de efeitos.)

Se as coisas ficarem muito esquisitas e embaralhadas na tela, você pode restaurar o fundo normal escolhendo Vídeo→Redefinir Fundo (Video→Reset Background). (Isso também é prático se precisar, subitamente, ter uma conversa em vídeo com o seu chefe a respeito do uso excessivo do iChat enquanto ele estava ausente, em sua viagem de negócios.)

Dica: Você pode usar uma das suas próprias fotos ou clipe de vídeo como telas de fundo do iChat. Na caixa de diálogo Efeitos de Vídeo (Video Effects), clique as setas embaixo, até chegar à tela com várias telas vazias Fundo do Usuário (User Backdrops). Em seguida, arraste uma foto ou vídeo da mesa diretamente para uma das telas vazias. Clique-a como faria com qualquer uma das fotos chocantes da Apple.

Figura 21-9:
Em cima: há muitos fundos à sua escolha para o seu próximo bate-papo com vídeo. Clique um efeito para acrescentá-lo à sua janela de bate-papo. Clique as pequenas setas, embaixo da janela, para adiantar ou voltar pelos diversos estilos de efeitos. Clique os quadrados de Original, no meio da janela, para apagar o efeito e começar de novo, do zero.

Embaixo: deixe a ação de tela azul ao vivo começar!

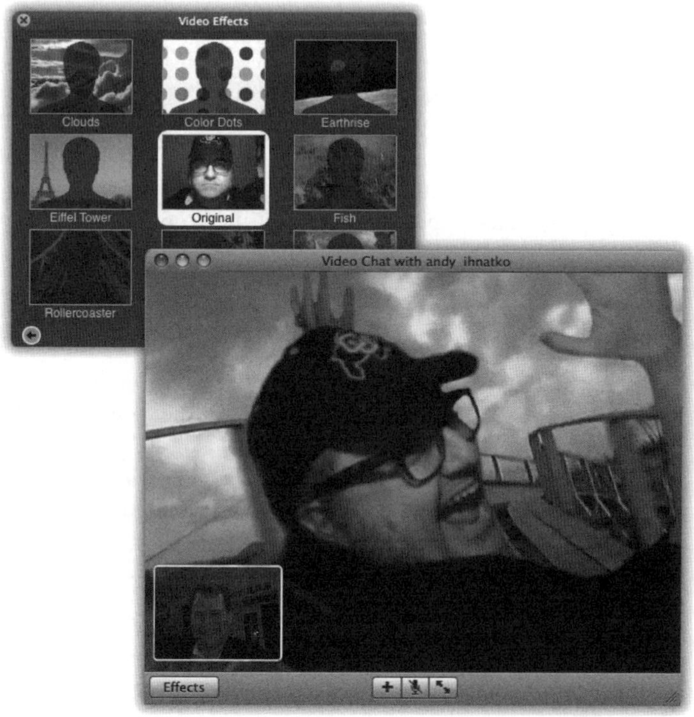

Compartilhando a sua tela

Como você viu neste capítulo, o iChat permite que você compartilhe os seus pensamentos, a sua voz e a sua imagem com as pessoas nas suas listas de amigos. E agora, para o próximo truque dele, ele permite que você compartilhe o... *seu computador*.

Compartilhando a sua tela

O recurso de compartilhamento de tela do iChat é um parente próximo do recurso de compartilhamento de tela em *rede*, descrito no Capítulo 13. Ele permite que você não apenas veja o que está na tela do amigo bem distante, mas a *controla*, assumindo o comando do mouse e do teclado distantes. (Claro que o compartilhamento de tela também pode funcionar ao contrário.)

Você pode abrir pastas, criar e editar documentos e copiar arquivos na tela do Mac compartilhado. O compartilhamento de uma tela faz a colaboração tão fácil quando trabalhar lado a lado no mesmo Mac, exceto que, agora, você pode estar sentado em São Francisco, enquanto o seu camarada está circulando por Boston.

E se você for o especialista de suporte técnico da família – mas a família vive em outro país –, o compartilhamento de tela torna a solução de problemas muito mais fácil. Agora, será possível pular para o Mac compartilhado da sua mãe e descobrir porque a formatação se desfez no documento Word dela, sem que ela tente *explicar* pelo telefone. ("E, depois, aquela coisinha desapareceu e ficou tudo misturado...")

Destaque do Snow Leopard: Uma vez que você estiver controlando a tela de outra pessoa remotamente, seus atalhos de teclado agora operam o outro Mac ao invés do seu. Pressione ⌘-Tab para alternar de aplicativo, ⌘-Q para encerrar um programa, use todos os atalhos do Exposé e Spotlight, e por aí vai.

Para fazer o Compartilhamento de Tela do iChat funcionar, você e o seu amigo precisam, ambos, estar rodando Macs com o Leopard ou o Snow Leopard. Por outro lado, é possível compartilhar com qualquer tipo de conta: AIM, MobileMe, Google Talk, Bonjour ou Jabber.

Para começar, clique o nome do compartilhante em sua Lista de Amigos.

- Se você quiser compartilhar a *sua* tela com essa pessoa, escolha Amigos→Compartilhar Minha Tela (Buddies→Share My Screen).

- Se você quiser ver a tela *da outra pessoa* (porque ela está trabalhando em arquivos em seu Mac), escolha Amigos→Pedir para Compartilhar (Buddies→ Ask to Share).

Nota: Comandos similares estão disponíveis no botão pop-up Compartilhamento de Tela (Screen Sharing) – aquele que se parece com dois quadrados se sobrepondo embaixo da janela da Lista de Amigos. O comando informa "Compartilhar Minha Tela com casey234" (Share My Screen with casey234) e "Pedir parar Compartilhar a tela do casey234" (Ask to Share casey234's screen).

Quando o convite tiver sido aceito, começa o compartilhamento, conforme mostrado na Figura 21-10. Para ajudá-lo a se comunicar mais, gentilmente o iChat abre um bate-papo com vídeo com o seu amigo, para que você tenha uma conversa, sem utilizar as mãos, sobre o que está fazendo na máquina compartilhada.

Se estiver vendo outra pessoa na tela, você verá a Mesa do Mac dessa pessoa em exibição de tela cheia, direto em sua própria máquina. Você também verá uma pequena janela, exibindo o seu próprio Mac; clique-o para trocar de volta para a sua própria janela.

Dica: Para copiar arquivos de Mac para Mac, arraste-os entre as duas janelas. Arquivos arrastados para o *seu* Mac acabam em sua pasta Transferências.

Se alguma coisa não estiver certa, ou você precisará resgatar imediatamente uma conexão compartilhada ou pressionar Control-Esc no teclado do Mac.

Figura 21-10:
Em cima: ou você envia ou recebe um convite para iniciar o compartilhamento de sua tela, mas, assegure-se de conhecer a pessoa com a qual você está lidando, antes de aceitar a oferta e iniciar o processo de compartilhamento.

Embaixo: quando estiver compartilhando a tela de outra pessoa, você tem a opção de clicar para frente e para trás entre as telas dos dois Macs.

iChat Theater

Falemos sobre a próxima melhor coisa para estar aqui. O novo recurso iChat Theater permite que você faça tomadas e apresentações às pessoas e comitês em cidades distantes – sem ficar parado em uma única fila na segurança do aeroporto.

Isso porque o iChat transforma a janela de bate-papo em uma tela de apresentação para exibir e narrar as suas próprias apresentações de slide do iPhoto ou Keynote, arquivos de filme do QuickTime e até documentos de texto. A pessoa do outro lado da linha do iChat vê esses documentos quase em tamanho cheio – com você em uma pequena tela de foto em foto, no canto.

Você só precisa de:

- **Algum material para apresentar.** O iChat Theater pode exibir exatamente os mesmos tipos de arquivos que o Visualização Rápida (Capítulo 1): documentos Word, Excel e PowerPoint, fotos, texto e arquivos em HTML, arquivos em PDF, arquivos de áudio e vídeo, fontes, vCards, Páginas, Números, Keynote, documentos do TextEdit, e assim por diante.

- **Uma conexão de Internet de banda larga possante.** O iChat Theater gosta de 384 kilobits por segundo ou mais rápido; veja com o seu provedor de Internet se não tiver certeza quanto à velocidade da sua conexão.

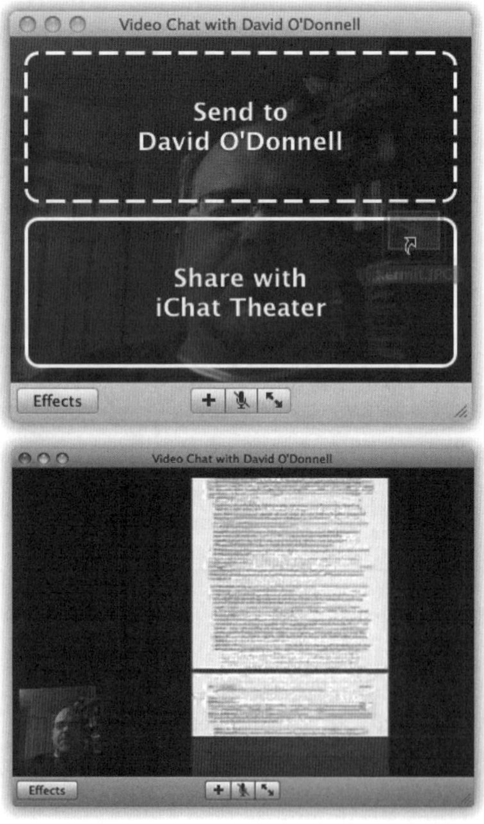

Figura 21-11:
Em cima: você pode iniciar uma sessão do iChat Theater, escolhendo Arquivo→Compartilhar um Arquivo com o iChat Theater (File share a File with iChat Theater) ou, conforme mostrado aqui, simplesmente arrastando o arquivo para uma janela aberta de bate-papo com vídeo e fazendo a opção para o iChat Theater.

Embaixo: quando tiver iniciado um espetáculo de Cinema no Bate-Papo, o arquivo compartilhado ocupa o centro do palco para que ambos possam assisti-lo e discutir entre vocês.

Para fazer o espetáculo acontecer, você pode executar duas abordagens.

- **Se um bate-papo com vídeo estiver acontecendo,** basta arrastar o(s) arquivo(s) que você deseja compartilhar para a janela do vídeo. O iChat Theater pergunta se você deseja enviar o arquivo para a pessoa ou compartilhá-lo com o iChat (Figura 21-11). Clique iChat Theater, é claro.

- **Se não estiver acontecendo qualquer bate-papo com vídeo,** escolha Arquivo→Compartilhar um Arquivo com iChat Theater (File→Share a File in iChat Theater). Localize no seu disco rígido o arquivo que deseja apresentar. Quando o iChat pedir para você iniciar um bate-papo com vídeo com quem será a sua plateia, clique o ícone de câmera de vídeo perto do nome daquela pessoa (ou escolha Vídeo→Convidar para Bate-Papo com Vídeo [Video→Invite to video Chat]).

Quando o seu amigo aceitar, a cortina subirá, conforme mostrado embaixo na Figura 21-11. O arquivo que você está compartilhando toma o centro do palco (bom, da janela), e o seu amigo aparece em uma pequena janela de vídeo, ao lado. Clique o botão para expandir a exibição para tela cheia.

Se você tiver o iPhoto '08, compartilhar álbuns de fotos está a um comando de menu de distância: escolha Arquivo→Compartilhar iPhoto com iChat Theater (File→Share iPhoto with iChat Theater). Quando o Navegador de Mídia (Browser Media) aparecer, escolha o álbum que deseja apresentar. A primeira foto do álbum selecionado aparece na janela do iChat Theater, antes mesmo do próprio iPhoto abrir, de modo que você poderá usar os simpáticos controles do iPhoto para se adiantar (ou voltar) através do seu álbum.

A mesma coisa acontece se você estiver rodando uma apresentação do Keynote no iChat Theater: o primeiro slide aparece na janela de bate-papo, enquanto o programa Keynote inicia para oferecer-lhe os controles apropriados para clicar através do resto dos slides na apresentação.

Quando o espetáculo acabar, feche a janela para terminar a sessão do iChat Theater.

Destaque do Snow Leopard: Se você tiver múltiplos chats abertos – qualquer tipo de chat –, você pode fechar todas as janelas, exceto a ativa, se quiser. Control-clique dentro da janela de chat ativa; a partir do menu de atalho, selecione Fechar Outros Bate-papos (Close Other Chats).

Dicas quentes para o iChat

Se você não tiver feito nada no iChat a não ser bater-papo, nem mesmo arranhou a superfície. A caixa de diálogo iChat→Preferências oferece muitos controles adicionais. Alguns exemplos:

- **Painel Geral (General).** Marcando Mostrar estado na barra de menus (Show status in menu bar), você leva o *menulet* do iChat para a sua barra de menu. Ele permite que você mude o *status* do seu iChat (Disponível, Ausente e assim por diante), estando você ou não no iChat.

  E se você desmarcar Ajustar meu estado para Desconectado ao encerrar o iChat (When I quit iChat, set my *status* to Offline), então, sair do iChat, na verdade, não registra a sua saída. Quando alguém quiser conversar com você, automaticamente, o iChat abre.

  O painel Geral também é o lugar onde você diz ao iChat o que fazer quando estiver temporariamente longe do Mac. Você faz com que ele responda automaticamente aos convites para bate-papo com a sua mensagem personalizada "Não estou aqui". Quando voltar ao Mac, ou acordá-lo de seu sono, você pode fazer o iChat trocar, sozinho, o seu status de Ausente para Disponível.

- **Painel Contas (Accounts).** Se você tiver mais de uma conta AIM, Jabber ou MobileMe poderá alternar entre elas aqui. As suas senhas são convenientemente salvas no Keychain do seu Mac OS X.

- **Painel Mensagens (Messages).** O painel de preferência de Mensagens permite que você projete as suas janelas de bate-papo – a cor de fundo, a cor do balão de palavras, o tipo de fonte e o tamanho de texto que você digita.

  Se você quiser instalar uma imagem especial de fundo para os seus bate-papos, também poderá fazê-lo – basta arrastar um arquivo de imagens gráficas para a visualização do bate-papo nesse painel. É possível voltar a um fundo branco, escolhendo Visualizar→Limpar Fundo (View→Clear Background).

DIAMANTE BRUTO

O iChat no piloto automático

Se você tiver lido este capítulo inteiro, então sabe que o iChat pode responder aos convites para bater papo, rodando um AppleScript. E, se tiver lido o Capítulo 7, saberá que o AppleScript é capaz de... quase tudo.

Como uma prova do conceito, o gerente de produtos do AppleScript da Apple criou um script verdadeiramente incrível, que você pode escolher no menu pop-up iChat→ Preferências→Alertas→Executar AppleScript (iChat→Preferences→Alerts Run Apple Script). Ele é chamado de iChat Autopilot (piloto automático do iChat); você pode fazer o seu download a partir da página "Missing CD" deste livro, em www.missingmanuals.com.

Resumindo, esse script muito especial *simula* o seu final do bate-papo. Ele vem com uma conversa bastante genérica, digitando periodicamente entradas perfeitamente plausíveis de todos os objetivos, eventualmente, desculpando-se por você enquanto você atende à porta, ou então, fazendo uma perfeita imitação de distraído, preocupado, mas ainda assim bem, *você*.

Deixe-o rodar. Dê aos seus camaradas o prazer de saber que você está lá para eles.

Mesmo que, de fato, você esteja assistindo à TV, no andar de baixo.

Dica: Eis uma pequena volta, bem no painel de Mensagens, que ninguém jamais menciona: a configuração de preferência chamada "Olhar o meu nome das mensagens de entrada" (Watch for my name in incoming messages). Ele o avisa sempre que alguém, em qualquer um dos bate-papos abertos, digitar o seu nome, mesmo se você estiver fazendo alguma outra coisa no Mac. (Algo como, "Casey, você está aí? Casey!? CASEY!!")

- **Painel Alertas (Alerts).** Aqui é possível escolher como o iChat responde a vários eventos. Por exemplo, ele pode tocar uma música, fazer voltar o seu ícone do Dock ou dizer alguma coisa em voz alta, sempre que você registrar a sua entrada, registrar a saída, receber novas mensagens ou rodar um AppleScript, conforme descrito anteriormente neste capítulo.

- **Painel Áudio/Vídeo (Audio/Video).** É onde você tem uma visualização da saída de sua própria câmera, limita a quantidade de largura de banda (dados de sinal de monopolização) que a câmera usa (uma etapa de solução de problemas) e especifica o que deseja que o iChat acione automaticamente sempre que você ligar a câmera.

CAPÍTULO
22

SSH, FTP, VPN e Compartilhamento da Web

O uso do e-mail e a navegação na Web podem ser as atividades mais comuns da Internet, mas a maior rede do mundo possui muitos outros usos. Entretanto, a ideia geral é sempre a mesma: permitir que um computador se comunique com outro.

O Mac OS X oferece alguns recursos que envolvem os aspectos mais corriqueiros dessa ideia. Por exemplo, você pode transformar o seu Mac em um *servidor Web* – um website dinâmico, onde qualquer um pode acessar na Internet. Este capítulo também explora diversos métodos avançados de manipulação do seu próprio Mac estando em viagem, inclusive tecnologias de *acesso remoto* como o compartilhamento de arquivo em longa distância, FTP, SSH e a rede privada virtual (VPN – Virtual Private Networking).

Nota: A maior parte dessas tecnologias é projetada para conexões de tempo ilimitado com a Internet (modem a cabo ou DSL, por exemplo). Se você tem um modem de acesso discado, esses recursos só funcionarão quando você estiver, de fato, on-line. Mesmo assim, eles ainda poderão ser úteis, ocasionalmente. Você poderia estar sempre on-line, ligar para um amigo e dizer "Veja o meu website agora – eis o endereço IP atual" ou, de casa, ligar para alguém e dizer "Eu preciso acessar um arquivo em meu disco rígido. Você poderia conectar o Mac que está na minha mesa?".

Compartilhamento da Web

Usando o painel Compartilhamento (Sharing) das Preferências do Sistema, você pode transformar o seu Mac em um website (ou *servidor*), acessível a partir dos navegadores Web de pessoas na rede do seu escritório, na Internet como um todo, ou ambos.

GANHE VELOCIDADE

A confusão do endereço IP: porta de redirecionamento

Existem muitas maneiras de conectar o seu Mac a outro computador. Você pode usar o compartilhamento Web, o SSH, o compartilhamento de arquivo, o compartilhamento de tela e assim por diante. Eles são fáceis de usar – quando você quiser se conectar pela sua rede de casa ou do escritório.

No entanto, quando você quiser se conectar através da *Internet*, as coisas se complicam.

Nesse caso, você precisa conhecer o endereço IP do seu Mac de casa. (IP significa Protocolo de Internet). Um endereço IP é sempre formado de quatro números separados por pontos, assim 192.168.1.104. Cada computador que esteja conectado diretamente à Internet tem o seu próprio, e único, endereço IP.

Agora, se você tiver apenas um Mac e ele estiver diretamente conectado ao seu modem de banda larga, sem grandes problemas. É possível descobrir o seu endereço IP abrindo Preferências do Sistema, clicando Compartilhamento e clicando Compartilhamento de Arquivo (File Sharing).

Infelizmente, é provável que o seu Mac de casa *não* esteja conectado diretamente à Internet. Se você for como a maioria das pessoas, ele está conectado a um roteador, ou talvez a uma estação-base AirPort, de modo que vários computadores em sua casa podem compartilhar a mesma conexão à Internet. Nessa configuração, o *roteador* (ou estação-base) tem um único endereço IP – não os Macs conectados a ele.

(O roteador reparte os endereços IP privados com cada computador em sua casa ou escritório, normalmente, iniciando com 192 ou 10. Se você verificar o endereço IP do seu Mac nas Preferências do Sistema, só encontrará o endereço *privado* dele – não o público, que é acessível a partir da Internet. Para descobrir essas informações, você terá que verificar a tela de configuração do seu roteador ou da estação-base; veja o manual do roteador para instruções.)

Está certo: como você poderá se conectar a um Mac em especial se ele estiver conectado a um roteador e não tiver um endereço IP real "público"?

Uma solução é Voltar para Meu Mac (Back to My Mac), o recurso de acesso remoto. Ele soluciona para você o problema do roteador atrás, mas requer uma conta MobileMe.

Caso contrário, a sua única esperança é marcar um recurso do roteador, chamado *porta de redirecionamento*. Ele faz o roteador passar sinais destinados a uma porta específica para um computador específico na rede. Por exemplo, você poderia direcionar todas as comunicações da porta-80 ao Mac fazendo serviço Web, e todo o tráfego 548 para um Mac fazendo compartilhamento de arquivo.

A questão é que, mesmo com a porta de encaminhamento, você ainda não pode acessar duas máquinas diferentes usando a mesma porta. (Para alguns serviços, incluindo *ssh* e Timbuktu, é possível contornar essa limitação, registrando a entrada na máquina especificada para a porta de encaminhamento e, depois, a partir daquela máquina, registrar a entrada das outras no resto da rede.)

Marcar a porta de encaminhamento não requer um diploma de programação, mas não é assim tão simples. Para o início, as etapas são diferentes para cada modelo de roteador.

Felizmente, você pode encontrar tutoriais guiados na Web. Você poderá usar o Google para procurar pelo seu modelo específico de roteador, ou ver www.portforward.com, que oferece passo a passo gratuitamente para centenas de modelos de roteador, inclusive estações-base AirPort da Apple. Ainda assim, tente conseguir a assistência de alguém que entenda de rede.

Neste capítulo, o termo "seu endereço IP" significa o seu endereço IP *público*. Se você só tiver um Mac, esse é o endereço IP dele. Se tiver um roteador ou uma rede sem fio, use o endereço IP *daquele* dispositivo – conforme passado pela porta de redirecionamento.

Claro que esse recurso supõe que você já criou algumas páginas Web. Com esse objetivo, você pode usar os programas de webdesign (o Pages da Apple, por exemplo), ou salvar documentos do Editor de Texto ou Word como páginas Web. Ou, então, pode deixar que o Mac OS X monte páginas Web para você, usando o iPhoto ou o Captura de Imagem.

Depois que você fornecer o endereço do website do seu Mac aos seus amigos e colegas de trabalho, eles poderão acessar suas páginas, imagens e documentos em seus próprios navegadores. E sempre que você estiver on-line, o seu website também estará disponível a qualquer pessoa na Internet – mas você não terá que pagar um centavo a uma empresa de hospedagem de sites.

Dica: O Compartilhamento da Web também é uma maneira fácil e eficaz de compartilhar os seus arquivos do Mac com PCs Windows, sejam aqueles em sua rede do escritório ou aqueles na Internet. Não é necessário qualquer software ou tradução especial.

O recurso de Compartilhamento da Web do Mac OS X também não é uma versão inicial fraca. Dentro do Mac OS X está o *Apache*, um dos programas mais fortes e populares de servidor Web Unix – exatamente o mesmo que controla 60% dos websites comerciais da Internet.

A questão é: se você montar (um site), ele não será bem-sucedido, necessariamente. Mas, se for, você terá a capacidade de cuidar dele.

Ativando o Compartilhamento da Web

Eis como você transforma o seu Mac em um website de baixo custo:

1. Coloque os documentos HTML, imagens gráficas e arquivos que deseja publicar em sua pasta Início→Sites (Home→Sites).

Cada pasta Iniciar de conta tem uma pasta Sites e, portanto, o Mac pode servir a vários websites de uma só vez.

A propósito, a homepage do seu website não aparecerá, a menos que seja nomeada como *index.html.* (A Apple já põe um documento *index.html* em sua pasta Sites, apenas como sugestão; fique à vontade para substituí-lo.) E os outros arquivos que você põe em Sites não serão acessíveis, a menos que estejam *vinculados* à sua página *index.html.*

2. Abra as Preferências do sistema; clique Compartilhar. Marque a caixa de seleção Compartilhamento Web (Web Sharing) (Figura 22-1).

Você acabou de tornar a sua pasta Sites disponível a qualquer pessoa que se conectar ao seu Mac.

3. **Envie o seu endereço de rede aos amigos e colegas de trabalho.**

As pessoas em sua rede local do escritório podem usar o nome Bonjour do seu Mac para se conectar. Ele aparece no alto do painel Compartilhamento, conforme mostrado na Figura 22-1. Os seus colegas podem digitar, por exemplo, *http://office-mac.local/~chris* em seus navegadores Web, onde *office-mac.local* é o nome Bonjour do seu Mac.

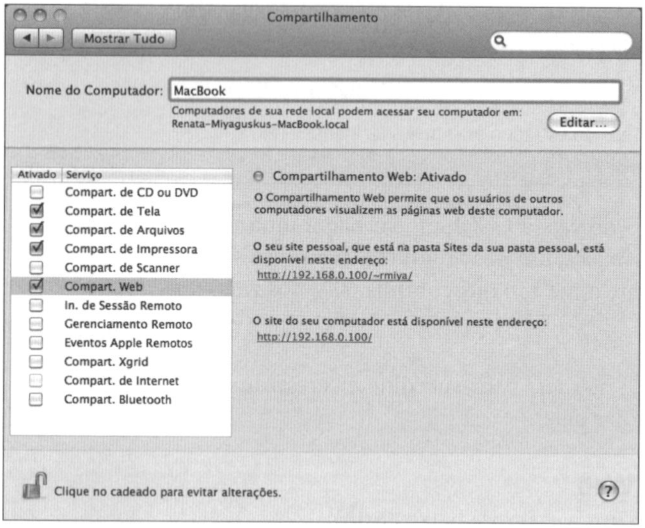

Figura 22-1:
Use o painel Compartilhamento das Preferências do Sistema para tornar pastas designadas do seu disco rígido disponíveis a qualquer pessoa na Internet. Observe que o seu endereço IP do Mac, mostrado aqui sublinhado, só funciona quando as pessoas se conectam através da rede local. Provavelmente, ele não funcionará através da Internet; veja a caixa anterior.

Observe também a linha abaixo da caixa Nome de Computador (Computer Name). Esse é o nome Bonjour do Mac, o qual é um pouco mais cordial do que o seu endereço IP.

Você precisará descobrir o seu endereço público IP, se outras pessoas forem se conectar pela Internet; esse pode ser o endereço IP do seu *roteador*, não do seu Mac.

O endereço do website do seu Mac pode ser, por exemplo, *http://111.222.3.44/~chris/* (o número é o seu endereço público IP e o nome deve ser o seu nome abreviado de usuário). Não se esqueça da barra final. Diga aos seus amigos para marcar como favorito, para que não precisem se lembrar de tudo isso.

Você acabou de colocar a sua página Web baseada no Mac na Internet, para todos verem – isto é, todos aqueles que conhecem seu endereço Web secreto. Talvez você só queira distribuir o endereço para as outras pessoas em sua rede do escritório, usando o seu pequeno website como um canal de distribuição de documentos. Ou talvez você queira ampliar a coisa toda, hospedando um website de e-commerce.

O Website do próprio Mac

As instruções anteriores mostram como criar um website em sua pasta Início→Sites. Em outras palavras, elas o orientam pelo processo de criar um website *pessoal*.

Entretanto, se você for um Administrador de conta (Capítulo 12), também poderá colocar as suas páginas Web na pasta Biblioteca→Servidor Web→Documents (Library→WebServer→Documents) da janela do seu disco rígido principal. Essa é a pasta *principal* do website do seu Mac e o seu endereço é apenas *http://111.222.3.44/*. Isto é, apenas o seu endereço IP público, sem a necessidade do nome de usuário. (De novo aqui, se as pessoas estão se conectando a partir de sua rede do escritório ao invés de pela Internet, elas poderão substituir o número IP pelo nome Bonjour do seu Mac.)

Trabalhar com essa pasta principal de website é apenas ligeiramente diferente do descrito anteriormente. Pelo fato de agora você estar trabalhando dentro de uma pasta oficial do sistema do Mac OS X, preocupe-se com as suas *permissões*. Usando o comando Arquivo→Obter Informações (File→Get Info), você deve configurar as permissões de quaisquer pastas e documentos *dentro* da pasta Biblioteca→Servidor Web→Documentos (Library→Web Server→Documents) (por exemplo, uma pasta Imagens).

Assim, é possível garantir que os seus visitantes terão permissão para ver os seus documentos Web.

A maneira mais fácil de distribuir arquivos

Eis um segredo prático: se não houver um documento cujo nome seja *index.html* em sua pasta Sites (ou na pasta Biblioteca→Servidores Web→Documentos), os visitantes veem, em seus navegadores, uma prática lista dos arquivos que *estão* naquela pasta (veja a Figura 22-2).

Figura 22-2:
Aqui está uma ótima maneira de disponibilizar arquivos a outras pessoas em sua rede, ou a colaboradores através da Internet. Basta colocar os seus arquivos na pasta Sites ou na pasta Biblioteca→Servidores Web→Documentos e garantir que nada esteja com o nome index.html. *O link Diretório-Pai (Parent Directory) o leva para a pasta contendo esta – nesse caso, a pasta Biblioteca→Servidores Web→Documentos.*

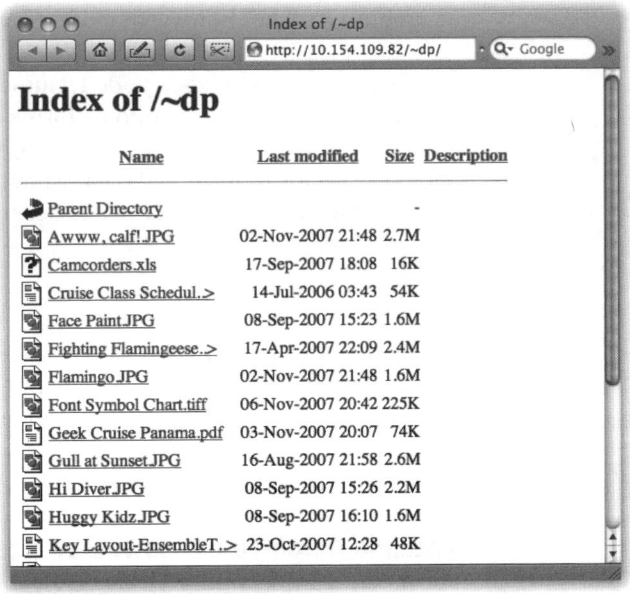

Essa é uma conveniência incrível: oferece uma maneira rápida e fácil para você disponibilizar um punhado de documentos para serem baixados. Tudo o que os seus visitantes precisarão fazer é clicar o nome de um desses arquivos. Ele baixa imediatamente, independente de qual computador o seu visitante da Web esteja usando.

Dica: Isso nada tem a ver com o Compartilhamento da Web, mas é bem interessante: você consegue ver o conteúdo de *qualquer* pasta no seu Mac, bastando digitar o nome do caminho da pasta na barra de endereços do navegador Web. Por exemplo, para ver o que está em sua pasta Documentos, digite *file:///Users/chris/Documents/* na barra de endereços do Safari. Você receberá uma lista organizada, como aquela mostrada na Figura 22-2, exibindo o que está dentro daquela pasta. Clique um link para abri-la. (Se você estiver usando o Safari, você abre então uma janela do Finder para exibir o conteúdo da pasta.)

Mais sobre o Apache

Conforme observado anteriormente, o Apache é o software de servidor Web mais popular do mundo. Como você bem pode imaginar, ele é poderoso, confiável – e muito técnico. Afinal, é um programa Unix.

Obtenha mais informações nestas fontes:

- **O manual do Apache.** Para abri-lo, digite *http://localhost/manual/* na barra de endereços do seu navegador. Se você não tiver passado algum tempo em uma escola técnica, não irá muito longe na leitura dessa coisa, mas, pelo menos, saberá o que vai enfrentar.

- ***Apache: The Definitive Guide.*** Um livro da O'Reilly.

- **MacOSXHints.com.** Dúzias de fãs do Mac OS X têm colocado dicas e truques sobre o Apache em www.mobilemeosxhints.com.

Observe também que você pode ter uma interface gráfica atraente para as várias configurações do Apache, tanto na forma do Tenon's iTools (350 dólares) ou o gratuito Webmin (www.webmin.com/osx.html). Eles ainda requerem uma compreensão dos aspectos técnicos de Web hosting, mas pelo menos você não precisa digitar os comandos Unix para fazer as alterações.

FTP

Os servidores FTP (*file transfer protocol* – protocolo de transferência de arquivo) armazenam pedaços de software que podem ser acessados a partir da Internet. Se você já ouviu falar de FTP, provavelmente foi sob uma de duas circunstâncias – ou você baixou software de um site FTP da Internet ou criou e manteve o seu próprio website.

Fazendo o upload e o download de servidores FTP

A conexão a um servidor FTP em geral requer um *programa cliente* FTP, que roda no tipo de computador que você usa (Mac, Windows ou o que for). No Mac OS X, os programas cliente FTP populares incluem os programas shareware Transmit, Fetch, Interarchy e Captain FTP, além do gratuito RBrowser (que está disponível a partir da página "Missing CD" em www.missingmanuals.com).

Usando esses programas, os webdesigners, por exemplo, podem ver uma lista de todos os documentos de texto e imagens gráficas em algum lugar de um computador conectado à Internet, que formam suas páginas Web. O efeito é mostrado na Figura 22-3.

Quando eles querem atualizar uma daquelas páginas, acrescentam a página a essa lista; para apagar uma página Web, eles a removem da lista.

Figura 22-3:
Em cima: para acessar a sua máquina Mac OS X através da Internet, acione um programa como o RBrowser e use o endereço http://111.222.33.4 *(ou qualquer que seja o seu endereço IP público).*

Embaixo: quando estiver procurando o conteúdo de um servidor FTP, você poderá arrastar arquivos da sua Mesa para a lista. Copie-os para o seu Mac, arrastando-os para fora da lista e para dentro da sua Mesa, ou abra-os com um duplo-clique.

Fazendo download apenas dos servidores FTP

Se você for apenas *olhar para* e *baixar* arquivos (mas não descarregar ou apagar qualquer um), não precisará de um programa FTP especial. Você consegue obter os arquivos muito mais diretamente usando um destes dois métodos:

- Qualquer navegador Web antigo funcionará. Por exemplo, abra o Safari e digite *ftp://ftp.apple.com* (ou qualquer que seja o endereço) na barra de endereços. Uma caixa de diálogo pede um nome de conta e senha, se for preciso. Quando você tiver entrado, troque para o Finder para ver o conteúdo do servidores FTP como uma janela, cheia de ícones do arquivo padrão. (Em outros navegadores, você vê o servidores FTP direto na janela do navegador.)

- Usando o comando Ir→Conectar ao Servidor (Go→Connect to Server) do Finder, você poderá montar volumes FTP apenas de leitura direto em sua Mesa, muito como um iDisk público.

  Na caixa de diálogo Conectar ao Servidor, basta entrar com o endereço do servidor FTP que quiser montar – por exemplo, *ftp://ftp.apple.com*. Logo você verá o ícone *ftp.apple.com* aparecer na sua Mesa, com a aparência igual à de seus outros discos. Abra-o e arraste para fora o que quiser baixar.

Como transformar seu Mac em um servidor FTP

Graças ao Mac OS X e o seu Maravilhoso Unix, você também pode transformar o seu Mac em um servidor FTP. Novamente, a chave está no painel Compartilhando de Preferências do Sistema; dessa vez, marque Compartilhamento de Arquivo na caixa de seleção, clique Opções (Options) e clique Compartilhar arquivos e pastas usando FTP (Share files and folders using FTP). Clique OK.

Dica: É melhor não compartilhar seus arquivos na *Internet* utilizando FTP. Seu nome e senha são enviados sem encriptação, o que significa que um bisbilhoteiro poderia interceptá-los.

O FTP é legal para compartilhar arquivos na rede da sua casa ou escritório. Mas para o uso na Internet, ative o Início de Sessão Remoto (Remote Login) em Preferências do Sistema→Compartilhamento. Então, outras pessoas podem se conectar ao seu Mac e pesquisar seus arquivos tanto usando *ssh* (se eles forem experts em tecnologia) ou um programa como o gratuito CyberDuck. Basta alterar o protocolo do programa de FTP para SFTP ou SCP.

Nesse momento, você ou outras pessoas em quem você confia podem se conectar ao seu servidor FTP por meio de um programa FTP como o RBrowser (ver Figura 22-3) ou digitando *ftp://111.222.333.4* (ou qualquer que seja o endereço IP) nos seus navegadores.

Conectando-se em viagem

Você também pode se conectar o recurso normal Compartilhamento de Arquivo ao seu Mac (Capítulo 13) pela Internet. Esse recurso é uma bênção para alguém que viaja, seja com um laptop ou para uma filial do escritório, pois você nunca ficará sem rumo se descobrir que deixou um arquivo importante em casa.

A maneira mais fácil de resolver isso é usar o Voltar ao meu Mac (Back to My Mac), um dos serviços do MobileMe da Apple.

Porém, se você preferir gastar tempo ao invés de dinheiro, poderá instalar um sistema próprio de compartilhamento remoto de arquivo. Comece configurando o Mac de sua base doméstica para compartilhamento de arquivo, conforme orientado no Capítulo 13; depois, descubra o endereço IP público do seu Mac.

Finalmente, uma vez que você está na estrada, entre on-line e proceda assim:

1. Escolha Ir→Conectar ao Servidor (Go→Connect to Server).

A caixa de diálogo Conectar ao Servidor aparece, conforme mostrado na Figura 22-4.

2. Digite o endereço IP público do Mac para o qual você deseja se conectar e, depois, clique Conectar (Connect) (ou pressione Return).

Para uma discussão sobre endereços IP públicos *versus* privados, veja a caixa "A confusão de endereço IP: porta de redirecionamento".

3. Entre com o seu nome e senha e, depois, clique Conectar.

A partir daqui, será exatamente como se você estivesse se conectando a outro computador em sua rede do escritório (Capítulo 13), embora ela seja um pouco mais lenta. Mas, estando em Hong Kong e precisando de um documento do seu Mac em Minneapolis, você pode nem se importar.

Figura 22-4:
A caixa de diálogo Conectar ao Servidor permite que você digite o endereço IP do Mac compartilhado que deseja acessar. (Garantir que o Mac compartilhado esteja ligado e conectado à Internet é problema do administrador.)

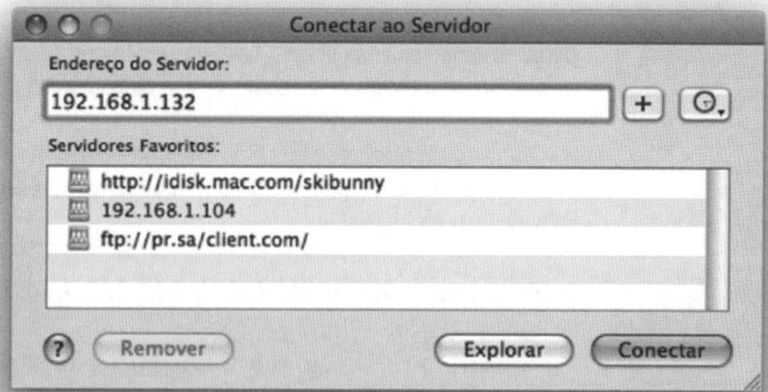

Acesso remoto com SSH

Você é um especialista? Faça este pequeno teste em casa. Você fica excitado com a habilidade do Mac OS X permitir acessar SSH?

Se você respondeu "O que é SSH?" ou "Eu *já* estou quieto", então, a discussão a seguir sobre o controle remoto do Unix pode não interessá-lo. Para ter certeza, o SSH não é um programa com uma interface de usuário gráfica (ícones e menus). Você o opera de dentro de um programa, tal como o Terminal, digitando comandos, exatamente como descrito no Capítulo 16.

Mas, se você estiver disposto a dar uma olhada nesse pequeno programa, SSH (Secure Shell) é uma ferramenta extremamente poderosa. Ela permite que você se conecte ao seu Mac de qualquer lugar – seja pela rede ou pela Internet. E, quando estiver conectado, terá controle total sobre ele, copiando arquivos, executando comandos, reorganizando pastas ou mesmo desligando-o, tudo por controle remoto.

Entrando

Eis como você faz para usar SSH:

1. Prepare o seu Mac para abrir o painel Compartilhamento das Preferências do Sistema e, depois, marcar Registro Remoto (Remote Login) na caixa de seleção.

Você acabou de informar ao Mac que está tudo bem para você (ou outras pessoas com contas em sua máquina) se conectar da estrada. Saia das Preferências do Sistema.

2. Afaste-se.

Você poderá ir para outra máquina na rede, ou outro computador na Internet. Quando estiver on-line com aquela outra máquina poderá controlar a sua máquina de casa, de dentro de um programa como o Terminal.

Dica: Você não precisa utilizar o Terminal, e não precisa ser em um Mac. Você pode obter *programas de cliente SSH* para praticamente qualquer tipo de computador.

Por exemplo, em Macs pré-Mac OS X, você pode experimentar o MacSSH ou o NiftyTelnet SSH, ambos que podem ser baixados da página "Missing CD" em www.missingmanuals.com. No Windows, experimente o Putty (www.puttyssh.org).

---

3. No prompt, digite *ssh -l chris 111.222.3.44*. Pressione Return.

Substitua *chris* pelo seu nome curto de conta (como você é conhecido no Mac quando está digitando) e substitua o endereço IP falso mostrado aqui pelo seu endereço público verdadeiro. (Se o back home do seu Mac possui um nome de domínio próprio, como macmania.com, você pode digitá-lo em vez do endereço IP. E se você habilitou a porta de redirecionamento, utilize o endereço IP do modem a cabo/ADSL.)

Se tudo correr bem, o comando *ssh* reconhece a sua primeira conexão bem-sucedida, exibindo uma mensagem como esta: "A autenticidade do host '172.24.30.189 (172.24.30.189)' não pode ser estabelecida. A chave RSA de impressão digital é d9: f4:11:b0:27:1a:f1:14:c3:cd:25:85:2b:78:4d:e7. Você tem certeza que deseja continuar a se conectar (sim/não):" (Essa mensagem não aparecerá nas conexões subsequentes.) Você está vendo os recursos de segurança do SSH trabalhando.

4. Digite *sim* e pressione Return.

Agora, você vê outro bilhete: "Aviso: Permanentemente adicionado '172.24.30.189' (RSA) à lista de hosts desconhecidos". Então, você é solicitado a fornecer a sua senha de conta.

5. Digite a sua senha de conta e pressione Return.

Você está dentro. Emita quaisquer comandos que deseje. Agora, será possível conduzir uma sessão completa do Terminal do Unix, conforme descrito no Capítulo 16 – mas, por controle remoto.

Dica: Para uma descrição mais apurada de SSH e suas opções, digite *man ssh* (manual do ssh) no prompt.

Encerrando o programa por controle remoto

Um dos usos mais comuns do SSH é sair de um programa emperrado. Talvez seja um programa que não esteja respondendo aos comandos normais Forçar Encerrar (Force Quit), até o Finder ou o Terminal. Ou quem sabe, tendo acabado de chegar na Contabilidade, no quinto andar, você percebe que, acidentalmente, deixou o seu navegador Web aberto em Dilbert.com, exibido claramente em sua tela para os transeuntes.

De qualquer modo, seria possível acionar o Terminal e proceder assim (o que você digita é mostrado em negrito; as respostas do Mac estão em letra normal):

```
home-mac:~ chris$ ssh 172.24.30.182
The authenticity of host '172.24.30.182 (172.24.30.182)'
can't be established. RSA key fingerprint is d9:f4:11:
b0:27:1a:f1:14:c 3:cd:25:85:2b:78:4d:e7.
Are you sure you want to continue connecting (yes/no)? yes
Warning: Permanently added '172.24.30.182' (RSA) to the list
of known hosts.
chris@172.24.30.189's password: fisheggs
Last login: Thu Apr 22 17:23:38 2010
Welcome to Darwin!
office-mac:~ chris$ top -u
```

O comando *top -u*, conforme descrito no Capítulo 16, exibe uma lista dos programas rodando. Depois, de um bloco de estatísticas de memória, você pode ver uma lista como esta:

```
294 top       6.5% 0:01.10 1  16  26  276K  416K  652K 27.1M
293 bash      0.0% 0:00.03 1  12  15  168K  856K  768K 18.2M
292 login     0.0% 0:00.01 1  13  37  140K  408K  492K 26.9M
291 Terminal  0.0% 0:05.50 3  60 115 2.99M 5.41M 6.59M  149M
287 HotKey    0.0% 0:00.34 4 151  78  760K 2.24M 2.67M 96.5M
```

```
283 Finder      0.0% 0:02.04 2  89 162 3.95M 17.1M 15.5M  165M
282 SystemUISe  0.9% 0:01.51 2 241 327 3.03M 7.85M 8.54M  158M
281 Dock        0.0% 0:00.24 2  77 132  780K 10.7M 2.80M  139M
```

Como é possível ver, o Finder é o processo de número 283. Se for esse o programa emperrado, então, você poderia finalizá-lo assim:

```
office-mac:~ chris$ kill 283
```

Ou, se você tiver certeza do novo do programa, basta usar o comando *killall* com o nome do programa, ao invés de sua ID de processo. Para lidar com um Finder emperrado, você poderia digitar isto:

```
office-mac:~ chris$ killall Finder
```

De qualquer modo, prontamente o Finder é finalizado (e reinicia em uma encarnação mais saudável, você espera). Nessa altura, você poderia digitar *sudo shutdown -h now* para fazer o seu Mac desligar (em qualquer lugar na rede). (O Terminal não exibe qualquer tipo de resposta.)

Se você encerrou a sua sessão SSH desligando o outro Mac, agora só precisará fechar a janela do Terminal. Caso contrário, digite *exit* (sair) para encerrar a sua sessão SSH.

Dica: Deseja um método mais rápido e obscuro de executar o *ssh* que não requer o conhecimento do endereço IP da outra máquina? OK: abra o Terminal. Selecione Shell→Nova Conexão Remota (Shell→New Remote Connection). Na lista de tipos de conexão, escolha ssh/ftp/telnet. Todo Mac habilitado com o Bonjour em sua rede aparecerá; clique em um e depois em Conectar (Connect) para conectar!

Rede Privada Virtual

Depois de ler as páginas anteriores, você pode imaginar que é fácil para as pessoas nos negócios se conectar com suas redes corporativas pela Internet de qualquer lugar em que estejam: suas casas, quartos de hotel ou o Starbucks local. Porém, ainda que as etapas das páginas anteriores funcionem bem se você estiver discando em sua máquina *de casa,* provavelmente elas ainda falharão miseravelmente quando você quiser se conectar a uma rede corporativa. Há um imenso obstáculo no seu caminho: a segurança da Internet.

A típica rede corporativa é protegida por uma equipe de administradores com olhos de águia, para os quais a Tarefa Número Um é evitar o acesso de visitantes não autorizados. Eles executam o serviço principalmente com a ajuda de um firewall superseguro, que protege a rede da empresa da Internet.

Assim, como você pode tocar na rede estando na estrada? Uma solução é criar um buraco no firewall para cada usuário autorizado – software que só permite a entrada de tráfego na Internet de endereços IP específicos, como o do seu Mac. Infelizmente, essa configuração não é à prova de bala, quanto à segurança. Ela também pode ser dolorosa para os administradores administrarem.

Outra solução: você poderia discar diretamente na rede corporativa, de modem para modem. Isso é bastante seguro, mas passa por cima da Internet e, portanto, acaba sendo caro. (Quer a prova? Faça este simples teste: faça uma ligação do Hilton de Tóquio para a matriz do Poughkeepsie Sheet Metal. Dê uma olhada na sua conta do hotel quando for embora.)

Felizmente, há uma terceira solução que tanto é segura quanto barata: a *Virtual Private Network*, ou VPN. Rodar um VPN permite criar um "túnel" superseguro do seu Mac, pela Internet e direto em sua rede corporativa. Todos os dados que passam por esse túnel são pesadamente codificados; para os espiões da Internet, parecem muito como palavreado indecifrável.

E é barato – esteja você acessando a Internet através do DSL de sua casa, de um número ISP local de um hotel, ou sem fio, da sua cabine no Starbucks.

Mas, lembre-se de que a VPN é uma ferramenta corporativa, rodada por nerds corporativos. Você não poderá usar esse recurso sem estas peças no lugar:

- **Um servidor VPN.** Isso é uma grande coisa. Se o seu departamento técnico disser que eles não têm um, então é isso – sem tunelamento para você.

  Se eles tiverem um, então você precisará saber de qual tipo de servidor ele é. O software VPN do Mac OS X pode se conectar com servidores VPN que falam *PPTP* (Protocolo de Túnel Ponto-a-Ponto – *Point to Point Tunneling Protocol*) e *L2TP/IPsec* (Protocolo sobre Protocolo de Segurança pelo IP – *Layer 2 Tunneling Protocol over the IP Security Protocol*), ambos referentes à linguagem PPP falada pelos modems. A maioria dos servidores VPN corporativos funciona com pelo menos um desses protocolos.

  Você também precisará conhecer o endereço de Internet do seu servidor VPN (por exemplo, *vpn.ferrets-r-us.com*).

- **Uma conta na rede remota que lhe permita acesso VPN.** A sua rede remota pode ser preparada de várias maneiras diferentes, mas, em cada caso, você ainda precisará confirmar com o seu administrador de rede se a sua conta nela permite o acesso VPN.

- **Todas as informações de conta necessárias.** Assegure-se de ter todas as diversas informações de conexão necessárias para a discagem. Isso inclui, pelo menos, o seu **nome de usuário (conta)**. Você também pode precisar de um **nome de domínio NT**; frequentemente, os servidores VPN fazem parte das redes NT do Microsoft Windows, que não lhe dão permissão de entrada até que você conheça esse nome de domínio.

Algumas redes também exigem que você digite a senha exibida no momento em um **cartão RSA SecurID**, que o seu administrador fornecerá. Essa coisa de cartão de crédito do tipo James Bond exibe uma senha que muda a cada poucos segundos, dificultando muito para os hackers aprender "a" senha. (Se e sua rede não exigir um cartão SecurID, então você precisará de uma **senha padrão.**)

Por fim, se o seu escritório oferecer conexões L2TP, você ainda precisará de outra senha, chamada de **Shared Secret** (Segredo Compartilhado), para garantir que o servidor ao qual você está se conectando seja realmente o servidor que pretendia conectar.

Configurando a conexão VPN

Se você tiver sorte, o especialista em rede da sua empresa terá lhe fornecido um arquivo de configurações de VPN, um pequeno ícone que pode ser clicado-duplo e que, automaticamente, abre o painel Rede (Network) das Preferências do Sistema e preenche os espaços em branco para você. Se não, isso pode ser feito manualmente:

1. Abra as Preferências do Sistema. Clique Rede. Clique o botão + abaixo da lista de conexões, do lado esquerdo.

A folha "Selecionar uma interface" (Select an interface) aparece.

2. A partir do menu pop-up, escolha VPN.

Agora, aparece um novo menu pop-up, chamado Tipo de VPN (VPN Type); supõe-se que você digite *L2TP* (Protocolo de 2 Camadas de Túnel) ou *PPTP* (Protocolo de Túnel Ponto-a-Ponto). Descubra qual sistema de rede a sua empresa usa.

Destaque do Snow Leopard: O tipo Cisco é novo no Snow Leopard, o que é uma ótima notícia para todos aqueles cujas empresas utilizam equipamentos da Cisco. Mesmo assim, o Snow Leopard não pode se conectar a todas as configurações da Cisco; em alguns casos, você ainda terá que usar o próprio programa de conexão da Cisco para conectar.

3. Escolha o tipo de VPN a partir do menu pop-up Tipo de VPN. Digite um nome para essa conexão (ele pode ser o que você quiser). Clique Criar (Create).

Você volta para o painel principal Rede, onde as caixas de configuração para a sua VPN estão à espera (Figura 22-5).

4. Preencha o endereço do servidor e o nome de conta. Clique em Ajustes de Autenticação de Configurações (Authentication Settings) para especificar a sua senha e outras configurações de segurança.

Aqui, por exemplo, é onde você indica que tem um desses cartões SecurID.

5. Clique OK. Marque Exibir VPN na barra de menu (Show VPN Status in menu bar).

Essa caixa de seleção faz o menulet VPN aparecer, é o seu passaporte para ser conectado (Figura 22-5, em cima).

Figura 22-5:
Você está no caminho de se unir à rede corporativa – a milhares de quilômetros de distância. A rede virtual privada é ideal para o paranoico (pois ela é muito segura) e para o econômico (pois você está usando a Internet como um fio gigantesco conectando-o à sua casa).

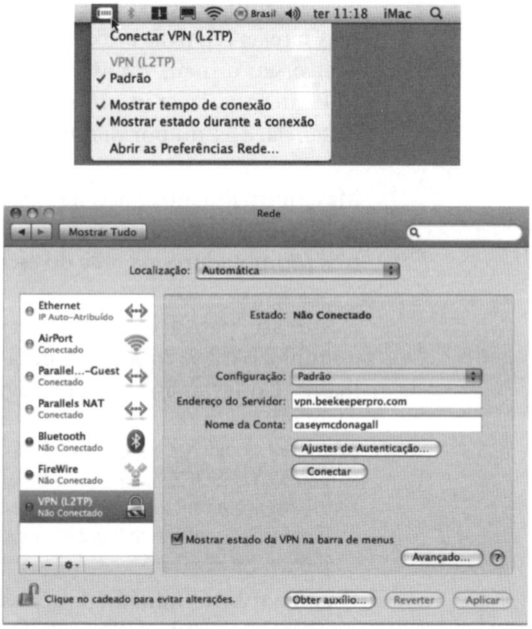

Dica: Se você conectar sempre a mesma VPN poderá marcar o VPN por Solicitação (VPN on Demand). Automaticamente, ele o conecta ao seu VPN corporativo sempre que você direcionar o seu navegador Web para um website, arquivo servidor ou recurso que exija a conexão VPN, poupando-lhe algumas etapas.

Para ajustar isso, clique Avançado (Advanced). (Você pode ver esse botão na Figura 22-5.) Clique VPN por Solicitação, clique **+**. Entre com o domínio VPN corporativo. Você estará pronto para ir – desde que tenha a permissão do seu especialista em rede. (Alguns deles ficam impacientes quanto ao VPN por Solicitação, visto que isso poderia ser um risco à segurança se o seu laptop for roubado.)

Feche as Preferências do Sistema. Você está pronto para se conectar.

Conectando-se a uma VPN

Conecte-se da maneira normal – através de modem a cabo, DSL, rede do escritório, modem, AirPort ou o que for. Quando estiver on-line, escolha o seu nome da VPN a partir do menulet VPN. Você será solicitado pelas suas credenciais: sua senha, por exemplo, ou o código exibido em seu cartão SecurID.

Se tudo correr bem, várias mensagens de *status* aparecerão. A última mensagem informa que você está "Conectado A" (Connected To) e oferece o endereço IP do equipamento de rede que você alcançou e tocou.

Nesse ponto, você estará conectado à rede corporativa. É possível executar as mesmas tarefas relativas à rede como se, de fato, você estivesse naquele escritório: verificar o seu e-mail, ver as páginas Web corporativas internas, acessar os servidores FTP internos, fazer impressões nas impressoras a laser a milhares de quilômetros de distância, e assim por diante.

Mas, normalmente, você não pode *navegar* pelas coisas. Isto é, dependendo da sua rede, você poderia não ser capaz de usar a sua Barra Lateral para ver uma lista dos outros computadores na rede do escritório, ou ver uma lista das impressoras em rede.

Nesse caso, para acessar esses serviços, seria preciso conhecer seus endereços IP. Por exemplo, para se conectar a uma pasta compartilhada em outro computador, escolha Ir→Conectar ao Servidor, digite o endereço de rede dele e pressione Return.

Dica: Para se conectar a uma pasta compartilhada em uma máquina Windows, o endereço se parece com este: *smb://111.222.33.4/sales.docs*. É claro que você substituiria a bobagem mostrada pelo endereço IP aqui, e inseriria o verdadeiro nome da pasta compartilhada. (Também é possível usar o seu nome DNS, ao invés do endereço IP, se conhecê-lo, assim: *smb://big-blue-server.ferret-lan.com/sales-docs*.)

Quando tiver terminado de acessar a rede remota, escolha Desconectar (Disconnect), a partir do menulet VPN. (O acesso a outros websites pode ser mais lento enquanto você estiver em uma VPN.)

As desvantagens da VPN

Apesar de todas as maravilhas de VPN, eis algumas possíveis complicações:

- Se você estiver usando um *roteador* em casa (uma pequena caixa que compartilha um modem a cabo ou caixa de DSL com vários computadores), ele pode não ser capaz de lidar com os protocolos de tunelamento, ou pode não ter esse recurso ativado. Verifique o manual do roteador ou peça mais informações ao fabricante dele. Por exemplo, as estações-base do AirPort de primeira geração (prateadas), não podem lidar de modo algum com as VPNs.

- Se a rede corporativa não parecer gostar do seu nome e senha, você pode ter que acrescentar o seu nome de domínio NT, seguido de uma barra invertida, para iniciar o seu nome de conta (como isto: *dom01\msmith*) antes de tentar novamente.

Se você conseguir fazer a conexão, mas tiver problema em chegar aos serviços com os seus nomes DNS (por exemplo, *big-blue-server.com*), o seu Mac pode estar com dificuldade de encontrar o servidor DNS certo. Trabalhando com o seu administrador de rede, abra o painel Rede das Preferências do Sistema. Clique VPN, clique Avançado e, depois, DNS; na caixa de Servidores DNS fornece os endereços desejados de servidor DNS. Clique OK, depois Aplicar (Apply) e, depois, tente novamente a conexão VPN.

- Se você ainda estiver com problemas para usar a VPN, procure nos *registros* (logs) (registros técnicos mantidos automaticamente) sugestões para compartilhar com o seu administrador de rede. Abra o programa Console (em Aplicativos→ Utilitários [Applications→Utilities]) para ver esses registros. Clique Mostrar Lista de Registros (Show Log List), expanda a seção /var/log e clique ppp.log.

6

Parte Seis: Apêndices

APÊNDICE

A

Instalando o Mac OS X 10.6

Se o seu computador já veio com o Snow Leopard instalado, você pode pular este apêndice – por ora. Mas, se você estiver rodando uma versão anterior do Mac OS e quiser saborear o Snow Leopard, este apêndice descreve como instalar o novo sistema operacional no seu Mac.

Como você descobrirá em breve, dessa vez o processo de instalação foi o destino de todo o amor da Apple. Tudo está mais simples e rápido – e menor; o Snow Leopard requer metade do espaço em disco do que a versão anterior do Mac OS X precisava, fazendo você poupar pelo menos 6 GB. (A economia vem da remoção de centenas de drivers de impressoras que você nunca usará; remoção de alguns códigos que tornava o Mac OS X compatível com alguns processadores pré-Intel; e o uso inteligente de truques de compressão para manter o software do sistema menor.)

O novo instalador também é muito mais inteligente. Não há mais qualquer necessidade para a clássica "instalação limpa" que será descrita depois neste apêndice; todas as instalações são, de fato, uma instalação limpa. Um verificador de compatibilidade incorporado o avisa se você possui um software de inicialização (extensões de drivers ou kernels) considerados incompatíveis com o Snow Leopard, e os coloca em quarentena na pasta Incompatible Software até que você possa lidar com eles.

Você também não precisa mais reiniciar o Mac quando executar o programa de instalação.

O novo instalador está ainda mais conveniente quanto às falhas de energia. Se algo dá errado durante a instalação, basta você executar o instalador de novo a partir do DVD; ele retoma o processo a partir de onde parou.

Preparando-se para a instalação

Para começar, você precisa ter certeza de que você e o seu Mac têm o que é necessário para lidar com o Mac OS X – especificamente:

- **Um Macintosh com um processador Intel.** Aqueles outros Macs PowerPC antigos (PowerBooks, iBooks, PowerMacs, eMacs, e iMac e Mac minis pré-2006) finalmente ficaram fora do pacote de atualização do Mac OS X. Basicamente, a maioria dos Macs fabricados a partir de 2006 podem instalar o Snow Leopard.

- **Espaço livre no disco rígido.** Você precisa de 5 GB livres para instalar o Mac OS X 10.6. (Acredite ou não, isso é *metade* do requisito de espaço da última versão. E não é que a Apple sabe como o mundo funciona?!) Você precisa de um pouco mais de espaço se for instalar o Developer Tools, e menos se você não instalar todos os idiomas opcionais.

- **Muita memória.** A Apple recomenda pelo menos 1 GB de memória, mas o Mac OS X simplesmente *adora* memória. Para uma maior velocidade, instale 2 GB – dois ou mais se você puder. (E, atualmente, é provável que você possa.)

- **O firmware mais recente.** O *firmware* descreve instruções de baixo-nível que controla os reais circuitos eletrônicos do seu Mac. De vez em quando, a Apple o atualiza para determinados modelos, e é muito importante que o seu Mac tenha o mais recente. Se não o tiver, aparecerá uma mensagem para que você saiba disso durante a instalação. Alguns Macs podem apenas cuspir o DVD para fora. Saia do instalador e pegue a atualização mais recente em http://support.apple.com/kb/HT1237.

- **Uma cópia do Snow Leopard para instalar.** A Apple vende o Mac OS X Snow Leopard de duas maneiras. Existe o DVD do Snow Leopard normal (cerca de 30 dólares), por exemplo, e o Family Pack (50 dólares), que o autoriza a instalar o Mac OS X em até cinco Macs na mesma família. (Nenhuma versão é protegida contra cópia; apenas uma questão de honra o impedirá de instalar no sexto Mac.)

USUÁRIOS PROFISSAS

A questão do particionamento

Antes de instalar o Snow Leopard, você pode querer estudar a questão do *particionamento* do disco rígido do seu Mac – dividir a sua superfície, para que ela apareça na sua Mesa com dois ícones diferentes e dois nomes diferentes. Você pode manter o Snow Leopard em uma partição e o Tiger em outra, por exemplo. E então você poderá viver como um rei, usufruindo de todas as benesses dedicadas às pessoas que têm dois discos rígidos separados.

Como um bônus, o Mac até vem com um programa de particionamento: o Utilitário de Disco Disk Utility). E ele não exige mais que o disco seja primeiro totalmente apagado; você pode reparticionar no ato, sem perturbar o que já está na unidade.

Tecnicamente, o valor de 30 dólares do Snow Leopard está disponível somente se você já possui o Mac OS X 10.5 (Leopard) instalado. Se você possui o Tiger (10.4), por exemplo, você terá de comprar o Mac Box Set, que custa 170 dólares e inclui o Snow Leopard, o iLife '09 (iPhoto, iMovie, GarageBand, iWeb e iDVD) e o iWork '09 (Pages, Numbers e Keynote).

Mas – não conte para ninguém – dizem que a versão de 30 dólares também instala perfeitamente se você tiver uma versão anterior do Mac OS X. Vai contra as regras da Apple, mas funciona.

- **Um backup completo**. É realmente uma ideia muito, *muito* boa fazer um backup completo do seu Mac antes de começar essa, ou qualquer, atualização. Mesmo que as coisas deem errado para, digamos, 0.01% dos proprietários de Macs, ainda são milhares de pessoas. Se você não possui um segundo disco rígido, essa é uma boa desculpa para comprar um; hoje em dia eles estão muito baratos. Se você já tem um Mac OS X Leopard, você pode usá-lo para fazer um backup completo e automático do seu Mac.

Dois tipos de instalação

O instalador do Mac OS X pode executar uma série de diferentes tipos de instalação. São eles:

- **Automático (Automatic)**. Clique duas vezes e sossegue. Esse tipo de instalação preserva tudo em seu Mac. Cada programa, configuração e arquivo estará

CONSULTÓRIO PARA USUÁRIOS AVANÇADOS

A Barra Lateral de Compatibilidade

O instalador do Snow Leopard verifica, para ter total certeza, se você não possui nenhum software de inicialização incompatível que possa lhe trazer problemas. Se ele encontrar algum rastro desses softwares (extensões de drivers e kernels, por exemplo), ele os move para uma pasta de quarentena para que você não tenha com o que se preocupar.

Aliás, o Snow Leopard não faz nada com *programas* incompatíveis – aplicativos comuns da pasta Aplicativos –, que por sinal são muito poucos. Cabe a você verificar se eles foram todos atualizados para versões compatíveis com o 10.6.

Existem outras poucas categorias de software que não funcionam com o Snow Leopard. Eles não lhe causarão nenhum problema – eles simplesmente não funcionam. Esses incluem gerenciadores de entradas (add-ons que modificam programas como o Safari); plug-ins de menu de atalho (que adicionam novos comandos ao menu de atalho que aparece quando você Control-clica alguma coisa); e os plug-ins do antigo Mail. Nenhum desses exemplos funcionam no Snow Leopard.

Finalmente, o Snow Leopard "interrompe" alguns menulets não Apple, aqueles pequenos ícones na barra de menu. (Alguns dos métodos disponíveis das empresas de software para criar menulets foram suspensos.) Nesse ponto, a maioria das empresas de software já atualizaram seus menulets para que eles funcionem de forma adequada, mas você pode ter de fazer algumas buscas no Google para descobri-los.

exatamente no mesmo lugar. Essencialmente, esse tipo de instalação funciona apenas nas pastas de sistema, atualizando cada componente e não incomodando mais ninguém.

- **Apagar e Instalar (Erase & Install).** Não há muitas razões para optar por essa técnica para usuários avançados, mas ela existe caso você a queira. Essa versão apaga todo o seu disco rígido. Quando você finaliza a instalação do Snow Leopard, ele lhe oferece a opção de reinstalar todos os programas e arquivos a partir de um backup (que você fez, certo?).

Instalação Automática

O processo de instalação demora aproximadamente 45 minutos, mas pelo bem de sua própria mente, provavelmente você vai querer tirar uma tarde inteira. Quando a instalação estiver completa, você vai querer mexer em tudo, organizar seus arquivos e conhecer o terreno.

1. Insira o DVD do Mac OS X.

Se você estiver instalando o Snow Leopard em um MacBook Air, você terá que usar o truque do Disco Remoto (Remote Disc).

2. Clique duas vezes o ícone Instalar Mac OS X (Install Mac OS X) na janela principal do disco (Figura A-1).

O Mac o leva diretamente à primeira tela do Instalador, apresentando dois botões: Utilitários (Utilities) e Continuar (Continue).

O Utilitários, se você clicou esse botão, inclui programas como o Utilitário de Disco (Disk Utility) (para apagar ou particionar o disco rígido), Terminal (para realizar alguns passos preparatórios no Unix), Visão do Sistema (System Profiler) (para ver quanto de memória o equipamento possui), Redefinir Senha (Reset Password) (se você esqueceu a sua), entre outros.

Se você realmente decidir por fazer aquele desvio para outro programa, então, quando finalizá-lo, você retornará ao programa Instalador, a partir do ponto onde você parou.

Como vocês já estão vendo, o instalador segue um padrão: leia as instruções, faça algumas escolhas e clique Continuar (Continue) para avançar para a próxima tela. Conforme a instalação prossegue, a lista do lado esquerdo da tela revela onde você está em relação ao procedimento geral.

Dica: Você pode desistir da instalação a qualquer momento *antes* do passo 6, bastando escolher a opção de menu Instalador→Encerrar (Installer→Quit Installer). Quando o botão Reiniciar (Restart) aparecer, clique-o. Depois, retire o disco do Mac OS X, seja pressionando o botão do mouse enquanto o computador reinicia ou, se você tiver unidade de CD de bandeja, pressionando o botão de ejetar, durante o momento em que a tela escurece antes de reiniciar.

Figura A-1:
A sua aventura de instalação está para começar. A primeira etapa, no entanto, é reiniciar o Mac, o que o instalador o convida a fazer.

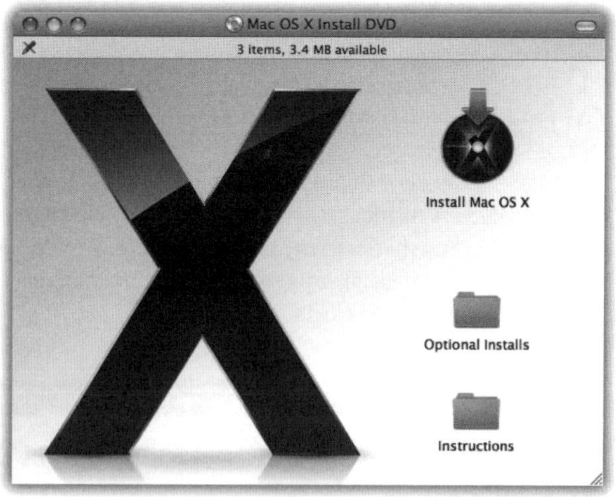

3. Clique Concordar (Agree) para ir para a tela Contrato de Licença de Software (Software License Agreement).

O Contrato de Licença do Software requer que você concorde com o que os advogados da Apple dizem.

4. Escolha o disco ou partição onde você deseja instalar o Mac OS X.

O instalador propõe o disco rígido mais óbvio: o principal dentro do seu Mac.

Caso você tenha outros discos, você pode selecionar Mostrar Todos Discos (Show All Disks) para ver os ícones deles e escolher um. (Os ícones com pontos de exclamação amarelos significam "Você não pode instalar aqui" por uma ou outra razão técnica.)

A forma mais fácil de prosseguir a partir daqui é clicar em Instalar (Install). Mas não faça isso.

Em vez disso, reserve um tempo para clicar Personalizar (Customize).

5. Clique Personalizar.

O Instalador lhe mostra uma lista dos vários pedaços que compõem o Mac OS X. Alguns deles são totalmente dispensáveis. Por exemplo, se você desativar as Fontes Adicionais (Additional Fonts), Traduções de Idiomas (Language Translations) (para o japonês, alemão, francês etc.) e o kit X11 Unix, já poupa incríveis *400 MB*. É como ganhar um minidisco rígido. Clique Concluído (Done) quando terminar.

Destaques do Snow Leopard: Antigamente, você também seria avisado nesse ponto para desativar os drivers das impressoras que você nunca terá ou usará (em Suporte à Impressora [Printer Support]). No Snow Leopard, você não tem com o que se preocupar; o instalador já propõe que você instale somente os drivers das impressoras que você usou recentemente, ou das que estão conectadas ao Mac no momento. Se você adquirir uma nova impressora, o Mac OS X fará o download do software automaticamente.

Por outro lado, ative o Rosetta e, se você desejar, o QuickTime 7 – ainda que você nunca vá precisar deles, o Mac fará o download e instalá-los para você automaticamente da Internet. E você poderá instalá-los posteriormente sempre que desejar a partir da pasta Instalações Opcionais (Optional Installs) no seu DVD do Mac OS X.

HORA DA SOLUÇÃO DE PROBLEMAS

Registro Cronológico (Journaling)

Se você resolver apagar o seu disco rígido antes de instalar o Leopard, receberá uma escolha de vários formatos para ele, como Mac OS Expandido (Registro Cronológico) (Mac OS Extended [journaled] e Sistema de Arquivos Unix (Unix file System). Se escolher a primeira opção, você ativa um recurso especial de segundo plano do OS X, conhecido como *registro cronológico de arquivos* ou *file journaling*.

Quando essa opção está ativada, o seu Mac mantém um diário pessoal de tudo o que você faz no seu disco rígido – abrir, salvar, apagar arquivos e assim por diante. O *journaling* oferece dois benefícios: um tempo mais curto de inicialização, e segurança, no caso de algum problema.

Eis como ele funciona: quando você pressiona o botão liga/desliga, o Mac OS X verifica se o seu computador foi corretamente desligado (por exemplo, escolhendo →Desligar (→Shut Down), ao invés de apenas puxar a tomada).

Se você não desligou corretamente, o Mac OS X examinará o seu disco rígido. É isso na próxima vez em que você iniciar, para ver se ele precisa de reparo. Ele precisa varrer todo o disco – o que pode demorar entre uns dois minutos (se o seu disco rígido tiver menos de 10 GB) a umas duas horas (se o seu disco rígido tiver mais de 200 GB). Entretanto, graças ao registro cronológico, o Snow Leopard pode dizer o que estava acontecendo quando seu computador desligou – e, portanto, perder muito menos tempo verificando o seu disco rígido.

Porém, há algumas inconveniências com o formato Registro Cronológico. Primeiro, esse procedimento na verdade não recupera o trabalho que você estava fazendo quando o seu Mac desligou; ele só pode tentar salvar os arquivos que você já tinha salvo antes de serem corrompidos. Segundo, ele pode fazer com seus programas demorem ligeiramente mais para salvar arquivos.

O Mac OS X não proíbe você de ter diferentes discos rígidos, com diferentes formatos. É possível usar o formato de registro cronológico em seu disco rígido principal, mas não no disco externo FireWire – ou vice-versa. (Se você quiser mudar o formato de um dos seus discos, use o Utilitário de Disco, ainda que para isso seja preciso apagar primeiro todas as informações do disco.)

Se você deixar o seu Mac ligado o tempo todo (se rodá-lo como um servidor Web, por exemplo), é uma boa ideia usar esse formato. Da mesma forma, tenha em mente que os apagões afetam seu disco rígido tanto quanto tirar da tomada. Assim, se você mora no Iraque, em uma casa com energia solar, ou em qualquer outro lugar em que a energia seja inconstante, o *journaling* pode ser um salva-vidas.

6. Clique OK, e então em Instalar (Install).

Agora você entra em uma espera de cerca de 30 a 45 minutos enquanto o Instalador copia os software para o seu disco rígido. (É por isso que, se você estiver usando um laptop e ele não estiver plugado à tomada, você será aconselhado a fazer isso.) Em determinado ponto, seu Mac é reiniciado a partir do DVD e continua no processo.

Quando o instalador finaliza a tarefa, você vê uma mensagem indicando que o seu Mac será reiniciado em 30 segundos. Se você não saiu para assistir TV, clique o botão Reiniciar (Restart) para finalizar a contagem regressiva e prosseguir.

Destaque do Snow Leopard: Se o instalador encontrou algum software de inicialização que seja incompatível com o Snow Leopard, uma mensagem é exibida na tela, permitindo que você saiba da descoberta. Ele lhe informa que o software transgressor foi movido para uma pasta em sua mesa chamada Incompatible Software para que você saiba para onde eles foram.

Agora o Mac OS X 10.6 está instalado no seu Mac – mas você ainda não está totalmente pronto para utilizá-lo. Veja o Assistente de Instalação a seguir.

A Opção Apagar e Instalar

Se uma versão 10.0 até 10.5-ponto-alguma-coisa do Mac OS X estiver instalada no seu disco rígido, o instalador do Snow Leopard pode abri-la para rebitar mais um pedaço de software, transformando-a na *versão* 10.6. Tudo permanecerá exatamente como era antes: suas contas de usuário, pastas, arquivos, e-mail, configurações de rede, configurações de todo o resto, e assim por diante.

Antigamente, essa cirurgia sofisticada, muito ocasionalmente, deixava poucos diabinhos aqui e ali: um probleminha cosmético peculiar, uma caixa de seleção que não parece funcionar, e por aí vai. Na sabedoria popular do Mac, portanto, os gurus sugeriram que uma instalação limpa – um "nuke 'n' pave", quando você apaga um disco rígido completamente e então instala o Mac OS X novamente – era uma forma mais segura de prosseguir.

Essa opção ainda está disponível no Snow Leopard. Você pode utilizá-la quando você for vender o seu Mac e quiser garantir que nenhum rastro de suas coisas ficará lá. Caso contrário, há uma pequena boa razão para optar por essa purificação mais drástica.

Se você estiver absolutamente certo de que não se arrependerá de *apagar completamente o computador*, siga os passos 1 e 2 descritos anteriormente. Na primeira tela, entretanto, clique Utilitários, e então Reiniciar. Entre com o seu nome e senha de administrador; clique OK para reiniciar a partir do DVD.

Selecione o seu idioma (uma tela que agora aparece somente quando você inicia a partir do DVD do Snow Leopard) e clique o botão com a seta para a direita. Nesse momento, clique a tela Instalar e selecione Utilitários→Utilitário de Disco (Utilities→Disk Utility). Clique o nome do seu disco rígido, clique Apagar (Erase), confirme que o formato é Mac OS Extended (Journaled), clique Apagar e Apagar novamente. (A propósito, você *apagará o seu disco rígido inteiro.*)

Quando a exclusão estiver completa, selecione Utilitário de Disco→Encerrar Utilitário de Disco (Disk Utility→Quit Disk Utility). Você retorna para a tela do instalador e pode retomar a partir do passo 3.

É claro, você irá para um Mac completamente vazio, como se tivesse acabado de sair da fábrica. Você terá de restaurar todos os seus arquivos e programas a partir do seu backup.

Assistente de Inicialização

Quando o Mac reinicia depois da instalação, a primeira coisa que você vê é um dos filmes mais visualmente deslumbrantes de pós-instalação na história de inicialização de um sistema operacional: o espaço, profundo e translúcido, com um fundo musical "a la Scooby-doo", e um elegante desfile com as traduções geradas por computador da palavra "Bem-vindo" em 3D. Quando a Apple tiver terminado de apresentar a sua façanha multimídia, você chega à tela de Boas-vindas.

Nota: Você também pode ouvir uma voz de homem, se não enxergar, para que saiba que você poderá pressionar Esc para receber a orientação por áudio, para configurar o Mac e aprender sobre o VoiceOver.

Se decidir fazer isso, você recebe um curso sobre o VoiceOver, o software de controle/leitura de tela do Mac. A propósito, essa é a única vez que você receberá esse tutorial, portanto, preste atenção! (Sugestão: aqui está o procedimento básico – mantenha pressionadas as teclas Control e Option e pressione as teclas das setas para selecionar os diferentes elementos na tela, ouvindo-os. Quando uma nova janela se abrir, pressione Control-Option-Shift-W para ler o conteúdo da janela. Pressione Control-Option-Espaço para "clicar".)

Novamente, você está pronto para a experiência de clicar através das telas, dessa vez, com o objetivo de configurar as várias opções do seu Mac. Depois de responder às perguntas em cada tela, clique em Continuar (Continue).

A quantidade e a sequência de telas de informação que encontrará depende se você fez o upgrade de um sistema existente ou começou um novo, mas aqui estão algumas possibilidades:

- **Bem-vindo (Welcome).** Clique o nome do país em que você está.
- **Selecione o seu teclado (Selct Your Keyboard).** Diferentes países exigem diferentes layouts de teclado. Por exemplo, se você escolher o layout canadense, pressionar a tecla] em um teclado norte-americano produz a letra ç. Clique em Continuar.

- **Você realmente possui um Mac? (Do you already own a Mac?)** Se você escolher Transferir minhas informações do outro Mac (Transfer my information from another Mac), o instalador o ajudará a transferir todos os seus antigos programas, arquivos, pastas e configurações do antigo Mac para esse novo.

  Você pode conectar o seu Mac a outro por meio de uma rede – mesmo que seja sem fio – ou utilizar um Modo de Disco FireWire.

  Você está usando o Assistente de Migração do Mac OS X, mostrado na Figura A-2. A parte de baixo da tela permite que você saiba quanto material você selecionou para transferência e quanto espaço em disco resta no novo Mac.

  Quando você clicar em Transferir (Transfer), o processo de copiar dados inicia.

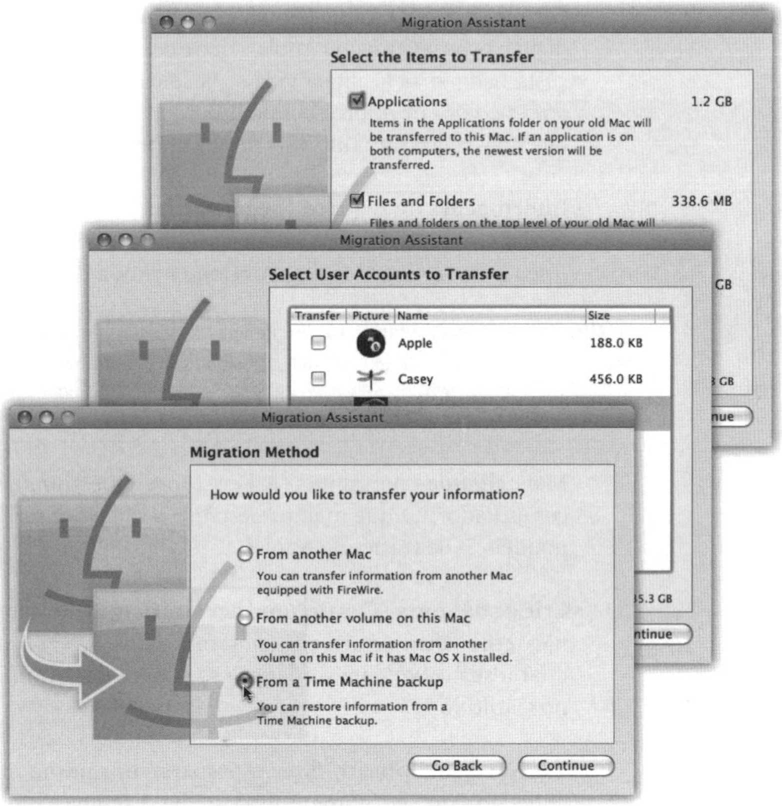

Figura A-2:
Na verdade, o Assistente de Migração (Migration Assistant) é bem surpreendente. Ele traz para o seu novo Mac (ou para a nova instalação do Mac OS X) todos os arquivos, configurações, pastas e até programas instalados de um Mac mais antigo – ou, em ocasiões de tragédia, de um backup do Time Machine (veja o Capítulo 6).

Pelo caminho, você será perguntado quais pastas de usuário deseja trazer, quais outros materiais (como aplicativos, arquivos e pastas) copiar e quais tipos de configurações.

Quando tudo estiver terminado, você pode precisar reativar vários programas da Adobe, mas, fora isso, deve estar pronto para passear pelo seu novo (ou parecendo novo) Mac.

- **Selecione uma rede wireless (Select a Wireless Service).** Essa é a sua oportunidade de apresentar o Mac a quaisquer redes sem fio da vizinhança. Clique o nome da rede à qual deseja se unir, se você a ver. Se não puder vê-la, clique Refazer Varredura (Rescan), para fazer o Mac farejar novamente em uma tentativa de localizar a rede. Ou, se não houver qualquer rede *Wi-Fi* – ei, pode acontecer –, clique Configurar uma Rede Diferente (Different Network Setup).

  Nesse caso, você recebe escolhas como AirPort (Airport Wireless), Cable Modem (Cable modem/DSL modem), aDSL, Rede Local (Ethernet) (Local Network (Ethertnet) ou Meu computador não se conecta à Internet (My computer does not connect to the Internet). (Folgado!) Quando clicar em Continuar, você pode ser solicitado a fornecer informações específicas – nome de conta e senha, e assim por diante – referentes à sua conta de Internet. Veja no Capítulo 18 informações sobre como preencher essas configurações.

- **Forneça a sua ID Apple (Enter Your Apple ID).** Aqui, você tem a oportunidade de digitar, ou criar, uma ID Apple – que é o seu endereço eletrônico. Uma ID Apple não custa nada, mas facilita a vida se você comprar algumas músicas da iTunes Store, fazer pedidos de impressões no iPhoto e coisas assim. (Se você tiver uma conta MobileMe – veja o Capítulo 18 – ponha as informações daquela conta aqui.)

- **Informações de registro (Registration Information).** Essa é a sua chance de se tornar um grão de areia na incrível praia da base de dados da Apple (e preparar o seu próprio "cartão" no programa Agenda do Mac OS X).

Dica: Se você não tiver interesse em fornecer as suas informações pessoais à Apple, ou se já tiver feito isso durante uma instalação anterior, pressione ⌘-Q. Uma mensagem oferece botões de Pular (Skip), Desligar (Shut Down) ou Cancelar (Cancel). Se você Pular, vai diretamente para Crie a sua Conta (Create Your Account), logo abaixo.

- **Mais algumas perguntas (A Few More Questions).** Onde você mais usará esse computador? O que melhor descreve o que você faz? Você deseja receber correspondência de trastes da Apple?

- **Crie a sua conta (Create Your Account).** A maior parte das etapas até esse ponto não tem maiores consequências, mas esse é um grande momento. Você está para criar a sua *conta* – na verdade, a sua conta de Administrador, conforme descrito no Capítulo 12.

  Tudo o que é preciso fazer é preparar um nome, normalmente uma variação abreviada do seu nome e uma senha. Escolha cuidadosamente, pois você não poderá mudar facilmente o seu nome de conta mais tarde.

  O que você colocará aqui é extremamente importante, especialmente se várias pessoas diferentes usarem esse Mac em ocasiões diversas, ou se outras pessoas o conectam em uma rede.

Se só você usa o seu Mac, pode deixar o espaço da senha vazio.

- **Selecione uma foto para essa conta (Select a Picture for this Account).** Se o seu Mac tiver uma câmera interna (os laptops e iMacs possuem), você poderá tirar uma foto de si mesmo para usar como o seu ícone de conta. Basta clicar na opção correspondente. Você ouve uma contagem regressiva de três segundos e depois o Mac tira a sua foto. (É sempre possível tirar outra.) Ajuste a linha de corte e ajuste o tamanho, arrastando o ponteiro logo abaixo.

  É claro que se você for tímido diante da câmera, poderá escolher uma da biblioteca de fotos, selecionando um ícone, dos fornecidos pela Apple.

- **As informações de cobrança da sua conta MobileMe (Your MobileMe Information).** Se você for um associado do MobileMe, a Apple alegremente permitirá que você saiba quando a sua associação terminará.

- **Obrigado por ser um membro MobileMe (Thanks for being a MobileMe member).** Ah, bolas...

- **Obrigado (Thank You).** Quando você clicar Ir (Go), chegará na Mesa do Mac OS X, exatamente como descrito no Capítulo 1.

Desinstalando o Mac OS X 10.6

Não há uma maneira fácil de remover o Mac OS X 10.6 se você achar que não gosta dele.

O principal problema está naquelas milhares de partes que estão invisíveis. Ainda que você inicie o Mac de outro disco e depois arraste todas as pastas visíveis do Mac OS X

PERGUNTAS FREQUENTES

Instalações seletivas

Oooops! Acidentalmente, joguei na Lixeira a minha cópia da Calculadora. Como posso tê-la de volta? Eu preciso reinstalar o Mac OS X inteiro, toda a coisa de 9 GB?

Felizmente, não. Se você conhecer o segredo, poderá instalar apenas componentes específicos do Mac OS X sem precisar instalar toda "a coisa".

O que você precisa é o Pacifist, um programa shareware que lhe permite instalar arquivos e pastas individuais a partir do arquipélago que é a coleção dos discos de instalação do Mac OS X.

Tecnicamente, o instalador do Mac OS X é composto por dúzias de subinstaladores, conhecidos como pacotes de arquivos .pkg, que o instalador abre um após o outro. Esse é o trabalho do Pacifist – ele permite que você abra um arquivo .pkg individualmente.

O Pacifist também pode verificar instalações existentes e encontrar arquivos perdidos ou alterados. É possível fazer o download dele a partir da página "Missing CD" deste livro em http://www.missingmanuals.com.

para a Lixeira (Trash), deixará para trás muitos megabytes de pedaços de software que não consegue ver.

Portanto, se quiser retirar alguma coisa anterior, copie os dados que sejam importantes de ser preservados – principalmente a sua pasta Início e a sua pasta Aplicativos – e depois apague o disco rígido ou partição, e reinstale o sistema operacional que preferir.

APÊNDICE

B

Solução de problemas

Seja um motor de carro ou um sistema operacional, qualquer coisa com milhares de partes pode desenvolver um contratempo técnico ocasional. O Mac OS X é muito mais resistente do que os seus antecessores, mas ainda assim, é um sistema complexo, com o potencial para falhas ocasionais.

Os probleminhas mais esquisitos vão embora se você testar esses dois passos, um por vez:

- Encerre e reinicie o programa incorrigível.
- Encerre e inicie sua sessão de usuário novamente.

São os *outros* problemas que o deixarão atordoado.

Comportamentos excêntricos de menor importância

Ocasionalmente, todos os tipos de falhas podem acontecer no Mac OS X. A foto da Mesa não muda quando você a altera nas Preferências do Sistema. Um menulet não se abre quando você o clica. Um programa não abre – ele apenas se mexe no Dock algumas vezes e depois para.

Quando um único programa está agindo assim, e sair dele e depois reiniciá-lo não funcionar, experimente as seguintes etapas, na sequência a seguir:

Primeiro recurso: Reparar Permissões

Uma quantidade surpreendente de falhas misteriosas surge porque as *permissões* desse ou de outro item em sua pasta Sistema – isto é, a complexa malha de interconectadas permissões do Unix, descritas no Capítulo 12 – ficaram corrompidas.

Quando alguma coisa não parece estar funcionando direito então, abra a sua pasta Aplicativos→Utilitários→Utilitário de Disco (Applications→Utilities→Disk Utility). Proceda conforme mostrado na Figura B-1.

Este é um truque *realmente* incrível de se saber.

Destaque do Snow Leopard: A rotina Reparar Permissões (Repair Permissions) está muito mais rápida e consistente que antes. Antes de tudo, o mostrador do "Tempo estimado" (Estimated time) restante está muito mais preciso que costumava ser.

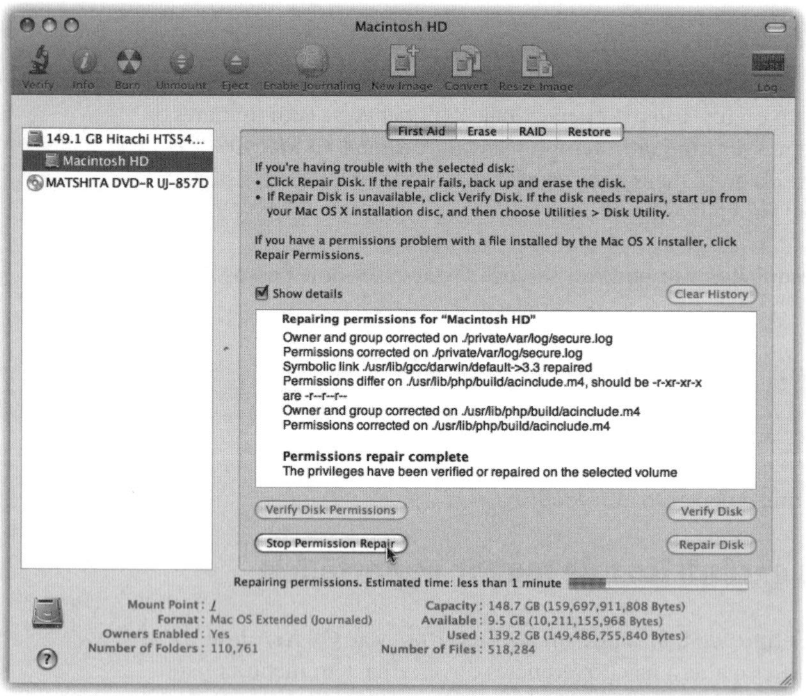

Figura B-1: *Clique no nome do seu disco rígido na lista ao lado esquerdo; clique na aba Reparador (Repair); clique em Reparar Permissões do Disco (Repair Disck Permissions) e depois leia um artigo enquanto o Mac verifica o seu disco. Se o programa encontrar alguma coisa fora do lugar, você verá mensagens como esta ao lado. No meio do texto, você poderá reconhecer alguma taquigrafia do Unix sobre privilégios para ler, escrever ou executar (Capítulo 17).*

Segundo recurso: Busque uma atualização

Se algum programa começar a chiar logo depois de você tê-lo instalado ou atualizado para o Mac OS X 10.5, há boas chances de que haja alguma pequena incompatibilidade. As chances também são boas de você encontrar uma versão atualizada do programa no site do desenvolvedor.

Terceiro recurso: Jogar fora o arquivo de preferências

Um arquivo de preferências corrompido pode confundir um programa que dependa dele.

Porém, antes de você fazer uma limpeza, faça um teste simples. Inicie a sessão de usuário usando uma *conta diferente* (talvez uma conta de mentirinha criada apenas para testes). Rode o programa com problema. O problema se foi? Se for assim, então a falha só existe quando *você* inicia a *sua* sessão – o que significa que há um problema com a *sua* cópia de preferências do programa.

Volte para a sua própria conta. Abra a sua pasta Início→Biblioteca→Preferência (Home→Library→Preferences), onde encontrará os arquivos de preferências de todos os programas que você usa organizadamente rotulados. O nome de cada arquivo termina com o sufixo *.plist*. Por exemplo, com.apple.finder.plists é o arquivo de preferência do Finder, com.apple.dock.plist é o do Dock e assim por diante.

Coloque o arquivo de preferências suspeito no Lixo mas não esvazie. Na próxima vez que você rodar o revoltado programa, ele criará um novo arquivo de preferências que, se você tiver sorte, não terá qualquer corrupção que estava originando os seus problemas.

Se não der certo, encerre o programa. Você pode colocar de volta o seu arquivo .plist original se julgar útil, enquanto você percorre a sua agenda de solução de problemas.

Entretanto, lembre-se de que na verdade, você tem *três* pastas de Preferências. Além do seu próprio covil na sua pasta de usuário, há uma segunda na pasta Biblioteca, na raiz do seu disco principal (na qual só os administradores têm permissão de jogar coisas no Lixo), e uma terceira, na pasta Sistema→Biblioteca (System→Library), também a partir da raiz do seu disco principal (que ninguém tem permissão de jogar fora – pelo menos não sem um dos métodos para burlar a segurança descritos no quadro da próxima página).

Em qualquer um dos casos, na próxima vez em que você iniciar sua sessão de usuário, o Mac criará novos e virginais arquivos de preferências.

Quarto recurso: Reiniciar

Às vezes, você pode dar um rápido pontapé no Mac OS X ou em seus programas reiniciando o Mac. É uma etapa inconveniente, mas nem um pouco demorada quanto a que vem a seguir. E poderá corrigir problemas que apareceram inesperadamente quando você iniciou o computador.

Último recurso: Jogar no Lixo e reinstalar o programa

Às vezes, reinstalar o programa com problemas limpa qualquer falha que tenha havido.

No entanto, antes de reinstalar, primeiro jogue fora todos os vestígios dele. Abra a pasta de Aplicativos e arraste o ícone do programa (ou de sua pasta) para o Lixo.

Na maioria dos casos, as únicas peças restantes a serem descartadas são seu arquivo (ou arquivos) .plist em sua pasta Início→Biblioteca→Preferências, e quaisquer sobras contendo o nome do programa em sua pasta Biblioteca→Suporte de Aplicativo (Library→Application Support). (Você pode fazer uma rápida busca com Spotlight para procurar quaisquer outros pedaços.)

Depois, reinstale o programa a partir do disco original ou do instalador – depois de verificar antes no site do desenvolvedor se não há uma versão mais atualizada, é claro.

Programas travados (Forçar Encerrar)

Um aplicativo travado tornou-se tão parte da vida do Mac OS X que, entre os Mac cognoscente on-line, o temido e interminável ponteiro "Um momento, por favor" recebeu o seu próprio acrônimo: SBOD (*Spinning Beachball of Death* – A Bola de Praia Giratória da Morte). Quando a SBOD ataca, nenhuma quantidade de cliques de mouse ou batidas no teclado fará você sair do programa desobediente.

Aqui estão as diferentes maneiras pelas quais você pode *forçar* um programa trancado a encerrar (o equivalente a pressionar Control-Alt-Del no Windows), em ordem crescente de desespero:

- **Force encerrar de maneira habitual.** Escolha →Forçar Encerrar (Force→Quit) para fechar o programa travado, ou use um dos outros métodos de forçar o encerramento.

WORKSHOP DE ALTERNATIVAS

Corrigindo problemas de permissão

Cedo ou tarde, quando tentar mover, renomear ou apagar determinada pasta ou arquivo, você receberá uma mensagem de erro como "A pasta 'Traste' não pôde ser aberta porque você não tem privilégios de acesso suficientes" (The folder 'Junk' could not be opened because you do not have sufficient access privileges) – ou "A operação não pôde ser completada porque esse item pertence a Chris" (The operation could not be completed because this item is owned by Chris) (ou a *root*, que significa o próprio Mac OS X).

O que eles estão tentando dizer é que você encontrou um problema de permissões.

Conforme observado no Capítulo 12, o Mac OS X é projetado para acolher um monte de pessoas diferentes que compartilham o mesmo Mac ao longo do tempo. Ninguém tem permissão para se intrometer nos arquivos ou pastas das outras pessoas. Mas, mesmo que você seja o operador solo de seu Mac, ainda compartilha ele com o próprio Mac OS X (a quem as mensagens de erro podem chamar de *root* ou *sistema*).

De qualquer modo, se você tiver certeza de que o que está tentando fazer não é algum tipo de ato niilista ou autodestrutivo, como jogar fora a pasta Aplicativos, é bem fácil conseguir ultrapassar essas limitações. Basta selecionar o arquivo ou pasta desobediente e depois escolher Arquivo→Obter Informações (File→Get Info). Nessa janela, você encontrará um painel Compartilhamento e Permissões (Sharing & Permissions), que lhe permite dar a si mesmo os privilégios de leitura e escrita – isto é, se você tiver uma conta de Administrador. (Só não execute essa operação nos arquivos da pasta Sistema.)

Agora, você poderá fazer o que quiser com essa pasta.

- **Force encerrar de maneira sorrateira.** Alguns programas, inclusive o Dock, não aparecem de modo algum na caixa de diálogo Forçar Encerrar. Sua próxima tentativa, portanto, deve ser abrir o programa Monitor de Atividade (Activity→Monitor) (em Aplicativos →Utilitários), que exibe *tudo* o que está rodando. Selecione o programa indesejado, clique no ícone Encerrar Processo e depois na caixa de diálogo que aparece, confirme com Forçar Encerrar. (Estratégia Unix: você também pode usar o comando *kill* no Terminal.)

Dica: Se precisar sair do Dock mais de uma vez, eis uma maneira mais fácil: faça você mesmo um pequeno AppleScript (Capítulo 7) de uma única linha: *tell application "Dock" to quit* (ou seja, diga ao aplicativo "Dock" para sair). Salve-o como um aplicativo. Toda a vez que você sentir que o que Dock (ou Spaces ou o Exposé, que tecnicamente pertencem ao Dock) precisa é de um bom chute no traseiro, dê um duplo-clique no seu pequeno AppleScript.

- **Force a saída remotamente.** Se o próprio Finder estiver bloqueado, você não vai poder entrar no Monitor de Atividade (a menos que você tenha pensado, *antecipadamente*, em guardar o ícone dele no seu Dock – o que não é uma má ideia). Nesse caso, talvez seja preciso abortar o programa travado a partir de um outro computador pela rede, se você tiver uma, usando o comando SSH (Secure Shell do Unix). O final do Capítulo 22 oferece uma descrição completa de como você poderia encerrar um programa por controle remoto dessa maneira, seja de algum lugar na rede do seu escritório ou até mesmo pela Internet.

Dica: Se tudo isso parecer muito para lembrar, sempre será possível forçar o reinício do Mac. Na maioria dos Macs, isso é feito pressionando o botão Liga/Desliga por cinco segundos. Se não funcionar, pressione Control-⌘-Liga/Desliga.

Não posso mover ou renomear um ícone

Se você não tiver permissão para arrastar um ícone para algum lugar, a mensagem de erro que aparece quase sempre martela um prego em sua testa: você está tentando mover um arquivo ou pasta que *não é sua*. A caixa da página anterior explica a solução para esse problema.

Um aplicativo não abre

Se um programa não abre (se o ícone dele se mover alegremente no Dock por alguns segundos, por exemplo, mas depois nada acontecer), comece jogando fora o seu arquivo de preferências. Se isso não resolver, normalmente o que resolve é reinstalar o programa.

Problemas de inicialização

Nem todo problema encontrado está relacionado aos aplicativos que estão rodando. Às vezes, o problema ataca antes mesmo de você conseguir ir tão longe. Veja os seguintes exemplos.

Kernel panic

Quando você ver a animada e multilingue caixa de diálogo mostrada na Figura B-2, você conseguiu um *kernel panic* – um ataque de nervos do Unix. (Em tais situações, *pânico do usuário* poderia ser o termo melhor aplicado, mas isso é dos programadores para você.)

Se você passar por um kernel panic, quase sempre ele é o resultado de uma falha de *hardware* – com mais frequência, um pente de memória (RAM) ruim, ou ainda provavelmente uma placa aceleradora, uma placa de vídeo, um periférico SCSI ou um hub USB que o Mac OS X não gosta. Uma placa AirPort mal instalada também pode causar um kernel panic, assim como um cabo USB ou FireWire ruim.

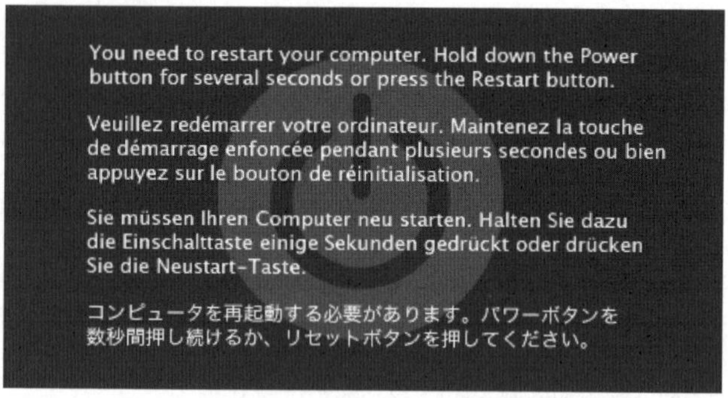

Figura B-2:
Um kernel panic (algo como "pânico no núcleo do sistema"), quase sempre está relacionado a algum periférico ou hardware adicional. E veja o lado bom: pelo menos no Leopard você recebe essa simpática caixa de diálogo. Isso é muito melhor do que o apresentado no Mac OS X 10.0 e 10.1 – um amontoado de texto aleatório sobrepondo-se à sua tela.

Se apenas reiniciar a máquina não ajudar, tire cada pedaço de engrenagem que não tenha vindo da Apple. Restaure esses componentes, colocando-os de volta no Mac, um de cada vez, até descobrir qual deles estava tirando o Mac OS X do sério. Se você conseguir descobrir o culpado, procure o seu fabricante (ou o site dele) para procurar os drivers mais atualizados, ou pelo menos, tente saber se o periférico é compatível com o Mac OS X.

Dica: Esse conselho serve para o seu próprio Macintosh. Periodicamente, a Apple atualiza os "drivers" do próprio Mac, na forma de uma *atualização de firmware*. Você faz o download dessas atualizações a partir da área de Suporte do site da Apple (isso se a Atualização de Software do próprio Mac OS X não informá-lo da existência deles).

A propósito, existe outra causa para kernel panic, e essa é a de mover, renomear ou mudar as permissões de acesso dos arquivos e pastas essenciais do sistema do Mac OS X – por exemplo, a pasta Aplicativos ou Sistema. (Veja o Capítulo 12 para saber mais sobre as permissões.) Claro que nem vale a pena mencionar esse motivo, já que ninguém seria tão tolo a ponto de fazer isso.

Modo de Segurança

Na hora de resolver problemas, os fãs do Windows pressionam uma tecla F para iniciar em Modo de Segurança (Safe Mode). É assim que você desativa todos os pedaços de software de sistema dispensáveis em um esforço para que uma máquina doente fique pelo menos ligada.

Ainda que nem uma pessoa em 100 saiba disso, o Mac OS X oferece o mesmo tipo de tecla de emergência. Ela pode ser útil quando você tiver acabado de instalar alguma nova peça de software e descobrir que nem mesmo pode iniciar a máquina, ou quando uma de suas fontes estiver corrompida, ou quando algo que você designou como um Item de Login estiver grudando os trabalhos. Com esse truque, ao menos você poderá ligar o computador, para poder desinstalar o programa estragado.

O truque é *pressionar a tecla Shift* enquanto a máquina estiver iniciando. Mantenha-a pressionada desde o acorde de inicialização até você ver as palavras "Inicialização Segura" (Safe Boot) em letras vermelhas, na tela de login.

Bem-vindo ao Modo de Segurança.

O que você conseguiu?

- **Verificou o seu disco rígido.** O negócio de tecla Shift faz o processo de inicialização parecer demorar muito; por trás desse implacável logo da Apple, na verdade, o Mac OS X está varrendo todo o seu disco rígido à procura de problemas.

- **Trouxe a tela de login.** Ao executar um Modo de Segurança, você precisa clicar no seu nome e fornecer a sua senha, mesmo se normalmente você deixar o Login Automático (Automatic Login) ativado.

- **Desativou as suas extensões de kernel.** Todos os tipos de pedaços de software carregados durante o processo de inicialização. Alguns deles, você mesmo escolhe: ícones acrescentados à lista de Itens de Login no painel Preferências do Sistema→Contas (System→Preferences→Accounts). Outros são normalmente escondidos: uma grande quantidade de *extensões de kernel*, que são punhados de software que adicionam diversos recursos ao sistema operacional básico. (As extensões de kernel da Apple ficam em sua pasta Sistema→Biblioteca→Extensões (System→Library→Extensions); outras podem ficar em sua pasta Biblioteca→Itens de Inicialização (Library→StartupItems.)

  Se você estiver passando por maus bocados, algum instalador não Apple pode ter lhe dado uma extensão de kernel que não se relacione bem com o Mac OS X 10.6 – assim, no Modo de Segurança, todas são desativadas.

- **Desmarcou as suas fontes.** Fontes corrompidas são uma origem crônica para os problemas – e pelo fato de não ser possível descobrir apenas olhando, isso é terrivelmente difícil de diagnosticar. Então, só para ter certeza de que você pode ao menos entrar no seu computador, o Modo de Segurança desmarca todas (exceto as autorizadas, aquelas sancionadas pela Apple, que ele precisa para rodar, que estão em sua pasta Sistema→Biblioteca→Fontes [System→Library→Fonts]).

- **Jogou no lixo a sua armazenagem temporária (cache) de fontes.** A armazenagem temporária das fontes é um truque de velocidade. O Mac OS X armazena as informações visuais de cada uma de suas fontes no disco rígido, de modo que o sistema não precisa ler cada tipo de letra do seu disco novamente quando você abre os seus menus de fontes ou o painel de formatação de fonte.

Quando esses arquivos ficam embaralhados, pode ocorrer uma falha na inicialização. Por isso é que o Modo de Segurança move todos esses arquivos para o Lixo. (Você inclusive as verá lá no Lixo depois do processo de inicialização ter terminado, ainda que não haja muito o que você possa fazer com elas, exceto andar em volta apertando o nariz e apontando.)

- **Desligou seus itens de login.** O Modo de Segurança faz com que nenhuma janela do Finder se abra *e* também aqueles pequenos itens de inicialização que ficam à mão – isto é, qualquer coisa que você tiver pedido ao Leopard para abrir automaticamente e tiver adicionando à lista que está nas Preferências do Sistema→Contas→Itens de Login (System Preferences→Accounts→Login Items).

Fazer isso, por sinal, também é uma tática para solução de problemas. Se algum item de login trava seu Mac cada vez que ele abre, você pode desativá-lo o tempo suficiente para removê-lo de sua lista Itens de Login.

Dica: Se a tecla Shift não for mantida pressionada até você clicar o botão de login (depois de fornecer o seu nome e senha na tela de entrada), você desativa *apenas* os itens de login, mas *não* as fontes e extensões.

Uma vez na Mesa do Mac, você vai encontrar uma longa lista de recursos padrão que estarão inativos. Não será possível usar o Reprodutor de DVD, capturar vídeo no iMovie, usar uma rede sem fio, usar determinados microfones e alto-falantes ou usar o seu modem. (Na próxima vez que reiniciar, todas esses aplicativos estarão recuperados, imaginando que você não vai mais abraçar a tecla Shift suando de pânico.)

De qualquer modo, a beleza do Modo de Segurança é que ele permite que você faça seu Mac funcionar. É possível acessar os seus arquivos, pelo menos a emergência da não inicialização desapareceu. E você pode começar a vasculhar suas fontes e itens de login, para ver se consegue detectar o problema.

Tela cinza durante a inicialização

Confirme se o seu Mac tem o firmware mais recente, conforme descrito anteriormente. Separe e teste tudo que é adicional, que não seja Apple. Por fim, execute uma verificação de disco.

Tela azul durante a inicialização

A maior parte das etapas de solução desse problema (que normalmente vem acompanhado pelo ponteiro da Bola de Praia Giratória da Morte) são iguais àquelas descritas anteriormente para "Kernel panic".

Senha esquecida

Se você ou uma das outras pessoas que usa o seu Mac tiver esquecido a correspondente senha de usuário, não se preocupe: basta ler a caixa sobre o tema no capítulo anterior.

Reparando o disco

A beleza do design do Mac OS X é que o próprio sistema operacional é congelado em seu estado perfeito e imaculado, imune a extensões de sistema conflitantes, usuários inábeis e outras fontes de desastre.

Bem, essa é a teoria. Mas o que acontece se alguma coisa dá errado com o complexo software que opera o próprio disco rígido?

Felizmente, o Mac OS X vem com o seu próprio programa de reparo de disco. No familiar universo de ícones e menus do Mac, ele toma a forma de um programa em Aplicativos→Utilitários, com o nome de Utilitário de Disco. No estéril mundo do Terminal e da interface de linha de comando, há um utilitário que funciona bem da mesma forma, embora tenha um nome diferente: *fsck* (de *file system check* – verificação do sistema de arquivos).

De qualquer modo, rodar o Utilitário de Disco ou o seu "alter ego" *fsck* é uma ferramenta para solucionar problemas poderosa e útil, que poderá curar todos os tipos de doenças estranhas, incluindo os seguintes problemas, dentre outros:

- O seu Mac congela durante a inicialização, seja antes ou depois da tela de log-in.

- O processo de inicialização é interrompido, com o aparecimento de uma tela de linha de comando com apenas texto.

- Você tem o problema de "aplicativos aparecendo como pastas".

Método 1: Utilitário de Disco

A maneira mais fácil de verificar o seu disco é usar o programa Utilitário de Disco. Use esse método se o seu Mac, de fato, puder iniciar. (Veja o Método 2, se você nem mesmo conseguir ir tão longe.)

O Utilitário de Disco não pode corrigir o disco que está *sendo usado* (exceto para o reparo de permissões, descritas no início deste apêndice). Por isso é necessário reiniciar o computador a partir do disco de instalação do Leopard (ou outro disco de inicialização) e rodar o Utilitário de Disco de lá. O processo funciona assim:

1. Inicie o Mac a partir do DVD do Mac OS X.

A melhor maneira de fazer isso é inserir o disco e depois reiniciar o Mac, enquanto pressiona a tecla C.

Algum tempo depois, você é soprado para a tela do Instalador do Mac OS X. Não se engane – instalar o Mac OS X *não* é o que você deseja fazer aqui. Não clique em Continuar!

2. Escolha Utilitários→Utilitário de Disco.

Essa é a etapa inesperada. Depois de um tempo, a tela do Utilitário de Disco aparece.

Dica: Você também poderia pular os passos 1 e 2 iniciando a partir de um disco rígido externo. Basta executar sua própria cópia do Utilitário de Disco para verificar o disco rígido do seu Mac.

3. Clique no disco ou na partição de disco que deseja consertar, clique na aba Reparador (First Aid) e depois em Reparar Disco(Repair Disk).

O Mac entra em ação, verificando uma lista de parâmetros de formatação de disco bem técnicos.

Se você vir a mensagem "O volume 'HD Macintosh' parece estar OK" (The volume "Macintosh HD" appears to be OK), isso significa que é uma *boa* notícia. Acredite ou não, essa cautelosa declaração é uma afirmação mais definitiva possível sobre o que o Utilitário de Disco é capaz de fazer quanto à saúde do seu disco.

O Utilitário de Disco também pode informar que o disco está danificado, porém, isso não vai lhe ajudar. Nesse caso, você precisará de um programa de reparo de disco mais pesado, como o Drive 10 (www.micromat.com) ou o DiskWarrior (www.alsoft.com).

Método 2: Executar o *fsck* a partir do console

O Utilitário de Disco não é muito útil quando você não consegue encontrar o DVD do Snow Leopard, quando o seu drive (unidade) de CD não está funcionando ou quando você está com pressa para passar pelos problemas de inicialização que estão pesteando a sua máquina. Nesses casos, você ficará contente ao poder iniciar a sua máquina pela camada bruta do Unix no Mac para executar alguns comandos de diagnóstico (e cura).

Especificamente, você ficará contente em poder rodar o programa *fsck* do Unix, para o qual o Utilitário de Disco é um pouco mais que uma bonita fachada.

Como qualquer programa Unix, o *fsck* roda na linha de comando. Você o inicia a partir da tela preta de texto do Unix, onde você digita *fsck*, pressionando Return. (Também é possível usar *fsck -f*.)

Entretanto, você não pode rodar *fsck* no Terminal simplesmente. Você deve rodá-lo quando o arsenal de programas de interface gráfica usual – como o Finder e sua suíte invisível de programas acessórios – não estiverem rodando.

Modo de usuário único (⌘-S na inicialização)

O programa Terminal é a forma mais conhecida da linha de comando do Mac OS X, mas não é a única. Na verdade, há várias outras formas de chegar lá.

CONSULTÓRIO PARA USUÁRIOS AVANÇADOS

Registro cronológico (Journaling) *versus fsck*

O Mac OS X 10.6 vem com o *registro cronológico* (journaling) ativado. O registro cronológico significa que o Mac mantém um diário sobre cada pedacinho de atividade do disco rígido. No caso de uma falha ou travamento, o Mac sabe exatamente o que estava acontecendo no momento, e exatamente quais arquivos que podem ter sido danificados.

Assim, teoricamente, você nunca precisará do *fsck*. Afinal de contas, não haverá nada para verificar. O software de registro cronológico do Mac está sempre a par das coisas – e, se o registro indicar que houve um problema ao salvar um arquivo, o Mac OS X pode finalizar ou desfazer a alteração.

No entanto, até a Apple aceita que, no mundo real, as coisas ainda podem dar errado, mesmo com o registro cronológico ativado.

Por isso é que quando você tenta usar o *fsck* conforme descrito nestas páginas, você será informado que, opa, você não *precisa* reparar o seu disco. Graças ao registro cronológico, não há nenhum problema a reparar.

Se decidir continuar, para evitar a possibilidade de que algo tenha dado errado pelas costas do registro cronológico, basta usar o parâmetro *-f* para forçar a verificação do disco, assim: *fsck -f*.

Observe, porém, que você poderá ver uma série de mensagens de erro esquisitas quando fizer isso. Se você vir mensagens como essas, pode ignorá-las:

- "Mapa de bits do volume precisa de um pequeno reparo" (Volume bitmap needs minor repair).
- "Contador de blocos livres inválido" (Invalid volume free block count) ou "Contador de blocos mudado de XX para YY" (Block count changed from XX to YY).
- "Cabeçalho do volume precisa de um pequeno reparo" (Volume header needs minor repair).
- "Contador de blocos do arquivo incorreto" (Incorrect block count for file).

Mas, se você ver quaisquer *outras* mensagens de erro, deixe que o *fsck* vá em frente e faça o reparo.

Geralmente, você não ouve falar delas, exceto no contexto de solução de problemas, pois o programa Terminal oferece recursos muito mais convenientes para fazer a mesma coisa. E, pelo fato de ele estar contido em uma janela do estilo Mac OS X, o Terminal não é tão desorientador quanto os outros três métodos sobre os quais você está para ler.

Todas essas técnicas o levam para o *modo de console*, mostrado na Figura B-3. No modo de console, o Unix toma conta de sua tela completamente, exibindo letras brancas contra um fundo preto, sem janelas ou ícones à vista. Esqueçam o mouse todos aqueles que aqui adentram; no modo de console, não é possível fazer nada além de digitar comandos.

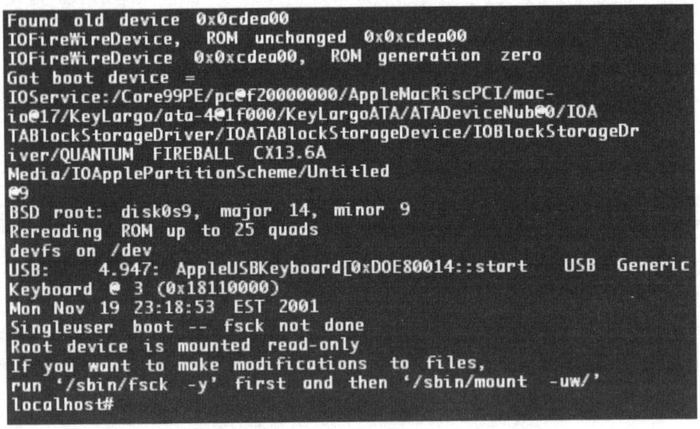

Figura B-3:
No modo de console, toda a sua tela é uma interface de linha de comando. Aqui, os jóqueis do Unix podem tomar conta de tudo. Todos os demais podem timidamente digitar fsck -y *depois do prompt* localhost/root # *– está vendo este prompt bem na última linha? – e esperar que tudo dê certo.*

Para chegar lá em tempos de solução de problemas de inicialização, pressione ⌘-S enquanto o Mac estiver iniciando. (Se você estiver parado no resto congelado de uma tentativa anterior de reinicialização, primeiro você pode forçar que seu Mac reinicie; mantenha o botão ⏻ pressionado por cinco segundos.)

Em vez de chegar à Mesa usual, você verá textos parecendo técnicos rolando por uma tela preta enquanto o Mac roda as suas várias rotinas de inicialização. Quando, finalmente, ele parar no prompt *localhost #*, você estará pronto para digitar os comandos. Agora, você está no que é chamado *modo de usuário único*, o que significa que o software do Unix de suporte a múltiplas contas (ou modo multiusuário) ainda precisa ser carregado. Você não vai precisar fazer seu login.

No prompt *localhost #*, digite *fsck -y* (note o espaço antes do hífen) e pressione Return. (O *y* significa yes ("sim") como em "sim, eu quero que você conserte automaticamente quaisquer problemas".) Se o Mac se recusar a fazer, pelo fato de o registro cronológico estar ativado, você também poderá digitar *fsck -fy* para forçar a verificação do disco.

Dica: Provavelmente você foi ao encontro dessa encrenca apenas com o objetivo de rodar *fsck*, o programa de verificação de disco do Unix. Mas você pode também usar *ls, cd, rm* ou qualquer dos outros comandos do Unix descritos no Capítulo 16.

Agora, o programa de verificação de arquivo de sistema assume, executando cinco conjuntos de testes. Quando tudo estiver completo, você verá uma de duas mensagens:

- **O volume Macintosh HD parece estar OK (The volume Macintosh HD appears to be OK).** Está tudo bem. Digite *exit* e pressione Return, para prosseguir para a tela de login normal e depois para sua Mesa no Finder.

- **O sistema de arquivos foi modificado (File system was modified).** Um bom sinal, mas apenas o início. Será preciso rodar novamente o programa. Geralmente, uma passada do *fsck* só repara uma camada de problemas, deixando outra para ser arrumada na próxima passada. Digite *fsck -y* uma segunda vez, uma terceira e assim por diante, até finalmente, chegar a uma mensagem "disco parece estar OK" (disk appear to be OK).

  Digite *exit* no prompt e pressione Return para voltar ao familiar mundo dos ícones e janelas.

Onde obter ajuda para a Solução de Problemas

Se as etapas básicas descritas neste apêndice não ajudaram, o universo está apinhado de fontes adicionais de ajuda. Em geral, esta é a parte em qualquer livro de Mac onde você é direcionado para o site de Ajuda da Apple, para os diversos

PERGUNTAS FREQUENTES

Vírus? Que vírus?

Tinha uma coisa ótima no antigo Mac O: era difícil ter que me preocupar com vírus – todas essas coisas desagradáveis pareciam ter sido escritas para o Windows. Mas agora que estamos usando o Unix, que tem estado por aí há uns 30 anos, e tem uma base de usuários imensa, está na hora de eu me preocupar novamente?

Neca. Existem ainda menos vírus para o Unix do que para o Mac OS.

Você ainda precisa ter cuidado com os vírus de macro do Word e do Excel, é claro. Se você abrir um anexo com um documento de Word ou Excel enviado por e-mail por alguém, e uma grande caixa de diálogo avisar que o anexo contém macros, basta clicar em Desabilitar Macros (Disable Macros) e continuar com a sua vida. E você ainda precisará um programa de antivírus para o Windows, se você rodá-lo no seu Mac (Capítulo 8).

Caso contrário, você terá pouco com o que se preocupar. Depois de seis anos, não ouve um único ataque de vírus no Mac OS X – em parte porque os vírus escritos têm uma "plateia" menor entre os fãs do Mac, e em parte porque o Mac OS X é mais difícil de atacar.

Durma bem!

fóruns de discussão e assim por diante – e, é claro, essas fontes de ajuda estão relacionadas a seguir.

Porém, a verdade é que a mãe de todos os recursos para a solução de problemas não é qualquer uma dessas fontes – é o Google. Você encontrará mais respostas mais depressa e em maior quantidade usando o Google do que jamais conseguiria iniciando em qualquer dos sites individuais de ajuda a seguir. Isso porque o Google inclui todos esses sites em sua busca!

Suponhamos, por exemplo, que você acabou de instalar a atualização de sistema 10.6.1 para o Snow Leopard e, misteriosamente, ela transformou todos suas contas de usuário em contas Padrão (inclusive a sua própria conta). E sem nenhuma conta de Administrador você não pode instalar programas, alterar as configurações de rede, acrescentar ou editar outras contas de usuário e assim por diante.

Você pode vasculhar um website atrás do outro, caçando uma correção, repetindo a sua busca – ou basta digitar *contas padrão Leopard 10.6.1* no Google e pressionar Return. Você obterá suas respostas após alguns segundos clicando e explorando os resultados.

Ajuda on-line

Esses sites não contêm nada além de discussões, ferramentas e ajuda para solucionar problemas:

- **Grupos de Discussão da Apple (Apple Discussion Groups) (http://discussions.info.apple.com)**. O volume e a qualidade das atividades de perguntas e respostas daqui sobrepuja qualquer outra fonte gratuita. Se você for educado e preciso, poderá fazer perguntas às multidões que estão aqui e conseguir mais respostas do que você poderia imaginar.

- **Site de Suporte da Apple (www.apple.com/support)**. O site de ajuda da Apple inclui manuais que podem ser baixados, atualizações de software, perguntas frequentes e muitos outros recursos.

  O site também possui uma caixa de Busca (Search). Essa é a sua passagem para uma Base de Conhecimento, uma coleção de 100 mil artigos técnicos individuais, organizados em uma base de dados pesquisável que os próprios técnicos da Apple consultam quando você pede socorro. Você pode pesquisar digitando palavras-chave ou usando os menus pop-up de categorias de dúvidas.

- **MacFixIt (www.macfixit.com)**. Site mundial obrigatório para conselhos sobre solução de problemas do Mac; só tem um problema: você precisa pagar para acessar essa coisa boa.

Ajuda pelo telefone

Finalmente, considere a possibilidade de entrar em contato com quem for que tiver lhe vendido o componente que está tornando a sua vida infeliz: o fabricante da impressora, do scanner, do software, ou seja lá o que for.

Se for um problema do Mac OS, você poderá ligar para a Apple no número 0800-1--27752 (isto é, 0800-1-APPLE). Durante os primeiros 90 dias após a sua compra do Mac OS X (que, até onde a Apple sabe, é a data da sua primeira ligação), os técnicos responderão às suas perguntas gratuitamente.

Depois disso, a menos que você pague pelo AppleCare para o seu Mac (um programa de garantia estendida por três anos), a Apple cobrará para responder às suas perguntas. Felizmente, se o problema for culpa da Apple, eles não vão lher cobrar.

APÊNDICE
C

O dicionário Windows-Mac

Talvez você tenha sido persuadido pela campanha "Switch" da Apple. Talvez você goste do design dos Macs atuais. Ou talvez você tenha tido um vírus, baixado um spyware ou service packs demais. Seja lá qual for o motivo, se você estiver trocando o Windows pelo o Mac OS X, este apêndice é para você. Trata-se de uma listagem em ordem alfabética de cada função comum do Windows e onde encontrá-la no Mac OS X. Afinal, um sistema operacional é um sistema operacional. As funções são muito semelhantes – só estão em lugares diferentes.

Dica: Se essa listagem abrir o seu apetite sobre informações de como realizar a troca, leia *Switching to the Mac: The Missing Manual*, do Snow Leopard Edition. Além de uma versão ampliada deste apêndice, ele também contém informações úteis sobre como mover os seus arquivos do PC para o Mac, copiar o seu e-mail, transferir os seus contatos para a Agenda e assim por diante.

Active Desktop

O Mac nunca exibe páginas Web diretamente na Mesa – e conhecendo a Apple, provavelmente esse é um motivo de orgulho. Mas, o Dashboard (Capítulo 5) mantém os dados da Internet a apenas um toque de teclado de distância.

Ajuda e Suporte

Na Mesa, escolha Ajuda→Ajuda Mac (Help→Mac Help). Em outros programas, normalmente o comando Ajuda fica na extremidade direita da barra de menus, exatamente como no Windows.

Área de Transferência

A Área de Transferência do Mac funciona quase como aquela no Windows. No Finder, você pode escolher Editar→Exibir Área de Transferência (Edit→Show Clipboard), para ver o que foi copiado ou colado recentemente.

Arquivos de recortes

No Mac eles também são chamados de *recortes de texto* ou de imagem, e são ainda mais compatíveis. Você os cria da mesma maneira: arraste algum texto ou imagem para fora da janela de um programa, diretamente para a Mesa. Ele se torna um arquivo de recorte independente, que poderá ser arrastado de volta – para a mesma janela ou para uma diferente.

Arquivos DLL

Os equivalentes aos arquivos DLL no Macintosh – bibliotecas compartilhadas de código de programação – são invisíveis e estão fora dos limites do usuário. Como resultado, nenhum usuário do Macintosh passa pela experiência de conflitos de DLL ou arquivos DLL desatualizados.

Arquivos ZIP

Também há arquivos ZIP no Mac e você pode criá-los quase da mesma maneira: Control-clique (ou clique com o botão direito) em um arquivo ou pasta e escolha Comprimir Arquivo (Compress from the shortcut), a partir do menu de atalhos.

Assistente de Câmera e Scanner

Quando você conecta uma câmera digital ou um scanner ao seu Mac, o iPhoto ou o Image Capture abre automaticamente e se prepara para fazer o download de fotos automaticamente. Detalhes no Capítulo 10.

Atalhos

No Mac eles também são conhecidos como *atalhos*.

Atualização Automática

O comando →Atualização de Software (→Software Update) faz exatamente a mesma coisa.

Bandeja do Sistema

O equivalente à Bandeja de Sistema do Windows (também chamada de Área de Notificação) do Mac OS X é a fileira de *menulets* no canto superior direito de sua tela.

Barra de Tarefas

O Mac OS X não tem uma Barra de Tarefas, mas tem algo bem próximo: o Dock (Capítulo 4). Os programas abertos são indicados por um pequeno ponto brilhante abaixo de seus ícones no Dock. Se você mantiver pressionado o seu cursor em um desses ícones (ou dar um Control-clique, ou clicar nele com o botão direito), você receberá uma lista pop-up das janelas abertas naquele programa, exatamente como no Windows XP, Vista e 7.

Por outro lado, algumas convenções nunca morrem. Assim como no Windows, você circula pelos vários programas abertos do Mac, mantendo pressionada a tecla ⌘ e pressionando, repetidamente, Tab.

BIOS

Você nunca terá que atualizar ou sequer pensar a respeito da ROM do seu Macintosh (o equivalente aproximado do BIOS no PC). Ele é permanente e imutável. O *firmware* semelhante em seu Macintosh ocasionalmente precisa ser atualizado para funcionar com uma nova versão do sistema operacional do Mac ou algum dramático novo recurso – uma vez a cada quatro anos, talvez. Quando chegar a hora, você será informado.

Bloco de Notas

Esse programa não existe no Mac OS X. Mas dê uma chance aos Lembretes ou use o recurso Notas, disponível no sistema.

Bordas das janelas de programas

É possível aumentar ou diminuir uma janela do Mac OS X apenas arrastando o seu canto inferior direito – não as suas bordas.

Botão Maximizar

No Mac, clicar o botão Zoom (o botão verde no canto esquerdo de uma janela) funciona quase como o botão Maximizar no Windows: ele amplia a sua janela. Entretanto, no Mac, clicar o botão Zoom nunca faz a janela se expandir a ponto de encher toda a tela. Em vez disso, a janela aumenta – ou *diminui* – ao tamanho exato para abranger seu conteúdo.

Botão Minimizar

Você pode minimizar uma janela do Mac OS X para o Dock, exatamente como minimizaria uma janela do Windows para a Barra de Tarefas. Isso é feito dando duplo-clique em sua barra de título, pressionando ⌘-M, escolhendo Janela→Minimizar Janela (Window→Minimize Window)ou clicando no botão amarelo Minimizar, no canto esquerdo de uma janela. (Restaure a janela clicando em seu ícone no Dock.)

Briefcase

O Briefcase é uma invenção do Windows projetada para ajudá-lo a manter os seus arquivos sincronizados entre o seu laptop e computador desktop. O iDisk, disponível para os membros do serviço MobileMe (100 dólares por ano), é uma versão parecida de 20 GB. O serviço está disponível para qualquer computador, desde que ele esteja conectado à Internet, e oferece uma funcionalidade que mantém as versões mais recentes dos seus documentos sincronizadas entre os seus Mac de forma automática. O Capítulo 18 fornece mais detalhes.

Buscar

No Mac OS X você tem a última palavra em ferramenta de busca de arquivo: o Spotlight (Capítulo 3). Prepare-se psicologicamente!

Para encontrar sites, use a caixa de busca do Google, que fica na parte superior do navegador Safari.

Calculadora

O programa Calculadora no Mac OS X é quase idêntico ao do Windows, exceto porque ele também pode realizar conversões (temperatura, distância, moeda e assim por diante) e apresenta uma "fita de papel" que pode ser editada. Ele fica em sua pasta Aplicativos e é descrito no Capítulo 10. (Há também uma calculadora mais simples no Dashboard; veja o fim do Capítulo 5. E não esqueça que você poderá digitar rápidas equações matemáticas no 🔍 menu do Spotlight.)

Caixa de diálogo Finalizar Tarefas

Se algum programa do Macintosh estiver pendurado ou congelado, você sai dele da mesma maneira como faria no Windows: forçando-o a sair. Para trazer para frente a caixa de diálogo Forçar Encerrar, pressione Option-⌘-Esc ou escolha →Forçar Encerrar.

Caixa de diálogo Propriedades

É possível chamar uma janela muito semelhante a partir de qualquer *ícone* (arquivo, pasta, programa, disco, impressora), selecionando-o e depois escolhendo Arquivo→Obter Informações. Mas, normalmente, objetos dentro de *programas* do Macintosh não contêm caixas de diálogo Propriedades.

CDs

Para abrir a bandeja de CD/DVD ou, se você tiver um drive *slot-loading* (aquele com uma fenda onde você insere o disco), para cuspir fora o disco que está nele, mantenha pressionada a tecla ⏏ no teclado do seu Mac. Se ele for um teclado do Mac antigo, sem uma tecla ⏏, é possível ejetar um CD (ou qualquer outro disco) com Control-clique (ou clicando com o botão direito) no seu ícone na Mesa e depois escolhendo Ejetar (Eject) a partir do menu. Existem diversas outras maneiras de ejetar um disco, mas a questão é que você nunca vai fazê-lo pressionando o botão Ejetar no próprio drive de disco.

Comando Executar

A linha de comando do Mac é o Terminal (Capítulo 16).

Compartilhamento de Arquivos

Veja no Capítulo 13 uma discussão profunda sobre o sistema de rede e compartilhamento de arquivos do Macintosh.

Compartilhamento de Impressora

Para compartilhar uma impressora jato de tinta USB com outros Macs na rede, abra o painel Compartilhamento nas Preferências do Sistema no Mac que está com a impressora. Marque Compartilhamento de Impressora (Printer Sharing).

Para usar a impressora compartilhada por meio da rede, abra o documento que deseja imprimir, escolha Arquivo→Imprimir (File→Print) e escolha o nome da impressora compartilhada, a partir do primeiro menu pop-up.

Copiar, Cortar, Colar

Quando você estiver editando em um processador de textos ou programas de imagens, os comandos Cortar (Cut), Copiar (Copy) e Colar (Paste) do Mac OS X funcionam exatamente como no Windows.

Entretanto, no Finder há algumas diferenças. De fato, você pode copiar ícones e colá-los em uma nova janela, usando os comandos Copiar e Colar – mas, não pode *cortá-los* e removê-los de uma janela, como é possível no Windows. Por outro lado, o Mac OS X oferece um prático recurso secundário: se você colar em um processador de textos ao invés de em outra janela do Finder, receberá uma lista dos nomes dos ícones copiados.

Data e Hora

Para ajustar o calendário e o relógio do seu Mac, abra Data e Hora (Date & Time) nas Preferências do Sistema.

Desfragmentação de Disco (Defrag)

Não existe esse utilitário no Mac OS X; o sistema desfragmenta os arquivos automaticamente em segundo plano. (Um programa de *desfragmentação* se movimenta pelos pedaços de arquivos dentro do seu disco rígido, com a finalidade de otimizar o seu armazenamento e a sua velocidade de abertura.)

Desktop (Mesa)

A Mesa (ou desktop) do Macintosh tem mais ou menos a mesma aparência do desktop do Windows, com algumas diferenças importantes:

- Os ícones de disco aparecem na Mesa do Mac assim que eles são inseridos ou conectados. Não é necessário abrir uma janela para ver os seus ícones.

- Você muda a foto da Mesa usando o painel Mesa e Protetor de Tela (Desktop & Screen Saver), nas Preferências do Sistema.

• O Lixo é um ícone no Dock, não na Mesa.

Dicas (de Ferramentas)

Aquele pequenos balões amarelos de ajuda aparecem tão frequentemente no Mac quanto no Windows. Basta apontar para um ícone na Barra de Ferramentas ou um nome de arquivo truncado sem clicar. (Não há como desativar essas etiquetas.)

Diretórios

No Mac, a maioria das pessoas os chamam de *pastas*.

Disquetes

Por volta de 1998, os disquetes nos Macs desapareceram. Para a Apple, é muito mais eficaz transferir arquivos entre máquinas usando um cabo Ethernet (Capítulo 13), um CD ou DVD que você criou (Capítulo 11), o seu iDisk baseado na Internet (Capítulo 18) ou o correio eletrônico (Capítulo 19).

Discos

Trabalhar com discos é muito diferente no Mac. Cada disco interno ou conectado a um Macintosh é representado na tela por um ícone. O Mac OS X tem alguma coisa da janela Meu Computador (selecione Ir→Computador [Go→Computer]), porém ambos os ícones, na Mesa e os ícones na janela Computador, só refletem os discos atualmente inseridos no seu Mac. Você nunca verá um ícone de um drive vazio, como acontece no Windows, e não há algo como letras para nomear drives (porque o Mac refere-se a *discos* e não a *drives* – e refere-se a eles pelo seu nome).

Drivers

Veja "Acrescentar ou Remover Programas".

Explorer

O Mac tem a sua própria visualização em "árvore" dos arquivos e pastas do seu disco rígido: a visualização de lista. Clicando nos "triângulos rotativos" em frente às suas pastas, você monta uma hierarquia que mostra muitos ou poucos detalhes, como você quiser.

Se você preferir o efeito do Explorer de clicar uma pasta em *um* painel para ver o seu conteúdo no próximo, experimente então a visualização de coluna. Ambas as visualizações são descritas no Capítulo 1.

Fazendo login (ou iniciando uma sessão de usuário)

O recurso de múltiplas contas do Mac OS X é muito semelhante àquele do Windows 2000, XP, Vista e 7. Em cada caso, se assim o desejar, você pode exigir que o usuário entre um nome e senha, antes de usar o computador. Esse arranjo mantém separados os documentos, e-mail e configurações de cada pessoa que usar o computador. (O Capítulo 12 conta tudo.)

Favoritos

No Mac OS X não há um menu único de Favoritos relacionando tanto seus sites e como seus ícones favoritos. O menu de Favoritos do Safari, o navegador Web do Apple, só relaciona sites, e a pasta de Favoritos do Finder só relaciona arquivos, pastas, discos e assim por diante.

Fax

A operação de mensagem por fax é embutida no Snow Leopard; ela é descrita no Capítulo 14. (Sugestão: selecione Arquivo→Imprimir; a partir do botão PDF, embaixo da caixa de diálogo Imprimir, escolha Fax PDF.)

Fontes

Tanto o Mac quanto o Windows usam fontes TrueType, PostScript e Open Type. (Na verdade, o seu Mac pode inclusive usar os mesmos arquivos de fontes, iguais aos que você tinha no Windows.) Porém, no Mac existem três diferentes pastas que podem guardá-las. Uma discussão completa é dada no Capítulo 14.

Hibernar

O Mac não hiberna de forma alguma, como fazem os modernos PCs, cortando toda a energia, mas lembrando quais programas e documentos você tinha abertos, para um rápido reinício posterior. Entrar em repouso é o mais próximo que ele consegue; veja "Modo de Repouso".

Impressoras e Aparelhos de Fax

Para uma lista de suas impressoras, abra o painel Impressão e Fax (Print & Fax) nas Preferências do Sistema (Capítulo 14). Para detalhes sobre o envio de fax, veja "Fax".

Instalação Limpa

O instalador do Mac OS X 10.6, exatamente como o instalador do Windows, pode lhe dar uma cópia do sistema operacional virgem e nova em folha. Instruções no Apêndice A.

Internet Explorer

A Microsoft abandonou a versão Mac do Internet Explorer. Claro que a Apple gostaria que você experimentasse o Safari, o seu próprio navegador Web, embora muitos usuários prefiram o poder do Firefox, que é quase idêntico à versão do Windows.

IRQs (Interrupt ReQuests)

Elas não existem no Mac.

Java

Esse interpretador de pequenos programas para Web está ativo e bem no Mac OS X. Os programas Java rodam bem em todos os navegadores do Mac.

Linha de Comando

No Mac OS X, a linha de comando está ativa e bem – mas ela fala Unix, não DOS. Você chega nela abrindo o Terminal, que é descrito no Capítulo 16.

Lixo

O Mac OS X tem um ícone de Lixo na extremidade do Dock. Geralmente, ele funciona como a Lixeira do Windows – e por que não o faria, visto que o Lixo do Macintosh serviu de inspiração para a Microsoft? –, mas, há algumas diferenças. O Macintosh, por exemplo, nunca a esvazia automaticamente. Esse serviço é seu; a maneira mais simples é dar um Control-clique nela (ou clicar com o botão direito) e escolher Esvaziar Lixo (Empty Trash).

O Mac também nunca o aborrece com uma mensagem "Você tem certeza?" quando você joga algo no Lixo. O Mac só o interrompe, pedindo permissão, quando você escolher Arquivo→Esvaziar Lixo (File→Empty Trash). E ainda é possível desmarcar essa confirmação, se você quiser (em Finder→Preferências[Finder→Preferences]).

Para colocar ícones no Lixo, arraste-os para lá, ou selecione-os e depois pressione ⌘-Delete.

Mapa de Caracteres

Esse programa do Windows ajuda a encontrar as teclas que você precisa pressionar para acionar os símbolos de marca registrada, direitos autorais e outros caracteres especiais. O equivalente no Mac chama-se Visualizador de Teclado (Keyboard Viewer) –, mas a Paleta de Caracteres (Character Palette) é ainda mais fácil de usar.

Menu Iniciar

Não há um menu Iniciar no Mac OS X. Ao invés disso, você empilha os ícones dos programas, documentos e pastas usados com frequência no Dock, na margem da tela, ou na seção Locais (Places), na barra lateral à margem esquerda de cada janela do Finder.

Exatamente como no menu Iniciar do Windows, é possível reorganizar esses ícones (arrastando-os horizontalmente) ou remover aqueles que não são usados com frequência (arrastando-os para fora do Dock e depois soltando). Para acrescentar os seus próprios ícones, basta arrastá-los para o lugar (os aplicativos vão para a esquerda da linha divisória do Dock, documentos e pastas para a direita).

Menus

No Macintosh só existe uma Barra de Menus, sempre no alto da tela. Os menus mudam, dependendo do programa e da janela que você esteja usando, mas a questão é que a Barra de Menus não está mais dentro de cada janela que você abre.

Dica: Só pelo fato de você não ver os pequenos sublinhados nos menus, não significa que não é possível operar todos os menus a partir do teclado, como no Windows.

Menus de Atalhos (ou menu do botão direito ou menu contextual)

Eles se parecem exatamente com os do Windows. Você pode ver um menu de atalhos dando Control-clique em coisas como ícones, itens de listas e assim por diante. (Se tiver um mouse de dois botões, então você poderá clicar com o botão direito ao invés de usar a tecla Control.)

(Meu) Computador

A janela Computador do Mac é muito semelhante (selecione Ir→Computador), visto que ela exibe os ícones de todos os discos (disco rígido, CD e assim por diante). No entanto, ela *só* mostra os discos que, de fato, estão inseridos ou conectados. (Veja "Discos".)

(Meus) Documentos, (Minhas) Imagens, (Minhas) Músicas

Os buquês equivalentes a seus documentos, arquivos de música e fotos estão nas pastas Documentos (Documents), Imagens (Pictures) e Músicas (Music), em sua pasta Início.

(Meus) Locais de Rede

No Mac, a "vizinhança de rede" quase sempre está na tela: ela fica na Barra Lateral (Sidebar), o painel do lado esquerdo de cada janela do Finder. Todos os Macs e PCs em sua rede estão sempre relacionados aqui, na categoria Compartilhado (a menos, é claro, que você desmarque esse recurso em Finder→Preferências).

Modo de Repouso

No Mac ele é chamado Repouso (Sleep), e a ideia é a mesma. Você faz um MacBook dormir fechando a tampa. Um Mac de mesa é colocado para dormir escolhendo →Repouso (→Sleep) ou apenas com você se afastando; o Mac vai dormir por conta própria, de acordo com as configurações no painel Economizador de Energia (Energy Saver) nas Preferências do Sistema.

Modo de Segurança

Você pode pressionar a tecla Shift durante a inicialização para interromper o carregamento de determinadas bibliotecas de programas, porém, o "modo de segurança" do Mac OS X não é tão despudoradamente pelado quanto o Modo de Segurança do Windows.

Nível de Bateria

O gráfico de nível de bateria (▭) do seu MacBook agora aparece na Barra de Menu, ao invés de estar na bandeja do sistema. (Se não o vir, abra Preferências do Sistema→Economizador de Energia [System Preferences→Energy Saver] e ative-o.)

Opções de Energia

Para controlar quando o seu Mac vai dormir e (se ele for um MacBook) quanta energia ele gasta, use o painel Economizador de Energia nas Preferências do Sistema (Capítulo 9).

Opções de Internet

No Mac, as opções para o seu navegador são encontradas escolhendo Safari→Preferências.

Opções de Pasta

O painel de controle Opções de Pasta (Folder Options) no Windows consiste de um conjunto de configurações sem nenhuma relação, que se reduzem a isto:

- **Aba Geral (General).** Exatamente como no Windows, é você quem decide se um duplo-clique em uma pasta abre ou não uma segunda janela – ou apenas altera o que está dentro da primeira. No Mac, essas alterações podem ser feitas usando o menu Finder→Preferências. Lá, também é encontrada a opção chamada Abrir as pastas sempre em uma nova janela (Always open folders in a new Windows).

- **Aba Visualização (View).** A maioria dessas opções não existe no Mac. Por exemplo, no Mac os arquivos de sistema estão sempre ocultos; não é possível optar por torná-los visíveis (pelo menos, não com os controles internos). No entanto, você pode escolher se deseja ver as extensões de nome de arquivo em suas janelas do Finder (como .doc e .html). Escolha Finder→Preferências→Avançado (Finder→ Preferences→Advanced) e marque ou desmarque Exibir todas as extensões de arquivo (Show all file extensions).

- **Aba Tipos de Arquivo (File Type).** Apenas no Windows é possível reajustar determinados tipos de documentos, para que eles possam ser abertos no programa de sua preferência com duplo-clique. Porém, no Mac você pode reajustar toda a categoria de arquivos de uma vez, como no Windows, *ou um* arquivo de cada vez. Para fazer isso, use a janela Obter Informações (Get Info).

- **Arquivos Off-line (Offline Files).** Não há recurso equivalente no Mac.

Painel de Controle

O Painel de Controle no Mac OS X é chamado de Preferências do Sistema e é aberto a partir do menu . Como no Windows XP, Vista ou 7, é possível ver esses ícones tanto por categoria quanto em uma simples lista alfabética: basta escolher Organizar por Categoria (Organize by Categories) ou Organizar Alfabeticamente (Organize Alphabetically) a partir do menu Visualizar (View).

Painel de controle Adicionar Hardware

O Mac não precisa de um programa para instalar o driver de um novo periférico. Os drivers para a maioria das impressoras, mouses, teclados, câmeras, filmadoras e outros acessórios já são pré-instalados. Se você conectar algo ao Mac e descobrir que aquilo não funciona imediatamente, basta instalar o driver que está no CD que vem junto com ele (ou que pode ser baixado do site do fabricante).

Painel de controle Adicionar ou Remover Programas

Aqui está outra coisa que você não precisa no Macintosh. A remoção de um programa exige apenas arrastar o seu ícone para o Lixo. (Para uma limpeza geral, inspecione suas pastas Iniciar→Biblioteca→Preferrência (Home→Library→Preferences) e Biblioteca→Suporte de Aplicativo (Library→Application Support) para ver se quaisquer outros arquivos de preferências foram deixados para trás.)

Painel de controle Barra de Tarefas e Menu Iniciar

Para configurar o seu Dock (o equivalente da Barra de Tarefas e menu Iniciar), escolha →Dock→Preferências do Dock (→Dock→Dock Preferences)ou clique o ícone do Dock em Preferências do Sistema.

Painel de controle Contas de Usuário

Como o Windows 2000, Windows XP, Windows Vista e 7, o Mac OS X foi projetado desde o Quadrante Um para ser um sistema operacional de múltiplos usuários, mantendo em separado os arquivos, o e-mail e as configurações de cada pessoa. Você configura e administra essas contas em Preferências do Sistema→Contas (System Preferences→Accounts)(Capítulo 12).

Painel de controle Fala

O centro de reconhecimento de fala e *text-to-speech* do Mac é o painel Fala nas Preferências do Sistema. Conforme esclarece o Capítulo 15, o Mac pode ler em voz alta qualquer texto, em qualquer programa, e lhe permite operar todos os menus, botões e caixas de diálogo apenas por comandos de voz.

Painel de controle Mail

O Mac OS X vem com o seu próprio programa de correio eletrônico (descrito no Capítulo 19); todas as suas configurações estão contidas no programa.

Painel de controle Mouse

As configurações equivalentes podem ser encontradas no painel Teclado e Mouse nas Preferências do Sistema.

Painel de controle Opções de Acessibilidade

Os recursos especiais que lhe permitem operar o computador mesmo com problemas de visão, audição ou incapacidades motoras são chamados de Acesso Universal (Universal Access) no Mac OS X. Eles estão nas Preferências do Sistema (veja o Capítulo 9).

Painel de controle Opções de Telefone e Modem

Veja na Capítulo 18 as configurações de modem para o seu Mac.

Painel de controle Opções Regionais e de Idiomas

O equivalente próximo é o painel Internacional nas Preferências do Sistema.

Painel de Controle Sistema

O Mac não tem uma central equivalente à janela de Sistema do Windows. Porém, as suas funções têm analogias aqui:

- **Aba Geral (General).** Para descobrir o número da versão do seu Mac OS X e a quantidade de memória no seu Mac, escolha →Sobre Este Mac (→About This mac).
- **Aba Nome do Computador (Computer Name).** Abra as Preferências do Sistema, clique Compartilhamento (Sharing) e edite aqui o nome do seu computador na rede.
- **Aba Hardware.** A coisa mais próxima ao Gerenciador de Dispositivos que o Mac tem é a Visão do Sistema (em sua pasta Aplicativos→Utilitários).
- **Aba Avançado (Advanced).** No Mac OS X, não é possível ajustar facilmente a sua memória virtual, programação de processador ou informações de perfil de usuário.
- **Aba de Restauração do Sistema (System Restore).** O recurso Time Machine do Mac OS X é como a Restauração do Sistema com anabolizantes; veja o Capítulo 6.
- **Aba Atualizações Automáticas (Automatic Updates).** Escolha →Atualização de Software.
- **Aba Remoto (Remote).** O Mac OS X Snow Leopard oferece um controle remoto na forma de Compartilhamento de Tela (Screen Sharing), descrito no Capítulo 13.

Painel de controle Teclado

Você pode fazer exatamente os mesmos tipos de configurações – e mais – no painel Teclado e Mouse das Preferências do Sistema.

Painel de controle Vídeo

As funções do painel de controle Exibir do Windows se espalham pelo programa Preferências do Sistema do Mac OS X – não todos em um só lugar. Você instala a sua foto da Mesa e protetor de tela usando o painel Mesa e Protetor de Tela, e ajusta as configurações do seu monitor usando o painel Monitores. (O Mac OS X não oferece equivalente à aba Temas do Windows, para alterar a aparência em todo o sistema do seu computador.)

Pasta Arquivos de Programas

A pasta Aplicativos (Ir→Aplicativos) é como a pasta Arquivos de Programas no Windows – exceto que você não é desencorajado a abri-la ou a clicar em coisas. No Macintosh, cada programa contém o seu nome real; o Microsoft Word, por exemplo, é chamado de Microsoft Word, não de WINWORD.EXE.

Pasta Iniciar

Para fazer com que programas iniciem automaticamente na inicialização do sistema, inclua-os na lista de Itens de Login, no painel Preferências do Sistema→Contas.

Pasta Windows (ou WINNT)

O sistema operacional Mac OS X vive em uma pasta chamada apenas de Sistema, que fica na raiz do seu disco rígido principal. Exatamente como nas versões recentes do Windows, você é proibido de acrescentar, remover ou alterar qualquer coisa em seu interior. De qualquer modo, também como no Windows, a maior parte deles é invisível.

Prompt do DOS

Há uma linha de comando no Mac OS X, porém ela é Unix, não DOS. Para detalhes, veja o Capítulo 16.

Protetor de Tela

O Protetor de Tela do Mac é impressionante! Abra as Preferências do Sistema e clique o ícone Mesa e Protetor de Tela.

Registro

Não existe registro. Vamos comemorar!

Saindo de programas

É possível sair de um programa escolhendo Encerrar (Quit) no menu contendo o seu nome (próximo ao menu) ou clicando com o botão direito (ou Control-clicando) no seu ícone do Dock e depois escolhendo Encerrar do menu pop-up.

Saudação dos "três dedos"

No Mac, em vez de pressionar Ctrl-Alt-Delete para mandar para o espaço um programa preso, você pressiona Option-⌘-Esc. Aparece uma caixa de diálogo Forçar Encerrar (Force Quit). Clique no programa que você deseja mandar longe, clique Forçar Encerrar, confirme a sua escolha e depois reinicie o programa para continuar o seu dia.

ScanDisk

Exatamente como o Windows, o Mac verifica automaticamente e, se necessário, conserta o seu disco rígido sempre que a sua máquina inicia. Para rodar tal verificação sob demanda, abra o Utilitário de Disco (localizado na pasta Aplicativos→Utilitários), clique o nome de seu disco rígido e depois na aba Reparador.

Servidor Web pessoal

Para descobrir como transformar o seu Mac em um moderno servidor web, veja o Capítulo 22.

Sobre (este programa)

Para descobrir o número da versão do programa que você está usando, não olhe o menu Ajuda. Em vez disso, olhe o *menu do aplicativo*, próximo ao menu – aquele que contém o nome do programa em que você está. É onde você encontrará o comando Sobre (About) para os programas Macintosh.

Sons e Dispositivos de Áudio

Abra as Preferências do Sistema, clique o ícone Som (Sound). Você também pode querer explorar o programa Configuração Áudio e MIDI, em Aplicativos→Utilitários.

Tarefas Agendadas

Para programar uma tarefa sem acompanhamento, use o comando *launchd* do Unix no Terminal (Capítulo 16), ou um dos programas de agendamento relacionados em www.versiontracker.com.

Tecla Alt

No Mac, ela é a tecla Option, embora a tecla geralmente também informe "Alt" nela. (Em alguns países, ela aparece *apenas* como Alt.) Você pode substituir Option por Alt em qualquer toque de teclado, na maioria dos programas populares. A tecla Option também tem uma série de recursos secundários no Mac: ela oculta as janelas de um programa quando você clica em outro, e assim por diante.

Tecla Backspace (apagar o caractere anterior)

Está no mesmo lugar no teclado do Macintosh, mas chama-se Delete.

Tecla Ctrl

No Macintosh, normalmente você substitui a tecla ⌘ nos atalhos de teclado que envolveriam a tecla Control no Windows. Em outras palavras, o comando Salvar (Save) agora é ⌘-S, em vez de Ctrl-S, Abrir (Open) é ⌘-O, em vez de Ctrl-O, e assim por diante.

Tecla Delete (apagar o próximo caracter)

A maior parte dos teclados do Mac tem uma tecla Delete (rotulada *Del* ou ⌦), exatamente como aquelas nos PCs. Nos notebooks e outros teclados da Apple, você aciona essa função pressionando a tecla Delete enquanto pressiona simultaneamente a tecla Fn (*Function*, função em português).

Tecla PrntScrn (Print Screen)

Na tela do seu Mac você faz a captura de fotos pressionando Shift-⌘-3 (para captura de tela cheia) ou Shift-⌘-4 (para captura de uma parte selecionada da tela). Há muitas opções disponíveis; veja o final do Capítulo 14.

Tecla Windows

O Mac não tem o equivalente à tecla ⊞ da maioria dos teclados PCs.

Todos os Programas

Não há menu "Programas" embutido no Mac OS X como aquele no menu Iniciar do Windows. Se você quiser um, arraste a sua pasta Aplicativos para a ponta do Dock. Agora, esse ícone é um menu pop-up organizado de cada programa instalado em sua máquina.

TweakUI

O equivalente mais próximo desse utilitário para mudar a aparência do seu PC, que pode ser baixado gratuitamente, mas não é suportado pela Microsoft, é o TinkerTool para o Mac OS X. Ele é descrito no Capítulo 17.

Vizinhança de Rede

Veja o item "Meus Locais de Rede".

Windows Media Player

O Mac vem com programas individuais para executar arquivos de multimídia:

- **QuickTime Player** (Capítulo 15). Para exibir filmes e tocar música.

- **iTunes** (Capítulo 11). Para tocar CDs, rádios na Internet, arquivos MP3 e outros arquivos de áudio. (Como um bônus, diferente do Windows XP, o iTunes pode até *criar* arquivos MP3.)

- **Reprodutor de DVD** (Capítulo 11). Para executar DVDs. Esse programa está na pasta Aplicativos.

No entanto, o Windows Media Player está disponível para o Macintosh, ainda que soe como um paradoxo. Você pode baixá-lo em www.microsoft.com/mac.

Windows Messenger

O software para o envio de mensagens instantâneas, áudio e videoconferência do Mac OS X chama-se iChat, e está descrito no Capítulo 21.

WordPad

O programa Editor de Texto (na pasta Aplicativos) é um processador de texto tipo o WordPad. Ele pode até mesmo abrir e salvar arquivos no formato Word, como o WordPad.

APÊNDICE
D

Para onde ir a partir daqui

Se for lido sentado em uma poltrona confortável, com uma boa iluminação, este livro pode ser a base de uma educação sólida sobre o Mac OS X. Mas, especialmente quando se trata de ser um mestre do lado Unix desse sistema operacional, anos de estudo podem estar à sua espera.

Sites

A Web é a salvação do fã do Mac OS X, principalmente considerando o vácuo de informações que marcou os primeiros dias do Mac OS X. A Internet era o único lugar onde as pessoas podiam descobrir o que diabos estava acontecendo com seus amados Macs. Eis alguns dos mais notáveis sites para aprender os melhores pontos do Mac OS X.

Mac OS X

- www.macosxhints.com. Uma mina de ouro contendo dicas, truques e conselhos – a maioria delas muito nerd, mas também muito úteis.

- www.macintouch.com. Uma excelente dose diária de relatório sobre perguntas, problemas e novidades sobre o Mac.

- www.osxfaq.com. Dicas e técnicas de Unix, perguntas frequentes e links para sites úteis.

- www.versiontracker.com e www.macupdate.com. Extensos bancos de dados que rastreiam e provêm links para as versões mais recentes de software para Mac OS X.

- www.apple.com/developer. Mesmo que você não seja um desenvolvedor, a inscrição no Developer Connection (clube de programadores da Apple) lhe dará direito a uma *newsletter* (boletim de novidades por e-mail) e acesso aos fóruns de discussão, que são um ótimo lugar para descobrir, em primeira mão, as novidades sobre o Mac – tudo gratuitamente. (Pague 500 dólares norte-americanos por ano para se tornar um membro Select e você receberá pelo correio CDs contendo as próximas versões do Mac OS X.)

- www.macobserver.com. Uma boa fonte de notícias e comentários sobre o Mac e produtos relacionados.

- www.macworld.com. Os fóruns de discussão são o lugar ideal para encontrar soluções para problemas. Quando um bug saltar à sua frente, os textos postados aqui são um ótimo lugar para procurar correções.

- www.macfixit.com. O site para a solução de problemas de Mac definitivo, completo e com um local para discussões sobre o Mac OS X.

- www.macdevcenter.com. O site de Mac do próprio editor O'Reilly, repleto de tutoriais, notícias e *weblogs* (diários de cunho técnico) interessantes.

- www.geekculture.com. Um hilariante site de humor dedicado a debochar de nosso vício por tecnologia – especialmente produzido pela Apple. Talvez mais conhecido pelo ícone com a cabeça de David Pogue para o Mac OS X (http://geekculture.com/download/davidpogue.html). Ou talvez não.

Lições e referências sobre Unix ao estilo Mac OS X

- www.westwind.com/reference/OS-X/commandline. Uma referência de comandos *cd, ls, rm* e todos os outros que podem ser usados no Terminal ou no Console.

- www.ee.surrey.ac.uk/Teaching/Unix. Um curso conveniente e gratuito sobre o Unix para iniciantes, baseado na Web.

Dica: Digitar *unix for beginners* (ou "Unix para iniciantes") em uma página de busca como o Google gera dezenas de incríveis sites de ajuda, tutoriais e referência. Se possível, fique com aqueles que abordam o shell *bash*; assim, tudo o que você aprender on-line deverá ser perfeitamente aplicável à navegação via Terminal.

Newsletters gratuitas

- **A lista OS X.** Uma vez que você tiver se associado (em www.themacintoshguy.com/lists/index.html) a sua caixa de entrada de e-mail ficará abarrotada com discussões, bate-papos e descobertas sobre o Mac OS X. Um ótimo lugar para fazer perguntas, tanto as simples quanto as difíceis.

- **TidBITS.com.** Um boletim de notícias de Mac semanal e gratuito, com muitos truques úteis, resenhas e notícias.

- **Newsletters da própria Apple.** Em www.apple.com/enews/subscribe, você pode se associar para receber *newsletters* semanais gratuitas sobre uma variedade de tópicos: música, QuickTime, programação e outros.

Livros avançados e livros de programação

Por uma feliz coincidência, este livro foi inicialmente publicado pela O'Reilly Media, líder no mercado de livros técnicos para usuários do Mac, programadores e administradores de sistema. Se este livro aguçou o seu interesse por tópicos mais avançados, atuais e futuros livros sobre Unix, programação para Mac OS X e administração de grandes redes lhe serão úteis.

Fundamentos de Mac

- *AppleScript: The Missing Manual*, de Adam Golstein. Esse livro é um manual paciente e espirituoso para aprender o básico em fazer *scripts* (roteiros) para o seu Mac com o AppleScript. Exemplos passo a passo incluem renomear arquivos em lote no Finder, alterar e aplicar estilos de formatação no TextEdit, a alteração de arquivos de vídeo no QuickTime e muito mais.

- *Mac OS X for Unix Geeks* de Ernest E. Rothman, Brian Jepson e Rich Rosen. Esse livro faz uma ponte entre o sistema operacional da Apple e os sistemas Unix tradicionais. Oferece um tour completo pelo shell do Unix do Mac OS X e ajuda a encontrar os recursos que substituem ou correspondem aos utilitários padrões do Unix.

- *Mac OS X Snow Leopard Pocket Guide* de Chris Seibold. Precisa de um guia prático do Mac OS X que você possa carregar junto com o seu laptop? Esse pequeno livro cabe no seu bolso e inclui centenas de dicas de utilização e configuração do Mac OS X 10.6.

- *Big Book of Apple Hacks* de Chris Seibold. Projetos técnicos e de hacking para ajustes no Mac, iPod, iPhone e AppleTV.

Fundamentos do Unix

- *Learning the bash Shell*, 3ª Edição, de Cameron Newham. Se você pretende usar o aplicativo Terminal para fazer coisas do Unix no seu Mac, esse livro mostra os caminhos do *bash*, shell padrão do *Snow* Leopard.

- *Learning GNU Emacs*, 3ª Edição, de Debra Cameron, James Elliot, Marc Loy, Eric S. Raymond e Bill Rosenblatt. Um manual para o editor GNU *emacs*, um dos editores de texto mais poderosos e amplamente usados do Unix.

- *Learning the vi and vim Editors*, 7ª Edição, de Linda Lamb, Elbert Hannah e Arnold Robbins. Um manual completo para editar com *vi* e *vim*, os editores de texto disponíveis em praticamente todos os sistemas Unix.

- *Unix Power Tools*, 3ª Edição, de Shelley Powers, Jerry Peek, Tim O'Reilly e Mike Loukides. Conselhos práticos sobre praticamente cada aspecto do Unix avançado: utilitários POSIX, versões de GNU, cobertura detalhada dos shells *bash, tcsh* e *ksh*, e uma forte ênfase em Perl.

Administração do Mac OS X

- *Postfix: The Definitive Guide*, de Kyle D. Dent. Se você pretende montar seu próprio servidor de correio eletrônico, esse livro mostra como configurar e rodar o servidor de correio que vem junto no Mac OS X, o Postfix.

- *Apache: The Definitive Guide*, 3ª Edição, de Ben Laurie e Peter Laurie. Descreve como configurar e proteger o servidor Web Apache, instalado junto no Mac OS X.

- *Apache Cookbook*, 2ª Edição, de Ken Coar e Rich Bowen. Uma coleção de exemplos de configuração para todos os usuários do Apache, dos novatos aos profissionais avançados.

Listas de discussão em Língua Portuguesa

- *Mac-BR*. Primeira lista de Mac no Brasil, remonta às origens da Internet no país.

- *TheMailingList*. Lista mantida por Pedro Aniceto.

- *MacUsers* (bac-macusers-subscribe@yahoogrupos.com.br). Mantida pelo Brasil Apple Clube, clube de usuários de equipamentos Apple, ativo desde 1979.

- *Maçãs Selecionadas*. Movimentado fórum de discussões sobre Macs e diversos outros assuntos, como política e receitas de bolo.

APÊNDICE

E

A grande lista secreta dos atalhos de teclado do Mac OS X

Aqui está ela, por exigência popular e frustrada: a lista total de cada atalho secreto do teclado (ou não tão secreto) no Mac OS X Snow Leopard, incluindo todas as teclas que você pode pressionar durante a inicialização. Recorte e cole em seu monitor (a menos, é claro, que você tenha empresado este livro da biblioteca).

Nota: Na maioria dos casos, a lista a seguir não incluir os atalhos de teclado já listados em seus menus, como ⌘-P para Imprimir, ⌘-S para Salvar etc.

Atalhos de teclado na inicialização

Teclas a pressionar	Função
C	Inicia a partir de um CD.
D	Inicia a partir da primeira partição.
N	Inicia a partir do servidor de rede.
R	Reinicia a tela de um MacBook/MacBook Pro.
T	Põe o Mac no modo de Disco de Destino.
Option	Exibe ícones de todos os discos e partições de inicialização para que você possa escolher por qual o Mac deve iniciar.
Shift-Option-⌘-Delete	Inicia a partir de um disco externo (ou CD).

Option-⌘-P-R	Apaga ("zap") a RAM de parâmetros (PRAM). (Mantenha a combinação de teclas pressionada até ouvir o segundo toque.)
Option-⌘-O-F	Chama a tela Open Firmware (Macs pré Intel).
⌘-V	Exibe as mensagens de console do Unix durante a inicialização, ao finalizar a sessão de usuário e ao desligar.
⌘-S	Inicia no modo único usuário, vai direto para a linha de comando Unix.
Botão do mouse pressionado	Ejeta um CD/DVD preso.
Teclas 6 e 4	Iniciar em modo 64 bits.
Shift	Logo depois de ligar: desliga as extensões de kernel.
Shift	Logo depois de iniciar a sessão de usuário: faz com que as janelas do Finder e os itens de inicialização *não* abram. (Eles voltarão ao normal, na próxima vez que você iniciar.)

No Finder

Teclas a pressionar	**Função**
⌘-Espaço	Aciona a busca do Spotlight.
Option-⌘-Espaço	Abre a janela do Spotlight.
←/→	Expande ou recolhe uma pasta selecionada na visualização em lista.
Option-→	Expande uma pasta e todas as suas subpastas na visualização em lista.
Option-←	Recolhe uma pasta e todas as suas subpastas.
⌘-↑	Abre a pasta-pai.
Shift-Option-⌘-↑	Seleciona a Mesa.
⌘-↓ (ou ⌘-O)	Abre o ícone selecionado.
Option-clicar no triângulo rotativo	Expande ou recolhe todas as pastas dentro da janela.

Tab	Seleciona o próximo ícone na ordem alfabética.
Shift-Tab	Seleciona o ícone anterior na ordem alfabética.
Barra de espaço	Abre a visualização do Visualização Rápida do(s) ícone(s) selecionados(s).
Barra de espaço	Durante a abertura automática de uma janela (*spring-loaded folders*) abre imediatamente o disco ou pasta sob o mouse.
Option-clicar botão Zoom	Expande a janela para tela cheia.
Option-clicar botão Fechar	Fecha todas as janelas do Finder.
⌘-arrastar um ícone	Move-o para dentro ou para fora da pasta de Sistema (necessita de senha de Administrador).
Option	Muda o botão/opção do Visualização Rápida para Apresentação de Slides.
⌘-arrastar	Reorganiza ou remove os menulets ou ícones da barra de ferramentas.
⌘-clicar janela de título	Abre um menu pop-up exibindo o caminho da pasta.
Option-clicar o botão Minimizar	Minimiza todas as janelas (funciona na maioria dos programas).

Menu

Teclas a pressionar	Função
Option	Muda Sobre Este Mac para Perfil do Sistema.
Option	Elimina a caixa de confirmação para Reiniciar, Desligar ou Finalizar Sessão.

Menu do Finder

Teclas a pressionar	Função
Option	Não mostra a confirmação de Esvaziar Lixo ou de Esvaziamento Seguro do Lixo.
Shift-⌘-Q	Finaliza sessão do usuário atual.

Shift-Option-⌘-Q	Finaliza sessão do usuário atual sem confirmação.
Shift-⌘-Delete	Esvazia o Lixo.
Shift-⌘-Delete	Esvazia o Lixo com caixa de confirmação
Shift-Option-⌘-Delete	Esvazia o Lixo sem confirmação.
Option-"Esvaziar Lixo"	Esvazia o Lixo sem confirmação.
⌘-vírgula	Abre as Preferências do Sistema.
⌘-H	Oculta este programa (em primeiro plano).
Shift-⌘-H	Oculta os outros programas (em segundo plano).

Menu Arquivo

Teclas a pressionar	Função
⌘-N	Nova Janela do Finder.
Shift-⌘-N	Nova Pasta.
Option-⌘-N	Nova Pasta Inteligente.
⌘-O ou ⌘-↓	Abrir.
Control-⌘-O	Abre em nova Janela.
Option-clicar menu Arquivo	Muda "Abrir Com" para "Sempre Abrir Com".
⌘-W	Fechar Janela.
Option-⌘-W	Fechar Todas.
⌘-I	Obter Informações.
Option-⌘-I	Mostrar Inspetor.
Control-⌘-I	Informações do sumário (informações dos ícones selecionados).
⌘-D	Duplicar.
⌘-L	Criar atalho.

⌘-Y	Visualização Rápida (Quick Look).
Option-⌘-Y	Apresentação de Slides (de ícones selecionados).
⌘-R	Mostrar original (de um atalho).
⌘-T	Adicionar à Barra Lateral.
Shift-⌘-T	Acrescentar aos Favoritos.
Shift-Delete	Mover para o Lixo.
⌘-E	Ejetar.
⌘-F	Buscar.
Shift-⌘-F	Buscar por nome.

Menu Editar

Teclas a pressionar	**Função**
⌘-Z	Desfazer.
⌘-X/⌘-C/⌘-V	Cortar/Copiar/Colar.
⌘-A	Selecionar tudo.
Option-⌘-A	Desmarcar tudo.

Menu Visualizar

Teclas a pressionar	**Função**
⌘-1/⌘-2/⌘-3/⌘-4	Visualizar como: Ícones/Lista/Colunas/Cover Flow.
Control-⌘-1/-2/-3/-4/-5/-6	Organizar por Nome/Data de Modificação/Data de Criação/Tamanho/Tipo/Etiqueta.
Option	Muda Ordenar Seleção para Ordenar.
Option	Muda Manter Organizado Por para Ordenar Por.
Option-⌘-T	Ocultar/Exibir Barra de Ferramentas.
⌘-J	Ocultar/Exibir Opções de Visualização.

Menu Ir

Teclas a pressionar	Função
⌘-[/⌘-]	Voltar/Avançar.
⌘-↑	Ir para pasta superior.
Control-⌘-↑	Anexando pasta em nova janela.
Shift-⌘-C	Abrir a pasta Computador.
Shift-⌘-H	Abrir a pasta Início.
Shift-⌘-D	Abrir a pasta Mesa.
Shift-⌘-K	Ir para a Rede.
Shift-⌘-I	Abrir o iDisk.
Shift-⌘-A	Abrir a pasta de Aplicativos.
Shift-⌘-U	Abrir a pasta de Utilitários.
Shift-⌘-G	Ir para pasta.
⌘-K	Conectar ao servidor.

Menu Janela

Teclas a pressionar	Função
⌘-M	Minimizar.
Option-⌘-M	Minimizar tudo.
Option	Muda Trazer Todas para Frente para Em Primeiro Plano.

Menu de Ajuda

Teclas a pressionar	Função
Shift-⌘-?	Abre a caixa de busca da Ajuda.

Teclas de Energia

Teclas a pressionar	Função
Control-⏏	Traz para frente a caixa de diálogo para desligar, repouso ou reiniciar.
Option-⌘-⏏	Repouso.
Control-Option-⌘-⏏	Desligar.
Control-⌘-Liga/Desliga	Reiniciar.

O Dock

Teclas a pressionar	Função
Option-clicar em um ícone do Dock	Troca para o programa clicado e oculta o anterior.
Option-⌘-D	Oculta/exibe o Dock.
⌘-clicar um ícone do Dock ou uma Pilha	Exibe o seu ícone original no Finder.
Option-⌘-clicar um ícone do Dock	Troca para este programa e oculta todos os outros.
Control-clicar um ícone do Dock	Abre o menu de atalhos.
Manter o mouse pressionado em um ícone de aplicativo do Dock	Ativa o Exposé (mostra todas as janelas daquele aplicativo em miniatura).
⌘-arrastar um ícone para dentro de um ícone do Dock	Evita que os ícones do Dock se movam, de modo que você possa soltar um ícone sobre algum deles.
⌘-arrastar um ícone do Dock	Arrasta o ícone original.
Option-⌘-arrastar um ícone para dentro do Dock	Força um programa no Dock a abrir o ícone que você está soltando.

Gerenciando programas

Teclas a pressionar	Função
Option-clicar um ícone do Dock	Troca para o novo programa clicado e oculta o anterior.
Option-clicar em uma janela	Troca para este programa e oculta o anterior.
⌘-H	Oculta as janelas deste programa (funciona na maioria dos aplicativos).
Option-⌘-H	Oculta as janelas de todos os *outros* programas (funciona na maioria dos aplicativos).
F8	Spaces: entra na "grande tela" para a visualização geral de suas telas virtuais (se você tiver ativado o Spaces).
Shift-F8	Spaces: Entra na "grande tela" em câmara lenta.
Control- 1, 2, 3, 4...	Spaces: pula para uma tela específica.
Control-↑, ↓, ←, →	Spaces: pula para a próxima tela nesta direção.
F9	Exposé: mostra todas as janelas de todos os programas.
Shift-F9	Exposé: mostra todas as janelas de todos os programas em câmara lenta.
F10	Exposé: mostra todas as janelas do programa que está em primeiro plano.
F11	Exposé: atira todas as janelas de todos os programas para as margens da tela, revelando a Mesa.
F12	Mostra os widgets do Dashboard.
⌘-Tab	Pressione e solte: alterna para trás e para frente entre o programa atualmente aberto e o anterior.
⌘-Tab	Mantenha ⌘ pressionada: exibe os ícones dos programas abertos. Pressione repetidamente Tab para circular por eles. (Acrescente Shift para circular *para trás* através de programas abertos no Dock.)
⌘-~	Troca para a próxima janela aberta neste programa. (Acrescente Shift para circular na direção oposta.)

Option-⌘-Esc	Abre a caixa de diálogo Forçar Encerrar Aplicativos (para fechar um programa que esteja travado).
Shift-⌘-3	Captura a imagem da tela como um arquivo PDF em sua Mesa.
Shift-⌘-4	Mostra uma cruz; arraste essa cruz para capturar uma parte selecionada da tela como um arquivo PDF. (Pressione espaço para obter um cursor "câmera" que permite capturar apenas um menu, um ícone ou uma janela.)
⌘-espaço	Troca o layout de teclado (se estiver instalado mais de um). (Se você estiver usando o Spotlight, um atalho de teclado diferente deverá ser escolhido para essa função.)

Caixas de diálogo

Teclas a pressionar	Função
⌘-vírgula	Abre as preferências do programa (qualquer programa da Apple).
Esc	"Clica" o botão Cancelar em uma caixa de diálogo.
Enter	"Clica" o botão OK (ou outro botão azul, selecionado) em uma caixa de diálogo.
Option-⌘-F	Move o ponto de inserção para a caixa de busca na maioria dos programas da Apple.
⌘-D, ⌘-R	"Clica" o botão Não Salvar (Don't Save) ou o botão Substituir (Replace).

Índice Remissivo

Índice

INTRODUÇÃO

CAPÍTULO 1: PASTAS E JANELAS

CAPÍTULO 2: ORGANIZANDO O SEU MATERIAL

CAPÍTULO 3: SPOTLIGHT

CAPÍTULO 4: DOCK, MESA E BARRA DE FERRAMENTAS

CAPÍTULO 5: DOCUMENTOS, PROGRAMAS E SPACES

CAPÍTULO 6: ENTRADA E MOVIMENTAÇÃO DE DADOS E TIME MACHINE

CAPÍTULO 7: SERVIÇOS, AUTOMOTOR E APPLESCRIPT

CAPÍTULO 8: WINDOWS NO MACINTOSH

CAPÍTULO 9: PREFERÊNCIAS DO SISTEMA

CAPÍTULO 10: OS PROGRAMAS GRATUITOS

CAPÍTULO 11: CDS, DVDS E ITUNES

CAPÍTULO 12: CONTAS, CONTROLES PARENTAIS E SEGURANÇA

CAPÍTULO 13: COMPARTILHAMENTO DE ARQUIVO E COMPARTILHAMENTO DE TELA

CAPÍTULO 14: IMPRESSÃO, ENVIO DE FAX, FONTES E IMAGENS

CAPÍTULO 15: SOM, FILMES E FALA

CAPÍTULO 16: O CURSO RELÂMPAGO DE UNIX

CAPÍTULO 17: HACKEANDO O MAC OS X

CAPÍTULO 18: CONFIGURAÇÕES DA INTERNET

CAPÍTULO 19: MAIL E AGENDA

CAPÍTULO 20: SAFARI

CAPÍTULO 21: ICHAT

CAPÍTULO 22: SSH, FTP, VPN E COMPARTILHAMENTO DA WEB

APÊNDICE A: INSTALANDO O MAC OS X 10.6

APÊNDICE B: SOLUÇÃO DE PROBLEMAS

APÊNDICE C: O DICIONÁRIO WINDOWS – MAC

APÊNDICE D: PARA ONDE IR A PARTIR DAQUI

APÊNDICE E: A GRANDE LISTA SECRETA DOS ATALHOS DE TECLADO DO MAC OS X

Índice de Caixas

INTRODUÇÃO

CAPÍTULO 1: PASTAS E JANELAS

CAPÍTULO 2: ORGANIZANDO O SEU MATERIAL

CAPÍTULO 3: SPOTLIGHT

CAPÍTULO 4: DOCK, MESA E BARRA DE FERRAMENTAS

CAPÍTULO 5: DOCUMENTOS, PROGRAMAS E SPACES

CAPÍTULO 6: ENTRADA E MOVIMENTAÇÃO DE DADOS E TIME MACHINE

CAPÍTULO 7: SERVIÇOS, AUTOMOTOR E APPLESCRIPT

CAPÍTULO 8: WINDOWS NO MACINTOSH

CAPÍTULO 9: PREFERÊNCIAS DO SISTEMA

CAPÍTULO 10: OS PROGRAMAS GRATUITOS

CAPÍTULO 11: CDS, DVDS E ITUNES

CAPÍTULO 12: CONTAS, CONTROLES PARENTAIS E SEGURANÇA

CAPÍTULO 13: COMPARTILHAMENTO DE ARQUIVO E COMPARTILHAMENTO DE TELA

CAPÍTULO 14: IMPRESSÃO, ENVIO DE FAX, FONTES E IMAGENS

CAPÍTULO 15: SOM, FILMES E FALA

CAPÍTULO 16: O CURSO RELÂMPAGO DE UNIX

CAPÍTULO 18: CONFIGURAÇÕES DA INTERNET

CAPÍTULO 19: MAIL E AGENDA

CAPÍTULO 20: SAFARI

CAPÍTULO 21: ICHAT

CAPÍTULO 22: SSH, FTP, VPN E COMPARTILHAMENTO DA WEB

APÊNDICE A: INSTALANDO O MAC OS X 10.6

APÊNDICE B: SOLUÇÃO DE PROBLEMAS

HR Gráfica e Editora
Rua Serra de Paracaina, 716 – Moóca - São Paulo – SP – CEP 03107-020
Fone/Fax: (11) 3341-6444 - Email: vendas@hrgrafica.com.br
www.hrgrafica.com.br